# DIREITO INTERNACIONAL PRIVADO

O GEN | Grupo Editorial Nacional – maior plataforma editorial brasileira no segmento científico, técnico e profissional – publica conteúdos nas áreas de concursos, ciências jurídicas, humanas, exatas, da saúde e sociais aplicadas, além de prover serviços direcionados à educação continuada.

As editoras que integram o GEN, das mais respeitadas no mercado editorial, construíram catálogos inigualáveis, com obras decisivas para a formação acadêmica e o aperfeiçoamento de várias gerações de profissionais e estudantes, tendo se tornado sinônimo de qualidade e seriedade.

A missão do GEN e dos núcleos de conteúdo que o compõem é prover a melhor informação científica e distribuí-la de maneira flexível e conveniente, a preços justos, gerando benefícios e servindo a autores, docentes, livreiros, funcionários, colaboradores e acionistas.

Nosso comportamento ético incondicional e nossa responsabilidade social e ambiental são reforçados pela natureza educacional de nossa atividade e dão sustentabilidade ao crescimento contínuo e à rentabilidade do grupo.

JACOB DOLINGER
CARMEN TIBURCIO
FELIPE ALBUQUERQUE

# DIREITO INTERNACIONAL PRIVADO

16ª edição revista, atualizada e reformulada

- Os autores deste livro e a editora empenharam seus melhores esforços para assegurar que as informações e os procedimentos apresentados no texto estejam em acordo com os padrões aceitos à época da publicação, e todos os dados foram atualizados pelos autores até a data de fechamento do livro. Entretanto, tendo em conta a evolução das ciências, as atualizações legislativas, as mudanças regulamentares governamentais e o constante fluxo de novas informações sobre os temas que constam do livro, recomendamos enfaticamente que os leitores consultem sempre outras fontes fidedignas, de modo a se certificarem de que as informações contidas no texto estão corretas e de que não houve alterações nas recomendações ou na legislação regulamentadora.

- Fechamento desta edição: 02.09.2024

- Os Autores e a editora se empenharam para citar adequadamente e dar o devido crédito a todos os detentores de direitos autorais de qualquer material utilizado neste livro, dispondo-se a possíveis acertos posteriores caso, inadvertida e involuntariamente, a identificação de algum deles tenha sido omitida.

- **Atendimento ao cliente:** (11) 5080-0751 | faleconosco@grupogen.com.br

- Direitos exclusivos para a língua portuguesa
  Copyright © 2025 by
  **Editora Forense Ltda.**
  Uma editora integrante do GEN | Grupo Editorial Nacional
  Travessa do Ouvidor, 11 – Térreo e 6º andar
  Rio de Janeiro – RJ – 20040-040
  www.grupogen.com.br

- Reservados todos os direitos. É proibida a duplicação ou reprodução deste volume, no todo ou em parte, em quaisquer formas ou por quaisquer meios (eletrônico, mecânico, gravação, fotocópia, distribuição pela Internet ou outros), sem permissão, por escrito, da Editora Forense Ltda.

- Capa: Aurélio Corrêa

**CIP-BRASIL. CATALOGAÇÃO NA PUBLICAÇÃO**
**SINDICATO NACIONAL DOS EDITORES DE LIVROS, RJ**

D69d
16. ed.

    Dolinger, Jacob
        Direito internacional privado / Jacob Dolinger, Carmen Tiburcio, Felipe Albuquerque. - 16. ed., rev., atual. e reform. - Rio de Janeiro : Forense, 2025.
        618 p. ; 24 cm.

    Inclui bibliografia
    ISBN 978-85-3099-553-9

        1. Direito internacional privado. I. Tiburcio, Carmem. II. Albuquerque, Felipe. III. Título.

24-93824

CDU: 341.9

Gabriela Faray Ferreira Lopes - Bibliotecária - CRB-7/6643

## SOBRE AUTORES

*Jacob Dolinger*
Professor titular (aposentado) da Faculdade de Direito da Universidade do Estado do Rio de Janeiro (UERJ). Professor visitante da Universidade de São Paulo (USP); da Universidade de Miami; da Brooklyn Law School, Nova York; da Universidade Loyola, Los Angeles; e da Capital University, Ohio. Conferencista da Academia de Direito Internacional da Haia.

*Carmen Tiburcio*
Professora titular da Faculdade de Direito da Universidade do Estado do Rio de Janeiro. Conferencista da Academia de Direito Internacional da Haia.

*Felipe Albuquerque*
Professor conferencista da Sciences Po, Paris (2023-2024). Laureado com o diploma da Academia de Direito Internacional de Haia. Membro do comitê de redação da *Revue Critique de Droit International Privé*. Doutor e mestre em Direito Internacional (UERJ).

# NOTA DEDICATÓRIA
# (DA 1ª EDIÇÃO)

Este manual foi escrito com a mente e o coração voltados à memória do querido mestre Professor Oscar Tenório, que enfrentei pela primeira vez numa noite de 1954, por ocasião do exame vestibular ao ingresso na Faculdade de Direito da então Universidade do Distrito Federal.

Tive-o como mestre de Direito Internacional Público em 1956 e, novamente, em 1958 como professor da disciplina versada neste trabalho.

Muitos anos depois, recebeu-me em seu gabinete reitoral no Solar da Marquesa, quando me estimulou a prestar os exames do concurso à livre-docência da disciplina que mais de perto lhe tocava dentre as muitas em que se esmerou e pontificou. Posteriormente, honrou-me com sua presença à minha aula didática, quando ainda se recuperava de delicada intervenção cirúrgica.

Ao lançar a 11ª edição de sua festejada obra, Tenório escreveu que me confiava, assim como, muitos anos antes, seu mestre, Raul Pederneiras, deixara nas suas mãos o *Direito Internacional Compendiado*, acrescentando que o fazia com humildade e confiança.

Substituindo-o na titularidade da disciplina na Universidade do Estado do Rio de Janeiro, tenho procurado seguir sua filosofia universalista nas questões de Direito Internacional.

O mestre transmitiu a regência desta árdua disciplina, que versa, entre outros tópicos, a nacionalidade e a condição jurídica do estrangeiro, a este discípulo que experimentara em sua infância os horrores da perseguição religiosa no velho continente e que teve a felicidade de ser recebido nesta terra acolhedora, campeã da hospitalidade aos refugiados e sofridos de todos os tempos e de todas as origens. Daí meu redobrado interesse por essas matérias e meu especial gosto na transmissão da orientação humanitária da jurisprudência nacional, desde os tempos de Rui Barbosa e Pedro Lessa, no trato da expulsão de estrangeiros.

E disse-me mais meu mestre naquela nota à 11ª edição de sua obra: "As gerações que nos sucedem são melhores do que as nossas. Equivocam-se os mestres de ontem que não aceitam a colaboração dos jovens. Nestes há sempre um espírito renovador e inquieto, abertas as suas janelas para horizontes mais vastos".

Assim inspirado, convoquei para colaborar neste manual quatro jovens estudiosos da matéria. À professora Vera Maria Barreira Jatahy, à professora Nadia de Araújo e ao professor Luís Roberto Barroso, que contribuíram com seu tempo e suas inteligências, o sincero agradecimento do autor.

E à professora Carmen Beatriz de Lemos Tiburcio Rodrigues, já familiarizada com os labirintos do direito internacional privado, ao qual vem se dedicando com esmero e espírito científico, a minha especial gratidão por sua constante, inteligente e devotada colaboração tanto neste como em outros trabalhos.

Esta obra tem como único mérito: o de constituir uma ponte entre a geração dos grandes mestres da disciplina, professores Oscar Tenório e Haroldo Valladão, e a nova geração que desponta com espírito aberto para as necessidades do direito brasileiro na sua confrontação com os demais sistemas jurídicos num mundo cada vez menor e cada vez mais complexo.

Entre esses novos juristas, hão de surgir grandes mestres para o direito internacional e o direito comparado, que saberão dar sua colaboração para o desenvolvimento do comércio internacional no seu sentido mais amplo.

O presente manual limitou-se à parte geral da ciência do conflito das leis, procurando-se, sempre que possível, apresentar a matéria sob um enfoque comparativo e enriquecido pela produção jurisprudencial, daqui e dalhures.

A disciplina exige tratamento ainda mais acentuadamente comparativo-jurisprudencial para o direito civil internacional, o direito do comércio internacional, o direito processual internacional e o direito penal internacional.

Mas "o dia é curto e a tarefa a cumprir é vasta" (*Ética dos Pais*, capítulo 2 mishnah 20).

**Jacob Dolinger**

# PREFÁCIO À 16ª EDIÇÃO

A primeira edição desta obra foi lançada em 1986. Refletindo o espírito de seu autor, o livro foi o resultado do profundo conhecimento da disciplina acumulado pelo professor Jacob Dolinger e da colaboração com jovens pesquisadores reunidos pela admiração por seu professor e pelo entusiasmo, por ele criado, com a disciplina. Dentre esses jovens pesquisadores, alguns se tornariam referência em suas respectivas áreas – para citar alguns: Vera Maria Barreira Jatahy, Nádia de Araújo, Luís Roberto Barroso, Daniela Vargas e Lauro Gama. O sucesso de seus alunos era motivo de profunda alegria e realização para o professor Jacob.

O livro é, desde a sua primeira edição, igualmente resultado de uma união que durou uma vida. O amor do professor Jacob por sua mulher, Rachelle Zweig Dolinger, era conhecido por todos e, ao longo de sua vida, ele fez questão de exaltar a importância dela para sua atividade intelectual. Ela mesma uma professora, escritora e psicóloga, Rachelle foi a companheira e o suporte do professor Jacob não apenas durante a preparação deste curso, mas ao longo de toda sua vida. Antes de sua admissão à carreira docente na UERJ, Rachelle já era o seu apoio. Na ascensão à titularidade e na apresentação de seu curso na Haia, Rachelle também foi presença decisiva. Após sua aposentadoria, muitas décadas depois, Rachelle seguiu sendo sua força nos momentos bons e nas dificuldades.

Esta edição marca uma nova fase no Direito Internacional Privado. É a primeira edição atualizada após o falecimento, em 2019, do professor Jacob Dolinger. Essa é a mais importante, e lamentada, diferença. O livro, porém, sobrevive com o seu legado. Mais do que as páginas já escritas e as lições já passadas, o professor Jacob nos legou a dedicação ao estudo de nossa disciplina. Com o apoio e incentivo imprescindíveis de Rachelle, o livro passa a contar com mais um coautor. Além da professora Carmen Tiburcio, sucessora do professor Jacob na titularidade da cátedra de Direito Internacional Privado na UERJ, Felipe Albuquerque, que já contribuía substancialmente para as últimas edições, passa agora a ser coautor do livro, cumprindo o desejo do professor Jacob Dolinger de continuidade de sua obra por meio de seus alunos.

Esta edição inclui novos capítulos sobre a família, a sucessão e os bens no Direito Internacional Privado, completando o estudo dos principais temas da parte especial de nossa disciplina, de modo que o leitor desta obra encontrará a conclusão de um projeto. O leitor mais atento, contudo, encontrará algo mais: a preservação do espírito de colaboração entre professores e alunos, a gratidão pelos ensinamentos do professor Jacob Dolinger e o esforço de sua esposa em manter vivo o seu legado de generosidade, erudição e confiança em um mundo melhor.

# PREFÁCIO À 15ª EDIÇÃO

O falecimento do professor Jacob Dolinger, às vésperas da publicação desta edição, fez necessária a elaboração de um prefácio específico que registre a plenitude de sua vida, nossa gratidão por uma carreira dedicada ao direito internacional privado e pela confiança depositada para atualização deste livro. Em uma de suas obras, lê-se a seguinte dedicatória: "*aos mestres de ontem, aos colegas de hoje, aos alunos de sempre*". Olhando retrospectivamente, essa parece ser a síntese da vida de um homem profundamente religioso, comprometido com a causa da educação e que, com sua inteligência insuperável, colocou suas convicções religiosas a serviço da tolerância, da justiça e do conhecimento.

*Aos mestres de ontem*, o professor Jacob sempre prestou homenagens e expressou sua gratidão mesmo depois de alcançar todas as láureas da vida acadêmica. A livre-docência e a titularidade da cátedra de Direito Internacional Privado na Faculdade de Direito da UERJ, os convites para lecionar em universidades estrangeiras e na Academia de Direito internacional da Haia, a publicação de curso no *Recueil des Cours*, as homenagens recebidas de alunos, ex-alunos e colegas não o distanciaram de seus professores, nem fizeram menor a sua gratidão. Já septuagenário, fazia questão de escrever sobre seus professores – como se lê em *Direito e Amor*.

*Aos colegas de hoje*, seus contemporâneos, o professor Jacob Dolinger passou adiante seu otimismo e a sua crença no país que lhe acolheu, na universidade onde lecionou e na disciplina que ensinava. Porque sabia que o verdadeiro sábio é *aquele que aprende de toda pessoa*, o professor Jacob sempre cultivou o estudo do direito internacional privado sob uma perspectiva plural, mantendo interesse permanente pelos escritos de seus contemporâneos.

Fluente em português, inglês, hebraico, francês, ídiche e espanhol, incentivava – pelo exemplo – o hábito da leitura e do estudo da doutrina, nacional e estrangeira, clássica ou atual. Seu amor pelos livros e pelo mundo foi o incentivo necessário para que muitos de seus alunos se aventurassem a estudar no exterior, numa época em que a ideia ainda parecia exótica e as dificuldades eram muitas.

*Aos alunos de sempre*, todos nós, Jacob Dolinger estendeu sua generosidade. Jacob Dolinger não desprezava ninguém e não desdenhava de coisa alguma, pois sabia que *toda pessoa tinha sua hora e cada coisa tinha o seu lugar*. Agindo assim, o professor Jacob exercitou a arte de enxergar as virtudes e talentos de seus alunos (nunca os seus defeitos!), incentivando suas ideias e pesquisas, ainda quando, aos olhos de outros professores e alunos, pudessem parecer inusitadas. Essa característica, típica de um educador vocacionado, faz que todos os seus alunos, acertadamente, acreditem possuir um vínculo especial com ele.

As diferenças de opinião nunca impediram que Jacob Dolinger auxiliasse seus alunos. Os exemplos de generosidade são muitos e enumerá-los seria impossível. No ambiente fraterno e intelectualmente instigante criado por Jacob Dolinger – um educador cujo maior prazer era formar jovens, transmitindo-lhes valores intelectuais, morais e filosóficos –, floresceram carreiras acadêmicas e amizades duradouras entre seus alunos. Jacob Dolinger foi um homem virtuoso e continuará, por muitas gerações, sendo o professor dos professores de nossa disciplina.

O seu falecimento é uma perda pessoal para aqueles que tiveram o privilégio de com ele conviver e para o direito internacional privado. Ele permanecerá vivo nos corações e mentes de seus alunos, pois, como costumava dizer, ser professor é uma forma de imortalidade. Seus ensinamentos e exemplo continuarão por meio de todos aqueles que tiveram a sorte de tê-lo como professor.

# PREFÁCIO À 14ª EDIÇÃO

Em 1986 – há exatamente trinta e dois anos –, aparecia a edição original deste livro, cuja "Nota Dedicatória" – publicada em todas as edições que se seguiram, inclusive na presente – evoca a figura do Professor Oscar Tenório, que convocou o primeiro autor para atualizar sua clássica obra sobre o Direito Internacional Privado.

Nessa Nota Dedicatória, o primeiro autor narra – inspirado pelo exemplo de seu mestre – como convocou quatro discípulos para colaborar no seu nascente manual. Assim, iniciou-se a escola de direito internacional privado do Rio de Janeiro, composta por Vera Maria Barreira Jatahy, que por muitos anos se dedicou ao magistério na UERJ; Luís Roberto Barroso, que iniciou sua carreira acadêmica nesta disciplina, tornando-se mais tarde ilustre autoridade em direito constitucional e elevado à suprema magistratura do País; Nadia de Araújo, que durante as últimas três décadas lidera o ensino do direito internacional privado na Pontifícia Universidade Católica do Rio de Janeiro; e Carmen Beatriz de Lemos Tiburcio Rodrigues, que colaborou neste e em outros trabalhos do autor.

Essa contribuição evoluiu no correr dessas três décadas e a partir da 12ª edição a Professora Carmen Tiburcio passou a ser coautora do livro. Por conta disso, este trabalho foi enriquecido pela área do processo civil internacional, em que a coautora se especializou ao longo dos anos.

Esta edição foi acrescida da Parte Especial da disciplina, com os capítulos sobre contratos internacionais e responsabilidade civil extracontratual.

Acompanham esta obra os volumes sobre "Casamento e Divórcio no Direito Internacional Privado", "A Criança no Direito Internacional Privado" e "Contratos e Obrigações no Direito Internacional Privado", do primeiro autor, bem como o "*Vade mecum* de Direito Internacional Privado", organizado pelos dois coautores.

No mesmo espírito de colaboração entre as gerações, da continuidade que norteia este trabalho, os autores convidaram o doutorando Felipe Gomes de Almeida Albuquerque para auxiliá-los na pesquisa que visa à permanente atualização da disciplina.

**Jacob Dolinger e Carmen Tiburcio**

# SUMÁRIO

| | |
|---|---|
| **PARTE I - INTRODUÇÃO À DISCIPLINA** | 1 |
| **CAPÍTULO I - O DOMÍNIO DO DIREITO INTERNACIONAL PRIVADO** | 3 |
| O Objeto | 3 |
| A Denominação | 6 |
| O Relacionamento do DIP com as Outras Disciplinas Jurídicas | 8 |
| Direito Internacional Privado e Direito Internacional Público | 9 |
| A "Sociedade Internacional" | 10 |
| A Ótica da Disciplina | 11 |
| O Direito Público no Âmbito do Direito Internacional Privado | 12 |
| Os Conflitos Interespaciais | 14 |
| Os Conflitos Interpessoais | 16 |
| Amor pela Disciplina | 17 |
| Quadro Sinótico | 18 |
| **CAPÍTULO II - HISTÓRIA E TEORIA DO CONFLITO DE LEIS NO DIREITO INTERNACIONAL PRIVADO** | 19 |
| Antiguidade | 19 |
| Os Bárbaros e a Personalidade das Leis | 21 |
| O Regime Feudal e a Territorialidade das Leis | 21 |
| Os Centros de Mercancia da Idade Média | 22 |
| Teorias Estatutárias | 23 |
| Doutrinas Modernas | 29 |
| O Método do DIP | 35 |
| **CAPÍTULO III - FONTES DO DIREITO INTERNACIONAL PRIVADO** | 39 |
| *A) Fontes* | 39 |
| A Lei | 39 |
| A Doutrina | 42 |
| A Jurisprudência | 43 |
| Tratados e Convenções | 44 |
| Roteiro para Internalização dos Tratados no Direito Brasileiro | 46 |
| A Convenção Não Ratificada como Fonte de Direito | 48 |

Tratado de Lima ........................................................................................................ 50
Tratados de Montevidéu.......................................................................................... 50
Código Bustamante.................................................................................................. 51
Conferência Especializada Interamericana sobre DIP........................................ 54
Mercosul.................................................................................................................... 55
*Restatement of the Law of Conflict of Laws*............................................................ 55
As Convenções da Haia........................................................................................... 56
Liga das Nações e Nações Unidas ......................................................................... 59
Academia de Direito Internacional....................................................................... 60
Outras Instituições................................................................................................... 61
Jurisprudência Internacional.................................................................................. 61

B) *Conflito entre Fontes*........................................................................................... 63
Lei *v.* Tratado ........................................................................................................... 63
Conflito entre Constituição e Tratado................................................................... 66
Jurisprudência Brasileira........................................................................................ 67
Recurso Extraordinário nº 80.004.......................................................................... 69
Crítica da Doutrina.................................................................................................. 70
Em Defesa do Acórdão............................................................................................ 70
Hipóteses Especiais.................................................................................................. 72
A Convenção de Varsóvia (Montreal) sobre Transporte Aéreo......................... 75
Proteção de Marca................................................................................................... 78
A Questão da Prisão Civil....................................................................................... 78
A Convenção de Viena sobre Direito dos Tratados............................................. 80

**PARTE II – PESSOAS NO DIREITO INTERNACIONAL PRIVADO** ........................ 81

**CAPÍTULO IV – NACIONALIDADE** ........................................................................ 83
Nacionalidade e Direito Internacional Privado ................................................... 83
Noção e Importância da Nacionalidade................................................................ 84
Nacionalidade e Cidadania .................................................................................... 85
Aquisição de Nacionalidade .................................................................................. 87
Mudança de Nacionalidade ................................................................................... 88
Direito Brasileiro da Nacionalidade: Nacionalidade Originária........................ 90
Hipótese Inconstitucional de Nacionalidade Brasileira na Legislação............. 98
Naturalização........................................................................................................... 102
Direitos Especiais dos Portugueses....................................................................... 105
Perda da Nacionalidade.......................................................................................... 106
Reaquisição da Nacionalidade ............................................................................... 110
Nacionalidade da Mulher Casada ......................................................................... 111

| | |
|---|---|
| Conflitos de Nacionalidade Positivos e Negativos | 112 |
| Princípios e Regras Internacionais sobre a Nacionalidade | 114 |
| Jurisprudência Internacional | 116 |

## CAPÍTULO V – A CONDIÇÃO JURÍDICA DO ESTRANGEIRO ... 121

| | |
|---|---|
| A Entrada do Estrangeiro | 121 |
| Visto de Entrada | 126 |
| O Direito dos Estrangeiros Admitidos | 127 |
| Os Direitos do Estrangeiro no Brasil | 129 |
| Exercício de Atividades Políticas | 131 |
| Outras Restrições | 133 |
| Classificação de Direitos | 137 |
| Direito Comparado | 138 |
| Cargo Público | 139 |
| Assimilação dos Estrangeiros | 141 |
| Questões Profissionais | 142 |
| Estatuto do Refugiado e Asilado | 142 |
| Saída Compulsória do Estrangeiro | 146 |
| Expulsão do Estrangeiro | 147 |
| Natureza do Ato de Expulsão | 150 |
| Competência para Expulsar | 151 |
| Defesa do Expulsando | 151 |
| Defesa do Deportando | 154 |
| Casos Clássicos da Jurisprudência Brasileira | 154 |
| Indenização por Expulsão | 158 |
| Extradição | 159 |

## CAPÍTULO VI – PESSOA JURÍDICA ... 165

| | |
|---|---|
| Critérios de Determinação da Nacionalidade das Pessoas Jurídicas | 167 |
| Direito Convencional | 170 |
| Tratados de Montevidéu | 171 |
| Código Bustamante | 171 |
| Convenções da OEA (CIDIP II e III) | 172 |
| Tratado de Roma | 172 |
| Convenção de Bruxelas | 173 |
| Convenção da Haia | 173 |
| Convenção de Estrasburgo | 174 |
| Convenção do BIRD | 174 |
| Jurisprudência Estrangeira | 174 |
| Jurisprudência da Corte Internacional | 175 |

O Direito Positivo Brasileiro ............................................................................ 176
Funcionamento da Pessoa Jurídica Estrangeira no Brasil .............................. 181
Empresas Jornalísticas ...................................................................................... 182
Jurisprudência Brasileira ................................................................................... 183
Restrição às Pessoas Jurídicas de Direito Público Estrangeiras ...................... 184
Projetos para Substituição da Lei de Introdução ............................................. 185

## PARTE III – CONFLITOS DE LEIS NO ESPAÇO ................................................ 187

### CAPÍTULO VII – AS NORMAS SOBRE CONFLITOS DE LEIS .......................... 189
Normas Indiretas ................................................................................................ 189
Normas Diretas ................................................................................................... 190
Normas Qualificadoras ...................................................................................... 192
Estrutura da Norma de DIP: Normas Unilaterais, Bilaterais e Justapostas .... 192

### CAPÍTULO VIII – DIREITO UNIFORME, DIREITO INTERNACIONAL PRIVADO E DIREITO COMPARADO .................................................................. 199
Direito Uniforme ................................................................................................. 199
Direito Uniformizado ......................................................................................... 200
Entusiasmo Passageiro pelo Direito Uniforme ................................................ 200
A Uniformização do Direito Econômico .......................................................... 201
Direito Uniforme e Direito Internacional Privado: Teorias de Asser e Jitta .... 202
Sistemas de Solução de Conflitos de Leis ........................................................ 203
Direito Internacional Privado Uniformizado ................................................... 203
Os Quatro Fatores Resumidos ........................................................................... 205
Direito Comparado ............................................................................................ 206

### CAPÍTULO IX – DIREITO INTERTEMPORAL E CONFLITO DE LEIS ............. 211
Sobredireitos e Conflitos Bidimensionais ........................................................ 211
Direito Intertemporal Internacional ................................................................. 211
Direito Internacional Intertemporal ................................................................. 213
Jurisprudência Francesa (Direito Intertemporal Internacional) ..................... 214
Jurisprudência Brasileira (Direito Internacional Intertemporal) .................... 214
Conflitos Móveis ................................................................................................ 215

### CAPÍTULO X – REGRAS DE CONEXÃO – LEI DETERMINADORA DO ESTATUTO PESSOAL .............................................................................................. 217
Regras de Conexão ............................................................................................. 217
As Regras de Conexão ........................................................................................ 218
O Estatuto Pessoal .............................................................................................. 220
Territorialidade .................................................................................................. 220

Nacionalidade ... 221
Domicílio ... 222
Legislações Internas em Matéria de Estatuto Pessoal ... 227
Mudança de Estatuto Pessoal – Conflitos Móveis ... 231
O Estatuto Pessoal nas Convenções da Haia ... 232
Os Tratados de Montevidéu ... 233
O Código Bustamante ... 233
Proposta do Instituto de Direito Internacional ... 233
O Estatuto Pessoal no Direito Internacional Privado Brasileiro ... 234
Distinções em Matéria de Capacidade ... 237
Principais Projetos para Substituição da Lei de Introdução ... 238
Exceção do Direito Cambiário ... 239
Outras Regras de Conexão para o Estatuto Pessoal ... 240
Jurisdição Competente v. Lei Aplicável ... 241

**CAPÍTULO XI – REGRAS DE CONEXÃO E PRINCÍPIOS DO DIREITO INTERNACIONAL PRIVADO** ... 243

Regras de Conexão ... 243
    I – Casamento ... 243
        Formalidades Habilitantes ... 243
        Formalidades de Celebração ... 244
        Capacidade Nupcial/Validade Substancial do Casamento ... 245
        Efeitos Pessoais do Casamento ... 246
        Obrigação Alimentar entre os Cônjuges ... 247
        Efeitos Patrimoniais do Casamento – O Regime de Bens ... 247
        Divórcio ... 248
        Anulação de Casamento ... 249
        Pais/Filhos ... 250
    II – Direitos Hereditários ... 251
    III – Bens ... 252
    IV – Obrigações Contratuais ... 253
    V – Obrigações por Atos Ilícitos ... 255
Princípios de Direito Internacional Privado ... 255
    Princípios Positivos ... 256
        I – Proximidade ... 256
        II – Autonomia da Vontade ... 256
        III – Proteção ... 257
        IV – Lei mais Favorável ... 258

## CAPÍTULO XII – APLICAÇÃO, PROVA E INTERPRETAÇÃO DO DIREITO ESTRANGEIRO ............................................. 259
Natureza Jurídica da Lei Estrangeira – Fato ou Direito?........................ 260
Aplicação do Direito Estrangeiro............................................................ 266
Prova do Direito Estrangeiro................................................................... 268
Interpretação do Direito Estrangeiro...................................................... 270
Adaptação................................................................................................. 273
Jurisprudência Brasileira......................................................................... 273

## PARTE IV – PRINCÍPIOS DO DIREITO INTERNACIONAL PRIVADO............... 275

## CAPÍTULO XIII – QUALIFICAÇÕES............................................................ 277
O Processo de Qualificação .................................................................... 277
Conceituar + Classificar = Qualificar..................................................... 277
O Conflito das Qualificações.................................................................. 278
Os Exemplos............................................................................................. 278
Determinação da Lei Qualificadora ...................................................... 280
Jurisprudência Inglesa............................................................................. 283
Jurisprudência Americana ...................................................................... 285
A Qualificação no Direito Internacional Privado Brasileiro................ 286
Jurisprudência Brasileira......................................................................... 289
Noções Qualificadoras em Textos Convencionais e Domésticos....... 291
Projetos para Substituição da Lei de Introdução ................................. 292

## CAPÍTULO XIV – REENVIO ........................................................................ 293
Primeira Fonte Jurisprudencial do Reenvio ......................................... 295
O Caso Forgo ............................................................................................ 295
Debate em Torno do Reenvio................................................................. 296
Teorias Conducentes ao Reenvio ........................................................... 297
Recusa do Reenvio Baseado na Lei Estrangeira como Fato ............... 299
Reenvio de 2º Grau .................................................................................. 299
Terminologia............................................................................................. 300
Exceções à Aceitação do Reenvio........................................................... 300
Sistema Britânico de Duplo Reenvio .................................................... 302
Textos Legais Relativos ao Reenvio........................................................ 302
O Direito Convencional e o Reenvio..................................................... 304
Jurisprudência Francesa.......................................................................... 307
Jurisprudência Belga................................................................................ 308
Jurisprudência Tunisina: Caso Duprève – Forgo, 2ª edição ............... 308
O Reenvio no Direito Internacional Privado Brasileiro...................... 308
Projetos para Substituição da Lei de Introdução ................................. 312

## CAPÍTULO XV – ORDEM PÚBLICA ........... 315

A Noção da Ordem Pública no Direito Internacional Privado ........... 315
Histórico ........... 317
Características da Ordem Pública ........... 317
Os Três Níveis da Ordem Pública ........... 321
Aplicação da Ordem Pública Condicionada pela Proximidade ........... 326
Substituição da *Lex Causae* pela *Lex Fori* ........... 327
O Papel do Julgador ........... 327
Legislação Nacional e Estrangeira ........... 328
Projetos para Substituição da Lei de Introdução ........... 330
Tratados e Convenções ........... 331
Aplicações Veladas do Princípio da Ordem Pública ........... 332
A Religião – Desaconselhada como Fator de Conexão ........... 333
Jurisprudência Estrangeira e Brasileira: Alguns Exemplos ........... 333
O Repúdio da Mulher Muçulmana perante os Tribunais Ocidentais ........... 337
Sentença Estrangeira Imotivada ........... 338
Dívida de Jogo Contraída no Exterior ........... 340
A Ordem Pública Estrangeira e a Ordem Pública Universal ........... 342
Conclusão ........... 345

## CAPÍTULO XVI – FRAUDE À LEI ........... 347

Noção ........... 347
Fundamentos da Fraude à Lei no DIP ........... 347
Fraude à Lei no DIP e *"Forum Shopping"* ........... 349
Consequências da Fraude à Lei ........... 350
A Fraude à Lei nas Relações Familiares ........... 351
Jurisprudência Francesa ........... 353
Legislação ........... 354
Projetos para Substituição da Lei de Introdução ........... 355
Fontes Internacionais ........... 355
Fraude à Lei Estrangeira ........... 356
A Fraude à Lei na Atualidade ........... 357

## CAPÍTULO XVII – A QUESTÃO PRÉVIA ........... 359

## CAPÍTULO XVIII – INSTITUIÇÃO DESCONHECIDA ........... 365

Algumas Referências Legislativas ........... 366
Hipóteses ........... 366
A Convenção Interamericana sobre Normas Gerais de DIP ........... 367

## CAPÍTULO XIX – TEORIA DOS DIREITOS ADQUIRIDOS ... 369
A Teoria de Pillet ... 369
A Contribuição de Machado Villela ... 372
Diplomas Internacionais ... 375
O Código Civil Português ... 377
Direitos Adquiridos e Ordem Pública ... 378
O Princípio no Direito Positivo Brasileiro ... 379
Projetos para Substituição da Lei de Introdução ... 381
Outro Fundamento do Princípio dos Direitos Adquiridos ... 382
Direitos Adquiridos e Instituição Desconhecida ... 383
Direitos Adquiridos e Fraude à Lei ... 383
A Teoria Americana dos *Vested Rights* ... 383

## PARTE V – CONFLITO DE JURISDIÇÕES (PROCESSO CIVIL INTERNACIONAL) ... 385

## CAPÍTULO XX – A NATUREZA DAS NORMAS DE DIREITO PROCESSUAL INTERNACIONAL ... 387
Normas Diretas e Unilaterais ... 387
Normas de Direito Público ... 387
A Equivocada Bilateralização das Normas do Direito Processual Internacional ... 388
    Vedação à Bilateralização ... 388
    Jurisprudência Brasileira ... 389
    Jurisprudência Estrangeira ... 390
Fontes do Direito Processual Civil Internacional ... 391
*Lex Fori*, *Lex Diligentiae* e *Lex Causae* ... 392
Interligação entre a Determinação da Lei Aplicável e a Competência no Plano Internacional ... 397

## CAPÍTULO XXI – ALCANCE E LIMITES DA JURISDIÇÃO NACIONAL ... 399
Regras Gerais sobre Jurisdição (Competência Internacional) ... 400
Competência Concorrente ... 400
Novas Hipóteses de Competência Concorrente Previstas no CPC de 2015 ... 402
Relações de Consumo ... 402
Alimentos ... 404
Competência Exclusiva ... 404
Taxatividade ou Não das Hipóteses de Competência Internacional ... 405
Hipóteses Previstas em Tratados ... 406
A Eleição de Foro ... 407
Efeitos Positivos e Negativos da Cláusula ... 407

Direito Comparado e Convencional.................................................................. 408
Direito Brasileiro................................................................................................. 410
A Eleição de Foro no CPC de 2015.................................................................... 413

## CAPÍTULO XXII – IMUNIDADE DE JURISDIÇÃO E DE EXECUÇÃO ............ 415

Introdução............................................................................................................ 415
Breves Noções Preliminares............................................................................... 415
Imunidade de Jurisdição..................................................................................... 418
    Tipos de Imunidade....................................................................................... 418
Imunidade do Estado.......................................................................................... 419
Direito Brasileiro................................................................................................. 421
A Renúncia à Imunidade pelo Estado............................................................... 426
Extensão do Princípio......................................................................................... 428
Imunidade em Matéria de Direitos Humanos................................................. 429
Imunidade de Execução..................................................................................... 430
Execução Fiscal................................................................................................... 431
Outros Tipos de Imunidades............................................................................. 432

## CAPÍTULO XXIII – COOPERAÇÃO JURÍDICA INTERNACIONAL: CARTAS ROGATÓRIAS, HOMOLOGAÇÃO DE SENTENÇAS ESTRANGEIRAS E AUXÍLIO DIRETO............................................................................................. 437

Introdução............................................................................................................ 437
Cartas Rogatórias................................................................................................ 438
Cartas Rogatórias Ativas.................................................................................... 438
Cartas Rogatórias Passivas................................................................................. 439
    Competência Interna para o *Exequatur*..................................................... 439
Competência Internacional............................................................................... 441
Carta Rogatória Executória................................................................................ 443
Autoridade Requerente...................................................................................... 444
Homologação de Sentenças Estrangeiras......................................................... 445
Decisões que Precisam ser Homologadas........................................................ 448
Auxílio Direto...................................................................................................... 450

## CAPÍTULO XXIV – ARBITRAGEM INTERNACIONAL............................................ 453

Introdução............................................................................................................ 453
O Desenvolvimento da Arbitragem no Brasil................................................. 453
Arbitragem Internacional.................................................................................. 456
    Definição........................................................................................................ 456
        A) Arbitragem Internacional de Direito Internacional Público ......... 456
        B) Arbitragem de Investimentos................................................................ 457

C) Arbitragem Comercial Internacional ............................................. 458
Arbitragem Comercial Internacional no Direito Comparado ........................ 458
Arbitragem Comercial Internacional no Brasil........................................ 460
Disposições da Lei de Arbitragem Brasileira em Matéria de Arbitragem Estrangeira ou Internacional ................................................................. 462
Dispensa da Homologação Judicial no País de Origem do Laudo Arbitral.... 464
Dispensa da Citação da Parte Domiciliada no Brasil pela Via da Rogatória...... 466

**PARTE VI – PARTE ESPECIAL** .................................................................. 469

**CAPÍTULO XXV – CONTRATOS INTERNACIONAIS** ................................... 471
Algumas Considerações Iniciais .............................................................. 471
O Conceito de Contrato Internacional..................................................... 471
A Incidência do Princípio da Proximidade em Matéria de Contratos Internacionais................................................................................................ 474
A Escolha de Jurisdição e Lei Aplicável pelas Partes em Contratos Internacionais................................................................................................ 475
    Direito Internacional e Comunitário ............................................... 475
    Direito Brasileiro............................................................................. 480
Competência Internacional para Litígios Envolvendo Contratos na Ausência de Escolha pelas Partes ................................................................... 483
    Direito Internacional e Comunitário ............................................... 483
    Direito Comparado ......................................................................... 485
    Direito Brasileiro............................................................................. 485
A Determinação da Lei Aplicável aos Contratos Internacionais na Ausência de Escolha pelas Partes .................................................................. 488
    *Lex Loci Contractus* ...................................................................... 488
Direito Aplicável à Forma do Contrato .................................................... 489
Direito Aplicável à Substância do Contrato ............................................. 492
Moeda de Pagamento ............................................................................ 495
Os Contratos Internacionais na Convenção das Nações Unidas sobre Contratos de Compra e Venda Internacional de Mercadorias .................................. 497
Hipóteses de Incidência.......................................................................... 497
Interpretação.......................................................................................... 500

**CAPÍTULO XXVI – RESPONSABILIDADE CIVIL EXTRACONTRATUAL** ...... 503
Jurisdição................................................................................................ 504
Ilícitos Praticados na Internet................................................................. 506
Direito Aplicável..................................................................................... 507
    *Lex Loci Delicti Commissi* ............................................................ 507
    A Revolução Americana.................................................................. 510

  Os Princípios de Preferência de Cavers e suas Relações com os Princípios da Proteção e da Proximidade ............................................................................ 510
  A Repercussão da *Choice of Law Revolution* em Matéria de Ilícitos ......... 511
  A Doutrina da Dupla Acionabilidade ....................................................... 513
  Danos Punitivos e Ordem Pública ............................................................ 513
  Os Princípios da Autonomia e da Proximidade em Matéria de Ilícitos ... 514
  Direito Brasileiro ...................................................................................... 515

## CAPÍTULO XXVII – A FAMÍLIA .................................................................... 519
  Competência Internacional ..................................................................... 520
   Casamento e União Estável ................................................................ 520
   Direitos de Guarda e Visitação .......................................................... 524
   Alimentos ........................................................................................... 527
  Lei Aplicável ............................................................................................ 530
   Casamento e União Estável ................................................................ 530
   Formalidades Habilitantes ................................................................ 532
   Formalidades de Celebração ............................................................. 533
   Capacidade Nupcial/Validade Substancial do Casamento ............... 534
   Efeitos Pessoais do Casamento ......................................................... 536
   Efeitos Patrimoniais do Casamento – o Regime de Bens ................. 537
   Divórcio ............................................................................................... 538
   Direitos de Guarda e Visitação .......................................................... 539
   Alimentos ........................................................................................... 540

## CAPÍTULO XXVIII – SUCESSÕES .................................................................. 543
  Competência Internacional ..................................................................... 544
  Lei Aplicável ............................................................................................ 548

## CAPÍTULO XXIX – BENS .................................................................................. 553
  Competência Internacional ..................................................................... 554
   Bens Imóveis ....................................................................................... 554
   Bens Móveis ........................................................................................ 557
   Propriedade Intelectual ..................................................................... 557
  Lei Aplicável ............................................................................................ 558
   Bens Imóveis ....................................................................................... 560
   Bens Móveis ........................................................................................ 561
   Propriedade Intelectual ..................................................................... 562
   Navios e Aeronaves ............................................................................ 563
   Patrimônio Cultural ........................................................................... 564

## BIBLIOGRAFIA ...................................................................................................... 567

# PARTE I

# INTRODUÇÃO À DISCIPLINA

*Capítulo I*
# O DOMÍNIO DO DIREITO INTERNACIONAL PRIVADO

## O OBJETO

A internacionalização da vida e das atividades humanas acarreta uma série de fenômenos de natureza jurídica que devem ser enfrentados pelos Estados isoladamente e pelas entidades regionais e internacionais no plano coletivo.

Há várias concepções sobre o objeto do Direito Internacional Privado. A mais ampla é a francesa, que entende abranger a disciplina quatro matérias distintas: a nacionalidade; a condição jurídica do estrangeiro; o conflito das leis e o conflito de jurisdições, havendo ainda uma corrente, liderada por Antoine Pillet, que adiciona, como quinto tópico, os direitos adquiridos na sua dimensão internacional.[1]

A nacionalidade cuida da caracterização nacional de cada Estado, das formas originárias e derivadas de aquisição da nacionalidade, da sua perda e reaquisição, dos conflitos positivos e negativos, ocasionando, respectivamente, a dupla nacionalidade e a apatridia, dos efeitos do casamento sobre a nacionalidade da mulher e das eventuais restrições aos nacionais por naturalização.

A condição jurídica do estrangeiro versa os direitos do estrangeiro de entrar e permanecer no país; uma vez domiciliado ou residente no território nacional, trata de seus direitos no plano econômico (civil, comercial); social (trabalhista, previdenciário); público (funcionalismo); político (eleitoral), incluindo restrições que sofre em determinadas áreas da atividade humana.

O conflito de leis versa as relações humanas ligadas a dois ou mais sistemas jurídicos cujas normas materiais geralmente não coincidem,[2] cabendo determinar qual dos sistemas será aplicado.

O conflito de jurisdições gira em torno da competência do Judiciário na solução de situações que envolvem pessoas, coisas ou interesses que extravasam os limites de uma soberania. À competência jurisdicional internacional está ligado o tema do reconhecimento e execução de sentenças proferidas no estrangeiro.

A teoria dos direitos adquiridos como objeto do Direito Internacional Privado trata da mobilidade das relações jurídicas, quando nascem em uma jurisdição, repercutindo seus efeitos em outra, sujeita a legislação diversa.

---

[1] Antoine Pillet, *Principes de Droit International Privé*, 1903, p. 27 e ss. e *Clunet*, 1893, p. 3 e ss.

[2] Joseph Story abre seu clássico *Conflict of Laws* com a seguinte explanação sobre a existência de leis conflitantes entre os povos: "The Earth has long since been divided into distinct Nations, inhabiting different regions, speaking different languages, engaged in different pursuits, and attached to different forms of government. It is natural, that under such circumstances, there should be many variances in their institutions, customs, laws and polity; and that these variances should result sometimes from accident, and sometimes from design, sometimes from superior skill and knowledge of local interests, and sometimes from a choice founded in ignorance, and supported by the prejudices of imperfect civilization...".

A doutrina alemã[3] restringe o objeto da ciência ao conflito das leis e a doutrina dos países anglo-saxões, notadamente da Grã-Bretanha[4] e dos Estados Unidos,[5] que a denominam de *"Conflict of Laws"*, estudam o conflito das leis e o conflito das jurisdições, incluindo aí o reconhecimento de sentenças estrangeiras.

No Brasil ocorre uma divergência entre certos autores: Eduardo Espínola considera que a disciplina abrange o conflito das leis e o conflito de jurisdições; já Amilcar de Castro insiste que o único real objeto é a escolha da lei aplicável, aceitando nacionalidade, domicílio, condição jurídica do estrangeiro como *"exposições complementares"*.[6]

Entendemos que o estudo das relações jurídicas do homem na sua dimensão internacional, na defesa de seus direitos no plano extraterritorial, abrange o exame de sua nacionalidade, o estudo de seus direitos como estrangeiro, as jurisdições a que poderá recorrer e às quais poderá ser chamado, a cooperação jurídica internacional, assim como as leis que lhe serão aplicadas.

A disciplina não mais se restringe – como se sustentou outrora – a instituições do direito privado; atua igualmente no campo do direito público: questões fiscais, financeiras, monetário--cambiais, penais e administrativas assumem aspectos internacionais e exigem que se recorra a regras e princípios do Direito Internacional Privado.[7]

A justaposição destes temas, nacionalidade, condição jurídica dos estrangeiros, conflito de leis e conflito de jurisdições, tem sido objeto de interessantes classificações. Henri Batiffol e Paul Lagarde[8] dizem que o Direito Internacional Privado estuda os sujeitos do direito, o exercício dos direitos e a sanção dos direitos: os sujeitos, ao tratar de nacionalidade e da condição jurídica do estrangeiro; o exercício, ao versar os conflitos de leis, e a sanção, quando se dedica ao conflito de jurisdições.

Pillet[9] classificava os temas em gozo dos direitos, exercício dos direitos e reconhecimento dos direitos. O gozo dos direitos se refere à condição dos estrangeiros, em que se estuda o que podem e o que não podem fazer, e isto é decidido exclusivamente pela lei do foro, *lex fori*. O exercício dos direitos trata de como exercer o direito, o que poderá ser na conformidade da lei local ou de alguma lei estrangeira, escolha que o Direito Internacional Privado do foro há de efetuar. E o reconhecimento dos direitos versa os efeitos internacionais dos direitos adquiridos no estrangeiro.

Amílcar de Castro[10] ilustra a composição do tema da condição jurídica do estrangeiro com o do conflito de leis mediante o exemplo de um estrangeiro de 17 anos, domiciliado em seu país, que, de passagem pelo Brasil, deseja fazer seu testamento. Condição jurídica do estrangeiro – pode um estrangeiro efetuar o ato de testamento no Brasil, ou estará este ato entre os vedados aos estrangeiros no país? A resposta é que o estrangeiro tem condição jurídica

---

[3] Martin Wolf, *Derecho Internacional Privado*, 1936, p. 17-18.
[4] Dicey and Morris, *The Conflict of Laws*, p. 7.
[5] *Restatement of the Law of Conflict of Laws, Second*, regra n. 2, p. 2.
[6] Amilcar de Castro, *Direito Internacional Privado*, 1977, p. 55; Eduardo Espínola, *Elementos de Direito Internacional Privado*, 1925, p. 23. Já Clóvis Beviláqua, *Princípios Elementares de Direito Internacional Privado*, 1938, p. 125, e Haroldo Valladão, *Direito Internacional Privado*, v. I, 1980, p. 44, são a favor do objeto abrangente.
[7] Vide adiante neste capítulo sob o subitem "O Direito Público no Âmbito do Direito Internacional Privado".
[8] Henri Batiffol e Paul Lagarde, *Droit International Privé*, tomo I, 1993, p. 7.
[9] Antoine Pillet, *Principes de Droit International Privé*, 1903, p. 27 e ss.
[10] Amílcar de Castro, *Direito Internacional Privado*, 1977, p. 69.

para testar no Brasil. Segue-se a segunda questão: que lei civil será aplicada ao testamento, no que tange à capacidade e às normas testamentárias?

Responde o Direito Internacional Privado brasileiro à segunda questão que os aspectos formais são regidos pela lei do local da feitura do testamento, e os aspectos de substância e de capacidade pela lei do país onde o jovem está domiciliado. Se esta lei veda o testamento aos menores de 18 anos, ele tem o direito de testar no Brasil, mas não tem capacidade de fato no Brasil para exercê-lo, enquanto as pessoas domiciliadas no Brasil, e por isso regidas por nossa lei, podem testar a partir de 16 anos de idade, conforme o artigo 1.860, parágrafo único, do Código Civil.[11]

Concebe-se o encontro de todos os problemas acima enunciados num caso hipotético em que um homem nascido em Paris, de pais brasileiros, casado com uma francesa, que tenha firmado, na capital francesa, juntamente com sua esposa, com quem é casado pelo regime de separação de bens, um contrato de compra do controle acionário de uma sociedade brasileira, proprietária de um órgão jornalístico e que descumpre as obrigações assumidas com o vendedor no que tange ao pagamento parcelado do preço da aquisição.

A caracterização da nacionalidade do adquirente é de suma relevância, em face da proibição legal brasileira de controle de empresa jornalística por estrangeiro.[12]

Temos aqui questões de nacionalidade no que tange ao varão (será ele brasileiro ou francês?) e de condição jurídica do estrangeiro no que tange à sua esposa que participou da operação adquirindo parte das ações transacionadas (pode ela ser titular destas ações?).

Saber qual o tribunal competente para julgar a ação do vendedor contra o casal de compradores envolve conflito de jurisdição, eis que, firmado o contrato em Paris por uma francesa, sua justiça se considerará competente,[13] e como o contrato devia ser cumprido no Brasil, a justiça brasileira também se considerará competente.[14] Decidida esta questão, caberá definir que lei será aplicada para o exame de validade formal do contrato, de sua substância, *i.e.*, a interpretação de suas cláusulas, o entendimento dos direitos e obrigações das partes e as consequências de um eventual inadimplemento, sendo também necessário saber da possibilidade de se confirmar e executar a sentença prolatada em um dos países na jurisdição do outro.

Temos aí os temas do conflito de jurisdições e do conflito de leis, eis que diversas são as normas que regem estas matérias nos dois países. São dois problemas – a indicação da jurisdição competente e da lei aplicável – que devem ser examinados autonomamente, nesta ordem cronológica. Uma vez determinada a jurisdição competente, caberá a esta decidir sobre a lei aplicável.

Diante de uma situação jurídica conectada com duas ou mais legislações, que contêm normas diversas, conflitantes, estabelece-se a dúvida sobre qual das legislações deva ser aplicada. A missão primordial do internacionalista é indicar qual sistema jurídico deve ser aplicado dentre as várias legislações conectadas com a hipótese jurídica.

O Direito Internacional Privado, ao trabalhar com o conflito das leis – inegavelmente o campo mais amplo e importante de seu objeto –, há de criar regras para orientar o Juiz sobre a escolha da lei a ser aplicada. A diversidade legislativa permanece, mas a situação concreta é resolvida mediante a aplicação de um dos ordenamentos, escolhida de acordo com as regras fixadas, geralmente pelo legislador e, ocasionalmente, pela Doutrina ou pela Jurisprudência.

---

[11] A distinção está entre a capacidade de direito (gozo) e a capacidade de fato (exercício).
[12] Constituição de 1988, art. 222.
[13] Código Civil francês, art. 15.
[14] Código de Processo Civil brasileiro, art. 21, II.

A referência a um "conflito de leis" pode dar a ideia errônea de que se configura colisão ou choque entre normas legais de diversos sistemas jurídicos, o que não é exato, eis que cada sistema legisla para si. Quando a lei de um país estabelece a maioridade civil aos 18 anos,[15] enquanto a lei de outro país a fixa aos 21 anos,[16] não há efetivamente um conflito, uma colisão, um choque. São normas diferentes sobre o mesmo instituto jurídico, uma idealizada para uma sociedade, a outra para uma sociedade diferente. Ocorrem, todavia, hipóteses em que o julgador deverá decidir se se trata de caso regido por um ou outro sistema. Estará o Juiz diante da "concorrência" ou do "concurso" de duas leis diferentes sobre a mesma questão jurídica. E à ciência do "conflito das leis" cabe orientar sobre a escolha a ser feita entre as duas normas concorrentes.[17] Observação análoga pode ser feita em relação a "conflito de jurisdições".

## A DENOMINAÇÃO

Há um generalizado deleite entre os estudiosos do Direito Internacional Privado em demonstrar que a denominação da disciplina é incorreta e ao mesmo tempo manter-se fiel a ela.

A principal fonte do Direito Internacional Privado é a legislação interna de cada sistema, razão por que não cabe falar em direito internacional, uma vez que a autoria de suas regras é interna e não internacional. Denota-se assim a perfeita distinção entre o Direito Internacional Público e o Direito Internacional Privado, pois, enquanto aquele é regido primordialmente por Tratados e Convenções, multi e bilaterais, controlada a observância de suas normas por órgãos internacionais e regionais, o Direito Internacional Privado é preponderantemente composto de normas produzidas pelo legislador interno. A nacionalidade é fenômeno eminentemente nacional, e nenhuma soberania concebe qualquer interferência de fontes estranhas na elaboração de sua política e de suas normas. A condição jurídica do estrangeiro é igualmente matéria regida por normas internas, respeitados determinados princípios acordados pelos Estados. As regras sobre competência dos tribunais de cada país são indubitavelmente de inspiração e de autoria do legislador de cada jurisdição.

Em matéria de conflito de leis produziu-se, efetivamente, uma rica obra convencional, especialmente na segunda metade do século XX, mas considerável parte das convenções aprovadas não vigora por falta de número mínimo de ratificações, ou vigora em número reduzido de países, e assim, via de regra, as soluções são encontradas nas normas internas de cada sistema sobre a aplicação da lei no espaço, e, como veremos no capítulo VIII (Direito Uniforme, Direito Internacional Privado e Direito Comparado), os países vêm formulando estatutos cada vez mais detalhados sobre a escolha da lei aplicável. A obra convencional figura como pano de fundo, de valor relativo, refletida na opinião da doutrina e na produção jurisprudencial.

Assim, temos ampla diversidade nas soluções nacionais para os conflitos de leis, e consequentemente é difícil conceber a denominação "internacional" que sugere uniformidade.

Outra crítica que se faz à denominação "internacional" é de que esse termo dá a ideia de uma relação jurídica entre Estados, quando, em verdade, o Direito Internacional Privado mais frequentemente trata de interesses de pessoas privadas, sejam físicas ou jurídicas, e quando cuida de interesses do Estado, este figura tão somente como membro da sociedade comercial internacional, mas não na sua manifestação de ente soberano. O Direito Internacional Público, este, sim, versa interesses estatais e conflitos entre soberanias, o que caracteriza sua internacionalidade.

---

[15] Código Civil francês, art. 388.
[16] Código Civil brasileiro de 1916, art. 6º.
[17] Clóvis Newton de Lemos, *Questões Fundamentais de Direito Internacional Privado*, 1939, p. 25.

Portanto, a ciência que tem como seu principal objeto o conflito das leis, estabelecendo regras para a opção dentre as mesmas, é um direito eminentemente nacional, daí ser incorreta sua denominação "internacional". E como esta ciência também estuda os conflitos interespaciais, não internacionais, bem como os interpessoais (ver mais adiante, neste capítulo), certamente que a denominação contrasta com o conteúdo da disciplina.

Prossegue a crítica sobre a denominação da ciência, concentrando agora seu poder de fogo sobre o termo "privado". Se incluídas estão na disciplina questões de Direito Processual, Fiscal, Monetário, Financeiro, Administrativo e Penal, como se falar em direito privado? A justificativa apresentada é de que o "privado" não está em relação à norma, mas ao sujeito interessado na escolha da lei, e este é sempre privado. A crítica não descansa e replica: se se trata de encontrar solução ou opção entre duas normas jurídicas provenientes de sistemas diversos, se se trata portanto de um sobredireito[18] a decidir sobre qual de dois direitos deva ser aplicado, se suas normas devem respeitar e seguir a orientação dos grandes princípios imanentes do Direito Internacional Público, pois também na solução das questões privadas internacionais há que se atentar para os interesses público-políticos de natureza internacional, se, enfim, se trata do ordenamento da competência das competências, seguramente será um direito público e não um direito privado, por mais privados que sejam os interesses envolvidos, sendo, pois, errôneo o termo "privado" contido na denominação.

A alternativa aventada, "Direito Privado Internacional", satisfaria a alguns aspectos das críticas levantadas, pois o internacional se referiria tão somente à esfera internacional dos interesses envolvidos, mas vários pontos da crítica permaneceriam válidos.

Muitas outras sugestões para a denominação da ciência foram oferecidas pelos estudiosos. Entre nós, Raul Pederneiras criou um neologismo, "Nomantologia",[19] significando o estudo (*logos*) do confronto (*ante*) das leis (*nomos*).

Entendemos que a melhor proposta é a de Arminjon, que sugeriu "Direito Intersistemático",[20] pois abrange todos os tipos de situações conflitantes: conflitos interespaciais – tanto os internacionais como os internos –, conflitos interpessoais, e também os problemas de natureza jurisdicional, cobrindo, assim, todas as situações em que se defrontam dois sistemas jurídicos com referência a uma relação de direito.

Segundo Arminjon,[21] um sistema jurídico,

"é um agrupamento de pessoas unidas por uma regra jurídica que ordena os principais aspectos de sua vida social e, frequentemente, também por instituições jurisdicionais e administrativas".

Os outros aspectos estudados, nacionalidade e condição jurídica do estrangeiro, a rigor, não exigem cobertura da denominação, mas, com algum esforço de imaginação, podem ser considerados integrados na denominação proposta, pois, quando se examina a nacionalidade de alguém ou a condição jurídica de um estrangeiro, isso também pode ser considerado uma análise intersistemática.

---

[18] *Legum leges, jus supra jura, Diritto dei Diritti, Recht des Rechtsordenungen.*
[19] Oscar Tenório, *Direito Internacional Privado*, v. 1, 1976, p. 17.
[20] Oscar Tenório, *Direito Internacional Privado*, v. 1, 1976, p. 17.
[21] P. Arminjon, *Précis de Droit International Privé*, 1947, tomo I, p. 141: "Un système juridique est un groupement des personnes unies par une règle juridique qui ordonne les principaux éléments de leur vie sociale et souvent aussi par des institutions juridictionnelles et administratives".

No entanto, apesar de toda a crítica ao "Direito Internacional Privado", a denominação é mantida. Diríamos que didaticamente com bons resultados, pois que a crítica vai ensinando tudo o que o Direito Internacional Privado não é, facilitando destarte a compreensão do que realmente seja.

A denominação foi formulada pela primeira vez por Joseph Story[22] nos Estados Unidos, em 1834, e utilizada como título de obra por Foelix, na França, em 1843,[23] ganhando aceitação quase universal. Os anglo-americanos preferem a denominação *"Conflict of Laws"*, mais adequada, pois se refere ao principal objeto da ciência, e, se considerarmos que abrange todo tipo de conflito, inclusive o de natureza jurisdicional, a denominação é completa, pois eles não incluem no objeto da disciplina a nacionalidade e a condição jurídica do estrangeiro.[24]

## O RELACIONAMENTO DO DIP COM AS OUTRAS DISCIPLINAS JURÍDICAS

Para melhor compreensão de nossa disciplina há que examinar seu relacionamento com as demais disciplinas jurídicas. Fala-se nas suas "afinidades com os demais ramos de Direito, principalmente o direito internacional público".[25] Além das afinidades, o alcance da disciplina se materializa na aplicação de seus princípios e regras às demais disciplinas jurídicas, na influência de suas regras sobre a aplicação das normas de todos os campos do Direito.

Numa situação jurídica que se desenrola em um espaço nacional, entre nacionais domiciliados no mesmo território, ausente qualquer fator externo, como na hipótese de brasileiros, domiciliados no Brasil, que assinam em território brasileiro escritura pública de compra e venda de imóvel situado no Brasil, aplica-se a lei brasileira, por inexistir relação alguma com sistema jurídico estrangeiro, não havendo, assim, interesse algum para o Direito Internacional Privado. Este só surge quando ocorre algum fator extraterritorial, seja no plano subjetivo da relação jurídica, seja em algum aspecto objetivo da mesma. Quando isto acontece, a situação se encontra ligada a dois sistemas jurídicos, e há que ser feita a escolha sobre a lei aplicável, o que se soluciona por meio das regras do Direito Internacional Privado que determinam qual o direito interno apropriado para a *quaestio juris*. Aí temos superordenamento, *i.e.*, o sobredireito que decide sobre o direito a ser aplicado.

O Direito Internacional Privado é a projeção do direito interno sobre o plano internacional, como formulou Bartin,[26] ou, como bem colocado por Ferrer Correia,[27] professor de Coimbra, o Direito Internacional Privado é a dimensão internacional ou universalista do direito interno.

---

[22] Joseph Story, *Commentaries on the Conflict of Laws*, 1834, p. 8: "This branch of public law may, therefore, be fitly denominated private international law, since it is chiefly seen and felt in its application to the common business of private persons, and rarely rises to dignity of national negotiations, or of national controversies".

[23] M. Foelix, *Traité du Droit International Privé on du conflit des lois de différentes nations, en matière de droit privé*, 1856.

[24] A denominação *Conflict of Laws* é atribuída a Ulrich Huber, holandês, que intitulou sua obra clássica *"De conflictu legum diversarum in diversis imperiis"*. Alguns autores angloamericanos utilizam a denominação *"Private International Law"*: G. C. Cheshire na Inglaterra e Arthur K. Kuhn nos Estados Unidos assim intitularam seus estudos. J. H. C. Morris tem uma obra sobre *"Conflict of Laws"* e foi o atualizador da obra clássica britânica sob o mesmo título, de Dicey, mas também escreveu *"Cases on Private International Law"*.

[25] Oscar Tenório, *Direito Internacional Privado*, v. I, 1976, p. 26, nota 31.

[26] BARTIN, *apud* Yvon Loussouarn e Jean-Denis Bredin, *Droit du Commerce International*, 1969, p. 6, nota 4.

[27] Ferrer Correia, *Lições de Direito Internacional Privado*, 1963, p. 284-285.

Werner Goldschmidt[28] contribui dizendo que o DIP não é mais do que um Direito Privado especial, ou seja, aquela parte do Direito Privado que contempla os casos que contêm elementos estrangeiros.

## DIREITO INTERNACIONAL PRIVADO E DIREITO INTERNACIONAL PÚBLICO

A relação entre o Direito Internacional Privado e o Direito Internacional Público tem sido objeto de muita reflexão e de considerável divergência. Mancini,[29] um dos principais pensadores do Direito Internacional Privado do século XIX, se referiu à obrigação que deriva do Direito Internacional Público sobre cada Estado no que tange ao tratamento dos estrangeiros em seu território. "*A ciência considera este tratamento um rigoroso dever de justiça internacional, do qual um Estado não se pode subtrair sem violar o direito das gentes, sem romper os laços que o unem à espécie humana dentro de uma grande comunidade de direito, fundada sobre a comunidade e a sociabilidade da natureza humana.*"

Etienne Bartin[30] tece várias considerações a respeito da influência do Direito Internacional Público sobre o Direito Internacional Privado, dizendo que parecem ligados um ao outro como dois ramos de um galho comum e que ambos, o Direito Internacional Público e o Direito Internacional Privado, pertencem a uma disciplina comum, constituindo uma ciência.[31]

Hans Kelsen[32] entende que os grandes princípios do Direito Internacional Privado emanam do Direito Internacional Público, como a aplicação das leis de outros Estados, a vedação ao questionamento da validade de atos praticados por outros Estados dentro de sua jurisdição e o reconhecimento da validade dos direitos adquiridos no estrangeiro sob a égide da lei local.

Clóvis Beviláqua[33] e Rodrigo Octávio[34] consideram o Direito Internacional Privado disciplina autônoma.

Arminjon,[35] invocando Harrison,[36] refuta a dependência do Direito Internacional Privado ao Direito Internacional Público, eis que aquele é muito mais antigo do que este, considerando que desde o início do século XIV (e mesmo anteriormente) já eram formuladas as regras precisas e técnicas que os tribunais aplicam até os dias atuais para solucionar os conflitos de leis, época aquela em que os Estados ainda não se haviam constituído, a noção de soberania ainda não se formara, em suma, não existia ainda o direito das gentes, que só foi criado no século XVI. Qual seria então o fundamento do Direito Internacional Privado se este dependesse do Direito Internacional Público?

Este argumento poderia ser contraditado com a lembrança de que, em seus primórdios o Direito Internacional Privado só cuidava de conflitos entre leis municipais, sendo que, à medida que foram se formando os Estados europeus, soberanos e independentes, as regras

---

[28] Werner Goldschmidt, *Derecho Internacional Privado*, 1974, p. 87.
[29] MANCINI, Relatório ao Instituto de Direito Internacional, publicado no *Clunet*, 1873.230, tomo I, reproduzido por F. Laurent, em *Le Droit Civil International*, p. 637, obra dedicada ao presidente daquela instituição, o próprio MANCINI.
[30] E. Bartin, *Études de Droit International Privé*, 1899, p. 218.
[31] E. Bartin, *Études de Droit International Privé*, 1899, p. 220.
[32] Hans Kelsen, *Principles of International Law*, 1967, p. 380-381.
[33] Clóvis Beviláqua, *Princípios Elementares de Direito Internacional Privado*, 1938, p. 119.
[34] Rodrigo Octávio, *Direito Internacional Privado*, 1942, p. 204-205.
[35] P. Arminjon, *Précis de Droit International Privé*, 1947, tomo I, p. 34.
[36] Frederic Harrison, *On Jurisprudence and Conflict of Laws*, 1919.

para solução dos conflitos intermunicipais foram evoluindo para, afinal, aplicar-se aos conflitos de leis dos Estados, mas a esta época já se haviam consolidado os princípios do Direito Internacional Público. Este contra-argumento à cronologia das duas disciplinas não é convincente, pois os princípios que inspiram o direito internacional privado e muitas de suas regras passaram naturalmente da área intermunicipal para o campo internacional, permanecendo como uma só disciplina, eis que atualmente suas normas regem indistintamente os conflitos internacionais, interespaciais e interpessoais.

Não se há necessariamente de seguir aqueles que pretendem que o Direito Internacional Privado emana do Direito Internacional Público, ou que as disciplinas sejam paralelas, galhos da mesma árvore, mas também não devemos manter a ideia da completa autonomia da nossa disciplina. Há, inequivocamente, afinidade entre as duas disciplinas jurídicas, ambas voltadas para questões que afetam os múltiplos relacionamentos internacionais, uma dedicada às questões políticas, militares e econômicas dos Estados em suas manifestações soberanas, a outra concentrada nos interesses particulares, dos quais os Estados participam cada vez mais intensamente. Entre as duas disciplinas tem havido recíproca colaboração por juristas de todo o mundo, para ambas têm sido elaborados tratados e convenções por organismos internacionais e regionais, e os "princípios gerais de direito reconhecidos pelas nações civilizadas" – noção assentada no Regulamento da Corte Internacional de Justiça – norteiam e limitam o legislador e o aplicador da lei em questões que dizem respeito tanto ao Direito Internacional Público como ao Privado.

Modernamente se estuda a interação entre o Direito Internacional Público e o Direito Internacional Privado.[37] Philip Jessup desenvolveu a noção "*Transnational Law*", que funde o Direito Internacional Público, o Direito Internacional Privado e novos campos do Direito que não se enquadram em qualquer uma destas tradicionais disciplinas.[38]

Em 1974, França e Irã assinaram Acordo de Cooperação Científica, Técnica e Industrial, e em 1984 a Corte de Cassação francesa, julgando uma causa relacionada com estes acordos, disse que "as partes envolvidas nestes acordos estavam situadas no mais alto nível; estavam na *encruzilhada do Direito Internacional Privado com o Direito Internacional Público*, havendo motivos para se questionar sob qual dos dois os acordos estavam cobertos".[39]

## A "SOCIEDADE INTERNACIONAL"

As hipóteses que formulamos para ilustrar a dimensão internacional das normas jurídicas do direito interno demonstram que, além das sociedades internas, regidas por sua própria legislação, existe uma outra sociedade maior, composta pelo encontro de elementos destas sociedades nacionais, que compõe a "sociedade internacional".

---

[37] Harold G Maier, Extraterritorial Jurisdiction at a Crossroads: an intersection between public and private international law, *American Journal of International Law* 76:280, 1982; Pierre Mayer, *Droit international privé et droit international public sous l'angle de la notion de compétence*, Revue, 1979.1; Andreas F. Lowenfeld, *Public Law in the International Arena*: Conflict of Laws, International Law, and some suggestions for their interaction, *Recueil des Cours* 163:311, 1979.

[38] Oscar Schachter, Philip Jessup's Life and Ideas, *American Journal of International Law* 80:893-4, 1986. Como novos ramos do direito Jessup referia ao Direito da Comunidade Europeia, o Direito Marítimo, o Direito Administrativo Internacional, os crimes de guerra, o Direito do Desenvolvimento Econômico e as regras aplicáveis às empresas multinacionais.

[39] Nos últimos tempos se fizeram ouvir vozes sobre a "expansão do direito internacional privado às custas do direito internacional público", in *American Journal of International Law*, 1971, p. 253, 291 e *Texas International Law Journal*, 2005, p. 231.

Anteriormente se falava na "sociedade universal dos indivíduos".[40] Brocher e Pillet criaram a fórmula da "sociedade internacional" divulgada na França por Batiffol,[41] e já anteriormente aceita no Brasil por Clóvis Beviláqua[42] e Rodrigo Octávio.[43]

## A ÓTICA DA DISCIPLINA

O Direito Internacional Privado, em seu objeto preponderante, o do conflito das leis, pode ser encarado de duas formas diferentes. A primeira forma é o enfoque que compara leis de diversos sistemas, divergentes entre si. O título da obra de Ulrich Huber caracteriza bem esta maneira de ver a disciplina "*De conflictu legum diversarum in diversis imperiis*". Neste enfoque procura-se solucionar a questão que indaga "até onde o alcance da aplicação de minha lei?" Esta visão é caracterizada por seu unilateralismo, levando ao método denominado unilateralista,[44] que procura decidir sobre a extensão da norma legal interna da jurisdição nacional de acordo com os interesses governamentais, visando a que a mesma seja aplicada em praticamente todas as hipóteses de conflito. Brainerd Currie denominou este método de "*government interest analysis*".[45] Por este método procura-se o alcance extraterritorial de determinadas normas internas de um sistema jurídico.

O outro enfoque do conflito das leis, que leva a método totalmente diverso, é o multilateralismo que, ao invés de indagar sobre a extensão do alcance de determinada lei, procura saber qual a lei aplicável para as diferentes relações jurídicas. Este foi o método proposto por Savigny, que repercute nas conhecidas teorias que procuram detectar o "centro de gravidade" de uma relação jurídica multinacional ou "a relação mais significativa" como estabelecido no *Restatement*,[46] e que atualmente está consubstanciado no princípio da proximidade.

Um professor americano, de origem europeia, explica bem a distinção entre os dois métodos, assim escrevendo:

---

[40] J. Jitta, *Método de Derecho Internacional Privado*, 1990, p. 251-230, o autor fala da existência de "*una sociedad jurídica que abarca todo el género humano*". Savigny criara a noção da "comunidade de direito entre os diversos povos" que será vista no capítulo sobre a história do DIP e IHERING, em "Direito como Meio para um Fim", escreveu no capítulo VI da Parte 1ª, que "geograficamente a esfera da sociedade não coincide com a do Estado; este termina nas fronteiras de seu território, aquele se estende sobre toda a terra...".

[41] Henri Batiffol e Paul Lagarde, *Droit International Privé*, tomo I, 1993, p. 1, onde firmam esta noção para o conjunto das relações internacionais dos indivíduos e dos Estados.

[42] Clóvis Beviláqua, *Princípios Elementares de Direito Internacional Privado*, 1938, p. 86-87.

[43] Rodrigo Octávio, *Direito Internacional Privado*, 1942, p. 80; v. Haroldo Valladão, *Direito Internacional Privado*, v. I, 1980, p. 12. Mas vide Amilcar de Castro, A suposta sociedade internacional de indivíduos, *Revista dos Tribunais* 165:7 e ss., 1956, que nega o fenômeno.

[44] Vide Friedrich K. Juenger, *American and European Conflicts Law, American Journal Comparative Law* 30:122, 1982; Ole Lando, *New American Choice-of-Law Principles and the European Conflict of Laws of Contracts, American Journal Comparative Law* 30:122, 1982; Bernard Audit, *Droit International Privé*, 1991, p. 93-94; Yvon Loussouarn e Pierre Bourel, *Droit International Privé*, 1996, p. 125; Max Gutzwiller, *Le Développement Historique du Droit International Privé, Recueil des Cours* 29:312 e 354, 1929.

[45] Currie lançou sua teoria em um artigo publicado em 1959, seguido de vários outros escritos a respeito da matéria, que consolidou em Bernard Currie, *Selected Essays*, 1963, p. 188 e ss. Sua teoria é tida como um dos pilares da filosofia da *Conflict of Laws* nos Estados Unidos.

[46] *Restatement of the Conflict of Laws*, Regra 188: "os direitos e deveres das partes em um contrato são determinados pela lei do Estado com a qual a questão tem a mais significativa relação" ("*the most significant relationship*").

"O método unilateral foca diretamente sobre o conteúdo das leis substantivas concorrentes e tenta resolver o problema conflitual delineando o raio de ação pretendido para as leis em questão, com base nos seus objetivos. O método multilateral classifica as relações jurídicas em categorias preestabelecidas, emprestadas do direito interno, e em seguida atribui cada uma destas relações a uma ordem jurídica à qual 'ela pertence'. Diversamente do que ocorre no método unilateral, o enfoque é na relação jurídica e sua conexão territorial ou de outra natureza com determinado Estado, ao invés de um 'desejo' unilateral dos Estados envolvidos de que sua lei seja a aplicada".[47]

Sobre estas duas maneiras de enfocar a disciplina do conflito das leis encontramos interessante divergência em nossa doutrina. Haroldo Valladão classifica Savigny como tendo abordado a ciência do conflito de leis do ponto de vista das leis em causa,[48] enquanto Pontes de Miranda considera que Savigny concentrou sua análise sobre a relação jurídica,[49] criticando-o por isto: "O mal de Savigny foi não ser o internacionalista e não ter visto a diferença essencial entre o superdireito e o direito, em querer aplicar a análise das relações, em que, como civilista, excelia, ao Direito Internacional Privado, que é um direito sobre leis e não sobre relações".[50]

Pontes de Miranda tinha razão quanto à ótica de Savigny, mas não concordamos com a crítica que faz ao jurista alemão, pois o Direito Internacional Privado efetivamente se baseia na análise da relação jurídica e de sua qualificação, para localizar a conexão ao sistema jurídico mais adequado, visando a sua aplicação, e esta análise deve ser feita à luz dos conceitos do direito interno, como veremos adiante, principalmente nos capítulos X e XIII.

## O DIREITO PÚBLICO NO ÂMBITO DO DIREITO INTERNACIONAL PRIVADO

Os conflitos de leis sobre os quais versa o Direito Internacional Privado abrangem todas as categorias de leis, tanto de direito privado como de direito público, ou só as daquele ramo? Esta é uma das mais interessantes e controvertidas questões suscitadas na doutrina, sobre a qual já colocamos nossa posição no início deste capítulo.

Pasquale Fiore exclui do Direito Internacional Privado o Direito Penal Internacional e os outros campos do direito integrados no direito público.[51]

Segundo esta corrente doutrinária, as leis penais, fiscais e monetárias estão fora do alcance do Direito Internacional Privado, eis que não se concebe aplicá-las extraterritorialmente. "*País algum jamais considerará as leis fiscais de outro país*", exclamação proferida em 1775 por

---

[47] Symeon Symeonides, *Louisiana's Draft on Succession and Marital Property*, American. Journal of Comparative Law 35:259, 1987. Vide também, do mesmo autor, *Les grands problèmes de droit international privé et la nouvelle codification de Louisiane*, Revue, 1992.223.

[48] Haroldo Valladão, *Direito Internacional Privado*, v. I, 1980, p. 39.

[49] Pontes de Miranda, *Tratado de Direito Internacional Privado*, v. I, 1935, p. 63.

[50] Efetivamente, Savigny introduz o problema do conflito das leis no oitavo volume de sua obra clássica "System des heutigen römischen Rechts", tradução para o francês de M. Ch. Guenoux, "Traité de Droit Romain", examinando-o por ambos enfoques, assim escrevendo à página 6 da tradução francesa: "para as regras de direito perguntamos: quais são as relações de direito submetidas a estas regras?, para as relações de direito: a que regras são submetidas". Mas no curso da obra, Savigny impõe o método multilateral com sua teoria da "comunidade de direito entre os diversos povos", pela qual propõe que cada relação jurídica seja regida pelo direito mais conforme à natureza essencial da mesma, p. 31, 109 e 118. Vide uma apreciação algo diversa sobre a posição de Savigny em Gerhard Kegel, Story and Savigny, *American Journal of Comparative Law* 37:39-59, 1989. Sobre os métodos unilateral e multilateral, vide, *infra*, capítulo II.

[51] Pasquale Fiore, *Le Droit International Privé*, 1890, p. 4.

Lord Mansfield na Câmara Alta britânica, tornou-se famosa e foi frequentemente invocada em dois séculos de jurisprudência anglo-americana.

Outra escola advoga a inclusão do Direito Penal no campo do Direito Internacional Privado. Franz Despagnet,[52] assim como Foelix,[53] consideravam conjuntamente os conflitos de leis civis e os conflitos de leis penais, seguidos por Vareilles-Sommières, para quem o Direito Internacional Privado é um *"pot-pourri que contém os elementos de todas as partes do Direito".*[54]

Também Antonio Sanchez de Bustamante assim entendia, tanto que incluiu no seu Código de Direito Internacional Privado – o Código Bustamante – um livro dedicado ao conflito das leis penais.

Curiosamente, esses autores não se referem ao clássico autor Bártolo de Sassoferato, que pontificou no século XIV e que dedica o capítulo VII de seu "Conflict of Laws" ao direito penal.

Antes do Código de Bustamante, o Tratado de Lima, de 1878, já incluíra um título dedicado à matéria penal.

O primeiro autor brasileiro de Direito Internacional Privado, Pimenta Bueno, assim escreveu: *"O Direito Internacional Privado é o complexo de leis positivas, atos, precedentes, máximas e princípios recebidos ou racionais, segundo os quais as nações civilizadas aplicam as suas leis particulares, ou consentem na aplicação de leis privadas estrangeiras dentro de seu território nas questões de caráter particular, que afetam súditos estrangeiros em matéria civil, comercial, criminal, e mesmo administrativa".*[55] O título quarto da obra do Marquês de São Vicente é dedicado aos *"atos ilícitos ou criminosos e da jurisdição respectiva".*[56]

Eduardo Espínola,[57] Rodrigo Octávio,[58] Oscar Tenório[59] e Haroldo Valladão[60] também incluem o Direito Penal no Direito Internacional Privado.

Pontes de Miranda escreveu que o Direito Penal não está compreendido no D.I.P: "No Direito Penal Internacional estão em jogo interesses eminentemente sociais – todo ele é ligado à jurisdição, e toda função repressiva é de direito público".[61] Clóvis Beviláqua[62] também não incluía o Direito Penal no âmbito do DIP.

---

[52] Franz Despagnet, *Précis de Droit International Privé*, 1894, p. 19.
[53] M. Foelix, *Traité du Droit International Privé on du conflit des lois de différentes nations, en matière de droit privé*, 1856, v. I, p. 2.
[54] Vareilles-Sommières, *La Synthèse du Droit International Privé*, 1898, p. XXXV. Esse entendimento foi adotado modernamente por Henri Batiffol e Paul Lagarde, *Droit International Privé*, tomo I, 1993, p. 293, nota 247, e por François Rigaux, *Précis de Droit International Privé*, 1968, n. 9, p. 9, n. 36, p. 40-42 e n. 138, p. 193-194.
[55] Pimenta Bueno, *Direito Internacional Privado e Aplicação de seus Princípios com Referência às Leis Particulares do Brasil*, 1863, p. 12.
[56] Pimenta Bueno, *Direito Internacional Privado e Aplicação de seus Princípios com Referência às Leis Particulares do Brasil*, 1863, p. 151 e ss.
[57] Eduardo Espínola, *Elementos de Direito Internacional Privado*, 1925, p. 27, e Eduardo Espínola e Eduardo Espínola Filho, *Do Direito Internacional Privado Brasileiro*, 1941, p. 94.
[58] Rodrigo Octávio, *Direito Internacional Privado*, 1942, p. 151.
[59] Oscar Tenório, *Direito Internacional Privado*, v. I, 1976, n. 21, p. 22.
[60] Haroldo Valladão, *Direito Internacional Privado*, v. I, 1980, p. 13, 15 e 42-43.
[61] Pontes de Miranda, *Tratado de Direito Internacional Privado*, v. I, 1935, p. 37.
[62] Clóvis Beviláqua, *Princípios Elementares de Direito Internacional Privado*, 1938, p. 120-121, que assim escreveu: "O Direito Internacional Privado é o Direito Privado Internacional, *i.e.* o Direito Privado aplicado às relações individuais da sociedade internacional".

No direito positivo nacional vamos encontrar nos artigos 5 a 7 do Código Penal as regras sobre a aplicação territorial e extraterritorial da lei brasileira, regras influenciadas pelos princípios que inspiram o direito internacional privado.

Nos Estados Unidos, o *Restatement of the Law, Second, Conflict of Laws* não cuida especificamente de conflitos de Direito Penal, mas o comentário à Regra 2 do *Restatement* esclarece que "*muitos dos princípios declarados neste Restatement são aplicáveis ao direito criminal*".[63]

Em 1975, na reunião anual do Comitê francês de Direito Internacional Privado, Pierre Lalive apresentou comunicação sobre o tema, intitulado "*O Direito Público Estrangeiro e o Direito Internacional Privado*", em que sustentou que a inaplicabilidade do direito público estrangeiro é um dogma sem justificativa. Não há como ignorar as normas estrangeiras em matéria de licença de importação ou exportação, de concorrência ou de controle de câmbio, afirmou. Lalive assinalou que a jurisprudência de vários países, referindo-se especificamente à Áustria e à Suíça, tem aplicado normas de direito público estrangeiro.[64]

No mesmo ano, em sua sessão bienal, o Instituto de Direito Internacional, reunido em Wiesbaden, aprovou uma resolução concernente à aplicação do direito público estrangeiro, em que declara que "*o caráter público atribuído a uma disposição legal de direito estrangeiro designada como direito aplicável pela regra de conflito de leis não representa obstáculo à sua aplicação, sob reserva do respeito ao princípio da ordem pública*". A Resolução do Instituto declara que o pretenso princípio da inaplicabilidade apriorística do direito público estrangeiro não tem fundamento em qualquer razão válida, seja teórica ou prática, e frequentemente representa o emprego duplicado do princípio da ordem pública.[65]

O Instituto ressalvou que a Resolução não versaria a questão mais delicada, referente a iniciativas judiciais requeridas por uma autoridade estrangeira ou um organismo público estrangeiro baseadas em dispositivos de seu direito público. Realmente não se conhece até hoje que o Judiciário de algum Estado tenha admitido processo de cobrança fiscal promovido por organismo público de outro Estado. Há que distinguir entre aplicar uma lei pública estrangeira – em que existem duas correntes divergentes – e exercer o papel de executor judicial de normas públicas estrangeiras – em que há praticamente unanimidade de que este não é o papel do Estado.[66]

## OS CONFLITOS INTERESPACIAIS

O conflito de leis, matéria-prima do Direito Internacional Privado, não ocorre apenas ante o confronto, a concorrência, de leis autônomas, divergentes, oriundas de legislações de diferentes países, como se poderia pensar à vista das noções até aqui expostas.

Em verdade, nos seus primórdios, o Direito Internacional Privado se ocupava do conflito entre leis das cidades do norte da Itália (Módena, Bolonha e outras) e das províncias francesas da Bretanha e da Normandia.

Que lei se aplicaria a um contrato firmado entre um indivíduo de Bolonha e outro de Módena; que regime de bens vigoraria no casamento entre um bretão e uma normanda? Estas as questões que ocuparam os estudiosos dos séculos XIV a XVIII.

---

[63] *Restatement of the Law, Second, Conflict of Laws*, v. I, p. 6.
[64] Comité français de droit international privé, *Revue*, 1976.230.
[65] *Revue*, 1976.423/5.
[66] Sobre o tema ver o caso Attorney-General of New Zeland v. Ortiz [1984] AC.

Surgiram mais tarde os conflitos intercoloniais ou metropolitano-coloniais. Em uma relação jurídica entre um indivíduo da metrópole com outro de uma colônia do além-mar, que lei seria aplicada?

Estas não eram questões de conflito de leis emanadas de soberanias diferentes.

O mesmo ocorreu nos séculos XIX e XX nos países que continham diversos regimes legais, como a Polônia, onde, durante determinado período, vigoraram concomitantemente leis da Alemanha, da Rússia, do Império austro-húngaro e o Código de Napoleão.

E, até nos dias atuais, temos o México, com um código civil para cada província.[67]

Nos Estados Unidos, cujo regime federativo concede autonomia aos estados para legislar sobre praticamente todos os ramos de direito, surgem a toda hora conflitos de leis civis, comerciais, penais, fiscais e processuais, emanadas de dois ou mais estados da federação norte-americana. Neste país a solução dos conflitos interestaduais e internacionais segue as mesmas normas, criadas pelos tribunais e consolidadas no *Restatement*.

Na Suíça, os cantões eram regidos por suas próprias leis civis, podendo ocorrer conflitos entre leis de dois cantões, mas isto terminou com o código civil de 1907, que entrou em vigor em 1912.

A lei venezuelana de 1998 sobre o Direito Internacional Privado previu o problema de conflitos interespaciais, com uma disposição especial.[68]

Modernamente, muitas convenções incluem a "cláusula federal" na qual se estabelece com relação aos Estados que são compostos de diversas unidades territoriais – cada qual com sistema jurídico próprio – que qualquer referência à lei destes Estados deve ser entendida como indicadora da lei em vigor na unidade territorial em questão.[69]

Estes conflitos interespaciais, que abrangem conflitos interprovinciais, interestaduais, intercantonais, inter-regionais, metropolitano-coloniais, integram o Direito Internacional Privado?

Também esta questão sobre o alcance da disciplina constitui objeto de divergência na doutrina especializada. Na França, segundo depoimento de Loussouarn e Bourel, a doutrina é unânime no reconhecimento da analogia entre estes conflitos e os conflitos internacionais.[70]

No Brasil, Oscar Tenório sustenta que os conflitos que não sejam internacionais não formam objeto da nossa disciplina.[71] Pontes de Miranda adotou a mesma teoria.[72] Este entendimento está ligado à noção de que os conflitos de leis são aqueles que emanam de soberanias

---

[67] Vide Jorge Alberto Silva, La Percepción de los Conflitos Interestaduales en la Jurisprudencia Mexicana, *Revista Mexicana de Derecho Internacional Privado* 4:15 e ss., 1998. Juan Antonio Herrera Izaguirre e outros, Derecho de las personas y la familia. el divorcio: el código civil para el estado de Tamaulipas vs. divorce act canadiense, *Boletín Mexicano de Derecho Comparado* 136:349 e ss., 2013.

[68] Art. 3 da lei venezuelana: "Cuando en el Derecho extranjero que resulte competente coexistan diversos ordenamientos jurídicos, el conflicto de leyes que se suscite entre esos ordenamientos se resolverá de acuerdo con los principios vigentes en el correspondiente Derecho extranjero".

[69] Vide, por exemplo, a Convenção da Haia sobre Jurisdição, Lei Aplicável, Reconhecimento, Execução e Cooperação Relativa à Responsabilidade Parental e Medidas para Proteção de Crianças, artigo 47, que fixa regras sobre a hipótese de Estado em que vigem sistemas jurídicos diversos em unidades territoriais diferentes.

[70] Yvon Loussouarn e Pierre Bourel, *Droit International Privé*, 1978, p. 132, n. 115. Sobre a Espanha, vide Juan Antonio Cremades, *Clunet*, 1981.856, 863/4.

[71] Oscar Tenório, *Direito Internacional Privado*, v. 1, 1976, p. 33-35.

[72] Pontes de Miranda, *Tratado de Direito Internacional Privado*, v. I, 1935, p. 42 e ss.

diferentes, e isto não ocorre com conflitos entre leis de regiões, cantões, estados diferentes, mas integrados em um só Estado, em uma soberania.

A escola que não inclui os conflitos interlocais entre os objetos do DIP estuda-os, não obstante, como fenômeno de caráter supletivo para as normas do conflito de leis.

Haroldo Valladão mantém posição firme de que o Direito Internacional Privado cobre relações sociais interconectadas não só no plano de diferentes Estados, mas de diferentes províncias e regiões, daí não aceitar a conceituação do DIP como o direito da "sociedade internacional".[73] A seguirmos a denominação e, principalmente, a conceituação, de "direito intersistemático", os conflitos interespaciais estarão perfeitamente incluídos.

## OS CONFLITOS INTERPESSOAIS

Além dos conflitos interespaciais, abrangendo os internacionais e os internos, existem outros conflitos, em que não figura qualquer aspecto espacial, mas em que entram em linha de conta mais de uma legislação, aplicáveis não por considerações de localização, mas por motivos de natureza subjetiva, decorrentes de determinadas qualificações pessoais.

As etnias, os grupos, as tribos, as castas e as religiões são as determinantes de certos sistemas jurídicos dentre cujas normas o juiz deverá optar em hipótese de confronto.

Nos países da Europa Oriental até a 2ª Guerra Mundial os casamentos eram celebrados e regidos pela religião de cada um, regime este que vigora atualmente em Israel e em países muçulmanos, onde o direito matrimonial é de competência legislativa e jurisdicional das respectivas religiões.[74]

As normas que regem os confrontos de leis decorrentes da variedade e diversidade destes tipos de leis pessoais integram-se no Direito Internacional Privado? Esta é outra faceta do problema apresentado no tópico anterior e também quanto a esta ocorre divergência doutrinária.

Arminjon foi o mais veemente defensor da integração de todos estes conflitos no Direito Internacional Privado, que para ele vai mais longe do que a divisão dos sistemas legislativos entre Estados soberanos. Todas as coletividades ou comunidades que criam e mantêm um sistema jurídico dentro de um determinado território ou mesmo independentemente de qualquer território constituem um elemento no leque de sistemas jurídicos potencialmente em conflito jurisdicional ou legislativo com outros sistemas, e estes conflitos obedecem às normas traçadas pela ciência que se convencionou denominar de Direito Internacional Privado.[75]

Assim, compreende-se bem o sentido da denominação que Arminjon sugeriu para nossa disciplina, por sua clareza e abrangência: "direito intersistemático".

---

[73] Haroldo Valladão, *Direito Internacional Privado*, v. I, 1980, p. 15.

[74] Pierre Gannagé, ilustre professor libanês, publicou um livro intitulado *Le pluralisme des statuts personnels dans les États multicommunautaires – Droit libanais et droits proche-orientaux*, em que estuda o fenômeno do Estado frente às diversas comunidades religiosas nele existentes no plano das questões jurídicas que afetam o estatuto das pessoas (resenha bibliográfica na *Revue*, 2004.919). O Instituto de Direito Internacional, em sua sessão de 2005, realizada em Cracóvia, aprovou uma Resolução, baseada, entre outros fundamentos, na consideração de que, como a liberdade de religião inclui o direito de não ter religião e o direito de mudar de religião, em que recomenda aos Estados evitarem a utilização da religião como critério de conexão para determinar a lei aplicável ao estatuto pessoal dos estrangeiros, facultando-lhes a opção entre sua lei nacional e a lei de seu domicílio, quando forem diversos.

[75] Pierre Arminjon, L'Objet et la Methode de Droit International Privé, *Recueil des Cours* 21:429 e ss., 1928 e Pierre Arminjon, Les Systèmes Juridiques Complexes et les Conflits de Lois et de Juridictions auxquels ils donnent lieu, *Recueil des Cours* 74: 73 e ss., 1949.

Resumindo, temos no domínio do Direito Internacional Privado as questões de nacionalidade, dos direitos do estrangeiro, do conflito de leis e do conflito de jurisdições.

E o conflito de leis abrange leis de toda natureza e de toda origem: direito privado e direito público, normas estabelecidas por Estados soberanos e por províncias, cantões ou estados-membro de uma Federação, bem como regras oriundas de sistemas pessoais, como as etnias e as religiões.

O quadro sinótico dá uma ideia de multiplicidade de espécies de normas de sobredireito, onde se inserem os diversos tipos de conflitos que vimos focalizando.[76]

## AMOR PELA DISCIPLINA

Em 1997, faleceu Marthe Simon-Depitre, uma das principais expoentes do Direito Internacional Privado francês da segunda parte do século XX. Em elogio publicado no *Journal de Droit International*, escreveu sua discípula, a renomada Hélène Gaudemet Tallon:

> "Com Simon Depitre, depois do desaparecimento de Batiffol, de Francescakis, de Goldman, apaga-se uma geração de internacionalistas parisienses, cujos discípulos já estão certamente às vésperas da aposentadoria, geração esta à qual devemos agradecer por nos ter feito amar o Direito Internacional Privado e, mais além desta disciplina, a riqueza da diversidade do mundo".[77]

A "riqueza da diversidade do mundo", o Espírito de Tolerância e o Princípio da Proximidade, são estes os valores que aprendemos quando nos aprofundamos no estudo do Direito Internacional Privado.

---

[76] Este quadro segue o esquema elaborado pelo Professor Apio Cláudio de Lima Antunes, publicado na *Revista da Faculdade de Direito de Pelotas*, n. 8, novembro de 1961, p. 182.

[77] Clunet 1998.7. No original: "... pour nous avoir fait aimer le droit international privé et au delà de cette discipline, la richesse de la diversité du monde".

## QUADRO SINÓTICO

- REGRAS HERMENÊUTICAS
  - TEMPORAIS (Direito Intertemporal)
  - ATEMPORAIS (Direito Internacional Privado) / REGRAS COLISIONAIS — **SOBREDIREITO**
    - INTERESPACIAIS
      - INTERNACIONAIS
        - Civil
        - Comercial
        - Processual
        - Trabalhista
        - Penal
        - Financeiro-monetário-cambial
        - Marítimo-aéreo
        - Industrial
        - Fiscal
        - Administrativo
      - INTERNAS
        - Interestaduais
        - Interprovinciais
        - Inter-regionais
        - Metropolitano-coloniais
        - Intercantonais
        - Interzonais
    - INTERPESSOAIS
      - Inter-religiosas
      - Intertribais
      - Intercastais
      - Interétnicas

O Direito Internacional Privado, por excelência, é constituído de regras de sobredireito colisionais que visam solucionar conflitos entre normas atemporais, interespaciais, internacionais. Contudo, as demais normas colisionais atemporais, tanto as interespaciais internas como as interpessoais, também devem ser consideradas integrantes da ciência dos conflitos, objeto principal do Direito Internacional Privado.

*Capítulo II*
# HISTÓRIA E TEORIA DO CONFLITO DE LEIS NO DIREITO INTERNACIONAL PRIVADO

Para compreender a teoria e o método de funcionamento do Direito Internacional Privado há que se estudar sua história, que, de certa forma, se confunde com a história do Direito Privado. Várias teorias sobre o conflito das leis consideradas modernas e até "revolucionárias" nada mais são do que a reformulação de antigas proposições dos mestres da Idade Média.[1] Assim como não se compreende qualquer sistema jurídico com a devida profundidade, sem as revelações do Direito Comparado, assim também não pode haver correta perspectiva dos fenômenos jurídicos, de seus princípios e regras, sem descobrir a sua paulatina evolução através dos tempos.

## ANTIGUIDADE

Na Grécia e em Roma, o estrangeiro não tinha direitos, pois estes derivavam exclusivamente da religião, da qual o alienígena era excluído.

Fustel de Coulanges, em seu clássico "A Cidade Antiga", explica que na Antiguidade *"a religião abria entre o cidadão e o estrangeiro profunda e indelével distinção, vedado a este participar do direito de cidade"*. Invoca o depoimento de Demóstenes, que assim justificava a posição dos atenienses: *"É que devemos pensar nos deuses e conservar aos sacrifícios a sua pureza"*. Excluir o estrangeiro significava, pois, *"velar pelas cerimônias santas"*. *"Admitir o estrangeiro entre os cidadãos é dar-lhe participação na religião e nos sacrifícios"*.[2]

Em sua explanação sobre os dois grandes centros culturais e jurídicos da Antiguidade, diz Fustel que o estrangeiro, por não participar na religião, não tinha direito algum, as leis da cidade não existiam para ele. Não podia ser proprietário, não podia casar, os filhos nascidos da união de um cidadão e uma estrangeira eram considerados bastardos, não podia o alienígena contratar com cidadãos e não podia exercer o comércio; vedado lhe era herdar de um cidadão e um cidadão dele não podia herdar.[3]

Quando se verificou a necessidade de haver justiça para o estrangeiro, é ainda Fustel quem informa, criou-se um tribunal excepcional. Roma tinha pretor especial para julgar o estrangeiro, o *pretor peregrinus*, e, em Atenas, o juiz dos estrangeiros era o *polemarca*, o magistrado encarregado dos cuidados da guerra e de todas as relações com o inimigo.[4]

---

[1] *"Nil novi sub sole"* – não há nada de novo sob o sol – já proclamara o rei Salomão em seus Provérbios, há 3.000 anos atrás. O curso de Max Gutzwiller na Academia da Haia em 1929, *"Le Développement Historique du Droit International Privé"*, Recueil des Cours, tomo 29, p. 287 e ss., é altamente instrutivo sobre a evolução histórica de nossa disciplina. Vide Pierre Lalive, *"Tendances et Méthodes en Droit International Privé"*, Recueil des Cours, tomo 155, p. 55-57.
[2] Fustel de Coulanges, *A Cidade Antiga*, 1971, p. 240-241.
[3] Fustel de Coulanges, *A Cidade Antiga*, 1971, p. 242.
[4] Fustel de Coulanges, *A Cidade Antiga*, 1971, p. 242.

Na Índia antiga, os nascidos fora do território eram considerados impuros, em nível abaixo dos párias e dos sudras.

No Egito, só os ribeirinhos do Nilo eram puros, o resto da terra era a sede da impureza. O egípcio não abraçaria um grego, não se serviria da faca de um grego, nem comeria na companhia de estrangeiros.[5]

Na Caldeia e na Assíria não havia reconhecimento de direitos do estrangeiro. Já na Pérsia revelou-se certa tolerância para com determinados povos estrangeiros, o mesmo ocorrendo na China antiga.[6]

A conclusão que os autores tiram deste panorama da Antiguidade é de que, não tendo os estrangeiros participação na vida jurídica, os direitos locais jamais entravam em choque com outros sistemas jurídicos, inexistindo possibilidade de conflito, desnecessário, e por isto desconhecido, o Direito Internacional Privado.

Luiz Gama e Silva lembrava em suas aulas da USP[7] que no Pentateuco encontram-se várias referências ao trato do estrangeiro, pregando-se a igualdade e estabelecendo-se penas para quem ofendesse o peregrino.[8]

Werner Goldschmidt observa que às vezes as cidades gregas celebravam entre si convênios de ajuda judicial em que determinavam quais juízes seriam competentes para litígios que viessem a ocorrer entre pessoas das diferentes cidades, que continham, excepcionalmente, normas assinalando o direito que seria aplicável.[9]

Vigia em Roma originariamente o *jus civile* para os cidadãos romanos e o *jus peregrinum* para os estrangeiros. Diante dos contatos entre peregrinos de origens diversas e de peregrinos com cidadãos romanos, foi criado o *jus gentium*, destinado a disciplinar estas relações jurídicas. Descortinam aí alguns autores uma manifestação de Direito Internacional Privado, pois que encerrava uma solução para o conflito entre regimes jurídicos diversos.[10]

Mas advertem outros autores que o *jus gentium* "não era outra coisa senão um complexo de normas de direito material", portanto um direito uniformizado e não um direito de solução de conflitos por meio da escolha da lei aplicável.[11]

---

[5] Vide Antigo Testamento, Gênesis, cap. 43, versículo 32.
[6] Vide Wilson de Souza Campo Batalha, *Tratado Elementar de Direito Internacional Privado*, v. I, p. 129 e 131. Vide também Antigo Testamento, Livro de Esther.
[7] Luiz Gama e Silva, Ponto 14º das *Apostilas das aulas de Direito Internacional Privado*, anotadas por seus discípulos na Faculdade de Direito da Universidade de São Paulo, cedidas ao primeiro autor pelo Professor Luiz Fernando Whittaker Tavares da Cunha.
[8] Vide, no Antigo Testamento, os seguintes trechos: no Êxodo, 22/20: "Não entristecerás, nem afligirás o estrangeiro, porque também vós fostes estrangeiros na terra do Egito"; no Levítico, 19/33-34: "Se algum forasteiro habitar na vossa terra e morar entre vós, não lhe façais vitupério, mas que ele seja entre vós como se fosse um natural, e vós o amareis como a vós mesmos, porque também vós fostes estrangeiros no Egito"; nos Números, 15/15: "Será uma mesma lei e uma mesma ordenação tanto para vós como para os que são estrangeiros no vosso país." Verifica-se que a lei mosaica, ao invés de discriminar e afastar o estrangeiro, como as outras culturas antigas, acolhia-o com consideração, equiparando-o juridicamente à população judaica. Vide, a este respeito, João Barbalho, *Constituição Federal Brasileira* – Comentários, p. 299.
[9] Werner Goldschmidt, *Derecho Internacional Privado* – Derecho de la Tolerancia, p. 61-62.
[10] O *ius inter gentes*, segundo Vitoria, era o direito que regia as relações de um povo com outro. Vide Peter Stein, *Roman Law in European History*, p. 95.
[11] Ferrer Correia, *Lições de Direito Internacional Privado*, p. 199.

E como tal, diz Amilcar de Castro, "o *jus gentium* era a negação do Direito Internacional Privado, já que se destinava à direta apreciação de relações estabelecidas entre peregrinos, uns com os outros, ou entre romanos e peregrinos".[12]

Desejam com isto os autores indicar que o *jus gentium* não representava um sistema de normas indiretas, indicadoras de direito aplicável, mas era, ele próprio, um sistema uniforme de normas diretas, substantivas, a ser aplicado a romanos e peregrinos sem distinções. E Direito Uniforme não é Direito Internacional, mas, pelo contrário, sua antítese.

Acontece que a doutrina moderna considera o direito uniforme um dos métodos utilizados pela ciência que visa a solucionar os conflitos de leis. Neste espírito, poderia dizer-se que quando os romanos formularam um sistema jurídico uniforme que passou a ser aplicado para as relações jurídicas entre peregrinos de origens diversas e entre romanos e peregrinos, criaram efetivamente uma solução para os conflitos de leis, no que se descortinaria um primórdio do Direito Internacional Privado.

## OS BÁRBAROS E A PERSONALIDADE DAS LEIS

A invasão do Império Romano pelos bárbaros no século V causou alterações no panorama jurídico europeu, institucionalizando-se o sistema que se convencionou denominar da personalidade da lei, no qual cada pessoa era livre para reger sua vida pela lei de sua origem. *La race émigre, la loi la suit.*

O historiador Gibbon narra que os merovíngios não impunham suas leis, permitindo que cada grupo humano de seu Império vivesse de acordo com suas próprias instituições, tolerância esta que beneficiava inclusive os romanos. Assim, conviviam ao mesmo tempo e no mesmo território o direito romano e diversos direitos bárbaros, numa verdadeira Torre de Babel, concebendo-se relações jurídicas entre pessoas de diferentes origens e regidas por leis diversas.[13]

Oscar Tenório, invocando a lição do historiador do DIP, F. M. Meijers,[14] mostra que já existiam certas regras de conflito naquela época, eis que na venda aplicava-se a lei do vendedor, na sucessão seguia-se a lei nacional do de *cujus* e a mulher se submetia à lei do marido.[15]

## O REGIME FEUDAL E A TERRITORIALIDADE DAS LEIS

A personalidade das leis, seguida pelos povos bárbaros, ocasionava a conservação das leis antigas, em que cada agrupamento humano se mantinha fiel aos costumes de sua grei.

Ocorre que a mistura dos povos através dos casamentos, o esquecimento dos usos jurídicos, as migrações que levavam os grupos humanos para lugares de condições diferentes, iam ocasionando a ruptura das tradições e dos hábitos ancestrais.

---

[12] Amilcar de Castro, Direito Internacional Privado, p. 130-131. Mas vide Fritz Sturm, Comment l'Antiquité réglait-elle ses conflits de lois?, *Clunet*, 1979.259 e ss., sustentando que tanto os gregos como os romanos detectaram conflitos e formularam soluções.

[13] Edward Gibbon, *The Decline and Fall of the Roman Empire*, 1952, cap. XXXVIII. Vide Montesquieu, O Espírito das Leis. Livro XXVIII, cap. 2: "Os francos eram julgados pelas leis dos francos, os germanos, pelas leis dos germanos, os burgúndios, pelas leis deles, e os romanos, pela lei romana; aos conquistadores daquela época não ocorria a ideia de unificar as leis e por isto não pensavam em se tornar legisladores dos povos que haviam conquistado".

[14] Oscar Tenório, *Direito Internacional Privado*, v. 1, 1976, p. 171.

[15] Em Edward Gibbon, *The Decline and Fall of the Roman Empire*, 1952, cap. XXXVIII se lê: "The children embraced the law of their parents, the wife that of her husband, the freedman that of his patron".

Outrossim, a evolução social pede novas leis e estas só se criam dentro de um quadro de origem e de autoridade territoriais.

E ainda há a considerar que a evolução dos fenômenos socioeconômicos acarretou transformações no panorama político da Europa, que repercutiram no plano jurídico, com a fixação do homem sobre a terra, a organização dos feudos e a sua autonomia sob o comando de um senhor feudal que não admitia outra lei senão aquela por ele determinada. Com o regime feudal encerra-se o período da personalidade da lei e instala-se o da territorialidade da lei, transformação ocorrida no século IX.

Submetidas as populações exclusivamente às leis vigentes em seus territórios, não se verificava conflito de leis, daí inexistente na época feudal qualquer necessidade de equacionar soluções, seja pelo método harmonizador, seja pelo método uniformizador.

Numa fase ulterior ocorreram alterações no plano econômico que iriam alterar mais uma vez o panorama jurídico, para dar início ao lento desenvolvimento de uma nova ciência.

## OS CENTROS DE MERCANCIA DA IDADE MÉDIA

A Itália não teve um regime feudal muito acentuado, especialmente no norte, cujas cidades-repúblicas mantiveram elevado grau de autonomia e formaram centros de comércio com intenso movimento mercantil interurbano. Escreve Ferrer Correia que a partir do século XI as cidades do norte da Itália, como Módena, Bolonha, Florença, Pádua, Gênova e Veneza, que haviam se tornado importantes centros comerciais, começam a reduzir a escrito o seu direito consuetudinário e a firmar os estatutos locais, que se ocupam principalmente das relações jurídicas de direito privado, diferindo uns dos outros.[16] "*Ora, essas cidades italianas do Norte entregam-se em larga escala ao exercício do comércio e isto origina contatos cada vez mais frequentes entre habitantes de diferentes cidades. Mercadores de Bolonha ou Florença passam amiúde pelas portas de Módena ou Veneza, para aí estabelecer relações de comércio com mercadores locais. Começa a surgir o fenômeno de habitante de uma cidade ser demandado perante a justiça de outra cidade. E surge então a pergunta: qual o estatuto aplicável neste caso?*"[17]

Os autores transcrevem um texto latino encontrado pelo internacionalista e historiador do Direito Internacional Privado, Karl Neumeyer, que seria "*o mais remoto vestígio de Direito Internacional Privado de que até agora se tem notícia*",[18] que assim reza:

> "Mas, pergunta-se: se homens de diversas províncias, as quais têm diversos costumes, litigam perante um mesmo juiz, qual desses costumes deve seguir o juiz que recebeu o feito para ser julgado? Respondo: deve seguir o costume que lhe parecer mais preferível e mais útil, porque deve julgar conforme aquilo que a ele, juiz, for visto como melhor (*quae potior et utilior videtur*). De acordo com Aldricus".

"*Mais preferível*", "*mais útil*", "*melhor*". Esta era uma solução ambígua e insatisfatória, sustenta Martin Wolff, pois é duvidoso se o direito melhor e mais útil significa o direito que tenha conexão mais real com a matéria sob litígio, ou se o mestre Aldricus se referia à qualidade do direito em si. Esta solução parece a mais provável, conclui.[19] Outros autores preferiram interpretar de acordo com a primeira opção apresentada por Wolff.

---

[16] Ferrer Correia, *Lições de Direito Internacional Privado*, p. 200-201.
[17] Ferrer Correia, *Lições de Direito Internacional Privado*, p. 200-201.
[18] Amilcar de Castro, Direito Internacional Privado, p. 127.
[19] Martin Wolff, *Derecho Internacional Privado*, 1936, p. 22.

Com este parecer de Aldricus, jurista bolonhês da segunda metade do século XII, teria nascido a ciência do DIP, daí alguns autores atribuírem a esta ciência oito séculos de existência. Já outros estudiosos consideram que, originariamente, e durante longo tempo, as questões de caráter internacional eram analisadas como parte integrante do direito primário, e que só no século XIX é que a ciência adquiriu autonomia científica.

Amilcar de Castro observa que, apesar de serem conhecidas as demonstrações históricas de Meijers no sentido de que, concomitantemente ao que ocorria no norte da Itália, também nos Países-Baixos, na França, Alemanha e Inglaterra a atenção dos estudiosos era despertada para os problemas causados pela diversidade dos costumes das diferentes localidades, não há dúvida de que o parecer de Aldricus é até hoje o mais antigo documento em que se esboçou claramente a problemática do conflito de leis e de uma solução para o mesmo.[20]

## TEORIAS ESTATUTÁRIAS

As cidades do norte da Itália, que se caracterizavam por sua soberania, dispunham de legislação própria, independente do direito romano e do direito germânico: tais leis municipais ou provinciais eram conhecidas como Estatutos, contendo normas sobre os mais variados campos do direito, incluindo prescrições administrativas, disposições de Direito Penal, Direito Civil e Direito Comercial.

Estes estatutos e os conflitos que entre os mesmos se verificavam foram objeto de intensa análise por parte de estudiosos do século XIV ao século XVIII, período em que se formaram várias teorias sobre as soluções a serem equacionadas para todo tipo de conflito, teorias estas que passaram a ser atribuídas às assim chamadas escolas estatutárias. Estas escolas criaram a denominada "teoria dos estatutos" que, segundo um mestre francês, se caracteriza por um conjunto de regras doutrinárias sobre a diversidade dos estatutos e costumes locais, visando classificar as matérias jurídicas em tantos grupos quantos sejam necessários, a fim de indicar soluções racionais para as diversas espécies de conflitos de leis.[21] Quatro são as escolas estatutárias geralmente estudadas.

As primeiras três escolas estatutárias foram a italiana (século XIII-XV), a francesa (século XVI-XVII) e a holandesa (século XVII). Sobre esta divisão, é pacífica a doutrina. A quarta escola, identificada como a escola alemã do século XVIII ou como a segunda escola francesa do século XVIII, nada de novo trouxe ao DIP, limitando-se a desenvolver e aperfeiçoar o que já fora criado até o final do século XVII pelas três famosas escolas estatutárias.

*Escola italiana* – Os estudiosos do direito romano dos séculos XI, XII e XIII eram conhecidos como glosadores, devido às glosas – marginais e interlineares – que introduziam nos antigos textos romanos, em que nos comentavam, procurando encontrar a melhor interpretação das antigas leis. O texto de Aldricus, acima transcrito, é um produto desta época e deste tipo de estudos e comentários.

A escola italiana teve como precursor, além do já referido Aldricus, o romanista Accursius, que glosou um texto romano que, a rigor, nenhuma relação tinha com a disciplina dos conflitos de leis.

No Código de Justiniano – uma das partes componentes do *Corpus Juris Civilis* – encontra-se uma constituição intitulada "Da Excelsa Trindade e Fé Católica..." que se inicia com as seguintes palavras: "Queremos que todos os povos (*Cunctos populos*) que vivem sob nosso

---

[20] Amilcar de Castro, Direito Internacional Privado, p. 128.
[21] M. Lainé, referido e citado por Gutzwiller, "*Le Développement Historique du Droit International Privé*", Recueil des Cours, tomo 29, p. 310-311.

império, regidos por nossa Clemência, adotem a religião que o Apóstolo São Pedro transmitiu aos romanos." Esta conclamação para a unidade religiosa tinha uma característica especial, pois limitava a ordem imperial aos povos que viviam sob sua jurisdição.[22]

Nesta constituição Accursius inseriu uma glosa que dizia o seguinte: "Porém, se um bolonhês for acionado em Módena, não deve ser julgado segundo os estatutos de Módena, aos quais não está submetido, pois está dito que a eles rege o poder de nossa Clemência"; em outras palavras, o estatuto de Módena não é competente para julgar o bolonhês, assim como a ordem dos imperadores romanos não afetava aqueles que não viviam sob sua jurisdição ou clemência.[23] Daí o famoso princípio da escola bolonhesa, segundo o qual *statutum non ligat nisi subditos: statutum non ligat forensem*.[24] Uma clássica indagação da escola dos glosadores se referia à hipótese do milanês que fizesse seu testamento durante uma viagem a Veneza. O ato deveria ser regido pela lei de Milano (lei nacional do testador) ou pelo estatuto de Veneza (lei do lugar da celebração do ato)?[25]

Aos glosadores seguiu-se nos séculos XIV e XV a escola dos pós-glosadores, modernamente denominados "comentaristas"[26] que redigiam comentários às glosas em que desenvolviam distinções escolásticas, afastando-se dos textos justinianeos e que "perdiam-se em prolixas digressões doutrinárias, às vezes sem relação com a passagem glosada", visando a constituir "direito novo, direito comum, que se prestasse a satisfazer às necessidades da Itália".[27] As grandes figuras desta escola de pós-glosadores, Cino di Pistoia, Bártolo (1314-1357) e Baldo (1327-1400) são comparadas aos exponenciais da literatura italiana da época, Dante, Petrarca e Bocaccio. Os dois grupos contribuíram marcantemente para a unificação da pátria italiana, então dividida politicamente em várias cidades independentes.

Os pós-glosadores formularam a importante distinção entre regras processuais e regras de fundo. Aquelas, *ordinatoria litis*, deveriam reger-se pela lei do foro, e estas, *decisoria litis*, obedeceriam à regra *locus regit actum*, que ordenava a aplicação da lei do local em que o ato jurídico se realizara. Esta última regra tinha naquela época um sentido amplo, pois abrangia tanto a forma como o fundo dos atos jurídicos.

Também foi esta escola que determinou que os delitos devem ser submetidos à lei do lugar de sua perpetração (*lex loci delicti*), norma hoje adotada no Direito Internacional Privado como regra básica não só no campo do direito penal, como também para a responsabilidade civil.

---

[22] Por meio desta constituição – *De Summa Trinitate et fide Catholica*, três imperadores romanos – Gratiano, Valentiniano e Teodósio – tentaram forçar todos os romanos a seguirem o Cristianismo. Vide James Carrol, "Constantine's Sword – The Church and the Jews", p. 206.
[23] A glosa de Accursius data de 1228.
[24] Vide Pierre Lalive, "*Tendances et Méthodes en Droit International Privé*", Recueil des Cours, tomo 155, p. 56.
[25] Cino de Pistoia levantava a seguinte indagação hipotética: existe em Bolonha um costume ou uma lei que um testamento só é válido se tiver sido feito em presença de dez testemunhas, mas em Florença aplica-se o direito comum; alguém com bens tanto em Bolonha como em Florença fez um testamento em presença de sete testemunhas e designou outrem como seu herdeiro, que vem a Bolonha, requer os bens que o testador lá tinha, exibindo o testamento. Os possuidores dos bens objetam que o testamento não é válido porque deveria ter dez testemunhas. Que lei se deve aplicar? Vide John Gilissen, *Introdução Histórica ao Direito*, p. 372.
[26] Vide R. C. van Caenegem, *An Historical Introduction to Private Law*, 1994, p. 52.
[27] Amilcar de Castro, Direito Internacional Privado, p. 138.

Entre os pós-glosadores destaca-se a figura e a obra de Bártolo de Sassoferato, um dos mais eminentes criadores da teoria e das normas do DIP, tendo lecionado direito sucessivamente em Bologna, Pisa e Perugia.[28]

Bártolo distinguiu entre os direitos reais e os direitos pessoais, noção importante para a elucidação de muitas questões em que ocorrem conflitos, como, por exemplo, na sucessão do inglês que deixasse bens na sua terra e na Itália. Segundo a lei inglesa daquela época, a sucessão se transmitia exclusivamente para o primogênito, o que não ocorria na legislação italiana. Reger-se-ia a sucessão pela lei pessoal do falecido ou pela lei territorial dos bens?

Especula o famoso pós-glosador em torno da redação das leis sucessórias envolvidas. Se elas se referirem diretamente aos bens herdados, aplicar-se-á a lei da situação dos bens que compõem a herança, mas se se referirem à pessoa, iniciando-se a norma com uma referência ao primogênito, tudo dependerá se o falecido é ou não inglês: na primeira hipótese o primogênito fica com todo o patrimônio sito na Inglaterra; se não é inglês, a norma não se refere a ele, nem mesmo com relação aos bens sitos naquele país.[29]

Outro exame de Bartolo sobre sucessão se referia ao conflito entre a lei civil romana e a lei de Veneza sobre o número mínimo de testemunhas necessárias para a feitura de um testamento. Cinco, de acordo com a lei romana, três, segundo a lei veneziana. A lei justineana só poderia anular costumes em vigor, mas não costumes criados mais tarde. Os venezianos sabiam melhor quais eram suas necessidades. Se eles consideravam irrazoável que cinco mercadores devessem interromper seus negócios a fim de presenciar um testamento, uma regra que outorgava validade a um testamento com apenas três testemunhas devia ser considerada válida.[30]

Bártolo estabeleceu que a lei do lugar do contrato é adotada para as obrigações dele emanadas, enquanto a lei do lugar de sua execução rege as consequências da negligência ou da mora na execução; criou a teoria dos estatutos estrangeiros de caráter odioso, inaplicáveis no foro, origem da teoria da ordem pública no Direito Internacional Privado, e em matéria testamentária estabeleceu que as formalidades obedecem à lei do lugar onde elaborado o ato de última vontade.[31]

As soluções fixadas por Bártolo (algumas já haviam sido formuladas por outros representantes da escola italiana como Jacobus Balduin, Cinus de Pistoia e Guilherme de Cuneo, mas foram desenvolvidas por Bártolo) chegaram até nossos dias, sendo ele o grande propulsor do Direito Internacional Privado.

Por ocasião do 600º aniversário do nascimento de Bártolo, em 1914, a Harvard University Press publicou "*Bartolus on the Conflict of Laws*", uma tradução do ensaio que Bártolo escreveu sobre o Conflito das Leis efetuada por Joseph Henry Beale, grande autoridade norte-americana em DIP na primeira metade do século XX. Em sua introdução, o tradutor escreve: "Bártolus de Sassoferato é a mais imponente figura entre os juristas da Idade Média. A ele se deve a primeira manifestação sobre as doutrinas do Conflito das Leis, que se tornou clássica... texto que é o ponto de partida e a autoridade invocada para todas as obras subsequentes sobre a matéria durante quinhentos anos".[32]

F. Laurent assim escreveu sobre o pós-glosador: "*Longo foi o reinado de Bártolo nos tribunais e na ciência jurídica. Alguns chamaram-no o pai do direito, outros, o lampião do*

---

[28] Sobre a importância de Bártolo, vide John Gilissen, *Introdução Histórica ao Direito*, p. 331.
[29] BARTOLUS. *The Conflict of Laws*, 1914. p. 45-46.
[30] Peter Stein, *Roman Law in European History*, 2000, p. 72.
[31] BARTOLUS. *The Conflict of Laws*, 1914. p. 19-22.
[32] BARTOLUS. *The Conflict of Laws*, 1914.

*direito. Diziam que a substância da verdade se encontra em suas obras, e que o melhor que os advogados e os juízes podem fazer é seguir suas opiniões".*[33]

Peter Stein relata que depois da obra de Bartolo ninguém poderia ser um advogado que não fosse um bartolista (*nemo jurista nisi Bartolista*).[34]

*Escola francesa* – A escola francesa desenvolveu-se a partir do século XVI, trazendo valiosa contribuição para o progresso do Direito Internacional Privado. Nela pontificaram Charles Dumoulin e Bernard d'Argentré. O primeiro introduziu a teoria da autonomia da vontade, lançando as bases do processo qualificador e D'Argentré foi o grande defensor da teoria do territorialismo.

Dumoulin, que viveu de 1500 a 1566, foi advogado parisiense e mais tarde lecionou em universidades alemãs. Sua principal contribuição situa-se no plano dos contratos. Entendia-se que o fundamento para a aplicação da lei do lugar da assinatura do contrato para as questões de fundo deriva da presunção de que as partes, ao escolher um local, desejavam submeter-se às leis nele vigentes. Esta noção teria sido fixada por Rochus Curtius, da escola italiana, mas à época não se deduziu que esta ideia levaria à valorização da vontade expressa, e eventualmente também da vontade tácita.

Esta evolução se deu pela contribuição de Dumoulin, quando afirmou que se as partes desejassem, poderiam perfeitamente escolher outra lei, como, por exemplo, a lei do local da situação do bem. Assim nasceu a teoria da autonomia da vontade, de grande importância no campo do direito internacional das obrigações contratuais. E, uma vez qualificado o instituto do regime de bens na categoria dos contratos, dever-se-ia aplicar a lei escolhida pelos nubentes, ainda que só tacitamente.

Dumoulin aplicou sua ideia a um caso concreto que se tornou famoso. Em 1525 contraíram núpcias em Paris dois jovens, que possuíam bens em outras partes da França, inclusive no sul do país, onde vigorava o regime de separação de bens, enquanto no norte, inclusive Paris, o regime era o da comunhão. Deveria aplicar-se a lei parisiense do domicílio do casal, ou a lei do local da situação do imóvel?

Em seu parecer Dumoulin invocou o elemento volitivo – a vontade tácita dos cônjuges ao contraírem núpcias em Paris e ali estabelecer seu domicílio conjugal. Se os cônjuges tivessem explicitado ao casar que adotavam o regime da comunhão, este se aplicaria a todos os bens, onde quer que situados. Na ausência desta manifestação, suas vontades deveriam ser interpretadas, e a escolha de Paris como domicílio matrimonial indicava o desejo, a manifestação tácita, de adotar o regime de bens lá vigente.

Assim raciocinando, Dumoulin estava classificando o regime de bens na categoria dos contratos;[35] esta foi a primeira manifestação da teoria das qualificações que procura a correta classificação dos atos e negócios jurídicos, para que se lhes possa aplicar a regra de DIP adequada, a qual, três e meio séculos mais tarde, no final do século XIX, iria ser introduzida na teoria da nossa disciplina por Etienne Bartin, na França e por Franz Kahn, na Alemanha.[36]

---

[33] F. Laurent, *Le Droit Civil International*, 1881, p. 299.
[34] Peter Stein, *Roman Law in European History*, p. 73.
[35] Vide Henri Batiffol e Paul Lagarde, *Droit International Privé*, v. I, 1993, p. 264, e Loussouarn e Bourel, *Droit International Privé*, p. 90-91.
[36] Vide capítulo XIII.

Recentemente, tem-se questionado se Dumoulin realmente tinha em mente a teoria da autonomia da vontade como é conhecida nos tempos modernos.[37-38]

D'Argentré (1519-1590) era magistrado na Bretanha, e sua contribuição para o DIP está contida na obra que escreveu como comentário ao art. 218 dos Costumes da Bretanha intitulada "*De statutis personalibus et realibus*". A Bretanha do século XVI ainda estava muito influenciada pelo regime feudal e se esforçava por manter suas particularidades políticas e jurídicas contra as tentativas de unificação. D'Argentré defendia a independência da Bretanha no plano jurídico, pelo que considerava os conflitos entre seus costumes e o das outras regiões, conflitos de dois sistemas soberanos e autônomos e não meros conflitos inter-regionais, passíveis de eliminação pela uniformização.

Por advogar a independência e a autonomia, D'Argentré criou uma teoria particularista, preocupando-se exclusivamente com a defesa dos interesses bretões e procurando aplicar suas leis sempre que fosse possível. Particularismo significa territorialismo, ou seja, as leis bretãs na Bretanha e não além, pois "*finita potestas, finitae jurisdictio et cognitio*". Por outro lado, as leis estrangeiras não deveriam ser aplicadas na Bretanha, de maneira que todos os bens imóveis sitos em seu território e todas as pessoas nele domiciliadas deveriam ser regidas pelas leis locais, restringindo-se ao máximo a aplicação da lei estrangeira.

D'Argentré sistematiza a distinção entre o estatuto real (concernente aos bens), de caráter territorial, e o estatuto pessoal (concernente à pessoa), hipertrofiando aquele em detrimento deste, que fica restrito às questões estritamente relativas à personalidade.

Reconhecendo a impossibilidade de classificar todas as instituições nestas categorias, criou uma terceira, os estatutos mistos, em que integrou os estatutos que concernem às pessoas e às coisas conjuntamente, aplicando a esta categoria as mesmas regras que aplicava aos estatutos reais.

Todas as instituições reais e mistas seriam regidas pela lei territorial e as instituições pessoais pela lei pessoal, adotado o critério do domicílio da pessoa (e não de sua nacionalidade), opção esta também de caráter territorialista.

Na dúvida sobre a natureza de um estatuto ou costume, deveria ser considerado real: "*omnia statuta in dubio realia*".

D'Argentré era um dogmático que punha acima de tudo sua lei; o normal, dizia ele, é que o juiz aplique sua própria lei, e só excepcionalmente admite invocar lei estrangeira. Esta é até hoje a inclinação de muitos doutrinadores e magistrados em todas as partes do mundo.

Na França, as ideias de D'Argentré não foram bem recebidas, mas nos Países Baixos e na Grã-Bretanha foram muito bem acolhidas. A rejeição de leis estrangeiras encontrou em D'Argentré seu primeiro grande defensor. Seguir-se-ia Huber, já pertencente à próxima escola estatutária.

*Escola holandesa* – Os Países Baixos aspiravam emancipar-se, daí ter sido muito bem-vinda a teoria territorialista de D'Argentré, de fundo eminentemente nacionalista. Paul e

---

[37] Vide Ole Lando, *The Conflict of Laws of Contracts* – General Principles, Recueil des Cours, v. CLXXXIX, p. 242 (1988-VI).
[38] A importância atribuída até hoje à obra de Dumoulin – como a dos demais clássicos do direito internacional privado – se ilustra com recente estudo publicado na França em que se comenta e reproduz, em tradução para o francês, uma *lectura* composta por Charles Dumoulin destinada ao curso por ele dado em 1553 na Universidade de Tübingen, sob o título "Conclusions sur les Statuts et Coutumes Locaux", em tradução feita por A. Lainé do original "*Conclusiones de Statutis et Consuetudines localibus*". O comentário à peça de Dumoulin é de autoria de Bertrand Ancel, sob o título "Les Conclusions sur les Statuts et Coutumes locaux de Du Moulin, traduites en français", *Revue* 2011.21-38.

Jean Voet, Christian Rodenburg e Ulrich Huber, as principais figuras do Direito Internacional Privado holandês do século XVII, comentaram as ideias da escola estatutária francesa, principalmente a doutrina de D'Argentré, nascendo assim a escola estatutária holandesa.

Os holandeses evoluíram para um territorialismo ainda mais acentuado do que D'Argentré, eis que, enquanto este admitia que os bens móveis seguissem a pessoa, de acordo com o brocardo *mobilia sequuntur personam*, ficando submetidos ao estatuto pessoal do proprietário, os jusinternacionalistas holandeses submetiam os móveis ao estatuto real.

Huber notabilizou-se por seu escrito *"De conflictu legum diversarum in diversis imperiis"*,[39] em que enunciou três princípios:

    a. as leis de cada Estado imperam dentro das suas fronteiras e obrigam a todos os súditos deste Estado, mas não produzem efeitos além destes limites;

    b. súditos de cada Estado são todos aqueles que se encontram no seu território;

    c. os soberanos conduzem-se de modo a tornar possível que as leis de cada país, depois de terem sido aplicadas dentro das suas fronteiras, conservem sua força e eficácia além das fronteiras, o que ocorre pela teoria da *comitas gentium*, cortesia internacional, que permite a aplicação extraterritorial das leis internas.[40]

A teoria de Huber tem sido considerada a síntese da tradição italiana e da escola de D'Argentré, enriquecida do espírito internacional de Grotius e das modernas doutrinas sobre a soberania.[41] Em Huber vamos detectar uma ponte ligando o Direito Internacional Público com o Direito Internacional Privado.

J. H. C. Morris, mestre britânico do DIP, editor e continuador da obra fundamental de Dicey,[42] sintetiza a teoria huberiana da seguinte forma:

"Nas suas duas primeiras máximas Huber proclama, mais claramente do que qualquer um antes dele, que todas as leis são territoriais e não podem ter força e efeito além dos limites do país em que foram promulgadas, mas obrigam todas as pessoas que se encontram dentro do país, sejam elas naturais ou estrangeiras. Esta insistência de Huber na natureza territorial da lei conquistou a simpatia dos magistrados ingleses e americanos. Em seguida, na sua terceira regra, Huber oferece duas explicações para o aparente paradoxo constituído pela aplicação do direito estrangeiro além das fronteiras do país que as promulga, apesar da doutrina da soberania territorial. Sua primeira explicação é de que isto ocorre simplesmente porque o outro soberano consente que assim se faça. Sua segunda explicação é de que não se aplica e executa o direito estrangeiro como tal, mas se reconhecem os direitos a que o mesmo deu origem. Esta terceira regra também contém as raízes da doutrina da ordem pública".[43]

---

[39] Para François Rigaux, *Précis de Droit International Privé*, 1968, p. 42, o Direito Internacional Privado propriamente dito nasceu com a Escola holandesa, eis que as escolas anteriores cuidaram de conflitos de leis relativamente homogêneas, de caráter interterritorial, ou se limitavam a conflitos entre o direito romano e os costumes e estatutos locais. Segundo Fritz Sturm, Comment l'Antiquité réglait-elle ses conflits de lois? *Clunet*, 1979.260, Rodenburg e não Huber teria sido o primeiro jurista da era moderna que se referiu aos conflitos de leis de nações diversas.

[40] Ernest G. Lorenzen, Huber's De Conflictu Legum, *Illinois Law Review* 13:376, 1918-9.

[41] Vide Gutzwiller, *"Le Développement Historique du Droit International Privé"*, Recueil des Cours, tomo 29, p. 327.

[42] J. H. C. Morris, *The Conflict of Laws*, 1971, p. 518.

[43] O trecho de Huber transcrito por Morris reza *"Sovereigns will so act by way of comity* – os soberanos agirão por via da *comitas* (1) – *that rights acquired within the limits of a government* – para que direitos

Huber, com seu territorialismo e sua teoria de que só se admite aplicar a norma jurídica estrangeira na medida em que ela tenha criado direitos adquiridos – *vested rights* –, teve enorme influência no direito anglo-americano.

A *comitas* encontrou fortes críticos. Como dizia um jurista americano, cortesia é exercida por quem detém o poder supremo. O dever dos juízes é distribuir justiça de acordo com a lei e decidir entre as partes de acordo com seus respectivos direitos. Assim, quando um contrato celebrado no estrangeiro está sob litígio, não é por uma questão de cortesia que os juízes tomam conhecimento das leis do país onde o contrato foi celebrado, mas para constatar em que medida as partes se obrigaram.[44] Eventualmente, a *comitas* passou a ser interpretada não como mera cortesia estendida a outro país, mas como aplicação do direito estrangeiro para satisfação de uma exigência da própria justiça que se deseja alcançar na solução do caso.

## DOUTRINAS MODERNAS

Ao longo do século XVIII aperfeiçoaram-se as ideias dos estatutários das três escolas, sem que nada de especialmente novo surgisse no panorama do DIP. A ciência jurídica inaugura o século XIX com o Código Civil de Napoleão (1804), seguido do Código Civil italiano (1865), encerrando-se com o Código Civil alemão (1896), contendo estas três legislações regras básicas sobre a solução dos conflitos de leis, conforme será visto ao longo do estudo da disciplina.[45]

Paralelamente, é nesta época que surgem e pontificam as maiores figuras do moderno Direito Internacional Privado, dois autores consagrados e reverenciados até os dias de hoje, no campo do direito internacional bem como em outras áreas do direito: Savigny, o historiador e filósofo do direito, e Story, o grande sistematizador.

JOSEPH STORY – Juiz da Suprema Corte norte-americana, ilustre comentarista da Constituição de seu país, professor da afamada Universidade de Harvard, publicou em 1834: "*Commentaries on the Conflict of Laws, foreign and domestic, in regard to marriages, divorces, wills, successions and judgments*". Lorenzen, um dos principais autores americanos de DIP do século XX, referiu-se à obra de Story como "*a mais notável e importante obra sobre o conflito das leis que apareceu desde o século XIII em qualquer país, em qualquer língua*".[46]

A respeito das obras de Story e Savigny, é interessante reproduzir o depoimento de Dicey, consagrado constitucionalista britânico e a maior autoridade em DIP da Grã-Bretanha, que,

---

adquiridos dentro dos limites de um governo – *retain their force everywhere* – mantenham seus efeitos por toda a parte (2) – *so far as they do not cause prejudice to the power of rights of such government or of its subjects* – desde que não causem dano ao poder ou direitos deste governo ou de seus cidadãos (3). No (1) temos a *comitas*, no (2) os direitos adquiridos e no (3) a reserva da ordem pública".

[44] Vide Gutzwiller, "Le Développement Historique du Droit International Privé", Recueil des Cours, tomo 29, p. 348.

[45] Em verdade, o Direito Internacional Privado positivo tem início com o Código de Frederico o Grande, de 1794, que se constituiu no direito geral dos estados prussianos e que introduziu algumas regras de conexão. O Código Civil francês foi adotado na Bélgica em 1807. Seguem-se o Código Civil austríaco de 1811, do Haiti de 1825, que também reproduziu o Código Civil dos franceses, dos Países-Baixos de 1838, país que já promulgara uma lei em 1829 contendo regras sobre o Direito Internacional Privado; o Código Civil da Sérvia, de 1844, do Peru, de 1852, do Chile, de 1855, da Grécia, de 1856, da Romênia, de 1865, de Portugal, de 1867, do Uruguai, de 1868, da Argentina, de 1869, da Colômbia, de 1873, da Costa Rica, de 1887 e da Espanha, de 1888.

[46] Vide J. H. C. Morris, *The Conflict of Laws*, 1971, p. 519. A vida e obra de Story são narradas por Seymour J. Rubin, "Joseph Story, Jurista, Educador y Magistrado de la Corte Suprema de Justicia de los Estados Unidos", Sexto Curso de Derecho Internacional organizado por el Comité Juridico Interamericano, p. 9.

logo após a publicação da primeira edição de seu "Conflict of Laws", em 1896, assim escreveu a respeito de sua própria obra a um amigo:

> "Na aparência lembra o livro de Story. Mas não posso gabar-me de qualquer outra semelhança. Pois, após ter lido muito sobre o Conflito das Leis, estou certo de que Story e Savigny escreveram os únicos grandes livros sobre a matéria e considerando o estado da especulação jurídica no tempo e no país de Story, parece-me que entre os dois, Story empreendeu a façanha maior".[47]

Savigny recebeu um exemplar do livro de Story, que lhe foi enviado pelo próprio autor, a ela se referindo no prefácio de sua obra como "a excelente obra de Story, tão rica em informações, tão útil à pesquisa".[48]

Em aula inaugural proferida na Universidade de Harvard no dia 28 de agosto de 1829, Story apresentou o plano de sua obra sobre o conflito das leis, dizendo que nela se dedicaria ao *"exame de uma variedade de questões muito interessantes que decorrem da aplicação de um direito estrangeiro: o domínio que se costuma denominar de lex fori e lex loci. Entre estas questões figuram a da fixação do domicílio no estrangeiro, dos casamentos, divórcios e dos crimes que contêm um elemento de estraneidade; as questões dos testamentos e das sucessões; das liberalidades e dos contratos; do efeito da prescrição estrangeira, do processo estrangeiro e dos julgamentos estrangeiros. E também, de forma incidental, a questão da natureza e da extensão do poder de jurisdição dos tribunais na administração de justiça aos estrangeiros e sobre o valor e o efeito a ser reconhecido às ordens dos tribunais estrangeiros".*[49]

Está aí uma síntese feliz do campo de estudos da nossa disciplina por um autor americano que tinha um horizonte europeu da matéria, consciente de que conflitos ocorrem não só no plano interno dos Estados Unidos, em que as legislações estaduais divergem entre si, como também no plano internacional (o que não foi seguido pela maioria dos jusinternacionalistas norte-americanos da segunda metade do século XX), utilizando o sistema anglo-americano de examinar e comentar a experiência dos tribunais. Na primeira edição de seu livro, Story citou cerca de quinhentas decisões da jurisprudência e na segunda edição este número foi enriquecido para aproximadamente setecentos julgados.[50]

Story expõe os princípios territorialistas de D'Argentré, aperfeiçoados por Huber, sem se comprometer com suas teorias. O mestre de Harvard foi o primeiro a empregar a denominação "Direito Internacional Privado" e, não aceitando a divisão da matéria em estatutos pessoais, reais e mistos, como o faziam os autores europeus de sua época, versa os inúmeros temas separadamente, como delineara em sua aula inaugural.

A *comitas gentium* dos holandeses, significando a gentileza internacional como justificadora da aplicação de leis estrangeiras, foi substituída por Story pela noção de que a aplicação do direito estrangeiro se faz na busca da boa justiça.[51]

---

[47] Dicey e Morris, *The Conflict of Laws*, Biographical Note, p. XVI.
[48] Conforme narra Kurt H. Nadelmann, "Observations sur la Seconde Édition des 'Commentaries on the Conflict of Laws' de Joseph Story, à l'Occasion de son Bicentenaire", *Revue*, 1981.1, 9.
[49] Kurt H. Nadelmann, "Observations sur la Seconde Édition des 'Commentaries on the Conflict of Laws' de Joseph Story, à l'Occasion de son Bicentenaire", *Revue*, 1981.15.
[50] Kurt H. Nadelmann, "Observations sur la Seconde Édition des 'Commentaries on the Conflict of Laws' de Joseph Story, à l'Occasion de son Bicentenaire", *Revue*, 1981.2.
[51] No entanto, um autor ilustre como Ernest G. Lorenzen, "Selected Articles on Conflict of Laws", p. 155, escreveu que *"Story gives to these maxims (de Huber) his unqualified assent"*.

Em suas edições posteriores, Story transcreve uma decisão da Suprema Corte norte-americana, no caso *Bank of Augusta v. Earle*, em que o *Justice* Taney, ao expor a razão para aplicar lei estrangeira, disse que:

"é ocioso enumerar os exemplos em que, na prática generalizada dos países civilizados, as leis de um país, por cortesia das nações, são reconhecidas e executadas em território de país estrangeiro. Os casos de contratos realizados em país estrangeiro são exemplos conhecidos e as cortes de justiça os têm executado de acordo com as leis do lugar em que firmados, sempre que estas não sejam repugnantes às leis locais. É um ato voluntário da nação que a oferece... contribuindo tão poderosamente para promover a justiça entre os indivíduos e a produzir uma comunicação amistosa entre as soberanias a que os mesmos pertencem, que as cortes de justiça o consideraram continuadamente parte da lei voluntária das nações. Com toda verdade está dito no 'Conflito das Leis' de Story que, 'à falta de uma regra positiva que afirme ou negue, ou restrinja os efeitos das leis estrangeiras, as cortes de justiça presumem a adoção tácita das mesmas por seu governo, ressalvado quando sejam repugnantes à sua política ou prejudiciais aos seus interesses.'"[52]

O texto desta decisão mescla "cortesia" com "justiça", mas dá mais ênfase ao segundo. Story reforça a teoria da busca pela justiça na aplicação da lei estrangeira com uma decisão de tribunal britânico no caso *Warrender v. Warrender*, em que Lorde Brougham, após tecer considerações sobre a aplicação de leis estrangeiras em matéria contratual, assim concluiu: "*Por conseguinte, as cortes em cujo país surge a questão recorrem à lei do país em que se fez o contrato, não ex comitate mas ex debito justitiae*".[53]

Story se refere a um comentário de Redfield, que contribui para esclarecer a razão da aplicação da lei estrangeira, dizendo que "*não se pode pretender que os tribunais, quando se referem à lei do Estado estrangeiro, fazem-no por cortesia, assim como não se pode dizer que quando alguém invoca um dicionário estrangeiro para melhor compreender o exato significado dos termos utilizados no contrato redigido naquela língua estrangeira, fá-lo por cortesia. O conhecimento da língua estrangeira não é mais indispensável do que o da lei estrangeira para a exata compreensão dos termos contratuais*".[54]

E prossegue Story esclarecendo mais ainda:

"Se em um caso perante corte americana os direitos das partes dependem de uma transação que teve lugar na França e a transação é de um caráter sobre o qual a lei francesa e a lei norte-americana são diferentes, apresenta-se a questão se a transação se rege pela lei francesa ou não. Se a corte decide que ela se rege pela lei francesa, estará obrigada a aplicar esta lei ao fixar os direitos das partes, não por cortesia e urbanidade para com a França, mas porque a justiça assim exige. Os direitos das partes dependem, em parte, das circunstâncias da transação, e em parte

---

[52] Joseph Story, *Comentários sobre el Conflicto de las Leyes*, 1891, p. 44-45. Pimenta Bueno, o primeiro autor brasileiro de DIP, publicou em 1863 "Direito Internacional Privado e Aplicação de seus Princípios com Referência às Leis Particulares do Brazil", assim escrevendo à p. 19: "Uma nação quando atribui efeitos às leis estrangeiras não se despe de sua soberania e independência, não procede por dever de obediência, mas sim pelo sentimento e força da razão e da justiça".

[53] Há, contudo, outras passagens em Story, em que parece inclinar-se francamente para as ideias huberianas e adotar a filosofia da cortesia internacional. A obra de Story sobre o Direito Internacional Privado, com suas oito edições consecutivas, está a pedir um cuidadoso reexame. Vide Alan Watson, "Joseph Story and the Comity of Errors".

[54] Joseph Story, *Comentários sobre el Conflicto de las Leyes*, 1981.

da lei que deu à transação sua força e seus efeitos. Seria tão injusto aplicar uma lei diferente como seria determinar os direitos das partes de acordo com uma transação diferente da que foi realizada. Ao aplicar a lei francesa, a corte não concede à mesma efeitos na América, mas apenas reconhece o fato que teve efeito na França".[55]

Aqui se encontra a nascente da teoria anglo-americana, baseada em Huber, dos *vested rights*, pela qual não se aplica lei estrangeira, mas tão somente se reconhecem os efeitos que ela já tenha produzido, o que se casa com outra teoria dos anglo-americanos de que a lei estrangeira é aceita como fato e não como lei, e tudo isto, a rigor, representa um retorno às ideias de Huber.

Ao estudar as várias questões jurídicas que se colocam diante do aplicador da lei, Story foi estabelecendo regras sobre a lei a ser utilizada para cada setor do direito. Para o estado e a capacidade das pessoas fixou a regra geral do domicílio, excetuada a capacidade de contratar, para a qual adotava a lei do local do contrato; para o casamento sujeitava a capacidade, a forma e a validade à lei do lugar da celebração; em matéria de regime de bens, havendo contrato, respeitar-se-ia o que tivesse sido pactuado, e inexistindo pacto, os móveis se regeriam pela lei do domicílio conjugal, os imóveis, pela lei do lugar de sua situação. Para os contratos, a lei do lugar de sua feitura, com ressalvas para a lei do lugar de sua execução; os bens móveis, pela lei do domicílio do proprietário, e os imóveis, pela lei do local; sucessões, a mesma distinção entre móveis e imóveis. Estabeleceu com clareza a ressalva da ordem pública contra a aplicação de leis estrangeiras repugnantes ao espírito do foro.

Grande foi a influência de Story não só nos Estados Unidos, como também na Europa. Foelix, autor do importante "*Traité du Droit International Privé ou du conflit des lois de différentes nations en matière de droit privé*", publicado na França em 1843, escreveu no prefácio à sua segunda edição: "*este resultado a que nos conduziram nossas pesquisas e nossas meditações, encontramo-lo confirmado e desenvolvido na sábia obra de Story, professor de direito na Universidade de Harvard em Cambridge e juiz da Suprema Corte dos Estados Unidos da América do Norte*".

A obra de Story influenciou marcantemente a consolidação das regras de DIP norte-americanas, elaborada em 1934 pelo Instituto do Direito Americano, sob a direção do Professor Joseph Henry Beale, também de Harvard, o já acima referido *Restatement of the Law of Conflict of Laws*.

Friedrich Carl Von Savigny – Professor da Universidade de Berlim, membro do Instituto de França, escreveu *System des heutigen Romischen Rechts* – Sistema do Direito Romano atual em que se concentra no direito privado de sua época à luz de suas origens no direito romano.[56]

O oitavo e último volume da obra foi dedicado pelo autor às questões decorrentes dos limites do império das regras de direito no tempo e no espaço, em que são expostas teorias que parecem incompletas e inacabadas "*não por fraqueza do autor mas pela natureza especial da disciplina*".[57]

Savigny foi o grande inovador do moderno Direito Internacional Privado, discordando com veemência das teorias territorialistas de Huber e de seus contemporâneos.

---

[55] Joseph Story, *Comentários sobre el Conflicto de las Leyes*, 1981, nas notas acrescidas à 8ª edição por J. L. Thorndike.

[56] Savigny publicou esta obra entre setembro de 1839 – data do prefácio do primeiro volume – até julho de 1849 – data do prefácio do último volume – conhecida no Brasil principalmente pela tradução francesa de Guenoux, cuja segunda edição foi publicada em Paris de 1855 a 1860.

[57] M. F. C. Savigny, *Traité de Droit Romain*, v. VIII, 1885, p. 1.

"*Inúmeros autores*", diz Savigny, "*tentaram resolver estas questões pelo princípio da independência e soberania dos Estados, e partem das seguintes duas premissas: 1º) cada Estado pode exigir que em toda extensão de seu território não se reconheçam outras leis que não as suas; 2º) nenhum Estado pode estender a aplicação de suas leis além de seus limites territoriais*".

Savigny sustenta que quanto mais as relações entre os diversos povos se ampliam, mais nos devemos convencer da necessidade de renunciar ao princípio da exclusão, para adotar o princípio contrário. O interesse dos povos e dos indivíduos exige igualdade no tratamento das questões jurídicas, de forma que em caso de colisão de leis a solução venha a ser sempre a mesma, seja em que país se realizar o julgamento.

Isto, diz Savigny, decorre de um ponto de vista que ele denomina de "*comunidade de direito entre os diferentes povos*",[58] segundo o qual, para encontrar a lei aplicável a cada hipótese há que "*determinar para cada relação jurídica o direito mais de conformidade com a natureza própria e essencial desta relação*". O direito mais conforme para cada relação jurídica é encontrado por meio da localização da sede da relação em causa.[59]

Esta sede é representada pelo domicílio das pessoas no que tange a seu estado e capacidade, pela localização da coisa para qualificá-la e regê-la e pelo lugar da solução das obrigações para as questões jurídicas delas decorrentes.

Savigny reconhece que há exceções ao princípio da comunidade de direito entre os povos, por força de determinadas leis que existem em cada nação e que têm natureza rigorosamente obrigatória, não admitindo a escolha de leis de outra fonte, havendo, por outro lado, instituições de certos países que não são reconhecidas em outros países, não podendo pretender reconhecimento de seus tribunais.

A poligamia, a proibição de aquisição de propriedade imobiliária por judeus, o instituto da morte civil e a escravidão são quatro instituições exemplificadas pelo professor de Berlim como inaplicáveis em foros que não nas admitem, constituindo-se assim em exceções ao princípio da comunidade, exceções cujo número, conclui Savigny, haverá constantemente de diminuir, através do desenvolvimento natural do direito no seio dos vários povos.[60]

PASQUALE MANCINI – Logo abaixo de Story e Savigny, e para certos autores[61] ombreando com eles, aparece a figura do italiano Pasquale S. Mancini, criador do moderno Direito Internacional Privado italiano, fundador e presidente do Instituto de Direito Internacional.

Também Mancini falou na comunidade de direito ao defender o direito dos estrangeiros. Em 1853 assim se pronunciou o jurista e homem público italiano perante o Instituto de Direito Internacional: "*O tratamento dos estrangeiros não pode depender da comitas e da vontade soberana e arbitrária de cada Estado. A ciência só pode considerar este tratamento um dever rigoroso de justiça internacional, de que uma nação não pode fugir sem violar o direito das gentes, sem romper o laço que a une à espécie humana dentro de uma grande comunidade de direito, fundada sobre a comunidade e a sociabilidade da natureza humana*".[62]

---

[58] M. F. C. Savigny, *Traité de Droit Romain*, v. VIII, 1885, p. 30.
[59] M. F. C. Savigny, *Traité de Droit Romain*, v. VIII, 1885, p. 109 e 118. Vide no primeiro capítulo deste livro, o subitem "Ótica da Disciplina". O método de Savigny teve relevante influência na prática das cortes britânicas, segundo Cheshire, *Private International Law*, p. 27.
[60] M. F. C. Savigny, *Traité de Droit Romain*, v. VIII, 1885, p. 35-40.
[61] Haroldo Valladão, *Direito Internacional Privado*, v. I, 1980, p. 119.
[62] Este pronunciamento de Mancini está referido em F. Laurent, *Le Droit Civil International*, 1881, p. 637; esta obra foi dedicada pelo autor francês a Mancini, com a seguinte inscrição: "Dedico estes estudos a Mancini, membro do Parlamento italiano e presidente do Instituto de Direito Internacional, numa homenagem que presto à Itália, que inaugurou o Direito Internacional Privado e ao homem eminente,

A principal lição de Mancini em DIP consta de uma aula inaugural proferida na Universidade de Turim, iniciada em 1851 e concluída em 1852, sob o título *"Della nazionalità comme fundamento del diritto delle gente"*, em que estabeleceu a nacionalidade como critério determinador da lei a ser aplicada à pessoa em todas as matérias atinentes a seu estado e à sua capacidade, contrariamente ao princípio de Savigny, que optara pelo domicílio.

Em Mancini havia o elemento político. Batalhador pela unificação da República italiana, quis valorizar o direito italiano para os italianos, por força do qual o italiano seria sempre regido por sua lei nacional, onde quer que se encontrasse.

A igualdade dos estrangeiros foi consagrada no art. 3º. do Código Civil italiano de 1865 (*"Lo straniero è ammesso a godere dei diritti civili attribuiti ai cittadino..."*)[63] e o princípio da nacionalidade como critério determinador da lei pessoal ficou estabelecido nas *Disposizioni* de 1865, de 1942, e atualmente, no art. 20 da lei sobre o Direito Internacional Privado, de 1995 (*"La capacità giuridica delle persone fisiche è regolata dalla loro legge nazionale"*).

Para Mancini certas questões serão sempre, necessariamente, regidas pela lei da nacionalidade da pessoa – o estado e a capacidade, as relações de família e as sucessões – este é o princípio da Nacionalidade. Já as questões atinentes aos bens, assim como aos contratos e demais obrigações podem ser regidas pela lei que a pessoa escolher, são as leis supletivas, que compõem o princípio da Liberdade. E há um terceiro setor da vida humana em sociedade que se submete forçosamente às leis do foro: são as leis de direito público e certas leis privadas com forte conotação de ordem pública, que as autoridades locais exigem sejam aplicadas indiferentemente para todos que se encontram sobre seu território. É o princípio da Soberania.

Estes três princípios – Nacionalidade, Liberdade, Soberania[64] – estão claramente delineados no Código Bustamante, art. 3º, que assim dispõe:

> "Para o exercício dos direitos civis e para o gozo das garantias individuais idênticas, as leis e regras vigentes em cada Estado contratante consideram-se divididas nas três categorias seguintes: I. as que se aplicam às pessoas em virtude do seu domicílio ou da sua nacionalidade e as seguem, ainda que se mudem para outro país, denominadas pessoais ou de ordem pública interna (Nacionalidade); II. as que obrigam por igual a todos os que residem no território, sejam ou não nacionais, denominadas territoriais, locais ou de ordem pública internacional (Soberania); III. as que se aplicam somente mediante a expressão, a interpretação ou a presunção da vontade das partes ou de alguma delas, denominadas voluntárias, supletórias ou de ordem privada (Liberdade)".

---

sob inspiração do qual os princípios de nossa ciência foram inscritos no Código Civil italiano. Ao mesmo tempo quito uma dívida com o Instituto do qual tenho a honra de ser membro".

63   Esta regra figura atualmente no art. 16 das *Disposizioni sulla legge in generale*, que está em vigor, eis que apenas parcialmente revogada pela lei de 1995 sobre o Direito Internacional Privado, cujo art. 73 revogou, entre outros dispositivos da legislação italiana, os arts. 7 a 31 das *Disposizioni*.

64   Tito Ballarino, eminente meste italiano, assim resume os três princípios como colocados por Mancini: "Recapitulando, a obra de Pasquale Mancini sustentou três princípios básicos: o princípio da nacionalidade, a ser aplicado no que se refere às normas reguladoras das pessoas e das sucessões: o princípio da liberdade, quando '... o legislador reconhece não ter interesse em introduzir, com as próprias leis, coações inúteis e obstáculos ao exercício da liberdade lícita e inofensiva do estrangeiro'; e o princípio da soberania, a ser aplicado quando os estrangeiros, em igualdade com os cidadãos, são sujeitos às normas penais, às normas de ordem pública e a todo o Direito Público do Estado". Pasquale Mancini, "Direito Iinternacional (Dirietto Internazionale. Prelezioni) Introdução de Tito Ballarino".

O critério da nacionalidade foi aceito pela grande maioria das codificações europeias, pelo Instituto de Direito Internacional e pela Conferência de Direito Internacional Privado da Haia, conforme várias convenções por ela patrocinadas.

## O MÉTODO DO DIP

Esgotadas as soluções possíveis pelo sistema uniformizador, passa-se para o sistema que estabelece regras harmonizadoras, as quais determinam a lei a ser escolhida para determinadas situações jurídicas que extrapolam os limites de uma soberania.

Josephus Jitta desenvolveu a doutrina de Savigny, substituindo a noção da comunidade jurídica dos povos pela da comunidade jurídica do gênero humano,[65] que veio a ser conhecida mais tarde como a "sociedade internacional". A grande contribuição do autor holandês foi a distinção que elaborou entre o "método individual" e o "método universal", desenvolvida em seu livro "*La Méthode du Droit International Privé*".[66]

O método individual, diz Jitta, "se caracteriza por seu ponto de partida e por sua maneira de considerar o problema de nossa ciência: coloca-se no ponto de vista de um determinado Estado e tem por fim o cumprimento do dever deste Estado com relação aos indivíduos que constituem a sociedade jurídica universal. Resulta deste método que os princípios de nossa ciência se incorporam no direito privado positivo de cada Estado. Portanto, pode-se falar de um Direito Internacional Privado holandês, francês, italiano, etc.".[67]

Assim, diz Jitta, o Estado tem uma missão dupla. Ao lado da manutenção do direito no seio do grupo de indivíduos que forma um Estado, atua igualmente no cumprimento de seus deveres com relação à sociedade internacional dos indivíduos. Esta atuação se materializa por meio do Direito Internacional Privado.

Já o método universal utiliza-se de prisma totalmente diverso, trabalhando com pontos de partida e chegada diferentes: parte ele do conjunto de Estados que têm o dever comum de assegurar a manutenção do Direito Privado mediante regras jurídicas destinadas a obter sua aplicação em toda a humanidade,[68] cabendo a este conjunto de Estados o dever de assegurar, mediante regras positivas e mediante uma organização internacional da administração da Justiça, o reinado do direito nas relações sociais que se formam entre os indivíduos.[69]

Este método liga o DIP ao Direito das Gentes, do qual se torna uma manifestação.

No método individual emprega-se a Lei, a Doutrina e a Jurisprudência nacionais, enquanto no método universal, a Lei Internacional, a Lei Uniforme e o Tratado são as principais fontes. Batiffol explica as duas escolas da seguinte maneira: os "particularistas" (seguidores do método individual) consideram que os problemas do DIP são próprios de cada Estado, por isto as soluções devem ser encontradas nas fontes internas, e às fontes internacionais só se deve recorrer para matérias específicas, constituindo exceções à regra, daí o DIP ser uma disciplina nacional; os "universalistas" pensam que os problemas versados pelo DIP concernem à sociedade internacional e, portanto, têm natureza internacional, devendo receber solução internacional.[70]

---

[65]  Josephus Jitta, *La Rénovation du Droit International*, 1919, p. 1.
[66]  Josephus Jitta, *Método de Derecho Internacional Privado*, na tradução espanhola de J. F. Prida.
[67]  Josephus Jitta, *Método de Derecho Internacional Privado*, 1990, p. 184.
[68]  Josephus Jitta, *Método de Derecho Internacional Privado*, 1990, p. 230.
[69]  Josephus Jitta, *Método de Derecho Internacional Privado*, 1990, p. 231.
[70]  Henri Batiffol e Paul Lagarde, *Droit International Privé*, v. I, 1993, p. 24.

Já Loussouarn e Bourel têm outra explanação: os "universalistas" acreditam na formulação de regras uniformizadas de DIP – o DIP uniformizado – daí a primazia das fontes internacionais; os "particularistas" negam a possibilidade desta uniformização. Para eles, o DIP é uma projeção do direito interno no plano internacional e como os direitos internos são diferentes, a figuras diferentes correspondem projeções diferentes.[71]

Antoine Pillet é conhecido como defensor do universalismo e da submissão do DIP ao Direito Internacional Público, tendo criticado a preferência de Jitta pelo regime particularista, que deflui no método individual.

Pillet, que lecionou e publicou nos séculos XIX e XX, elaborou a teoria do objetivo das leis que classificava em territoriais e extraterritoriais. Aquelas têm aplicação geral, para todos: seu império é em determinado espaço; estas têm aplicação permanente, para alguns: reinam no tempo.

A lei pode conter as duas características, mas nas relações internacionais uma delas terá que se sacrificar em prol da outra. Ao DIP cabe determinar qual a lei territorial e qual a lei extraterritorial. Para isto há que se investigar a função social da lei, se ela se dirige fundamentalmente para proteger os indivíduos ou para zelar pela ordem social. Aquelas serão extraterritoriais, aplicando-se à pessoa, onde quer que se encontre. As segundas são territoriais, têm aplicação a todos que se encontram sobre o mesmo território, abrangidos pela norma que visa a proteger a ordem social.

As normas extraterritoriais cuidam do indivíduo, de sua proteção, são as normas respeitantes ao estado, à capacidade, às relações de família e de sucessão.

As territoriais são as leis políticas, morais, de segurança, propriedade, crédito público, falência, tributos.[72]

Depois de Jitta e Pillet, a moderna doutrina de Direito Internacional Privado é examinada à luz destes dois métodos – o universalista e o particularista: o método universalista, de horizontes amplos, preocupado com o homem na sociedade internacional, à procura de soluções internacionais, a serem definidas por Convenções e Tratados (tanto as que indicam as opções entre duas legislações como as que uniformizam-nas), apresenta o Direito Internacional Privado como disciplina orientada pelos princípios do Direito Internacional Público, enquanto o método particularista vê o DIP como a aplicação do direito positivo interno sobre as relações privadas no plano internacional, para o qual a principal fonte é a legislação interna de cada país.

As ideias lançadas por Savigny, da comunidade jurídica dos povos, da sede da relação jurídica representaram uma manifestação genuinamente universalista, e assim também foram as ideias do "centro de gravidade da relação jurídica", defendida por Gierke no final do século XIX, a da *most real connection*, advogada por Westlake, em 1922, ou a localização da *proper law of the contract*, pelo mesmo autor inglês. Nos Estados Unidos estas ideias se manifestaram no *most significant contacts*, que se transformou na fórmula *most significant*

---

[71] Yvon Loussouarn e Pierre Bourel, *Droit International Privé*, 1978, p. 22.

[72] Observe-se a semelhança com a primeira e a terceira categorias de leis na classificação de Mancini: as leis regidas pelo princípio da nacionalidade são extraterritoriais, enquanto que as leis regidas pelo princípio da soberania são as leis territoriais. Note-se também que Pillet, apesar de universalista quanto ao método do DIP é unilateralista no que tange à ótica da disciplina, pois concentra sua análise na extensão territorial das leis e não nas relações jurídicas como ocorre na visão savigniana (vide no primeiro capítulo o subitem "A Ótica da Disciplina").

*relationship*, esta última consagrada no *Restatement Second*.⁷³ Ocorre que esta consolidação assimilou paralelamente outros conceitos como o *government interest analysis*, que procura escolher a lei a ser aplicada de acordo com os interesses dos Estados, o que fatalmente leva à prática territorialista-particularista.

O universalismo e o particularismo são duas posições que se alternam: na segunda metade do século XIX tivemos a prevalência do universalismo, voltando-se para o particularismo entre as duas guerras do século XX, para retornar ao universalismo na época contemporânea.⁷⁴

No último quartel do século XX vimos na Europa a nacionalidade ser substituída pela regra da residência habitual, muito próxima da regra domiciliar dos países americanos.

Outra mudança de fundamental importância dos últimos tempos é o paulatino abandono das regras de conexão fixas, inflexíveis, que determinam a lei aplicável, para se adotar o princípio amplo e flexível da lei mais próxima, mais intimamente vinculada com as partes ou com a questão jurídica, que faculta aos tribunais maior poder discricionário na escolha da lei aplicável. Este novo *approach* se baseia na ideia da intensidade maior de ligação, e é conhecido como o princípio da proximidade.⁷⁵

Este princípio foi consagrado na Convenção de Roma de 1980, da Comunidade Econômica Europeia, sobre a Lei Aplicável às Obrigações Contratuais, cujo art. 4º dispõe que *"Quando a lei aplicável ao contrato não tiver sido escolhida nos termos do art. 3º, o contrato será regido pela lei do país com o qual esteja mais proximamente conectado"*. A Convenção sofreu considerável alteração pelo Regulamento 593 de 2008 do Parlamento Europeu (Roma I), em que o princípio da proximidade aparece como uma solução alternativa.⁷⁶

---

[73] Outras fórmulas encontradas na doutrina americana para indicar o caminho da escolha da lei aplicável: *"grouping of contacts", "controlling concern", "controlling interest", "most intimately concerned with outcome", "greater concern", "strongest interest in resolution", "best practical result"*.

[74] Vide Yves Lequete, *Le Droit International Privé de la Famille à L'Épreuve des Conventions Internationales*, Recueil des Cours 246: 24, 1994.

[75] Vide Jacob Dolinger, "A Evolução do Direito Internacional Privado no Século XX" nos Estudos em Homenagem ao Prof. Caio Tácito, p. 335-348, e curso do mesmo autor na Academia de Direito Internacional da Haia, "Evolution of Principles for Resolving Conflicts in the Field of Contracts and Torts", Recueil des Cours, volume 283, p. 187-512, principalmente p. 371-451, e, ainda do mesmo autor, o livro "Contratos e Obrigações no Direito Internacional Privado", onde estuda-se o princípio da proximidade. Vide em Henri Batiffol e Paul Lagarde, *Droit International Privé*, v. I, 1993, p. 567, nota 354, referência a uma teoria dos canonistas do final do século XII, que em princípio mandavam aplicar a lei do autor, mas admitiam a lei do réu, se esta fosse *"plus proche de la vérité"*. Vide também Martin Wolff, *Derecho Internacional Privado*, tradução de José Rovira y Ermengol, à p. 130: *"Pero existen todavía otros casos en los que el juez alemán tiene que aplicar el Derecho internacional privado extranjero diferente del alemán; esto sucede por la razón de que, según la concepción alemana, el legislador extranjero está más próximo que el alemán para arreglar de una manera determinada ciertas cuestiones del Derecho de colisión"*. Haroldo Valadão sempre defendeu a ideia da proximidade, como se vê em sua tese sobre o Reenvio. "A Devolução nos conflitos sobre a Lei Pessoal", 1930, em "Unidade ou Pluralidade da Sucessão e do Inventario no DIP", 1952 e em sua obra definitiva, "Direito Internacional Privado", v. II, p. 226.

[76] *Revue* 2008, p. 957 e ss.

*Capítulo III*
# FONTES DO DIREITO INTERNACIONAL PRIVADO

## A) FONTES

A complexidade dos problemas versados pelo Direito Internacional Privado conduz a uma variedade de fontes produtoras de regras que visam a indicar soluções, umas mais, outras menos eficazes.

Essas fontes situam-se no plano interno de cada país, bem como nos planos internacional[1] e regional.

Enquanto no Direito Internacional Público preponderam as regras produzidas por fontes supranacionais,[2] no Direito Internacional Privado é nítida a preponderância das fontes internas: a Lei, a Doutrina e a Jurisprudência. É conhecido, no Direito doméstico, o debate em torno do reconhecimento da Doutrina e da Jurisprudência como fontes formais do direito. No DIP, contudo, há unanimidade na aceitação dessas duas manifestações intelectuais como fontes formadoras de solução dos conflitos, no Brasil e no exterior.[3]

## A LEI

A norma de DIP, corporificada em dispositivo legal, teve início discreto nas codificações do século XIX, destacando-se o Código de Napoleão, que estabeleceu regras sobre a aplicação das leis no espaço em seu art. 3º, nas suas três alíneas; sobre direito dos estrangeiros, no art. 11; sobre competência jurisdicional, nos arts. 14 e 15; e sobre fatos ocorridos no estrangeiro, nos arts. 47, 170 e 999.

Seguem-se o Código Geral da Áustria, de 1811, contendo vários dispositivos sobre lei aplicável, o Código Civil do cantão de Zurique, de 1854, o Código Civil do Chile, de 1855, o Código Civil da Itália, de 1865, o Código Civil do Baixo Canadá, de 1866, o Código Civil da Argentina, de 1869, o Código Civil do México, de 1870, e o Código Civil da Espanha, de 1888.

---

[1] René David, *L'Arbitrage dans le Commerce International*, 1982, p. 183, assim escreve: "... há dois tipos de Direito Internacional. Um, próprio a cada nação, ... composto de regras... formuladas por autoridades nacionais, regras estas que podem ter por objeto relações de caráter internacional, mas que de fato são regras de direito nacional. Ao lado deste direito internacional nacionalizado e diverso em cada país existe ou pode existir um verdadeiro direito internacional, reconhecido no mundo ou, mais frequentemente, nas relações entre dois ou mais Estados".

[2] Vide Luiz Dilermando de Castelo Cruz, *Fontes do Direito Internacional* – o costume, o tratado, a legislação internacional, a doutrina e os princípios gerais de direito, In: OEA, *Septimo Curso de Derecho Internacional*, 1980, p. 52 e ss.

[3] Vale notar que, na França, o DIP sempre foi conhecido como droit savant, em razão do importante papel desempenhado pela doutrina na sua construção. V. Horatia Muir-Watt, *Droit International Privé*, t. 1, 2007, p. 501.

Dentre estes códigos, o que reuniu de forma mais sistemática dispositivos de DIP foi o italiano, de 1865, que concentrou, nas "Disposições sobre as Leis em Geral", sete artigos referentes especificamente às questões da aplicação da lei no espaço.

A evolução da codificação do DIP no século XIX se completa com o Código germânico, de 1896, o BGB, que foi precedido por uma lei de introdução, o EGBGB (BGB = "*Bürgerliches Gesetzbuch*", o livro das leis do cidadão; EGBGB = "*Einführungsgesetz zum BGB*", a Lei de Introdução ao BGB). Promulgado em 1896, entrou em vigor em 1900.

Os três principais sistemas europeus de DIP no regime codificado, o francês, o italiano e o alemão, influenciaram as demais legislações europeias e latino-americanas.

Como visto, o legislador francês limitou-se a introduzir alguns dispositivos esparsos em seu Código Civil. Já o italiano e o alemão concentraram suas regras de DIP em leis que precederam seus códigos civis.

Estas legislações antigas (França – 1804, Alemanha – 1896, e Itália – 1865, substituída em 1942) produziram um número escasso de regras, deixando considerável margem para a criatividade da doutrina e da jurisprudência. As legislações modernas são extremamente casuísticas, contendo regras muito específicas, que serão analisadas oportunamente.

Nos últimos 50 anos, dezenas de países criaram – ou reformaram – suas legislações sobre o Direito Internacional Privado, exemplificativamente: Polônia (1965), Portugal (1966),[4] Espanha (1974), Jordânia (1976), Áustria (1978), Hungria (1979 e 2017), Iêmen do Norte (1979), Iêmen do Sul (s/d), Burundi (1980), Togo (1980), Iugoslávia (1982), Turquia (1982), Grécia (1983), Peru (1984), Sudão (1984), Paraguai (1985), Emirados Árabes (1985), China (1986, com reforma aprovada em 2010), Alemanha (1986 e 1999), Suíça (1987), México (1987), Burkina Faso (1989), Japão (1990 e 2006), Rússia (1991 e 2001), Quebec (1991), Romênia (1992), Itália (1995), República Socialista do Vietnam (1995), Liechtenstein (1996), Tunísia (1998), Venezuela (1998), Vietnam (2000), Bélgica (2004), China (2010), Romênia (2009), Polônia (2011), Países Baixos (2011), Argentina (2014), Montenegro (2014), Nova Zelândia (2017), Mônaco (2017), Croácia (2017).

O Líbano aprovou um novo código de processo civil (1983), que alterou algumas normas sobre o processo internacional. Certos países introduziram alterações específicas em aspectos civis e processuais internacionais do divórcio, como a França e os Países Baixos. A Bulgária, a Espanha, a Suécia e a Argentina produziram regras conflituais específicas para o Direito de Família. A Inglaterra aprovou o *Private International Law (Miscellaneous Provisions) Act*, de 1995, que fixou novas regras sobre julgamentos e laudos arbitrais condenatórios de valores em moeda estrangeira, a validade de casamentos celebrados sob égide de lei que autoriza a poligamia e regras de conflito de leis em matéria de responsabilidade civil. A Grécia promulgou, em 1996, novas regras sobre a adoção e a proteção de menores no plano internacional. Os Países Baixos promulgaram, em 2004, uma lei de Direito Internacional Privado específica para o *partenariat*. Portugal aprovou, em 2013, novo código de processo civil. Em 2014, a Argentina promulgou novo código civil e comercial, que, em seu livro 6, título IV, contém regras sobre lei aplicável e jurisdição (arts. 2.594-2.671). O Brasil aprovou em 2015 um novo Código de Processo Civil, que trata do exercício da jurisdição brasileira e da cooperação jurídica internacional e, em 2020, introduziu importantes modificações na Lei de Falências (Lei nº 14.112) sobre cooperação jurídica.

---

4     Vários aspectos específicos das relações jurídicas internacionais foram objeto de leis posteriores ou às leis específicas, que adicionaram normas de Direito Internacional privado. No caso de Portugal, o Decreto-Lei nº 422, de 1983, publicado na *Revue* 77:631, 1988, e comentário de Rui Manuel Gens de Moura Ramos, Aspects récents du DIP au Portugal, *Revue Critique de Droit International Privé* 77:473, 1988.

O Brasil seguiu o exemplo germânico, compondo uma Introdução ao Código Civil em 1916, substituída em 1942 pela Lei de Introdução (Decreto-lei nº 4.657, de 4 de setembro), ambas contendo normas de Direito Intertemporal e de Direito Internacional Privado. Nossa lei introdutória recebe classificação especial, considerada lei reguladora das demais leis. Em voto proferido pelo Ministro Luiz Gallotti, no julgamento do Governador Muniz Falcão contra a Assembleia Legislativa do Estado de Alagoas (rumoroso caso político em que o Legislativo estadual pretendia afastar o governador), lê-se o seguinte: "... Lei de Introdução que, ao contrário do que à primeira vista se poderia supor, tem, como lembra Venzi, citado por Espínola, Serpa Lopes e Carvalho Santos, um alcance vasto; não se cinge ao Código Civil, a despeito de vir a ele anexado, mas protrai seus efeitos a todos os Códigos e a todas as disposições legislativas, seja qual for a sua natureza pública ou privada".[5]

Esta concepção da LINDB é aceita pacificamente pela doutrina brasileira e assim tem sido aplicada pela jurisprudência de nossos tribunais durante as sete décadas que transcorreram desde a sua promulgação.

Eis que em 30 de dezembro de 2010 foi aprovada a Lei nº 12.376, alterando a ementa do Decreto-Lei nº 4.657. São os seguintes os termos desta lei:

"O Presidente da República Faço saber que o Congresso Nacional decreta e eu sanciono a seguinte Lei;

Art. 1º Esta Lei altera a ementa do Decreto-Lei n. 4.657 de 04 de setembro de 1942, ampliando o seu campo de aplicação.

Art. 2º A ementa do Decreto-Lei n. 4.657 de 04 de setembro de 1942 passa a vigorar com a seguinte redação:

'Lei de Introdução às normas do Direito Brasileiro

Art. 3º Esta Lei entra em vigor na data de sua publicação.

Brasília, 30 de dezembro de 2010, 189º da Independência e 122º da República.

Luiz Inácio Lula da Silva

Luiz Paulo Teles Ferreira Barreto'".

Esta é não somente uma lei desnecessária, como desrespeitadora da ciência jurídica nacional, eis que desde a promulgação da Lei de Introdução foi ela sempre entendida e aplicada a todo o sistema jurídico nacional, revelando o legislador de 2010 total desconhecimento da doutrina dos juristas e da jurisprudência dos tribunais ao longo de setenta anos da vida de nosso país, que sempre aplicaram o disposto no Decreto-Lei de 1942 a todas as áreas do Direito brasileiro, considerando-a uma lei sobre as demais leis, classificada na literatura nacional como um sobredireito, como, aliás, o Direito Internacional Privado é entendido no mundo todo.[6]

---

[5] *Habeas corpus* nº 41.296, *RTJ*, n. 33, p. 590, 1964. A posição de supremacia da Lei de Introdução nos tem levado a cogitar se suas normas podem, ou quiçá devem, ser protegidas pelo princípio da ordem pública internacional, o que poderia resultar na sua aplicabilidade retroativa, com importantes consequências em alguns setores do direito, como, por exemplo, no da caracterização do regime de bens de casais consorciados na vigência da Introdução de 1916, que adquirem bens após a entrada em vigor da LINDB de 1942, os quais passariam a ser regidos pela lei domiciliar e não pela lei da nacionalidade, vigente no regime do DIP anterior.

[6] Sob o título "Uma lei ridícula", *O Globo* publicou, em 16 de janeiro de 2011, na página "Opinião", crítica de Jacob Dolinger ao legislador, em que também se indaga sobre o andamento do Projeto Pedro Simon – Projeto de Lei nº 269 do Senado, de 2004 – que visa a substituir a LINDB com uma lei moderna, atualizada. A crítica conclui da seguinte forma: "Onde jaz este importantíssimo projeto de lei? Enquanto

A Lei de Introdução brasileira é uma das mais antigas, senão a mais antiga lei de Direito Internacional Privado no mundo moderno; ela precisa ser substituída, mormente agora que já temos um novo Código Civil. Vários projetos foram apresentados no Congresso, sem maiores consequências até o presente momento.[7]

O Uruguai também tem projetos para novas leis de Direito Internacional Privado, e no México há um trabalho visando a formular projeto para esta finalidade.[8] Por outro lado, o processo civil internacional brasileiro sofreu importante modificação com a promulgação do Código de Processo Civil de 2015.

## A DOUTRINA

Em nenhum campo do Direito a Doutrina tem tanta desenvoltura como no DIP, em razão da parcimônia do legislador. Como escrevem autores franceses, a Doutrina interpreta as decisões judiciais em matéria de Direito Internacional Privado, e com base nas mesmas elabora os princípios da matéria; por outro lado, a Doutrina serve de orientação para os tribunais, que, muito mais do que nas outras áreas, recorrem à lição dos doutrinadores para decidir questões de Direito Internacional Privado.[9]

Assim, a Doutrina nacional desempenha o duplo papel de intérprete da Jurisprudência e de seu guia e orientador.[10] Daí o amplo campo de ação e a relevância da obra do jurisconsulto, que tem liberdade para criar onde o legislador silenciou.

A Doutrina internacional se manifesta por meio de trabalhos coletivos realizados por entidades científicas, como o Instituto de Direito Internacional, a *International Law Association*,

---

isso, o Poder Legislativo caiu no ridículo de criar uma 'lei' totalmente desnecessária, absolutamente sem sentido e sem objetivo e, acima de tudo, desrespeitadora da ciência jurídica nacional". Vide nota seguinte.

[7] Na década de 1960, o Professor Haroldo Valladão apresentou projeto de Lei Geral de Aplicação das Normas Jurídicas, revisto por comissão constituída pelo primeiro autor, pelo Professor Oscar Tenório e pelo Ministro Luiz Galotti. Apresentado ao Congresso, o projeto não vingou. Em 1995, o governo enviou ao Congresso projeto de lei geral de aplicação das normas jurídicas (contendo as normas sobre direito intertemporal e direito internacional privado), elaborado por Comissão constituída pelos Professores João Grandino Rodas, Inocêncio Mártires Coelho, Rubens Limongi França e Jacob Dolinger, que recebeu o número 4.905/95, retirado pelo Executivo depois de ter sido aprovado pela Comissão de Constituição e Justiça. Posteriormente, foram apresentados ao Senado dois projetos com o mesmo objetivo: nº 269/04, de autoria do Senador Pedro Simon, baseado no Projeto nº 4.905, com algumas alterações, e o Projeto nº 243/02, que contém diversos dispositivos totalmente divorciados da melhor doutrina e da tradição do Direito brasileiro, alguns representando verdadeiras aberrações jurídicas. Não há indicação de maior interesse do Congresso Nacional em aprovar uma nova lei geral de aplicação de normas jurídicas. No final, ambos os projetos foram arquivados.

[8] Vide Diego P Fernández Arroyo, Quais as novidades no Direito Internacional Privado latino-americano, *Revista de Direito do Estado* 3:251, 267 e ss., 2006 e Leonel Pereznieto Castro, El Futuro de DIP en Mexico, *Revista Mexicana de Derecho Internacional Privado y Comparado* 17:59 e ss., 2005.

[9] Yvon Loussouarn e Pierre Bourel, *Droit International Privé*, 1978, p. 24. A interação da lei, da doutrina e da jurisprudência no campo da aplicação da lei estrangeira foi colocada por M. Foelix, *Traité de Droit International Privé*, 1856, p. 18, clássico autor francês que assim escreveu: "Ces règles ... il faut les rechercher dans les ouvrages des auteurs qui ont traité la matière et dans les recueils des décisions des tribunaux des divers pays", e à p. 22: "Les législateurs, les autorités publiques, les tribunaux et les auteurs, en admettant l'aplication des lois etrangères...".

[10] Lord Scarman, membro da Corte Suprema da Inglaterra, dizia que as opiniões de Dicey – o principal autor britânico de *Conflict of laws* – tem a mesma importância para os juízes que criam o *"case law"* do que o *"case law"* por eles produzido tem para os editores da obra de Dicey (reeditada várias vezes por seus discípulos). É a recíproca influência entre doutrina e jurisprudência. Vide Andreas Lowenfeld, Conflict of laws english style – review essay, *American Journal of Comparative Law* 37:353-4, 1989.

a Conferência da Haia de Direito Internacional Privado, o UNIDROIT, a Câmara de Comércio Internacional, o Comitê Jurídico Interamericano, a Conferência Especializada Interamericana sobre Direito Internacional Privado e uma série de organizações internacionais e regionais, como certos órgãos da ONU, o Conselho da Europa, a Comunidade Econômica Europeia, hoje União Europeia, que se dedicam a estudar formas e normas para aperfeiçoar a solução dos problemas de Direito Internacional. Os trabalhos dessas entidades, mesmo quando não convertidos em tratados ou regulamentos, têm valor doutrinário de especial importância.[11]

As Convenções da Haia, as Convenções elaboradas pela Conferência Especializada Interamericana sobre DIP, bem como outras convenções internacionais e regionais que contêm soluções para problemas que afetam interesses localizados no Brasil, podem ser consideradas fontes equiparáveis à Doutrina, adequadas para ajudar a resolver as questões jurídicas que se apresentam ao jusinternacionalista brasileiro e ao Judiciário de nosso país, mesmo quando o Brasil não tenha ratificado estes diplomas internacionais.[12]

## A JURISPRUDÊNCIA

Nos países europeus, onde é intensa a atividade extraterritorial, em que os grupos nacionais se inter-relacionam em todos os campos da vida, frequentes os matrimônios entre pessoas de diferentes nacionalidades e domicílios, permanente o fluxo comercial, incessante o movimento turístico, ocorrem fatos jurídicos transnacionais a todo momento.

Daí a habitualidade com que os tribunais nacionais são solicitados a dirimir litígios entre pessoas de diversas nacionalidades, domiciliados em países diferentes; rica, portanto, a experiência dos europeus em matéria de conflito de jurisdições, conflito de leis, em decisões sobre nacionalidade e sobre direitos do estrangeiro.[13]

Diante do laconismo do legislador francês e da lentidão com que as fontes internacionais criam regras de solução, o papel dos tribunais desenvolveu-se sobremaneira naquele país, afirmando Batiffol que *"a fonte essencial do Direito Internacional Privado francês ainda se encontra até hoje na jurisprudência da Corte de Cassação e nas jurisdições submetidas a seu controle"*.[14]

No Brasil, como nos demais países sul-americanos, ainda não é intensa a atividade internacional, tanto no campo das relações de família como nas relações contratuais, civis e comerciais. Daí a escassez da produção jurisprudencial, fenômeno este que faz recair sobre a Doutrina um papel de destacada importância, quiçá mais importante do que o prevalecente no continente europeu. A Jurisprudência brasileira se limita praticamente a decisões sobre homologação de sentenças estrangeiras e *"exequatur"* em cartas rogatórias, matérias atinentes ao Direito Processual Internacional, a processos de expulsão e de extradição, sujeitos ao Estatuto do Estrangeiro, ao Direito Penal Internacional e a decisões no campo fiscal de caráter internacional. Raras as questões em que nossas cortes têm oportunidade de aplicar Direito estrangeiro, aspecto principal da ciência de solução dos conflitos de leis.

---

[11] Os Princípios relativos à escolha de lei aplicável aos contratos comerciais internacionais são um interessante exemplo de texto produzido pela Haia com objetivo de orientar legisladores e tribunais.

[12] Vide, adiante, "A Convenção não ratificada como fonte de direito".

[13] Jean Schapira, *Le Droit International des affaires*, 1972, p. 10, diz que, ante as lacunas da lei, a obra jurisprudencial é imensa, cobrindo a totalidade da vida negocial internacional. Acrescenta que o sistema edificado pela jurisprudência é estritamente nacional, estando incorporado ao Direito francês, como qualquer outra disciplina interna, pelo que "existem no mundo mais de cem sistemas nacionais de regulamentação do conflito de leis".

[14] Henri Batiffol e Paul Lagarde, *Droit International Privé*, v. I, 1993, p. 19.

Em nosso continente tem sido considerável a produção doutrinária, calcada nos grandes autores europeus do século XIX e na produção da doutrina europeia mais recente, sendo, contudo, uma obra mais teórica do que prática, enquanto os europeus têm escrito sobre o Direito Internacional Privado com a atenção voltada para experiências efetivamente vividas, que ocasionam permanente produção jurisprudencial.

Assim, temos na Europa – e nos Estados Unidos mais ainda – um Direito Internacional Privado cada vez mais pretoriano, e nos países da América Latina, um direito ainda enquadrado nos moldes antigos, do século XIX e primeira parte do século XX.

Além das fontes internas, o Direito Internacional Privado também é alimentado por fontes internacionais, basicamente os Tratados e as Convenções. Também ocupa lugar importante a Jurisprudência internacional e, paralelamente ao que ocorre no Direito Internacional Público, hão de ser considerados os princípios gerais de direito reconhecidos pelas nações civilizadas, conforme estabelecido no Estatuto da Corte Internacional de Justiça, art. 38.

## TRATADOS E CONVENÇÕES

O Direito Internacional Privado tem importante fonte internacional (ou externa) nos Tratados e Convenções, bilaterais e multilaterais.

Os Tratados em matéria de nacionalidade cuidam dos conflitos de nacionalidade, visando a evitar os inconvenientes da apatridia e da dupla nacionalidade. Destaca-se a Convenção da Haia sobre Nacionalidade, de 1930, promulgada no Brasil pelo Decreto nº 21.798, de 06.09.1932. O Código Bustamante dedica um capítulo (arts. 9º a 21) à matéria da nacionalidade. Registrem-se, ainda, os tratados que dispõem sobre a nacionalidade da mulher casada e transmissão da nacionalidade aos filhos.[15]

Sobre a condição jurídica do estrangeiro, há vários diplomas que delineiam os direitos dos estrangeiros bem como a competência dos Estados de estabelecerem restrições às suas atividades. A Convenção sobre Condição dos Estrangeiros aprovada em Havana em 1928 foi promulgada no Brasil pelo Decreto nº 18.956, de 22.10.1929. Também ligadas a esta temática, as Convenções sobre o refugiado, sobre a apatridia e sobre o asilo diplomático e territorial, todas aprovadas pelo Brasil, conforme exposto no capítulo sobre a Condição Jurídica do Estrangeiro.

As organizações comunitárias europeias elaboraram vários regulamentos sobre o regime de circulação de pessoas no território dos países que compõem essas entidades regionais.

As matérias processuais também são objeto de convenções e tratados, uns visando à solução uniforme para as questões de competência internacional, outros estabelecendo normas de cooperação jurídica internacional no plano da homologação de sentenças estrangeiras e da extradição, bem assim em matéria de citação, de diversas diligências e de obtenção de provas no exterior.

No âmbito europeu, destaca-se a Convenção sobre Competência Judiciária e Efeitos de Julgamentos, de 1968,[16] e o Conselho da Europa criou a Convenção Europeia de 1957 sobre Extradição. A Conferência Especializada Interamericana sobre DIP (CIDIP) aprovou várias convenções relativas a cartas rogatórias, homologação de sentenças estrangeiras e outros temas processuais. Também a Conferência da Haia elaborou convenções sobre a matéria. Importante mencionar ainda o grande

---

15   Vide Capítulo IV.
16   A Convenção de Bruxelas, ampliada pela Convenção de Lugano e pela Convenção de S. Sebastian. Posteriormente, o Regulamento nº 44/2001 do Conselho da União Europeia substitui a Convenção de Bruxelas, na esteira da nova técnica do Direito Internacional europeu de reger tudo por meio de Regulamentos. Vide *Revue*, 2001, p. 188 e ss. Hoje está em vigor o Regulamento nº 1215/2012.

número de regulamentos em vigor na União Europeia em matéria de processo internacional.[17] Por fim, no âmbito do Mercosul foram aprovadas convenções em matéria processual.[18]

O Brasil aprovou a Convenção da ONU sobre Prestação de Alimentos no Estrangeiro, acordada em Nova York, por via do Decreto nº 56.826, de 02.09.1965, que formula importante esquema de colaboração judicial internacional. Mais recentemente, sobre a mesma matéria, o país aprovou a Convenção sobre a Cobrança Internacional de Alimentos para Crianças e Outros Membros da Família, por via do Decreto nº 9.176, de 19 de outubro de 2017. Em matéria de extradição, o Brasil firmou vários tratados bilaterais e no âmbito do Mercosul.[19]

O campo dos conflitos de leis civis e comerciais concentra grande número e a mais importante coleção de diplomas legais internacionais de nossa disciplina, que dividimos em duas categorias.

1. Convenções contendo regras uniformizadas de solução de conflito de leis, *i.e.*, o Direito Internacional Privado Uniformizado – são os diplomas internacionais que estabelecem regras de conexão indicadoras das leis aplicáveis. Constituem normas paralelas às contidas nos dispositivos legais internos, estas como aquelas fixando normas sobre a escolha das leis aplicáveis em hipóteses de conflitos entre dois ou mais sistemas jurídicos eventualmente aplicáveis.

---

[17] Exemplificativamente, em matéria de competência e reconhecimento de decisões, o Regulamento (CE) nº 44/2001 do Conselho, de 22.12.2000, relativo à competência judiciária, ao reconhecimento e à execução de decisões em matéria civil e comercial, também designado "Bruxelas I", substituído pelo Regulamento (UE) 1215/2012 do Parlamento Europeu e Conselho, de 12.12.2012, relativo à competência judiciária, ao reconhecimento e à execução de decisões em matéria civil e comercial; sobre título executivo, o Regulamento (CE) nº 1869/2005 da Comissão, de 16.11.2005, que substitui o Regulamento (CE) nº 805/2004 do Parlamento Europeu e do Conselho, que criou o título executivo europeu; sobre injunção (créditos não contestados), o Regulamento (CE) nº 1896/2006 do Parlamento Europeu e do Conselho, de 12.12.2006, que cria um procedimento europeu de injunção de pagamento; para ações de pequeno montante, o Regulamento (CE) nº 861/2007 do Parlamento Europeu e do Conselho, de 11.07.2007, que estabelece um processo europeu para as ações de pequeno montante; para insolvência, o Regulamento (CE) nº 1346/2000 do Conselho, de 29.05.2000, relativo aos processos de insolvência; para direito de família, o Regulamento (CE) 2201/2003 do Conselho, de 27.11.2003, relativo à competência, ao reconhecimento e à execução de decisões de matéria matrimonial e em matéria de responsabilidade parental e que revoga o Regulamento (CE) nº 1347/2000, o Regulamento (UE) nº 4/2009 do Conselho, de 18.12.2008, relativo à competência, à lei aplicável, ao reconhecimento e à execução das decisões e à cooperação em matéria de obrigações alimentares, e o Regulamento (UE) nº 1259/2010 do Conselho, de 20.12.2010, que cria uma cooperação reforçada no domínio da lei aplicável em matéria de divórcio e separação judicial; sobre citação e notificação, o Regulamento (CE) nº 1393/2007 do Parlamento Europeu e do Conselho, de 13.11.2007, relativo à citação e à notificação dos atos judiciais e extrajudiciais em matérias civil e comercial nos Estados-Membros (citação e notificação de atos) e que revoga o Regulamento (CE) nº 1348/2000 do Conselho; sobre obtenção de provas, o Regulamento (CE) nº 1206/2001 do Conselho, de 28.05.2001, relativo à cooperação entre os tribunais dos Estados-Membros no domínio da obtenção de provas em matéria civil ou comercial; sobre matéria obrigacional, o Regulamento (CE) nº 593/2008 do Parlamento Europeu e do Conselho, de 17.06.2008, sobre a lei aplicável às obrigações contratuais, também designado "Roma I", e o Regulamento (CE) nº 864/2007 do Parlamento Europeu e do Conselho, de 11.07.2007, relativo à lei aplicável às obrigações extracontratuais, também designado "Roma II"; em matéria sucessória, o Regulamento (UE) nº 650/2012 do Parlamento Europeu e do Conselho, de 04.07.2012, relativo à competência, à lei aplicável, ao reconhecimento e execução das decisões, e à aceitação e execução dos atos autênticos em matéria de sucessões e à criação de um Certificado Sucessório Europeu; sobre apoio judiciário, a Diretiva 2003/8/CE do Conselho, de 27.01.2003, relativa à melhoria do acesso à justiça nos litígios transfronteiriços, por meio do estabelecimento de regras mínimas comuns para o apoio judiciário no âmbito desses litígios.

[18] Ver subitem Mercosul a seguir.

[19] O Acordo de Extradição entre os Estados-Partes do Mercosul foi promulgado pelo Decreto nº 4.975, de 30.01.2004.

Na Europa, destacam-se as Convenções da Haia, que estabelecem soluções para conflitos de leis nos mais variados campos do Direito Civil e do Direito Comercial, as Convenções da União Escandinava, dos países do Benelux, as Convenções de Genebra para solução de conflitos de lei em matéria cambiária, as várias convenções sobre Reconhecimento Recíproco de Sociedades, bem como a Convenção de Roma, de 1980, aprovada pela Comunidade Econômica da Europa, dispondo sobre a Lei Aplicável às Obrigações Contratuais, hoje substituída pelo Regulamento nº 593/2008.

A interação do moderno Direito europeu se manifesta nas recentes leis internas sobre o Direito Internacional Privado ao regularem determinados aspectos da matéria na exata conformidade das Convenções regionais de DIP. Isso ocorre com as leis da Alemanha, da Suíça e da Itália. Essa faz menção expressa a cinco convenções europeias de Direito Internacional Privado.[20]

No continente americano temos o Tratado de Lima, de 1878, os Tratados de Montevidéu, de 1889 e 1939-40, o Código Bustamante, de 1928, as Convenções Interamericanas da CIDIP aprovadas no Panamá, 1975, Montevidéu, 1979, La Paz, 1983, Montevidéu, 1989, México, 1994, e Washington, 2002. Em 2009, a CIDIP reuniu-se, mas não aprovou nenhuma convenção.

Todas essas Convenções e regulamentos europeus constituem o Direito Internacional Privado Uniformizado.

2. Convenções que aprovam Lei Uniforme para atividades de caráter internacional, como as Convenções sobre Transportes Marítimo e Aéreo e sobre a Compra e Venda Internacional, entre muitas outras, constituindo o Direito Internacional Uniformizado.[21]

Já foi referido acima o Estatuto da Corte Internacional de Justiça, que em seu art. 38 enumera as fontes de Direito que deverão ser aplicadas pelo tribunal, em dispositivo que repercute em todos os âmbitos do Direito Internacional, inclusive no da solução dos conflitos de leis. Estas fontes são: 1) as Convenções internacionais; 2) o costume internacional; 3) os princípios gerais do Direito reconhecidos pelas nações civilizadas; e 4) as decisões judiciais e a doutrina dos juristas mais qualificados dos diferentes Estados Nacionais.

## ROTEIRO PARA INTERNALIZAÇÃO DOS TRATADOS NO DIREITO BRASILEIRO

No Brasil, o processo de elaboração e de incorporação dos tratados internacionais ao direito interno cumpre o seguinte roteiro:[22]

1) negociação entre as partes e assinatura do texto final: incumbe privativamente ao Presidente da República manter relações com Estados Estrangeiros (CF, art. 84, VII) e celebrar tratados, convenções e atos internacionais, *ad referendum* do Congresso Nacional (CF, art. 84, VIII). Nessa atribuição de chefe de Estado, o Presidente pode nomear plenipotenciários para assinar tratados em seu nome.

2) aprovação pelo Congresso Nacional (CF, art. 49, I): essa fase se inicia com uma mensagem do Presidente da República. O Congresso Nacional delibera por maioria dos

---

[20] Vide os arts. 32, 42, 45, 57 e 59 da Lei italiana que se referem, respectivamente, à Convenção de Bruxelas sobre jurisdição e reconhecimento de sentenças estrangeiras, à Convenção de Haia sobre Proteção de Menores, à Convenção de Haia sobre Obrigações Alimentares, à Convenção de Roma sobre a lei aplicável às obrigações contratuais e à Convenção de Genebra de 1930 sobre cambiais.

[21] As duas categorias aqui descritas correspondem, respectivamente, aos fatores ns. 4 e 2 dos "Quatro Fatores Resumidos", explicados no Capítulo V.

[22] Para um excelente panorama crítico das diferentes posições que se manifestaram na Assembleia Constituinte no tocante ao processo de incorporação de tratados, v. João Grandino Rodas, A Constituição e os Tratados Internacionais, *Revista dos Tribunais* 624:43-51, 1987.

presentes,²³ sendo que Câmara e Senado votam separadamente. O Congresso não pode emendar ou alterar o texto do tratado, cabendo-lhe apenas o papel de aprová-lo ou não. A aprovação do Congresso é divulgada com a publicação de um Decreto Legislativo promulgado pelo seu Presidente;

3) a terceira etapa pode tomar duas formas distintas:²⁴

a) ratificação: ato do Chefe do Executivo no plano externo. Ocorre somente quando o Brasil assina o texto original do tratado. Se este for bilateral, ratifica-se pela via da troca de notas; se multilateral, pelo depósito do instrumento de ratificação perante a organização internacional que tenha patrocinado a elaboração do acordo. Nos pactos bilaterais, não cabem reservas, pois estas consubstanciariam um novo tratado; nos multilaterais, salvo regra expressa em seu próprio texto, o Presidente da República pode apor reservas, para as quais se requer apenas a ciência (não a anuência) das outras partes;²⁵

ou

b) adesão: ocorre quando o Brasil, sem ter firmado um tratado, quer, posteriormente, ser parte dele. Os efeitos internacionais da adesão equivalem aos da ratificação;

4) promulgação e publicação: são atos que visam à publicidade no plano interno. O Chefe do Executivo promulga e faz publicar um decreto em que se divulga o texto integral do pacto, sendo esta uma praxe existente desde o tempo do Império, em que pese a inexistência de disposição legal neste sentido específica para os tratados.²⁶ Antes da promulgação, um tratado internacional não produz efeitos no plano interno.²⁷

---

23  De acordo com o art. 49, I, da Constituição de 1988, é da competência exclusiva do Congresso Nacional resolver definitivamente sobre tratados, acordos ou atos internacionais que acarretem encargos ou compromissos gravosos ao patrimônio nacional. O Congresso faz isso por meio de um decreto legislativo, cujo *quorum* é aquele previsto no art. 47 da Constituição (maior parte dos votos, exigindo-se a presença da maior parte dos membros).

24  Certa polêmica envolveu a doutrina, no que diz respeito a esta fase: após a aprovação do Congresso Nacional, o Presidente da República está obrigado a ratificar o ato internacional, ou esta é uma faculdade de que dispõe? A maioria da doutrina entende que a ratificação é um ato privativo e discricionário do Presidente.

25  Há casos, porém, em que a anuência será necessária. V. art. 20 (1) e (2) da Convenção de Viena sobre o Direito dos Tratados: "Aceitação de Reservas e Objeções às Reservas. 1. Uma reserva expressamente autorizada por um tratado não requer qualquer aceitação posterior pelos outros Estados contratantes, a não ser que o tratado assim disponha. 2. Quando se infere do número limitado dos Estados negociadores, assim como do objeto e da finalidade do tratado, que a aplicação do tratado na íntegra entre todas as partes é condição essencial para o consentimento de cada uma delas em obrigar-se pelo tratado, uma reserva requer a aceitação de todas as partes".

26  A Convenção de Havana sobre Tratados Internacionais (1928), ratificada pelo Brasil e internalizada pelo Decreto nº 18.956, de 22.10.1929, não prevê esta etapa, dispondo no seu art. 4º: "Os tratados serão publicados imediatamente depois da troca das ratificações. A omissão no cumprimento desta obrigação internacional não prejudicará a vigência dos tratados, nem a exigibilidade das obrigações nele contidas". Dispõe o art. 1 da Convenção de Viena sobre Direito dos Tratados: "1. Um tratado entra em vigor na forma e na data previstas no tratado ou acordadas pelos Estados negociadores. 2. Na ausência de tal disposição ou acordo, um tratado entra em vigor tão logo o consentimento em obrigar-se pelo tratado seja manifestado por todos os Estados negociadores. 3. Quando o consentimento de um Estado em obrigar-se por um tratado for manifestado após sua entrada em vigor, o tratado entrará em vigor em relação a esse Estado nessa data, a não ser que o tratado disponha de outra forma. 4. Aplicam-se desde o momento da adoção do texto de um tratado as disposições relativas à autenticação de seu texto, à manifestação do consentimento dos Estados em obrigarem-se pelo tratado, à maneira ou à data de sua entrada em vigor, às reservas, às funções de depositário e aos outros assuntos que surjam necessariamente antes da entrada em vigor do tratado". No Brasil, aplica-se analogicamente o art. 1º da Lei de Introdução, que impõe a publicação como requisito para que as leis passem a vigorar.

27  Este entendimento restou claro no caso do Protocolo de Medidas Cautelares de Ouro Preto (STF, CR 8.279/AT, Rel. Min. Celso de Mello, *DJ* 10.08.2000). No julgamento, em que se rogavam diligências de

A forma própria de revogação de tratado é a denúncia, que produz efeitos geralmente após um ano. Conforme a doutrina tradicional, cuida-se de ato exclusivo do Presidente da República, sendo desnecessária a manifestação do Legislativo. Há, todavia, quem sustente que, como são necessárias as vontades do Executivo e do Legislativo para a sua aprovação, para a denúncia também deveria ser necessária a manifestação de ambos. Essa foi a posição que prevaleceu no STF.[28]

## A CONVENÇÃO NÃO RATIFICADA COMO FONTE DE DIREITO

As convenções de Direito Internacional Privado, como acontece com os tratados e as convenções em geral, levam anos em seu processo de discussão, formulação, redação final e aprovação, ficando na dependência de ratificação/adesão por um determinado número mínimo de países, sendo que parte considerável dos diplomas internacionais que foram elaborados e aprovados após a 2ª Guerra Mundial ainda não entrou em vigor, tanto no continente europeu como no americano, por falta de número mínimo de ratificações/adesões. Observe-se, contudo, que a assinatura de um tratado pelos delegados dos países participantes de uma conferência internacional ocorre após demorados estudos e negociações entre os Estados interessados. A ratificação/adesão pelos órgãos competentes de cada Estado, por conta de sua não aprovação pelo Poder Legislativo, decorre muitas vezes de problemas que não refletem discordância dos especialistas com o texto do acordo. Daí a importância que deve ser atribuída às convenções assinadas, mesmo quando não promulgadas pelos governos e, mais ainda, àquelas que, já promulgadas, ainda não entraram em vigor por falta de *quorum* de países ratificadores.

Henri Batiffol, ao tecer considerações sobre a 14ª Conferência de Direito Internacional de Haia, realizada em 1980, que aprovou importantes convenções, diz, com sua reconhecida autoridade:

> "Temos experiência que um trabalho de qualidade sempre exerce influência, mesmo se não adquire a forma de um tratado obrigatório: há convenções da Haia que foram aplicadas por tribunais em países que não as haviam ratificado. Quando os juízes não encontram em seu sistema jurídico nacional uma resposta adequada para um problema que lhes é colocado, mas vislumbram a solução em uma convenção ainda não ratificada ou ainda não vigente, pode-lhes parecer natural considerar esta resposta conveniente e justa. E o fenômeno é

---

nítido caráter executório – o que, em regra, era vedado –, com respaldo no Protocolo, ficou consignado: "MERCOSUL. Protocolo de Medidas Cautelares (Ouro Preto/MG). Ato de direito internacional público. Convenção ainda não incorporada ao direito interno brasileiro. Procedimento constitucional de incorporação dos atos internacionais que ainda não se concluiu. O Protocolo de Medidas Cautelares adotado pelo Conselho do Mercado Comum (MERCOSUL), por ocasião de sua VII Reunião, realizada em Ouro Preto/MG, em dezembro de 1994, embora aprovado pelo Congresso Nacional (Decreto Legislativo nº 192/95), não se acha formalmente incorporado ao sistema de direito positivo interno vigente no Brasil, pois, a despeito de já ratificado (instrumento de ratificação depositado em 18.03.97), ainda não foi promulgado, mediante decreto, pelo Presidente da República (...)". No voto, o relator ressalta que somente com a publicação do decreto executivo conclui-se o processo de internalização dos tratados e convenções internacionais. O relator, apesar de afastar a controvérsia entre monismo e dualismo para procurar no texto constitucional a solução, acrescenta, ainda, que "o sistema constitucional brasileiro – que não exige a edição de lei para efeito de incorporação do ato internacional ao direito interno (visão dualista extremada) – satisfaz-se, para efeito de executoriedade doméstica dos tratados internacionais, com a adoção de iter procedimental que compreende a aprovação congressional e a promulgação executiva do texto convencional (visão dualista moderada)". Ressalte-se que não parece ser o caso de se falar em dualismo moderado, como tem proposto parte da doutrina. As explicações sobre monismo e dualismo seguirão em tópico próprio.

28 Sobre a discussão, v. a Ação Direta de Inconstitucionalidade 1.625, Rel. Min. Maurício Corrêa.

observado na América Latina com relação à convenções não ratificadas por certos Estados, especialmente o famoso Código Bustamante. Em outras palavras, um trabalho bem feito pode exercer uma influência positiva; esta consideração ajudou a Conferência (da Haia) a aceitar proposições que lhe foram feitas".[29]

Willis L. M. Reese, escrevendo sobre as Convenções da Haia em geral, diz que, mesmo quando não ratificadas, são elas tratadas por toda parte com respeito, tendo indubitavelmente grande influência sobre tribunais e legisladores.[30]

Essas manifestações de dois dos mais renomados mestres de DIP da segunda metade do século XX, um na França, o outro nos Estados Unidos, encerram importante lição para todos estudiosos e interessados no aprimoramento do Direito como ciência social.

Seguimos no Brasil a mesma orientação. O Professor Haroldo Valladão assim escreveu:

"Se passarmos agora das leis de cada país para as normas internacionais, para o exame dos tratados, convenções e decisões dos tribunais internacionais, veremos que seguem a mesma orientação aqui exposta. São fontes do mais alto valor e que, mesmo quando não constituam direito positivo para a espécie, podem e devem ser invocadas como manifestações da ciência jurídica universal".[31]

O Embaixador Geraldo Eulálio do Nascimento e Silva estudou a questão das convenções não ratificadas como fontes do Direito Internacional, concluindo que as mesmas evidenciam um costume internacional, integrando-se assim no Direito Internacional costumeiro, tese para a qual trouxe o aporte de várias autoridades internacionais e principalmente da Corte Internacional de Justiça.[32] Destacamos do estudo do embaixador e jusinternacionalista brasileiro uma importante consideração:

"Uma convenção não ratificada ganhará em autoridade como direito internacional na medida em que for aprovada por uma grande maioria e receba ratificações de um número grande e representativo de Estados. A *contrario sensu*, esta convenção perderá força se um longo período de tempo transcorrer e um número muito reduzido de Estados a ratifica ou a ela adere. A importância de uma convenção geral não ratificada também será incrementada pela prática internacional, especialmente se a Corte Internacional de Justiça tiver tomado em consideração uma prática baseada nas disposições da convenção".[33]

Os tribunais holandeses aplicaram a Convenção de Roma de 1980 sobre a lei aplicável às obrigações contratuais quando ela ainda não fora ratificada por seu país, atitude que foi aprovada pela Corte Suprema.[34]

---

[29] Henri Batiffol, La quatorzième session de la Conférence de la Haye de Droit International Privé, *Revue*, 1981.244-5. Vide adiante, neste capítulo, sobre o Código Bustamante.
[30] Willis L. M. Reese, The Hague Conference on Private International Law: some observations, *The International Lawyer*, 19:881-5, 1985.
[31] Haroldo Valladão, *Estudos de Direito Internacional Privado*, 1947, p. 219-220.
[32] Geraldo Eulálio do Nascimento e Silva, Treaties as Evidence of Customary International Law, In: *International Law at the time of its Codification* – Essays in Honour of Roberto Ago, v. I, 1987, p. 387 e ss.
[33] Geraldo Eulálio do Nascimento e Silva, Treaties as Evidence of Customary International Law, In: *International Law at the time of its Codification* – Essays in Honour of Roberto Ago, v. I, 1987, p. 397.
[34] Vide D. Kokkini-Iatridou, *Exception clauses in conflicts of laws and conflicts of jurisdictions* – or the principle of proximity, 1994, p. 257.

## TRATADO DE LIMA

O primeiro diploma de caráter internacional versando soluções para conflitos de leis foi criado em Lima, Peru, nos anos 1877 e 1878, em um congresso realizado naquela capital por iniciativa de seu governo e para o qual foram convidados todos os países americanos.

A maioria dos convidados não participou do congresso; o Tratado foi assinado pela Argentina, Bolívia, Chile, Costa Rica, Peru e Venezuela, mas nenhum deles chegou a ratificá-lo, jamais entrando em vigor. No entanto este diploma tem relevante valor histórico, pois precedeu a todas as iniciativas de criar fonte internacional de Direito Internacional Privado, em qualquer parte do mundo. Inegável também seu valor doutrinário.

O Tratado garante a igualdade dos estrangeiros aos nacionais no que concerne ao gozo dos direitos civis e estabelece o critério da lei da nacionalidade das pessoas para as questões de estado e de capacidade jurídica. Contém um título dedicado ao direito matrimonial, um título sobre sucessão, um título relativo a questões processuais civis no plano internacional, um título referente a questões processuais criminais e outro sobre execução de sentenças estrangeiras e cartas rogatórias.

Em 1903, o Equador e a Colômbia firmaram um Tratado bilateral que reproduziu o texto do Tratado de Lima e que, ratificado por ambos os países, passou a vigorar entre os mesmos.

## TRATADOS DE MONTEVIDÉU

Em 1889, realizou-se em Montevidéu um Congresso que reuniu vários países sul-americanos, no qual foram aprovados oito Tratados, a saber: I – Direito Civil Internacional, II – Direito Penal Internacional, III – Direito Comercial Internacional, IV – Direito Processual Internacional, V – Propriedade Literária e Artística, VI – Marcas de Comércio e de Fábrica, VII – Patentes e Invenções, VIII – Convenção sobre o Exercício das Profissões Liberais.

Esses Tratados foram ratificados pela Argentina, Bolívia, Paraguai, Peru e Uruguai. A Colômbia aderiu aos Tratados de Direito Civil, Comercial e Profissões Liberais, e o Equador só aderiu a este último. O Tratado de maior aceitação foi o da Propriedade Literária e Artística, ao qual aderiram vários países europeus, como Alemanha, Áustria, Bélgica, Espanha, França, Hungria e Itália.

Nenhum dos Tratados foi aprovado pelo Brasil.

A maior objeção brasileira ao principal dos Tratados – de Direito Civil – foi a de que este adotara o critério do domicílio, quando no Brasil vigia o princípio da nacionalidade para decidir questões de estado e capacidade no plano dos conflitos de leis (ICC, 1916, art. 8º).

Cinquenta anos depois, em 1939/1940, novamente em Montevidéu, a obra de 1889 foi modernizada, sendo aprovados os seguintes tratados: I – Tratado de Direito Civil Internacional, II – Tratado de Direito Comercial Terrestre Internacional, III – Tratado de Direito Processual Internacional, IV – Tratado de Direito da Navegação Comercial Internacional, V – Tratado de Direito Penal Internacional, VI – Convenção sobre Exercício das Profissões Liberais, VII – Tratado da Propriedade Intelectual, VIII – Tratado sobre Asilo e Refúgio Político.[35]

Manteve-se nesta ocasião o sistema do domicílio, e o Brasil, que continuava sob o regime da nacionalidade, deixou de assinar o Tratado de Direito Civil, firmando alguns dos outros tratados, mas nenhum chegou a ser ratificado por nosso país.

---

[35] Os tribunais argentinos têm tido oportunidade de aplicar o Tratado de Montevidéu, como se verifica na crônica da jurisprudência argentina, *Clunet* 2008, p. 199 e ss.

Com a aprovação da Lei de Introdução de 1942, pela qual passamos da lei da nacionalidade para a lei do domicílio, o governo brasileiro cogitou de aderir ao Tratado de Direito Civil Internacional. O Professor Haroldo Valladão ofereceu parecer como Consultor-Geral da República, em que demonstrou as inúmeras variações entre as normas contidas no Tratado e o que fora legislado pelo Brasil na nova Lei de Introdução, como a capacidade para contrair casamento, a filiação, o regime de bens, o divórcio, a ausência, as sucessões, os bens e a substância e efeitos dos contratos, em suma, praticamente todas as questões específicas regidas pelo Direito Internacional Privado receberam tratamento diferenciado nos dois instrumentos, opinando contrariamente à adesão,[36] e assim o Brasil não se integrou no sistema de Montevidéu.

## CÓDIGO BUSTAMANTE

Em 1889, ano em que foram aprovados os Tratados de Montevidéu, reuniam-se em Washington delegados dos países americanos, dando início a uma série de Conferências Pan-Americanas, que resultaram na aprovação, em 1928, em Santiago de Cuba, do Código de Direito Internacional Privado, projetado pelo jurista cubano Antonio Sánchez y Bustamante, que foi ratificado pelo Brasil, Bahamas, Bolívia, Chile, Costa Rica, Cuba, República Dominicana, Equador, El Salvador, Guatemala, Haiti, Honduras, Nicarágua, Panamá, Peru e Venezuela.

Presentes à Conferência, deixaram de aprovar o Código: Argentina, Colômbia, Estados Unidos, México, Paraguai e Uruguai. Argentina, Colômbia, Paraguai e Uruguai preferiram ficar ligados apenas pelos Tratados de Montevidéu.[37]

Composto de 437 artigos, o Código Bustamante divide-se em Título Preliminar e quatro livros, dedicados ao Direito Civil Internacional, Direito Comercial Internacional, Direito Penal Internacional e Direito Processual Internacional.

Ao longo do estudo da disciplina iremos apresentando e comentando vários dispositivos do Código. Seu mais polêmico dispositivo trata da lei que rege o estado e a capacidade das pessoas, assim dispondo o art. 7º:

"Cada Estado contratante aplicará como leis pessoais as do domicílio, as da nacionalidade ou as que tenha adotado ou adote no futuro a sua legislação interna".

Encontram-se no Código repetidas referências à "lei pessoal", que significará lei da nacionalidade, lei do domicílio ou lei da residência, conforme estabelecido pelas regras internas do DIP de cada Estado-Membro do Código (art. 27. "A capacidade das pessoas individuais rege-se pela sua lei pessoal...").

Uma das grandes dificuldades para aplicar o Código é a sua insistente referência à "lei local" e à "lei territorial", às quais não deu um sentido uniforme.[38]

---

[36] Luciano Pereira da Silva (Org.), *Pareceres do Consultor-Geral da República*, v. II, 1950, p. 355 e ss.
[37] Nove países aplicaram reservas a diversas normas do Código, a ponto de um estudo preparatório realizado para a Conferência Interamericana de Direito Internacional Privado, em 1977, com referência à projetada Convenção de Normas Gerais de Direito Internacional Privado, ter concluído que, devido às importantes reservas feitas ao conteúdo do Código, seu desiderato de uniformização ficara desvirtuado. Publicação da OEA, Ser. K/XXI.2 CIDIP II/10 – 14 de junho de 1977.
[38] Haroldo Valladão, *Direito Internacional Privado*, v. I, 1980, p. 199.

Os europeus têm demonstrado certo interesse pelo Código Bustamante,[39] destacando-se importante obra do jurista alemão Jürgen Samtleben.[40]

Amílcar de Castro se refere à previsão do internacionalista francês Niboyet sobre o eventual desuso do Código Bustamante e com ele concorda quanto ao Brasil, observando que a Lei de Introdução reformou o sistema, estabelecendo regras diversas das encontradas no Código.[41]

Esse aspecto é, efetivamente, objeto de divergência na doutrina brasileira: como decidir em caso de conflito entre o Código Bustamante e a Lei de Introdução?[42] Pontes de Miranda recebeu o Código Bustamante com desprezo,[43] escrevendo que se constitui em anomalia manter, como no Brasil, *"dois sistemas, a Introdução ao Código Civil e o Código de Havana, que aliás é mero tratado, de quase nenhuma aplicação"*.

Outra questão é saber se devemos aplicar o Código Bustamante nas relações jurídicas com partes sujeitas às leis de Estados não membros do Código. A doutrina brasileira é basicamente contrária à aplicação do Código nas relações com partes de outro país do que os Estados que o ratificaram. Esse o entendimento de Amilcar de Castro[44] e de Haroldo Valladão.[45] Reza o art. 2º da Convenção que aprovou o Código Bustamante: *"As disposições deste Código não serão aplicáveis senão às Repúblicas contratantes e aos demais Estados que a ele aderirem, na forma que mais adiante se consigna"*.

Todavia, Jürgen Samtleben, em seu minucioso estudo sobre o Código Bustamante, advoga sua aplicabilidade universal, eis que não se trata de uma Convenção, mas de um Código, invocando várias fontes estrangeiras e nacionais que prestigiam esse entendimento, inclusive a nossa jurisprudência.[46]

---

[39] René David, *International Encyclopedia of Comparative Law*, v. II, cap. 5, 1975, p. 150, critica o Código, "cujas regras são às vezes confusas", acrescentando que o Código pouco fez pela unificação do DIP.

[40] Jürgen Samtleben, *Internationales Privatrecht in Lateinamerika. Der Código Bustamante in Theorie und Praxis*. Vide resenha bibliográfica por Henri Batiffol, *Revue*, 1981.226. A tradução espanhola desta obra foi publicada na Argentina, em 1983.

[41] Amilcar de Castro, *Direito Internacional Privado*, p. 125. Vide Irineu Strenger, *Autonomia da vontade em Direito Internacional Privado*, p. 206-207.

[42] Vide, a respeito, Eduardo Espínola, na *Revista Jurisprudencia Braziliera*, de 1931, p. 165 e ss., também publicado no *Arquivo Judiciário*, v. 16, p. 89 e ss., e na *Revista de Direito*, v. 99, p. 217 e ss., sob o título "Modificações do Direito Interno Brasileiro decorrentes da adoção do Código Bustamante", conferência pronunciada a 04 de outubro de 1930 no Instituto dos Advogados. Espínola entendia que, em caso de conflito entre a Introdução e o Código Bustamante, este, por ser posterior, prevalecerá. Atualmente, com a posterioridade da LINDB, pode-se afirmar que esta prevalecerá sobre o Código Bustamante.

[43] Pontes de Miranda, *Tratado de Direito Internacional Privado*, v. I, 1935, p. 131, diversamente da posição de Eduardo Espínola, o qual, assim que aprovado o Código Bustamante, como referido na nota anterior, opinou que o Código prevaleceria sobre a Introdução ao Código Civil.

[44] Amilcar de Castro, *Direito Internacional Privado*, p. 125.

[45] Haroldo Valladão, *Direito Internacional Privado*, v. I, 1980, p. 214. Em seus *Estudos de Direito Internacional Privado*, p. 148, Valladão é categórico ao dizer: "O Código só se aplica entre o Brasil e os países que o ratificaram". Cuidando ali de uma hipótese que envolvia o Direito chileno, país-membro do Código Bustamante, mas que, ao ratificá-lo, ressalvou a aplicação do Direito chileno quando o mesmo conflitar com o Código, concluiu o mestre brasileiro que na espécie sob seu exame o Código não podia ser aplicado pelo Brasil por contradizer abertamente o Direito chileno.

[46] Jürgen Samtleben, *Internationales Privatrecht in Lateinamerika. Der Código Bustamante in Theorie und Praxis*, p. 156 e 324. No *Festschrift*, publicado pelo Max-Planck Institut em homenagem a Jürgen Samtleben, *Avances del Derecho Internacional Privado en America Latina*, Jacob Dolinger contribuiu com *The Bustamante Code and the inter-american conventions in the brazilian system of Private International Law*, p. 133 e ss., em que discorre sobre a posição assumida pelo homenageado quanto à universalidade do Código Bustamante.

Do Supremo Tribunal Federal há um acórdão em que foram aplicados dispositivos do Código Bustamante em homologação de sentença estrangeira prolatada em Portugal, tendo a Corte invocado lição de Beviláqua, no sentido de que o Código é de aplicação generalizada.[47] Outra decisão do STF foi o interessante caso Cantuária Guimarães, em que se invocou o Código Bustamante numa hipótese que dizia respeito ao Brasil e ao Paraguai, apesar desse país não ter ratificado nem aderido ao diploma.[48]

Observe-se, contudo, que, mesmo admitindo a teoria de que o Código Bustamante não se aplica a questões que envolvem nacionais ou domiciliados em países que não o ratificaram, isso significa que não há aplicação cogente, mas o Código poderá sempre ser invocado como fonte doutrinária, como vimos acima, ao tratarmos das convenções não ratificadas que são aceitas como fonte do Direito Internacional. A Convenção não ratificada é seguramente tão importante quanto o trabalho de um jurista isolado em seu gabinete. Esse foi o entendimento de Eduardo Espínola no sentido de que em relação aos outros Estados o Código deveria ser aplicado como fonte doutrinária.[49]

O Código Bustamante tem sido objeto de vários estudos promovidos pelo Comitê Jurídico Interamericano, órgão da Organização dos Estados Americanos, em que se propôs tentar a unificação do Código Bustamante com os Tratados de Montevidéu e o *Restatement* norte-americano.[50]

Em 1952, o Comitê Jurídico Interamericano concluiu que a mais importante alteração que se deve introduzir no Código Bustamante é substituir a regra contida em seu art. 7º, que não se definiu pela lei da nacionalidade ou do domicílio, sugerindo que o mesmo fosse substituído pelas regras enunciadas no Tratado de Direito Civil de Montevidéu, nos seus arts. 1º e 2º, que seriam consolidados em um só artigo com a seguinte redação:

> "A existência, o estado e a capacidade das pessoas físicas se regem pela lei de seu domicílio. Não se reconhecerá incapacidade de natureza penal, nem tampouco por motivos de religião, raça, nacionalidade ou opinião. A mudança de domicílio não restringe a capacidade adquirida".

---

[47] Sentença Estrangeira nº 993, *Revista dos Tribunais*, v. 136, p. 824, lendo-se na ementa: "Competência – Direito Internacional Privado – Ação contra residente no Brasil perante a Justiça de país diverso – Inexistência de atentado à soberania nacional – Aplicação dos arts. 318 a 322 do Código Bustamante", e no corpo do acórdão se lê: "Observou-se, algures, aplicar-se no Brasil o Código Bustamante exclusivamente aos súditos dos países que o adotaram. Não parece apoiado em boa razão e acerto: os tratados, sim, apenas obrigam as partes contratantes, mas um Código, seja qual for a sua origem, é lei do país que o promulgou, rege o direito por ele regulado, qualquer que seja a nacionalidade das pessoas que naquele território o invoquem. O professor Clóvis Beviláqua, ao comentar o Código Civil, ensinou aplicar-se a lei pessoal do marido para determinar o regime dos bens entre os cônjuges. Sobrevindo o Código Bustamante, entendeu o mestre estar eliminada a exegese por ele proferida no art. 8º da Introdução ao Código, em virtude da regra geral do art. 187 do repositório de normas civis adotado em Havana... É este, hoje, o Direito Internacional Privado vigente no Brasil. Não opôs exceção alguma; não o restringiu aos súditos de países que participaram da Conferência de Havana". Kurt H. Nadelmann, eminente mestre americano, em *Conflict of laws:* international and interstate, p. 94, critica a tendência de restringir a aplicação do Código Bustamante aos países contratantes, apontando para a iniciativa de tribunais venezuelanos de aplicar as normas do Código como regras internas do Direito Internacional Privado.

[48] Vide Jacob Dolinger, *A criança no Direito Internacional*, 2003, p. 67 e ss.

[49] Eduardo Espínola, *Lei de Introdução ao Código Civil brasileiro comentada*, v. II, 1925, p. 370.

[50] *Documentos de la Organización de los Estados americanos sobre Derecho Internacional Privado*, editado pela OEA Ser. Q/II.9 CJI 15, Washington, 1973.

Um dos principais argumentos apresentados em favor da fixação da regra do domicílio é a de que o Brasil, que, em 1928, quando aprovado o Código, ainda se mantinha fiel ao princípio da nacionalidade, alterou sua posição, tendo aderido em 1942 à posição da maioria absoluta dos países americanos, de determinar o estado e a capacidade das pessoas pela lei de seu domicílio.

Assim, ficaria uniformizado em todo continente americano, do norte a sul, o princípio do domicílio para determinação da lei aplicável ao estado da pessoa física, eis que nos Estados Unidos também se aplica a lei domiciliar para o *status* pessoal.

Restaria examinar uma meia centena de artigos do Código que se referem à "lei pessoal", para decidir quando essa regra seria substituída pela da lei do domicílio e quando seria substituída por outra regra.[51]

Nada resultou dessa recomendação, e nos últimos anos os países latino-americanos deixaram de lado a ideia de reformular e modernizar o Código – sua extensão parece desestimular a tarefa – e passaram a aprovar pequenas convenções sobre assuntos específicos, conforme a seguir se expõe.

## CONFERÊNCIA ESPECIALIZADA INTERAMERICANA SOBRE DIP

Em 1975, no Panamá, em 1979, em Montevidéu, em 1984, em La Paz, em 1989, novamente em Montevidéu, em 1994, no México, e em 2002, em Washington, realizaram-se a 1ª, a 2ª, a 3ª, a 4ª, a 5ª e a 6ª Conferências Especializadas Interamericanas sobre Direito Internacional Privado, patrocinadas pela Organização dos Estados Americanos, tendo sido aprovadas inúmeras convenções específicas relativas a diversas matérias de Direito Internacional Privado: letras de câmbio; notas promissórias e faturas; cheques; arbitragem comercial; cartas rogatórias; obtenção de provas no exterior; regime legal de procurações a serem utilizadas no exterior; sociedades mercantis; normas gerais de Direito Internacional Privado; eficácia extraterritorial das sentenças e laudos arbitrais estrangeiros; cumprimento de medidas cautelares; prova e informação acerca de direito estrangeiro; adoção de menores; devolução de crianças; obrigações alimentícias; contratos de transporte internacional de bens via rodoviária; lei aplicável aos contratos internacionais; aspectos civis e penais do tráfico internacional de menores; Lei Modelo sobre *garantias mobiliárias*; e *Inter American Uniform Through Bill of Lading for the International Carriage of Goods by Road*.

Assim, abandonou-se o projeto de reforma do Código Bustamante, criando-se uma série de convenções restritas a matérias específicas, as quais, na medida em que passam a vigorar em número substancial de países da América Latina, vão substituindo as correspondentes disposições do Código.

Como bem diz Valladão,[52] os Tratados de Montevidéu e o Código Bustamante abarcaram muito, desejaram uniformizar de forma completa e total o DIP, com uma orientação sistemática e rígida, o que constitui uma utopia equivalente à de um Direito Civil único para todos os Estados.

As Convenções produzidas pela Conferência Especializada Interamericana sobre DIP têm sido aprovadas por considerável número de países americanos. O Brasil, que passou 19 anos sem ratificar sequer uma das convenções da CIDIP, finalmente modificou sua atitude,

---

[51] *Documentos de la Organización de los Estados americanos sobre Derecho Internacional Privado*, editado pela OEA Ser. Q/II.9 CJI 15, Washington, 1973, p. 59 e ss.
[52] Haroldo Valladão, *Direito Internacional Privado*, v. I, 1980, p. 203.

e atualmente contamos com treze convenções e um protocolo ratificados e em vigor.[53] Os países que ratificaram maior número de diplomas da CIDIP são: México (18), Paraguai (17), Guatemala (15), Brasil, Equador, Uruguai e Venezuela (14), Argentina (12).

Realizou-se em 2009 reunião parcial na qual aprovou-se somente o regulamento para registro de que trata a Lei Modelo sobre Garantias Mobiliárias, aprovado em 2002.

Lamentavelmente, não há interação entre os países das Américas, sendo desconhecido o índice de aplicação das convenções pelos respectivos Judiciários.[54]

## MERCOSUL

No âmbito do Mercosul há número considerável de convenções em vigor, notadamente em matéria processual. Entre os tratados que cuidam de matérias afetas ao Direito Internacional Privado destacam-se o Protocolo de Cooperação e Assistência Jurisdicional em Matéria Civil, Comercial, Trabalhista e Administrativa (Protocolo de Las Leñas),[55] Protocolo de Buenos Aires sobre Jurisdição Internacional em Matéria Contratual,[56] Protocolo de Medidas Cautelares (Protocolo de Ouro Preto),[57] Acordo sobre Arbitragem Comercial Internacional,[58] Acordo de Extradição entre os Estados Partes do Mercosul[59] e Protocolo de São Luiz sobre Matéria de Responsabilidade Civil Emergente de Acidentes de Trânsito.[60]

## *RESTATEMENT OF THE LAW OF CONFLICT OF LAWS*

Nos Estados Unidos, a vasta experiência judicial das cortes federais e estaduais em matéria de conflitos interestaduais foi consolidada numa obra realizada pelo *American Law Institute*, que produziu o *Restatement of the Law of Conflict of Laws*, a exemplo do que fez para os outros ramos do Direito.

---

[53] O Brasil ratificou os seguintes diplomas: Convenção Interamericana sobre Regime Legal das Procurações para Serem Utilizadas no Exterior, de 30 de janeiro de 1975, Convenção Interamericana sobre Arbitragem Comercial Internacional, de 30 de janeiro de 1975, Convenção Interamericana sobre Cartas Rogatórias, de 30 de janeiro de 1975, e seu Protocolo Adicional, de 8 de maio de 1979, Convenção Interamericana sobre Eficácia Extraterritorial das Sentenças e Laudos Arbitrais Estrangeiros, de 8 de maio de 1979, Convenção Interamericana sobre Conflitos de Leis em Matéria de Sociedades Mercantis, de 8 de maio de 1979, Convenção Interamericana sobre Prova e Informação acerca do Direito Estrangeiro, de 8 de maio de 1979, Convenção Interamericana sobre Normas de Direito Internacional Privado, de 8 de maio de 1979, Convenção Interamericana sobre Conflitos de Lei em Matéria de Cheques, de 08 de maio de 1979, Convenção Interamericana sobre Conflitos de Leis em Matéria de Adoção de Menores, de 24 de maio de 1984, Convenção Interamericana sobre Personalidade e Capacidade de Pessoas Jurídicas no Direito Internacional Privado, de 24 de maio de 1984, Convenção Interamericana sobre Obrigação Alimentar, de 15 de julho de 1989, Convenção Interamericana sobre a Restituição Internacional de Menores, de 15 de julho de 1989, e Convenção Interamericana sobre Tráfico Internacional de Menores, de 18 de março de 1994.
[54] O primeiro autor apresentou à OEA proposta sobre a organização de um banco de dados que reuniria e distribuiria informações sobre a aplicação das convenções da CIDIP pelos países que as ratificaram. Não se tem notícia de qualquer passo no sentido de concretização da ideia.
[55] Promulgado pelo Decreto nº 6.891, de 2 de julho de 2009.
[56] Promulgado pelo Decreto nº 2.095, de 17 de dezembro de 1996.
[57] Promulgado pelo Decreto nº 2.626, de 15 de junho de 1998.
[58] Promulgado pelo Decreto nº 4.719, de 4 de junho de 2003.
[59] Promulgado pelo Decreto nº 4.975, de 30 de janeiro de 2004.
[60] Promulgado pelo Decreto nº 3.856, de 3 de julho de 2001.

Essa obra não tem força de lei, mas tem mais peso do que uma produção doutrinária. Trata-se de uma consolidação, um ordenamento dos princípios e regras decorrentes de uma longa experiência jurisprudencial e doutrinária em função dos conflitos do direito dos diferentes Estados americanos. A primeira consolidação americana do Direito Internacional Privado foi elaborada em 1934; ante o desenvolvimento das decisões dos seus tribunais e as novas teorias propostas pelos grandes mestres americanos da disciplina, o *Institute* consolidou novo *Restatement*, publicado em 1972, sob a denominação "*Restatement Second*".

## AS CONVENÇÕES DA HAIA

A Haia,[61] sede das Conferências de Paz,[62] da Corte Internacional de Arbitragem, da Corte Internacional de Justiça, da Academia de Direito Internacional e, mais recentemente, do Tribunal Penal para a ex-Iugoslávia e do Tribunal Penal Internacional, tem sido, nos últimos cem anos, o principal centro de estudos, elaboração e aplicação de normas de Direito Internacional Privado.

Inspirado por Tobias Michael Carl Asser, o grande jusinternacionalista holandês, os Países Baixos enviaram, em 1892, um convite aos países europeus, para participar de uma Conferência na Haia, a fim de elaborar estudos em torno da codificação do Direito Internacional Privado. A conferência realizou-se em 1893 com a participação de delegações de 13 Estados europeus, e a partir dessa reunião a Haia passou a ser a sede da Conferência de Direito Internacional Privado.[63]

A 2ª Conferência se deu no ano seguinte, em 1894, aprovando uma convenção sobre processo civil.

A 3ª Conferência, realizada em 1900, aprovou três convenções, relativas ao casamento, divórcio e separação de corpos e tutela de menores.

Em 1904 teve lugar a 4ª Conferência, que aprovou várias convenções sobre o direito de família, direito das sucessões e uma nova convenção sobre processo civil.

Interrompeu-se a atividade da Conferência até 1925, quando se realizou a 5ª Conferência, que apreciou alguns projetos de convenção, inclusive sobre falências e execuções de sentenças estrangeiras, mas sem qualquer aprovação.

O ano de 1928 viu realizar-se a 6ª Conferência, que discutiu vários projetos, mas também nada aprovou.

A Conferência só voltou a reunir-se em 1951, e, novamente, em 1956, 1960 e 1964, respectivamente 7ª, 8ª, 9ª e 10ª Conferências, com aprovação de várias convenções.

Seguem-se a sessão extraordinária de 1966 e as 11ª, 12ª, 13ª, 14ª, 15ª, 16ª, 17ª, 18ª, 19ª e 20ª Conferências, realizadas, respectivamente, em 1968, 1972, 1976, 1980, 1984, 1988, 1993 (em que se comemorou o centenário da primeira Conferência), em 1996, em 2002 e em 2005, também com a aprovação de várias convenções. A 21ª Conferência realizou-se em 2007. Nesse ano entrou em vigor um novo Estatuto da Conferência que fora adotado na 20ª Conferência, em 2005, e aprovado em 2006, em substituição ao Estatuto original que vigorava desde 1955.

---

[61] Apesar da observação de Hélio Tornaghi, *Comentários ao Código de Processo Civil*, v. I, p. 302, de que "a forma *A Haia* soa mal e é pedantesca", esta é a denominação certa da capital dos Países Baixos. "*Den Haag*", em holandês, "*La Haye*" em francês, "*The Hague*" em inglês, e "A Haia", no vernáculo.

[62] A 1ª em 1899; a 2ª em 1907.

[63] Sobre a fundação da Conferência e a filosofia de seu primeiro presidente, Tobias Asser, vide *Revue*, 1994.297 e ss., estudo de G. J. W. Steenhoff, "Asser et la fondation de la Conférence de Droit International Privé".

Referido Estatuto original foi assinado em 1951, tendo entrado em vigor em 1955, pelo qual a Conferência foi instituída como organização internacional de caráter permanente, com sede na Haia, composta de Estados-membros que aceitem o Estatuto e participem do orçamento do *Bureau* permanente e das comissões especiais, cabendo à Comissão de Estado holandesa, conselheira do governo deste país, zelar pelo bom funcionamento da Conferência e preparar a ordem do dia das conferências, após consultar os Países-membros.[64] São atualmente membros da Conferência 90 países dos cinco continentes e a União Europeia. Da América são países-membros: Argentina, Brasil, Canadá, Chile, Colômbia, Equador, Estados Unidos, México, Panamá, Paraguai, Peru, Suriname, Uruguai e Venezuela. Os outros Países-membros são: África do Sul, Albânia, Alemanha, Andorra, Arábia Saudita, Armênia, Austrália, Áustria, Azerbaijão, Bielorrússia, Bélgica, Bósnia-Herzegovina, Bulgária, Burkina Faso, Canadá, Cazaquistão, Chile, China, Costa Rica, Chipre, República da Coreia, Croácia, República Dominicana, Dinamarca, Egito, El Salvador, Eslováquia, Eslovênia, Espanha, Estônia, Filipinas, Finlândia, França, Geórgia, Grécia, Honduras, Hungria, Índia, Irlanda, Islândia, Israel, Itália, Japão, Jordânia, Letônia, Lituânia, Luxemburgo, Macedônia do Norte, Malásia, Malta, Mauricio, Marrocos, Moldávia, Mônaco, Montenegro, Namíbia, Nicarágua, Noruega, Nova Zelândia, Países Baixos, Polônia, Portugal, Reino Unido, República Tcheca, Romênia, Rússia, Sérvia, Sri-Lanka, Singapura, Suécia, Suíça, Suriname, Tailândia, Tunísia, Turquia, Ucrânia, Uzbequistão, Vietnã e Zâmbia. A organização da União Europeia também é membro da Conferência.

A Conferência se relaciona em pé de igualdade com as demais organizações internacionais, como o Conselho da Europa, com o qual firmou acordo de delimitação de seus campos de atividade, com as Nações Unidas, com a qual tem acordo sobre formas de colaboração entre os respectivos Secretariados, com a União Europeia, com a *International Law Association* e outras.

Nas sessões quadrienais as delegações dos Países-membros da Conferência debatem projetos sobre temas de Direito Internacional Privado, preparados com antecedência e resultantes de permanentes comunicações recíprocas entre o *Bureau* da Conferência e os Países-membros.

Os anais das reuniões das Comissões que antecedem as Conferências, bem como dos próprios conclaves definitivos, contêm rico material doutrinário relativo aos temas debatidos, assegurando à instituição um caráter de centro científico deste ramo do Direito, sendo a Conferência da Haia reconhecida atualmente como o mais importante dos organismos dedicados à modernização do Direito Internacional Privado.

Originariamente, em 1893, desejou-se criar uma Convenção ampla, cobrindo todos os problemas atinentes ao conflito de leis, mas a ideia foi abandonada por ser demasiado ambiciosa. A Conferência optou por convenções sobre matérias específicas, no campo do conflito das leis, conflito das jurisdições e cooperação judiciária internacional. E tem sido muito bem-sucedida com esse sistema de trabalho.

De 1951 a 2019 foram aprovados mais de 40 diplomas, entre convenções e protocolos, sobre os mais diversos ramos do Direito em sua dimensão internacional, assim classificados: direito de família (obrigações alimentares, proteção de menores, adoção, divórcio e separação de corpos, regimes matrimoniais, celebração e reconhecimento de validade de casamento, sequestro de crianças, proteção de criança e cooperação em matéria de adoção internacional, responsabilidade parental e proteção de crianças e proteção de adultos), direito sucessório (forma e disposições testamentárias, administração internacional de sucessões e lei aplicável),

---

[64] O art. 1º do Estatuto dispõe que a "Conferência da Haia tem por objetivo trabalhar para a unificação progressiva das regras de Direito Internacional Privado".

direito comercial (vendas internacionais, reconhecimento de personalidade de sociedades estrangeiras, responsabilidade civil por produtos fabricados, contratos de intermediação e de representação e títulos depositados com terceiros), direito processual internacional (processo civil, simplificação da legalização de atos públicos estrangeiros, notificação no estrangeiro, acordos de eleição de foro, reconhecimento e execução de sentenças estrangeiras em matéria cível e comercial, obtenção de prova no estrangeiro em matéria civil ou comercial, acesso internacional à Justiça e acordos de eleição de foro) e outras convenções, como a que regula os conflitos entre lei da nacionalidade e lei do domicílio, acidentes rodoviários e trustes.[65] Em 2015, foi aprovado trabalho sobre os princípios sobre escolha de lei em matéria de contratos comerciais internacionais.[66]

O Brasil ratificou o Estatuto da Conferência da Haia de Direito Internacional Privado em 1971, e, sem ter ratificado qualquer uma das Convenções da Conferência, dela se retirou em 1977, mediante denúncia do Estatuto, isolando nosso país em matéria de Direito Internacional Privado, principalmente no plano europeu, e provocando a perplexidade dos meios acadêmicos, nacionais e estrangeiros.

Em 1993, o Brasil compareceu à 17ª Conferência da Haia como país convidado, participando dos trabalhos da elaboração da Convenção sobre proteção das crianças e cooperação em matéria de adoção internacional, assinando-a. Essa Convenção obteve rápida ratificação do governo, promulgada pelo Decreto nº 3.087, de 21.06.1999. Em 1999, o Brasil aderiu à Convenção sobre os aspectos civis do Sequestro Internacional de Crianças, de 1980. Ambas as Convenções estão em vigor em nosso país.[67] Em 2014, foi promulgada no Brasil a Convenção sobre o Acesso Internacional à Justiça,[68] em 2016, a Convenção da Apostila,[69] em 2017, a Convenção e o Protocolo de Alimentos,[70] e em 2019, foi promulgada a Convenção da Haia sobre Citação, Intimação e Notificação no Estrangeiro.[71]

Em 1998, pelo Decreto Legislativo nº 41, o Brasil reaprovou o Estatuto da Conferência, voltando a ser membro da entidade. Em 2001, pelo Decreto nº 3.832, de 1º de junho, foi promulgado o Estatuto da Conferência da Haia de Direito Internacional Privado, publicado no *Diário Oficial da União* de 05 de junho. Em 2010, o Decreto nº 7.156 promulgou o texto do Estatuto Emendado da Conferência da Haia de Direito Internacional Privado, assinado em 30 de junho de 2005.

O Estatuto da Conferência da Haia estabelece como seu objetivo trabalhar pela uniformização progressiva das regras do Direito Internacional Privado, que constitui o quarto fator na classificação que apresentamos no Capítulo VIII, sob o título "Os Quatro Fatores Resumidos" – a uniformização do Direito Internacional Privado.

Da coleção de convenções preparadas e aprovadas pela Conferência de Direito Internacional da Haia verifica-se que seu raio de abrangência não se limita a normas sobre escolha de lei, fixação da jurisdição competente e regras relativas ao reconhecimento e execução de

---

[65] Vide www.hcch.net.
[66] O professor brasileiro Lauro Gama Junior participou da comissão que elaborou estes princípios.
[67] Vide *Revue* 2010.257 e 252, respectivamente. A Convenção sobre os Aspectos Civis do Sequestro Internacional de Crianças foi promulgada pelo Decreto nº 3.413, de 14 de abril de 2000; a Convenção Relativa à Proteção das Crianças e à Cooperação em Matéria de Adoção Internacional foi promulgada pelo Decreto nº 3.087, de 21 de junho de 1999.
[68] Promulgada pelo Decreto nº 8.343, de 13 de novembro de 2014.
[69] Promulgada pelo Decreto nº 8.660, de 29 de janeiro de 2016.
[70] Promulgados pelo Decreto nº 9.176, de 19 de outubro de 2017.
[71] Promulgada pelo Decreto nº 9.734, de 20 de março de 2019.

sentenças estrangeiras – as tradicionais áreas de competência do Direito Internacional Privado – mas vai além e institui um sistema de cooperação entre as autoridades administrativas e judiciais dos diversos Estados para solucionar relações internacionais, principalmente no campo do direito da família, como nas convenções sobre sequestro de crianças, sobre adoção e proteção das crianças e dos adultos e também no plano da solução de certas dificuldades decorrentes da internacionalização dos litígios, como as questões de citação de atos judiciais ocorridos em outro país, obtenção de provas no exterior e de meios para facilitar o acesso internacional à Justiça.[72]

As mais recentes convenções produzidas pela Conferência versam os acordos de eleição de foro (2005), Recuperação de Alimentos para Crianças e outras formas de sustento familiar (2007), Protocolo sobre a lei aplicável às obrigações alimentares (2007) e Reconhecimento e Execução de Decisões Estrangeiras em Matéria Civil e Comercial (2019).

## LIGA DAS NAÇÕES E NAÇÕES UNIDAS

A Liga das Nações, entidade internacional que precedeu a Organização das Nações Unidas, também se dedicou à elaboração de diplomas sobre o Direito Internacional Privado. Em 1923, patrocinou um Protocolo relativo a Cláusulas de Arbitragem, assinado em Genebra, que o Brasil ratificou pelo Decreto nº 21.187 de 1932, seguido de uma Convenção firmada em Genebra em 1927 sobre Reconhecimento e Execução de Sentenças Arbitrais Estrangeiras.

Em 1930, a Liga organizou na Haia a 1ª Conferência para a Codificação do Direito Internacional que aprovou uma Convenção sobre certas questões relativas aos Conflitos de Nacionalidade e Protocolos relativos a Obrigações Militares em casos de Dupla Nacionalidade e de Apatridia, ratificados pelo Brasil por meio do Decreto nº 21.798, de 6 de setembro de 1932.

Também em 1930, sob os auspícios da organização internacional, foram aprovadas em Genebra três Convenções sobre letras de câmbio e notas promissórias, uma adotando Lei Uniforme, a segunda regulando os conflitos de leis e a terceira sobre o direito de selo. No ano seguinte três convenções semelhantes foram adotadas sobre o cheque. O Brasil ratificou todas essas convenções.

Após a 2ª Guerra Mundial, as Nações Unidas promoveram Convenções sobre o Estatuto dos Refugiados (Genebra, 1951),[73] o Estatuto dos Apátridas (Nova York, 1954),[74] Cobrança de Alimentos (Nova York, 1956)[75] e Reconhecimento e Execução de Sentenças Arbitrais Estrangeiras (Nova York, 1958).[76]

---

[72] Vide Fabien Marchadier, La contribution de la Cour européenne des droits de l'homme à l'efficacité des conventions de La Haye de coopération judiciarie et administrative, *Revue*, 2007.678 e ss. A autora transcreve um trecho do professor A. E. Von Overbeck, que aqui reproduzo: "Le centre de gravité s'est déplacé du droit international privé au sens étroit, c'est-à-dire des questions de lois applicable, vers des questions de procédure, c'est-à-dire de compétences judiciaires et de reconnaissance et d'exécution des jugements, et même vers des problèmes très concrets d'entraide judiciaire que ressortissent plutôt au droit administratif ('La contribuition de la Conférence de La Haye au développement du Droit International Privé', *Recueil des Cours*, 1992, t. 233, p. 23)".

[73] Aprovada no Brasil pelo Decreto Legislativo nº 11, de 07.07.1960, e promulgada pelo Decreto Executivo nº 50.215, de 28.01.1961.

[74] O Congresso aprovou a convenção pelo Decreto Legislativo nº 38, de 05.04.1995. Promulgada pelo Decreto nº 4.246, de 22 de maio de 2002.

[75] Aprovada pelo Congresso Nacional pelo Decreto Legislativo nº 10, de 1958, e promulgada pelo Decreto Executivo nº 56.826, de 02.09.1965.

[76] Aprovada pelo Congresso Nacional pelo Decreto Legislativo nº 52/02 e promulgada pelo Decreto Executivo nº 4.311/2002.

Na década de 1960, a ONU criou um órgão especial para promover a uniformização do direito do comércio internacional, a UNCITRAL (*United Nations Commission on International Trade Law*), que patrocinou uma Convenção sobre Prescrição na Venda Internacional de Bens (Nova York, 1974) e, após longos anos de trabalhos e estudos, aprovou a mui importante Convenção sobre Lei Uniforme para a Compra e Venda Internacional de Mercadorias (Viena, 1980), as Regras de Arbitragem, as Recomendações para assistência de instituições arbitrais, uma Lei Modelo para arbitragens comerciais internacionais, uma Lei Modelo sobre Contratos Governamentais (*Public Procurement*). A UNCITRAL mantém uma constante atividade em benefício da boa ordem do comércio internacional, constituindo-se em uma das mais positivas contribuições das Nações Unidas para a economia internacional.

O Brasil, depois de mais de 30 anos, finalmente aderiu à Convenção de Viena, da qual são membros praticamente todos os países com presença relevante no comércio internacional. Com relação ao Brasil, contudo, houve um problema, como exposto por Carmen Tiburcio e Daniel Gruenbaum:

> "O Congresso Nacional aprovou, no final de 2012, a adesão ao tratado e, ainda no primeiro trimestre de 2013, o Brasil depositou o instrumento de adesão perante a ONU. Bastaria então – seguindo a nossa tradição constitucional – que seu texto fosse promulgado por meio de decreto presidencial e publicado no Diário Oficial para que o tratado pudesse entrar em vigor e a narrativa da espera chegasse ao fim.
>
> Mas o decreto não veio. E agora, o Brasil se encontra na estranha posição de há mais de um ano ter assumido o compromisso internacional de aplicar o tratado a partir de 1 de abril de 2014, mas as suas normas ainda não fazerem parte do Direito brasileiro. Isso porque, como decidido pelo Supremo Tribunal Federal, enquanto não forem promulgados e publicados, tratados não fazem parte do Direito nacional".[77]

Finalmente, em 16 de outubro de 2014, foi publicado o Decreto nº 8.327, que internalizou a convenção, com atraso de quase 7 meses em relação à sua vigência internacional.

## ACADEMIA DE DIREITO INTERNACIONAL

Centro de altos estudos de Direito Internacional (Público e Privado) e de ciências conexas, dedica-se a Academia de Direito Internacional da Haia ao exame aprofundado das questões referentes às relações jurídicas internacionais. Esse objetivo é atingido por meio de cursos que têm lugar de junho a agosto de cada ano em sua sede no *Palais de La Paix*, na Haia, proferidos por professores universitários, homens de Estado e altos funcionários diplomáticos. Os cursos são divididos em dois períodos de três semanas cada um, versando o Direito Internacional Privado, o Direito Internacional Público e o funcionamento e estrutura das organizações internacionais e regionais.[78]

As atividades da Academia tiveram início em 1923, sendo interrompidas em 1939 pela 2ª Guerra Mundial, e, reiniciadas em 1949, prosseguem anualmente sem interrupção. Os cursos são publicados no *Recueil des Cours* – atualmente com mais de 350 volumes –, constituindo essa coleção a maior e melhor fonte de estudo do Direito Internacional, Público e Privado.

---

[77] Carmen Tiburcio e Daniel Gruenbaum, A odisseia da espera, *O Globo*, 15 de maio de 2014.
[78] Centenas de advogados, jovens juristas e estudantes comparecem anualmente a estes cursos. Nos últimos anos o Brasil vem se destacando pelo grande número de participantes.

A Academia estimula o estudo, a pesquisa e a publicação de teses, proporcionando bolsas a candidatos bem qualificados.

## OUTRAS INSTITUIÇÕES

O *Conselho da Europa* aprovou algumas convenções relativas a questões de Direito Penal Internacional e de Direito Internacional Privado, como extradição, assistência mútua na repressão ao crime, propriedade industrial e direitos de estrangeiros.

A *Comunidade Econômica Europeia* (Mercado Comum Europeu), transformada em *União Europeia*, promoveu várias Convenções sobre Direito Internacional, destacando-se, como já visto anteriormente, a Convenção de Bruxelas de 1968, reformulada pelas Convenções de Lugano e de S. Sebastian sobre Competência Judiciária e Efeitos de Julgamentos Estrangeiros, substituídas pelo Regulamento nº 44 de 2001,[79] e, posteriormente, pelo Regulamento nº 1.215/2012, e a Convenção sobre Lei Aplicável às Obrigações Contratuais (Roma, 1980), hoje correspondente ao Regulamento Europeu nº 593/08 (Roma I).

A *Câmara de Comércio Internacional*, com sede em Paris, também contribui para o Direito Internacional Privado, principalmente com regras sobre termos comerciais ("*Incoterms*", i.e., "*international commercial terms*"), as normas que regulam os documentos de crédito e suas Regras sobre Arbitragem.

O *UNIDROIT*, criado originalmente em 1926 pela Liga das Nações, funciona atualmente com base em acordo multilateral, contando com 63 Estados participantes. Com sede em Roma, dedica-se a estudos comparativos e uniformizadores.

O *Instituto de Direito Internacional*, a mais prestigiosa academia jurídica, com 132 membros e associados, aprova e publica Resoluções e Projetos que têm inspirado as organizações internacionais e regionais encarregadas de propor novas convenções.

A *International Law Association*, dedicada ao Direito Internacional Público e Direito Internacional Privado, organiza conferências internacionais de quatro em quatro anos, quando se debatem temas da atualidade, frequentemente trabalhando em colaboração com a Organização Mundial do Comércio. As publicações das apresentações realizadas nessas oportunidades têm contribuído ao estudo de questões de Direito Internacional.

A Organização Mundial do Comércio, originalmente GATT, estabelece normas disciplinadoras para o comércio internacional e mantém um aparato jurisdicional que julga infrações cometidas às normas estabelecidas pela organização.

A Academia Internacional de Direito Comparado organiza conferências internacionais de quatro em quatro anos, nas quais são apresentados relatórios das delegações nacionais sobre temas predeterminados pela organização e posteriormente publicados.

A *União Escandinava de DIP*, a *União Eslava de DIP*, o *grupo Benelux* e os Estados da Europa Oriental, todos produziram convenções de Direito Internacional Privado.

## JURISPRUDÊNCIA INTERNACIONAL

Entre as duas grandes guerras mundiais funcionou na Haia a Corte Permanente de Justiça Internacional, patrocinada pela Liga das Nações, substituída, após a 2ª Guerra, sob a égide das Nações Unidas, pela Corte Internacional de Justiça. Escassa foi a produção jurisprudencial das duas Cortes em matéria de Direito Internacional Privado.

---

[79] Vide *Revue*, 2001.188 e ss.

Em matéria de nacionalidade, a Corte expediu o Aviso de 7 de fevereiro de 1923 a respeito do conflito entre a França e a Inglaterra relativo aos decretos franceses sobre a aquisição de sua nacionalidade nos territórios da Tunísia e do Marrocos, tendo reconhecido a validade das disposições francesas.

Em 1955, a Corte decidiu o *caso Nottebohm*, em que não foi reconhecida a nacionalidade, por naturalização, concedida por Liechtenstein a um cidadão alemão que residia na Guatemala.[80]

Sobre a condição jurídica do estrangeiro, a Corte Permanente julgou, em 1926, um caso referente à expropriação, sem indenização, de usinas alemãs na Silésia após a anexação da área pela Polônia, em que se proclamou o princípio internacional de proteção à propriedade privada.

Em matéria de conflito de leis destaca-se o julgamento do *caso Boll*, entre a Suécia e os Países Baixos, decidido em 1958, relativo à Convenção da Haia de 1902 sobre a posse e guarda de crianças, em que a Corte determinou a aplicação da lei sueca a uma criança holandesa, apesar da regra estabelecida pela Convenção sobre a competência da lei da nacionalidade, assim determinando com base no princípio da ordem pública.[81] Em 1929, foi julgado o caso dos empréstimos emitidos na França pelos governos sérvio e brasileiro,[82] tendo a Corte decidido pela aplicação do direito do país devedor.

No *caso Ambatielos*, a Corte decidiu, em 1956, favoravelmente à reclamação da Grécia contra o Reino Unido, que não deveria ter julgado o caso antes de submetê-lo à arbitragem, conforme Tratados firmados entre a Grécia e o Reino Unido.

Em *Barcelona Traction, Light and Power Company*,[83] julgado em 1970, a Corte negou legitimidade à Bélgica para defender interesses dos acionistas de nacionalidade belga, porque a sociedade fora constituída de acordo com o Direito canadense, e somente este país, e não a Bélgica, poderia questionar a legalidade da decretação da falência da sociedade pela Justiça espanhola.

Em 1989, a Corte julgou improcedente reclamação do governo norte-americano em que reivindicava indenização por danos sofridos por norte-americanos em consequência de atos do governo italiano que teriam levado à falência da *Elettronica Sicula S. P. A. (Elsi)* controlada por capitais americanos.

A Corte apreciou, em 1998, o caso sobre a Convenção de Viena sobre Relações Consulares (Paraguai *vs.* Estados Unidos), em 2001, o caso LaGrand e, em 2004, o caso Avena, todos envolvendo a Convenção de Viena sobre Relações Consulares e a obrigação de notificar o consulado de nacionalidade do estrangeiro aprisionado no foro.

Em 2012, a Corte, por maioria, com voto contrário do Juiz Cançado Trindade, decidiu que a Alemanha era imune à jurisdição italiana por atos ocorridos durante a 2ª Guerra Mundial.

O número reduzido de casos submetidos à Corte se deve ao fato de que as questões de Direito Internacional Privado geralmente afetam particulares, pessoas físicas ou jurídicas, que não têm acesso a esse tribunal internacional, e os Estados raramente se prontificam a advogar os interesses de seus nacionais perante a jurisdição internacional na Haia.

---

[80] Vide Capítulo IV.
[81] Vide Pierre Michel Eisemann, Vincent Coussirat-Coustere e Pau Hur, *Petit Manuel de la Jurisprudence de la Cour Internationale de Justice*, 1971, p. 90, e Jacob Dolinger, *A criança no Direito Internacional*, 2003, p. 192-198.
[82] Vide Arpad Plesch, *Recueil d'arrêts et de consultations sur la clause-or, avec une annexe contenant des arrêts sur l'effet international des restrictions nationales de paiement*, 1937, p. 23.
[83] Vide capítulo sobre Pessoa Jurídica.

No campo do Direito Comercial Internacional as diversas cortes de arbitragem internacional têm produzido rica jurisprudência que compõe importante fonte de Direito Internacional Privado, tanto de soluções conflituais como, e principalmente, de soluções de caráter substancial, conhecida como *lex mercatoria* –, uma lei não escrita, de caráter uniforme, internacionalmente aceita, para reger as relações comerciais transnacionais.

## B) CONFLITO ENTRE FONTES

### LEI V. TRATADO

São frequentes as situações em que se chocam a fonte interna com a fonte internacional. A lei interna indica uma solução para determinado conflito, enquanto um tratado ou convenção, ratificado pelo país, indica outra solução. Que caminho seguir? O conflito pode se dar entre lei anterior e tratado posterior, como também entre tratado anterior e lei posterior. E o que dizer quando ocorrer conflito entre um Tratado e a Constituição?

Para a boa compreensão da problemática temos de invocar o conhecido debate entre os dualistas e os monistas. Aqueles chefiados por Triepel e Anzilotti, estes liderados por Hans Kelsen.

Triepel, após examinar detidamente as distintas características do Direito Internacional e do Direito Interno, concluiu que eles constituem sistemas jurídicos distintos; são dois círculos que não se sobrepõem um sobre o outro, apenas se tangenciam. As relações que regem são diversas; daí não haver concorrência nem ocorrerem conflitos entre as fontes que regem os dois sistemas jurídicos. O Direito Interno rege relações jurídicas intraestatais, e o direito internacional, relações jurídicas interestatais. Não há confusão, e, portanto, não há conflito.[84]

Esta é a teoria dualista das relações entre o Direito Internacional e o Direito Interno, aceita principalmente pela doutrina italiana.[85]

O principal adversário dessa teoria foi Hans Kelsen,[86] que sustentava a inadmissibilidade da existência de dois sistemas jurídicos válidos, um independente do outro. As relações de Direito Interno e de Direito Internacional convergem, superpõem-se, e há de se encontrar um método que discipline estas duas categorias dentro de uma única ordem jurídica.[87] Essa afirmação da unicidade da ordem jurídica é denominada de monismo.

---

[84] Vide Alfred Verdross, *Derecho Internacional Público*, 1972, p. 63 e ss.

[85] Alfred Verdross, *Derecho Internacional Público*, 1972, p. 63. Como se colocaria a escola dualista em caso de conflito entre norma de Direito Internacional Privado interno e norma convencional sobre a mesma matéria, como, por exemplo, divergência entre norma da nossa Lei de Introdução e o Código Bustamante, cada um indicando diferente sistema jurídico a ser aplicado numa determinada situação conflitual? Note-se que ambas as normas – a interna e a internacional – estarão versando a mesma matéria de Direito Internacional. Indagação da bacharelanda Raquel Ferreira Bouças (1998). Esta questão é tratada por Amilcar de Castro, autor declaradamente dualista, como veremos adiante, o qual, referindo-se à legislação brasileira de Direito Internacional Privado, na p. 125 de sua obra, já anteriormente aludida, assim se expressa: "... e Niboyet vaticina o desuso do Código de Bustamante. Com razão, porque, pelo menos quanto a nós, a nova Lei de Introdução reformou o sistema brasileiro, estabelecendo regras diversas das que se encontram naquele Código...". Já para os monistas, que dão primazia às fontes internacionais (vide logo adiante), o Código Bustamante deveria prevalecer sobre a LINDB, enquanto que, para os monistas moderados, a LINDB, vindo após o Código, prevalece. Interessante lembrar que em 1929, quando o Brasil aprovou o Código Bustamante, este contraditou algumas regras da Introdução ao Código Civil de 1916. Já aludimos, em nota mais acima, à conferência de Eduardo Espínola em que sustentou a prevalência do Código Bustamante sobre a Introdução ao Código Civil.

[86] Hans Kelsen, *Principles of International Law*, 1967, p. 553 e ss.

[87] Kelsen reconhece que há questões da exclusiva competência do Direito Internacional, cujas regras só podem ser criadas pela colaboração de dois ou mais Estados. Mas não há matéria da exclusiva com-

Com o tempo surgiram três escolas monistas: a que defende a primazia do Direito Interno sobre o Direito Internacional; a que defende a primazia do Direito Internacional sobre o Direito Interno e a terceira que os equipara, fazendo depender a prevalência de uma fonte sobre a outra da ordem cronológica de sua criação (monismo moderado).

Kelsen inclinou-se pela primazia do Direito Internacional sobre o Direito Interno,[88] formulando a conhecida imagem da pirâmide das normas, em que uma norma tem sua origem e tira sua obrigatoriedade da norma que lhe é imediatamente superior. No vértice da pirâmide encontra-se a norma fundamental, que vem a ser a regra do Direito Internacional Público, *pacta sunt servanda*.

Em várias constituições europeias encontram-se regras sobre a relação entre o Direito Internacional e o Direito Interno.

A Constituição da Áustria, de 1929, art. 9º, declarava que "*as regras do direito internacional geralmente reconhecidas são consideradas parte integral do direito federal*".

No mesmo sentido a Constituição da Alemanha, de 1949, art. 25: "*As normas gerais de direito internacional constituem parte integrante do direito federal*" e a Constituição italiana, de 1947, art. 10: "*O ordenamento jurídico italiano se conforma às normas do direito internacional geralmente reconhecidas*".

Esses dispositivos têm sido interpretados restritivamente, ou seja, só as regras gerais de Direito Internacional têm primazia sobre o Direito Interno, não se aplicando o princípio constitucional aos tratados em geral.[89]

Nos Países Baixos e na França, as regras constitucionais são mais abrangentes. Nos Países Baixos, reza a Constituição de 1983:

"Art. 94. As disposições legais em vigor no Reino deixarão de se aplicar quando colidirem com disposições de tratados obrigatórias para todas as pessoas ou com decisões de organizações internacionais".

Na França, o art. 55 da Constituição de 1958 prescreve:

"Os tratados e acordos regularmente ratificados ou aprovados têm, a partir de sua publicação, uma autoridade superior à das leis, desde que respeitados pela outra parte signatária".

Anteriormente, a jurisprudência francesa dava primazia à lei posterior que contivesse dispositivo conflitante com tratado anterior, num monismo moderado que equiparava as duas fontes com prevalência do diploma legal posterior.

Mesmo após o citado dispositivo constitucional, os conflitos entre leis e tratados anteriores têm suscitado problemas nos tribunais franceses, principalmente a questão da competência para constatar o cumprimento do tratado pelos outros Estados-Partes.[90]

---

petência do Direito interno. Tudo que é regulado pelo Direito interno pode também ser regulado pelo Direito Internacional.

[88] Hans Kelsen, *Principles of International Law*, 1967, p. 556-565, principalmente p. 561-562, 563-564 e 580.

[89] No entanto, tribunais alemães e italianos têm concedido absoluta primazia ao Direito comunitário sobre o Direito interno. Wolfgang Friedmann, *The changing structure of International Law*, 1966, p. 108, interpreta a Constituição alemã mais amplamente: "A referência a 'Direito Internacional' claramente abrange tratados e acordos internacionais".

[90] Yvon Loussouarn e Pierre Bourel, *Droit International Privé*, 1978, p. 36 e ss. Vide George A. Bermann, French treaties and French courts: two problems in supremacy, *The International and Comparative Law*

Nos Estados Unidos a posição hierárquica dos tratados figura no art. 6º, 2ª seção, da Constituição, que assim determina:

"Esta Constituição e as leis complementares e todos os tratados já celebrados ou por celebrar sob a autoridade dos Estados Unidos constituirão a lei suprema do país".[91]

A doutrina americana interpreta este dispositivo no sentido de equiparação da lei interna e do tratado internacional, com prevalência do que for legislado posteriormente, numa perfeita adesão ao monismo moderado.

A Corte Suprema dos Estados Unidos tem decidido repetidamente que as leis federais estão no mesmo nível dos tratados e que, quando uma lei conflitar com tratado anteriormente aprovado, deve-se cumprir a ordem da lei interna.[92]

Essa posição ficou bem explicitamente colocada e explicada em artigo do Professor William Ewald, da Universidade de Pennsylvania, publicado no *American Journal of Comparative Law*.[93]

---

Quarterly 28:458, 1979. Vide adiante sobre os problemas constitucionais que os franceses tiveram para aprovar o Estatuto da Corte Penal Internacional.

[91] Esta a tradução para o vernáculo oferecida pela Agência de Comunicação Internacional dos EUA, Rio de Janeiro. O texto original diz: "This Constitution and the laws of the United States which shall be made in pursuance thereof; and all treaties made or which shall be made under the authority of the United States shall be the supreme law of the land". A posição monista americana está consubstanciada na regra nº 111 do *Restatement of the Law Third – The foreign relations law of the United States*, que estabelece a imediata aplicabilidade dos tratados aprovados pelos Estados Unidos, equiparados às leis internas, com exceção dos *"non self-executing international agreements"*.

[92] *Reid v. Covert*, 354 U.S. 1, 18, antecedido por *Taylor v. Morton*, 2 Curtis 454, *Ware v. Hylton*, 3 U.S. 199, *Whitney v. Robertson*, 124 U.S. 190, *Edye v. Robertson*, 112 U.S. 580 e *The Chinese Exclusion case*, 130 U.S. 581; vide SWEENEY, Joseph Modeste; OLIVER, Covey T.; LEECH, Noyes E. *Cases and materials on the international legal system*, p. 20. Vide *Restatement of the Law Third* – The foreign relations law of the United States, regras nº 114 e 115, e *"United States v. Palestine Liberation Organization"*, American Journal of International Law, 1988, p. 833, em que se discutiu se o Anti-Terrorism Act de 1987 – lei americana destinada a proibir a presença de organizações terroristas em solo americano, com expressa referência à PLO (OLP) –, estaria em choque com o Acordo firmado entre os Estados Unidos e as Nações Unidas em 1947 com relação à sede da ONU, decidindo o tribunal federal de Nova Iorque que não havia antinomia entre os dois diplomas legais – o Anti-Terrorism Act não abrangia a sede da missão da OLP junto às Nações Unidas. Entretanto, paralelamente à medida judicial do governo americano visando ao fechamento da missão da OLP, as Nações Unidas submeteram a questão à Corte Internacional de Justiça alegando que os Estados Unidos deveriam submeter sua divergência com a organização internacional à arbitragem, sendo-lhe vedado recorrer à Justiça americana. A Corte decidiu que, na conformidade do Acordo entre os Estados Unidos e a ONU quanto à sede da organização internacional, este país está obrigado a submeter a questão à arbitragem. Na ementa se lê que "a lei interna não pode prevalecer sobre o Direito Internacional". Vide *International legal materials*, 1988, p. 800. Com referência à doutrina americana, vide Peter Westen, The place of foreign treaties in the courts of the United States: A reply to Louis Henkin, *Harvard Law Review*, 101:511, 1987, e a réplica de Louis Henkin, Lexical Priority or 'political question': A response, *Harvard Law Review* 101:524, 1987, e Louis Henkin, *Foreign affairs and the Constitution*, 1972, p. 163.

[93] *"The complexity of sources of trans-national law: United States report"*, em volume dedicado aos relatórios nacionais apresentados por comparatistas americanos por ocasião do XVIII Congresso Internacional de Direito Comparado realizado em Washington em 2010. Dois trechos deste trabalho expõe clara e honestamente a posição do Judiciário norte-americano quanto aos conflitos entre tratados e leis internas. Assim afirma o professor americano: "Secondly, like other statutes, they (treaties) can be overridden by a subsequent act of Congress – even if the subsequent act by infringing a provision of a treaty, places the United States in violation of international law. In other words, if Congress explicitly chooses to violate inernational law, American courts are obligated to follow the intent of Congress, and not international

No Brasil, a doutrina inclinou-se para o monismo absoluto, entendendo que o tratado sempre prevalece sobre a lei. No Direito Positivo esse princípio foi consagrado pelo Código Tributário Nacional, cujo art. 98 prescreve:

"Os tratados e as convenções internacionais revogam ou modificam a legislação tributária interna, e serão observados pela que lhes sobrevenha".

Assim entenderam, no campo do Direito Internacional Privado, Oscar Tenório[94] e Haroldo Valladão.[95]

Amílcar de Castro segue a doutrina italiana do dualismo.[96]

Temos posição diversa, que expomos mais adiante em comentário à jurisprudência da Suprema Corte.

## CONFLITO ENTRE CONSTITUIÇÃO E TRATADO

Diverge nossa Doutrina sobre o eventual conflito entre Tratado e Constituição. Valladão sustenta que a norma constitucional posterior não revoga o tratado anteriormente aprovado, mas que a norma convencional que vier a ser aprovada e ratificada após a vigência do texto constitucional e que com ela colidir não prevalecerá, *"pois nesse caso decorreria de um ato internacional inválido, não vigorante, pois não podia ter sido aprovado nem ratificado".*[97]

Oscar Tenório escreve que, *"enquanto se generaliza entre os internacionalistas europeus o preceito de que as mudanças constitucionais, seja qual for a sua origem, não invalidam os tratados, o princípio da supremacia constitucional no Brasil induz à aceitação da tese adversa"*, e transcreve lição de Aurelino Leal, que assim escreveu: *"A mim me parece que, se os assuntos regulados nos tratados forem compatíveis com as alterações introduzidas no regime constitucional, nada há que se oponha a que as mesmas continuem em vigor. Se, porém, as modificações*

---

law" (p. 64) e logo adiante: "However, it is well established that if Congress enacts a statute that unambiguously conflicts with international law, American courts must give effect to the Congressional intent".

[94] Oscar Tenório, *Direito Internacional Privado*, v. I, 1976, p. 93.

[95] Haroldo Valladão, *Direito Internacional Privado*, v. I, 1980, p. 96. Vide Hildebrando Accioly, *Tratado de Direito Internacional Público*, v. I, 1935, p. 18: entendimento que o direito convencional revoga leis internas anteriores, quando forem contrárias, mas que as leis nacionais posteriores ao direito convencional não afetarão este, que prevalecerá. Acrescenta que os tratados e convenções formam o direito especial, e a lei, o direito comum, e que este não pode derrogar aquele. Vide João Grandino Rodas, A Constituinte e os Tratados Internacionais, *Revista dos Tribunais* 624:43, 1987; Vicente Marotta Rangel, Os conflitos entre o Direito Interno e os Tratados Internacionais, *Boletim da Sociedade Brasileira de Direito Internacional* 44:29, 1967; Mirto Fraga, O conflito entre Tratado Internacional e norma de Direito Interno, 1978 e Celso Albuquerque Mello, Constituição e relações internacionais, *A nova Constituição e o Direito Internacional* – Propostas e sugestões, coordenação de Jacob Dolinger, p. 19, todos francamente favoráveis à prevalência do tratado sobre a lei interna, mesmo quando esta seja posterior àquela. Observe-se que a Convenção de Viena sobre o Direito dos Tratados, de 1969, dispõe em seu art. 27 que "uma parte não pode invocar as disposições de seu direito interno como justificativa para o inadimplemento de um tratado".

[96] Amílcar de Castro, *Direito Internacional Privado*, p. 123: "tratado não é lei; é ato internacional que obriga o povo considerado em bloco; que obriga o governo na ordem externa e não o povo na ordem interna. Não é admissível que um só ato, ao mesmo tempo, possa ser tratado e ato legislativo ordinário; nem se concebe que um tratado normativo se converta em Ato Legislativo (lei ou decreto), formas jurídicas inconfundíveis e inconversíveis, cada qual com sua esfera própria de ação. O tratado explana relações entre governantes (horizontais, sendo as pessoas coordenadas), enquanto a lei e o decreto explicam relações do governo com seus súditos (verticais, entre subordinantes e subordinados)".

[97] Haroldo Valladão, *Direito Internacional Privado*, 1980, v. I, p. 96.

*feitas na lei suprema colidirem com a matéria regulada nos acordos internacionais, não se me afigura que os mesmos prevaleçam contra a nova orientação constitucional, a menos que o poder constituinte consigne na reforma uma disposição garantindo a sua vigência".*[98]

A norma constitucional contida no atual art. 102, III, *b*, que outorga ao Supremo Tribunal Federal a competência para julgar recurso extraordinário de causa decidida em única ou última instância quando a decisão recorrida, declara que a *"inconstitucionalidade de tratado ou lei federal"* significa para Valladão inconstitucionalidade de tratado ratificado em contradição à norma constitucional já vigente, e para Tenório abrange qualquer hipótese em que o tratado conflite com norma constitucional.

Hildebrando Accioly, versando esse tema em sua obra sobre o Direito Internacional Público, diz que *"a própria lei constitucional não pode isentar o Estado de responsabilidade por violação de seus deveres internacionais"* e invoca uma decisão da Corte Permanente de Justiça Internacional que decidiu, em 1932, no sentido de que *"um Estado não pode invocar contra outro Estado sua própria Constituição para se esquivar a obrigações que lhe incumbem em virtude do Direito Internacional ou de tratados vigentes".*[99]

Diversa a posição doutrinária de Carlos Maximiliano para quem *"a Constituição é a lei suprema do país; contra a sua letra ou espírito não prevalecem resoluções dos poderes federais, decretos ou sentenças federais, nem tratados, ou quaisquer outros atos diplomáticos".*[100]

A Emenda Constitucional nº 45, de 30 de dezembro de 2004, introduziu o § 3º no art. 5º, que dispõe o seguinte:

"Os tratados e convenções internacionais sobre direitos humanos que forem aprovados, em cada Casa do Congresso Nacional, em dois turnos, por três quintos dos votos dos respectivos membros, serão equivalentes às emendas constitucionais".

Assim, fica estabelecido que um tratado que versar um tema de direitos humanos e que for aprovado da forma descrita no novo dispositivo terá *status* de emenda constitucional, não se verificando conflito entre o tratado e a Constituição, eis que aquele terá modificado esta como se emenda constitucional fosse.

O Código Bustamante, art. 4º, classifica os preceitos constitucionais na categoria de leis de ordem pública internacional. Ora, considerando que as convenções de Direito Internacional Privado respeitam a ordem pública internacional de cada Estado-Membro, contendo sempre um dispositivo expresso com essa ressalva, conclui-se que, quando uma regra convencional ferir norma constitucional, não poderá prevalecer em consideração à ordem pública internacional do foro.[101] Esse argumento é válido mesmo na hipótese de a Constituição ser promulgada quando já vigente o diploma internacional.

## JURISPRUDÊNCIA BRASILEIRA

A matéria-prima do debate, na Doutrina e na Jurisprudência brasileiras, a respeito do conflito entre fonte interna e fonte internacional, envolvendo, naturalmente, a discussão em

---

[98] Oscar Tenório, *Direito Internacional Privado*, v. I, p. 11-94. Vide, do mesmo autor, *Lei de Introdução ao Código Civil*, 1955, p. 86, onde igualmente rechaça o entendimento da supremacia das fontes internacionais sobre as regras constitucionais.
[99] Hildebrando Accioly, Geraldo Eulálio do Nascimento e Silva, *Manual de Direito Internacional Público*, 1996, p. 56-57.
[100] Carlos Maximiliano, *Hermenêutica e aplicação do Direito*, 1988, p. 314.
[101] Observação do professor Luís Roberto Barroso.

torno da orientação dualista ou monista e esta com suas subdivisões, centrou-se originalmente nas Convenções de Genebra de 1930 e de 1931, respectivamente sobre letras de câmbio e notas promissórias e sobre cheques.[102]

Vigia no Brasil legislação interna sobre letras de câmbio e notas promissórias – o Decreto nº 2.044, de 1908 –, e sobre cheques tínhamos a Lei nº 2.591, de 1912.

Em seguida, o Brasil aderiu às Convenções sobre letra de câmbio e nota promissória (Convenção que adota Lei Uniforme, Convenção para regular conflitos de leis e Convenção relativa ao imposto de selo) e três equivalentes Convenções sobre cheque, por ato do Poder Executivo, de 26 de agosto de 1942, e o Congresso Nacional aprovou essas Convenções em 1964, pelo Decreto Legislativo nº 54 – ato do Poder Legislativo –, tendo a Presidência da República decretado que as Convenções fossem executadas e cumpridas, por Decreto nº 57.663, de 1966, no que concerne às letras e notas, e por Decreto nº 57.595, também de 1966, para os cheques.

Colocou-se a partir de 1966 a questão de saber se essas convenções se aplicariam tão somente para relações cambiárias internacionais em que algum dos participantes ou algum dos atos formadores do título de crédito tivesse sede no exterior, ou se as convenções foram aprovadas para serem igualmente cumpridas no Brasil, internamente, substituindo, assim, as legislações de 1908 e de 1912, respectivamente para letras-notas e cheques.

Em 17 de maio de 1968, o Supremo Tribunal Federal equiparou a convenção à lei interna, ao julgar interessante questão de conflito jurisdicional suscitado por juiz estadual de São Paulo, que se considerou incompetente para julgar uma ação executiva cambial, eis que, após a aprovação da Convenção de Genebra, as notas promissórias passaram a ser disciplinadas por esse diploma, e, assim, nos termos do art. 119, III, da Constituição Federal de 1967, a competência seria exclusivamente da Justiça Federal, porque, segundo o dispositivo constitucional, a esta Justiça cabe julgar "as causas fundadas em tratado ou em contrato da União com Estado estrangeiro ou organismo internacional".[103]

O Supremo Pretório decidiu pela competência da Justiça estadual, tendo o Relator, Ministro Eloy da Rocha, declarado que "o direito entrado pela via de recepção do tratado está no mesmo plano de igualdade que o internamente elaborado, não sendo superior a este. Nossa Constituição não contém norma expressa de predominância do Direito Internacional como a francesa. Admiti-la seria, como declara Bernard Schwartz, constitucionalista norte-americano, dar à Convenção não força de lei, mas de restrição constitucional, e isso só a própria Constituição poderia estabelecer".[104] Observa-se nessa decisão – que frisa a igualdade do direito convencional com o direito internamente legislado – nítida aceitação do monismo, na sua vertente moderada.

Ao Tribunal de Justiça do Paraná coube decidir uma questão que envolvia a prescrição da cobrança de um cheque considerando que o prazo da lei brasileira era de cinco anos *ex vi* art. 15 da Lei do cheque (Leis nº 2.044/1908 e 2.591/1912), e o prazo da Convenção de Genebra é de seis meses, art. 52 da Lei Uniforme.

Reformando decisão de 1ª instância, o Tribunal paranaense entendeu que a Convenção de Genebra não afetou a vigência da lei brasileira sobre o cheque, porque "as convenções não

---

[102] A rigor, a discussão começou com relação a uma convenção anterior, aprovada na Haia em 1912, sobre letra de câmbio e nota promissória: questionou-se se fora substituída nossa lei cambial de 1908. Vide, a respeito, Eduardo Espínola, *Elementos de Direito Internacional Privado*, 1925, p. 66. Um exame cuidadoso desta questão foi elaborado por Mariângela Ariosi, *Conflitos entre tratados internacionais e leis internas* – O Judiciário brasileiro e a nova ordem internacional, 2000.
[103] Conflito de Jurisdição nº 4.663, *RTJ* 48/76.
[104] Conflito de Jurisdição nº 4.663, *RTJ* 48/76.

têm o poder de modificar a legislação interna de cada nação participante, eis que os tratados e as convenções não são autoexecutáveis, dependendo, para que entrem no quadro da legislação interna, de lei elaborada pelo Congresso. Para vigorar no Brasil a Lei Uniforme de Genebra, há necessidade de uma nova lei cambial em substituição ao Decreto n. 2.044, de 1908. Permanecem vigentes as Leis n. 2.044, de 1908, e 2.591, de 1912, e demais leis posteriores que regulam a emissão, circulação e pagamento de letras de câmbio, notas promissórias e cheques". Temos aqui perfeita adesão à escola dualista.

Essa decisão do Tribunal paranaense foi reformada por acórdão do Supremo Tribunal Federal, de 4 de agosto de 1971, que, julgando o recurso extraordinário interposto, acompanhou, unanimemente, o voto do Relator, Ministro Oswaldo Trigueiro, que rejeitou o dualismo.[105]

Com essa decisão a Suprema Corte brasileira rejeitou o dualismo do Tribunal paranaense.

No mesmo ano de 1971 o Tribunal Pleno pronunciou-se em sentido idêntico no RE nº 70.356, só que na hipótese a Convenção de Genebra não era aplicável por se tratar de título emitido antes de a convenção entrar em vigor no Brasil. Em seu voto dizia o Ministro Relator Bilac Pinto: "Não resta dúvida de que, desde a vigência do Decreto n. 57.663/66, as Convenções de Genebra se incorporaram ao direito brasileiro, revogando as disposições anteriores em sentido contrário".[106]

## RECURSO EXTRAORDINÁRIO Nº 80.004

Alguns anos depois, a Suprema Corte brasileira julgou o Recurso Extraordinário nº 80.004,[107] que ocupa lugar de especial destaque em nosso direito pretoriano, um dos acórdãos mais citados de toda a Jurisprudência nacional, em que se decidiu pela validade de um decreto-lei (de 1969) que continha regra contrária à Convenção de Genebra sobre letras de câmbio e notas promissórias.

O acórdão é muito longo e apresenta a inusitada característica de conter sete votos justificados com ampla argumentação, cada um com orientação própria, revelando da parte de todos os Ministros que participaram do debate um esmerado conhecimento de questões internacionais, devendo merecer a atenção dos estudiosos, mesmo dos que discordam de sua conclusão.

A ementa do acórdão assim reza:

"Convenção de Genebra – Lei Uniforme sobre Letras de Câmbio e Notas Promissórias – Aval aposto à Nota Promissória não registrada no prazo legal – Impossibilidade de ser o avalista acionado mesmo pelas vias ordinárias. Validade do Decreto-Lei n. 427, de 22.01.1969. Embora a Convenção de Genebra que previu uma lei uniforme sobre letras de câmbio e notas promissórias tenha aplicabilidade no direito interno brasileiro, não se sobrepõe ela às leis do país, disso decorrendo a constitucionalidade e consequente validade do Decreto-Lei n. 427/1969, que instituiu o registro obrigatório da Nota Promissória em Repartição Fazendária, sob pena de nulidade do título. Sendo o aval um instituto do direito cambiário, inexistente será ele se reconhecida a nulidade de título cambial a que foi aposto. Recurso extraordinário conhecido e provido".

---

[105] RE nº 71.154, *RTJ* 58/71.
[106] RE nº 70.356, *RTJ* 58/744.
[107] RE nº 80.004, *RTJ* 83/809-848.

Esclareça-se que o Decreto-Lei nº 427, de 1969, posteriormente revogado, neste ponto, pelo Decreto-Lei nº 1.700/1979, condicionou a exequibilidade de uma nota promissória a seu registro no Ministério da Fazenda, com o que as autoridades tributárias visaram a impedir o mercado financeiro paralelo, alimentado por ganhos não revelados ao Imposto de Renda.

Coube ao professor de Direito Comercial Rubens Requião, da Universidade do Paraná, lançar a tese de que, enunciando a Lei Uniforme de Genebra, em seu art. 75, os sete requisitos que devem compor a nota promissória, e como essa enunciação é de caráter taxativo, o Decreto-Lei nº 427, ao acrescentar mais um requisito, do registro fazendário, ficou em choque com a Convenção, que na ordem hierárquica das fontes de Direito é superior, e portanto sem validade o Decreto-Lei,[108] argumento que, como se lê da ementa, não foi acolhido.

## CRÍTICA DA DOUTRINA

Esse acórdão foi criticado por alguns autores brasileiros que viram nesta decisão um retrocesso em relação à posição anterior da Suprema Corte.

José Carlos de Magalhães criticou a decisão, considerando mais prudente a posição do Ministro Antônio Neder, que entende o Decreto-Lei nº 427 compatível com a Convenção de Genebra e aduz que, como os votos se fundamentaram em razões diversas, a decisão fica enfraquecida, restando a esperança de que venha a ser revista em outra oportunidade, "ante a inarredável repercussão que tal matéria tem na ordem internacional".[109]

Celso de Albuquerque Mello critica asperamente o STF, considerando o Acórdão do RE nº 80.004 um retrocesso, invocando julgados antigos da Corte que decidiram que um tratado não é revogado por lei posterior.[110]

## EM DEFESA DO ACÓRDÃO

Não concordamos com essas críticas, pois não nos parece que o julgamento de uma cambial de *circulação interna no país*, em discordância com os ditames da Lei Uniforme, possa acarretar qualquer *responsabilidade perante a comunidade internacional*.

O alegado retrocesso do Supremo Tribunal Federal que teria ocorrido com esse julgamento merece exame crítico.[111]

No Conflito de Jurisdição nº 4.663, antes referido, julgado em 1968, o Relator, Ministro Eloy da Rocha, disse claramente que o direito entrado por via de tratado "está no mesmo plano de igualdade do que o internamente elaborado, não sendo superior a este". E ainda acrescentou que "nossa Constituição não contém norma expressa de predominância do direito internacional como a francesa". Temos aí clara manifestação de monismo, na sua versão moderada, alguns anos antes do julgamento do RE nº 80.004.

---

[108] Rubens Requião, Cambial, invalidade da lei que exige seu registro, *Revista de Direito Mercantil, Industrial, Econômico, Financeiro* 1:13-28, 1970.

[109] José Carlos de Magalhães, O Supremo Tribunal Federal e as relações entre Direito Interno e Direito Internacional, *Boletim Brasileiro de Direito Internacional* 61:53 e ss. As considerações contidas neste trabalho foram reportadas por Luiz Olavo Baptista no *Clunet*, 1981.603/4, em resenha sobre a Jurisprudência brasileira.

[110] Celso de Albuquerque Mello, *Direito Internacional Público*, v. 1, 1986, p. 81.

[111] Na 1ª edição deste livro, afirmamos, na p. 98, que a orientação do STF até o RE nº 80.004 fora a da primazia do Direito Internacional sobre o Direito Interno, posição da qual nos retratamos a partir da 2ª edição.

É bem verdade que há dois acórdãos mais antigos da Suprema Corte, de 1951 e de 1943, em que a primazia do tratado foi colocada em todas as hipóteses: "O tratado revoga as leis que lhe são anteriores; não pode, entretanto, ser revogado pelas posteriores, se estas não o fizeram expressamente ou se não o denunciaram", reza a ementa da Apelação Cível nº 9.587, de 1951, referida no acórdão do RE nº 71.154, que também invoca o Acórdão da Apelação Cível nº 7.872, de 1943,[112] como tendo adotado o mesmo ponto de vista "embora incidentemente". Os autores que criticam o STF ainda aludem a uma extradição julgada pela Corte Suprema em 1914.

O interessante é que o acórdão do RE nº 71.154, após fazer essas referências às decisões anteriores, diz que, "dadas as peculiaridades dos casos invocados, parece certo que o Supremo Tribunal ainda não firmou orientação que, do ponto de vista jurisprudencial, se tenha como terminativa da controvérsia".

Uma vez publicados os Decretos Executivos de 1966, que mandaram aplicar as Convenções sobre matéria cambiária, passou-se a discutir hipóteses de divergências entre a lei anterior e a convenção posterior, sendo as decisões pacíficas no sentido de aplicar os diplomas genebrinos; mas, quando surgiu divergência entre estes e um decreto-lei posterior, o STF considerou equiparadas as duas fontes, determinando a aplicação da posterior.

Pode-se, assim, considerar que a Suprema Corte brasileira se manteve numa posição kelseniana, pois Kelsen, após sua inicial fase de monismo radical, deixou de insistir na prevalência do Direito Internacional sobre o Direito Interno, considerando perfeitamente legítima a tese da primazia do Direito Interno.[113]

Outros julgamentos da Suprema Corte, contemporâneos ao RE nº 80.004, decidiram no mesmo sentido.[114]

O Ministro José Francisco Rezek, quando membro da Corte, colocava a orientação do STF de forma bem incisiva: "*O STF deve garantir prevalência à última palavra do Congresso Nacional, expressa no texto doméstico, não obstante isto importasse o reconhecimento da afronta pelo país de um compromisso internacional. Tal seria um fato resultante da culpa dos poderes políticos, a que o Judiciário não teria como dar remédio*".[115]

A incorporação do tratado no sistema jurídico interno pelo critério do monismo moderado passou a ser regularmente aceita pelo STF, resultando na aplicação das Convenções de Genebra aos títulos de crédito de circulação interna. É o que vemos no RE nº 95.002,[116] que

---

[112] Vide RE nº 71.154, *RTJ* 58, p. 70 e 72-73. Celso de Albuquerque Mello se apoia nestes acórdãos para demonstrar que a jurisprudência do STF era a favor da absoluta primazia do direito convencional. Vide Jürgen Samtleben, Arbitragem no Brasil, *Revista da Faculdade de Direito de São Paulo* 77:185, 1982.

[113] Vide Joseph G Starke, The primacy of International Law, na polianteia *Law, state and international legal order-essays in honor of Hans Kelsen*, p. 308, 312-313; e Hans Kelsen, *Principles of International Law*, 1967, p. 565-6, onde se lê: "The question as to whether in case of conflict between national and international law the one or the other prevails can be decided only on the basis of the national law concerned; the answer cannot be deduced from the relation which is assumed to exist between international and national law. Since according to positive national law it is not excluded that in case of a conflict between this law and international law the former is to be considered as valid, we shall here assume that the state organs are bound to apply national law, even if it is contrary to international law". Vê-se que Kelsen admite a prevalência da lei interna sobre a norma internacional.

[114] V. RE nº 80.043, *RTJ* 82/530, j. 27.04.1976; RE nº 84.372, *RTJ* 83/194, j. 24.09.1976; RE nº 82.515, *RTJ* 88/205, j. 11.04.1978.

[115] Vide Extradição nº 426, *RTJ* 115/969, 973, e Extradição nº 429, *RTJ* 119/22, 30. A posição do Ministro Rezek não se restringe à matéria de extradição, aplicando-se sempre que uma lei conflitar com tratado anterior.

[116] RE nº 95.002, *RTJ* 103/779.

decidiu pela aplicação do art. 20 da Lei Uniforme de Genebra que considera válido e eficaz o endosso efetuado após o vencimento do título. Diferente solução se dará se depois da convenção o legislador nacional tiver promulgado lei em divergência com o Direito convencional.[117]

Nossa conclusão é que, excetuadas as hipóteses de tratado-contrato, nada havia na Jurisprudência brasileira quanto à prevalência de tratados sobre lei promulgada posteriormente, e, portanto, equivocados todos os ilustres autores que lamentaram a alegada mudança na posição da Suprema Corte. A posição do STF através dos tempos é de coerência e resume-se em dar o mesmo tratamento à lei e ao tratado, sempre prevalecendo o diploma posterior, excepcionados os tratados fiscais e os tratados de extradição, que, por sua natureza contratual, exigem denúncia formal para deixar de ser cumpridos.

## HIPÓTESES ESPECIAIS

*Código Tributário Nacional* – O art. 98 do Código Tributário Nacional, que determina a observância dos tratados "pelas leis que lhes sobrevenha" – dispositivo invocado por alguns como demonstração da primazia do Direito Internacional em todos os sentidos –, deve ser interpretado como regra específica e especialíssima do Direito fiscal. O Professor José Francisco Rezek[118] aponta para o aspecto de lei complementar atribuído ao Código Tributário pelo STF. *"Esta (a lei complementar) não se confunde com a própria Carta Constitucional mas subjuga a lei ordinária inscrita em seu âmbito temático"*, impedindo-a de alterar tratado anterior.[119]

*Tratado de Extradição* – Outra exceção ao monismo moderado é constituída pela hipótese de conflito entre tratado de extradição firmado pelo Brasil com outro país e a lei geral que rege o instituto, a Lei de Migração, em que a Corte reconhece a primazia da convenção sobre a lei, mesmo que esta seja posterior.

No *Habeas Corpus* nº 58.727, impetrado perante o STF, discutia-se se numa extradição solicitada pelos Estados Unidos prevaleceria o prazo de 60 dias contado da prisão preventiva para a formalização do pedido, conforme cláusula VIII do Tratado de Extradição Brasil-Estados Unidos, ou seria admissível adotar o prazo de 90 dias fixado pela legislação então em vigor, a Lei nº 6.815 – o Estatuto do Estrangeiro, hoje substituída pela Lei de Migração –, em seu art. 81.[120]

O voto do Ministro Soares Muñoz, unanimemente seguido pela Corte, foi no sentido de acompanhar o parecer da Procuradoria da República *"no tocante à primazia do tratado sobre a lei. Há entre eles a relação da lei geral com a lei especial, predominando esta, equivalente, na hipótese, ao tratado".*[121] Analisando questão semelhante, decisão mais recente do tribunal

---

[117] Com o advento da Lei nº 7.357, de 2 de setembro de 1985, o Direito brasileiro sobre o cheque foi reformulado.

[118] José Francisco Rezek, *Direito dos tratados*, 1984, p. 475.

[119] Sobre a aplicação do art. 98 do CTN pelo STJ, ver STJ, REsp 1.161.467/RS, Rel. Min. Castro Meira, *DJ* 01.06.2012; STJ, REsp 228.324/RS, Rel. Min. João Otávio de Noronha, *DJ* 01.07.2005; STJ, REsp 426.945/PR, Rel. p/ acórdão Min. José Delgado, *DJ* 25.08.2004; e STJ, REsp 209.526/RS, Rel. Min. Francisco Peçanha Martins, *DJ* 26.06.2000.

[120] V. *Habeas Corpus* nº 58.727, *RTJ* 100/1.030.

[121] Na Extradição nº 194, *RTJ* 162/822, também se discutiu o conflito entre o prazo da lei e o prazo estabelecido no Tratado Brasil e Argentina, tendo sido igualmente aplicado o prazo mais curto fixado no Tratado. Nesse caso, o Ministro Sepúlveda Pertence apresentou outros argumentos, a saber, que o extraditando tem direito individual em seu favor pelo prazo mais curto do Tratado, contra o qual não é oponível disposição mais rigorosa da lei, justificando ainda a aplicação do Tratado e não da lei, porque naquele havia sido fundamentado o pedido de extradição, sem promessa de reciprocidade, compromisso este que

manteve tal entendimento, dando prevalência ao prazo estipulado no Tratado de Extradição entre Brasil e Venezuela, em detrimento daquele previsto no Estatuto do Estrangeiro.[122]

A extradição é um instituto que funciona à base da cooperação judicial internacional, matéria em que prepondera o aspecto externo; na hipótese de tratado bilateral de extradição, a relevância do aspecto externo é mais pronunciada ainda. Nos casos em que a extradição é requerida por país que firmou tratado, a lei será aplicada no que não divergir do tratado. Por isso entendemos que o acórdão na Extradição nº 7, julgado pelo STF em 1914 e referido por Philadelpho de Azevedo em 1943, em seu voto na Apelação Cível nº 7.872,[123] também referido por Haroldo Valladão,[124] e igualmente invocado por Celso de Albuquerque Mello,[125] não tem o condão de demonstrar uma opção pela primazia generalizada do Direito Internacional – mesmo quando seguido de lei divergente – porque, como dito, a lei – genérica – não afeta o tratado de extradição – específico.

*Matéria Fiscal* – Questão que tem merecido tratamento específico é o ICM na importação de produtos de Países-membros do OMC e das sucessivas entidades regionais de que o Brasil participou (ALALC, ALADI), cujos similares nacionais gozam de isenção fiscal.

Pelo Acordo da OMC, há de se aplicar ao produto importado a mesma isenção fiscal de que desfruta o produto nacional. A jurisprudência do STF assim julgou reiteradamente, consolidando-se este entendimento na Súmula nº 575, do seguinte teor: "À mercadoria importada de país signatário do GATT ou membro da ALALC estende-se a isenção do Imposto de Circulação de Mercadorias concedida a similar nacional".

Acontece que a Emenda Constitucional nº 23, de 1º de dezembro de 1983, introduziu o § 11 no art. 23 da Constituição de 1969, dispondo o seguinte:

"O imposto a que se refere o item II (ICM) incidirá, também, sobre a entrada em estabelecimento comercial, industrial ou produtor, de mercadoria importada do exterior por seu titular, inclusive quando se tratar de bens destinados a consumo ou ativo fixo do estabelecimento".

A Fazenda estadual de São Paulo entendeu que o Acordo do GATT se chocava com o novo dispositivo constitucional, cabendo aplicar o disposto na Lei Maior.

Muitos casos dessa natureza foram levados até a Suprema Corte, que solucionou a questão de três formas diferentes.

---

se faria necessário se aplicada a lei, de prazo mais amplo. Vide também Extradição nº 426, *RTJ* 115/969, Extradição nº 429, *RTJ* 119/22, Extradição nº 439, *RTJ* 119/483, e Extradição nº 472, *RTJ* 128/998, em que se discutiu se admissível extraditar, sem reservas, para país que pune o crime em questão com prisão perpétua, vedada por nossas constituições, concluindo-se pelo deferimento da extradição sem reserva, eis que o Estatuto do Estrangeiro só veda extradição que possa resultar em pena de morte, argumentando-se que a vedação constitucional de prisão perpétua só é endereçada a nosso sistema interno.

[122] STF, PPE 760 QO/DF, Rel. Min. Edson Fachin, *DJ* 23.06.2016: "Prisão preventiva. Prazo. Lei 6.815/80. Tratado bilateral. Prazo específico. Prevalência. 1. Havendo regras conflitantes previstas no tratado bilateral de extradição e na Lei 6.815/80, prevalece a regra especial prevista no tratado. 2. O Decreto 5.362/1940, que internalizou o Tratado de Extradição entre o Brasil e a Venezuela, estabelece o prazo de sessenta dias a contar do recebimento do pedido de prisão preventiva pelo Estado requerido, para que o Estado requerente formalize o pedido de extradição. 3. A despeito de prazo maior previsto no art. 82, § 3º, da Lei 6.815/1980, e da regra que estabelece o *dies a quo* ser mais favorável ao Estado requerente, prevalece a regra prevista no tratado bilateral, em razão do princípio da especialidade. 4. Prisão preventiva para extradição revogada".

[123] Philadelpho de Azevedo, *Um triênio de judicatura*, 1955, v. I, p. 55 e ss.
[124] Haroldo Valladão, *Estudos de Direito Internacional Privado*, 1947, p. 528.
[125] Celso de Albuquerque Mello, *Direito Internacional Público*, v. 1, 1986, p. 81.

I – Prevalência da Constituição – Por essa fórmula, entendeu a 2ª Turma que se deixa de aplicar a Súmula nº 575 diante da nova norma constitucional. "Se a importação ocorreu na vigência da Emenda Constitucional n. 23/83, incide o ICM na importação de bens de capital. Inadmissível a prevalência de tratados e convenções internacionais contra o texto expresso da Lei Magna." Essa ementa é do RE nº 109.173.[126]

II – Inexistência de Incompatibilidade – A segunda fórmula que aparece em vários acórdãos do STF é de que não há incompatibilidade entre a isenção decorrente do Acordo do GATT e a Emenda Constitucional nº 23. Em seu voto, como relator do RE nº 113.758, diz o Ministro Célio Borja: "O preceito constitucional, como aquele que está em causa, não tem o caráter de instituição de imposto, pois representa apenas uma norma delimitadora da competência tributária do Estado, cujo exercício dependerá sempre da edição de leis que, dentro dos limites constitucionais, estabeleçam os elementos da hipótese da incidência, somente a partir de quando o tributo será exigível".[127]

III – Prevalência de Tratado Contratual – Vários acórdãos destacaram a distinção entre tratados normativos e tratados contratuais.[128] Diz o Ministro Carlos Madeira, relator do RE nº 114.784: "Mas há que atentar para a classificação dos tratados. Há tratados normativos, que propõem fixar normas de direito internacional; há tratados contratuais, que têm por finalidade regular interesses recíprocos dos Estados de modo concreto. Os da primeira classe – ensina

---

[126] RE nº 109.173, RTJ 121/270. Esta solução foi abandonada pela Suprema Corte nos Embargos de Declaração que se seguiram, RTJ 123/677, em que se distinguiu que a Emenda Constitucional diz respeito a bens não destinados à circulação, enquanto o Acordo do GATT visa a proteger justamente bens destinados à circulação. No mesmo sentido da aplicação da Súmula, a Apelação Cível nº 132.478.5/7-00, TJSP (registrado em 07.06.2001), e o REsp nº 821.406/RJ, DJ 02.04.2007, p. 148, aplicaram a Súmula nº 575 do STF.

[127] RE nº 113.758, RTJ 124/358, 362, julgado pela 2ª Turma. No mesmo sentido, os Acórdãos no RE nº 116.145 e no RE nº 116.530, respectivamente, RTJ 132/424 e RTJ 131/413, mesma Turma, também relatadas pelo Ministro Celio Borja. Da 1ª Turma também há várias decisões no mesmo sentido: RE nº 109.572, RTJ 140/210, RE nº 112.716, RTJ 140/216, RE nº 115.160, RTJ 140/240, e RE nº 115.159, RTJ 140/648. Merecem destaque o RE nº 229.096, Informativo STF nº 476, de 13 a 17 de agosto de 2007, e o RE-AgR nº 257.667, DJE-041 Divulg. 06.03.2008, Public. 07.03.2008, Ement. Vol-02310-02 PP-00466, que afirmam ter o acordo do GATT sido recepcionado pela Constituição de 1988, não havendo conflito entre eles. O Superior Tribunal de Justiça tem seguido esta orientação, como se verifica nos Acórdãos dos Recursos Especiais nº 846 e 1.532. Vide Revista do Superior Tribunal de Justiça, n. 44, onde vêm reproduzidos, nas p. 325 e ss., oito acórdãos no mesmo sentido, julgados nos anos de 1990, 1991 e 1992. No Recurso Especial nº 37.065, Revista do Superior Tribunal de Justiça, v. 57, p. 394, esta Corte traçou distinção entre o ICM e o Adicional ao Frete para a Renovação da Marinha Mercante (AFRMM), este não abrangido pela isenção estabelecida pelo Acordo do GATT. Reza a ementa do Acórdão que "o art. 98 do CTN, ao preceituar que tratado ou convenção não são revogados por lei tributária interna, refere-se aos acordos firmados pelo Brasil a propósito de assuntos específicos e só é aplicável aos tratados de natureza contratual. Se o ato internacional não estabelecer, de forma expressa, a desobrigação de contribuições para a intervenção no domínio econômico, inexiste isenção pertinente ao AFRMM". E, no bojo do acórdão, "os Tribunais têm assentado o escólio de que o AFRMM possui natureza jurídica de contribuição parafiscal, de intervenção no domínio econômico, consagrando hipóteses de incidência inteiramente distintas daquelas pertinentes aos ICMS e subsumindo-se ao princípio constitucional da estrita legalidade (CF, art. 149, in fine)". Temos assim que os ônus fiscais objeto de isenção contidos em tratado deverão ser respeitados pela legislação que se seguir ao tratado, sem que isto se estenda a outros ônus que não tiverem sido previstos expressamente.

[128] Um autor português do século XVII assim escreveu: "... Na verdade, se os povos, tendo dado dinheiro ao rei, obtiveram deste a feitura de certas leis, essas leis, a que se chamam pactuadas, adquirem a natureza de contrato, não podendo ser revogadas pelo príncipe, nem pelos seus sucessores, pois contêm em si justiça natural que obriga um e outros...". Vide John Gilissen, Introdução Histórica ao Direito, 1995, p. 333.

Clóvis Beviláqua – revelam ou confirmam o direito objetivo; os de segunda estabelecem modalidade de direito subjetivo. O Acordo Geral de Tarifas e Comércio (GATT) é de natureza contratual, regula interesses econômicos dos países signatários, ao qual se aplica o princípio da autoconservação do Estado, que se estende no respeito às avenças celebradas com os demais países, e estas não são afetadas por normas de direito interno, inclusive constitucionais".[129]

## A CONVENÇÃO DE VARSÓVIA (MONTREAL) SOBRE TRANSPORTE AÉREO

Há situações em que a confluência do tratado e da lei se enquadra na categoria de conflito entre uma norma específica e uma norma genérica. Esses casos não caracterizam o verdadeiro conflito de fontes, pois o genérico e o específico convivem mesmo quando contêm normas antinômicas. Decisão do Superior Tribunal de Justiça deu essa conotação ao conflito entre diploma internacional (Convenção de Varsóvia sobre transporte aéreo[130]) e lei posterior (Código do Consumidor), assim votando o Ministro Eduardo Ribeiro, como relator da matéria:

"O tratado não se revoga com a edição de lei que contrarie norma nele contida. Rege-se pelo Direito Internacional, e o Brasil a seus termos continuará vinculado até que se desligue mediante os mecanismos próprios. Entretanto, perde eficácia quanto ao ponto em que exista a antinomia. Internamente prevalecerá a norma legal que lhe seja posterior (*temos aqui a tese do Ministro Leitão de Abreu no Recurso Extraordinário n. 80.004, desde então seguida pelo Supremo Tribunal Federal*).

Ocorre que, tendo em vista a sucessão temporal das normas, para saber qual a prevalente, aplicam-se os princípios pertinentes que se acham consagrados na Lei de Introdução ao Código Civil. No caso, o estabelecido pela Convenção constitui lei especial, que não se afasta pela edição de outra, de caráter geral. As normas convivem, continuando as relações de que cuida a especial a serem por ela regidas. E não há dúvida alguma sobre o cunho de generalidade das regras contidas nos artigos invocados do Código de Defesa do Consumidor. Entendo, por essa razão, que a edição daquele não afasta a aplicabilidade das disposições especiais, relativas ao transporte aéreo internacional".[131]

---

[129] RE nº 114.784, *RTJ* 126/804, 2ª Turma. Idêntica solução foi consagrada no RE nº 113.156, *RTJ* 124/347, no AI (AgRg) nº 127.043 e no RE nº 130.765, *RTJ* 147, p. 300 e 302, respectivamente, da mesma Turma. O STJ posicionou-se no mesmo sentido no REsp nº 228.324, *DJ* 01.07.2005, p. 458, e *RSTJ*, v. 195, p. 202.

[130] Como esclarece Carmen Tiburcio, Convenção de Varsóvia e o Direito do Consumidor, *Revista de Direito do Estado* 16:319, 2010, a Convenção de Varsóvia foi revogada pela Convenção de Montreal de 1999, e, portanto, os conflitos se dão entre esta Convenção e o Código de Defesa do Consumidor.

[131] Recurso Especial nº 58.736 em ação de indenização processada contra *Aerolineas Argentinas* por passageiro que teve sua bagagem extraviada, com fundamento no Código de Defesa do Consumidor, julgado em 13 de dezembro de 1995. Seguiram-se vários acórdãos do Superior Tribunal de Justiça, condenando companhias de viação aérea por extravio de bagagem, entendendo aplicável o Código do Consumidor e não a Convenção de Varsóvia, nem o Código Brasileiro de Aeronáutica. Vide, por exemplo, o REsp nº 154.943, julgado em abril de 2000, *RSTJ* 143.374, e o REsp nº 612.817, em setembro de 2007, *DJ* 08.10.2007, p. 287. O mesmo critério foi aplicado em casos de extravio de carga, REsp nº 218.528, em agosto de 2001, *RSTJ* 152.400, e igualmente em caso de atraso injustificado de voo, Agravo de Instrumento nº 377.689, em setembro de 2001, *RSTJ* 153.223, no REsp nº 394.519, em março de 2002, *RSTJ* 158.310. No sentido da compatibilidade das normas da Convenção de Varsóvia com as regras do Código Brasileiro do Consumidor há várias decisões de tribunais estaduais, tanto em casos de extravio de bagagem como em hipóteses de atraso de voo. Assim decidiu o Tribunal de Justiça de São Paulo, por sua 7ª Câmara de Direito Privado, na Apelação Cível nº 49.843, *LEX* 202.116, e o Tribunal de Justiça do Estado do Rio de Janeiro, por sua 6ª Câmara Cível, na Apelação Cível nº 816/97, acórdão registrado em 16 de fevereiro de 1998, e acórdão da 16ª Câmara Cível do Tribunal de Justiça do Estado do Rio de

O Supremo Tribunal Federal decidiu, em 1996, questão da mesma natureza sob o prisma constitucional, considerando que a Convenção de Varsóvia não se sobrepõe aos mandamentos contidos nos incisos V e X do art. 5º da Lei Maior, que determinam a indenização por dano moral, lendo-se no acórdão, da lavra do Ministro Marco Aurélio:

> "Descabe, na espécie, sobrepor a citada Convenção, no que estrita aos danos materiais, ao que contém na Carta Política da República, que dispõe, no âmbito das garantias constitucionais, sobre a obrigação de indenizar por dano moral ou à imagem (inciso V), declarando, ainda, a inviolabilidade da intimidade, da vida privada, da honra e da imagem das pessoas, assegurando o direito à indenização pelo dano material ou moral decorrente de sua violação (inciso X). O que exsurge é que não se pode ter a limitação imposta relativamente aos danos materiais como suficiente a afastar, por si só, a garantia constitucional concernente aos danos morais. O art. 22 da Convenção de Varsóvia diz respeito, em si, ao transporte de mercadorias e de bagagem despachada, cuidando do ressarcimento por quilograma, e dos objetos que o viajante conservar sob sua guarda. A toda evidência, portanto, não se tem, na forma tarifada, a inclusão dos danos morais. De qualquer maneira, na hipótese vertente, a entender-se que a Convenção de Varsóvia exclui a responsabilidade das companhias aéreas por danos morais, há de se ter presente que o conflito não se configuraria entre a citada convenção e lei emanada do Congresso Nacional, mas com a própria Carta da República, vindo à baila, assim, a supremacia desta... É mister assinalar que o § 2º do art. 5º da Constituição Federal, ao se referir à observância dos tratados internacionais, alude a direitos e garantias e não ao afastamento de qualquer dos previstos nos incisos anteriores. Destarte, tenho que não subsiste o óbice assentado pela Corte de origem, segundo o qual a verba indenizatória estaria excluída pela citada convenção".[132]

---

Janeiro, na Apelação Cível nº 10.241, julgada em novembro de 1999, em cuja ementa lemos: "O Código de Defesa do Consumidor é lei nova que estabelece disposições gerais sobre as relações de consumo, não revogando nem modificando a lei anterior, conforme o disposto no § 2º do art. 2º da Lei de Introdução ao Código Civil. No caso da responsabilidade do transportador aéreo, sofre ela as limitações constantes do Tratado de Varsóvia e do Código Brasileiro Aeronáutico, não havendo incompatibilidade entre essa limitação e a lei de proteção ao consumidor. Não é admissível que o Brasil, signatário do Tratado de Varsóvia, negue vigência de suas normas, tendo em vista o disposto no § 2º do art. 5º da Constituição Federal, o qual estabelece que 'os direitos e garantias expressos nesta Constituição não excluem outros decorrentes do regime e dos princípios por ela adotados, ou dos tratados internacionais a que a República Federativa do Brasil seja parte'. Por seu turno, o art. 178 da Carta Magna determina que 'a lei disporá sobre a ordenação dos transportes aéreo, aquático e terrestre, devendo, quanto à ordenação do transporte internacional, observar os acordos firmados pela União, atendido o princípio da reciprocidade'. Assim, não é possível sustentar a não aplicação das normas do Tratado de Varsóvia sob o argumento de que o Código de Defesa de Consumidor teria estabelecido novas regras para a responsabilidade do fornecedor do transporte aéreo, nacional ou internacional, pois que importaria em atentar contra esse dispositivo constitucional. Portanto, a responsabilidade do transportador por via aérea no que tange aos danos materiais sofre as mitigações decorrentes do aludido Tratado, mas não assim no que se refere aos danos morais, espécie ali não contemplada". *Revista Forense*, v. 353, p. 310. Na Apelação Cível nº 22.651/2001, a 1ª Câmara Cível do Tribunal fluminense decidiu no mesmo sentido, em julgamento de 19 de março de 2002, publicado o acórdão no *DORJ* de 23 de maio de 2002, p. 319. Nesse mesmo sentido o STJ no REsp nº 742.447, julgado em 20.03.2007, *Informativo* nº 314, período de 19 a 23 de março de 2007.

[132] RE nº 172.720, *RTJ* 162/1093. No mesmo sentido o acórdão do Tribunal de Justiça do Estado do Rio de Janeiro, na Apelação Cível nº 16.341/2001, publicado no *DORJ* em 25 de outubro de 2001, na p. 319, em cuja ementa se lê: "A limitação indenizatória prevista na Convenção de Varsóvia somente possui guarida nos danos patrimoniais, aplicando-se quanto ao dano moral a regra constitucional do art. 5º, X, combinada com o art. 159 do Código Civil e com o Diploma do Consumidor". O STJ, seguindo a linha

A decisão restabeleceu a sentença da instância original que condenara a *Iberia Lineas Aéreas de España* a pagar uma indenização de 250 dólares por dia em que o passageiro, durante uma excursão pela Europa, se viu sem a sua bagagem, em um total de cinco mil dólares.

Neste acórdão, o Ministro Francisco Rezek acrescentou uma perspectiva histórica, assinalando que, embora o conflito haja de ser sempre resolvido em favor da Constituição,

> "poderíamos evitar as consequências desastradas do conflito (o repúdio de uma obrigação internacional válida) se entendêssemos que os limites têm a ver com o dano material: não se referem a essa outra figura, própria de um direito moderno que não poderia ser entrevisto nos trabalhos convencionais de Varsóvia ou de Haia, anteriores à Segunda Grande Guerra".[133]

No STJ, era pacífica a jurisprudência que dava prevalência ao CDC sobre a convenção de Varsóvia/Montreal.

Mais recentemente, contudo, o Supremo Tribunal Federal restabeleceu a prevalência da convenção sobre o CDC[134] e sobre o Código Civil.[135] Na opinião do primeiro autor, as hipóteses ligadas à aviação internacional não apresentam um mero conflito entre tratado e lei, quando se poderia decidir pela norma posterior. Em questões ligadas à aviação internacional, o conflito de fontes é regido por dispositivo constitucional específico – o artigo 178 que, depois de delegar à lei interna a ordenação dos transportes aéreo, aquático e terrestre, determina que na ordenação do transporte internacional devem ser observados os acordos firmados pela União, atendido o princípio da reciprocidade. Assim, não se está diante de um simples conflito entre lei interna e tratado internacional, mas entre a lei interna e o acordo internacional, cujo cumprimento obrigatório está expressamente estabelecido na Constituição. E o dispositivo constitucional teve o cuidado de acrescentar o atendimento ao princípio da reciprocidade. Assim, se uma passagem aérea adquirida em Paris para uma viagem ao Rio de Janeiro terá sua disciplina regida pela Convenção de Montreal, seria correto aplicar uma lei interna brasileira em divergência com a convenção para uma passagem adquirida no Rio de Janeiro com destino a Paris na mesma companhia aérea? E a reciprocidade exigida pela Lei Maior?

Portanto, o Código de Defesa do Consumidor terá aplicação em voos internos, mas não em voos internacionais quando em divergência com a Convenção de Montreal.

Característica do direito internacional privado é a possibilidade de se aplicar lei estrangeira em detrimento da lei nacional, quando assim determinado por uma das regras de conexão. Isso se impõe igualmente à aplicação de uma convenção quando contrária à lei interna. É verdade que se admite a primazia da norma posterior, que levaria ao prevalecimento da lei sobre o tratado. No entanto, no caso em que o conflito é entre a lei interna e um tratado cuja aplicabilidade é expressamente determinada pela Constituição, podemos concluir que o legislador brasileiro (CDC) não poderia afetar dispositivo sobre atividade internacional protegida por um acordo internacional. Na opinião da segunda autora, o art. 178 confere prevalência

---

de suas decisões, algumas já referidas na nota anterior, recorreu a esta argumentação constitucional em casos mais recentes, como no REsp nº 740.968, j. 11.09.2007, *DJ* 12.11.2007, p. 221.

[133] RE nº 172.720 referido na nota anterior, na p. 1.099. Neste voto o Ministro Rezek tece importantes considerações sobre a impunidade em nosso país, em que assinala que esta situação não decorre apenas da suposta leniência do foro criminal, mas igualmente da leniência do foro cível. Esta realidade, acrescentou o ilustre magistrado, responde igualmente pela imagem do "país da impunidade".

[134] STF, ARE 766.618, Rel. Min. Roberto Barroso, *DJ* 13.11.2017; STF, RE 636.331, Rel. Min. Gilmar Mendes, *DJ* 13.11.2017.

[135] STF, ARE 1.372.360 ED-AgR-EDv-AgR, Rel. p/ acórdão Min. Gilmar Mendes, *DJ* 02.04.2024.

apenas a normas operacionais sobre aviação, não estendendo a preferência pelo direito convencional a questões relativas a responsabilidade civil e direito do consumidor, por exemplo.

## PROTEÇÃO DE MARCA

O conflito entre o diploma internacional e a norma do Direito Interno se fez sentir em matéria de nome comercial e marca registrada, tendo o Tribunal de Justiça do Estado do Rio de Janeiro recorrido à mesma solução que vimos aplicada a outras matérias. O choque se verifica porque a Convenção de Paris, de 1883, admite a proteção da marca, independentemente de registro, desde que notória, enquanto a lei brasileira exige o registro como fato gerador do direito de uso exclusivo. Essa exigência da lei brasileira, decidiu a corte fluminense, há de ser acatada.[136]

## A QUESTÃO DA PRISÃO CIVIL

No rol dos temas que têm enriquecido o debate sobre o conflito de fontes, figura a questão da prisão civil do devedor fiduciante na alienação fiduciária. O Decreto-Lei nº 911/1969 equipara-o ao depositário, e a prisão deste, quando desrespeita sua fidelidade para com o credor, está prevista na Constituição Federal, art. 5º, LXVII, que dispõe:

> "Não haverá prisão civil por dívida, salvo a do responsável pelo inadimplemento voluntário e inescusável de obrigação alimentícia e a do depositário infiel".

A posição inicial da Suprema Corte foi no sentido de que a regra do decreto-lei não conflita com a Convenção Americana sobre Direitos Humanos (Pacto de São José da Costa Rica), que só admite prisão civil por inadimplemento de prestação alimentar, ao dispor em seu art. 7º, § 7º:

> "Ninguém deve ser detido por dívidas. Esse princípio não limita os mandados de autoridade judiciária competente expedidos em virtude de inadimplemento de obrigação alimentar".

O entendimento da Corte era de que

> "a ordem constitucional vigente no Brasil não pode sofrer interpretação que conduza ao reconhecimento de que o Estado brasileiro, mediante tratado ou convenção internacional, ter-se-ia interditado a prerrogativa de exercer, no plano interno, a competência institucional que lhe foi outorgada, expressamente, pela própria Constituição da República".[137]

---

[136] Apelação cível nº 1.151/92, *Revista de Direito* 16/220.
[137] Recurso Extraordinário nº 274.307, *DJU* 20.09.2000, p. 65. No Superior Tribunal de Justiça, também pela prevalência do art. 5º, LVII, da Constituição, uma série de decisões ao longo dos anos. Vejam-se os acórdãos no Recurso de HC nº 19.087 de 2006, publicado no *DJ* de 29.05.2006, p. 158, REsp nº 967.649 de 2007, publicado no *DJ* de 05.11.2007, p. 239, e o HC nº 95.627, de 2007, publicado no *DJ* de 03.12.2007. Advirta-se que, em matéria de não recolhimento de contribuição previdenciária abatida do salário dos empregados, a prisão é de natureza penal, e não civil, não se concebendo aplicarlhe o Pacto de São José de Costa Rica. *Habeas Corpus* nº 13.957, julgado pelo Superior Tribunal de Justiça, em dezembro de 2000, *RSTJ* 146.488.

Seguiu-se uma jurisprudência contrária à prisão civil do depositário infiel, invocando a alteração introduzida no art. 5º da Constituição, por meio da Emenda nº 45 de 2004, que lhe acrescentou o § 3º, dispondo no sentido de que:

"Os tratados e convenções internacionais sobre direitos humanos que forem aprovados, em cada Casa do Congresso Nacional, em dois turnos, por três quintos dos votos dos respectivos membros, serão equivalentes às emendas constitucionais".

Tal modificação serviu para reforçar o fundamento baseado na Convenção de Costa Rica, mesmo não tendo sido ela aprovada pelo método prescrito na Emenda Constitucional nº 45.

Decisões do STJ e do STF ao longo do ano 2009 consolidaram esse entendimento.

Do Superior Tribunal de Justiça destaca-se julgamento havido no final de 2009, sendo Relator o Ministro Luiz Fux, que decidiu pela vedação da prisão civil do depositário infiel com base na Convenção de Costa Rica.[138]

O Supremo Tribunal Federal, em decisão que resume a atual jurisprudência de forma clara e concisa, assim fixou a questão:

"O Pacto de San José da Costa Rica (ratificado pelo Brasil – Decreto n. 678 de 6 de novembro de 1992) para valer como norma jurídica interna do Brasil, há de ter como fundamento da validade o § 2º do art. 5º da Magna Carta. A se contrapor, então, a qualquer norma ordinária originariamente brasileira que preveja a prisão civil por dívida. Noutros termos: o Pacto de San José da Costa Rica, passando a ter como fundamento de validade o § 2º do art. 5º da CF/88, prevalece como norma supralegal em nossa ordem jurídica interna e, assim, proíbe a prisão civil por dívida. Não é norma constitucional – à falta do rito exigido pelo § 3º do art. 5º –, mas a sua hierarquia intermediária de norma supralegal autoriza afastar regra ordinária brasileira que possibilite a prisão civil por dívida. No caso, o paciente corre o risco de ver contra si expedido mandado prisional por se encontrar na situação de infiel depositário judicial. Ordem concedida".[139]

No final de 2009, o Supremo Tribunal Federal editou a Súmula Vinculante nº 25, que assim determina:

"É ilícita a prisão civil do depositário infiel, qualquer que seja a modalidade do depósito".

Em 2016, a Associação Nacional dos Magistrados da Justiça do Trabalho (ANAMATRA) propôs a revisão da Súmula Vinculante nº 25, sustentando que, na seara trabalhista, a aplicação do entendimento do STF a devedores economicamente capazes *"prejudica a satisfação de créditos estritamente alimentares, contrariando indiretamente a própria dicção do artigo 7º, § 7º, da Convenção Americana sobre Direitos Humanos"*. O pedido de revisão, contudo, foi rejeitado pelo STF.[140]

---

[138] REsp nº 914.253, j. 02.12.2009.
[139] HC nº 94.013, j. 10.02.2009, *Revista dos Tribunais* 885.155.
[140] STF, PSV 54, Rel. Min. Ricardo Lewandowski, j. 24.09.2015: "Na linha do que foi observado, à época, pela maioria dos integrantes da Comissão de Jurisprudência desta Suprema Corte e, agora, pelo ilustre Procurador-Geral da República, ressalto que, para admitir-se a revisão ou o cancelamento de súmula vinculante, é necessário que seja evidenciada a superação da jurisprudência da Suprema Corte no trato da matéria; haja alteração legislativa quanto ao tema ou, ainda, modificação substantiva de contexto político, econômico ou social. Entretanto, a proponente não evidenciou, de modo convincente, nenhum

## A CONVENÇÃO DE VIENA SOBRE DIREITO DOS TRATADOS

Quarenta anos após a aprovação da Convenção de Viena sobre Direito dos Tratados, de 1969, foi ela promulgada pelo Brasil pelo Decreto nº 7.030, de 14 de dezembro de 2009. O art. 27 determina que *"uma parte não pode invocar a disposição de seu direito interno para justificar o inadimplemento de um tratado"*.

Com a aprovação dessa Convenção, aparentemente o Brasil passou a aderir à teoria da primazia do direito internacional, ou seja, monismo com preferência para o direito internacional. Esta é a opinião expressa por autores de direito internacional público.[141]

Essa disposição não deve acarretar mudança da doutrina que sustenta a superioridade da Constituição sobre tratados, como acima relatada.

---

dos aludidos pressupostos de admissão e, ainda, não se desincumbiu da exigência constitucional de apresentar decisões reiteradas do Supremo Tribunal Federal que demonstrassem a necessidade de alteração do teor redacional da Súmula Vinculante 25, o que impossibilita a análise da presente proposta".

[141] Hildebrando Accioly, G. E. do Nascimento e Silva, Paulo Borba Casella, *Manual de direito internacional público*, 2012, p. 237-238.

# PARTE II

# PESSOAS NO
# DIREITO INTERNACIONAL PRIVADO

# Capítulo IV
# NACIONALIDADE

## NACIONALIDADE E DIREITO INTERNACIONAL PRIVADO

Pontes de Miranda sustenta que a nacionalidade é um direito substancial, integrado no direito público. *"Não se explica que se insira nos programas de Direito Internacional Privado – salvo como matéria introdutória – disciplina tão diferente. O Direito Internacional Privado é um superdireito das leis de Direito Privado. Trata-se, pois, de um vício impunido, a corrigir-se"*.[1-2]

No seu tratado específico sobre a disciplina, Pontes faz uma ligeira concessão programática: *"como a aplicação da lei nacional supõe que se saiba qual a nacionalidade da pessoa, convém, nos cursos e tratados, resolver a questão preliminar. Mas este expediente, de ordem prática, que justifica, até certo ponto, incluir-se o capítulo liminar sobre nacionalidade, não muda, nem pode mudar a natureza do assunto..."*.[3]

O reconhecimento da nacionalidade como matéria preliminar às questões de Direito Internacional Privado – eis que em muitos países o *status* pessoal é regido pela lei da nacionalidade – é evidentemente a mais cômoda justificativa para introduzir a matéria nos cursos de DIP.

A objeção de Pontes de que as leis sobre nacionalidade não são leis de direito privado não constitui problema para a escola que aceita introduzir no DIP questões ligadas ao direito público, como o processual, o penal, o administrativo, o fiscal, e outros mais.[4] Já Pontes expressamente exclui o direito penal do DIP.[5]

É verdade que as normas de DIP constituem leis sobre leis, enquanto as regras referentes à nacionalidade constituem direito substancial, mas diríamos que, embora as normas internas sobre a nacionalidade realmente não tenham caráter de sobredireito, têm, contudo, um certo contato, uma certa influência sobre normas de outros países respeitantes à nacionalidade. Assim, a aplicação das regras sobre a aquisição da nacionalidade leva muitas vezes à perda

---

[1] Pontes de Miranda, *Nacionalidade de origem e naturalização no direito brasileiro*, 1936, prefácio. Vide em Jacob Dolinger (e outros), *Comentários à Constituição*, v. 2, 1991, p. 99 e ss. breve escorço sobre a divergência na doutrina brasileira a partir do século XIX se a nacionalidade é instituto de direito civil ou público, e em sendo público, se cabe incorporá-lo no direito constitucional.

[2] Em seus comentários à Constituição de 1967/1969, Pontes é mais preciso: "Nem existe no Direito Internacional Privado qualquer norma sobre as leis de nacionalidade; nem as leis sobre nacionalidade são leis de Direito Privado. Faltar-lhes-ia, portanto, qualquer um dos dois caracteres das regras de Direito Internacional Privado: a) serem regras jurídicas sobre regras jurídicas, leis sobre leis, direito sobre direito; b) serem tais regras jurídicas, tais leis, tal direito, Direito Privado. As leis sobre a aquisição e a perda da nacionalidade pertencem ao direito substancial (direito material e direito formal), e não a qualquer ramo do sobredireito, seja o internacional privado, seja o administrativo internacional" (Pontes de Miranda, *Comentários à Constituição de 1967, com a Emenda n. 1, de 1969*, t. IV, 1970, p. 344).

[3] Pontes de Miranda, *Tratado de Direito Internacional Privado*, v. I, 1935, p. 36.

[4] Ver o subitem "O Direito Público no Âmbito do Direito Internacional Privado".

[5] Pontes de Miranda, *Tratado de Direito Internacional Privado*, v. I, 1935, p. 37.

de outra nacionalidade, ou à aquisição da polipátria, resultando que as normas internas sobre a nacionalidade estabelecidas por um Estado podem repercutir sobre situações criadas ou garantidas pela legislação relativa à nacionalidade de outro Estado.

Ademais, para se decidir em um Estado sobre a nacionalidade de pessoa que tem ligações com dois outros Estados, ambos considerando-o seu nacional, deverão ser aplicados os critérios do próprio país do foro para estabelecer qual das duas nacionalidades deva ser aceita. Esta decisão representa uma opção entre dois regimes jurídicos e a norma que fundamenta esta decisão (seja de fonte interna, seja de fonte internacional) constituirá um direito sobre direito: uma regra indicando qual sistema jurídico sobre nacionalidade deve ser aplicado.

Assim sendo, mesmo que as regras sobre a nacionalidade não sejam caracteristicamente de DIP, têm com esta disciplina jurídica considerável ligação.

A aferição da nacionalidade de cada pessoa é importante, pois distingue entre nacionais e estrangeiros, cujos direitos não são os mesmos. Nos países que adotam o critério da nacionalidade para reger o estatuto pessoal, a nacionalidade é pressuposto da maior importância para o Direito Internacional Privado, e a proteção diplomática das pessoas quando no exterior depende igualmente da determinação de sua nacionalidade.

## NOÇÃO E IMPORTÂNCIA DA NACIONALIDADE

A nacionalidade é geralmente definida como o vínculo jurídico-político que liga o indivíduo ao Estado, ou, em outras palavras, o elo entre a pessoa física e um determinado Estado.[6]

Observa Paul Lagarde que a nacionalidade comporta duas dimensões. A dimensão vertical é a ligação do indivíduo com o Estado a que pertence, que lembra a relação do vassalo com seu suserano, que contém uma série de obrigações do indivíduo para com o Estado (*v.g.*, lealdade, serviço militar, etc.), com a contrapartida da proteção diplomática que o Estado estende ao indivíduo onde quer que se encontre no estrangeiro. Esta a dimensão jurídico-política. E a outra dimensão é a horizontal, que faz do nacional membro de uma comunidade, da população que constitui o Estado. Aqui a dimensão sociológica.[7]

A proteção estendida pelo Estado a seus nacionais está bem ilustrada no seguinte texto de Carmen Tiburcio e Luís Roberto Barroso:

> "Os judeus exercem um importante papel no mundo financeiro. Investimentos de seu capital contribuíram para a sedimentação de uma função produtiva daqueles indivíduos na economia europeia. Sem sua assistência, o desenvolvimento das nações-estado no século XVIII seria inconcebível. A despeito de todo esse poder, participação e influência em diferentes áreas, os judeus presenciaram, impotentes, o crescimento do flagelo antissemita simultaneamente na Alemanha, Áustria e França nos últimos anos do século XIX, que ressurgiu mais forte quarenta anos depois, na maioria dos Estados europeus. Não lhes foi possível evitar o genocídio de 6 milhões de judeus durante a Segunda Guerra Mundial: toda sua pujança econômica, influência política e cultural nada representaram diante da ausência de um Estado que resguardasse seus interesses em nível internacional. Como se vê, a proteção do Estado – oriunda do vínculo da nacionalidade – é insubstituível".[8]

---

[6] Pontes de Miranda, *Comentários à Constituição de 1967, com Emenda n. 1, de 1969*, t. IV, 1970, p. 347, observa que hoje a nacionalidade corresponde "ao que melhor se denominaria 'estatalidade'".

[7] Paul Lagarde, *La Nationalité Française*, 1975, p. 1.

[8] Carmen Tiburcio e Luís Roberto Barroso, *Direito constitucional internacional*, 2013, p. 253. Citando Hannah Arendt, *The origins of totalitarianism*. A importância e influência dos judeus (minoria absoluta)

## NACIONALIDADE E CIDADANIA

A confusão entre nacionalidade e cidadania parece advir dos norte-americanos, conforme acentuado por vários autores.[9] Dardeau invoca a Emenda XIV à Constituição americana, que proclama que "todas as pessoas nascidas ou naturalizadas nos Estados Unidos, e sujeitas à sua jurisdição são cidadãos dos Estados Unidos...", em que o vocábulo cidadão tem o mesmo valor que nacional.

Em verdade, não é bem assim, eis que a intenção do legislador americano com esta Emenda Constitucional, aprovada em 1868, foi salvaguardar os direitos do negro americano que acabara de ser libertado da escravidão, deixando bem claro que todos são efetivamente cidadãos.[10]

A Enciclopédia Britânica distingue entre *national* e *citizen*, explicando que a nacionalidade é distinta da cidadania, termo às vezes usado para denotar o *status* dos nacionais que têm todos os privilégios políticos.[11] Antes que o Congresso americano lhes concedesse cidadania, no sentido total da palavra, os índios americanos eram referidos às vezes como *"noncitizen nationals"*.[12]

Atualmente os autores americanos realmente confundem nacionalidade e cidadania, como se pode observar ao longo dos livros-textos de Direito Internacional Público utilizados nas Faculdades de Direito norte-americanas.[13] Hans Kelsen, que viveu a última etapa de sua vida nos Estados Unidos, também confunde os dois termos.[14]

---

que participavam das atividades financeiras na Europa é matéria que se serve à polêmica, mas este não é o local para debater com a pensadora Hannah Arendt.

[9] Vide A. Dardeau de Carvalho, *Nacionalidade e Cidadania*, 1956, p. 293. Celso de Albuquerque Mello, *Curso de Direito Internacional Público*, 1986, v. I, p. 593, nota 2; Pablo A. Ramella, *Nacionalidad y Ciudadanía*, 1978, p. 14, observa que também na Argentina tem havido a mesma confusão, por força de alguns textos constitucionais. Ruy Barbosa também confunde nacionalidade e cidadania. Em seus "Comentários à Constituição Federal Brasileira Coligidos e Ordenados por Homero Pires", v. III, p. 117 e ss., ele distingue a cidadania dos direitos políticos, citando o publicista americano Wolloughby, que escrevera que "o direito de voto não é consequência necessária da cidadania". E à p. 122 Ruy proclama claramente: "... entre nós todos os nacionais são cidadãos".

[10] Philip Dorf, The Constitution of the United States with a Detailed Clause by Clause Analysis, 1952. Aliás, o texto da emenda prossegue dizendo "... and of the State wherein they reside" proclamando que cada pessoa é cidadão do país e também cidadão do Estado onde reside (estado da federação norte-americana).

[11] *Encyclopaedia Britannica*, v. 16, p. 63, 1972.

[12] Charles Gordon e Ellen Gittel Gordon, *Immigration and Nationality Law*, 1979, p. 11-14, referem-se à distinção que existia entre os cidadãos americanos e os nacionais americanos das Filipinas e de outras possessões americanas, que não tinham direitos políticos, sendo nacionais, mas não cidadãos, e concluem informando que com a independência das Filipinas e a concessão dos direitos de cidadania às populações das outras possessões norte-americanas, a distinção entre cidadãos e nacionais não cidadãos tornou-se menos significativa. Os americanos de Samoa têm o *status* de *noncitizen nationals*.

[13] Vide Louis Henkin, Richard C. Pugh, Oscar Schachter e Hans Smit, *International Law – Cases and Materials*, 1972, p. 430 e ss. Pontes de Miranda, em sua citada obra constitucional, p. 354, critica os escritores norte-americanos e ingleses que "costumam tratar da nacionalidade nos livros sobre 'International Law' (direito das gentes), procedimento tão errado quanto o dos que inserem tal assunto nos livros de Direito Internacional Privado. Se é certo que se trata de direito público substancial, é – quase todo – direito interno, e não das gentes...".

[14] Em *Principles of International Law*, diz Hans Kelsen às p. 372-373: "Citizenship or nationality is the status of an individual who legally belongs to a certain state... citizenship or nationality in the sense of international law is nothing but the status of legally belonging to a state...". Note-se que Kelsen frisa que esta equiparação se dá na perspectiva do direito internacional, o que minora a gravidade da confusão.

Entre nós a distinção é clara e praticamente aceita por todos os autores, no sentido de que a nacionalidade é o vínculo jurídico que une, liga, vincula o indivíduo ao Estado e a cidadania representa um conteúdo adicional, de caráter político, que faculta à pessoa direitos políticos, como o de votar e ser eleito.

A cidadania pressupõe a nacionalidade, ou seja, para ser titular dos direitos políticos, há de se ser nacional, enquanto o nacional pode perder ou ter seus direitos políticos suspensos (art. 15 da Constituição), deixando de ser cidadão. A exceção entre nós diz respeito aos portugueses, que podem exercer certos direitos políticos sem serem nacionais.

Por outro lado, a nacionalidade acentua o aspecto internacional, ao distinguir entre nacionais e estrangeiros, enquanto a cidadania valoriza o aspecto nacional.[15]

Nossas Constituições distinguem a nacionalidade da cidadania. Na Constituição de 1946 isto ficou precisamente colocado em seu título IV – "Da Declaração de Direitos" – cujo capítulo I se intitulava "Da Nacionalidade e da Cidadania", cuidando os arts. 129 e 130 da aquisição e da perda da nacionalidade brasileira, enquanto o art. 131 versava sobre os eleitores brasileiros, matéria atinente à cidadania.

Na Constituição de 1988, a exemplo da carta anterior, no título relativo aos direitos fundamentais, figura um capítulo dedicado à "nacionalidade" e outro aos "direitos políticos", compondo estes as características da cidadania.

No capítulo sobre a nacionalidade vem enunciado quem é brasileiro, como se adquire e quando se perde a nacionalidade brasileira (art. 12), e no capítulo intitulado "Dos Direitos Políticos" cuida-se dos direitos de votar e ser eleito – expressões da cidadania (art. 14) – e da sua perda e suspensão (art. 15).

No art. 1º, dentre os fundamentos da República Federativa do Brasil como Estado Democrático de Direito enunciam-se a soberania e a cidadania, esta como manifestação dos direitos políticos dos membros componentes do povo, conforme o parágrafo único do mesmo artigo.

No art. 22, XIII, estabelece a Constituição a competência da União para legislar sobre "nacionalidade, cidadania e naturalização", em que a naturalização é redundante, eis que incluída na nacionalidade.

Dentre os atos legislativos para os quais a Constituição veda a delegação – art. 68, § 1º – figura a legislação sobre nacionalidade e sobre cidadania (inciso II), que estão igualmente discriminados no inciso LXXI do art. 5º ao tratar do mandado de injunção.

Só o cidadão – e não o nacional – tem legitimidade para propor ação popular (art. 5º, LXXIII), para propor leis complementares e ordinárias (art. 61) e para denunciar irregularidades perante o Tribunal de Contas da União (art. 74, § 2º).

Apesar de a Constituição só enunciar a condição de "cidadão" para os cargos de Ministro do Supremo Tribunal Federal (art. 101) para os membros do Conselho da República (art. 89, inciso VII) e para o Advogado-Geral da União (art. 131, § 1º), é evidente que a mesma condição se aplica a cargos em que a Constituição só fala em "brasileiros", como os Ministros do Tribunal de Contas da União (art. 73, § 1º), Ministros do Superior Tribunal de Justiça (art. 104, parágrafo único), Juízes dos Tribunais Regionais Federais (art. 107), Ministros do Tribunal Superior do Trabalho (art. 111-A), Ministros do Superior Tribunal Militar (art. 123, parágrafo único) e também para os Juízes dos Tribunais Regionais do Trabalho (art. 115) – nestes nem tendo feito referência à sua nacionalidade brasileira.

---

[15] Vide a respeito José Francisco Rezek, Le Droit International de la Nationalité, *Recueil des Cours* 198:344, 1986 e Rui Manoel Gens de Moura Ramos, *Do Direito Português da Nacionalidade*, 1984, p. 4-5.

O art. 15 do texto constitucional, que cuida da perda ou suspensão dos direitos políticos, enuncia cinco hipóteses. A primeira cuida da perda de nacionalidade (cancelamento da naturalização, prevista no art. 12, § 4º, I), devendo-se atentar que o mesmo ocorrerá para quem perder a nacionalidade por ter adquirido outra nacionalidade, por naturalização voluntária (n. II do mesmo art. 12, § 4º) – também aí se dará a perda dos direitos políticos, eis que perdida a nacionalidade, perdida fica a cidadania. As outras quatro hipóteses de perda ou suspensão de direitos políticos, especificadas nos itens II a V do art. 15, só tratam de perda da cidadania, mas não de perda da nacionalidade.

## AQUISIÇÃO DE NACIONALIDADE

Há momentos diversos e formas várias de se adquirir determinada nacionalidade. No que tange ao tempo, costuma-se distinguir entre a nacionalidade originária, adquirida por condição existente no momento do nascimento, e a nacionalidade derivada ou secundária, adquirida por condições posteriores ao nascimento.

A nacionalidade originária se materializa por meio de dois critérios que incidem no momento do nascimento: o *ius soli* – aquisição de nacionalidade do país onde se nasce – e o *ius sanguinis* – aquisição da nacionalidade dos pais à época do nascimento –, e que às vezes são observadas concomitantemente, em critério eclético, ocorrendo também a hipótese do *ius sanguinis* combinado com elemento funcional, quando se trata de filho de pessoas a serviço do país no exterior e do *ius sanguinis* combinado com residência no país e opção pela nacionalidade dos pais, ambas combinações previstas na legislação constitucional brasileira.

A nacionalidade derivada ou secundária ocorre por via da naturalização – voluntária ou, em tempos idos, também imposta e, em certos países, por meio do casamento; o *ius domicilii* e o *ius laboris* têm especial destaque na aquisição derivada da nacionalidade.

*Ius sanguinis* – Provém da Antiguidade o sistema pelo qual os filhos adquirem a nacionalidade de seus pais, ardorosamente defendida nos tempos modernos por Mancini, na Itália, no afã de manter as famílias italianas no exterior ligadas à mãe-pátria.[16]

Neste sistema, o filho adquire a nacionalidade que os pais tinham à época de seu nascimento, não sendo afetado por eventuais mudanças de nacionalidade que posteriormente ocorram a seus pais. Tendo os pais nacionalidades diferentes, o filho seguia historicamente a nacionalidade do pai, seguindo a nacionalidade da mãe em caso de ser filho natural ou de ser desconhecido o pai. Ignorados ambos os pais, o filho terá sua nacionalidade fixada pelo critério do *ius soli*.

Atualmente, em razão principalmente de convenções sobre a matéria, que equiparam homem e mulher para os fins de transmissão de nacionalidade, a tendência é que ambos possam igualmente transmitir a nacionalidade aos filhos.[17]

---

[16] Escrevia Mancini em 1874 no *Clunet*, à p. 286: "... se não se quer prestar homenagem às tradições da servidão feudal, não se pode sustentar que o local acidental do nascimento possa atribuir alguma capacidade. O nascimento pode ocorrer durante uma viagem, ou durante uma estada passageira em um país. Por que deverá a legislação deste território reger alguém que ali nasceu e tirá-lo de certa forma de sua pátria e família natural, para impor-lhe um estado e uma condição pessoal repugnante a todas as suas ligações civis ou políticas?" (tradução livre).

[17] V., entre outras convenções, a Convenção sobre a Eliminação de Todas as Formas de Discriminação contra a Mulher, de 1979, promulgada pelo Decreto nº 4.377, de 13 de setembro de 2002, art. 9.2: "Os Estados-Partes outorgarão à mulher os mesmos direitos que ao homem no que diz respeito à nacionalidade dos filhos".

Tem-se sugerido substituir a denominação *ius sanguinis* pela de "critério da filiação", eis que não é o sangue, mas a nacionalidade dos pais que fixa a nacionalidade do filho. Os países emigratórios mantiveram-se fiéis a este critério.

*Ius soli* – Neste sistema a nacionalidade originária se estabelece pelo lugar do nascimento, independentemente da nacionalidade dos pais, sistema que vigeu no regime feudal, quando o homem estava ligado à terra, abolido na Europa e renascido no continente americano, composto de países de imigração, que desejaram integrar os filhos dos imigrantes à nova nacionalidade e evitar o desenvolvimento de comunidades estrangeiras que se eternizariam caso mantido o critério do *ius sanguinis*.

*Ius domicilii* – Há um entendimento no sentido de que o domicílio deve servir como critério autônomo para a aquisição de nacionalidade, como que um "*usucapião aquisitivo*" a favor de quem se encontre domiciliado em país por tempo determinado.[18] Na aquisição originária da nacionalidade, o domicílio tão somente serve como um dos elementos componentes da aquisição da nacionalidade, que ocorre na hipótese do filho de brasileiros que nasce no exterior e que vem residir no Brasil (Constituição da República Federativa do Brasil, art. 12, I, *c*); na nacionalidade secundária o domicílio pode, efetivamente, se tornar elemento assegurador da naturalização (Constituição, art. 12, II, *b*).

No plano internacional, o domicílio serve para solucionar certos conflitos de nacionalidade. A melhor ilustração é o art. 5º da Convenção sobre Nacionalidade da Haia, 1930, que dispõe que em um terceiro Estado o indivíduo que possui várias nacionalidades terá reconhecida a nacionalidade do país no qual tenha sua residência habitual e principal, *i.e.*, domicílio, fórmula igualmente adotada pelo Código Bustamante, em seu art. 10.

*Ius laboris* – Há legislações que admitem o serviço em prol do Estado como elemento favorecedor e facilitador para a consecução da naturalização.[19] Na legislação brasileira, ter prestado ou poder prestar serviços relevantes ao País reduz de quatro para um ano o prazo de residência no Brasil como requisito para a naturalização (Lei nº 13.445/2017, art. 66, V) e o estrangeiro que tiver trabalhado dez anos ininterruptos em representação diplomática ou consular brasileira no exterior fica inteiramente dispensado do requisito da residência no País para obter sua naturalização (Lei nº 13.445/2017, art. 68, II).

## MUDANÇA DE NACIONALIDADE

A liberdade individual na aquisição secundária de nacionalidade é a materialização do direito de mudar e do direito de não mudar de nacionalidade, faculdades estas que assim se subdividem:

1. Direito de mudar        {a – direito de perder (renunciar)
                           {b – direito de adquirir

2. Direito de não mudar    {c – direito de não adquirir
                           {d – direito de não perder

*Direito de Perder* – Quando um indivíduo requer naturalização em um país, geralmente impõe-se-lhe que renuncie à nacionalidade anterior, exigência de eficácia questionável, já que

---

[18] Vide Ilmar Penna Marinho, *Tratado sobre a Nacionalidade*, v. IV, 1961, p. 63, invocando vários autores, tanto para a nacionalidade secundária como para a originária.

[19] Vide Ilmar Penna Marinho, *Tratado sobre a Nacionalidade*, v. IV, 1961, p. 75-76.

nem todos os países admitem a perda da nacionalidade pela via da renúncia. Certas legislações admitem a renúncia tácita, que ocorre quando o indivíduo naturalizado volta a seu país de origem e lá permanece além de determinado período, considerando-se ter renunciado à nacionalidade que adquirira mediante a naturalização.

O direito de perder é reconhecido por quase todas as legislações, eis que, diversamente do que acontecia originalmente, a nacionalidade não é mais um vínculo permanente.[20]

*Direito de Adquirir* – A rigor não se trata de um direito subjetivo, eis que, geralmente, a outorga de nacionalidade derivada depende de concessão dos governos, que a decidem discricionariamente, havendo, contudo, hipóteses de naturalização constitucional, que não dependem da discrição do governo, como, no direito brasileiro, a hipótese do art. 12, II, *b*, da atual Constituição, e do art. 145, II, *b*, 1 e 2, da Constituição de 1967/69. Decreto francês fixou o nível de conhecimento da história, da cultura e da sociedade francesa que deve ser exigido dos que postulam a nacionalidade francesa por via da naturalização.[21]

*Direito de não Adquirir* – Este direito manifesta-se principalmente nos casos de cessão ou anexação de território que passa de uma para outra soberania, geralmente como consequência de guerra e subsequente tratado de paz. Na Europa era comum a nova soberania impor sua nacionalidade às pessoas domiciliadas no território anexado, o que representava grave desrespeito à autonomia da vontade da pessoa.

Narra Hans Kelsen que no caso *Romano v. Comma*, julgado pela *Egyptian Mixed Court of Appeal* em 1925, foi decidido com relação ao Estado papal, cujo território fora anexado pela Itália em 1870, que todos os nacionais do Estado anexado haviam se tornado automaticamente nacionais do Estado anexador, sem necessidade de uma declaração expressa de sua parte, não existindo opção de nacionalidade nos casos em que o antigo Estado desaparece inteiramente.[22] Modernamente, caberia conceder à pessoa a opção entre aceitar a nacionalidade do Estado anexador, manter a nacionalidade original, ou tornar-se apátrida e ficar sob a jurisdição dos instrumentos internacionais que protegem os sem pátria.

*Direito de não Perder* – Na hipótese do território anexado, assim como não estão as pessoas nele domiciliadas obrigadas a adquirir a nacionalidade do Estado anexante, têm elas o direito de manter sua nacionalidade original, desde que o respectivo Estado não tenha desaparecido com a anexação. Este direito não foi respeitado em muitos períodos da história moderna. A este respeito veremos adiante as questões suscitadas por dispositivos de nossa Constituição imperial e pela primeira Constituição republicana.[23]

Poderá um Estado destituir um indivíduo de sua nacionalidade? Aponta Kelsen para o caráter modesto da Convenção para a Redução da Apatridia, patrocinada pela ONU, cujo art.

---

[20] A Convenção da Haia sobre Nacionalidade, de 1930, ratificada pelo Decreto nº 21.798, de 1932, dispõe no art. 12, alínea 2ª: "A lei de cada Estado deve permitir que, no caso de filhos de cônsules de carreira ou de funcionários de países estrangeiros encarregados de missões oficiais por seus Governos, que possuam duas nacionalidades em consequência de seu nascimento, possam eles libertar-se, por meio de repúdio ou por outra forma, da nacionalidade do país onde tenham nascido, sob a condição de conservarem a nacionalidade dos pais".

[21] Revue 2012, p. 220.

[22] Hans Kelsen, *Principles of International Law*, p. 376, nota 77.

[23] A Convenção de Montevidéu sobre Nacionalidade, assinada a 26 de dezembro de 1933 e promulgada no Brasil pelo Decreto nº 2.572, de 18 de abril de 1938, dispõe, em seu art. 4º, que, "no caso de transferência de uma parte do território de um dos Estados signatários a outro destes, os habitantes da parte transferida não se deverão considerar nacionais do Estado, ao qual se tenha feito a transferência, salvo se optarem expressamente pela mudança da sua nacionalidade de origem".

8º apenas dispõe que "*os Estados contratantes não destituirão uma pessoa de sua nacionalidade se isto causar sua apatridia*".[24]

A rigor, o princípio está imanente no art. 15 da Declaração Universal dos Direitos do Homem, aprovada pela Assembleia Geral das Nações Unidas em 10 de dezembro de 1948, que dispõe:

"1. Toda pessoa tem direito a uma nacionalidade.

2. Ninguém poderá ser privado arbitrariamente de sua nacionalidade e a ninguém será negado o direito de trocar de nacionalidade".

A primeira parte da alínea 2 impede que um Estado retire arbitrariamente a nacionalidade de um nacional seu.[25]

Já a parte final é de difícil implementação, eis que a troca de nacionalidade implica em perder uma e adquirir outra. A primeira parte, como vimos, deve ser livre, mas a segunda parte depende sempre de ato discricionário do Estado, que não tem obrigação de conceder sua nacionalidade a todos que a pleiteiem.

A Declaração Americana dos Direitos e Deveres do Homem aprovada em Bogotá, em 1948, foi redigida mais consentaneamente com a realidade. Dispõe seu art. 19 que:

"Toda pessoa tem direito à nacionalidade que legalmente lhe corresponda, podendo mudá-la se assim o desejar, pela de qualquer outro país que estiver disposto a concedê-la".

E a Convenção Americana sobre Direitos Humanos (São José de Costa Rica, 1969), em seu art. 20, dispõe que:

"1. Toda pessoa tem direito a uma nacionalidade.

2. Toda pessoa tem direito à nacionalidade do Estado em cujo território houver nascido, se não tiver direito à outra.

3. A ninguém se deve privar arbitrariamente de sua nacionalidade nem do direito de mudá-la".

Relativamente ao item 2, vale observar que o dispositivo possui natureza essencialmente programática, e sua efetividade é bastante limitada. A regra mais importante no direito internacional em matéria de nacionalidade é a de que cada Estado determina quem são seus nacionais. Portanto, a não ser que a legislação interna dos Estados reproduza esta regra, o dispositivo possui pouca relevância prática.

## DIREITO BRASILEIRO DA NACIONALIDADE: NACIONALIDADE ORIGINÁRIA

No Brasil, como na maioria dos países da América Latina, a nacionalidade tem sido matéria legislada constitucionalmente e regulamentada por leis ordinárias. A Constituição do

---

[24] Hans Kelsen, *Principles of International Law*, p. 378, nota 79.
[25] Escreve Pablo A. Ramella, *Nacionalidad y Ciudadanía*, 1978, p. 84, que, "quando a União Soviética, por Decreto de 15 de dezembro de 1921, privou de sua nacionalidade os refugiados russos que se encontravam no estrangeiro, e a Alemanha dispôs por Decreto de 25 de novembro de 1941, que os judeus de origem alemã radicados no estrangeiro perderam a nacionalidade alemã, violaram abertamente as normas de convivência das nações, procedendo com egoísmo cego"; em 1978, a ex-URSS promulgou legislação sobre nacionalidade que admite a "destituição da cidadania da URSS"; vide "International Legal Materiais", 1981/1207.

Império definiu em seu art. 6º que "*são cidadãos brasileiros os que tiverem nascido no Brasil, quer sejam ingênuos ou libertos, ainda que o pai seja estrangeiro, uma vez que este não resida por serviço de sua nação*". É a nacionalidade originária que produz brasileiros natos, de acordo com o princípio do *ius soli*. Vale também notar a influência do direito norte-americano, eis que o dispositivo se refere a cidadãos, e não a nacionais.

Em seguida, estabeleceu a Constituição que também seriam brasileiros "*os filhos de pai brasileiro e os ilegítimos de mãe brasileira nascidos em país estrangeiro, que vierem estabelecer domicílio no Império*". Fez-se, assim, uma concessão parcial ao *ius sanguinis*, dando-lhe força, desde que reforçado pelo fator *ius domicilii*.

A terceira hipótese de cidadania brasileira (leia-se nacionalidade brasileira) era a de "*filhos de pai brasileiro, que estivesse em país estrangeiro, em serviço do Império, embora eles não venham estabelecer domicílio no Brasil*".

É o *ius sanguinis* combinado com o elemento funcional.

A Constituição imperial acrescentava uma quarta hipótese de nacionalidade brasileira para os "*nascidos em Portugal e suas possessões que, sendo já residentes no Brasil na época em que se proclamou a independência nas províncias, onde habitavam, aderiram a esta, expressa ou tacitamente, pela continuação de sua residência*".

Essa aceitação tácita da nacionalidade brasileira baseada em continuação de residência no país que acabara de proclamar sua independência foi ampliada na Constituição de 1891, cujo art. 69 enumerava entre os cidadãos brasileiros (leia-se nacionais) "*os estrangeiros que, achando-se no Brasil aos 15 de novembro de 1889, não declararem, dentro em seis meses depois de entrar em vigor a Constituição, o ânimo de conservar a nacionalidade de origem*", um reflexo da política europeia, pela qual muitas populações haviam sido forçadas a novas nacionalidades como consequência de cessões e anexações de território.

Na Constituição de 1891 dava-se ao estrangeiro a opção de declarar que conservava a nacionalidade de origem, enquanto na Carta imperial a continuação da residência no país pelos portugueses era suficiente para impor-lhes a nova nacionalidade. No atual regime da nacionalidade brasileira a manifestação expressa da vontade é essencial para qualquer troca de nacionalidade, tanto quando se tratar de adquirir a brasileira, como de trocá-la por outra.

A primeira Constituição republicana também estendia a nacionalidade brasileira aos "*estrangeiros que possuírem bens imóveis no Brasil e forem casados com brasileiros ou tiverem filhos brasileiros, contanto que residam no Brasil, salvo se manifestarem a intenção de não mudar de nacionalidade*". Esta forma de aquisição automática de nacionalidade brasileira cessou com a Constituição de 1934 (art. 106, *c*).[26]

Atualmente a nacionalidade é regida pelo art. 12 da Constituição de 1988[27] e pela legislação ordinária.

Estabelece o art. 12 da Constituição:

"São brasileiros:

I – natos:

---

[26] O Tribunal Federal de Recursos, julgando a Apelação Cível nº 33.935 de Minas Gerais, em 30 de agosto de 1976, confirmou sentença do Juiz da Comarca de Alvinópolis, no sentido de que o disposto no art. 69, V, da Constituição de 1891, também se aplicava em hipótese de bem adquirido em nome de sociedade da qual faz parte o candidato à nacionalidade brasileira, eis que "tal texto, ao aludir à posse de bens, e não à titularidade do domínio, comporta evidente flexibilidade de exegese".

[27] Vide mais amplo comentário ao art. 12 da Constituição em Jacob Dolinger (e outros, coordenação de Fernando Whitaker da Cunha), *Comentários à Constituição*, v. II, p. 99-165.

a) os nascidos na República Federativa do Brasil, ainda que de pais estrangeiros, desde que estes não estejam a serviço de seu país".[28]

É a regra decorrente do princípio *ius soli*, em que a República Federativa do Brasil deve ser entendida como toda extensão terrestre, fluvial, lacustre, marítima e aérea delimitada pelas normas do Direito Internacional Público.

O Brasil não toma em consideração a nacionalidade dos pais, excetuada a hipótese de estarem no Brasil a serviço de seu país, quando se reconhece a aplicação do *ius sanguinis*.

O primeiro autor entende que a referência aos pais no plural – "ainda que de pais estrangeiros, desde que estes não estejam a serviço de seu país" – não significa necessariamente que ambos os pais devem estar a serviço de seu país para que o filho aqui nascido não seja brasileiro, bastando que um deles – pai ou mãe – esteja a serviço de seu país. Exclui-se a operação do *ius soli* quando um dos pais é estrangeiro e esteja a serviço de seu país, mesmo que o outro genitor seja brasileiro.[29] Essa interpretação da letra *a* harmoniza-se com a regra contida na letra *b* que trata da hipótese inversa – filho nascido no exterior, de pai ou mãe brasileiro representando o Brasil no exterior, que resulta na nacionalidade brasileira originária do filho.

A segunda autora defende que a exceção prevista no art. 12, I, *a*, da Constituição pressupõe que ambos os genitores sejam estrangeiros e ambos estejam a serviço do seu país. Trata-se de interpretação mais favorável ao indivíduo, que deve ser adotada em matéria de atribuição de nacionalidade brasileira.[30]

Voltaremos a tratar da letra *a* e da polêmica suscitada na doutrina, ao discutir, mais adiante, o dispositivo do art. 2º da Lei nº 818 de 1949, hoje revogada pela Lei nº 13.445/2017, sob o tópico "Hipótese Inconstitucional de Nacionalidade Brasileira". Continua o art. 12, I, dispondo que são brasileiros natos:

---

[28] A redação analisada gramaticalmente pode gerar duas interpretações diferentes: 1) que se refere à hipótese em que um dos pais é estrangeiro ("pais" está no plural porque a regra se refere à pluralidade de crianças nascidas no Brasil) e 2) pode ser entendido que somente quando um dos pais está a serviço de seu país, e não o outro ("estes" se referiria aos pais individuais das inúmeras crianças nascidas no Brasil nessas circunstâncias). Feitas estas observações por Antonio Carlos de Lemos Basto, aluno no ano 2001, sugeriu ele a seguinte redação para a letra *a* do art. 12: "os nascidos na República Federativa do Brasil ainda que de **ambos os pais** estrangeiros, desde que **nenhum destes** esteja a serviço de seu País".

[29] Apesar de a letra a) falar em "pais estrangeiros", enquanto a letra b) e a letra c) dizem respeito a "pai brasileiro ou mãe brasileira", o que poderia indicar que a referência da primeira letra seja a ambos os pais estrangeiros, atente-se que o dispositivo prossegue dizendo "desde que estes não estejam a serviço de seu país", e como a hipótese de dois membros de um casal aqui se encontrarem a serviço de seu país é algo muito remoto, tem sido o entendimento generalizado de que os termos em plural constantes da letra a) estão assim colocados em sentido genérico, ou seja, toda situação em que um genitor estrangeiro aqui estiver a serviço de seu país.

[30] Note-se que o STF já adotou essa interpretação favorável à manutenção do vínculo: STF, QO no HC 83.113, Rel. Min. Celso de Mello, j. 26.06.2003, *RTJ* 187/1069: "As hipóteses de outorga da nacionalidade brasileira, quer se trate de nacionalidade primária ou originária (da qual emana a condição de brasileiro nato), quer se cuide de nacionalidade secundária ou derivada (da qual resulta o *status* de brasileiro naturalizado), decorrem, exclusivamente, em função de sua natureza mesma, do texto constitucional, pois a questão da nacionalidade traduz matéria que se sujeita, unicamente, quanto à sua definição, ao poder soberano do Estado brasileiro. Doutrina. A perda da nacionalidade brasileira, por sua vez, somente pode ocorrer nas hipóteses taxativamente definidas na Constituição da República, não se revelando lícito, ao Estado brasileiro, seja mediante simples regramento legislativo, seja mediante tratados ou convenções internacionais, inovar nesse tema, quer para ampliar, quer para restringir, quer, ainda, para modificar os casos autorizadores da privação – sempre excepcional – da condição político-jurídica de nacional do Brasil. Doutrina".

"b) os nascidos no estrangeiro, de pai brasileiro ou mãe brasileira, desde que qualquer deles esteja a serviço da República Federativa do Brasil".

O primeiro autor entende que este dispositivo guarda simetria com a parte final da alínea *a*: assim como reconhecemos que o filho do estrangeiro que se encontra no Brasil a serviço de seu país não adquire nossa nacionalidade pelo fato de ter nascido em território brasileiro, também o filho do brasileiro ou brasileira, a serviço de nosso país no exterior, que lá nasce, é considerado brasileiro nato.

Essa regra combina o *ius sanguinis* com o elemento funcional. "*A serviço da República Federativa do Brasil*" abrange toda e qualquer missão do governo federal, dos governos estaduais e municipais, bem como das empresas de economia mista, pois, controladas pelo acionista governamental, suas atividades encerram interesse público.

E prossegue o dispositivo constitucional – art. 12, I, que são igualmente brasileiros natos:

"c) os nascidos no estrangeiro, de pai brasileiro ou de mãe brasileira, desde que sejam registrados em repartição brasileira competente ou venham a residir na República Federativa do Brasil e optem, em qualquer tempo, depois de atingida a maioridade, pela nacionalidade brasileira".

Esta terceira hipótese de aquisição originária de nacionalidade brasileira tem sido objeto de sucessivas alterações, sendo necessária uma retrospectiva para melhor compreensão da matéria.

A Constituição de 1967 dispunha em seu art. 140, I, *c*, que são brasileiros natos "*os nascidos no estrangeiro, de pai ou mãe brasileiros, não estando êstes a serviço do Brasil, desde que, registrados em repartição brasileira competente no exterior, ou não registrados, venham a residir no Brasil antes de atingir a maioridade. Neste caso, alcançada esta, deverão, dentro de quatro anos, optar pela nacionalidade brasileira*".

A carta de 1969 manteve a mesma orientação, alterando ligeiramente a formulação que ficou assim no art. 145, I, *c*: "*os nascidos no estrangeiro, de pai brasileiro ou mãe brasileira, embora não estejam êstes a serviço do Brasil, desde que registrados em repartição brasileira competente no exterior ou, não registrados, venham a residir no território nacional antes de atingir a maioridade; neste caso, alcançada esta, deverão, dentro de quatro anos, optar pela nacionalidade brasileira*".

Basicamente, como se vê, a mesma regra se continha nas duas Cartas constitucionais do período militar, ambas igualmente obscuras na parte essencial, que se prestava a duas interpretações: a) registrado ou não registrado em repartição brasileira competente no exterior, deveria o filho vir residir no Brasil e optar pela nacionalidade brasileira, ou, b) a exigência de residência, seguida de opção, só visava a hipótese de não ter sido registrado no exterior, mas, tendo sido registrado, isto seria suficiente para que fosse considerado brasileiro nato.

Haroldo Valladão criticou a orientação de aceitar o registro no exterior como suficiente para ser considerado brasileiro nato dizendo que "*nunca no direito brasileiro o registro civil das pessoas naturais foi meio de aquisição de nacionalidade, mas serve apenas de prova das condições estabelecidas pela Constituição para tal fim, seja o local de nascimento ou a filiação. E jamais o registro feito pelo pai daria ao filho a nacionalidade brasileira que é rigorosamente pessoal em nosso direito, legal, doutrinária e jurisprudencial. Desde o Império, cada um adquire-a ou perde-a por si e para si; nem o pai pelo filho nem o marido pela mulher".*[31] Pontes de Miranda considerou que com o disposto na letra c o Brasil adotou o *ius sanguinis* sem abandonar o *ius soli*, escrevendo que *"é interessante notar-se como o Brasil, que no art. 145, I, a, consagrou o ius soli, se volve, com tanta decisão, para a teoria oposta do ius sanguinis".*[32]

A Jurisprudência, após alguma hesitação, aceitou a segunda interpretação, no sentido de que residência no Brasil, seguida de opção, só se exige na hipótese de não ter havido registro no exterior.[33]

A Constituição de 1988, em redação mais precisa, corrigiu a obscuridade contida nos textos de 1967 e 1969, assim dispondo: *"Os nascidos no estrangeiro, de pai brasileiro ou mãe brasileira, desde que sejam registrados em repartição brasileira competente, ou venham a residir na República Federativa do Brasil antes da maioridade e, alcançada esta, optem em qualquer tempo pela nacionalidade brasileira".* Ficou, assim, confirmada a interpretação dada aos textos das cartas anteriores, no sentido de que o nascido no exterior de pai ou mãe brasileiros, que o registrassem em repartição brasileira competente, seria brasileiro nato, independentemente de vir ao Brasil e/ou exercer opção. Atualmente, a aquisição de nacionalidade com base tanto no *ius soli* quanto no *ius sanguinis* é interpretada como medida consentânea com a regra consagrada em convenções internacionais, segundo a qual todos têm direito a uma nacionalidade.

Assim, o registro civil no consulado seria suficiente para outorgar ao nascido no exterior a condição de brasileiro nato, aplicação de *ius sanguinis* puro e simples. Ficamos na situação eclética de aplicarmos a nacionalidade originária tanto pelo critério do *ius soli* como do *ius sanguinis*. Neste regime havia manifesto desequilíbrio entre as duas hipóteses contidas na mesma letra c do texto constitucional para efeito de aquisição de nacionalidade brasileira originária: 1ª) registro em repartição brasileira competente após o nascimento no exterior (consulado brasileiro), e 2ª) residência no Brasil antes da maioridade, acrescida da opção, depois do registro no Brasil, eis que a opção é forçosamente precedida do registro para comprovação de identidade. Porque, então, perguntávamos, o registro realizado no exterior era suficiente para caracterizar o *status* de brasileiro nato, enquanto a residência no país, acrescida de registro não era suficiente e pedia a opção pela nacionalidade brasileira? Havia nisto, argumentávamos, grave incongruência.[34]

---

[31] Haroldo Valladão, *Direito Internacional Privado*, 1980, v. I, p. 292. Luís Roberto Barroso, Duas Questões Controvertidas sobre o Direito brasileiro da Nacionalidade. In: Jacob Dolinger (org.), *A Nova Constituição e o Direito Internacional*, 1987, p. 47 assim escreveu: "Com efeito, parece insustentável que uma providência tão anódina como um registro burocrático pudesse projetar-se tão agudamente na esfera jurídica de um indivíduo a ponto de vinculá-lo a um Estado diverso daquele de seu nascimento. Relembre-se que o critério adotado no Brasil é o do *ius soli* que, só em via de exceção, é atenuado pelo *ius sanguinis*".

[32] Pontes de Miranda, *Comentários à Constituição de 1967 com a Emenda n. 1 de 1969*, 1970, t. IV, p. 413. Vide Miguel Jeronymo Ferrante, em *Nacionalidade* – Brasileiros Natos e Naturalizados, 1984, p. 57, onde escreve que "nesta hipótese – filho de brasileiro, ou de brasileira, nascido no estrangeiro e ali registrado em repartição competente brasileira – volta-se absolutamente para o *ius sanguinis*...".

[33] Vide Tribunal Federal de Recursos, no Recurso *Ex Officio* nº 79.071, *Diário da Justiça* de 21 de fevereiro de 1985, p. 1.505, jurisprudência consagrada pelo Supremo Tribunal Federal no Recurso Extraordinário nº 75.313, *Revista Forense*, 247, p. 127. Já sob a vigência da Constituição de 1988, ver TRF/5ª Região, Apelação Cível 441.678, Rel. Des. Fed. Francisco Barros Dias, *DJ* 25.03.2009.

[34] "Comentários à Constituição", Jacob Dolinger e outros, coord. de Fernando Whitaker da Cunha, p. 137. Convidado pela Subcomissão de Nacionalidade, Soberania e Relações Internacionais da Assembleia Nacional Constituinte "para apresentar sugestões de normas sobre as relações internacionais que possam constar do novo Texto Constitucional", o presente autor sugeriu que a letra c) recebesse a seguinte redação: "os nascidos no estrangeiro, de pai brasileiro ou mãe brasileira, embora não estejam estes a serviço do Brasil, desde que venham a residir no território nacional antes de atingir a maioridade, e, alcançada esta,

A Emenda Constitucional de Revisão nº 3, de 7 de junho de 1994, voltou a alterar a redação da letra *c*, que ficou assim: "*Os nascidos no estrangeiro, de pai brasileiro ou de mãe brasileira, desde que venham a residir na República Federativa do Brasil e optem, em qualquer tempo, pela nacionalidade brasileira*".[35]

Todos aqueles que tivessem sido registrados anteriormente à Emenda em repartição brasileira competente, teriam asseguradas a nacionalidade brasileira na conformidade do que vinha disposto no texto constitucional anterior. Seus direitos à nacionalidade estavam plenamente adquiridos quando promulgada a Emenda. Quanto àqueles que não foram registrados, mas vieram residir no Brasil antes, ou mesmo depois de alcançada a maioridade, poderiam agora optar pela nacionalidade brasileira em qualquer tempo.

Assim, como a Emenda veio para facilitar a aquisição de nacionalidade originária mediante opção, que não mais dependeria de vinda antes de atingida a maioridade, nem de seu exercício em prazo determinado, pareceu-nos que não ocorreriam questões intertemporais e a norma seria aplicada mesmo para aqueles que tivessem vindo ao Brasil antes de sua promulgação, já maiores de idade.

Essa revisão constitucional visou acabar com a nacionalidade de filho de pai ou mãe brasileiros mediante registro de nascimento em consulado no exterior. Teria que vir para o Brasil e aqui optar, ambos requisitos parecendo figurar como condição suspensiva: a interpretação gramatical do texto resultante da Emenda de Revisão nº 3 sugeria tratar-se de condição suspensiva, pois a preposição *desde* se referia à hipótese da vinda ao Brasil e subsequente opção ("*desde que venham a residir na República Federativa do Brasil e optem, em qualquer tempo, pela nacionalidade brasileira*"), enquanto no texto constitucional anterior à revisão o *desde* só se dirigia à primeira hipótese ("*desde que sejam registrados em repartição brasileira competente*"), ficando a segunda hipótese um tanto solta ("*ou venham a residir na República Federativa do Brasil antes da maioridade e, alcançada esta, optem em qualquer tempo pela nacionalidade brasileira*"), não ficando claro se a residência e subsequente opção constituiriam condição suspensiva ou resolutória.

Todavia, a redação introduzida pela emenda apresentava outros problemas que a tornaram insatisfatória: primeiramente a omissão do que figurava no texto original, de que a vinda para o Brasil deveria ocorrer antes da maioridade. Seria coerente com o sistema adotado no Brasil aceitar que alguém que nasceu no exterior (de pais brasileiros), que viveu grande parte de sua vida no exterior, e vindo para o Brasil, já em idade avançada, possa optar pela nacionalidade brasileira, tornando-se brasileiro nato? Outro problema foi manter o que estava no texto original da Constituição, de que a opção se pode exercer em qualquer tempo. Qual o sentido disto? Qual o *status* desta pessoa que veio residir no Brasil, mas não optou pela nacionalidade brasileira? Difícil considerá-lo brasileiro ante a necessidade da opção. Muito melhores neste aspecto os textos constitucionais de 1967 e de 1969 que condicionavam a aquisição do estado de brasileiro nato ao estabelecimento da residência no Brasil antes de atingida a maioridade e ao exercício da opção até quatro anos após a aquisição da maioridade.[36]

---

exerçam dentro de quatro anos, opção pela nacionalidade brasileira" (in *Diário da Assembleia Nacional Constituinte* – Suplemento, 27 de maio de 1987, p. 41).

[35] Vide Daniela Trejos Vargas, *Atribuição da Nacionalidade Brasileira pelo Critério do Jus Sanguinis ao filho de brasileiro nascido no exterior, à luz das modificações introduzidas pela Emenda Constitucional de Revisão n. 3, de 1994*, PUC, 1997.

[36] Comentaristas da Constituição receberam esta regra com tranquilidade. Alexandre de Moraes assim escreve em seu *Direito Constitucional*, 6. ed., p. 202: "Agora, nos termos da Constituição atual, em virtude da inexistência de prazo para a realização da opção, que poderá ser a qualquer tempo, parece-nos

Também criticável o texto constitucional – tanto o original quanto o emendado em 1994 – quando fala em residência sem estabelecer a obrigação de fixação de domicílio no Brasil. Como está o texto, o filho de brasileiros que nasceu no exterior, não só poderá viver quase toda sua vida no exterior, como até continuar com seu domicílio no estrangeiro, estabelecer no Brasil apenas uma residência e, a qualquer tempo, optar pela nacionalidade brasileira. A Revisão ficou incompleta.

Diante da alteração ocorrida no texto constitucional pela EC de Revisão nº 3, de 1994, surgiram dúvidas na administração pública relativas a crianças nascidas no exterior, filhos de pais brasileiros, que não estão a serviço do governo brasileiro, tendo o Ministério das Relações Exteriores enviado consulta ao Ministério da Justiça em que observava, inicialmente, que a partir da Emenda de Revisão nº 3, os filhos de brasileiros nascidos no exterior, em países que adotam o critério do *jus sanguinis* ficaram na condição de apátridas, pois não considerados nacionais do país onde nasceram nem mais reconhecidos como brasileiros.

Vários pareceres foram proferidos na Consultoria Jurídica do Ministério da Justiça em que se invocou doutrina de ilustres autores brasileiros que entendiam que a criança nascida no exterior, de pais brasileiros, tem a condição de brasileira nata, o que se confirma, posteriormente, mediante o ato de opção. Ocorre que esta doutrina é da época em que a Constituição concedia um prazo fixo após a maioridade para o exercício da opção. Então, sim, a opção era uma condição resolutória, pois, não se operando no prazo determinado, a nacionalidade brasileira se desfazia. Mas quando a Constituição não fixa prazo, mas pelo contrário, liberalmente fala *"em qualquer tempo"*, a condição é meramente suspensiva, pois a nacionalidade fica na dependência da materialização da residência seguida de opção.[37]

---

mais sensato que, apesar de o momento da fixação da residência no país constituir o fator gerador da nacionalidade, seus efeitos fiquem suspensos até que sobrevenha a condição confirmativa – opção (que terá efeitos retroativos)". E o autor reproduz entendimento da Relatoria da Revisão Constitucional, pela palavra do então deputado Nelson Jobim, que assim entendeu: "A opção pode agora ser feita a qualquer tempo. Tal como nos regimes anteriores, até a maioridade, são brasileiros estes indivíduos. Entretanto, como a norma não estabelece mais prazo, podendo a opção ser efetuada a qualquer tempo, alcançada a maioridade, essas pessoas passam a ser brasileiras sob condição suspensiva, isto é, depois de alcançada a maioridade, até que optem pela nacionalidade brasileira, sua condição de brasileiro nato fica suspensa. Nesse período o Brasil os reconhece como nacionais, mas a manifestação volitiva do Estado torna-se inoperante até a realização do acontecimento previsto, a opção. É lícito considerá-los nacionais no espaço de tempo entre a maioridade e a opção, mas não podem invocar tal atributo porque pendente da verificação da condição". Este trecho contém dois pontos que pedem esclarecimento. Em primeiro lugar, como dizer que, "até a maioridade, são brasileiros esses indivíduos", se a maioridade deixou de ter qualquer relevância na hipótese da letra c) do texto constitucional que faz tudo depender de vinda para o país e opção? A explicação que encontramos é que o deputado se referia ao que futuramente decidiria como Ministro da Justiça: enquanto menores, estas pessoas têm direito à proteção do Estado, por exemplo, para finalidade de concessão de passaporte brasileiro, conforme discorremos no texto, pouco adiante. O segundo ponto é que vemos com dificuldade: como pode alguém ser considerado brasileiro entre a maioridade e a opção ("nesse período o Brasil os reconhece como nacionais" e "é lícito considerá-los nacionais no espaço de tempo entre a maioridade e a opção"), e, por outro lado, "sua condição de brasileiro nato fica suspensa" e "não possa invocar tal atributo porque pendente da verificação da condição". Se é assim, para que efeito esta pessoa é considerada nacional no interregno entre maioridade e a opção?

37 Acórdão do Supremo Tribunal Federal na Medida Cautelar nº 70, de setembro de 2003, Relator o Ministro Sepúlveda Pertence, publicado no *DJ* de 12 de março de 2003, assim comentou:
"Na Constituição de 1946, até o termo final do prazo de opção – de quatro anos – contados da maioridade –, o indivíduo, na hipótese considerada, se considerava, para todos os efeitos, brasileiro nato sob a condição resolutiva de que não optasse a tempo pela nacionalidade pátria.
Sob a Constituição de 1988, que passou a admitir a opção 'em qualquer tempo' – antes e depois da ECR 3/94, que suprimiu também a exigência de que a residência no país fosse fixada antes da maioridade,

Afinal, o despacho do Ministro da Justiça de 6 de junho de 1995, publicado no *Diário Oficial da União* de 7 de julho, propôs solução inteligente. Diz o seguinte:

"O comando inserto na alínea 'c', inciso I, do Art. 12, da Constituição, resultado da alteração constitucional, não invalida a expedição de registro consular aos filhos de brasileiros nascidos no estrangeiro, mesmo que qualquer dos pais não se encontre a serviço do país. Acolho as manifestações da Consultoria Jurídica que ratificam a proposição do Departamento de Estrangeiros no sentido de orientar ao Ministério das Relações Exteriores para que recomende às suas repartições competentes a que procedam nos assentamentos notariais, fazendo constar a pendência da condição de residência futura e opção quando da maioridade para a nacionalização definitiva, prestando-se este apontamento para a emissão dos passaportes solicitados".

A leitura dos pareceres da Consultoria Jurídica do Ministério da Justiça não deixava antever com clareza a solução a final formulada pelo Ministro Nelson Jobim. A concessão de passaporte para filhos de nacionais, enquanto menores, é uma tradição de muitos países. Daí muito justo que as crianças nascidas no exterior sejam registradas nos assentamentos dos consulados brasileiros, para fins de prova de filiação e recebam passaportes por força da nacionalidade dos pais. Mas é recomendável que a validade destes passaportes, e de suas eventuais renovações, não ultrapasse a idade em que estes filhos de brasileiros alcançarem a maioridade. Uma vez ocorrida esta, caber-lhes-á decidir entre a opção pela nacionalidade brasileira, condicionada à residência no país – o que lhes é facultado efetuar em qualquer tempo – ou ficar na situação de incerteza, sem nacionalidade definida, pois se a nacionalidade brasileira foi colocada em termos de opção, não é lógico que dela desfrutem pela vida afora sem jamais atenderem ao que se lhes exige para garanti-la.

Nova alteração do texto constitucional se operou com a EC nº 54, de 20 de setembro de 2007, que deu ao dispositivo a seguinte redação: "*c) os nascidos no estrangeiro, de pai brasileiro ou de mãe brasileira, desde que sejam registrados em repartição brasileira competente ou venham a residir na República Federativa do Brasil e optem, em qualquer tempo, depois de atingida a maioridade pela nacionalidade brasileira*".[38]

Voltamos, assim, ao texto original da Constituição de 1988, com todas as falhas que a caracterizaram. Tem-se, primeiramente, alteração no sistema tradicional do direito brasileiro do *ius soli*: mero registro passou a outorgar nacionalidade brasileira, e, ainda, se o registro no exterior resulta na nacionalidade, por que não dar o mesmo efeito ao registro no Brasil, sem necessidade de opção? A fórmula introduzida foi agravada pela EC nº 54 em relação ao constante no texto constitucional original, pois, enquanto este exigia a vinda ao Brasil antes

---

altera-se o status do indivíduo entre a maioridade e a opção: essa, a opção – liberada do termo final ao qual anteriormente subordinada – deixa de ter a eficácia resolutiva que, antes se lhe emprestava, para ganhar – desde que a maioridade a faça possível – a eficácia da condição suspensiva da nacionalidade brasileira, sem prejuízo – como é próprio das condições suspensivas – de gerar efeitos *ex tunc*, uma vez realizada. A opção pela nacionalidade, embora potestativa, não é de forma livre: há de fazer-se em juízo, em processo de jurisdição voluntária, que finda com a sentença que homologa a opção e lhe determina a transcrição, uma vez acertados os requisitos objetivos e subjetivos dela.

Antes que se complete o processo de opção, não há, pois, como considerá-lo brasileiro nato".

[38] Há mais de um precedente do Tribunal Regional Federal da 1ª Região julgando não ser possível a aquisição de nacionalidade por opção que fora concedida à pessoa que não comprovara residência no Brasil. Veja-se, nesse sentido, TRF/1ª Região, AC 0037360-45.2003.4.01.3800/MG, Rel. Juiz Federal Convocado Rodrigo Navarro de Oliveira, *DJ* 11.07.2012; TRF/1ª Região, AC 0000391-38.2010.4.01.3201/AM, Rel. Des. Fed. Carlos Moreira Alves, *DJ* 04.04.2014. A expressão "venham a residir" constante no texto constitucional foi assim interpretada por TRF/3ª Região, AC 1435147/SP, Rel. Des. Fed. Consuelo Yoshida, *DJ* 30.05.2014.

de alcançada a maioridade, pela EC nº 54, não está claro que a pessoa deva vir ao Brasil antes de alcançada a maioridade. A exigência de que a opção se formule depois de atingida a maioridade não significa que a vinda para o Brasil se dê necessariamente antes deste momento. Poder-se-á interpretar que a opção não se pode efetuar antes da maioridade, mas depois desta se faz a qualquer tempo, tenha a pessoa chegado ao Brasil antes ou depois da maioridade.[39]

Assim, o legislador brasileiro vem ziguezagueando há muitos anos sobre a redação a ser dada à terceira hipótese de nacionalidade originária. As três fórmulas – 1) produzida pela Assembleia Constituinte; 2) introduzida pela EC de Revisão nº 3; 3) formulada pela EC nº 54 são falhas, apresentando incongruências e ilogicismos.

Para o futuro revisor do texto constitucional, o primeiro autor sugere a seguinte redação: *c) os nascidos no estrangeiro, de pai brasileiro ou de mãe brasileira, desde que se domiciliem na República Federativa do Brasil antes de atingir a maioridade, e, a partir desta, optem, no prazo de quatro anos, pela manutenção da nacionalidade brasileira*. Assim seriam três os requisitos – I) vinda ao Brasil antes da maioridade; II) estabelecimento de domicílio no Brasil; III) opção no prazo de quatro anos a partir da maioridade. Esta formula se aproxima da sugestão apresentada pelo autor à subcomissão de Nacionalidade da Assembleia Constituinte, substituída a exigência de residência pelo do domicílio.[40]

A segurança que se ofereceria desta forma seria a de que a nacionalidade brasileira se constituiria em um direito outorgado em caráter temporário a partir da chegada e fixação de domicílio no Brasil, direito que seria confirmado com a opção no prazo de quatro anos contados da maioridade, ou se desfaria se o interessado não efetivasse a opção no prazo determinado. Condição resolutória. Isto sem prejudicar o direito da criança nascida no exterior ao passaporte brasileiro, por ser filha de brasileiro. A segunda autora vê com satisfação a adoção pelo Brasil de ambas as formas de aquisição da nacionalidade brasileira com o propósito de evitar a apatridia, mas concorda com as críticas da redação do dispositivo.

O Superior Tribunal de Justiça considerou inconstitucional o § 4º do art. 32 da Lei nº 6.015, de 1973 – Lei de Registros Públicos.[41] A rigor, o mesmo ocorre com o § 3º do mesmo dispositivo, e, a partir da Emenda de Revisão nº 3 é igualmente inconstitucional o § 2º.[42]

As dificuldades originadas da instabilidade constitucional na questão dos filhos de brasileiros nascidos no exterior, decorrentes da alteração efetuada pela EC nº 3 e as questões ligadas à opção pela nacionalidade brasileira são amplamente discutidas por Daniela Trejos Vargas.[43]

## HIPÓTESE INCONSTITUCIONAL DE NACIONALIDADE BRASILEIRA NA LEGISLAÇÃO

A Lei nº 818, de 1949, que versava vários aspectos da nacionalidade e foi revogada pela Lei nº 13.445/2017, dispunha em seu art. 2º que, quando um dos pais for estrangeiro,

---

[39] Vide sobre a EC nº 54. Nadia de Araujo, Daniela Vargas e Lauro Gama, Direito Internacional Privado em 2007: Novidades no Plano Internacional e Interno na *Revista do Direito do Estado*, n. 9, p. 72-74.
[40] Vide nota 29, *supra*.
[41] Conflito de Competência nº 1.039, *Revista do STJ*, n. 54, p. 17.
[42] Os dispositivos referidos regulamentam os efeitos do registro de nascimento no exterior de filho de brasileiros ali nascido, cuidando da opção no prazo de quatro anos após atingida a maioridade, prazo este abolido pelos textos constitucionais.
[43] "A nacionalidade brasileira dos filhos de brasileiros nascidos no exterior, após a Emenda Constitucional de Revisão n. 3 de 1994", in *O Direito Internacional Contemporâneo – Estudos em Homenagem ao Professor Jacob Dolinger*, p. 289-316.

residente no Brasil a serviço de seu Governo, e o outro for brasileiro, o filho, aqui nascido, poderá optar pela nacionalidade brasileira, na forma do art. 129, II, da Constituição Federal (Constituição de 1946).

Este seria outro caso de nacionalidade brasileira originária, que suscitou importante crítica. Sustentou-se que contradizia o sistema de nacionalidade de nossa Constituição que estabeleceu na letra *b* que o filho nascido no exterior de pai ou mãe a serviço do Brasil é brasileiro nato. Considerar brasileiro o filho de pai ou mãe a serviço de outro país no Brasil redundaria na aplicação de dois critérios opostos: quando só um dos pais é brasileiro e está a serviço do Brasil no exterior, o filho lá nascido é brasileiro nato, e quando um estrangeiro (pai ou mãe) estiver no Brasil, a serviço de seu país, isto não afeta a nacionalidade do filho aqui nascido, que será brasileiro.

Em defesa da constitucionalidade e da aplicabilidade do dispositivo sustentou-se que o indivíduo que se encontra na situação tipificada é "duplamente" brasileiro: *ius soli*, porque nascido no Brasil, e *ius sanguinis*, porque de pai ou mãe brasileiro.[44]

Assim desenvolveu Luís Roberto Barroso seu raciocínio:

"Figure-se um exemplo capaz de remarcar a procedência da tese. Suponha-se que uma brasileira se case com um oficial francês e tenha um filho em Paris. Se registrar essa criança na repartição competente ou se ela vier a residir no Brasil e manifestar opção tempestiva, será brasileira nata. Porém, se a mesma brasileira casar-se com este mesmo oficial francês, que houvesse sido mandado ao Brasil a serviço, e aqui tivessem um filho, se não existisse a previsão do art. 2º da Lei n. 818/49, esta criança jamais poderia ser brasileira nata. E note-se que, ao contrário do filho anterior, este é nascido no Brasil. A incongruência seria flagrante, inaceitável".[45]

Por mais lógico que possa parecer o argumento, o primeiro autor não aceita esta hipótese de nacionalidade originária. Quando um(a) estrangeiro(a) vem ao Brasil para aqui servir a seu país, o nascimento de seu filho em território brasileiro decorre de uma situação fortuita, eis que seus pais aqui se encontram tão somente em obediência a uma determinação de governo estrangeiro – daí não se aplicar à hipótese o critério do *ius soli*; quanto ao *ius sanguinis*, pesa mais forte no caso a ascendência daquele genitor estrangeiro que se encontra em nosso país a serviço de seu país, devendo considerar-se ainda que o próprio cônjuge brasileiro também se encontra no Brasil, de certa forma, a serviço do governo estrangeiro, o que não ocorre na hipótese de o nascimento ocorrer no exterior, em que o casal não tem laço de dependência em relação ao governo estrangeiro; cai assim o argumento do *ius sanguinis* e mantém-se a coerência com a letra *b* que considera brasileiro nato o filho de pai ou mãe brasileiro que esteja a serviço do Brasil no exterior e ainda se respeita a letra *a* que deve ser interpretada como atribuindo a nacionalidade brasileira a quem nascer no Brasil, desde que nenhum dos pais esteja a serviço de seu país, como vimos na interpretação do primeiro caso de nacionalidade originária.[46]

---

[44] Vide José Francisco Rezek, A Nacionalidade à Luz da Obra de Pontes de Miranda, *Revista Forense* 263/7, esp. à p. 10, 1979; e Luís Roberto Barroso, Duas Questões Controvertidas sobre o Direito brasileiro da Nacionalidade. In: Jacob Dolinger (org.), *A Nova Constituição e o Direito Internacional*, 1987, p. 50 e ss.

[45] Luis Roberto Barroso, Duas Questões Controvertidas sobre o Direito brasileiro da Nacionalidade. In: Jacob Dolinger (org.), *A Nova Constituição e o Direito Internacional*, 1987, p. 52.

[46] A aluna Ana Paula de Souza indagou sobre a hipótese de pessoa a serviço de seu país no Brasil que tem filho com brasileiro aqui residente, sem qualquer vínculo matrimonial entre os genitores, principalmente no caso do estrangeiro ser o pai e brasileira a mãe, que aqui fica com o filho, depois que o outro genitor retorna à sua pátria. Estará este filho entre os excluídos da nacionalidade brasileira originária por força

O argumento do "oficial francês" procurava harmonizar a hipótese descrita no art. 2º da Lei nº 818/49 com a letra *c* do texto constitucional, enquanto em nosso entendimento dever-se-ia examiná-la à luz do texto da letra *a* da Constituição e na busca de coerência entre as várias hipóteses de nacionalidade brasileira.

Observe-se ainda que quando da elaboração da Lei nº 818, em 1949, vigorava a Constituição de 1946, cujo art. 129, I, correspondia ao inciso I do art. 12 da atual Constituição. Dispunha então a Carta Magna que são brasileiros "*os nascidos no Brasil, ainda que de pais estrangeiros, não residindo estes a serviço do seu país*"; também aí a exceção à nacionalidade brasileira quando os pais estivessem a serviço de seu país estava consignada no plural, redação esta repetida na Lei nº 818, em seu art. 1º, assim como repetidas neste dispositivo as outras duas alíneas relativas à nacionalidade brasileira originária constantes do art. 129 da Constituição então vigente.

Entendesse o legislador de 1949 que a exceção à regra da nacionalidade originária por força do *ius soli* só se dá quando ambos os pais são estrangeiros, mas, que se apenas um for estrangeiro – a serviço de seu país – e o outro for brasileiro, o filho é nato, integrado na regra do inciso I do art. 129 da Lei Maior, não teria a Lei nº 818 que prever em seu art. 2º o direito à opção daquele que estivesse enquadrado nestas circunstâncias. Não cabe conceder o direito à opção à pessoa que é brasileira nata, originariamente, por força da regra constitucional.

O legislador de 1949 interpretou a Constituição, art. 129, I, por ele reproduzido em seu art. 1º, no sentido de que o nascimento no Brasil de filho de estrangeiro (pai ou mãe) a serviço de seu país constituía exceção ao princípio *ius soli*, e esta pessoa não seria automaticamente brasileira nata.

Daí ter criado nova hipótese de brasileiro, desde que esta pessoa – nascida no Brasil, filha de um estrangeiro a serviço de seu país e de um brasileiro – optasse pela nacionalidade brasileira.

Trata-se, pois, de hipótese de nacionalidade criada pelo legislador ordinário, o que em nosso sistema – de acordo com a melhor doutrina – não é permitido, eis que, como vimos acima, cabe exclusivamente à Constituição estabelecer as condições de nacionalidade, tanto originária, como derivada.[47]

Não tendo a Constituição de 1988 cogitado da hipótese aventada pela Lei nº 818, nem tampouco as Constituições de 1967 e de 1969, é de se reconhecer confirmada a doutrina que não admite esta hipótese como efetivamente integrada nas regras que comandam a aquisição originária da nacionalidade brasileira.

A segunda autora entende que é mais correto considerar que a exceção prevista no art. 12, I, *a*, da Constituição apenas se aplica a filho de pai e mãe estrangeiros, ambos a serviço do seu país. Trata-se de interpretação mais favorável ao indivíduo, que deve ser adotada em matéria de atribuição de nacionalidade brasileira.[48] Ao se utilizar outra interpretação, a criança aqui

---

da redação da letra a)? Parece-nos que, como a mãe não depende do governo estrangeiro – como no caso da esposa do representante –, o filho poderá ser considerado brasileiro.

[47] Mas não foi esta a orientação do Tribunal Federal de Recursos na Apelação Cível nº 53.454, julgada em 1978, em que decidiu: "Nacionalidade. Opção. Lei n. 818/49, art. 2º. Quando apenas um dos pais for estrangeiro a serviço de seu governo, não pode ser negado à pessoa nascida no Brasil o direito de opção pela nacionalidade brasileira, *ad instar* do disposto no art. 145-c da CF".

[48] Note-se que o STF já adotou essa interpretação favorável à manutenção do vínculo: STF, QO no HC 83.113, Rel. Min. Celso de Mello, j. 26.06.2003, *RTJ* 187/1069: "As hipóteses de outorga da nacionalidade brasileira, quer se trate de nacionalidade primária ou originária (da qual emana a condição de brasileiro nato), quer se cuide de nacionalidade secundária ou derivada (da qual resulta o *status* de brasileiro na-

nascida pode ser estrangeira ou até mesmo apátrida, sem que essa seja a vontade expressa do legislador constituinte. Assim, o art. 2º da Lei nº 818 era inconstitucional, pois, se a criança já é brasileira nata pelo nascimento, não seria o caso de se exigir a opção.[49] De qualquer forma, a Lei nº 818 foi expressamente revogada pela Lei de Migração e essa hipótese de aquisição da nacionalidade brasileira não foi contemplada na nova lei.

Na sequência das leis que se seguiram em matéria de nacionalidade, matéria hoje parcialmente regulada pela Lei de Migração, a Lei nº 4.404, de 14 de setembro de 1964, admitiu que crianças estrangeiras nascidas no exterior de pais estrangeiros optassem pela nacionalidade brasileira, desde que seus pais tivessem se naturalizado brasileiros e se domiciliado no Brasil. Esta disposição foi revogada pela Lei nº 5.145, de 20 de outubro de 1966, que exige que o filho prove que à época de seu nascimento pelo menos um dos genitores já era brasileiro (art. 4º, § 1º).

Ilmar Penna Marinho, escrevendo antes da ocorrência destas duas leis, manifestou seu raciocínio claro:

"Imaginemos se trate de alguém nascido no exterior, cujo pai, ou mãe, só adquiriu a qualidade de brasileiro após o seu nascimento (da criança). Será lícito admitir que tal menor, cujos pais *ainda não eram brasileiros no momento de seu nascimento*, possa optar aos 21 anos pela nacionalidade brasileira? Claro que não. O direito de opção é um ato que, embora realizado à maioridade, começa a produzir efeitos desde o nascimento. Por isso, só pode optar aos 21 anos quem, ao nascer em país estrangeiro, preencher a condição inserta no artigo que é a de ser filho de brasileiro ou brasileira".[50]

Este foi o entendimento do STF em 1961: "*A opção pela nacionalidade brasileira só é facultada a filho de brasileiro, não se estendendo a filho de estrangeiro. Para tal efeito, não é possível invocar a naturalização concedida ulteriormente ao pai ou à mãe porque ela não retroage*".[51]

Já o Tribunal Federal de Recursos formulou tese mais exigente ao decidir que "*a opção pela nacionalidade brasileira é reservada apenas a filhos de pais brasileiros natos ao tempo do nascimento*".[52]

A diferença nas decisões das duas cortes deriva da interpretação que se dê à Constituição de 1946, sob cuja égide foram prolatadas. Esta, no art. 129, II, dispunha que são brasileiros "*os filhos de brasileiro ou brasileira, nascidos no estrangeiro se os pais estiverem a serviço do Brasil ou, não o estando, se vierem residir no país. Neste caso, atingida a maioridade, deverão*

---

turalizado), decorrem, exclusivamente, em função de sua natureza mesma, do texto constitucional, pois a questão da nacionalidade traduz matéria que se sujeita, unicamente, quanto à sua definição, ao poder soberano do Estado brasileiro. Doutrina. A perda da nacionalidade brasileira, por sua vez, somente pode ocorrer nas hipóteses taxativamente definidas na Constituição da República, não se revelando lícito, ao Estado brasileiro, seja mediante simples regramento legislativo, seja mediante tratados ou convenções internacionais, inovar nesse tema, quer para ampliar, quer para restringir, quer, ainda, para modificar os casos autorizadores da privação – sempre excepcional – da condição político-jurídica de nacional do Brasil. Doutrina".

[49] O ponto já foi registrado pela segunda autora em Carmen Tiburcio e Luís Roberto Barroso, *Direito Constitucional Internacional*, 2013, p. 258 e ss.

[50] Ilmar Penna Marinho, *Tratado sobre a Nacionalidade*, 1961, v. IV, p. 251.

[51] Recurso Extraordinário nº 46.305, *Revista Forense* 204/131. Quanto à impossibilidade de produção de efeitos retroativos da naturalização dos genitores ver também TRF/2ª Região, AC 201351010175421, Rel. Des. Fed. Guilherme Couto, *DJ* 07.10.2014; TRF/3ª Região, AC 0008670-65.2005.4.03.6100/SP, Rel. Des. Fed. Nery Junior, *DJ* 30.09.2013; TRF/3ª Região, AC 0010074-44.2011.4.03.6100/SP, *DJ* 21.09.2012. Em sentido contrário, ver TRF/4ª Região, AG 5010316-81.2013.404.0000/RS, *DJ* 17.05.2013.

[52] Agravo de Petição nº 18.543, "Arquivos do Ministério da Justiça", v. XCII (1964), p. 237.

*para conservar a nacionalidade brasileira, optar por ela, dentro em quatro anos"*. A hipótese de pais brasileiros no exterior que não estavam a serviço do país trata de brasileiros, tanto natos quanto naturalizados (STF) ou apenas dos primeiros (TFR)?

Mas, via de regra, a jurisprudência manteve o critério de reconhecer a opção daqueles cujos pais já haviam se naturalizado à época de seu nascimento, nos estritos termos da Lei nº 5.145, reconhecendo os direitos adquiridos dos que tinham optado antes deste diploma legal, filhos de pais que só haviam se naturalizado após o nascimento do optante. De acordo com a posição modernamente consagrada de que não pode haver distinção entre brasileiros natos e naturalizados, ressalvada a que for expressamente prevista em texto constitucional, a situação de crianças nascidas no exterior, filhas de brasileiro(a), abrange tanto pais brasileiros natos como naturalizados.

A adoção por brasileiros de criança estrangeira não repercute na nacionalidade desta.[53]

## NATURALIZAÇÃO

A naturalização, tradicionalmente, é um ato unilateral e discricionário do Estado no exercício de sua soberania, podendo conceder ou negar a nacionalidade a quem, estrangeiro, a requeira. Não está o Estado obrigado a conceder a nacionalidade mesmo quando o requerente preenche todos os requisitos estabelecidos pelo legislador.

Em novembro de 1982 o Tribunal Federal de Recursos julgou o Mandado de Segurança nº 97.596, impetrado contra o Ministro da Justiça pelo estudante universitário Francisco Javier Ulpiano Alfaya Rodrigues, nacional espanhol que aqui se criou, tendo abraçado a atividade político-universitária, chegando à presidência da União Nacional dos Estudantes (UNE). O líder estudantil tivera seu pedido de naturalização recusado pelo Ministério da Justiça por motivo de *"mau procedimento"*, por ter exercido atividade de natureza política, vedada pela lei aos estrangeiros.[54]

O impetrante visou com a medida heroica que fosse declarado pelo Judiciário que efetivamente não tivera mau procedimento e, portanto, não poderia nem deveria o Sr. Ministro da Justiça aplicar-lhe o art. 112 da Lei nº 6.815, então em vigor, que, ao explicitar as condições para a concessão da naturalização, destaca no inciso VI o "bom procedimento".

O Tribunal aceitou integralmente as informações governamentais que continham dois pontos: 1) a naturalização é ato de soberania, de política governamental, questão de conveniência, de oportunidade e nunca questão de direito subjetivo que possa ser apreciada pelos juízes e Tribunais; 2) no caso, não fora esse critério exclusivo de conveniência e soberania, mas a obediência ao princípio da legalidade que ocasionou a negativa da autoridade impetrada, eis que desrespeitado pelo impetrante ao atuar na área política, que lhe era defesa.

A mesma filosofia vamos encontrar em outros países. Na França, por exemplo, o art. 110 do Código de Nacionalidade dispunha que *"as decisões desfavoráveis em matéria de natura-*

---

[53] Miguel Jeronymo Ferrante, Nacionalidade – Brasileiros Natos e Naturalizados, 1984, p. 51: "O filho adotivo de brasileiros, nascido no estrangeiro, não pode optar pela nacionalidade brasileira. É estrangeiro e, como tal, só poderá adquirir a nacionalidade brasileira por via de naturalização". Esse era o entendimento de Pontes de Miranda em seus comentários à Constituição de 1967. Vide decisão do Diretor do Departamento de Estrangeiros do Ministério da Justiça, negando nacionalidade brasileira a filho adotivo de brasileiros. *Diário Oficial* de 21 de janeiro de 1993, p. 857. Vide Jacob Dolinger, *A Criança no Direito Internacional*, 2003, p. 424 e ss.

[54] Mandado de Segurança nº 97.596, *Diário da Justiça* de 14 de abril de 1983, p. 4.534. A Corte considerou que o Impetrante não se enquadrava na hipótese excepcional da naturalização prevista na Constituição, art. 145, II, *b*, 2.

*lização... não especificam sua motivação*". Todas as tentativas efetuadas na França para obter a intervenção dos tribunais administrativos em casos de indeferimento de naturalizações foram infrutíferas, sempre sustentada e mantida a teoria da soberania do governo nesta matéria.[55] Atualmente, o Código de nacionalidade francês dispõe no art. 110 a obrigatoriedade de motivação das decisões.[56]

Há, contudo, hipóteses excepcionais em que a Constituição prescreve o direito à naturalização: na Constituição de 1988 o art. 12, II, *b*, determina que sejam naturalizados os estrangeiros de qualquer nacionalidade, residentes na República Federativa do Brasil há mais de quinze anos (a Emenda Constitucional de Revisão nº 3, de 7 de junho de 1994, reduziu o prazo de trinta anos, originalmente estabelecido no texto de 1988, para quinze anos) ininterruptos e sem condenação penal, desde que requeiram a nacionalidade brasileira. Nestes casos a naturalização não é ato discricionário, não depende de critério governamental e deverá ser concedida. O mesmo ocorria na Constituição anterior, nas hipóteses dos nos 1 e 2 da letra *b* do inciso II do art. 145, que dispunha a respeito do nascido no estrangeiro que tivesse sido admitido no Brasil durante os primeiros cinco anos de vida, estabelecido definitivamente no território nacional, e que, para preservar a nacionalidade brasileira, deveria manifestar-se por ela, inequivocamente até dois anos após atingir a maioridade (I), e a respeito da pessoa que, nascida no estrangeiro, tivesse vindo residir no país antes de atingida a maioridade, concluísse curso superior em estabelecimento nacional e requeresse a nacionalidade até um ano depois da formatura (II).

Sobre a hipótese de quem veio para o Brasil durante os cinco primeiros anos de vida, comentava Pontes de Miranda que ele *"tem direito formativo gerador, constitucional, à naturalização, direito que há de exercer até dois anos após atingir a maioridade. Qualquer manifestação inequívoca basta. O direito que tem é aí direito formativo gerador"*.[57]

Nestas duas hipóteses a naturalização adquiria-se por força do mandamento constitucional, independendo de concessão discricionária do governo.[58] Estas duas formas de naturalização são qualificadas como extraordinárias, *"baseada na radicação precoce"* e na *"conclusão de curso superior"*, admitindo falar-se também de *"naturalização potestativa"*.[59]

Não constando estas duas hipóteses da nova Constituição, aqueles que estiverem nas situações descritas na Carta anterior e que não se tenham valido do benefício, só poderão recorrer à naturalização regular, dependente do poder discricionário do Estado.

Da mesma forma, quem não estiver enquadrado na hipótese da letra *b* do inciso II, do art. 12 – quinze anos de residência ininterrupta, sem condenação penal –, poderá requerer a naturalização pela via normal prevista na letra *a* do mesmo dispositivo.

A naturalização é regulada pela Lei nº 13.455, de 24 de maio de 2017, que "institui a Lei de Migração". Na vigência do Estatuto do Estrangeiro e de decreto regulamentador, Decreto

---

[55] *Revue*, 1980.891. Em 1998 o *Conseil d'Etat* decidiu que um indivíduo, casado com uma francesa desde 1993, militante ativo de um movimento extremista, que se manifestava na mesquita de sua comunidade contra os valores básicos da sociedade francesa, não tinha direito a requerer anulação do decreto governamental que negou a concessão da nacionalidade francesa, com fundamento na falta de assimilação. *Revue*, 1999.784.

[56] Code de la nationalité française, art. 110: "Toute décision déclarant irrecevable, ajournant ou rejetant une demande de naturalisation ou de réintégration par décret ainsi qu'une autorisation de perdre la nationalité française doit être motivée".

[57] Pontes de Miranda, *Comentários à Constituição de 1967 com a Emenda de 1969*, tomo IV, 1970, p. 508. O tratadista não tece esta consideração para o caso II. Os autores referidos nas duas notas seguintes equiparam as duas hipóteses constitucionais.

[58] Alberto Xavier, *Estatuto Jurídico dos Portugueses no Brasil*, 1979, p. 33.

[59] José Afonso da Silva, *Curso de Direito Constitucional Positivo*, 1984, p. 333.

nº 86.715, de 1981, este no seu art. 129, II, determinava que o naturalizando preste juramento renunciando à nacionalidade de origem ao receber o certificado de naturalização. O dispositivo foi revogado em 2016 pelo Decreto nº 8.757, que suprimiu a necessidade de renúncia à nacionalidade estrangeira, exigência considerada de legalidade e efetividade questionáveis.[60]

O brasileiro naturalizado é equiparado ao nato, por força do art. 12, § 2º, da Constituição Federal. A Lei de Migração não reproduziu a regra constante no art. 122 da Lei nº 6.815, que estabelecia que a naturalização confere ao naturalizado o gozo de todos os direitos civis e políticos, excetuados os que a Constituição Federal atribui exclusivamente ao brasileiro nato. Dispositivo idêntico constava do Decreto-lei nº 941, de 1969, art. 137. Não obstante, houve por bem o legislador brasileiro, preocupado com leis anteriores à Constituição, que discriminavam brasileiros naturalizados de brasileiros natos, promulgar a Lei nº 6.192, de 19 de dezembro de 1974, ainda em vigor, que veda qualquer distinção entre brasileiros natos e naturalizados, substituindo a condição de "*brasileiro nato*" exigida em várias leis e decretos para determinadas atividades, pela condição de "*brasileiro*", sendo considerada contravenção penal, punida com prisão simples de 15 dias a três meses, qualquer violação da lei.

Essa equiparação foi consagrada pela Constituição de 1988 no art. 12, § 2º, "*A Lei não poderá estabelecer distinção entre brasileiros natos e naturalizados, salvo nos casos previstos nesta Constituição*".

Por conseguinte, as únicas restrições aos brasileiros naturalizados são as constantes na Constituição: o art. 12, § 3º, declara privativos de brasileiro nato os cargos mais importantes dos

---

[60] Confira-se ofício enviado em 2003 ao Ministro da Justiça, pelo juiz federal Adriano Saldanha Gomes de Oliveira, do Rio de Janeiro, que se opõe ao juramento que o Decreto nº 86.715 determina seja efetuado pelo naturalizando no ato da entrega do certificado de naturalização:
"Senhor Ministro,
Sirvo-me da presente para comunicar a Vossa Excelência que, durante meu exercício da titularidade da 1ª Vara Cível da Seção Judiciária do Rio de Janeiro, desempenhando as atribuições do art. 119 da Lei n. 6.815/1980, não dei aplicação ao art. 129, II, do Decreto n. 86.715/81.
A exigência do juramento de ato unilateral de renúncia da nacionalidade de origem, no momento da entrega do certificado de naturalização, representa exigência sem qualquer base constitucional, ou legal. Logo, não produz qualquer efeito o art. 129, II, do Decreto n. 86.715/81.
A nacionalidade é vínculo que se estabelece entre o indivíduo e o Estado. Trata-se de assunto de direito internacional dominado por normas unilaterais. Não é dado a terceiros Estados disciplinar condições de aquisição ou de perda da nacionalidade estrangeira.
A Constituição da República de 1988, no art. 12, II, não contempla a renúncia à nacionalidade estrangeira como condição de aquisição ou perda de nacionalidade brasileira.
O processo de naturalização, disciplinado na forma da Lei n. 6.815/1980, elenca taxativamente as condições de naturalização, em seus art. 112 a 116, dentre as quais igualmente não figura a exigência da renúncia à nacionalidade de origem.
Está fora de dúvida que, além dos requisitos legais, o Poder Executivo pode, por motivos de conveniência e oportunidade, e que só a si cabem, deliberar se aceita ou não o novo súdito. Isto não se discute. O que não está, porém, na esfera de conveniência e oportunidade do Chefe do Poder Executivo é a determinação, por regulamento, que na audiência solene de entrega do certificado de naturalização, um membro do Poder Judiciário exija, com toda a sua autoridade, o ato de renúncia da nacionalidade de origem do indivíduo, em flagrante desrespeito à pessoa como sujeito de direito na ordem internacional.
Não me vi em condições, pois, de dar andamento a tal exigência, porque a reputo totalmente desprovida de base jurídica.
Ante o exposto, remeto o presente expediente a Vossa Excelência, dirigente máximo do órgão responsável pela condução do processo de naturalização, para o devido conhecimento.
*Adriano Saldanha Gomes de Oliveira, Juiz Federal Substituto*".

Poderes Executivo, Legislativo e Judiciário, das carreiras diplomática[61] e militar e os seis cidadãos participantes do Conselho da República, como determinado no art. 89, inciso VII; e, na conformidade da Emenda Constitucional nº 23, de 1999, também o Ministro de Estado da Defesa.[62]

Mesmo antes da Lei nº 6.192 e dos dispositivos constantes da atual Constituição, já havia entendimentos contrários à discriminação contra brasileiros naturalizados. Assim, o Tribunal Federal de Recursos, em julgamento de mandado de segurança, decidiu que "*é manifestamente inconstitucional o dispositivo de lei que proíbe casamento de diplomata com brasileira naturalizada, pois infringe o preceito que iguala brasileiros natos e naturalizados, sujeitos estes apenas às restrições constantes da Constituição*".[63]

## DIREITOS ESPECIAIS DOS PORTUGUESES

O § 1º do art. 12 da Constituição de 1988, em sua versão original, prescrevia que "*aos portugueses com residência permanente no País, se houver reciprocidade em favor dos brasileiros, serão atribuídos os direitos inerentes ao brasileiro nato, salvo os casos previstos nesta Constituição*".

Essa regra exorbitava do que foi pactuado na Convenção de Igualdade de Direitos e Deveres entre brasileiros e portugueses, que em seu art. 4º excetuou do regime de equiparação os direitos reservados pela Constituição de cada um dos Estados aos que tenham nacionalidade originária.

Aliás, o dispositivo contradizia-se, pois atribuía ao português os direitos inerentes ao brasileiro nato, para em seguida ressalvar, "*os casos previstos nesta Constituição*". Ora, o brasileiro nato não sofre restrição alguma e a Constituição não fez ressalvas aos portugueses.

Por isso o primeiro autor escreveu que se tratava de "*norma sem sentido, sem rumo, sem razão e também sem consequência*",[64] pois os portugueses não irão modificar sua Constituição que não admite estas regalias aos brasileiros. Em boa hora, a Emenda Constitucional de Revisão nº 3, de 7 de junho de 1994, retirou o termo "nato" que constava do dispositivo, com o que se desfazem as duas apontadas críticas, sendo, contudo, desnecessária a ressalva relativa aos "*casos previstos nesta Constituição*".

Os benefícios que os portugueses gozam no Brasil incluem, por exemplo, a vedação à sua extradição para outro país que não o de sua nacionalidade. Para tanto, é necessário que tenham requerido às autoridades competentes o reconhecimento de seu *status* especial, como determina o art. 5º da Convenção sobre Igualdade, que dispunha que "*a igualdade de direitos e deveres será reconhecida mediante decisão do Ministério da Justiça, no Brasil e do Ministério do Interior, em Portugal, aos portugueses e brasileiros que a requeiram, desde que civilmente capazes e com residência permanente*".

A importância de atender ao requisito do art. 5º ficou bem caracterizada no julgamento de dois pedidos de extradição de portugueses pelo Supremo Tribunal Federal, um recusado, o outro concedido. No primeiro, julgado em 1996, a pedido da França, a Corte deferiu a extradição de português porque ele não demonstrara estar no gozo do benefício mediante prova

---

[61] Como observamos em outro local, o Ministro das Relações Exteriores, chefe da diplomacia brasileira, pode ser um brasileiro naturalizado como qualquer outro Ministro de Estado.

[62] Quando Exército, Marinha e Aeronáutica tinham seus próprios ministros, oriundos das respectivas carreiras militares, eram eles forçosamente brasileiros natos como consequência natural da exigência para todos os membros destas carreiras. Uma vez criado um único Ministério, que pode ser ocupado por um civil, e como os membros do Ministério não precisam necessariamente ser brasileiros natos, foi necessária que a Emenda Constitucional estabelecesse a exigência de que o Ministro da Defesa seja brasileiro nato, pois comanda as forças armadas, todas elas compostas exclusivamente de brasileiros natos.

[63] Mandado de Segurança nº 109, *Revista Forense*, 122/446.

[64] *Comentários à Constituição*, acima referidos, v. II, p. 151.

de que o requerera e obtivera.⁶⁵ No segundo caso, julgado em 1998, a extradição solicitada pela Itália foi negada porque "*a requerente está juridicamente amparada pelo Tratado firmado entre Brasil e Portugal conforme certificado expedido pelo Ministério da Justiça, que concedeu, nos termos dos arts. 2º, 3º e 5º do Decreto n. 70.436, de 18 de abril de 1972, os direitos de cidadã brasileira à requerente*".⁶⁶

O Tratado de Amizade, Cooperação e Consulta entre a República Federativa do Brasil e a República portuguesa, celebrado em Porto Seguro, em 22 de abril de 2000, e promulgado no Brasil pelo Decreto nº 3.927, de 19.09.2001, publicado no *DO* de 20.09.2001, p. 4, revogou inúmeros acordos celebrados entre os dois países, inclusive a Convenção sobre Igualdade de Direitos e Deveres entre Brasileiros e Portugueses, de 1971.

Assim, o prazo para a concessão do benefício da igualdade foi reduzido de cinco para três anos de residência. Mas, por outro lado, o art. 14 prevê que "*excetuam-se do regime de equiparação previsto no art. 12 os direitos expressamente reservados pela Constituição de cada uma das Partes Contratantes aos seus nacionais*".

O direito da nacionalidade em Portugal foi objeto de modificações introduzidas por legislação ordinária de 1982 e de 1994, de que resultou redução na importância do *ius soli*, eis que uma criança nascida em Portugal só será portuguesa se pai ou mãe, estrangeiro, esteja residindo em Portugal por um período de dez anos. Por outro lado, a dupla nacionalidade passou a ser vista com mais benevolência e os motivos para perda de nacionalidades foram reduzidos. O adotado plenamente por um nacional português adquire *ex lege* a nacionalidade portuguesa.⁶⁷

## PERDA DA NACIONALIDADE

Dispõe a Constituição Federal, art. 12, § 4º, em sua versão original:

"Será declarada a perda da nacionalidade do brasileiro que:
I – tiver cancelada sua naturalização, por sentença judicial, em virtude da atividade nociva ao interesse nacional;
II – adquirir outra nacionalidade por naturalização voluntária".

A Emenda Constitucional de Revisão nº 3 só manteve duas hipóteses de perda da nacionalidade: a perda-punição (I) e a perda-mudança (II), não reproduzindo a perda-incompatibilidade que constava nas Cartas anteriores, que determinava a perda da nacionalidade para quem, sem licença do Presidente da República, aceitasse comissão, emprego ou pensão de governo estrangeiro.⁶⁸

Sob a vigência da EC nº 3, para perder a nacionalidade brasileira mediante aquisição de outra, esta deveria ser voluntariamente adquirida, ou seja, mediante manifestação expressa do naturalizado.

Uma aquisição imposta ou uma aceitação tácita de nacionalidade estrangeira não rompia os laços com a nacionalidade brasileira. Por exemplo, a legislação de Israel prescreve a aquisição automática da nacionalidade israelense no momento da obtenção do *status* de

---

[65] Extradição nº 674, *RTJ* 167/11.
[66] Extradição nº 302, *RTJ* 167/742.
[67] Rui Manuel Gens de Moura Ramos, *Continuidade e Mudança no Direito da Nacionalidade em Portugal*, 2000.
[68] Vide Constituição de 1969, art. 146, II, e art. 81, XVIII.

imigrante por pessoa de religião judaica, como regulado na "Lei de Retorno", combinada com a "Lei de Nacionalidade".

Esse tipo de aquisição de nacionalidade estrangeira não se enquadra na hipótese constitucional de perda de nacionalidade brasileira.[69] Em casos como esse, o Superior Tribunal de Justiça tem afirmado existir *direito constitucional à dupla nacionalidade*.[70]

Quando um brasileiro exerce o direito de adquirir originariamente outra nacionalidade – como no caso dos filhos e netos de estrangeiros, cuja legislação faculta-lhes esta escolha –, vamos encontrar divergência doutrinária entre os autores brasileiros. Sustenta Ilmar Penna Marinho que a expressão constitucional "naturalização voluntária" como razão de perda da nacionalidade brasileira não deve ser interpretada no sentido estrito de "processo de naturalização", mas na acepção mais ampla de aquisição voluntária e expressa de uma nacionalidade estrangeira, inclusive via opção, desde que expressa e formal. "*Por que razão*", pergunta o autor, "*não considerá-la inequívoca aquisição de nacionalidade estrangeira semelhante à naturalização voluntária?*"[71]

Esta também é a orientação de Pontes de Miranda: "a expressão 'naturalização voluntária' abrange no art. 146, I, a ligação posterior, voluntária, qualquer que seja, a outro Estado".[72]

Já Haroldo Valladão sustenta que a Constituição só se referiu à naturalização, que não pode ser interpretada para abranger igualmente a opção.[73]

Essa questão se tornou mais importante nos últimos tempos quando descendentes de europeus passaram a recorrer às legislações dos países que estendem os efeitos do *ius sanguinis* a mais de uma geração e optam pela nacionalidade de seus antepassados. Em nosso entendimento, a perda da nacionalidade se dá por força da naturalização porque aí ocorre uma substituição, uma renúncia à nacionalidade de origem.

Quem se naturaliza deliberadamente escolhe uma outra nacionalidade que deseja adquirir, que lhe é atraente, o que implica em um abandono da nacionalidade de origem. Já na opção, o interessado aceita um *status* que lhe é oferecido, por força de sua ascendência, não havendo neste ato qualquer indício de preferência de uma nacionalidade sobre a outra. Aliás,

---

[69] Vide Haroldo Valladão, *Direito Internacional Privado*, v. I, 1980, p. 315. O Tribunal Federal de Recursos julgou hipótese de jovem brasileiro que se mudou para a Alemanha Ocidental aos 13 anos de idade incompletos, tendo sido nesta ocasião naturalizado alemão por intermédio de sua mãe. Anos depois, em 1986, com a morte de seu pai, retornou ao Brasil, decidindo a Corte que ele não perdera a nacionalidade brasileira, "porque sua naturalização se deu quando era menor impúbere, não tendo sido voluntária, e nem tampouco ratificada após a aquisição da maioridade", Recurso de *Habeas Corpus* nº 6.926, de Santa Catarina, publicado no *DJ* de 10 de setembro de 1987.

[70] As decisões envolviam a existência de justa causa para a retificação do nome civil, em casos em que a solicitação tinha como objetivo facilitar o reconhecimento de nacionalidade originária estrangeira. Nesse sentido, STJ, REsp 1.310.088/MG, Rel. p/ acórdão Min. Paulo de Tarso Sanseverino, *DJ* 19.08.2016: "Extrai-se desse precedente que o direito à dupla nacionalidade é justo motivo por ter assento constitucional (art. 12, § 4º, II, 'a', da CF/88), para retificação do nome civil, flexibilizando-se a regra da imutabilidade, ressalvando, logicamente, a inexistência de prejuízos a terceiros. Ora, se, para postular o requerimento à dupla cidadania, esta Corte Superior flexibiliza a regra de imutabilidade, com mais razão deve-se admitir a possibilidade dessa flexibilização para aquele que já a obteve e, agora, pretende a uniformização e simetria de seus assentos".

[71] Ilmar Penna Marinho, *Tratado sobre a Nacionalidade*, 1961, v. III, p. 774.

[72] Pontes de Miranda, *Comentários à Constituição de 1967*, tomo IV, 1970, p. 523.

[73] Haroldo Valladão, *Direito Internacional Privado*, 1980, v. I, p. 314.

via de regra, as legislações exigem renúncia da nacionalidade de origem para quem requer naturalização, mas não estabelecem este requisito para o pedido de opção.[74]

Como referido, a Emenda Constitucional de Revisão nº 3, de 7 de junho de 1994, alterando a redação do § 4º do art. 12 da Constituição, reconhece esta distinção, assim dispondo o novo texto constitucional:

"§ 4º Será declarada a perda da nacionalidade do brasileiro que:
I – ..................................................................................
II – Adquirir outra nacionalidade, salvo nos casos:
a) de reconhecimento de nacionalidade originária pela lei estrangeira;
b) de imposição de naturalização, pela norma estrangeira, ao brasileiro residente em estado estrangeiro, como condição para permanência em seu território ou para o exercício de direitos civis".

O governo brasileiro autorizou os que tenham perdido sua nacionalidade por força de naturalização antes da Emenda Constitucional de Revisão nº 3, de 1994, a requerer, com fundamento no art. 36 da Lei nº 818, de 1949 (com correspondência, atualmente, no art. 76 da Lei de Migração), a reaquisição de sua nacionalidade brasileira (tema que será tratado no próximo item), autorizando os consulados brasileiros no exterior a receber requerimentos dirigidos ao Ministro da Justiça neste sentido.

Em 2016, o Supremo Tribunal Federal apreciou mandado de segurança contra ato do Ministro da Justiça que havia declarado a perda da nacionalidade brasileira. A impetrante, que possuía visto permanente (*green card*) concedido pelo governo dos Estados Unidos em razão de casamento com norte-americano realizado em 1990, requereu e obteve a nacionalidade estadunidense em 1999. Por essa razão, ao final de procedimento administrativo instaurado em 2011, o Ministro da Justiça declarou a perda da nacionalidade brasileira da impetrante por meio da Portaria nº 2.465, de 3 de julho de 2013.[75]

A questão tornou-se relevante porque, em 2016, o governo norte-americano solicitou a extradição da impetrante, acusada de haver assassinado seu cônjuge em 2007. Ao apreciar a questão, o Supremo Tribunal Federal considerou que, diante da concessão prévia de visto permanente, a aquisição da nacionalidade estrangeira não era condição de permanência ou requisito para o exercício de direitos civis, pelo que a impetrante não se enquadrava em nenhuma das exceções à perda-mudança.[76]

---

[74] Vide *American Journal of International Law*, 1985, p. 1.063 – *Richards v. Secretary of State* – sobre a perda da nacionalidade americana por cidadão americano que se naturalizou canadense assinando a "declaração de renúncia e juramento de fidelidade", e American Journal of International Law, 1980, p. 438 – *Vance v. Terrazas* – sobre cidadão com dupla nacionalidade, americana e mexicana, por ter nascido nos Estados Unidos de pai mexicano, que solicitou ao governo mexicano lhe fornecesse prova de sua nacionalidade mexicana, tendo renunciado a qualquer outra nacionalidade e jurado lealdade ao México. Devido a esta atitude, o governo americano declarou que Terrazas perdera a nacionalidade americana. No caso, note-se, houve renúncia expressa, mas, mesmo assim, o Justice Brennan da Suprema Corte, em voto minoritário, entendeu que como Terrazas tinha dupla nacionalidade, seu juramento de lealdade ao México nada acrescentou à sua nacionalidade mexicana, e por isto não afetara sua nacionalidade americana.

[75] Publicada no *Diário Oficial da União* de 04.07.2013, p. 33.

[76] STF, MS 33.864/DF, Rel. Min. Roberto Barroso, *DJ* 20.09.2016: "(...) desnecessária a obtenção da nacionalidade norte-americana para os fins que constitucionalmente constituem exceção à regra da perda da nacionalidade brasileira (alíneas *a* e *b* do § 4º, II, do art. 12, da CF), sua obtenção só poderia mesmo destinar-se à integração da ora impetrante àquela comunidade nacional, o que justamente constitui a

Reagindo à interpretação conferida pelo Supremo Tribunal Federal ao art. 12, § 4º, II, da Constituição Federal, o Congresso Nacional promulgou a Emenda Constitucional nº 131, de 2023, conferindo nova redação ao dispositivo, suprimindo a perda-mudança. O dispositivo, que agora prevê a possibilidade de requerer a perda da nacionalidade brasileira, atualmente está assim redigido: "*Será declarada a perda da nacionalidade do brasileiro que: (...) II – fizer pedido expresso de perda da nacionalidade brasileira perante autoridade brasileira competente, ressalvadas situações que acarretem apatridia*".

Encerra-se, assim, a controvérsia referente às exceções à perda-mudança, pois a própria perda da nacionalidade brasileira em decorrência da aquisição voluntária de nacionalidade estrangeira deixou de existir. De forma mais ampla, a EC nº 131 representa o fim do prestígio constitucional ao princípio da unicidade em matéria de nacionalidade.

A perda-punição da nacionalidade brasileira prevista no inciso I só se aplica aos naturalizados, que poderão ter cancelada a naturalização em decorrência de fraude no processo de naturalização ou do exercício de atividade atentatória à ordem constitucional e ao Estado Democrático. Enquanto a concessão da naturalização é ato do Poder Executivo, o seu cancelamento é de exclusiva competência do Judiciário, no foro da Justiça federal.

Enquanto Pontes de Miranda aprova a perda-punição,[77] Ilmar Penna Marinho critica com veemência esta forma de perda de nacionalidade, considerando-a antipática e antijurídica.[78] Se o Estado se sente ameaçado pela ação de indivíduo naturalizado, tem meios eficazes de punir o culpado, seu nacional. Desnacionalizar o culpado, visando certamente expulsá-lo, permitirá que de seu país de origem, ou em outro qualquer, volte a conspirar contra o Brasil, argumenta o autor.[79] A crítica de Penna Marinho ganha novos contornos a partir do advento da internet e das tentativas de interferências em eleições ao redor do mundo.

A Constituição italiana, art. 22, dispõe que ninguém pode ser privado por motivos políticos, de sua capacidade jurídica, da cidadania e do nome, e nos Estados Unidos entende-se

---

razão central do critério adotado pelo constituinte originário para a perda da nacionalidade brasileira, critério este, repise-se, não excepcionado pela Emenda 03/94, que introduziu as exceções previstas nas alíneas *a* e *b*, do § 4º, II, do ar t. 12, da CF". Importante mencionar que na Ext. nº 1.462/DF, j. 28.03.2017, *DJe* 29.6.2017, foi concedida extradição, nesse mesmo caso do, de brasileira naturalizada americana, acusada de assassinato.

[77] Pontes de Miranda, *Comentários à Constituição de 1967*, tomo IV, 1970, p. 529 e ss.

[78] Ilmar Penna Marinho, *Tratado sobre a Nacionalidade*, 1961, v. IV, p. 828.

[79] Na Assembleia Constituinte várias emendas foram apresentadas visando suprimir a perda-punição, destacando-se a proposta do Senador e Professor Luiz Vianna Filha, que assim a justificou: "... atividade nociva ao interesse nacional é expressão vaga, indefinida e que se prestará facilmente a toda sorte de perseguições. Pergunta-se: que se deve entender por atividade nociva ao país? É comum, principalmente nos regimes autoritários, que os governantes tenham como atividade antinacional toda aquela que exprima ideias contrárias aos donos do poder". Esta e outras propostas com o mesmo objetivo foram rejeitadas pelo Relator Bernardo Cabral e não lograram aprovação no Senado. Celso Lafer, em *A Ruptura Totalitária e a Reconstrução dos Direitos Humanos – Um Diálogo com Hannah Arendt*, p. 164-165, observa que se trata de uma punição cruel, equiparável à tortura, e que "atividade contrária ao interesse nacional" (redação da Carta anterior) é noção de conteúdo variável que "pode dar margem à confusão, à ambiguidade, ao erro e, destarte, ao arbítrio, mesmo no contexto das garantias de um processo judicial". Vide acórdão na Apelação Cível nº 56.273, de São Paulo, em que o antigo Tribunal Federal de Recursos negou o cancelamento da naturalização: tratava-se de caso que teve origem em atividades políticas do naturalizado ocorridas na década de 1940, julgado pelo TFR em 1987, acórdão publicado no *DJ* de 28.05.1987.

que a Emenda n° XIV equiparou os americanos por naturalização aos americanos natos, não se admitindo perda forçada de nacionalidade.[80]

Quanto à repercussão da prestação de serviço militar sobre a nacionalidade, houve um período em que nossa legislação declarava a perda da nacionalidade do brasileiro que prestasse serviço em forças armadas estrangeiras. Assim, a Circular n° 295 do Ministério das Relações Exteriores, de 22 de fevereiro de 1929, dispôs que os brasileiros polipátridas que prestassem, sem coação, serviço militar em Estado estrangeiro, perderiam a nacionalidade brasileira.

O Decreto-lei n° 389, de 25 de abril de 1938, em seu art. 2°, *b*, determinava que *"perde a nacionalidade o brasileiro que, sem licença do Presidente da República, aceitar comissão ou emprego remunerado de governo estrangeiro, como tal considerada a prestação voluntária de serviço militar"*.

Ilmar Penna Marinho é de opinião que não se perde a nacionalidade brasileira por prestação de serviço militar no exterior e assim resume sua posição: a) a prestação de serviço militar não constitui motivo de perda da nacionalidade de brasileiro; b) se a prestação tiver sido obrigatória, não produzirá o menor efeito no Brasil; c) se a prestação tiver sido voluntária, ficará o brasileiro tão somente sujeito às leis penais brasileiras, podendo ser chamado a responder pelos delitos de insubmissão, deserção, conforme o Código Penal e o Código Penal Militar.[81] No mais, há de se respeitar os acordos bilaterais que o Brasil firmou com vários países, bem assim o Protocolo da Haia, de 1930, que examinaremos mais adiante.[82] Pontes de Miranda tem posição diferente.[83]

No Brasil só servem nas forças armadas os brasileiros; já nos Estados Unidos são convocados ao serviço militar os estrangeiros com residência permanente no país, e nos países da OTAN é válido e reconhecível o serviço militar prestado por nacional de um país-membro nas forças armadas de outro país-membro.[84]

Tendo a Constituição de 1988 omitido a hipótese de perda da nacionalidade por aceitação de emprego de governo estrangeiro, é de se considerar pacificada a questão do serviço militar prestado em outro país, que não mais terá repercussão sobre o *status* do nacional brasileiro.

## REAQUISIÇÃO DA NACIONALIDADE

O brasileiro, tanto o nato quanto o naturalizado, que tenha perdido a nacionalidade brasileira, pode readquiri-la, de conformidade com o art. 76 da Lei de Migração.

---

[80] Laurence H. Tribe, *American Constitutional Law*, 1988, p. 356, invocando decisões da Suprema Corte americana.
[81] Ilmar Penna Marinho, *Tratado sobre a Nacionalidade*, 1961, v. IV, p. 825.
[82] Vide Haroldo Valladão, *Direito Internacional Privado*, v. I, 1980, p. 331-332; e A. Dardeau de Carvalho, *Nacionalidade e Cidadania*, 1956, p. 255.
[83] Pontes de Miranda, *Comentários à Constituição de 1967*, tomo IV, 1970, p. 527, invocando o art. 18 das Disposições Transitórias da Constituição de 1946, que dispôs não terem perdido a nossa nacionalidade os brasileiros que prestaram serviço na 2ª Guerra Mundial às nações aliadas, embora sem licença presidencial, do que deduz que, excetuada aquela hipótese, perde-se a nacionalidade por servir em exército estrangeiro. Lêda Boechat Rodrigues em sua "História do STF", tomo II, p. 32, conta que quando se discutia no Senado a 11 de maio de 1907 a chegada ao Brasil de D. Luís de Orleans e Bragança, filho da Princesa Isabel, que teve seu desembarque impedido pelas autoridades, o Senador Francisco Glicério disse que D. Luís nem ao menos tinha a seu favor "a atenuante de ser brasileiro, pois que, aceitando um posto na marinha de guerra austríaca" renunciara expressamente à sua nacionalidade brasileira.
[84] Wolfgang Friedmann, *The Changing Structure of International Law*, 1966, p. 236-237. Existem acordos assinados por dois países como o Acordo França-Argélia de 1983 pelo qual o serviço nacional prestado em um dos Estados acordantes é considerado satisfação das obrigações para com o serviço nacional do outro Estado. Vide *Revue*, 1985.156.

Ainda durante a vigência da Lei nº 818, discutia a doutrina se a reaquisição é uma naturalização específica para ex-brasileiros ou se permite que se retorne ao *status* anterior.[85] Na primeira hipótese, o brasileiro nato, que perde a nacionalidade, pela reaquisição, passa a ser brasileiro naturalizado. Para a segunda corrente, que nos parece melhor por ser mais benéfica ao indivíduo envolvido, o brasileiro nato que deixa de ser brasileiro readquire o seu *status* de nato.

## NACIONALIDADE DA MULHER CASADA

Na Europa era muito comum o legislador preceituar a unidade da família quanto à nacionalidade, em consequência de que a mulher casada adquiria a nacionalidade do marido e acompanhava-o nas eventuais modificações. No século XX, este princípio foi perdendo terreno, e já em 1932 o Instituto de Direito Internacional, em sua sessão de Oslo, recomendava aos Estados que se inspirassem nos princípios de respeito à vontade dos cônjuges, nunca se devendo estender a nacionalidade de um cônjuge ao outro, contra sua vontade.

No Brasil, o Decreto nº 1.096, de 1860, em seu art. 2º, dispunha que *"a estrangeira que casar com brasileiro seguirá a condição do marido e semelhantemente a brasileira que casar com estrangeiro seguirá a condição deste..."*.

Essa lei foi severamente criticada, tendo Teixeira de Freitas declarado que a nacionalidade não é uma qualidade do estado civil, mas do estado político, que emana da Constituição, e por ser matéria constitucional, e nada tendo a Lei Maior dito sobre a influência do casamento sobre a nacionalidade, conclui-se que *"nem a brasileira fica estrangeira por casar com estrangeiro, nem a estrangeira fica brasileira por se casar com brasileiro"*.[86] Rodrigo Octávio escreveu que "a nós se nos afigura a lei perfeitamente inconstitucional e já assim havia opinado a seção dos Negócios do Império do Conselho de Estado, na Consulta de 26 de agosto de 1868, resolvida a 21 de novembro e constante da decisão de 31 de janeiro do ano seguinte".[87]

A Convenção da Haia sobre Nacionalidade, de 1930, dispôs em seu art. 8º que, *"se a lei nacional da mulher lhe fizer perder a nacionalidade em consequência de casamento com estrangeiro, esse efeito será subordinado à aquisição por ela, da nacionalidade do marido"*. Essa Convenção foi ratificada pelo Brasil e promulgada pelo Decreto nº 21.798, de 6 de setembro de 1932.

A VII Conferência Pan-Americana, realizada em Montevidéu, em 1933, aprovou uma Convenção sobre Nacionalidade, cujo art. 6º dispõe *"que nem o casamento nem a sua dissolução atingem a nacionalidade dos cônjuges ou a de seus filhos"*, pacto aceito pelo Brasil que o promulgou pelo Decreto nº 2.572, de 18 de abril de 1938.

O mais importante diploma internacional sobre a matéria, aprovado pela maioria dos países, inclusive o Brasil, é a Convenção sobre a Nacionalidade da Mulher Casada, patrocinada pela ONU, aprovada em 20 de fevereiro de 1957, que em seu art. 1º fixa que *"Todo Estado contratante acorda em que nem a celebração, nem a dissolução do matrimônio entre súditos e estrangeiros, nem a mudança da nacionalidade do marido durante o matrimônio, poderão ipso facto produzir efeitos sobre a nacionalidade da mulher"*. Vale também mencionar a Convenção

---

[85] Vide Nadia de Araujo, Perda e Reaquisição da Nacionalidade Brasileira, In: Jacob Dolinger (org.), *A Nova Constituição e o Direito Internacional*, 1987, p. 55 e ss.

[86] Vide Haroldo Valladão, *Conflito das Leis Nacionais dos Cônjuges nas suas Relações de Ordem Pessoal e Econômica e no Desquite*, 1936, p. 101-103.

[87] Rodrigo Octávio, *Direito do Estrangeiro no Brasil*, 1909, p. 116. O autor refere que a decisão foi publicada no *Diário Oficial* de 13 de fevereiro de 1869.

da ONU sobre a eliminação de todas as formas de discriminação contra as mulheres, 1979, que estabeleceu no art. 9.1 que *"Os Estados-Partes outorgarão às mulheres direitos iguais aos dos homens para adquirir, mudar ou conservar sua nacionalidade. Garantirão, em particular, que nem o casamento com um estrangeiro, nem a mudança de nacionalidade do marido durante o casamento, modifiquem automaticamente a nacionalidade da esposa, convertam-na em apátrida ou a obriguem a adotar a nacionalidade do cônjuge".*[88]

Em 1975, a Corte Constitucional italiana julgou inconstitucional uma lei de 1912, que determinava que a mulher italiana que esposasse um estrangeiro cuja legislação lhe atribuísse a nacionalidade de seu marido perderia sua nacionalidade de origem. Esta regra foi considerada contrária aos arts. 3º (princípio da igualdade) e 29, § 2º (princípio da igualdade dos esposos na família), da Constituição. A Corte declarou que o dispositivo de 1912 inspirou-se na concepção então dominante de que a mulher é inferior ao homem na ordem jurídica e também por ser destituída de plena capacidade de direito. Estes conceitos não mais correspondem aos princípios da Constituição, disse a Corte italiana, mas, pelo contrário, conflitam com seus fundamentos, que atribuem à mulher a mesma dignidade social do homem, prevendo a igualdade de todos os nacionais perante a lei, sem distinção de sexo.[89]

Nos Países Baixos, a lei de 1892 que previa a aquisição de nacionalidade das mulheres pelo casamento foi revogada em 1963;[90] a Alemanha modificou sua legislação em 1969 e a França, em 1973.

## CONFLITOS DE NACIONALIDADE POSITIVOS E NEGATIVOS

A dupla nacionalidade é um fenômeno decorrente da diversidade de critérios existentes sobre a aquisição da nacionalidade. Assim, se uma criança nasce em um país que adota o *ius soli*, filha de pais cuja lei nacional adota o critério do *ius sanguinis*, ela terá duas nacionalidades, a do país de seu nascimento e a do país da nacionalidade de seus pais.

Se um português casava com uma brasileira, a esposa era considerada portuguesa pela legislação anteriormente vigente neste país, que adotava o critério da unidade da nacionalidade no matrimônio, enquanto para o Brasil ela continuava brasileira.

O professor Ferrer Correia formulou a hipótese do português que casasse civilmente com uma grega, em Portugal. Para o direito grego, que só conhecia o casamento religioso, o casamento civil seria inexistente e a mulher permaneceria solteira e grega, enquanto para o direito de Portugal, ela teria casado validamente e adquirido a nacionalidade portuguesa.[91]

Em todas estas hipóteses a pessoa seria considerada por cada país com a sua nacionalidade e, em consequência, ficaria com dupla nacionalidade.

A determinação da nacionalidade de um binacional depende do contexto. Quando a análise é feita por um dos Estados cuja nacionalidade o indivíduo possua, a solução dada pelo direito internacional é que cada Estado o considerará como seu nacional.[92]

---

[88] Promulgada pelo Decreto nº 4.377, de 13.09.2002.
[89] Clunet, 1983.173.
[90] H. F. van Panhuys (editor), *International Law in the Netherlands*, v. 3, 1980, p. 78.
[91] Ferrer Correia, *Lições de Direito Internacional Privado*, 1963, p. 84.
[92] Convenção Concernente a Certas Questões Relativas aos Conflitos de Leis sobre a Nacionalidade, promulgada pelo Decreto nº 21.798, de 6 de setembro de 1932, art. 3º: "Sob reserva das disposições da presente Convenção, um indivíduo que tenha duas ou mais nacionalidades poderá ser considerado, por cada um dos Estados cuja nacionalidade possua, como seu nacional". Convenção de Direito Internacional Privado, de Havana, promulgada pelo Decreto nº 18.871, de 13 de agosto de 1929, art. 9: "Cada

Quando um terceiro Estado tiver que decidir sobre a nacionalidade de um binacional, ligado a outros dois países, o Código Bustamante, art. 10, dispõe que se reconhecerá a nacionalidade do país em que a pessoa tiver domicílio. E a Convenção sobre Nacionalidade, Haia 1930, dispõe no art. 5º que se reconhecerá tanto a nacionalidade do país onde o binacional tenha sua residência habitual quanto a nacionalidade do país ao qual, segundo as circunstâncias, ele pareça, de fato, mais ligado. Esta segunda alternativa de solução obedece ao princípio da proximidade.[93]

Em 1979, o *State Department* dirigiu uma nota à embaixada soviética em Washington consultando-a sobre algumas questões relacionadas à Lei de Nacionalidade soviética de 1978, que entrou em vigor em 1º de julho de 1979, observando o seguinte: "... *Os Estados Unidos reconhecem a existência de dupla nacionalidade em casos individuais como consequência dos conflitos de leis sobre a matéria de nacionalidade, uma vez que não há regra uniforme de direito internacional relativa à aquisição da nacionalidade. Devido às diferenças entre leis sobre nacionalidade dos vários países, inclusive dos Estados Unidos e da Rússia soviética, há muitas pessoas que têm conferida a nacionalidade de dois ou mais países. Como resultado, é possível que uma pessoa tenha direito legítimo à nacionalidade americana de acordo com as leis deste país, tendo igualmente legítima pretensão à cidadania da União Soviética, de acordo com a lei soviética*".[94]

Questões de dupla nacionalidade ocorreram no julgamento de várias causas submetidas ao Tribunal de Reclamações Irã-Estados Unidos, devido à norma contida no Acordo que criou esta Corte especial, determinando que americanos poderiam reclamar contra o Irã e iranianos contra os Estados Unidos, surgindo dúvidas sobre a competência da Corte para julgar reclamações de indivíduos com dupla nacionalidade – americana e iraniana. O Tribunal decidiu, com base na Convenção da Haia de 1930, apurar a "nacionalidade dominante e efetiva" do reclamante. Esta apuração se processa com base em vários aspectos da vida da pessoa, assim como sua residência, participação em eleições, propriedades, local de sua educação, pagamento de impostos, laços familiares, prestação de serviço militar e investimentos.[95] Temos aqui também o princípio da proximidade.

Na Europa tem surgido o problema da dupla nacionalidade de políticos e membros do governo, geralmente relacionada com filhos de imigrantes marroquinos, turcos e de outras nacionalidades, que enquanto mantêm a nacionalidade originária, também adquirem a nacio-

---

Estado contratante aplicará su propio derecho a la determinación de la nacionalidad de origen de toda persona individual o jurídica y de su adquisición, pérdida o reintegración posteriores, que se hayan realizado dentro o fuera de su territorio, cuando una de las nacionalidades sujetas a controversia sea la de dicho Estado. En los demás casos, regirán las disposiciones que establecen los artículos restantes de este capítulo".

[93] Em curso proferido na Academia de Direito Internacional da Haia Jacob Dolinger sustentou que este dispositivo da Convenção sobre Nacionalidade é uma autêntica expressão no direito positivo do princípio da proximidade. "Evolution of Principles for Resolving Conflicts in the Field of Contracts and Torts", Recueil des Cours, v. CCLXXXIII, p. 372 (2000).

[94] *American Journal of International Law*, 1979, p. 678. Ocorre que em seu art. 8º a Lei soviética de 1978 dispunha que "nenhuma pessoa, sendo cidadã da URSS, será reconhecida como titular de uma nacionalidade estrangeira". "International Legal Materials", 1981/1.207. Dispositivo semelhante encontramos no Código da Nacionalidade da República Popular da China, de 1980, em seu art. 3º: "A República Popular da China não reconhece ao cidadão chinês o estatuto da dupla nacionalidade". *Revue*, 1981.590.

[95] Vide *American Journal of International Law*, 1983/648, 1984/912, *International Legal Materials*, 1984/489, e *Revue*, 1985.301 e 477. Na Extradição nº 541, requerida pela Itália, em que o extraditando se naturalizara brasileiro antes de cometer o crime, o STF negou o pedido italiano, lendo-se no aresto: "Não obstante, no Estado requerente, o extraditando, lá nascido, seja considerado italiano, no juízo de extradição passiva, a nacionalidade do extraditando é aferida conforme a *lex fori*, que o reputa brasileiro". RTJ 145/428-30.

nalidade do país em que vivem e acabam ingressando na política.⁹⁶ A Convenção Europeia sobre Nacionalidade dispõe sobre a possibilidade de pluralidade de nacionalidades nos arts. 14 a 17.

A apatridia é o fenômeno oposto ao da dupla nacionalidade, que resulta igualmente de conflito de leis em matéria de nacionalidade, quando se tratar, por exemplo, de pessoa nascida em território de país que segue o *ius sanguinis*, sendo filho de pessoa detentora de nacionalidade cuja legislação adota o critério do *ius soli*. Não terá a nacionalidade do país onde nasceu, que atribui aos filhos a nacionalidade dos pais, tampouco terá adquirido a nacionalidade dos pais, porque a legislação do país destes não a concede aos filhos de seus nacionais que nascem em território de outro país.

Em 1930, na Haia, foram firmados protocolos aditivos à Convenção sobre Nacionalidade, visando a proteção dos apátridas. Em 1954 foi firmada, sob o patrocínio da ONU, a Convenção sobre o Estatuto dos Apátridas, aprovada pelo Brasil pelo Decreto Legislativo nº 38/1995 e promulgada pelo Decreto nº 4.246/2002. Em 1961 foi firmada uma Convenção, também sob o patrocínio da ONU, para Redução dos casos de Apatridia, aprovada no Brasil pelo Decreto Legislativo nº 274/2007.⁹⁷ Em 1963, foi assinada a Convenção Europeia para a Solução dos Casos de Múltipla Nacionalidade por iniciativa do Conselho da Europa.

## PRINCÍPIOS E REGRAS INTERNACIONAIS SOBRE A NACIONALIDADE

A Convenção da Haia de 1930 estabelece, em seu primeiro artigo, o princípio da competência para estabelecer a nacionalidade, dispondo que "*cabe a cada Estado determinar por sua legislação quais são os seus nacionais. Esta legislação será aceita por todos os outros Estados, desde que esteja de acordo com as convenções internacionais, o costume internacional e os princípios de direito geralmente reconhecidos em matéria de nacionalidade*", que se completa com a norma contida no art. 2º: "*Toda questão relativa ao ponto de saber se um indivíduo possui a nacionalidade de um Estado será resolvida de acordo com a legislação desse Estado*".

A Convenção trata no art. 3º da dupla nacionalidade: "sob reserva das disposições da presente Convenção um indivíduo que tenha duas ou mais nacionalidades poderá ser considerado por cada um dos Estados cuja nacionalidade possua, seu nacional".

O Código Bustamante cuida da matéria nos arts. 9º a 15.

Em 1997, o Conselho da Europa promoveu a Convenção Europeia sobre Nacionalidade,⁹⁸ em que todos os temas e questões relativos à nacionalidade estão equacionados e regulados na conformidade das modernas conquistas neste campo. O princípio contido no art. 1º da Convenção da Haia de 1930, sobre o reconhecimento de nacionalidade por outros Estados, vem repetido no art. 3º da nova Convenção, que inclui regra contra a discriminação entre nacionais natos e naturalizados e regras visando evitar o estado de apatridia.

A segunda autora resumiu os princípios internacionais em matéria de nacionalidade da seguinte maneira:⁹⁹

---

⁹⁶ Vide resenha bibliográfica de Hans Ulrich Jessurun D'Oliveira, da Universidade de Amsterdam ao livro de Alfred M. Boll, Multiple Nationality and International Law, *American Journal of International Law* 2007, p. 922-928.

⁹⁷ Trata-se de inusitada situação, pois, embora exista Decreto Legislativo autorizando a ratificação da Convenção e o Brasil conste como membro da convenção nas informações divulgadas pelas Nações Unidas, não houve, por muitos anos, Decreto executivo aperfeiçoando a internalização da convenção. Finalmente, em 2015, publicou-se o Decreto nº 8.501, de 18 de agosto.

⁹⁸ Vide *International Legal Materials*, 1998, p. 44.

⁹⁹ Carmen Tiburcio e Luís Roberto Barroso, *Direito Constitucional Internacional*, 2013, p. 283-286; Carmen Tiburcio, *The Human Rights of Aliens under International and Comparative Law*, 2001, p. 19 e ss.

1) Cada Estado é habilitado para determinar quem são seus nacionais.[100]

2) O Direito Internacional impõe algumas limitações ao poder do Estado de determinar quem são seus nacionais.[101]

3) Nacionalidade não é um vínculo permanente. É possível que um nacional se torne estrangeiro.[102]

4) Como corolário dos princípios anteriores, os Estados podem desnacionalizar os indivíduos, na medida em que haja clara previsão legal das hipóteses de destituição de nacionalidade, sem margem para a arbitrariedade.[103]

5) Direito a uma nacionalidade – a grande maioria dos documentos internacionais de direitos humanos menciona o direito à nacionalidade. No entanto, a aplicação prática dessas regras é objeto de debate. A interpretação mais apropriada do princípio é a que o considera como diretriz indicativa para os Estados ao legislarem sobre nacionalidade, no intuito de que se evite a apatridia.[104] Ademais, deve ser levado em conta na aplicação das normas internas sobre aquisição e perda da nacionalidade, sempre adotando-se uma interpretação favorável à manutenção da nacionalidade.

6) Prevenção à apatridia – como visto anteriormente, em face da relevância do vínculo da nacionalidade, a grande maioria das convenções internacionais tenta minimizar a possibilidade de sua ocorrência.[105]

7) Apenas um nacional tem o direito de entrar, morar, locomover-se livremente e não ser expulso do território de determinado país. Como consequência, estrangeiros são, via de regra, privados desses direitos.[106]

---

[100] Convenção da Haia sobre Nacionalidade arts. 1 e 2; Código de Bustamante, Havana, 1928, ratificado por todos os Estados Americanos exceto os EUA, México, Colômbia, Argentina, Uruguai e Paraguai, arts. 9, 12, 14, 15; Declaração Americana, art. XIX; Harvard Draft on Nationality, 1929, art. 2; Decisão do PCIJ (1928), troca das populações grega e turca, Convenção Europeia sobre Nacionalidade, art. 3º, 1, 1997.

[101] Convenção da Haia sobre Nacionalidade, art. 1; The Harvard Draft on Nationality,1929, art. 2; Nottebohn Case, CIJ, 1955; Convenção Europeia sobre Nacionalidade, art. 3º, 2, 1997.

[102] Declaração Americana art. XIX; Convenção Europeia sobre Nacionalidade, arts. 7º e 8º, 1997; Declaração Universal, art. XV.2.

[103] Declaração Universal, art. 15(1); Convenção Americana, art. 20 (1); Convenção Europeia sobre Nacionalidade, arts. 7º e 8º, 1997; Declaração Universal, art. XV.2.

[104] Ver Declaração Universal, art. 15(1); Convenção Americana, art. 20.1; Declaração Americana, art. 24 (3), Pacto Internacional sobre Direitos Civis e Políticos, art. 24, 3 (ONU – 1966); Convenção sobre os Direitos da Criança (Nova York – 1989), art. 7; Convenção Europeia, arts. 4, a e b 6.1, b, 7.3 e 8.1 .É necessário apontar que o direito a nacionalidade tem sido invocado em inúmeras jurisdições domésticas como o caso do Ministro do Interior v. Kemali (Itália); Caso da Naturalização Iraniana (França), na esfera internacional no caso Nottebohn no voto dissidente do Juiz Guggenheim e também pela Corte Interamericana de Direitos Humanos nos casos Re Amendments to the Naturalization Provision of the Constitution of Costa Rica 5 HRLJ 161 (1984), todos citados por Johannes M. M. Chan, The Right to a Nationality as a Human Right, 12 Human Rights Law Journal, p. 3, nota 20. Ademais, a Suprema Corte norte-americana, no caso Afroyim v. Rusk 387 US 253 (1967), determinou que a Emenda 14 não permite que o Congresso retire a nacionalidade de um indivíduo que não consinta com isso.

[105] Ver Convenção da ONU sobre a Redução da Apatridia, art.1; Convenção Americana, art. 20.2; Convenção de Haia sobre Nacionalidade, arts. 14 a 17; Harvard Draft on Nationality, arts. 7 e 9; Convenção Europeia, arts. 4.b, 6.1, b, 7.3 e 8.1.

[106] Declaração Universal, art. 13(2); Convenção Americana, art. 22.5, Declaração Americana, art. VIII; Quarto Protocolo à Convenção Europeia de Direitos Humanos, 1963, art. 3; Convenção sobre a condição dos estrangeiros (Havana – 1928).

8) Também como consequência, nacionais de um Estado que tenham perdido a sua nacionalidade, na ausência de alternativas de destino, devem ser admitidos no Estado de sua última nacionalidade, salvo circunstâncias especiais.[107]

9) Nacionais têm o direito de deixar seu país.[108]

10) O casamento não tem influência alguma na nacionalidade. Até recentemente, alguns Estados estabeleciam que uma nacional de determinado país perdia sua nacionalidade se casasse com um estrangeiro e, inversamente, quando uma mulher estrangeira se casasse com um nacional ela adquiriria automaticamente a nacionalidade do seu marido. Atualmente, entretanto, tem-se entendido que o casamento apenas tem o condão de facilitar o processo de aquisição de determinada nacionalidade.[109]

11) Somente aos nacionais são atribuídos direitos políticos plenos.[110]

12) Em casos de dupla nacionalidade, aplica-se o direito interno se uma das nacionalidades é a do Estado em questão.[111] Caso contrário, aplica-se o princípio da "nacionalidade efetiva".[112]

13) Relativamente à aquisição da nacionalidade, filhos de pessoal diplomático constituem exceção à regra do *ius solis* e não adquirem a nacionalidade do país onde nasceram.[113]

14) A aquisição derivada de nacionalidade deve ser voluntária.[114]

15) As regras envolvendo nacionalidade devem ser estabelecidas por lei.[115]

16) As regras sobre nacionalidade não podem se basear em discriminação com base em sexo, religião ou raça.[116]

## JURISPRUDÊNCIA INTERNACIONAL

*Caso Canevaro* – A Itália apoiou, em 1912, uma reivindicação de três nacionais italianos contra o Peru diante da Corte Permanente de Arbitragem. Sobre a nacionalidade italiana de

---

[107] Harvard Draft on Nationality, art. 20; Protocolo Especial Relativo à Apatridia, art. 1. Como observado anteriormente, Paul Weis discorda que esta seja uma regra de direito internacional.

[108] Declaração Universal, art. 13(2); Pacto Internacional sobre Direitos Civis e Políticos, art. 12.2; Quarto Protocolo à Convenção Europeia de Direitos Humanos, 1963, art. 2.

[109] Convenção da ONU sobre Eliminação de Todas as formas de Discriminação contra as Mulheres (Nova York – 1979), art. 9.1; Convenção sobre a Nacionalidade da Mulher (Montevidéu-1933) artigo 1 e a Convenção sobre a Nacionalidade da Mulher Casada (Nova York-1957); Convenção Europeia sobre Nacionalidade, art. 4.d especificamente; e em geral todas as previsões de não discriminação, que proíbem discriminações baseadas no sexo: art. 2 da Declaração Universal; art. 2.1 do Pacto Internacional sobre Direitos Civis e Políticos; art. 1(1) da Convenção Americana; art. 5 da Convenção Europeia sobre Nacionalidade.

[110] Declaração Universal, art. 21(1), art. 21(2); Pacto Internacional sobre Direitos Civis e Políticos, art. 25; Convenção Americana, art. 23; Declaração Americana, art. XX, Convenção de Havana sobre Condição dos Estrangeiros, art. 7.

[111] Convenção de Haia sobre Nacionalidade, art. 3; Código de Bustamante, art. 9.

[112] Código de Bustamante, art. 10, onde a nacionalidade efetiva é a do lugar de domicílio do indivíduo; Convenção da Haia sobre Nacionalidade, art. 5, no qual é exemplificado o princípio da residência habitual e principal ou "a nacionalidade do país, ao qual, segundo as circunstâncias, ele, de fato pareça mais ligado".

[113] V. Harvard Draft on Nationality, art. 5; Convenção da Haia sobre Nacionalidade, art. 12; Optional Protocol to the Vienna Convention on Diplomatic Relations art. 2.

[114] Harvard Draft on Nationality, art. 15; Convenção da Haia sobre Nacionalidade, arts. 10 e 11.

[115] Harvard Draft on Nationality, art. 2; Convenção da Haia sobre Nacionalidade, arts. 1 e 2; Convenção Europeia sobre Nacionalidade, art. 3.1.

[116] Convenção Europeia sobre Nacionalidade, art. 5º; Convenção sobre Eliminação de todas as formas de discriminação racial, 1966, art. 3.1.

dois dos interessados não houve discussão, mas o Peru sustentou que o terceiro interessado, Canevaro, não tinha direito de se considerar nacional italiano, eis que, segundo a lei peruana, era ele nacional daquele país, nascido em território peruano, de pai italiano. Ademais, Canevaro se candidatara às eleições para o Senado e aceitou exercer as funções de cônsul dos Países Baixos, após permissão por ele solicitada ao governo e ao Congresso peruano. Assim, independentemente do *status* de Canevaro na Itália, o governo do Peru tinha o direito de considerá-lo peruano, e assim negar legitimidade à Itália para defender seus interesses.

A Corte aceitou a posição do Peru.[117]

*Caso Tellech* – "*United States v. Austria and Hungary*", caso decidido em 1928 pela Comissão Tripartite U.S. – Áustria-Hungria, referia-se a Alexandre Tellech, nascido nos Estados Unidos, de pais austríacos, titular de dupla nacionalidade, e forçado a cumprir serviço militar na Áustria. A Comissão decidiu que a atitude das autoridades civis e militares austríacas ocorreu na Áustria, onde o reclamante residia voluntariamente e era considerado nacional austríaco. A nacionalidade é determinada por regras estabelecidas pela lei interna de cada país. E segundo a lei da Áustria, à qual o reclamante voluntariamente se sujeitou, ele era austríaco e, portanto, as autoridades tinham direito de tratá-lo como tal. Possuindo Tellech dupla nacionalidade e decidindo residir em território austríaco, submeteu-se aos deveres e obrigações de um austríaco decorrentes das leis internas da Áustria.[118]

*Caso Nottebohm* – Na jurisprudência internacional sobre nacionalidade destaca-se o famoso caso *Nottebohm*, julgado pela Corte Internacional de Justiça na Haia. Friedrich Nottebohm nasceu em Hamburgo em 26 de setembro de 1881, sendo nacional alemão. Imigrou para a Guatemala em 1905, ali fixando domicílio e se dedicando a atividade comercial na qual foi muito bem-sucedido. Nottebohm costumava viajar para a Alemanha a negócios, a vários outros países para gozar férias e ao Liechtenstein para visitar um irmão que lá vivia. Em 1939, ano em que eclodiu a 2ª Guerra Mundial no dia 1º de setembro, Nottebohm visitava a Europa e, de passagem por Liechtenstein, consegue adquirir a nacionalidade deste país, regressando à Guatemala, onde continua vivendo. Em 19 de outubro de 1943, como resultado de intervenção norte-americana, é preso e deportado para os Estados Unidos como nacional de país inimigo, permanecendo preso por mais de dois anos, sem julgamento. Terminada a guerra, Nottebohm tem recusado seu regresso à Guatemala, cujo governo confisca suas propriedades em 1949 e os tribunais não conhecem as medidas judiciais que impetra para reaver seus bens. Nottebohm vai viver em Liechtenstein, cujo governo assume a defesa de seus direitos, processando a Guatemala perante a Corte Internacional em 1951, pleiteando que a Guatemala pague indenização pela detenção e expulsão de seu nacional e devolva os bens confiscados. A Guatemala se defende alegando falta de negociações diplomáticas, falta de esgotamento das vias de recursos internos e, principalmente, a ilegitimidade de Liechtenstein por não ser autêntica a nacionalidade de Nottebohm, uma vez que foi falha sua aquisição da nacionalidade de Liechtenstein.

A Corte Internacional cuida do argumento da nacionalidade e nele funda sua decisão final. Reconhece a Corte que o Liechtenstein, como todo Estado soberano, regula por sua própria lei a aquisição de sua nacionalidade, mas, para o exercício da proteção do nacional pelo Estado perante uma jurisdição internacional, deve-se atentar para o direito internacional a fim de determinar se o Estado tem realmente qualidade para exercer esta proteção e pleitear em favor do cidadão perante a Corte. "*À época de sua naturalização, aparentava Nottebohm*

---

[117] Vide HENKIN, Louis e outros. *International Law, Cases and Materials*, p. 442, e *American Journal of International Law*, 1912, p. 746.
[118] Vide Hans Kelsen, *Principles of International Law*, p. 376-377.

*estar mais ligado a Liechtenstein do que a qualquer outro Estado no que concerne à sua tradição, seu estabelecimento, interesses, laços familiares e intenções para o futuro mediato?"*, indaga a Corte. E prossegue: *"À data quando requereu sua naturalização, Nottebohm era nacional alemão desde a época de seu nascimento. Sempre manteve seus contatos com os membros de sua família que haviam permanecido na Alemanha e sempre manteve relações comerciais com aquele país. Seu país estava em guerra há mais de um mês e não há indicação de que o pedido de naturalização foi motivado pelo desejo de se disassociar do governo do seu país. Estabelecera-se na Guatemala há 34 anos, lá conduzindo suas atividades; este país era o principal local de seu interesse. Para lá regressou pouco após sua naturalização, e ali manteve o centro de seus interesses e de suas atividades...".*

E diz mais a Corte: *"A naturalização foi solicitada não com o objetivo de obter o reconhecimento legal de Nottebohm como membro da população de Liechtenstein, mas com o fim de substituir seu status de nacional de país beligerante, pelo de nacional de país neutro, com o objetivo exclusivo de se submeter assim à proteção de Liechtenstein, sem se ligar a suas tradições, interesses, maneira de viver...".* E define a Corte Internacional: *"A nacionalidade é um laço jurídico que tem na sua base um fato social de conexão, uma solidariedade efetiva de existência, de interesses, de sentimentos, ligados a uma reciprocidade de direitos e deveres".* Ora, os laços de Nottebohm com o Liechtenstein, conclui a Corte, são extremamente tênues, concedida que foi a sua naturalização sem atenção à ideia que se tem do instituto da nacionalidade nas relações internacionais, daí não ser a Guatemala obrigada a reconhecê-la, pelo que a Corte – numa decisão tomada em 6 de abril de 1955, da qual divergiram três eminentes de seus membros – rejeitou a pretensão de Liechtenstein, sem exame do mérito da questão.[119]

Os votos dissidentes foram dos juízes Klaestad, Read e Guggenheim, que opinaram no sentido de que a Corte deveria prosseguir no julgamento do mérito, rejeitando a preliminar de que a Guatemala não estava obrigada a reconhecer o direito de Liechtenstein de representar os interesses de Nottebohm. Os juízes dissidentes apresentaram os seguintes argumentos a favor de suas posições:

- Nottebohm chegou a Liechtenstein em maio de 1946, ali estabeleceu residência e lá se encontrava à época do julgamento.

- Quando o governo da Guatemala efetivou a expropriação de seus bens, em maio de 1949, Nottebohm já estava vivendo há três anos em Liechtenstein.

- A própria defesa guatemalteca reconheceu que "a maioria dos Estados, de uma ou outra forma, admite em casos excepcionais isentar quem solicita a naturalização, de provar prévia e longa residência no país".

- Países como China, França, Reino Unido e Países Baixos têm um grande número de nacionais que não residem nos seus territórios; ao naturalizar-se, Nottebohm incorporou-se na parte não residente do povo de Liechtenstein.

---

[119] Vide Louis Henkin, Richard C. Pugh, Oscar Schachter e Hans Smit, *International Law – Cases and Materials*, 1972, p. 433 e ss. e Pierre M. Eisemann e outros, *Petit Manuel de la Jurisprudence de la Cour Internationale de Justice*, 1971, p. 59 e ss. A íntegra da decisão e dos votos dissidentes vem reproduzida no Court Reports de 1955, p. 4-65. No julgamento do HC nº 83.450, realizado em agosto de 2004, no Supremo Tribunal Federal, o Ministro Nelson Jobim se referiu ao caso Nottebohm, comentando que a Corte Internacional de Justiça teria "apreciado a questão da dupla nacionalidade e sugerido a opção pelos laços fáticos fortes entre as pessoas e o Estado, surgindo a figura da nacionalidade prevalente ou nacionalidade real".

– Nada há de errado na concessão rápida de uma naturalização; em outros países, além de Liechtenstein, a rapidez dos atos administrativos é vista como uma virtude, não havendo por que considerar que esta particularidade afeta a eficácia ou autenticidade dos atos administrativos.

– Nottebohm retornou à Guatemala, em 1940, com um passaporte de Liechtenstein, contendo um visto de entrada que lhe foi concedido pelo consulado da Guatemala naquele país, e, em consequência disto, seu registro como nacional alemão foi cancelado pelas autoridades guatemaltecas, que o registraram como nacional de Liechtenstein.

– Esses fatos criaram um relacionamento entre Guatemala e Liechtenstein, de direitos e deveres, não sendo lícito que um dos dois países encerre esta relação unilateralmente; quando Nottebohm voltou à Guatemala portando passaporte de Liechtenstein, poderia a Guatemala, se assim quisesse, deportá-lo para o país de sua nova nacionalidade, mas tendo aceitado sua permanência no país, não tem como negar o direito de Liechtenstein estender a Nottebohm sua proteção diplomática.

– Ao adquirir voluntariamente a nacionalidade de Liechtenstein, Nottebohm automaticamente perdeu sua nacionalidade alemã, na conformidade da Lei de Nacionalidade Alemã de 22 de julho de 1913, fato de vital importância para determinar a eficácia, no plano internacional, da naturalização que lhe foi concedida por Liechtenstein.

– A Convenção da Haia de 1930 sobre Nacionalidade não contém qualquer requisito relativo a "laço efetivo" em matéria de nacionalidade, nada havendo no direito internacional que exija uma ligação sentimental entre o Estado naturalizador e o indivíduo que se naturaliza, para que a naturalização tenha sua eficácia reconhecida. O teste de "conexão efetiva" contido no art. 5º da Convenção refere-se tão somente à hipótese de dupla nacionalidade.

– Aceitar a tese da Guatemala de que Liechtenstein não tem direito de estender proteção diplomática a Nottebohm equivale a dizer que ele não pode invocar a proteção diplomática de Estado algum. Isto contraria o princípio estabelecido no art. 15 da Declaração Universal dos Direitos do Homem de que todo mundo tem direito a uma nacionalidade.

Entendemos que a decisão da Corte Internacional de Justiça, desprezando os válidos argumentos da minoria dissidente, baseou-se em uma visão equivocada do instituto da naturalização, invocou argumentos errôneos de Direito Internacional, analisou incorretamente os fatos históricos, as circunstâncias psicológicas e o pano de fundo político, para chegar a uma solução profundamente injusta.[120]

---

[120] Em *Dimensão Internacional do Direito* – Estudos em Homenagem a G.E. do Nascimento e Silva, coordenado por Paulo Borba Casella, Jacob Dolinger publicou "Nottebohm Revisited", em que analisou o caso de diversos ângulos, criticando duramente a decisão da Corte Internacional de Justiça.

*Capítulo V*
# A CONDIÇÃO JURÍDICA DO ESTRANGEIRO

Para a boa sistematização do estudo da condição jurídica do estrangeiro, dividimos a matéria em três partes: 1) a entrada do estrangeiro no Brasil; 2) os direitos do estrangeiro, uma vez admitido no território nacional; 3) a saída compulsória do estrangeiro.

Na história, o tratamento que os povos concediam aos estrangeiros residentes em seu território figura entre os aspectos mais importantes na determinação de seu grau de civilização e de humanitarismo.

Vimos no Capítulo II, que tratou da história do direito internacional privado, que os povos antigos discriminavam o estrangeiro, até que, inspirados por seus próprios interesses, foram introduzindo, paulatinamente, algumas alterações para permitir a participação dos alienígenas no desenvolvimento econômico das sociedades em que viviam.

As sociedades europeias, mesmo nos séculos mais recentes, não apresentaram substancial progresso nesta matéria, mantendo nítida distinção entre os nacionais e os estrangeiros.

No continente americano, onde se criaram novas sociedades, resultantes de composições populacionais mistas, desenvolveu-se outra mentalidade. O princípio de igualdade de todos perante a lei, tanto no campo político como no plano das atividades econômicas, fixado nas legislações americanas, acabou influenciando os povos europeus.

## A ENTRADA DO ESTRANGEIRO

Referindo-se à questão imigratória, escreveu Oscar Tenório "*ser necessário que haja uma conciliação entre os interesses dos Estados e os da comunidade internacional. Embora matéria de competência interna, a imigração tem importância universal. Baixaria à degradação bárbara o Estado que proibisse aos seus nacionais, em caráter absoluto, a mudança de domicílio e a transposição das fronteiras em busca de outras plagas. Violaria a solidariedade internacional se proibisse, inteiramente, a entrada de estrangeiro*".[1]

O internacionalista britânico Ian Brownlie escreveu que "*um Estado pode decidir não admitir estrangeiros ou pode impor condições à sua entrada*"[2] e Hans Kelsen formulou o mesmo princípio, no sentido de que "*segundo o direito internacional, nenhum Estado tem obrigação de admitir estrangeiros em seu território*",[3] invocando decisão da Suprema Corte norte-americana.

Nesta decisão, a *Supreme Court* norte-americana proclamou: "*É um princípio aceito em direito internacional que toda nação soberana tem o poder, inerente à sua soberania e essencial à sua autopreservação, de proibir a entrada de estrangeiros em seus domínios, ou admiti-los somente em casos e segundo condições que lhe pareçam adequadas*".[4]

---

[1] Oscar Tenório, *Direito Internacional Privado*, 1976, v. I, p. 250.
[2] Ian Brownlie, *Principles of Public International Law*, 1973, p. 505.
[3] Hans Kelsen, *Principles of International Law*, 1967, p. 366.
[4] Caso *Nishimura Ekiu v. United States*, 142 U.S., 651, 652 (1892).

Antes deste caso, em 1882, o governo norte-americano instituíra seu primeiro programa de controle de imigração, que, submetido à consideração do Judiciário, foi considerado perfeitamente válido,[5] reconhecido o poder governamental de controlar a imigração, faculdade inerente à soberania nacional, decidindo a Suprema Corte americana em casos subsequentes que o Congresso americano tem o poder de regulamentar a imigração, discriminando contra classes e raças se assim entender.[6]

O princípio continua válido até hoje; por outro lado, é aceito o entendimento que a recusa à admissão de membros da família de uma pessoa já residente no país, acarretando mantê-los separados, viola a Convenção Europeia dos Direitos Humanos que protege o indivíduo no seu direito a uma vida particular e a sua vida em família.[7]

No Brasil, a Carta Régia de D. João VI, de 1808, decretou a abertura dos portos, estimulando grandemente a imigração.[8] A Constituição Imperial dispôs que *"qualquer pode conservar-se ou sair do Império como lhe convenha, levando consigo os seus bens, guardados os regulamentos policiais e salvo o prejuízo de terceiro"*,[9] regra esta mais bem explicitada na Constituição republicana: *"Em tempo de paz, qualquer pessoa pode entrar no território nacional ou dele sair, com a sua fortuna e bens, quando e como lhe convier, independentemente de passaporte"*,[10] posteriormente retiradas as expressões *"quando e como lhe convier, independentemente de passaporte"*.[11]

No século XX esta liberalidade foi minguando. Influenciado pela legislação americana, que em 1924 instituiu o sistema de quotas, pelo qual só seria permitida a entrada de grupos humanos selecionados com base no critério da nacionalidade, à razão de 2% anuais sobre o número destes nacionais existentes nos Estados Unidos em 1890, segundo o censo então realizado, o Constituinte brasileiro de 1934 dispôs que *"a entrada de imigrantes no território nacional sofrerá as restrições necessárias à garantia da integração étnica e capacidade física e civil do imigrante, não podendo, porém, a corrente imigratória de cada país exceder, anualmente, o limite de dois por cento sobre o número total dos respectivos nacionais fixados no Brasil durante os últimos cinquenta anos".*[12]

Ante esta inovação, ficou restrito o efeito prático da disposição constitucional contida na Lei Maior de 1891, mantida na Emenda de 1926, e que o próprio Constituinte de 1934 repetiu no art. 113, § 14: *"Em tempo de paz, salvas as exigências de passaporte quanto à entrada de estrangeiros e as restrições da lei, qualquer pode entrar no território nacional, nele fixar residência ou dele sair".*[13]

---

[5] *The Chinese Exclusion Case*, Chae Chan Ping v. U.S., 130 U.S. 581, 603-4 (1889).
[6] Mais adiante veremos a evolução dessa matéria nos Estados Unidos ao longo do século XX e no início do século XXI.
[7] Richard Plender, *International Migration Law*, 1972, p. 92.
[8] Outrossim, por decreto de 25 de novembro de 1808 do Príncipe Regente foi permitida a concessão de sesmarias aos estrangeiros residentes no Brasil, nos seguintes termos: "Sendo conveniente ao meu real serviço e ao bem público aumentar a lavoura e a população que se acha muito diminuta neste Estado; e por outros motivos que me foram presentes; hei por bem que aos estrangeiros residentes no Brasil se possam conceder datas de terras por sesmarias pela mesma forma, com que, segundo as minhas reais ordens, se concedem aos meus vassalos, sem embargo de quaisquer leis ou disposições em contrário".
[9] Constituição Imperial de 1824, art. 179/6º.
[10] Constituição de 24 de fevereiro de 1891, art. 72, § 10.
[11] Emenda Constitucional de 1926.
[12] Constituição de 16 de julho de 1934, art. 121, § 6º.
[13] O regime de quotas instituído pela Constituição de 1934 foi severamente criticado por Oscar Tenório em conferência pronunciada no Clube dos Advogados do Rio de Janeiro em 3 de setembro de 1935.

O sistema de quotas foi mantido na Carta de 1937,[14] que, mais coerente, omitiu do art. 122 – correspondente ao art. 113 da Constituição de 1934 – a proclamação referente à liberdade de entrada no país.

A Constituição de 1946 aboliu o regime de quotas, restabeleceu a norma da liberdade de entrada: *"Em tempo de paz, qualquer pessoa poderá com os seus bens entrar no território nacional, nele permanecer ou dele sair, respeitados os preceitos da Lei",*[15] e determinou a instituição de um órgão federal com a incumbência de coordenar a seleção, entrada, distribuição e fixação dos imigrantes, bem como a sua naturalização e colonização.[16]

A Constituição de 1967 e a Emenda Constitucional de 1969 mantiveram as normas específicas sobre a liberdade de entrada[17] e sobre a competência da União para legislar sobre emigração e imigração, entrada, extradição e expulsão de estrangeiros.[18]

A Constituição de 1988 dispõe no art. 5º, XV, que *"é livre a locomoção no território nacional em tempo de paz, podendo qualquer pessoa, nos termos da lei, nele entrar, permanecer ou dele sair com seus bens"*, repetindo no art. 22, XV, a competência da União para legislar sobre *"emigração e imigração, entrada, extradição e expulsão de estrangeiro"*.

No regime destas constituições brasileiras a lei sempre pôde fixar discricionariamente limites à imigração.

No plano internacional, a Convenção de Havana sobre a Condição dos Estrangeiros, de 1928, dispõe em seu art. 1º que os Estados têm o direito de estabelecer, por meio de leis, as condições de entrada e residência dos estrangeiros em seus territórios.[19]

A Declaração Universal dos Direitos do Homem dispõe em seu art. 13, alínea 2, que *"Toda pessoa tem o direito de sair de qualquer país, inclusive de seu próprio, e de regressar a seu país"*, assegurando o direito de entrada somente aos nacionais.[20] A entrada em outro país só aparece no caso especial de perseguição. Determina o art. 14 da Declaração que *"Toda pessoa em caso de perseguição tem o direito de buscar asilo e de desfrutá-lo em outro país"*. Já a Convenção da OEA sobre Asilo Diplomático, de 1954, dispõe que *"Todo Estado tem o direito de conceder asilo, mas não se acha obrigado a concedê-lo, nem a declarar por que o nega"*.[21]

---

Vide Jacob Dolinger, *Oscar Tenório – Vida e Obra*, Estudos Jurídicos em Homenagem a Oscar Tenório, p. 60.

[14] Constituição de 10 de novembro de 1937, art. 151.
[15] Constituição de 1946, art. 142.
[16] Constituição de 1946, art. 162 e parágrafo único.
[17] Constituição de 1967 e Emenda de 1969, art. 150, § 26, e art. 153, § 26, respectivamente.
[18] Art. 8º, XVII, *p*, da Constituição e da Emenda.
[19] Sancionada no Brasil pelo Decreto nº 5.647, de 08.01.1929, e promulgada pelo Decreto nº 18.956, de 22.10.1929.
[20] A Declaração foi aprovada pela Assembleia-Geral das Nações Unidas aos 10 de dezembro de 1948. Esta matéria é versada atualmente como o "Direito de Sair e de Retornar no Direito Internacional" (*"The Right to Leave and Return in International Law"*), denominando-se os direitos como *"international mobility rights"* (direitos de mobilidade internacional). Vide "New York Law School Journal of Human Rights", 1988, p. 229. Em novembro de 1986 o Instituto Internacional de Direitos Humanos realizou uma reunião em Estrasburgo para estudar e debater a situação do direito de se deixar qualquer país, inclusive o próprio, e a ele retornar, concluindo com a aprovação da "Declaração de Estrasburgo sobre o Direito de Sair e Retornar". Vide American Journal of International Law, 1988, p. 432. Já se falou também no Direito de Sair, de Ficar e de Retornar (*"The Right to Leave, to Stay and to Return"*). Vide "Proceedings of the 67th. Annual Meeting (1973), American Society of International Law", p. 122. V. também Thelma Cavarzere, Direito Internacional da Pessoa Humana: a circulação de pessoas, 1995.
[21] A Convenção sobre Asilo Diplomático foi aprovada em Caracas, em 1954, e no Brasil pelo Decreto Legislativo nº 13, de 11.06.1957, e promulgada pelo Decreto nº 42.628, de 13 de novembro de 1957. Também

No regime da Constituição de 1967, emendada em 1969, vigeu durante cerca de 12 anos o Decreto-lei nº 941, de 13.10.1969, o *"Estatuto do Estrangeiro"*, englobando diversas matérias atinentes à entrada e à vida do estrangeiro no Brasil.

Este diploma legal foi substituído pela Lei nº 6.815, de 19 de agosto de 1980, para reger os institutos da admissão e entrada do estrangeiro no território nacional, os vários tipos de visto, a transformação de um em outro, a prorrogação do prazo de estada, a condição do asilado, o registro do estrangeiro, sua saída e seu retorno ao território nacional, sua documentação para viagem, a deportação, a expulsão, a extradição, os direitos e deveres do estrangeiro, a naturalização e a criação do Conselho Nacional de Imigração. A Lei nº 6.815 foi alterada em vários dispositivos pela Lei nº 6.964, de 1981. Em 24 de maio de 2017, foi promulgada a Lei nº 13.445 (Lei de Migração), que atualmente regulamenta a matéria.

A filosofia da atual legislação brasileira sobre a entrada e permanência de estrangeiro no Brasil inspira-se nos princípios mencionados no art. 3º: (i) universalidade, indivisibilidade e interdependência dos direitos humanos; (ii) repúdio e prevenção à xenofobia, ao racismo e a quaisquer formas de discriminação; (iii) não criminalização da migração; (iv) não discriminação em razão dos critérios ou dos procedimentos pelos quais a pessoa foi admitida em território nacional; (v) promoção de entrada regular e de regularização documental; (vi) acolhida humanitária; (vii) desenvolvimento econômico, turístico, social, cultural, esportivo, científico e tecnológico do Brasil; (viii) garantia do direito à reunião familiar; (ix) igualdade de tratamento e de oportunidade ao migrante e a seus familiares; (x) inclusão social, laboral e produtiva do migrante por meio de políticas públicas; (xi) acesso igualitário e livre do migrante a serviços, programas e benefícios sociais, bens públicos, educação, assistência jurídica integral pública, trabalho, moradia, serviço bancário e seguridade social; (xii) promoção e difusão de direitos, liberdades, garantias e obrigações do migrante; (xiii) diálogo social na formulação, na execução e na avaliação de políticas migratórias e promoção da participação cidadã do migrante; (xiv) fortalecimento da integração econômica, política, social e cultural dos povos da América Latina, mediante constituição de espaços de cidadania e de livre circulação de pessoas; (xv) cooperação internacional com Estados de origem, de trânsito e de destino de movimentos migratórios, a fim de garantir efetiva proteção aos direitos humanos do migrante; (xvi) integração e desenvolvimento das regiões de fronteira e articulação de políticas públicas regionais capazes de garantir efetividade aos direitos do residente fronteiriço; (xvii) proteção integral e atenção ao superior interesse da criança e do adolescente migrante; (xviii) observância ao disposto em tratado; (xix) proteção ao brasileiro no exterior; (xx) migração e desenvolvimento humano no local de origem, como direitos inalienáveis de todas as pessoas; (xxi) promoção do reconhecimento acadêmico e do exercício profissional no Brasil, nos termos da lei; (xxii) repúdio a práticas de expulsão ou de deportação coletivas.

São vários os tipos de visto de entrada que podem ser concedidos ao estrangeiro, especificados no art. 12 da Lei de Migração como de visita, temporário, diplomático, oficial e de cortesia. Além disso, o art. 30 da lei criou a figura da autorização de residência.

A lei proíbe conceder visto ao estrangeiro que não preenche os requisitos para o tipo de visto pleiteado, que oculta condição impeditiva de concessão de visto ou de ingresso, menor de 18 anos desacompanhado ou sem autorização de viagem por escrito dos responsáveis legais ou de autoridade competente. Ademais, o visto poderá ser negado a estrangeiro anteriormente expulso do país, condenado ou respondendo a processo por crimes definidos no Estatuto de

---

foi aprovada a Convenção sobre Asilo Territorial, promulgada no Brasil pelo Decreto nº 55.929, de 19 de abril de 1965.

Roma, condenado ou respondendo a processo em outro país, que tenha o nome incluído em lista de restrições por ordem judicial ou compromisso assumido pelo Brasil perante organismo internacional e que tenha praticado ato contrário aos princípios e objetivos dispostos na Constituição Federal.

O art. 36 da Lei de Migração permite que o visto de visita ou de cortesia seja transformado em autorização de residência, mediante requerimento da parte interessada e observados os requisitos regulamentares.

O Estatuto do Estrangeiro criou o Conselho Nacional de Imigração, vinculado ao Ministério do Trabalho e integrado por representantes dos Ministérios do Trabalho, Justiça, Relações Exteriores, Agricultura, Saúde, Indústria e Comércio e do Conselho Nacional de Desenvolvimento Científico e Tecnológico.[22] A Lei de Migração não faz referência ao Conselho Nacional de Imigração.

Nos Estados Unidos o sistema de quotas instituído em 1924 foi substituído em 1965, quando o legislador fixou um teto geral de 290.000 imigrantes por ano, com um limite de 20.000 imigrantes de cada nacionalidade. Este limite máximo de 290.000 imigrantes anuais foi dividido em oito categorias, que se sucedem na prioridade, umas com 20% do total, outras com 10%, e ainda outras com 6%. Esta legislação vem sofrendo seguidas alterações para acomodar-se às necessidades políticas e a questões econômicas que se modificam com frequência, daí a sucessividade de leis e regulamentos regendo a imigração para os Estados Unidos, que compõe uma disciplina independente, cuidada por advogados especializados que se dedicam a encontrar meios para legalizar a permanência dos que se encontram no país irregularmente e que somam atualmente em torno de dez milhões de pessoas.

Na década de 1930 e nos anos da segunda conflagração mundial os Estados Unidos mantiveram uma política de rígido respeito ao regime de quotas, recusando sistematicamente alterá-la, mesmo em face da mais hedionda perseguição racial-religiosa que a história da humanidade já testemunhou, chegando a proibir o desembarque de refugiados que conseguiram escapar da Alemanha hitlerista e se encontravam em águas territoriais norte-americanas, inclusive velhos, mulheres e crianças, forçando-os a retornar no navio "St. Louis" para a Europa, onde a maioria pereceu nos campos de tortura e extermínio. Naqueles anos tenebrosos nem mesmo o limite estabelecido pelo regime de quotas foi preenchido.

Após a Segunda Guerra Mundial foram aplicados critérios humanitários em determinados momentos de crise que beneficiaram refugiados húngaros, cubanos, vietnamitas, cambojanos, haitianos e outros.

A moderna jurisprudência da Suprema Corte americana tem apresentado casos interessantes, destacando-se *Kleindienst v. Mandel*,[23] em que um grupo de intelectuais defendeu a tese de que tinha o direito de assegurar a admissão de um pensador marxista, que pretendia visitar os Estados Unidos para dar uma série de conferências. Ocorre que, de acordo com as normas imigratórias americanas então vigentes, o pensador em questão estava impedido de entrar no país devido à sua ideologia. A Corte negou o pedido, reafirmando a teoria de que o próprio estrangeiro inadmitido não tem legitimidade para questionar a norma legal que o impede de entrar nos Estados Unidos, e que o pretenso direito constitucional dos intelectuais de ouvir o conferencista não tem a força de se contrapor à autoridade suprema do Congresso de impedir a admissão dos estrangeiros que entenda indesejáveis.

---

[22] Art. 129.
[23] *Kleindienst v. Mandel*, 408 U.S. 753, 766 (1972).

Alguns anos depois, em *Fiallo v. Bell*,²⁴ a Corte evoluiu ligeiramente, admitindo que o poder do Congresso nesta matéria está sujeito a "*limitada revisão judicial*". Entendem Charles e Ellen Gordon²⁵ que este poder de revisão aplicar-se-á em caso de gritante ("*most blatant*") discriminação, baseada exclusivamente em razão de raça ou religião.²⁶

Nos últimos anos os Estados Unidos vêm passando por uma grave crise em matéria de imigração, principalmente devido à infiltração de grande número de estrangeiros em seu território, ocasionando divergências no seio da sociedade e dos meios políticos. São milhões de imigrantes ilegais que vivem e trabalham nos Estados Unidos, têm filhos nascidos no país, e assim criam-se complexos problemas em várias áreas do direito americano.²⁷

Na França a legislação dispõe que "*o acesso ao território francês pode ser recusado a todo estrangeiro cuja presença constitua uma ameaça à ordem pública ou que já tenha sido anteriormente expulso do território*".²⁸ Também neste país a legislação é frequentemente alterada para atender as necessidades e a realidade política do momento.²⁹

No Brasil o Estatuto do Estrangeiro, em seu art. 26, dispunha que o visto concedido pela autoridade consular brasileira configura mera expectativa de direito, podendo a entrada, estada ou o registro do estrangeiro ser obstado se ocorrer qualquer dos casos enumerados no art. 7º ou a inconveniência da sua presença no Brasil. A Lei de Migração reproduz a ideia determinando, em seu art. 6º, que o visto é "*documento que dá a seu titular expectativa de ingresso em território nacional*".

## VISTO DE ENTRADA

Em matéria de visto de entrada para estrangeiro, o governo brasileiro segue política de reciprocidade, dispondo o Decreto nº 82.307, de 1978, que "*as autorizações de vistos de entrada de estrangeiros no Brasil e as isenções e dispensas de visto para todas as categorias somente poderão ser concedidas se houver reciprocidade de tratamento para brasileiros*". A questão da dispensa

---

24 Fiallo v. Bell. 430 U.S. 787 (1977).
25 Charles Gordon e Ellen Gittel Gordon, *Immigration and Nationality Law*, p. 2-8.
26 O Mc-Govern Amendment limitou o poder do governo de restringir a entrada de estrangeiros politicamente mal-vistos e os tribunais americanos têm se utilizado desta nova legislação, conforme *Abourezk v. Reagan*. Vide *International Legal Materials*, 1986, p. 319.
27 Vide *Immigration and Naturalization Law, The International Lawyer* 2007, p. 555 e ss. Caso sintomático é o do menino Saul Arellano, com 8 anos de idade, nascido nos Estados Unidos e, portanto, americano por força da 14ª Emenda à Constituição, cuja mãe, imigrante ilegal que trabalhou sob a proteção de um número falso da *social security*, teve sua deportação decretada pelas autoridades americanas de imigração. Elvira Arellano foi efetivamente deportada, o filho poderia tê-la acompanhado, mas também poderia exercer o direito de permanecer no país, americano que é, ficando aos cuidados de terceiros, que foi o que ocorreu. Como Saul, há centenas de milhares de crianças: as estimativas vão de 285.000 a 365.000. Daí o movimento entre as autoridades de imigração a favor de nova legislação que vede a concessão de nacionalidade a crianças nascidas nos Estados Unidos de pais imigrantes ilegais. E há outro movimento que visa proteger estas crianças e seus genitores. Vide o *American Bar Association Journal*, janeiro de 2007, p. 32. Vide, *infra*, nota 102.
28 Lei nº 45-2.658, de 2 de novembro de 1945, conforme redação introduzida pela Lei nº 80-9, de 10 de janeiro de 1980, e pela Lei nº 81-973, de 29 de outubro de 1981, respectivamente, em *Clunet*, 1980.476 e *Clunet*, 1982.240. Legislação revogada em 2005, quando foi promulgado o *Code de L'entree et du Sejour des Etrangers et du Droit d'asile*, que entrou em vigor em março de 2005.
29 Em 2007, foi aprovada a Lei nº 1.631 sobre imigração, integração e asilo. *Revue* 2008, p. 147. Seguem-se, continuamente, decretos regulamentadores sobre um ou outro aspecto da chamada "*circulation des personnes*".

recíproca de vistos não está regida pela Lei de Migração, tendo sido a questão remetida para disposição em regulamento (art. 9º, IV).

Assim, quando o governo francês, alterando a política até então praticada, introduziu, em 1982, a obrigatoriedade de visto para brasileiros entrarem na França como turistas, o governo brasileiro estabeleceu o mesmo requisito para a vinda de turistas franceses ao Brasil. Posteriormente, o visto foi abolido por ambos os países.

A regra envolvendo americanos e brasileiros, com exceção de breve período, é que ambos sempre precisaram, reciprocamente, de vistos de entrada. Durante muitos anos, o brasileiro recebia visto para ingresso múltiplo nos E.U.A., válido por alguns anos, enquanto o americano só conseguia visto para ingressar no Brasil com validade para três meses. O governo americano decidiu igualmente restringir o período de validade do visto de entrada para brasileiros a três meses, o que acabou levando a um novo entendimento entre os dois países, pelo qual os vistos passaram a ser reciprocamente concedidos com validade para dez anos, substituído tempos depois por vistos concedidos com validade para cinco anos e, mais recentemente, restabelecido o período de dez anos de validade.[30] Em 2019, com o Decreto nº 9.731, o Brasil rompeu a tradição da reciprocidade, deixando de exigir visto para turistas americanos (e também para canadenses, australianos e japoneses), prerrogativa que deve deixar de existir em abril de 2025, conforme o Decreto nº 11.982/2024.

A Lei nº 11.961, de 2 de julho de 2009, facultou ao estrangeiro que tenha ingressado no país até 1º de fevereiro daquele ano e que se encontre em situação migratória irregular no território nacional, requerer residência provisória, atendidos certos requisitos determinados no diploma legal. Satisfeitas exigências especificadas na lei, a residência provisória poderá ser transformada em permanente.

Registre-se, porém, que a Lei de Migração não mais se refere a visto de turista, mas a visto de visita.

## O DIREITO DOS ESTRANGEIROS ADMITIDOS

Uma das primeiras lições modernas sobre o direito dos estrangeiros admitidos é de Tobias Asser, o mestre holandês de direito internacional que afirmou que, "*quanto aos direitos privados ou civis, nenhuma distinção deve ser feita entre os estrangeiros e os nacionais*", invocando o Código Civil italiano e o jurista Mancini sobre essa igualdade.[31]

Hans Kelsen sintetizou com felicidade o denominador comum da situação jurídica do estrangeiro em terra alheia. O Estado não tem obrigação de admitir estrangeiros em seu território. Mas, uma vez admitidos, devem-lhes ser concedidos um mínimo de direitos, isto é, uma posição de certa igualdade com os nacionais, pelo menos no que tange à segurança de suas pessoas e propriedades, o que não significa que eles devam ter os mesmos direitos dos nacionais. Conclui que o *status* jurídico concedido aos estrangeiros não pode ficar abaixo de um certo *standard* mínimo de civilização.[32]

Em 1934, julgando o caso *Oscar Chinn*, a Corte Permanente de Justiça Internacional referiu-se à "*obrigação que cabe a todos os Estados de respeitar em seus territórios os direitos adquiridos dos estrangeiros*".

---

[30] Sobre a validade para concessão de vistos, consulte-se o Decreto nº 9.199/2017.
[31] Tobias Asser, *Droit International Privé ou Conflit des Lois*, 1884, p. 39 e 41.
[32] Hans Kelsen, *Principles of International Law*, 1967, p. 366.

A Declaração Universal dos Direitos do Homem proclama em seu art. 2º que todos os direitos por ela enunciados correspondem a toda pessoa sem distinção de origem nacional.

O Código Bustamante, art. 1º, dispõe:

"Os estrangeiros que pertençam a qualquer dos Estados contratantes gozam, no território dos demais, dos mesmos direitos civis que se concedem aos nacionais. Cada Estado contratante pode, por motivos de ordem pública, recusar ou sujeitar a condições especiais o exercício de determinados direitos civis aos nacionais dos outros, e qualquer desses Estados pode, em casos idênticos, recusar ou sujeitar a condições especiais o mesmo exercício dos nacionais do primeiro".

Num só artigo temos o princípio da igualdade, a reserva das exceções motivadas pela ordem pública e a faculdade de exercer reciprocidade negativa, *i.e.*, negar direitos a estrangeiros de países onde não se pratica a igualdade. Esse terceiro item do art. 1º do Código Bustamante não é praticado pelo direito brasileiro que não admite a represália.

O segundo artigo do Código Bustamante também trata dos estrangeiros, igualando-os aos nacionais no campo das garantias individuais, "*salvo as restrições que em cada um estabeleçam a Constituição e as leis*", prevenindo o Tratado que esta identidade de garantias individuais não se estende ao desempenho de funções públicas, ao direito de sufrágio e a outros direitos políticos.

A Convenção de Havana sobre Direitos dos Estrangeiros, de 1928, determina em seu art. 5º a obrigação dos Estados "*concederem aos estrangeiros domiciliados ou de passagem em seu território todas as garantias individuais que concedem a seus próprios nacionais e o gozo dos direitos civis essenciais*".

A igualdade dos estrangeiros aos nacionais está prevista em outros diplomas internacionais, destacando-se o Pacto Internacional de Direitos Econômicos, Sociais e Culturais, aprovado em Nova York em 19 de dezembro de 1966, o Pacto Internacional de Direitos Civis e Políticos, aprovado no mesmo local e data, ambos patrocinados pela Organização das Nações Unidas, e a Convenção Americana sobre Direitos Humanos, de São José da Costa Rica, de 22 de novembro de 1969.

A doutrina jus-internacionalista, especialmente os autores de Direito Internacional Público, vem discutindo há muito tempo a extensão dos direitos do estrangeiro em comparação com os direitos dos nacionais, sendo interessante o debate que se trava em matéria de indenização por expropriação de bens.

A respeito deste tema específico um relatório apresentado à Liga das Nações em 1927 concluiu que o máximo que um estrangeiro pode pretender é tratamento equiparado ao dispensado aos nacionais.

Segundo este entendimento, nos Estados civilizados o estrangeiro não pode pretender mais proteção para sua pessoa e seus bens do que as leis asseguram aos nacionais do Estado, sob pena de desrespeito ao princípio da igualdade.

Há uma teoria, contudo, que o estrangeiro, cujo *status* decorre diretamente do direito internacional, pode beneficiar-se de tratamento privilegiado, ou seja, tratamento melhor do que o dispensado aos nacionais, se o *status* destes, de acordo com a política interna do país, ficar em nível inferior ao resultante dos princípios que emanam do direito das gentes.[33]

---

[33] Vide Renato Ribeiro, *Nationalization of Foreign Property in International Law*, 1977, p. 60 e ss.

## OS DIREITOS DO ESTRANGEIRO NO BRASIL

Na legislação brasileira há dois momentos legislativos que nos dão uma vista panorâmica da situação do estrangeiro no Brasil: o art. 5º, *caput*, da Constituição Federal e o art. 3º do Código Civil de 1916. Enuncia o primeiro que "*todos são iguais perante a lei, sem distinção de qualquer natureza, garantindo-se aos brasileiros e aos estrangeiros residentes no país a inviolabilidade do direito à vida, à liberdade, à igualdade, à segurança e à propriedade, nos termos seguintes:*". E o art. 3º do Código Civil dispunha que "*a lei não distingue entre nacionais e estrangeiros quanto à aquisição e ao gozo dos direitos civis*".[34] O dispositivo constitucional foi reproduzido pelo art. 4º da Lei de Migração.

A referência na Constituição aos estrangeiros *residentes no país* e sua omissão no dispositivo do Código Civil explica-se porque a norma constitucional, em muitos de seus incisos, enuncia direitos políticos que só têm aplicação a estrangeiros que residam no território nacional, como veremos mais adiante.

Na evolução de nosso direito constitucional, somente a Constituição Imperial de 1824 distinguiu os cidadãos, dedicando-lhes certas garantias com exclusividade. Assim, o título VIII intitulava-se "*das disposições gerais e garantias dos direitos civis e políticos dos cidadãos brasileiros*" e o art. 179, consagrador da inviolabilidade dos direitos civis e políticos "*que tem por base a liberdade, a segurança individual e a propriedade*" constituía garantia específica para os "cidadãos brasileiros", enunciando nas alíneas do dispositivo vários direitos dedicados exclusivamente ao "cidadão".

Segundo nota do governo imperial de 12 de dezembro de 1846, adotava-se o regime da reciprocidade. Dizia a nota que "*na falta ou terminação de tratados, os súditos estrangeiros no Brasil continuarão a gozar provisoriamente dos mesmos favores concedidos ao comércio e aos súditos dos outros Estados pelas leis do Império em geral e pelos princípios do Direito das gentes, havendo no mesmo sentido declaração da parte do outro Estado*".[35]

Evoluiu nosso direito com a Carta Republicana de 1891, cujo art. 72 dispôs que a "*Constituição assegura a brasileiros e a estrangeiros residentes no país a inviolabilidade dos direitos concernentes à liberdade, à segurança individual e à propriedade...*",[36] mantendo-se esta equiparação nas Cartas que se seguiram, Emenda de 1926 (art. 72), Constituições de 1934 (art. 113), 1937 (art. 122), 1946 (art. 141), 1967 (art. 150) e 1969 (art. 153). E, atualmente, na Constituição de 1988, como já assinalado acima.

A residência no país não é condição para o recurso ao Judiciário, que dá sua prestação jurisdicional mesmo aos estrangeiros residentes no exterior.[37] No regime do Código Civil de

---

[34] Estranhamente este dispositivo não tem correspondente na Lei nº 10.406, de 10 de janeiro de 2002 (Código Civil brasileiro).

[35] Vide Rodrigo Octávio, *Direito do Estrangeiro no Brasil*, 1909, p. 139.

[36] No regime da Constituição de 1891, Ruy Barbosa publicou parecer favorável ao exercício da medicina no país por um lente da Escola Médica do Porto, que havia sido impedido de clinicar pelas autoridades governamentais, parecer aprovado por Lafayette Pereira e pelo Visconde de Ouro Preto. *Revista Forense*, v. VI, p. 46. Em Clóvis Beviláqua, *Lições de Legislação Comparada sobre o Direito Privado*, 1897, p. 135 se lê: "É uma antiga aspiração da consciência nacional, externada pelos nossos melhores juristas, a nivelação dos nacionais e estrangeiros, nas relações de direito privado, como é fácil verificar". Em nota, Clovis se refere aos projetos para Código Civil de Teixeira de Freitas e de Nabuco, bem como ao curso de Direito Civil de Ribas e a uma decisão do Supremo Tribunal Federal.

[37] "Na defesa de direitos líquidos e certos, o remédio do Mandado de Segurança pode ser usado por brasileiro ou estrangeiro não residente no país", como decidido no Recurso Ordinário em Mandado de Segurança nº 8.844, julgado pelo STF em 22.1.1962. *RTJ* 22/100. Vide também Recurso Extraordinário nº 35.617, julgado em 17.04.1958, *RTJ* 9/149. Anteriormente a estas decisões da Suprema Corte, o Tri-

1916 podia-se invocar o art. 3º do Código Civil, que estabelecia que "*a lei não distingue entre nacionais e estrangeiros, quanto à aquisição e ao gozo dos direitos civis*". Cremos que atualmente, no regime do Código Civil de 2002, apesar de não ter reiterado a norma, trata-se de princípio inerente ao nosso sistema, que se mantém incólume.

Houve quem invocasse o art. 3º, IV, da Constituição de 1988, para fundamentar o direito de acesso à Justiça pelos estrangeiros não residentes no Brasil. O dispositivo enuncia que "*Constituem objetivos fundamentais da República Federativa do Brasil: IV – promover o bem de todos, sem preconceitos de origem, raça, sexo, cor, idade e quaisquer outras formas de discriminação*". Difícil acompanhar este argumento, pois a "promoção do bem" normalmente se refere aos que vivem no país, eis que o Estado não tem como promover o bem de estrangeiros que não residem no país; outrossim, a discriminação a favor dos que têm residência no país é uma realidade, como se verifica no *chapeau* do art. 5º da Constituição. É verdade que determinados direitos enunciados nos 78 incisos deste dispositivo também alcançam o estrangeiro não residente, mas somente aqueles que, se negados, atentariam contra os direitos individuais (direito de propriedade, direito de não ser submetido a tortura, etc.); já o benefício de acesso à Justiça poderia se restringir à população que vive no país sem que isto constituísse infração ao art. 3º, IV. A segunda autora entende que o direito de acesso à Justiça previsto no art. 5º da Constituição se estende também aos estrangeiros não residentes.[38]

A continuidade da proteção judiciária ao estrangeiro que vive no exterior no campo dos direitos individuais foi reiterada em decisão monocrática do Ministro Celso de Mello no Supremo Tribunal Federal que emprestou uma conotação constitucional aos direitos do estrangeiro não residente no Brasil de recorrer à nossa Justiça.[39]

A igualdade assegurada pela Constituição pode produzir efeitos inversos, para garantir ao brasileiro o mesmo tratamento dispensado aos alienígenas nas empresas estrangeiras aqui sediadas. Neste sentido, o Supremo Tribunal Federal decidiu em uma questão trabalhista entre empresa aérea e seu funcionário brasileiro, que os Estatutos do Pessoal da empresa estran-

---

bunal Federal de Recursos evoluiu favoravelmente, pois enquanto decidira em outubro de 1954 contra o acesso à Justiça por estrangeiro não domiciliado no país para impetrar mandado de segurança como se vê no Agravo de Petição em Mandado de Segurança nº 3.600, em que julgou: "Mandado de segurança é uma das garantias individuais da Constituição, prevista no § 24 do art. 141. Mas esse art. 141 é muito claro no recitar que as garantias individuais se aplicam aos brasileiros e *aos estrangeiros residentes no país*. Não satisfaz a impetrante esse requisito e, assim, não tem qualidade para postular mandado de segurança", *Revista Forense*, v. 161, p. 213, já em novembro de 1955 no Agravo de Petição em Mandado de Segurança nº 4.478 decidia que "o estrangeiro não residente tem legitimação para requerer mandado de segurança para proteger direito líquido e certo que tenha no país", *Revista Forense*, vol. 168, p. 183. A jurisprudência favorável à impetração de mandado de segurança por estrangeiro residente no exterior está consolidada; veja-se o acórdão da Ministra Ellen Gracie, no Recurso Extraordinário nº 215.267, publicado no *DJ* de 25 de maio de 2001, p. 19, cuja ementa assim enuncia: "Ao estrangeiro residente no exterior, também é assegurado o direito de impetrar mandado de segurança, como decorre da interpretação sistemática do artigo 153, *caput*, da Emenda Constitucional de 1969 e do artigo 5º, LXIX, da Constituição atual". Neste julgamento foi lembrado voto antigo do Ministro Gonçalves de Oliveira, no sentido de que a circunstância de que a lei do mandado de segurança não distingue entre estrangeiros residentes e não residentes é suficiente para que não se proceda a esta distinção.

[38] Nesse sentido, confira-se Carmen Tiburcio, *The Human Rights of Aliens Under International and Comparative Law*, 2001, p. 251; e Carmen Tiburcio e Luís Roberto Barroso, *Direito Constitucional Internacional*, 2013, p. 308 e ss.

[39] STF, Medida Cautelar no *Habeas Corpus* nº 94.016, Rel. Min. Celso de Mello, *DJ* 10.04.2008. O despacho invoca decisões mais recentes da Corte (*RTJ* 134.56-58 – *RTJ* 177.485-488 – *RTJ* 185.393-4).

geira se aplicam ao trabalhador brasileiro em igualdade de condições com os empregados da nacionalidade da empresa, com base no princípio constitucional da isonomia.[40]

## EXERCÍCIO DE ATIVIDADES POLÍTICAS

O art. 107 da revogada Lei nº 6.815 veda ao estrangeiro o exercício de atividades de natureza política.

Essa proibição constava do Decreto-lei nº 941/1969 e, anteriormente, do Decreto-lei nº 383/1938.

O princípio vem consagrado em inúmeros diplomas internacionais.

A Convenção de Havana sobre a Condição dos Estrangeiros, de 1928, estipula em seu art. 7º que:

"O estrangeiro não se deve ingerir nas atividades políticas privativas dos cidadãos do país no qual se encontre; se tal fizer, ficará sujeito às sanções previstas na legislação local".

Vimos como o Código Bustamante, em seu art. 2º, alínea 2, exclui da igualdade entre estrangeiros e nacionais o desempenho das funções públicas "e outros direitos políticos".

A Declaração Universal dos Direitos do Homem dispõe no art. 21 que toda pessoa tem direito de participar do governo de *seu* país e tem direito de acesso às funções públicas de *seu* país.

A Declaração Americana dos Direitos e Deveres do Homem, art. 38, assim dispõe:

"Todo estrangeiro tem o dever de se abster de tomar parte nas atividades políticas que, de acordo com a Lei, sejam privativas dos cidadãos do Estado em que se encontrar".

A Convenção Europeia sobre Direitos Humanos e Direitos Fundamentais determina no art. 16 que nenhuma das previsões da Convenção deve ser entendida como afetando os direitos dos países-membros de restringir a atividade política dos estrangeiros, preservando o direito dos países contratantes de expulsar estrangeiros por causa do exercício de atividades políticas.

Vemos, assim, que os diplomas internacionais coincidem na distinção entre o nacional e o estrangeiro no que tange à atividade política.

Efetivamente, o estrangeiro tem liberdade para se comunicar, se reunir, associar-se para fins lícitos e para manifestar seu pensamento, mas tudo isto no plano teórico, no plano intelectual. Diversa é a "atividade de natureza política", a ingerência "nos negócios públicos do Brasil" – esta atividade lhe era vedada por lei.

João Barbalho, em seus comentários à Constituição de 1891, já cuidava da distinção entre os planos teórico e prático, assim escrevendo no limiar do século XX:

"É evidente que não se advoga, aqui, a proibição aos estrangeiros das discussões puramente doutrinárias e científicas sobre matéria política, mas tão somente a das que entendem com o modo porque se conduz a governação do Estado, a crítica e oposição aos atos das autoridades, a propaganda, mesmo moderada e pacífica, contra a ordem política existente, a incitação, mesmo indireta, à desobediência às leis do país, à mudança das instituições. Ainda que tudo isso se faça nos termos os mais temperantes e comedidos, seria inépcia tolerá-lo. A hospitalidade que autorizasse esta immixtão e impertinência seria mal-entendida e nociva,

---

[40] STF, RE nº 161.243, Rel. Min. Carlos Velloso, *DJ* 19.12.1997.

e sobretudo derrogatória do direito em virtude do qual ao cidadão, e não ao forasteiro, é que cabe a ingerência, tal como a lei a faculta e pelos meios que ela estabelece, nos negócios públicos".[41-42]

Outro dispositivo questionável do Estatuto do Estrangeiro era o art. 110, que facultava ao Ministério da Justiça

"sempre que considerar conveniente aos interesses nacionais, impedir a realização por estrangeiros, de conferências, congressos e exibições artísticas e folclóricas".

Esse dispositivo se chocava com o *caput* do art. 153 da Constituição vigente à época da promulgação da lei e com vários de seus parágrafos, principalmente o 8°, e choca-se igualmente com o art. 5° da atual Constituição principalmente com seus incisos IV, IX e XVI. A regra já se encontrava no art. 122 do Decreto-lei n° 941 e já então foi apropriadamente criticada por Dardeau de Carvalho.[43]

Atualmente, o art. 4° da Lei de Migração prevê expressamente que ao migrante são garantidos o direito de reunião para fins pacíficos (inciso VI) e o direito de associação, inclusive sindical, para fins lícitos (inciso VII). Um autor inglês sumariza o *status* político do estrangeiro da seguinte forma: "*as leis internas raramente concedem aos estrangeiros direitos eleitorais ou o direito de acesso aos cargos públicos. Consequentemente, os estrangeiros em um Estado liberal democrático usufruem de um status político diferente dos nacionais. Normalmente, não se garante aos estrangeiros liberdade de atividade política e nenhum dos direitos necessários para trazer uma contribuição à formação do Estado lhes é facultado*". Invocando dispositivos do Tratado do Conselho Econômico Europeu (atualmente União Europeia), diz que "*os imigrantes só têm direito à igualdade no campo econômico e social, mas não no político*".[44]

---

[41] João Barbalho, *Constituição Federal Brasileira* – Comentários, 1902, p. 301. Bento de Faria também dá seu incondicional apoio à distinção de Barbalho. Bento de Faria, *Da Condição dos Estrangeiros e o Código de Direito Internacional Privado*, 1930, p. 20 e ss. Vide o acórdão do STF no *Habeas Corpus* n° 58.409 impetrado contra o ato expulsório do Padre Vito Miracapillo, no final deste capítulo.

[42] No mesmo sentido, Rodrigo Octávio, *Direito do Estrangeiro no Brasil*, 1909, p. 141: "De fato, se bem tudo isso se ache compreendido de um modo lato, na prática da liberdade assegurada pela Constituição aos estrangeiros residentes no país, é certo, entretanto, que a prática de tais atos corresponde ao exercício da atividade política reservada por todos os princípios, aos cidadãos".

[43] Dardeau de Carvalho, *Situação Jurídica do Estrangeiro no Brasil*, 1976, p. 201-202: "O art. 153, § 8°, da Constituição, assegura ao estrangeiro residente à livre manifestação do pensamento, de convicção política ou filosófica, bem como a prestação de informações, independentemente de censura, salvo quanto a diversões e espetáculos públicos, respondendo cada um, nos termos da lei, pelos abusos que cometer. 'Na livre manifestação do pensamento evidentemente está incluída a liberdade de realizar conferências e congressos, de modo que se torna discutível perante a Constituição a prerrogativa concedida ao Ministro da Justiça de impedir-lhes a realização, máxime quando a própria Constituição responsabiliza cada um pelos abusos que cometer. A realização de exibições artísticas e folclóricas, no entanto, está sem dúvida compreendida no âmbito da censura, quando assumirem a feição de 'espetáculos ou diversões públicas'. Não ficam sujeitas à censura prévia, evidentemente, as exibições artísticas e folclóricas realizadas em recintos fechados, como as entidades de estrangeiros sob pena de contradição entre o art. 122 e o art. 120 (do Decreto-lei n° 941/69), que, como vimos, assegura aos estrangeiros ampla liberdade de associação ou reunião para fins culturais ou recreativos".

[44] A. C. Evans, The Political Status of Aliens in International Law, Municipal Law and European Community Law, *The International Comparative Law Quarterly* 30:31, 1981.

Excetuados os portugueses, os estrangeiros não votam em eleição alguma no Brasil. A Constituição de 1988 vedou-lhes expressamente este exercício no art. 14, § 2º: *"não podem alistar-se como eleitores os estrangeiros"*.

Alcino Pinto Falcão sugeriu à última Constituinte que admitisse a participação dos estrangeiros domiciliados no país em parte do processo eleitoral, para *"ensejar uma absorção que traduza a efetiva participação de maior número na prática democrática"*.[45] A sugestão não foi atendida. Há países que admitem a participação de estrangeiro residente em eleições municipais.[46]

## OUTRAS RESTRIÇÕES

Há restrições no direito constitucional à atuação do estrangeiro no governo, sendo que para certos cargos a Carta Magna só admite brasileiros natos. A Constituição de 1988 reduziu estes cargos a sete,[47] enquanto na Constituição de 1967 eram 24 os cargos vedados aos naturalizados.[48] A Emenda Constitucional nº 23, de 2 de setembro de 1999, acrescentou aos cargos vedados a brasileiro naturalizado o de Ministro de Estado da Defesa.

Somente brasileiros (natos e naturalizados) podem ser proprietários de empresa jornalística e de radiodifusão sonora e de sons e imagens e, em caso de naturalizados, só depois de decorridos 10 anos da naturalização, e também só a estes brasileiros poderá caber a responsabilidade pela administração e orientação intelectual destas empresas (CF, art. 222).[49]

Os estrangeiros ficam na dependência de lei que regulamentará a ocupação e utilização da faixa de 150 quilômetros de largura, ao longo das fronteiras terrestres (CF, art. 20, § 2º) e de outra lei, que deverá regular e limitar a aquisição ou o arrendamento da propriedade rural (CF, art. 190).[50]

A Constituição promulgada em 1988 incluía no art. 170, IX, entre os princípios regentes da ordem econômica, *"tratamento favorecido para as empresas brasileiras de capital nacional de pequeno porte"*, restringia em seu art. 176, § 1º, a pesquisa e a lavra de recursos minerais e o aproveitamento de potenciais de energia hidráulica a *"brasileiros ou empresa brasileira de capital nacional"*, normas estas que se coadunavam com o art. 171, que distinguia entre *"empresa brasileira"* e *"empresa brasileira de capital nacional"*, cujo controle efetivo deveria ficar *"sob a titularidade direta ou indireta de pessoas físicas domiciliadas e residentes no país ou de entidades de direito público interno..."*.

---

[45] Alcino Pinto Falcão, "Da Integração do Estrangeiro Domiciliado na Formação da Vontade Popular. Um problema que não se justifica fique alheio aos constituintes", "A Nova Constituição e o Direito Internacional", coordenado por Jacob Dolinger. Muito antes, já Ruy Barbosa propusera que os estrangeiros fossem admitidos a votar nas eleições municipais do Rio de Janeiro, então capital federal. "O sufrágio do estrangeiro concorreria para a administração da nossa metrópole com os melhores elementos de bom-senso, riqueza, independência e honestidade." *Comentários à Constituição Federal Brasileira*, t. II, p. 468.

[46] Carmen Tiburcio, *Human Rights of Aliens under International and Comparative Law*, 2001, p. 189-191.

[47] Os cargos que só podem ser preenchidos por brasileiros natos são: I – Presidente e Vice-Presidente da República; II – Presidente da Câmara dos Deputados; III – Presidente do Senado Federal; IV – Ministro do STF; V – Diplomata de carreira; VI – Oficial das Forças Armadas; VII – Os membros eleitos e nomeados do Conselho da República.

[48] Vide Constituição de 1967, art. 145, parágrafo único.

[49] Esse dispositivo resulta de alteração processada pela Emenda Constitucional nº 36, conforme será exposto no capítulo dedicado à Pessoa Jurídica.

[50] Lei nº 5.709/1971, que regula a aquisição de imóvel rural por pessoa física ou jurídica estrangeira.

A Emenda Constitucional nº 6, de 15 de agosto de 1995, revogou o art. 171, não mais se distinguindo entre "*empresa brasileira*" e "*empresa brasileira de capital nacional*", alterou a redação do inciso IX do art. 170, que agora se refere a "*empresas de pequeno porte constituídas sob as leis brasileiras e que tenham sua sede e administração no país*" e alterou a redação do § 1º do art. 176, que ficou sendo "*brasileiros ou empresa constituída sob as leis brasileiras e que tenha sua sede e administração no país...*", voltando praticamente à regra da Constituição de 1969, art. 168, § 1º, que, com referência à exploração dos recursos minerais e potenciais de energia hidráulica estabelecera exclusividade a "*brasileiros ou a sociedades organizadas no país*". Em suma, basicamente, "*capital nacional*" deixou de ser requisito.

Outra restrição constitucional afastada foi o conjunto de regras relacionadas a navios e navegação. O art. 178, como promulgado em 1988, previa no inciso II "*a predominância dos armadores nacionais e navios de bandeira e registros brasileiros e do país exportador ou importador*", dispondo no § 2º que "*serão brasileiros os armadores, os proprietários, os comandantes e dois terços, pelo menos, dos tripulantes de embarcações nacionais*", e no § 3º, "*a navegação de cabotagem e a interior são privativas de embarcações nacionais, salvo caso de necessidade pública, segundo dispuser a lei*". Todas estas disposições foram revogadas pela Emenda Constitucional nº 7, que as substituiu pelo parágrafo único, que determina: "*Na ordenação do transporte aquático, a lei estabelecerá as condições em que o transporte de mercadorias na cabotagem e a navegação interior poderão ser feitos por embarcações estrangeiras*".

Também a Emenda Constitucional nº 8 poderá repercutir nas atividades de estrangeiros no Brasil, pois enquanto o art. 21, XI, da Carta de 1988 dispunha sobre a competência da União para

> "explorar, diretamente, ou mediante concessão a empresa sob controle acionário estatal, os serviços telefônicos, telegráficos, de transmissão de dados e demais serviços públicos de telecomunicações, assegurada a prestação de serviços de informações por entidades de direito privado através da rede pública de telecomunicações explorada pela União,"

referida Emenda reduziu a regra do inciso para

> "explorar diretamente ou mediante autorização, concessão ou permissão, os serviços de telecomunicações, nos termos da lei, que disporá sobre a organização dos serviços, a criação de um órgão regulador e outros aspectos institucionais", ficando, assim, revogada a limitação a "empresas sob controle acionário estatal".

Importante alteração se deu com a Emenda Constitucional nº 11, de 30 de abril de 1996, que acrescentou dois parágrafos ao art. 207 da Constituição, com a seguinte redação:

> "§ 1º É facultado às universidades admitir professores, técnicos e cientistas estrangeiros, na forma da lei.
>
> § 2º O disposto neste artigo aplica-se às instituições de pesquisa científica e tecnológica".[51]

---

[51] O Brasil perdeu grandes cientistas que aqui desejaram se refugiar nos tenebrosos anos que antecederam à 2ª Guerra Mundial, mas não conseguindo trabalhar em caráter permanente nas nossas Universidades e centros científicos, acabaram indo para os Estados Unidos, onde ajudaram a construir o progresso científico e tecnológico daquela nação. A abertura contida na Emenda nº 11 poderá trazer grande proveito para o progresso do país se nossas instituições científicas souberem dela tirar proveito.

A legislação brasileira contém uma série de restrições à atividade dos estrangeiros, umas decorrentes de vedações constitucionais, outras criadas pelo legislador ordinário.

Bancos, seguros, petróleo, minas, águas, energia hidráulica, pesca, atuação sindical são algumas das atividades vedadas total ou parcialmente aos alienígenas, bem como o ensino de certas disciplinas, o exercício de certas profissões como químico, corretor de títulos da Dívida Pública, corretor de navios, leiloeiro, despachante aduaneiro, tradutor público, atividades de radioamador, bem como a exigência de um mínimo de 2/3 de empregados brasileiros em todas as empresas. Quanto à profissão de advogado, ocorreu importante alteração, pois que, diversamente do que dispunha a lei anterior, hoje o advogado estrangeiro pode exercer a profissão no Brasil mediante revalidação de seu diploma de universidade de outro país[52] e realização do Exame de Ordem.

Todas as restrições constantes em legislação ordinária devem ser reexaminadas, diante da igualdade garantida pela Constituição a brasileiros e estrangeiros residentes no país,[53] como muito bem focalizado em julgamento de mandado de segurança pelo Tribunal Regional Federal da 1ª região, do qual extraímos, por sua importância, o trecho que se segue:

"A vedação do inc. I do art. 4º do Dec. 83.284/79 que exige a nacionalidade brasileira para a profissão de jornalista não se coaduna com os princípios constitucionais básicos, já que anterior à CF/88 e, portanto, não recepcionado pela mesma.

(...)

Contudo, como corretamente salientado pela ilustre magistrada monocrática, cuida-se de diploma legal anterior à novel Carta da República, cujo art. 5º, *caput* e inc. XIII assegura o exercício de qualquer trabalho ou profissão não apenas aos brasileiros, mas aos estrangeiros residentes no país.

Evidente, portanto, a queda da exigência da nacionalidade brasileira prevista no pré-falado art. 4º, I do Dec. 83.284/79, por clara incompatibilidade com a Constituição em vigor, que não a recebeu.

Não se trata, portanto, de inconstitucionalidade do artigo, mas simplesmente da sua não recepção ao sistema normativo infraconstitucional".[54]

---

[52] A Lei nº 4.215/1963, Estatuto da OAB, art. 48, parágrafo único, dispunha que o estrangeiro será admitido à inscrição nas mesmas condições estabelecidas para os brasileiros no seu país de origem. Esta regra foi revogada pelo art. 8º da Lei nº 8.906, de 4 de julho de 1994, que assim dispõe: "Para inscrição como advogado é necessário: III – título de eleitor e quitação de serviço militar, se brasileiro; § 2º O estrangeiro ou brasileiro, quando não graduado em direito no Brasil, deve fazer prova do título de graduação, obtido em instituição estrangeira, devidamente revalidado, além de atender aos demais requisitos previstos neste artigo". Advogados estrangeiros sem inscrição na Ordem dos Advogados do Brasil não podem intervir nos atos processuais realizados perante tribunais brasileiros, ainda que em sede de comissão rogatória, expedida pela Justiça de outro país, conforme despacho da presidência do STF em 20 de abril de 1998, na Carta Rogatória nº 8.074 oriunda dos Estados Unidos.

[53] A segunda autora considera que a criação de novas restrições não previstas na Constituição para indivíduos estrangeiros é inconstitucional. Nesse sentido, ver Carmen Tiburcio e Luís Roberto Barroso, *Direito Constitucional Internacional*, 2013, p. 311-312: "Alguns sustentam que qualquer legislação estabelecendo limitações ao direito do estrangeiro ao trabalho é inconstitucional, orientação que é a mais acertada. Consequentemente, são inconstitucionais a norma que condiciona o exercício de profissão por estrangeiros à reciprocidade, todos os dispositivos do Estatuto do Estrangeiro proibindo o exercício de determinadas funções não expressamente mencionadas na Constituição, e todas as proibições de exercer algumas profissões, como intérprete público, despachante da alfândega, agente de seguros, assim como o dispositivo da CLT que exige que dois terços de todos os trabalhadores sejam nacionais brasileiros".

[54] REO em MS nº 94.01.08691/MG, 1ª T., *Revista dos Tribunais*, v. 733, p. 385.

Todavia, com a Emenda Constitucional nº 36 o critério tornou-se mais severo, eis que pela mesma o art. 222, § 2º, assim dispõe:

"A responsabilidade editorial e as atividades de seleção e direção da programação veiculada são privativas de brasileiros natos ou naturalizados há mais 10 (dez) anos, em qualquer meio de comunicação social".

Assim, em matéria de direção intelectual dos órgãos jornalísticos a Constituição de 1988, ao longo de seu processo de sucessivas emendas, tornou-se mais exigente do que originalmente fixado.

Algumas das atividades vedadas ou restringidas a estrangeiros na legislação ordinária não serão afetadas pelo inciso XIII, que se limita a atividades profissionais (trabalho, ofício ou profissão), mas incorrerão em incompatibilidade com a regra básica do art. 5º, *caput*.

Ilustrativamente, não mais se aplica a exigência da Lei nº 3.268, de 30 de setembro de 1957, em seu art. 4º, de que os membros do Conselho Federal de Medicina deverão ter nacionalidade brasileira.

Já aqueles direitos para os quais a Constituição delegou ao legislador a regulamentação relativa aos estrangeiros, estes continuam sujeitos às condições e restrições estabelecidas em lei, inclusive quando anterior à Constituição. É o caso, por exemplo, da aquisição de imóvel rural, como decidido pelo Conselho Superior da Magistratura do Tribunal de Justiça de São Paulo, em hipótese de dúvida levantada pelo registro de imóveis com relação à pretensão que visava registrar a aquisição de imóvel rural por pessoas físicas estrangeiras não residentes no país.

Decidiu a corte paulista que como a Lei nº 5.709, de 07.10.1971, condiciona a aquisição de imóvel rural por estrangeiro à sua residência no país (art. 1º) e como este diploma está amparado no art. 190 da Carta de 1988, segundo o qual *"a lei regulará e limitará a aquisição ou o arrendamento de propriedade rural por pessoa física ou jurídica estrangeira"*, correta a recusa em registrar referida aquisição imobiliária, porque os estrangeiros não preenchiam os requisitos legais necessários para aquisição de imóvel rural no Brasil.[55]

As restrições à participação do estrangeiro na vida econômica do país também são encontradas nos países altamente desenvolvidos, ainda que em escala menor. Os Estados Unidos, alarmados com a invasão de capitais japoneses na década de 80 do século XX, tomou passos protecionistas. O *"Commercial Fishing Industry Vessel Anti-Reflagging Act"* (1987) restringiu a participação de estrangeiros na propriedade e construção de barcos destinados à atividade pesqueira nos Estados Unidos; chamam isto de "americanização da indústria pesqueira".[56]

Em 2007, o Congresso americano aprovou o *Foreign Investment and National Security Act* que reformou e codificou as atividades do Comitê sobre Investimentos Estrangeiros, a agência presidida pelo Secretário da Fazenda, que opera em consonância com normas da *Defense Production Act* a qual autoriza o presidente dos Estados Unidos a suspender ou proibir qualquer fusão ou aquisição de empresa americana por estrangeiros se a mesma for considerada danosa à segurança nacional do país.

Os defensores dos investimentos estrangeiros nos Estados Unidos argumentam com o volume de empregos que eles criam, os elevados salários pagos, sua volumosa contribuição

---

[55] Apelação Cível nº 33.947, *LEX* 195, p. 362.
[56] Vide "Foreign Investment in the U.S. Fishery Industry After the Anti-Reflagging Act of 1987", *The International Lawyer*, 1988, p. 1.207 e ss.

fiscal e a proporção de seus reinvestimentos na economia nacional, sendo assim válido manter uma política liberal para com a participação estrangeira na economia norte-americana.[57]

No setor bancário internacional, é grande o movimento de capitais investidos extraterritorialmente, como se pode constatar em todos os grandes centros financeiros do mundo. O mesmo ocorre em diversos setores da indústria e do comércio. É a chamada globalização da economia, que conta com apoio dos economistas e dos legisladores. Vale também mencionar o art. 2º do Pacto Internacional sobre Direitos Econômicos, Sociais e Culturais da ONU, 1976, que admite distinções por países em desenvolvimento entre nacionais e estrangeiros quanto ao gozo de direitos econômicos.[58]

## CLASSIFICAÇÃO DE DIREITOS

A condição jurídica do estrangeiro é analisada por François Rigaux, mestre belga do direito internacional privado na Universidade de Louvain,[59] à luz de uma classificação que considera cinco categorias de direitos: 1. o direito de entrada, estada e estabelecimento; 2. os direitos públicos; 3. os direitos privados; 4. os direitos econômicos e sociais; 5. os direitos políticos.

A primeira categoria corresponde às normas imigratórias e de permanência dos estrangeiros no país, às quais estão vinculadas as regras sobre expulsão e deportação, faculdades governamentais efetivadas conforme o poder discricionário do Estado.

O segundo grupo trata dos direitos que emanam das garantias constitucionais que equiparam o estrangeiro ao nacional, mas admitem exceções que o legislador estabeleça.[60]

O terceiro grupo, dos direitos privados, corresponde aos direitos civis, em que há plena equiparação entre nacionais e estrangeiros, e destes Rigaux destaca os direitos econômicos, que compõem o quarto grupo e se referem ao exercício de atividades lucrativas, seja por trabalhadores empregados, seja por trabalhadores independentes, autônomos, incluindo as atividades profissionais, entre as quais há algumas que só são permitidas aos nacionais belgas, como a de advogado, agente de câmbio, comandante de navio belga, e outras profissões que só podem ser exercidas por estrangeiros de país que admite o exercício desta profissão por belgas.

Neste quarto grupo figuram ainda os direitos sociais, que incluem os direitos à aposentadoria, seguro por acidente de trabalho, aos quais os estrangeiros também têm direito.

A última categoria compõe-se dos direitos políticos, as funções públicas, que só os belgas podem exercer, ressalvada pela Constituição a possibilidade de concessões legislativas específicas.[61]

---

[57] Edward M. Lebow, Foreign Direct Investment, *International Law News* 37, 2008.
[58] Pacto Internacional sobre Direitos Econômicos, Sociais e Culturais, promulgado pelo Decreto nº 591, de 6 de julho de 1992.
[59] Rigaux foi um dos principais membros do Tribunal de Honra criado pelo eminente filósofo inglês Bertrand Russel para julgar o comportamento dos Estados Unidos na guerra do Vietnam.
[60] A Constituição belga, art. 128 diz suscintamente "tout étranger qui se trouve sur le territoire de la Belgique, jouit de la protection accordée aux personnes et aux biens, sauf les exceptions étables par la loi". A Constituição brasileira equipara os estrangeiros residentes aos brasileiros no art. 5º, especificando minunedamente as garantias e direitos individuais em 78 incisos.
[61] Para a análise destas cinco categorias de direitos no sistema brasileiro de conformidade com a Constituição de 1988, vide Jacob Dolinger e outros, *Comentários à Constituição*, 2º vol., p. 110-119.

Em obra sobre o tema, a segunda autora adotou a seguinte classificação: (i) direitos fundamentais; (ii) direitos privados; (iii) direitos sociais e culturais; (iv) direitos econômicos; (v) direitos políticos; (vi) direitos públicos; e (vii) direitos processuais.[62]

## DIREITO COMPARADO

Os códigos civis europeus estabeleceram rígidos sistemas de restrição às atividades dos estrangeiros.[63]

O Código Civil francês dispõe em seu art. 11 que "*o estrangeiro gozará na França dos mesmos direitos civis que são ou venham a ser facultados aos franceses pelos tratados da nação à qual pertença o estrangeiro*", conhecido como o sistema da reciprocidade diplomática, que faz depender o gozo dos direitos civis do estrangeiro da existência de tratado neste sentido com o país da sua origem.

O Código Civil austríaco de 1811, art. 33 e as Disposições sobre as Leis em Geral da Itália, art. 16,[64] estabeleceram o regime de reciprocidade fática, pelo qual os estrangeiros têm os mesmos direitos que os austríacos e os italianos têm em seus países de origem. Portugal, no art. 14 do Código Civil, segue o mesmo critério.[65]

A Introdução ao Código Civil alemão estabelecia em seu art. 31 a possibilidade de se instituir um direito de retorsão (represália) contra um Estado estrangeiro, seus nacionais e sucessores, pelo qual se restringiriam os direitos dos nacionais de países contra os quais o Chanceler do Império entendesse cabível uma represália. Este dispositivo foi eliminado pela Revisão do EGBGB de 1986.

Na Rússia, a lei de 1991 sobre os Princípios da Legislação Civil dispõe em seu art. 160 que os estrangeiros e os apátridas possuem a mesma capacidade de gozo que os nacionais russos, mas que certas exceções podem ser estabelecidas por atos legislativos. No art. 162 a lei prevê a possibilidade de o governo estabelecer, a título de reciprocidade, restrições a pessoas físicas e jurídicas de países em que vigorem restrições à capacidade dos russos e de suas entidades.

Em polo oposto a estes códigos europeus, encontramos o Código Civil brasileiro de 1916, no já citado art. 3º, e o Código Civil chileno, cujo art. 57 diz que "*a lei não reconhece distinção entre o chileno e o estrangeiro quanto à aquisição e ao gozo dos direitos civis regulados por este Código*". Na Europa destaca-se o Código Civil grego de 1941, em cujo art. 4º se lê que "*o estrangeiro goza dos mesmos direitos civis do que o nacional*".

A regra da reciprocidade do Código Civil francês foi sendo paulatinamente diluída pela jurisprudência, culminando com a decisão da Corte de Cassação, de 27 de julho de 1948, no sentido de que "*os estrangeiros gozam dos direitos que não lhes são especialmente proibidos*", o que transformou o disposto no art. 11 em letra morta.[66]

---

[62] Carmen Tiburcio, *The Human Rights of Aliens Under International and Comparative Law*, 2001.
[63] Para um estudo histórico-comparativo dos direitos dos estrangeiros, vide Oscar Martins Gomes, Restrições e concessões aos direitos dos estrangeiros, Revista Forense 168:64, 1956.
[64] A lei italiana de Direito Internacional Privado, de 1995, só revogou os arts. 17 a 31 das Disposições sobre as Leis em Geral, de 1942.
[65] O art. 14 do Código Civil de Portugal de 1966 dispõe: "1. Os estrangeiros são equiparados aos nacionais quanto ao gozo de direitos civis, salvo disposição legal em contrário. 2. Não são, porém, reconhecidos aos estrangeiros os direitos que, sendo atribuídos pelo respectivo Estado aos seus nacionais, o não sejam aos portugueses em igualdade de circunstâncias".
[66] Vide Henri Batiffol e Paul Lagarde, *Droit International Privé*, v. I, 1993, p. 190 e ss., e Yvon Loussouarn e Pierre Bourel, *Droit international privé*, 1978, p. 784 e ss.

Na Bélgica, cujo Código Civil, pautado no Código de Napoleão, contém o mesmo art. 11, a Corte Suprema decidiu em 1º de outubro de 1880 que os "direitos civis" que o dispositivo faz depender de reciprocidade são apenas os direitos do indivíduo que oneram o Estado (como, por exemplo, o direito de assistência pública em caso de necessidade), mas não abrange os direitos naturais como o de casar, de pleitear em juízo, de propriedade e de sucessão. Para estes, os estrangeiros se equiparam aos belgas.[67]

Os direitos humanos dos estrangeiros na perspectiva do direito internacional e sob um enfoque comparativo foram objeto de tese de doutoramento na Universidade de Virgínia pela segunda autora, em que a questão foi estudada em seu aspecto histórico, examinados os direitos fundamentais, direitos privados, direitos sociais e culturais, direitos econômicos, direitos políticos e direitos públicos.[68-69]

## CARGO PÚBLICO

No Brasil, os textos constitucionais sempre vedaram o acesso de estrangeiros aos cargos públicos, norma também incluída na Constituição de 1988, o que acabou sendo modificado pela Emenda Constitucional nº 19, de 1998, alterando a redação do art. 37, I, da Constituição, que agora dispõe que *"os cargos, empregos e funções públicas são acessíveis aos brasileiros que preencham os requisitos estabelecidos em lei, assim como aos estrangeiros, na forma da lei"*.

Ainda dependemos da lei ordinária para regulamentar o exercício de cargo público por estrangeiro, conforme entendimento do STF no sentido de que a Emenda Constitucional não é autoaplicável.[70] O Projeto de Lei nº 4.029/2008 propôs a proibição de impedimentos e restrições a profissionais liberais estrangeiros para atuar legalmente no país e revogou dispositivo

---

[67] Chaim Perelman, *Justice*, 1967, p. 29-30.
[68] Carmen Tiburcio, *The Human Rights of Aliens under International and Comparative Law*, 2001. Em seu prefácio escreve a ilustre autora: "Humanity has entered the 21st. century, but is still under the scourge of discrimination of all kinds, including discrimination against aliens. Even advanced countries such as England, Germany, France, the United States, as well as Austria, among others, are filled with mistrust, suspicion and discrimination against human beings for the mere reason that they are of different nationalities or of other ethnic groups".
[69] A propósito, vale transcrever trecho de aula proferida por San Tiago Dantas em 1948, na Pontifícia Universidade Católica do Rio de Janeiro sobre Humanismo e Direito: "E aqui tocamos os dois outros pontos característicos do humanismo jurídico. Para o humanismo jurídico o homem é uno, e enquanto homem é considerado pelas normas que lhe traçam deveres e protegem direitos não enquanto nacional de certo Estado ou membro de certa classe, filho de certa raça ou adepto de tal religião. Essa unidade do homem se afirma no tempo e no espaço. No tempo, tornando o homem de hoje uma continuação, um prolongamento do homem antigo, o que se traduz no terreno jurídico como um sentido de continuidade atribuído às instituições. No espaço, eliminando as diversidades oriundas da multiplicidade de grupos humanos, especialmente as diversidades nacionais, o que, no terreno jurídico, se traduz numa aspiração à unidade do Direito. Esse duplo aspecto – espacial e temporal – do homem visto como um *continuum* indica os problemas do Humanismo jurídico em face do Direito Positivo moderno e da própria ciência do Direito, inclusive em face do ensino do Direito, vale dizer, da transmissão e sistematização da cultura jurídica". Vide *Palavras de um Professor*, p. 126.
[70] STF, RE nº 439.754/RR, Rel. Min. Carlos Velloso, *DJ* 12.12.2005; e STF, Ag. Reg. no RE nº 544.655, Rel. Min. Eros Grau, *DJ* 10.10.2008. A mesma razão baseou decisão da 2ª Turma que negou pedido de empregado da Universidade Federal de Santa Maria (RS) que, integrando seu quadro técnico, pleiteava fosse reconhecido como servidor público federal (STF, Ag. Rg. no RE nº 346.180/RS, Rel. Min. Joaquim Barbosa, *DJ* 01.08.2011). Veja-se também STF, Ag. Rg. no RE nº 590.663/RR, Rel. Min. Eros Grau, *DJ* 11.02.2010: "Por não ser a norma regulamentadora de que trata o artigo 37, I da Constituição do Brasil matéria reservada à competência privativa da União, deve ser de iniciativa dos Estados-membros".

da Lei nº 6.815 que vedava estrangeiro de participar na administração ou representação de sindicato ou associação profissional.

O acesso de estrangeiros a cargos universitários está previsto no art. 207 da Constituição, em parágrafo acrescentado pela Emenda Constitucional nº 11, de 1996, dispondo que *"é facultado às universidades admitir professores, técnicos e cientistas estrangeiros na forma da lei"*.[71] A situação foi regularizada pela Lei nº 9.515, de 20 de novembro de 1997, que modificou a redação do § 3º do art. 5º da Lei nº 8.112, de 11 de dezembro de 1990, que agora dispõe que *"as universidades e instituições de pesquisa científica e tecnológica federais poderão prover seus cargos com professores, técnicos e cientistas estrangeiros, de acordo com as normas e os procedimentos desta lei".*

Nos Estados Unidos, certas leis estaduais vedam o acesso de estrangeiros a uma variedade de cargos públicos e a constitucionalidade destas proibições tem sido questionada perante os tribunais, que têm decidido de forma diversificada, segundo a natureza do cargo público.

Em *"Hampton v. Mow Sun Wong"*,[72] a Suprema Corte americana decidiu ser inconstitucional a proibição de acesso de estrangeiros a cargos públicos em geral: o caso se referia a cargos em vários órgãos governamentais, inclusive o serviço postal. Em caso anterior, a Suprema Corte decidira contra a validade de uma lei do Estado de Connecticut que vedava a inscrição de estrangeiros na Ordem dos Advogados.[73]

Entretanto, as leis nova-iorquinas que proíbem estrangeiros de servirem no departamento de polícia e na rede de escolas públicas daquele Estado foram consideradas constitucionais pela Suprema Corte, pois estas atividades integram a atividade governamental, que é exclusiva dos nacionais.[74]

Especificamente no caso dos professores de escolas públicas, entendeu a Suprema Corte em *Ambach v. Norwick*[75] que, devido à sua influência no desenvolvimento dos estudantes e sua "obrigação de promover as virtudes cívicas", deve-se incluí-los na categoria dos que participam da "função governamental", sendo, pois, interesse legítimo do Estado que somente exerçam a atividade docente nas escolas públicas.

A função policial, entendeu a Suprema Corte norte-americana, envolve poderes discricionários para prender, efetuar buscas e outras atividades que interferem com o direito à privacidade dos indivíduos, funções estas que devem ser restritas a nacionais, que o Estado presume estarem mais familiarizados com as tradições americanas do que os estrangeiros.

Esta decisão foi confirmada em *Cabell v. Chavez Salido*,[76] em que se discutiu a lei do estado da Califórnia, que exige a qualidade de nacional para as funções de "probation officer", que tem o poder de prender e de decidir sobre a instauração de medidas judiciais contra delinquentes juvenis. Estes funcionários, declarou a *Supreme Court*, "participam do poder soberano de exercer coerção sobre os indivíduos", daí a limitação deste encargo a cidadãos.

---

[71] No final da década de 1930 e na década de 1940 cientistas europeus de renome se refugiaram no Brasil, fugidos da perseguição nazista, mas, não conseguindo empregar-se em nossas universidades, acabaram se transferindo para os Estados Unidos, onde contribuíram notadamente para o progresso científico e tecnológico daquele país.

[72] *American Journal of International Law*, 1976, p. 846.

[73] In *"re Griffiths"*, *American Journal of International Law*, 1974, p. 334, e *Revue*, 1974.307.

[74] Foley v. Connelie, *American Journal of International Law*, 1978, p. 923 e *Ambach v. Norwick*, *American Journal of International Law*, 1979, p. 683.

[75] Sobre este e inúmeros outros casos referentes às diversas profissões, vide Laurence H. Tribe, *American Constitutional Law*, 1988, p. 1.544-1.553.

[76] *American Journal of International Law*, 1982, p. 617.

## ASSIMILAÇÃO DOS ESTRANGEIROS

O legislador brasileiro tem envidado esforços para estimular a integração do alienígena no seio da sociedade brasileira.[77] Entendemos que enquanto se mantém um regime de disparidade política entre brasileiros natos e naturalizados, a assimilação se faz lenta e dificultosa.

O art. 3º do Decreto nº 58A, de 14 de dezembro de 1889, dispôs: "*Os estrangeiros naturalizados por este decreto gozarão de todos os direitos civis e políticos dos cidadãos natos, podendo desempenhar todos os cargos públicos, exceto o de chefe de Estado*". Para ser eleito deputado federal, bastava ter a condição de cidadão brasileiro por mais de quatro anos, e para senador, por mais de seis anos.[78]

A Constituição de 1891, em seu art. 41, § 3º, estabelecia para ser eleito presidente ou vice-presidente da República a condição de brasileiro nato.

Esta situação foi se alterando nas sucessivas cartas até que na Constituição de 1967 – como vimos acima – 24 cargos federais e estaduais eram vedados a brasileiros naturalizados, reduzidos na Constituição de 1988 para sete cargos federais. Já a Emenda Constitucional nº 23 adicionou mais um cargo entre os vedados aos naturalizados. Este acréscimo se deu porque anteriormente os cargos de ministros do Exército, da Marinha e da Aeronáutica não poderiam ser preenchidos por brasileiros naturalizados, eis que provinham sempre da alta oficialidade das forças armadas, cujas carreiras são privativas de brasileiros natos, como dispõe o art. 12, § 3º, VI, da Constituição. Com a substituição daqueles três Ministérios pelo novo Ministério da Defesa, que poderá ser ocupado por um civil, considerou-se necessário adicionar este cargo entre os privativos dos brasileiros natos.

Mesmo com a redução dos impedimentos aos cidadãos naturalizados promovida pela Constituição de 1988, ainda não é esta a melhor fórmula para incentivar a integração social. Nos Estados Unidos, o regime continua como originariamente fixado, há mais de 200 anos – só a Presidência da República (e naturalmente, também a vice-presidência) exige a condição de americano nato.

Em outro local Jacob Dolinger escreveu a respeito:

"A dinâmica da adaptação e da assimilação dos cidadãos nascidos alhures à mentalidade, à realidade da nova pátria depende, em considerável proporção, da receptividade da legislação em aceitá-los como parte efetiva e integral da cidadania. Impedir o acesso de cidadãos naturalizados às atividades políticas resulta em frustrar a pátria da contribuição de elementos de valor que abraçaram com sinceridade a nacionalidade brasileira e que poderiam trazer destacada contribuição ao aprimoramento da coisa pública.

O homem moderno é um ser cosmopolita, universalista, mais inclinado a abraçar uma ideia política do que a se apegar com cega lealdade a esta ou àquela instituição. As lealdades e as eventuais traições ocorrem em função das realidades e situações vigentes no momento das respectivas decisões, com pouca ou quiçá nenhuma dependência das origens individuais.

Um Presidente americano foi assessorado em matéria de segurança nacional e política externa por um cidadão naturalizado que nascera na Alemanha e que chegara aos Estados

---

[77] Dispunha o art. 39 do Decreto nº 36.193, de 1954, que aprovou o Regulamento do Instituto Nacional de Imigração e Colonização, que "a assimilação do imigrante deverá visar a sua integração no ambiente social brasileiro através, especialmente, do conhecimento da língua vernácula e da adaptação aos costumes e usos nacionais, sem prejuízo dos valores culturais de que seja portador e cuja aceitação não perturbe os fundamentos tradicionais da formação social brasileira".

[78] Art. 26/2º.

Unidos como refugiado de guerra. Seguiu-se outro Presidente, que escolheu para o mesmo posto um cidadão naturalizado, originário da Polônia, país integrado ao grupo comunista europeu, naquela época em adversidade com os Estados Unidos. E não se ouviu, num ou noutro caso, qualquer preocupação relativa à lealdade e confiabilidade destes dois intelectuais que durante anos assessoraram a Casa Branca na condução de sua política externa, inclusive com os governos dos países nos quais eles haviam nascido".[79]

Em considerável parte, a nova Constituição se libertou dos temores contra estrangeiros das Cartas anteriores, mas poderia ter ido mais longe.

## QUESTÕES PROFISSIONAIS

Ao estrangeiro que ingressa no Brasil com visto de visita é vedado o exercício de atividades remuneradas.[80] A lei prevê a concessão de visto temporário para uma série de categorias profissionais.

O Conselho Federal de Medicina aprovou a Resolução nº 2.216, de 27 de setembro de 2018, dispondo sobre as atividades no Brasil do estrangeiro e do brasileiro formados em medicina por faculdade no exterior, bem como as suas participações em cursos de formação, especialização e pós-graduação no território brasileiro.

Sobre a situação de trabalhadores contratados ou transferidos para prestar serviços no exterior temos a Lei nº 7.064, de 6 de dezembro de 1982, com a redação de seu art. 1º alterada pela Lei nº 11.962, de 3 de julho de 2009. Essa legislação protege o trabalhador brasileiro que executa serviços no exterior.

## ESTATUTO DO REFUGIADO E ASILADO

O sofrimento inenarrável vivenciado por milhões de criaturas humanas que sobreviveram à grande catástrofe do século XX – a Segunda Guerra Mundial (que ceifou a vida de cinquenta milhões de pessoas) – levou as Nações Unidas a elaborar a Convenção que regula a situação jurídica dos refugiados, aprovada pela Assembleia Geral da ONU em 28 de julho de 1951, vigendo a partir de 21 de abril de 1954.

Segundo este diploma internacional, os refugiados terão nos países signatários tratamento pelo menos tão favorável quanto o concedido aos nacionais com relação à liberdade da prática de sua religião e educação religiosa de seus filhos.[81] Excetuadas as hipóteses em que a Convenção prevê tratamento mais favorável, os Estados contratantes se comprometem a conceder aos refugiados tratamento idêntico ao que dedicam aos estrangeiros em geral.[82]

No que tange às regras do Direito Internacional Privado, o refugiado terá seu *status* regido pela lei do país de seu domicílio ou, em não tendo domicílio, pela lei do país de sua residência.[83]

A expulsão do refugiado só é admitida em hipótese de "*segurança nacional ou ordem pública*", sendo-lhe facultado o direito de se defender e tempo suficiente para encontrar ou-

---

[79] Jacob Dolinger, Os Brasileiros Naturalizados no Poder Público, In: Jacob Dolinger (org.), *A Nova Constituição e o Direito Internacional*, 1987, p. 95.
[80] Lei nº 13.445/2017, art. 13, § 1º.
[81] Art. 3º.
[82] Art. 7º.
[83] Art. 12.

tro país que queira abrigá-lo, proibida terminantemente a expulsão ou a devolução para um país em que sua vida ou liberdade possam estar ameaçadas por causa de sua raça, religião, nacionalidade, vinculação a determinado grupo social ou opinião política (*non-refoulement*).

Com a passagem do tempo e em decorrência de outras convulsões políticas no cenário mundial, que causaram mais desastres e sofrimentos, criaram-se novas ondas de refugiados, levando à aprovação pela ONU do "*Protocolo de 1967 sobre o Status de Refugiados*", a fim de eliminar a restrição que limitava a Convenção às situações ocorridas até 1º de janeiro de 1951.

Em 1985, foi aprovada a Convenção da Basileia relativa à cooperação internacional em matéria de ajuda administrativa aos refugiados.[84]

O Brasil, que ratificara a Convenção sobre Refugiados pelo Decreto Legislativo nº 11, de 7 de julho de 1960, promulgado pelo Decreto Executivo nº 50.215, de 28 de janeiro de 1961, também ratificou o Protocolo de 1967, mediante o Decreto Legislativo nº 93, de 20 de setembro de 1971, promulgado pelo Decreto Executivo nº 70.946, de 7 de agosto de 1972. Em 22 de julho de 1997 foi aprovada a Lei nº 9.474, que define mecanismos para a implementação do Estatuto dos Refugiados, dispondo no art. 48 que os seus preceitos deverão ser interpretados em harmonia com a Declaração Universal dos Direitos do Homem de 1948, com a Convenção sobre o Estatuto dos Refugiados de 1951, com o Protocolo sobre o Estatuto dos Refugiados de 1967 e com todo dispositivo pertinente contido em instrumento internacional de proteção aos direitos humanos com o qual o governo brasileiro esteja comprometido.

Quanto ao asilo diplomático, tem ele evoluído desde o século XV, praticado com mais frequência na América Latina, que regulamentou a instituição em vários tratados e convenções, vigendo atualmente a Convenção Interamericana de Caracas de 1954, aprovada no Brasil pelo Decreto Legislativo nº 13, de 11 de junho de 1957, promulgada pelo Decreto Executivo nº 42.628, de 13 de novembro de 1957. A Convenção sobre Asilo Territorial foi promulgada pelo Decreto nº 55.929, de 14 de abril de 1965.

A Lei de Migração, arts. 27 a 29, cuida das obrigações do asilado político no território nacional.

O Conselho da Europa adotou em 1981 uma Recomendação sobre Asilo, em que aconselha que todos os pedidos de asilo sejam tratados "*objetiva e imparcialmente*" e lembra o princípio que veda a devolução do pretendente a asilo ao país do qual fugiu.[85]

O Instituto de Direito Internacional, em sua sessão de 1951, em Bath, aprovou uma Resolução que expressa a esperança de que cada Estado continue, na medida do possível, a conceder asilo em seu território às pessoas que fogem de seu domicílio e que os Estados se facilitem mutuamente no cumprimento deste dever de humanidade através da conclusão de tratados.[86]

Os Estados Unidos se defrontam com o delicado problema de milhões de estrangeiros em situação ilegal no país, que resultam em deportações para seus países de origem, processos judiciais em que um certo número de estrangeiros requerem permanência no país, com fundamento nos riscos que correm se retornarem às suas pátrias, a questão das crianças dos

---

[84] *Revue*, 1989.396.
[85] *International Legal Materials*, 1982/889.
[86] Richard Plender, *International Migration Law*, 1972, p. 224. Nos Estados Unidos formou-se intensa polêmica sobre a política do governo de forçar o retorno de haitianos fugidos de seu país antes de alcançarem a costa norte-americana. Vide *International Legal Materials*, 1993/1.039.

imigrantes ilegais nascidas nos Estados Unidos, que são americanas natas, de acordo com a 14ª Emenda à Constituição, e não podem ser deportadas ou expulsas.[87]

Em suma, como institutos com finalidades semelhantes, têm-se o asilo territorial, diplomático e o refúgio. O asilo – territorial e diplomático – e o refúgio são todos instrumentos de proteção do indivíduo que sofre perseguição. Nesse contexto, são equiparados e recebem tratamento uniforme no direito internacional e comparado, sendo, muitas vezes, tratados como sinônimos,[88] o que pode justificar a utilização da expressão pelo legislador constituinte. Assim, a regra que impede o envio de indivíduo ao país em que sofre perseguição, com base na regra do "non-refoulement" se aplica em ambos os casos, conforme expresso em vários documentos internacionais.[89]

No direito latino-americano, todavia, distingue-se o asilado do refugiado. O asilo é instituto mais antigo do que o refúgio[90] e pode ser territorial – quando concedido pelo Estado no qual o indivíduo se encontra, com base na Convenção de Caracas sobre Asilo Territorial de 1954 – ou diplomático – concedido pelo Embaixador, temporariamente para permitir a saída do asilado do país onde se encontre, com base na Convenção de Caracas sobre Asilo Diplomático de 1954.

Já a condição de refugiado se baseia na Convenção da ONU sobre o Estatuto dos Refugiados de 1951, e no Protocolo de 1967, que retirou duas limitações importantes do texto da Convenção: a limitação temporal, pois antes se exigia que os fatos que tivessem dado origem à perseguição tivessem acontecido antes de 1951, e a limitação geográfica, que se referia a eventos ocorridos na Europa ou alhures. O status de refugiado é concedido em razão de efetiva perseguição ou de simples temor de perseguição por motivos de raça, religião, nacionalidade, grupo social ou opiniões políticas, enquanto a condição de asilado exige a efetiva perseguição

---

[87] A população de imigrantes ilegais nos Estados Unidos foi estimada pelo *Center for Immigration Studies* em torno de 11 milhões de pessoas (para o ano 2008). De acordo com estudos realizados pelo *Pew Hispanic Center*, em 2005, 56% dos imigrantes ilegais procediam do México, 22% de outros países latino-americanos, principalmente da America Central, 13% da Ásia, 6% da Europa e Canadá e 3% da África e do restante do mundo. Vide supra, nota 31.

[88] Vejam-se como exemplos os documentos elaborados pelo Alto Comissariado das Nações Unidas para Refugiados, *Guidance note on extradition and international refugee protection*, de abril de 2008, e *General conclusion on international protection*, 10 October 2008. N. 108 (LIX)-Online. UNHCR Refworld, disponível em http://www.unhcr.org/refworld/docid/490885f1789.html, que tratam indistintamente dos asilados e refugiados. No mesmo sentido, v. também o relatório elaborado pelo Comitê Europeu sobre problemas criminais, *Summary of the replies to the questionnaire on the relationship between asylum procedures and extradition procedures*, Conselho da Europa, PC-OC (2009) 04, a Convenção sobre Asilo Territorial de 1954 e a Conclusão do Comitê Executivo do Alto Comissariado da ONU para Refugiados (nº 44 (XXXVII) 1986), aprovada pela Assembleia Geral da ONU em 04.12.1986 (Resolução 41/124).

[89] V. UN High Commisioner for Refugees, *General conclusion on international protection*, de outubro de 2008, *Guidance note on extradition and international refugee protection*, de abril de 2008, p. 22 e 26, e a Conclusão do Comitê Executivo do Alto Comissariado da ONU para Refugiados (nº 44 (XXXVII) 1986), aprovada pela Assembleia Geral da ONU em 04.12.1986 (Resolução 41/124), item (i). No mesmo sentido, v. também o relatório elaborado pelo Comitê Europeu sobre problemas criminais, *Summary of the replies to the questionnaire on the relationship between asylum procedures and extradition procedures*, Conselho da Europa, PC-OC (2009) 04, p. 2, nota 2, em que se constata que ao menos dez países europeus não extraditam asilados/refugiados (Armênia, Áustria, República Tcheca, Hungria, Islândia, Lituânia, Polônia, Portugal, Eslováquia e Espanha).

[90] O conceito jurídico de asilo na América Latina é originário do Tratado de Direito Penal Internacional de Montevidéu, de 1889, que dedica um capítulo ao tema. Inúmeras outras convenções ocorreram no continente sobre o asilo, tais como: Convenção sobre Asilo Assinada na VI Conferência Pan-americana de Havana, em 1928; Convenção sobre Asilo Político, VII Conferência Internacional Americana de Montevidéu, em 1933; Tratado sobre Asilo e Refúgio Político de Montevidéu, em 1939.

– não bastando o temor – por crenças, opiniões e filiação política ou delitos políticos. Assim, o conceito de refugiado é mais amplo do que o de asilado.

No entanto, ainda que se diferencie o asilado do refugiado, a restrição à extradição se aplica expressamente a ambos os casos, por regras previstas nas referidas Convenções. No caso do refúgio, o art. 33.1 proíbe o envio do refugiado ao país onde sua vida ou liberdade estejam ameaçadas em razão de suas opiniões políticas.[91] A Convenção sobre Asilo Territorial, da mesma forma, no art. IV determina:

> "A extradição não se aplica quando se trate de pessoas que segundo a classificação do Estado suplicado, sejam perseguidas por delitos políticos ou delitos comuns cometidos com fins políticos, nem quando a extradição for solicitada obedecendo a motivos predominantemente políticos".

Outro ponto de contato entre os três institutos diz respeito à sua concessão, pois estão incluídos no âmbito do poder discricionário do Executivo. Não se pode afirmar que haja direito subjetivo a que o Estado brasileiro conceda refúgio ou asilo a indivíduo que se encontra em seu território, submetido a sua soberania.[92] Não se trata de um direito subjetivo sindicável perante o Poder Judiciário.[93] Como se sabe, cabe ao Executivo conduzir a política

---

[91] No mesmo sentido, v. decisão da Comissão Interamericana de Direitos Humanos, em 27.10.1999, que concedeu medida cautelar a um peruano, residente na Argentina, cuja extradição estava sendo requerida pelo Peru, na pendência de pedido de refúgio. V. <www.cidh.org/medidas/1999.sp.htm> e o documento do Comitê Executivo do Alto Comissariado da ONU para Refugiados, *Problems of extradition affecting refugees*, 16 October 1980. nº 17 (XXXI) 1980.

[92] Celso A. Bandeira de Mello, *Direito constitucional internacional* – uma introdução, 1994, p. 152.

[93] STJ, RE 1.174.235/PR, Rel. Min. Herman Benjamin, *DJ* 28.02.2012: "Direito internacional público. Direito comparado. Refúgio por perseguição religiosa. Conflito Israel-Palestina. Condições. Imigração disfarçada. Conare. Requerimento indeferido. Mérito do ato administrativo. Revisão. Impossibilidade. Políticas públicas de migração e relações exteriores (...). 1. *In casu*, cidadão israelense ingressa no Brasil com visto para turismo, mas solicita permanência como refugiado, ao argumento de sofrer perseguição religiosa. Após se esgotarem as instâncias administrativas no Conare, entra com ação ordinária sob o fundamento de que o conflito armado naquele país, por ser notória, enseja automática concessão de *status* de refugiado. 2. O refúgio é reconhecido nas hipóteses em que a pessoa é obrigada a abandonar seu país por algum dos motivos elencados na *Convenção Relativa ao Estatuto dos Refugiados de 1957*, e cessa no momento em que aquelas circunstâncias deixam de existir. Exegese dos arts. 1º, III, e 38, V, da Lei 9.474/97. 3. A concessão de refúgio, independentemente de ser considerado ato político ou ato administrativo, não é infenso a controle jurisdicional, sob o prisma da legalidade. 4. Em regra, o Poder Judiciário deve limitar-se a analisar os vícios de legalidade do procedimento da concessão do refúgio, sem reapreciar os critérios de conveniência e oportunidade. Precedentes do STJ. 5. Em casos que envolvem políticas públicas de migração e relações exteriores, mostra-se inadequado ao Judiciário, tirante situações excepcionais, adentrar nas razões que motivam o ato de admissão de estrangeiros no território nacional, mormente quando o Estado deu ensejo à ampla defesa, ao contraditório e ao devido processo legal a estrangeiro cujo pedido foi regularmente apreciado por órgão formado por representantes do Departamento de Polícia Federal; do Alto Comissariado das Nações Unidas para Refugiados (Acnur) e dos Ministérios da Justiça, das Relações Exteriores, do Trabalho, da Saúde, da Educação e do Desporto, nos termos do art. 14 da Lei 9.474/1997. Precedentes do STJ e do STF. 6. A tendência mundial é no sentido da restrição do papel do Poder Judiciário no que tange à análise das condições para concessão de asilo. Precedentes do Direito Comparado. 7. No Direito Internacional Público, o instituto jurídico do refúgio constitui exceção ao exercício ordinário do controle territorial das nações, uma das mais importantes prerrogativas de um Estado soberano. Cuida de concessão *ad cautelam* e precária de parcela da soberania nacional, pois o Estado-parte cede temporariamente seu território para ocupação por não súdito, sem juízo de conveniência ou oportunidade no momento da entrada, pois se motiva em situação delicada, em que urgem medidas de proteção imediatas e acordadas no plano supranacional. 8. O refúgio, por ser

externa e decidir sobre a concessão da naturalização e a autorização para ingresso ou saída de pessoas do território nacional, veiculando, nesse contexto, as decisões soberanas da República Federativa do Brasil.[94-95] É nessa mesma linha, aliás, que o Presidente da República sequer está obrigado a encaminhar pedido de extradição ao Supremo Tribunal Federal.[96] Como é do conhecimento convencional, a fase judicial da extradição funciona como garantia de que a medida é juridicamente viável, mas não substitui a decisão política sobre a entrega do indivíduo, que é privativa do Presidente.[97-98] A concessão do asilo e refúgio seguem a mesma lógica.

## SAÍDA COMPULSÓRIA DO ESTRANGEIRO

Em matéria de remoção forçada da pessoa física do território de um país, cabe distinguir os diversos institutos existentes.

*Extradição* é o processo pelo qual um Estado atende ao pedido de outro Estado, remetendo-lhe pessoa processada no país solicitante por crime punido na legislação de ambos os países, não se extraditando, via de regra, nacional do país solicitado.

---

medida protetiva condicionada à permanência da situação que justificou sua concessão, merece cautelosa interpretação, justamente porque envolve a regra internacional do respeito aos limites territoriais, expressão máxima da soberania dos Estados, conforme orienta a hermenêutica do Direito Internacional dos Tratados. Exegese conjunta dos arts. 1º, alínea 'c', item 5, da Convenção Relativa ao Estatuto dos Refugiados de 1957 e 31, item 3, alínea 'c', da Convenção de Viena sobre o Direito dos Tratados de 1969. 9. Não se trata de fechar as portas do País para a imigração – mesmo pelo fato notório de que os estrangeiros sempre foram bem-vindos no Brasil –, mas apenas de pontuar o procedimento correto quando a hipótese caracterizar intuito de imigração, e não de refúgio. 10. Recurso especial provido para denegar a segurança".

[94] Nesse sentido, confira-se a seguinte passagem de voto do Ministro Sepúlveda Pertence em STF, Ext nº 1.008/Colômbia, Rel. Min. Gilmar Mendes, Rel. Min. p/ o acórdão Sepúlveda Pertence, *DJ* 16.08.2007: "Embora eu reconheça, sem subterfúgios, que o juízo final, na espécie, é do Executivo, e que a lei veio viabilizar, na pendência do processo de extradição, o deferimento do refúgio, que o Governo poderia ter concedido antes e, aí, nem sequer encaminhar um eventual pedido de extradição para julgamento do Supremo. Mas isso pode ocorrer também se já instaurado o processo". O mesmo raciocínio já foi explicitado ou indicado por diversos outros Ministros. Para um outro registro analítico, veja-se o voto do Ministro Néri da Silveira em STF, Ext-QO nº 785/México, Rel. Min. Néri da Silveira, *DJ* 14.11.2003.

[95] Sobre o tema, especificamente abordado no caso da extradição de Cesare Battisti, v. Carmen Tiburcio e Luís Roberto Barroso, *Direito Constitucional Internacional*, 2013, p. 373 e ss.

[96] No caso do ex-Presidente Paraguaio Alfredo Stroessner, *e.g.*, o pedido de extradição foi feito pelo Paraguai em 1983 e jamais foi enviado ao STF pelo governo brasileiro, que havia lhe concedido asilo político. Na já referida Ext nº 1.008/Colômbia, o ponto foi destacado de forma explícita pelos Ministros Celso de Mello e Sepúlveda Pertence, com a citação de precedente real. Veja-se a seguinte passagem de voto do Ministro Celso de Mello: "E há um aspecto lembrado pelo Ministro Sepúlveda Pertence: o próprio encaminhamento, ao Supremo Tribunal Federal, do pedido de extradição dirigido ao Governo do Brasil por um estado estrangeiro, mesmo naqueles casos em que haja um tratado de extradição, é um ato sujeito à discrição governamental – lembro recentemente, dois anos atrás, o que houve".

[97] Hildebrando Acioly e Geraldo Eulálio do Nascimento e Silva, *Manual de Direito Internacional Público*, 1996, p. 358-359, Carmen Tiburcio e Luís Roberto Barroso, Algumas questões sobre a extradição no direito brasileiro, In: Carmen Tiburcio, *Temas de direito internacional*, 2006, p. 212-213; e Celso de Albuquerque Mello, *Direito Penal e Direito Internacional*, 1978, p. 60-61. Também, Pedro Lenza, *Direito constitucional esquematizado*, 2008, p. 675; Uadi Lammêgo Bulos, *Curso de direito constitucional*, 2007; e Alexandre de Moraes, *Direito constitucional*, 2005, p. 86. Nos tribunais: STF, Recl nº 11.243/Itália, Rel. Min. Gilmar Mendes, Rel. p/ o acórdão Luiz Fux, *DJU* 05.10.2011. Em sentido diverso, v. Francisco Rezek, *Direito Internacional Público – Curso Elementar*, 1991, p. 203, entendendo que, uma vez enviado o pedido ao STF, assume o Executivo o compromisso de extraditar, caso o Judiciário o autorize.

[98] V. Carmen Tiburcio e Luís Roberto Barroso, *Direito Constitucional Internacional*, 2013, p. 321 e ss.

*Expulsão* é o processo pelo qual um país expele de seu território estrangeiro residente, em razão de crime ali praticado ou de comportamento nocivo aos interesses nacionais, ficando-lhe vedado o retorno ao país donde foi expulso.

*Deportação* é o processo de devolução de estrangeiro que aqui chega ou permanece irregularmente, para o país de sua nacionalidade ou de sua procedência. Enquanto na expulsão, a remoção se dá por prática ocorrida após a chegada e a fixação do estrangeiro no território do país, a deportação se origina exclusivamente de sua entrada ou estada irregular no país.[99]

O deportado poderá retornar ao Brasil, desde que atenda às exigências da lei.

*Repatriamento* corresponde à deportação. Assim, o Decreto nº 697, de 7 de maio de 1962, dispunha que "deverá ser repatriado o estrangeiro que, dentro do prazo de seis meses, contados da data de seu desembarque, apresentar sintomas ou manifestações de doenças especificadas no art. 4º destas Normas, a critério da autoridade sanitária.[100] A Lei de Migração refere-se à repatriação (art. 49), medida administrativa de devolução ao país de procedência (ou da nacionalidade) de pessoa em situação de impedimento de ingresso. Trata-se, na sistemática da lei, da retirada do território nacional de estrangeiro cujo ingresso não foi autorizado.

*Banimento* aplica-se a nacionais expelidos de sua pátria. O Código Criminal de 1830, art. 50, cominava para certos crimes a pena do banimento, com a consequência legal da privação dos direitos de cidadão brasileiro e inibição perpétua de volver ao território nacional. A Constituição de 1891, art. 72, § 20, proclamou que *"fica abolida a pena de galés e a de banimento judicial"*. No entanto, em nossa acidentada vida política, tivemos várias experiências de nacionais banidos do território nacional em fases convulsionadas da vida política. A ditadura de Vargas e o regime militar instaurado pelo movimento de 1964 praticaram o banimento.

*Desterro* é o confinamento dentro do território nacional. O ex-presidente Jânio Quadros foi desterrado pelo regime militar para o interior de Goiás por um período de algumas semanas.

## EXPULSÃO DO ESTRANGEIRO

Já vimos que a expulsão do estrangeiro nocivo está inserida no poder discricionário do Estado, representando uma manifestação da sua soberania, decorrência lógica de seu poder de admitir ou recusar a entrada do estrangeiro.

Este talvez seja o ponto principal que distingue o nacional do estrangeiro: enquanto aquele tem o direito inalienável de permanecer em seu solo pátrio (só os regimes de força ousam banir seus nacionais), o estrangeiro não tem esta garantia, pois o Estado, mesmo depois de tê-lo admitido em seu território em caráter permanente, guarda o direito de expulsá-lo se for considerado perigoso para a boa ordem e a tranquilidade pública.[101]

Já dizia Grotius que todo Estado possui o direito soberano de expulsar os estrangeiros que desafiam sua ordem política e que se dedicam a atividades sediciosas.[102]

---

[99] "A expulsão se dirige a estrangeiro legalmente residente. Já a deportação alcança o estrangeiro que não chegou a obter residência legal no país". Voto do Ministro Décio Miranda no HC nº 3.345, julgado pelo TFR.

[100] Anteriormente em vários diplomas legais brasileiros, como, por exemplo, no Decreto nº 24.258, de 16 de maio de 1934, art. 40, o legislador empregava o termo "repatriamento" como equivalente à expulsão.

[101] V. Declaração Universal de Direitos Humanos, art. 20 (1 e 2); Pacto Internacional sobre Direitos Civis e Políticos, art. 25; Convenção Americana sobre Direitos Humanos, art. 23; Declaração Americana de Direitos e Deveres do Homem, arts. XX, XXXII, XXXIV e XXXVIII; Convenção de Havana sobre Condição dos Estrangeiros, art. 7 (1928).

[102] Vide A. C. Evans, The Political Status of Aliens in International Law, Municipal Law and European Community Law, *The International Comparative Law Quarterly* 30:31, 1981, p. 21. A Convenção Europeia

A jurisprudência norte-americana adotou esta orientação, destacando-se o caso *Fong Yue Ting*, julgado em 1893 pela Suprema Corte norte-americana, em que Justice Gray declarou que o direito de expulsar estrangeiros, na guerra ou na paz, é um direito inerente e inalienável de qualquer Estado soberano e independente, essencial para sua segurança, independência e paz.[103]

Em caso julgado em 1952, a Suprema Corte americana declarou que o estrangeiro desfruta de ampla oportunidade econômica, pode invocar a proteção do *habeas corpus*, recorrer à proteção dos princípios firmados no "*Bill of Rights*", e sua propriedade não pode ser retirada sem justa indenização. Mas permanecer no país "não é um direito mas uma questão de permissão e tolerância, e o *governo tem o poder de fazer cessar sua hospitalidade, pois a faculdade de expulsar o estrangeiro é inerente à soberania do país. Enquanto permanece no país, a Constituição o protege, mas se permanece ou não, é decisão do governo*".[104]

Recomendam os autores que estudam o instituto da expulsão que o Estado não abuse deste direito, devendo nortear-se pelo princípio da humanidade.

Em sua sessão de 2005 a *International Law Commission* da ONU debateu a extensão do direito de expulsão: trata-se de um direito genérico ou será limitado a hipóteses em que estejam em jogo a segurança nacional e a manutenção da ordem pública? A "expulsão coletiva" é permissível (e o que exatamente significa este termo)? Que espécie de processo deve ser concedido aos expulsandos e que medidas devem ser tomadas para proteger sua propriedade e investimentos, e até que ponto deve ser tomada em consideração a possibilidade de sofrimento a que possam ser submetidos no país para o qual serão expulsos? A Comissão não deu respostas a estas indagações, deixando para examiná-las em sessão futura.[105]

Na sessão de 2012, a Comissão fixou uma série de normas relativas à expulsão de estrangeiros, visando sua proteção. Eis algumas dessas normas:

- Direito do estrangeiro cuja expulsão for decretada, de receber aviso a respeito e defender-se perante a autoridade competente, com a assistência de um intérprete.
- Se um estrangeiro for preso com relação à sua expulsão, deverá ser mantido separadamente dos demais presos.
- A detenção não pode ter caráter punitivo ou de duração ilimitada, devendo ser revista a intervalos regulares e deve cessar se a expulsão não se consuma.

---

sobre os Direitos do Homem, em seu Protocolo nº 7, de 1984, assinado em Estrasburgo, dispõe que um estrangeiro pode ser expulso sem direito de defesa se a expulsão for necessária no interesse da ordem pública ou da segurança nacional. *Revue*, 1989.129.

[103] Fong Yue Ting v. United States, 149 U.S. 698 (1893).

[104] *Enciclopédia Britânica*, v. I, verbete "Alien": "But to remain in the country 'is not his right, but is a matter of permission and tolerance'; the government has the power to terminato its 'hospitality'". Vide voto do Justice Felix Frankfuter no caso "*Galvan v. Press*", 1954, citado por Edward S. Corwin, *The Constitution and what it means today*, p. 92-93, em que enfatiza o poder do Congresso norte-americano em matéria de expulsão de estrangeiros. A legislação norte-americana – 8 U.S. Code 1251 – previa a expulsão do estrangeiro qualificado como anarquista, daquele que advoga oposição a todo tipo de governo organizado, dos membros do partido comunista, dos que advogam o comunismo internacional, a ditadura mundial ou a ditadura nos Estados Unidos. Atualmente há uma nítida tendência para reconciliar o poder do governo americano de impedir a entrada e expulsar estrangeiros por motivos políticos com os princípios de liberdade de palavra e de associação. Vide Arthur C. Helton, "Reconciling the power to Bar or Expel Aliens on Political grounds with fairness and the freedoms of speech and association: an analysis of recent legislative proposals", Fordham International Law Journal, 1988, p. 467 e ss. Esta tendência vem consubstanciada na legislação – o *Immigration and Nationality Act* de 1990 – que excluiu as hipóteses ideológico-políticas da sanção de expulsão.

[105] *American Journal of International Law* 2006, p. 424-425.

- É vedado expulsar um refugiado.
- O Estado não pode praticar expulsão coletiva, exceção para a hipótese de conflito armado.
- Mesmo quando a expulsão é permitida, deve ser executada com humanidade, com respeito pela dignidade do estrangeiro, sem discriminação baseada em várias categorias (como sexo e raça), e com consideração para pessoas vulneráveis, como mulheres grávidas.
- O Estado deve primeiramente promover uma "partida voluntária" do estrangeiro, mas, não havendo outra alternativa senão a expulsão, esta deve ser executada de maneira a possibilitar ao estrangeiro os necessários preparativos.

Seguem-se várias normas sobre em que países pode ser efetuada a expulsão e para os quais ela é vedada.

No Brasil, o primeiro autor de Direito Internacional Privado, Pimenta Bueno, resumiu a questão com clareza ao dizer que o estrangeiro não tem entrada no território por direito próprio, mas por concessão do governo e sob condição de não se tornar prejudicial ao bem do Estado. "*Consequentemente, desde que falta a seus deveres, que infringe as leis, pode ser expulso, e o governo a que ele pertence não tem direito de opor-se*".[106]

João Barbalho,[107] Rodrigo Octávio[108] e Bento de Faria[109] admitiram o direito do Estado expulsar os estrangeiros indesejáveis, cuja presença constitua perigo ou seja suscetível de provocar inconveniências.

Clóvis Beviláqua fala no "*direito de expulsão dos estrangeiros que se tornam perniciosos ao grupo social em que se encontram*". Os povos europeus, lembra Clóvis, até os mais liberais, reservam-se este direito "*que se pode justificar como medida acauteladora dos interesses sociais e como ato de policiamento e inerente à soberania do Estado*".[110]

A liberdade de o Estado estabelecer regras não apenas para a entrada e a estada de estrangeiros em seu território, mas também relativas à sua expulsão, foi estabelecida pela Convenção de Havana de 1928 sobre a Condição dos Estrangeiros, que dispõe em seu art. 6º o direito à expulsão: "*Os Estados podem, por motivos de ordem ou de segurança pública, expulsar o estrangeiro domiciliado, residente, ou simplesmente de passagem por seu território...*". Já vimos que a Convenção que regula a situação jurídica dos refugiados, de 1951, admite a expulsão dos mesmos em hipóteses de "segurança nacional ou ordem pública".

A Constituição republicana de 1891 garantia no art. 72 a "*brasileiros e a estrangeiros residentes no país a inviolabilidade dos direitos concernentes à liberdade, à segurança individual e à propriedade*", nos termos enumerados nos 31 itens que se seguiam ao *caput* do artigo.[111]

Diante deste texto formaram-se três escolas de pensamento em matéria de expulsão. Uma defendia o poder de o governo expulsar estrangeiros indesejáveis como manifestação da soberania nacional em defesa da segurança nacional. A segunda escola defendia a impossibilidade legal de se expulsar o estrangeiro sem lei específica que regulasse o instituto. E a

---

[106] Pimenta Bueno, *Direito Internacional Privado*, 1863, p. 92.
[107] João Barbalho, *Constituição Federal Brasileira – Comentários*, 1902, p. 300.
[108] Rodrigo Octávio, *Direito do Estrangeiro no Brasil*, 1909, p. 141-142.
[109] Bento de Faria, *Da Condição dos Estrangeiros e o Código de Direito Internacional Privado*, 1930, p. 17.
[110] Clóvis Beviláqua, *Lições de Legislação Comparada sobre o Direito Privado*, 1897, p. 164-165.
[111] Como já vimos, a Constituição imperial de 1824 rezava, diversamente, em seu art. 179, "A inviolabilidade dos direitos civis e políticos dos cidadãos brasileiros".

terceira escola se colocava radicalmente contra a expulsão considerando inconstitucional eventual legislação ordinária sobre a matéria, pois que os estrangeiros residentes no Brasil desfrutavam da garantia de igualdade com os brasileiros expressamente colocada no art. 72 do texto constitucional.

Esta questão foi objeto de duras divergências ao longo de muitos anos no Supremo Tribunal Federal, repercutindo na doutrina pátria, sendo que a terceira corrente se inspirou nas defesas apresentadas pelo advogado Ruy Barbosa e teve no Ministro Pedro Lessa seu mais entusiástico seguidor.

Em muitas decisões de *habeas corpus* vingou esta tese liberal.

Ruy Barbosa assim se expressava:

"Isto é o que está na Constituição. Pode ser inconveniente, pode ser incompatível com as exigências da segurança política, ou policial. Não o negaremos. Mas como na Constituição está, é emendarem-na pelos meios constitucionais. A tanto, porém, não vai nem o prestígio doutrinal de João Barbalho nem a autoridade judiciária do Supremo Tribunal Federal, criada não para derrogar a Constituição, mas para a manter".[112]

Respondia Rodrigo Octávio:

"Não nos parece procedente, *data venia*, a observação do Sr. Ruy Barbosa de que, se se pudesse deduzir dos textos constitucionais a faculdade de deportar estrangeiros, a conclusão seria de que essa faculdade também existia em relação aos nacionais, pela uniformidade de condições em que a Constituição os coloca e em relação à liberdade civil. E parece-nos que o argumento não prevalece porque o princípio imanente da soberania que, em nosso conceito, subsiste enquanto não for expressamente revogado, não se refere ao direito de expulsar os maus elementos do território do Estado, mas de os expulsar quando esses maus elementos sejam indivíduos estrangeiros. E tanto mais procede esta observação quando é certo como registra João Monteiro, que a Constituição Federal no artigo 72 não se refere também ao direito de igualdade. Em todo o caso, o assunto é melindroso e digno certamente da maior ponderação".[113]

Em 1926, a Emenda à Constituição introduziu o § 33 no art. 72, que autorizava o governo a expulsar estrangeiros do país, e suprimiu do § 10 do mesmo artigo (*"Em tempo de paz qualquer pessoa pode entrar no território nacional ou dele sair, com a sua fortuna e bens, quando e como lhe convier, independentemente de passaporte"*) o trecho final – "quando e como lhe convier, independentemente de passaporte" – encerrando a divergência doutrinária e pacificando a Jurisprudência a favor da expulsão na conformidade da legislação específica.[114]

## NATUREZA DO ATO DE EXPULSÃO

Já vimos no início deste capítulo que a expulsão não é uma pena, mas constitui medida administrativa, exercida em proteção do Estado, como manifestação da sua soberania.

---

[112] Ruy Barbosa. *Obras completas*, Trabalhos Jurídicos, 1906, v. XXXIII, tomo II, p. 12-13.
[113] Rodrigo Octávio, *Direito do Estrangeiro no Brasil*, 1909, p. 150.
[114] Vide Jacob Dolinger, Das limitações ao poder de expulsar estrangeiros, em *Estudos Jurídicos em Homenagem ao Professor Haroldo Valladão*, p. 119 e ss.

Outrossim, o ato administrativo de expulsão não é um ato arbitrário. Trata-se de ato discricionário, segundo entendimento prevalecente na Doutrina e na Jurisprudência.

Voz discordante e isolada, o Ministro Cunha Peixoto apresentou em julgamento no Supremo Tribunal Federal teoria diversa sobre a natureza do ato de expulsão, assim se pronunciando:

"... a natureza do decreto de expulsão que, a meu ver, não é discricionário, como se sustenta. Trata-se, ao contrário, de ato administrativo vinculado... e, como consequência, o Poder Judiciário não só pode, como tem o dever de examinar sua legalidade em toda sua extensão. Demonstra-o o próprio parágrafo do artigo 69,[115] ao declarar dever o expulsando ser posto em liberdade quando, estando preso, houver alguma medida judiciária relativa à expulsão".[116]

## COMPETÊNCIA PARA EXPULSAR

Rezava o art. 66 da Lei nº 6.815/1980 que *"caberá exclusivamente ao Presidente da República resolver sobre a conveniência e a oportunidade da expulsão ou de sua revogação"*. Essa também era a norma contida no art. 75 do Decreto-lei nº 941/69, originando-se do Decreto-lei nº 479, de 8 de junho de 1938, em seu art. 8º: *"O Presidente da República será o único juiz da conveniência da expulsão ou da sua revogação..."*. Anteriormente, o Decreto-lei nº 392, de 27 de abril de 1938, só dispunha em seu art. 5º que *"a expulsão bem como a sua revogação far-se-ão por decreto e serão processados no Ministério da Justiça e Negócios Interiores."*

A competência para decretar a expulsão de estrangeiros foi objeto de alteração produzida pelo Decreto nº 3.447, de 8 de maio de 2000, assinado pelo Presidente Fernando Henrique Cardoso, que delegou competência ao Ministro da Justiça para decidir sobre a expulsão e sua revogação. A partir das expulsões decretadas pelo Ministro da Justiça, os *habeas corpus* – até então dirigidos ao STF – têm sido impetrados junto ao Superior Tribunal de Justiça.

Em 2019, a competência para decidir sobre a expulsão e sua revogação foi subdelegada no âmbito do Ministério da Justiça por meio da Portaria nº 432, de 17 de junho de 2019. Diante dessa circunstância, o STJ tem se considerado incompetente para processar e julgar *habeas corpus* impetrado contra expulsões decretadas pelo Coordenador de Processos Migratórios do Ministério da Justiça.[117]

A Constituição de 1988 estabeleceu no art. 109, X, a competência dos juízes federais para processar e julgar os crimes de ingresso ou permanência irregular de estrangeiro – casos de deportação – e, como é da competência do Ministro da Justiça ordenar a prisão do deportando, esta medida também pode suscitar *habeas corpus* ao Superior Tribunal de Justiça (art. 105, I, *c*).

## DEFESA DO EXPULSANDO

A Lei de Migração versa a expulsão especialmente nos arts. 54 a 60, sem prejuízo das disposições comuns constantes nos arts. 61 e 62.

A mais comum defesa em casos de expulsão tem sido a existência de família brasileira constituída pelo expulsando.

---

[115] O voto refere-se ao art. 69 da Lei nº 6.815/1980, que assim dispõe: "Em caso de medida interposta junto ao Poder Judiciário que suspenda, provisoriamente, a efetivação do ato compulsório, o prazo de prisão de que trata a parte final do *caput* deste artigo ficará interrompido, até a decisão definitiva do Tribunal a que estiver submetido o feito".

[116] STF, HC nº 58.409, Rel. Min. Djaci Falcão, *DJ* 28.11.1980.

[117] STJ, HC nº 692.415, Rel. Min. Assusete Magalhães, j. 15.02.2022.

O Decreto-lei nº 941/69 dispunha em seu art. 74 que o estrangeiro que tivesse cônjuge brasileiro do qual não estivesse desquitado ou separado, ou que tivesse filho brasileiro dependente da economia paterna, não poderia ser expulso.

O Decreto-lei nº 392, de 27 de abril de 1938, nada dispunha a respeito, mas o Decreto-lei nº 479, de 8 de junho de 1938, que revogou o diploma anterior, determinava em seu art. 3º que não seria expulso o estrangeiro que: a) tivesse mais de 25 anos de residência legítima no país; e b) tivesse filhos brasileiros vivos, oriundos de núpcias legítimas.

A matéria foi introduzida na Constituição de 1946 em seu art. 143:

"O governo federal poderá expulsar do território nacional o estrangeiro nocivo à ordem pública, salvo se o seu cônjuge for brasileiro e se tiver filho brasileiro dependente da economia paterna".

A Constituição de 1967 e sua Emenda de 1969 não trataram da matéria.

Escreve Pontes de Miranda:

"A Constituição de 1967 não alude à expulsão. Assim, a regra jurídica que se continha no artigo 143 da Constituição de 1946 apenas persiste como regra jurídica ordinária".[118]

Em parecer aprovado pelo Instituto dos Advogados Brasileiros, dentre outras, lançou-se candente crítica ao legislador de 1980 por não ter mantido a ressalva da família brasileira na Lei nº 6.815, afirmando-se que isto violava o art. 175 da Constituição então vigente.

Esse dispositivo constitucional proclamava a proteção da família pelos Poderes Públicos. Como a faculdade concedida pelo legislador aos poderes públicos de expulsar estrangeiro nocivo ao país que tenha cônjuge ou filho brasileiro viola o princípio da proteção à família, é algo que escapa à nossa compreensão.

Observe-se que a mesma Constituição proclamava a competência da União para legislar sobre *"emigração e imigração; entrada, extradição e expulsão de estrangeiro"*,[119] sem qualquer restrição.

Na França a expulsão não era afetada pela existência de cônjuge e/ou filho franceses de expulsando.[120-121] O mesmo ocorre nos Estados Unidos, em que a existência de cônjuge,

---

[118] Pontes de Miranda, *Comentários à Constituição de 1967*, tomo IV, 1970, p. 655. Nesse sentido o pronunciamento do Ministro Décio Miranda, no Tribunal Federal de Recursos, ao julgar o HC nº 3.345 impetrado por Ronald Biggs: "Ocorre, porém, que não é possível a expulsão, ontem segundo a própria Constituição, hoje consoante a lei ordinária, do estrangeiro que tenha filho brasileiro dependente da economia paterna. A regra legal subsiste apesar de não reproduzida na Constituição. Não é incompatível com esta".

[119] Art. 8º, nº XVII, p.

[120] Lê-se no *Repertoire de Droit International-Dalloz*, 1º vol., p. 804 (1968): "A fortiori des considerations d'ordre privé, telles que nationalité française du conjointe ou des enfants, ne peuvent être invoquées pour tenir légalement en échec le pouvoir du Gouvernement d'assurer l'ordre et la securité publique".

[121] Veja-se, atualmente, o Code de l'entrée et du séjour des étrangers et du droit d'asile, art. L511-4: "Ne peuvent faire l'objet d'une obligation de quitter le territoire français: 6º L'étranger ne vivant pas en état de polygamie qui est père ou mère d'un enfant français mineur résidant en France, à condition qu'il établisse contribuer effectivement à l'entretien et à l'éducation de l'enfant dans les conditions prévues par l'article 371-2 du code civil depuis la naissance de celui-ci ou depuis au moins deux ans". Além disso, o Tribunal Justiça da UE, caso Zambrano, C-34/09, decidido em 08.03.2011, considerou que um genitor nacional de um Estado terceiro tem o direito de residir na UE com seu filho nacional e consequentemente sua expulsão não é possível: "L'article 20 TFUE doit être interprété en ce sens qu'il s'oppose à ce qu'un État membre, d'une part, refuse à un ressortissant d'un État tiers, qui assume la charge de ses enfants en

filho ou pai americanos só susta a deportação por entrada ilegal no país, mas não socorre em hipótese de expulsão por outros motivos.[122]

Todavia, atendendo a várias críticas dirigidas ao legislador brasileiro, este voltou atrás e, pela Lei nº 6.964, de 09.12.1981, introduziu várias alterações na Lei nº 6.815/1980, entre as quais a reformulação do art. 74, posteriormente art. 75.

A Lei de Migração manteve os óbices à expulsão nos seguintes termos:

"Art. 55. Não se procederá à expulsão quando:
I – a medida configurar extradição inadmitida pela legislação brasileira;
II – o expulsando:
a) tiver filho brasileiro que esteja sob sua guarda ou dependência econômica ou socioafetiva ou tiver pessoa brasileira sob sua tutela;
b) tiver cônjuge ou companheiro residente no Brasil, sem discriminação alguma, reconhecido judicial ou legalmente;
c) tiver ingressado no Brasil até os 12 (doze) anos de idade, residindo desde então no País;
d) for pessoa com mais de 70 (setenta) anos que resida no País há mais de 10 (dez) anos, considerados a gravidade e o fundamento da expulsão".

Há rica jurisprudência das cortes superiores em matéria de expulsão de estrangeiro com filho nascido no Brasil ante a frequência de casos de expulsão de estrangeiros que cometem crimes em território brasileiro e tentam evitar a expulsão com fundamento em criança nascida no nosso país. Uma posição é a de que, caracterizada a separação de fato do casal ou a circunstância de não se achar o filho sob a guarda nem a dependência econômica de seu pai, não se configura motivo impeditivo à expulsão.[123]

Inúmeras decisões negaram *habeas corpus* de expulsandos, porque não comprovaram que se tornaram genitores de crianças brasileiras antes da perpetração do crime, ou porque não comprovaram que a criança dependia economicamente do expulsando.[124]

Esta jurisprudência foi seguida pelo Superior Tribunal de Justiça. Em *habeas corpus* preventivo contra o Ministro da Justiça para sustar inquérito visando expulsão, decidiu a corte que "*a abertura e o prosseguimento do inquérito para expulsão de estrangeiro condenado, com sentença trânsita em julgado, não ficam obstaculizados pelo nascimento de filho brasileiro em data posterior ao fato delituoso*".[125]

Mas esta orientação foi recentemente alterada por essa alta corte federal. A nova jurisprudência do STJ impede a expulsão mesmo se a criança nasceu após o ato delituoso, mesmo após a condenação penal e até mesmo após a decretação da expulsão. Outra novidade da nova juris-

---

bas âge, citoyens de l'Union, le séjour dans l'État membre de résidence de ces derniers et dont ils ont la nationalité et, d'autre part, refuse audit ressortissant d'un État tiers un permis de travail, dans la mesure où de telles décisions priveraient lesdits enfants de la jouissance effective de l'essentiel des droits attachés au statut de citoyen de l'Union".

[122] Charles Gordon e Ellen Gittel Gordon, *Immigration and Nationality Law*, p. 4-42.
[123] *Habeas Corpus* nº 69.488, *RTJ* 143/219, 220.
[124] *Habeas Corpus* nº 79.575, *RTJ* 172/947, *Habeas Corpus* nº 79.574, *RTJ* 173/582, *Habeas Corpus* nº 79.749, *RTJ* 173/221, e *Habeas Corpus* nº 79.746, *RTJ* 175/707, julgados em 1999 e 2000.
[125] *Habeas Corpus* nº 144, *RSTJ* 9/121. No *Habeas Corpus* nº 16.819, o STJ decidiu que "não vinga a alegação de nascimento de filho, gerado em brasileira, pois isso teria ocorrido posteriormente ao trânsito em julgado de sentença condenatória ensejadora da expulsão do impetrante por tráfico internacional de drogas, acórdão de 24 de outubro de 2001.

prudência é de que a dependência socioafetiva se equipara à dependência econômica. São vários os acórdãos neste sentido. Essa orientação foi objeto de crítica publicada pelo primeiro autor.[126]

O Supremo Tribunal Federal seguia outra orientação, mantendo-se fiel aos requisitos do art. 75 da Lei nº 6.815/1980, quanto à necessidade da antecedência do nascimento da criança para impedir a expulsão, conforme vários julgamentos, dentre os quais o HC nº 80.493 (*DJ* 27.06.2003), o HC nº 82.893 (*DJ* 08.04.2005), o HC nº 94.896 (*DJ* 05.12.2008), este com fundamento diferente, mas conduzindo logicamente ao mesmo resultado, e o HC nº 110.849 (*DJ* 10.04.2012).[127]

Entretanto, eis que a Suprema Corte deferiu o *Habeas Corpus* nº 114.901, impedindo a expulsão de estrangeiro que gerou filho depois de cometido ato criminoso.[128]

Finalmente, o art. 55, II, *a*, da Lei de Migração incorporou à legislação a jurisprudência dominante no Superior Tribunal de Justiça e passou a incluir entre os óbices à expulsão a existência de "*dependência econômica ou socioafetiva*".

## DEFESA DO DEPORTANDO

A defesa cabível para o expulsando se aplica ao deportando, cuja situação é sempre menos grave do que a daquele.[129]

## CASOS CLÁSSICOS DA JURISPRUDÊNCIA BRASILEIRA

A saída compulsória do estrangeiro do território nacional é um tema frequentemente considerado pelos tribunais superiores – durante longo tempo pela Suprema Corte, ante a competência do Presidente da República para decretar a expulsão de estrangeiros – e a partir da delegação da competência *expulsandi* ao Ministro da Justiça, o tema passou a ser julgado pelo Superior Tribunal de Justiça.

Em estudo inserido na polianteia em homenagem ao Professor Haroldo Valladão analisou-se a evolução da legislação brasileira sobre expulsão do estrangeiro no período

---

[126] "Provincianismo no direito internacional privado brasileiro. Dignidade humana e soberania nacional: inversão dos princípios", *Revista dos Tribunais*, v. 880, p. 33-60, especificamente à p. 55-59, reproduzido em Jacob Dolinger, *Direito e Amor*, p. 205 e ss.

[127] Vejam-se as ementas destes acórdãos, na ordem referida no texto:
1. "O nascimento e registro dos filhos do paciente verificaram-se após a ocorrência do fato criminoso que deu ensejo ao decreto de sua expulsão. Hipótese que afasta o impedimento de se expulsar o estrangeiro".
2. "Estrangeiro condenado por tráfico de entorpecentes. Filha brasileira. Reconhecimento ulterior à expedição do Decreto de expulsão. Inexistência, ademais, dos requisitos simultâneos da guarda e da dependência econômica. Não ocorrência de causa impeditiva. HC denegado. Interpretação do art. 75, *caput*, inc. II, letra e e par. 1º da Lei n. 6.815/90".
3. "Expulsão. Estrangeiro. Existência de filha brasileira. Descendente que nunca viveu sob a guarda e dependência econômica do pai. Não ocorrência de causa impeditiva do ato. H. C. denegado".
É lógico que se filho havido antes da condenação não impede a expulsão se não está sob a guarda e dependência econômica do pai, que, com mais razão, o filho ou filha havido após a condenação, que jamais dependeu do genitor criminoso, não servirá de impedimento à expulsão.
4. "Expulsão. Estrangeiro. O reconhecimento de filho brasileiro após o fato determinante da expulsão não obsta a execução da medida. Ordem denegada".

[128] *DJ* 29.11.2012. A mesma orientação foi aplicada pelo STF no Rec. Extr. nº 608.898 (Repercussão Geral configurada).

[129] *Habeas Corpus* nº 5.312, julgado pelo Tribunal Federal de Recursos, em 1982. Veja o caso de Ronald Arthur Biggs, comentado mais adiante, que versa hipótese de deportação.

republicano (do Decreto nº 1.609, de 1893, até a legislação de 1980/1) e, paralelamente, foi feito um levantamento da doutrina e da jurisprudência da Suprema Corte sobre este tema.[130]

Primeiramente, há que lembrar que nos anos 10 e 20 do século XX havia uma tendência de processar trabalhadores estrangeiros e promover sua expulsão do país quando eles se envolviam em atividades políticas, que o governo tachava de anarquismo. A mesma orientação era seguida naquela época pelo governo dos Estados Unidos. O Supremo Tribunal Federal brasileiro dava, frequentemente, procedência a pedidos de *habeas corpus* impetrados em favor dos expulsandos. Assim, por exemplo, no *Habeas Corpus* nº 6.082[131] foi concedida a ordem, por maioria de votos, tendo os Ministros baseado seus votos coincidentes em motivos diversos. O Ministro Edmundo Lins, Relator, acompanhado pelo Ministro Pedro Mibielli, votou no sentido de conceder a ordem, por se tratar de estrangeiros residentes no Brasil há muitos anos e que *"não encontrara nos autos prova de que fossem os pacientes anarquistas"*.

O Ministro Sebastião de Lacerda votou no sentido de que *"a polícia de Santos, aliás useira e vezeira na prática de atos semelhantes, fez prender os pacientes por denúncia e, servindo os interesses de poderosa empresa local, fê-los assinarem declarações, sabe Deus como colhidas, inquiriu testemunhas, sem a presença dos pacientes para contestá-las, em suma, contra eles agiu inquisitorialmente, sem admitir que se defendessem. O inquérito, feito nessas condições, não lhe merecia a menor confiança. Constituía um abuso da autoridade policial de Santos, já conhecida por suas arbitrariedades contra os trabalhadores"*.

Em sentido oposto votou o Ministro Viveiros de Castro, repetindo sua opinião nestes casos, negando a ordem,

"porquanto não reconhece ao estrangeiro, embora residente, o direito de fazer o anarquismo. Os indivíduos nessas condições, são elementos altamente perniciosos que o Estado, no exercício do direito de soberania, deve expulsar, num movimento muito lícito e muito louvável de repulsa, de legítima defesa, como lhe é lícito fazer ao inimigo, certo como é que o anarquista é um inimigo em luta aberta e constante contra a ordem e as instituições, contra a vida do país".[132]

Em 1987, o Tribunal Federal de Recursos julgou um processo de cancelamento de naturalização que visava, afinal, a expulsão de trabalhador que atuara politicamente em prol das ideias comunistas. Lê-se no acórdão que recusou a pretensão da União Federal:

"... apurações policiais que se referem apenas a atividades de comunista, de agitador dos meios trabalhistas, de participante de comícios sobre os direitos dos trabalhadores, enfim, de atividades que são atualmente permitidas e admitidas como lícitas, chegando mesmo a ornar currículos de vida de ilustres representantes do povo nas duas casas do Congresso Nacional e em postos da vida pública. Enfim, as atividades que o apelante exerce, naqueles tempos consideradas nocivas ao interesse nacional, hoje são até estimuladas, muitas vezes, seja no sentido de educar as massas sobre os seus direitos, seja no de demonstrar a existência de clima de liberdade de manifestação que interessa à nação".[133]

---

[130] Jacob Dolinger, *Das Limitações ao Poder de Expulsar Estrangeiros*. Estudos Jurídicos em Homenagem ao Professor Haroldo Valladão, 1983, p. 119-146.
[131] *Revista do Supremo Tribunal*, v. XXIV (julho de 1920), p. 211.
[132] *Revista do Supremo Tribunal*, v. XXIV (julho de 1920), p. 211.
[133] Apelação Cível nº 56.273.

*Caso Zysla Bialek* – Este caso ilustra a exemplar conduta de nosso Judiciário para com estrangeiros, examinando e julgando criteriosamente os casos que lhe são submetidos. Em 1948, o Supremo Tribunal Federal julgou o *habeas corpus* intentado a favor de Zysla Bialek, polonesa, residente em São Paulo, presa por envolvimento com o movimento comunista.[134]

A decisão da Suprema Corte, por voto de desempate do Presidente Ministro José Linhares, foi no sentido de conceder a medida de *habeas corpus*, a fim de ser posta a paciente em liberdade vigiada, sem prejuízo da expulsão, contra cinco votos que denegavam a medida. A Corte entendeu, por unanimidade, que cabia ao Poder Executivo, com exclusividade, decidir sobre a expulsão, mas que o Poder Judiciário tem poder para examinar a legalidade da prisão, legalidade esta que dividiu o Tribunal meio a meio, daí o desempate do Presidente, que concedeu a ordem contra seu próprio ponto de vista, fazendo-o na conformidade da tradição do Direito brasileiro de que em matéria penal o voto de desempate seja favorável ao réu.

Do voto do Ministro Ribeiro da Costa, que acompanhou o voto do Ministro Relator, deferindo a medida, extraímos o seguinte trecho:

> "No caso em apreço, a prisão, embora legal inicialmente, para o efeito do processo, já agora é prolongada, injustamente, estando a pedir uma providência dessa Corte, porque se trata de uma jovem que, estrangeira, se radicou em nosso país; aqui adquiriu conhecimentos para, mediante eles, prover a sua subsistência, dedicava-se ao trabalho honestamente, em São Paulo, quando foi presa, permanecendo detida, para o efeito da expulsão. Levada à prisão comum, aí se acha em promiscuidade com criminosos comuns – o que também não se tolera de forma alguma. Não posso compreender como se prendam estrangeiras por efeito de processo de expulsão e se as mantenham em promiscuidade com criminosos comuns. Além disto, o ilustre advogado informa que a paciente está afetada de tuberculose pulmonar. Parece-me que o relaxamento da prisão da paciente atende até aos interesses da própria sociedade. Assim, mantenho o meu voto anterior, concedendo liberdade vigiada à paciente".

*Caso Ronald Arthur Biggs* – Biggs tornou-se mundialmente conhecido por ter participado de famoso assalto a um trem pagador ocorrido na Grã-Bretanha, em 1963: condenado a longa pena de reclusão, conseguiu fugir da prisão inglesa. Viveu na Austrália, donde veio para o Brasil no final da década de 1960, residindo no Rio de Janeiro durante alguns anos sob nome falso.

Descoberto por jornalistas e preso pela Polícia Federal, não foi possível extraditá-lo para a Grã Bretanha, porque o Brasil e este país não tinham tratado de extradição, uma vez que o governo britânico não se dispunha a comprometer-se com reciprocidade, conforme declarado pela Missão diplomática britânica no Brasil: por ter dado refúgio a muitos jovens brasileiros que haviam escapado da revolução militar de 1964, não queria a Inglaterra firmar pacto de reciprocidade de extradição, para não ficar obrigada a enviar os brasileiros de volta para as autoridades ditatoriais que governavam o Brasil.

Determinada sua deportação pelo Ministro da Justiça em virtude de sua entrada e permanência irregular no Brasil, Biggs impetrou *habeas corpus* junto ao Tribunal Federal de Recursos, sustentando estar vivendo matrimonialmente com brasileira, grávida de seu filho, que iria nascer dentro de alguns meses.

O entendimento do tribunal foi no sentido de não estender a ressalva de filho brasileiro consignada pelo legislador em matéria de expulsão ao caso da deportação, sendo denegada a ordem por cinco votos contra quatro, mas o Acórdão ressalvou que a deportação não se

---

[134] *Habeas corpus* nº 30.400, sendo autoridade coatora o Ministro da Justiça e dos Negócios Interiores, *Revista de Direito Administrativo*, v. 21, p. 178.

poderia efetivar para o país de origem de Biggs (por redundar em uma extradição vedada), nem para qualquer outro país que mantivesse convenção ou tratado de extradição com a Inglaterra. Consequentemente, Biggs permaneceu no Brasil.

Anos mais tarde, o STF julgou um *habeas corpus*[135] em que se discutiu hipótese de paciente que desistiu do pedido que impetrara para evitar sua expulsão. O Ministro Celso de Mello não homologou a desistência, pois a consequência seria que o expulsando acabaria sendo enviado a seu país, o Chile, onde pesava sobre ele acusação de crimes de natureza política, hipótese em que, se tivesse havido pedido de extradição, o mesmo não seria admitido; por via de consequência, também a expulsão não devia ser efetuada, negando, por isto, homologar a desistência do pedido de *habeas corpus*.

Comentando esta posição de seu ilustre colega, o Ministro Francisco Rezek se referiu ao que passou a ser conhecido como "doutrina do caso Biggs", pela qual não se expulsa nem se deporta quem possa acabar sendo levado a seu país, em hipótese em que um pedido de extradição seria inadmitido por motivos como pena de morte, prescrição, tribunal de exceção.

Muitos anos mais tarde, em 1995, Brasil e Reino Unido celebraram Tratado de Extradição e, em 1997, a Inglaterra solicitou a extradição de Biggs. Em julgamento perante o Supremo Tribunal Federal foi negado o pedido por ter ocorrido a prescrição perante a lei brasileira, contada entre 1965 – quando Biggs evadiu-se, e 1997 – quando apresentado o pedido – 32 anos.[136-137]

*Caso Padre Vito Miracapillo* – Em 30 de outubro de 1980, a Suprema Corte brasileira julgou o *Habeas Corpus* nº 58.409[138] impetrado contra o Sr. Presidente da República, General João Batista Figueiredo, que havia decretado a expulsão do prelado, de nacionalidade italiana.

À época discutia-se no país a Lei nº 6.815, de 19.08.1980, que – como visto acima – provocava veementes críticas por ter omitido qualquer ressalva familiar à expulsão, mantendo tão somente a restrição à expulsão que redundasse em extradição inadmitida.

Vivia o Brasil o início do retorno ao regime democrático, recuperada a liberdade de imprensa, a Ordem dos Advogados empenhada no restabelecimento dos direitos e garantias individuais, o país afetado pela onda de jovens argentinos fugidos do embate com o poder militar de seu país, e a inquietação de certos setores com a atuação sociopolítica de padres estrangeiros no Norte e Nordeste do Brasil.

Neste clima, o Presidente da República, por sugestão do Ministro da Justiça, decretou a expulsão do Padre Miracapillo, sob a acusação de que, tendo-se recusado a oficiar as missas em Ação de Graças nos dias 7 e 11 de setembro, por ocasião das comemorações da Semana da Pátria e do aniversário da cidade de Palmares, Pernambuco, teria o clérigo declarado que entre os motivos de sua recusa figurava o fato de o povo brasileiro não ser efetivamente independente, reduzido à condição de pedinte e desamparado de seus direitos.

---

[135] *Habeas Corpus* nº 69.856, *RTJ* 150/765.
[136] Extradição nº 721-0 do Reino Unido da Grã-Bretanha e da Irlanda do Norte. Diz a ementa do acórdão: "Se o tratado de extradição prevê que o país requerido poderá recusar o pedido 'em decorrência de lapso de tempo decorrido', compatibilizando-se assim com o preconizado no art. 77, VI, da Lei n. 6.815/80 e constatada, perante a lei brasileira, a prescrição da pretensão executória da condenação proferida pela Justiça alienígena, é de negar-se seguimento ao pedido de extradição, ficando prejudicada a possibilidade de decretação da prisão do extraditando".
[137] Velho e doente, Biggs acabou viajando para a Inglaterra para gozar dos benefícios da previdência social britânica a que tinha direito. Cumpriu parte do restante de sua pena, sendo libertado alguns anos depois devido à gravidade de seu estado de saúde.
[138] *RTJ* 95/589.

Segundo a Justificativa da expulsão, o fato enquadrava-se no art. 106 da Lei nº 6.815 (art. 107, segundo a redação dada pela Lei nº 6.964/1981):

"O estrangeiro admitido no território brasileiro não pode exercer atividade de natureza política, nem se imiscuir, direta ou indiretamente, nos negócios públicos do Brasil",

invocando-se ainda o art. 64, *caput*, e a letra *d*, de seu parágrafo único (art. 65 atual):

"É passível de expulsão o estrangeiro que, de qualquer forma, atentar contra a segurança nacional, a ordem política ou social, a tranquilidade ou moralidade pública e a economia popular, ou cujo procedimento o torne nocivo à conveniência e aos interesses nacionais. Parágrafo único. É passível também de expulsão o estrangeiro que: (...) d) desrespeitar proibição especialmente prevista em lei para estrangeiro".

O julgamento do *habeas corpus* prendeu a atenção do mundo jurídico brasileiro e o acórdão do Supremo Tribunal Federal representa uma valiosa contribuição à análise do direito de expulsão e do direito do estrangeiro no Brasil em geral, constituindo-se em uma lição comparativa de grande importância sobre a evolução e o estado destes institutos em países democráticos como a Itália, a França, a Grã-Bretanha, a Suíça e os Estados Unidos.

Vários Ministros da Suprema Corte contribuíram para o julgamento com longos e eruditos votos e, ante a relevância da matéria e o cuidado que a Suprema Corte a ela dedicou, reproduzimos trechos do voto do eminente Ministro Thompson Flores, que em sua manifestação fez um resumo dos votos anteriores de seus pares. Parece-nos importante conscientizar-nos da extraordinária liberalidade com que o estrangeiro é tratado no Brasil, pela Lei, pela Doutrina, pelas autoridades administrativas, pelo governo em geral e pelo Poder Judiciário em particular. Comparado com outros países, adiantados, ricos, poderosos, nosso tratamento é superior, mais humano, mais compreensivo, mais liberal, numa tradição que vem dos primórdios de nossa História.

## INDENIZAÇÃO POR EXPULSÃO

No início do século XX registraram-se alguns casos de arbitragem versando reclamações de países pela expulsão sofrida por seus cidadãos em outros países.

No *caso Tillet*, as autoridades belgas haviam expulsado um inglês que pretendera discursar numa reunião pública sobre a causa sindical. O árbitro decidiu que a Grã-Bretanha nada tinha a reclamar da Bélgica, que exercera a plenitude de sua soberania ao decidir que o comportamento do alienígena merecia a expulsão.

No caso *Boffolo*, um italiano foi expulso da Venezuela por ter publicado um artigo em que criticara uma decisão judicial e outro artigo em que recomendava a leitura de um jornal socialista. Neste caso o árbitro decidiu que a Venezuela havia apresentado razão inadequada para justificar a expulsão e concedeu à Itália uma indenização de 2.000 bolívares.[139]

Também no *caso Maal* a arbitragem decidiu que a expulsão de um cidadão americano da Venezuela foi executada com desnecessária dureza e indignidade, concedendo uma compensação aos Estados Unidos.

---

[139] A. C. Evans, The Political Status of Aliens in International Law, Municipal Law and European Community Law, *The International Comparative Law Quarterly* 30:31, 1981, p. 21.

Em todas estas arbitragens não se questionou o direito e a validade da expulsão, decidindo-se apenas que em certos casos a forma pela qual se efetua a expulsão pode levar a uma obrigação de indenizar o Estado da nacionalidade do expulsando.[140]

Não há notícia de qualquer procedimento desta natureza contra nosso país, cujo Judiciário, sempre que provocado, examinou e julgou com critério as medidas de expulsão de estrangeiros.

Em sua 65ª Conferência, realizada no Cairo, em 1992, a *International Law Association* aprovou uma Declaração no sentido de que os Estados que, por suas políticas internas, forçam seus cidadãos a se tornarem refugiados, praticam um ato internacionalmente ilegal, do qual resulta a obrigação de compensar o mal cometido, mediante indenização dos nacionais forçados a deixar a pátria.

## EXTRADIÇÃO

A extradição é mecanismo de cooperação internacional em matéria penal pelo qual se solicita ou entrega indivíduo (em regra, estrangeiro) processado ou condenado criminalmente no Estado solicitante. O procedimento de requisição de indivíduo a Estado estrangeiro corresponde à extradição ativa; o recebimento do pedido, à extradição passiva. Denomina-se extradição instrutória aquela na qual o indivíduo é requisitado para o fim de comparecer perante o Judiciário estrangeiro e responder a processo ainda em curso; nas extradições executórias, o retorno do indivíduo é requisitado para se efetivar pena já definitivamente aplicada em desfavor do extraditando.

A extradição para Estado estrangeiro não se confunde com a entrega para o Tribunal Penal Internacional. Nesse último caso, há lista específica prevista no Estatuto de Roma, em vigor no Brasil (Decreto nº 4.388/2002), de crimes que ensejam o deferimento do pedido. As regras aplicáveis à extradição não se destinam à entrega, que é autorizada pelo art. 5º, § 4º, da Constituição Federal. Da mesma forma, a extradição difere da transferência de presos, da deportação e da expulsão. Ao passo que a primeira pressupõe (i) a concordância do condenado e dos Estados envolvidos, (ii) a existência de condenação em um Estado e (iii) a transferência para que o indivíduo cumpra em Estado diverso daquele que impôs a condenação, as duas últimas são efetivadas visando garantir o interesse do Estado no qual o estrangeiro se encontra. Diversamente da deportação e da expulsão, a existência de cônjuge ou filho brasileiro não é óbice à extradição (STF, Súmula nº 421).

O tema da extradição no Brasil é regido pela Constituição Federal (art. 5º, LI e LII; art. 22, XV; e art. 102, I, *g*), pela Lei de Migração (arts. 81 a 99), no Regimento Interno do STF (arts. 207 a 214) e nos tratados internacionais de extradição dos quais o Brasil é parte.[141]

---

[140] *American Journal of International Law*, 1993, p. 157.
[141] O Brasil é parte de 31 tratados, bilaterais ou multilaterais, a saber: Angola (Decreto nº 8.316/2014); Austrália (Decreto nº 2.010/1996); Argentina (Decreto nº 62.979/1968); Bélgica (Decreto nº 41.909/1957); Bolívia (Decreto nº 9.920/1942); Canadá (Decreto nº 6.747/2009); Chile (Decreto nº 1.888/1937); China (Decreto nº 8.431/2015); Colômbia (Decreto nº 6.330/1940); Coreia do Sul (Decreto nº 4.152/2002); Equador (Decreto nº 2.950/1938); Espanha (Decreto nº 99.340/1990); Estados Unidos da América (Decreto nº 55.750/1965); França (Decreto nº 5.258/2004); Itália (Decreto nº 863/1993); Lituânia (Decreto nº 4.528/1939); México (Decreto nº 2.535/1938); Paraguai (Decreto nº 16.925/1925); Peru (Decreto nº 5.853/2006); Portugal (Decreto nº 1.325/1994); Reino Unido e Irlanda do Norte (Decreto nº 2.347/1997); República Dominicana (Decreto nº 6.738/2009); Romênia (Decreto nº 6.512/2008); Rússia (Decreto nº 6.056/2007); Suíça (Decreto nº 23.997/1934); Suriname (Decreto nº 7.902/2013); Ucrânia (Decreto nº 5.938/2006); Uruguai (Decreto nº 13.414/1919); Venezuela (Decreto nº 5.362/1940); Estados Membros

Não é possível extraditar brasileiros, natos ou naturalizados, com a ressalva, no último caso, de (i) pedido de extradição decorrente de crime cometido antes da naturalização; ou (ii) de comprovado envolvimento em tráfico ilícito de drogas, na forma da lei (art. 5º, LI).[142] As duas restrições não constavam nas Cartas anteriores e a primeira encerra debate acerca da possibilidade de extraditar brasileiro cuja naturalização é inválida, tendo em vista que o não cometimento de crime no exterior é requisito para a naturalização. Não havendo lei regulamentando a segunda exceção, o STF jamais deferiu extradição de brasileiro naturalizado por comprovado envolvimento em tráfico de drogas, ora afirmando que o dispositivo constitucional não possui aplicabilidade imediata,[143] ora considerando não haver comprovado envolvimento em tráfico de entorpecentes.[144] Veja-se, também, que o Supremo Tribunal Federal ainda não se pronunciou de maneira conclusiva acerca dos efeitos da dupla nacionalidade em processos de extradição;[145] inobstante isso, é fora de dúvida que, para pedidos de extradição apreciados pelo STF, a nacionalidade brasileira deve ser óbice intransponível mesmo nos casos em que o extraditando possuir qualquer outra nacionalidade, sendo inaplicável o critério da nacionalidade efetiva.

É igualmente inviável a extradição por crime político ou de opinião (art. 5º, LII). Ao longo do tempo, a jurisprudência do STF buscou definir os critérios para caracterização da natureza política do crime, para o que tem levado em conta a motivação[146] e a finalidade[147] do crime, as

---

da Comunidade dos Países de Língua Portuguesa (Decreto nº 7.935/2013); MERCOSUL (Decreto nº 4.975/2004); e MERCOSUL, Bolívia e Chile (Decreto nº 5.867/2006).

[142] Constatando-se a nacionalidade brasileira do extraditando, sequer a prisão preventiva para fins de extradição prevista no Estatuto do Estrangeiro deve ser efetuada. STF, PPE nº 750/DF, Rel. Min. Marco Aurélio, *DJ* 10.05.2016: "Prisão preventiva para extradição – Nacionalidade brasileira – Inviabilidade. Assentada a nacionalidade brasileira da extraditanda, são inviáveis a extradição e o respectivo pedido de prisão preventiva".

[143] STF, Ext nº 541, Rel. p/ acórdão Min. Sepúlveda Pertence, *DJ* 07.11.1992.

[144] STF, Ext nº 690, Rel. Min. Néri da Silveira, *DJ* 06.03.1997. Veja-se que, nesse caso, o relator do processo consignou a possibilidade de pedido de extradição fundado em condenação definitiva, *verbis*: "sendo brasileiro naturalizado desde 1985 e, pois, antes dos fatos em referência (...) não é possível, desde logo (...) ter como comprovado 'o envolvimento no crime' do extraditando. Nada impedirá que, de futuro, (...) haja renovação do pedido de extradição, com base em sentença definitiva da Justiça italiana, se apurado e comprovado seu efetivo envolvimento no referido tráfico de entorpecentes, a ser, então, de novo, tal apreciado por esta Corte, nos limites supraindicados".

[145] STF, HC nº 83.450/SP, Rel. Min. Marco Aurélio, Rel. p/ acórdão Min. Nelson Jobim, *DJ* 26.08.2004. Embora este não tenha sido o único fundamento para o indeferimento da extradição, a prevalência da nacionalidade brasileira foi expressamente mencionada no voto do Min. Sepúlveda Pertence na Ext nº 541, *verbis*: "Mas, é curial que, no juízo de extradição passiva, a nacionalidade do extraditando é aferida segundo a *lex fori*".

[146] STF, Ext nº 493, Rel. Min. Sepúlveda Pertence, *DJ* 03.08.1990.

[147] STF, Ext nº 493, Rel. Min. Sepúlveda Pertence, *DJ* 03.08.1990.

circunstâncias concretas do caso[148] e a gravidade dos delitos.[149] Também são controversas as questões relativas ao crime político conexo a crime comum,[150] os casos de extradição política disfarçada, hipótese na qual a imputação de um delito de direito comum ao extraditando pretende disfarçar a motivação política do Estado estrangeiro ao requerer a extradição[151] e a distinção entre a criminalidade política e o terrorismo.[152]

Além dessas limitações expressas, a orientação atual do Supremo entende não ser possível deferir pedido de extradição para efetivar pena de prisão perpétua,[153] orientação esta que tende a ser repetida quanto à condenação a trabalhos forçados.[154] Nesses casos, a efetiva entrega do extraditando ficaria condicionada ao compromisso de comutação de tais penas, observado o limite máximo estabelecido pela legislação brasileira – 40 anos (Código Penal, art. 75[155]), sendo, por outro lado, irrelevante a pena máxima estabelecida no Brasil para o crime específico a que foi condenado o extraditando.

A competência privativa da União para legislar sobre extradição é estabelecida no art. 22, XV, da Constituição. O art. 102, I, g, por sua vez, determina a competência do STF para julgar o pedido de extradição. Quanto ao ponto, é bem de ver que ao Supremo Tribunal Federal compete apenas aferir a legalidade (em sentido amplo) do pedido de extradição, sem que disso decorra o dever de deferimento da solicitação, que compete exclusivamente ao Chefe do Executivo Federal,[156] a quem cabe manter relações com Estados estrangeiros.[157] No resumo didático reproduzido pelo Min. Carlos Ayres Britto na Extradição 1085: "se não, não; se sim, talvez": deferida, a extradição poderá ser efetivada; negada, necessariamente não ocorrerá.[158] Ademais, segundo a atual jurisprudência, a concordância do extraditando não afasta a necessidade de aferir a legalidade da extradição.[159]

---

[148] STF, Ext nº 1.008, Rel. p/ acórdão Min. Sepúlveda Pertence, DJ 17.08.2007.
[149] STF, Ext nº 855, Rel. Min. Celso de Mello, DJ 01.07.2005; STF, Ext nº 694, Rel. Min. Sydney Sanches, DJ 22.08.1997.
[150] STF, Ext nº 493, Rel. Min. Sepúlveda Pertence, DJ 03.08.1990; STF, Ext nº 524, Rel. Min. Celso de Mello, DJ 08.03.1991.
[151] STF, Ext nº 493, Rel. Min. Sepúlveda Pertence, DJ 03.08.1990; STF, Ext nº 524, Rel. Min. Celso de Mello, DJ 08.03.1991.
[152] STF, Ext nº 493, Rel. Min. Sepúlveda Pertence, DJ 03.08.1990; STF, Ext nº 855, Rel. Min. Celso de Mello, DJ 01.07.2005.
[153] A orientação atualmente vigente foi fixada no precedente STF, Ext nº 855, Rel. Min. Celso de Mello, DJ 01.07.2005. Para a orientação anterior, ver STF, Ext nº 426, Rel. Min. Rafael Mayer, DJ 18.10.1985.
[154] STF, Ext nº 241, Rel. Min. Pedro Chaves, DJ 18.05.1962: "Delito praticado na Bélgica e punido com 'trabalhos forçados', pena que a legislação brasileira desconhece. Extradição deferida mediante compromisso prévio de comutação. Aplicação do art. 12, letra d, do Dec.-lei nº 394, de 28 de abril de 1938". Em caso posterior (STF, Ext nº 486, Rel. Min. Octavio Gallotti, DJ 03.08.1990), o Supremo deferiu pedido de extradição sem que houvesse, no voto do relator, ressalva quanto à comutação da pena de trabalhos forçados. O voto do Min. Celso de Mello, acompanhado pelo Min. Sepúlveda Pertence, registrou entendimento diverso, considerando necessária a comutação.
[155] Observe-se que, para os crimes praticados até a promulgação da Lei Anticrime, o prazo continua sendo de 30 anos, exigindo-se compromisso de limitação da pena. Nesse sentido, v. STF, Ext nº 1.652, Rel. Min. Rosa Weber, j. 19.10.2021.
[156] STF, Ext nº 1.114, Rel. Min. Carmen Lúcia, DJ 22.08.2008; STF, Ext nº 1.085, Rel. Min. Cezar Peluso, DJ 16.04.2010.
[157] CRFB/88, art. 84, VII – "compete privativamente ao Presidente da República: (...) VII – Manter relações com Estados estrangeiros (...)".
[158] Em sentido contrário, v. Francisco Rezek e Isabel Paulino, Desativismo judicial: a extradição Battisti no Supremo Tribunal Federal, Revista de Direito Internacional 13:504-12, 2016.
[159] STF, Ext nº 643, Rel. Min. Francisco Rezek, DJ 10.08.1995.

A Lei de Migração dispõe mais minuciosamente do que a Constituição sobre os requisitos (arts. 82 e 83) e procedimento (arts. 84 e ss.) para a extradição, bem como sobre as condições de entrega do extraditando (arts. 92 e ss.). A satisfação do requisito da dupla tipicidade (art. 82, II) não pressupõe a atribuição do mesmo *nomen iuris* à conduta que ensejou o pedido. Ainda que os tipos penais do país requisitante e do país requisitado não apresentem perfeita simetria, deve-se considerar atendida tal exigência quando a conduta em análise for, sob a perspectiva do direito brasileiro e do direito estrangeiro, tipificada penalmente. Por outro lado, o requisito da dupla tipicidade não é atendido diante da caracterização do fato como contravenção[160] ou ato infracional.[161] No que toca à tipicidade das condutas que ensejam a extradição, é de se destacar o aumento do número de pedidos de extradição deferidos que envolvem crimes tributários. Na jurisprudência, encontram-se extradições deferidas para a França,[162] Alemanha,[163] Paraguai[164] e Finlândia.[165]

A aferição da prescrição (art. 82, VI) exige a análise do prazo prescricional em cada um dos países e para cada crime, separadamente. Havendo prescrição em qualquer um dos países, é impossível deferir a extradição; a prescrição da pena de algum crime resultará na recusa da extradição especificamente quanto àquele delito, sendo possível deferir parcialmente o pedido em relação a outros crimes não prescritos. A concessão de anistia, graça ou indulto também obsta a extradição.[166] Para extradições instrutórias, considera-se o prazo prescricional do delito em abstrato; para extradições executórias, o prazo prescricional aplicável à condenação efetivamente imposta.

A jurisprudência conferia interpretação ampla ao art. 77, VIII, do Estatuto do Estrangeiro (atual art. 82, VIII), proibindo a extradição também nos casos em que o país solicitante não garantir o devido processo legal no procedimento criminal a que estaria submetido o extraditando.[167]

Não é possível extraditar refugiados (arts. 33-35 da Lei nº 9.474/1997). A vedação, vale dizer, só é eficaz em relação aos países que motivaram a concessão do refúgio. Havendo pedido de extradição proveniente de país diverso daquele no qual o indivíduo é ou presumivelmente poderia ser perseguido, não há óbice à extradição. Essa regra é decorrência lógica do princípio do *non-refoulement*, que veda a entrega do indivíduo para o país no qual possa sofrer violação de direitos fundamentais por conta de raça, religião, nacionalidade, grupo social ou opinião política, razão pela qual a proteção só subsiste em relação ao país que enseja o risco de violação de seus direitos.

Recebido o pedido de extradição (art. 89), ele será encaminhado ao STF (art. 90), que poderá determinar a prisão do extraditando, sendo de fato possível que a prisão seja solicitada antes mesmo da formalização do pedido de extradição (art. 84). Como regra geral, o extra-

---

[160] STF, Ext nº 716, Rel. Min. Maurício Corrêa, *DJ* 20.02.1998; STF, Ext nº 584, Rel. Min. Néri da Silveira, *DJ* 22.04.1994.
[161] STF, Ext nº 1.135, Rel. Min. Eros Grau, *DJ* 27.11.2009.
[162] STF, Ext nº 1.331, Rel. Min. Luiz Fux, *DJ* 30.06.2015.
[163] STF, Ext nº 1.183, Rel. Min. Dias Toffoli, *DJ* 03.09.2010; STF, Ext nº 402, Rel. Min. Alfredo Buzaid, *DJ* 18.11.1983; STF, Ext 1.222, Rel. Min. Teori Zavascki, *DJ* 03.09.2013; STF, Ext nº 1.046, Rel. Min. Ayres Britto, *DJ* 19.10.2007.
[164] STF, Ext nº 853, Rel. Min. Maurício Corrêa, *DJ* 05.09.2003.
[165] STF, Ext nº 1.195, Rel. Min. Ayres Britto, *DJ* 21.06.2011.
[166] STF, Ext nº 1.279, Rel. Min. Gilmar Mendes, *DJ* 01.02.2013. Na doutrina, ver Arthur Gueiros Souza, *As Novas Tendências do Direito Extradicional*, 2013, p. 20.
[167] STF, Ext nº 524, Rel. Min. Celso de Mello, *DJ* 08.03.1991.

ditando permanecerá preso até o final do julgamento do pedido de extradição (art. 84, § 6º), ressalvadas as hipóteses de não apresentação tempestiva do pedido de extradição pelo Estado estrangeiro (art. 84, § 5º) e os casos excepcionais de desproporcionalidade da manutenção da prisão cautelar ou das circunstâncias do caso (art. 86).[168]

Registre-se que a Lei de Migração prevê no art. 87 a possibilidade de que o extraditando se entregue voluntariamente ao Estado requerente. O procedimento perante o Supremo Tribunal Federal tem natureza essencialmente documental, não admitindo dilação probatória e devendo aferir apenas os requisitos legais para a concessão da extradição (sistema de contenciosidade limitada).[169]

Interessante decisão do STF analisou pedido de extradição formulado pelo governo da França e que tinha como fundamento mandado de prisão expedido pelo Ministério Público francês. O tribunal rejeitou a alegação do extraditando de que tal instituição não seria competente para expedir mandados de prisão. A decisão, seguindo a mesma linha da orientação já vigente em matéria de cartas rogatórias, considerou que não se deve examinar a distribuição interna de competências do Estado estrangeiro, deferindo o pedido de extradição.[170]

Nos casos em que mais de um Estado solicita a extradição do mesmo indivíduo, é necessário observar as regras de preferências estabelecidas na Lei de Migração (art. 85).[171] As condições para a efetiva entrega do extraditando estabelecidas na Lei de Migração (art. 96) não impedem que o Supremo autorize a extradição, mas apenas a execução da medida pelo Poder Executivo. Após a válida entrega do indivíduo ao Estado estrangeiro, futura fuga para o Brasil dispensa novo pedido de extradição (art. 98).

Entre os diversos casos relevantes decididos pelo STF, destacam-se os pedidos de extradição dos nazistas Franz Stangl (Ext nº 272/Áustria; Ext nº 273/Polônia; Ext nº 274/Alemanha) e Gustav Wagner (Ext nº 356/Alemanha; Ext nº 358/Israel; Ext nº 359/Áustria; e Ext nº 360/Polônia), do cidadão inglês Ronald Biggs (Ext nº 721/Reino Unido), da mexicana Glória Trevi (Ext nº 783); do padre colombiano Francisco Antonio Cadena Collazos (Ext nº 1.008/Colômbia); e do nacional italiano Cesare Battisti (Ext nº 1.085/Itália); e de Claudia Sobral (Ext nº 1.462/Estados Unidos).

---

[168] Ver, especialmente, STF, HC nº 91.657, Rel. Min. Gilmar Mendes, *DJ* 14.03.2008.

[169] STF, Ext nº 545, Rel. p/ acórdão Min. Celso de Mello, *DJ* 13.02.1998; STF, Ext nº 662, Rel. Min. Celso de Mello, *DJ* 13.06.2003; e STF, Ext nº 658, Rel. Min. Celso de Mello, *DJ* 14.11.2008.

[170] STF, Ext nº 1.407, Rel. Min. Celso de Mello, *DJ* 22.02.2016: "O Estatuto do Estrangeiro, ao dispor sobre os documentos que devem obrigatoriamente instruir o pedido extradicional, refere-se, entre eles, à cópia da decisão 'que decretar a prisão preventiva, proferida por juiz ou autoridade competente' (Lei nº 6.815/80, art. 80, 'caput'; Tratado de Extradição Brasil/Suíça, Artigo VII). – Em tema de direito extradicional não se pode impor ao Estado requerente, na definição da autoridade competente para ordenar a prisão cautelar de alguém, o modelo jurídico consagrado pelo sistema normativo vigente no Brasil, que – com a só exceção de algumas hipóteses taxativamente discriminadas em sede constitucional (CF/88, art. 5º, LXI, 'in fine', e art. 136, § 3º, I) – atribui aos órgãos do Poder Judiciário (e a estes somente) a prerrogativa extraordinária de decretar a privação da liberdade individual. Doutrina. Precedentes".

[171] Em caso julgado em 2016, o Supremo Tribunal Federal, aplicando as regras de preferências elencadas no Estatuto do Estrangeiro, ao analisar pedidos de extradição formulados pelos governos da Hungria e da Romênia, houve por bem deferir o pedido do governo Húngaro, tendo em vista que, tratando-se de crimes de igual gravidade, este foi o primeiro a requerer a extradição (art. 79, § 1º, II, da Lei nº 6.815/1980). STF, Ext nº 1.411, Rel. Min. Luiz Fux, *DJ* 23.03.2016.

*Capítulo VI*
# PESSOA JURÍDICA

Cuidando o Direito Internacional Privado da dimensão extraterritorial do Direito, todos os institutos jurídicos do direito civil e do direito comercial passam a ser objeto de reexame, na busca da lei que se lhes aplicará quando ocorrerem situações que, extravasando da jurisdição originária do fenômeno jurídico, se transnacionalizam.

À pessoa física aplica-se a lei de sua nacionalidade, de seu domicílio ou de sua residência habitual, conforme o critério adotado pelo DIP do foro.

O nascimento da pessoa física, ocorrência natural, constitui um fato jurídico cujo reconhecimento se dá no momento do nascimento com vida, constatado no local da ocorrência,[1] com automática repercussão universal. Dali em diante seu estatuto pessoal será regido por uma das três leis acima referidas.

Diversa é a situação da pessoa jurídica que não nasce por meio de um fato, mas por via de um ato jurídico – seu contrato social e as demais formalidades exigidas para sua constituição. Seu reconhecimento como personalidade jurídica depende do atendimento de uma série de requisitos previstos em lei, diversos de um país para outro.

O reconhecimento universal de uma pessoa jurídica dependerá do reconhecimento que lhe for outorgado pelo sistema jurídico de determinado país, daquele país onde se formou, onde nasceu, onde adquiriu personalidade jurídica. Este o país de sua nacionalidade, ao qual continuará ligada.[2]

Uma pessoa jurídica não pode ter domicílio em lugar algum sem antes criar personalidade e esta só lhe pode ser reconhecida por um Estado, por aquele onde se constitui, ou onde estabeleceu sua sede: com relação a um ou outro criou o vínculo da nacionalidade.[3]

---

[1] O início da personalidade humana no momento do nascimento com vida é princípio adotado por praticamente todas as legislações. Vide Clóvis Beviláqua, *Código Civil dos Estados Unidos do Brasil – Comentário*, v. I, 1916, p. 144 (comentário ao artigo 4º).

[2] Esse entendimento é generalizado. Eugene F. Scoles e Peter Hay, *Conflict of Laws, 1992*, escrevem: "a corporation, being an artificial person, 'can exist only by law of its creation...' Once validly organized under the law of the state of incorporation, it will generally be recognized by other states". De Benjamin Nathan Cardozo, em *Paradoxes of Legal Science*, em "*Selected Writings*", p. 308, reproduz-se o seguinte trecho: "'Corporate life and form' says Holdsworth, 'cannot exist without the permission of the state, express, presumed or implied'. There are indeed distinguished students of jurisprudence who are sponsors for an opposing theory. The group in their view is a 'real living thing', quite independent of any permission to exist as an incorporated person that may have been given by the state... The general rule may still be that corporate personality is a legislative gift rather than a quality inherent in the very nature of a group. It seems, however, that at times even in our law a group has a solidarity so obvious as to evoke judicial recognition of its corporate or quasi-corporate existence, though no charter to act as a corporation has been either given or desired". Temos aqui o reconhecimento de que, basicamente, a pessoa jurídica vive mediante o beneplácito do Estado, mas, por outro lado, a constatação da existência de sociedades de fato.

[3] Werner Goldschmidt, *Clunet*, 1973.83, diz que a nacionalidade e o domicílio da pessoa jurídica se confundem, eis que possuem a nacionalidade do país no qual são domiciliados. Scoles e Hay, *Conflict of Laws, 1992*, entendem que o conceito de domicílio não tem "*useful purpose*" para corporações, en-

Reconhecida pela lei de sua nacionalidade, a pessoa jurídica passa a ser universalmente reconhecida; sua capacidade no plano universal dependerá da capacidade que lhe é reconhecida no país de sua nacionalidade. Esta a *lex societatis*. É verdade que para efeitos de funcionamento em outros países, que não o de sua nacionalidade, poder-lhe-ão ser exigidos requisitos suplementares, além dos que tenha atendido por ocasião de sua formação. Mas esse funcionamento, possibilitado pelo atendimento dos requisitos locais, se somará a seu reconhecimento básico, originário, que é universal e imutável. Nasce a pessoa jurídica por força da lei da sua nacionalidade e morrerá por força dela.[4]

A questão sintetiza-se da seguinte forma: as pessoas jurídicas dependem de sua lei nacional, daí ser necessário determinar sua nacionalidade, para descobrir o regime jurídico a que ficará submetido seu estatuto, sua capacidade.

Nem sempre foi pacífica a atribuição de nacionalidade à pessoa jurídica. Niboyet, por exemplo, negava que a pessoa jurídica tivesse nacionalidade.[5] Fundou sua posição principalmente em dois argumentos: primeiramente, a nacionalidade, representando uma relação política entre o indivíduo e um Estado, não é aplicável a uma pessoa jurídica que é uma simples entidade jurídica. E, em segundo lugar, a pessoa jurídica é um contrato de direito privado, e um contrato não pode engendrar um ser dotado de nacionalidade.

Os argumentos de Niboyet foram paulatinamente neutralizados pela doutrina francesa, que demonstrou que o vínculo que liga uma pessoa jurídica a um Estado não é o mesmo que existe entre este e a pessoa física. Com relação a esta há um vínculo político somado ao jurídico, que constitui a cidadania; naquela, só o vínculo jurídico. A pessoa jurídica nasce via um contrato e se transforma numa entidade juridicamente autônoma das pessoas físicas que a constituíram, com vida e personalidade próprias.[6]

Realmente, a atribuição de nacionalidade a uma pessoa jurídica encerra uma análise de ordem técnica, sem maiores implicações políticas, como ocorre com a pessoa física. Isso é bem ilustrado pela regra que limita o direito de cada Estado determinar quem são seus nacionais, pessoas físicas, não lhe cabendo atribuir a qualquer pessoa uma outra nacionalidade. O Brasil dirá quem é brasileiro, a França designará seus nacionais. Nada mais podem em matéria de nacionalidade das pessoas físicas.

---

quanto Dicey e Morris, na 12ª edição de sua obra, *The Conflict of Laws*, escrevem, "statutes occasionally and infelicitously attribute a domicile to corporations". Observe-se, contudo, que o domicílio da pessoa jurídica tem relevância nos planos jurisdicional e fiscal. Vide Schlesinger, Baade, Damaska e Herzog, "Comparative Law-Cases-Text-Materials", p. 798.

[4] "The will of the sovereign authority which created it – the corporation – can also destroy it". *Lazard Bros. v. Midland Bank,* 1933, Dicey, Conflict of Laws, p. 479. No mesmo sentido, nos Estados Unidos, Restatement Second, Regra 299 (1).

[5] J.P. Niboyet, Existe-t-il vraiment une Nationalité des Sociétés?, *Revue*, 1927.402, *apud* Yvon Loussouarn e Jean-Denis Bredin, Droit du Commerce International, 1969, p. 255. As divergências em torno da nacionalidade da pessoa jurídica, assim como a visão geral e as questões específicas atinentes à pessoa jurídica no Direito Internacional Privado, são estudadas pelo prisma histórico e comparatista, doutrinário e jurisprudencial por João Grandino Rodas, em *Sociedade Comercial e o Estado*, tese de concurso para a titularidade de Direito Internacional da Universidade de São Paulo.

[6] Já em 1883, o Tribunal de Nancy proclamava: "No direito uma sociedade comercial constitui um ente jurídico distinto da personalidade de seus associados; por via de consequência, ela tem sua nacionalidade própria da mesma forma que ela tem seu patrimônio próprio, independente do patrimônio pessoal dos seus associados". Merece registro que recentemente ainda havia quem não aceitasse a noção de nacionalidade da pessoa jurídica, como João Baptista Machado, professor de Coimbra, em *Lições de Direito Internacional Privado*, 1982, p. 344.

Nossa Constituição não cogita de qualquer outra nacionalidade que não a brasileira; nossas autoridades judiciais e administrativas não atribuirão qualquer nacionalidade estrangeira a uma pessoa física.

Diversa a situação das pessoas jurídicas, eis que é perfeitamente aceitável que o Brasil atribua nacionalidade estrangeira a uma pessoa jurídica. Os magistrados brasileiros, seguindo o critério do art. 11 da Lei de Introdução, determinarão a nacionalidade estrangeira de uma sociedade ou uma associação.

Depreende-se desta diversidade quanto à competência de atribuição, a distinção entre a nacionalidade da pessoa física, que também encerra o fator político, da nacionalidade da pessoa jurídica, que se limita a uma caracterização técnico-jurídica.

## CRITÉRIOS DE DETERMINAÇÃO DA NACIONALIDADE DAS PESSOAS JURÍDICAS

Dentre os vários critérios para determinar a nacionalidade de uma pessoa jurídica, destacam-se como mais importantes o da incorporação, da sede social e do controle.

*Critério da Incorporação* – De acordo com este critério a nacionalidade da pessoa jurídica é fixada pelo país onde a mesma se constitui.

Na Inglaterra, "*a existência de uma companhia estrangeira, regularmente criada ou dissolvida de acordo com a lei de um país estrangeiro, é reconhecida pelo tribunal*".[7] Nos Estados Unidos, segue-se o mesmo critério.[8]

Este critério é criticado por certa doutrina como sendo demasiadamente formalista, dependente da vontade dos fundadores, permitindo, assim, escolhas arbitrárias e abusivas.[9]

*Critério da Sede Social* – Os defensores deste critério entendem que a personalidade e a capacidade da pessoa jurídica se afirmam através de suas atividades jurídicas, ligando-a ao país de sua sede social. Esta pode ser entendida como a sede estatutária, mas, por encerrar a possibilidade de fraude, prefere-se a sede social. A mudança da sede social acarretará mudança de nacionalidade da pessoa jurídica.

Na França, o legislador fixou o critério da sede social para caracterizar a nacionalidade das pessoas jurídicas. A Lei de 24 de julho de 1966, que regia as sociedades comerciais, dispõe em seu art. 3º que "*as sociedades cuja sede social se situa em território francês são submetidas à lei francesa*". Apesar de não haver neste dispositivo referência à nacionalidade, a doutrina e a jurisprudência francesas interpretam a norma como atribuidora às sociedades a nacionalidade do país de sua sede social.[10] A mesma regra foi reproduzida no art. L210-3 do atual Código Comercial francês.

---

[7] Dicey e Morris, *The Conflict of Laws*, regra nº 70.
[8] Restatement Second, *Conflict of Laws*, 297.
[9] Jean Derrupé, *Droit International Privé*, 1978, p. 40. Carmen Tiburcio, Disciplina Legal da Pessoa Jurídica à Luz do Direito Internacional Brasileiro, *Revista Semestral de Direito Empresarial* 8:X, 2011, acrescenta que esse método pode estimular atuações fraudulentas: "Se a nacionalidade da pessoa jurídica é definida unicamente a partir do local de sua incorporação, estrangeiros poderão exercer atividades reservadas aos nacionais, encobertos por uma pessoa jurídica criada no país."
[10] Yvon Loussouarn e Jean-Denis Bredin, Droit du Commerce International, 1969, p. 254, nota 2, e p. 259, lembram que outros dispositivos da mesma lei aludem expressamente à "nacionalidade da sociedade". Assim, os arts. 31 e 60, referindo-se respectivamente às sociedades em comandita simples e às sociedades de responsabilidade limitada, dispõem que "os associados não podem mudar a nacionalidade da sociedade, a não ser mediante deliberação unânime". E o artigo 154, versando a sociedade anônima, prevê que "a assembleia geral dos acionistas pode modificar a nacionalidade da sociedade, desde que

O Código Civil francês, art. 1.837, com redação introduzida pela Lei nº 78-9, de 4 de janeiro de 1978, dispõe que "*toda sociedade cuja sede fica situada em território francês é submetida às disposições da lei francesa*".

A lei belga sobre as sociedades comerciais estabelece em seu art. 197 que "*toda sociedade cujo principal estabelecimento se encontra na Bélgica fica submetida à lei belga, mesmo que o ato constitutivo se tenha realizado em país estrangeiro*".[11]

Em outros países da Europa continental, a aquisição da nacionalidade de um Estado por uma sociedade constituída de conformidade com a lei interna é submetida à condição que ela estabeleça e mantenha sobre o território deste Estado sua sede social, ou seja, o local onde se encontram ou se reúnam seus órgãos de direção.[12]

Quando um território é submetido a outra soberania em consequência de tratados ou anexações, ocorrem dúvidas sobre a nacionalidade das sociedades ali sediadas. Em 1918, as sociedades sediadas na Alsácia, anexada à França após a Primeira Guerra Mundial, passaram a ser consideradas sociedades de nacionalidade francesa, enquanto as sociedades francesas com sede na Argélia, que ali continuaram funcionando após a independência deste país, passaram a ser consideradas sociedades argelinas.[13] Depois da comunização das empresas russas como consequência da revolução bolchevista, as filiais de bancos, de empresas de navegação e de companhias dedicadas a outras atividades foram consideradas em alguns países da Europa Ocidental como desligadas das suas matrizes na Rússia, adquirindo a nacionalidade dos países onde situadas.

Jean Schapira justifica a teoria da sede social para fixar a *lex societatis* por oferecer três requisitos que considera essenciais: realismo, sinceridade e previsibilidade. O realismo pede por um elo efetivo entre a sociedade e o país cuja lei se vai aplicar; a sinceridade visa a evitar que ocorram manipulações que objetivem fraudar a lei, principalmente as normas fiscais; e a previsibilidade significa que o elo seja simples e estável.[14]

Esses requisitos explicariam, segundo Schapira, a razão pela qual a jurisprudência francesa rejeitou diversos outros critérios: o anglo-saxão da incorporação, porque não é necessariamente realista e sincero; igualmente não aceitou o critério do local da exploração do negócio porque pode ser modificado facilmente, sendo, às vezes, múltiplo, portanto imprevisível. Daí terem os tribunais franceses optado pela sede social, centro das decisões, ponto de ligação

---

o país de recepção haja firmado uma convenção especial com a França, permitindo a aquisição de sua nacionalidade e a transferência da sede, conservando a sociedade sua personalidade jurídica".

[11] Sobre as demais legislações europeias, vide Yvon Loussoarn e Jean-Denis Bredin, Droit du Commerce International, 1969, p. 496 e ss.; lei húngara, promulgada em 1979 dispõe que "as pessoas jurídicas são regidas pelo direito do Estado onde são registradas; em caso de registro em vários países, ou em caso de inexistência de registro, a sociedade é regida pelo direito aplicável no local de sua sede", Clunet, 1980.637. Em Portugal, o Decreto-lei nº 262, de 1986 – Código das Sociedades Comerciais – artigo 3º, nº 1, dispõe que a sociedade é regida pela lei do Estado onde se encontre a sede principal e efetiva de sua administração.

[12] Vide S. Petrén, La confiscation des biens étrangers et les réclamations internationales, *Recueil des Cours* 109:504, 1963. Vide Werner Ebke e Markus Gockel, European Corporate Law, *The International Lawyer* 24:239-40, 1990, que assim conceituam o critério da sede social: "under the 'seat rule' an entity's legal status as a corporation is recognized only if the business association is incorporated under the laws of the state where its commercial activities are carried on and its major business decisions are being implemented". Isto, em verdade, significa que a sede social coincide com o local da constituição da pessoa jurídica e, portanto, temos dois requisitos: a constituição da pessoa em um país, no qual estabelece sua sede social. Vide adiante as diversas convenções europeias sobre a matéria.

[13] Vide Henri Batiffol e Paul Lagarde, *Droit International Privé*, 1993, v. I, p. 234.

[14] Jean Schapira, *Le Droit International des Affaires*, 1972, p. 57.

estável e realista, devendo, naturalmente, ser uma sede real e séria e não a sede estatutária, pois os órgãos dirigentes da sociedade podem instalar-se em outra parte, o que tira qualquer relevância à sede escolhida no contrato social.[15]

A Corte Federal da Alemanha julgou um caso societário no sentido de que a capacidade de uma pessoa jurídica fundada no Liechtenstein é regida pela lei alemã se, desde sua formação, manteve a única sede administrativa real na Alemanha. E, como se tratava de uma sociedade composta de uma só pessoa, categoria jurídica desconhecida pelo direito alemão, ela não podia ter reconhecida qualquer capacidade jurídica. Neste caso a Justiça alemã negou personalidade a uma pessoa jurídica incorporada em outro país, porque, sediada na jurisdição alemã, faltava-lhe o requisito essencial da sua legislação.[16]

Este julgamento foi criticado, e com razão. Não se podia negar que existia uma pessoa jurídica no Liechtenstein. A única questão era a do reconhecimento desta pessoa jurídica na Alemanha, e não se recusa reconhecimento a uma sociedade constituída em um país porque no país do reconhecimento não existe este tipo de sociedade.[17]

É comum encontrar nos Estados Unidos *corporations* constituídas no estado de Delaware, com apenas um acionista. E estas sociedades são reconhecidas nos demais estados dos Estados Unidos, bem como no resto do mundo.

*Critério do Controle* – A nacionalidade da pessoa jurídica segundo este critério é determinada em função dos interesses nacionais que a animam. O controle se caracteriza principalmente pela nacionalidade dos detentores do capital da sociedade.

Este critério foi utilizado pelos tribunais franceses, ingleses e italianos durante a Primeira Guerra Mundial para identificar sociedades controladas por potências inimigas.

O Tratado de Versailles, art. 297, autorizou as potências aliadas a liquidar e dispor dos bens das sociedades que, domiciliadas em uma daquelas potências, estivessem controladas por capitais alemães.

A teoria do controle voltou a manifestar-se com mais força ainda durante a Segunda Guerra Mundial. Decreto francês de 19 de setembro de 1939 (logo após a invasão da Polônia pelas tropas alemãs) declarou que a sociedade constituída na França que dependesse dos inimigos seria considerada pertencente aos inimigos.

No Brasil, as empresas controladas por nacionais das potências do Eixo – Alemanha, Itália e Japão – foram expropriadas durante a Segunda Guerra Mundial e sua direção entregue a brasileiros. Vasta jurisprudência foi produzida por nossos tribunais com relação a questões decorrentes desta política, principalmente em matéria de confisco de bens.[18]

---

[15] Jean Schapira, *Le Droit International des Affaires*, 1972, p. 57.
[16] *Revue*, 1974.48.
[17] *Revue*, 1974.48, p. 55. Mathias Reimann em estudo sobre a relação de Direito Comparado com o Direito Internacional Privado inserido no "The Oxford Handbook of Comparative Law" que organizou juntamente com Reinhard Zimmerman escreve o seguinte à p. 1.392, nota 99: "... the traditional rule, long prevailing in many continental European countries, that corporations are subject to the law of the place of their seat cannot be invoked to deny a business incorporated in one member state the right to establish itself (and be recognized, etc.) in another".
[18] Vide, ilustrativamente, Mandado de Segurança nº 781, julgado em 1947, *Revista Forense* 121, p. 446, cuja ementa reza o seguinte: "Conhece-se do mandado de segurança contra ato do Presidente da República, embora não suscetível desse remédio antes da atual Constituição (1946). O prazo para decadência se conta da promulgação desta. É legal o confisco de bens do súdito do Eixo, embora absolvido do delito de espionagem". O Decreto-lei nº 4.166, de 11 de março de 1942, deu início à legislação produzida durante a guerra com relação aos súditos do Eixo.

A favor dessa teoria argumenta-se que atribuir à sociedade a nacionalidade dos indivíduos que a controlam seria a única maneira de se aferir a lealdade da sociedade a fim de que o Estado possa estar alerta para os eventuais riscos resultantes dos capitais estrangeiros na economia nacional.

Mas – critica-se – a fácil mudança dos detentores do controle da sociedade, mediante venda ou dação das respectivas ações, pode acarretar a alteração da nacionalidade da pessoa jurídica e, consequentemente, da lei a que ela se submete, o que implicaria em permanente insegurança jurídica.

Modernamente, o critério do controle quase não é mais utilizado para aferir a nacionalidade, mas a ele se tem recorrido para negar certos direitos a sociedades estabelecidas no país que, por estarem sob controle de estrangeiros, não tem reconhecida a condição de sociedade nacional para determinadas atividades e para certos privilégios.

Para Schapira, a nacionalidade da sociedade se cinde em dois aspectos: um visa o conflito de leis (qual a lei aplicável para o funcionamento da sociedade) e o outro, a condição jurídica dos estrangeiros (qual a qualificação da sociedade no que tange às atividades vedadas aos estrangeiros).[19] Para o primeiro, recorre-se à lei da sede e para o segundo, à lei do controle.

Esta dicotomia também encontra aplicação no Brasil, só que, como veremos adiante, o primeiro aspecto não se refere ao funcionamento da pessoa jurídica, mas ao seu reconhecimento. Assim, temos sociedades reconhecidas como brasileiras, por terem sido aqui constituídas e aqui estarem sediadas, mas que estão excluídas de certos privilégios que a legislação veda às empresas brasileiras controladas por capitais estrangeiros. Isto ocorre com a legislação relativa a financiamentos governamentais, como, por exemplo, as regras que governam a política do Banco Nacional de Desenvolvimento Econômico e Social, tendo esta dicotomia aparecido em sede constitucional, no art. 171 da Constituição de 1988, posteriormente revogado.[20]

Mencione-se ainda o critério da autonomia da vontade pelo qual os fundadores da pessoa jurídica atribuem nos estatutos a nacionalidade de sua escolha, numa transposição da teoria da autonomia da vontade nos contratos. A possibilidade de fraude condenou esta teoria, que não foi aceita. O critério do local da exploração do negócio da sociedade, que teve algum apoio no século XIX, foi substituído pelo da sede social.

## DIREITO CONVENCIONAL

É interessante examinar o critério adotado pelos Tratados e Convenções regionais sobre a lei que se deve aplicar às pessoas jurídicas. Raramente estes diplomas se referirão expressamente à nacionalidade da pessoa jurídica, mas, como já vimos, a submissão de uma sociedade à lei de determinado país, a *lex societatis*, coincide com a nacionalidade da sociedade.

---

[19] Jean Schapira, *Le Droit International des Affaires*, 1972, p. 67.
[20] A Constituição de 1988 dispunha no art. 171, antes de revogado o dispositivo pela Emenda Constitucional nº 6, de 15 de agosto de l995:
"São consideradas: I – empresa brasileira constituída sob as leis brasileiras e que tenha sua sede e administração no país; II – empresa brasileira de capital nacional aquela cujo controle efetivo esteja em caráter permanente sob a titularidade direta ou indireta de pessoas físicas domiciliadas e residentes no país ou de entidades de direito público interno, entendendo-se por controle efetivo da empresa a titularidade da maioria de seu capital votante e o exercício, de fato e de direito, do poder decisório para gerir suas atividades". Cuidadoso relato histórico e apurado exame das diversas utilizações do critério do controle foram elaborados por João Grandino Rodas, na obra acima referida.

## TRATADOS DE MONTEVIDÉU

O Tratado de Direito Comercial de 1889, de Montevidéu, dispôs em seu art. 4º que o *"contrato social se rege tanto em sua forma como quanto às relações jurídicas entre os sócios e entre a sociedade e terceiros, pela lei do país em que ela tem seu domicílio comercial"*, acrescentando o art. 5º que *"as sociedades ou associações que tenham caráter de pessoa jurídica serão regidas pela lei do país de seu domicílio; serão reconhecidas de pleno direito como tais nos Estados e consideradas habilitadas para exercer neles os direitos civis e reivindicar seu reconhecimento perante os tribunais"*.[21]

O Tratado de Direito Comercial Terrestre Internacional de Montevidéu, de 1940, dispõe em seu art. 8º que *"as sociedades mercantis serão regidas pelas leis do Estado de seu domicílio comercial; serão reconhecidas de pleno direito nos outros Estados contratantes e serão consideradas habilitadas para exercer os atos de comércio e comparecer em juízo"*, acrescentando o art. 9º que *"as sociedades ou corporações de um tipo desconhecido pelas leis de outro Estado podem neste exercer atos de comércio, desde que se submetam às prescrições legais"*. Estes dois tratados foram ratificados pela Argentina, Paraguai e Uruguai, recordando-se o ensinamento de Werner Goldschmidt, que, ao descrever o sistema do DIP latino-americano, observou que a nacionalidade e o domicílio da pessoa jurídica se confundem, pois possuem elas a nacionalidade do país onde são domiciliadas.

## CÓDIGO BUSTAMANTE

O Código Bustamante refere-se expressamente à nacionalidade das pessoas jurídicas, mas apresenta critérios diferentes para os diversos tipos de pessoas jurídicas. Assim, as corporações, fundações e associações terão a nacionalidade de origem determinada pela lei do Estado que as autorize ou aprove – critério da incorporação (arts. 16 e 17); o art. 18 dispõe que as sociedades civis, mercantis ou industriais terão a nacionalidade estipulada na escritura social (critério da autonomia da vontade) e, em sua falta, onde tenha habitualmente a sua gerência ou direção principal (critério da sede social) e em dispositivo específico para as sociedades anônimas, art. 19, dispõe o Código que sua nacionalidade será determinada pelo contrato social (autonomia da vontade) e, eventualmente, pela lei do lugar onde normalmente se reúna a junta geral de acionistas ou, em sua falta, pela do lugar onde funcione o seu principal Conselho administrativo ou Junta diretiva (novamente sede social).

O autor do código comenta que as associações de interesse público, em que seus associados exercem o direito público de associação para todos os fins lícitos, na conformidade das garantias individuais, não podem ser estranhas ao país onde tiverem sido registradas ou inscritas.[22]

Já as pessoas jurídicas constituídas para objetivos civis, mercantis ou industriais, de caráter privado, apresentam mais frequentemente atividades de natureza internacional.[23]

---

[21] Não se nota nestes dispositivos distinção entre o reconhecimento e o funcionamento da pessoa jurídica. Vale observar que o Tratado de Direito Civil de Montevidéu de 1889 dispunha no art. 4º que "La existencia y capacidad de las personas jurídicas de carácter privado, se rige por las leyes del país en el cual han sido reconocidas como tales", já o mesmo artigo do Tratado de Direito Civil de 1940 dispõe que "La existencia y la capacidad de las personas jurídicas de carácter privado, se rigen por las leyes del país de su domicilio".

[22] Antonio Sanches de Bustamante y Sirven, *Derecho Internacional Privado*, 1943, v. I, p. 247.

[23] Antonio Sanches de Bustamante y Sirven, *Derecho Internacional Privado*, 1943, v. I, p. 248.

Daí a distinção que introduziu no Código entre as corporações, fundações e associações de um lado (arts. 16 e 17) e as sociedades civis, mercantis, industriais, tanto anônimas como as de outra categoria (arts. 18 e 19).[24]

## CONVENÇÕES DA OEA (CIDIP II E III)

Patrocinadas pela OEA, a 2ª e a 3ª Conferências Especializadas Interamericanas sobre Direito Internacional Privado, realizadas em Montevidéu, 1979, e em La Paz, 1984, aprovaram, respectivamente, uma Convenção sobre Conflito de Leis Relativas a Companhias Comerciais (1979) e uma Convenção sobre Personalidade e Capacidade das Pessoas Jurídicas no Direito Internacional Privado (1984).

Ambas as convenções adotaram o critério da incorporação, sem quaisquer outras exigências. O art. 2º da Convenção de 1979 determina que *"a existência, capacidade, atividade, operação e dissolução das companhias comerciais será regida pela lei do lugar de sua constituição"*, explicando na alínea 2ª que a expressão *"lei do lugar de sua constituição"* significa *"a lei do Estado onde se cumprem os requisitos de forma e de fundo necessários para a criação de tais sociedades"*.

Em seu art. 3º dispõe que as companhias regularmente constituídas em um Estado serão reconhecidas nos outros Estados.

Não se exigiu, além da constituição, qualquer outro requisito, como nas convenções europeias, dispondo o art. 5º que as companhias que tiverem sido constituídas em um país e que pretendam estabelecer *"a sede efetiva de sua administração central"* em outro Estado, poderão ter que atender os requisitos estabelecidos pelas leis do outro Estado. Como já referimos, é sempre possível que, além dos requisitos para o reconhecimento da pessoa jurídica, dependentes, segundo esta convenção, da lei do país de sua criação, haja exigências adicionais para o seu efetivo funcionamento em outro país, que são independentes do reconhecimento.

A Convenção de 1984 contém as mesmas regras para todas as pessoas jurídicas, tendo ampliado a redação do art. 2º ao dispor que *"a existência, a capacidade para ser titular de direitos e obrigações, o funcionamento, a dissolução e a fusão das pessoas jurídicas de caráter privado serão regidos pela lei do lugar de sua constituição"*.

## TRATADO DE ROMA

O Tratado de Roma de 1957, que instituiu a Comunidade Econômica Europeia, hoje União Europeia, dispõe em seu art. 52 que os países-membros abolirão progressivamente as restrições à liberdade de estabelecimento de nacionais de um Estado-membro no território de outro Estado-membro, acrescentando no art. 58 que *"as companhias ou firmas constituídas de conformidade com a legislação de um Estado-membro, e tendo sua sede estatutária, sua administração central ou seu principal estabelecimento dentro da Comunidade, são equiparadas, para aplicação das disposições do presente capítulo, às pessoas físicas nacionais dos Estados-membros"*. Este dispositivo visa a reconhecer a personalidade da sociedade que tenha adquirido a nacionalidade de um dos Estados-membros da União nos demais Estados.

---

[24] Vide Antonio Sanches de Bustamante y Sirven, *Derecho Internacional Privado*, 1943, v. I, p. 300-301. Ainda sobre pessoas jurídicas, vejam-se os arts. 32 a 34 e 247 a 252 do Código, com regras repetitivas e às vezes até um tanto contraditórias.

Para adquirir esta nacionalidade, deverá ter sido constituída na conformidade da legislação de um dos Estados comunitários e somar a isto um dos três requisitos enumerados a seguir: sede social (outros preferem sede estatutária, conforme expresso na regra), administração central ou principal estabelecimento dentro da União.

E, no art. 220, o Tratado determina que os Estados-membros adotem as medidas necessárias para garantir o reconhecimento recíproco das sociedades, no sentido do art. 58, do que resultou a Convenção sobre o Reconhecimento Mútuo das Sociedades no Mercado Comum, conforme exposto a seguir.

## CONVENÇÃO DE BRUXELAS

Cumprindo o disposto no Tratado de Roma, os países-membros da então Comunidade Econômica Europeia aprovaram, em 29 de fevereiro de 1968, a Convenção de Bruxelas sobre o Reconhecimento Mútuo de Sociedades e Pessoas Jurídicas, que determina em seu art. 1º o reconhecimento de pleno direito das sociedades de direito civil ou comercial constituídas de conformidade com a lei de um Estado contratante que lhes reconheça a capacidade de serem titulares de direitos e obrigações e que tenham sua sede estatutária nos territórios a que se aplica a Convenção.

Desejando prevenir a fraude à lei, o art. 3º ressalva que qualquer Estado contratante pode declarar que não aplicará a Convenção às sociedades ou pessoas jurídicas que, mesmo atendendo os requisitos determinados, tenham sua sede real fora dos territórios da Comunidade, se as mesmas não tiverem uma ligação séria com a economia de um destes territórios. É o princípio da Proximidade, que começava a se fazer presente no Direito Internacional Privado positivado.

Por outro lado, em seu art. 4º, previu que qualquer Estado contratante poderá declarar que aplicará as disposições de sua própria lei no que considerar essencial às sociedades e pessoas jurídicas cuja sede real se encontre sobre seu território, mesmo que tenham sido constituídas de acordo com a lei de outro Estado contratante.

No art. 5º, a Convenção define a sede real das pessoas jurídicas como o lugar onde mantém sua administração central.

Esta Convenção não está em vigor. Autores europeus reconhecem que o critério adotado em suas legislações internas limita a liberdade de estabelecimento garantida nos arts. 52 e 58 do Tratado de Roma, pois não admitem o reconhecimento de companhias organizadas sob a lei de um Estado-membro da Comunidade que tenha sua sede em outro Estado-membro. No caso "Daily Mail", a Corte de Justiça da Comunidade Europeia decidiu, em 1988, que os países-membros têm direito de exigir que uma companhia nacional tenha sua administração central em seu território, e que uma companhia que se incorporou em um país-membro não tem o direito de transferir sua administração central (sede real) para outro Estado-membro e manter seu *status* de companhia nacional do país onde foi incorporada.[25]

## CONVENÇÃO DA HAIA

A Convenção da Haia concernente ao Reconhecimento da Personalidade Jurídica das Sociedades, Associações e Fundações Estrangeiras, de 1º de junho de 1956, dispõe em seu

---

[25] Vide Ebke e Markus Gockel, *European Corporate Law, The International Lawyer 24*, 1990, em que comentam a decisão da Corte no caso "Daily Mail". Neste trabalho, os autores se referem à proposta de criar uma sociedade europeia, resultante da *federalização* das leis de S/A europeias.

art. 1º que a personalidade jurídica adquirida por uma sociedade, uma associação ou uma fundação em virtude da lei de um Estado contratante, cujas formalidades de registro ou de publicidade tenham sido atendidas e no qual se encontre a sede estatutária, será reconhecida de pleno direito nos outros Estados contratantes.

Ficou ressalvado aos Estados contratantes não reconhecer a personalidade de entidade coletiva adquirida na forma do art. 1º, se este Estado toma em consideração a sede real e esta se encontre em seu território ou em território de outro Estado que também toma em consideração a sede real.

A sede real é considerada pela Convenção o lugar onde se situa a administração central.

## CONVENÇÃO DE ESTRASBURGO

A Convenção de Estrasburgo de 1966, patrocinada pelo Conselho da Europa, reconhece as pessoas jurídicas constituídas no território de uma das Partes contratantes em conformidade com sua legislação e que tenham sua sede estatutária sobre seu território.

Verifica-se que as Convenções europeias caracterizam a nacionalidade de uma sociedade pelo critério do local de sua constituição composto com a sede estatutária ou com a sede real, combinação à qual nos referimos acima.

## CONVENÇÃO DO BIRD

O Banco Mundial mantém um Centro Internacional para a Solução de Divergências Relativas a Investimentos entre Estados e Nacionais de outros Estados.[26] Por "nacionais de outros Estados" se entende tanto as pessoas físicas como as pessoas jurídicas nacionais de um Estado signatário que tenham uma divergência referente a um investimento com outro Estado signatário.

A Convenção dispõe que, ocorrendo uma divergência entre determinado Estado e uma pessoa jurídica que tenha a nacionalidade deste Estado, mas cujo controle seja exercido por interesses estrangeiros, pode-se admitir que as partes acordem considerar a pessoa jurídica nacional de outro Estado para fins de submissão da divergência ao Centro de Solução do BIRD.[27]

## JURISPRUDÊNCIA ESTRANGEIRA

*Banco Ottomano – Corte de Apelação de Paris, 1984* – Tratava-se de apurar a lei aplicável ao Banco Ottomano, que, segundo as normas do Direito Internacional Privado francês deveria ser a lei do país de sua sede real; na hipótese esta regra indicava como aplicável a lei inglesa, eis que o centro administrativo do Banco Ottomano se situava na Inglaterra.

No entanto, como o direito britânico prescreve a aplicação da lei do país onde a pessoa jurídica foi constituída, no caso a Turquia, e como a lei deste país também dispõe neste sentido, a Corte francesa aceitou o reenvio da lei britânica para a lei turca, aplicando esta última.[28]

---

[26] O Centro é regido pela Convenção assinada em Washington em 18 de março de 1965, em vigor a partir de 14 de outubro de 1966. Vide Mario Amadio, *Le Contentieux International de l'Investissement Privé et la Convention de la Banque Mondiale du 18 mars 1965, 1967*. O Brasil não é membro desta Convenção.
[27] Art. 25, 2, *b*, da Convenção.
[28] Vide *Revue*, 1985.526. Este o segundo caso referente ao Banco Ottomano julgado pela Corte parisiense. O primeiro ocorreu em 1965 e está relatado no capítulo sobre Reenvio.

*Sumitomo Shoji America Inc. v. Lisa M. Avagliano e outras* – Suprema Corte norte-americana. Sumitomo Shoji America Inc. é uma companhia nova-iorquina, subsidiária integral da Sumitomo Shoji Kabushiki Kaisha, *trading company* japonesa. Lisa M. Avagliano e suas companheiras, norte-americanas, eram ou tinham sido secretárias da Sumitomo, e processaram a companhia, alegando que a mesma adotava política empregatícia discriminatória, só contratando japoneses do sexo masculino para as posições executivas, de gerências e de vendas da companhia nova-iorquina, em afronta à legislação americana que proíbe discriminação em razão de nacionalidade ou sexo.

A Sumitomo defendeu-se com base no Tratado de Amizade, Comércio e Navegação entre o Japão e os Estados Unidos, que isenta as companhias japonesas sediadas nos Estados Unidos das regras da legislação norte-americana relativas a não discriminação com base em nacionalidade e sexo.

O Tratado dispõe em seu art. 8º que "*companhias de qualquer uma das partes poderão contratar, no território da outra parte, contadores e outros profissionais, pessoal executivo, advogados, representantes e outros especialistas de sua escolha*".

A Suprema Corte norte-americana invocou em sua decisão o art. 22 do Tratado que define que "*as companhias constituídas de acordo com as leis e os regulamentos aplicáveis dentro dos territórios de uma das partes, serão consideradas suas companhias e terão seu status jurídico reconhecido nos territórios da outra parte*", do que se deduz que somente às filiais americanas de uma companhia constituída no Japão é que não se aplicam as normas americanas que proíbem a discriminação na contratação de pessoal.

Mas a Sumitomo Shoji America Inc., ainda que formada com capital da empresa-mãe, japonesa, foi constituída nos Estados Unidos, devendo ser considerada companhia americana e não companhia japonesa, não se lhe aplicando a liberdade de contratar os profissionais de sua escolha sem obrigação de respeitar as leis americanas sobre discriminação em matéria trabalhista. Aplicou-se neste caso, com muita propriedade, o critério anglo-americano de que a nacionalidade da pessoa jurídica é aferida pelo local onde ela se constitui.[29]

Transpondo esta decisão para nosso direito, corresponde à distinção que fazemos entre uma filial e uma subsidiária de companhia estrangeira: a primeira é uma extensão desta, sua *longa manus* e a segunda, mesmo que economicamente dependente da empresa estrangeira, é juridicamente autônoma.

O Tribunal de Justiça da União Europeia apreciou alguns casos envolvendo sociedades. No caso Daily Mail (1988) o critério da sede real foi consagrado. Posteriormente, os casos Centros (1999), Überseering (2002) e Inspire Art (2003) minimizaram a importância da sede real em face da liberdade de estabelecimento, e, em 2008, no caso Cartesio, a Corte voltou ao critério da sede real como prevalecente.

## JURISPRUDÊNCIA DA CORTE INTERNACIONAL

*Barcelona Traction, Light and Power Company, Limited* – Esta sociedade, constituída em Toronto, no Canadá, onde fixou sua sede estatutária e estabeleceu sua sede social, tinha como principal objeto os serviços de eletricidade da Catalunha, na Espanha.

A política restritiva aplicada pela ditadura espanhola na década de 1940 às atividades e ao desenvolvimento da companhia canadense levou-a à falência.

---

[29] Vide *American Journal of International Law*, 1982, p. 853, e *International Legal Materials*, 1981, p. 972, e 1982, p. 853.

Como o capital da sociedade havia passado para o controle de acionistas belgas, o governo de Bruxelas, malogradas as iniciativas judiciais na Espanha e as *démarches* diplomáticas, ingressou com uma demanda na Corte Internacional de Justiça da Haia, pleiteando que o governo espanhol pagasse indenização pelos prejuízos sofridos por seus nacionais.

Por decisão majoritária, a Corte decidiu que a Bélgica não tinha legitimidade para a causa, eis que se tratava de sociedade canadense, e o fato de o controle acionário estar em mãos belgas não outorgava ao governo de Bruxelas legitimidade para pleitear indenização.

De acordo com o Tribunal Internacional, somente o governo canadense teria legitimidade para reivindicar, consagrando assim o critério da nacionalidade da pessoa jurídica pelo país de sua constituição.

Somente um voto discordante foi proferido pelo Juiz Gros, que dava prevalência ao critério econômico sobre o jurídico, e, economicamente, o prejuízo fora sofrido por acionistas belgas, o que justificava a legitimidade do governo belga para reivindicar indenização pelos danos sofridos.[30]

## O DIREITO POSITIVO BRASILEIRO

Para compreender o sistema brasileiro das pessoas jurídicas no plano internacional, há de se examinar sua evolução, coordenando o disposto nos sucessivos dois diplomas de DIP: de 1916 e de 1942.

A Introdução do Código Civil de 1916 dispunha que *"são reconhecidas as pessoas jurídicas estrangeiras"* (art. 19) e que *"a lei nacional das pessoas jurídicas determina-lhes a capacidade"* (art. 21).

Reconhecida a pessoa jurídica, passa ela a ter capacidade, tudo na conformidade de sua lei nacional.

Não tinha, contudo, o legislador do Código Civil determinado o critério para aferição da nacionalidade da pessoa jurídica, o que só veio a ser estabelecido pela Lei de Introdução de 1942, que em seu art. 11, dispõe que *"as organizações destinadas a fins de interesse coletivo, como as sociedades e as fundações, obedecem à lei do Estado em que se constituírem".*

Melhor teria andado o legislador se tivesse referido simplesmente às pessoas jurídicas como o fizera a Introdução de 1916. De qualquer forma, o dispositivo da atual Lei deve ser entendido como uma complementação interpretativa do texto de 1916, que deixara de definir o critério a ser aplicado para determinação da lei nacional da pessoa jurídica.[31]

Conclui-se da justaposição das duas leis introdutórias que o reconhecimento da personalidade e a determinação da capacidade das pessoas jurídicas no Direito Internacional Privado brasileiro decorre da lei de sua nacionalidade e que esta é determinada pelo país de sua constituição, sistema idêntico ao britânico.

Já vimos que se deve distinguir entre o reconhecimento da pessoa jurídica estrangeira e o seu funcionamento em país diverso daquele onde se constituiu: enquanto o reconhecimento decorre exclusivamente da lei de sua nacionalidade, pelo que reconheceremos em nosso país todas as pessoas jurídicas que tenham sido reconhecidas no país de sua constituição,

---

[30] Vide em João Grandino Rodas, *Sociedade Comercial e o Estado*, capítulo sétimo, minuciosa análise desta importante decisão da Corte Internacional de Justiça.
[31] Vide Jacob Dolinger, A Sociedade Anônima Brasileira – Critério Determinador de sua Nacionalidade, *Revista de Direito Mercantil, Industrial, Econômico, Financeiro* 23:65 e ss., Luiz Mélega, Nacionalidade das Sociedades por Ações, *Revista de Direito Mercantil, Industrial, Econômico, Financeiro* 33:127 e ss.

diverso é o critério para que as mesmas possam funcionar em nosso país. Para tanto, deverão submeter-se às nossas leis.

Daí o advérbio "entretanto" do § 1º do art. 11 da Lei da Introdução que reza: "Não poderão, *entretanto* ter no Brasil filiais, agências ou estabelecimentos antes de serem os atos constitutivos aprovados pelo Governo brasileiro, ficando sujeitas à lei brasileira". Significa isso que o reconhecimento da personalidade e a capacidade jurídica de uma pessoa jurídica estrangeira em nosso território dependerá do que dispuser sua lei nacional, podendo contratar e acionar judicialmente no Brasil se para tanto tiver capacidade segundo sua lei nacional, mas se esta pessoa jurídica desejar aqui instalar-se, por meio de uma filial, uma agência ou um estabelecimento, deverá submeter seus atos constitutivos a nossas autoridades, ficando sujeita à lei brasileira no que tange a seu funcionamento em nosso país.[32]

Há de se atentar para alguns dispositivos da anterior Lei de Sociedades Anônimas que versam o tema, expressamente mantidos pela Lei nº 6.404, de 1975, atual Lei de Sociedades Anônimas, e novamente mantidos, com ligeiras alterações de redação, no atual Código Civil brasileiro. Dispõe o art. 60 do Decreto-lei nº 2.627, de 1940, que *"são nacionais as sociedades organizadas na conformidade da lei brasileira e que têm no país a sede de sua administração"*.

Este dispositivo gerou perplexidade entre os autores do DIP brasileiro, indagando se não estaria em antinomia com o art. 11 da Lei de Introdução de 1942, pois enquanto este adota o critério do país da constituição para determinar a nacionalidade da pessoa jurídica, o dispositivo da Lei de S.A. exige que a sede da administração da sociedade se situe no Brasil para que se lhe reconheça a nacionalidade brasileira.

A dúvida foi "espancada" pela doutrina, liderada por Serpa Lopes,[33] que assim levanta a questão: *"Ora, aqui (Lei de S.A.) o critério erigido é o da sede social francamente oposto ao do lugar da constituição, embora, comumente, ambas as circunstâncias coincidam. Mas, enquanto uma sociedade por ações, constituída no estrangeiro, mas organizada na conformidade da lei brasileira e tendo a sede de sua administração no Brasil, seria, nos termos do art. 11, uma sociedade estrangeira, regida pela lei do lugar de sua constituição, essa mesma entidade, nos termos do art. 60 da Lei de Sociedade Anônimas de 1940, apresentar-se-ia como tipicamente nacional. Como, no entrechoque dessas duas normas, na colisão desses dois princípios opostos, encontrar-se a solução racional e harmonizadora desses extremos?"*.

E responde o comentarista: *"Entendemos que, no tocante à caracterização da nacionalidade brasileira nas sociedades por ações, deve prevalecer o princípio do art. 60. A regra do art. 11 da atual Lei de Introdução prevalece para os demais casos de sociedades estrangeiras, para solucionar o conflito interespacial, entre outras leis, que não no caso de uma pessoa jurídica de nacionalidade brasileira, assim definida pelo respectivo direito interno"*.

Em outras palavras, nossa legislação contém uma norma de Direito Internacional Privado – o art. 11 da Lei de Introdução – e uma norma de direito interno –, a regra do art. 60 do Decreto nº 2.627/1940, mantida pela Lei de 1976. A primeira define a nacionalidade da pessoa jurídica no plano internacional, visando o critério a ser adotado para determinar a nacionalidade de uma pessoa jurídica estrangeira. A pessoa jurídica será inglesa, francesa ou italiana, dependendo do país onde tiver sido constituída.

---

[32] Vide Alberto Xavier, Problemas Jurídicos das Filiais das Sociedades Estrangeiras no Brasil e de Sociedades Brasileiras no Exterior, *Revista de Direito Mercantil, Industrial, Econômico, Financeiro* 39:76 e ss., 1971.

[33] Miguel Maria de Serpa Lopes, *Comentário Teórico e Prático da Lei de Introdução ao Código Civil*, v. III, p. 171.

Já a sociedade anônima brasileira deverá atender aos requisitos enunciados no art. 60: organizada na conformidade da lei brasileira e ter no nosso país a sede de sua administração. A regra foi reproduzida no art. 1.126 do Código Civil.

Relutamos em acompanhar Serpa Lopes quando concebe uma sociedade brasileira organizada na conformidade de nossas leis, mas constituída no estrangeiro, eis que um dos requisitos da lei brasileira para organização de uma sociedade comercial brasileira é o seu registro em uma Junta Comercial em nosso território e a publicação de seus atos constitutivos na imprensa local (este requisito para as sociedades comerciais anônimas e para as sociedades civis em geral). Portanto, organizar-se de acordo com as leis brasileiras significa constituir-se em nosso território.

Mas a solução dada por Serpa Lopes é de ser aplaudida, adaptando-a da seguinte forma: a nacionalidade da pessoa jurídica no plano de nosso Direito Internacional Privado se caracteriza pelo país de sua constituição; já para ser considerada brasileira, a sociedade, além de constituir-se em nosso país, deverá aqui estabelecer a sede de sua administração.

Assim, uma sociedade constituída na Espanha, que estabeleça sua sede social em Portugal, será considerada por nosso DIP sociedade espanhola. Mas a sociedade constituída no Brasil que não estabelecer aqui sua sede social não será considerada brasileira, o que nos leva, em um passo mais adiante, a compreender que nossas autoridades não registrarão uma sociedade no Brasil que não fixe sua sede social em território brasileiro.

Por outro lado, uma sociedade que estabelece sua sede no Brasil, mas que foi constituída no exterior, não será reconhecida como sociedade brasileira. A este respeito, Carmen Tiburcio faz uma importante observação, no sentido de que, mesmo que a sociedade tenha sido constituída em país que adota o critério da determinação da nacionalidade pela sede social, não poderemos dizer que, como nosso direito internacional privado indica a aplicação da lei estrangeira e esta determina a aplicação do nosso direito, tenhamos que aceitar esta devolução, porque o reenvio é vedado em nosso sistema, *ex vi* art. 16 da lei introdutória.[34]

Já vimos que mesmo quando se adota a constituição ou a sede social para determinação da nacionalidade da pessoa jurídica, o critério do controle também tem um papel a desempenhar, na medida em que o legislador a ele recorre para impedir ou restringir a atividade de sociedades controladas, de uma ou outra forma, por capitais estrangeiros. Sob este aspecto, o critério do controle está presente em nossa legislação.

No capítulo relativo aos direitos dos estrangeiros foram examinadas as restrições constitucionais e legais às atividades dos estrangeiros, bem como as alterações produzidas por várias Emendas Constitucionais que liberaram restrições constantes na Carta de 1988.

O Decreto nº 2.627/1940[35] dedicou diversos dispositivos a este tema. O parágrafo único do art. 60 dispõe que *"quando a lei exigir que todos os acionistas ou certo número deles sejam brasileiros, as ações da companhia ou sociedade anônima revestirão forma nominativa. Na sede da sociedade ficará arquivada uma cópia autêntica do documento comprobatório da nacionalidade (dos acionistas)"*. Essa regra perdeu seu objetivo ante a nova legislação brasileira sobre sociedades anônimas que não mais admite ações ao portador.[36]

---

[34] Carmen Tiburcio, Disciplina Legal da Pessoa Jurídica à Luz do Direito Internacional Brasileiro, *Revista Semestral de Direito Empresarial* 8:187, 2011.
[35] A Lei nº 6.404, de 1976, que rege as sociedades anônimas, manteve, por seu art. 300, os arts. 59 a 73 do Decreto-lei nº 2.627, de 1940, que dispunha sobre as sociedades por ações. As referências neste capítulo aos arts. 60, 64, 67, 68, 71 e 72 são do diploma de 1940, mantidos estes dispositivos pela lei em vigor.
[36] A Lei nº 8.021, de 1990, reformulou o art. 20 da Lei das S/A que agora determina que as ações devem ser nominativas.

Aliás, a regra do art. 60 da Legislação de 1940, mantida pela Lei nº 6.404, de 1976, não guardava coerência com a nova lei. Isto porque, enquanto na Lei de 1940 todos os titulares de ações ordinárias tinham direito a voto, tanto ações nominativas como ações ao portador, a Lei de 1976 só outorgava este poder aos titulares das ações nominativas.

O atual Código Civil manteve a fórmula no parágrafo único do art. 1.126, ao dispor que

"quando a lei exigir que todos ou alguns sócios sejam brasileiros, as ações da sociedade anônima revestirão, no silêncio da lei, a forma nominativa. Qualquer que seja o tipo da sociedade, na sua sede ficará arquivada cópia autêntica do documento comprobatório da nacionalidade dos sócios".[37]

O art. 64 da Legislação de 1940 dispõe que:

"as sociedades anônimas ou companhias estrangeiras, qualquer que seja o seu objeto, não podem, sem autorização do Governo Federal, funcionar no país, por si mesmas, ou por filiais, sucursais, agências, ou estabelecimentos que as representem...".

Em seu parágrafo único enumera os requisitos e exigências que deverão ser atendidos para a concessão da autorização governamental. Este dispositivo corresponde ao § 1º do art. 11 da Lei de Introdução, que exige a aprovação do Governo brasileiro para a abertura no Brasil de extensões da pessoa jurídica estrangeira.

No final deste artigo figura uma ressalva:

"... podendo, todavia, ressalvados os casos expressos em lei, ser acionistas de sociedade anônima brasileira (artigo 60)".

O trecho foi objeto de severa crítica de Haroldo Valladão, no sentido de que se a sociedade estrangeira só pode funcionar no Brasil mediante autorização governamental, que é antecedida de rigoroso exame documental, como autorizar que a sociedade estrangeira se infiltre na economia nacional através de aquisição do capital de uma sociedade anônima brasileira?[38] O dispositivo foi mantido pelo legislador de 1976.

E novamente foi ele mantido no atual Código Civil, art. 1.134, com ligeira alteração de redação, assim dispondo:

"A sociedade estrangeira, qualquer que seja o seu objeto, não pode, sem autorização do Poder Executivo, funcionar no país, ainda que por estabelecimentos subordinados, podendo, todavia, ressalvados os casos expressos em lei, ser acionista de sociedade anônima brasileira".

Mantém-se, assim, a mesma filosofia, a mesma norma a partir de 1940.

A Lei de S.A. de 1976 dispunha em seu art. 146 que os membros da diretoria e do conselho de administração devem ser residentes no país, o que foi alterado pela Lei nº 10.194, de 14 de fevereiro de 2001, e pela Lei nº 12.431/2011, que só exigem residência no país para os membros da diretoria. Em 2021, a Lei nº 14.195 alterou o art. 146 da Lei das S.A. e suprimiu a exigência de residência no País.

---

[37] O *caput* do art. 1.126 repete o art. 60 da antiga lei de 1940, com ligeiras alterações de redação: poderia ter sintonizado com a doutrina e acrescentado a necessidade de que a constituição da sociedade ocorra no Brasil para estabelecer total harmonia com a LINDB.

[38] Haroldo Valladão, *Direito Internacional Privado*, 1980, v. I, p. 461.

A previsão da procuração do conselheiro está em coerência com a determinação do art. 119 da Lei de 1976 de que o acionista residente no exterior mantenha no país representante com poderes para receber citação em ações contra ele propostas, com fundamento nos preceitos desta lei.

Por decreto presidencial de 9 de dezembro de 1996, o governo brasileiro declarou seu interesse de que pessoas físicas ou jurídicas, residentes, domiciliadas ou com sede no exterior, adquiram ações, sem direito a voto, de instituições financeiras com sede no país, com ações negociadas em Bolsas de Valores, mediante o lançamento, no exterior, de certificados de depósitos lastreadas nessas ações. Com esta medida, o Governo brasileiro ampliou as oportunidades para investimentos estrangeiros no país.[39]

O critério do controle é ilustrado pelas disposições da Lei nº 2.597, de 12 de setembro de 1955, substituída pela Lei nº 6.634, de 2 de maio de 1979, que considera de interesse para a segurança nacional as indústrias de armas e munições, de pesquisa, lavra e aproveitamento de minerais, de exploração de energia elétrica, de fábricas e laboratórios de explosivos, de quaisquer substâncias que se destinem ao uso bélico, dos meios de comunicações como rádio, televisão, telefone e telégrafo, obrigadas estas empresas a que no mínimo 51% do seu capital pertença a brasileiros e que a administração ou gerência caiba a brasileiros, ou à maioria de brasileiros, assegurados a estes poderes predominantes,[40] exigências estas que também se aplicam a empresas de colonização que operarem dentro da faixa de fronteira.[41]

Ao dispor sobre a faixa de fronteira – faixa interna de 150 km de largura –, a lei veda a participação de pessoa jurídica estrangeira em pessoa jurídica que seja titular de direito real sobre imóvel rural situado nesta faixa de fronteira.

Outra manifestação legislativa do critério de controle podia ser encontrada na Lei nº 4.728, de 14 de julho de 1965, que disciplina o mercado de capitais, cujo art. 22 – hoje revogado pela Lei nº 14.286/2021 – dispõe sobre a possibilidade de, em períodos de desequilíbrio do balanço de pagamentos, restringir o recurso ao sistema financeiro do país para as empresas que tenham acesso ao mercado financeiro internacional.

Considera a lei que têm acesso a esse mercado as filiais de empresas estrangeiras, bem como as empresas sediadas no país cujo capital pertença a residentes ou domiciliados no exterior, ou sejam controladas por elas, por deterem, direta ou indiretamente, a maioria do capital com direito a voto.

A Constituição de 1988, em seu art. 171, §§ 1º e 2º, fixara regras de proteção e benefícios às empresas brasileiras de capital nacional, distinguindo-as das empresas brasileiras cujo

---

[39] Com relação a este decreto, considere-se o disposto no art. 192 da Constituição e o art. 52 do Ato das Disposições Constitucionais Transitórias. O primeiro dispõe que: "O sistema financeiro nacional, estruturado de forma a promover o desenvolvimento equilibrado do país e a servir aos interesses da coletividade, em todas as partes que o compõem, abrangendo as cooperativas de crédito, será regulado por leis complementares que disporão, inclusive, sobre a participação do capital estrangeiro nas instituições que o integram". E, nas Disposições Constitucionais Transitórias: "Até que sejam fixadas as condições do art. 192, III, são vedados: I – a instalação, no País, de novas agências de instituições financeiras domiciliadas no exterior; II – o aumento do percentual de participação, no capital de instituições financeiras com sede no país, de pessoas físicas ou jurídicas residentes ou domiciliadas no exterior. Parágrafo único. A vedação a que se refere este artigo não se aplica às autorizações resultantes de acordos internacionais de reciprocidade, ou de interesse do governo brasileiro". Foi com base neste último dispositivo que o governo brasileiro expediu o Decreto relativo ao seu interesse na aquisição de ações de instituições financeiras brasileiras por pessoas residentes, domiciliadas ou com sede no exterior.

[40] Art. 7º.

[41] Art. 11.

capital é controlado por estrangeiros, o que foi modificado pela Emenda Constitucional nº 6, de 15 de agosto de 1995, que revogou o art. 171.

## FUNCIONAMENTO DA PESSOA JURÍDICA ESTRANGEIRA NO BRASIL

A representação da pessoa jurídica estrangeira que funciona no Brasil é tema tratado em diversas fontes legislativas. Em primeiro lugar, atente-se para o princípio estabelecido pelo Código Civil de 1916 no capítulo referente ao domicílio civil.

Depois de dispor no art. 35, IV, que o domicílio das pessoas jurídicas se situa no lugar onde funcionam sua diretoria e administração, ou onde for eleito domicílio especial pelos estatutos ou atos constitutivos, o § 3º determina que se a pessoa jurídica tiver diversos estabelecimentos em lugares diferentes, cada um será considerado domicílio para os atos nele praticados, e, finalmente, no § 4º, a regra que interessa ao Direito Internacional Privado, ao dispor que se a administração ou diretoria tiver a sede no estrangeiro,

"haver-se-á por domicílio da pessoa jurídica no tocante às obrigações contraídas por cada uma das suas agências, o lugar do estabelecimento sito no Brasil a que ela corresponder".

As mesmas regras, praticamente com as mesmas palavras, foram colocadas no atual Código Civil, no art. 75, IV, e seus §§ 1º e 2º.

Referente à mesma matéria, há de se considerar o art. 67 da Lei de S.A., de 1940, segundo o qual

"as sociedades anônimas estrangeiras, autorizadas a funcionar, são obrigadas a ter permanentemente representante no Brasil, com plenos poderes para tratar de quaisquer questões e resolvê-las definitivamente, podendo ser demandado e receber citação inicial pela sociedade",

dispondo o parágrafo único que "*só depois de arquivado no Registro do Comércio o instrumento de sua nomeação poderá o representante entrar em relação com terceiros*".[42]

Correspondendo a esse dispositivo da Lei de S.A. de 1940, mantida em 1976, temos no atual Código Civil o art. 1.138, que assim dispõe:

"A sociedade estrangeira autorizada a funcionar é obrigada a ter, permanentemente, representante no Brasil, com poderes para resolver quaisquer questões e receber citação judicial pela sociedade.
Parágrafo único. O representante somente pode agir perante terceiros depois de arquivado e averbado o instrumento de sua nomeação".

Essa matéria repercute no Código de Processo Civil, arts. 21 e 75. O último, que versa a representação em juízo, diz em seu inciso X que "*a pessoa jurídica estrangeira [será representada] pelo gerente, representante ou administrador de sua filial, agência ou sucursal aberta ou instalada no Brasil*", acrescentando em seu § 3º que "*o gerente da filial ou agência presume-se autorizado pela pessoa jurídica estrangeira a receber citação inicial para qualquer processo*". E

---

[42] O art. 68 da Lei de S.A. de 1940, em consonância com a parte final do § 1º do art. 11 da Lei de Introdução, dispõe: "As sociedades anônimas estrangeiras autorizadas a funcionar ficarão sujeitas às leis e aos tribunais brasileiros quanto aos atos ou operações que praticarem no Brasil". Com pequenas alterações redacionais, mas contendo exatamente a mesma norma, temos o art. 1.137 do atual Código Civil: lei e jurisdição territoriais para as atividades realizadas no Brasil.

no art. 21, que trata da competência da autoridade judiciária brasileira quando o réu estiver domiciliado no Brasil, o parágrafo único dispõe que "*considera-se domiciliada no Brasil a pessoa jurídica estrangeira que nele tiver agência, filial ou sucursal*". Verifica-se, portanto, perfeita harmonia entre as legislações civil, societária e processual.

As mudanças de nacionalidade da sociedade anônima, a estrangeira que se torna nacional, e a nacional que adquire outra nacionalidade, estão reguladas nos arts. 71 e 72 da original Lei de S.A. de 1940.[43] No Código Civil de 2002, temos o art. 1.127, que cuida da única hipótese em que se admite mudança de nacionalidade de sociedade brasileira – consentimento unânime dos sócios ou acionistas – e no art. 1.141 a norma sobre autorização para que uma sociedade estrangeira possa nacionalizar-se, transferindo sua sede para o Brasil.

O legislador brasileiro disciplina os capitais estrangeiros investidos em empresas brasileiras. A Lei nº 11.371, de 28 de novembro de 2006, dispõe sobre o registro desses investimentos.

## EMPRESAS JORNALÍSTICAS

Dispôs a Constituição de 1988, no art. 222:

"A propriedade de empresa jornalística e de radiodifusão sonora e de sons e imagens é privativa de brasileiros natos ou naturalizados há mais de dez anos, aos quais caberá a responsabilidade por sua administração e orientação intelectual.

§ 1º É vedada a participação de pessoa jurídica no capital social de empresa jornalística ou de radiodifusão, exceto a de partido político e de sociedades cujo capital pertença exclusiva e nominalmente a brasileiros.

§ 2º A participação referida no parágrafo anterior só se efetuará através de capital sem direito a voto e não poderá exceder a trinta por cento do capital social".

Esse artigo sofreu uma Emenda Constitucional (EC nº 36, de 28 de maio de 2002), passando a ter a seguinte redação:

"A propriedade de empresa jornalística e de radiodifusão sonora e de sons e imagens é privativa de brasileiros natos ou naturalizados há mais de dez anos, ou de pessoas jurídicas constituídas sob as leis brasileiras e que tenham sede no País.

§ 1º Em qualquer caso, pelo menos setenta por cento do capital total e do capital votante das empresas jornalísticas e de radiodifusão sonora e de sons e imagens, deverá pertencer, direta ou indiretamente, a brasileiros natos ou naturalizados há mais de dez anos, que exercerão obrigatoriamente a gestão das atividades e estabelecerão o conteúdo da programação.

§ 2º A responsabilidade editorial e as atividades de seleção e direção da programação veiculada são privativas de brasileiros natos ou naturalizados há mais de dez anos, em qualquer meio de comunicação social.

§ 3º Os meios de comunicação social eletrônica, independentemente da tecnologia utilizada para a prestação do serviço, deverão observar os princípios enunciados no art. 221, na forma de lei específica, que também garantirá a prioridade de profissionais brasileiros na execução de produções nacionais.

§ 4º Lei disciplinará a participação de capital estrangeiro nas empresas de que trata o § 1º.

---

[43] A Lei de S.A. – Lei nº 6.404 de 1976 – contém várias regras que interessam ao direito do comércio internacional, *v.g.*, arts. 17-I, § 6º, 119, 251, 265, § 1º, 269, VII, parágrafo único, e 300, que deverão ser objeto de exame em sede própria.

§ 5º As alterações de controle societário das empresas de que trata o § 1º serão comunicadas ao Congresso Nacional".

A determinação constitucional de lei disciplinadora da participação de capital estrangeiro nas empresas jornalísticas se materializou por meio da Medida Provisória nº 70, de 1º de outubro de 2002, sancionada pela Lei nº 10.610, de 20 de dezembro de 2002, que regulamentou a matéria. Comentando a EC nº 36 e a MP nº 70, a segunda autora destacou que o novo regime jurídico permitiu a capitalização das empresas com risco mínimo de desnacionalização do setor.[44]

## JURISPRUDÊNCIA BRASILEIRA

*Participação de sociedade estrangeira em sociedade brasileira* – O Supremo Tribunal Federal decidiu em 1936, no Mandado de Segurança nº 283, que

"só se exige das sociedades estrangeiras que obtenham autorização do governo para funcionar na República; não é funcionar na República adquirir ações ou cotas de uma sociedade brasileira, seja em que quantidade for, e exercer como acionista ou cotista os direitos de sócio, que se não confundem com o exercício do negócio que faz objeto da sociedade, pessoa jurídica distinta da dos sócios. Esta quem o exerce é a firma, a pessoa moral da sociedade, não os sócios pessoalmente, sejam eles pessoas físicas, sejam pessoas jurídicas, nada importa. Assim quem funciona no Brasil é a firma C. Fuerst e Cia. Ltda., a requerente (sociedade brasileira que não carece de autorização), não a simples sócia desta firma – a sociedade anônima argentina".

Com base nesta fundamentação a Suprema Corte concedeu o Mandado de Segurança que visava a arquivar o contrato social no Ministério do Trabalho, independentemente de autorização governamental.

Esta orientação foi consolidada em nosso direito positivo pelo art. 64 do Decreto-lei nº 2.627, de 1940, mantido pela Lei nº 6.404, de 1976.

*Empresas de mineração* – Julgando recurso no Mandado de Segurança nº 11.189,[45] a Suprema Corte decidiu em 1963, por maioria de votos, que as sociedades de minerais de que participem estrangeiros podem funcionar no país. A Constituição de 1937 dispunha no art. 143, § 1º, que "*a autorização só pode ser concedida a brasileiros ou empresas constituídas por acionistas brasileiros*", reproduzido no Código de Minas de 1940, cujo art. 6º dizia que "*o direito de pesquisar ou lavrar só poderá ser outorgado a brasileiros, pessoas naturais ou jurídicas, constituídas estas de sócios ou acionistas brasileiros*".

Entendeu a Suprema Corte que a Constituição de 1946 alterou a norma constitucional anterior e revogou o Código de Minas, ao dispor, em seu art. 153, § 1º, que "as autorizações ou concessões serão conferidas exclusivamente a brasileiros ou a sociedades organizadas no país", invocando o Ministro Relator Cândido Motta Filho o art. 64, *in fine*, da Lei de Sociedade Anônima ("*podendo, todavia, ressalvados os casos expressos em lei, ser acionistas de sociedade anônima brasileira*").

O Ministro Victor Nunes, acompanhando o voto do Relator, expôs com a lucidez e a profundidade que lhe eram características, que com esta decisão não se esvaziava a primeira

---

[44] Carmen Tiburcio, Participação de estrangeiros na mídia, *Boletim de Direito Internacional*, Luis Roberto Barroso & Associados 33:7, 2002. A MP nº 70, como visto, foi convertida em Lei nº 10.610, de 20 de dezembro de 2002, *DO* de 23 do mesmo mês e ano.
[45] STF, RMS 11,189, Rel. Min. Cândido Motta, *DJ* 27.06.1963.

parte do art. 153, § 1º ("*as autorizações ou concessões serão conferidas exclusivamente a brasileiros...*") que declara privativo dos brasileiros, pessoas físicas, o exercício da mineração.

Esse voto coincide com o critério que orientou o julgamento da Corte Internacional de Justiça no *caso Barcelona Traction Company*, no sentido de que acionistas de uma empresa não podem pretender proteção diplomática quando a respectiva empresa foi constituída em outro país.

A Constituição de 1988, art. 176, § 1º, restabeleceu o regime da Carta de 1937 – só brasileiros e empresas brasileiras de capital nacional poderão receber concessão para pesquisar e lavrar recursos minerais –, restrição que teve curta duração, pois que revogada pela Emenda Constitucional nº 6, de 15 de agosto de 1995, pela qual a redação do aludido parágrafo ficou sendo "*brasileiros ou empresa constituída sob as leis brasileiras e que tenha sua sede e administração no País...*", voltando praticamente à regra da Constituição de 1969, art. 168, § 1º, que rezava "*dadas exclusivamente a brasileiros ou a sociedades organizadas no País*".

## RESTRIÇÃO ÀS PESSOAS JURÍDICAS DE DIREITO PÚBLICO ESTRANGEIRAS

Dispõe o § 2º do art. 11 da Lei de Introdução que "*os governos estrangeiros, bem como as organizações de qualquer natureza que eles tenham constituído, dirijam ou hajam investido de funções públicas, não poderão adquirir no Brasil bens imóveis ou suscetíveis de desapropriação*". Visa-se com esta proibição evitar problemas que poderiam resultar da necessária submissão de uma potência estrangeira à legislação territorial.

Entende Serpa Lopes que ao falar em bens suscetíveis de desapropriação subentendem-se todos os que estiverem compreendidos na possibilidade dessa medida, restando assim um mui reduzido campo, quase nulo, para a atividade jurídica do Estado estrangeiro ou de suas organizações, chegando a dizer que apenas o dinheiro permanece fora do alcance da desapropriação, "*porque esta (a indenização), importando numa retribuição pecuniária, tornar-se-ia contraditória*".[46]

Esta interpretação não condiz com a realidade da vida econômica do mundo moderno em que os Estados atuam no comércio internacional, adquirindo e vendendo todo tipo de bens. Há que se formular interpretação mais liberal para o dispositivo da lei introdutória.

Amilcar de Castro restringe a proibição, além dos bens imóveis, aos direitos autorais, às patentes de invenção e às ações de sociedades anônimas "*que por nosso direito administrativo são suscetíveis de desapropriação*".[47]

Os autores se referem à história do grego Evanghéli Zappa, falecido em 1865, na Romênia, onde possuía imóveis de alto valor, deixando-os por testamento ao Estado grego. O governo romeno consultou a Faculdade de Direito de Berlim, que deu parecer no sentido de que o governo de um país não pode ser proprietário de imóveis sitos em outro país.

A Lei de Introdução exclui da proibição (art. 11, § 3º) os prédios necessários à sede dos representantes diplomáticos ou agentes consulares, tendo a Lei nº 4.331, de 1º de junho de 1964, tratado da aquisição, no Distrito Federal, de imóveis necessários à residência dos agentes diplomáticos das respectivas missões diplomáticas, assim dispondo:

"Art. 1º Consideram-se nas condições do § 3º do artigo 11 do Decreto-lei nº 4.657, de 4 de setembro de 1942 – Lei de Introdução do Código Civil brasileiro – os imóveis adquiridos

---

[46] Miguel Maria de Serpa Lopes, *Comentário Teórico e Prático da Lei de Introdução ao Código Civil*, 1946, v. III, p. 196.
[47] Amilcar de Castro, *Direito Internacional Privado*, 1977, p. 333.

pelos governos estrangeiros, no Distrito Federal, para residência de 'Agentes diplomáticos' e 'Membros da missão' das respectivas missões diplomáticas.

§ 1º A aquisição de tais imóveis dependerá sempre da autorização do Ministério das Relações Exteriores, que ajuizará, em cada caso, da necessidade da compra, devendo, para tanto, consultar a Prefeitura do Distrito Federal e a Secretaria-Geral do Conselho de Segurança Nacional.

§ 2º Os imóveis adquiridos em virtude dessa autorização especial sujeitam-se, para os efeitos civis, ao mesmo regime jurídico da propriedade dos nacionais".

## PROJETOS PARA SUBSTITUIÇÃO DA LEI DE INTRODUÇÃO

O Projeto de Lei nº 4.905 propõe, no art. 20, manter o direito em vigor, com redação simplificada e mais clara:

"Pessoas Jurídicas – As pessoas jurídicas serão regidas pela lei do país em que se tiverem constituído.
Parágrafo único. Para funcionar no Brasil, por meio de quaisquer estabelecimentos, as pessoas jurídicas estrangeiras deverão obter a autorização que se fizer necessária, ficando sujeitas à lei brasileira".

O Projeto nº 269 apresentado à Câmara Alta pelo Senador Pedro Simon, contém o mesmo dispositivo sob nº 21, acrescentando sujeição destas pessoas jurídicas aos tribunais brasileiros.

No Projeto de Lei nº 4.905 figura como art. 21 e seus parágrafos os seguintes dispositivos:

"Aquisição de imóveis por pessoas jurídicas de direito público estrangeiras ou internacionais – As pessoas jurídicas de direito público, estrangeiras ou internacionais, bem como as entidades de qualquer natureza por elas constituídas ou dirigidas, não poderão adquirir no Brasil bens imóveis ou direitos reais a eles relativos.

§ 1º Com base no princípio da reciprocidade e mediante prévia e expressa concordância do Governo brasileiro, podem os governos estrangeiros adquirir os prédios urbanos destinados às chancelarias de suas missões diplomáticas e repartições consulares de carreira, bem como os destinados a residências oficiais de seus representantes diplomáticos e agentes consulares, nas cidades das respectivas sedes.

§ 2º As organizações internacionais intergovernamentais sediadas no Brasil ou nele representadas, poderão adquirir, mediante prévia e expressa concordância do Governo brasileiro, os prédios destinados aos seus escritórios e às residências de seus representantes e funcionários, nas cidades das respectivas sedes, nos termos dos acordos pertinentes".

O Projeto do Senador Pedro Simon (Projeto de Lei nº 269 do Senado, de 2004) reproduz, como art. 22, os exatos termos do art. 21 do Projeto nº 4.905/1995.

# PARTE III

# CONFLITOS DE LEIS NO ESPAÇO

*Capítulo VII*
# AS NORMAS SOBRE CONFLITOS DE LEIS

As normas do Direito Internacional Privado classificam-se segundo a fonte, a natureza e a estrutura.

A fonte da norma pode ser legislativa, doutrinária ou jurisprudencial; ainda segundo a fonte, pode ser interna ou internacional, conforme seja criada pelos órgãos internos de um Estado ou em coordenação com outros Estados por meio de tratados e convenções.[1]

Quanto à sua natureza, a norma de Direito Internacional Privado sobre conflito de leis é geralmente conflitual, indireta, não solucionadora da questão jurídica em si, mas indicadora do direito interno aplicável, daí ser classificada como sobredireito. Contudo, também existem normas substanciais, materiais, diretas, como se verá. No plano do direito convencional, fonte internacional, as normas são indiretas quando seguem o método conflitual, e diretas, quando adotam regras materiais uniformes.

Existem ainda as normas conceituais ou qualificadoras, que se restringem a definir determinados institutos para efeito do DIP.

Como toda a ciência do direito, o DIP trabalha com princípios e regras. As regras estabelecem a lei aplicável para as diversas áreas do direito, enquanto os princípios atuam como normas controladoras e restritivas da aplicação das regras.

Quanto à sua estrutura, as normas (regras) podem ser unilaterais ou bilaterais.

Neste capítulo tratamos da classificação das normas de Direito Internacional Privado quanto à sua natureza e à sua estrutura. No capítulo X estudamos especificamente as regras de conexão. As fontes foram tratadas no capítulo III e os princípios são objeto dos capítulos XIII a XIX.

## NORMAS INDIRETAS

A norma de Direito Internacional Privado conflitual objetiva indicar, em situações conectadas com dois ou mais sistemas jurídicos, qual dentre eles deve ser aplicado. Assim, no campo do direito civil, determina que ordenamento jurídico será obedecido para questões de capacidade, para os institutos do direito de família e do direito das sucessões, para os contratos e demais obrigações e para as questões de direito real, fazendo esta escolha por meio de pontos de contato, denominados elementos de conexão: nacionalidade, domicílio ou residência das pessoas, local da assinatura do contrato ou local do cumprimento da obrigação, local do ato causador do prejuízo (ou local onde o prejuízo se materializou), local da situação do bem.

Estas normas não solucionam a questão jurídica propriamente dita, não dizem se a pessoa é capaz ou incapaz, se o contrato é válido ou não, se o causador do dano a outrem é civilmente responsável ou não, se certos colaterais herdam ou não, e assim por diante. As regras de conexão do DIP apenas escolhem, dentre os sistemas jurídicos de alguma forma ligados à hipótese, qual deve ser aplicado. São normas instrumentais. O aplicador da lei

---

[1] Vide Capítulo III.

seguirá a regra de Direito Internacional Privado como se fora uma seta indicativa do direito aplicável, e, neste, procurará as normas jurídicas que regulam o caso *sub judice*. Este o método harmonizador dos conflitos de leis, pois aplicando um dos sistemas jurídicos em questão, o conflito é pacificado.

Assim, a Introdução ao Código Civil brasileiro, promulgada em 1916, determinava em seu art. 8º que "*a lei nacional da pessoa determina a capacidade civil, os direitos de família, as relações pessoais dos cônjuges e o regime de bens do casamento...*", substituída, em 1942, pelo art. 7º da Lei de Introdução – atualmente Lei de Introdução às Normas do Direito Brasileiro, conforme ementa alterada pela Lei nº 12.376/2010,[2] que ordena que "*a lei do país em que domiciliada a pessoa determina as regras sobre o começo e o fim da personalidade, o nome, a capacidade e os direitos de família*". Em ambas as regras vemos que o legislador de Direito Internacional Privado dispõe que se aplique a lei interna de determinado país: o país da nacionalidade da pessoa, no regime de 1916, o país do seu domicílio, segundo a regra de 1942.

No plano convencional, o art. 263 do Código Bustamante[3] é ilustrativo:

"A forma de saque, endosso, fiança, intervenção, aceite e protesto de uma letra de câmbio submete-se à lei do lugar em que cada um dos ditos atos se realizar".

Veja-se como a Convenção determina a aplicação de variadas leis internas, conforme o local onde tenham ocorrido os atos jurídicos que constituem o título de crédito e outros que eventualmente a ele se acrescentem.

Da mesma forma, a Convenção da Haia de 1971 sobre a Lei Aplicável em Matéria de Acidentes Rodoviários dispõe em seu art. 3º que:

"A lei aplicável é a lei interna do Estado sobre o território do qual o acidente ocorreu".

A nacionalidade e/ou o domicílio das pessoas envolvidas no acidente, a procedência dos veículos, seu destino, são fatores irrelevantes ante a regra convencional que manda aplicar tão somente a lei do país em cujo território tenha ocorrido o fato. Caberá à Corte de qualquer um dos Estados cuja prestação jurisdicional tenha sido solicitada e que tenha aprovado ou venha a aprovar a Convenção, ir em busca das normas sobre responsabilidade civil em acidente de veículos que vigoram no país onde o mesmo ocorreu, pois nem sempre a causa será julgada no país onde se verificou o acidente.

Em matéria de responsabilidade civil por ato ilícito, concebe-se aplicar a lei do país onde o ato foi cometido pelo responsável ou a lei do país onde a vítima sofreu o dano.

## NORMAS DIRETAS

Há, excepcionalmente, regras de Direito Internacional Privado de outra natureza: normas diretas, substanciais, que dão solução à *quaestio juris*; destacam-se as regras sobre nacionalidade e sobre a condição jurídica do estrangeiro, umas determinam quem são os titulares da nacionalidade de cada Estado, regulam a aquisição e a perda deste *status*, e as

---

[2] Vide na edição de *O Globo*, de 26.01.2011, severa crítica do primeiro autor, endossada pela segunda autora, à mudança operada pelo legislador na ementa da lei sob o título Uma Lei Ridícula. Nesta obra, as referências à lei introdutória mantêm a fórmula original.

[3] Código de Direito Internacional Privado, denominado Código Bustamante, assinado em Havana, Cuba, em 18 de fevereiro de 1928, uma Convenção de Direito Internacional Privado Uniformizado – o último dos quatro fatores explicados no capítulo VIII.

outras delimitam os direitos dos estrangeiros. São regras eminentemente diretas, substanciais, sem qualquer conteúdo conflitual. Também são diretas as normas sobre conflitos de jurisdições.

Na Lei de Introdução brasileira encontramos o § 5.º do art. 7º, que faculta ao naturalizando casado adotar o regime da comunhão parcial de bens, e o art. 11, por seus §§ 2º e 3º, limitando o direito dos governos estrangeiros na aquisição de bens imóveis e suscetíveis de desapropriação: são normas substanciais, diretas, também sem conteúdo conflitual.

Na França, encontrávamos a disposição do art. 170 do Código Civil, revogado em 2007, que ordenava aos franceses que contraem núpcias no estrangeiro, publicar previamente na França os proclamas de que trata o art. 63 do mesmo código. Norma direta *par excellence*. Lei francesa de 1993[4] acrescentou o art. 146-1 ao Código Civil francês, que determina que *"Le mariage d'un Français, même contracté à l'étranger, requiert sa presence"*.

Como vimos no capítulo VIII, o DIP trabalha com o método conflitual ou harmonizador e com o método uniformizador. Este opera por meio de convenções que aprovam Leis Uniformes sobre atividades de caráter internacional – o segundo dos "quatro fatores resumidos" – Direito Internacional Uniformizado – contendo regras diretas.

No campo das fontes internacionais, encontramos, entre outras, a Convenção para Unificação de certas regras relativas ao transporte aéreo internacional, assinada em Varsóvia, em 12 de outubro de 1929, que versa os direitos e obrigações do transportador, do expedidor e do destinatário (hoje substituída pela Convenção de Montreal[5]) e a Convenção das Nações Unidas sobre Contratos de Compra e Venda Internacional de Mercadorias, assinada em Viena em 11 de abril de 1980, que cuida da formação do contrato e das obrigações do vendedor e do comprador. Ambas fixam normas materiais, substanciais, diretas.

Há uma distinção a ser observada entre as convenções que elaboram direito uniforme por coordenação internacional, como as Convenções de Genebra sobre títulos de crédito, que criam direito civil ou comercial uniformizado, sem distinguir entre relações jurídicas internas e internacionais,[6] de um lado, e, de outro lado, as convenções que estabelecem normas uniformes em assuntos de estrita aplicação na atividade internacional como a compra e venda internacional, o transporte internacional, marítimo e aéreo.

Mesmo nas Convenções de Direito Internacional Privado Uniformizado, em que se espera ver só normas indiretas, indicadoras do sistema jurídico aplicável, vamos encontrar uma ou outra norma direta, como, por exemplo, na Convenção da Haia de 1973 sobre a lei aplicável às obrigações alimentícias, cujo art. 11, 2ª alínea, dispõe que *"mesmo que a lei aplicável disponha diversamente, as necessidades do credor e as possibilidades do devedor serão tomadas em consideração na determinação do montante dos alimentos devidos"*.

---

[4] Lei nº 93-1027.

[5] Convenção para a Uniformização de certas regras para o transporte internacional, de Montreal, de 18 de maio de 1999, promulgada pelo Decreto nº 5.910, de 27 de setembro de 2006.

[6] Vide Henri Batiffol, L'Etat du Droit International Privé en France et dans l'Europe Continentale de l'Ouest, *Clunet*, 1973.27/8, em que observa que as Convenções que unificam os direitos dos Estados contratantes sem distinguir entre as relações puramente internas das relações internacionais constituem direito civil ou direito comercial, mas não direito internacional. Nosso entendimento, é de que estas convenções criaram direito uniformizado (direito comercial como entende Batiffol), mais direito internacional uniformizado, que também poderíamos denominar de direito uniformizado internacional, pois o componente internacional está presente eis que rege relações jurídicas internacionais, uniformizando suas regras.

## NORMAS QUALIFICADORAS

Existem outras normas, que não são conflituais, nem substanciais, mas conceituais ou qualificadoras. Assim classificamos, por exemplo, as regras que definem o domicílio, necessárias para a boa aplicação das normas conflituais, das quais são acessórias.

Temos, no DIP brasileiro, a regra do § 7º do art. 7º da Lei de Introdução, que determina a extensão do domicílio do chefe da família ao outro cônjuge e aos filhos não emancipados,[7] bem assim o do tutor ou curador aos incapazes sob sua guarda.

No campo das fontes internacionais a Convenção Interamericana sobre o Domicílio de Pessoas Físicas no DIP, aprovada na 2ª Conferência Interamericana de Direito Internacional Privado, Montevidéu, 1979, assim define o domicílio em seu art. 2º:

"O domicílio da pessoa física será determinado pelas circunstâncias discriminadas na seguinte ordem:
1. O local de sua residência habitual;
2. O local de seu principal lugar de negócios;
3. Na ausência dos dois fatores acima, o lugar de sua residência;
4. Na ausência de sua residência, o lugar onde a pessoa se encontrar".[8]

Não é uma regra de conflito. Também não é uma norma substancial. É uma regra definidora, qualificadora, que colabora com a norma conflitual que indica a lei do domicílio para reger determinadas matérias.

## ESTRUTURA DA NORMA DE DIP: NORMAS UNILATERAIS, BILATERAIS E JUSTAPOSTAS

A classificação das normas conflituais de acordo com a sua estrutura divide-as em normas unilaterais ou incompletas e normas bilaterais ou completas. Há ainda a composição de duas normas unilaterais correspondentes que se completam.

Comparemos duas normas clássicas de DIP para apreender a distinção entre as normas unilaterais e as bilaterais.

O Código de Napoleão, de 1804, prescreve em seu art. 3º, alínea 3ª:

"As leis concernentes ao estado e à capacidade das pessoas regem os franceses, mesmo residentes em país estrangeiro".

O art. 20 da lei italiana de 1995 manteve o princípio da nacionalidade como reguladora da capacidade civil das pessoas em seu art. 20, com a seguinte redação:

"A capacidade jurídica da pessoa física é regida por sua lei nacional".

Ambas regras de DIP determinam a aplicação da lei da nacionalidade para as questões de estado e de capacidade, só que a francesa concentra a regra na aplicação da sua lei para os seus nacionais, enquanto a italiana universalizou a regra, determinando que todas as pessoas sejam regidas pelas leis de sua nacionalidade.

---

[7] Esta norma está ultrapassada pela legislação que emancipou a mulher casada.
[8] O Tratado de Direito Civil Internacional de Montevidéu, de 1940, já qualificara o domicílio em seu art. 5º de forma semelhante à qualificação *supra*.

A francesa é uma norma unilateral, imperfeita, egoísta, só cuida dos franceses, a italiana é uma norma multilateral, perfeita, universal, pois se ocupa de todo mundo.

A distinção entre a norma francesa e a italiana também ilustra as duas óticas diversas da disciplina:[9] a norma francesa cuida da extensão geográfica de sua própria lei – unilateralista –, enquanto a italiana cuida dos institutos do estado e da capacidade das pessoas, dispondo que os mesmos se submetem à lei da nacionalidade das pessoas – multilateralista –, distinção esta que é igualmente ilustrada por outra comparação de regras, entre as legislações italiana e alemã anteriores, respectivamente, de 1942 e 1900.

A regra italiana, no art. 19, dispunha:

"As relações patrimoniais entre cônjuges são reguladas pela lei nacional do marido ao tempo da celebração do casamento".

A regra germânica, no art. 15, estabelecia:

"O regime matrimonial de bens será regulado de acordo com as leis alemãs quando o marido, ao tempo da celebração do casamento, for alemão".[10]

A pergunta do legislador unilateralista – "quando se aplica minha lei" – corresponde a uma ótica de concentração nas leis de diversos países e nos seus conflitos, que é seguida por uma preocupação em aplicar a *lex fori*. Quem olha para as leis em conflito e procura extrair uma solução da diversidade estará sempre inclinado a aplicar sua própria lei. Já a pergunta do legislador multilateralista – "que lei se aplica" – está mais voltada para o fato jurídico e o exame de suas particularidades e nuances, observação esta que induz a procurar a lei mais apropriada para a solução, conduzindo a um critério de maior objetividade e maior capacidade de universalizar.[11]

No DIP brasileiro temos o art. 8º da Introdução ao Código Civil, de 1916, que assim dispunha:

"A lei nacional da pessoa determina a capacidade civil, os direitos de família, as relações pessoais dos cônjuges e o regime de bens do casamento, sendo lícita quanto a este a opção pela lei brasileira...".

Regra esta substituída pela contida no art. 7º da Lei de Introdução, de 1942, que prescreve:

---

[9] Sobre o tema, vide capítulo I, subitem "A Ótica da Disciplina".
[10] O. Kahn Freund, *General Problems of Private International Law*, 1976, p. 88: "Ambas regras expressam o mesmo princípio, de que a lei da nacionalidade do marido à época do casamento determina as normas que se aplicarão às relações patrimoniais entre ele e sua esposa. Mas usam técnicas legislativas diferentes. A lei italiana responde à seguinte pergunta: 'que lei se aplica?' A lei alemã responde à pergunta: 'quando se aplica a lei alemã?'. Mas o efeito de ambas regras é praticamente o mesmo, pois em toda parte os tribunais destilaram regras multilaterais das normas unilaterais contidas na legislação. O exemplo vem dos tribunais franceses, que transformaram a regra do art. 3º, alínea III, em uma norma multilateral. 'As leis concernentes ao estado e à capacidade das pessoas se aplicam aos franceses mesmo que residentes no exterior' transformou-se em 'O estado e a capacidade das pessoas são regidos pela lei de sua nacionalidade, onde quer que elas residam'".
[11] A nova lei italiana, de 1995, mantém a mesma regra nos arts. 29-30 – lei da nacionalidade comum dos cônjuges – sem qualquer referência à lei italiana, enquanto a nova lei alemã, de 1986, introduziu no art. 14 um novo critério que iguala os cônjuges na escolha da lei aplicável e está estruturada de forma bilateral, sem qualquer referência à lei alemã.

"A lei do país em que domiciliada a pessoa determina as regras sobre o começo e o fim da personalidade, o nome, a capacidade e os direitos de família".

Temos nas duas sucessivas regras do DIP brasileiro a regra bilateral, que segue o método multilateral, no que o legislador seguiu a orientação consagrada por Teixeira de Freitas em seu Esboço, art. 849:

"A validade ou nulidade dos atos jurídicos entre vivos e das disposições de última vontade, no que respeita à capacidade ou incapacidade dos agentes, será julgada pelas leis do seu respectivo domicílio".

Estas são regras bilaterais ou completas quanto à sua estrutura, pois não objetivam a aplicação de sua própria lei (como a francesa) e são regras multilaterais quanto à sua ótica, pois versam a instituição determinando-lhe a lei aplicável.

Na França, a lei de 11 de julho de 1975 manteve a tradição unilateralista do Código napoleônico ao reformar o art. 309 do Código Civil francês, que passou a ter a seguinte redação:

"O divórcio e a separação de corpos são regidos pela lei francesa nas seguintes hipóteses:
– quando um e outro dos cônjuges são franceses;
– quando os cônjuges têm seu domicílio em território francês;
– quando nenhuma lei estrangeira se considere competente e os tribunais franceses sejam competentes para conhecer do divórcio e da separação de corpos".[12]

Em direito societário, a lei francesa de 24 de julho de 1966, art. 3º, dispõe que:

"As sociedades cuja sede social esteja situada na França são regidas pela lei francesa".[13]

A doutrina francesa explica que a regra conflitual unilateral "visa a determinar o campo da aplicação no espaço de sua própria lei e por consequência limita seu objeto apenas à designação da lei do foro".[14]

No Brasil temos algumas regras unilaterais, como o art. 13, parágrafo único, da Introdução de 1916, que assim dispunha:

"Sempre se regerão pela lei brasileira os contratos ajustados em países estrangeiros quando exequíveis no Brasil, as obrigações contraídas entre brasileiros em país estrangeiro, os atos relativos a imóveis situados no Brasil e os atos relativos ao regime hipotecário brasileiro".

Na Lei de Introdução, de 1942, encontramos várias regras unilaterais, como as dos arts. 7º, § 1º,[15] 9º, § 1º,[16] e 10, § 1º.[17]

---

[12] O *approach* do legislador francês lembra o *government interest analysis* formulado por Brainerd Currie, Selected Essays on the Conflict of Laws, 1963.
[13] Veja-se, com redação semelhante, o atual art. 1.837 do Código Civil francês.
[14] Yvon Loussouarn e Pierre Bourel, *Droit International Privé*, 1978, p. 119.
[15] Lei de Introdução, art. 7º, § 1º: "Realizando-se o casamento no Brasil, será aplicada a lei brasileira quanto aos impedimentos dirimentes e às formalidades da celebração".
[16] Lei de Introdução, art. 9º, § 1º: "Destinando-se a obrigação a ser executada no Brasil e dependendo de forma essencial, será esta observada, admitidas as peculiaridades da lei estrangeira quanto aos requisitos extrínsecos do ato".
[17] Lei de Introdução, art. 10, § 1º: "A sucessão de bens de estrangeiros, situados no País, será regulada pela lei brasileira em benefício do cônjuge ou dos filhos brasileiros, ou de quem os represente, sempre que não lhes seja mais favorável a lei pessoal do *de cujus*".

Invariavelmente unilaterais são as regras sobre nacionalidade, condição jurídica dos estrangeiros e as normas processuais (conflito de jurisdições), eis que cada Estado só tem competência para determinar as condições de aquisição de *sua* nacionalidade, para fixar os direitos e as limitações dos estrangeiros que se encontram em *seu* território e delinear a competência jurisdicional de *seus* próprios tribunais. Nenhum Estado se aventurará a reger a nacionalidade de outros Estados, a determinar regras sobre o direito de estrangeiros em outro país ou a fixar a competência de tribunais de outros Estados.

Os defensores do unilateralismo sustentam que o legislador só tem competência sobre a aplicação de suas próprias leis, não lhe cabendo atribuir competência à lei de outro legislador, pois só este dirá do alcance de sua lei. Segundo esta escola, o legislador apenas determina quando se aplicará sua própria lei.

Esta escola, ao defrontar-se com uma hipótese não abrangida pela norma unilateral do foro, quando, por exemplo, o tribunal francês tiver que decidir sobre o estado e a capacidade de um alemão ou de um inglês que se encontre na França, ou sobre uma sociedade cuja sede social esteja situada em outro país, tem adotado duas atitudes diversas. Uma advoga a bilateralização da regra unilateral: se o Direito Internacional Privado francês determina a aplicação da lei francesa para os franceses em matéria de estado e capacidade, resulta que os tribunais franceses devem aplicar a lei alemã para o indivíduo de nacionalidade alemã, e a lei inglesa para o estado e a capacidade do cidadão inglês. Esta tem sido a orientação da jurisprudência francesa, como bem explicado por Kahn Freund no trecho anteriormente transcrito.

No Brasil isto significa que como o casamento realizado no Brasil se rege, quanto às formalidades, pela lei brasileira,[18] o casamento realizado no exterior reger-se-á pela lei do local de sua celebração. Essa aplicação jurisprudencial resulta na bilateralização da norma formalmente unilateral.[19]

Outra corrente do unilateralismo não aceita esta bilateralização, entendendo, como já vimos, que a lei estrangeira só poderá ser aplicada se ela mesma assim desejar, isto é, se ela se declarar competente. Voltando aos exemplos anteriores, na França, o alemão será regido pela lei alemã, de sua nacionalidade, porque o Direito Internacional Privado alemão estabelece esta regra para o estado e a capacidade do alemão. Já o inglês, cuja legislação não adota a regra da nacionalidade, mas a do domicílio, não poderá ter aplicada à sua pessoa na França a lei de sua nacionalidade, pois que ela não admite a sua competência nesta hipótese. Os tribunais franceses não poderiam aplicar a lei inglesa *contra a vontade desta*.

Segundo autores alemães,[20] o Direito Internacional Público veda a um Estado atribuir ou negar competência à lei de outro Estado. Von Bar assim resumiu esta doutrina: "*Impor uma competência a quem não a deseja, não é tratá-lo como um igual, é reivindicar uma espécie de superioridade ou atribuir-se um direito supranacional; é agir como uma Corte superior que ordena a um tribunal inferior, que se declara incompetente, a decidir sobre o mérito da causa. Ora, como todos os Estados são iguais e devem se respeitar uns aos outros, não pode haver competência imposta*".

Esta doutrina é fortemente criticada, pois dela resultam duas situações sem solução: a lacuna e o acúmulo.

---

[18] Lei de Introdução, art. 7º, § 1º.
[19] Esta também é a teoria de Pacchioni, referida por W. S. C. Batalha, *Tratado Elementar de Direito Internacional Privado*, v. I, p. 267, segundo o qual todas as normas de DIP são bilaterais, embora frequentemente assim o sejam em parte legais e em parte jurisprudenciais.
[20] Von Bar e Schnell, seguidos na França por Niboyet; vide Pierre Mayer, *Droit International Privé*, p. 91; Martin Wolff, *Derecho Internacional Privado*, p. 92; e Wilson de Souza Campos Batalha, *Tratado Elementar de Direito Internacional Privado*, v. I, p. 270.

A *lacuna* se verifica quando nenhuma outra lei se considera competente na espécie, como no caso do inglês domiciliado na França.[21] E o *acúmulo* se verificará quando mais de uma lei estrangeira se considerar competente.

Loussouarn e Bourel imaginam a seguinte hipótese de *acúmulo*: uma francesa, casada com um belga, ambos domiciliados na Inglaterra, promove seu divórcio contra o marido na França, fundamentando a competência do Tribunal francês no art. 14 do Código de Napoleão que fixa a competência do Judiciário francês para questões que envolvam indivíduos desta nacionalidade. A lei francesa não se aplicará nem com base na alínea I do art. 310 do Código, pois não são franceses ambos os cônjuges, nem com fundamento na alínea II, pois não estão domiciliados em território francês, nem com apoio na alínea III, pois que ambas as outras leis envolvidas, a inglesa e a belga se consideram competentes, a inglesa por estarem os cônjuges domiciliados na Inglaterra, e a belga, por ser a nacionalidade do marido. Estamos diante da hipótese do acúmulo. Como poderá o Juiz francês escolher entre as duas leis estrangeiras?[22]

Antes da Lei de 1975, o Direito Internacional Privado do divórcio na França era regido pela regra unilateral da nacionalidade contida no art. 3º, alínea III, do Código de Napoleão, e em casos de cônjuges de nacionalidades diversas, a jurisprudência aplicava a lei do país do domicílio do casal, como conexão subsidiária.

Atualmente, dizem Loussouarn e Bourel, "*sem querer fazer o jogo de profetas*" se ocorrer a hipótese formulada, os tribunais aplicarão a lei inglesa, lei do domicílio do casal, e assim fazendo, dizem os autores, estarão ressuscitando indiretamente o bilateralismo.

Isto porque, sendo a lei francesa competente quando os dois cônjuges são domiciliados na França, aplicar a lei inglesa, por estarem os dois cônjuges domiciliados na Inglaterra, desprezando a lei belga, que se considera competente por força da nacionalidade do cônjuge varão, significa bilateralizar a norma unilateral do Direito Internacional Privado francês.[23]

A escola que defende o bilateralismo repudia o argumento da competência exclusiva do legislador estrangeiro de limitar a aplicação de sua lei, argumentando que aplicar a lei de determinado Estado não implica em atribuir-lhe competência, eis que a existência das suas regras é um fato no mundo jurídico que pode ser utilizado por tribunal de qualquer outro país. Outrossim, se a aplicabilidade de uma lei estivesse ligada à competência do Estado da qual emana, deveria ser vedado aos Estados fixarem a aplicabilidade de sua lei no exterior, pois também isto redundaria em se comportar como legislador supranacional.[24]

A tendência do DIP brasileiro é a de formular normas bilaterais. Não só o art. 8º da antiga Introdução e o art. 7º da atual Lei de Introdução, como a maioria das regras deste diploma legal estão estruturadas em forma bilateral. O art. 10, por exemplo, estabelece que "*a sucessão por morte ou por ausência obedece à lei do país em que era domiciliado o defunto ou o desaparecido, qualquer que seja a natureza e a situação dos bens*", e o art. 11 estabelece que "*as organizações destinadas a fins de interesse coletivo, como as sociedades e as fundações, obedecem à Lei do Estado em que se constituírem*". Ademais, em matéria de direito privado, as normas unilaterais são bilateralizadas.

---

[21] A lacuna poderia ser resolvida com a aceitação do reenvio – a regra do DIP inglês que determina a aplicação da lei do domicílio resultaria, se aceita pelo tribunal francês, na aplicação da lei francesa; vide o capítulo sobre o reenvio.

[22] Yvon Loussouarn e Pierre Bourel, *Droit International Privé*, 1978, p. 122-123.

[23] A rigor, este bilateralismo já era praticado pela jurisprudência francesa sobre o art. 3º, III, do Código, como muito bem focalizado por Kahn Freund, no texto anteriormente transcrito. Talvez por isto Loussouarn e Bourel falam em "ressuscitar".

[24] Pierre Mayer, *Droit International Privé*, p. 91.

Há normas unilaterais que não se prestam à bilateralização, quando de natureza eminentemente protetora como a ressalva do § 1.º à norma do *caput* do art. 10 da Lei de Introdução, que protege os herdeiros brasileiros, regra esta aprimorada no texto constitucional, art. 5º, XXXI, que dispõe:

> "A sucessão de bens de estrangeiros situados no Brasil será regulada pela lei brasileira em benefício do cônjuge ou dos filhos brasileiros, sempre que não lhes seja mais favorável a lei pessoal do *de cujus*".

Em matéria de divórcio tivemos de 1942 até 1977 no § 6º do art. 7º da Lei de Introdução a seguinte disposição:

> "Não será reconhecido no Brasil o divórcio se os cônjuges forem brasileiros. Se um deles o for, será reconhecido o divórcio quanto ao outro, que não poderá, entretanto, casar-se no Brasil".

Essa norma é de impossível bilateralização.

E, finalmente, as normas convencionais de natureza conflitual, são multilaterais por natureza, designando a lei do Estado mais ligado ao fato, numa ótica concentrada na hipótese jurídica, pertencendo, portanto, ao método multilateral e à categoria das normas bilaterais.

*Capítulo VIII*
# DIREITO UNIFORME, DIREITO INTERNACIONAL PRIVADO E DIREITO COMPARADO

## DIREITO UNIFORME

O Direito Internacional Privado trata basicamente das relações humanas vinculadas a sistemas jurídicos autônomos e divergentes, mas esta disciplina também há de considerar as hipóteses em que os direitos autônomos não divergem, mas, pelo contrário, coincidem em suas regras. Dá-se aí o fenômeno do Direito Uniforme.

O primeiro aspecto a ser analisado é o do Direito Uniforme espontâneo, que ocorre quando coincidem os direitos primários de dois ou mais ordenamentos, seja natural e casualmente,[1] seja porque têm a mesma origem, ou porque sofreram influências idênticas, ou, ainda, quando países adotam sistemas jurídicos clássicos total ou parcialmente, como o Japão, que seguiu a legislação civil alemã, a Turquia, que adotou o Código Civil e o Código de Obrigações suíços,[2] e o Brasil, que observou influências das legislações portuguesa, francesa, alemã e italiana na elaboração do seu Código Civil de 1916.

Em termos universais prevalece a diversidade dos sistemas jurídicos, diversidade esta que decorre da disparidade de condições climáticas, étnicas, físicas, geográficas, econômicas, sociais, religiosas e políticas, como explanado por Montesquieu.[3] Lembra Clovis Beviláqua[4] o dito de Aristóteles de que *"o direito não é como o fogo, que arde do mesmo modo na Pérsia e na Grécia"*.[5]

---

[1] Sobre o direito uniforme espontâneo escreve Vernon Palmer no Am. J. Comp. Law, 1992, p. 301: "... the substantial uniformity of the English and French rules could be best explained as parallel responses to common stimuli rather than borrowing, imposition or common inheritance between these systems". Montesquieu proclamava no *Espírito das Leis* que certos princípios são tão fortes e tão naturais que influenciaram quase todo o mundo, independentemente de qualquer comunicação. Não foram os romanos, acrescenta o grande pensador francês, que ensinaram aos habitantes de Formosa sobre a proibição de casamentos incestuosos, também não comunicaram estes sentimentos aos árabes ou aos habitantes das ilhas Maldivas. Uma observação ao barão Montesquieu: muito antes dos romanos, a vedação do incesto já estava formalizada no Velho Testamento.

[2] A Turquia é um caso especialmente interessante; os Códigos Civil e das Obrigações suíços foram virtualmente copiados; seu Código Comercial é basicamente inspirado na legislação alemã, mas foi cuidadosamente integrado no espírito suíço dos outros dois códigos. O Código Penal turco segue o modelo italiano, enquanto o Código de Processo Penal apresenta influência alemã e o Código de Processo Civil segue o modelo do código do cantão suíço de Neuchatel; o direito administrativo, substantivo e processual sofreu influência francesa. Em nosso continente, o Paraguai reproduziu o Código Civil da Argentina.

[3] Montesquieu, *O Espírito das Leis*, Livro I, cap. 3.

[4] Clóvis Beviláqua, *Princípios Elementares de Direito Internacional Privado*, 1938, p. 15, nota 1.

[5] Aristóteles, *A Ética de Nicômaco*, livro V, capítulo 7, em que o pensador grego diz: "... os fenômenos da natureza são imutáveis e têm a mesma força em toda parte (como o fogo queima aqui e na Pérsia)", acrescentando que as regras da Justiça são variáveis.

A diversidade é considerada natural e necessária. Natural, porque a legislação de cada Estado deve constituir o reflexo exato das circunstâncias especiais de cada povo, de acordo com o estado atual de sua cultura e o nível de sua civilização. E necessária, porque o direito positivo é influenciado pelo progresso, pela evolução da sociedade, e esta permanente variação contribui para a heterogeneidade das diferentes legislações.[6] Isso significa que sistemas jurídicos com a mesma origem, influenciados pela mesma fonte, vão se diversificando à medida que evoluem de acordo com as necessidades características de cada sociedade e as influências diferentes a que vão sendo submetidas.

## DIREITO UNIFORMIZADO

Enquanto o *Direito Uniforme espontâneo* é resultante da natural coincidência de legislações influenciadas pelos mesmos fatores, ou decorrente da iniciativa unilateral de um Estado de seguir as normas do direito positivo de outro, o *Direito Uniforme dirigido* resulta de esforço comum de dois ou mais Estados no sentido de uniformizar certas instituições jurídicas, geralmente por causa de sua natureza internacional. Seria tecnicamente mais apropriado denominar esta categoria *Direito Uniformizado*, para distingui-la do *Direito Uniforme* de caráter espontâneo. Mas a Doutrina mantém o mesmo termo para ambos os fenômenos.

## ENTUSIASMO PASSAGEIRO PELO DIREITO UNIFORME

Pasquale Mancini, famoso jusinternacionalista italiano, que criou importante escola de Direito Internacional Privado, liderou um entusiástico movimento em prol da adoção do Direito Uniforme, aliás Uniformizado, mediante a aprovação de tratados internacionais, e Ernst Zittelmann, uma das principais figuras do jusinternacionalismo alemão, advogou o "*weltrecht*", um direito mundial (Welt = mundo, Recht = direito).

No Brasil, João Monteiro[7] defendeu o Direito Uniforme com veemência, proclamando todo seu idealismo em palavras reproduzidas por Ilmar Penna Marinho.[8]

Discorrendo sobre o Direito Uniforme, Ilmar Penna Marinho esclarece sua natureza por meio de uma sutil distinção entre este fenômeno e o Direito Internacional Privado: "*ao contrário do Direito Internacional Privado, que é sempre superdireito porque só regula as linhas, as extremidades, no espaço, das leis, o direito uniforme sói ser um direito de leis e nunca um direito sobre leis...*".[9]

Em outras palavras, o Direito Uniforme (que, na distinção que fazemos, vem a ser o Direito Uniformizado) estabelece regras materiais, substanciais, diretas, que se aplicarão uniformemente aos litígios, às situações jurídicas que venham a ocorrer em jurisdições diversas, enquanto o Direito Internacional Privado é composto de regras indiretas, que apenas indicam

---

[6] Pasquale Fiore, *Le Droit International Privé*, 1890, p. 1-2.

[7] João Monteiro, *Universalização do Direito – Cosmópolis do Direito – Unidade do Direito*, apud Oscar Tenório, *Direito Internacional Privado*, 1976, v. I, p. 53, nota 57.

[8] Ilmar Penna Marinho, *Direito Comparado – Direito Internacional Privado – Direito Uniforme*, p. 366: "Uma língua para todos os povos, um direito para todas as sociedades. Eis o ideal: a humanidade confederada na harmonia inteligente da permuta universal de todas as manifestações da vida humana; o Kosmos na arte, que é a tradução sensível do espírito; o Kosmos na política, que deve ser o movimento lógico da compostura social; o Kosmos na ciência, que há de vir a ser o rigoroso fiel do equilíbrio humano; e finalmente o Kosmos na linguagem e no direito, que são as duas assonâncias sobre as quais correm seguros todos os fenômenos da natureza pensante".

[9] Ilmar Penna Marinho, *Direito Comparado – Direito Internacional Privado – Direito Uniforme*, p. 369.

qual direito substancial – dentre sistemas jurídicos contendo normas divergentes – haverá de ser aplicado. Aquele é direito, este, direito sobre direito.

Narra Clóvis Beviláqua que, tendo se fundado em Roma, em 1928, um Instituto Internacional para trabalhar no sentido da unificação do direito privado, e tendo o governo brasileiro recebido convite para manifestar-se a respeito, foi ele, Clóvis, incumbido de redigir parecer, tendo opinado pela "*possibilidade dessa unificação, atendendo aos diferentes modos empregados pelos povos para alcançar esse fim, muito embora a realização de tal objetivo ainda se conservasse muito distanciado no nosso tempo*".[10] O Instituto foi denominado UNIDROIT (*Unification Droit*) e continua trabalhando até os dias atuais para a unificação (uniformização) do Direito Privado, tendo elaborado vários projetos que se transformaram em importantes Convenções, aprovadas e em vigor em determinado número de países.

O entusiasmo pela uniformização que tomou conta de preeminentes juristas no fim do século XIX, e também no século XX, foi sendo amortecido pelo realismo com que se passou a reconhecer e proclamar sua inexequibilidade, tachado de utópico.[11]

Pacificou-se a doutrina, que reconhece hoje a impraticabilidade de direcionar em sentido uniforme as instituições de Direito Civil, dependentes em cada país de antecedentes, tradições, influências e necessidades diversas. Este fenômeno ou se dá espontaneamente, ou não se verifica. Mesmo que possível fosse uniformizar o Direito Civil, os tribunais nacionais de cada país chegariam a interpretações diversas, como, aliás, ocorre com frequência, no plano interno, em que vemos tribunais de um país interpretar a mesma lei de maneiras diversas, o que levou René Rodiére a falar na necessidade de se criar uma Corte Internacional de Justiça Civil, para uniformizar as jurisprudências nacionais.[12]

## A UNIFORMIZAÇÃO DO DIREITO ECONÔMICO

O mesmo não ocorre com o Direito Comercial e disciplinas afins (Industrial, Intelectual, Marítimo, Aeronáutico) no plano internacional, em que os interesses coincidem, tornando possível, e quiçá até necessária, a uniformização de certas instituições jurídicas.

Temos aí o Direito Uniforme dirigido, ou, mais corretamente, Direito Uniformizado (e mais especificamente Direito Internacional Uniformizado), fruto de entendimentos entre

---

[10] Clóvis Beviláqua, *Princípios Elementares de Direito Internacional Privado*, 1938, p. 16-7, nota 4. Vale observar que, em 1897, Clóvis Beviláqua publicou "Lições de Legislação Comparada sobre o Direito Privado". À p. 46 escreve o ilustre mestre pátrio, depois de citar João Monteiro: "Não penso com o ilustrado Dr. João Monteiro... Não, seria preciso que a língua e o direito fossem alguma coisa de substancialmente artificial para que tal transformação se operasse. Mas a língua e o direito obedecem a leis naturais, resultam de necessidades íntimas da vida social que, variando com os povos, hão de necessariamente refletir essas variações na tela jurídica como na tela linguística ... não eliminará jamais as energias produtoras dos povos, as quais não permitirão que se apague completamente o polimorfismo jurídico, a heterogeneidade legislativa, a divergência dos caracteres peculiares a cada legislação ... O direito, como disse Jhering, é conjunto das condições existenciais da sociedade, coativamente asseguradas pelo poder público. Ora se essas condições não são as mesmas para todos os povos, como a *prima facie* poder-se-á ver, é claro somos forçados a repetir com o ínclito jurista cujo nome acaba de ser invocado, que é tão possível um só remédio para todas as moléstias como um direito único para todos os povos".

[11] Vale transcrever trecho de A. F. Schnitzer, professor suíço que, em curso proferido na Academia de Direito Internacional da Haia, assim se pronunciou: "... dans un avenir lointain, peut-être utopique, le droit dans le monde, ou au moins les rapports internationaux seront réglés par une loi unifié. Ce sera alors l'heure où le droit international privé que nous enseignons aujourd'hui pourra et devra mourir en beauté". Recueil des Cours, v. 123 (1968-I), p. 633.

[12] René Rodière, *Introduction au Droit Comparé*, 1979, p. 130.

Estados relativos às suas atividades econômicas de natureza internacional. Aliás, este é outro aspecto que distingue o Direito Uniformizado do Direito Uniforme. Quando dois Estados, por terem sofrido influências idênticas, ou quando um segue o exemplo do outro, abrigam normas idênticas sobre alguma instituição de direito interno, teremos o Direito Uniforme. Ao Direito Uniformizado se recorre para reger instituições jurídicas que atuam, total ou parcialmente, no plano internacional, como a compra e venda, os títulos de crédito, os transportes, as comunicações, a propriedade industrial e intelectual e todas as atividades humanas naturalmente extraterritoriais.

Daí a série de convenções internacionais regendo a uniformização de regras sobre compra e venda internacional, transportes, correspondência postal, telegráfica, radiotelegráfica, propriedade industrial, propriedade intelectual, direito marítimo, direito aéreo, circulação rodoviária, direito cambiário,[13] direito monetário-cambial, direito de trabalho, comunicações eletrônicas e novas disciplinas que vão compondo o Direito Econômico Internacional. Assim, o Direito Econômico Internacional é o campo ideal, a matéria-prima do Direito Uniformizado.

## DIREITO UNIFORME E DIREITO INTERNACIONAL PRIVADO: TEORIAS DE ASSER E JITTA

Qual o papel do Direito Uniforme no estudo do Direito Internacional Privado? Há uma importante lição de Tobias Asser sobre a distinção entre o Direito Uniforme e o Direito Internacional Privado. Escreveu o jusinternacionalista holandês: "*Respeitamos a soberania e a autonomia dos Estados. Não aspiramos à unificação geral do Direito Privado. Ao contrário, é precisamente a diversidade das leis nacionais que faz sentir a necessidade de uma solução uniforme dos conflitos internacionais*".[14] Em outras palavras, o Direito Internacional Privado entra em ação quando não há Direito Uniforme, quando ocorre um conflito entre normas legais de sistemas jurídicos diversos. Cabe, então, ao DIP encontrar a solução. (Asser propugnava pela uniformização do DIP, que examinaremos adiante.)

Segundo esta colocação, o Direito Uniforme é a antítese do Direito Internacional Privado: onde há Direito Uniforme inexistem conflitos e, portanto, não há que recorrer-se ao Direito Internacional Privado. Este só é acionado quando, não havendo uniformidade, nem uniformização, ocorrem conflitos de leis. Duas ciências, ou dois métodos diferentes, que agem autônoma e independentemente. Também se poderia dizer que agem em sucessão: um na ausência do outro.

Em seu clássico "Método do Direito Internacional Privado" Josephus Jitta,[15] outro grande jusinternacionalista holandês, após sintetizar a escola de Asser como tendo atribuído ao Direito Uniforme o papel de guilhotina do Direito Internacional Privado, dele discorda nos seguintes termos: "*Nossa ciência deve ser considerada o Direito Privado da sociedade universal das pessoas, e, deste ponto de vista, o Direito Uniforme não é a negação de nossa ciência, mas, pelo contrário, uma das formas pelas quais pode manifestar-se*".

Para Jitta, a uniformidade (Direito Uniformizado) e a harmonização (Direito Internacional Privado) se completam. Quando a primeira for exequível, será utilizada, evitando conflito entre leis de jurisdições diversas, mas quando não for possível uniformizar, harmonizar-se-á

---

[13] Sobre as Convenções de Genebra relativas a títulos de crédito, vide capítulo III, seção "Liga das Nações e Nações Unidas".
[14] Vide Haroldo Valladão, *Direito Internacional Privado*, 1980, v. I, p. 25, e J. Jitta, nota seguinte, p. 250.
[15] J. Jitta, *Método de Derecho Internacional Privado*, p. 248 e ss.

o conflito por intermédio das regras do Direito Internacional Privado. Duas soluções que funcionam sucessivamente.

As posições de Asser e Jitta podem ser conciliadas se aceitarmos que quando falavam de "Direito Uniforme" os dois ilustres holandeses não se referiam ao mesmo fenômeno.

Asser, ao dizer que o Direito Internacional Privado não se ocupa com a unificação geral dos direitos privados, e que, ao contrário, era precisamente a diversidade das leis nacionais que fazia brotar a necessidade de uma solução dos conflitos internacionais, referia-se às regras de Direito Privado estritamente interno, como as normas do Direito Civil, que somente quando diversas de um Estado para outro, ocasionam o funcionamento do DIP, mas, quando uniformes, excluem-no.

Jitta, ao proclamar que o Direito Uniforme não é a negação do Direito Internacional Privado, mas, pelo contrário, uma das formas pelas quais ele se manifesta, referia-se à uniformização convencional de normas sobre relações jurídicas de caráter internacional, como o comércio internacional, que constitui outra solução dos conflitos, solução que antecede à das regras de opção pela lei aplicável dentre duas leis divergentes.

## SISTEMAS DE SOLUÇÃO DE CONFLITOS DE LEIS

Modernamente, o Direito Internacional Privado segue a orientação de Jitta, utilizando-se dos dois sistemas para resolver as relações jurídicas internacionais: o sistema que uniformiza as normas jurídicas dos Estados, anulando o conflito, e o sistema conflitual, que coordena e harmoniza ao escolher a lei aplicável entre as leis em conflito. O sistema harmonizador é aplicado quando não se consegue operacionalizar o sistema uniformizador. Assim, no campo das relações jurídicas internacionais, principalmente do comércio internacional, tentamos primeiramente uniformizar as normas disciplinadoras por meio de tratados e convenções, até onde isto seja aceitável para os países interessados. Em seguida, elaboramos fórmulas para solução dos conflitos, fórmulas que determinam as leis internas a serem aplicadas. É o sistema conflitual, *i.e.*, de solução dos conflitos, visando a harmonização.[16]

## DIREITO INTERNACIONAL PRIVADO UNIFORMIZADO

Na medida em que este Direito Internacional Privado conflitual é criado por fontes internas, como o Código Civil francês, a Lei de Introdução alemã, as Disposições sobre as Leis em Geral da Itália, a Lei de Introdução brasileira e as dezenas de modernas leis nacionais que regulam a solução dos conflitos de leis, indicando uma opção entre as normas divergentes de diversos ordenamentos – os conflitos de 1º grau (*v.g.*, Direito Civil de um Estado x Direito Civil de outro Estado) – fatalmente surgirão conflitos de 2º grau, ou seja, os conflitos entre as regras de solução dos conflitos (DIP de um Estado x DIP de outro Estado), consequência

---

[16] Leonel Pereznieto Castro, Posibilidades de Ratificación de las Convenciones de las Conferencias Especializadas Interamericanas sobre Derecho Internacional Privado I y II, desde una perspectiva latino-americana, *Anuario Jurídico Interamericano 1981*, p. 185, classifica em três os sistemas seguidos pelas diversas convenções da CIDIP: 1. o sistema da lei uniforme; 2. o tradicional sistema conflitual; e 3. o sistema misto que inclui tanto disposições uniformes como conflituais. Sobre a preferência a ser dada ao sistema uniformizador sobre o sistema harmonizador, escrevem Cyril Nourissat e Edouard Treppoz, "Quelques observations sur l'avant projet de proposition de règlement du Conseil sur la loi applicable aux obligations non contractuelles 'Rome II'", *Clunet*, 2003.14: "Dans ce contexte, l'opportunité de la méthode conflictuelle a, de longue date, pu être discutée et a conduit, parfois, à privilégier l'élaboration de conventions internationales uniformisant les règles matérielles pertinentes".

natural do caráter interno do Direito Internacional Privado (que analisamos ao tratar da sua denominação), agravando as dificuldades, pois que soluções adotadas em um foro, por indicação de suas regras de DIP, não serão aceitas em outra jurisdição, quando esta dispuser de regras conflituais diferentes. Yvon Loussouarn sintetiza com felicidade os problemas que advêm da criação de um Direito Internacional Privado interno por cada legislador:

> "Do caráter nacional e particularista das regras do conflito de leis resulta que o mesmo caso corre o risco de ser submetido a uma legislação diferente, dependendo do tribunal em que for julgado, alemão, inglês ou francês, o que frequentemente conduz a uma batalha preliminar sobre a competência judicial, cada uma das partes procurando atrair o litígio para aquela jurisdição cuja regra conflitual designe a lei que lhe é mais favorável".[17]

Esta categoria de conflitos pode ser solucionada pela uniformização das regras de solução de conflitos, ou seja, pelo Direito Internacional Privado Uniformizado, idealizado por Mancini e Asser, matéria que constituiu o tema central da primeira sessão do Instituto de Direito Internacional, realizada em 1874, em Genebra, cuja ordem do dia rezava o seguinte: *"Da utilidade de tornar obrigatórias para todos os Estados, sob forma de um ou vários tratados internacionais, um certo número de regras gerais de Direito Internacional Privado, para assegurar a solução uniforme dos conflitos entre as diferentes legislações civis e criminais".*[18]

Dentre as conclusões gerais do Instituto destaca-se a seguinte:

> "O Instituto reconhece a evidente utilidade e até a necessidade, em certas matérias, de tratados, por meio dos quais os Estados civilizados adotem, de comum acordo, regras obrigatórias e uniformes de direito internacional privado, de acordo com as quais as autoridades públicas e especialmente os tribunais dos Estados contratantes, decidirão as questões concernentes às pessoas, aos bens, aos atos, às sucessões, aos procedimentos e julgamentos estrangeiros".[19]

E diferenciando nitidamente o Direito Uniforme (i.e., Uniformizado) do Direito Internacional Privado Uniformizado concluía o Instituto mais adiante com a seguinte declaração:

> "Estes tratados não deverão impor aos Estados contratantes a uniformidade completa de seus códigos e de suas leis; não o poderiam fazer sem atravancar o progresso da civilização. Mas, sem tocar a independência legislativa, estes tratados deveriam determinar qual dentre as legislações que estejam em conflito, será aplicável às diferentes relações de direito...".[20]

Uma ilustração do objetivo do direito internacional privado convencional é encontrada na Convenção de Roma de 1980, sobre a lei aplicável às obrigações contratuais, cujo art. 25 se refere à "unificação (*i.e.*, uniformização) alcançada por esta Convenção".

---

[17] Yvon Loussouarn, Le Rôle de la Méthode Comparative en Droit International Privé Français, *Revue*, 1979.319.

[18] L'Institut de Droit International, Tableau Général des Travaux, 1873-1913, p. 1. Essa programação do Instituto derivou de um ensaio escrito por Pasquale Mancini, nos exatos mesmos termos, que diziam no original: "Utilità di rendere obbligatorie per tutti gli ati sotto la forma de uno o più trattati internazionali alcune regole generali del diritto internazionale privato per assicurare la decisione uniforme tra le differenti legislazioni civili e criminali", como se lê em Pasquale Stanislao Mancini, "Direito Internacional (Diritto Internazionale. Prelezioni)", p. 12, nota 3.

[19] L'Institut de Droit International, Tableau Général des Travaux, 1873-1913, p. 1.

[20] L'Institut de Droit International, Tableau Général des Travaux, 1873-1913, p. 2.

## OS QUATRO FATORES RESUMIDOS

Temos então, resumidamente, os seguintes fatores:

1. *Direito Uniforme* – Instituições ou normas de caráter interno, que espontaneamente recebem o mesmo tratamento pelas leis de dois ou mais sistemas jurídicos; em certos casos, esta uniformidade resultará de coordenação internacional, que deve ser compreendida como Direito Uniformizado. Não ocorrem conflitos.

2. *Direito Internacional Uniformizado* – Atividades de caráter internacional, objeto de convenções internacionais que uniformizam as regras jurídicas disciplinadoras da matéria por meio de leis uniformes. Também não ocorrem conflitos.[21]

3. *Direito Internacional Privado* – Não ocorrendo os fatores acima, verificam-se conflitos de 1º grau nas situações e relações humanas conectadas com sistemas jurídicos autônomos e divergentes: o DIP de cada país determina a aplicação de uma dentre as leis em conflito, escolhida por um sistema de opções (regras de conexão). Este fator corresponde ao método conflitual.

4. *Direito Internacional Privado Uniformizado* – Para evitar conflitos entre as regras do DIP de dois ou mais sistemas – conflitos de 2º grau – criam-se convenções internacionais que estabelecem regras de conexão aceitas pelos Estados-Partes, uniformizando as suas regras de Direito Internacional Privado.[22]

Na inexistência dos fatores nos 1 ou 2, ocorrem os conflitos de 1º grau e os sistemas jurídicos recorrem ao fator nº 3.

Para evitar que este acarrete conflitos de 2º grau, procura-se produzir o fator nº 4.

Modernamente, estes fatores colaboram entre si, complementando-se. Isto é ilustrado pela evolução das fórmulas adotadas por leis uniformes relativas à compra e venda internacional. A primeira convenção produziu a Lei Uniforme sobre a venda de bens móveis corpóreos, aprovada na Haia em 1º de julho de 1964, que dizia em seu art. 2º que "*as regras de Direito Internacional Privado são excluídas pela aplicação da presente lei, ressalvados os casos em que esta disponha de forma diversa*". Já a Convenção das Nações Unidas sobre Contratos de Compra e Venda Internacional de Mercadorias, aprovada em Viena, em 1980, dispõe em seu art. 7º, alínea II, que "*questões relativas a assuntos regidos por esta Convenção que não tenham sido expressamente solucionadas pela mesma, deverão ser solucionadas de acordo com os princípios gerais em que a Convenção se baseia, ou, na ausência de tais princípios, de acordo com a lei aplicável por força das regras de direito internacional privado*".

Na primeira Convenção entendeu-se que a uniformização convencional das regras sobre compra e venda internacional exclui o método conflitual. Já a segunda ilustra o moderno

---

[21] As convenções de Genebra sobre cheques e sobre notas promissórias de 1930 e de 1931, que estudamos no capítulo III, constituem direito uniformizado e direito internacional uniformizado, pois, primeiramente, fixam normas sobre os títulos de crédito a serem aplicados por todos os países convencionados – Direito Uniformizado – e, em seguida, criam normas de escolha da lei aplicável para as hipóteses em que remanesçam diversidades – Direito Internacional Privado Uniformizado. Também é exemplo de Direito Internacional Uniformizado, a Convenção das Nações Unidas sobre Contratos de Compra e Venda Internacional de Mercadorias, promulgada pelo Decreto nº 8.327, de 16 de outubro de 2014.

[22] O Estatuto da Conferência de Direito Internacional Privado da Haia, que estudamos no capítulo III, estabelece como seu objetivo trabalhar pela uniformização progressiva das regras de Direito Internacional Privado.

Direito Internacional Privado em que os dois métodos operam em colaboração, o conflitual suprindo as falhas eventuais do uniformizador.[23]

## DIREITO COMPARADO

Em todos os ramos da ciência jurídica o Direito Comparado desempenha função de apoio, mas no Direito Uniforme, no Direito Internacional Uniformizado, no Direito Internacional Privado interno e no Direito Internacional Privado Uniformizado assume posição de especial destaque.

O Direito Comparado é a ciência (ou o método) que estuda, por meio de contraste, dois ou mais sistemas jurídicos, analisando suas normas positivas, suas fontes, sua história e os variados fatores sociais e políticos que as influenciam.

Por meio deste estudo comparativo, deparam-se as convergências e as divergências, descobrem-se semelhanças onde se poderia pensar haver conflitos e outras vezes diagnosticam-se diversidades onde se pensava haver uniformidade; também se apontam as origens das convergências e as razões das divergências e pesquisam-se possibilidades de aplainar estas em favor daquelas.

Deste estudo resulta uma visão mais clara do direito próprio de cada Estado, pois não há melhor chave para a compreensão do que fixar com nitidez as distinções entre os sistemas, com base em análise de profundidade. Como dizia um jurista britânico, "*o conhecimento do direito francês ajuda o advogado inglês a ser um melhor profissional*".[24] A história do direito alimenta a cultura jurídica no plano temporal, e o comparativismo, no plano espacial.[25]

Também se recorre ao Direito Comparado para reformar a legislação, seguindo exemplos de outros sistemas na solução por eles encontrada para determinados problemas sociais, reformas estas que resultam no Direito Uniforme espontâneo.

Dizia Esmein em 1900: "*... compara-se para melhor compreender. Deseja-se encontrar e utilizar as descobertas felizes que o gênio de outras raças civilizadas introduziu no domínio do direito*".[26]

Em outro plano, assevera Henri Lévy Ullmann que o Direito Comparado deve "*levar os povos a se compreender, para conduzi-los em seguida a melhor se entender*".[27]

René David expôs a mesma ideia, dizendo que o estudo das instituições legais dos outros povos é um meio de conhecê-los e de melhorar o relacionamento com eles, evitando mal-entendidos e estados de tensão internacional.[28]

John Henry Merryman assinala igualmente a função política do Direito Comparado:

"Uma das razões de dissensão entre as nações e os povos é a ignorância recíproca; os comparatistas têm sustentado de há muito que sua disciplina conduz à diluição do paroquialismo

---

[23] Sobre a pluralidade de métodos no Direito Internacional Privado, vide *Revue*, 1984.222, 228, resenha de PH. Francescakis ao livro de René David sobre a arbitragem no comércio internacional.
[24] Vide H. A. Schwarz Liebermann Von Wahlendorf, *Droit Comparé* – Théorie Générale et Principes, p. 20, invocando F. H. Lawson: "One can be a very much better English lawyer for knowing some French law". Atente-se que o estudo de regras estrangeiras *per se* não constitui direito comparado, mas o exame de normas de outros sistemas gera um processo mental comparatista.
[25] Vide Yvon Loussouarn, Le Rôle de la Méthode Comparative en Droit International Privé Français. *Revue*, 1979.306.
[26] Vide René Rodiére, *Introduction au Droit Comparé*, 1979, p. 52.
[27] Vide Schwarz Liebermann, *Droit Comparé* – Théorie Générale et Principes, p. 17.
[28] René David, *Traité Élémentaire de Droit Civil Comparé*, p. 39.

e dos estreitos nacionalismos, e assim, a mais compreensão e cooperação internacionais. Esta visão, que em parte é responsável pelo grande desenvolvimento do ensino do direito comparado nos Estados Unidos após a Segunda Guerra Mundial, é obviamente válida; sua validade é demonstrada pelo trabalho dos comparatistas que têm levado à harmonização de certas áreas do direito relativas ao comércio internacional".[29-30]

Entre nós, San Tiago Dantas combinou os aspectos filosófico e político do Direito Comparado, assim dizendo:

"O estudo do Direito Comparado é por isso, no meu entender, o primeiro instrumento de preparação cultural para a unidade jurídica, e sendo esta a reivindicação por excelência do humanismo, não hesito em afirmar que a criação de centros de documentação e pesquisa comparativa, bem como o ensino do Direito Comparado, constitui um alvo primordial a que tende a cultura jurídica humanista, em tudo empenhada em vencer a clausura nacionalista em que vive desde o advento das codificações".[31]

Sinteticamente, e como o definiram Arminjon, Nolde e Wolff, o Direito Comparado compara e aproxima as regras e as instituições de diversos sistemas jurídicos vigentes no mundo, constituindo uma disciplina auxiliar, essencialmente com uma utilidade dupla: uma, explicativa e educativa, a outra, reformativa.[32]

Para Schwarz Liebermann Von Wahlendorff, o Direito Comparado, juntamente com a história do direito e a filosofia do direito, às quais está intrinsecamente ligado, formam os "pilares da ciência do direito".[33]

Os estudiosos especulam se o Direito Comparado é um ramo autônomo e independente da árvore jurídica, ou se consiste tão somente em um método aplicado aos vários ramos do direito.

Entre nós, a questão foi estudada por Caio Mário da Silva Pereira, que conclui que "*o direito comparado existe a se. Vive vida própria e não consiste apenas na aplicação de um método. É autônomo. Forma um ramo da ciência jurídica*".[34]

Mesmo admitindo o Direito Comparado como ramo autônomo, há que se advertir que ele não contém um direito positivo, não formula normas jurídicas, que seu objeto se limita a comparar os sistemas jurídicos, seus institutos, suas normas, sua doutrina, sua jurisprudência, sua filosofia, os fenômenos sociais de toda natureza que motivam e inspiram estas

---

[29] John Henry Merryman e David S. Clark, *Comparative Law*: Western European and Latin American Legal Systems – Cases and Materials, 1978, p. 23.

[30] No entanto, o paroquialismo domina o direito americano, que se isolou do resto do mundo jurídico, como tem sido constatado na literatura do Direito Comparado, inclusive em obras de comparatistas norte-americanos. Vide meu trabalho "Os Estados Unidos perante o direito internacional. A decadência jurídica de uma grande nação", in *Novas Perspectivas do Direito Internacional Contemporâneo – Estudos em Homenagem ao Professor Celso D. de Albuquerque Mello*, p. 83-134. Todavia, vem se notando nos últimos anos uma nova tendência entre alguns membros da Suprema Corte americana no sentido de invocar decisões de outros tribunais e da Corte das Comunidades Europeias (União Europeia), por enquanto tão somente para efeito de ilustração.

[31] Santiago Dantas, *Humanismo e Direito*, in *Palavras de um Professor*, p. 138.

[32] Pierre Arminjon, Baron Boris Nolde e Martin Wolff, *Traité de Droit Comparé*, t. I, 1950, p. 10 e ss.

[33] Schwarz Liebermann Von Wahlendorf, *Droit Comparé – Théorie Générale et Principes*, p. 27.

[34] Caio Mário da Silva Pereira, Direito Comparado, Ciência Autônoma, *Revista Forense*, v. CXLVI, p. 24; vide também Paulo Dourado de Gusmão, Direito Comparado, sua Realidade e suas Utopias, *Revista Forense*, v. 152, p. 17.

manifestações e que, eventualmente, ocasionarão sua evolução e sua mudança. Em suma, é um domínio científico ou metodológico, não normativo.

Outros preferem considerar o Direito Comparado como um método.[35]

O termo utilizado pelos alemães, acrescenta o professor americano, é mais rigoroso e apropriado: "*Rechtsvergleichung*", comparação de direitos.

A constatação de Direito Uniforme espontâneo, a apuração de conflitos entre dois sistemas jurídicos, a criação de Direito Uniforme dirigido, ou seja, de Direito Uniformizado, a harmonização de conflitos pela opção de uma entre as leis conectadas – solução do Direito Internacional Privado – e a formulação de convenções estabelecendo Direito Internacional Privado Uniformizado, todas dependerão de detido exame comparativo entre os sistemas jurídicos envolvidos, exame este que é realizado pela ciência ou pelo método denominado Direito Comparado.[36]

Em outras palavras, a verificação se há uniformidade ou conflito entre regras de dois sistemas cabe ao Direito Comparado, e, uma vez constatado um conflito, a uniformização das legislações conflitantes ou a harmonização que indica qual dentre os sistemas deva ser aplicado são soluções que dependem da orientação do Direito Comparado. E, finalmente, os conflitos que ocorrem entre dois sistemas de Direito Internacional Privado igualmente requerem a colaboração do Direito Comparado, para eventual uniformização das regras do DIP.

Em suma, tanto o Direito Uniforme como o Direito Uniformizado, bem assim o Direito Internacional Privado e o DIP Uniformizado, dependem de permanente auxílio do Direito Comparado. O jusinternacionalista privado terá necessariamente que ser um comparatista.[37]

O comparativismo existe há milênios. Em Roma já se comparava o *ius civile* com o *ius peregrinum*. Platão e Aristóteles comparavam as constituições e leis das cidades gregas com as de outros povos, mas, como ciência, assim denominada, o Direito Comparado nasceu em meados do século XIX e recebeu grande impulso com o Congresso Internacional de Direito

---

[35] Veja-se como Rudolf B. Schlesinger introduz a disciplina: "Diversamente da maioria das disciplinas no currículo das faculdades de Direito, o Direito Comparado não é um corpo de regras e princípios. Ele é, primordialmente, *um método*, uma maneira de olhar para os problemas jurídicos, para as instituições jurídicas. Pelo uso deste método, torna-se possível fazer observações, atingir compreensão mais profunda, o que não é possível para quem se limita a estudar o direito de um país apenas. Nem o método comparativo nem o discernimento que se alcança por seu intermédio podem ser considerados um corpo de regras obrigatórias, i.e., de 'direito' no sentido em que nos referimos ao 'direito' da responsabilidade civil ou ao 'direito' sucessório. Portanto, estritamente considerado, a denominação 'direito comparado' é uma designação incorreta. Seria mais apropriado falar-se em 'Comparação de Direitos e de Sistemas Jurídicos' (o termo 'comparação' tanto pode se referir ao processo ou método de comparar, como ao discernimento que se obtém por este processo). No entanto, por força da tradição o termo Direito Comparado foi aceito como o título de nossa disciplina". Rudolf B. Schlesinger, Hans W. Baade, Mirjan R. Damaska e Peter E. Herzog, *Comparative Law, Cases – Texts – Materials*, 1988, p. 1.

[36] Essa colaboração não é universalmente bem compreendida: vide Bénédicte Fauvarque-Cosson, Comparative Law and Conflict of Laws: Allies or Enemies? New Perspectives on an Old Couple, *American Journal of Comparative Law*, 2001.407. Mathias Reimann publicou longo estudo sobre a relação entre as duas disciplinas – "Comparative Law and Private International Law" in "Oxford Handbook of Comparative Law" de Mathias Reimann e Reinhard Zimmermann, p. 1.365 e ss., no qual também aborda o "antagonismo" do direito comparado com o direito internacional privado.

[37] Yvon Loussouarn, Le Rôle de la Méthode Comparative en Droit International Privé Français. *Revue*, 1979, p. 310 e ss., trata do "Droit International Privé Comparé". Vide também ementa sob este título na Encyclopédie Dalloz – Droit International. Wilhelm Wengler, "The General Principles of Private International Law", Recueil des Cours, v. CIV, 1961-III, p. 365-366, observa que, visando um "mínimo de decisões judiciais conflitantes", cada país terá que examinar com que países seus nacionais se relacionam mais e como estes países elaborarem suas regras conflituais.

Comparado realizado em Paris nos primeiros quatro dias de 1900;[38] de lá para os dias de hoje, vem tendo um desenvolvimento cada vez mais intenso, havendo muitas associações internacionais e revistas especializadas dedicadas ao estudo e à pesquisa do Direito Comparado, destacando-se a Academia Internacional de Direito Comparado, que realiza um congresso internacional de quatro em quatro anos.[39]

Na elaboração do Direito Internacional Uniformizado (Fator 2) e do Direito Internacional Privado Uniformizado (Fator 4) recorrem ao comparatismo jurídico todos os órgãos internacionais que trabalham em prol de uniformização ou harmonização, como a Conferência de Direito Internacional Privado da Haia, o UNIDROIT, e os órgãos especializados das Nações Unidas, principalmente a UNCITRAL – Comissão das Nações Unidas para o Direito do Comércio Internacional.

Estas entidades preparam minuciosos questionários dirigidos aos países-membros sobre a matéria que se objetiva regular por meio de uma convenção internacional. As respostas indicam as possibilidades de se conseguir concessões suficientes para formular um projeto de convenção aceitável a todos ou a parte considerável dos países participantes.

Não só o legislador interno e o legislador internacional, como também o Juiz terá, às vezes, de se dedicar ao estudo comparado das legislações, principalmente quando, em cumprimento ao Direito Internacional Privado do foro, tenha de aplicar direito estrangeiro.

Dispõe o art. 14 da Lei de Introdução que, *"não conhecendo a lei estrangeira, poderá o Juiz exigir de quem a invoca prova do texto e da vigência"*, e o *Código de Processo Civil de 1973, art. 337, determinava que "a parte que alegar direito municipal, estadual, estrangeiro ou consuetudinário, provar-lhe-á o teor e a vigência, se assim o determinar o Juiz"*. O Código de Processo Civil reproduz a regra no art. 376.

Como veremos no capítulo sobre a aplicação do direito estrangeiro, em última análise o Juiz brasileiro é o responsável pela boa e correta aplicação de sistema jurídico diverso do nosso quando assim determinar o nosso Direito Internacional Privado.

E, finalmente, os árbitros frequentemente se basearão em estudos comparativos, eis que lhes é facultado combinar diferentes legislações para pinçar das mesmas as melhores disposições para solução do litígio.[40]

---

[38] Vide René David, *Traité Élémentaire de Droit Civil Comparé*, 1950, p. 1.
[39] O 17º Congresso da Academia Internacional de Direito Comparado foi realizado em 2006 em Utrecht, Países Baixos, o 18º Congresso em Washington, D.C. no mês de julho de 2010 e o 19º em Viena, Áustria, e o 20º será realizado em Fukuoka, Japão.
[40] Yvon Loussouarn, Le Rôle de la Méthode Comparative en Droit International Privé Français. *Revue*, 1979, p. 338-339.

*Capítulo IX*
# DIREITO INTERTEMPORAL E CONFLITO DE LEIS

## SOBREDIREITOS E CONFLITOS BIDIMENSIONAIS

Acima das normas jurídicas materiais destinadas à solução dos conflitos de interesses sobrepõem-se as regras que compõem o chamado *sobredireito*, que determinam qual a norma competente na hipótese de serem potencialmente aplicáveis duas normas diferentes à mesma situação jurídica.

Essa opção entre duas normas pode ocorrer com relação ao fator tempo ou ao fator espaço (ou sistema).

Na primeira hipótese temos a dúvida entre aplicar a lei antiga ou a lei nova (conflito intertemporal), e na segunda, entre a lei do foro ou a lei estranha (conflito interespacial), ou então uma dentre duas leis em vigor no mesmo espaço, mas emanadas de sistemas jurídicos diversos (conflito interpessoal).

A primeira é regida pelo Direito Transitório, também denominado Direito Intertemporal, e a segunda, pelo Direito Internacional Privado. Ressalte-se o paralelismo entre estas duas *legum leges* – lei sobre as leis – pois ambas optam entre leis autônomas e diferentes.

A este propósito veremos oportunamente como a teoria dos direitos adquiridos em Direito Internacional Privado se inspira na teoria que, sob a mesma denominação, constitui princípio central do Direito Intertemporal.

Situações especiais se verificam em que ocorre superposição de um conflito sobre outro. Há três hipóteses: conflito temporal de regras de conexão, conflito espacial de normas temporais e conflito no tempo do elemento de conexão utilizado para determinar a lei aplicável (conflito móvel). Vejamo-las.

## DIREITO INTERTEMPORAL INTERNACIONAL

O conflito temporal de normas de DIP se dá em consequência de alteração na legislação interna relativa a conflitos de leis interespaciais ou interpessoais. Na França, até 1804, vigia a regra conflitual do direito do domicílio, segundo a qual as pessoas eram regidas quanto à sua capacidade pela lei do local onde estivessem domiciliadas. Esta norma foi alterada com o advento do Código de Napoleão, que determinou fosse aplicada às pessoas a lei do país de sua nacionalidade.[1] O mesmo ocorreu na Alemanha com a entrada em vigor do Código Civil, que, igualmente, substituiu a regra domiciliar pela lei da nacionalidade.[2]

---

[1] Código Civil francês, art. 3º, par. 3º; em 1975, a França introduziu o domicílio como regra de conexão suplementar em matéria de divórcio.
[2] Lei de Introdução ao Código Civil alemão, art. 7º.

No Brasil ocorreu o inverso com a promulgação do Decreto-lei nº 4.657, de 4 de setembro de 1942 – a Lei de Introdução –, que firmou a regra domiciliar, substituindo a regra da nacionalidade estabelecida pela Introdução ao Código Civil, de 1916.[3]

Estes conflitos são solucionados pelo Direito Intertemporal Internacional, ou seja, o direito que rege os conflitos temporais das regras do Direito Internacional Privado.

Alguns escritores do início do século XX pretenderam que, sendo o Direito Internacional Privado um direito público, suas regras deviam ter aplicação imediata, sem consideração a situações jurídicas já consolidadas.[4] Prevaleceu, contudo, a orientação de que sobre a transitoriedade das normas de Direito Internacional Privado devem incidir as mesmas regras que norteiam os conflitos temporais das normas jurídicas em geral, regendo-se o sobredireito espacial com observância das regras do sobredireito temporal.

O Direito Intertemporal Internacional segue, assim, orientação idêntica ao Direito Intertemporal interno. Consequentemente, as situações jurídicas consolidadas, os direitos adquiridos sob a égide de uma determinada orientação do direito internacional privado, permanecem válidas e eficazes mesmo depois que passa a viger um diferente sistema de solução de conflitos espaciais e pessoais.

Esta tem sido a orientação da doutrina brasileira, como se vê em Haroldo Valladão[5] e em Oscar Tenório.[6]

O Instituto do Direito Internacional, em sua sessão de Dijon, 1981, aprovou Resolução segundo a qual:

"O efeito no tempo da modificação de uma regra de Direito Internacional Privado é determinado pelo sistema ao qual referida regra pertence".[7-8]

Por outro lado, assim como no direito interno, as regras novas passam a aplicar-se imediatamente (onde não haja direito adquirido com base no direito anterior) também na hipótese de uma regra nova de direito internacional privado, a mesma passa a ter efeito imediato.

Há, contudo, quem questione esta equiparação das regras conflituais às regras de direito interno. Pierre Mayer observa que aquelas não têm a mesma natureza destas. As normas de direito interno são substanciais e sofrem alteração para adaptar o direito à evolução dos fatos (de natureza econômica, técnica, psicológica etc.). Já as regras conflituais, de caráter indireto, são abstratas, indiferentes ao conteúdo do direito que mandam aplicar. As regras sobre o conflito de leis são adotadas visando a objetivos próprios (por exemplo, de melhor atender as previsões das partes), o que deveria levar à sobrevivência da regra anterior.[9-10]

---

[3]   Ver no capítulo X a evolução do DIP brasileiro em matéria de lei aplicável ao estatuto pessoal.
[4]   V. Henri Batiffol e Paul Lagarde, *Droit International Privé*, I, 1983, p. 368.
[5]   Haroldo Valladão, *Direito Internacional Privado*, 1980, v. I, p. 246, e no curso que proferiu na Academia de Direito Internacional da Haia em 1971, sob o título "Développement et Intégration du droit international privé, notamment dans les rapports de famille", Recueil des Cours, v. 133 (1971), p. 476 e ss.
[6]   Oscar Tenório, *Direito Internacional Privado*, I, 1976, p. 57.
[7]   *Revue*, 1981.814, 815.
[8]   Nesse sentido, decisão do Tribunal de Grande Instance de Paris de 24 de outubro de 1977, em Clunet, 1979.100 e decisão da Cour d'appel de Rouen, de 21 de fevereiro de 1980, em *Revue*, 1981.666.
[9]   Pierre Mayer, *Droit International Privé*, 1977, p. 197 e ss.
[10]  Vide em *Revue*, 1977.335, decisão do Tribunal de *Grande Instance* de Paris que julgou, em 1977, uma ação entre cônjuges brasileiros, desquitados no Brasil, em que o cônjuge mulher requereu à Corte francesa a conversão do desquite em divórcio, com fundamento na nova regra do DIP francês sobre aplicação da lei domiciliar, eis que ambos ex-cônjuges estavam domiciliados na França. O Tribunal decidiu, com

## DIREITO INTERNACIONAL INTERTEMPORAL

O outro fenômeno – conflito espacial de normas temporais – ocorre quando a regra de DIP do foro indica a aplicação de determinado direito estrangeiro e neste vamos encontrar uma alteração temporal no direito interno, isto é, uma lei antiga modificada por lei mais recente, vigorando regra de Direito Transitório, que manda atender à lei nova sobre fato ocorrido na vigência da lei anterior. Como proceder? Aceitar o direito estrangeiro como um todo, inclusive sua regra retroativa, ou aplicar o direito estrangeiro material anterior, em respeito à regra do Direito Intertemporal do foro que determina a aplicação da norma vigente à época da ocorrência do fato?

A resposta da doutrina é de que deverá ser respeitada a regra de Direito Intertemporal do sistema jurídico declarado competente, ou seja, o Direito Transitório interno do Estado estrangeiro. Como dizem Loussouarn e Bourel, o Direito Intertemporal é uma questão interna, devendo-se entender que a opção do DIP por um determinado sistema jurídico tem efeitos amplos, incluindo-se nela o direito transitório do sistema jurídico indicado.[11]

O direito estrangeiro tem de ser aplicado na sua "plenitude", diz Oscar Tenório,[12] ou na sua "integridade", como recomenda Haroldo Valladão.[13]

Na já referida reunião do Instituto de Direito Internacional, foi deliberado que:

"O efeito temporal de uma mudança no direito aplicável é determinado por este direito".[14]

Todavia, há uma hipótese em que esta regra será de difícil sustentação – quando o Direito Intertemporal estrangeiro não respeitar direitos adquiridos, que se constituam no foro em princípio fundamental. Como aplicar uma regra nova do direito estrangeiro que, em conflito com regra anterior, não respeita direito adquirido sob a égide desta?

A doutrina, tanto a estrangeira[15] como a brasileira,[16] ressalva que a aplicação integral do direito estrangeiro, inclusive suas regras de Direito Intertemporal, sofre restrição sempre que contiver norma que seja chocante à ordem pública do foro, como na hipótese em que não respeita os direitos adquiridos que, no sistema jurídico brasileiro, são protegidos por regra constitucional desde a Carta de 1946, atualmente contida no art. 5º, XXXVI, da Carta de 1988.

A Corte de Cassação francesa, em caso de filiação regido, por determinação da regra de conexão francesa, pela legislação alemã, que sofreu alteração no tempo, decidiu: "*em cas de*

---

fundamento no art. 307, alínea 2, do Código Civil francês, que como a separação de corpos (equivalência francesa a nosso antigo desquite) fora requerida por ambos os cônjuges, a conversão também deveria ser pedida por ambos. Em seu comentário a esta decisão, Hélène Gaudemet Tallon (*Revue*, 1977, p. 337, 341) pondera que o Tribunal francês poderia ter rejeitado a aplicação da nova regra do seu DIP (lei domiciliar) e mantido a norma anterior que determinava a aplicação da lei da nacionalidade das partes, com base na opinião de Pierre Mayer sobre a manutenção da regra conflitual original.

11   Yvon Loussouarn e Pierre Bourel, *Droit International Privé*, 1978, p. 298-299.
12   Oscar Tenório, *Direito Internacional Privado*, I, 1976, p. 58.
13   Haroldo Valladão, *Direito Internacional Privado*, 1980, v. I, p. 248.
14   Vide Clunet, 1980.951, sentença arbitral da Câmara de Comércio Internacional de 1979, que seguiu esta regra, observando: "il est classique qu'en matière de conflits de lois, le champ d'application dans le temps de la loi compétente est determiné conformément au droit transitoire de cette loi".
15   Henri Batiffol e Paul Lagarde, *Droit International Privé*, I, 1983, p. 391, e Pierre Mayer, *Droit International Privé*, 1977, p. 199.
16   Haroldo Valladão, *Direito Internacional Privado*, 1980, v. I, e Oscar Tenório, *Direito Internacional Privado*, I, 1976, Wilson de Souza Campos Batalha, *Tratado Elementar de Direito Internacional Privado*, 1961, v. I, p. 110.

*modification ultérieure de la loi étrangère désignée, c'est à cette loi qu'il appartient de résoudre les conflits dans le temps*.[17]

## JURISPRUDÊNCIA FRANCESA (DIREITO INTERTEMPORAL INTERNACIONAL)

Um casal de espanhóis, domiciliado na França, cujo Código Civil determina a aplicação da lei da nacionalidade para questões de família, não podendo divorciar-se na França, por força da lei espanhola então vigente, obteve, em 1971, separação judicial em Corte francesa. Advindo em 1975 a Lei 617, que reformou a legislação francesa sobre o divórcio, admitindo a conexão domiciliar em hipótese de conflito de leis, o marido requereu a conversão da separação em divórcio, deferida em 1ª instância, mas negada pela Corte de Apelação de Rouen, que qualificou a questão como de Direito Intertemporal Internacional, ou seja, de conflito temporal de regras de Direito Internacional Privado, que deveria ser solucionado de acordo com as regras do Direito Intertemporal da lei interna.[18]

No plano interno, a Lei de 1975 dispôs em seu art. 24, I, que, sempre que a ação de separação de corpos tiver sido requerida antes da sua vigência, aplicar-se-lhe-á a lei antiga, já tendo a Corte de Cassação decidido que o mesmo deve ocorrer para a conversão da separação em divórcio, ou seja, se a separação foi requerida antes da lei nova, tanto este pedido de separação como a sua futura conversão em divórcio continuarão regidos pela lei antiga.

Este critério de Direito Intertemporal interno se estende ao Direito Intertemporal Internacional, razão pela qual o Tribunal de Rouen deu provimento à apelação do cônjuge mulher, reformando a sentença da instância inferior. Na espécie, segundo o Tribunal de Rouen, havia de se aplicar a regra antiga do DIP, que determinava a competência da lei nacional, a espanhola, que não admitia o divórcio.

O mesmo se dá no Brasil para as situações jurídicas consolidadas no regime da lei introdutória de 1916, que continuam regidas pelas regras então vigentes. Assim, por exemplo, casamentos entre estrangeiros, domiciliados no Brasil, que foram celebrados antes de 1942, obedecem até hoje ao princípio da nacionalidade, aplicando-se-lhes o regime de bens determinado por sua lei nacional.

Critério idêntico se aplica em matéria de reenvio.[19] Até 1942 o reenvio da lei de outra jurisdição para a lei do foro era aceita, o que foi expressamente vedado pela Lei de Introdução, art. 16. Certas situações constituídas anteriormente ao novo regime de direito internacional privado brasileiro mas julgadas na vigência deste, aceitaram o reenvio da lei estrangeira para a lei nacional, por força do que ocorria à época da constituição da situação ou relação em causa.

## JURISPRUDÊNCIA BRASILEIRA (DIREITO INTERNACIONAL INTERTEMPORAL)

Um casal de alemães contraiu núpcias em 1943 no país de sua nacionalidade, onde eram domiciliados. O Código Civil alemão previa a separação de bens quando da extinção

---

[17] Caso Lappert, 03.03.1987.
[18] *Revue*, 1981, p. 666 e ss.
[19] Reenvio é estudado no capítulo XIV, consistindo no conflito seguinte: direito internacional do país A manda aplicar lei do país B, enquanto o direito internacional privado do país B manda aplicar lei do país A. Que faz o juiz do país A?: aplica a lei interna do país aceita o reenvio que este país faz à sua lei e aplica-a. Em outras palavras aceita ou não aceita o reenvio.

da sociedade conjugal. Em 1957, foi promulgada uma lei sobre a igualdade do homem e da mulher, que, dentre outras regras, dispôs que o regime comum é o da comunhão de aquestos, determinando, inclusive, que o novo regime fosse aplicado aos matrimônios celebrados anteriormente.

O Tribunal de Justiça do Rio de Janeiro, julgando causa movida por sobrevivente do casal contra o espólio do cônjuge falecido, aplicou o novo direito alemão sobre regime de bens, aceitando sua retroatividade a casamento contraído antes da nova lei.[20]

Assim, o Tribunal aplicou a lei alemã, conforme determinado pelo art. 7º, § 4º, da Lei de Introdução brasileira, que remete a matéria de regime de bens à lei do domicílio dos nubentes, e, havendo conflito temporal da lei material estrangeira, seguiu a regra do Direito Intertemporal alemão, que ordena a aplicação da lei nova também aos casamentos celebrados anteriormente.

Essa decisão obedeceu integralmente ao direito estrangeiro, inclusive no ponto em que o mesmo determina a retroatividade da lei relativa ao regime de bens, o que não ocorre no Brasil, tanto que a Lei nº 6.515/1977, que introduziu o divórcio no Brasil e substituiu o regime da comunhão universal pelo da comunhão parcial, só é aplicada aos matrimônios celebrados a partir da vigência da lei nova.[21]

## CONFLITOS MÓVEIS

Uma terceira hipótese que envolve a análise do fator tempo na procura da lei aplicável a uma relação com elementos de estraneidade é a que trata da mudança do elemento de conexão, denominada pela doutrina francesa de "conflito móvel". A situação envolve situação na qual não há alteração na regra de conexão, mas sim no elemento de conexão utilizado. Exemplifica-se. Na França, a capacidade para celebrar um contrato é regida pela lei da nacionalidade (Código Civil francês, art. 3º). Imagine-se que um indivíduo celebre um contrato e, posteriormente, mude de nacionalidade, ou seja, tinha a nacionalidade do país A à época da conclusão do contrato e atualmente possui a nacionalidade do país B. Qual nacionalidade se deve levar em conta?

Há duas soluções possíveis. A primeira alternativa enseja a aplicação das regras sobre conflitos de leis no tempo do direito do foro. Ou seja, um contrato será regido pela lei aplicável no momento da sua celebração sem que a lei posterior possa ser empregada para modificar os seus efeitos.

A segunda alternativa envolve a análise ou interpretação da regra de conexão que está sendo aplicada. Há algumas que já indicam qual o elemento a ser considerado (por exemplo, a Convenção de Roma sobre a Lei Aplicável às Obrigações Contratuais, de 1980, determina

---

[20] *Revista de Jurisprudência do Tribunal de Justiça do Estado do Rio de Janeiro*, v. XLIII 43, p. 100.

[21] Na França, em o *Caso Lamet*, um Tribunal decidiu que a legislação polonesa continuava a reger as relações matrimoniais dos cônjuges em litígio perante a Corte francesa, inclusive suas regras transitórias. Assim, a ordem do legislador estrangeiro devia ser seguida mesmo quando ordena a retroatividade da lei nova. Vide *Revue*, 1954.810, e Clunet, 1955.142. Pierre Mayer, *Droit International Privé*, 1977, p. 200, ao referir-se a esta decisão, diz: "Todavia, se a retroatividade for chocante, poderá ser rejeitada pela exceção de ordem pública, aplicando-se então a norma antiga".
Em matéria de filiação, a Corte de Cassação francesa decidiu que a lei alemã – lei da nacionalidade da mãe – deverá ser seguida integralmente, inclusive quanto à questão do conflito entre a lei anterior – que inadmitia a investigação de paternidade e vigia à época do nascimento – e a lei nova de 1969, que passou a admitir esta investigação. *Revue*, 1988.695. Também em matéria de divórcio, a Corte de Cassação francesa, estabeleceu em recente julgamento: "En cas de modification de la loi étrangère, c'est à cette loi qu'il appartient de résoudre les conflits dans le temps". *Revue*, 2009, p. 59.

a aplicação da lei do Estado da residência habitual do devedor da prestação característica do contrato no momento da conclusão do contrato). Se a norma não traz a resposta quanto ao momento que se deve considerar o elemento de conexão, deve-se buscar a lógica da norma e, consequentemente, a determinação do momento no qual se considera o elemento indicado. Por exemplo, a lei aplicável ao divórcio é a lei do domicílio do casal. Caso tenha havido mudança no domicílio conjugal, questiona-se qual deles que se deve levar em consideração? O atual ou o do momento da celebração do casamento? A aplicação do domicílio atual seguiria a lógica de ajudar na integração do casal no seu atual ambiente sociocultural, o que pode parecer mais indicado para alguns.[22] Por outro lado, para os efeitos patrimoniais decorrentes do casamento, o domicílio que se deve levar em consideração deve ser aquele existente no momento da aquisição do patrimônio, pois atenderia a legítima expectativa dos cônjuges e respeitaria os direitos adquiridos e ato jurídico perfeito.

A jurisprudência francesa não tem posição uniforme sobre o assunto; há poucas decisões que enfrentaram a questão e, por conta das especificidades de cada caso, não há critérios claros. Um dos casos mais relevantes decididos sobre o tema foi o caso Patiño, que envolveu quase todos os grandes temas de DIP (ordem pública, lei aplicável, conflitos móveis, direitos adquiridos, homologação de sentença estrangeira, qualificação, entre outros). A Corte de Cassação proferiu decisão sobre os conflitos móveis ("*a sanção decorrente da inobservância das condições de capacidades necessárias à validade de um contrato de casamento permanece de toda maneira submetida à lei sob o império da qual o contrato foi concluído*") que até hoje envolve discussão sobre o seu alcance por parte da doutrina. Em casos mais recentes, a Corte de Cassação deu prevalência à última lei (lei mais nova). Todavia, os casos eram específicos, não sendo possível extrair uma regra geral.[23]

---

[22] Sandrine Clavel, *Droit International Privé*, 2012, p. 53.
[23] Sandrine Clavel, *Droit International Privé*, 2012, p. 54.

*Capítulo X*
# REGRAS DE CONEXÃO – LEI DETERMINADORA DO ESTATUTO PESSOAL

## REGRAS DE CONEXÃO

As regras de conexão são as normas estatuídas pelo DIP que indicam o direito aplicável às diversas situações jurídicas conectadas a mais de um sistema legal.

O DIP cuida primeiramente de classificar a situação ou relação jurídica dentre um rol de qualificações, *i.e.*, de categorias jurídicas; em seguida, localiza a sede jurídica desta situação ou relação e, finalmente, cuida da aplicação do direito vigente nesta sede.

O primeiro momento é a caracterização da questão jurídica, que pode versar o estado ou a capacidade da pessoa, a situação de um bem, um ato ou fato jurídico.

Cada uma destas categorias tem a sua sede jurídica, que deve, em um segundo momento, ser localizada: o estado e a capacidade da pessoa se localizam no país de sua nacionalidade, de seu domicílio, ou de sua residência, a coisa se localiza no país em que estiver situada e o ato jurídico de natureza obrigacional, no local onde tiver sido constituído ou onde deva ser cumprido.

Uma vez localizada esta sede jurídica, por força do *elemento de conexão*, indica-se em seguida a aplicação do direito vigente neste local, o que constitui a *regra de conexão* do direito internacional privado. A conexão vem a ser a ligação, o contato, entre uma situação da vida e a norma que vai regê-la.

Temos, pois, classificação (ou qualificação), localização e determinação do direito aplicável.

O processo de classificação que leva ao elemento de conexão toma em consideração um de três diferentes aspectos: o sujeito, o objeto ou o ato jurídico.

Quando se trata de decidir por qual direito será regido o estatuto pessoal e a capacidade do sujeito, a localização da sede da relação jurídica se fará em função do titular da mesma – o sujeito do direito. É o que determina o art. 7º da Lei de Introdução, de que a pessoa é regida pela lei do país em que for domiciliada.

No tratamento do estatuto real, há de se localizar a sede jurídica por meio da situação do objeto, como determinado no art. 8º da referida lei, ao dispor que para qualificar e regular as relações concernentes aos bens, aplica-se a lei do país em que estiverem situados.

E no que diz respeito à localização dos atos jurídicos, sua sede se define ou pelo local da constituição da obrigação, ou pelo local da sua execução, sendo que nossa lei, em seu art. 9º, dispõe que, para qualificar e reger as obrigações, aplica-se a lei do país em que se constituírem.

Esta classificação tripartite que tem sua origem nas escolas estatutárias é mantida até hoje pela doutrina francesa, que divide as regras em três categorias: a) o estatuto pessoal regido pela lei nacional; b) o estatuto real regido pela lei da situação do bem; c) os fatos e atos jurídicos submetidos à lei do local de sua ocorrência ou à lei escolhida pelas partes, escolha expressa ou tácita.[1]

O Brasil segue a mesma classificação, diferindo apenas quanto à conexão para o estatuto pessoal que entre nós é regido pela lei do domicílio e não da nacionalidade, como na França.

Várias teorias foram criadas para fundamentar o processo conectivo das diversas regras estabelecidas pelos legisladores. Dentre elas se destaca a denominada "centro de gravidade" de uma relação jurídica, que representa o local com o qual ela está mais intimamente ligada. Outra teoria, encontrada no *Restatement Second* – a consolidação norte-americana das regras de *conflict of laws* –, reflete a mesma ideia com a expressão "o mais significativo relacionamento" (*the most significant relationship*), teorias estas que adquiriram características genéricas de princípios, mais amplos e mais flexíveis do que as regras de conexão estabelecidas nos códigos e nas leis de direito internacional privado, dando mais liberdade de escolha ao aplicador da lei. Os princípios serão versados no Capítulo XI.

Classicamente, as regras conflituais se limitavam a uma só conexão, mas atualmente temos regras contendo múltiplas conexões, em que são indicados, sucessivamente, diversos pontos de contato da matéria, determinada a aplicação subsidiária das leis vigentes nos sistemas jurídicos correspondentes a estas variadas conexões.[2]

A lei suíça, visando minorar o aparente mecanicismo das regras de conexão, dispõe em seu art. 15 que o direito por ela designado, deixará, excepcionalmente, de ser aplicado, quando, de acordo com o conjunto de circunstâncias, fique manifesto que a causa tem uma ligação muito fraca com este direito, apresentando uma relação muito mais forte com outro direito.[3] É a manifestação do princípio do "centro de gravidade". Modernamente, este tipo de ressalva tem sido denominado "cláusula de escape".[4]

Haroldo Valladão apresenta uma classificação objetiva das regras de conexão classificando-as em reais, pessoais e institucionais. As reais são todas aquelas que encerram um elemento espacial: situação da coisa, lugar do ato ou do fato, lugar da origem ou do nascimento, do domicílio ou da residência habitual; são pessoais a nacionalidade, via *ius sanguinis*, a religião, a raça, a tribo, a vontade expressa ou tácita; e são institucionais o pavilhão ou a matrícula do navio ou da aeronave e o foro.[5]

## AS REGRAS DE CONEXÃO

*Lex patriae* – Lei da nacionalidade da pessoa física, pela qual se rege seu estatuto pessoal, sua capacidade, segundo determinadas legislações, como as da Europa Ocidental;

---

[1] Henri Batiffol e Paul Lagarde, *Droit International Privé*, 1993, t. I, n. 276, 280 e 284, p. 324 e ss.
[2] Essa sucessividade de conexões aparece nas modernas leis de Direito Internacional Privado, como no EGBGB, art. 14, lei suíça, art. 61, lei italiana, art. 31, e lei japonesa, art. 14. Vide Apêndice I, Projeto de Lei nº 4.905, de 1995, art. 8º, *caput*, §§ 5º e 6º.
[3] Vide François Knoepfler e Philippe, Schweizer, La nouvelle loi fédérale suisse sur le droit international privé (partie générale), *Revue* 1988.207, 226-8.
[4] Vide comentário de Kurt Nadelmann sobre este dispositivo da lei suíça, quando ainda em sua fase de projeto-lei, em Am. J. of Comp. Law, 1985, p. 297. A Academia Internacional de Direito Comparado publicou um livro contendo ensaios sobre estas cláusulas de exceção relativos a diversos países, organizado por Kokkini-Iatridou, com relação ao qual assim escreveu Horatia Muir Watt, na *Revue*, 1995.631: "Aujourd'hui, semble-t-il, la règle de conflit méthodologiquement correcte est celle qui doute de sa propre aptitude à réaliser dans tous les cas le principe de proximité".
[5] Haroldo Valladão, *Direito Internacional Privado*, 1980, v. I, p. 265-266.

*Lex domicilii* – Lei do domicílio que rege o estatuto, a capacidade da pessoa física em legislações de outros países, como a maioria dos países americanos;

*Lex loci actus* – Lei do local da realização do ato jurídico para reger sua substância;

*Locus regit actum* – Lei do local da realização do ato jurídico para reger suas formalidades;

*Lex loci contractus* – A lei do local onde o contrato foi firmado para reger sua interpretação e seu cumprimento; ou, para a segunda finalidade, a

*Lex loci solutionis* – A lei do local onde as obrigações, ou a obrigação principal do contrato, deve ser cumprida; ou ainda,

*Lex voluntatis* – A lei escolhida pelos contratantes;

*Lex loci delicti* – A lei do lugar onde o ato ilícito foi cometido, que rege a obrigação de indenizar; ou

*Lex damni* – A lei do lugar onde se manifestaram as consequências do ato ilícito, para reger a obrigação referida no item anterior;

*Lex rei sitae* ou *Lex situs* – A coisa é regida pela lei do local onde está situada;

*Mobilia sequuntur personam* – Certos bens móveis são regidos, segundo algumas legislações, pela lei do local onde seu proprietário está domiciliado;

*Lex loci celebrationis* – O casamento é regido, no que tange às suas formalidades, pela lei do local de sua celebração;

"*The proper law of the contract*" – No sistema do DIP britânico, esta regra indica o sistema jurídico com o qual o contrato tem mais íntima e real conexão;

*Lex monetae* – A lei do país em cuja moeda a dívida ou outra obrigação legal é expressa;

*Lex loci executionis* – A lei da jurisdição em que se efetua a execução forçada de uma obrigação, via de regra se confundindo com a *lex fori*; em direito trabalhista, o local onde o contrato é executado pelo contratado;

*Lex fori* – A lei do foro no qual se trava a demanda judicial.

Fala-se em *lex causae*, em sentido genérico, como referência à lei determinada por uma das várias regras de conexão, geralmente em contraposição à *lex fori*. Portanto, todas as regras de conexão aqui enunciadas (excetuada a *lex fori*) podem ser consideradas *lex causae*.

*Lei mais favorável* – Modernamente resolvem-se certas dúvidas sobre a lei a ser aplicada pelo critério da lei mais benéfica, como, por exemplo, a lei que melhor protege a criança nas relações familiares (*favor infans*), a lei mais vantajosa para o empregado nas relações trabalhistas, a lei que considera válidos o ato, o contrato, a constituição da sociedade (*favor negotii*) ou o casamento (*favor matrimonii*), a lei que protege a pessoa que sofreu danos (*favor laesi*) e muitas outras situações que se resolvem no mesmo espírito.[6]

É importante não confundir tais regras com as regras de competência que orientam o direito processual internacional, de que são exemplos:

*Forum rei sitae* – Competência do foro em que se situa a coisa;

*Forum obligationis* – Competência do foro do local onde a obrigação deva ser cumprida;

*Forum delicti* – Competência do foro em que ocorreu o delito;

*Forum damni* – Competência do foro onde a vítima sofreu o prejuízo.

*Actor sequitur forum rei* – Competência do foro em que o réu foi localizado.

A maioria destas regras serão estudadas no Capítulo XI.

---

[6] Vide Haroldo Valladão, *O Princípio da Lei mais Favorável no DIP*, Septimo Curso de Derecho Internacional Organizado por El Comite Juridico Interamericano, p. 522 e ss.

## O ESTATUTO PESSOAL

"*Statutum non ligat nisi subditos*" – os estatutos (leis) só regem os súditos – princípio derivado de glosas do início do século XIII, ilustrado pela famosa hipótese de bolonhês de passagem em Módena, que não devia ser julgado de acordo com as leis desta localidade, por não ser cidadão da mesma.

Essa regra negativa foi paulatinamente convertida em regra positiva, no sentido de que as pessoas são regidas pelo direito do local de que são súditos. No século XIV Bártolo consagrou-a na distinção entre as regras *quod disponit circa personam* das regras *quod disponit circa rem*; as primeiras são as normas jurídicas que visam as pessoas, aplicando-se-lhes onde quer que se encontrem, com efeito extraterritorial, e as segundas são regras territoriais, eis que só se aplicam às coisas situadas no território de cuja soberania emanam.

O estatuto pessoal *lato sensu* engloba o estado da pessoa e sua capacidade. O estado da pessoa, segundo autores franceses, é definido como "*o conjunto de atributos constitutivos de sua individualidade jurídica*".[7] Isso abrange todos os acontecimentos juridicamente relevantes que marcam a vida de uma pessoa, começando pelo nascimento e aquisição da personalidade, questões atinentes à filiação, legítima ou ilegítima, ao nome, ao relacionamento com os pais, ao casamento, aos deveres conjugais, ao poder familiar, à separação, ao divórcio e à morte.

E a capacidade é a aptidão da pessoa individual para exercer os direitos, particularmente os direitos privados, e para contrair obrigações. O legislador civil brasileiro de 1916, no art. 8º da Introdução ao Código Civil se referiu à "*capacidade civil, direitos de família, relações pessoais dos cônjuges e o regime de bens no casamento*", e na Lei de Introdução de 1942, art. 7º, referiu-se a "*regras sobre o começo e o fim da personalidade, o nome, a capacidade e os direitos de família*", tendo ambos dispositivos sido interpretados como exemplificativos, *i.e.*, não exclusivos de outros itens que possam estar inseridos no estatuto civil. Sobre os direitos da personalidade, direito à vida, ao corpo, à liberdade, à honra, à imagem, entende Valladão[8] que os mesmos dependem da lei brasileira, *i.e.*, da *lex fori*, não se submetendo à lei do estatuto pessoal.[9]

Para reger o estatuto pessoal, recorre-se, em cada país, ao sistema jurídico indicado por seu DIP, e, em certos casos, também às normas estabelecidas pelo direito convencional. Os principais critérios para a disciplina jurídica do estatuto pessoal são o da nacionalidade e o do domicílio da pessoa.

Mas, antes, vejamos um outro sistema, que adota o critério da territorialidade.

## TERRITORIALIDADE

É o regime de Direito Internacional Privado que determina para o estatuto pessoal a aplicação irrestrita da lei local, lei do foro, sem tomar em consideração a nacionalidade, o domicílio ou a residência da pessoa.

Vigeu no Direito Internacional Privado mexicano, por determinação do art. 12 do Código Civil de 1926, que entrou em vigor em 1932, e que assim dispunha: "*as leis mexicanas, inclusive as referentes ao estado e à capacidade das pessoas, se aplicam a todos habitantes da República, sejam nacionais ou estrangeiros, estejam domiciliados nela ou estejam em trânsito*".

---

[7] F. Surville e F. Arthuys, *Cours Élémentaire de Droit International Privé*, 1910, p. 193.
[8] Haroldo Valladão, *Direito Internacional Privado*, 1980, v. II, p. 12-13.
[9] Em seu projeto de Lei Geral, Valladão, art. 21, propõe que "a personalidade, bem como o seu início e extinção regem-se segundo a lei brasileira", e no art. 23 a mesma regra aparece em relação ao nome, com o que pretende substituir o critério domiciliar pelo da territorialidade, o que não se justifica.

A reforma do Código Civil (e do Código de Processo Civil) de 1987 substituiu esta regra pela contida no novo art. 13, alínea 2, que dispõe *"o estado e a capacidade das pessoas físicas são regidos pelo direito do local de seu domicílio"*.

Chile, Colômbia, Equador e São Salvador também já adotaram o princípio da territorialidade, como veremos mais adiante.

A (ex-)União Soviética adotava o regime da territorialidade: *"Na URSS aplica-se estritamente o princípio da territorialidade, ou seja, a lei soviética aos estrangeiros, mesmo quando se trata de seu estado e sua capacidade"*.[10]

Stephen Szászy relata que a capacidade dos estrangeiros no território da União Soviética, bem como a dos soviéticos no exterior, era regida de acordo com o direito soviético, diversamente do que ocorria nos demais países da Europa Oriental em que estes aspectos eram decididos pela lei da nacionalidade.[11] A Rússia promulgou em 1964 um novo Código Civil[12] no qual nada encontramos que pudesse indicar qualquer alteração no critério exposto pelos autores aqui referidos. Já com as reformas políticas e econômicas ocorridas na Rússia e nos demais países que compunham a União Soviética, processou-se uma fundamental reformulação em seu Direito Privado. Em 1991, foi promulgada na Rússia a Lei sobre os Princípios da Legislação Civil, que contém uma seção dedicada à *"capacidade dos estrangeiros e das pessoas jurídicas estrangeiras, aplicação das leis civis dos Estados estrangeiros e das convenções internacionais"*. A capacidade de exercício do estrangeiro é submetida à lei de sua nacionalidade, com exceções para a lei do domicílio e também para a lei territorial.[13] Em 1995, foi promulgado o código de família, que contém várias regras sobre conflito de leis.[14] Os países que constituíam a União Soviética, associados na *"Comunidade dos Estados Independentes"*, aprovaram uma Convenção em 1993 contendo dispositivos de Direito Internacional Privado.[15]

## NACIONALIDADE

Os autores franceses entendem que a regra que manda reger o estatuto pessoal pela lei da nacionalidade advém do *Ancien Droit*, que seguia a norma de que o estatuto só rege os súditos.[16] Observe-se que naqueles tempos os conflitos eram essencialmente interprovinciais, aplicando-se o regime do domicílio de origem (e não a noção que se adota atualmente para o domicílio), o que, traduzido para termos atuais, significa reger a pessoa pela lei de sua nacionalidade, ante a independência política das províncias.

Enumeram-se as vantagens de reger o estatuto pela lei da nacionalidade como sendo as seguintes:

"1. A lei nacional é mais *adequada*, eis que as legislações refletem os costumes e as tradições nacionais, de maneira que é conveniente manter as pessoas sob a égide da lei de seu país nacional, mesmo quando vivem alhures.

---

[10] S. Tchirkovith, em sua resenha bibliográfica sobre *Medjunarodno privatno Pravo, Revue*, 1954.174.
[11] Stephen Szászy, Private International Law in the Socialistic Countries, *Recueil des Cours* 111: 248, 1964. Ver também M. Boguslavski e A. Rubanov, *Situación Jurídica de los Extranjeros en la URSS*, 1961, p. 60 e ss.
[12] *Le Code Civil de la République de Russie* (1964) traduzido por René Dekkers.
[13] Art. 160 e seus incisos.
[14] Arts. 156 a 167.
[15] *Revue*, 1997.139 e ss.
[16] Vide Pierre Mayer, *Droit International Privé*, p. 362.

O grande defensor do princípio da nacionalidade para reger o estatuto pessoal foi Pasquale Mancini, que, em sua famosa aula inaugural na Universidade de Turim nos anos 1851 e 1852, expôs sua tese 'Della nazionalità comme fundamento del diritto delle gente'. Sua veemente defesa do princípio da nacionalidade era parte integrante da luta que empreendeu pela unificação da Itália.

Este argumento é contestado, eis que a pessoa que emigra para outro país paulatinamente abandona a mentalidade prevalecente em sua pátria e vai se adaptando aos costumes e hábitos da terra que o acolheu.

Diversa a situação na hipótese do europeu, que se domicilia, por exemplo, no Irã ou na China, pois ele não se adapta aos costumes muçulmanos ou chineses, sendo certo que sofreria se tivesse que submeter sua vida e a de sua família às leis daqueles países. Ilustração clássica encontramos no direito inglês que, ao determinar a aplicação da lei do domicílio, refere-se ao domicílio de origem, decorrendo desta conceituação que a família inglesa, mesmo vivendo em caráter definitivo na Índia ou na África, não abandona efetivamente seu domicílio de origem, pelo que continua regida pela 'common law'. Nos séculos do colonialismo inglês esta situação perdurava por gerações de ingleses vivendo ininterruptamente no exterior.

2. O argumento da *estabilidade*, eis que a nacionalidade é um componente mais estável do que o domicílio, que se muda e troca com muito mais facilidade e frequência do que a nacionalidade. Esta garante um direito permanente para o estatuto pessoal, menos sujeito a eventuais mudanças que visem fraudar a lei.

3. O argumento da *certeza*, segundo o qual é mais fácil determinar a nacionalidade de uma pessoa do que seu domicílio, na medida em que este depende de um fator intencional, que pode se transformar em fonte de imprevisibilidade para os terceiros e de dificuldades para os tribunais".

## DOMICÍLIO

Os defensores do domicílio como critério determinador da lei que deve reger o estatuto pessoal[17] enunciam as suas vantagens, destacando-se cinco razões:

"1. A lei do domicílio corresponde ao interesse do imigrante, pois conhece melhor a legislação do país onde vive e trabalha do que a de sua pátria, e não deseja ser discriminado por outras regras jurídicas dentro da sociedade na qual se integrou.

2. Os interesses dos terceiros que contratam e convivem com o imigrante são mais bem protegidos aplicando-se-lhe a lei local, eis que a lei da nacionalidade do estrangeiro lhes é desconhecida, podendo levá-los a contratar com um incapaz sem disto se conscientizar.[18]

3. O interesse do Estado é assimilar todos os estrangeiros que vivem em seu meio em caráter definitivo, e a aplicação da lei domiciliar facilita sobremaneira esta adaptação e integração na cultura, na mentalidade, enfim na vida do país.[19]

---

[17] Sobre a questão nacionalidade x domicílio, vide o curso de Max Gutzwiller, Le Développement Historique du Droit International Privé, *Recueil des Cours* 29:344 e ss., 1929.

[18] Antiga jurisprudência francesa decidiu, *Acórdão Lizardi*, que se um nacional de boa-fé acreditou que seu cocontratante, estrangeiro, era capaz, poderá pleitear a validade do contrato, mesmo se depois se descobre que o estrangeiro, pela lei de sua nacionalidade, não tinha capacidade jurídica.

[19] Autores franceses, entre os quais Lerebours Pigeonnière, sustentam que a determinação do Estado em manter seus nacionais que emigram ligados à lei pátria é uma questão mais de caráter sentimental do que de natureza realista.

4. Como o estatuto pessoal abrange o direito de família e considerando o número cada vez maior de casamentos entre pessoas de nacionalidades diversas, a submissão ao direito da nacionalidade ocasiona conflitos de leis no seio da família, com cônjuges regidos por leis diversas, o mesmo ocorrendo entre pais e filhos, mormente nos países onde a nacionalidade originária é determinada pelo *ius soli*; já a regência do estatuto pessoal, e suas implicações nas relações familiares, pela lei do domicílio, simplifica sobremaneira as situações jurídicas que se formam no âmbito conjugal, paternal, filial e parental.

5. Considerando que a competência jurisdicional é, via de regra, determinada pelo domicílio, conforme o adágio '*actor sequitur forum rei*', a aplicação do sistema jurídico domiciliar proporciona a coincidência da competência jurisdicional com a competência legal, ou seja, o juiz julgará de acordo com sua própria lei, sempre mais bem conhecida do que a lei estrangeira".

Do ponto de vista prático, a regência da vida das pessoas pela lei da sua nacionalidade tem sido criticada como prejudicial ao próprio interessado, pois que, ante o desconhecimento de sua lei pelas autoridades judiciais do país onde vive, acabará sendo atendido pelos tribunais de forma mais lenta, em um processo mais custoso, sendo-lhe estendida menos justiça do que se a causa fosse julgada pela lei do local onde vive.[20]

Filosoficamente, há uma razão de grande peso a favor da lei domiciliar exposta por Werner Goldschmidt,[21] para quem a nacionalidade como meio técnico de constituir a população política de um Estado é um conceito estranho à esfera do Direito Internacional Privado. Efetivamente, diz o mestre de Buenos Aires, o DIP é o instrumento pelo qual a sociedade internacional defende sua unidade contra o fracionamento que é ocasionado pela multiplicidade dos Estados, e esta multiplicidade é edificada justamente sobre o princípio da nacionalidade.

Por meio da nacionalidade, prossegue Goldschmidt, um Estado determina seu povo, conservando-a e, podendo, aumentando-a. Já o ponto de conexão do DIP, ao contrário, tem por objeto colocar cada situação sob a égide do direito do país ao qual pertence. E isto se operacionaliza por meio do local do domicílio e não da nacionalidade. Em outras palavras, a nacionalidade visa o povo na sua composição total – uma perspectiva coletiva – enquanto que as regras do direito internacional privado versam hipóteses relativas a pessoas individuais – questões específicas.

Este raciocínio decorre da filosofia savigniana do Direito Internacional Privado, erigida sobre a teoria da "comunidade jurídica entre as nações", que resultou na noção da "sociedade internacional", segundo a qual nas relações internacionais de caráter privado deve-se olhar acima do divisor das nacionalidades e descortinar o universalismo imanente nas relações jurídicas humanas que extravasam os limites do território de um país.

Antes que se alcance o universalismo no plano político, haver-se-á de consolidá-lo no plano econômico, e isto só será possível se o plano jurídico preparar o caminho pela superação dos nacionalismos.

O princípio da territorialidade, que manda aplicar invariavelmente a *lex fori*, inclusive para os estrangeiros de passagem pelo país, representa o desprezo a quase oitocentos anos de evolução do Direito Internacional Privado, que nos ensina que a Justiça de cada país há de reconhecer, conhecer e aplicar normas jurídicas estrangeiras quando a pessoa, a coisa ou o ato jurídico tiverem maior ligação com o direito estrangeiro do que com o sistema jurídico do foro.

---

[20] Vide Friedrich K. Juenger, American and European Conflicts Law, *The American Journal of Comparative Law* 30:130, 1982.
[21] Werner Goldschmidt, *Derecho Internacional Privado, Derecho de la Tolerancia*, 1974, p. 179-180, e em *Droit International Privé Latino-Americain*, publicado no número do centenário do *Clunet*, 1973.85.

Já no outro extremo, o princípio da nacionalidade, que determina a invariável aplicação da lei pátria às pessoas, mesmo quando domiciliadas e integradas em outra sociedade, representa a manutenção da filosofia da época dos bárbaros (*la race émigre, la loi la suit*), recusando o conceito de que toda relação humana deve ser submetida ao sistema jurídico de que lhe é mais próximo e adequado, e que a sociedade internacional requer que os princípios de justiça se sobreponham aos eventuais interesses nacionais na medida em que as relações humanas se internacionalizam e se universalizam.

As duas teorias opostas – territorialidade e nacionalidade – não mais se coadunam com as realidades da hodierna vida internacional. O princípio domiciliar é o meio-termo mais adequado às exigências do *comércio internacional*, na sua acepção mais ampla que abrange todas as relações humanas extraterritoriais.

Disse um conceituado internacionalista latino-americano: "*la teoría del domicilio cobra cada día mayor fuerza tanto en América como en Europa. Es sin duda, la doctrina del porvenir, de um porvenir inmediato y pensamos que no pasarán muchos años sin que la unidad jurídica del continente americano se realice en torno de esta doctrina*".[22]

Existe, contudo, a teoria de que as pessoas de determinada nacionalidade que, vivendo em outro país, mantêm sua nacionalidade de origem, revelam com isto sua vontade de se manter mais ligadas a seu país de origem, e que esta vontade deve ser respeitada, aplicando-se-lhes sua lei nacional para tudo que concerne seu *status*.[23]

Modernamente, várias áreas do direito têm sido conectadas à lei da residência habitual das partes – conceito mais fático do que jurídico –, principalmente em questões de família, segundo orientação da Conferência de Direito Internacional da Haia, conforme veremos adiante.

*Conceituação do Domicílio* – Apresenta-se questão assaz complexa quando surge dúvida sobre o domicílio da pessoa. Qual a conceituação que deverá ser seguida para localizá-lo?

Veja-se a divergência reinante na conceituação do domicílio: na França, dispõe o art. 102 do Código Civil que o domicílio de todo francês, quanto ao exercício dos direitos civis, é o lugar onde ele tem seu principal estabelecimento, critério seguido pelo Código Civil venezuelano, de 1982, art. 27 ("*El domicilio de una persona se halla en el lugar donde tiene el asiento principal de sus negocios e intereses*").

Já na Inglaterra a pessoa é considerada domiciliada no país onde tem sua residência permanente (*permanent home*).[24] Essa divergência pode acarretar conflito positivo – quando ambas as legislações considerarem a mesma pessoa domiciliada em seu território – e conflito negativo – quando ambas a considerarem domiciliada no outro país – resultando no fenômeno do adômida, pessoa sem domicílio.

A lei suíça de DIP, art. 20, conceitua o domicílio da pessoa física "*no Estado em que reside com intenção de ali permanecer*".

---

[22] José Joaquim Caicedo Castilla, La Segunda Conferencia Especializada Interamericana sobre Derecho Internacional Privado (CIDIP II), *Cuarto Curso de Derecho Internacional Organizado por el Comite Jurídico Interamericano*, p. 392.

[23] Veja-se decisão de tribunal de Bruxelas, de 1997, em matéria de proteção de incapaz, de nacionalidade francesa, que, juntamente com a família, vivia há muitos anos na Bélgica, que não admitiu aplicar a *lex fori*, porque, tendo as partes conservado a nacionalidade francesa, demonstraram a vontade de conservar sua ligação ao país de origem. *Revue Trimestrielle de droit familial*, 1998, p. 38.

[24] A. V. Dicey e J. H. C. Morris, *The Conflict of Laws*, 1967, regra 3. Sobre a evolução do conceito domiciliar inglês e a projetada eliminação do *domicile of origin*, vide a 12ª edição desta obra, v. I, p. 115 e ss., e 124. Vide também nota de Horatia Muir Watt, *Revue*, 1988.403.

Dir-se-á que se a pessoa tem seu estatuto regido pela lei do seu domicílio, caberá a esta sua lei pessoal conceituar o domicílio. Mas isto representaria uma petição de princípio, pois, se a dúvida reside justamente em descobrir o domicílio da pessoa numa hipótese em que, de acordo com diferentes conceituações, a pessoa poderá ter domicílio neste ou naquele país, ficamos sem saber qual sua lei pessoal, e, portanto, sem lei que nos possa ajudar. Um círculo vicioso.

Diante da divergência conceitual das legislações tentou-se fórmulas convencionais. O Tratado de Direito Civil aprovado em Montevidéu em 1889 dispõe em seu art. 5º que a lei do lugar onde a pessoa reside determina as condições exigidas para que a residência se constitua em domicílio, o que foi modificado no Tratado aprovado em 1940, no qual se exigiu residência habitual e ânimo de nela permanecer, e, na falta deste elemento, a residência da família ou o lugar do centro principal de seus negócios, ou, na falta de todos estes, a simples residência.

O Código Bustamante, art. 22, estabelece que "*o conceito, aquisição, perda e reaquisição do domicílio geral e especial das pessoas naturais ou jurídicas reger-se-ão pela lei territorial*", devendo-se atentar também para o art. 25, "*as questões sobre a mudança de domicílio das pessoas naturais ou jurídicas serão resolvidas de acordo com a lei do tribunal, se este for de um dos Estados interessados, e, senão, pela do lugar onde se pretenda ter adquirido o último domicílio*".

Há perplexidade na doutrina sobre a interpretação do art. 22 do Código Bustamante. Oscar Tenório considera a fórmula infeliz, porque lhe falta clareza. "*Não sabemos, por ela, se é a lei do lugar onde a pessoa se encontra, ou a lei do lugar onde se controverte*",[25] i.e., a *lex fori*.

Já Frederico Duncker Biggs entende que o Código Bustamante "*sigue en certo modo el sistema de la lex loci...*".[26]

Para Valladão, o art. 22 do Código se refere à *lex fori*.[27] Interessante observar que Bustamante y Syrven, em seus comentários ao código de sua autoria, na seção intitulada "*La regulación del domicilio en el Derecho Internacional Privado*", limita-se a transcrever o art. 22, sem lhe dar qualquer interpretação.[28]

Poderia parecer que sendo o art. 25 claro sobre a competência da lei do tribunal – *lex fori* – que o art. 22, ao referir-se à lei territorial, quis designar a *lex causae*, ou seja, a lei do domicílio, *i.e.*, a lei do país onde se pretende que a pessoa esteja domiciliada, mas isto nos faria cair na petição de princípio a que acima aludimos.

Haroldo Valladão sustenta que o domicílio deve ser qualificado pela lei interessada, a lei invocada, ou seja, a *lex causae*, que denomina de "*sistema jurídico territorial de cujo domicílio se trata*", sendo o domicílio brasileiro fixado pela lei brasileira e o domicílio em outro país pela lei estrangeira de sua constituição. Assim, em seu Projeto de Lei Geral, propõe que "*a constituição de um domicílio no Brasil será regida exclusivamente segundo a lei brasileira...*" e "*o domicílio fora do Brasil depende da lei estrangeira de sua constituição...*".[29]

Não nos parece satisfatória esta solução. Veja-se a hipótese de alguém que se encontra fora do Brasil, em condições que a lei estrangeira considera-o domiciliado em seu território, enquanto o direito brasileiro, segundo sua conceituação de domicílio, considera-o domici-

---

[25] Oscar Tenório, *Lei de Introdução ao Código Civil Brasileiro*, 1955, p. 237. Vide Victor N. del Prado, Romero, *Manual de Derecho Internacional Privado*, 1944, p. 744-745, que revela a mesma incerteza sobre a correta interpretação a ser dada ao art. 22 do Código Bustamante, concluindo que "parece" que o código seguiu a solução da qualificação pela *lex fori*.

[26] Frederico Duncker Biggs, *Derecho Internacional Privado*, p. 270.

[27] Haroldo Valladão, *Direito Internacional Privado*, 1980, p. 336.

[28] Bustamante y Sirven, *Derecho Internacional Privado*, 1943, v. I, p. 303-313.

[29] Arts. 19 e 20.

liado no Brasil? Quem, por exemplo, tiver sua residência com ânimo definitivo no Brasil, será considerado domiciliado no Brasil, segundo o art. 70 do Código Civil, mas se a mesma pessoa tiver seu principal negócio na Venezuela, será considerada domiciliada naquele país, segundo o já referido art. 27 do Código Civil venezuelano.[30]

O conflito sobre como qualificar o domicílio leva ao conflito sobre qual o domicílio da pessoa em questão. Caso clássico na literatura de DIP é a hipótese da pessoa que tem seu negócio na França e reside na Inglaterra. Como a Inglaterra qualifica o domicílio pela residência, considerá-lo-á domiciliado em seu país, enquanto na França, onde o domicílio é qualificado como o local do principal negócio, ele será considerado domiciliado na França.

Acompanhamos a posição de Oscar Tenório[31] no sentido de que a *lex fori* é competente para determinar qual a lei conceituadora do domicílio. Diz o ilustre mestre: "*Não podemos admitir que a Lei de Introdução, ao determinar que a capacidade da pessoa se rege pelo domicílio, o conceito do domicílio seja o da lei estrangeira. Toda vez, pois, que a Lei de Introdução se refere a domicílio, o conceito é fornecido pelo direito brasileiro*". Esse "toda vez" deve ser entendido como sempre que a Lei de Introdução se dirigir ao julgador brasileiro, por se tratar de matéria submetida à competência jurisdicional de nosso judiciário, o domicílio referido pela lei introdutória será entendido conforme conceituado por nossa lei. Assim, o francês residente na Inglaterra, com seu principal negócio na França, que é considerado domiciliado na Inglaterra pela lei deste país (onde mantém seu *home*), mas tido como domiciliado na França pela lei francesa, será tratado no foro brasileiro, como domiciliado na Inglaterra, na conformidade de nossa conceituação domiciliar.

Outra divergência entre autores brasileiros é quanto à disparidade ou identidade da conceituação do domicílio nos campos do direito interno e do Direito Internacional Privado. Oscar Tenório sustenta que o conceito do domicílio é um só em cada país, não havendo domicílio para efeitos relativos ao direito interno e domicílio de interesse para o Direito Internacional Privado. Pode haver, diz Tenório, duas operações sucessivas na determinação do domicílio: estabelecido que a pessoa tem domicílio em determinado país, cumpre saber a seguir, caso haja necessidade, em que lugar do país a pessoa tem seu domicílio.[32]

Serpa Lopes distingue domicílio interno "*cuja noção e efeitos não se referem senão aos nacionais, como o domicílio eleitoral, ou aos estrangeiros para efeitos de naturalização ou pagamento de impostos*" e o domicílio internacional, "*o domicílio em sentido técnico, do ponto de vista do conflito de leis*".[33]

Haroldo Valladão também advoga conceituações diversas do domicílio para efeitos internos e para efeitos de Direito Internacional Privado.[34]

É natural que, segundo qualquer teoria, surjam diferentes espécies de conflitos positivos e negativos de domicílio. Uma hipótese é a do Brasil considerar a pessoa domiciliada em seu território e outra legislação considerá-la domiciliada em seu território; outra é ambos considerarem que a pessoa não está domiciliada em seus territórios; e a terceira hipótese se dá

---

[30] É verdade que Valladão, à p. 354, reconhece que em caso de conflito positivo sobre o domicílio entre a *lex fori* e lei estrangeira prevalecerá a *lex fori*. É o retorno ao sistema do Código Bustamante como interpretado por Valladão.

[31] Oscar Tenório, *Lei de Introdução ao Código Civil Brasileiro*, 1955, p. 237-238 e *Direito Internacional Privado*, 1976, v. I, p. 419.

[32] Oscar Tenório, *Lei de Introdução ao Código Civil Brasileiro*, 1955, p. 418.

[33] Miguel Maria de Serpa Lopes, *Comentário teórico e prático da Lei de Introdução ao Código Civil*, 1943, v. II, p. 133.

[34] Haroldo Valladão, *Direito Internacional Privado*, 1980, p. 336 e 340-342.

na divergência entre duas outras leis, estranhas ao foro, em que ambas consideram a pessoa domiciliada ou não domiciliada em seus territórios. Na primeira e na terceira hipóteses prevalecerá a conceituação da *lex fori*, e na segunda hipótese há de se recorrer a fatores subsidiários, que iremos estudar mais adiante.

O problema criado pela diversidade de conceituações do domicílio foi objeto de uma Resolução do Comitê de Ministros do Conselho da Europa, em 1972, entre cujos considerandos está dito que, como a eficácia de toda obra de unificação de direitos nacionais depende grandemente da unificação dos conceitos fundamentais destes direitos, é *"altamente desejável proceder a uma unificação progressiva dos conceitos jurídicos de 'domicílio' e 'residência'"*. Nós preferimos falar em uniformização em vez de unificação.[35]

A proposta do Conselho da Europa é de que *"o conceito do domicílio implica um laço jurídico entre uma pessoa e um país, que resulta do fato que esta pessoa estabelece ou mantém voluntariamente sua residência única ou principal neste país com a intenção de ali fazer e manter o centro de seus interesses pessoais, sociais e econômicos. Esta intenção pode ser deduzida da duração da residência, bem como da existência de outros laços de natureza pessoal ou profissional entre esta pessoa e o país"*.[36]

Ao referir-se tanto à "residência" como ao "centro de interesses econômicos" e "laços de natureza profissional", a proposta pode agradar tanto franceses como ingleses, pois não se decidiu entre o "*home*" dos ingleses ou "o principal estabelecimento" dos franceses.

Em 1979, na 2ª Conferência Interamericana Especializada de Direito Internacional Privado (CIDIP II), realizada em Montevidéu, foi aprovada uma Convenção sobre Domicílio de Pessoas Naturais em Direito Internacional Privado para estabelecer *"as regras uniformes que regem o domicílio de pessoas naturais em Direito Internacional Privado"*, cujo art. 2º dispõe que o domicílio das pessoas naturais será determinado pelas circunstâncias que especifica na ordem seguinte: sua residência habitual; local de seu principal negócio; lugar da simples residência; lugar onde a pessoa se encontrar.[37]

## LEGISLAÇÕES INTERNAS EM MATÉRIA DE ESTATUTO PESSOAL

Vimos que alguns países adotam o critério da territorialidade, julgando sempre de acordo com sua própria lei, o que representa, como já dito, uma negação do Direito Internacional Privado.

A maioria das legislações internas opta entre os critérios do domicílio e da nacionalidade, havendo um pequeno número de países que têm um regime híbrido: lei nacional para seus nacionais e lei domiciliar para os estrangeiros residentes em seu território, como veremos adiante.[38]

---

[35] Vide Jacob Dolinger, Uniformização – Unificação – Harmonização (Precisão Terminológica) – Homenagem ao Professor Flavio Bauer Novelli, *Revista Forense* 418:151-78, 2013.

[36] *Revue*, 1973.847-8.

[37] Este sistema fica bem próximo ao do Tratado de Montevidéu de 1940, já acima focalizado. O domicílio do diplomata e funcionário comissionado no exterior, bem assim o das pessoas que se encontram em missão científica ou artística fora de seu país, localiza-se no último domicílio que hajam tido em território nacional, Código Bustamante, art. 23.

[38] L. I. Winter, Nationality or Domicile? The present state of affairs, *Recueil des Cours* 128:347 e ss. 1969, estimou que em 1968 havia 1.450.000.000 de pessoas em países que aderem ao princípio do domicílio, 1.600.000.000 em países que adotam o princípio da nacionalidade e 350.000.000 em países que adotam o regime híbrido. Hoje os números são outros, mas a proporção não deve ter sofrido alteração significativa.

Dos códigos modernos, o napoleônico liderou o grupo de países que adota o critério da nacionalidade. No art. 3º, III, dispõe que "*as leis relativas ao estado e à capacidade das pessoas regem os franceses mesmo quando residentes em país estrangeiro*". Esta norma, redigida de forma unilateral, pois só versa a situação do francês no exterior, foi bilateralizada pela jurisprudência que a interpretou como significando que "*o estado e a capacidade das pessoas são regidos por sua lei nacional*".

Aos poucos a França vai restringindo o princípio da nacionalidade: primeiramente doutrina e jurisprudência reconheceram que o princípio não pode se aplicar aos apátridas, por não terem lei nacional, nem aos refugiados, eis que desvinculados de qualquer ligação com a sua pátria.

Seguiram-se alterações no direito de família: uma lei de 1972 introduziu regras determinando a aplicação da lei da residência habitual em matéria de filiação e uma lei de 1975 introduziu um novo artigo no Código Civil, que regula o conflito de leis relativo ao divórcio e à separação de corpos, estabelecendo que estes institutos são regidos pela lei francesa quando ambos os cônjuges são franceses, ou quando são domiciliados na França, ou ainda quando nenhuma lei estrangeira se considere aplicável e os tribunais franceses sejam competentes para conhecer a causa.[39]

Após esta reforma, um casal de espanhóis domiciliados na França, que, pelo regime napoleônico não poderia ter seu divórcio decretado em corte francesa, poderá agora obtê-lo, pois se passou da competência da lei nacional para a lei do domicílio.

Na Alemanha, a Introdução ao Código Civil (EGBGB), de 1896, que entrou em vigor a 1º de janeiro de 1900, dispunha em seu art. 7º que a capacidade de uma pessoa é regulada pela lei do Estado de sua nacionalidade, princípio mantido na reforma do Direito Internacional Privado alemão de 25 de julho de 1986.

Na Itália, as "Disposições sobre as Leis em Geral", de 1942, também adotaram o princípio da lei da nacionalidade, determinando no art. 17: "*o estado e a capacidade das pessoas e as relações de família são regulados pelas leis do Estado a que elas pertencem*", princípio mantido em várias regras da nova lei italiana de 1995 sobre o Direito Internacional Privado.

O mesmo critério é seguido pelo Código Civil português, art. 31, ao dispor que "*a lei pessoal é a da nacionalidade dos indivíduos*".

Na Áustria, a Lei nº 304, de 1978, que estabeleceu novas regras de Direito Internacional Privado, em substituição aos dispositivos contidos no Código Civil de 1810, firmou em seu art. 9º o princípio da nacionalidade, prevendo a lei da residência habitual para os apátridas e, para os refugiados, a lei do domicílio, ou, faltando, a lei da residência habitual. O mesmo dispositivo também prevê a hipótese da pessoa com duas nacionalidades estrangeiras – será considerado nacional do país com o qual existe a relação mais forte. É o princípio da proximidade em matéria de nacionalidade que também encontramos no Código Bustamante, art. 10º, e na Convenção da Haia sobre Nacionalidade, art. 5º.

A lei da nacionalidade rege o estatuto pessoal na Espanha, como determina o Código Civil espanhol de 1888, art. 9º, redigido de forma unilateral: "*Las leyes relativas a los derechos y deberes de familia, o al estado, condición y capacidad legal de las personas, obligan a los españoles, aun que residan en pais extranjero*", inspirado no Código de Napoleão e bilateralizado pelo Decreto-lei de 31 de maio de 1974, art. 9º, § 1º: "*A lei pessoal das pessoas físicas é aquela que é determinada por sua nacionalidade*".

---

[39] Art. 310. Vide Ferrer Correia, *Lições de Direito Internacional Privado*, 1963, p. 563, que considera a França se encaminhando para o regime híbrido.

A lei nacional também rege a "capacidade jurídica da pessoa física" na Grécia, conforme art. 5º do Código Civil de 1940.

Na ex-Tchecoslováquia, a Lei de 1963, art. 3º; na Polônia, a Lei de 1965, art. 9º; na Hungria, o Decreto-lei nº 13, de 1979, art. 11, determinam a aplicação da lei da nacionalidade.

Na Suíça, o critério tem sido aplicar a lei do domicílio: a lei de DIP, de 1987, manteve, em seu art. 35, o princípio estabelecido na antiga lei, de 1891.

A Suécia e a Finlândia adotam um sistema misto, pelo qual os escandinavos são regidos pela lei de seu domicílio, por serem países próximos, com sistemas jurídicos afins, aplicando a lei da nacionalidade para as pessoas de outros países.[40]

A Inglaterra segue a lei do domicílio, mas apresenta mais um princípio – *the proper law of the contract* – de acordo com o qual tudo o que concerne ao contrato será regido pela mesma lei, inclusive a capacidade do agente e, assim, a lei mais vinculada ao contrato, que rege sua substância, também será aplicável à capacidade do contratante.[41]

Na América Latina vamos encontrar algumas legislações com regime híbrido, combinando o critério da nacionalidade para seus nacionais no exterior com o critério do domicílio (ou da residência ou até do território) para os estrangeiros que se encontrem em sua jurisdição.

O Código Civil do Chile, de 1855, dispõe em seu art. 14 que a lei é obrigatória para todos os habitantes da República, inclusive os estrangeiros.[42] Frederico Duncker Biggs diz que "*de acuerdo con este sistema, la ley chilena obliga a todas las personas que habitan en el territorio de la República, sean nacionales o extranjeras, domiciliadas e transeúntes, desde el triple punto de vista de su persona, sus bienes situados en Chile y sus actos o contratos ejecutados o celebrados dentro de la República*".[43]

Já os chilenos continuam regidos pela lei chilena para seu estado e capacidade, mesmo quando residentes ou domiciliados no exterior, sempre que se tratar de atos que tenham de ter efeitos no Chile bem como nas relações de direito de família, especificamente aquelas relacionadas entre os cônjuges e entre parentes chilenos.[44]

O Código Civil colombiano, de 1873, por seus arts. 18 (conjugado com o art. 57 do código político e municipal) e 19, segue o critério do Código chileno.

Como escreveram Alvaro Lecompte Luna[45] e Marco Gerardo Monroy Cabra,[46] o sistema adotado pela lei colombiana é o da "territorialidade absoluta", porque rege todos, inclusive os estrangeiros, sejam domiciliados na Colômbia ou "transeuntes". Em 1992, a Colômbia alterou

---

[40] Vide Henri Batiffol e Paul Lagarde, *Droit International Privé*, 1993, t. II, p. 10, nota 1.
[41] Vide Dicey e Morris, *The Conflict of Laws*, 1967, p. 1.271: "Rule 181 – The capacity of an individual to enter into a contract is governed by the law of the country with which the contract is most closely connected or by the law of his domicile and residence: a) If he has capacity to contract by the law of the country with which the contract is most closely connected, the contract will be valid so far as capacity is concerned. b) If he has capacity to contract by the law of his domicile and residence, the contract will be valid so far as capacity is concerned...".
[42] Ferrer Correia, *Lições de Direito Internacional Privado*, 1963, p. 564, interpreta "habitantes" como "residentes".
[43] Frederico Duncker Biggs, *Derecho Internacional Privado*, p. 151. No mesmo sentido, a interpretação do Código chileno por Mario Ramirez Necochea, *Sintesis del Derecho Internacional Privado Chileno*, 315, p. 11.
[44] Art. 15 do Código chileno.
[45] Alvaro Lecompte Luna, *Esquema de Derecho Internacional Privado*, 1979, p. 158.
[46] Marco Gerardo Monroy Cabra, *Tratado de Derecho Internacional Privado*, 1973, p. 368.

este sistema ao aprovar o Tratado de Direito Civil e Comercial de Montevidéu, de 1889, cujo art. 1º estabelece a regência da capacidade das pessoas pelas leis de seu domicílio.

Equador e El Salvador, por terem seguido o Código chileno adotam a mesma orientação territorialista para os estrangeiros e lei da nacionalidade para seus cidadãos.

No Uruguai, o Código Civil de 1868 continha as mesmas disposições dos Códigos chileno e colombiano nos arts. 3º e 4º, mas estes foram alterados pela Lei nº 10.084, de 1941, que aditou ao Código, entre outros, o art. 2.393, que fixa o domicílio como regulador do estado e da capacidade das pessoas.[47]

O Código Civil da Argentina, de 1869, consagrava o princípio da lei domiciliar nos arts. 6º e 7º.

O art. 5º do antigo Código Civil peruano optara pela lei do domicílio para reger o estado, a capacidade e os direitos de família, excluídos os peruanos que continuariam sempre sob a égide de sua lei nacional, regime este que foi severamente criticado, argumentando-se que um código perde seu valor doutrinário se não se pronuncia por um dos princípios que servem de base nesta matéria, seja em favor da nacionalidade, seja em favor do domicílio, e estabelecer duas regras diferentes, aplicável uma para os estrangeiros e outra para os peruanos, constitui um "absurdo chocante".[48]

O novo Código Civil peruano, de 1984, art. 2.070, dispõe sobre a aplicação generalizada da lei do domicílio para reger o estado e a capacidade da pessoa física, sem fazer qualquer distinção entre nacionais e estrangeiros.

O antigo Código Civil venezuelano dispunha em seu art. 9º que "*las leyes concernientes al estado y capacidad de las personas obligan a los venezolanos, aunque residan o tengan su domicilio em país extranjero*"; já o art. 8º dizia que "*la autoridad de la ley se extiende a todas las personas nacionales o extranjeras que se encuentren en la República*", parecendo visar à aplicação da lei local a todos, mesmo aos que estejam apenas de passagem pelo país, o que levaria a Venezuela para o campo dos países de legislação híbrida;[49] é bem verdade que o segundo dispositivo não se refere expressamente ao estatuto pessoal, podendo-se entendê-lo como norma geral relativa às leis imperativas, protegidas pelo princípio da ordem pública, de aplicação generalizada.

Com a lei de Direito Internacional Privado, de 1998, a Venezuela se colocou entre os países de critério domiciliar, ao dispor no art. 16 que "*la existencia, estado y capacidad de las personas se rigen por el Derecho de su domicilio*".

Nos Estados Unidos o domicílio é o critério adotado. Diz o comentário à regra nº 11 do *Restatement of the Law Second* que:

> "uma pessoa pode ir a diferentes Estados em sua vida. É desejável que certos de seus interesses jurídicos sejam sempre regidos por uma lei. Por esta razão, cada sistema jurídico atribui a toda pessoa uma 'lei pessoal', que a acompanha em suas viagens e determina alguns de seus mais importantes interesses jurídicos. Nos países anglo-americanos, esta é a lei do domicílio da pessoa...".

---

[47] Assim, o Código Civil uruguaio ficou em harmonia com os Tratados de Direito Civil de Montevidéu, de 1889 e de 1940.
[48] Ricardo Gallardo, *La Solution des Conflits de Lois dans les Pays de L'Amérique Latine*, 1956, p. 222.
[49] Ferrer Correia, *Lições de Direito Internacional Privado*, 1963, p. 563, equipara a Venezuela ao Peru como tendo fixado o regime híbrido. Mais correto nos parece equipará-lo aos regimes chileno e colombiano, que combinaram o regime da territorialidade para os estrangeiros com o da nacionalidade para seus cidadãos, enquanto o Peru, antes do Código de 1984, combinava domicílio com nacionalidade.

## MUDANÇA DE ESTATUTO PESSOAL – CONFLITOS MÓVEIS

Se uma pessoa muda de domicílio ou de nacionalidade, como isto afetará sua capacidade? Imaginemos um francês de 18 anos, que após atingir a maioridade de acordo com a lei de seu país, estabelece domicílio em país que segue o princípio domiciliar, cuja legislação só reconhece a plena capacidade aos 21 anos de idade. Como será considerado? Capaz ou relativamente incapaz?

Várias legislações cuidaram desta questão.

O art. 7º da Lei de Introdução ao Código Civil alemão dispõe que, uma vez adquirida capacidade legal, ela não é afetada pela aquisição ou perda da nacionalidade alemã.

O Código Civil português estabelece a mesma regra no art. 29 ao dispor que "*a mudança da lei pessoal não prejudica a maioridade adquirida segundo a lei pessoal anterior*" e o Código Civil peruano, art. 2.070, alínea 2, determina que a mudança de domicílio não modifica o estado e não restringe a capacidade adquirida em virtude da lei domiciliar anterior.

O Tratado de Montevidéu de 1940, que adota o regime do domicílio, ressalva em seu art. 2º que a mudança de domicílio não afeta a capacidade já adquirida.

Pode-se dar situação inversa quando o sujeito de uma relação jurídica é incapaz, segundo sua lei pessoal, em seguida adquire outra nacionalidade ou muda seu domicílio, e sua nova lei pessoal considera-o capaz. Poderá pleitear a nulidade de ato praticado anteriormente com base na lei contemporânea ao mesmo? Ou se dirá que, estando submetido a outra lei, qualquer pretensão relativa a atos anteriores reger-se-á pela lei atual?

Esta interessante questão foi discutida nos tribunais franceses, em um dos mais famosos casos da jurisprudência de Direito Internacional Privado. Maria Christina de Bourbon, espanhola, com 18 anos de idade, assinou, em 1931, um contrato nupcial com Antenor Patiño, boliviano, e, uma vez com ele casada, passou a ser boliviana. Em 1955, a sra. Patiño ingressou em corte francesa, pleiteando a declaração da nulidade do contrato, com fundamento na sua menoridade à época, ação esta que, segundo a lei espanhola, só prescreveria em 30 anos. Patiño defendeu-se, sustentando que, de acordo com a lei boliviana, tratava-se de nulidade relativa, cuja ação prescreve em 10 anos.

A qual das duas leis se refere o art. 3º, III, do Código Civil francês? À lei da nacionalidade no momento da assinatura do contrato – lei espanhola, nulidade absoluta, só prescritível em 30 anos – ou à lei da nacionalidade à época em que pretende a decretação da nulidade – lei boliviana, nulidade relativa, já prescrita a ação?

A Corte de Cassação francesa decidiu que a inabilitação de menor de idade para firmar um contrato matrimonial constitui modalidade de sua incapacidade geral de contratar, regida, para sua proteção, por sua lei pessoal à data do contrato.[50]

Esta a solução correta, comenta François Rigaux, pois a validade de um ato jurídico é determinado de acordo com a lei indicada como aplicável no momento em que o ato é efetuado, e não seria racional submeter o exercício da ação de nulidade a uma lei diferente, desassociando, assim, a causa da nulidade, estabelecida pela primeira lei, do regime de sanção por ela determinado.[51]

---

[50] Bertrand Ancel e Yves Lequete, *Grands arrêts de la jurisprudence française de droit international privé*, 1987, p. 287.
[51] François Rigaux, *Droit International Privé*, 1977, v. I, p. 383.

Estas alterações na regência do estatuto pessoal, motivadas por mudanças de nacionalidade ou de domicílio, resultam nos "conflitos móveis", conflitos entre a lei anterior e a lei posterior, ocasionados pela alteração, no tempo, do fator constitutivo do estatuto pessoal.[52]

Adiante trataremos de outro tipo de mudança: a alteração do regime do Direito Internacional Privado brasileiro, ao passar da lei nacional para a lei domiciliar, quando veremos que o cônjuge estrangeiro, domiciliado no Brasil, que podia dar fiança sem outorga uxória, se sua legislação nacional o permitisse, uma vez alterado nosso regime para a lei domiciliar, ficou submetido à lei brasileira, de seu domicílio, que exige a outorga uxória (vide subitem "O Estatuto Pessoal no Direito Internacional Privado Brasileiro").

## O ESTATUTO PESSOAL NAS CONVENÇÕES DA HAIA

As convenções de Direito Internacional Privado da Haia firmadas no início do século XX estabeleceram o princípio da nacionalidade, regime vigente nos países que participavam das conferências àquela época. Assim, a Convenção de 1902 sobre os conflitos de leis em matéria de casamento estabeleceu que o direito de contrair núpcias é regulado pela lei nacional de cada um dos futuros cônjuges. No mesmo ano foi aprovada a Convenção sobre os Conflitos de leis e de jurisdição em matéria de divórcio e de separação de pessoas, também fixada a competência da lei nacional dos cônjuges, aliada à lei do lugar onde a ação fosse intentada.

A tutela da criança foi objeto de outra convenção, também de 1902, que igualmente estabeleceu a regência da lei nacional da criança, e em 1905 foi aprovada convenção sobre os efeitos do casamento, em que os direitos e deveres dos cônjuges em suas relações pessoais foram condicionados à lei nacional.

Diante dos problemas resultantes do choque entre as legislações que adotam o critério da nacionalidade e as que seguem o critério do domicílio, a Conferência da Haia fixou uma fórmula conciliatória em Convenção destinada especificamente a regular os conflitos entre sistemas que estabelecem a lei nacional e os outros que fixam a lei do domicílio, aprovada em 1955.[53]

A regra criativa da Convenção é a disposição do art. 1º ao estabelecer que na hipótese de o Estado em que a pessoa interessada está domiciliada prescrever a aplicação da lei da nacionalidade, e o Estado de sua nacionalidade prescrever a aplicação da lei do domicílio, os Estados contratantes aplicarão as disposições do direito interno do país do domicílio. Isso reflete a supremacia da lei da nacionalidade vigente nos países ligados à Conferência da Haia.

No art. 2º cuida da hipótese em que ambos os Estados, tanto de sua nacionalidade como de seu domicílio prescrevem a aplicação da lei do domicílio, determinando a Convenção que todo Estado contratante deverá aplicar a lei do domicílio.

E a terceira hipótese é aquela em que ambos Estados, da nacionalidade e do domicílio, prescrevem a aplicação da lei da nacionalidade, hipótese em que esta lei será aplicada.

Modernamente, a Conferência da Haia tem recorrido ao critério da residência habitual: encontramos isto na convenção de 1956 sobre a lei aplicável às obrigações alimentares em relação a filhos, na convenção de 1973 sobre a lei aplicável às obrigações alimentares entre parentes, e em várias outras convenções que versam temas de direito de família, inclusive nas

---

[52] Haroldo Valladão cuidou desta matéria em seu projeto, estabelecendo o *caput* do art. 26 que "as incapacidades por impossibilidade física ou moral de agir e dependência de representação ou assistência necessárias regem-se segundo a lei do domicílio da pessoa ao tempo do ato", e no § 2º dispôs que a pessoa que mudar seu domicílio para o Brasil conserva-se capaz se já o era pela lei domiciliar anterior.
[53] Esta Convenção é importante para o estudo do Reenvio, conforme veremos no capítulo correspondente.

mais recentes convenções sobre a competência, a lei aplicável, o reconhecimento, a execução e a cooperação em matéria de responsabilidade paternal e medidas de proteção das crianças, de 1996, arts. 5 e 15, na convenção de proteção internacional de adultos, de 1999, também arts. 5º e 15, a convenção sobre a cobrança internacional de alimentos em benefício dos filhos e de outros membros da família, art. 18 e art. 20, bem como o protocolo sobre a lei aplicável às obrigações alimentares, art. 3º.[54]

## OS TRATADOS DE MONTEVIDÉU

O Tratado de Direito Civil Internacional de Montevidéu, 1889, estabeleceu o princípio do domicílio para reger a capacidade das pessoas, e o Tratado de Direito Civil Internacional de 1940 especificou que o domicílio rege a existência, o estado e a capacidade das pessoas físicas. Em ambos os diplomas a residência serve como conexão subsidiária na hipótese de inexistência de domicílio.

## O CÓDIGO BUSTAMANTE

"Cada Estado contratante aplicará como leis pessoais as do domicílio, as da nacionalidade, ou as que tenha adotado ou adote no futuro a sua legislação interna".[55]

Ante a diversidade das normas conflituais dos países americanos em matéria de estatuto pessoal e, principalmente devido ao Brasil, que na época continuava firme na sua adoção da lei da nacionalidade, o Código optou por não se definir e manter em aberto a grande questão, deixando o codificador interamericano ampla e irrestrita liberdade aos legisladores nacionais, liberdade esta que Ferrer Correia considera capaz de *"levar ao caos, à negação mesma do princípio do Direito: a Ordem".*[56]

Dezenas de questões jurídico-internacionais são solucionadas no Código pela remissão à "lei pessoal", que deve ser lida como a lei indicada pela regra de conexão de cada país, fórmula que realmente nada soluciona no plano internacional, pois o que se deseja de um tratado ou convenção de Direito Internacional Privado é justamente uma solução dos conflitos dos sistemas internos de DIP, ou seja, a criação de um DIP uniformizado. Da maneira como foi concebido o Código Bustamante, os eventuais conflitos em matéria de estado, capacidade civil, direito de família e direito sucessório continuam sem solução.[57]

## PROPOSTA DO INSTITUTO DE DIREITO INTERNACIONAL

Na sessão de 1987 do Instituto de Direito Internacional, realizada no Cairo, foi aprovada uma Resolução visando harmonizar a diversidade de critérios sobre a lei a ser aplicada para solução de determinadas questões de Direito Internacional Privado.[58]

---

[54] A Corte de Apelação de Aix-en Provence definiu a residência habitual como "le lieu où l'intéressé a fixé, avec la volonté de lui conférer un caractère stable, le centre permanent ou habituel de ses intérêts", *Clunet,* 2005.801-2.
[55] Art. 7º do Código Bustamante.
[56] Ferrer Correia, *Lições de Direito Internacional Privado,* 1963, p. 573.
[57] Vide a respeito o que ficou dito no capítulo VIII, na seção referente ao Código Bustamante.
[58] *Revue,* 1988.133.

A Resolução propõe que em matéria de regime matrimonial os Estados cuja regra de conflito é baseada sobre uma conexão objetiva ofereçam aos cônjuges a opção entre a lei da nacionalidade e a lei do domicílio de um deles.

No que concerne às sucessões, a Resolução propõe que os Estados permitam que todo testador possa submeter sua herança seja à sua lei nacional seja à lei de seu domicílio.

No campo dos efeitos pessoais do casamento, do divórcio e da separação de corpos, recomenda aos Estados que ofereçam aos cônjuges uma opção entre a lei nacional e a lei do domicílio quando tenham uma nacionalidade comum e um domicílio comum, nos casos em que o Estado da nacionalidade é diferente do Estado onde se situa o domicílio.

E nos casos de conflitos de leis pessoais, recomenda aos Estados cuja regra de conflito outorga competência à lei nacional, que aplique a lei do domicílio comum quando as diversas pessoas implicadas na relação jurídica são de nacionalidades diferentes, não existindo razão válida para fazer prevalecer uma sobre as outras leis nacionais.

Aos Estados cuja regra de conflito dá competência à lei domiciliar, a recomendação feita é no sentido de que apliquem a lei nacional comum, quando as diferentes pessoas implicadas na relação jurídica não tenham domicílio comum e não haja razão válida para fazer prevalecer a lei de um dos domicílios.

Trata-se de uma proposta que consagra o princípio da autonomia da vontade e o sistema de subsidiariedade de leis aplicáveis.[59]

## O ESTATUTO PESSOAL NO DIREITO INTERNACIONAL PRIVADO BRASILEIRO

O Decreto nº 737, de 1850, estabelecia que as leis e usos comerciais dos países estrangeiros regulam as questões sobre o estado e a capacidade dos estrangeiros residentes no Império, regra mantida por Carlos de Carvalho em sua "Nova Consolidação das Leis Civis", de 1899, cujo art. 25 assim fixa: "*o estado e a capacidade civil dos estrangeiros residentes no Brasil são regulados pelas leis da nação a que pertencem*".

Pimenta Bueno, o primeiro autor brasileiro a versar o DIP,[60] defendeu ardorosamente o princípio da nacionalidade.[61]

Na mesma época (1860-1865), Teixeira de Freitas publicava seu Esboço, no qual abraçava o princípio do domicílio, como expresso nos seguintes artigos:

> "Art. 26. A capacidade ou incapacidade quanto a pessoas *domiciliadas* em qualquer seção do território do Brasil, ou sejam nacionais ou estrangeiras, serão julgadas pelas leis deste Código, ainda que se trate de atos praticados em país estrangeiro, ou de bens existentes em país estrangeiro.
>
> Art. 27. A capacidade ou incapacidade quanto a pessoas *domiciliadas* fora do Brasil, ou sejam estrangeiras ou nacionais, serão julgadas pelas leis do seu respectivo domicílio, ainda que se trate de atos praticados no Império ou de bens existentes no Império."

---

[59] Vide mais adiante neste capítulo outra Resolução do Instituto no campo das regras de conexão.

[60] Pimenta Bueno, *Direito Internacional Privado e aplicação de seus princípios com referência às leis particulares do Brasil*, 1863.

[61] Pimenta Bueno, *Direito Internacional Privado e aplicação de seus princípios com referência às leis particulares do Brasil*, 1863, p. 28. Observe-se como a teoria desse autor coincide com a famosa lição de Pasquale Mancini de que a nacionalidade constitui fator determinante da vida das pessoas no plano internacional.

"Art. 849. A validade ou nulidade dos atos jurídicos entre vivos e das disposições de última vontade, no que respeita à capacidade ou incapacidade dos agentes será julgada pelas leis do seu respectivo domicílio."

Em suas notas, diz Freitas que é o domicílio e não a nacionalidade que determina a sede jurídica das pessoas, para que se saiba quais as leis civis que regem a sua capacidade ou incapacidade, invocando o pensamento de Savigny.

Todos os projetos de código civil que se seguiram adotaram o princípio da nacionalidade, inclusive o de Clóvis Beviláqua, que, transformado em nosso Código Civil, rezava no art. 8º de sua Introdução que "*a lei nacional da pessoa determina a capacidade civil, os direitos de família, as relações pessoais dos cônjuges e o regime de bens no casamento...*".

No Congresso Internacional Sul-Americano em Montevidéu, que aprovou o Tratado de Direito Civil, em 1889, o delegado brasileiro Andrade Figueira esclareceu que seu país, fiel ao princípio da nacionalidade, não poderia aprovar o Tratado que fixava o do domicílio. Expôs o delegado brasileiro que por ser o Brasil um país de imigração, cabia satisfazer às correntes imigratórias, conservando-as sob o comando de suas leis nacionais. Em outros conclaves jurídicos latino-americanos o Brasil manteve firmemente a mesma posição.

E como já vimos, esta a razão principal de Bustamante ter projetado seu Código sem optar entre a lei da nacionalidade e a lei do domicílio, criando a esdrúxula fórmula do art. 7º.

A Introdução ao Código Civil de 1916 só aplicava a lei do domicílio em caráter subsidiário (art. 9º), quando a pessoa não tivesse nacionalidade, ou quando lhe fossem atribuídas duas nacionalidades em consequência de conflito de leis sobre a caracterização da nacionalidade.

Não tardou, porém, que começassem a se manifestar fortes críticas à opção pela nacionalidade, estabelecida no art. 8º da Introdução.

No Congresso Jurídico realizado no Rio de Janeiro em 1922, Rodrigo Otávio defendeu a adoção do princípio do domicílio, aceita pelo Congresso. Expôs o internacionalista e magistrado brasileiro que a reforma da lei alemã de 1896, passando a adotar a lei nacional ao invés da lei do domicílio, teve em vista, como país de emigração, o interesse nacional, isto é, aumentar a força do sentimento patriótico de seus súditos, o sentimento de dever para com a pátria, e assim, manter, mesmo no estrangeiro, a autoridade da lei nacional, assim desenvolvendo sua argumentação:

"Deve-se, pois, assinalar que se para os países da Europa a manutenção do princípio da atuação das leis pessoais fora do território nacional tem, principalmente, por intuito aumentar a força do sentimento patriótico, a adoção da norma contrária (do domicílio) poderá, nos países novos, de vasta extensão territorial, como o Brasil, apresentar-se, ao menos sob certos pontos de vista, como uma necessidade de ordem pública, imposta por um sentimento superior de legítima defesa da vida nacional. E em tais condições é meu parecer que o princípio mais conveniente para reger no Brasil a lei pessoal é o do domicílio".[62]

Essa exposição, cabe observar, em nada se identifica com as razões que Savigny expusera para justificar a teoria do domicílio como competente para reger a pessoa.

---

[62] Oscar Martins Gomes, O domicílio e a nacionalidade como princípios determinantes do Estatuto Pessoal nos Conflitos de Leis, em *Leis e Normas de Direito Internacional Privado*, 1956, p. 567 e 582.

Rodrigo Otávio foi acompanhado por Eduardo Espínola e Philadelpho de Azevedo que também passaram a advogar o princípio do domicílio.[63]

Vinte anos mais tarde – em 4 de setembro de 1942 – era aprovado pelo governo federal o Decreto-lei nº 4.657, modificando totalmente a orientação do Direito Internacional Privado brasileiro, dispondo em seu art. 7º que "*a lei do país em que domiciliada a pessoa determina as regras sobre o começo e o fim da personalidade, o nome, a capacidade e os direitos de família*".

Afirma a exposição de motivos que, sendo o Brasil um país de imigração, a aplicação da lei nacional aos estrangeiros acarretava dificuldades; refere-se aos acontecimentos internacionais dos últimos anos – a deflagração da Segunda Guerra Mundial – e à necessidade de melhor integrar os estrangeiros na comunhão brasileira.[64]

A Lei de Introdução adota o primeiro domicílio conjugal como a regra de conexão que há de decidir sobre invalidade de matrimônio[65] e sobre o regime de bens dos cônjuges, dispõe que o domicílio do chefe da família determina o de toda a família,[66] ressalvadas as exceções previstas no dispositivo;[67] estabelece que os móveis são julgados pela lei do domicílio do seu proprietário,[68] o penhor pela lei do domicílio da pessoa em cuja posse se encontre o bem,[69] e que à sucessão *mortis causa* ou por ausência se aplica a lei do país do domicílio do *de cujus* ou desaparecido,[70] prevalecendo a lei domiciliar do herdeiro brasileiro se ela for mais benéfica do que a lei brasileira em transmissão de bens sitos no país,[71] regulando-se a capacidade do herdeiro e do legatário por sua lei domiciliar[72] e, quanto às pessoas jurídicas estrangeiras aqui estabelecidas, seu funcionamento se rege pelas leis brasileiras, de seu domicílio.[73] No campo do Direito Processual, a Lei de Introdução estabeleceu o princípio da competência jurisdicional fundada no domicílio do réu.[74] No Capítulo XI essas regras de conexão serão desenvolvidas com mais detalhamento.

A doutrina tem entendido que a Lei de Introdução de 1942 não revogou a Introdução de 1917, aplicando-se no caso o princípio da continuidade das leis.[75]

---

[63] Vide veemente defesa de Philadelpho de Azevedo pela aplicação do princípio domiciliar em artigo publicado na *Revista Forense*, v. XCII, p. 352. Atribui a aplicação do princípio da nacionalidade pelo anterior Direito Internacional Privado brasileiro ao "francesismo", imitação da legislação francesa.

[64] Vide *Arquivos do Ministério da Justiça e Negócios Interiores*, n. 1, jun. 1943, p. 44 e ss.

[65] Art. 7º, § 3º, considerado norma inaplicável, por contrariar a regra básica do *caput* do mesmo artigo que determina a aplicação da lei pessoal para aferir a capacidade e os direitos de família, o que se entende como a lei pessoal contemporânea aos atos jurídicos.

[66] Art. 7º, § 4º.

[67] Art. 7º, § 7º.

[68] Art. 8º, § 1º.

[69] Art. 8º, § 2º.

[70] Art. 10.

[71] Art. 10, § 1º.

[72] Art. 10, § 2º.

[73] Art. 11, § 1º.

[74] Art. 12. Regra mantida no art. 88, I, do CPC/1973 e no art. 21, I, do CPC/2015.

[75] Vide Exposição de Motivos, Arquivos do Ministério da Justiça, à p. 58, e Jacob Dolinger, A Sociedade Anônima Brasileira – Critério Determinador de sua Nacionalidade, *Revista de Direito Mercantil, Industrial, Econômico e Financeiro* 23:65 e ss. Sobre a necessidade de substituir a Lei de Introdução de 1942, vide João Grandino Rodas, Substituenda Est Lex Introductoria, *Revista dos Tribunais* 630:243-5, 1988. Do mesmo autor, vide minuciosa e percuciente apresentação do Direito Internacional Privado brasileiro, "Choice of Law Rules and the Major Principles of Brazilian Private International Law", "Panorama of Brazilian Law", editado por Jacob Dolinger e Keith S. Rosenn, p. 309-347.

Quanto às questões intertemporais resultantes da mudança da lei aplicável ao estado e à capacidade das pessoas, há que se seguir o princípio do direito transitório que distingue entre direitos e faculdades (ver capítulo IX). Assim, os estrangeiros consorciados no Brasil antes de 1942, que iniciaram sua vida matrimonial sob a égide da lei de sua nacionalidade em matéria de regime de bens, não sofreram alteração devido à mudança instituída pelo legislador que estabeleceu a aplicação da lei do domicílio, continuando os cônjuges sob o regime originalmente instituído. Já em matéria de capacidade, os estrangeiros casados no Brasil antes de 1942, regidos pela lei de sua nacionalidade, que permite fiança de pessoa casada sem outorga uxória, tiveram isto alterado com a introdução do regime da lei domiciliar, que não admite a concessão desta liberalidade sem concordância do cônjuge.[76]

## DISTINÇÕES EM MATÉRIA DE CAPACIDADE

No campo da capacidade há que se atentar para a distinção entre *capacidade de gozo ou de direito* e *capacidade de exercício ou de fato*. A primeira é a qualificação da pessoa como titular de direitos, em que o incapaz é a pessoa total e permanentemente excluída de toda ou de alguma específica atividade humana: é o caso do escravo, do morto civil e do padre impedido de casar nas jurisdições em que esta vedação existe.

A segunda compõe o quadro das restrições ao exercício da capacidade, baseadas no intuito de proteger a pessoa, sendo temporárias, eis que, uma vez superados os motivos que a determinaram, a pessoa adquire ou readquire a plena capacidade. A criança tem capacidade de direito, mas não a tem de fato, pois não pode exercê-la por si só enquanto não atingir a maioridade.

Daí distinguir Oscar Tenório entre o art. 3º do Código Civil de 1916 e o art. 7º da Lei de Introdução.[77]

Aquele iguala os estrangeiros aos nacionais no que tange à aquisição e ao *gozo* dos direitos civis. De modo que incapacidades de gozo existentes na legislação do estrangeiro, no país onde estiver domiciliado, como a do clérigo para casar, do morto civil para contratar, do pária para certos atos, do negro para casar com branco, todas estas incapacidades não serão aceitas entre nós, porque no gozo dos direitos, todos são igualmente capazes perante a lei brasileira. É um princípio de suprema ordem pública.

---

[76] Neste sentido, acórdão das Câmaras Cíveis Reunidas do Tribunal de Alçada de São Paulo, em julgamento realizado em 1952, sob a presidência do Desembargador Washington de Barros Monteiro, que não aceitou fiança de japonês que casou com japonesa no Brasil em 1936, fundamentando-se na seguinte lição de Carvalho Santos: "A capacidade não é um direito, mas apenas uma faculdade reconhecida pela lei. Não pode, pois, ser objeto de um direito adquirido para ter uma determinada capacidade. Daí a razão pela qual admitem os mestres tenha a lei que dispunha sobre capacidade efeito retroativo (cf. Gabba, 'Della Retroatività', v. 2, n. 15). Diriam melhor: terá aplicação imediata. Quer isto significar que, do dia do advento de uma nova lei, a capacidade de gozar ou de exercitar direitos passa a ser por ela regulada, sem que, entretanto, possa tirar a eficácia e validade dos atos anteriormente praticados, com apoio na lei anterior. A capacidade da pessoa é regulada pela lei do país em que for domiciliada a pessoa (Lei de Introdução ao Código Civil, art. 7º)". Esta posição deve ser diferenciada daquela que tratamos acima, relativa à capacidade adquirida no exterior por alcançar a maioridade fixada pela lei estrangeira, capacidade esta que permanece como direito adquirido, mesmo depois que a pessoa fixou seu domicílio no Brasil, por exemplo, onde a capacidade só é alcançada em idade mais adiantada. Em outras palavras, no Direito Intertemporal, em que a pessoa está sujeita à mesma jurisdição, antes e depois, o legislador pode alterar as regras sobre a capacidade para valer a partir da entrada em vigor da lei nova, já no plano do Direito Internacional Privado, não há como alterar a capacidade já adquirida sob a égide de lei estrangeira.

[77] Oscar Tenório, *Lei de Introdução ao Código Civil Brasileiro*, 1955, p. 431.

Já quanto ao *exercício* dos direitos, as pessoas são regidas pela lei de seu domicílio, o que significa que o domiciliado no Brasil – na vigência do código civil de 1916 – alcançava a maioridade aos 21 anos, o domiciliado na França, aos 18 anos, e o domiciliado na Argentina, aos 22 anos de idade (art. 126 do Código Civil deste país); no Brasil respeitar-se-ão estas regras diferentes sempre que a conexão do DIP indicar a aplicação de um ou de outro destes sistemas jurídicos por ser do país em que a pessoa em questão está domiciliada.[78]

Assim, são aceitas em geral no Brasil incapacidades de exercício ou de fato, mas não incapacidades de gozo ou de direito, principalmente em razão da ordem pública.

Veremos, oportunamente, que a aplicação da lei domiciliar estrangeira sofrerá restrições, totais ou parciais, naquilo que ofender a ordem pública do foro.

## PRINCIPAIS PROJETOS PARA SUBSTITUIÇÃO DA LEI DE INTRODUÇÃO

I. O Anteprojeto da Lei Geral de Aplicação das Normas Jurídicas de autoria do Professor Haroldo Valladão[79] pretendeu abandonar a conexão domiciliar (sem voltar à da nacionalidade) aplicando regras diferentes para categorias mais restritas.

Em matéria de personalidade, começo e fim, e os direitos de personalidade, inclusive o nome, o anteprojeto opta pela lei brasileira, *i.e.*, a *lex fori*, justificando que *"em hipótese alguma um juiz brasileiro aplicaria lei estrangeira que denegasse personalidade a um escravo, a um judeu, a alguém decretado civilmente morto, etc.".*[80] O mesmo diz o autor do anteprojeto quanto ao fim da personalidade, eis que inadmitimos o fim da personalidade pela morte civil ou religiosa.[81]

Quanto à capacidade de exercício, o anteprojeto adota o critério domiciliar.[82]

II. Em final de 1994, a Presidência da República enviou ao Congresso Nacional o Projeto de Lei nº 4.905, de 1995,[83] que dispõe sobre a aplicação das normas jurídicas, visando a substituir a Lei de Introdução. Neste projeto, em matéria de estatuto pessoal, propõe-se, no art. 8º, a seguinte regra:

> "Estatuto Pessoal – A personalidade, o nome, a capacidade e os direitos de família são regidos pela lei do domicílio. Ante a inexistência de domicílio ou na impossibilidade de sua localização, aplicar-se-ão sucessivamente a lei da residência habitual e a lei da residência atual".

Esse projeto recebeu parecer favorável do relator da Comissão de Constituição e Justiça da Câmara dos Deputados, mas antes de ser votado por este órgão, o governo retirou o projeto *"tendo em vista a necessidade de reexame da matéria"*. Uma das principais inovações do projeto, é o disposto em seu art. 11, de que as obrigações contratuais são regidas pela lei escolhida pelas partes, e mais inovadora e importante ainda é a norma do § 1º do mesmo artigo, de que, na

---

[78] Vide sobre a distinção da capacidade, Haroldo Valladão, *Direito Internacional Privado*, 1980, v. II, p. 7-8.
[79] Lei Geral de Aplicação das Normas Jurídicas – Anteprojeto oficial de reforma da Lei de Introdução ao Código Civil, apresentado pelo professor Haroldo Valladão ao Senhor Ministro da Justiça e Negócios Interiores, em 1964.
[80] Haroldo Valladão, *Direito Internacional Privado*, 1983, v. II, p. 7.
[81] Haroldo Valladão, *Direito Internacional Privado*, 1983, v. II, p. 8.
[82] Anteprojeto, art. 25 e seus parágrafos.
[83] Este projeto foi preparado pelos Professores João Grandino Rodas e Limongi França, da Universidade de São Paulo, Inocêncio Mártires Coelho, da Universidade de Brasília e Jacob Dolinger, da Universidade do Estado do Rio de Janeiro. Era um projeto com menos regras e sub-regras do que o projeto Valladão, tendo seguido, em linhas gerais, a orientação das mais modernas leis internas e convenções internacionais sobre a disciplina.

eventualidade de não ter havido escolha, ou se a escolha não for eficaz, o contrato será regido pela lei do país com o qual mantenha os vínculos mais estreitos.

III. Segue-se, no esforço de modernização dos fundamentos do direito brasileiro no campo da eficácia da lei no tempo e no espaço, o Projeto de Lei do Senado nº 269, de 2004, apresentado pelo Senador Pedro Simon. Neste projeto repete-se no art. 8º a regra do domicílio como governando personalidade, nome, capacidade e direitos de família, substituída, na ausência do domicílio, pela lei da residência habitual e da residência atual. E no art. 12 o Projeto repete a regra proposta no art. 11 do Projeto anterior sobre a liberdade de escolha da lei nas obrigações contratuais, seguindo-se no § 1º o disposto naquele, com maior detalhamento:

"Caso não tenha havido escolha ou se a escolha for ineficaz, o contrato, assim como os atos jurídicos em geral, serão regidos pela lei do país com o qual mantenham os vínculos mais estreitos".

O disposto no *caput* dos arts. 11 e 12, respectivamente, dos dois Projetos, sobre liberdade de escolha de lei aplicável, levaria o Brasil a integrar-se na comunidade jurídica internacional, que, por meio de leis internas e de inúmeras convenções, já consagrou a autonomia da vontade na determinação da lei aplicável e, com o parágrafo sobre a "regência da lei com vínculos mais estreitos", também presente nos dois projetos, estaria a lei brasileira se adequando à moderna visão do direito internacional privado, que vem deixando em segundo plano as regras de conexão fixas e rígidas, para adotar o princípio da proximidade, flexível, adaptável de caso a caso, na procura daquilo que sempre foi o objetivo principal da ciência conflitual – encontrar a lei mais apropriada para cada hipótese.

Estes projetos foram elaborados para substituir a Lei de Introdução, contendo as regras gerais que governam a aplicação das normas jurídicas, a solução para o conflito de leis no espaço e para o conflito de leis no tempo, ou seja, o Direito Internacional Privado e o Direito Intertemporal.

Atualmente a doutrina advoga que se projetem duas leis autônomas, uma de Direito Internacional Privado e outra para aplicação das normas jurídicas, que cuidaria dos aspectos gerais e intertemporais, reclamando que não se admite a promulgação de um novo Código Civil brasileiro, sem que se tenha sequer iniciado o procedimento para a substituição de sua lei introdutória.[84]

Como já referido, trataremos no Capítulo XI das demais regras de conexão, quando focalizaremos detalhadamente as alterações propostas no mais recente projeto de substituição da Lei de Introdução – o Projeto do Senado nº 269, de 2004.

## EXCEÇÃO DO DIREITO CAMBIÁRIO

Com relação ao Direito Cambiário, ao aprovar e introduzir em nossa legislação a Convenção Destinada a Regular Certos Conflitos de Leis em Matéria de Letras de Câmbio e Notas Promissórias, o legislador brasileiro abriu uma exceção à conexão domiciliar, eis que a Convenção estabelece que capacidade para comprometer-se cambiariamente conecta-se à lei da nacionalidade, como disposto em seu art. 2º: "A capacidade de uma pessoa para se obrigar por letra ou nota promissória é regulada pela respectiva lei nacional".

---

[84] João Grandino Rodas, Falta a Lei de Introdução ao Código Civil, *Gazeta Mercantil* de 21 de setembro de 2001, p. A-3.

O mesmo dispositivo se encontra na Convenção destinada a regular certos conflitos de leis em matéria de cheque, também aprovada e ratificada pelo Brasil.[85]

## OUTRAS REGRAS DE CONEXÃO PARA O ESTATUTO PESSOAL

*Religião* – Em muitos países asiáticos e africanos perdura a competência jurisdicional dos tribunais eclesiásticos e a aplicação das leis religiosas para as questões inseridas no estatuto e na capacidade das pessoas.

Quando a regra de conexão do DIP brasileiro indicar a aplicação da lei de um destes países para questões de estatuto e capacidade, aplicar-se-á a lei religiosa que o regime jurídico estrangeiro determina, assim como se homologarão as sentenças estrangeiras oriundas dos seus tribunais eclesiásticos. No Brasil, o Supremo Tribunal Federal fixou orientação no sentido de homologar sentenças estrangeiras de divórcios rabínicos do Estado de Israel e de divórcios prolatados por tribunais muçulmanos, só negando a homologação quando ocorre fórmula atentatória à nossa ordem pública, como nas hipóteses do "repúdio", em que o marido obtém a separação religiosa sem que a mulher seja consultada.[86]

No Estado de Israel há 14 comunidades religiosas reconhecidas, cada uma com sua jurisdição e aplicando sua lei: israelita, muçulmana, drusa, bahai e dez denominações cristãs.[87]

No passado, alguns países europeus submetiam à jurisdição religiosa as questões matrimoniais. Um decreto do Rei George II, da Inglaterra, de 1753, confirmou a competência das jurisdições religiosas para o casamento dos judeus e dos *quakers*.[88]

Na Polônia, pela Lei de 25 de junho de 1836, os casamentos dos judeus e dos muçulmanos ficavam submetidos aos preceitos das respectivas religiões, sistema que vigeu até a 2ª Guerra Mundial.

Haroldo Valladão proferiu opinião sobre interessante questão, lendo-se no sumário do parecer do ilustre professor: "*A nulidade do casamento entre um polonês e uma romena se determina pela lei nacional dos cônjuges. O direito polonês remete, em se tratando de judeus, ao direito rabínico e este não admite o erro de pessoa baseado na enfermidade da mulher, se o casamento se efetuou sem tal condição. O direito romeno, que admite o erro de pessoa no caso, não foi nem podia ser invocado pela mulher romena que conhecia o seu estado de saúde, nem pelo marido, que é polonês*".[89]

Na França, ficou famoso o Acórdão *Levinçon*, prolatado no início do século XX, referente a um casal de judeus russos que, vivendo neste país, contraiu núpcias civilmente perante a autoridade competente e casou-se religiosamente perante um rabino. A ação do divórcio da esposa foi indeferida pela Justiça francesa, inclusive pela Corte de Cassação, que aceitou a tese do marido, no sentido de que, sendo as questões de família regidas pela lei da nacionalidade, e como na Rússia os judeus estavam submetidos em questões matrimoniais à jurisdição religiosa, só se admitindo a dissolução de casamento de judeus por um rabino, o Judiciário francês

---

[85] É bem verdade que o Brasil aderiu a estas Convenções por decreto presidencial, em agosto de 1942, quando ainda vigia entre nós o princípio da nacionalidade, mas, como o Congresso Nacional aprovou as Convenções em 1964, pelo Decreto Legislativo nº 54, e estas entraram em vigor a partir do Decreto nº 57.663, de 1966, resulta que na vigência do regime geral da conexão domiciliar aceitamos, em matéria cambiária, o regime da conexão da nacionalidade.

[86] Vide Haroldo Valladão, DIP, III, p. 312.

[87] Vide S. Goldstein, *Civil Procedure in Israel*, Israel Law Review 17:475, 1982.

[88] Vide André Weiss, *Traité Théorique et Pratique de Droit International Privé*, v. III, 1909, p. 507.

[89] Haroldo Valladão, Nulidade de Casamento de Judeus, Marido Polonês e Mulher Romena – Lei aplicável – Direito Rabínico. In: Haroldo Valladão, *Estudos de Direito Internacional Privado*, 1974, p. 413.

não tinha competência para decretar o divórcio. Esta decisão foi criticada pela doutrina, eis que, não tendo os rabinos competência jurisdicional na França para dissolver casamentos de judeus, e ante a dificuldade de casais russos domiciliados na França retornarem à Rússia para ali processar seu divórcio, resultaria isto numa denegação de justiça.[90] (Não se compare esta hipótese com a de espanhóis domiciliados na França, que àquela época não podiam processar seu divórcio, pois neste caso tratava-se de aplicação da lei nacional que vedava a dissolução, enquanto no caso dos judeus, sua lei nacional-religiosa admitia o divórcio.)

Mais tarde, a jurisprudência francesa admitiu decretar o divórcio de pessoas na mesma situação do casal Levinçon, interpretando o direito estrangeiro como exigindo tão somente que um rabino emita um consentimento prévio, deixando ao juiz civil a decisão jurisdicional.[91]

Veremos no capítulo sobre Qualificações, o *Acórdão Caraslanis* em que se discutiu a validade do casamento de um grego perante a autoridade civil francesa, diante do não reconhecimento pela lei grega do casamento civil, dando exclusividade ao casamento religioso.[92]

Nos Estados Unidos a legislação do estado de Rhode Island exime os judeus de respeitar certos impedimentos matrimoniais não previstos na lei religiosa judaica, como a do tio com sua sobrinha.[93]

Proposta do Instituto de Direito Internacional – Em sua sessão de 2005, realizada na cidade de Cracóvia, o Instituto de Direito Internacional propôs que se evitasse utilizar a religião como critério de conexão.[94]

*Residência* – A residência é uma conexão subsidiária, geralmente aplicável quando a pessoa não tem domicílio, como preceituado no art. 7º, § 8º, da Lei de Introdução brasileira, no art. 26 do Código Bustamante e no art. 9º do Tratado de Montevidéu.[95]

Nos últimos anos, já vimos, tem crescido de importância a regra de conexão residência habitual, conforme disposto em várias convenções da Haia sobre matérias de direito de família, principalmente aquelas relativas à proteção de crianças.

*Foro* – Em matéria processual impera a *lex fori*, lei do local da ação, pois não se admite que o tribunal de um país processe por outras normas processuais que não as suas próprias. Mas na determinação da lei aplicável, excluídas as poucas legislações que adotam o princípio da territorialidade, a *lex fori* só é aceita como norma subsidiária, quando não se consegue provar a lei estrangeira aplicável ou quando a lei estrangeira aplicável choca a ordem pública do foro.

## JURISDIÇÃO COMPETENTE V. LEI APLICÁVEL

Um dos equívocos mais comuns em direito internacional privado é confundir jurisdição competente com lei aplicável. Na Lei de Introdução os dois fatores estão bem separados, não

---

[90] Vide Mélanges Antoine Pillet, Traité Pratique de Droit International Privé, v. II, 1923, p. 369, e Henri Batiffol e Paul Lagarde, *Droit International Privé*, 1993, v. II, p. 89. Vide também Jacob Dolinger, Direito Civil Internacional, 1997, t. I, p. 310 e ss.

[91] Henri Batiffol e Paul Lagarde, *Droit International Privé*, 1993, v. II, p. 91.

[92] A Grécia modificou seu regime pela Lei nº 1.250/1982 que alterou seu código, introduzindo o casamento civil. Vide *Revue*, 1982.790.

[93] Vide R. H. Graveson, *The Conflict of Laws*, p. 4, nota n. 3. Tribunais americanos têm aplicado direito judaico em questões de família. Vide A. Frank Baron, *The Treatment of Jewish Law in American Decisions*, Israel Law Review, v. IX, p. 1 e ss. Tribunais belgas, franceses e italianos têm decidido questões de aplicação de direito religioso. Vide *Revue*, 1982.297, *Clunet*, 1983.595, e 1984.373.

[94] *Revue*, 2005.859.

[95] Sobre aplicação de regras subsidiárias na lei turca de DIP, de 1982, vide *Revue*, 1983.151.

se justificando qualquer erro. Assim, enquanto os arts. 7º a 10 e o *caput* do art. 11 cuidam da lei aplicável para diversas áreas do direito, o art. 12 trata de competência jurisdicional. Em outro escrito apontamos para algumas decisões de nossos tribunais que não distinguiram estas duas vertentes do direito internacional privado, mas aqui queremos aludir a julgamento do Superior Tribunal de Justiça, que deixou patente a necessidade de cuidar da distinção.

Trata-se do Recurso Especial nº 325.587, julgado pela 4ª Turma do Tribunal, em setembro de 2007, sendo relator o Ministro Hélio Quaglia Barbosa.

Diz a ementa do acórdão:

"Cuida o art. 7º da LICC dos chamados conflitos de leis ('direito internacional privado'), isto é, tem por objetivo definir qual a norma de regência, se a nacional ou a alienígena; inservível, pois, para definir a competência, ou não, da Justiça brasileira".[96]

Em seu voto, o relator transcreve magistério de Cândido Rangel Dinamarco.[97]

---

[96] No entanto, mais tarde, na Sentença Estrangeira nº 1.763, julgada pelo STJ em maio de 2009, se lê na ementa do acórdão o seguinte: "4. A competência para conversão da separação judicial é exclusiva do juiz brasileiro, conforme inteligência do art. 7º da LICC, segundo o qual a lei do país em que for domiciliada a pessoa determina as regras sobre os direitos de família". Lamentável confusão entre jurisdição competente e lei aplicável.

[97] Cândido Rangel Dinamarco, *Instituições de Direito Processual Civil*, 2004, v. I, p. 351: "A problemática da competência internacional não coincide nem se confunde com a da extraterritorialidade do direito substancial. Como expressão do poder estatal, a jurisdição de um país é exercida exclusivamente nos lindes territoriais deste e sempre segundo as normas nacionais de direito processual. O direito material ao contrário, vai além-fronteiras em muitos casos, segundo normas de superdireito representadas pelo direito internacional privado (LICC, arts. 7º-11). Especialmente em contratos entre particulares, que são regidos pela disponibilidade própria do direito privado (comercial, civil) permite-se até que as partes indiquem a norma de regência, optando legitimamente pela lei do país que escolherem. O Código de Processo Civil admite claramente que juízes brasileiros julguem a causa segundo o direito estrangeiro que em cada caso tenha legítima pertinência (art. 337). É perfeitamente admissível, portanto, que, não obstante a competência internacional pertença à autoridade judiciária de dado Estado soberano, esse juiz internacionalmente competente venha a julgar segundo normas jurídico-substanciais de outro país e até mesmo dar-lhe efetividade mediante os atos do processo de execução forçada".

*Capítulo XI*
# REGRAS DE CONEXÃO E PRINCÍPIOS DO DIREITO INTERNACIONAL PRIVADO

Depois que estudamos a regra de conexão básica que fixa o domicílio para reger o estado e a capacidade da pessoa, passamos a estudar as demais regras de conexão que comandam a solução dos conflitos de leis, abrangendo todas as áreas do direito civil – família, coisas, contratos e direitos hereditários, bem como as regras processuais em questões transnacionais.

Também abordaremos os Princípios determinadores da lei aplicável no direito internacional privado.

## REGRAS DE CONEXÃO

### I – Casamento

O matrimônio, em suas variadas manifestações, apresenta um rol de regras de conexão, todas concentradas no art. 7º da Lei de Introdução. Predomina no matrimônio a lei do domicílio como estabelecido no *caput* do art. 7º. A variedade de etapas da "viagem nupcial" acarreta que a regra do domicílio se materialize por meio de nuances diversas, havendo também a necessidade de recorrer a outras regras, específicas, dirigidas a diferentes momentos e diferentes situações matrimoniais.

Temos no campo do matrimonio as seguintes etapas e situações:

Formalidades Nupciais Habilitantes, Formalidades de Celebração, Capacidade Nupcial/Validade Substancial do Casamento, Efeitos Pessoais do Casamento, Efeitos Patrimoniais do Casamento, Divórcio (anterior e posterior à Lei brasileira do divórcio) e Anulação do Casamento, Pais e Filhos.

*Formalidades Habilitantes*

A Lei de Introdução não contém regra expressa sobre as formalidades habilitantes quando pessoas regidas pela lei brasileira (domiciliados no Brasil, conforme o *caput* do art. 7º, que incluiu "os direitos de família" na regra de conexão básica do domicílio) se consorciam fora do Brasil. Haverá necessidade de prévia publicação de proclamas no domicílio brasileiro do cônjuge que aqui vive, para que, depois de contraídas núpcias no exterior, possa registrar o casamento no Brasil? A doutrina se manifesta a favor desta providência, conforme lição de Clóvis Beviláqua e, posteriormente, de Wilson de Souza Campos Batalha.[1]

O Projeto nº 269/2004 submetia uma solução para a hipótese nos §§ 1º e 2º do art. 9º com a seguinte fórmula:

---

[1] Vide Jacob Dolinger, *A Família no Direito Internacional Privado*, 1997, capítulo I, sobre os vários temas relacionados ao casamento.

"As pessoas domiciliadas no Brasil que se casarem no exterior, atenderão, antes ou depois do casamento, as formalidades para habilitação reguladas no Código Civil Brasileiro, registrando o casamento na forma prevista no seu art. 1.544".

O Projeto foi arquivado, demonstrando a leveza com que o Poder Legislativo brasileiro trata as questões de direito internacional privado, mas o referido entendimento doutrinário prevalece, havendo a possibilidade de aplicá-lo com a elasticidade apresentada no projeto quanto à época da realização das formalidades habilitantes – antes ou depois do casamento, quando de sua transcrição no Brasil, nos termos do art. 32, § 1º, da Lei dos Registros Públicos.

## Formalidades de Celebração

Quanto às formalidades do ato da celebração do casamento, o § 1º do art. 7º da LINDB é expresso:

"Realizando-se o casamento no Brasil, será aplicada a lei brasileira quanto aos impedimentos dirimentes e às formalidades de celebração".

O dispositivo está versado na forma unilateral – só se refere ao casamento realizado no Brasil. A regra nele contida deve ser interpretada bilateralmente – na hipótese de casamento realizado no exterior por pessoas domiciliadas no Brasil, serão observadas as formalidades da legislação local. Esta a aplicação correta da regra de conexão *lex loci celebrationis* – a lei do local da celebração do ato jurídico.

Essa regra tinha norma correspondente no Código Civil anterior, art. 204, que dispunha: "*O casamento realizado fora do Brasil prova-se de acordo com a lei do país onde se celebrou*", não havendo correspondente norma no atual Código. O sentido da norma antiga é de que a prova do ato se produz de acordo com a sua forma e, como as formas locais devem ser respeitadas, as provas se produzem de acordo com a respectiva legislação.

Integra o tema das formalidades de celebração o casamento oficiado pelo cônsul estrangeiro. Esse ato foge à regra geral da obediência à lei do local da celebração, pois a autoridade consular (e também, em certos países, a autoridade diplomática) não observa as formalidades da lei do país acreditante.

A Lei de Introdução dispõe no § 2º do art. 7º que "*o casamento de estrangeiros poderá celebrar-se perante autoridades diplomáticas ou consulares do país de ambos os nubentes*", prevendo, reciprocamente no art. 18, que, "*tratando-se de brasileiros, são competentes as autoridades consulares brasileiras para lhes celebrar o casamento e os mais atos de Registro Civil e de tabelionato, inclusive o registro de nascimento e de óbito dos filhos de brasileiro ou brasileira nascido no país da sede do Consulado*".

O cônsul ou diplomata estrangeiro no Brasil só poderá celebrar o casamento de duas pessoas de sua nacionalidade. Aqui o critério não é o do domicílio, porque não se trata de seleção de lei aplicável, mas de determinação de competência de representante de país estrangeiro, o qual, de acordo com as normas do direito internacional público, tem poderes tão somente para proteger e servir os seus nacionais e não as pessoas domiciliadas no país enviante. Se um representante estrangeiro oficiar o casamento de indivíduo de sua nacionalidade com um brasileiro, nosso país não reconhecerá a celebração, pois terá ocorrido um atentado à nossa soberania. O mesmo se dá na hipótese de o representante estrangeiro celebrar o casamento de dois estrangeiros, em que um apenas é de sua nacionalidade. Em ambas as situações, o funcionário diplomático ou consular terá exorbitado de seus poderes. A recíproca é verdadeira: cônsul brasileiro só pode oficiar casamento de brasileiros e não de um brasileiro com um estrangeiro. Esse é o entendimento da doutrina e da jurisprudência. É uma questão de reciprocidade – não devo dar a meu representante no exterior poderes mais amplos do que aqueles que reconheço no representante de soberania estrangeira em meu país.

## Capacidade Nupcial/Validade Substancial do Casamento

Como vimos, a capacidade para contrair núpcias, como a habilidade jurídica para todos os atos da vida civil, se rege pela lei do domicílio, significando que o casamento de estrangeiros celebrado no Brasil deverá respeitar os impedimentos matrimoniais do país do domicílio dos nubentes e, quando domiciliados em países diferentes, deverão ser respeitadas as normas impeditivas ao matrimônio de ambas as legislações. Isso decorre do art. 7º, *caput*, da Lei Introdutória. Já o § 1º acrescenta que, realizando-se o casamento no Brasil, deverão ser igualmente respeitados os impedimentos dirimentes da nossa lei. Não há contradição: os impedimentos da lei estrangeira serão respeitados de acordo com a norma geral da lei domiciliar regedora da capacidade e os impedimentos dirimentes da lei brasileira devem ser obedecidos por uma questão de ordem pública, pois não se concebe oficiar um casamento no Brasil que desrespeite normas cogentes, consagradas pelo princípio da ordem pública de nosso país.

Consequentemente, o casamento de duas pessoas domiciliadas em países diversos, celebrado no Brasil, deverá respeitar três legislações quanto aos impedimentos dirimentes: as leis dos dois países em que os nubentes são domiciliados e a lei brasileira.

Daí a inoperância do § 3º do art. 7º, que assim dispõe:

"Tendo os nubentes domicílio diverso, regerá os casos de invalidade do matrimônio a lei do primeiro domicílio conjugal".

Admita-se a hipótese de um domiciliado em Portugal que contraiu núpcias com uma domiciliada no Uruguai, celebrado o casamento no Brasil, tendo sido observadas as leis dos três países – Portugal, Uruguai e Brasil – e os cônjuges estabelecem seu primeiro domicílio conjugal em outro país, em cuja legislação o casamento é inválido. Poderemos considerar inválido o casamento devido a uma lei posterior que nenhuma competência tinha à época da contratação das núpcias? Seria um total desrespeito ao princípio dos direitos adquiridos. Efetivamente, o Supremo Tribunal Federal considerou este parágrafo, diante da sua contradição com o sistema estabelecido pela Lei Introdutória, como norma não escrita.[2]

O Projeto Lei do Senado nº 269/2004 cuidava dos vários temas inseridos no casamento internacional da seguinte forma:

"Artigo 9 – Casamento – As formalidades de celebração do casamento obedecerão à lei do local de sua realização.

§ 1º As pessoas domiciliadas no Brasil, que se casarem no exterior, atenderão, antes ou depois do casamento, as formalidades para habilitação reguladas no Código Civil Brasileiro, registrando o casamento na forma prevista no seu art. 1.544.

---

[2] STF, Sentença Estrangeira nº 2.085, Rel. Min. Luiz Gallotti, *DJ* 03.07.1971.

§ 2º As pessoas domiciliadas no exterior que se casarem no Brasil terão sua capacidade matrimonial regida por sua lei pessoal.

§ 3º O casamento entre brasileiros no exterior poderá ser celebrado perante autoridade consular brasileira, cumprindo-se as formalidades de habilitação como previsto no parágrafo anterior. O casamento entre estrangeiros da mesma nacionalidade poderá ser celebrado no Brasil perante a respectiva autoridade diplomática ou consular".

## Efeitos Pessoais do Casamento

As relações entre os cônjuges, quando a lei pessoal é a da nacionalidade, apresentam frequentes conflitos legais, bastando que a lei nacional de cada um dos consorciados disponha diversamente sobre algum aspecto da disciplina conjugal. No sistema da lei domiciliar, a ocorrência de conflitos é rara, eis que, via de regra, os cônjuges têm o mesmo domicílio, estando, assim, submetidos ao mesmo sistema jurídico. Contudo, conflitando o casal sobre o domicílio a ser estabelecido ou ao novo domicílio a ser fixado, estabelecendo-se cada um em domicílio diverso, teremos materializado um conflito intraconjugal.

Para essa situação a Lei Introdutória dispõe no § 7º do art. 7º:

"Salvo o caso de abandono, o domicílio do chefe da família estende-se ao outro cônjuge e aos filhos não emancipados (...)".

A rigor, esse dispositivo não foi afetado pela reforma que o Código Civil de 1916 sofreu pela Lei nº 4.121/1962, que libertou a mulher do jugo de seu marido, permitindo-lhe, inclusive, estabelecer domicílio à parte, porque a norma da Lei Introdutória se refere ao domicílio para efeitos legais. Assim, mesmo com a liberdade da mulher para estabelecer seu domicílio de fato em país diverso do fixado pelo marido, para as relações entre os dois, o domicílio *de jure* continuava sendo o do marido.[3]

Já com a Constituição de 1988, modificou-se a situação por força de seu art. 226, § 5º, que estabelece que "*os direitos e deveres referentes a sociedade conjugal são exercidos igualmente pelo homem e pela mulher*", o que vem confirmado no novo Código Civil, art. 1.511:

"O casamento estabelece comunhão plena de vida, com base na igualdade de direitos e deveres dos cônjuges".[4]

Consequentemente, o disposto no art. 7º, § 7º, da Lei de Introdução não foi recepcionado pela Constituição de 1988.

O Projeto nº 269 do Senado, visando uma nova Lei de Introdução, dispunha a respeito dessa questão no § 5º do art. 9º da seguinte maneira:

"Se os cônjuges tiverem domicílios ou residências diversos, será aplicada aos efeitos pessoais do casamento a lei que com os mesmos tiver vínculos mais estreitos".

---

[3] Essa interpretação conciliatória entre a Lei de Introdução e a Lei nº 4.121, que reformou o Código Civil, foge ao que escreveu Jacob Dolinger, *Direito Civil Internacional*, v. 1., t. 1, 1997, p. 126.

[4] O Código Bustamante dispõe em seu art. 43: "Aplicar-se-á o direito de ambos os cônjuges, e, se for diverso, o do marido, no que toque aos deveres respectivos de proteção e de obediência, a obrigação ou não da mulher de seguir o marido quando mudar de residência, à disposição e administração dos bens comuns e aos demais efeitos especiais do matrimônio". Naturalmente que esse dispositivo não será observado no Brasil, mormente porque fere uma norma constitucional.

Essa proposta seguia o princípio da proximidade, ou seja, a lei que tenha laços mais íntimos com a relação jurídica em causa, princípio este que vem sendo introduzido nas várias áreas do Direito Internacional Privado.

## Obrigação Alimentar entre os Cônjuges

Esta matéria é regida entre nós pela Convenção Interamericana sobre Obrigações Alimentares, que cobre a obrigação entre cônjuges, bem como entre pais e filhos.

Dispõe a Convenção, em seu art. 6º, que a lei aplicável será a que for mais benéfica para o credor dos alimentos dentre as leis do país do domicílio ou residência habitual do credor e do domicílio ou residência habitual do devedor. A lei aplicável determinará a quantificação do valor dos alimentos, as épocas e condições do pagamento, quem pode representar o credor no pedido de alimentos e outras condições necessárias para o exercício do direito aos alimentos (art. 7º). Segue meticulosamente o Princípio da Proteção que será visto mais adiante.

A Convenção foi ratificada pelo Brasil pelo Decreto nº 2.428, de 17 de dezembro de 1997.

O Brasil também é membro da Convenção de Nova York sobre Prestação de Alimentos no Estrangeiro, patrocinada pelas Nações Unidas, que a aprovou em 1956.[5] Esse diploma internacional visa facilitar a obtenção de alimentos por alguém que se encontra em um país membro de pessoa que se encontre em outro país membro, para cuja finalidade a Convenção instituiu uma série de meios e procedimentos específicos como complemento aos meios existentes nos direitos internos e no direito internacional.

Por fim, o Decreto nº 9.176/2017 promulgou a Convenção da Haia sobre a Cobrança Internacional de Alimentos para Crianças e Outros Membros da Família, bem como o Protocolo sobre Lei Aplicável às Obrigações de Prestar Alimentos.

## Efeitos Patrimoniais do Casamento – O Regime de Bens

No regime anterior a 1942, quando vigorava a Introdução do Código Civil de 1916, ocorria uma situação interessante: em seu art. 8º, a Lei Introdutória determinava que a lei nacional da pessoa defina o regime de bens no casamento. Como poderia ocorrer hipótese de marido e mulher com nacionalidades diferentes, aplicar-se-ia a lei da nacionalidade do marido, conforme entendeu a jurisprudência, seguindo a tendência universal durante a primeira parte do século XX, de fazer prevalecer a lei do marido sobre a lei da mulher. Em 1928, com a ratificação, pelo Brasil, do Código Bustamante, o panorama se alterou, eis que o mesmo dispõe no art. 187 que:

> "Os contratos matrimoniais regem-se pela lei pessoal comum dos contratantes e, na sua falta, pela do primeiro domicílio matrimonial".

Como o Brasil aprovou o Código, cessou a preferência pela lei da nacionalidade do marido, aplicando-se a lei do primeiro domicílio do casal.

Seguiu-se a promulgação da Lei de Introdução de 1942, que dispõe no § 4º do art. 7º:

> "O regime de bens, legal ou convencional, obedece à lei do país em que tiverem os nubentes domicílio, e, se este for diverso, a do primeiro domicílio conjugal".

---

5   Promulgada pelo Decreto nº 56.826, de 2 de setembro de 1965.

Temos, assim, perfeita harmonia entre o direito interno e o direito convencional. E não admitimos a aplicação aos bens do casal da regra de conexão *lex rei sitae*, que determina a regência da legislação do local do bem. O regime de bens é uno e universal. Naturalmente que, se um casal domiciliado no Brasil tiver bens em país que determina a aplicação da lei local, como ocorre na Inglaterra, por exemplo, a aplicação de outra legislação pode acarretar a não efetividade das decisões prolatadas.

Do disposto na Lei Introdutória resulta que cônjuges que tinham o mesmo domicílio antes do casamento, terão suas relações patrimoniais regidas pela lei deste Estado, irrelevante a escolha de outro país para o domicílio matrimonial. E os cônjuges que tinham domicílio diverso ao casar, terão seus bens regidos pela lei do primeiro domicílio conjugal, sem relevância a adoção posterior de outro domicílio conjugal. Esta bifurcação não é lógica, pois tanto nubentes com o mesmo domicílio, como os que têm domicílio diverso ao casar, deveriam ser regidos pela lei do primeiro domicílio conjugal, resultante da vontade de viverem em país diverso daquele em que estavam ao se matrimoniar.

Outra dificuldade no disposto na Lei de Introdução é a comparação do regime convencional ao legal. No primeiro, considerando que versa regime estabelecido pela vontade dos nubentes, por meio de pacto antenupcial, a vontade deles deveria ser respeitada integralmente, inclusive para a escolha de submeter seu patrimônio à lei de outro Estado, não devendo ficar adstritos à lei do primeiro domicílio conjugal.

O Projeto nº 269 do Senado, que foi apresentado pelo Senador Pedro Simon, era bem detalhado e atendia aos problemas aqui apontados. Rezava o art. 10 do projeto:

> "O regime de bens obedece à lei do país do primeiro domicílio conjugal, ressalvada a aplicação da lei brasileira para os bens situados no País que tenham sido adquiridos após a transferência do domicílio conjugal para o Brasil.
>
> Parágrafo único. Será respeitado o regime de bens fixado por convenção que tenha atendido à legislação competente, podendo os cônjuges que transferirem seu domicílio para o Brasil adotar, na forma e nas condições do § 2º do art. 1.639 do Código Civil Brasileiro, qualquer dos regimes de bens admitidos no Brasil".

A Lei de Introdução, vigente desde 1942, dispõe no § 5º do art. 7º:

> "O estrangeiro casado que se naturalizar brasileiro, pode, mediante expressa anuência de seu cônjuge, requerer ao Juiz, no ato de entrega do decreto de naturalização, se apostile ao mesmo a adoção do regime de comunhão parcial de bens, respeitados os direitos de terceiros e dada esta adoção ao competente registro".

No projeto do Senado, como vimos, a adoção solicitada do regime de bens vigente no Brasil não se restringia ao estrangeiro que se naturalizava, mas também àquele que, domiciliado com seu cônjuge no exterior, transferia seu domicílio para o Brasil.[6]

## Divórcio

No longo período em que o divórcio era vedado no Brasil, por força de norma constitucional, os brasileiros que se divorciavam no exterior só obtinham reconhecimento da

---

[6] As questões ocorridas devido à sucessiva alteração do regime legal (Introdução de 1916, Código Bustamante, LICC de 1942) e as soluções dadas pela jurisprudência vêm relatadas em Jacob Dolinger, *A Família no Direito Internacional Privado*, 1997.

sentença estrangeira para efeito de dissolução da sociedade matrimonial, como desquite. Com a alteração produzida por Emenda Constitucional, seguida da Lei de Divórcio, ambos de 1977, o divórcio foi regulamentado em nosso país. Consequentemente, o divórcio proferido no exterior poderá ser homologado no Brasil. Além disso, deverão ser atendidos os requisitos para a homologação de sentença estrangeira.

A primeira parte do § 6º do art. 7º da Lei Introdutória, reformado após 1977 e adaptado em 2009 às mudanças ocorridas na legislação divorcista, ficou com a redação que se segue:

> "O divórcio realizado no estrangeiro, se um ou ambos os cônjuges forem brasileiros, só será reconhecido no Brasil depois de 1 (um) ano da data da sentença, salvo se houver sido antecedida de separação judicial por igual prazo, caso em que a homologação produzirá efeito imediato, obedecidas as condições estabelecidas para a eficácia das sentenças estrangeiras no país".

Consideradas as sentenças estrangeiras de divórcio envolvendo brasileiros anteriores à promulgação da lei brasileira de divórcio, que só eram homologadas para efeitos patrimoniais, o mesmo parágrafo da Lei Introdutória adicionou ao dispositivo novo trecho:

> "O Superior Tribunal de Justiça, na forma de seu regimento interno, poderá reexaminar, a requerimento do interessado, decisões já proferidas em pedidos de homologação de sentenças estrangeiras de divórcio de brasileiros, a fim de que passem a produzir todos os efeitos legais".

Tendo em vista a promulgação da Lei nº 11.441, de 4 de janeiro de 2007, que permitiu divórcios e separações pela via administrativa, a Lei nº 12.874, de 29 de outubro de 2013, alterou o art. 18 da Lei de Introdução, acrescentando-lhe os §§ 1º e 2º, de modo a possibilitar às autoridades consulares brasileiras que celebrem a separação e o divórcio consensuais de brasileiros no exterior. Eis a redação do art. 18:

> "Art. 18. Tratando-se de brasileiros, são competentes as autoridades consulares brasileiras para lhes celebrar o casamento e os mais atos de Registro Civil e de tabelionato, inclusive o registro de nascimento e de óbito dos filhos de brasileiro ou brasileira nascido no país da sede do Consulado.
> § 1º As autoridades consulares brasileiras também poderão celebrar a separação consensual e o divórcio consensual de brasileiros, não havendo filhos menores ou incapazes do casal e observados os requisitos legais quanto aos prazos, devendo constar da respectiva escritura pública as disposições relativas à descrição e à partilha dos bens comuns e à pensão alimentícia e, ainda, ao acordo quanto à retomada pelo cônjuge de seu nome de solteiro ou à manutenção do nome adotado quando se deu o casamento.
> § 2º É indispensável a assistência de advogado, devidamente constituído, que se dará mediante a subscrição de petição, juntamente com ambas as partes, ou com apenas uma delas, caso a outra constitua advogado próprio, não se fazendo necessário que a assinatura do advogado conste da escritura pública".

*Anulação de Casamento*

Na hipótese de casamento celebrado no exterior e apresentando-se uma das partes perante jurisdição brasileira, pleiteando a sua invalidade, teríamos que atentar para a lei do local da celebração, em tudo que diz respeito às formalidades nupciais.

*Pais/Filhos*

Determina o § 7º do art. 7º da Lei de Introdução que o domicílio do chefe da família estende-se aos filhos não emancipados.

Haroldo Valladão, grande batalhador pela proteção da parte mais fraca nas relações jurídicas, advogou a aplicação da lei mais favorável aos filhos, em toda matéria atinente à relação entre pais e filhos, seja a lei da nacionalidade, do domicílio, da residência, do pai, da mãe ou do filho. Em seu Projeto de Aplicação das Normas Jurídicas, propôs, no art. 41, a seguinte fórmula: "A filiação em todas as suas formas e os direitos e deveres dele resultantes reger-se-ão segundo a lei mais favorável ao filho dentre as leis da nacionalidade, do domicílio ou da residência do pai, da mãe, ou do mesmo filho". Idêntica norma foi por ele inserida no projeto em relação à tutela e à curatela.

Como já visto, o disposto na Lei Introdutória quanto à preferência do pai não mais se aplica. Atualmente, a matéria é regida pelo atual Código Civil, arts. 1.566 e 1.567, que equipara marido e mulher em todas as áreas da vida familiar, inclusive na relação entre pais e filhos.

O Projeto do Senado consagrava parcialmente a ideia de Valladão ao dispor, no art. 8º, parágrafo único:

"As crianças, os adolescentes e os incapazes são regidos pela lei do domicílio de seus pais ou responsáveis; tendo os pais ou responsáveis domicílios diversos, regerá a lei que resulte no melhor interesse da criança, do adolescente ou do incapaz".

"O melhor interesse da criança" é a fórmula básica da Convenção da ONU sobre os Direitos da Criança aprovada em 1989,[7] a Convenção que conta com o maior número de Estados-partes.

O Brasil é parte de três convenções que cuidam da remoção ilegal de crianças.

A Convenção sobre Restituição Internacional de Menores, aprovada em Montevidéu em 1989,[8] no âmbito da Conferência Interamericana de Direito Internacional Privado (CIDIP) e a Convenção da Haia relativa aos Aspectos Civis do Sequestro Internacional de Menores, aprovada em 1980,[9] ambas visando corrigir o chamado sequestro internacional de crianças, geralmente por seus próprios pais em situações de ruptura familiar dos genitores de nacionalidades diferentes, em que um remove ilegalmente a criança de sua residência habitual ou a retém ilegalmente em outro país, sem atentar para a vontade do outro genitor.

A terceira convenção é a Convenção Interamericana sobre Tráfico Internacional de Menores,[10] que cuida do tráfico ilegal de crianças, matéria de caráter penal, visando coibir a subtração de crianças transferidas ou retidas com propósitos de prostituição, exploração sexual, servidão ou qualquer outro objetivo ilícito.

O Brasil é parte da Convenção de Nova York de 1956,[11] sob os auspícios da ONU, que visa facilitar processualmente a obtenção de alimentos por uma pessoa que se encontra em um país contratante de outra pessoa que se encontra em outro país contratante. Essa convenção se aplica igualmente a cônjuges, ex-cônjuges, pais e filhos, ou seja, a todas as relações familiares em que exista obrigação de uma parte de prestar alimentos a outra parte.

---

[7] Promulgada pelo Decreto nº 99.710, de 21 de novembro de 1990.
[8] Promulgada pelo Decreto nº 1.212, de 3 de agosto de 1994.
[9] Promulgada pelo Decreto nº 3.413, de 14 de abril de 2000.
[10] Promulgada pelo Decreto nº 2.740, de 20 de agosto de 1998.
[11] Promulgada pelo Decreto nº 56.826, de 2 de setembro de 1965.

O Brasil também é membro da Convenção Interamericana sobre Obrigação Alimentar, aprovada em Montevidéu em 1989, e da Convenção da Haia sobre a Cobrança Internacional de Alimentos para Crianças e Outros Membros da Família, bem como do Protocolo sobre Lei Aplicável às Obrigações de Prestar Alimentos. No campo da adoção de crianças, o Brasil é membro da Convenção Interamericana sobre Conflitos de Leis em Matéria de Adoção de Menores, aprovada em La Paz, de 1984,[12] e da Convenção Relativa à Proteção das Crianças e à Cooperação em Matéria de Adoção Internacional.[13] O Brasil também é membro da Convenção de Proteção da Criança da ONU, de 1989.

O Estatuto da Criança e do Adolescente – Lei nº 8.069, de 13 de julho de 1990 – contém uma série de normas relativas à adoção internacional, muito rigorosas quanto à aceitação de adoção de criança brasileira por pais estrangeiros, sempre concedida preferência a pais brasileiros.[14] Registre-se também a importância da Resolução nº 289 do Conselho Nacional de Justiça, de 14 de agosto de 2019, que dispõe sobre a implantação e funcionamento do Sistema Nacional de Adoção e Acolhimento – SNA, permitindo a inclusão de pretendentes estrangeiros.

## II – Direitos Hereditários

A Lei de Introdução, no art. 10, dispõe que:

"A sucessão por morte ou por ausência obedece à lei do país em que domiciliado o defunto ou o desaparecido, qualquer que seja a natureza e a situação dos bens.
§ 1º A sucessão de bens de estrangeiros, situados no País, será regulada pela lei brasileira em benefício do cônjuge ou dos filhos brasileiros, ou de quem os represente, sempre que não lhes seja mais favorável a lei pessoal do *de cujus*.
§ 2º A lei do domicílio do herdeiro ou legatário regula a capacidade para suceder".

Resulta do *caput* do artigo que todos os aspectos da herança, a ordem de sucessão, a forma de distribuição do patrimônio do falecido, serão regidos pela lei do domicílio do *de cujus*, irrelevante o país em que este morreu ou o país em que os herdeiros são domiciliados. Naturalmente que, para bens que se encontrem em outro país, deverá se atentar para a legislação estrangeira, sob pena de a decisão proferida pela jurisdição brasileira não ser efetiva. Especula-se sobre o cabimento de compensação, pela qual os bens sitos no Brasil terão sua divisão calculada de forma a compensar determinações da lei estrangeira contrárias às nossas regras de sucessão.

Naturalmente, há de se verificar qual a jurisdição competente. Geralmente será a do país em que os bens se encontram – *forum rei sitae*. Resulta que, na hipótese de *de cujus* que faleceu domiciliado no Brasil, mas cujo patrimônio se encontra em outro país, é possível que, segundo a legislação estrangeira, a Justiça brasileira não tenha jurisdição para decidir sobre a divisão do patrimônio e o dispositivo da Lei Introdutória não terá como ser aplicado.

A Conferência de Direito Internacional Privado de Haia aprovou algumas convenções sobre matéria sucessória – Forma de Disposições Testamentárias, Administração Internacional de Sucessões e Lei Aplicável às Sucessões *Causa Mortis* e também uma convenção sobre *trusts*, mas o Brasil não aderiu a nenhum desses diplomas internacionais. Na União Europeia,

---

[12] Promulgada pelo Decreto nº 2.429, de 17 de dezembro de 1997.
[13] Promulgada pelo Decreto nº 3.087, de 21 de junho de 1999.
[14] *A Criança no Direito Internacional Privado*, de Jacob Dolinger, cuida de todos os aspectos relativos à posição e aos direitos da criança no plano internacional.

o Regulamento nº 650/2012 dispõe sobre a competência, a lei aplicável, o reconhecimento e execução de decisões em matéria de sucessão.

A disposição do § 1º está igualmente prevista na Constituição Federal, que dispõe no art. 5º, XXXI:

"A sucessão de bens de estrangeiros situados no País será regulada pela lei brasileira em benefício do cônjuge ou dos filhos brasileiros, sempre que não lhes seja mais favorável a lei pessoal do *de cujus*".

O disposto no § 2º da vigente Lei Introdutória pareceria contraditar o *caput* que determina a aplicação da lei do domicílio do falecido, e não do herdeiro, como referido nesse parágrafo.

A solução dada foi interpretar o disposto nesse parágrafo no sentido de se referir à qualidade de herdeiro, ou seja, sua relação familiar com o falecido – isto dependerá da lei de seu domicílio.

## III – Bens

Determina o art. 8º da Lei de Introdução:

"Para qualificar os bens e regular as relações a eles concernentes, aplicar-se-á a lei do país em que estiverem situados.

§ 1º Aplicar-se-á a lei do país em que for domiciliado o proprietário, quanto aos bens móveis que ele trouxer ou se destinarem a transporte para outros lugares.

§ 2º O penhor regula-se pela lei do domicílio que tiver a pessoa, em cuja posse se encontre a coisa apenhada".

O *caput* do artigo segue a regra de conexão *lex rei sitae* – a lei do local da situação do bem. Essa norma decorre de um princípio de ordem pública ou simplesmente obedece à necessidade da boa ordem, pois não se conceberia que imóveis situados no mesmo território sejam regidos por leis diversas, cada um pela lei pessoal de seu proprietário. Note-se, porém, que a norma só se refere ao direito real, sem influência sobre a capacidade do adquirente do bem, que é regida por sua lei pessoal. Tampouco a norma se aplica às relações contratuais relativas a bens. Originalmente, na época dos estatutários, a norma se referia a todos os bens, móveis e imóveis, mas, já a partir de Bártolo, formou-se a tendência de distinguir os móveis que seguiam a lei de seu proprietário, traduzido na expressão *mobilia sequuntur personam*, os móveis seguem as pessoas.[15]

No Brasil, seguiu-se o critério original da equivalência de todos os bens quanto à lei de sua localização, haja vista a norma da Introdução de 1916, que, no art. 10, formulava que "*Os bens, móveis ou imóveis estão sob a lei do lugar onde situados...*". O mesmo dispõe o art. 15 do Código Bustamante, que determina: "*Os bens, seja qual for a sua classe, ficam submetidos à lei do lugar*". A Lei Introdutória de 1942 não alterou essa posição.

Decorre da *lex rei sitae* a distinção dos bens em móveis e imóveis, assim como as demais classificações e qualificações jurídicas dos bens (arts. 112 e 113 do Código Bustamante).

O § 1º seria uma exceção à regra geral do *caput*, referindo-se a bens *in transitu* com relação aos quais há de se evitar bruscas mudanças ocasionadas pela mobilidade do bem – daí a solução de se lhes aplicar a lei do domicílio do proprietário.

---

[15] Oscar Tenório, *Direito Internacional Privado*, 1976, v. 2, p. 156.

A redação do dispositivo não é clara – *"que ele (proprietário) trouxer ou que se destinarem a transporte para a outros lugares"*. São duas hipóteses que recebem o mesmo tratamento ou, a rigor, é uma só hipótese que devemos ler como dizendo que os bens móveis que o proprietário traz consigo, por se destinarem a transporte para outros lugares, são regidos pela lei do seu domicílio?

Assim, se possuo um quadro de Rembrandt exposto em minha residência em Belo Horizonte, mesmo se me ausento do país, estabelecendo domicílio no exterior, continua-se aplicando à peça de arte a lei brasileira – *lex situs* –, mas meu relógio de ouro marca *Schaffhausen*, que normalmente levo comigo, será regido pela lei do meu domicílio independentemente do local onde o objeto se encontre.

Oscar Tenório advoga a mesma interpretação para o § 2º sobre o penhor (regulado pela lei do domicílio da pessoa em cuja posse se encontre a coisa apenhada), sustentando que a *lex rei sitae* é igualmente válida para o penhor – uma vez que a coisa apenhada está efetivamente situada no domicílio da pessoa em cuja posse direta ela se encontra.[16]

Já Haroldo Valladão critica asperamente o legislador, classificando o § 1º de "*infelicíssimo texto, cópia de mau texto argentino (...) não é possível que bens e mercadorias sitos no Brasil fiquem sujeitos à lei estrangeira, da nacionalidade ou do domicílio do proprietário (...)*".[17]

A norma do parágrafo único segue a orientação estabelecida pelo princípio da proximidade. Preferimos a fórmula do Projeto de Lei nº 4.905/1995, cujo art. 10 não distinguia bens móveis de imóveis, simplesmente dispondo que "*Os bens e os direitos reais são qualificados e regidos pela lei do local de sua situação*".

## IV – Obrigações Contratuais

Há muitos séculos se discute qual deve ser a lei a reger as obrigações contratuais de caráter internacional. Basicamente debateu-se entre a lei em que o contrato é firmado e a lei em que a obrigação contratual deve ser cumprida: *lex loci contractus* v. *lex loci solutionis*. Uma terceira opção foi apresentada – a primeira para a validade e interpretação do contrato e a segunda para o seu cumprimento. Essa posição foi advogada por Bártolo de Saxoferato. Para os contratos de compra e venda, as principais opções giraram em torno da lei do país do vendedor e da lei do país do comprador. Nos contratos que se formam por meio de troca de correspondência internacional, a dúvida se centra em saber qual o local em que o contrato se constitui – a *lex loci contractus* – o país em que uma das partes propôs a contratação ou o país em que a outra parte aceitou a proposta.

No que se refere à forma do contrato, a regra universalmente aceita sempre foi a da *locus regit actum* – a lei do local onde o ato ou contrato se realiza. Nas convenções modernas, passou-se a estabelecer duas opções para reger a validade formal do contrato – a lei do local de sua contratação ou a lei que rege a substância do contrato.

No Brasil, a Lei de Introdução de 1942 adotou a *lex loci contractus*, dispondo no art. 9º:

"Para qualificar e reger as obrigações, aplicar-se-á a lei do país em que se constituírem".[18]

---

[16] Oscar Tenório, *Direito Internacional Privado*, 1976, v. 2, p. 163.
[17] Haroldo Valladão, *Direito Internacional Privado*, 1976, v. II, p. 163.
[18] Jacob Dolinger, *Contratos e obrigações no Direito Internacional Privado*, 2007, p. 499 e ss.

A caracterização do local da constituição do contrato, quando as partes não se encontram no mesmo país, efetuando o contrato à distância pelas vias de comunicação – o que ocorre na maioria dos casos –, está fixada no § 2º do mesmo artigo, que determina que:

"A obrigação resultante do contrato reputa-se constituída no lugar em que residir o proponente".

Assim, a rigor, a norma do § 2º é uma simples complementação do *caput*. Este determina a aplicação da lei do país da constituição do contrato e aquele define que este é o país onde reside o proponente, no caso de contrato entre ausentes. Isso significa que, se a parte proponente vive no país A e, encontrando-se no país B, endereça uma proposta para alguém no país C, deverá ser considerado como local da constituição do contrato o país A – da residência do proponente. Mas há uma interpretação liberal, no sentido de que o local a ser designado como da constituição do contrato é aquele de onde partiu a proposta (e não onde reside o proponente – na hipótese acima aventada, o local da constituição do contrato será o país B).

Quanto à faculdade de as partes escolherem a lei aplicável a contrato internacional, apesar do silêncio do legislador, a melhor doutrina entende que essa escolha é aceita em nosso sistema jurídico.[19]

O legislador inseriu no art. 9º uma regra sobre as formas essenciais e os requisitos formais de contrato a ser executado no Brasil, determinando no § 1º que:

"Destinando-se a obrigação a ser executada no Brasil e dependendo de forma essencial, será esta observada, admitidas as peculiaridades da lei estrangeira quanto aos requisitos extrínsecos do ato".

A Convenção de Roma, de 1980, sobre a Lei Aplicável às Obrigações Contratuais, da Comunidade Europeia, adotou um critério diferente – a lei do país com o qual o contrato apresente uma conexão mais estreita. Essa regra segue o princípio da proximidade, que será examinado mais adiante.

Várias convenções posteriores seguiram o mesmo princípio: a Convenção de Haia de 1985 sobre a Lei Aplicável ao *Trust* e seu Reconhecimento, a Convenção de Haia de 1986 sobre a Lei Aplicável a Contrato de Venda Internacional de Mercadorias e a Convenção Interamericana de 1994, sobre a Lei Aplicável aos Contratos.

Posteriormente, a Convenção de Roma foi substituída pelos órgãos dirigentes da Comunidade Europeia, relegando as normas decorrentes do princípio de proximidade para segundo plano e restabelecendo regras de conexão mais tradicionais, específicas para diversos tipos de contrato – venda, prestação de serviços, transporte, contrato imobiliário. Trata-se do Regulamento nº 593/2008, que passou a ser denominado "Roma I".

Aplicamos a regra da lei do local da celebração para reger a forma do ato contratual – *locus regit actum*; apesar de não estar expressamente formulada na Lei Introdutória, contém ela uma norma que a consagra – o art. 13 –, que dispõe que:

"A prova dos fatos ocorridos em país estrangeiro, rege-se pela lei que nele vigorar, quanto ao ônus e aos meios de produzir-se (...)".

---

[19] Sobre o tema, ver Jacob Dolinger, *Contratos e obrigações no Direito Internacional Privado*, 2007.

Como a prova de um fato ou ato jurídico depende da forma empregada, temos que as formas a serem utilizadas seguem a lei do local da realização.

## V – Obrigações por Atos Ilícitos

A regra *lex loci delicti commissi* – o ato danoso deve ser julgado de acordo com a lei do lugar onde foi cometido – é tão antiga quanto o próprio Direito Internacional Privado.

Modernamente, estabeleceu-se uma divergência nas hipóteses em que o ato é praticado em uma jurisdição e o dano é sofrido em outra. *Lex loci delicti* significa aplicar a lei do país do cometimento do ato danoso ou a lei do país em que o prejuízo foi sofrido: *lex loci commissi* ou *lex danni*? Se entendermos que a responsabilidade civil visa repor o prejudicado ao seu *status quo ante*, seria mais lógico aplicar a legislação do local onde ele vive, onde sofreu o dano, onde ficou diminuído em seu estado de saúde, em seu patrimônio material ou moral.

Os princípios da proximidade e da proteção, que serão examinados adiante, levam a optar pela lei do local em que o ato operou suas consequências, pois esta fica mais próxima do que qualquer outra ao direito de indenização, e o prejudicado tem direito à proteção que sua lei lhe faculta. Resta saber se ele tem a faculdade de optar pela aplicação da lei do local em que o ato danoso foi praticado. Novamente, o princípio da proteção, mais o princípio da autonomia da vontade, leva a uma resposta favorável.

A Comissão das Comunidades Europeias aprovou um Regulamento sobre a lei aplicável às obrigações não contratuais, que vem sendo denominada de "Roma II" (em contraposição ao Regulamento sobre as obrigações contratuais que reformulou a Convenção de Roma, que é conhecido como "Roma I"), que estabelece como regra geral a aplicação da lei do país em que o dano foi sofrido.

A lei aplicável cobre tanto a questão da ilicitude ou não do ato danoso como a forma de calcular a indenização. Há uma crítica à regra *lex damni*, porque é possível ocorrer que o ato praticado não seja ilícito na lei da jurisdição do autor do ato, e que acabará sendo condenado de acordo com a lei da jurisdição da pessoa que sofreu o dano, cuja legislação considera ilícito o ato praticado. Contudo, há um entendimento de que a indenização não depende de o ato praticado ser ilícito, pois se trata de responsabilidade civil *lato sensu*.

A Conferência de Direito Internacional de Haia aprovou duas convenções em matéria de danos: lei aplicável a acidentes rodoviários e lei aplicável à responsabilidade pela fabricação de produtos. O Brasil não é parte dessas convenções. No âmbito do Mercosul, o Brasil é parte do Protocolo de São Luiz sobre Matéria de Responsabilidade Civil Emergente de Acidentes de Trânsito entre os Estados-Partes do Mercosul, em vigor entre nós desde julho de 2001.

Já o Projeto do Senado adotou a teoria moderna que segue o princípio da proximidade, propondo no seu art. 13:

> "As obrigações resultantes de atos ilícitos serão regidas pela lei que com elas tenha vinculação mais estreita, seja a lei do local da prática do ato, seja a do local onde se verificar o prejuízo, ou outra lei que for considerada mais próxima às partes ou ao ato ilícito".

## PRINCÍPIOS DE DIREITO INTERNACIONAL PRIVADO

Temos Princípios Positivos que acompanham as Regras de Conexão, justificam-nas, reforçam-nas e às vezes chegam a se confundir com elas.

E os Princípios Negativos que impedem ou modificam a aplicação das Regras de Conexão. Estes estudaremos nos capítulos que se seguem, representados pelo Reenvio, a Qualificação, a Ordem Pública, a Fraude à Lei, a Questão Prévia e a Instituição Desconhecida.

**Princípios Positivos**

*I – Proximidade*

O mais relevante princípio do moderno direito internacional privado é o da proximidade, que estabelece que as relações jurídicas devem ser regidas pela lei do país com a qual haja a mais íntima, próxima, direta conexão. Esse critério, muito mais flexível do que as regras de conexão, decorre do progressivo abandono de abordagens de natureza técnica e maior atenção às realidades sociais e econômicas que embasam o fenômeno jurídico.

A lei mais próxima é a mais conectada com as partes e/ou com a relação jurídica – é a lei mais talhada, mais adequada, mais apropriada para a causa em questão, portanto, a mais pertinente. Nesse sentido, a proximidade guarda relação com a ideia de adequação.

Várias modernas convenções internacionais sobre direito internacional privado consagraram esse princípio e ele também aparece no direito de vários países que modernizaram suas leis de direito internacional privado, bem como nos projetos apresentados ao Congresso visando a substituição da Lei de Introdução. Esse princípio se manifesta principalmente na área dos contratos internacionais, mas também tem aparecido com frequência no campo do direito de família.

Lembram autores que, quando Savigny falava na busca da sede da relação jurídica, estaria lançando a ideia da proximidade. Outras teorias apareceram ao longo dos anos, como a inglesa sobre "*the proper law of the contract*", que pode facilmente evoluir para a ideia da proximidade.

Nos Estados Unidos, o *Restatement of Conflict of Laws* estabelece, em matéria contratual, a aplicação da lei que tenha "*the most significant relationship*" para reger os direitos e obrigações das partes. Igualmente contém o espírito o princípio da proximidade.

Há casos em que a proximidade é aplicada como exceção à regra, como, por exemplo, no art. 15 da Lei de Direito Internacional Privado da Suíça, que reza:

> "O direito designado pela presente lei não será aplicado excepcionalmente se, por força de todas as circunstâncias, manifesta-se que a causa só tem ligeira ligação com esta lei e apresenta conexão muito mais forte com outra lei".

Pode-se interpretar esta norma – ainda que em conflito com sua redação – como estabelecendo a primazia da proximidade sobre a regra de conexão, não se constituindo, portanto, em uma exceção à regra.

Às vezes a proximidade aparece como norma subsidiária, como no art. 48 da Lei Suíça:

> "Os efeitos do casamento são regidos pela lei do Estado no qual os cônjuges estão domiciliados. Se os esposos não estão domiciliados no mesmo Estado, os efeitos do casamento serão regidos pela lei do Estado do domicílio com o qual a questão tenha a conexão mais próxima".

*II – Autonomia da Vontade*

Este princípio, que se aplica principalmente no campo dos contratos internacionais, vem sendo estabelecido pelas modernas convenções internacionais e está igualmente presente nas recentes leis internas sobre direito internacional privado.[20] A escola dos subjetivistas aplica o princípio quando as partes expressamente manifestaram sua escolha, e vai mais longe, estendendo o princípio no silêncio das partes, quando se aplica a lei que, entendemos, as partes teriam escolhido se estivessem conscientes da possibilidade ou da necessidade de escolher uma lei a ser aplicada. A presunção recairá na lei mais próxima. Assim, o princípio de Autonomia da Vontade se liga ao princípio da Proximidade. Atualmente, a moderna doutrina tem admitido que o princípio também produza efeitos em matéria de direito de família e sucessório.

*III – Proteção*

Este princípio comanda uma série de regras de conexão e às vezes é aplicado independentemente de qualquer regra. Está presente nas relações internacionais de família, especificamente na relação pais-filhos, em que as modernas fontes do direito internacional privado sobrepõem a proteção do filho sobre qualquer regra aplicável na respectiva área. Em matéria de alimentos, o princípio está igualmente presente e atuante. E, também no campo do direito trabalhista, há hipóteses que beneficiam o empregado sobre o empregador, com fundamento nesse princípio. Em sede de indenização por danos causados, a proteção às vezes se dirige ao prejudicado, mas também há hipóteses em que o autor do dano será protegido contra uma indenização exorbitante.

No Brasil, não se conhecia o Princípio da Proximidade. O Princípio da Autonomia da Vontade, apesar de não consagrado expressamente na Lei de Introdução, era advogado pela boa doutrina nacional. O mesmo se dava com o Princípio da Proteção, ardorosamente defendido em vários setores do conflito das leis por Haroldo Valladão.

No Projeto do Senado encontramos vários dispositivos que se fundamentam nos princípios positivos:

> *Proximidade* – "Art. 9º, § 5º Se os cônjuges tiverem domicílios ou residências diversos, será aplicada aos efeitos pessoais do casamento a lei que com os mesmos tiver vínculos mais estreitos".
>
> "Art. 12, § 1º Caso não tenha havido escolha ou se a escolha for ineficaz, o contrato, assim como os atos jurídicos em geral, serão regidos pela lei do país com o qual mantenham os vínculos mais estreitos".
>
> "Art. 12, § 2º Na hipótese do § 1º, se uma parte do contrato for separável do restante, e mantiver conexão mais estreita com a lei do outro país, poderá esta aplicar-se, a critério do Juiz, em caráter excepcional".
>
> "Art. 13. As obrigações resultantes de atos ilícitos serão regidas pela lei que com elas tenha vinculação mais estreita, seja a lei do local da prática do ato, seja a do local onde se verificar o prejuízo, ou outra lei que for considerada mais próxima às partes ou ao ato ilícito".

---

[20] Importante decisão do STJ de 2016, que se espera seja o marco inicial da superação definitiva de nosso atraso na matéria, reconheceu a possibilidade de que as partes de contrato internacional escolham a lei aplicável a seus contratos. STJ, REsp 1.280.218/MG, Rel. p/ acórdão Min. Marco Aurélio Bellizze, *DJ* 12.08.2016: "2. Em contratos internacionais, é admitida a eleição de legislação aplicável, inclusive no que tange à regulação do prazo prescricional aplicável. Prescrição afastada, *in casu*, diante da aplicação do prazo previsto na lei contratualmente adotada (Lei do Estado de Nova Iorque – Estados Unidos da América)".

*Autonomia da Vontade* – "Art. 12. As obrigações contratuais são regidas pela lei escolhida pelas partes. Esta escolha será expressa ou tácita, sendo alterável a qualquer tempo, respeitados os direitos de terceiros".

*Proteção* – "Art. 8º, parágrafo único. As crianças, os adolescentes, e os incapazes são regidos pela lei do domicílio de seus pais ou responsáveis; tendo os pais ou responsáveis domicílios diversos, regerá a lei que resulte no melhor interesse da criança, do adolescente ou do incapaz".

## IV – Lei mais Favorável

Há casos em que, na dúvida sobre qual lei aplicar a uma situação internacional, recomenda-se a aplicação daquela que considera o ato válido e eficaz. Isso ocorre quando o Princípio da Proteção não é aplicável, como no caso em que se discute a validade da constituição de uma sociedade (*favor negotii*).

Os princípios negativos a que nos referimos acima serão estudados nos capítulos seguintes. Os Direitos Adquiridos emanam da Constituição, aplicam-se a todo o sistema jurídico interno e transbordam para o direito internacional privado. É um princípio à parte, independente, que será estudado no capítulo XIX.

*Capítulo XII*
# APLICAÇÃO, PROVA E INTERPRETAÇÃO DO DIREITO ESTRANGEIRO

A grande conquista do Direito Internacional Privado é a aplicação do direito estrangeiro sempre que a relação jurídica tiver maior conexão com outro sistema jurídico do que com o do foro. Um mestre da disciplina, que experimentou em sua própria vida a discriminação racial e religiosa, a perseguição e a bestial crueldade que se abateu sobre a Europa em pleno século XX, e que conseguiu refugiar-se em nosso continente, onde, na Faculdade de Direito da Universidade de Buenos Aires, criou escola e deixou inúmeros discípulos, intitulou uma de suas obras "*Derecho Internacional Privado, Derecho de la Tolerancia*".[1] A compreensão de que em determinadas circunstâncias faz-se mister aplicar lei emanada de outra soberania, porque assim se poderá fazer melhor justiça, e o reconhecimento de que em nada ofendemos nossa soberania, nosso sistema jurídico, pela aplicação de norma legal de outro sistema, esta tolerância, esta largueza de visão jurídica, dos objetivos da lei – em sentido lato – refletem a grandeza de nossa disciplina, a importância de sua mensagem filosófica.

Ninguém melhor do que a ilustre professora francesa Hélène Gaudemet-Tallon resumiu a filosofia do direito internacional privado quanto à aplicação de lei estrangeira, ao pronunciar em seu curso na Academia de Direito Internacional da Haia a seguinte frase lapidar:

"Ora, a vontade de aplicar sua própria lei, sem mesmo vislumbrar a possibilidade de aplicar uma lei estrangeira, me parece ser a característica de uma ordem jurídica ainda imatura, que quer impor-se de forma imperialista ao invés de procurar uma boa coordenação internacional".[2]

Assim, teremos oportunidade de verificar como o juiz ou o tribunal aplica à questão jurídica que lhe é submetida a lei de outro país, seja porque se discute a capacidade de pessoa física de nacionalidade daquele país ou porque ali esteja ela domiciliada, seja porque o contrato foi firmado no estrangeiro ou porque a obrigação nele contida há de ser cumprida em determinada jurisdição, situada além de nossas fronteiras, ou porque o bem esteja localizado no exterior, ou porque se discute compensação por dano ocorrido alhures, ou a obrigação está consubstanciada em moeda de outro país, enfim, sempre que a matéria submetida à consideração judicial esteja mais intimamente ligada a outro sistema jurídico, determina o DIP a aplicação do direito vigente no mesmo.

A aplicação de norma jurídica estrangeira suscita divergência sobre a natureza que se deve atribuir no foro à lei estrangeira aplicável.[3]

---

[1] Werner Goldschmidt, *Derecho Internacional Privado, Derecho de la Tolerancia*, 1977.
[2] Héléne Gaudemet-Tallon, Le pluralisme em droit international privé: richesses et faiblesses (le funambule et le arc-en-ciel), *Recueil des Cours* 312:269, 2005.
[3] Vide Luiz Olavo Baptista, O Direito Estrangeiro nos Tribunais Brasileiros, *Revista Forense* 355:89.

## NATUREZA JURÍDICA DA LEI ESTRANGEIRA – FATO OU DIREITO?

Tobias Asser assim formulou a questão: a aplicação da lei estrangeira se dá da mesma maneira e sob as mesmas condições do que a aplicação da lei nacional? Questão genérica que compreende várias indagações específicas: deverá o juiz aplicar a lei estrangeira mesmo que as partes não a invoquem, *i.e.*, aplicando-a de ofício? que fará se houver dúvida quanto ao disposto na lei estrangeira? imporá à parte que invoca o direito estrangeiro a obrigação de prová-lo? caso afirmativo, esta prova será processada de acordo com as regras sobre prova de fatos? enfim, a violação ou aplicação errônea do direito estrangeiro ensejará as mesmas consequências que ocorrem quando é desrespeitado o direito nacional – a cassação?[4]

Decorridos 130 anos (a obra de Asser é de 1884), pode-se dizer que as indagações do jusinternacionalista holandês continuam apropriadas para introduzir a temática da aplicação do direito estrangeiro.

Fato ou Direito – esta a grande questão sobre como deve ser vista a lei estrangeira pelo juiz do foro.

E Asser responde que o juiz deverá aplicar a lei estrangeira *ex officio*, independentemente de invocação das partes, eis que sua obrigação é julgar cada ação de acordo com o direito que o rege. Decide-se, portanto, pela valoração legal da norma estrangeira.[5]

Invoca a autoridade de Bar na Alemanha e de Laurent na Bélgica; na França foi acompanhado por André Weiss, para quem o juiz que, ao invés de aplicar a lei estrangeira indicada, recorre a seu próprio direito, estará faltando com seu dever.[6] Para certa doutrina francesa, quando uma lei estrangeira é indicada como aplicável, a determinação de seu conteúdo e de seu sentido constitui "*o ponto jurídico do processo*".[7] A doutrina brasileira seguiu esta orientação.[8]

No entanto, a jurisprudência francesa, seguida de forte escola doutrinária do Direito Internacional Privado deste país, sempre tratou o direito estrangeiro como fato. No dizer de Batiffol e Lagarde,[9] quando o juiz francês aplica o direito estrangeiro não efetua a mesma operação do que ao aplicar a sua própria lei. Ele não procura o que é lógico, justo e útil, mas o que é admitido "de fato" no estrangeiro; ele não procura o que *deve ser*, mas o que *é*. Autores têm distinguido a atuação do juiz quando aplica seu próprio direito de quando aplica direito estrangeiro: no primeiro caso, ele atua como arquiteto – livre para interpretar com inovação, criatividade –, no segundo, como fotógrafo – restrito em sua interpretação àquilo que tem sido praticado no país estrangeiro.[10]

Há quem tente suavizar a qualificação da lei estrangeira como fato, com o seguinte raciocínio: a lei estrangeira é lei, eis que emana de um Estado e sua aplicação pelo juiz fixa os direitos e as obrigações das partes; mas a existência de uma lei estrangeira de determinado

---

[4] T. N. C Asser, *Éléments de Droit International Privé ou du Conflit de Lois*, 1844, p. 33.
[5] T. N. C Asser, *Éléments de Droit International Privé ou du Conflit de Lois*, 1844, p. 34.
[6] André Weiss, *Manuel de Droit International Privé*, 1909, p. 398.
[7] E. Bartin apud Henri Batiffol e Paul Lagarde, *Droit International Privé*, 1993, v. I, p. 381.
[8] Eduardo Espínola, *Elementos de Direito Internacional Privado*, 1925, p. 58, que reproduz a posição de André Weiss.
[9] E. Bartin apud Henri Batiffol e Paul Lagarde, *Droit International Privé*, v. I, 1993, p. 381.
[10] Essa distinção tem várias autorias: Albert Ehrenzweig, *Private International Law*, 1974, v. I, p. 193 refere-a a Kegel, enquanto Friedrich K. Juenger, *Choice of Law and Multistate Justice*, 2005, p. 86 e Ferrer Correia, *Lições de Direito Internacional Privado*, 1963, p. 536, atribuem-na a Werner Goldschmidt.

conteúdo é um fato. Ilustrando: a regra chilena que proibia o divórcio era uma regra de direito, mas também constituía um fato, suscetível de ser provado, que o direito chileno proibia o divórcio.[11]

A consequência é que na França só se aplicava a lei estrangeira determinada pelas normas do Direito Internacional Privado quando invocada pelas partes, orientação consagrada no acórdão *Bisbal* em que a Corte Suprema da França decidiu que não se pode obrigar os juízes franceses a aplicar *ex officio* a lei estrangeira.[12] Essa orientação vinha sendo criticada por parte da doutrina francesa, que considerava anormal depender a aplicação da regra de conexão francesa da iniciativa das partes ou da boa vontade dos juízes.[13]

Em 1988, deu-se uma radical transformação na posição da Corte de Cassação, que decidiu em dois casos que os tribunais franceses são obrigados a aplicar as regras de conflito francesas, a qual não pode ser substituída pela lei francesa. O primeiro caso versava uma investigação de paternidade entre partes de nacionalidade argelina, ao qual, de acordo com o art. 311-14 do Código Civil francês, deveria aplicar-se a lei do país da nacionalidade da mãe, mas como esta regra do Direito Internacional Privado francês não fora invocada pelas partes, as instâncias inferiores aplicaram a lei francesa.

O segundo caso tratava da sucessão de um suíço que faleceu domiciliado na Suíça e que fizera em vida uma doação camuflada à sua amante; neste caso também foi aplicado o direito interno francês por que as partes não pleitearam a aplicação da lei suíça, lei do último domicílio do falecido, que seria a lei competente para o caso, conforme as regras do Direito Internacional Privado francês.

Em ambos os casos a Corte cassou as decisões, determinando que se aplicasse a lei indicada pelas regras de conexão francesas.[14]

Dois anos depois, em 1990, a Corte de Cassação julgou de acordo com sua original orientação, decidindo no caso *Coveco*, que não se devia aplicar a regra de conexão ao litígio por não ter sido pleiteado pelas partes.[15] Seguiram-se vários outros julgamentos em que se aplicou o mesmo critério.

Em *Amerford*, a Cassação francesa distinguiu entre matérias em que as partes têm livre disposição de seus direitos, nas quais o interessado há de requerer a aplicação da lei estrangeira e provar seu conteúdo, podendo o juiz – se a parte não invocar a aplicação da outra

---

[11] Pierre Mayer, *Droit International Privé*, 1994, p. 128: "Cependant, on ne niera pas totalement l'existence d'un aspect factuel dans les problèmes que suscite l'application de la loi étrangère. La conciliation suivante peut être tentée: la loi étrangère est du droit, pouisqu'elle émane d'un État et que son application par le juge aux individus détermine leurs droits et obligations; mais l'existence d'une loi étrangère d'un contenu déterminé est un fait. Par exemple, la règle chillienne qui prohibe le divorce est une régle de droit, mas c'est un fait, suscetible d'être prouvé, que le droit chilien prohibe le divorce".
[12] Caso Bisbal, Corte de Cassação, Civ., 12.05.1959.
[13] Yvon Loussouarn e Pierre Bourel, *Droit International Privé*, 1978, p. 322, Henry Motulsky, *Écrits III*, p. 132, entre outros.
[14] Casos Rebouh e Schule. Corte de Cassação, Civ., 11.10.1988 e 18.10.1988. Vide ambas as decisões da Corte de Cassação na *Revue*, 1989.368 e comentários de Yves Lequette na *Revue*, 1989.277 e de André Ponsard, membro da Corte de Cassação, na *Revue*, 1990.607.
[15] Caso Coveco, Corte de Cassação, Civ., 04.12.1990. *Revue*, 1991.558, lendo-se na ementa: "Il ne peut être reproché à une cour d'appel de n'avoir pas recherché d'office si une loi étrangère était applicable au fond du litige lorsque les parties n'ont pas invoqué d'autres lois que celles spécialement tirées du droit français...".

lei – aplicar a *lex fori*, e matérias indisponíveis, como questões de direito de família, em que o juiz fica obrigado a aplicar a lei indicada pelas regras do DIP.[16]

Esta distinção ficou bem clara em julgamentos da Corte, de 1999, que no mesmo dia decidiu em matéria de contrato que o juiz não tem obrigação de aplicar de ofício a regra de conexão, e em matéria de filiação julgou que não há como evitar a aplicação da lei de outro Estado que o código civil indica como competente.[17] Aplicando a lei estrangeira, o tribunal há de indicar o dispositivo legal em que fundamenta seu julgamento.[18]

A jurisprudência da Cassação francesa vinha se alterando nos últimos anos exigindo a aplicação *ex officio* da regra de conexão mesmo em matéria disponível.[19] Contudo, a orientação mais recente da Corte é no sentido de que o juiz não tem obrigação de aplicar a regra de conexão francesa no casos que envolvam direitos disponíveis.[20]

Na Itália, a Corte de Cassação decidiu, em 1966, que a lei estrangeira deve ser considerada direito e não fato, donde concluiu que as partes não têm obrigação de oferecer a prova, cabendo ao juiz recorrer a todos os meios, inclusive à colaboração das partes, para averiguar o conteúdo da lei estrangeira, posição em consonância com a da maioria dos autores italianos. No entanto, em 1980, a Corte modificou sua posição, decidindo que "*o conhecimento da lei estrangeira não está incluído na ciência oficial e obrigatória do magistrado italiano*". E disse ainda a Corte Suprema italiana que cabe à parte que invoca a aplicação do direito estrangeiro alegar e provar a relação da causa com o direito estrangeiro e provar que a lei estrangeira contém regras diferentes da lei italiana.[21] A lei italiana de Direito Internacional Privado, de 1995, art. 14, determina a possibilidade de aplicação de ofício da lei estrangeira. Emprega-se

---

[16] *Revue*, 1994.332, cuja ementa assim resume a decisão: "Dans les matières où les parties ont la libre disposition de leurs droits, il incombe à la partie qui prétend que la mise en oeuvre du droit étranger, désigné par la règle de conflit de lois, conduirait à un résultat différent de celui obtenu par l'application du droit français, de démontrer l'existence de cette différence par la preuve du contenu de la loi étrangère qu'elle invoque, à défaut de quoi le droit français s'applique en raison de sa vocation subsidiaire".

[17] *Revue*, 1999.707. As duas ementas justapostas são bem esclarecedoras: "S'agissant de droits dont les parties ont la libre disposition, une cour d'appel a légalement justifié sa décision sur le fondement de la loi française, dès lors qu'aucune des parties n'avait invoqué la Convention de la Haye du 15 juin 1955 pour revendiquer l'application d'un droit étranger (1re. espèce)". E, em seguida, com relação ao segundo caso: "En accueillant une action en recherche de paternité sur le fondement de l'article 340 du Code civil français, sans rechercher, d'office, quelle suite devait être donnée à l'action en application de la loi personnelle de la mère, ..., la cour d'appel a méconnu les exigences des articles 311-14 et 3 du code civil (2e. espèce)". Ver também *Revue*, 1997.65 e *Clunet*, 1996.941. Em 2007, nova decisão da mais alta corte francesa no sentido da forçosa aplicação da lei determinada pelas regras de direito internacional privado francesas, lendo-se na ementa: "Loi étrangère – Application de la règle de conflit de loi – Droits indisponibles – Application d'office de la règle de conflit – Tutelle pour une personne étrangère – Application de la loi française – Violation de l'article 3 du Code Civil". *Revue* 2008.910.

[18] Decisão da Cassação francesa em março de 2001, *Revue* 2001.335 e *Clunet* 2002.171. Decisões confirmando acórdão Amerford podem ser encontradas em *Clunet*, 2006.993, *Revue* 2006.938 e 939.

[19] Fonds de Garantie Automobile c. Manuel Mesquita, *Revue*, 2003.86. No mesmo sentido duas decisões da Cassação (da Câmara Civel e da Câmara Comercial), julgados no mesmo dia 28 de junho de 2005, conforme publicado no *Revue* 2005, p. 645, en que afirmam categoricamente: "Il encombe au juge français qui reconnait applicable un droit étranger, d'en rechercher, soit d'office soit à la demande d'une partie qui l'invoque, la teneur avec le concours des parties et personnellement s'il ya lieu, et de donner a la question litigieuse une solution conforme au droit positif étranger".

[20] Sandrine Clavel, *Droit International Privé*, 2012, p. 64, e Dominique Burreau e Horatia Muir-Watt, *Droit International Privé*, 2007, v. 1, p. 365.

[21] *Clunet*, 1983.175.

a lei italiana somente na impossibilidade de se aplicar o direito estrangeiro, mesmo com a ajuda das partes.

Na Grã-Bretanha a teoria do direito estrangeiro como fato é consagrada pela unanimidade dos estudiosos e dos tribunais. Dicey e Morris enunciam na regra 18 de sua obra, no sentido de que

"sempre que for aplicada lei estrangeira, deverá ser invocada e provada como um fato à plena satisfação do tribunal por meio de prova pericial ou outros meios. Na ausência de prova satisfatória do direito estrangeiro, o tribunal aplicará direito inglês ao caso".[22]

A posição do direito britânico a respeito desta questão é muito radical, a ponto de que "*o juiz inglês não tem direito nem poder para aplicar lei estrangeira ex officio*".[23]

Como consequência desta regra, expõe Morris:

"a lei estrangeira deve ser provada em cada caso, não podendo ser deduzida de anteriores decisões inglesas nas quais a mesma regra do direito estrangeiro tenha sido colocada perante o tribunal. Daí existirem decisões diferentes em casos baseados na mesma regra do direito estrangeiro, devido a diferentes provas apresentadas sobre a mesma regra".[24]

Note-se que, apesar de o direito inglês equiparar a aplicação do direito estrangeiro à prova de um fato,[25] o sistema trata o direito estrangeiro como um fato atípico. Essa observação foi feita pelo Juiz Cairns no caso Parkasho v. Singh quando afirmou que o direito estrangeiro "*is a question of fact of a peculiar kind*". Sob esta ótica, o direito estrangeiro é matéria a ser decidida unicamente pelo juiz que preside o julgamento, mesmo que haja júri examinando questões de fato. Além disso, o tribunal de apelação pode elaborar a sua própria compreensão do direito estrangeiro, a qual pode divergir daquela feita pela corte de instância inferior.[26]

O conteúdo do direito estrangeiro é provado por meio de depoimento de "expert witness".[27] Há, porém, outras maneiras de se atestar o direito estrangeiro pouco utilizadas: requerimento à autoridade judicial de outros países da Comunidade Britânica, documento oficial expedido por autoridade pública, prova por *affidavit* e a adoção da sistemática prevista na Convenção Europeia sobre Informação do Direito Estrangeiro de 1968.[28] Observe-se que

---

[22] Dicey and Morris, *The Conflict of Laws*, 1967, p. 226.
[23] Adrian Briggs, *The Conflict of Laws*, 2002, p. 4.
[24] J. H. C. Morris, *The Conflict of Laws*, 1960, p. 38.
[25] Sobre o sistema inglês, v. Trevor C. Hartley, Pleading and proof of foreign law: the major European systems compared, *International and Comparative Law Quarterly* 45:282, 1996.
[26] Wouter De Vos e Walter Rechberger, *Transnational Litigation and the Evolution of the Law of Evidence, Transnational Aspects of Procedural Law: Reports for the 5th World Conference on Procedural Law in Taormina*, 1995, p. 13.
[27] Wouter De Vos e Walter Rechberger, *Transnational Litigation and the Evolution of the Law of Evidence, Transnational Aspects of Procedural Law: Reports for the 5th World Conference on Procedural Law in Taormina*, 1995, p. 14.
[28] A Convenção Europeia sobre Informação do Direito Estrangeiro foi aberta à assinatura dos Estados-membros do Conselho da Europa em 7 de junho de 1968 e institui um sistema internacional de facilitação da obtenção de informação sobre o direito estrangeiro. Cada país participante designa órgãos nacionais de ligação: um órgão de recepção, que recebe os pedidos de informação acerca de seu direito, e um órgão de transmissão, que recebe os pedidos de informação das autoridades judiciárias nacionais e os transmite ao órgão de recepção estrangeiro (ressalte-se que um único órgão pode desempenhar as duas funções).

não há um mecanismo pelo qual a autoridade judiciária britânica possa pedir auxílio a uma autoridade estrangeira na obtenção do conteúdo do direito estrangeiro em geral, o que está em consonância com o sistema britânico de que o juiz adota uma posição passiva e as partes presidem o processo.

Note-se que, por conta do tratamento dado na Inglaterra ao direito estrangeiro, parte da doutrina enfatiza os riscos assumidos pelas partes em julgamentos naquele país fundados em lei estrangeira.[29] Obviamente, a situação de o juiz inglês aplicar direito inglês é bastante confortável e com resultados bem previsíveis, o que não ocorre quando se deve aplicar o direito estrangeiro.

Interessante também frisar que, no caso de a parte não conseguir provar o direito estrangeiro, a regra geral é o julgamento baseado no direito inglês. Essa alternativa mostra que realmente trata-se de questão de fato "*of a peculiar kind*", eis que, com relação a fatos em geral não provados pela parte, a corte não tem outra alternativa a não ser indeferir o pedido.[30]

Nos Estados Unidos, onde as questões de fato são resolvidas pelo júri e as questões de direito pela Corte, a jurisprudência decidiu que a prova e a interpretação de leis estrangeiras é matéria da competência dos tribunais, *i.e.*, do magistrado e não do júri,[31] por considerarem lei estrangeira lei e não fato, mas isto só depois de ter sido invocada a lei do outro país por uma das partes; enquanto isto não ocorre, permanece a antiga política de não aplicação da lei estrangeira de forma espontânea.[32]

O desconhecimento e o desinteresse do sistema judiciário norte-americano pelo direito estrangeiro, inclusive o direito convencional, está bem caracterizado em trabalho recentemente publicado por ilustre autoridade americana em direito comparado que assim escreveu:

> "No que tange aos juízes das cortes estaduais, seu preparo formal na aplicação de fontes jurídicas estrangeiras é mínimo. Surpreendentemente, apesar dos tratados assinados pelos Estados Unidos serem '*supreme law of the land*' (como estabelecido na Constituição federal) a publicação de tratados pelo Departamento de Estado é uma desgraça".[33]

---

[29] Richard Fentiman, *International Commercial Litigation*, 2010, p. 283.

[30] Richard Fentiman, *International Commercial Litigation*, 2010, p. 287.

[31] A norma processual federal norte-americana estabelece em *Rule 44.1: Determining* Foreign Law Aparty who intends to raise an issue about a foreign country's law must give notice by a pleading or other writing. In determining foreign law, the court may consider any relevant material or source, including testimony, whether or not submitted by a party or admissible under the Federal Rules of Evidence. The court's determination must be treated as a ruling on a question of law. Vide *Fitzpatrick v. International Railway Co.*, decidido pela Corte de Apelação de Nova York em 1929, in Schlesinger e outros, *Comparative Law*, p. 43 e ss.

[32] Vide Schlesinger e outros, *Comparative Law*, p. 81 e ss. e p. 120 e ss. Quanto à prova do direito estrangeiro, a situação é objeto de debate e certa ambiguidade. Vide Jacob Dolinger. *Application, Proof and Interpretation of Foreign Law*: A Comparative Study in Private International Law. Arizona Journal of International and Comparative Law, 1995, p. 225, onde apresento um levantamento e uma análise crítica do tema com relação às posições adotadas pela doutrina e a jurisprudência na França, Itália, Grã-Bretanha, Estados Unidos e Brasil. O trabalho encontra-se publicado no vernáculo na *Revista de Direito Renovar*, v. 5, p. 15. Vide também Jacob Dolinger, Aplicação do Direito Estrangeiro – Ônus da Prova – Sentença – Escolha da lei aplicável pelas partes – Papel do Magistrado – Apreciação pelo Tribunal, *Revista Forense* 344:269, 1998.

[33] William Ewald, The Complexity of Sources of Transnational Law: United States Report, *The American Journal of Comparative Law* 58 (Suplemento *Welcoming the World: U.S. National Reports to the XVIIIth. International Congress of Comparative Law*, editado por John C. Reitz e Symeon C. Symeonides), 2010.

A novidade surgida recentemente são leis estaduais que proíbem a aplicação de direito estrangeiro pelos tribunais. Essa proibição já está em vigor nos estados de Arizona, Kansas, Louisiana, Oklahoma, South Dakota, Tennessee, Alabama e North Carolina. Outros estados estão processando projetos-lei visando a mesma proibição. Esse movimento teve início com a proibição de se aplicar a *Sharia* – legislação muçulmana baseada no Corão. Eventualmente, a proibição foi ampliada para vedar a aplicação de lei estrangeira de toda e qualquer fonte.[34] Os defensores dessa legislação sustentam que se trata de proteger direitos constitucionais, assim figurando expressamente em algumas das leis estaduais, enquanto que os críticos entendem que a legislação é capaz de dificultar a aplicação de sentenças estrangeiras em matéria de família – divórcio e posse e guarda de filhos, bem como de decisões sobre contratos e negócios internacionais.[35] Na Suíça, o juiz aplica a lei estrangeira determinada pelas regras do direito internacional privado, na conformidade do art. 13 da lei de 1987.[36]

No Brasil, Teixeira de Freitas versou a questão no art. 6º de seu Esboço, que assim rezava:

"A aplicação de leis estrangeiras nos casos em que este Código a autoriza nunca terá lugar senão a requerimento das partes interessadas, incumbindo a estas, como prova de um fato alegado, a da existência de tais leis".

Em seu comentário a este artigo, lemos que: "... *A lei nacional é o direito que simplesmente se alega sem depender de prova. Uma lei estrangeira é um fato que deve ser provado*". Teixeira de Freitas, savigniano, seguindo a opção domiciliar do mestre de Berlim, não o acompanhou neste ponto importante, pois Savigny, ao proclamar a comunidade de direito entre os diferentes povos, admitia a aplicação extraterritorial das leis como tais, numa abertura real para o universalismo jurídico; considerar lei estrangeira como fato não contribui para esta ideia.[37]

A Nova Consolidação das Leis Civis de Carlos de Carvalho dispunha em seu art. 46 que "*quem funda seu direito em lei estrangeira deverá provar que ela existe e está em vigor*".[38]

Essa orientação foi abandonada pelo moderno direito positivo brasileiro. Dispõe o art. 14 da Lei de Introdução, de 1942,[39] que "*não conhecendo a lei estrangeira, poderá o juiz exigir de quem a invoca prova do texto e da vigência*". Poder-se-ia entender que o dispositivo significa que a parte que invoca deverá provar o direito estrangeiro, não se aplicando o princípio *jura*

---

[34] Em 2012 uma corte federal americana confirmou sentença de tribunal estadual que impediu a aprovação de revisão da Constituição estadual de Oklahoma visando proibir a aplicação da Sharia (*American Journal of International Law*, 2012, p. 365).

[35] O Professor Aaron Fellmeth, da Universidade de Arizona, publicou severa crítica à nova tendência das legislaturas americanas sobre a limitação da aplicação de leis estrangeiras. Aaron Fellmeth, U.S. State Legislation to Limit Use of International and Foreign Law, *American Journal of International Law* 106:107-117, 2012. Por outro lado, decisão de 2022 da Corte de Apelação, Garcia v. Chiquita Brands, determinou a aplicação do direito colombiano ao caso.

[36] Vide *Clunet*, 2005.838, decisão do Tribunal federal no seguinte sentido: "Le champ d'application matériel du droit étranger rendu applicable par la règle suisse de conflit doit être respecté tant du point de vue matériel que personnel, territorial ou temporel. Ainsi, la loi étrangère règle aussi bien la naisssance que les effets de l'obligation ainsi que les conséquences d'une inexécution ou d'une mauvaise exécution s'agissant par exemple du droit saoudien ou du droit belge".

[37] Nesta regra do Esboço inspirou-se o legislador argentino, cujo Código Civil no art. 13 dispõe que "la aplicación de las leyes extranjeras, en los casos en que este Código la autoriza, nunca tendrá lugar sino a solicitud de parte interesada, a cuyo cargo será la prueba de la existencia de dichas leyes...".

[38] Nova Consolidação das Leis Civis vigentes em 11 de agosto de 1899 de Carlos Augusto de Carvalho.

[39] A Introdução ao Código Civil de 1916 nada dispunha a respeito.

*novit curia*, por não se lhe reconhecer foros de lei e, assim sendo, também o atual legislador brasileiro consideraria a lei estrangeira fato. Mas não é esta a interpretação prevalecente.

Serpa Lopes conjugou o exame desse dispositivo com a regra contida no art. 212 do Código de Processo Civil de 1939, que dispunha que *"aquele que alegar direito estadual, municipal, costumeiro, singular ou estrangeiro, deverá provar-lhe o teor e a vigência, salvo se o juiz dispensar a prova"*.[40]

Ambos os dispositivos – da lei de introdução e do código processual –, dizia Serpa Lopes, possuem efeitos idênticos, tendo o legislador seguido um critério que parte do pressuposto de que o juiz conhece a lei, mas permite-lhe determinar à parte que o prove, se não a conhecer.

As eventuais dúvidas que pudessem permanecer são sanadas por Serpa Lopes com a invocação do Código Bustamante, cujo art. 408 determina que *"os juízes e tribunais de cada Estado contratante aplicarão de ofício, quando for o caso, as leis dos demais, sem prejuízo dos meios probatórios a que este capítulo se refere"*; seguem-se as várias formas de provar direito estrangeiro. O comentarista ressalta que o importante neste dispositivo é que estabelece o princípio de que o juiz aplica o direito dos outros Estados de ofício, em obediência a qualquer uma das regras de aplicação do direito estrangeiro estabelecidas pelo direito internacional privado.

Explica ainda o autor que, de um modo geral, em primeira linha, temos a pressuposição de ser o direito estrangeiro conhecido do juiz, pressuposição suscetível de ser delida pelo magistrado *ad nutum*, o que faz nascer a obrigação para a parte de provar o que alega sobre o direito estrangeiro, ou ainda, para o que contesta a existência desse mesmo direito.[41]

No Código de Processo Civil, de 1973, o art. 337 ordena que *"a parte, que alegar direito municipal, estadual, estrangeiro ou consuetudinário, provar-lhe-á o teor e a vigência, se assim o determinar o juiz"*. O CPC em vigor manteve a mesma regra no art. 376.

O mais importante, tanto neste dispositivo como no seu correspondente do código anterior, é que a lei estrangeira está equiparada ao direito municipal e estadual, cujas regras constituem lei e não fato e, consequentemente, assim como o direito estadual e municipal, também o direito estrangeiro tem aplicação obrigatória, não ficando na dependência de invocação nem de comprovação pela parte a quem interessa.

Feliz formulação foi a do Protocolo Adicional aos Tratados de Montevidéu, de 1889, cujo art. 2º diz que a aplicação da lei estrangeira se processará de ofício pelo juiz da causa *"sem prejuízo de as partes poderem alegar e provar a existência e o conteúdo da lei invocada"*. Deixa este texto claro que a colaboração das partes na invocação e prova do direito estrangeiro é opcional e não afeta o princípio da sua aplicação de ofício pelo juiz da causa. Foi mantida a mesma redação no texto do Protocolo de Montevidéu de 1940.

## APLICAÇÃO DO DIREITO ESTRANGEIRO

Caracterizada a norma estrangeira como lei e não fato, segue-se que sua ignorância não é admitida, que o juiz deve aplicá-la *ex officio*, que pode ser invocada a qualquer tempo, isto é, em qualquer fase do processo, e que, em nosso regime processual, pode ser objeto de recurso especial e de ação rescisória. O recurso especial se dará quando nossos tribunais negarem

---

[40] Miguel Maria de Serpa Lopes, *Comentário Teórico e Prático da Lei de Introdução ao Código Civil*, 1946, v. III, p. 308.

[41] Miguel Maria de Serpa Lopes, *Comentário Teórico e Prático da Lei de Introdução ao Código Civil*, v. III, 1946, p. 310.

vigência à lei estrangeira competente, ou aplicando-a, lhe derem interpretação divergente da que lhe tenha sido dada por outro acórdão, também de tribunal brasileiro.[42]

Neste sentido dispõe o art. 412 do Código Bustamante que em todo Estado contratante onde existir o recurso de cassação, ou instituição correspondente, poderá ele ser interposto por infração, interpretação errônea ou aplicação indevida de uma lei de outro Estado contratante, nas mesmas condições e casos em que o recurso seria interposto quanto ao direito nacional.

Ao aplicar o direito estrangeiro determinado por regra do DIP, o magistrado deverá atentar para a lei estrangeira na sua totalidade, seguindo todas as suas remissões, incluídas suas regras de direito intertemporal, normas relativas à hierarquia das leis, seu direito convencional, seu direito estadual, municipal, cantonal, zonal, seu direito religioso, suas leis constitucionais, ordinárias, decretos etc.

No projeto de Lei Geral de Aplicação das Normas Jurídicas, baseado no Anteprojeto do Professor Valladão, o art. 75 diz que "*o juiz aplicará de ofício o direito estadual, municipal, particular ou estrangeiro, declarado competente, sendo-lhe, porém, facultado determinar diligências para apuração do teor, vigência e interpretação de tal direito*", redação esta visando a eliminar qualquer dúvida sobre a natureza da norma jurídica estrangeira quando aplicada em nossos tribunais. O mesmo entendimento vamos encontrar no Projeto Lei nº 4.905, de 1995, que dispõe sobre a aplicação das normas jurídicas, cujo art. 14 assim propõe: "*Lei estrangeira – A lei estrangeira indicada pelo Direito Internacional Privado brasileiro será aplicada ex officio; essa aplicação, a prova e a interpretação far-se-ão em conformidade com o direito estrangeiro*". E, finalmente, no mais recente projeto, apresentado pelo Senador Pedro Simon – Projeto de Lei do Senado nº 269, de 2004 – vamos encontrar a mesma proposição, com redação ligeiramente alterada:

> "Art. 18. Lei Estrangeira – A lei estrangeira indicada pelo Direito Internacional Privado brasileiro será aplicada de ofício; sua aplicação, prova e interpretação far-se-ão em conformidade com o direito estrangeiro".

O direito internacional privado brasileiro como configurado na Lei de Introdução é manifestamente dirigido no sentido da obrigatória aplicação do direito estrangeiro, sempre que assim determinar uma de suas regras de conexão. Isso se depreende da forma categórica como as regras vêm enunciadas: *determina* (art. 7º, *caput*), *será aplicada* (art. 7º, § 1º), *obedece* (art. 7º, § 4º), *aplicar-se-á* (arts. 8º e 9º) etc.

São normas mandamentais, obrigatórias, das quais o Judiciário não pode fugir. A aplicação destas regras, quando incidirem em lei estrangeira, será obrigatória.

As disposições dos arts. 7º, § 1º, e 9º, § 1º, aplicam-se igualmente a casamentos celebrados e a obrigações a serem executadas no exterior, quando serão aplicadas as leis estrangeiras.

A Conferência Interamericana Especializada sobre Direito Internacional Privado, realizada em Montevidéu em 1979 (CIDIP II), aprovou uma Convenção sobre Regras Gerais de Direito Internacional Privado, em que o art. 2º dispõe que os juízes e as autoridades aplicarão o direito estrangeiro da mesma forma que ele seria aplicado pelos juízes do Estado cuja lei é aplicada, sem prejuízo do direito das partes de pleitear e provar a existência e o conteúdo da lei estrangeira invocada.

---

[42] Vide Oscar Tenório, *Direito Internacional Privado*, 1976, v. I, p. 163.

E no art. 4º estabelece a Convenção que todos os recursos previstos na lei do foro serão admitidos nos casos em que o direito de qualquer um dos outros Estados seja aplicável, numa demonstração da equivalência do direito estrangeiro com o direito local.

## PROVA DO DIREITO ESTRANGEIRO

Ao juiz ou à parte caberá apurar o direito estrangeiro, sua existência, seu conteúdo, sua vigência. Aqui o aplicador da lei haverá de socorrer-se dos recursos do direito comparado para a boa compreensão das regras jurídicas do direito estrangeiro que lhe couber aplicar.

Em algumas ocasiões a comunidade internacional tentou estabelecer sistemas que garantissem o conhecimento recíproco das legislações dos diferentes povos. Várias iniciativas foram orquestradas na Europa no último quartel do século XIX, visando a criar um sistema de regular e permanente troca de publicações legislativas e jurisprudenciais, mas estes projetos não lograram êxito.[43]

Aparentemente, o melhor sistema para se provar o direito estrangeiro é o enunciado no Código Bustamante, arts. 409 a 411, que contêm duas opções: a) certidão legalizada de dois advogados em exercício no país cuja legislação se deseje conhecer; b) informação via diplomática a ser fornecida pelo mais alto tribunal, pela Procuradoria-Geral, pela Secretaria ou pelo Ministério da Justiça do país cujo direito se queira aplicar.

Não fica excluído, naturalmente, o recurso a obras doutrinárias do direito em causa, ao texto legal em publicação autêntica, mas estas vias não garantem a certeza da vigência da lei, que poderá ter sido revogada ou alterada. Este risco não ocorre com a declaração contemporânea de dois advogados, atestando o texto, o sentido e a vigência da lei de seu país, devidamente acompanhada de certificado de que eles estão inscritos no colégio dos advogados do país em questão.

Nos países anglo-saxões, além das declarações escritas de profissionais sobre o teor da lei de seu país (*affidavits*), é comum serem eles apresentados aos tribunais pessoalmente, para depor a respeito da legislação de seu país, e suas informações são colhidas da mesma forma como as dos profissionais da medicina, da psiquiatria, de balística etc.

As leis suíça e italiana sobre Direito Internacional Privado dispõem, respectivamente, nos arts. 16 e 14, que o conteúdo da lei estrangeira será averiguado *ex officio*. Para conseguir isto, as partes podem ser solicitadas a colaborar.[44]

A hipótese da impossibilidade de se descobrir o teor da lei estrangeira tem sido objeto de toda sorte de soluções, propondo-se as mais variadas alternativas, como: a) rejeição da demanda, pois, não provada a lei que fundamenta o pedido, não deve ela ser provida; b) julgar de acordo com o direito provavelmente vigente; c) julgar com a presunção de que a lei estrangeira é idêntica à lei nacional do foro; d) aplicar, por analogia, o direito mais próximo

---

[43] Vide Antonio Sanchez de Bustamante Y Sirven, *Derecho Internacional Privado*, 1943, t. III, p. 254 e ss., e Miguel Maria de Serpa Lopes, *Comentário Teórico e Prático da Lei de Introdução ao Código Civil*, v. III, 1946, p. 313-314.

[44] Dispõe a lei suíça de 1987 no art. 16: "Le contenu du droit étranger est établi d'office. A cet effet, la collaboration des parties peut être requise". E a lei italiana, de 1995, assim determina: "1. L'accertamento della legge straniera è compiuto d'ufficio dal giudice. A tal fine questi può avvalersi, oltre che degli strumenti indicati dalle convenzioni internazionali, di informazioni acquisite per il tramite del Ministero di grazi e giustizia; può altresì interpellare esperti o istituzioni specializzate. 2. Qualora il giudice non riesca ad accertare la legge straniera indicata, neanche con l'aiuto delle parti, applica la legge richiamata mediante altri criteri di collegamento eventualmente previsti per la medesima ipotesi normativa. In mancanza si applica la legge italiana".

possível (numa pesquisa das afinidades étnico-jurídicas da legislação desejada e não localizada, com outros sistemas jurídicos de mais fácil localização).

Solução interessante é a fornecida pelo Código Civil português em seu art. 23, inciso 2 – recurso à lei subsidiariamente competente, que, como expõe Valladão, representa aplicar o mesmo processo que se utiliza em matéria de fator de conexão, ou seja, quando o legislador determina a aplicação da lei da nacionalidade, o apátrida será regido pela lei do domicílio, e quando se determina a aplicação da lei do domicílio, a pessoa sem domicílio terá aplicada a lei de sua residência, e não tendo esta, a lei do local onde se encontre (art. 7º, § 8º, da Lei de Introdução). O mesmo processo é determinado pela legislação portuguesa para a hipótese de impossibilidade de averiguação do conteúdo da lei aplicável: recorrer à lei subsidiariamente competente.[45]

O legislador português admite ainda outra solução: *"na impossibilidade de determinar o conteúdo do direito aplicável, o tribunal recorrerá às regras do direito comum português".*[46]

A lei suíça determina a aplicação de sua lei interna na hipótese de se tornar impossível conhecer o teor da lei estrangeira e a lei italiana dispõe que nesta hipótese o juiz deverá aplicar a lei indicada à base de outros fatores de conexão para a matéria, aplicando a lei italiana na ausência destes últimos.

Na França, a Cassação tem aceitado aplicar lei francesa na impossibilidade de obter a prova do direito estrangeiro.[47]

Na Espanha ocorre uma situação anômala: enquanto a Câmara Social da Corte Suprema, que julga questões trabalhistas, não aceita aplicar direito espanhol subsidiariamente, a Câmara Cível é a favor desta solução.[48]

Na Alemanha, vários julgados do *Bundesgerichtshof* – a Suprema Corte – decidiram que na impossibilidade de determinar o teor da lei estrangeira, deve o judiciário alemão aplicar sua própria lei.[49]

Haroldo Valladão sustenta que a impossibilidade de conhecimento da lei estrangeira é problema raro, cada dia de menor interesse prático, pois a questão conectada com uma lei estrangeira traz, na sua própria natureza, a marca de tal lei que a modelou, que aparece nas próprias peças constantes do processo, e, com a facilidade atual dos meios de comunicação e os admiráveis progressos do Direito Comparado, deve ser facilmente apurável.[50]

Novas tentativas têm sido envidadas no sentido da troca de informações legislativas, senão no plano universal, ao menos em plano regional. O Conselho da Europa aprovou, em 1968,[51] a Convenção Europeia de Informação sobre Lei Estrangeira, cobrindo as áreas de Direito Civil e Comercial. Em 1978, foi aprovado um Protocolo Adicional à Convenção que estendeu os objetivos da Convenção ao Direito Penal.

A Conferência Interamericana Especializada sobre Direito Internacional Privado, realizada em Montevidéu em 1979 (CIDIP II), aprovou uma Convenção Interamericana sobre

---

[45] Haroldo Valladão, *Direito Internacional Privado*, 1980, v. I, p. 472-473.
[46] Código Civil português, art. 348, al. 3.
[47] *Revue* 2007.575, cuja ementa está assim formulada: "Si le juge français qui reconnaît applicable une loi étrangère se heurte à l'impossibilité d'obtenir la preuve de son contenu, il peut, même en matière de droits indisponibles, faire application de la loi française, à titre subsidiaire".
[48] Vide *Clunet*, 2006.210 e 211.
[49] *Clunet*, 1984.162.
[50] Haroldo Valladão, *Direito Internacional Privado*, 1980, v. I, p. 472-473.
[51] *Revue*, 1972.758.

Prova de Informação acerca do Direito Estrangeira.⁵² Tanto a convenção europeia como a interamericana garantem a cooperação recíproca na obtenção de informações sobre as leis vigentes nos países-membros.

Em certos litígios entre dois Estados poderá ser necessário recorrer ao direito interno de um dos países litigantes, como ocorreu no julgamento pela Corte Permanente de Justiça Internacional no caso dos Empréstimos Sérvios e Brasileiros, e em tais hipóteses, estabeleceu o Tribunal, a prova do direito interno é apresentada pelas partes ou é obtida por meio de pesquisas que a própria Corte considere necessário empreender.⁵³

*Costumes* – O Código de Processo Civil de 1939 dispunha no art. 261 que "*os usos e costumes comerciais estrangeiros provar-se-ão por ato autêntico devidamente legalizado do país em que se tenha originado*".

Segundo o art. 4º da Lei de Introdução, os usos e costumes fazem parte do sistema jurídico, eis que suprem as lacunas da lei. O costume terá idêntico valor no plano do Direito Internacional Privado, desde que no direito estrangeiro aplicável se lhe atribua o valor de fonte de direito. Conclui-se que a prova dos usos e costumes comerciais de Estados estrangeiros se submete aos mesmos meios de prova do direito estrangeiro em geral.⁵⁴

## INTERPRETAÇÃO DO DIREITO ESTRANGEIRO

A aplicação do direito estrangeiro como lei e as várias maneiras de provar-lhe o conteúdo e a vigência não esgotam a temática. Há que se examinar a natureza desta aplicação e a interpretação a ser dada à lei estrangeira aplicada no foro.

Os internacionalistas italianos entendem que, ao aplicar-se a lei estrangeira, ela é incorporada no direito do foro. Em seguida, eles se dividem em duas escolas: a da *recepção material* e a da *recepção formal*.

A primeira escola, liderada por Dionizio Anzilotti, entende que, ao aplicar a lei estrangeira, o juiz incorpora-a em seu sistema, nacionalizando-a, o que significa dizer que o sistema jurídico italiano produz uma regra de direito interno italiano substancialmente idêntica à regra estrangeira designada pela norma conflitual. A recepção se denomina material porque o conteúdo, a essência, a matéria de que se compõe a norma estrangeira passa para o sistema jurídico italiano.

Segundo esta teoria, a interpretação da norma estrangeira deve-se processar na conformidade dos conceitos jurídicos do foro, ou seja, a norma jurídica estrangeira é interpretada de acordo com a hermenêutica e os princípios jurídicos que o foro utiliza para interpretar suas próprias leis.

---

[52] Promulgada pelo Decreto nº 1.925, de 10 de junho de 1996.
[53] Vide Louis Henkin, Richard C. Pugh, Oscar Schachter e Hans Smit, *International Law – Cases and Materials*, 1980, p. 151, e K. Lipstein, *Principles of the Conflict of Laws, National and International*, 1981, p. 72, que transcreve o seguinte trecho da decisão da Corte Internacional de Justiça: "Though bound to apply municipal law when circumstances so require, the Court which is a tribunal of international law and which, in this capacity is deemed itself to know what this law is, is not obliged also to know the municipal law of the various countries. All that can be said in this respect is that the Court may possibly be obliged to obtain knowledge regarding the municipal law which has to be applied. And this it must do, either by means of evidence furnished by the parties, or by means of any researches which the Court may think fit to undertake or to cause to be undertaken".
[54] Vide Oscar Tenório, *Direito Internacional Privado*, 1976, v. I, p. 153-154.

Este entendimento é criticado, pois representa desnaturar a filosofia do Direito Internacional Privado que visa aplicar a lei estrangeira e, segundo a recepção material, se estará aplicando um direito local, especialmente adotado para o caso em tela.

A segunda escola italiana, encabeçada por Roberto Ago, advoga a recepção formal da norma jurídica estrangeira, significando que, apesar de recepcioná-la no regime jurídico do foro, a lei estrangeira conserva o sentido e o valor que lhe atribui o sistema que a criou.

Esta teoria é criticada por autores franceses, que entendem que ao "recepcionar" toda norma jurídica estrangeira indicada pelas regras do DIP, o direito do foro acabará como uma "colcha de retalhos" repleta de normas jurídicas estrangeiras.[55] Daí o entendimento destes autores que a lei estrangeira aplicada no foro continua sendo lei estrangeira, não se incorporando no sistema jurídico local.

A distinção entre aplicar a lei estrangeira, incorporando-a no sistema jurídico local ou aplicá-la como direito estrangeiro puro, já fora feita por Etienne Bartin, que explicou as duas maneiras de aplicar a lei estrangeira da seguinte forma.

A primeira significa que *"esta lei estrangeira se torna, para a circunstância, uma lei francesa, porque o poder legislativo se apoderou dela ao determinar, por sua regra de conflito, a aplicação da lei estrangeira"*. A segunda concepção é a de que *"esta lei estrangeira intervém na França sem contrair qualquer ligação com o Poder Legislativo francês: guarda na França seu caráter imperativo estrangeiro"*.[56]

Na França prevaleceu a segunda concepção que levou à noção – acima focalizada – da norma jurídica estrangeira ser considerada um fato, pois se não há incorporação no direito do foro, se a norma aplicável é aquilo que é no sistema estrangeiro, não se trata de direito, mas de fato, raciocínio que, em boa hora, foi suavizado por Pierre Mayer, como já apontado no início deste capítulo, no subitem "Natureza Jurídica da Lei Estrangeira – Fato ou Direito?".

Há, portanto, pelo menos, três maneiras de conceber a aplicação da lei estrangeira:

1. recepção material, que incorpora e nacionaliza a norma estrangeira, a qual passa a ser parte integrante do direito do foro, sendo, pois, interpretada como se direito local fosse;

2. recepção formal, pela qual mesmo incorporando-se no sistema jurídico do foro, conserva o sentido que lhe é dado pelo sistema jurídico estrangeiro, havendo incorporação, mas não nacionalização;

3. aplicação da norma jurídica estrangeira sem qualquer incorporação ou integração no regime jurídico do foro; a aplicação é de uma lei estrangeira pura e sua interpretação será exclusivamente aquela que lhe é dada pelo sistema jurídico estrangeiro.

A distinção entre a segunda e a terceira escolas é aparentemente muito tênue, eis que, segundo ambas, a lei estrangeira deve ser interpretada de acordo com o sistema jurídico estrangeiro. Mas, bem analisada, a terceira escola inova, eis que difícil conciliar a incorporação da norma estrangeira no sistema do foro e manter a sua interpretação de acordo com o direito estrangeiro como quer a segunda escola. Mais segura, portanto, a terceira escola, mas sem a consequência que os franceses dela derivam, de considerar a norma estrangeira como fato.

Sobre a interpretação da norma jurídica estrangeira, um magistrado britânico disse no início do século XIX que, ao aplicar o direito belga, o tribunal inglês deve considerar-se como

---

[55] Lerebours Pigeonnière, apoiado por Yvon Loussouarn e Pierre Bourel, *Droit International Privé*, 1978, p. 318.
[56] Etienne Bartin, *Principes de Droit International Privé*, 1930, p. 273-274.

se estivesse "sentado" na Bélgica e ali julgando. Esta colocação reconhece o direito estrangeiro como direito, o que não condiz com o sistema britânico de considerar a lei estrangeira um fato "of a peculiar kind", como visto anteriormente.

Na Bélgica, a Corte de Cassação decidiu que ao aplicar a lei francesa deve aceitar a interpretação que lhe é dada pela jurisprudência daquele país, mesmo em se tratando da aplicação de um dispositivo comum ao Código Civil da França e ao Código Civil da Bélgica, interpretados diversamente pelos tribunais dos dois países.[57]

A Corte Permanente de Justiça Internacional declarou no caso dos empréstimos sérvios e brasileiros, a que já nos referimos, que, ao aplicar lei estrangeira, deve-se atribuir-lhe a interpretação que lhe é dada pela jurisprudência do país que promulgou a legislação em causa. Doutra forma não seria aplicação do direito indicado.[58]

No Brasil, seguimos a regra do Código Bustamante, art. 409, que determina que, ao aplicar direito estrangeiro, deve-se atender para o *sentido* que se lhe dá no país de sua origem, o que significa respeitar a interpretação doutrinária e jurisprudencial que se produz no país do qual emana a norma jurídica a ser aplicada.

O art. 5º da Lei de Introdução dispõe que na aplicação da lei o juiz atenderá aos fins sociais a que se dirige e às exigências do bem comum. Entendemos que na aplicação da norma jurídica estrangeira dever-se-á atender às finalidades que inspiraram o legislador estrangeiro, desde que, naturalmente, não se ofendam princípios estabelecidos no sistema jurídico do foro, como estudaremos no capítulo dedicado à ordem pública no plano internacional.

Na medida em que o juiz deve julgar como julgaria o juiz na jurisdição da qual emana a norma aplicável, caber-lhe-ia controlar a constitucionalidade da lei estrangeira.[59] E, eventualmente, até ter sua decisão comparada com a de tribunais da referida jurisdição para efeito de recurso especial.

Mas isso seria ir longe demais; cabe, isto sim, o recurso especial para uniformizar a jurisprudência dos tribunais nacionais na aplicação de uma lei estrangeira competente, e também na hipótese de negativa de vigência da lei estrangeira que deva ser aplicada por força do comando das regras do DIP, *ex vi*, art. 105, III, *c e a*, da Constituição federal.

Ao aplicar o direito estrangeiro convencional, tanto multilateral como bilateral, a interpretação deverá atender à intenção comum dos países contratantes.

---

[57] *Clunet*, 1984.360.

[58] Louis Henkin e outros, *International Law – Cases and Materials*, 1980, p. 151. Vide François Rigaux, *Droit International Privé*, 1977, v. I, p. 316.

[59] A questão dividiu a doutrina francesa. Vide Lerebours Pigeonnière, *Droit International Privé*, p. 394, e, em Portugal foi amplamente estudada por Rui Manuel Gens de Moura Ramos, *Direito Internacional Privado e Constituição*, 1979, p. 236 e ss. Entre nós Luiz Antonio Severo da Costa, *Da Aplicação do Direito Estrangeiro pelo Juiz Nacional*, p. 40, diz, com muita propriedade: "Se tem dúvidas sobre a constitucionalidade do diploma legal, mas se aquela Corte (Suprema Corte do país estrangeiro) ainda não se manifestou a respeito, deve considerar válida tal lei, pois não pode chamar a si atribuição específica daquele órgão". Já Haroldo Valladão, *Direito Internacional Privado*, 1980, v. I, p. 475, admite que juiz considere e decida sobre a constitucionalidade de lei estrangeira. Na Extradição nº 417 (Embargos de Declaração), *RTJ* 113.1, discutiu-se a possibilidade de examinar a constitucionalidade de uma lei argentina de anistia. Enquanto os Ministros Rezek e Muñoz admitiam a análise da constitucionalidade da lei argentina, a Corte acompanhou o Ministro Djacy Falcão, que declarou que o texto da lei estrangeira não é passível de exame interpretativo no plano constitucional; do contrário "poderia conduzir-nos a uma divergência interpretativa com a própria Corte Suprema do país requerente da extradição".

## ADAPTAÇÃO

Adaptação ou Aproximação, Acomodação, ou ainda Substituição,[60] é a aplicação do direito estrangeiro alterado para adaptá-lo às realidades locais. Assim, quando o Brasil não admitia o divórcio e o Japão só conhecia esta forma de separação, concedia-se em nossos tribunais desquites de casais nipo-brasileiros, interpretando-se liberalmente o direito japonês, no sentido de que se admitia o divórcio, *plus*, com mais razão, admitiria o desquite, *minus*. Também na homologação de sentença estrangeira de divórcio antes de 1977, muitas vezes o STF homologou tais decisões como desquite.[61]

Chama-se isto de interpretação construtiva, aproximação excepcional, correspondência ou equivalência, mediante a comparação de instituições semelhantes, equiparáveis, para aproveitamento de decisões ocorridas no exterior e também para possibilitar que se prolatem entre nós decisões com fundamento em lei estrangeira.[62]

## JURISPRUDÊNCIA BRASILEIRA

No Recurso Extraordinário nº 93.131, Banco do Brasil S/A. vs. Antônio Champalimaud, o Supremo Tribunal Federal, por sua 2ª Turma, em acórdão da lavra do Ministro Moreira Alves, decidiu, em 1981, que a lei estrangeira, aplicada por força de dispositivo de DIP brasileiro – art. 9º da Lei de Introdução – se equipara à legislação federal para efeito de admissibilidade de recurso extraordinário.[63]

E como a Corte concluiu que a decisão do Tribunal de Justiça de Minas Gerais negara vigência a diversos artigos do Código Civil português, conheceu do Recurso Extraordinário, provendo-o.

Tratava-se dos arts. 837, 592 e 593 do Código Civil português, que versam a dação em pagamento e a sub-rogação de obrigações, em que o Ministro Moreira Alves cuidou de interpretar os dispositivos da lei portuguesa com fundamento na doutrina e na jurisprudência deste país, invocando a autoridade de Pires de Lima, Antunes Varella, Vaz Serra e Almeida Costa, bem como de Rui de Alarcação e M. Henrique Mesquita, ilustres comentadores da lei portuguesa.

Verifica-se desta decisão da Suprema Corte que a lei estrangeira é por nós considerada direito e não fato e se interpreta na exata forma como é interpretada na sua fonte – na jurisdição donde emana a regra – por sua doutrina e sua jurisprudência.

---

[60] Conhecido no exterior como *Angleichung, Anpassung, aanpassung.* Vide Peter Hay, Recognition of Same-Sex Legal Relationships in the United States, *The American Journal of Comparative Law* 54 (Suplemento American Law in the 21st Century: U.S. National Reports to the XVIIth International Congress of Comparative Law):267, 2006.

[61] V., por exemplo, STF, SE 2.327, Rel. Min. Cunha Peixoto, *DJ* 18.03.1977: "Sentença estrangeira. Divórcio de brasileiros. Direito da mulher de voltar a usar o seu nome de solteira, dada a convenção entre as partes. Sentença homologada com restrições, para que produza apenas os efeitos próprios do desquite".

[62] Vide Haroldo Valladão, *Direito Internacional Privado*, 1980, v. I, p. 476-477.

[63] *RTJ* 101/1.149, devendo-se atentar principalmente para o trecho do voto do Ministro Moreira Alves, à p. 1.168, *in fine* ("Portanto...") até p. 1.171, 1ª coluna, n. 4. O problema que vemos neste voto, unanimemente aprovado pela 2ª turma do Supremo, é o trecho à p. 1.170, 2ª coluna, onde se lê: "Como já acentuei, não tenho dúvida em acolher essa doutrina. Se a lei estrangeira – que para o sistema jurídico nacional é mero fato – é aplicada em território nacional...". De tudo que vimos neste capítulo e do próprio desenvolvimento do voto do Ministro, das autoridades brasileiras por ele citadas e transcritas, a lei estrangeira é considerada direito e não fato.

A justiça brasileira, diversamente da francesa, nunca teve reservas quanto à aplicação da lei estrangeira indicada pelas regras de conexão contidas no seu Direito Internacional Privado. Como se verifica de julgamento do Superior Tribunal de Justiça, nas palavras de seu Relator, Ministro Eduardo Ribeiro:

> "Não há dúvida de que, em certas circunstâncias, a Justiça brasileira haverá de aplicar o Direito estrangeiro. Isso resulta de normas de Direito Internacional Privado que, apesar do nome, são de Direito interno. Caso deixasse de fazê-lo, estaria negando aplicação a tais normas, integrantes do ordenamento nacional".[64]

Na hipótese, as instâncias inferiores consideraram que o direito estrangeiro não tinha sido adequadamente provado pelo autor, negando provimento à ação. O STJ reformou esta decisão, estabelecendo que: 1) ao juiz cabe determinar o conteúdo do direito estrangeiro se a parte não a produz e, 2) caso não consiga descobrir a lei estrangeira, deverá julgar a causa de acordo com o direito nacional.[65]

---

[64] Recurso Especial nº 254.544, *Revista do STJ*, v. 137, p. 380, julgado em maio de 2000.
[65] Reza a ementa do acórdão: "Sendo caso de aplicação de direito estrangeiro, consoante as normas do Direito Internacional Privado, caberá ao juiz fazê-lo, ainda de ofício. Não se poderá, entretanto, carregar à parte o ônus de trazer a prova de seu teor e vigência, salvo quando por ela invocado. Não sendo viável produzir-se esta prova, como não pode o litígio ficar sem solução, o juiz aplicará o direito nacional".

# Parte IV

# Princípios do Direito Internacional Privado

*Capítulo XIII*
# QUALIFICAÇÕES

Vimos no Capítulo X que o DIP cuida primeiramente de classificar a situação ou relação jurídica para, em seguida, utilizando a regra de conexão correspondente, aplicar o direito por ele indicado.

## O PROCESSO DE QUALIFICAÇÃO

A qualificação é um processo técnico-jurídico sempre presente no direito, pelo qual se classificam ordenadamente os fatos da vida relativamente às instituições criadas pela Lei ou pelo Costume, a fim de bem enquadrar as primeiras nas segundas, encontrando-se assim a solução mais adequada e apropriada para os diversos conflitos que ocorrem nas relações humanas. Além dos fatos, os próprios institutos jurídicos também exigem uma qualificação clara e definida.

Os direitos reais se distinguem dos direitos pessoais, sendo necessário qualificar os diversos atos e contratos para saber em qual das duas categorias enquadrá-los.

Quando alguém falece e se abre o respectivo inventário, há de se distinguir os direitos da meação, decorrentes do regime de bens que vigorou para o casamento do falecido e do cônjuge sobrevivente, dos direitos hereditários a que fazem jus os filhos e/ou demais herdeiros e legatários. Não havendo herdeiros necessários, o cônjuge sobrevivente poderá figurar como meeiro e como herdeiro. A distinção entre a meação e os direitos hereditários exigirá a correta qualificação de ambos os institutos.[1]

A prescrição será um instituto de natureza substantiva ou de natureza processual? Esta definição pode se tornar importante, e para tal urge qualificar o instituto.

Assim, em todas as disciplinas jurídicas, a conceituação e a classificação dos seus componentes fáticos e jurídicos são de cardinal importância para a boa e justa aplicação das normas jurídicas.

## CONCEITUAR + CLASSIFICAR = QUALIFICAR

Os autores ingleses se dividem quanto à denominação: enquanto uns falam em *characterisation*,[2] outros se referem à *classification*.[3]

---

[1] A distinção entre dois fenômenos é a chave para a compreensão de cada um deles, dependente da definição encontrada para um e outro. H. L. A. Hart, *The Concept of Law*, 1961, p. 13, diz que definição é primordialmente uma questão de distinguir entre uma coisa e a outra, cada uma diferenciada pela língua por uma palavra distinta.
[2] A. V. Dicey e J. H. C. Morris, *The Conflict of Laws*, 1967, p. 19 e ss.
[3] R. H. Graveson, *The Conflict of Laws*, 1965, p. 38 e ss.

Temos o fato e dispomos da norma jurídica. Para enquadrar o fato na norma, há que se ter claramente delineado aquele e bem entendida esta. O fato e a norma, a vida e a lei. Ambos exigem classificação ou caracterização, enfim qualificação.[4]

Se isto é importante no direito em geral, torna-se mais ainda no Direito Internacional Privado, onde se procura ligar o fato ou ato a um determinado sistema jurídico, e para esta operação é preciso qualificar a hipótese submetida à apreciação, eis que, dependendo de sua classificação, saber-se-á se a mesma constitui uma situação inerente ao estatuto pessoal do agente de direito, se se trata de uma situação de natureza contratual, no seu aspecto substancial, ou se é uma questão de forma do ato, se estamos diante de um problema sucessório, e assim por diante. Uma vez efetuada a qualificação em uma ou outra destas categorias, recorrer-se-á à regra de conexão correspondente e aplicar-se-á o direito que ela indica. Como dizem Loussouarn e Bourel, a escolha da lei a ser chamada para governar uma relação jurídica dependerá da etiqueta que se lhe coloque em função de sua natureza jurídica.[5]

A qualificação pode dizer respeito a um acontecimento jurídico – ato ou fato –, a uma regra de direito interno e até ao elemento de conexão.

## O CONFLITO DAS QUALIFICAÇÕES

Ocorre que nem sempre a qualificação dada a um destes elementos coincidirá nos sistemas jurídicos potencialmente aplicáveis à *quaestio juris*. Teremos, então, um conflito de qualificações, o que representa mais uma dificuldade que pode surgir no encaminhamento de uma solução a um conflito de leis.

A mesma questão poderá ser qualificada em uma jurisdição como relativa à capacidade da pessoa, e em outra como atinente à validade de um contrato; a mesma norma jurídica pode ser classificada em um sistema como visando uma questão de validade substancial e em outro sistema como se referindo à matéria de forma; o domicílio, elemento de conexão, como já vimos, pode ser conceituado aqui de uma forma, alhures, de outra. Que qualificação deve ser obedecida pelo juiz – a qualificação do sistema do foro ou a qualificação do sistema jurídico aplicável à espécie conforme indicado pela regra de conexão?

Este problema foi detectado e analisado na última década do século XIX por Etienne Bartin, na França, em 1897, e por Franz Kahn, na Alemanha, em 1891.

François Rigaux explica que o conflito de qualificação pressupõe uma situação litigiosa submetida a juízes de Estados diferentes, que possuem as mesmas regras de conflito de leis, mas, por não atribuírem o mesmo significado aos conceitos utilizados (estado da pessoa, sucessões), acabarão conectando a mesma situação a sistemas jurídicos diferentes.[6]

## OS EXEMPLOS

Para demonstrar a realidade prática deste problema Bartin invocou três exemplos tirados da jurisprudência francesa, que vêm relatados em todas as obras que cuidam de nossa disciplina.[7]

---

[4] O significado comum do termo qualificar, além da atribuição de qualidade a um objeto, também tem o sentido de classificar. Vide Dicionário Aurélio.
[5] Yvon Loussouarn e Pierre Bourel, *Droit International Privé*, 1978, p. 242.
[6] François Rigaux, *Droit International Privé*, 1977, p. 148.
[7] Os autores ora denominam esta matéria de "Doutrina das Qualificações", ora de "Problema das Qualificações". Vide Oscar Tenório, *Direito Internacional Privado*, 1976, v. I, p. 293 e ss., e Haroldo Valadão,

*O Caso Bartholo, ou a sucessão do maltês*[8] – O casal Bartholo, originário da ilha mediterrânea de Malta, sob domínio britânico, matrimoniou-se, sem pacto antenupcial, estabelecendo seu primeiro domicílio conjugal na ilha; posteriormente, emigraram para a Argélia, onde o marido veio a falecer, sem filhos, deixando lá bens imóveis e outros herdeiros. Na Argélia, onde vigia o direito francês, a viúva nada herdava. Em Malta, onde vigorava o Código Rohan, o cônjuge sobrevivente, pobre, tinha direito a um quarto do patrimônio deixado pelo falecido. A questão foi submetida ao Tribunal de Argel.

Bartin assim especulou em torno da hipótese: a viúva teria direito ao quarto se isto decorresse do regime matrimonial, pois que os bens de cônjuges se regem pela lei do primeiro domicílio conjugal, no caso a lei maltesa, que atribui esta parcela à viúva, mas se a pretensão da mesma fosse de natureza sucessória, não se aplicaria a lei maltesa, eis que, pelo Direito Internacional Privado vigente na Argélia, a sucessão de bens imóveis é regulada pela lei da situação dos bens, lei argelina que nada atribui à viúva.

Saber se o direito da viúva Bartholo decorria do regime de bens ou do direito sucessório era uma questão de qualificação, e desde que a lei argelina e a lei maltesa divergissem a respeito (a primeira considerando a questão sucessória e a segunda de regime de bens), configurado estaria um conflito de qualificação, em que a Corte argelina teria, primeiramente, que decidir como qualificar a questão. Se qualificasse a matéria como sucessória, nada receberia a viúva, na conformidade da lei argelina, mas, se a qualificasse como regime de bens, ela receberia o quarto da lei maltesa.[9]

*O testamento ológrafo do holandês* – O segundo exemplo lembrado pelos autores franceses[10] tem por objeto a aplicação do art. 992 do Código holandês por tribunais estrangeiros. Este dispositivo proíbe aos holandeses fazer testamento ológrafo (testamento particular). A dúvida se coloca no caso de um holandês que assina um testamento ológrafo na França: poderá uma corte francesa reconhecer a validade deste testamento? Respondem os autores franceses que tudo dependerá da qualificação que se atribua ao dispositivo do Código holandês: se considerarmos a regra como inerente ao estatuto pessoal, uma disposição relativa à capacidade, o testamento será nulo, pois que a norma holandesa sobre a incapacidade de celebrar um testamento ológrafo – como todas as regras atinentes à capacidade civil do holandês – acompanha-o onde se encontrar, inclusive na França, onde testou; se, contudo, for classificada esta proibição como uma regra atinente à forma dos atos jurídicos, o testamento será válido, eis que em matéria de forma tudo se rege pela lei do local da realização do ato jurídico, e a lei francesa admite o testamento ológrafo.

Nessa hipótese ocorre conflito de qualificações porque o direito francês considera a questão como matéria de forma (aplicando a lei local e reconhecendo validade ao ato da última vontade) e o direito holandês considera-a matéria de capacidade (aplicando a lei nacional e anulando o testamento). Portanto, a diversidade na qualificação encaminha cada um

---

*Direito Internacional Privado*, 1980, v. I, p. 253 e ss. Outros preferem "Teoria das Qualificações", como François Rigaux, mestre de Louvain, intitulou sua festejada monografia e ainda "Questão das Qualificações", como Bartin escreveu em 1897 no *Clunet*, sob o título "De l'Impossibilité d'Arriver à la Suppression Définitive des Conflits de Lois".

[8] Vide Bertrand Ancel e Yves Lequette, *Grands arrêts de la jurisprudence française de droit international privé*, 1998, p. 61.

[9] A questão foi qualificada como de regime de bens, aplicando-se o Código Rohan da ilha de Malta. Vide Bertrand Ancel e Yves Lequette, *Grands arrêts de la jurisprudence française de droit international privé*, 1998, p. 61 e ss.

[10] Vide Loussouarn e Bourel, *Droit International Privé*, 1978, p. 243.

dos dois sistemas a uma outra regra de conexão e, consequentemente, à aplicação de outro regime jurídico.

Wilson de Souza Campos Batalha entende que a lei que rege a substância do ato é a competente para distinguir entre a forma e a substância do mesmo;[11] a seguir este critério, no caso do testamento do holandês a competência seria integralmente do direito holandês.

*O casamento do grego ortodoxo* – Um grego ortodoxo contraiu núpcias civis com uma francesa na França, sem considerar a lei de seu país que exigia celebração religiosa (até 1982 não se admitia casamento civil na Grécia). Este casamento seria válido ou não? Novamente, dependeria da qualificação a ser dada ao dispositivo do Código grego. Se a exigência da celebração religiosa fosse considerada (qualificada, classificada, caracterizada) como condição de fundo, e como na França se submete a validade das núpcias à lei nacional, a lei grega seria aplicável e o casamento não teria validade; mas se a norma grega fosse considerada questão de forma, a solução ficaria na dependência da *lex loci celebrationis*, pelo que a lei francesa seria a competente, sendo considerado válido o casamento. Este constituiu o famoso *caso Caraslanis*.[12]

Acontece que o direito grego classificava a regra no rol das condições de fundo do casamento, enquanto o direito francês classificava-o como simples condição de forma, formando-se, assim, o conflito de qualificações.

*Miliken v. Pratt* – Um dos clássicos casos americanos é *Miliken v. Pratt*, julgado em 1878. Daniel e Sara Pratt viviam em Massachusetts, cuja legislação considerava a mulher casada como civilmente incapaz. Sara Pratt firmou uma garantia a favor de Daniel Pratt perante a Deering, Miliken & Cia., sediada no Maine, cujas leis tratavam a mulher casada como plenamente capaz.

Daniel Pratt ficou devendo e a sociedade acionou a fiadora, Srª Pratt, no foro de Massachusetts pela soma de 560 dólares e doze centavos.

O Tribunal de Massachusetts considerou que o contrato se realizara no Estado de Maine, pois quem assina um contrato em Massachusetts e envia-o à outra parte em outro Estado, via mensageiro ou via correio, é como se tivesse ido àquele outro Estado e lá assinado o contrato. Por isso decidiu a corte que a hipótese era regida pela lei do Estado de Maine, julgando a ação procedente.[13]

No sistema do direito internacional privado dos países da *civil law*, a questão teria sido qualificada como matéria atinente à capacidade e não ao contrato, o que levaria a considerá-la incapaz, de acordo com a lei do estado de seu domicílio.

## DETERMINAÇÃO DA LEI QUALIFICADORA

Como dito, há que se decidir que sistema jurídico irá qualificar. Não se confunda a lei qualificadora com a lei aplicável. Assim, é perfeitamente possível que a lei qualificadora seja a do foro, e, partindo desta qualificação, se venha a aplicar a lei material de outro sistema jurídico, assim como também pode acontecer que a lei estrangeira qualifique uma situação jurídica e disto decorra a aplicação da lei do foro.

A doutrina do DIP elaborou três teorias principais sobre a escolha da lei qualificadora: a) qualificação pela *lex fori*; b) qualificação pela *lex causae*; c) qualificação por referência a conceitos autônomos e universais.

---

[11] Wilson Souza de Campos Batalha, *Tratado Elementar de Direito Internacional Privado*, 1961, v. II, p. 214.
[12] Vide Bertrand Ancel e Yves Lequette, *Grands arrêts de la jurisprudence française de droit international privé*, 1998, p. 215.
[13] Supreme Judicial Court of Massachusetts, 1878, 125, Mass. 374, 28 Am. Rep. 241, *apud* Willis Reese e Maurice Rosenberg, *Conflict of Laws*, 1984, p. 446.

*Qualificação pela* lex fori – O aplicador da lei, deparando-se com uma questão jurídica que extravasa sua própria jurisdição, por estar igualmente ligada a outro sistema jurídico, e, verificando que a qualificação da matéria não é idêntica em seu direito e no direito estrangeiro, há de atentar para a qualificação de seu próprio direito. Os autores franceses, que, em sua maioria advogam esta teoria, justificam-na com os seguintes argumentos: 1) sempre que o juiz francês tem que decidir sobre a lei aplicável para a solução de uma questão ligada a mais de um sistema jurídico, é ao seu Direito Internacional Privado que deverá recorrer, sendo que as normas conflituais internas de seu sistema jurídico hão de orientá-lo na escolha da lei aplicável. Se, preliminarmente a esta escolha da lei aplicável se torna necessário classificar a questão jurídica, nada mais lógico do que ater-se ao seu próprio sistema. Realmente, não seria metodologicamente correto que, enquanto a segunda etapa de um processo segue uma determinada lei, a etapa anterior, que lhe é preliminar e prejudicial, seja solucionada por outro sistema jurídico. 2) Como admitir a qualificação da questão pela *lex causae* – a lei estrangeira aplicável – se ainda não sabemos se ela será realmente a lei escolhida, *i.e.*, se virá a ser a lei aplicável, tudo dependendo da qualificação que se der ao caso, eis que, se qualificada for a questão de determinada forma, aplicável realmente será a lei estrangeira, mas se qualificada de outra forma, aplicável será a lei do foro. Como, então, aplicar a lei estrangeira para qualificar, se ainda não se sabe se ela será realmente a lei aplicável?[14]

No *caso Caraslanis* tratou-se de saber se a questão era de substância ou de forma. Como visto, a lei grega não admitia este tipo de casamento para os gregos, mas na França nenhum problema existia em torno desta espécie de casamento. A Grécia qualificava a questão como pertinente à substância do ato jurídico, enquanto na França ela é qualificada como matéria de forma de ato jurídico.

Em ambas as legislações a capacidade da pessoa é regida pela lei de sua nacionalidade e as formas dos atos jurídicos são regidas pela lei do lugar de sua celebração. Restava saber que qualificação devia ser seguida, a grega, que classificava a questão como de substância (a capacidade do agente está ligada à substância do ato por ele praticado), o que levaria a aplicar o direito grego e considerar o casamento nulo, ou a qualificação francesa, que considera a questão de forma, o que levaria a aplicar a lei francesa e decidir pela validade do ato.

Como ocorre em questões de DIP, o juiz francês tem que executar três etapas: qualificar a questão; escolher o sistema jurídico aplicável segundo as regras do DIP e aplicar a norma jurídica pertinente deste sistema jurídico.

O direito grego será o aplicável se se tratar de questão de substância; o direito francês será aplicável se se tratar de questão de forma. Qualificar de acordo com o direito francês (*lex fori*) é o mais lógico e racional segundo esta teoria.

*Qualificação pela* lex causae *(e crítica)* – Em França, Despagnet, na Itália, Pacchioni e na Alemanha, Wolff, lideraram a escola que defendeu a qualificação pela *lex causae*. Essa teoria entende que se deve solicitar ao direito estrangeiro eventualmente aplicável a qualificação da relação jurídica que constitui o objeto do litígio.

Recorrendo ao mesmo exemplo do casamento do grego na França, o raciocínio desenvolvido por esta escola seria o seguinte: considerando que, de acordo com as regras do DIP

---

[14] Como escreveu Wilson de Souza Campos Batalha, *Tratado Elementar de Direito Internacional Privado*, 1961, v. II, p. 163: "Efetivamente, se o juiz deve obedecer aos preceitos do direito internacional privado de seu país, parece-nos indisputável que deve interpretá-los e aplicá-los à luz dos conceitos jurídicos fornecidos pelo seu próprio sistema: a invocação da *lex causae*, nesta fase do processo lógico, envolveria petição de princípio – se se trata exatamente de saber qual a lei aplicável, como colher a qualificação nessa última lei, cuja aplicabilidade depende da prévia estatuição da norma conflitual do fórum?".

francês, a validade substancial é regida pela lei da nacionalidade da pessoa, cabe a esta lei dizer o que se encerra dentro desta categoria, e se a lei grega nela inclui a questão da celebração civil ou religiosa do casamento, esta a qualificação que deverá ser seguida, aplicando-se o direito grego e anulando-se o matrimônio.

A crítica a esta teoria é de que o DIP francês só determina a aplicação da lei da nacionalidade para questões de capacidade e de validade substancial do casamento, não para questões que ela considera de forma, e como o casamento civil ou religioso é qualificado na França como questão de forma, o direito grego nem sequer chega a ser considerado. Recorrer à qualificação deste direito, diversa da qualificação do direito francês, para, em consequência, aplicar o direito interno grego, seria desrespeitar o sistema jurídico do foro.

Na hipótese do testamento ológrafo do holandês realizado na França, esta segunda teoria diz que uma vez que a França aplica à capacidade a lei da nacionalidade, é a esta lei que se deve indagar se a questão de testar pela via ológrafa se insere na capacidade e, como o direito holandês assim considera, dever-se-á julgar o testamento de acordo com a norma holandesa que veda esta forma de testar.

A crítica dos adeptos da *lex fori* é de que só cabe aplicar a lei holandesa depois que se determinou que a matéria se insere na problemática da capacidade, portanto solicitar que o direito holandês qualifique o testamento, é considerá-lo competente, quando, em verdade, ele só é competente depois que se decide que se trata de questão de capacidade, e isto ainda não está resolvido.[15]

A qualificação – para os adeptos da 1ª teoria – precede à escolha da lei competente, e não havendo ainda definição da lei competente, caberá exclusivamente à *lex fori* proceder à qualificação.[16]

*Qualificação por referência a conceitos autônomos e universais* – Esta teoria, de Ernst Rabel, autor de extensa obra de DIP comparado,[17] entende que o juiz não deve ficar preso à qualificação de determinadas leis, seja do foro, seja da causa, mas, utilizando-se do método comparativo, ir em busca de conceitos autônomos, diferentes dos conceitos internos e dotados de caráter universal. Na medida em que juízes de diversos países adotem este método, eliminar-se-iam os conflitos de qualificações no plano internacional. Este método teria in-

---

[15] Em trabalho publicado no *Clunet* 2005.281 e ss. Jean-Luc Ehhoueiss, sob o título *"Retour sur la qualification lege causae en droit international privé"*, apresenta forte defesa desta teoria, assim escrevendo na ementa de seu artigo: "Si l'essence du droit international privé réside assurément dans l'accueil des cultures étrangères, la méthodologie qu'il emploie semble souffrir d'ethnocentrisme. C'est précisément à la méthode de qualification *lege fori* des institutions étrangères qu'un tel reproche pourrait être fait. Aux rebours de cette méthode, la méthode de qualification lege causae apparaît comme le meilleur rempart contre le risque de dénaturation par le judge du for des institutions étrangères...".

[16] Ferrer Correia, em *Estudos Jurídicos – Direito Internacional Privado*, publicou um ensaio sob o título "O Problema da Qualificação segundo o novo DIP Português", em que manifesta total desprezo pela teoria da *lex causae*, assim escrevendo às p. 47-48: "Duvidamos, porém, que algum autor responsável tenha defendido alguma vez a sério a ideia de que há que deferir à lei designada pela norma de conflitos a definição do conceito-quadro utilizado por essa mesma norma. Na verdade, a inviabilidade de tal ideia é coisa que a todos se impõe *prima facie*. O recurso à *lex causae* com esse objetivo redundaria, com efeito, em converter a norma de conflitos numa norma em branco. O legislador, tendo escolhido a conexão relevante, desinteressar-se-ia de definir ele próprio o domínio em que a conexão é relevante; teria fixado a consequência jurídica e, todavia, renunciado a recortar ele próprio a hipótese em que a mesma consequência opera. Isto é o mesmo que dizer que o legislador teria desistido de estabelecer uma verdadeira norma jurídica".

[17] Ernst Rabel, *The Conflict of Laws – A Comparative Study*, em três volumes.

clusive a vantagem de possibilitar a aplicação de determinados institutos, vigentes em certas legislações e desconhecidos em outras, como, por exemplo o *trust* do sistema anglo-saxão.

Segundo esta teoria, deve-se construir e interpretar a norma conflitual em função de todos os sistemas jurídicos cuja aplicação ela é suscetível de desencadear. Rabel ilustra sua tese com o art. 23 da EGBGB que versa a tutela no plano internacional, expondo que não se deve entender aí apenas a tutela como concebida pelo Código Civil alemão, mas o que se entende sobre ela em geral, no mundo civilizado, abrangida nesta norma conflitual toda instituição jurídica que tenha por finalidade regular a representação ou a proteção de pessoas incapazes e não sujeitas ao poder paternal.

Esta teoria foi criticada como irrealista, utópica. O problema da qualificação só se põe quando se verifica diversidade de qualificações entre dois sistemas jurídicos, sendo irreal esperar que o juiz possa encontrar um denominador comum entre as mesmas.[18]

Modernamente, tem sido advogado que a qualificação a ser utilizada pelo direito internacional privado de determinada jurisdição não precisa coincidir com a qualificação aplicada no direito interno da mesma. Assim, se na França o casamento entre pessoas do mesmo sexo não é aceito como casamento, isto não significa que o direito internacional privado francês não possa trabalhar com esta hipótese. Argumentam que se para o DIP o casamento poligâmico é aceito, o mesmo deve ocorrer com o casamento unissexual.[19]

Igualmente não se confunda a questão da qualificação com a da interpretação da lei estrangeira aplicável. Já vimos que de acordo com a teoria da recepção formal do direito estrangeiro, este é interpretado no foro na conformidade dos ensinamentos da doutrina estrangeira e da prática de sua jurisprudência. Vimos também que esta foi a orientação adotada pelo Código Bustamante.[20]

São dois momentos diversos do processo conflitual. Em primeiro lugar temos de qualificar a questão jurídica, em que ficamos com o critério da *lex fori*. Uma vez qualificada a questão, localizada a sede da mesma, aplica-se a lei do foro ou a lei estrangeira, conforme ordenar a correspondente regra de conexão.

Na hipótese de se aplicar a lei estrangeira, surge outra questão, a de como interpretá-la. É aí que se adota inteiramente a interpretação dada, o sentido atribuído à lei estrangeira pela própria *lex causae*. Esta distinção entre as fases inicial e final do processo de solução conflitual nos parece lógica e consequente: quando ainda não conheço a lei aplicável, tudo depende exclusivamente de minha legislação, mas quando já ficou decidida a aplicação da lei estrangeira, ela assume o comando do processo e é na conformidade de suas próprias fontes que ela será interpretada. A mesma distinção, como veremos, entre qualificação e reenvio. Aquela, necessariamente pela *lex fori*; esta, podendo perfeitamente obedecer ao determinado pela *lex causae*.

## JURISPRUDÊNCIA INGLESA

A jurisprudência inglesa apresenta um caso deveras interessante em que se debateu a respeito da qualificação a ser dada à norma inglesa que soluciona o problema da morte simultânea de duas pessoas em um só desastre: seria esta norma relativa à prova, portanto de natureza processual, ou seria uma norma referente à sucessão, e por conseguinte integrada

---

[18] Yvon Loussouarn e Pierre Bourel, *Droit International Privé*, 1978, p. 250.
[19] Vide *Revue*, 2006.257.
[20] Código Bustamante, art. 409: "A parte que invoque a aplicação do direito de qualquer Estado contratante em um dos outros, ou dela divirja, poderá justificar o texto legal, sua vigência e sentido...".

no direito substantivo. Não se registrou um conflito de qualificações entre os dois sistemas jurídicos em causa – o britânico e o germânico – eis que a Corte inglesa alongou-se em considerações para qualificar a norma inglesa e a correspondente norma do direito alemão de forma harmoniosa. Contudo, a discussão entre os herdeiros é bem ilustrativa do problema que a qualificação pode acarretar, como se vê a seguir.

*O Caso Cohn* – A Srª Cohn e a Srª Oppenheimer, mãe e filha, eram alemãs, domiciliadas na Alemanha e residentes na Inglaterra, onde haviam se refugiado da perseguição nazista. Ambas morreram durante um dos bombardeios noturnos a que a Luftwaffe (força aérea do 3º Reich) submeteu a capital britânica durante a Segunda Guerra Mundial, vítimas da mesma explosão e não foi possível descobrir qual das duas faleceu primeiro. De acordo com o testamento da Srª Cohn, sua filha, a Srª Oppenheimer, herdaria seus bens móveis, na hipótese de sobreviver à mãe. A Srª Cohn tinha outros filhos.

Entre a lei da Inglaterra e a lei da Alemanha foi logo detectado o seguinte conflito: na Inglaterra a *Law of Property*, de 1925, seção 184, dispõe que na hipótese de terem morrido duas pessoas em circunstâncias que não permitem saber quem sobreviveu à outra, deve-se presumir que as mortes ocorreram na ordem cronológica das idades, ou seja, que a morte do mais velho precedeu a do mais jovem, o que levaria a concluir que a Srª Oppenheimer sobrevivera e teria herdado da Srª Cohn, cujo patrimônio passara para os filhos da primeira.

Já o direito alemão dispunha (originariamente no art. 20 de seu Código Civil e a partir de 1939, por lei especial) que em casos desta natureza presume-se a comoriência (a Srª Oppenheimer não teria sobrevivido e a herança da Srª Cohn seria distribuída entre todos os seus herdeiros).

Os herdeiros da Srª Oppenheimer, interessados em que ela tivesse herdado de sua mãe, sustentaram que a decisão concernente à ordem cronológica dos falecimentos constituía uma questão de fato, portanto de prova, e provas são determinadas pela *lex fori*, devendo aplicar-se a norma inglesa que levaria à conclusão de que houve sobrevivência da senhora mais jovem. Uma vez estabelecido isto, a sucessão, para as questões substanciais, passaria a reger-se pela lei do domicílio, a lei alemã.

O tribunal preferiu a posição dos demais herdeiros da Srª Cohn, Srª Freudenthal e Sr. Siegfried Cohn, decidindo a questão de acordo com o direito alemão, pela comoriência.

Disse o Tribunal que a questão que se colocava não era: "terá a Srª Oppenheimer sobrevivido ou não à Srª Cohn?", mas "o inventário da Srª Cohn deve ser conduzido como se a Srª Oppenheimer tivesse sobrevivido à Srª Cohn ou não".

O importante, segundo o tribunal, é ter em mente o objetivo para o qual se quer saber sobre a sobrevivência, e este concerne direito sucessório, que é regido pela lei do domicílio, no caso a lei alemã.

Aliás, prosseguiu o Tribunal inglês (*Chancery Division*), a seção 184 da *Law of Property Act, 1925*, não deve ser considerada para o caso das Sras Cohn e Oppenheimer, pois esta norma da *lex fori* não constitui uma regra sobre prova, eis que não visa ajudar a aferição de um fato, mas contém uma regra de direito substantivo, que determina a presunção que se deve fazer em todos os casos que afetam a propriedade. E como regra de direito substantivo, a norma é relevante apenas quando a discussão em torno da propriedade é regida pela lei da Inglaterra, mas não tem qualquer aplicação quando o direito à propriedade é regido pela lei de outro país, como ocorria na espécie.

O mesmo se dá, prosseguiu o Tribunal inglês, com relação à regra do direito alemão sobre a comoriência: não se trata de uma norma sobre prova, mas de uma regra que integra o direito substantivo alemão. Seus termos e o lugar onde o dispositivo revogado se encontrava (Parte Geral do Código Civil alemão) não deixam dúvida de que se trata de uma norma de direito substantivo que devia ser aplicada como integrante do direito sucessório, também contido no Código Civil alemão.[21]

Como visto, não se registrou um conflito de qualificações entre os dois sistemas jurídicos em causa – o britânico e o germânico –, mas, justamente ao contrário, a Corte inglesa alongou-se em considerações para qualificar a norma inglesa e a correspondente norma do direito alemão de forma harmoniosa, ambas no sentido de que a regra sobre o momento da morte é de caráter substantivo e não processual-probatório. No entanto, a discussão entre os herdeiros e o desenvolvimento da decisão inglesa são bem ilustrativos do problema que a qualificação pode acarretar.

*Ogden v. Ogden* – Este caso foi julgado na Inglaterra, pela *Court of Appeal*, em 1908, e nele se revela um autêntico conflito de qualificações, constituindo-se em uma das mais interessantes hipóteses da jurisprudência de Direito Internacional Privado.

Em setembro de 1898, uma jovem inglesa, domiciliada na Inglaterra, contraiu núpcias com Léon Philip, francês, domiciliado na França, com a idade de 19 anos. O casamento foi realizado sem o conhecimento dos pais de ambos nubentes.

Quando o pai de Philip, pouco tempo depois, veio a saber do casamento, trouxe o filho de volta para a França, onde ingressou em juízo com pedido de anulação do casamento, baseado nos dispositivos do Código Civil francês então vigentes que proibiam o casamento de menores de 25 anos sem consentimento dos pais, regra que se aplicava igualmente ao casamento de francês celebrado no exterior (arts. 148 e 170 do Código Civil francês).

Em novembro de 1901, o tribunal civil de 1ª Instância do Sena anulou o casamento pelos motivos e com fundamento nas regras invocadas pelo pai. A esposa inglesa não compareceu ao julgamento.

Após a decretação da nulidade do casamento pelo tribunal francês, Léon Philip casou novamente na França.

Em julho de 1903, a jovem inglesa requereu perante a *High Court of England* a dissolução de seu casamento com Léon Philip com fundamento no abandono e no adultério de seu marido e também pediu que o casamento fosse anulado. O tribunal inglês decidiu que estando o réu domiciliado na França, a justiça inglesa não tinha jurisdição sobre o caso.

Em outubro de 1904, a jovem casou com William Ogden, que, em 1906, requereu a nulidade de seu casamento, baseado em que à época de sua celebração, Léon Philip estava vivo e o casamento de sua esposa com Philip não fora dissolvido ou anulado de acordo com as leis inglesas. A Corte inglesa julgou procedente a ação, desprezando a defesa da mulher de que seu casamento com Philip fora nulo por falta de capacidade do nubente, decidindo que as exigências da lei francesa eram de natureza formal, e núpcias celebradas na Inglaterra não poderiam ser submetidas às formalidades da lei de outro país.

Assim, o conflito de qualificações entre França e Inglaterra sobre a natureza do requisito de permissão paterna resultou em que a justiça francesa anulasse o casamento e que a justiça inglesa o considerasse válido, anulando o segundo casamento da inglesa com Mr. Ogden. A inglesa ficou na dramática situação de ter seu primeiro casamento anulado na França e seu segundo casamento anulado na Inglaterra.[22]

## JURISPRUDÊNCIA AMERICANA

Em *Haumschild v. Continental Casualty Company,* um casal domiciliado no estado de Wisconsin trafegava em um caminhão numa estrada do estado da Califórnia, quando ocor-

---

[21] Vide J. H. C. Morris, *Cases on Private International Law*, 1960, p. 1-3.
[22] J. H. C. Morris, *Cases on Private International Law*, 1960, p. 79.

reu um acidente, alegadamente causado pela negligência do marido, que dirigia o veículo, causando ferimentos na esposa.

A esposa processou o marido em Wisconsin. (Este tipo de processo visa geralmente a indenização dos danos pela companhia seguradora, que toma a seu cargo a defesa do réu). Normalmente, as cortes americanas aplicam a estes casos a lei do Estado onde ocorreu o acidente (*lex loci delicti commissii*). Baseada nesta jurisprudência a defesa do marido sustentou que deveria ser aplicada a lei da Califórnia, que não admite ação de indenização entre cônjuges por danos desta natureza.

A Corte de Wisconsin resolveu aplicar sua própria lei, que admite este tipo de ação entre cônjuges, fundamentada na caracterização da hipótese como matéria de direito de família e não direito de responsabilidade civil, e, como questão de família, havia de ser aplicada a lei do domicílio conjugal.[23] Qualificada a espécie como pertencente ao direito de família, a lei aplicável teria que ser a do domicílio conjugal e não a do local do acidente.

## A QUALIFICAÇÃO NO DIREITO INTERNACIONAL PRIVADO BRASILEIRO

Haroldo Valladão, depois de sintetizar as inúmeras subteorias que se formaram com base nas principais três escolas, advoga um processo de qualificação por etapas, em que, primeiramente se classifica pelos conceitos do DIP do foro, qualificação provisória, aproximativa, mas, se a lei afinal declarada competente, por exemplo, a lei do lugar do domicílio da pessoa ou do domicílio do *de cujus*, adotar qualificação diferente, a qualificação provisória será corrigida de acordo com a posterior, definitiva. "*Assim*", conclui Valladão, "*a regra de DIP produz todos seus efeitos, aplica, realmente, a lei competente, inclusive nos seus conceitos e classificações, tal e qual se procede ao adotar o princípio da devolução*".[24] Wilson de Souza Campos Batalha também discorre sobre esta sucessividade de qualificações.[25]

Invoca Valladão os arts. 8º e 9º da Lei de Introdução, sustentando que estes dispositivos indicam a classificação pela *lex causae*, eis que determinam a qualificação dos bens "pela lei do lugar em que estiverem situados" (art. 8º) e para as obrigações "pela lei do lugar em que se constituírem" (art. 9º).

Assentada esta interpretação, lamenta o ilustre internacionalista pátrio que o art. 16 da Lei de Introdução tenha vedado o reenvio que a norma conflitual estrangeira faça a outra lei, o que contradiz a regra da qualificação pela *lex causae*, em que se segue a orientação da lei estrangeira, referindo-se à lição de Werner Goldschmidt de que a vedação do reenvio e a

---

[23] Vide Eugene Scole e Peter Hay, *The Conflict of Laws*, 1992, p. 581.
[24] Haroldo Valladão, *Direito Internacional Privado*, 1980, v. I, p. 258.
[25] Wilson de Souza Campos Batalha, *Tratado Elementar de Direito Internacional Privado*, 1961, v. 1, p. 97-98, em que diz: "Partindo em busca de uma solução ao problema, devemos distinguir nitidamente a qualificação da situação ou da relação jurídica para a escolha da norma de Direito Internacional Privado aplicável, a qualificação do elemento de conexão e a qualificação dos conceitos do direito estrangeiro cuja aplicabilidade já foi assentada". Após advogar a qualificação da relação jurídica pela *lex fori*, e o mesmo critério para a qualificação do elemento de conexão, diz o autor: "Uma vez, porém, localizado o direito estrangeiro aplicável por força da norma de Direito Internacional Privado, as qualificações, no âmbito desse direito estrangeiro somente por ele poderão ser fornecidas". Vide a este respeito a distinção que fizemos acima entre a qualificação e a interpretação do direito estrangeiro, este inteiramente submetido ao sistema jurídico de *lex causae*, e adiante a distinção entre qualificação e subqualificação.

qualificação pela *lex fori* são teorias irmãs, eis que ambas desprezam qualquer indicação da lei estrangeira diversa da indicação da lei do foro.[26]

A tese de Valladão é coerente: se me submeto à qualificação da *lex causae*, não tenho senão que a seguir quando indica a aplicação de outra lei. Mas não acompanhamos o raciocínio de Goldschmidt quando diz que qualificação pela *lex fori* e vedação do reenvio são teorias irmãs. Parece-nos perfeitamente conciliável a aceitação do reenvio e a qualificação pela *lex fori*. A qualificação, que é o ponto de partida do processo conflitual, deve reger-se pela lei do foro, pois, dependendo da qualificação a ser dada, haverá ou não aplicação de lei estrangeira. Sendo qualificada a situação de acordo com a *lex fori* e, atendido o comando do seu DIP, que indica a competência da lei estrangeira, e verificando-se que esta determina a aplicação da lei do foro (reenvio de 1º grau) ou de lei de terceiro país (reenvio de 2º grau), pode-se perfeitamente conceber o atendimento desta determinação da *lex causae*. O ponto de chegada e o ponto de partida não precisam reger-se pelo mesmo princípio. Esta distinção se assemelha a outra que fazemos mais adiante, entre qualificação e interpretação da lei estrangeira, a primeira regida pela lei do foro, a segunda pela *lex causae*. Mas, na hipótese inversa, quem recusa o reenvio, como a LINDB, negando qualquer autoridade ao DIP estrangeiro, mesmo quando já reconhecida sua competência sobre a hipótese, certamente não se submeterá à qualificação da lei estrangeira, na fase vestibular do processo da solução conflitual, como Valladão sustenta com toda propriedade.[27]

Só que temos divergência com Valladão quanto ao sistema jurídico adotado pela LINDB em matéria de qualificação, eis que nada indica – como o ilustre mestre sustenta – que nossa lei de direito internacional privado tenha se definido pelo critério da *lex causae*. Os arts. 8º e 9º, por ele invocados, constituem exceções, justificadas, pois mesmo os que adotam a qualificação pela *lex fori* admitem que este princípio não se aplica aos bens, uma vez que somente o legislador do local onde os mesmos se encontram é competente para classificá-los; no que concerne às obrigações, a opção de nosso legislador pela aplicação da lei do lugar onde o contrato se constituiu é uma decorrência do princípio da autonomia da vontade, pois há sempre uma vontade tácita de submeter o contrato à lei do local onde este se realizou. Ora, não se concebe que as partes contratantes escolham determinada lei parcialmente, deixando de adotá-la na sua integralidade.

Nosso entendimento é que o Direito Internacional Privado brasileiro aplica a *lex fori* para a qualificação em geral, abrindo duas exceções para a *lex causae* em matéria de bens e de contratos e, independentemente disto, rejeita qualquer reenvio indicado pela lei estrangeira.[28]

---

[26] Diz Werner Goldschmidt, *Sistema e Filosofía del Derecho Internacional Privado*, 1952, v. 1, p. 350: "la teoría de la referencia mínima (que recusa aceitar o reenvio) es hermana de la teoría de las calificaciones según le 'lex civilis fori'".

[27] O primeiro autor mantém sua divergência com o Professor Werner Goldschmidt, mas retirou a discordância com o Professor Haroldo Valladão que figurava nas edições anteriores, porque, na verdade, os dois mestres dizem coisas que não coincidem. Não é possível acompanhar Goldschmidt quando afirma que a contrariedade ao reenvio e a qualificação pela *lex fori* são teorias irmãs, pois, como explica o primeiro autor no corpo do texto, se pode perfeitamente qualificar pela *lex fori* e depois aceitar o reenvio. Já Haroldo Valladão diz algo diverso: quem qualifica pela *lex causae*, há de aceitar o reenvio, ou seja, se a lei estrangeira é determinante no início do processo, também o será no fim – com isto o primeiro autor concorda plenamente, como desenvolvido no texto acima. Onde Valladão se equivocou – e isto levou ao equívoco de igualá-lo a Goldschmidt na divergência – foi na sua nota n. 13 da página 259 de sua obra principal, ao invocar a tese de Goldschmidt em apoio a sua tese, quando, em verdade, as duas se baseiam em raciocínios que não coincidem, como se depreende do desenvolvimento feito no texto.

[28] Flávia Fernandes da Rocha, aluna do ano letivo 1996/7 sugeriu que a rigor bens e obrigações não constituem exceções, pois, ao dispor a LINDB, no art. 8º, que os bens se qualificam e regem pela lei de sua

Na opinião da segunda autora, sequer há, a rigor, uma exceção. A qualificação a que se referem os arts. 8º e 9º da LINDB é aquela do direito material (*e.g.*, bens móveis/imóveis, materiais e imateriais; obrigações solidárias/não solidárias, principais/acessórias), e não aquela do direito internacional privado, utilizada para escolha da regra de conexão.

Em verdade, o mesmo vem estabelecido no Código Bustamante: o art. 6º estabelece o princípio da qualificação pela *lex fori*, mas os arts. 113 e 164 fixam a qualificação pela *lex causae* respectivamente para questões relativas a bens e a obrigações.[29]

Efetivamente, em seu art. 6º o Código Bustamante dispõe que *"Em todos os casos não previstos por este Código, cada um dos Estados contratantes aplicará a sua própria definição às instituições ou relações jurídicas que tiverem de corresponder aos grupos mencionados no art. 3º"* (o art. 3º classifica as leis em três grupos, de ordem pública interna, de ordem pública internacional e de ordem privada), o que nos parece ser uma clara definição da qualificação pela *lex fori*.[30]

Por outro lado, em seus arts. 112 e 113 o Código estabelece a *lex causae* para qualificar os bens, dispondo o primeiro que *"aplicar-se-á sempre a lei territorial para se distinguir entre os bens móveis e imóveis, sem prejuízo dos direitos adquiridos por terceiros"* e o segundo determina que *"à mesma lei territorial sujeitam-se as demais classificações e qualificações jurídicas dos bens"*. E o art. 164 estabelece que *"o conceito e a classificação das obrigações subordinam-se à lei territorial"*. Entendemos que a lei territorial significa a *lex causae*, i.e., a lei aplicável à obrigação, da mesma forma como interpretamos no capítulo concernente às regras de conexão o sentido do art. 22 do Código Bustamante, relativo à qualificação do domicílio.

---

situação, já está aí estabelecida a qualificação pela *lex fori*, ao definir que o objeto versado é um bem, e a submissão à qualificação do *situs* dos bens, para distinguir os móveis dos imóveis, os fungíveis dos infungíveis, esta é uma subqualificação que, por uma questão até de lógica, segue a lei do local onde estão situados os bens, acrescentando a sugestão que o mesmo se pode dizer quanto ao art. 9º. Entende o primeiro autor que, mesmo admitido este raciocínio para os bens, não se pode dizer o mesmo quanto ao art. 9º da LINDB e seu parágrafo 2º, sobre as obrigações, como explico no volume "Contratos e Obrigações no Direito Internacional Privado", p. 495, nota 36, pois o dispositivo em seu *caput*, combinado com o § 2º, determina que o momento primeiro de saber se uma obrigação chegou a se constituir – a qualificação original do contrato internacional – é regida pela lei do local da constituição, que ocorre na residência do proponente, portanto regência pela *lex causae*. Como dito, como exceção ao princípio geral da qualificação pela *lex fori*.

[29] Aliás, o próprio Valladão reconhece isto em seu *Direito Internacional Privado*, 1983, v. II, p. 189, onde compara os dispositivos do Código Bustamante com os da LINDB.

[30] O professor Werner Goldshmidt entende que o Código Bustamante só faz referência ocasional à questão qualificadora, como deixa claro em seu artigo "Droit International Privé LatinoAmericain" no número do centenário do *Clunet*, 1973.75, assim se expressando: "La Partie générale n'est pas d'une élaboration soigné. En ce qui concerne le problème des qualifications, on y fait allusion occasionnellement, par exemple en traitant du domicile (art. 22, 25 et 26), ou dans des cas déterminés on attribue des qualifications propres au code (art. 23, 24)". Acontece que o próprio Bustamante, em sua obra *Derecho Internacional Privado*, tomo I, p. 158, ensina que: "Quando disienten los sistemas de Derecho Internacional Privado respecto del carácter o naturaleza de una ley, cada país aplica forzosamente el suyo, y esto es lo que se llama la doctrina de calificaciones. Ninguna ley extranjera puede alterar en nuestro territorio el sistema de Derecho Internacional Privado que nuestro legislador admite, porque las leyes que lo integran tienen que ser forzosamente de orden público internacional, como tendremos ocasión de ver más adelante". Suponho que tenha sido esta doutrina que Bustamante quis refletir no art. 6º de seu código. Observe-se, *a latere*, que na mesma obra, à p. 214, Bustamante liga o disposto no art. 6º à teoria de que Direito Internacional Privado é de ordem pública internacional.

Portanto no Código Bustamante, bens e obrigações se qualificam pelos critérios da *lex causae*, exceção à regra da *lex fori* contida no art. 6º.[31]

## JURISPRUDÊNCIA BRASILEIRA

Na década de 1930, os tribunais brasileiros tiveram que decidir questões relativas a fiança e a venda de imóveis realizadas por maridos estrangeiros (casados com brasileiras ou estrangeiras da mesma nacionalidade dos varões), sem a outorga uxória exigida pelo Código Civil brasileiro.

Naquela época vigia a anterior Introdução ao Código Civil brasileiro, cujo art. 8º estabelecia a nacionalidade como regra de conexão para a capacidade da pessoa, e o art. 13 determinava que a substância das obrigações seria regulada pela lei do lugar onde fossem contraídas.

As questões de fiança e venda de imóveis trazidas ao conhecimento dos tribunais brasileiros diziam respeito a varões cujas leis nacionais não exigiam a outorga uxória para estes atos da vida civil, e as discussões em juízo cuidaram de analisar a natureza desta exigência na lei brasileira. Seria uma questão de capacidade, *i.e.*, o legislador havia restringido a capacidade do homem casado para vender imóveis e dar fianças, sem o consentimento da sua esposa? Neste caso, regida a capacidade pela lei da nacionalidade, perfeitamente válidos os atos praticados pelos varões de outras nacionalidades, cujas legislações não continham esta restrição.

Mas se a exigência legal da outorga uxória fosse considerada matéria atinente à substância do contrato, dever-se-ia seguir a regra de conexão estabelecida pelo art. 13 da lei introdutória e aplicar o direito do país da contratação, lei brasileira, o que resultaria na invalidação dos contratos de venda e de fiança, na conformidade da nossa legislação civil.

Não se tratava de um conflito de qualificação entre dois sistemas jurídicos, mas de dúvida quanto à qualificação da própria norma de direito interno, com consequências no plano do direito conflitual: conforme a qualificação que lhe fosse atribuída, a regra de conexão seria uma, levando a aplicar o direito estrangeiro e a validar o ato, ou a regra de conexão seria outra, conduzindo à aplicação da lei do foro e à invalidação do ato. O Supremo Tribunal Federal decidiu em vários casos pela aplicação da lei estrangeira, da nacionalidade do marido, validando a fiança outorgada sem outorga uxória.[32] Já o Tribunal de Justiça de São Paulo decidiu que a questão deveria ser submetida à lei brasileira.[33] A Corte Suprema concebeu a questão como de capacidade da pessoa, enquanto que o tribunal paulista considerou-a como matéria contratual.

Rodrigo Otávio reproduz vários acórdãos do Supremo Tribunal, dos quais selecionamos a decisão no Recurso Extraordinário nº 2.145, julgado em 19 de maio de 1931, cujo interesse se situa no debate travado entre os Ministros Soriano de Souza e Rodrigo Octávio.[34]

Formou-se então o seguinte debate entre os dois Ministros:

"Min. Soriano de Souza – O art. 13 diz expressamente: 'Quanto à substância.'"

---

[31] Há autores que não identificam o art. 6º do Código Bustamante com a questão da qualificação, considerando-a "uma regra subsidiária para matérias não tratadas no Código". Vide Jurgen Samtleben, *Derecho Internacional Privado en America Latina*, 1983, p. 246.

[32] Recurso Extraordinário nº 2.329, julgado em 6 de janeiro e 14 de julho de 1932, Recurso Extraordinário nº 2.397, julgado em 30 de novembro, e Agravo nº 7.727, julgado em 9 de dezembro do mesmo ano, conforme noticiado por Rodrigo Octávio, *Dicionário de Direito Internacional Privado*, 1933, p. 249 e 252. Pontes de Miranda, *Tratado de Direito Internacional Privado*, 1935, v. II, p. 50, alude aos dois últimos casos.

[33] Rodrigo Octávio, *Dicionário de Direito Internacional Privado*, 1933, p. 251.

[34] Rodrigo Octávio, *Dicionário de Direito Internacional Privado*, 1933, p. 249 e ss.

"Min. Rodrigo Otávio – Perfeitamente. Mas o que significa a substância do contrato? É o objeto dele, a transação que com ele se efetua. Não se pode realizar, num lugar determinado, contrato cuja substância, isto é, cujo objeto será contrário à lei do lugar. Na espécie trata-se de um contrato de promessa de venda que nossa lei permite. A dúvida é saber se pode ou não o marido realizá-lo sem outorga uxória; isto não constitui substância do contrato: é matéria referente à capacidade do contratante, que, evidentemente, é substancial para a validade do contrato, onde a lei exija essa outorga, o que é cousa diferente."

"Min. Soriano de Souza – O contrato é ou não válido sem a outorga uxória. Logo, conforme a lei brasileira, isso é da substância do contrato."

"Min. Rodrigo Otávio – É preciso distinguir. Segundo a lei brasileira a outorga uxória é condição essencial para a validade do contrato. Mas não é a substância do contrato."

"Min. Soriano de Souza – Pode-se encarar, talvez, assim, mas em face desse artigo, não."

"Min. Rodrigo Otávio – A substância do contrato é o seu objeto. Aquilo que entende propriamente com a transação visada. A outorga apenas é um elemento para a validade do ato. Saber se é ou não válido um contrato feito sem outorga uxória equivale a saber se tem ou não o marido capacidade para assim o celebrar. É mera questão da capacidade civil. Ora, de acordo com o princípio do art. 8º da Introdução às Normas do Direito Brasileiro, essa matéria é regida pela lei nacional das pessoas. Na hipótese, os proprietários do prédio objeto do contrato eram alemães. A lei alemã permite a venda de bens de raiz independente de outorga uxória; entendo, portanto, que, de acordo com o art. 8º, a lei aplicável é a alemã, e, assim, que a promessa de venda foi perfeitamente válida."

Observe-se – como já apontamos – que neste debate (bem como nos demais casos de nossa jurisprudência) só houve discussão em torno da qualificação que o direito brasileiro dá ao instituto da outorga uxória na venda de bem imóvel e na outorga de fiança por homem casado, em que se discutiu se a norma do nosso direito constitui uma regra de capacidade ou se se refere a um dos aspectos substanciais do contrato. Mas não se tratou de decidir entre a qualificação da *lex fori* e da *lex causae*, o verdadeiro problema das qualificações no Direito Internacional Privado.

Este problema – a divergência qualificadora entre nosso direito e o direito estrangeiro – encontraremos em interessante parecer lançado por Paulo Dourado de Gusmão, quando no exercício das funções de Procurador da Justiça, no Agravo de Petição nº 23.555 julgado pela 1ª Câmara Civil do Tribunal de Justiça do Estado do Rio de Janeiro, em ação de despejo contra chefe da missão do Comitê Intergovernamental para Migrações Europeias (CIME), em que se reconheceu a imunidade jurisdicional do réu com fundamento na Convenção de Viena sobre Relações Diplomáticas de 1963, promulgada no Brasil pelo Decreto nº 56.435, de 08.06.1965.

O parecer cuidou de examinar se a ação de despejo não estaria excluída do privilégio da imunidade: de um lado o art. 31 da Convenção admite ações reais contra diplomatas, mas, por outro lado, a ação de despejo, apesar de ter como objeto a recuperação de imóvel locado, não é realmente uma ação real.

Temos aí que a mesma Convenção poderá conter elementos que se qualificam de forma diversa em países diferentes. O parecer recomendava aplicar a qualificação da *lex fori*.

Vale mencionar que a regra da qualificação pela *lex fori* em linha de princípio não se aplica no âmbito dos regulamentos europeus e tratados. Quanto aos regulamentos, o Tribunal

Europeu tem procedido ao que se chama de qualificação de *lege comunitatis*[35] visando estabelecer conceitos comuns aos Estados-membros da União Europeia. Quanto aos tratados, se bem que originalmente se admitia a qualificação pela *lex fori*, atualmente sabe-se que essa possibilidade frustra o objetivo principal da convenção, que é a uniformização.[36]

Ilustração da questão qualificadora em nossa jurisprudência é a decisão do Superior Tribunal de Justiça que julgou uma união estável de acordo com a lei do domicílio. Como explica Daniel Gruenbaum, há neste caso três possibilidades: qualificar a união estável como matéria de família, como matéria obrigacional ou como pertencendo ao regime das sociedades. O tribunal optou pela primeira solução.[37]

## NOÇÕES QUALIFICADORAS EM TEXTOS CONVENCIONAIS E DOMÉSTICOS

Vários dispositivos dos Tratados de Montevidéu têm natureza qualificadora. Assim, encontramos qualificações de regras de conexão, como, por exemplo, as definições sobre o domicílio nos arts. 6º a 9º do Tratado de Direito Civil de 1889:

> "Art. 6º – os pais, tutores e curadores têm seu domicílio no território do Estado cujas leis regem as funções que desempenharam;
> Art. 7º – os incapazes têm o domicílio de seus representantes legais;
> Art. 8º – o domicílio dos cônjuges é o que tenham constituído com o matrimônio, e, em sua falta, reputa-se como tal o domicílio do marido. A mulher separada judicialmente conserva o domicílio do marido enquanto não constituir outro;
> Art. 9º – as pessoas que não tenham domicílio reconhecido têm-no no lugar de sua residência".

Goldschmidt dá destaque especial ao art. 5º que dispõe que *"a lei do lugar em que a pessoa reside determina as condições requeridas para que a residência se constitua em domicílio"*.[38]

O Tratado de Direito Comercial Terrestre de Montevidéu, 1940, em seu art. 3º, define que *"domicílio comercial é o lugar em que o comerciante ou a sociedade comercial tem o assento principal de seus negócios"*.

A Convenção Interamericana de Montevidéu, 1979, sobre o Domicílio de Pessoas Físicas em Direito Internacional Privado, dispõe em seu art. 2º que o domicílio da pessoa natural será determinado de acordo com circunstâncias que especifica, na ordem enunciada no dispositivo, e que são as seguintes: 1. o lugar da residência habitual; 2. o lugar de seu principal local de negócios; 3. na ausência dos anteriores, o lugar da mera residência; 4. na ausência de mera residência, o lugar onde a pessoa se encontra.

No art. 3º a mesma Convenção dispõe que o domicílio das pessoas incapazes é o de seus representantes legais, excetuada a hipótese de abandono, quando serão consideradas domici-

---

[35] Daniel Gruenbaum, Qualificação *Lege Comunitatis*, In: Paulo Borba Casella e Vera Lucia Viegas Liquidato (org.), *Direito da Integração*, 2006.
[36] Martin Gebauer, Uniform law, general principles and autonomous interpretation, *Uniform Law Review* 5:684-5: "It seems self-evident that to achieve the purpose of any legislative unification of private law a certain degree of uniformity in applying the unified rules must be guaranteed as well".
[37] Daniel Gruenbaum, Crônica da Jurisprudência Brasileira em matéria de Direito Internacional Privado no ano de 2011, *Revista de Direito do Estado 22*, 2012.
[38] Werner Goldschmidt, *Derecho Internacional Privado basado en la Teoría Trialista del Mundo Jurídico*, 1974, p. 93-94. Vide o que escrevemos sobre "Normas Qualificadoras", no capítulo VII, e sobre "Domicílio", no capítulo X.

liadas onde originariamente tinham seu domicílio, e o art. 4º diz que o domicílio conjugal é o local onde os esposos vivem juntos, sem prejuízo do direito de cada esposo ter seu domicílio determinado na forma estabelecida no art. 2º.

A Convenção da Haia de 1956 sobre o Reconhecimento da Personalidade Jurídica das Sociedades, Associações e Fundações Estrangeiras qualifica no art. 2º, alínea III, que a sede real das pessoas jurídicas se situa no lugar onde estiver estabelecida sua administração central, com o que escolheu a Convenção esta dentre várias qualificações da sede real, como a do local da reunião dos acionistas ou o local do principal estabelecimento.

A Convenção da Haia de 1970, sobre o Reconhecimento de Sentenças de Divórcio e de Separação, enuncia no art. 2º, entre os requisitos para que se reconheça em um país o divórcio decretado em outro país (denominado "país de origem"), que o réu tenha sua residência habitual no país em que foi prolatada a sentença, e no art. 3º acrescenta que se o país de origem exige o domicílio como requisito de competência jurisdicional para decretação do divórcio, a expressão "residência habitual" do art. 2º será considerada o domicílio no sentido em que este termo é admitido naquele Estado.

A Convenção da Haia de 1973 sobre a Lei Aplicável à Responsabilidade pela Fabricação de Produtos define/qualifica, em seu art. 2º, o que significam produtos, prejuízos e pessoas. "Produtos" abrange os produtos naturais e industriais, em estado bruto ou manufaturado, móveis ou imóveis; "prejuízos" compreende todo dano às pessoas ou aos bens, assim como a perda econômica; e o termo "pessoa" visa tanto as pessoas jurídicas como as físicas.

Entre as legislações internas que formularam regras expressas sobre qualificação no Direito Internacional Privado destacamos o Código Civil espanhol, revisto em 1974, que, em seu art. 12, dispõe que "*a qualificação para determinar a regra de conflito aplicável é feita em todos os casos na conformidade da lei espanhola*", e o Restatement of the Law, Conflict of Laws, do *American Law Institute*, cuja seção 7ª determina que a classificação e interpretação dos conceitos e termos de Direito Internacional Privado são determinados de acordo com a lei do foro, e que a classificação e interpretação dos conceitos e termos da lei local são determinados pela lei que rege o assunto sob exame, o que parece dizer que a primeira classificação, a qualificação básica, determinadora da área do direito a que pertence a questão, segue a lei do foro e, depois de qualificada e com base nesta, encontrada a regra de conexão que indica a lei interna, substancial, a ser aplicada, esta lei qualificará seus conceitos e seus termos.

## PROJETOS PARA SUBSTITUIÇÃO DA LEI DE INTRODUÇÃO

I. O Projeto de lei nº 4.905, de 1995, propõe no art. 16 que "*a qualificação destinada à determinação da lei aplicável será feita de acordo com a lei brasileira*", definindo-se, assim, claramente, pela qualificação segundo a *lex fori*. E o mesmo Projeto, no art. 15, põe-se claramente a favor do reenvio. Como afirmamos acima, no início do processo, na fase qualificadora, devo seguir minha lei; em seguida, se ela indicar a aplicação de lei estrangeira, sigo esta *in totum*, inclusive nas suas recomendações sobre a questão conflitual, ao determinar a aplicação de outra lei que não a sua própria.

II. A mesma linha é seguida no Projeto do Senador Pedro Simon (Projeto de Lei nº 269/2004): em seu art. 17 opta pela qualificação de acordo com a lei brasileira e no art. 16, como veremos no respectivo capítulo, aceita o reenvio determinado pela lei estrangeira.

*Capítulo XIV*
# REENVIO

O Direito Internacional Privado se ocupa dos conflitos entre leis substantivas relativas aos mais variados institutos jurídicos. Verificando-se uma relação jurídica conectada com dois ou mais sistemas, cabe ao DIP encontrar a regra indicadora do direito aplicável.

No século XIX, com a consolidação das regras do DIP nos códigos e outros diplomas legais que foram criados pelos países europeus, a jurisprudência, e depois a doutrina, verificaram que as regras sobre os conflitos elaborados pelo DIP de cada um dos sistemas jurídicos nacionais podiam levar a soluções diferentes, divergentes entre si. Se determinada hipótese de conflito de leis for tratada diversamente por dois sistemas de DIP, estaremos diante de um conflito entre sistemas de solução de conflitos de leis. Este conflito de regras de Direito Internacional Privado é denominado conflito de 2º grau.¹

O conflito de 2º grau pode ocorrer de forma positiva ou negativa. A primeira hipótese é aquela em que dois sistemas jurídicos solucionam o conflito determinando a aplicação de seu próprio direito, como, por exemplo, quando se trata de determinar o direito aplicável à capacidade de uma pessoa e o sistema do DIP do país onde o mesmo se encontrar domiciliado, determina a competência da lei do domicílio, enquanto o sistema de DIP do país da nacionalidade da pessoa indica como aplicável a *lex patriae*.

Materializada, assim, a divergência entre os dois sistemas de Direito Internacional Privado, em que cada um indica sua própria lei interna para ser aplicada à questão jurídica, atenta-se, geralmente, para a solução ordenada pelo sistema do foro, sem considerar o critério do DIP da outra jurisdição.² Nesta hipótese não ocorrerá o fenômeno do reenvio.

O conflito negativo ocorre quando as regras de conflito de cada um dos sistemas atribuem competência para reger a matéria não à sua própria lei, mas à lei interna do outro sistema, ou seja, o país A considera aplicável a lei do país B, enquanto este país indica como aplicável a lei do país A; nesta hipótese temos o país A remetendo para a lei do país B, e esta reenviando, devolvendo, para a lei do país A.

Não se deve confundir o conflito negativo em torno da lei competente com o conflito relativo à competência jurisdicional, ou seja, qual o país competente para julgar a questão. Quando o país A, por suas regras de conflito manda aplicar a lei do país B, isto não representa qualquer renúncia à sua competência jurisdicional em favor dos tribunais do país B, mas tão somente o reconhecimento de maior adequação da lei estrangeira à espécie. Portanto, o

---

¹ O conflito de 1º grau é a divergência das normas substantivas de duas legislações nacionais sobre a mesma matéria. A maioridade aos 21 anos, pelo Código Civil brasileiro de 1916, e aos 18 anos, pela lei francesa, constituía um conflito de 1º grau. O regime comum de bens – de comunhão em uma jurisdição, de separação em outra – representa conflito de 1º grau. A condenação de caráter punitivo de contratante inadimplente, aceita por certos sistemas jurídicos, rejeitada por outros, é outro exemplo de conflito de 1º grau. E assim encontramos estes conflitos de primeiro grau em todos os campos do direito em que ocorrem situações transnacionais.

² Vide Haroldo Valladão, *Direito Internacional Privado*, 1980, v. I, p. 227 e ss., em que indica exceções legislativas a esta regra.

movimento de remissão e reenvio não se materializa operacionalmente, mas se limita à determinação do sistema jurídico aplicável. Preferimos não aplicar a terminologia do reenvio para os conflitos de jurisdição.[3]

O exemplo clássico do conflito de 2º grau negativo é o do nacional de país A, domiciliado no país B, cuja capacidade é regida de forma diversa pelo Direito Civil dos dois países (conflito de 1º grau). Para solucionar este conflito das leis civis, o país A, de sua nacionalidade, determina, por sua norma de DIP, que se aplique à capacidade da pessoa a lei do país onde se encontra domiciliado, enquanto a regra do DIP do país B, onde está domiciliado, determina que se aplique o direito do país A, de sua nacionalidade.

Temos, pois, que cada uma das legislações, por seu DIP, considera inaplicável sua própria legislação, daí classificar-se o conflito como negativo, por negar competência a seu próprio sistema jurídico para a solução de determinada questão.

Negando o país A competência à sua lei e considerando aplicável a lei do país B, o mesmo ocorrendo, em sentido inverso nesse país, verifica-se recíproca remissão quanto ao direito aplicável. A isso se denomina devolução, retorno, ou reenvio. Este reenvio é classificado como reenvio de 1º grau.

O reenvio também pode ocorrer de forma mais complexa, quando o DIP do país A manda aplicar o direito do país B, enquanto o DIP deste país B determina a aplicação do direito do país C. Denomina-se isto reenvio de 2º grau.

O reenvio de 2º grau se dá, entre outras, na hipótese do nacional de país A, domiciliado no país B, que, de passagem pelo país C, tem uma questão judicial: segundo as regras do DIP deste país, deve a questão ser submetida à lei de sua nacionalidade, país A, mas o DIP deste país determina a aplicação do direito do país do domicílio da pessoa, país B. Nesta hipótese há variantes: numa, o sistema de DIP do país B coincide com o sistema do país A, determinando igualmente a aplicação da lei do domicílio, aceitando, assim, a indicação feita pelo país A da competência de seu direito interno; noutra, o sistema do país B é defensor do princípio da nacionalidade, considerando aplicável a lei interna do país A.

Em outra variante da mesma hipótese, o sistema do DIP do país B dá mais importância a outra conexão (lugar da constituição da obrigação para reger toda a relação jurídica, inclusive a capacidade do sujeito) e remete para o direito interno do país D. Aí teremos reenvio de 3º grau, em que o país C mandou aplicar direito do país A, esse enviou para o direito do país B que, afinal, remete para o direito do país D.[4]

Há que se mensurar a extensão da regra do DIP indicadora de direito estrangeiro: esta indicação restringe-se ao direito interno da outra jurisdição, ou é mais ampla e inclui também o seu DIP. Segundo o primeiro entendimento, aplica-se o direito interno estrangeiro, sem atentar para o que determina seu DIP; de acordo com o outro entendimento, aplicar direito

---

[3] No julgamento do Recurso Extraordinário nº 90.961 (*RTJ* 90/727) discorrendo em torno da regra do art. 12, § 1º, da Lei de Introdução, que determina a competência exclusiva da autoridade judiciária brasileira para conhecer das ações relativas a imóveis sitos em nosso território, disse o Relator, Ministro Décio Miranda, que pode ser que no Paraguai "a regra do Direito Internacional Privado seja outra, incoincidente com a lei brasileira, e em certos casos se preveja, mesmo ali situado o imóvel, a competência judiciária para determinada ação a ele relativa seja de outro país. *Dar-se-ia então a devolução de lide à autoridade judiciária brasileira ou reenvio à autoridade judiciária de terceiro país*". Tecnicamente seria mais adequado não utilizar esta terminologia para questões jurisdicionais.

[4] O número do grau será sempre um abaixo do número de países envolvidos: dois países, em que um remete para o outro e este devolve ao primeiro, constitui reenvio de 1º grau; três países, reenvio de 2º grau; quatro países, reenvio de 3º grau.

estrangeiro significa todo seu sistema jurídico, inclusive suas regras de DIP, que podem indicar a aplicação de outro direito, às vezes do país remissor, às vezes de país terceiro.

## PRIMEIRA FONTE JURISPRUDENCIAL DO REENVIO

Aos estudiosos do DIP não havia ocorrido esta questão, até que ela se manifestou na prática. No caso *Collier v. Rivaz*, julgado na Inglaterra em 1841, verificou-se, pela primeira vez, o fenômeno do conflito de 2º grau, de caráter negativo. Tratava-se da sucessão de um inglês que falecera na Bélgica: de acordo com o direito britânico seu último domicílio fora o belga, daí sua sucessão reger-se pelo direito deste país que não reconhecia a validade dos atos de última vontade firmados pelo falecido; já pelo direito belga, como o *de cujus* não obtivera permissão formal do governo local para ali fixar-se em caráter definitivo, seu domicílio legal continuava sendo o inglês e pela legislação deste pais, o ato era válido. A corte britânica aceitou esta remissão do direito belga para o direito inglês e aceitou a manifestação de vontade do falecido.

Neste caso Sir H. Jenner pronunciou a famosa frase, a que já nos referimos, de que "*a corte sentada aqui deve considerar-se como se estivesse sentada na Bélgica*". Apesar de o Direito Internacional Privado inglês determinar na espécie a aplicação da lei belga, como o DIP belga mandava aplicar a lei inglesa, o tribunal britânico fez exatamente o que faria o tribunal belga: aplicou a lei britânica.

## O CASO FORGO

Destaca-se no tema do Reenvio a decisão da Corte de Cassação francesa no caso Forgo.

Forgo, filho natural, nasceu na Baviera, Alemanha, viveu na França a partir dos cinco anos de idade, onde morreu aos 68 anos sem deixar testamento, dono de considerável fortuna em bens móveis. Sua sucessão foi reivindicada pelos colaterais de sua mãe, com fundamento na lei bávara, que incluía este grau de colaterais entre os herdeiros (mesmo quando decorrente de uma relação paternal natural, como no caso).

Mas, como pela lei sucessória francesa, só irmãos e irmãs herdavam em caso de filiação natural, a hipótese era de herança vacante e o Estado francês reivindicou a sucessão para seu Tesouro.

Estava bem claro o conflito entre as leis sucessórias dos dois Estados – os pretendentes herdariam pela lei bávara, mas não pela lei francesa –, tornando-se necessário verificar qual das duas leis se aplicaria. Tanto de acordo com o sistema de Direito Internacional Privado da Baviera como pelo DIP francês, a sucessão se regia pela lei do último domicílio do *de cujus*.

Ocorre que, de acordo com o art. 13 do Código Civil francês, conforme a redação vigente à época, a aquisição do domicílio francês dependia da obtenção pelo interessado de um decreto de admissão, o que Forgo não havia solicitado nem obtido, pelo que foi considerado como tendo na França tão somente um domicílio de fato e conservado seu domicílio de direito no local de sua origem, a Baviera. Em consequência, segundo a regra do DIP francês, sua sucessão deveria ser submetida à lei bávara. Acontece que o direito da Baviera não fazia distinção alguma entre domicílio de fato e domicílio de direito, pelo que Forgo era efetivamente domiciliado na França e sua sucessão deveria reger-se pelo direito francês. A Corte de Cassação francesa, julgando o caso em 1878, decidiu aceitar a orientação do direito bávaro, aplicando o direito interno francês, pelo qual o patrimônio de Forgo foi atribuído ao Estado francês.

Partindo deste caso, a doutrina francesa construiu a teoria da aceitação do reenvio ordenado pelo direito internacional privado de outro Estado,[5] teoria que foi seguida em muitos julgamentos posteriores. E seguindo a doutrina e jurisprudência francesas, autores e tribunais de muitos países adotaram a doutrina da aceitação do reenvio.

A rigor não se verificou em *Forgo* o verdadeiro reenvio em que cada país considera aplicável a lei do outro país, partindo de regras de conexão diferentes, eis que tanto a França como a Baviera seguiam a mesma regra de conexão quanto à aplicabilidade da lei do domicílio do falecido para reger sua sucessão. A divergência se situou na caracterização do domicílio: a França exigia constituição formal do domicílio, enquanto a Baviera se contentava com o domicílio virtual. Tratou-se, em verdade, de um conflito de qualificação, ou seja um conflito sobre a conceituação de domicílio. Mesmo assim, *Forgo* se tornou causa célebre como precedente da teoria favorável ao reenvio.

## DEBATE EM TORNO DO REENVIO

A Doutrina vem debatendo há mais de um século a aceitação ou rejeição do reenvio, numa rica troca de argumentos repetidos e desenvolvidos pelos autores.

*Argumentos contra o Reenvio:* 1º) Quando o DIP do foro determina a aplicação de um direito estrangeiro, o problema conflitual está resolvido pelas regras do sobredireito do foro, devendo aplicar-se a lei interna por ele designada. Atentar para a regra do DIP deste direito estrangeiro designado significaria querer resolver novamente o problema conflitual, que já encontrou solução no sistema do foro; 2º) o DIP do foro é soberanamente competente para determinar o direito aplicável, não se concebendo submeter o problema ao DIP estrangeiro, o que significaria renunciar à soberania do foro, inadmissível e incompatível com o caráter nacional da regra de conflito; 3º) a aceitação do reenvio só se justificaria em virtude da "cortesia internacional", o que representaria desprezo pelo caráter estritamente jurídico, portanto, obrigatório, das regras de conexão; 4º) aceitar o reenvio porque o DIP estrangeiro considera que sua lei interna não é competente – não se devendo aplicar uma lei que se declara inaplicável – resultaria em ter de se aplicar o mesmo raciocínio com relação ao direito interno do foro, eis que também não é competente, por força da sua regra de DIP, e isto conduziria a um círculo vicioso, um *circulus inextricabilis*; 5º) o reenvio não evitaria decisões divergentes, eis que o país A, aceitando o reenvio que lhe é feito pelo DIP do país B, aplicaria sua lei interna, e o país B, ao aceitar o reenvio que lhe é feito pelo DIP do país A, aplicaria sua lei interna.

*Argumentos Favoráveis ao Reenvio:* Refutando os argumentos contrários, outros autores desenvolveram contra-argumentos favoráveis à aceitação do reenvio: 1º) Em contrapartida ao argumento de que, atendendo à regra do DIP do foro, o conflito está resolvido, não mais cabendo atentar para a regra conflitual do direito indicado, argumenta-se que não é possível isolar a norma interna do direito estrangeiro do seu sistema como um todo, o qual, por meio de sua regra conflitual, restringe a competência espacial de sua lei interna. Há uma ligação entre o direito interno e o Direito Internacional Privado de cada jurisdição, portanto, quando o DIP do foro indica a aplicação de uma lei estrangeira, esta deve ser considerada na sua integralidade, e esta inclui as regras do seu DIP; 2º) atender à regra do DIP do país estrangeiro, cujo direito foi indicado pelo DIP do foro não representa renunciar à soberania, eis que a aceitação da regra do DIP estrangeiro também se dá em obediência à regra conflitual do foro; 3º) o argumento de que atender à regra do DIP estrangeiro decorreria apenas da "cortesia

---

[5] Diz PH. Francescakis, *La Théorie du Renvoi*, 1958, p. 226, que o caso *Forgo* representou *"la prise de conscience doctrinale du problème"*.

internacional" do foro não é válido, eis que segui-la é seguir uma norma juridicamente fundamentada, não sendo diferente do que aplicar a norma interna do direito estrangeiro; 4º) ao argumento do círculo vicioso, respondem os que advogam a aceitação do reenvio, que por meio desta, sendo impossível aplicar a lei estrangeira determinada pela regra do DIP do foro, julga-se conforme a *lex fori*, que assume o papel de norma subsidiária (vide adiante a Teoria da Subsidiariedade); 5º) o argumento das soluções divergentes não leva logicamente a recusar o reenvio, pois sua rejeição também poderá levar a soluções divergentes, bastando que o outro país também recuse o reenvio. Em outras palavras, a recusa do país A em aceitar o reenvio que lhe faz o país B, aplicando a lei substantiva deste (lei do país B), ficará em divergência com a situação contrária em que o país B recusaria a aplicação de sua lei que lhe é indicada pelo DIP do país A, aplicando a lei substantiva do país A. Teríamos, também aí, soluções divergentes.

Um argumento favorável ao reenvio deriva da clássica recomendação, já acima referida, que diz ao juiz do foro que ele deve agir como agiria o juiz estrangeiro cuja lei é indicada, e como se deve admitir que esse juiz estrangeiro obedeceria ao comando de seu DIP, que indica a aplicação da lei do juiz que preside a causa, este deverá fazer exatamente o mesmo, aplicando sua lei substantiva. Mas argumenta-se em sentido contrário que, se na outra jurisdição fizerem o mesmo raciocínio, o juiz estrangeiro acabará aplicando sua própria lei – por força da aceitação do reenvio –, não havendo mais como dizer que o juiz da causa deva aplicar sua própria lei para coincidir com a decisão que seria dada pelo juiz estrangeiro.

Há os que argumentaram a favor do reenvio dizendo que não se deve aplicar uma lei estrangeira contrariamente à vontade do Estado que a editou. Aplicar na França a lei inglesa à capacidade de um inglês, domiciliado na França (porque o DIP francês manda aplicar a lei da nacionalidade, enquanto o DIP inglês segue o domicílio), é aplicar uma lei que não existe, pois não há lei inglesa para a capacidade de inglês domiciliado alhures. A rigor, pode-se contraditar que também na França não há regra sobre capacidade de pessoas de outras nacionalidades.

Os adversários do reenvio ainda argumentam que, na ausência de um soberano internacional, o DIP de cada país delimita a competência das diversas leis nacionais. Assim, o DIP pode comandar a aplicação de uma lei estrangeira fora do domínio que ela mesma se atribui.[6]

Existe o argumento favorável ao reenvio no sentido de que sua aceitação leva a aplicação do direito interno do foro, mais bem conhecido do juiz do que a lei estrangeira. Contra-argumento: mais difícil é para o juiz conhecer a norma estrangeira do DIP que reenvia à *lex fori*.

Cabe observar que o Princípio da Proximidade, pelo qual se determina a aplicação da lei que tenha mais íntima ligação com a situação jurídica – que vem ocupando espaço cada vez maior no moderno Direito Internacional Privado[7] –, deveria levar-nos a restringir a aplicação da lei estrangeira indicada tão somente às suas normas substantivas, excluída a consideração de suas normas conflituais, uma vez que nosso direito conflitual entendeu que a lei estrangeira é a mais próxima à questão jurídica. Contudo, veremos que esta ainda não tem sido a orientação do DIP.

## TEORIAS CONDUCENTES AO REENVIO

*Teoria da Subsidiariedade*. Existe no DIP, como já visto, uma dinâmica de regras de conexão subsidiárias. Os sistemas que aplicam a lei da nacionalidade da pessoa, recorrem à

---

[6] Vide no Capítulo IX a nota 19 e texto correspondente.
[7] Vide Jacob Dolinger, *Contratos e Obrigações no Direito Internacional Privado*, Capítulo V, p. 241: "O mais relevante princípio do moderno direito internacional privado é, sem dúvida, o princípio da proximidade, que estabelece que as relações jurídicas devem ser regidas pela lei, ou pela lei do país com o qual haja a mais íntima, próxima, direta conexão. Este critério, muito mais flexível do que as clássicas regras de conexão, decorre do progressivo abandono de abordagens de natureza técnica, e maior atenção às realidades sociais e econômicas que embasam o fenômeno jurídico".

lei do domicílio em caso de apatrídia ou de desconhecimento da *lex patriae*. Os sistemas que aplicam a lei do domicílio recorrem à lei do país da residência no caso do adômida, como bem ilustra o § 8º do art. 7º da Lei de Introdução.

Esta subsidiariedade deve ser igualmente praticada no caso do conflito de 2º grau negativo. Determinada pelo DIP do foro a aplicação do direito de outra jurisdição e verificado que este direito não se considera competente na hipótese, remetendo de volta para a lei enviante, a solução é aplicar o direito do foro, não necessariamente por força do determinado pela regra de DIP do outro país, mas porque no próprio DIP do foro existe o recurso à norma subsidiária. Significa isto que a *lex fori*, interna, é sempre subsidiária à lei indicada por qualquer das regras de conexão de seu DIP. Esta teoria resulta, em termos práticos, na aceitação do reenvio.

*Teoria da Delegação.* Quando a regra do DIP determina a aplicação do direito de outro país, está delegando-lhe a competência para solucionar a questão, o que este fará via seu próprio direito interno ou via o direito de outro país, que poderá ser o direito interno do país enviante ou de terceiro país. No primeiro caso, temos o reenvio de 1º grau, e no segundo caso, o reenvio de 2º grau.

*Teoria da Ordem Pública.* Sempre que o direito estrangeiro indicado pelo DIP do foro não se considera competente, há de se aplicar a lei da jurisdição do juiz, pois a ordem pública não admite que uma situação jurídica que possua alguma ligação com o foro fique sem regulamentação; em outras palavras, a ordem pública se opõe a que uma relação de direito fique apátrida, comandando, assim, o retorno sistemático à *lex fori*.

*Teoria da Coordenação dos Sistemas.* Henri Batiffol e Paul Lagarde[8] expõem a teoria da coordenação dos sistemas, que assim explicam: "*Quando o sistema francês determina a aplicação da lei americana para o nacional americano, deve-se considerar que nos Estados Unidos não há um sistema jurídico unitário, existindo legislação autônoma em cada estado da federação americana, aplicando-se a cada pessoa a lei do estado de seu domicílio. Portanto, para que o tribunal francês, incumbido de aplicar a lei americana, possa cumprir esta determinação de seu DIP, deverá coordenar seu princípio da lex patriae com o regime americano da lei domiciliar, aplicando a lei interna do estado americano em que, segundo a concepção americana, esteja domiciliado o julgando*".

O mesmo se aplica se o americano, ao invés de domiciliado em algum estado norte-americano, estiver domiciliado em Nice, na França. Se coordenamos a regra do DIP francês com as normas domiciliares americanas e com a lei da Califórnia ou da Pensilvânia, porque não a coordenar com a própria lei francesa?

*Teoria da Minimização dos Conflitos.* Em seu curso na Academia de Direito Internacional da Haia, William Wengler advogou o princípio da minimização dos conflitos que consiste em que, mesmo reconhecendo que cada Estado tem o direito de legislar unilateralmente sobre questões conflituais, é sábio que cada Estado olhe para o que os outros Estados fazem, a fim de evitar, na medida do possível, que obrigações contraditórias sejam impostas à mesma pessoa ou que decisões incompatíveis sejam proferidas por tribunais de diferentes países. Esta filosofia reforça a ideia de "*não aplicar a lei estrangeira contra a sua própria vontade*" e a de recorrer nesta hipótese à solução que recomenda a aplicação da *lex fori*.[9]

---

[8] Henri Batiffol e Paul Lagarde, *Droit International Privé*, I, 1983, p. 356.
[9] Wilhelm Wengler, The General Principles of Private International Law, *Recueil des Cours*, 54:375-7, 1961.

Na reunião do Instituto de Direito Internacional realizada em Berlim, em 1999, foi aprovada uma Resolução que recomenda que se tome em consideração o Direito Internacional Privado estrangeiro, mesmo que isto implique num reenvio de 1º ou de 2º grau.[10]

## RECUSA DO REENVIO BASEADO NA LEI ESTRANGEIRA COMO FATO

Para aqueles que consideram o direito estrangeiro um fato, só aplicável quando a parte interessada requer sua aplicação e prova seu conteúdo e vigência, as regras de Direito Internacional Privado da jurisdição estrangeira – não invocadas nem aprovadas pela parte, especialmente quando contêm solução diversa da estabelecida pelo DIP do foro – permanecem como fato, daí inaplicáveis e, por conseguinte, inocorrente qualquer reenvio.[11]

## REENVIO DE 2º GRAU

Como já vimos, dá-se o reenvio de 2º grau quando o direito indicado pela regra de DIP do foro determina, por sua regra de DIP, a aplicação da lei de um terceiro país.

Se as regras do DIP do terceiro país admitem sua competência, é fácil advogar a aceitação do reenvio, que redunda na harmonização das regras de DIP dos segundo e terceiro países.

Configura-se esta situação na hipótese em que o juiz francês tenha que decidir sobre a capacidade de um inglês domiciliado nos Estados Unidos. A regra internacional francesa indica a aplicação da lei nacional, inglesa, e a regra do DIP deste país determina a aplicação da lei do domicílio, a americana. O DIP americano também aplica a lei domiciliar, verificando-se, assim, perfeita harmonia da solução que seria aplicada pelo juiz inglês e pelo juiz americano, a ser promovida pelo juiz francês.

Outra ilustração formulada pela doutrina francesa é a do divórcio de um iugoslavo e uma francesa, domiciliados no Egito, perante o Tribunal francês. O direito conflitual do foro declara competente o direito egípcio, por ser o domicílio comum, enquanto o DIP egípcio envia ao direito iugoslavo – direito nacional do marido –, o qual aceita sua competência. Aceita-se o reenvio, ocorrendo harmonia dos sistemas envolvidos.[12]

Difícil se torna a situação quando o DIP do terceiro país não admite a competência de sua legislação para a hipótese *sub judice*.

A doutrina francesa elabora a hipótese de um tribunal francês diante de um litígio relativo à capacidade de um inglês domiciliado na Bélgica. De acordo com a regra conflitual do foro, a lei inglesa é aplicável, por ser a lei nacional. Mas o juiz francês depara-se com a regra do DIP inglês, que submete o estatuto pessoal à lei do domicílio da pessoa, enviando para a lei belga. Ocorre que o DIP da Bélgica, que é idêntico ao francês, determina a aplicação da lei inglesa.

Temos que tanto o DIP francês como o DIP belga indicam a aplicação da lei inglesa, enquanto esta determina a aplicação da lei belga. Três soluções se apresentam. A primeira seria a recusa total do reenvio, ou seja, não atentar nem para o reenvio que o DIP inglês faz para o direito belga, e consequentemente ignorar a indicação do DIP belga para a lei inglesa e, diante da recusa do direito inglês em aplicar sua legislação, aplicar a lei do foro. Esta opção significa que o juiz deverá ignorar *in totum* as recomendações das regras de conflito, inclusive a de sua própria legislação e aplicar sua lei interna.

---

[10] Vide *Revue*, 2000.135.
[11] Colaboração da bacharelanda Carolina Edith Jourdan.
[12] Jean Derruppé, *Droit International Privé*, 1978, p. 64.

Outra solução seria aceitar a remissão que o direito francês faz para o direito inglês e a transmissão que este efetua ao direito belga, e, não atentando para o disposto no DIP deste, aplicar sua lei interna. Esta seria uma aceitação parcial do reenvio, eis que atenderia a indicação do Direito Internacional inglês sem atentar para a indicação do Direito Internacional belga.

E, finalmente, o reenvio total levaria a aceitar não só o reenvio do direito inglês para o belga, como também do direito belga para o direito inglês, admitindo-se que o direito inglês, por sua vez, aceita o reenvio-devolução que lhe é feito pelo direito belga, aplicando-se o direito interno inglês.

Essa solução é a mais defendida pela doutrina francesa, que argumenta com a harmonia de dois dos três sistemas envolvidos (francês e belga).[13]

Existe a hipótese de o terceiro país indicar a aplicação da lei de um quarto país. Não se concebe um percurso interminável por uma série de legislações, pois que os elementos de conexão são limitados. Na hipótese do terceiro país indicar a aplicação da lei de um quarto país, podem ocorrer as mesmas variantes do que no caso do terceiro país devolver ao segundo país. Assim, se o direito do quarto país devolve para a lei do terceiro, do segundo ou do primeiro país, poder-se-á sempre procurar a solução que harmonize o maior número de legislações envolvidas, ou fixar-se na legislação do segundo país, indicada pelo DIP do foro, ou ainda abandonar todas as remissões e aplicar a lei interna do foro.

## TERMINOLOGIA

O "reenvio", ou "*renvoi*" em francês, não é o termo adequado para a hipótese denominada "reenvio de segundo grau", eis que reenvio/*renvoi* representa mais a ideia de retorno, devolução, em que a legislação indicada pelo DIP do foro remete de volta ao direito deste, o que constitui o fenômeno do reenvio de primeiro grau. Todavia, tanto na França como no Brasil ambas as hipóteses – de 1º e 2º graus – (assim como os graus subsequentes) são denominadas de "reenvio-*renvoi*".

A terminologia anglo-saxônica fala em "*remission*" para o reenvio de primeiro grau e "*Transmission*" para o reenvio de segundo grau, o que é mais adequado. Os alemães utilizam "*Rückverweisung*" para o reenvio de primeiro grau, em que "*rück*" significa "de volta" e "*Verweisung*" é "indicação", e quando se trata do reenvio de segundo grau, referem-no como "*Weiterverweisung*", em que "*weiter*" significa "adiante".

## EXCEÇÕES À ACEITAÇÃO DO REENVIO

Mesmo para os que admitem o reenvio, registram-se exceções em hipóteses nas quais a lógica demanda que não se aceite qualquer remissão a outra lei.

*Autonomia da vontade* – Se dois contratantes escolhem reger sua relação contratual pela lei de determinado país, seja esta escolha manifestada expressa ou tacitamente, é evidente que desejaram aplicar a lei interna por eles conhecida e escolhida, não fazendo sentido indagar-se se o DIP deste país indica a aplicação de outro sistema jurídico.

A Convenção da Haia de 7 de junho de 1955 sobre a Lei Aplicável às Vendas de Caráter Internacional de Objetos Móveis Corpóreos dispõe em seu art. 2º que a venda deve ser regida

---

[13] Yvon Loussouarn e Pierre Bourel, *Droit International Privé*, 1978, p. 292.

pela lei interna escolhida pelas partes. Várias outras Convenções frisam que a escolha pelas partes de lei de determinado país incide exclusivamente nas suas regras internas.[14]

Essa teoria se estende aos regimes matrimoniais, nos contratuais, pelas razões já expostas, e nos legais, porque se presume que os cônjuges acordaram submeter-se ao regime estabelecido pela lei; no caso em que esta fixa como competente a lei do lugar do primeiro domicílio conjugal, a materialização deste domicílio revelaria a vontade das partes de se submeter ao regime que vigora na respectiva legislação interna.

Há, todavia, uma tendência, especialmente na doutrina e na jurisprudência britânicas, no sentido de analisar o alcance da vontade das partes na escolha da lei de determinado país, entendendo Ronald Graveson que:

> "seria difícil excluir a doutrina (do reenvio) se as partes contratantes, ao escolher expressamente a lei apropriada para o contrato, tenham deixado claro que pretendem incluir as regras de Direito Internacional Privado deste sistema".[15]

A Lei de Direito Internacional Privado da Alemanha, reformada em 1986, art. 4º, alínea 2, dispõe que a escolha pelas partes da lei de determinado Estado incide exclusivamente nas regras substantivas da mesma.

Na Suíça algumas decisões judiciais concluíram que em matéria de obrigações internacionais o reenvio não deve ser aceito, porque se o juiz, ao apreciar o caso, considerou que a relação, por seu conteúdo característico, pertence à esfera de um determinado direito estrangeiro que ele pretende aplicar, não pode renunciar a este entendimento pelo fato que outra ordem jurídica tem orientação diferente.[16] Não nos parece demonstrado porque este raciocínio se aplica a obrigações contratuais mais do que em matéria de direito de família ou de qualquer outra área de direito. Sempre que ocorre o fenômeno do reenvio, temos a escolha do juiz do foro em conflito com a determinação das regras do Direito Internacional Privado da outra jurisdição, seja porque ela indica a aplicação da lei substantiva do foro ou porque

---

[14] A Convenção da Haia de 22 de dezembro de 1986 sobre a Lei Aplicável aos Contratos para a Venda Internacional de Bens – que visa a substituição da Convenção de 1955 – dispõe em seu art. 7º que o *contrato de venda é regido pela lei escolhida pelas partes*, e em seu art. 15 estabelece que as referências à "lei" na Convenção significam a lei vigente no Estado, excluídas suas regras de Direito Internacional Privado. Disposição idêntica encontra-se na Convenção sobre a Lei Aplicável a obrigações contratuais, Roma, 1980, art. 15. A Convenção Interamericana sobre Direito Aplicável aos contratos internacionais aprovada no México em 1994, art. 17, contém a mesma regra. Observe-se, contudo, que o disposto no art. 2º da Convenção de 1955 refere-se expressamente à lei escolhida pelas partes, enquanto nas Convenções da Haia-1986, Roma-1980 e México-1994, a exclusão do reenvio está colocada em termos genéricos, abrangendo também o direito designado pela Convenção em caso de as partes não terem escolhido lei aplicável. A razão disto é porque uma vez escolhida a lei aplicável pela convenção, que representa a uniformização do Direito Internacional Privado dos Estados-partes, não se concebe que a lei designada aplicável por este instrumento seja afastada por ordem de regra conflitual de um dos Estados ou de um terceiro Estado. O instrumento que veio para uniformizar é o definitivo. Voltaremos a tratar deste importante aspecto mais adiante, na seção dedicada ao direito convencional.

[15] R. H. Graveson, *The Conflict of Laws*, 1965, p. 74. Em *Amin Rasheed Shipping Corporation v. Kuwait Insurance Company*, a House of Lords decidiu não aceitar o reenvio do DIP francês para o direito inglês, se, de acordo com o DIP inglês, o *proper law of the contract* era o direito francês. "*The principles of renvoi has no place in the field of contract*". Vide Erwin Spiro, The Proper Law of the Contract and Renvoi: Further Comments on the Amin Rasheed Shipping Case, *International and Comparative Law Quarterly* 33:199 e ss., 1984.

[16] Vide Adolf F. Schnitzer, *Les Contrats Internationaux en droit international privé Suisse*, Recueil des Cours 123:589, 1968.

indica a aplicação da lei de um terceiro Estado. A lei suíça de DIP, de 1987, admite o reenvio em algumas situações específicas, art. 14.

*Forma dos atos* – A regra que a forma dos atos se rege pela lei do local de sua realização – *locus regit actum* – não admite, em princípio, reenvio da lei deste local para outro.

Rigorosamente, esta exclusão se baseia igualmente no respeito à vontade das partes, eis que se presume que a vontade dos contratantes e autores de atos jurídicos é submeter as formalidades dos mesmos às leis do local onde são praticados.

A doutrina francesa explica que o reenvio poderia levar à aplicação de uma lei que anularia o ato, efetuado corretamente na conformidade da lei do local. Reconhece que a ocorrência deste fenômeno é muito rara, pois a maioria dos sistemas jurídicos aplicam a regra do local da celebração para reger a forma dos atos, podendo, contudo, ocorrer nas relações franco-britânicas, pois o DIP britânico submete a forma dos atos jurídicos relativos a imóveis à *lex rei sitae*.[17]

## SISTEMA BRITÂNICO DE DUPLO REENVIO

A jurisprudência britânica criou um interessante sistema em matéria de reenvio, que faz depender o procedimento de seus tribunais da prática dos tribunais do outro país, cuja legislação é indicada pelas regras do DIP britânico.

Se um inglês domiciliado na França tem submetida alguma questão relativa a seu estatuto pessoal a uma corte britânica, esta elaborará o seguinte raciocínio: o DIP britânico determina a aplicação da lei francesa (lei domiciliar), mas o DIP francês determina a aplicação do direito inglês (lei da nacionalidade); acontece que se a questão fosse submetida a um tribunal francês, este aceitaria o reenvio que lhe seria feito pela regra inglesa de Direito Internacional Privado (jurisprudência *Forgo*), e aplicaria seu próprio direito interno, lei francesa. O tribunal inglês decide, então, aplicar a mesma lei, ou seja, a lei francesa.

Mas se este inglês está domiciliado na Itália, que aplica a lei nacional, não aceitando seus tribunais o reenvio da lei inglesa para a italiana, aplicando a lei inglesa, o tribunal inglês assim também procederá, aplicando sua própria lei interna.

Forma-se assim harmonia entre as soluções adotadas pelas cortes inglesa e francesa no primeiro caso e entre as cortes inglesa e italiana no segundo caso.

Este sistema teve como principal manifestação jurisprudencial o caso *Annesley*, em que uma mulher britânica morreu domiciliada na França de acordo com a concepção inglesa de domicílio, mas não no sentido francês, porque não obtivera permissão governamental para estabelecer seu domicílio na França, o que, na época, era exigido pelo art. 13 do Código Civil francês. A sra. Annesley deixara um testamento em que dispunha de todo seu patrimônio, o que era legítimo pela lei britânica, mas vedado pela lei francesa, de acordo com a qual ela só poderia ter disposto de um terço de sua fortuna, porque tinha dois filhos. O tribunal inglês concluiu que se o caso fosse submetido a um tribunal francês, este procuraria aplicar ao caso a lei inglesa, como lei nacional da falecida, mas aceitaria o reenvio da lei inglesa para a lei francesa – domicílio da falecida segundo a concepção inglesa – decidindo por isto aplicar a lei francesa, só dando eficácia ao testamento para dispor de um terço das propriedades da *de cujus*.

## TEXTOS LEGAIS RELATIVOS AO REENVIO

Criada pela jurisprudência, desenvolvida pela doutrina, a Teoria do Reenvio e sua prática foi sendo introduzida no rol das preocupações do legislador internacional privado,

---

[17] Yvon Loussouarn e Pierre Bourel, *Droit International Privé*, 1978, p. 294-295.

resultando em dispositivos inseridos nas regras conflituais, em algumas legislações a favor de sua aceitação, em outras, contra a mesma.

A Lei de DIP da Alemanha, art. 4º, *caput*, admite reenvio de qualquer grau, enquanto a lei suíça, art. 14, só admite o reenvio em casos expressamente permitidos pela lei.

A lei finlandesa sobre relações de família de caráter internacional, de 1929, dispõe que se a lei aplicável, por ser a lei nacional do interessado, reenviar a outra lei, esta será aplicada, aceitação do reenvio no 1º e no 2º graus.

O Código francês de 1804 é anterior à aparição da teoria, mas o Anteprojeto de Código Civil, elaborado por uma comissão do Ministério da Justiça em 1954, propôs em seu art. 52 que "se a lei estrangeira normalmente aplicável de acordo com as regras conflituais francesas não se considerar competente, deve-se aplicar a lei estrangeira que ela designa e que se reconheça competente, e, faltando esta condição, aplica-se a lei francesa", em que se consagra a aceitação do reenvio, desde que o último país designado pela corrente admita sua competência, e isto não ocorrendo, aplicar-se-á a lei francesa, na conformidade da teoria da subsidiariedade.

O Código Civil português dedica quatro artigos a hipóteses de reenvio, num jogo de regras e exceções que deixa muito a desejar em matéria de clareza. Basicamente, o art. 16 determina que a referência à lei estrangeira se restringe à aplicação do seu direito interno, recusando, assim, o reenvio. Mas nos artigos seguintes admite o reenvio de 2º grau, se o terceiro país aceitar a competência de sua lei, e também o reenvio para a lei portuguesa, feitas certas ressalvas nos parágrafos dos arts. 17 e 18.

A Lei polonesa de 1965 aceita o reenvio, desdobrando a regra em duas, assim dispondo seu art. 4º:

"Se a lei estrangeira aplicável segundo a presente lei reenvia à lei polonesa, deve-se aplicar esta. Se a lei nacional designada pela presente lei reenvia a uma outra lei estrangeira, é esta que deve ser aplicada".

A Lei húngara sobre Direito Internacional Privado de 1969, em seu art. 4º, aceita o reenvio de 1º grau.

Na Turquia, a Lei de 1982 dispõe no art. 2º, 3ª alínea: "*Nos casos em que as regras do conflito de leis do direito estrangeiro aplicável determinarem a competência de outro direito, aplicar-se-ão as disposições materiais deste direito*". Resulta desta regra que se as normas do DIP do país indicado pelo DIP turco remeterem a questão para o direito turco (reenvio de 1º grau), aplicar-se-ão suas disposições materiais, *i.e.*, seu direito interno, e se o DIP do país estrangeiro, indicado pelo DIP turco, remeter a questão para o direito de 3º país (reenvio de 2º grau), também serão aplicadas suas disposições materiais, ou seja, seu direito interno, evitando-se, assim, o reenvio de 3º grau. O art. 2º da Lei Turca nº 5.718, de 2007, passou a restringir o reenvio somente para questões relativas às pessoas e bens.

O Código Civil espanhol, art. 12.2, admite o reenvio exclusivamente de 1º grau. O Código Civil e Comercial argentino de 2014 também aceita o reenvio,[18] sem esclarecer se só o de 1º grau ou também de 2º grau.

Outras legislações dispõem contra a aceitação do reenvio.

---

[18] Código Civil argentino de 2014, art. 2.596: "Reenvío. Cuando un derecho extranjero resulta aplicable a una relación jurídica también es aplicable el derecho internacional privado de ese país. Si el derecho extranjero aplicable reenvía al derecho argentino resultan aplicables las normas del derecho interno argentino. Cuando, en una relación jurídica, las partes eligen el derecho de un determinado país, se entiende elegido el derecho interno de ese Estado, excepto referencia expresa en contrario".

O Código Civil grego de 1946 dispõe no art. 32 que "não se compreende no direito estrangeiro a ser aplicado as suas regras de Direito Internacional Privado".

O Código Civil egípcio de 1949 formula a recusa ao reenvio no art. 27, que dispõe que *"em caso de reenvio a uma lei estrangeira, devem ser aplicadas as disposições internas, excluídas as disposições de Direito Internacional Privado".*

Nas "Disposições sobre a Lei em Geral" promulgadas juntamente com o Código italiano de 1942, o art. 30 dispunha que *"quando, de acordo com os artigos precedentes, se deva aplicar uma lei estrangeira, aplicar-se-ão as disposições da própria lei estrangeira, sem tomar em consideração o reenvio que esta faça a outra lei"*, regra esta que inspirou o legislador brasileiro de 1942. A lei italiana de 1995 sobre a disciplina, em seu art. 13, modificando radicalmente a regra anterior, de 1942, admite o reenvio de 1º e de 2º graus.

Nos Estados Unidos a orientação consubstanciada na regra n. 8 do *Restatement 2nd* é contrária ao reenvio, havendo, porém, duas alíneas na mesma regra que formulam hipóteses em que se admite obedecer às regras conflituais do direito indicado pelo DIP do foro, mas estas ressalvas, segundo Albert A. Ehrenzweig,[19] são praticamente irrelevantes.

## O DIREITO CONVENCIONAL E O REENVIO

A Convenção da Haia de 1902 para Regular os Conflitos de Leis em Matéria de Casamento, art. 1º, dispunha a favor da aceitação do reenvio ao determinar que *"o direito de contrair casamento é regulado pela lei nacional de cada um dos futuros cônjuges, a menos que uma disposição dessa lei se não refira expressamente a outra lei".*

A Convenção de Genebra de 1930 destinada a Regular Certos Conflitos de Leis em Matéria de Letras de Câmbio e Notas Promissórias[20] também admitiu o reenvio em seu art. 2º, ao dispor que *"a capacidade de uma pessoa para comprometer-se por uma letra de câmbio e nota promissória é determinada por sua lei nacional. Se esta lei nacional declarar competente a lei de outro país, esta última será aplicada".* Dispositivo idêntico figura na Convenção de Genebra de 1931 para Regular Certos Conflitos de Leis em Matéria de Cheques.[21]

A Conferência Internacional da Haia criou em 1955 uma convenção específica sobre os conflitos de 2º grau, negativos – a Convenção da Haia para Regular os Conflitos de Leis entre a Lei Nacional e a Lei do Domicílio –, cujo art. 1º consagra o reenvio, assim dispondo: *"Quando o Estado em que a pessoa interessada está domiciliada prescreve a aplicação da lei nacional, mas o Estado de sua nacionalidade prescreve a aplicação da lei do domicílio, todo Estado contratante aplicará os dispositivos do direito interno da lei do domicílio".* Em outras palavras, a remissão pelo DIP do domicílio da pessoa para a lei da nacionalidade e a devolução pelo DIP do país da nacionalidade para a lei do domicílio resultam na aplicação desta lei, numa aceitação franca do reenvio.

Ferrer Correia explica o princípio do reenvio, como estabelecido pela Convenção da Haia da seguinte forma:

> "A lei nacional manda aplicar a lei do domicílio e esta aquela (brasileiro ou argentino residente em Lisboa); a regra a observar será a da aplicação da lei do domicílio. A solução não deriva aqui da vontade de competência da própria *lex domicilii*. De onde ela decorre é antes do preceito da lei nacional. Aqui a competência da *lex domicilii* não é uma competência

---

[19] Albert A. Ehrenzweig, *Conflicts in a Nutshell*, 1974, p. 76.
[20] Promulgada pelo Decreto nº 57.663, de 24 de janeiro de 1966.
[21] Promulgada pelo Decreto nº 57.663, de 24 de janeiro de 1996.

originária, própria – é uma competência derivada, uma competência de 2º grau, uma competência delegada".[22]

Esclarece o eminente mestre de Coimbra que, inicialmente, no regime das convenções de Haia, a lei da nacionalidade era hierarquicamente superior à lei do domicílio, cabendo-lhe posição de comando, e, sendo a lei competente, pode delegar para a lei do domicílio. A lei da nacionalidade tem competência plena, competência a um tempo instrumental e material, enquanto a lei do domicílio tem competência tão somente material, só podendo designar-se a si mesma. De acordo com esta teoria, a lei portuguesa – do domicílio do argentino ou do brasileiro –, será aplicada porque a lei argentina ou brasileira assim determinam.

Suponhamos uma hipótese diversa: a ação se processa em país em que a parte não está domiciliada e também não é o país de sua nacionalidade; o Direito Internacional Privado do foro determina a aplicação da lei do país do domicílio da parte e as regras conflituais deste mandam aplicar a lei da nacionalidade, enquanto a regra internacional desta determina a aplicação da lei domiciliar. Segundo Ferrer Correia, o foro deveria aplicar a lei interna do país do domicílio por força da determinação das regras do país da nacionalidade. Poder-se-ia classificar esta hipótese como recusa de aceitação do reenvio da lei do domicílio para a lei da nacionalidade, mas interpretando o pensamento do professor português, pode-se também entender que a lei do foro manda aplicar a lei do domicílio, que manda aplicar a lei da nacionalidade, que devolve para a lei do domicílio e é neste ponto que o foro considera encerrado o círculo, porque a lei da nacionalidade é a mais alta autoridade e suas regras de Direito Internacional Privado são as que definitivamente devem ser observadas.[23]

Esta Convenção de 1955 versa, generalizadamente, o conflito de 2º grau, negativo, em que divergem as regras de DIP de dois sistemas legais internos, ambos de alguma forma conectados com a situação ou a relação jurídica, um fixando para o estatuto pessoal e a capacidade a regra da nacionalidade e o outro a do domicílio, em que a convenção dá solução para o conflito de 2º grau.

A maior parte das convenções de DIP cuida de matérias específicas para as quais estabelecem uma regra de conexão que determina a aplicação da lei interna de determinada jurisdição. A referência é sempre à lei interna do sistema jurídico escolhido, sem qualquer alusão a suas normas de Direito Internacional Privado.

Caso excepcional é o da Convenção sobre lei aplicável à sucessão *mortis causa*, de 1º de agosto de 1989, cujo art. 4º dispõe que, "*se a lei aplicável de acordo com o art. 3º for de um Estado não contratante, e se as regras conflituais deste Estado designarem a lei de outro Estado não contratante que aplicaria sua própria lei, a lei deste último Estado será aplicada*", em uma expressa aprovação de reenvio de 2.º grau.

A Convenção da União Europeia sobre a Lei Aplicável às Obrigações Contratuais, aprovada em Roma a 19 de junho de 1980, que determina a aplicação da lei do país com o qual o contrato tenha mais íntima conexão, dispõe em seu art. 15 que: "*A aplicação da lei de qualquer país especificado por esta Convenção significa a aplicação das regras de direito vigentes naquele país, excluídas suas regras de Direito Internacional Privado*".

Na reunião anual do "*Comité français de droit international privé*" realizada em 1980, Jacques Foyer fez uma exposição que intitulou "*Requiem pour le renvoi*", em que sustenta que

---

[22] Ferrer Correia, *Lições de Direito Internacional Privado*, 1963, p. 579 e ss.
[23] O raciocínio aqui desenvolvido se enquadra no sistema conflitual da Europa Ocidental, que sempre deu absoluta prioridade à conexão da nacionalidade da pessoa individual. No continente americano não faz sentido, pois nele o domicílio é o fator determinante.

o reenvio parece bem doente. Um dos principais elementos para este diagnóstico é justamente a posição das Convenções da Haia e da Convenção da União Europeia, todas se fixando na lei interna do país indicado, excluídas as suas regras de DIP.[24]

Parece-nos que o professor francês estava equivocado: o fenômeno do reenvio não ocorre com relação a disposições convencionais. Quando temos diante de nós dois sistemas de Direito Internacional Privado, originários da legislação de dois países, cujas escolhas da lei competente conflitam no sentido negativo, apresenta-se a dúvida se, ao cumprir a norma do DIP do foro, devo aplicar o direito interno do país indicado estritamente, ou devo aplicar todo seu sistema jurídico, inclusive suas regras de DIP, que podem indicar a aplicação do direito do país do foro (reenvio de 1º grau) ou de um terceiro país (reenvio de 2º grau). Mas quando é uma convenção internacional que determina a aplicação de lei de determinado país, devemos ter em mente que ao aplicar regras do DIP convencional, estamos renunciando à aplicação das regras de DIP do foro, e que, igualmente, não temos como atender as regras de DIP de outro país. Assim como as normas convencionais têm primazia sobre as normas conflituais do foro, também o têm sobre as do país cuja legislação a própria convenção indica.

Pode-se esclarecer o raciocínio de forma um pouco diversa, dizendo que as normas do DIP do país A e do país B são de peso idêntico, daí se constituir o círculo vicioso do qual resulta a grande dúvida em torno da aceitação ou não do reenvio, em que o juiz do país remetente enfrenta o dilema de atender exclusivamente o DIP de sua legislação e ignorar o do país cuja lei foi indicada como aplicável, ou atentar também para o DIP deste país. Já quando se trata de norma convencional, não há como equipará-la com a regra de DIP interno de um país, mesmo que seja o país cuja legislação foi indicada pela norma convencional. O tênis internacional só é jogado por parceiros iguais.[25]

Daí ser perfeitamente aceitável o reenvio entre normas conflituais internas de dois ou mais países, enquanto as regras conflituais convencionais são definitivas, não admitindo que se aplique a lei por elas indicada além da sua norma material, de direito interno, a não ser que a própria Convenção indique de forma diversa, como ocorre na Convenção de Genebra de 1930 Destinada a Regular Certos Conflitos de Leis em Matéria de Letras de Câmbio e Notas Promissórias, que, como vimos acima, indica a aplicação da lei nacional ou a lei de outro país que for indicada pela lei nacional.

A excepcionalidade da regra da Convenção da Haia sobre lei aplicável à sucessão *mortis causa*, a que nos referimos acima, que admite o reenvio, se explica, pois ali se refere a regras conflituais de Estados não contratantes da Convenção, não submetidos à sua disciplina.

No direito comunitário europeu, os regulamentos sobre lei aplicável sempre excluíram o reenvio.[26]

---

[24] *Revue*, 1981.210.
[25] Helene Gaudemet Tallon, em artigo publicado na *Revue Trimestrielle de Droit Civil*, 1981, p. 257, diz que não há reenvio onde a Convenção já achou a melhor solução. Vide Kurt Lipstein, *Principles of the Conflict of Laws, National and International*, 1981, p. 68, sobre inaplicabilidade de reenvio em julgamentos das cortes internacionais.
[26] Os Regulamentos Roma I (Regulamento 593/2008, art. 20: "Exclusão do reenvio. Entende-se por aplicação da lei de um país designada pelo presente regulamento a aplicação das normas jurídicas em vigor nesse país, com exclusão das suas normas de direito internacional privado, salvo disposição em contrário no presente regulamento"), Roma II ("Exclusão do reenvio. Entende-se por aplicação da lei de qualquer país designada pelo presente regulamento, a aplicação das normas jurídicas em vigor nesse país, com exclusão das suas normas de direito internacional privado") e Roma III (Regulamento 1259/2010, art. 11. "Exclusão do reenvio. Quando o presente regulamento prevê a aplicação da lei de um Estado, refere-

Todavia, o Regulamento nº 650/2012, relativo à competência, à lei aplicável, ao reconhecimento e execução das decisões, e à aceitação e execução dos atos autênticos em matéria de sucessões e à criação de um Certificado Sucessório Europeu, seguiu posição diversa e adotou o que se passou a chamar de renascimento do reenvio no direito europeu.[27]

## JURISPRUDÊNCIA FRANCESA

*Banco Ottomano* – Em 1965, a Corte de Apelação de Paris julgou uma questão referente ao Banco Ottomano em que o direito aplicável, segundo o sistema francês (lei da nacionalidade da pessoa jurídica) seria a lei do país da sede da sociedade, onde esta mantém seu centro administrativo, que na hipótese conduzia ao direito inglês. Ocorre que de acordo com o DIP inglês, a nacionalidade das pessoas jurídicas – e o direito que se lhes aplica – é a do país onde foram constituídas, que, no caso, era a lei turca, eis que o banco fora criado na Turquia.

A Corte parisiense, verificando que a Turquia considera que sua lei tem competência sobre a questão, aceitou a remissão efetuada pelo direito inglês ao direito turco, aplicando as normas internas do direito deste país.[28] Perfeita aceitação do reenvio de 2º grau.

*Caso Moussard* – O direito sucessoral francês determina que em matéria de bens imóveis aplica-se à herança a lei do local de sua situação, no caso a lei italiana. Ocorre que o direito italiano considera aplicável a lei da nacionalidade do falecido, reenviando assim para o direito francês. A Corte de Apelação de Paris não aceitou este reenvio, mas esta decisão foi cassada pela Corte de Cassação, em julgamento ocorrido no ano 2000.[29] Em 2009, em outra hipótese sucessoral, a Corte de Cassação julgou que o reenvio da lei espanhola para a lei francesa em questão hereditária de imóveis só pode ser aceita se dela resultar a aplicação da mesma lei para os móveis e os imóveis, o que se configurava na espécie diante da nacionalidade francesa da falecida.[30] É o chamado reenvio condicional.

---

-se às normas jurídicas em vigor nesse Estado, com exclusão das suas normas de direito internacional privado") excluem expressamente o reenvio.

[27] Regulamento nº 650/2012, art. 34, 1: "Nos termos do presente regulamento, por aplicação da lei de um Estado terceiro, entende-se a aplicação das normas jurídicas em vigor nesse Estado, incluindo as normas de direito internacional privado, na medida em que aquelas regras remetam para: a) A lei de um Estado--membro; ou b) A lei de outro Estado terceiro que aplicaria a sua própria lei".

[28] Vide Mathilde Sumampouw, *Les Nouvelles Conventions de La Haye: Leur Application par les Juges Nationaux*, 1976, p. 42.

[29] *Clunet*, 2001.505, lendo-se na ementa: "Le montant de la réserve héréditaire est déterminé par la loi successorale qui, s'agissant de successions immobilières, est celle du lieu de situation des immeubles, sous réserve du renvoi éventuel opéré par la loi de situation de l'immeuble à une autre loi et, spécialement à celle du for".

A Corte de Apelação de Beirute decidiu, em 1996, questão sucessória de francês que faleceu domiciliado no Líbano, onde deixou bens imóveis. De acordo com o direito libanês, devia ser aplicada a lei da nacionalidade do falecido, enquanto o direito francês manda aplicar a lei do local dos imóveis – lei libanesa. A Corte não aceitou o reenvio. *Clunet*, 2001.873.

Em 2005, a Cassação francesa teve nova oportunidade de julgar a favor da recepção do reenvio, em hipótese relativa a uma senhora canadense, domiciliada na França: ao julgar matéria de tutela e procurar aplicar a lei da nacionalidade, verificou que neste tema o DIP canadense determina a aplicação da lei do domicílio, o que foi aceito e aplicado pela justiça francesa. *Revue*, 2006.100.

[30] *Clunet* 2009.567. A ementa diz: "La Cour de Cassation vient préciser le jeu du renvoi en matière de succession immobilière. Ce dernier n'est admis que s'il assure l'unité sucessorale et l'application d'une même loi aux meubles et aux immeubles".

## JURISPRUDÊNCIA BELGA

Um tribunal de Liège admitiu a adoção de um polonês adulto, por um francês, apesar de a lei polonesa não conhecer a adoção de adultos, mas como o Direito Internacional Privado da Polônia submete a adoção à lei do adotante, resultando em um reenvio da lei polonesa à lei francesa, o reenvio foi aceito pelo tribunal belga, eis que a jurisprudência francesa favorável à aceitação do reenvio é igualmente praticada pela Justiça da Bélgica.[31]

## JURISPRUDÊNCIA TUNISINA: CASO DUPRÈVE – FORGO, 2ª EDIÇÃO

Um canadense que residia na Tunísia morreu, deixando um sobrinho, filho de um irmão unilateral do falecido (por parte da mãe de ambos). Segundo a lei de Quebec, província da qual o *de cujus* era originário, a herança cabia ao sobrinho, mas, pela lei tunisina, só herdam sobrinhos consanguíneos.

As regras do Direito Internacional Privado tunisino e canadense também conflitam: enquanto o DIP tunisino determina a aplicação da lei sucessória da nacionalidade do *de cujus*, o DIP canadense ordena a aplicação da lei do domicílio do falecido, constituindo-se assim um conflito de 2º grau negativo, em que o Direito Internacional tunisino manda aplicar a lei canadense e o Direito Internacional canadense manda aplicar a lei tunisina.

Em tudo situação idêntica à que ocorrera um século antes no caso *Forgo*.

Assim decidiu a Corte de Apelação de Túnis, em 1974:

"Considerando que Nicolas Duprève, de nacionalidade canadense, residia em caráter permanente na Tunísia, onde exercia sua profissão de dentista e onde possuía dois imóveis, o que prova incontestavelmente que era domiciliado na Tunísia até sua morte; Considerando que, pela aplicação da teoria do reenvio, deve-se aplicar a lei tunisina, lei do domicílio do *de cujus*, e não sua lei nacional, a lei canadense, eis que esta impõe a aplicação da lei do país do domicílio, ou seja, ela reenvia à lei do domicílio, no caso a lei tunisina. Portanto é o código do estatuto pessoal tunisino que deve reger o presente caso... e, aplicando--se os arts. 114 e 115 deste código, o Tesouro tunisino deve ser declarado o único herdeiro...".[32]

Decisão exatamente idêntica àquela que fora alcançada no caso *Forgo* pela Corte de Apelação de Paris, 96 anos antes.[33]

## O REENVIO NO DIREITO INTERNACIONAL PRIVADO BRASILEIRO

*Doutrina* – Carlos de Carvalho, em sua Nova Consolidação das Leis Civis, depois de dispor no art. 25, *caput*, que o estado e a capacidade dos estrangeiros residentes no Brasil são regulados pelas leis da nação a que pertencem – princípio da nacionalidade –, dispôs na alínea 1ª que *"prevalecerão as disposições estrangeiras, de Direito Civil, ainda que outra seja a disposição de Direito Internacional Privado correspondente à regra acima estabelecida".*

A doutrina não acompanhou o estabelecido na Consolidação e advogou a aceitação do reenvio.

---

[31] *Revue Trimestrielle de droit familial*, 1998.665, decisão de 27 de março de 1998.
[32] *Clunet*, 1979.657.
[33] Tanto no caso *Forgo* como no caso *Duprève* havia nítido interesse do foro em aceitar a aplicação de sua lei, eis que resultava em benefício do Tesouro nacional. Casos mais recentes em que se aceitou reenvio estão relatados em *Clunet*, 1983.583 e ss. e 636 e ss., e em *Revue*, 1984.290 e ss.

Clóvis Beviláqua diz que:

"se a questão ainda se não pode considerar decidida, as mais poderosas razões, quer de lógica e doutrina, quer de autoridade e de lei, dão fortíssimo apoio à teoria do retorno".[34]

Eduardo Espínola advogava a aceitação do reenvio de 1º grau:

"A nosso modo de ver, pois, a devolução só deve ser admitida da lei nacional ou ainda da lei do domicílio para a *lex fori*, como decidiram os legisladores alemão e japonês".[35]

O grande defensor da teoria do retorno no Brasil foi Haroldo Valladão, que dedicou ao tema sua dissertação para a livre-docência de Direito Internacional Privado da Faculdade de Direito da (então) Universidade do Rio de Janeiro,[36] advogando a aceitação do reenvio tanto de 1º como de 2º grau.

Luiz Gallotti, quando Procurador-Geral da República, publicou, em 1937,[37] um parecer que é frequentemente referido, em que se manifestou a favor do reenvio.

Valladão invoca três decisões do Tribunal de Justiça de São Paulo, nas quais denota posição favorável ao reenvio, apesar de a corte não ter assim caracterizado a solução dada ao problema. Um dos casos, na verdade, não se enquadra bem no princípio do reenvio, eis que tratava de devolução da lei americana para o estado de Alabama, reenvio interprovincial do qual não se deve deduzir aceitação do reenvio no plano internacional.

Amilcar de Castro é radicalmente contrário a qualquer reenvio.[38]

*Jurisprudência* – Rodrigo Otávio transcreve um acórdão do Tribunal de Justiça de São Paulo, de 1931, cuja ementa diz que,

"mandando o Código da Prússia regular as relações de ordem pessoal pela lei do domicílio, aplica-se a lei brasileira para reger os efeitos de um casamento de prussianos celebrado em Blumenau, Santa Catarina, onde eram domiciliados".[39]

Tratava-se de saber, conta o autor, qual o regime de bens de um casamento de alemães, celebrado no Brasil, onde os esposos residiam, tendo a maioria do tribunal aceito a devolução que a lei da Prússia – indicada pelo DIP brasileiro por ser a lei da nacionalidade – fazia à lei brasileira, lei do país onde se realizou o casamento.

Na década de 1930 ocorreram várias manifestações de tribunais brasileiros a favor do reenvio, em hipóteses de conflitos negativos de 2º grau com o Direito Internacional Privado argentino, paraguaio e norte-americano. O reenvio ocorria em consequência da regra do DIP

---

[34] Clóvis Beviláqua, *Princípios Elementares de Direito Internacional Privado*, 1938, p. 146.
[35] Eduardo Espínola, *Elementos de Direito Internacional Privado*, 1925, p. 371.
[36] Haroldo Valladão, *A Devolução nos Conflitos sobre a Lei Pessoal*, 1929.
[37] *Revista Forense*, v. LXXII, p. 40. Vide um parecer mais antigo, de 1918, de Flavio Fernandes dos Santos, também favorável à aceitação do reenvio, Revista Forense, v. XXXVII, p. 421.
[38] Amilcar de Castro, *Direito Internacional Privado*, 1977, p. 231: "Nenhum Direito Internacional Privado se destina a indicar Direito Internacional Privado estrangeiro para, por meio deste, organizar-se direito primário especial adequado ao fato anormal; seria isto um despropósito; e nessa anomalia consiste o retorno. Cada Estado impõe aos fatos anormais a apreciação que tenha como melhor, ou mais conveniente ao interesse público e ao particular, razão suficiente para que o sistema nacional de Direito Internacional Privado não seja abandonado".
[39] Rodrigo Octávio, *Dicionário de Direito Internacional Privado*, 1933, p. 79.

brasileiro, mandando aplicar a lei da nacionalidade (paraguaia, argentina e norte-americana, nas diversas hipóteses), enquanto o DIP destes países devolvia ao direito brasileiro, eis que determinavam a aplicação da lei do domicílio, tendo os tribunais brasileiros aceito a devolução e aplicado a *lex fori*.

Julgando a Apelação Cível nº 4.078, em 14 de dezembro de 1938, que versava um desquite amigável entre uma argentina e um brasileiro, a 4ª Câmara Cível do Tribunal de Apelação do Estado de São Paulo aceitou o reenvio efetuado pela lei argentina à lei brasileira.[40]

Entre as decisões da Suprema Corte, destaca-se o julgamento, em 1937, da Apelação Cível nº 6.742, de São Paulo, que aceitou o reenvio.[41]

A reforma das regras de Direito Internacional Privado brasileiras com a promulgação do Decreto nº 4.657, Lei de Introdução, que veio substituir a Introdução de 1916, trouxe a proibição ao reenvio, conforme determinado pelo art. 16, que assim dispõe: "*Quando, nos termos dos artigos precedentes, se houver de aplicar a lei estrangeira, ter-se-á em vista a disposição desta, sem considerar-se qualquer remissão por ela feita a outra lei*", que, como se pode constatar, é tradução fiel do art. 30 das "Disposições sobre as Leis em Geral" da Itália, de 1942, já agora alterado pela nova lei italiana, de 1995, que expressamente aceita o reenvio.

Esta inovação no Direito Internacional Privado brasileiro foi recebida com reservas e críticas dos especialistas. Luiz Gallotti manifestou-se a respeito no Congresso Jurídico Nacional realizado em 1943, criticando a orientação do legislador e defendendo a manutenção do reenvio.

Clóvis Beviláqua, na 4ª edição de sua obra sobre DIP, criticou o legislador dizendo que o dispositivo "*amputa a lei estrangeira que a lei pátria manda aplicar*",[42] opinião seguida por Serpa Lopes, para quem "*esta tradução literal do dispositivo italiano por certo não obedeceu a um prévio e cuidadoso exame científico da matéria*".[43]

Ferrer Correia também critica a proibição ao reenvio; considera ilógico que não se aplique o reenvio de 2º grau. Ilustra sua posição com a hipótese de um português, domiciliado na Espanha, sendo julgado no Brasil. Segundo o DIP brasileiro, deve-se aplicar a lei espanhola, de seu domicílio, para questões de estado e capacidade. Ocorre que tanto a lei espanhola, de seu domicílio, como a lei portuguesa, de sua nacionalidade, coincidem no sentido da aplicação desta última, não tendo o Brasil interesse algum na solução do caso por outra lei, já que sua

---

[40] *Revista dos Tribunais*, v. CXVIII, p. 715.

[41] *Revista dos Tribunais*, v. CXIII, 113, p. 833. V. manifestação do relator, Min. Eduardo Espínola: "Mas é certo que, ao passo que a lei de aplicação brasileira se reporta à lei nacional da mulher paraguaia, a lei de aplicação vigente no Paraguai manda que se aplique a lei do domicílio, que, no caso, é a lei brasileira. Surge aí a questão do retorno ou da devolução.... O que se dá é o seguinte: por força de regra de aplicação, a lei interna deixava de reger o estrangeiro, na pressuposição de que a sua lei nacional era a mais justa para o caso; mas desde que o legislador do Estado de origem do estrangeiro, o mais competente para apreciar qual a melhor regra material a este aplicável, se pronunciou pela lei territorial, deixa de haver razão para cercear a força obrigatória desta última, desaparece a presunção da regra de Direito Internacional Privado e readquire o direito interno territorial toda a sua natural elasticidade. A nosso ver, em doutrina o retorno só deve ser admitido da lei nacional, ou ainda da lei do domicílio para a *lex fori*".

[42] Vide Miguel Maria de Serpa Lopes, *Comentário teórico e prático da Lei de Introdução ao Código Civil Brasileiro*, 1946, t. III, p. 392, que reproduz a opinião do autor do código.

[43] Miguel Maria de Serpa Lopes, *Comentário teórico e prático da Lei de Introdução ao Código Civil Brasileiro*, 1946, t. III, p. 392.

própria não se considera aplicável. Insistir na aplicação da lei domiciliar, a espanhola, é para o ilustre autor um absurdo.⁴⁴

Merece especial atenção o julgamento do Recurso Extraordinário nº 31.165, realizado em 24 de janeiro de 1957, sendo Relator o Ministro Cândido Motta Filho, que discutiu o regime de bens de cônjuges, em que o varão era uruguaio, a mulher brasileira, e o casamento havia sido celebrado no Uruguai. O juiz do Rio Grande do Sul decidira pela prevalência da lei brasileira, concluindo sua fundamentação com o seguinte raciocínio: "Ademais, no caso, é evidente que, ainda quando se admite o preceito do art. 8º da Introdução ao Código Civil brasileiro, haveria de prevalecer a teoria da devolução *ou de retorno e, em consequência, não se aplicaria a lei uruguaia, porque este país declinou de sua competência, como foi amplamente examinado nesta decisão, possibilitando a aplicação da lei do domicílio conjugal*".

Confirmada a sentença pelo Tribunal de Justiça, a questão foi submetida à Suprema Corte, cujo acórdão aceitou a aplicação do retorno da lei uruguaia para a lei brasileira: "*Realmente*", diz o Acórdão, "*a lei uruguaia desiste de sua competência quando os cônjuges não são orientais e estão domiciliados no estrangeiro...*".⁴⁵

Esta decisão não contraria o disposto no art. 16 da Lei de Introdução, porque se tratava de casamento celebrado antes de 1942, sob vigência da regra da nacionalidade, quando o reenvio era aceito por nossos tribunais, inexistente qualquer proibição legal. Como o regime de bens se constituiu no momento do casamento, ou do estabelecimento do primeiro domicílio conjugal, pode-se dizer que o reenvio da lei uruguaia para a lei brasileira se processou naquele momento; a sentença, confirmada nas instâncias superiores, tão somente reconheceu que esta transmissão do direito uruguaio para o direito brasileiro se operara à época em que o casal se domiciliou em nosso país, quando nenhuma proibição havia contra o reenvio.⁴⁶

---

⁴⁴ Ferrer Correia, *Lições de Direito Internacional Privado*, 1963, p. 577-578. Assim escreve o professor português: "Seria absurdo que um terceiro país, onde a questão viesse a surgir – o Brasil por exemplo, ou a Inglaterra –, apesar de seu evidente desinteresse no assunto, se obstinasse em regular o estado civil desse indivíduo pelos princípios do código espanhol, a pretexto de ser essa a solução mais justa. Admitamos que seria, na verdade, a solução mais justa: mas acaso a harmonia jurídica não tem preço?".

⁴⁵ STF, RE nº 31.165, Rel. Min. Cândido Motta, DJ 23.05.1957.

⁴⁶ Em 1969, o Supremo teve nova oportunidade de julgar neste sentido, no Recurso Extraordinário nº 63.568, *RTJ* 49/274, que também versou o regime de bens, de varão uruguaio e mulher brasileira. Assim votou o Relator, Ministro Luiz Galotti: "O casamento ocorreu em 1923 na cidade de Bagé, sendo uruguaio o marido e brasileira a esposa. Vigorava a nossa primeira Lei de Introdução, que, quanto ao regime de bens, mandava aplicar a lei nacional da pessoa, facultando a opção pela lei brasileira. Essa opção não houve. O recorrente sustenta que, no conflito entre as leis nacionais dos cônjuges, haveria que atender à lei do marido (separação de bens). Contra esta opinião, que o acórdão recorrido acertadamente desacolheu, manifestei-me num longo parecer em 1936, dando minha adesão à tese publicada naquele ano pelo eminente Prof. Haroldo Valladão: 'Conflito das leis nacionais dos cônjuges nas suas relações de ordem pessoal e econômica e no desquite'. Mas, ainda que não nos assistisse razão, ocorre que a lei uruguaia mandava então aplicar a lei do domicílio conjugal que houvesse sido fixado por comum acordo antes da celebração do casamento, ou, se não o fosse, a lei do domicílio do marido ao tempo da mesma celebração. Não consta, na espécie, a fixação do domicílio conjugal por comum acordo, mas o marido tinha domicílio no Brasil. Assim, pela teoria da devolução ou retorno, era de aplicar-se a lei brasileira (comunhão de bens). A lei uruguaia de 1941, que ordenou fosse o regime de bens determinado pela lei do primeiro domicílio conjugal, já encontrou o regime inalterável. A teoria da devolução, preconizada magistralmente na tese que sobre ela escreveu Haroldo Valladão, foi por mim defendida em muitos pareceres (v., p. ex., o de 6.4.37 in *Arquivo Judiciário*, v. XLII, 42, p. 138-140, em que citei ainda Westlake, Pierre Wigny, Vareilles-Sommières, André Weiss, Eduardo Espínola, Clóvis Beviláqua, Bento de Faria e Pontes de Miranda). No seu recente e ótimo Direito Internacional Privado, Valladão cita parecer meu, acolhido pelo Supremo Tribunal Federal, e o relatório que apresentei no Congresso Jurídico Nacional de 1943, onde reafirmei minha opinião e invoquei, além das outras já referidas, as

No famoso julgamento sobre a validade do testamento ológrafo de Gabriela Besanzoni Lage Lillo, em que a Justiça brasileira considerou-o válido de acordo com as leis italianas que não exigem testemunhas como ocorre no direito brasileiro, pretendeu-se que, como o DIP brasileiro ordena a aplicação da lei do domicílio do falecido (art. 10 da LINDB), no caso lei italiana – e o DIP italiano determina a aplicação da lei da nacionalidade do falecido, no caso a lei brasileira – esta deveria ser respeitada. A Suprema Corte entendeu que se tratava de matéria de natureza formal em que se deve respeitar a lei do local da feitura do ato de última vontade, e referindo-se ao argumento do reenvio, invocou a Corte os termos inequívocos do art. 16 da Lei de Introdução, sendo Relator o Ministro Luiz Gallotti, que, lembrando sua opinião favorável ao reenvio, reconheceu, contudo, que, ante a legislação vigente, não se podia mais aceitar o reenvio.[47]

## PROJETOS PARA SUBSTITUIÇÃO DA LEI DE INTRODUÇÃO

I. Em seu Anteprojeto de Lei Geral de Aplicação das Normas Jurídicas, art. 77, Haroldo Valladão sugere a aceitação ampla do reenvio, assim redigindo o dispositivo:

"Na observância do direito estrangeiro declarado competente, o juiz brasileiro atenderá às disposições do mesmo direito sobre a respectiva aplicação, inclusive a referência a outro direito com base em critério diferente, religião, raça, origem, naturalidade, nacionalidade, domicílio, vizinhança, residência, território etc.

Parágrafo único. A referência acima só ficará excluída se não for feita ao direito brasileiro ou se não for feita a qualquer outro direito que afinal a aceite".

Temos aí a aceitação do reenvio de 1º e de 2º graus, excluída apenas a hipótese de remissões sucessivas que incidam afinal em uma lei que não aceita sua competência.

II. O Projeto de Lei nº 4.905, de 1995, também se colocou inteiramente a favor da aceitação do reenvio, assim propondo em seu art. 15:

"Reenvio – Se a lei estrangeira, indicada pelas regras de conexão desta lei, determinar a aplicação da lei brasileira, esta será aplicada.

§ 1º Se, porém, determinar a aplicação da lei de outro país, esta última somente prevalecerá se também estabelecer que é competente.

---

lições de Donnedieu de Vabres e Fiore, mas tive de reconhecer que a nova Lei de Introdução é infensa à teoria da devolução (art. 16). Esta lei, porém, de 1942, é muito posterior ao casamento do recorrente". A ementa deste acórdão assim reza: "Regime de bens em casamento celebrado no Brasil, na vigência da primeira lei de Introdução. Marido uruguaio e esposa brasileira. Rejeita-se a tese de que, no conflito entre as leis nacionais dos cônjuges, haveria que atender à lei do marido (separação de bens). Além disso, pela teoria da devolução, caberia aplicar-se a lei brasileira (comunhão de bens). Embora seja infensa a essa teoria a atual Lei de Introdução (art. 16), esta é posterior ao casamento e, assim, inaplicável ao caso".
Na Apelação Cível nº 94.991, *Revista dos Tribunais* 292, p. 223, o Tribunal de Justiça de São Paulo, pelo Primeiro Grupo de Câmaras Cíveis, decidiu pela aceitação do reenvio, em circunstâncias semelhantes. Reza a ementa: "Casamento – Regime de Bens – Marido luxemburguês e mulher alemã – Matrimônio celebrado na vigência da antiga Lei de Introdução ao Código Civil – Direito de retorno – Regime de bens regulado pela lei do domicílio dos cônjuges – Apelação não provida – O regime de bens entre luxemburguês casado com alemã, na vigência da antiga Lei de Introdução ao Código Civil, se rege pela Direito brasileiro, eis que aplicada à espécie a referida lei, é inarredável a aceitação do retorno". V i d e ainda *Revista dos Tribunais*, v. 113, p. 833, e v. CXVIII, p. 715.

[47] RE 68.157, *RTJ* 61/99, 103-104.

§ 2º Caso a lei do terceiro país não se considerar competente, aplicar-se-á a lei estrangeira inicialmente indicada pelas regras de conexão desta lei".

III. O Projeto nº 269 do Senado Federal, apresentado à Câmara Alta pelo Senador Pedro Simon, igualmente aceita o reenvio, em dispositivo redigido de forma quase idêntica. Dispõe no art. 16 e seus parágrafos:

"Se a lei estrangeira, indicada pelas regras de conexão da presente Lei, determinar a aplicação da lei brasileira, esta será aplicada.

Se, porém, determinar a aplicação da lei de outro país, esta última prevalecerá caso também estabeleça sua competência.

Se a lei do terceiro país não estabelecer sua competência, aplicar-se-á a lei estrangeira inicialmente indicada pelas regras de conexão da presente lei".

# Capítulo XV
# ORDEM PÚBLICA

## A NOÇÃO DA ORDEM PÚBLICA NO DIREITO INTERNACIONAL PRIVADO

Sabe-se que no direito interno a ordem pública funciona como princípio limitador da vontade das partes, cuja liberdade não é admitida em determinados aspectos da vida privada. Dos romanos nos chegou a regra de que *privatorum conventio juri publico non derrogat*, ou, em outra versão, *jus publicum privatorum pactis mutari non potest*, que espelha a impotência dos pactos entre os particulares para derrogar determinados princípios jurídicos que os romanos denominavam de direito público e que, hodiernamente, abrangem também a ordem pública imanente em certas regras de direito privado.

Uma interessante ilustração de como funciona a ordem pública no plano interno é encontrada em uma decisão da corte de Montpellier, de dezembro de 1932, que não admitiu uma cláusula testamentária em que o testador dispusera que, depois de morto, fosse destruída sua casa e cercado o respectivo terreno por altos muros, e que as vias de acesso ao mesmo fossem obstruídas, a fim de que ninguém pudesse nele penetrar, não devendo jamais ser vendido, alugado ou cedido, sob qualquer pretexto.[1] Um autor francês comentou à época que a cláusula de demolição se inspira na misantropia, já que o testador pretende que o imóvel fique perpetuamente fora do comércio humano, acrescentando que não se pode duvidar de que a ordem pública é diretamente lesada com semelhante expressão de vontade.[2]

Já no Direito Internacional Privado a ordem pública impede a aplicação de leis estrangeiras, o reconhecimento de atos realizados no exterior e a execução de sentenças proferidas por tribunais de outros países, constituindo-se no mais importante dos princípios da disciplina.[3]

Cabe indagar como se define esta ordem pública, tanto no plano do direito interno como no Direito Internacional Privado. A resposta é que a sua principal característica é justamente a sua indefinição.

Veremos, no desenrolar deste capítulo, que o princípio de ordem pública é de natureza filosófica, moral, relativa, alterável e, portanto, indefinível.[4] Há, todavia, que se formular uma

---

[1] Esta sentença foi noticiada pela *Revista Forense*, v. 64, p. 51, que se referiu a sua publicação na *Revue Trimestrielle de Droit Civil*, 1933, p. 54, e *Revista General de Legislación y Jurisprudencia*, novembro de 1934, t. 165, n. V, p. 670.

[2] René Savatier é o autor francês referido na publicação da *Revista Forense*.

[3] William Wengler, The General Principles of Private International Law, *Recueil des Cours* 104, 1961: "Obviously, the order public clause may itself be in conflict with the principle of international uniformity of decisions, but it is an essential feature of the clause that it is *stronger* than any other general principle of private international law".

[4] Com muita propriedade disse o Ministro Orozimbo Nonato na Sentença Estrangeira nº 1.023, acórdão publicado na Revista dos Tribunais, v. 148, p. 771, que "o conceito de ordem pública é esgueiriço e dificilmente se deixa prender em fórmula completa. Definindo-o *vari varia dixerunt*, apinhando-se noções diversas sem que qualquer delas logre a generalidade das adesões".

noção da ordem pública e entender como ela se aplica no campo do Direito Internacional Privado.

Diríamos que o princípio da ordem pública é o reflexo da filosofia sociopolítico-jurídica imanente no sistema jurídico estatal, que ele representa a moral básica de uma nação e que protege as necessidades econômicas do Estado. A ordem pública encerra, assim, os planos filosófico, político, jurídico, moral e econômico de todo Estado constituído.

Mas não encontramos formulado o que vem a ser básico na filosofia, na política, na moral e na economia de um país. O aplicador da lei não dispõe de uma bússola para distinguir dentro do sistema jurídico de seu país o que seja fundamental, de ordem pública, não podendo ser desrespeitado pela vontade das partes ou pela aplicação de uma lei estrangeira, do que não seja essencial, podendo tolerar um pacto entre particulares, consagrando as suas vontades, ou admitir que se aplique uma lei estrangeira contendo norma jurídica diversa da constante no direito pátrio.

A ordem pública se afere pela mentalidade e pela sensibilidade médias de determinada sociedade em determinada época. Aquilo que for considerado chocante a esta média será rejeitado pela doutrina e repelido pelos tribunais. Em nenhum aspecto do direito o fenômeno social é tão determinante como na avaliação do que fere e do que não fere a ordem pública. Compatível ou incompatível com o sistema jurídico de um país – eis a grande questão medida pela ordem pública – para cuja aferição a Justiça deverá considerar o que vai na mente e no sentimento da sociedade.[5] Daí ter sido a ordem pública comparada à moral, aos bons costumes, ao direito natural e até à religião.[6]

O Juiz Sir Hersch Lauterpacht, no caso *Boll*, julgado pela Corte Internacional de Justiça, em 1958, explicou a noção de ordem pública, esclarecendo a distinção entre a ordem pública aplicada em determinadas áreas do direito, como nas leis penais, de polícia, nas que cuidam do bem-estar nacional, da saúde e da segurança, e a ordem pública de caráter genérico, que se refere às concepções fundamentais da lei, da decência e da moralidade.[7]

No Brasil, o art. 17 da Lei de Introdução exclui a aplicação de leis estrangeiras, bem como de atos e sentenças estrangeiras, sempre que estes ofenderem a soberania nacional – plano político – a ordem pública – plano jurídico e econômico – e os bons costumes – plano moral.

---

[5] A Corte de Cassação francesa sintetizou o aspecto popular da ordem pública em decisão proferida em 1944, fazendo-o com especial felicidade: "... la définition de l'ordre public national dépendant dans une large mesure de l'opinion qui prévaut à chaque moment en France...". Idêntico critério fora proclamado pela Corte Permanente de Justiça Internacional da Haia em 1929, no caso dos empréstimos sérvios e brasileiros, em que sentenciou: "... l'ordre public est une notion dont la définition dans un pays déterminé dépend dans une mesure de l'opinion qui prévaut à chaque moment dans ce pays même." "Repertoire Lapradelle et Niboyet", nº 451.

[6] Clóvis Beviláqua, *Princípios Elementares de Direito Internacional Privado*, 1897, p. 114, ao cuidar da regra contida no art. 17 da Lei de Introdução, que trata da ordem pública e lhe acrescenta os "bons costumes", diz que "alguma coisa existe de essencial à vida dos povos cultos no que diz respeito, mais diretamente, à moral, que fala mais profundamente ao nosso sentimento de respeito à sociedade e à dignidade humana. Poder-se-ia dizer que os bons costumes estão incluídos na ordem pública, mas é inegável que as duas noções se completam". O Código Civil grego sintomaticamente qualifica a ordem pública como um desenvolvimento dos bons costumes ao dispor em seu art. 33 que "une disposition de droit étranger n'est pas applicable, si son application se heurte aux bonnes moeurs ou, en général, à l'ordre public".

[7] Cour Internationale de Justice – Recueil des Arrêts, Avis Consultatifs et Ordonnances, 1958, p. 90. Diz ainda o internacionalista inglês: "... ordre public must be regarded as a general principle of law in the field of private international law. If that is so, then it may not improperly be considered to be a general principle of law in the sense of Article 38 of the Statute of the Court". Cour Internationale de Justice – Recueil des Arrêts, Avis Consultatifs et Ordonnances, 1958, p. 92.

O Código Bustamante, em seu art. 3º, classifica as leis e regras vigentes em cada Estado em três categorias: de ordem pública interna, de ordem pública internacional e voluntárias ou de ordem privada, inspirado nas teorias de Mancini sobre a ordem pública; em seu art. 4º, o código pan-americano dispõe que os *"preceitos constitucionais são de ordem pública internacional"*, representando a repercussão dos princípios sociopolíticos de cada Estado no seu Direito Internacional Privado.

## HISTÓRICO

A ideia precursora do princípio da ordem pública no Direito Internacional Privado pode ser encontrada em Bártolo, que distinguia os "estatutos odiosos" dos "estatutos favoráveis". Os primeiros não poderiam ter aplicação fora das cidades onde haviam sido promulgados.[8]

Modernamente, há divergência entre os autores sobre quem teria introduzido o princípio da ordem pública no DIP. A maioria das obras de nossa disciplina atribui a primazia a Savigny. Ocorre que a primeira edição de sua obra data de 1849, enquanto Joseph Story, em seus *Comentários sobre o Conflito das Leis*, publicado em 1834, já esboçara com clareza o princípio, que configura a repulsa do foro a leis que sejam incompatíveis com a "consciência da justiça e do dever".[9]

Story também alude à inexequibilidade de contratos firmados em jurisdição estrangeira que sejam inconsistentes com a "boa ordem e os sólidos interesses da sociedade" do foro.[10]

Na França, o princípio da ordem pública é deduzido do art. 3º, alínea I, do Código Civil: "As leis de polícia e de segurança obrigam todos os que habitam o território".

## CARACTERÍSTICAS DA ORDEM PÚBLICA

*Relatividade/Instabilidade* – Visto que o conceito da ordem pública emana da *mens populi*, compreende-se que seja relativo, instável, variando no tempo e no espaço. Assim como a noção de ordem pública não é idêntica de um país para outro, de uma região para outra, também não é estável, alterando-se ao sabor da evolução dos fenômenos sociais dentro de cada região.[11]

O divórcio foi uma das instituições com maior índice de relatividade quanto à sua conotação de ordem pública, refletindo-se na recusa da aplicação das normas estrangeiras divorcistas pelos países que não admitiam a instituição. A instabilidade da noção é bem exemplificada com a história do divórcio na França, onde foi admitido pela legislação revolucionária, confirmado no Código de Napoleão, de 1804, proibido por lei de 1816, e novamente admitido por legislação de 1884.

No Brasil, o divórcio era de tal forma rejeitado, que a indissolubilidade do matrimônio constou das Cartas de 1934, 1937, 1946 e 1967/69, o que só foi alterado em 1977, mediante Emenda à Constituição, seguida de lei ordinária.

---

[8] Vide Max Gutzwiller, Le Développement Historique du Droit International Privé, *Recueil des Cours* 39:334, 1929, sobre a origem romana do princípio de ordem pública.

[9] Joseph Story, *Comentários sobre el Conflicto de las Leyes*, 1891, v. I, p. 32-33.

[10] Joseph Story, *Comentários sobre el Conflicto de las Leyes*, 1891, v. I, p. 408. Foelix, *Traité du Droit International Privé*, 1856, v. I, p. 29, ao tratar da ordem pública refere-se ao trecho de STORY acima reproduzido e também a Tittman, que publicou sua obra em 1822.

[11] No dizer de Dickinson, *Administrative Justice and the Supremacy of Law in the United States*, p. 131, *apud* Benjamin Nathan Cardozo, *Selected Writings*, 1947, p. 288, "the contemporary view of public policy shifts with successive generations and what was once the goal of policy ceases in time to be so".

*Contemporaneidade* – A instabilidade do que possa ofender a ordem pública obriga o aplicador da lei a atentar para o estado da situação à época em que vai julgar a questão, sem considerar a mentalidade prevalente à época da ocorrência do fato ou ato jurídico. Assim, só se negará aplicação de uma lei estrangeira se esta for ofensiva à ordem pública do foro à época em que se vai decidir a questão, sem indagar qual teria sido a reação da ordem pública do foro à época em que se deu o ato jurídico ou a ocorrência *sub judice*.

Na medida em que a ordem pública tenha se alterado no sentido de maior liberalidade, todos os atos pretéritos realizados sob a égide de lei estrangeira diferente, quando o sistema jurídico do foro não a admitia, terão sua eficácia reconhecida, ante a modificação ocorrida na noção territorial da ordem pública.

Tomemos, por exemplo, o instituto da adoção que em cada país tem regras diversas quanto à idade mínima exigida para o adotante. No Brasil, segundo o art. 368 do Código Civil de 1916, só os maiores de 50 anos podiam adotar, limite alterado para 30 anos pela Lei nº 3.133, de 1957, para 21 anos pela Lei nº 8.069, de 1990, e reduzido para 18 anos pelo art. 1.618 do atual Código Civil brasileiro e pelo art. 42 do Estatuto da Criança e do Adolescente.

Em muitos países a exigência de idade é mais severa: na França, o art. 343 exigia um mínimo de 40 anos, alterado, por Lei de 1966, para 35 anos e, posteriormente, por uma lei de 1976, para 30 anos.

Seguindo a lição de Niboyet as limitações etárias na adoção constituem matéria de ordem pública, pelo que não se deve reconhecer eficácia a uma adoção realizada em outro país por pessoas com idade inferior ao limite estabelecido pela legislação francesa.[12]

Reporta-se o autor francês[13] a uma decisão da Corte de Paris, de 1936, a respeito de uma adoção realizada no exterior, por pessoa com idade inferior à exigida pelo Código francês, mas, que examinada pela Corte após a redução da idade mínima pela lei francesa, foi reconhecida.

No Brasil, a característica da contemporaneidade do impedimento da ordem pública foi bem demarcada pelo próprio legislador na Lei nº 6.515, de 26.12.1977, que instituiu o divórcio, como se pode verificar da sucessividade das regras legislativas e jurisprudenciais a respeito da matéria:

1. No regime original da Lei de Introdução não se reconheciam divórcios de brasileiros realizados no exterior, conforme determinado em seu art. 7º, § 6º.
2. A Jurisprudência pacificada da Suprema Corte homologava sentenças estrangeiras de divórcio que envolviam brasileiros, exclusivamente para "fins patrimoniais", ou seja, para valerem como desquite, num processo de adaptação. Mas a dissolução do vínculo matrimonial decorrente do divórcio de brasileiro decretado no exterior, mesmo em jurisdição competente, como na hipótese de brasileiro domiciliado no país estrangeiro, não era admitida entre nós por ofender a nossa ordem pública.
3. Com a Lei de 1977 alterou-se a redação do § 6º, do art. 7º, da Lei de Introdução, que em sua parte final, passou a admitir que os casos de divórcios pronunciados no exterior que obtiveram homologação parcial na Suprema Corte brasileira (homologação exclusiva para efeitos de desquite), sejam reexaminados "a fim de que passem a produzir todos os efeitos legais".
4. O divórcio obtido por brasileiro no exterior antes de 1977, quando isto atentava contra nossa ordem pública, obtém, agora, homologação plena para todos os efeitos,

---

[12] Niboyet, *Cours de Droit International Privé*, 1949, p. 503.
[13] Niboyet, *Cours de Droit International Privé*, 1949, p. 503.

respeitado o prazo estabelecido na Lei de Divórcio, norma reproduzida na nova redação dada ao art. 7º, § 6º, da Lei de Introdução, uma vez que, presentemente, nada de ofensivo se contém, em princípio, na dissolução do vínculo matrimonial. (Há que se atentar em matéria de prazo à Lei nº 8.408, de 13.02.1992, que modificou o prazo do art. 25 da Lei nº 6.515, de três para um ano, o que levou à Lei nº 12.036, de 1º.10.2009, alterando a redação do art. 7º, § 6º, da Lei de Introdução. Diante da Emenda Constitucional nº 66, de 13.07.2010, é de se esperar mais uma alteração do § 6º do art. 7º da Lei de Introdução, permitindo a homologação de sentença estrangeira de divórcio independentemente de decurso de qualquer prazo.). É a consagração da característica da contemporaneidade da ordem pública no Direito Internacional Privado.

A doutrina brasileira já previra a possibilidade de renovação de pedido de homologação de sentença estrangeira (que veio a ser consagrada pela reforma da redação do § 6º do art. 7º da Lei Introdutória) para quando desaparecesse a diversidade intrínseca entre a *lex fori* e a lei estrangeira, seja pela progressiva evolução da jurisprudência, seja através de uma reforma legislativa.[14]

Na França, a Corte de Cassação deixou caracterizada a contemporaneidade da ordem pública em julgamento ocorrido em 1976, relativo à obrigação alimentícia decorrente de sentença estrangeira em ação de investigação de paternidade (que durante muito tempo era rejeitada pela ordem pública francesa).[15]

A contemporaneidade age em ambos os sentidos, pois também se manifesta na situação inversa, ou seja, se o ato realizado no exterior era admissível no foro homologatório à época em que se deu, tornando-se mais tarde ofensivo à ordem pública local, não deverá ser reconhecido.

*Fator exógeno* – Durante muito tempo, entendeu-se que a lei estrangeira indicada pelas regras do DIP não deveria ser aplicada se a correspondente norma do direito interno fosse uma "lei de ordem pública". Haveria, segundo esta doutrina, leis internas substituíveis e outras, insubstituíveis.

Para distinguir umas das outras, o critério utilizado foi o de qualificar determinadas leis internas como obrigatórias (ou coativas, cogentes, mandamentais, proibitivas), e outras como supletivas (ou permissivas). Aquelas seriam as leis de ordem pública que não admitiriam sua substituição por normas estrangeiras, e estas passíveis de deslocamento pelo direito estrangeiro, sempre que assim indicado por uma regra de conexão do Direito Internacional Privado.

Esta doutrina foi materializada pelo Código Civil italiano de 1865 no art. 12 de suas Disposições Preliminares ao dispor que:

"As leis, atos e sentenças de países estrangeiros, bem como as convenções particulares não poderão, em caso algum, derrogar as *leis proibitivas* do reino que concernem às pessoas, às coisas e aos atos, nem leis referentes de qualquer modo à ordem pública e ao bom costume".

---

[14] Paulo Cezar Aragão, *Comentários ao Código de Processo Civil*, 1975, v. V, p. 232.

[15] "A compatibilidade de uma investigação de paternidade adulterina com a ordem pública internacional como concebida na França, deve ser examinada de acordo com a situação no dia em que o juiz francês vai decidir a homologação da sentença estrangeira, e não de acordo com a situação no dia em que foi proferida a decisão estrangeira". Vide o julgado e comentários ao mesmo no *Clunet*, 1977.504 e na *Revue*, 1977.749.

Na França, como já vimos, a disposição do art. 3º, I, do Código Civil, (*"as leis de polícia e de segurança obrigam todos os que habitam o território"*), foi interpretada e aplicada como a regra sobre a ordem pública com aplicação no campo interno e no campo internacional. Também neste dispositivo ficava patente que se tratava de incondicional observância de determinadas leis.

Savigny, no conhecido capítulo em que desenvolveu sua ideia da "comunidade de direito entre os diferentes povos", ressaltou a exceção das "leis de natureza positiva rigorosamente obrigatórias" para as quais não estendia a aplicação de sua teoria da comunidade internacional; também as denominava de "leis absolutas" para cuja aplicação "cada Estado deve ser considerado absolutamente isolado".

Savigny também falou nas *"instituições de um Estado estrangeiro cuja existência não é reconhecida pelo nosso direito e por consequência não podem pretender à proteção dos tribunais"*, que foi interpretada variavelmente, ou como mais uma faceta da ordem pública ou como a questão da "instituição desconhecida", mas a primeira qualificação, das leis absolutas, das leis de natureza obrigatória, esta foi aceita pelos autores como representando o princípio da ordem pública no Direito Internacional Privado.[16]

A doutrina passou a falar em leis territoriais, de "obrigação absoluta", que não podem ser excluídas pelas leis estrangeiras, explicando Despagnet que estas leis cogentes são as mesmas que as *"leis de natureza positiva rigorosamente obrigatórias"* de Savigny.[17] Fiore escreveu que *"todas as leis proibitivas contidas em nosso código devem ser consideradas leis de ordem pública"*.[18]

Asser fez a seguinte colocação:

"Certas regras concernentes ao estado e à capacidade têm caráter imperativo ou proibitivo, de sorte que qualquer direito estrangeiro divergente deve ser excluído, por motivos da moral pública e do interesse social".[19]

Valery dizia que as leis de ordem pública não são outra coisa senão as leis imperativas e proibitivas.[20]

Antoine Pillet escreveu que em Direito Internacional Privado há que se distinguir entre as leis que concernem e as leis que não concernem à ordem pública. Daí o esforço em que concorriam os autores europeus de enumerar e classificar as leis internas de natureza cogente, leis de ordem pública, insubstituíveis por leis de outra jurisdição.[21]

Foi Etienne Bartin quem divergiu da classificação das leis, assinalando que a mesma lei poderá às vezes ser caracterizada como de ordem pública e às vezes isto não ocorrerá.[22-23]

---

[16] Em curso proferido na Academia de Direito Internacional da Haia, em 2000, Jacob Dolinger, Evolution of Principles for Resolving Conflicts in the Field of Contracts and Torts, *Recueil des Cours 283*, 2000, analisou o binômio princípio/regra no direito em geral e no Direito Internacional Privado em particular.

[17] Clunet, 1889.17.

[18] Pasquale Fiore, *Le Droit International Privé*, 1890, v. I, p. 271.

[19] Tobias Asser, *Élements de Droit International Privé*, 1884, p. 59.

[20] Jules Valery, *Manuel de Droit International Privé*, 1914, p. 370.

[21] Antoine Pillet, De l'Ordre Public en Droit International Privé, 1890.

[22] Etienne Bartin, *Principes de Droit International Privé*, 1930, p. 259.

[23] Comentando essa tese de Bartin, assim escreveu Jacob Dolinger: "Determinada norma jurídica do foro será aplicada em substituição à norma do país A, indicada como competente por uma regra de conexão, por ser a lei deste país A chocante à ordem pública do foro, mas não será aplicada a mesma lei do foro quando invocada norma correspondente do país B, também diversa da lei local, mas que não lhe seja chocante. Assim, a norma do foro, na primeira hipótese foi aplicada em substituição à norma estrangeira

A norma jurídica territorial não é, basicamente, uma manifestação de ordem pública, sendo passível de substituição por norma jurídica estrangeira, desde que esta não fira a ordem pública do foro, ordem pública esta que é uma realidade externa, exógena a qualquer norma jurídica específica.

No Brasil, o Código Civil de 1916 estabelecia a capacidade jurídica aos 21 anos de idade, alterada para 18 anos pelo atual Código Civil. Mesmo no regime do Código de 1916, os domiciliados na França que, segundo a lei francesa adquiriam capacidade aos 18 anos, tinham este *status* reconhecido no Brasil por força do art. 7º da Lei de Introdução, que determina a regência da capacidade pela lei do domicílio da pessoa. Já a legislação de outro país que fixasse a maioridade aos 12 anos não seria aplicável no Brasil, mesmo para os domiciliados naquela jurisdição. Por quê? Não porque a norma brasileira de maioridade aos 21 anos fosse de ordem pública. Em absoluto. Se assim fosse, não poderíamos aplicar a lei francesa. A recusa na segunda hipótese se daria porque à ordem pública brasileira chocava – como choca – reconhecer capacidade jurídica a uma criança de 12 anos de idade, mas considerava perfeitamente aceitável reconhecer capacidade jurídica a um jovem de 18 anos de idade, mesmo quando nossa lei exigia a idade de 21 anos para adquirir o *status* de maior e capaz. Esta distinção entre o jovem de 18 anos e o menino de 12 anos não consta de regra jurídica alguma, mas está ínsita na mentalidade, no espírito, na filosofia dos brasileiros.

Por isso Jacob Dolinger registrou que "*as leis não são de ordem pública, isto é, a ordem pública não é um fator imanente à norma jurídica. Esta pode ser imperativa, proibitiva, ter caráter obrigatório, ius cogens, mas a característica da ordem pública é exógena*".[24]

Em suma, a ordem pública no DIP significa deixar de aplicar lei estrangeira quando esta for chocante, e não simplesmente quando a lei estrangeira for diferente da lei local. Como já se viu, o DIP envolve como regra a aplicação de lei estrangeira, que geralmente será diferente da lei local. Essa diferença entre as legislações é consequência da diversidade de jurisdições e não pode levar necessariamente à aplicação do óbice da ordem pública.

## OS TRÊS NÍVEIS DA ORDEM PÚBLICA

Encontramos na doutrina a dicotomia de ordem pública interna e ordem pública internacional, a primeira no plano do direito interno, correspondente ao princípio que neutraliza a vontade das partes manifestada contra leis cogentes, e a segunda, no plano de Direito Internacional Privado, que impede a aplicação de leis de outros Estados ou reconhecimento de sentenças estrangeiras, quando atentatórias à ordem jurídica, moral ou econômica do foro.

---

competente, por ser esta atentatória à ordem pública, enquanto na segunda hipótese não foi aplicada a norma do foro, permitindo-se a aplicação da lei do país B, por nada ter de atentatório, apesar de conter norma diferente". Jacob Dolinger, *A Evolução da Ordem Pública no Direito Internacional Privado*, 1979, p. 15-16.

[24] Jacob Dolinger, *A Evolução da Ordem Pública no Direito Internacional Privado*, 1979, p. 40. O STF muitas vezes adotou um critério muito rigoroso em matéria de ordem pública, inadmitindo homologar sentença estrangeira em que o réu, domiciliado no Brasil, tivesse sido citado por outra forma que não a de nosso sistema processual. A Lei nº 9.307, de 1996, que modernizou o instituto da arbitragem, cuidou desta questão ao dispor no art. 39, parágrafo único, que "não será considerada ofensa à ordem pública nacional a efetivação da citação da parte residente ou domiciliada no Brasil, nos moldes da convenção ou da lei processual do país onde se realizou a arbitragem, admitindo-se, inclusive, a citação postal como prova inequívoca de recebimento, desde que assegure à parte brasileira tempo hábil para o exercício do direito de defesa".

Essa dicotomia foi sugerida por Paolo Esperson, na Itália, e por Charles Brocher, na França, importantes autores de DIP do século XIX, e seguida por vários outros autores (Franz Despagnet, André Weiss, Etienne Bartin e René Foignet). André Weiss sustentava que há duas ordens públicas, perfeitamente distintas.[25] Outra forma de distinguir entre uma e outra é contrapor ordem pública absoluta da ordem pública relativa, que corresponderiam à interna e à internacional, respectivamente.

Com Antoine Pillet a dicotomia passa a ser criticada, demonstrando este autor, que pontificou nos séculos XIX e XX, que só há uma ordem pública em cada país, a ordem pública que tem por finalidade, em última análise, proteger a segurança, a conservação do Estado e que tem seus efeitos refletidos no campo do direito interno e no das relações privadas internacionais.[26] A teoria dicotômica de Brocher volta a ser advogada por outros autores, como Machado Villela.[27]

Henri Batiffol manteve aceso o combate à noção de duas ordens públicas, sustentando que a ordem pública é uma, com duas aplicações diferentes, cabendo, tão somente, distinguir entre a incidência da ordem pública no campo do direito interno e no campo do Direito Internacional Privado.[28]

A doutrina brasileira ficou dividida. Rodrigo Otávio,[29] Clóvis Beviláqua,[30] Eduardo Espínola,[31] Haroldo Valladão[32] e Irineu Strenger[33] aderem à distinção das duas ordens públicas de Brocher.

Outra corrente, que rejeita a dicotomia, é composta por Oscar Tenório,[34] Wilson de Souza Campos Batalha,[35] Gama e Silva,[36] João de Oliveira Filho[37] e Elmo Pilla Ribeiro.[38]

Dois autores brasileiros foram especialmente felizes na colocação deste aspecto da ordem pública: Luiz Araújo Corrêa de Brito e Amilcar de Castro. O primeiro, depois de apresentar as escolas favorável e contrária à dicotomia, pergunta: "Com quem a razão?". E responde que a fonte de que promana a ordem pública é sempre nacional, podendo haver duplicidade de efeitos, assim resumindo sua posição:

---

[25] André Weiss, *Traité Théorique et Pratique de Droit International Privé*, 1913, v. III, p. 97.
[26] Antoine Pillet, *Mélanges Antoine Pillet*, v. I, p. 449, onde escreve: "il est impossible de concevoir deux ordres publics différents (...) en matière internationale même, l'ordre public est toujours essentiellement nationale: c'est donc à tort que l'on parle d'ordre public international. L'expression est vicieuse car il n'existe pas d'ordre public international". No mesmo sentido, em *Principes de Droit International Privé*, à p. 395.
[27] Álvaro da Costa Machado Villela, *Tratado Elementar Teórico e Prático de Direito Internacional Privado*, 1921, v. II, p. 397-401.
[28] Henri Batiffol e Paul Lagarde, *Droit International Privé*, 1983, v. I, p. 424, distinguem "*ordre public au sens du droit international privé*" da "*ordre public au sens du droit civil interne*".
[29] Rodrigo Octávio, *Dicionário de Direito Internacional Privado*, 1933, p. 249.
[30] Clóvis Beviláqua, *Princípios Elementares de Direito Internacional Privado*, 1897, p. 107-110.
[31] Eduardo Espínola, *Elementos de Direito Internacional Privado*, 1925, p. 339-342; Eduardo Espínola e Eduardo Espínola Filho, *Do Direito Internacional Privado Brasileiro*, 1941, p. 584-549; e Eduardo Espínola, *Lei de Introdução ao Código Civil Brasileiro Comentada*, 1944, p. 504-507 e 521.
[32] Haroldo Valladão, *Direito Internacional Privado*, 1980, v. I, p. 491.
[33] Irineu Strenger, *Curso de Direito Internacional Privado*, 1996, p. 515.
[34] Oscar Tenório, *Lei de Introdução ao Código Civil Brasileiro*, 1955, p. 452.
[35] Wilson de Souza Campos Batalha, *Tratado Elementar de Direito Internacional Privado*, 1961, v. II, p. 439-440.
[36] Luiz Antônio da Gama e Silva, *A Ordem Pública em Direito Internacional Privado*, 1944, p. 182 e ss.
[37] João de Oliveira Filho, *Do Conceito da Ordem Pública*, 1934, p. 67.
[38] Elmo Pilla Ribeiro, *O Princípio da Ordem Pública em Direito Internacional Privado*, 1966, p. 72-73.

"Uma e única, com relação à fonte geradora ou ao órgão elaborador; dual ou dupla, no que tange aos efeitos de sua aplicação ou incidência".[39]

E o mestre de Belo Horizonte explica que Brocher *"percebeu e não soube articular"* que a ordem pública pode ser ameaçada por atividade desenvolvida exclusivamente na jurisdição local como também pode ser ameaçada por leis, atos e sentenças provindos de outro país.[40]

Em seu estudo sobre o tema, o primeiro autor explica que o princípio da ordem pública tem aplicação em três níveis, que seguem uma gradação decrescente na incidência da sua aplicação.[41]

No seu primeiro nível, a ordem pública funciona no plano do direito interno para garantir o império de determinadas regras jurídicas, impedindo que sua observância seja derrogada pela vontade das partes. São, dentre outras, as leis de proteção às crianças, aos incapazes, à família, à economia nacional e a outros institutos civis e comerciais, que constituem, de certa forma, a publicização do direito privado.[42]

O segundo nível do funcionamento da ordem pública é mais restrito: trata do impedimento à aplicação de leis estrangeiras indicadas pelas regras de conexão do DIP (aplicação direta da lei estrangeira pelo juiz nacional). Não é toda lei local, cogente, das que não podem ser derrogadas pela vontade das partes no plano interno, que não poderá ser substituída por lei estrangeira, diversa, no plano do Direito Internacional Privado. Assim, uma criança de 16 anos de idade não poderá, no plano interno do direito brasileiro, renunciar, por sua vontade, à proteção do legislador que o considera relativamente incapaz, por ser esta uma questão de ordem pública. Mas no plano internacional, se for indicada por uma regra de conexão a aplicação de lei estrangeira que considera um jovem de 16 anos capaz, aceitá-la-emos e aplicá--la-emos, sem preocupações ligadas à ordem pública.

A norma estrangeira, indicada pelo DIP, deverá chocar a nossa ordem pública de forma mais grave para que sua aplicação seja rejeitada.[43] É a hipótese, já referida, da lei estrangeira

---

[39] Luiz Araújo Corrêa de Brito, *Do Limite à Exterritorialidade do Direito Estrangeiro no Código Civil Brasileiro*, 1952, p. 118-119.

[40] Sintetiza com a clareza do processualista: "A ordem social ou ordem pública é una e indivisível, mas como pode ser agredida de dois modos, por ataques provenientes de situações diversas, é sempre defendida por dois modos. A terminologia empregada por Brocher deu lugar a supor-se haver duas espécies de ordem pública, quando isto é inconcebível. Diferença se encontra nos meios de defesa da ordem pública, não nesta em si mesma, que não pode deixar de ser uma só, sempre original, ímpar e indivisível". Amilcar de Castro, *Direito Internacional Privado*, 1977, p. 265.

[41] Jacob Dolinger, *A Evolução da Ordem Pública no Direito Internacional Privado*, 1979, p. 41.

[42] Exemplo da reserva de ordem pública no plano interno vem consubstanciado na Lei nº 6.649, de 16 de maio de 1979, que regeu a locação e que assim dispôs em seu art. 46: "São nulas de pleno direito as cláusulas no contrato de locação que visem a elidir os objetivos da presente lei e, nomeadamente, aquela que proíbe a sua prorrogação". Baseada, neste dispositivo, a 4ª Câmara do Tribunal de Alçada Cível do Estado do Rio de Janeiro assim julgou: "As despesas extraordinárias são de responsabilidade do locador e não podem ser atribuídas ao inquilino, sob alegação da existência de autonomia da vontade no contratar, eis que tal princípio está limitado pela ordem pública cujas normas são cogentes e gerais. São nulas as cláusulas que visem elidir os objetivos da Lei n. 6.649/79, *ex vi*, art. 46" (Apelação Cível nº 30.419, vide *Boletim Adcoas*, 1985, verbete 105.316). A Lei nº 8.245, de 18 de outubro de 1991, também sobre a locação de imóveis urbanos, em dispositivo mais amplo ainda, assim determinava no art. 45: "São nulas de pleno direito as cláusulas do contrato de locação que visem a elidir os objetivos da presente lei, notadamente as que proíbam a prorrogação prevista no art. 47, ou que afastem o direito à renovação, na hipótese do art. 51, ou que imponham obrigações pecuniárias para tanto".

[43] Nesse sentido, as recentes convenções internacionais relativas ao DIP, quando dispõem sobre a exceção à regra de conexão, aludem a normas "manifestamente incompatíveis com a ordem pública do foro".

que concede maioridade à pessoa de idade inferior, em nível totalmente inassimilável por nossa ordem jurídica.

Louis Lucas formula uma ilustração clara sobre o funcionamento da ordem pública no plano interno e no plano internacional, invocando a incapacidade da mulher casada então vigente no direito francês, norma protegida internamente como questão de ordem pública, eis que aplicável, sem qualquer possibilidade de escapatória, a toda mulher casada francesa, sendo, no entanto, admitido que uma mulher casada, estrangeira, fosse capaz na França se sua legislação pessoal assim a considerasse. Já a monogamia, exigida pela ordem pública francesa, repercute igualmente no plano internacional: seja francesa ou estrangeira, uma pessoa já casada não poderá contrair segundo matrimônio na França, mesmo que sua lei pessoal o permita.[44]

E o terceiro nível da intervenção da ordem pública se situa no reconhecimento de direitos adquiridos no exterior (aplicação indireta da lei estrangeira). Partindo da ilustração de Louis Lucas, e transferindo-a para o Brasil, onde, em matéria de casamento poligâmico, temos a mesma orientação que os franceses, pode-se prosseguir enunciando que, apesar de nossa ordem pública vedar a vida familiar poligâmica em nosso meio, poderemos reconhecer as suas consequências jurídicas, como, por exemplo, se a segunda esposa de um estrangeiro, com ele casada sob a égide de sistema jurídico que permite a poligamia, vir pleitear em nossa Justiça alimentos ou outros direitos que lhe sejam facultados por sua lei pessoal, estas pretensões lhe deverão ser reconhecidas por nossos tribunais.

Nosso sistema, que não admitiria aplicar a lei estrangeira para permitir a celebração de núpcias bígamas em nosso meio, não se oporá a conceder certos direitos decorrentes deste tipo de casamento, celebrado no exterior.

A ordem pública neste terceiro nível funcionaria, contudo, para impedir que o bígamo que para nosso país imigrou com uma de suas esposas, para cá trouxesse, para viver em sua companhia, sua outra esposa. Aí não daremos guarida a direitos adquiridos, pois seria gravissimamente chocante à nossa ordem pública, permitir vivesse em nosso meio uma família polígama.[45]

Outra manifestação do funcionamento da ordem pública no terceiro nível é a da sentença estrangeira baseada em lei que nossos tribunais não aplicariam, mas que, prolatada por corte alienígena, poderá ser homologada e executada em nosso país. A ilustração mais conhecida é a do divórcio de nacionais de países divorcistas, decisão que não podia ser tomada por nossas cortes antes de 1977, mas que, uma vez proferido por tribunal estrangeiro, era homologado por nossa Suprema Corte.[46]

---

[44] Louis Lucas, Remarques sur l'Ordre Public, *Revue*, 1933.392/442.

[45] Registre-se, todavia, que em 1980 o *Conseil d'Etat* francês confirmou sentença do Tribunal Administrativo de Versailles, concessiva de *sursis* para anular os efeitos de ordem do prefeito de Essone que decretara a expulsão do país da segunda esposa e filhos de M. Montcho, originário de Bénin que já vivia naquele município com sua outra esposa. Vide *Revue*, 1981.658, e *Clunet*, 1981.272. Também no Brasil, auscultada a geração mais jovem, nota-se uma tendência para tolerar a vinda para nosso país da segunda esposa do muçulmano que aqui já vive com sua primeira esposa. A relatividade da ordem pública no tempo poderá, eventualmente, modificar o alcance da ordem pública neste campo das relações familiares.

[46] Na França esta posição foi adotada pela Cassação no acórdão *Rivière*, em 1953: tratava-se de um divórcio pronunciado no exterior de acordo com lei estrangeira que admitia o divórcio por consentimento mútuo; tal divórcio não seria pronunciado na França, e a lei estrangeira seria considerada contrária à ordem pública, mas o efeito da ordem pública se atenua quando se trata de reconhecer a sentença de divórcio prolatada em outro país. Diz a ementa: "En effet, la réaction à l'encontre d'une disposition contraire à l'ordre public n'est pas la même suivant qu'elle met obstacle à l'acquisition d'un droit en France ou suivant qu'il s'agit de laisser se produire en France les effets d'un droit acquis, sans fraude, à l'étranger et en

Por outro lado, determinadas sentenças estrangeiras não merecerão a homologação por conter dispositivo tão chocante à nossa ordem pública que não devem produzir efeitos em nossa sociedade. Pode ocorrer hipótese em que tão somente parte da sentença estrangeira ofenderá nossa ordem pública, sendo excluída da decisão homologatória.[47]

Na França, durante muitos anos, incluiu-se nessa situação (violação à ordem pública de 3º nível) a hipótese de maternidade por substituição, ainda que decorrida de situação constituída em país onde se lhe reconhece validade. A Corte de Cassação francesa reiteradamente se recusava a conferir efeitos, na França, a acordos dessa natureza celebrados no exterior.[48] Em 2015, todavia, a Corte de Cassação admitiu o registro da nacionalidade francesa de crianças nascidas nessas circunstâncias no exterior, desde que filhas de francês.[49] Em decisões de 2020, a Corte admitiu a adoção, na França, de criança assim nascida, desde que as regras do direito estrangeiro tenham sido respeitadas, e, posteriormente, passou a admitir o registro completo da criança na França, desde que o procedimento tenha sido realizado com base na lei estrangeira.[50]

Estas distinções sobre o recurso à exceção da ordem pública devem orientar a interpretação do art. 17 da Lei de Introdução, que reza:

"As leis, atos e sentenças, de outro país, bem como quaisquer declarações de vontade, não terão eficácia no Brasil, quando ofenderem a soberania nacional, a ordem pública e os bons costumes".

Nesta regra básica estão inseridas duas normas que correspondem aos dois níveis em que se aplica o princípio da ordem pública no plano do Direito Internacional Privado.

A primeira norma contida no dispositivo se refere às leis estrangeiras que, se chocantes à nossa ordem pública, não serão aplicadas no Brasil, e a segunda norma se refere aos atos, sentenças e declarações de vontade que, quando já consumados no exterior, também não terão eficácia no Brasil se ofenderem nossa ordem pública, mas aí em grau mais grave do que na hipótese da aplicação das leis.

Há que se apontar para uma distinção importante entre os efeitos da ordem pública no plano interno e no plano internacional. Não há em nossa legislação civil regra expressa sobre

---

conformité de la loi ayant compétence en vertu du droit international privé français". *Revue*, 1953.412, *Clunet*, 1953.860. A doutrina francesa explica que há dois fatores que explicam a diferença entre aplicar a lei estrangeira e reconhecer a sentença estrangeira, amenizando neste último o efeito da ordem pública: o tempo, porque se trata de um direito já adquirido mediante a decisão estrangeira, e o espaço, porque a situação se consolida no estrangeiro.

[47] Na homologação da Sentença Estrangeira nº 1.118, acórdão publicado no *DJ* de 25 de fevereiro de 1950, p. 690, uma sentença da Suprema Corte de Nova York foi homologada, excluindo-se da homologação o disposto na sentença que proibia o cônjuge varão de celebrar novas núpcias em vida da divorciada, por ter sido culpado de adultério. Esta vedação, de caráter penal, não foi incluída na decisão homologatória com base em parecer do saudoso mestre José Carlos Mattos Peixoto. Vide Jacob Dolinger, *Casamento e Divórcio no Direito Internacional Privado*, 1997, p. 236.

[48] Decisão de 08.07.2010: "En l'état du droit positif il est contraire au principe de l'indisponibilité de l'état des personnes de faire produire effet, au regard de la filiation, à une convention portant sur la gestation pour autrui, qui, fût-elle licite à l'étranger, est nulle d'une nullité d'ordre public aux termes des articles 16-7 et 16-9 du code civil". No mesmo sentido, Caso 369, de 06.04.2011; Caso 370, de 06.04.2011; Caso 371, de 06.04.2011.

[49] Caso 619, de 03.07.2015.

[50] V. Laurence Gareil Sutter, GPA et adoption de l'enfant du conjoint: la Cour de cassation enfonce le clou, *Dalloz actualité*, 12.11.2020.

a inderrogabilidade de leis protegidas pelo princípio da ordem pública. Clóvis Beviláqua em seu Projeto, art. 14, dispusera que *"ninguém pode derrogar por convenção as leis que regulam a constituição da família, nem as que interessem à ordem pública e aos bons costumes"*, norma que não foi incluída no Código Civil. Já no Código Comercial temos o art. 129, que dispõe sobre a nulidade dos contratos comerciais que recaírem sobre objetos proibidos pela lei, ou cujo uso ou fim for manifestamente ofensivo da sã moral e bons costumes. O único dispositivo do Código Civil de 1916 que se aproxima da norma do Código Comercial é o art. 145, que considera nulo o ato jurídico quando ilícito ou impossível o seu objeto, sem referência, contudo à ordem pública.

Nosso legislador civil provavelmente considerou que não há necessidade de explicitar a proteção operada pela ordem pública. Esta, no plano do direito interno, pode permanecer oculta, irrevelada, no anonimato. Sua vigilância é uma questão tão manifesta, tão integrante do sistema jurídico que o legislador não precisa preocupar-se em consigná-la expressamente. Qualquer ofensa a uma lei, a uma instituição protegida pela ordem pública, será afetada na sua validade, ora anulável, ora nula.

Já no plano internacional a situação é diferente. Não temos como questionar a validade de uma lei, de um ato, de uma sentença estrangeira por ferirem nossa ordem pública. Esta não tem o condão de interferir na ordem jurídica estrangeira. Daí dispor o art. 17 da Lei de Introdução que os atos, as leis, as sentenças e as declarações de vontade oriundas do exterior, que ferirem nossa ordem pública, não terão *eficácia* no Brasil. Tão somente falta de eficácia local.

O Anteprojeto de Lei Geral de Aplicação de Normas Jurídicas, de autoria do Professor Haroldo Valladão, além de propor no art. 79 o princípio da ordem pública no Direito Internacional Privado, com a seguinte redação:

"as leis, atos ou sentenças de outro país, bem como quaisquer declarações de vontade ali formuladas, não terão eficácia no Brasil quando ofenderem a soberania nacional, a ordem pública, a equidade, a moral ou os bons costumes",

também previu no art. 12 o mesmo princípio para o plano do direito interno, dispondo que:

"não terão eficácia quaisquer declarações de vontade que visem a modificar a constituição da família ou que ofenderem a soberania nacional, a ordem pública, a equidade, a moral e os bons costumes",

norma esta que, segundo nosso entendimento, é supérflua, eis que no direito civil interno se prescinde de expressar legislativamente o princípio da ordem pública. Também entendemos criticável o art. 122 do atual Código Civil, que dispõe que *"são lícitas, em geral, todas as condições não contrárias à lei, à ordem pública ou aos bons costumes..."*.[51]

## APLICAÇÃO DA ORDEM PÚBLICA CONDICIONADA PELA PROXIMIDADE

Nos últimos anos, o princípio da ordem pública sofreu uma interessante integração com o princípio da proximidade: a intensidade da rejeição da lei estrangeira está na dependência de

---

[51] O art. 606 do atual Código Civil dispõe que não poderá ser cobrado serviço prestado por quem não tem habilitação para a atividade desempenhada, admitindo que o juiz atribua compensação razoável para quem tenha prestado o benefício de boa-fé e do qual tenha resultado benefício para a outra parte. No parágrafo único ficou excluída a aplicação deste dispositivo quando a proibição de prestação de serviço resultar de "lei de ordem pública".

quão próximas do foro as pessoas ou as situações jurídicas estejam situadas. Ilustração adequada é o caso da filiação. A Corte de Cassação francesa considerou que as leis dos países muçulmanos que vedam a investigação da paternidade não são, em princípio, contrárias à concepção francesa da ordem pública no plano internacional, mas que outro será o caso se a aplicação destas leis vier a privar uma criança francesa, ou residente habitualmente na França, do direito de estabelecer sua filiação, hipótese em que a ordem pública não permitirá este resultado.

A melhor demonstração deste cuidado está consubstanciada na lei belga de Direito Internacional Privado de 2004, em seu art. 21, que cuida do princípio da ordem pública, assim dispondo:

> "A aplicação de um dispositivo de direito estrangeiro designado pela presente lei será rejeitada na medida em que produza um efeito manifestamente incompatível com a ordem pública.
> 
> Esta incompatibilidade se examina tomando em consideração, principalmente, a intensidade da conexão da situação com a ordem jurídica belga e a gravidade do efeito que produziria a aplicação deste direito estrangeiro".[52]

## SUBSTITUIÇÃO DA *LEX CAUSAE* PELA *LEX FORI*

Verificada a inadmissibilidade da lei estrangeira e sua ineficácia no foro, por atentar contra a ordem pública, a consequência normal será aplicar a *lex fori*.

A recusa em aplicar a lei estrangeira e sua substituição pela lei local poderá ser de efeito negativo ou de efeito positivo.

O efeito negativo se dá quando a lei local proíbe aquilo que a lei estrangeira permite (divórcio, poligamia, investigação de paternidade adulterina, escravidão, juros acima de determinado limite etc.), resultando na inaplicabilidade da norma estrangeira permissiva.

O efeito positivo se dá nas hipóteses em que a lei estrangeira proíbe aquilo que a lei local não admite vedar (casamento inter-racial, casamento de clérigos, divórcio, alimentos entre certas relações de parentesco etc.). Nestes casos a ordem pública local exige que se conceda o direito ou a faculdade proibidos ou desconhecidos pela lei pessoal.

O Código Civil português, art. 22, contém solução ampla ao dispor:

> "1. Não são aplicáveis os preceitos da lei estrangeira indicados pela norma de conflitos, quando essa aplicação envolva ofensa dos princípios fundamentais da ordem pública internacional do Estado português. 2. São aplicáveis, neste caso, as normas mais apropriadas da legislação estrangeira competente ou, subsidiariamente, as regras do direito interno português".

A subsidiariedade aqui estabelecida é a técnica moderna do direito internacional privado, formulada em outras legislações internas e em convenções internacionais.

## O PAPEL DO JULGADOR

Caberá ao Juiz ou Tribunal decidir o que seja contrário à ordem pública. Os órgãos do Judiciário são soberanos para apreciar se a norma jurídica estrangeira que se pretende aplicar

---

[52] Vide sobre o entrelaçamento da proximidade e a ordem pública, Patrick Courbe, *Droit international privé*, p. 101-102. O autor invoca um acórdão da Cassação que julgou que a concepção francesa de ordem pública se opõe a que o casamento poligâmico contraído no exterior por quem ainda é cônjuge de uma francesa produza efeitos para ela. O fator determinante nesta decisão foi a nacionalidade francesa da primeira cônjuge. Vários julgamentos da Cassação francesa foram comentados e interpretados à luz desta nova concepção. Vide *Revue*, 2004.398 e 424.

em obediência à regra de conexão do DIP é, ou não, admissível no foro, se o ato realizado ou o contrato firmado no exterior pode, ou não, ter eficácia no ambiente local, se a sentença estrangeira que se deseja executar é, ou não, exequível.

Haverá uma natural tendência da magistratura de repelir a aplicação da lei estrangeira, substituindo-a pela *lex fori* mediante a invocação do princípio da ordem pública, o que poderá ocorrer por um sentimento chauvinista, ou até pelo desejo de simplificar e facilitar a decisão de uma matéria, submetendo-a à lei local, por todos mais conhecida.

A esse respeito, Oscar Tenório escreveu que *"os juristas e magistrados 'sabem' a que corresponde a ordem pública"*, acrescentando que *"a jurisprudência, tão tumultuária em outros domínios do Direito Internacional Privado, segue relativa uniformidade na aplicação do preceito"*.[53]

## LEGISLAÇÃO NACIONAL E ESTRANGEIRA

A regra da ordem pública no plano do Direito Internacional Privado está contida no art. 17 da Lei de Introdução, já transcrita, regra que já constava na Introdução do Código de 1916.[54]

Entendemos que a correta interpretação deste dispositivo é de que *"as leis, atos e sentenças de outro país"* referem-se à legislação estrangeira, aos atos emanados de algum poder constituído em país estrangeiro (como diz a lei italiana, art. 31, *"gli atti di uno Stato estero"*), ou seja, ato governamental, ato de qualquer poder delegado pelo governo e as sentenças são autoexplicáveis; as declarações de vontade se referem a atos de particulares, como os contratos realizados no exterior. Todos estes *"não terão eficácia no Brasil quando ofenderem a soberania nacional, a ordem pública e os bons costumes"*.

A "soberania nacional" para uns é supérflua[55] e para outros corresponde ao conjunto das leis de direito público,[56] ou visa à ordem pública de natureza política, do direito público e constitucional brasileiro,[57] lembrando Espínola que o art. 4º do Código Bustamante proclama que *"os preceitos constitucionais são de ordem pública internacional"*.

Amilcar de Castro critica a redação do art. 17, que poderia ter se limitado à ordem pública, sendo supérfluos tanto a "soberania nacional" como os "bons costumes".[58]

Beviláqua entendia que a expressão "bons costumes" veio acrescentar aos princípios jurídicos contidos na "ordem pública" aqueles outros inspirados na moral.[59] Essa posição coincide com a dos ingleses que consideram a ordem pública correspondente à *"fundamen-*

---

[53] Oscar Tenório, *Direito Internacional Privado*, 1976, v. I, p. 321.
[54] A "Nova Consolidação das Leis Civis" de Carlos de Carvalho dispunha no art. 25, alínea 3, que "em todo caso nenhuma disposição prevalecerá contra as leis rigorosamente obrigatórias fundadas em motivos de ordem pública, as proibitivas e as da moral". O "Esboço" de Teixeira de Freitas, art. 5º, estabelecia: "Não serão aplicadas as leis estrangeiras: 1º quando sua aplicação se opuser ao direito público e criminal do Império, à religião do Estado, tolerância dos cultos e à moral e bons costumes". Dispunha antiga lei processual, o Decreto nº 6.982, de 27.07.1882, ao versar a homologação das sentenças estrangeiras, que não se daria a homologação se a mesma contraviesse à soberania nacional, às "leis rigorosamente obrigatórias, fundadas em motivos de ordem pública".
[55] A. Sampaio Dória, *Problemas de Direito Público*, 1919, p. 348.
[56] Rodrigo Octávio, *Direito Internacional Privado*, 1942, p. 152.
[57] Eduardo Espínola, *Lei de Introdução ao Código Civil Brasileiro Comentada*, 1944, p. 520.
[58] Amilcar de Castro, *Direito Internacional Privado*, 1977, p. 278.
[59] Clóvis Beviláqua, *Princípios Elementares de Direito Internacional Privado*, 1897, p. 114.

*tal conceptions of English justice*" – os conceitos fundamentais da justiça inglesa – e os bons costumes são por eles denominados de "*conceptions of morality*" – conceitos de moralidade.[60]

Oscar Tenório não aceitou a ideia de vincular a ordem pública ao direito natural, elaborando a distinção entre este, que constitui um corretivo à lei positiva, um princípio geral e comum, e a ordem pública que é "*a expressão de desigualdades profundas, de incompatibilidades inacomodáveis*".[61]

Além da Lei de Introdução, encontramos referência expressa à ordem pública ligada ao direito internacional na legislação processual e na legislação aeronáutica.

O Código Processual de 1939, ao tratar da homologação da sentença estrangeira, ressalvava em seu art. 792, "*aquelas que contiverem decisão contrária à soberania nacional, à ordem pública ou aos bons costumes*", redação melhor do que a da Lei de Introdução, pois está clara a ideia de que se trata de qualquer um dos três fenômenos pela conjunção "ou" e não "e" como consta na lei introdutória, que poderia dar a ideia, errônea, de só terem sido ressalvadas hipóteses em que ocorresse ofensa tanto à soberania nacional como à ordem pública e aos bons costumes.

O Código de Processo Civil de 1973 remetia a matéria ao Regimento Interno do STF. A disciplina da matéria já foi objeto do regimento interno do STF, da Resolução nº 9 do STJ e, por fim, do regimento interno do STJ. O art. 963 do CPC de 2015, na linha das disposições anteriores, traz a seguinte previsão: "*Constituem requisitos indispensáveis à homologação da decisão: (...) VI – não conter manifesta ofensa à ordem pública*".

Norma curiosa a contida no art. 7º do Código Brasileiro do Ar (Decreto-lei nº 32, de 1966), que previa:

"São de ordem pública internacional as normas que vedam no contrato de transporte aéreo, cláusulas que exonerem de responsabilidade o transportador, estabeleçam limite inferior ao fixado neste Código ou prescrevam outro foro que não o do lugar do destino para as respectivas ações".

A autoclassificação de uma norma legal como de ordem pública internacional é destituída de boa técnica jurídica, eis que a ordem pública não é fenômeno endógeno, como já vimos, mas representa valores que pairam sobre as leis, a elas exógeno.

As modernas leis de DIP contêm normas sobre a ordem pública em que excepcionam a aplicação do direito estrangeiro que normalmente seria aplicável. Vejamos algumas das mais importantes legislações dos recentes tempos sobre o conflito das leis.

---

[60] Vide G. C. Cheshire, *Private International Law*, 1965, p. 137-138. Ficou famosa a expressão do magistrado americano Benjamin Nathan Cardozo ao julgar na corte de Nova York, em 1918, o caso *Loucks v. Standard Oil Co. of New* York nos seguintes termos: "The courts are not free to refuse to enforce a foreign right at the pleasure of the judges, to suit the individual notion of expediency or fairness. They do not close their doors unless help could violate some fundamental principle of justice, some prevalent conception of good morals, some deep-rooted tradition of the common weal". A legislação novaiorquina (Uniform Act – N.Y. C.P.L.R. 5.304 (b) (4)) estabelece que uma decisão estrangeira não precisa ser homologada "se a causa é repugnante à ordem pública deste estado". Em decisão de corte novaiorquina de 2007, foi entendido que "the finding that a judgment is repugnant to the state's public policy is a high one, and the inquiry rarely results in refusal to enforce a judgment unless it is inherently vicious, wicked or immoral and shocking to the prevailing moral sense". The International Lawyer, 2008.445.

[61] Oscar Tenório, *Lei de Introdução ao Código Civil Brasileiro*, 1955, p. 278.

"Uma norma jurídica de outro Estado não será aplicada se sua aplicação levar a um resultado manifestamente incompatível com princípios essenciais do direito alemão, principalmente se tal norma for incompatível com direitos fundamentais" (Revisão da Lei de Direito Internacional Privado Alemã de 1986, art. 6º).

"A aplicação de direito estrangeiro será excluída se levar a um resultado que seja incompatível com a ordem pública suíça" (Lei de Direito Internacional Privado da Suíça, 1987, art. 17).

"A lei estrangeira não será aplicada se seus efeitos são contrários à ordem pública" (Disposições sobre a Lei em Geral, lei italiana de 1995, art. 16).

"As disposições do direito estrangeiro, aplicáveis na conformidade da presente lei, só poderão ser afastadas se sua aplicação produzir resultados manifestamente incompatíveis com os princípios essenciais da ordem pública venezuelana" (Lei de Direito Internacional Privado venezuelana de 1998, art. 8º).

"A aplicação de uma disposição do direito estrangeiro designada pela presente lei será afastada na medida em que ele produziria um efeito manifestamente incompatível com a ordem pública" (Lei belga de Direito Internacional Privado de 2004, art. 21).

"Quando a aplicação da lei estrangeira ocasionar atentado aos interesses sociais e públicos da República Popular da China, a lei da República Popular da China será aplicada (Lei de Direito Internacional Privado da China de 2010, art. 5º).

"Uma lei estrangeira não é aplicada na medida em que sua aplicação é manifestamente incompatível com a ordem pública" (Código Civil holandês, Livro 10, art. 6º).

"As disposições de direito estrangeiro aplicáveis devem ser excluídas quando conduzirem a soluções incompatíveis com os princípios fundamentais de ordem pública que inspiram o ordenamento jurídico argentino" (Código Civil argentino de 2014, art. 2.600).

A "manifesta incompatibilidade" entre a lei estrangeira e a ordem pública do foro constitui a fórmula modernamente aplicada pelas Convenções da Haia. As Convenções da CIDIP têm utilizado a fórmula "manifestamente contrária".

## PROJETOS PARA SUBSTITUIÇÃO DA LEI DE INTRODUÇÃO

I. O Projeto Haroldo Valladão, como já vimos acima, previa a seguinte norma no art. 79:

"As leis, atos e sentenças de outro país, bem como quaisquer declarações de vontade ali formuladas, não terão eficácia no Brasil quando ofenderem a soberania nacional, a ordem pública, a equidade, a moral ou os bons costumes".

II. O Projeto de Lei nº 4.905 sobre uma lei geral de aplicação das normas jurídicas, de 1995, propunha em seu art. 19 a seguinte norma:

"As leis, atos públicos e privados, bem como as sentenças de outro país, não terão eficácia no Brasil se forem manifestamente contrários à ordem pública brasileira".

Lê-se na Exposição de Motivos o seguinte:

"O art. 19 do projeto impede que as leis, atos públicos e privados, bem como as sentenças de outro país, tenham eficácia no Brasil se forem manifestamente contrários à ordem pública brasileira, visto que o mais importante princípio do Direito Internacional Privado, tanto nas fontes internas, como nos diplomas internacionais, é a ordem pública, regra de controle que impede a aplicação de leis, atos e sentenças estrangeiras, se ferirem a sensibilidade jurídica ou moral, ou ainda os interesses econômicos do País. Qualquer lei que deva ser aplicada, qualquer sentença que deva ser homologada, qualquer ato jurídico que deva ser reconhecido, deixarão de sê-lo se repugnarem os princípios fundamentais do direito, da moral e da economia do foro".

III. O Projeto lei n. 269 apresentado à Câmara Alta pelo Senador Pedro Simon assim dispõe em seu art. 20:

"As leis, atos públicos e privados, bem como as sentenças de outro país, não terão eficácia no Brasil se forem contrários à ordem pública brasileira".

Este projeto retirou o termo "manifestamente" constante no anterior. A Exposição de Motivos seguiu à risca os termos da justificação apresentada para o Projeto nº 4.905.

## TRATADOS E CONVENÇÕES

O Tratado de Lima de 1878 dispõe em seu art. 54, "*as leis, sentenças, contratos e demais atos jurídicos que se hajam originado em país estrangeiro somente se observarão na República quando não sejam incompatíveis com a Constituição Política, com as leis de ordem pública ou com os bons costumes*".

Nos Protocolos Adicionais sobre Aplicação das Leis Estrangeiras, aprovados em 1889 e em 1940 em Montevidéu, dispõe o art. 4º que "*las leyes de los demás Estados jamás serán aplicadas contra instituciones políticas, las leyes de orden público o las buenas costumbres del lugar del proceso*".

Em geral todos os diplomas internacionais de direito internacional privado contêm uma ressalva sobre a ordem pública. Tomemos como exemplo a Convenção da Haia de 1955 para Regular os Conflitos entre a Lei Nacional e a Lei do Domicílio, cujo art. 6º dispõe:

"Em cada um dos Estados contratantes a aplicação da lei determinada pela presente Convenção pode ser evitada por um motivo de ordem pública".[62]

Todas as Convenções Interamericanas aprovadas na Conferência do Panamá em 1975, de Montevidéu em 1979, de La Paz em 1984, novamente de Montevidéu em 1989 e do México em 1994 contêm a ressalva da ordem pública.[63]

Exemplificativamente, a Convenção Interamericana sobre Regras Gerais de Direito Internacional Privado, Montevidéu 1979, dispõe no art. 5º:

"a lei declarada aplicável por uma convenção de Direito Internacional Privado poderá não ser aplicada no território de um Estado signatário que a considere manifestamente contrária aos princípios de sua ordem pública".

---

[62] Só em convenções posteriores a Conferência da Haia adotou a fórmula "manifesta incompatibilidade" a que aludimos acima.
[63] A CIDIP VI, realizada no ano de 2002 em Washington, aprovou uma lei modelo para "*secured transactions*" e a *Inter-American Uniform Through Bill of Lading for the International Carriage of Goods by Road*". Não foi aprovada convenção sobre lei aplicável em que coubesse incluir a restrição baseada no princípio da ordem pública.

A Convenção de Roma, de 1980, sobre a Lei Aplicável às Obrigações Contratuais, projetada pela Comunidade Econômica Europeia, estabelece em seu art. 16:

"a aplicação de uma regra da lei de qualquer país indicado por esta Convenção só pode ser recusada se esta aplicação for manifestamente incompatível com a ordem pública do foro".[64]

Posteriormente, o art. 21 Regulamento 593/2008 (Roma I) passou a cuidar da questão, nos seguintes termos:

"A aplicação de uma disposição da lei de um país designada pelo presente regulamento só pode ser afastada se essa aplicação for manifestamente incompatível com a ordem pública do foro".

## APLICAÇÕES VELADAS DO PRINCÍPIO DA ORDEM PÚBLICA

No passado, o princípio da ordem pública inseriu-se em algumas normas específicas do Direito Internacional Privado, principalmente em matéria de direito matrimonial.

A Convenção da Haia de 1902, para Regular os Conflitos de Leis em Matéria de Casamento, dispõe em seu art. 5º, alínea 2, que "*os países cuja legislação exige uma celebração religiosa poderão deixar de reconhecer como válidos os casamentos contraídos por seus nacionais no estrangeiro, com inobservância deste preceito*", exceção ao princípio do *caput* de que o casamento celebrado segundo as leis do país onde efetuado será reconhecido como válido quanto à forma, em toda a parte. Era o princípio da ordem pública inspirado em motivos religiosos.

A mesma Convenção, em seu art. 7º, dispõe que "*o casamento nulo quanto à forma no país onde tiver sido celebrado, poderá contudo ser reconhecido como válido nos demais países, se tiver sido observada a forma prescrita pela lei nacional de cada uma das partes*", que também pode ser entendido como uma manifestação de efeito positivo da ordem pública no plano internacional, no momento ou posteriormente, quando da transcrição no Brasil.

No DIP brasileiro o § 1º do art. 7º exige a aplicação da lei brasileira para as formalidades de celebração de casamento realizado no Brasil, a despeito da facultatividade da regra geral de *locus regit actum*: as formalidades da celebração de casamento obedecerão obrigatoriamente à *lex celebrationis*. Esta é uma manifestação do princípio da ordem pública brasileira no campo do Direito Internacional Privado, visando à proteção e à segurança do ato nupcial.

O mesmo fenômeno vamos encontrar em matéria de impedimentos matrimoniais. Apesar da regra geral do art. 7º quanto à regência da capacidade pela lei do domicílio da pessoa, no que tange à capacidade matrimonial, deverão ser respeitados não somente os impedimentos da lei pessoal dos nubentes, mas também os da *lex celebrationis*, ainda por força da regra contida no § 1º do mesmo artigo.

No polo oposto do direito matrimonial, relativo à questão do divórcio, a Lei de Introdução, antes do advento da Lei de 1977, consagrava o princípio da ordem pública no plano

---

[64] Note-se a diferença de redação entre a convenção interamericana, que se refere à possibilidade de *a lei* estrangeira ser considerada contrária à ordem pública do foro, e a convenção de Roma, que fala na possibilidade de a *aplicação da lei* estrangeira ser contrária à ordem pública do foro. Aliás, as demais convenções da CIDIP, no dispositivo relativo à ordem pública, também se referem à *lei*, enquanto as convenções da Haia aludem à *aplicação* da lei estrangeira. Vide Helene Gaudemet Tallon. "Le nouveau droit international privé européen des contrats (Commentaire de la convention C.E.E, nº 80/394 sur la loi applicable aux obligations contractuelles, ouverte à la signature à Rome le 19 juin 1980)", *Revue Trimestrielle du Droit Européen*, 1981, p. 258, em que fala da contrariedade à ordem pública *in abstracto* (a lei) e contrariedade *in concreto* (a aplicação da lei).

internacional no § 6º do art. 7º, excepcionando novamente a regra domiciliar para declarar que *"não será reconhecido no Brasil o divórcio se os cônjuges forem brasileiros".*

A Lei de Introdução passou do princípio nacional, que regia o DIP brasileiro até 1942, para o princípio domiciliar, mas no que concerne ao divórcio, por considerá-lo questão de ordem pública, não admitiu que brasileiros domiciliados no exterior que ali tivessem se divorciado, obtivessem o reconhecimento da dissolução do vínculo no Brasil.

Ao longo do estudo das instituições jurídicas no plano internacional vai-se detectando a efetivação do princípio da ordem pública na sua obra de impedir, às vezes total, às vezes parcialmente, a aplicação de leis estrangeiras que, apesar de indicadas por uma das regras de conexão do DIP, sejam consideradas atentatórias a algum princípio básico nos planos político, econômico, jurídico ou moral do foro. Neste trabalho de "proteção", a doutrina desempenha um papel menor, pois a autoridade em matéria de ordem pública emana do Judiciário de cada país.

A Convenção da Haia de 1902 sobre divórcio, reconhecendo a forte conotação de ordem pública em matéria de dissolução do vínculo matrimonial que imperava naquela época, dispôs que só se poderia intentar divórcio quando a lei nacional dos cônjuges e a lei do lugar onde a ação fosse requerida admitissem a dissolução do vínculo na hipótese específica.[65]

## A RELIGIÃO – DESACONSELHADA COMO FATOR DE CONEXÃO

A religião era um fator ponderável nas relações privadas internacionais no início do século XX, conforme se verificou das primeiras convenções da Haia, que trataram de casamento e de divórcio, as quais tomaram em consideração as posições diferentes das legislações então existentes, decorrentes de orientações religiosas diversas.

E agora, no início do século XXI, vemos o Instituto de Direito Internacional, onde sentam membros e associados, especialistas em direito internacional, vindos de todas as regiões do mundo, preocupados com a liberdade religiosa em todos os seus sentidos, inclusive a liberdade de não ter religião, que os levou a aprovar em sua sessão de 2005, na cidade de Cracóvia, uma resolução sob o título "Diferenças culturais e ordem pública em direito internacional privado da família".

Haveria muito que comentar sobre esta Resolução, mas aqui nos limitaremos a reproduzir o primeiro de seus "Princípios Gerais" que enuncia o seguinte:

> "Os Estados devem evitar de utilizar a religião como critério de conexão para determinar o direito aplicável ao estatuto pessoal dos estrangeiros. Devem permitir para estes a faculdade de optar entre a lei nacional e a lei do domicílio na hipótese que o Estado da nacionalidade é diferente do Estado onde se situa o domicílio da pessoa".[66]

## JURISPRUDÊNCIA ESTRANGEIRA E BRASILEIRA: ALGUNS EXEMPLOS

– O Supremo Tribunal Federal decidiu, em 1958, sobre fatos ocorridos antes de 1942, em matéria de filiação adulterina, que, embora o art. 8º da Introdução ao Código Civil dis-

---

[65] O texto convencional é o seguinte: "Art. 1º Os cônjuges não poderão intentar ação de divórcio senão quando a sua lei nacional e a lei do lugar em que a ação for intentada admitirem ambas o divórcio. Esta disposição é extensiva à separação de pessoas. Art. 2º O divórcio não poderá ser requerido senão quando no caso de que se tratar, for admitido, a um tempo, posto que por causas diferentes, pela lei nacional dos cônjuges e pela lei do lugar em que a ação for intentada. Esta disposição é extensiva à separação das pessoas".

[66] *Revue*, 2005.859.

pusesse que a lei nacional determina a capacidade civil e os direitos de família, esta aplicação ficava limitada aos casos em que a lei estrangeira não se contrapusesse ou ofendesse a ordem pública, e, se ao tempo do registro da criança em questão, vigia o art. 358 do Código Civil, inadmissível o reconhecimento de filho adulterino ou incestuoso, porque a proibição constituía norma legal de ordem pública.[67]

– A Corte de Cassação francesa decidiu que não cabe aplicar a lei espanhola que proíbe o divórcio, pois esta norma atenta contra a ordem pública francesa no plano internacional.[68]

– A Direção Geral dos registros e dos tabeliões da Espanha decidiu que não pode ser realizado em seu país o casamento civil de um espanhol solteiro, não católico, com uma peruana não católica, divorciada de acordo com sua lei pessoal, de um casamento canônico anterior, eis que, de acordo com a jurisprudência da Suprema Corte do país, fere a ordem pública espanhola admitir os efeitos de divórcio de um casamento canônico.[69]

– O Tribunal de *Grande Instance* de Paris recusou homologar uma sentença estrangeira, do Marrocos, que decretara a anulação de casamento realizado na França entre francesa e marroquino, baseado na falta de anterior celebração religiosa, pois isto choca o princípio da laicidade do casamento e contraria a ordem pública francesa.[70]

– É contra a ordem pública francesa executar sentença estrangeira que condenou ao pagamento de honorários de advogado *quota litis*, o que é proibido pela lei francesa, decidiu o Tribunal de Versailles.[71]

– Não é exequível em França sentença argelina que condenou a mulher ao divórcio e à perda da posse e guarda do filho porque não quis acompanhar o esposo para fora da França, segundo decisão da Corte de Poitiers.[72]

– A Corte de Apelação da Califórnia decidiu que a lei mexicana que veda a americanos o controle de negócios e de terras no México é contrária aos princípios de Direito Internacional Privado, e por isto não podia ser aplicada para considerar ilegal um contrato de *marketing* entre um corretor de produtos e um americano que era o proprietário de fato de um negócio de plantação no México.[73]

– No Brasil, manifestando-se pela Procuradoria-Geral da República, em processo de extradição, o então procurador, depois Ministro do STF e Juiz da Corte Internacional de Justiça, Professor José Francisco Rezek, levantou a questão se seria contrário à nossa ordem pública o *pactum sceleris*, pelo qual o principal acusado de distribuir heroína escapara do processo penal mediante delação de seus antigos clientes.[74]

– O Supremo Tribunal Federal recusou homologar sentença chilena que anulou casamento 11 anos após a realização das núpcias, por ter havido falsa declaração sobre o domicílio e residência dos nubentes à época do matrimônio.[75]

---

[67] Recurso Extraordinário nº 2.970, *Revista Forense* 186:104, 1959.
[68] *Clunet*, 1981.813. Anteriormente, a jurisprudência francesa aceitava aplicar a lei espanhola, proibitiva do divórcio; vide *Revue*, 1980.91, e *Clunet*, 1980.310.
[69] *Clunet*, 1981.866.
[70] *Clunet*, 1982.699, e *Revue*, 1981.510.
[71] *Revue*, 1982.764.
[72] *Revue*, 1982.765.
[73] West International Law Bulletin, Summer 1984, p. 49.
[74] *Revista Trimestral de Jurisprudência*, v. 99, p. 13.
[75] Homologação de Sentença Estrangeira nº 3.886, *RTJ* 129, p. 986.

– A lei tunisina que não admite fixação de filiação não decorrente de casamento, resultando que o filho natural não pode nem pleitear alimentos, contraria a ordem pública francesa.[76]

– As cortes alemãs têm se recusado a reconhecer e executar sentenças americanas que concedem indenização por dor e sofrimento muito além do que se pode obter em tribunais alemães, bem como sentenças americanas que concedem indenização de caráter punitivo (*punitive damages*).[77]

– A Corte de Cassação francesa decidiu que em princípio a condenação em indenização de caráter punitivo não é contrária à ordem pública, mas que a situação se altera em caso de condenação em valor desproporcional ao prejuízo efetivamente ocorrido e ao inadimplemento contratual da parte devedora, hipótese em que a sentença estrangeira teve sua homologação totalmente recusada.[78]

– O Supremo Tribunal Federal do Brasil decidiu que o sistema do júri cível adotado pela lei americana, em que cidadãos comuns julgam questões civis e comerciais, não fere a ordem pública do Brasil, podendo a respectiva sentença ser homologada para ter efeito em nosso país.[79]

– Um tribunal libanês decidiu, em 1991, que o reconhecimento de uma criança adulterina, conforme determinado pela lei brasileira, resultando em direitos sucessórios iguais aos filhos legítimos, não pode ser aplicado no Líbano, por ser atentatório à sua ordem pública.[80]

– Outra decisão libanesa aceitou o julgamento de um tribunal da Flórida, que atribuiu toda a herança de um libanês, domiciliado naquele estado americano, à sua viúva, excluindo da sucessão os irmãos do falecido. Apesar de a lei libanesa dispor que os irmãos devem participar da herança, a lei americana, diferente, não choca a ordem pública libanesa.[81]

– Uma sentença iraniana, baseada no direito xiita, que atribuiu a autoridade paterna sobre filhos varões de casal divorciado a partir dos três anos de idade, foi considerada pelo Judiciário suíço contrária à ordem pública.[82]

– A Cassação francesa recusou a aplicação de regras processuais e normas conflituais, com fundamento nas quais a ré negava competência jurisdicional ao Judiciário francês e competência legal ao direito francês, para decidir a reclamação de uma jovem nigeriana que, trabalhando para uma família inglesa na Nigéria, encontrava-se com seus patrões tempo-

---

[76] *Revue*, 1990.789.
[77] Am. J. of Comparative Law 1987, p. 721, 1989, p. 301 e 1992, p. 729, e International Legal Materials 1993, p. 1320, verificando-se nesta última as reservas da Justiça alemã em aceitar as amplas excursões investigatórias em busca de provas contra a parte adversa, as *pre trial discoveries*. A rejeição de danos punitivos pelas cortes alemãs poderá ter sua origem em Immanuel Kant, que, na sua "Ciência do Direito", 1ª Parte, capítulo II, seção II, sob n. 18 escreve: "... se um mal me é causado eu posso exigir reparo do outro, na conformidade do direito, mas eu só terei direito de restabelecer meu patrimônio e não de adquirir algo mais do que eu tinha anteriormente". *Great Books of the Western World*, Britannica, v. 42, p. 416.
[78] *Revue* 2011.93-102. A sentença provinha de uma corte da Califórnia e foi submetida à homologação da Justiça francesa. A condenação se compunha de 1.391.650,12 dólares pelo dano principal, 402.084,33 de honorários advocatícios e 1.460.000,00 de indenização punitiva. A Justiça francesa negou homologação da sentença americana *in totum*. Hélène Gaudemet-Tallon, em comentário à decisão da Corte Suprema da França publicada na mesma revista jurídica, sublinha que homologar a sentença excluída a indenização punitiva teria sido a solução justa, mas esta hipótese não foi considerada pelas instâncias inferiores nem levantada pelas partes litigantes.
[79] Sentença Estrangeira Contestada nº 4.415, *RTJ* 166/451. No mesmo sentido, Carta Rogatória nº 4.274, publicado no *DJ* de 23.08.1985, Ementário nº 1.388.
[80] *Clunet*, 1991.865.
[81] *Clunet*, 1991.876.
[82] *Clunet*, 2005.839.

rariamente na França. A ordem pública de caráter internacional, decidiu a Corte francesa, exigia se reconhecesse a competência jurisdicional francesa e a aplicação das leis de França para examinar a questão que tinha contornos de "escravidão moderna".[83]

– O STJ, em julgamento da Carta Rogatória nº 1.056,[84] acompanhou o parecer do MP no sentido de que *"a coleta coercitiva de sangue ou saliva para efeito de exame comparativo destinado a instruir processo penal não encontra amparo na legislação brasileira, como consectário das garantias constitucionais estabelecidas em favor do réu. Em tais circunstâncias, a ordem pública não admite que o interessado seja constrangido a entregar o material solicitado".*

– A Corte de Apelação de Madrid recusou reconhecimento a uma sentença iraniana de divórcio, porque a lei daquele país sobre a dissolução do casamento estabelece normas que conflitam com a igualdade dos cônjuges, em prejuízo da mulher, a ponto que ao marido é lícito revogar o divórcio e manter o casamento em vigor, sem que se firme um novo contrato, sem que a mulher tome conhecimento deste restabelecimento do matrimônio.[85]

– A Cassação francesa reconheceu o direito de duas esposas que se casaram com o mesmo homem na Argélia, de acordo com a lei muçulmana, de pretender, depois de sua morte, pensão governamental, não havendo obstáculo da ordem pública francesa de caráter internacional.[86]

– Diversa a decisão da Cassação francesa para o caso de um argelino, casado com uma francesa, que casa com uma argelina, se divorcia da francesa e anos mais tarde morre: o Tribunal de Cassação recusou à esposa argelina o direito à pensão do falecido marido, por não reconhecer efeitos a seu casamento, à época poligâmico, com fundamento no princípio da ordem pública.[87]

– O Tribunal Regional Federal da 2ª Região decidiu que prazo prescricional diferente do estipulado na legislação pátria não ofende nossa ordem pública.[88]

– O casamento de pessoas do mesmo sexo, admitido em certos países, constitui-se no mais recente tema no campo da ordem pública de caráter internacional. Que efeitos terá o casamento entre duas pessoas do mesmo sexo, contraído legalmente em jurisdição que admite este matrimônio, nos países que não o admitem? Poderá este casal pleitear seu divórcio em país onde não se admite esse tipo de união? Essas e outras questões modernas no campo da ordem pública vêm sendo discutidas em diversas jurisdições no segundo e terceiro lustros do século XXI.[89]

---

[83] *Revue*, 2006.856.
[84] STJ, CR 1.056, Rel. Min. Edson Vidigal, 17.11.2005.
[85] *Clunet*, 2006.212.
[86] *Clunet*, 2007.933.
[87] *Revue*, 2012.339.
[88] Agravo de Instrumento nº 2008.0201016468-1.
[89] *Clunet*, 2005.1385, *Revue*, 2005.614, *Revue*, 2006.440 e 984. A lei belga de direito internacional privado, de 2004, dispõe no art. 46 que a lei nacional de um dos cônjuges não será aplicada se ela proibir o casamento de pessoas do mesmo sexo, na hipótese em que um dos nubentes é nacional de um Estado, ou tem sua residência habitual no território de um Estado, cujo direito permite este tipo de casamento. Em outras palavras, para a Bélgica a vedação do casamento unissexual contraria sua ordem pública. A França reformou o Código Civil em 2013, passando a aceitar o casamento de pessoas do mesmo sexo, bastando que a lei pessoal de um dos nubentes ou a lei de seu domicílio admitem-no. *Revue* 2013.752. Vide Jacob Dolinger, A Ordem Pública Internacional brasileira em frente de casamentos homossexuais e poligâmicos. In: Eliene Ferreira Bastos e Maria Berenice Dias (coord.), *A família além dos mitos*, 2008. V. Bruno Almeida, O reconhecimento dos casamentos e parcerias entre pessoas do mesmo sexo no direito transnacional.

– A Corte de Cassação francesa negou *exequatur* à decisão texana que concedia à mãe o direito de decidir unilateralmente todas as questões sobre seus filhos inclusive engajamento nas forças armadas americanas e que proibia também que a amante do pai ficasse na presença das crianças salvo se ele casasse novamente com a mãe.[90]

– A Corte Europeia de Direitos do Homem apreciou em 2014 a questão da reiterada recusa dos tribunais franceses em reconhecer a maternidade por substituição ocorrida em país onde a prática é lícita e considerou que tal prática atenta contra a Convenção Europeia, especificamente contra o direito à vida privada da criança.[91].

– A Corte Europeia dos Direitos do Homem condenou decisão da justiça grega que não admitira reconhecer sentença de reconhecimento de adoção efetuada nos Estados Unidos por um membro da Igreja Ortodoxa oriental de Cristo, por ferir a ordem pública internacional da Grécia. A Corte Europeia considerou que a decisão feria vários princípios estabelecidos na Convenção Europeia para Proteção dos Direitos Humanos e Liberdades Fundamentais.[92]

– A Corte de Cassação francesa inadmitiu reconhecer uma sentença estrangeira que aprovara a adoção de uma criança por duas pessoas do mesmo sexo que não estavam casadas, por contrariedade à ordem pública francesa.[93]

## O REPÚDIO DA MULHER MUÇULMANA PERANTE OS TRIBUNAIS OCIDENTAIS

O direito muçulmano admite que o marido repudie sua esposa, sem que a mulher tenha sequer o direito de se defender, de ser ouvida. As sentenças dos tribunais religiosos dos países muçulmanos que aplicam este método são geralmente rejeitadas, recusando-se-lhes reconhecimento.

Os tribunais franceses, por força dos tratados bilaterais firmados com países do norte da África – suas antigas colônias – reconheceram em alguns casos os repúdios aceitos pelos tribunais muçulmanos do Marrocos e da Argélia, mediante certas condições,[94] mas em outros, a aceitação pelas cortes francesas se deu, sem qualquer restrição. Assim, houve casos de repúdio total, em que a mulher não teve qualquer participação no processo, nem sequer conhecendo sua existência, que foram registrados na França para os devidos efeitos de direito.[95]

---

[90] Caso 09.15.302, de 04.11.2010.
[91] Decisões de 26.04.2014, Menesson contre France, nº 65192/11, e Habasée contre France, nº 65941/11.
[92] *Revue* 2011.817 e 889.
[93] *Revue* 2013.636.
[94] Vide *Revue*, 1981.17 e *Revue*, 1984.325 sobre hipótese em que o repúdio marroquino pode ser aceito em França. A cassação francesa aceitou, em 2001, repúdio unilateral pelo marido, julgado pela justiça argelina, justificando que na hipótese a mulher teve oportunidade de apresentar sua defesa e suas pretensões, tendo-lhe sido garantidas vantagens financeiras, de modo que não houve atentado à ordem pública francesa. *Revue*, 2001.704.
[95] A Corte de Apelação de Dijon, em julgamento de setembro de 1999, aceitou repúdio marroquino, lendo-se na ementa do acórdão: "La répudiation est par nature un mode de dissolution du mariage laissé à la discrétion du mari et n'est toutefois pas contraire à l'ordre public français dès lors que la loi marocaine tempère les effets de cette répudiation par des garanties pécuniaires et même si l'épouse n'a pas été convoquée devant les adouls, la non convocation relevant du caractère unilatéral de la répudiation conforme au statut personnel des deux époux". In *Clunet*, 2000.997. "Le Monde", edição, 10 de junho de 2004, publicou a seguinte notícia: "Les répudiées de la République – Une étonnante cohabitation du droit français et du code de la famille algérien le permet: la procédure de répudiation est applicable en France à des femmes immigrées".

Nos últimos anos esta jurisprudência foi abandonada e as sentenças de repúdio têm sido rejeitadas, com fundamento na ordem pública e na Convenção Europeia dos Direitos do Homem.[96] Nota-se, porém, a despeito da existência de decisões contraditórias, uma tendência na aplicação da ordem pública de proximidade: situações com mais vínculos com a França têm menos chances de reconhecimento; já nas situações com menos vínculos há casos de reconhecimento do repúdio estrangeiro.[97]

A Corte Europeia dos Direitos do Homem manifestou-se contra um julgamento francês que aceitara uma sentença de dissolução argelina pelo regime do repúdio.[98]

O Supremo Tribunal Federal do Brasil usualmente negava homologação a sentenças de tribunais muçulmanos que decretam o repúdio da mulher pelo marido sem que a ré tenha oportunidade de ser ouvida.[99-100]

## SENTENÇA ESTRANGEIRA IMOTIVADA

A homologação de sentença estrangeira que não apresenta as razões de direito que fundamentam o julgamento foi objeto de manifestações divergentes do Supremo Tribunal Federal, enquanto órgão competente para a homologação de sentenças estrangeiras.[101] Em

---

[96] Entre outros, referimos a decisão da Corte de Apelação de Paris, de dezembro de 2001, *Revue*, 2002.730, da Corte de Montpellier, de junho de 2002, *Revue*, 2004.828, e várias decisões da Corte de Cassação: de fevereiro de 2004, *Revue*, 2004.423, de outubro de 2005 e de janeiro de 2006, respectivamente, *Revue*, 2006.957 e 628. Em comentário publicado na *Revue* 2004.423, 426 se lê: "Une main de fer dans un gant de velours. Telle est l'impression que laissent les cinq arrêts de principe rendus le 17 février 2004, par lesquels la Première chambre civile de la Cour de cassation semble définitivement verrouiller la porte aux répudiations musulmanes". Em novembro de 2009, a Corte de Cassação teve nova oportunidade de rejeitar a aceitação de um divórcio-repudio marroquino, assim se lendo na ementa: "Divorce – Jugement marocain – Repudiation Unilatérale – Répudiation par le mari – Caractère unilatéral et discrétionnaire de la répudiation – Époux marocain. Époux domiciliés en France. Égalité des époux. Convention Européenne des droit de l'homme. Article 5 du protocole n. 7. Contrariété à l'Ordre Public International". Observe-se que, em se tratando de marroquinos domiciliados na França, a ofensa à ordem pública se agrava pelo fator proximidade. Khalid Zaher, professor da Universidade de Fès advoga uma nova visão sobre o tema de repúdio em decorrência do código marroquino da família, de 2004, que teria proporcionado nítida melhora na posição da mulher no seio da família: "Plaidoyer pour la reconnaissance des divorces marocains – A propos de l'arrêt de la première chambre civile du 4 novembre 2009". *Revue* 2010.313.

[97] Carmen Tiburcio, The Current practice of international co-operation in civil matters, *Recueil des Cours*, v. 393, 2017, p. 195.

[98] *Clunet*, 2006.1172. Com relação à primazia da Convenção Europeia sobre os tratados bilaterais da França, vide Frédéric Guerchoun, "La primauté constitutionnelle de la Convention européenne des droits de l'homme sur les conventions bilatérales donnant effet aux répudiations musulmanes", *Clunet*, 2005.695. Registra-se uma decisão da Corte federal da Suíça contrária ao repúdio, *Clunet*, 2005.849, e uma decisão da Corte de Apelação de Bruxelas no mesmo sentido. *Clunet*, 1996.164.

[99] Vide *Revista de Informação Legislativa* 1983, v. 77, p. 279, comentário de Negi Calixto sobre quatro casos julgados pelo STF.

[100] Mas vide *Clunet* 2007.184, comentário crítico de Luiz Olavo Baptista a um acórdão do Supremo (SEC 5.529) que deferiu a homologação de um divórcio sírio, escrevendo o professor da USP: "Le droit au contradictoire étant une garantie fondamentale en droit brésilien, liée au principe du 'due process of law' reconnu constitutionnellement, il apparaît que son absence dans la procédure de divorce prévue par la loi syrienne offense l'ordre public brésilien, raison que devrait mener au refus de la demande de reconnaissance".

[101] Sobre o tema, veja-se Marcela Harumi Takahashi Pereira, *Homologação de sentenças estrangeiras*: aspectos gerais e o problema da falta de fundamentação no exterior, 2008.

um julgamento ocorrido em 1974, uma sentença norte-americana não recebeu homologação por outras razões, mas o ponto da ausência de motivação foi analisado.[102]

Já em homologação de sentença estrangeira ocorrida em 1980, esta foi indeferida justamente por falta de motivação da decisão oriunda da justiça alemã.[103] Em trabalho publicado no exterior, Jacob Dolinger criticou esta decisão monocrática do Ministro Antonio Neder, mostrando o exagero de elevar critérios diferenciados entre nossa e a processualística estrangeira a nível de ordem pública.[104]

Em decisão do Plenário da Suprema Corte, de abril de 2002, a falta de conhecimento das origens de uma dívida, que resultou na condenação de importância de alto vulto, não impediu a homologação de sentença estrangeira.[105]

Em resenha da jurisprudência brasileira em direito internacional privado, Carmen Tiburcio apresenta como motivos para a não homologação de sentenças estrangeiras desmotivadas: 1) a norma do art. 93, IX, da Constituição Federal que ordena *"todos os julgamentos dos órgãos do Poder Judiciário serão públicos e fundamentadas todas as decisões, sob pena de nulidade"* e, conforme art. 4º do Código Bustamante toda norma constitucional é de ordem pública internacional"; 2) A fim de permitir ao executado promover embargos à execução, ele precisa conhecer os motivos da condenação.[106]

Para o primeiro autor, o argumento constitucional não impressiona, pois é manifesto que há dispositivos constitucionais que são de aplicação estritamente interna e não têm qualquer conotação de ordem pública internacional. A valer o argumento do art. 4º do Código Bustamante, deveríamos exigir a comprovação de que o julgamento no país estrangeiro foi público, como determina o mesmo dispositivo da Carta, e ninguém cogitaria de exigir esta prova, nem consideraria contrária à ordem pública internacional do Brasil uma sentença estrangeira prolatada em tribunal que funcione de forma que não seja pública, assim como ninguém irá verificar como foi aprovada a lei estrangeira na qual se baseou a sentença, se terá atendido o processo legislativo ordenado por nossa Constituição. Há que se distinguir entre normas constitucionais que cuidam da defesa de direito da pessoa ("a lei não prejudicará o direito adquirido, o ato jurídico perfeito e a coisa julgada", Constituição, art. 5º, XXXVI) das

---

[102] Vale invocar o voto do Ministro Bilac Pinto, que assim se manifestou sobre a matéria: "O segundo argumento dos requeridos diz respeito ao próprio teor da sentença estrangeira, que, a seu ver, repugnaria a ordem pública por carência de relatório, motivação e fundamentos de fato e de direito, com razoável amplitude. Não encontro, porém, um único precedente no qual se tenha exigido que a sentença estrangeira possuísse a estrutura disciplinada por nossa lei processual civil, sob o risco de ser havida como contrária à ordem pública". SE 2.114, *RTJ* 87.384,387.

[103] SE 2.521, *RTJ* 95.34: "Não é homologável a sentença estrangeira desmotivada. O art. 458, II, do Código de Processo Civil brasileiro é norma de ordem pública e com ela deve harmonizar-se o julgado estrangeiro para que tenha eficácia no Brasil. Ação homologatória improcedente".

[104] Jacob Dolinger, Brazilian Confirmation of Foreign Judgments, *The International Lawyer* 19:867, 1985, em que, entre outros argumentos, escreveu o autor: "Certainly this is not the spirit of Brazilian Private International Law, which acknowledges different systems of law and different methods of exercising jurisdiction. Demanding identity among legal systems of different States would be tantamount to eliminating Private International Law in favor of uniform law".

[105] "Incabível discutir os fundamentos da decisão homologanda. Nada está a apontar tenha resultado a indenização, objeto da sentença, de causa ilícita, que possa tornar a sentença ofensiva à ordem pública, à soberania nacional ou aos bons costumes". SE Contestada 4.835, *RTJ* 182.536.

[106] Carmen Tiburcio, Uma Breve Análise sobre a Jurisprudência dos Tribunais Superiores em matéria de Direito Internacional Privado no ano de 2006, *Revista de Direito do Estado* 5:55 e ss., 2007.

normas que determinam como funcionarão os poderes governamentais, de como procederão os tribunais na sua atividade judicante.[107]

O argumento relativo aos embargos à execução acaba sendo solucionado pela segunda autora ao admitir a possibilidade de ser obtida documentação suplementar que forneça a motivação. O devedor condenado no exterior, com sentença estrangeira homologada no Brasil, caso entenda cabível embargar a execução, diligenciará no exterior para obter as provas de que necessite a fim de fundamentar seus embargos.

A segunda autora conclui o tema da seguinte forma:

"É de se notar que, mesmo no plano interno, a exigência da motivação das decisões tem sido bastante flexibilizada. Portanto, da mesma forma, também no plano das decisões estrangeiras, a aplicação do requisito constitucional deve ser atenuada: não faz sentido se exigir para as sentenças provenientes do exterior formalidades que se dispensaria aqui. Assim, a exigência da fundamentação há que ser analisada caso a caso, admitindo-se até mesmo documentação suplementar que forneça a motivação".

Esta uma posição correta que deveria ser seguida pelos tribunais. Registre-se que o STJ voltou a considerar que a falta de motivação fere a ordem pública brasileira, retornando à posição inicial do STF.[108] Registre-se também que, em decisão de 2014, o STJ – em caso envolvendo sentença arbitral – flexibilizou sua posição e decidiu que a natureza da sentença e seus aspectos formais devem seguir as regras do país em que proferida.[109]

A solução do problema mediante apresentação de documentação suplementar vem sendo aplicada pela Cassação francesa.[110]

## DÍVIDA DE JOGO CONTRAÍDA NO EXTERIOR

Um brasileiro contraiu dívida de jogo nos Estados Unidos e, quando cobrado judicialmente pela empresa credora, em seu domicílio no Brasil, defendeu-se com o art. 1.477 do Código Civil de 1916, que isenta de pagamento as dívidas de jogo, tornando-as incobráveis judicialmente, invocando o princípio da ordem pública como barreira à aplicação da lei americana que, diversamente da nossa, admite os jogos de azar e a cobrança por dívida de jogo.

---

[107] A autora invoca Luís Roberto Barroso, que, referindo-se ao art. 4º do Código Bustamante, escreveu: "À luz de tal decisão, todas as disposições formalmente integradas à Constituição brasileira são tidas como de ordem pública internacional e impedem a aplicação de direito estrangeiro com elas contrastante". Se tivéssemos uma situação de conflito entre o direito brasileiro e o direito de outro Estado quanto à licença paternidade, concedida por nossa Lei Maior, ignorada pelo direito do outro Estado, também consideraríamos que, por estar formalmente integrada à Constituição, esta norma brasileira seria de ordem pública internacional? E assim pode-se apontar para inúmeros dispositivos constitucionais que não alçam ao *status* de normas de ordem pública internacional. Não basta estar inserido na Constituição, para ser um "preceito constitucional"; há que encerrar matéria que, por sua natureza, seja constitucionalizável.

[108] STJ, SEC 880, Rel. Min. Fernando Gonçalves, *DJ* 06.11.2006; e STJ, SEC 684, Rel. Min. Castro Meira, *DJ* 16.08.2011.

[109] STJ, SEC 5.692, Rel. Min. Ari Pargendler, *DJ* 01.09.2014.

[110] Em julgamento de setembro de 2006 assim pronunciou-se a cassação: "L'exigence de motivation des jugements en droit procédural français n'est pas d'ordre public international; le défaut de motivation constitue seulement un obstacle à l'efficacité en France d'une décision étrangère lorsque ne sont pas produits des documents de nature à servir d'équivalent à la motivation défaillante". *Clunet*, 2007.139. Vide também *Clunet*, 2007.543.

O Tribunal de Justiça do Distrito Federal e Territórios julgou procedente a ação de cobrança, assim decidindo:

"Direito Internacional Privado. Dívida de jogo contraída no exterior. Art. 9º da LICC. Ordem Pública. Enriquecimento Ilícito.

O ordenamento jurídico brasileiro não considera o jogo e a aposta negócios jurídicos exigíveis. Entretanto, no país onde ocorreram, não consubstanciam tais atividades qualquer ilícito, representando, ao contrário, diversão pública propalada e legalmente permitida, donde se deduz que a obrigação foi contraída pelo acionado de forma lícita.

Dada a colisão de ordenamentos jurídicos no tocante à exigibilidade da dívida de jogo, aplicam-se as regras do Direito Internacional Privado para definir qual das ordens deve prevalecer. O art. 9º da LICC valorizou o *locus celebrationis* como elemento de conexão, pois define que, 'para qualificar e reger as obrigações, aplicar-se-á a lei do país em que se constituírem'.

A própria Lei de Introdução ao Código Civil limita a interferência do direito alienígena, quando houver afronta à soberania nacional, à ordem pública e aos bons costumes. A ordem pública, para o Direito Internacional Privado, é a base social, política e jurídica de um Estado, considerada imprescindível para a sua sobrevivência, que pode excluir a aplicação do direito estrangeiro.

Considerando a antinomia na interpenetração dos dois sistemas jurídicos, ao passo que se caracterizou uma pretensão de cobrança de dívida inexigível em nosso ordenamento, tem-se que houve enriquecimento sem causa por parte do embargante, que abusou da boa-fé da embargada, situação essa repudiada pelo nosso ordenamento, vez que atentatória à nossa ordem pública, no sentido que lhe dá o DIP.

Destarte, referendar o enriquecimento ilícito perpetrado pelo embargante representaria afronta muito mais significativa à ordem pública do ordenamento pátrio do que admitir a cobrança da dívida de jogo".[111]

O Supremo Tribunal Federal seguiu a mesma orientação ao julgar carta rogatória oriunda dos Estados Unidos, que foi deferida, apesar de se tratar de pedido para processar domiciliado no Brasil que ficou endividado naquele país com dívida de jogo.[112]

Várias cartas rogatórias foram atendidas durante a presidência do STF pelo Ministro Marco Aurélio que, em decisões monocráticas, ao longo do biênio 2001-2003, longamente desenvolvidas, destacava o absurdo de acobertar o comportamento de jogadores brasileiros

---

[111] Embargos Infringentes nº 44.291, julgado em outubro de 1998 pela 2ª Câmara Cível do Tribunal de Justiça do Distrito Federal e Territórios.

[112] STF, CR nº 9.897, Rel. Min. Marco Aurelio, *DJ* 04.02.2002; STF, CR 9.970, *Rel. Min. Marco Aurelio, DJ* 01.04.2002, enunciou os mesmos argumentos jurídicos expressos em seu despacho na CR nº 9.897 e, como nesse caso, referiu-se aos jogos oficializados no Brasil, dizendo: "Imagine-se o rebuliço que adviria se o Governo, escancarando as cortinas da hipocrisia, e encastelando-se na jurisprudência que agora se almeja recrudescida, retrucasse em brado altissonante: não posso pagar o prêmio prometido porque se trata de dívida de jogo, incobrável, (...) é preciso que seja observado um mínimo de decoro, principalmente se a questão envolve o respeito a normas legítimas de outros países... veja-se, por absurdo, a seguinte hipótese. Até recentemente, a venda de pílulas anticoncepcionais era terminantemente proibida no Japão. Vamos imaginar que um determinado cidadão japonês houvesse comprado de nossa indústria farmacêutica algumas toneladas desse medicamento e faturasse a operação. Recebida a partida, na hora de pagar, retruca: esse contrato é nulo porque a origem da transação é obscura e rechaçada no meu país. Por isso não pago e muito menos devolvo o que adquiri".

em jurisdição onde o jogo de roleta é lícito, lembrando as inúmeras formas de jogo praticadas no Brasil, com o beneplácito governamental e invocando o art. 9º da Lei de Introdução. Estas decisões foram, todavia, reformadas por despacho do Presidente Maurício Correa em agravos regimentais, sem qualquer explanação a não ser a invocação pura e simples do princípio da ordem pública.

Também os Ministros Octavio Gallotti e Sepúlveda Pertence, quando no exercício da Presidência da Suprema Corte, indeferiram várias cartas rogatórias citatórias relativas a dívidas de jogo contraída no exterior.[113]

Passando a jurisdição sobre cartas rogatórias para a competência do STJ, este já teve oportunidade de deferir carta rogatória oriunda de processo de cobrança por dívida de jogo contraída no exterior.[114]

## A ORDEM PÚBLICA ESTRANGEIRA E A ORDEM PÚBLICA UNIVERSAL

Qual a solução quando a ordem pública do foro se choca com a ordem pública de outra jurisdição? Essa possibilidade é ilustrada por Batiffol, com a hipótese de um espanhol que casa na França com uma francesa divorciada; esta, segundo sua lei pessoal, da nacionalidade, é perfeitamente capaz de se consorciar. Acontece que a Espanha, (então) antidivorcista, não admitia o casamento de seu nacional com pessoa que tem cônjuge vivo, e cujo divórcio é ofensivo à sua ordem pública, pelo que seus tribunais anularão o casamento de seu nacional. Mas a França, por considerar a capacidade matrimonial de cada nubente dependente de sua lei nacional, não respeitará a anulação decretada pela jurisdição espanhola.[115]

Houve divergência jurisprudencial na França em torno desta hipótese, mas a posição de Batiffol é a mais acertada, pois uma jurisdição não pode reconhecer decisão estrangeira pautada no princípio da ordem pública do respectivo país se resulta em solução atentatória à ordem pública do foro; a regra espanhola, invalidando o casamento por causa do divórcio anterior do nubente francês, é atentatória à ordem pública francesa.

Outra questão que pode surgir é a de se saber se o foro deve ter escrúpulos em permitir uma atividade em sua jurisdição, legítima por suas leis, mas que, por algum reflexo extraterritorial, atentará contra a ordem pública de outra soberania.

Pillet relata uma sentença da Corte Suprema do Estado de Iowa, de 1887, no sentido de que a lei local, que vedava a fabricação e venda de bebidas alcoólicas devia ser aplicada a

---

[113] STF, CR nº 10.415, Rel. Min. Marco Aurelio, *DJ* 03.02.2003; STF, CR nº 10.416, Rel. Min. Maurício Corrêa, *DJ* 14.10.2003; STF, CR nº 5.332, Rel. Min. Octavio Gallotti, *DJ* 02.06.1993; e STF, CR nº 7.426, Rel. Min. Sepúlveda Pertence, *DJ* 07.10.1996.

[114] STJ, AgRg na CR nº 3.198, Rel. Min. Humberto Gomes Martins, *DJ* 11.09.2008: "Neste sentido, não cabe invocar o art. 814 do CC e o art. 50 da Lei de Contravenções como fundamento para indeferir *exequatur* de rogatória para citação de réu em ação de cobrança de dívida de jogo, pois não se trata de ação ajuizada em território nacional, tampouco se refere a jogo realizado aqui em solo pátrio. O art. 814, obviamente, tem campo de incidência restrito ao Brasil". Importante observar que os Ministros Fernando Gonçalves e Castro Meira afirmaram que em caso de homologação de sentença estrangeira o resultado poderia ser distinto. Em verdade já se registrou pelo menos um pedido de homologação de sentença estrangeira condenatória por dívida de jogo, mas não houve julgamento do mérito porque o requerente desistiu do pedido. SE nº 5.404 (1999). Mais recentemente, apreciando recurso especial interposto no âmbito de uma ação monitória, o STJ reiterou a inexistência de violação à ordem pública pela cobrança de dívidas de jogo regularmente contraídas no exterior (STJ, REsp nº 1.628.974, *DJ* 25.08.2017).

[115] Henri Batiffol e Paul Lagarde, *Droit International Privé*, 1983, v. I, p. 427; à época a Espanha vedava o divórcio e considerava a matéria de ordem pública, o que foi alterado por Lei de 1981, que introduziu o divórcio na Espanha.

uma indústria estabelecida em seu território, cujos produtos se destinavam exclusivamente ao comércio de exportação.[116]

Pillet qualifica essa decisão de farisaica, pois nenhuma preocupação devia ter o Tribunal de Iowa com os princípios de saúde pública e moralidade que outro estado não previra. Quererá o estado de Iowa ensinar os outros estados americanos como se comportar?, indaga o mestre francês. Não seria isto um atentado à soberania dos mesmos?

Outra sentença criticada por Pillet é a do Tribunal de Lyon, na França, no caso de um fabricante de máquinas que havia negligenciado determinados regulamentos governamentais atinentes à segurança de equipamentos que se destinavam exclusivamente a serem vendidos fora do território francês. Também aqui, diz Pillet, houve interferência indevida com relação a ordem pública estrangeira.

Esta posição de Pillet, sobre a qual a doutrina não tem comentado, não nos parece merecedora de apoio na moderna configuração das relações internacionais. Imaginemos que uma indústria americana de comestíveis enlatados se permita desrespeitar as severas regras da *Food and Drug Commission* dos Estados Unidos (que estabelece normas de saúde pública) na fabricação de conservas destinadas exclusivamente a países menos desenvolvidos, que não estabelecem as exigências legais americanas para a fabricação destes produtos.

Dir-se-ia que qualquer medida contra este comportamento do fabricante-exportador americano redundaria em indevida interferência na ordem pública do país importador?

A concepção estritamente técnica de Pillet sobre a ordem pública não é de ser aceita ante o atual sentido de solidariedade internacional em que se deve atentar para a segurança, a saúde pública e demais formas de proteção das populações de outras soberanias, no espírito do que se pode denominar de "ordem pública verdadeiramente internacional", ou "ordem pública universal".

Esta é a ordem pública que inspira a colaboração dos Estados e que se materializa em diversos campos, seja na repressão aos crimes de natureza eminentemente internacional, seja na estruturação das relações econômicas e financeiras internacionais, como também na criação de convenções de Direito Internacional Privado uniformizado, na cooperação tecnológica

---

[116] Antoine Pillet, *Mélanges*, 1929, v. I, p. 475. O texto da decisão da Corte estadual de Iowa, publicada em "Reports of Cases in Law and Equity determined in the Supreme Court of the State of Iowa", 1888, às p. 359-360, diz o seguinte: "It is admitted on all hands that, if the statute in question was enacted in the rightful exercise of the police power of the state, it is valid. It is not important that we should here attempt to define what is called the police power, or inquire into its extent. It is sufficient to say that it is a power which may be exercised by the state to secure, promote and protect the welfare, comfort, peace and good morals of the people of the state. We need not make extended inquiry whether this power may be exercised to bestow like benefits and protection to the people of sister states. It would seem, indeed, that, in view of the intimate relations of the people of the several states, being in fact one people, the subjects of the general government, with common interests for good government and prosperity of all, the state should in its legislation have regard to the peace, prosperity, comfort and good morals of all the citizens of the union. Surely, the state ought not to permit things to be done within its borders which subvert the peace, prosperity and good morals of the people of other states. No one will doubt that it is not only within the authority of the state to suppress conspiracies and combinations within her borders, intended to disturb the peace of a sister state, but that it ought to do so. And surely, even counsel for defendant will not contend that the power of the state may not be exerted to prevent the impairment of the health or good morals of the people of another state, by the pursuit of business, or by acts done within our own state. Will it be for a moment contended that the state cannot suppress the publication of obscene literature intended to be circulated exclusively in other states? Or may it not prohibit the manufacture, within the state, of unwholesome food, for transportation and sale in other states? Not alone do the true doctrines of constitutional law deny that the power of the state is so restricted – humanity, patriotism, inter-state comity and Christianity, all unite in protest against it".

internacional, na regulamentação das atividades das empresas de atividade transnacional e na proteção ao meio ambiente universal.

Nesta ordem pública universal inclui-se o respeito pela ordem pública de outros povos, numa nova *comitas gentium* em que os Estados devem considerar os interesses dos outros Estados, a ponto de sacrificar o cumprimento de suas próprias leis.[117]

A ordem pública interna, na sua aplicação internacional, visa proteger a política, a moral, os princípios jurídicos e a economia de cada país no plano interno; a ordem pública universal há de defender padrões de moralidade, de equidade, de igualdade e de segurança entre os Estados para a manutenção de uma ordem que, em última análise, é do interesse de todos os membros componentes da sociedade internacional.[118-119]

A proteção de todo tipo de poluição e desastres nucleares tem ocupado os planejadores e legisladores no campo interno e no plano internacional. A Nova Zelândia, ao reclamar na

---

[117] Vide em Jacob Dolinger, *A Evolução da Ordem Pública no Direito Internacional Privado*, 1979, p. 248, uma interessante decisão da Corte de Arbitragem de Comércio Exterior da Bulgária.

[118] Para uma apreensão da amplitude do novo conceito de ordem pública universal, Jacob Dolinger, *A Evolução da Ordem Pública no Direito Internacional Privado*, 1979, p. 141-149, 229, 232 e 237-251, bem como Jacob Dolinger, World Public Policy: Real International Public Policy in the Conflict of Laws, *Texas International Law Jorunal* 17:167 e ss., 1982 e Jacob Dolinger, Ordem pública mundial: ordem pública verdadeiramente internacional no Direito Internacional Privado, *Revista de Informação Legislativa* 90: 205 e ss., 1986. Sobre a classificação de três níveis de ordem pública, discutida no início deste capítulo, frente à ordem pública universal, apresentada nesta seção, vide Jacob Dolinger, A Ordem Pública Internacional em seus Diversos Patamares, *Revista dos Tribunais* 528:33 e ss., 2004.

[119] Em 15 de janeiro de 1981, poucos dias antes de deixar a Presidência dos Estados Unidos, Jimmy Carter assinou um decreto determinando que os governos estrangeiros deveriam ser notificados a respeito da exportação que fosse realizada a seus territórios de produtos americanos contendo riscos, e que tivessem sido banidos ou restringidos no mercado dos Estados Unidos. Este decreto resultou da controvérsia em torno do pesticida *Leptophos*, que causara alucinações e distúrbios mentais em fazendeiros egípcios e a morte de 1.200 búfalos. Outro produto que causara celeuma foram as roupas de dormir infantis tratadas com o isolante *Tris*, que a Comissão de Segurança do Consumidor considerara cancerígeno. O decreto previa não só a notificação dos governos estrangeiros, como também – para produtos mais nocivos – a aplicação de controles sobre a exportação. Assumindo a Presidência dos Estados Unidos, Ronald Reagan assinou, em 17 de fevereiro de 1981, um decreto revogando a ordem do Presidente Carter a fim de garantir que a "Lei de Administração da Exportação de 1979" fosse executada com o mínimo de regulamentação, como também para reduzir as restrições à exportação, a fim de desenvolver o poder de concorrência das exportações norte-americanas. "O Harvard International Law Journal" de 1981 publicou à p. 683 e ss. uma crítica assinada por Steven Alan Childress em que comenta que mesmo que a ordem do Presidente Carter tenha diminuído o poder de concorrência das exportações americanas a curto prazo, terá fortalecido os interesses dos seus negócios a longo prazo, através da promoção de uma percepção positiva das companhias e dos produtos americanos nos mercados mundiais. A proteção do consumidor estrangeiro, diz o estudioso, resultaria, em última análise, em proteger os próprios cidadãos norte-americanos de produtos perigosos, eis que as substâncias proibidas, uma vez exportadas, podem retornar aos Estados Unidos, em forma de resíduos deixados em comestíveis e em outros produtos importados. Em 1982, saiu à luz nos Estados Unidos um livro de grande valor, "Toward a Just World Order", v. I de "Estudos sobre uma Ordem Mundial Justa", editado por Richard Falk, Samuel S. Kim e Saul H. Mendlovitz. Comentando-a, assim escreveu Louis Renê Beres no "American Journal of International Law", 1984, p. 246 e ss. – "O Talmud nos conta que o barro do qual o primeiro homem foi criado fora reunido de todos os cantos da terra. Aceitando esta conscientização cosmopolita, 'Toward a Just World Order' encoraja a preocupação pela dignidade da humanidade e a verdadeira comunhão dos cidadãos do planeta. É de se esperar que o livro seja lido e discutido e que, mesmo neste absurdo teatro da moderna política mundial, os seres humanos escolham a vida ao invés da morte. Alimentado por livro como este, o homem pode enfrentar o espectro da desintegração global com apaixonada atenção e experimentar um alerta e uma responsabilidade que hão de trazer a libertação".

década de 70 contra os testes nucleares realizados pela França no Pacífico Sul, argumentou que o comportamento francês violava o direito de todos os membros da comunidade internacional contra a realização de testes nucleares que produzem *fallout* radioativo.

A primeira iniciativa regional foi a Convenção sobre Poluição do Ar Transfronteiriça assinada em Genebra em 1979 por 34 países-membros da Comissão das Nações Unidas para a Europa.[120]

A exportação de reatores nucleares tem sido efetuada sem as devidas cautelas quanto às consequências poluidoras no país importador, o que tem ocasionado litígios judiciais.[121]

Em 1989, foi aprovada na Basileia uma convenção patrocinada pelas Nações Unidas sobre o controle de movimentos transfronteiriços de resíduos perigosos.[122]

O trágico desastre de Bhopal, na Índia, que causou cerca de 2.100 mortes e danos na saúde de mais de 200.000 pessoas, como consequência do vazamento de gases da fábrica construída por uma subsidiária da *Union Carbide Corporation*, empresa norte-americana, sensibilizou juristas americanos para a necessidade de protegerem países menos desenvolvidos com os quais as empresas americanas fazem negócios.[123]

## CONCLUSÃO

Todos os princípios do Direito Internacional Privado – reenvio, qualificação, ordem pública, fraude à lei, questão prévia, instituição desconhecida e direitos adquiridos – disciplinam, coordenam, controlam, moderam, limitam a utilização das regras de conexão na sua tarefa de escolher a lei aplicável às questões jurídicas multinacionais. Dentre estes princípios, a ordem pública é o que tem a maior abrangência e o maior poder de restringir a livre aplicação de referidas normas internacionais.

A ordem pública que funciona no Direito Internacional Privado como válvula de segurança poderá ser abusivamente utilizada por aqueles que resistem à aplicação da lei estrangeira por não assimilar adequadamente a noção de comunidade jurídica internacional.

É preciso que o aplicador da lei se conscientize de que ao princípio da ordem pública se deve recorrer com parcimônia, somente quando absolutamente necessário para manter o equilíbrio da convivência da sociedade internacional com os fundamentos do direito de cada grupo nacional. Neste espírito muitas convenções internacionais, ao inserir a exceção da ordem pública, se referem a ela – como já vimos com relação às convenções da Haia – no sentido de que a aplicação da lei estrangeira seja *manifestamente incompatível* com a ordem pública do foro.

São duas forças que se mantêm em estado de potencial antagonismo. De um lado, as regras de conexão que indicam a aplicação de leis estrangeiras pelo juiz do foro, e, de outro lado, ou melhor, acima e soberano, o princípio da ordem pública, a que o juiz pode recorrer a qualquer hora para impedir a aplicação da norma legal estrangeira, neutralizando a regra de conexão do DIP.

A ordem pública internacional deve ser vista como um anteparo armado pelo Direito Internacional Privado contra suas próprias regras, a fim de evitar que, no desiderato de respeitar

---

[120] Vide *American Journal of International Law,* 1981, p. 975.
[121] *American Journal of International Law,* 1981, p. 958.
[122] Vide *International Legal Materials,* 1989, p. 649.
[123] Vide Allin C. Seward III, After Bhopal: Implications for Parent Company Liability, *The International Lawyer* 21:695 e ss., 1987.

e fortalecer a comunidade jurídica entre os Estados, de construir a harmonia jurídica internacional, a fim de garantir a continuidade e fluidez do comércio internacional e a segurança das relações jurídicas internacionais, se criem situações anômalas em que princípios cardinais do direito interno de cada país venham a ser desrespeitados, que normas básicas da moral de um povo sejam profanadas ou que interesses econômicos de um Estado sejam prejudicados.

E acima de tudo paira a ordem pública verdadeiramente internacional, regida pelos interesses universais, que exige coordenação e colaboração entre os Estados para manter o equilíbrio do meio ambiente, da disciplina das atividades internacionais, do controle da criminalidade internacional, dos interesses internacionais em geral e, acima de tudo, da paz entre os povos.

*Capítulo XVI*
# FRAUDE À LEI

## NOÇÃO

Em seguida à ordem pública, e considerado decorrência desta, estuda-se outro princípio do Direito Internacional Privado, que também restringe a aplicação da lei indicada pelas regras de conexão, consistindo na neutralização dos efeitos da fraude à lei.

Estudamos no Capítulo X os elementos de conexão e as regras dele decorrentes. Dá-se a fraude à lei no DIP quando o agente, artificiosamente, altera o elemento de conexão que indicaria a lei aplicável. Por exemplo: se em matéria de estatuto pessoal, um indivíduo promover, por ato intencional e programado, a mudança de sua nacionalidade ou do seu domicílio, com o propósito de colocar-se sob a incidência de uma lei diversa da que lhe seria originariamente aplicável, visando fugir a uma proibição desta, ou a uma incompetência por ela determinada, terá agido com fraude à lei.[1]

É princípio moral que os fins lícitos não justificam os meios ilícitos. Na fraude à lei em DIP condena-se a lícita alteração de *status*, *v.g.*, da nacionalidade ou do domicílio, se realizada para alcançar um fim ilícito, *i.e.*, a fuga da lei normalmente aplicável.

## FUNDAMENTOS DA FRAUDE À LEI NO DIP

Ao estudar a ordem pública, vimos que a mesma produz efeitos em três níveis diferentes: no plano interno, no plano internacional e no plano dos direitos já adquiridos no exterior.

No plano interno o princípio tem o maior raio de ação, vedando que as partes pactuem contra normas protegidas pela ordem pública; no plano internacional, a ordem pública impede a aplicação de norma de direito estrangeiro que seja *gravemente chocante* ao sistema jurídico do foro; nem tudo que às partes é vedado pactuar será rejeitado se contido em regra de direito estrangeiro. E no terceiro plano a ordem pública impede o reconhecimento de direitos adquiridos no exterior, o que só ocorre quando estes são *gravissimamente chocantes* aos princípios jurídicos ou morais do foro.

Quando se declara inaplicável a lei estrangeira por ter ocorrido fraude à lei, isto não afeta apenas situações em que a lei estrangeira invocada seja gravemente chocante à ordem pública do foro – para isto, o princípio da ordem pública seria suficiente, não havendo razão para se recorrer a outra teoria –, mas abrange todas as situações em que as partes não poderiam, no plano interno, contratar de forma contrária ao disposto na lei.

---

[1] Jacob Dolinger, *Contratos e Obrigações no Direito Internacional Privado*, 2007, p. 53: "Por meio de um ardil que denominamos *legal shopping* ou *law shopping*, ocorrem hipóteses em que uma parte desloca, deliberadamente, o centro de gravidade de uma relação jurídica, de sua sede natural para outra localidade, com o exclusivo objetivo de subtrair-se à lei normalmente aplicável, e colocar-se ao abrigo da lei da jurisdição por ele escolhida".

Assim como as partes não podem pactuar *contra legem*, também não se aplica a lei estrangeira, que só se tornou aplicável por meio de estratagema visando modificar a conexão local, o que redunda, em última análise, num ato de vontade contrário a uma regra protegida pela ordem pública do foro.

Portanto, quando se atribui o fundamento da ineficácia dos atos realizados em fraude à lei do DIP ao princípio da ordem pública, não se deve pensar em termos da ordem pública no campo do direito internacional (pois, como visto, isto significaria duplicação do mesmo motivo para rejeitar a aplicação de determinada lei estrangeira), mas da ordem pública em termos de uma aplicação básica, no campo do direito interno.

Assim, sempre que no campo do direito interno a vontade das partes não possa ilidir a aplicação de determinada norma jurídica, também não poderão elas afastá-la com base em mudança artificial, ardilosa, fraudatória, do estatuto pessoal, como, por exemplo, mediante mudança de nacionalidade ou troca de domicílio.

Insistimos neste ponto para deixar patenteada nossa divergência daqueles autores que identificam a teoria da fraude à lei no DIP com a da ordem pública no DIP.[2]

Outro fundamento para a fraude à lei no Direito Internacional Privado é construído sobre a teoria do abuso do direito. A cada um é lícito mudar de nacionalidade, mas se alguém exerce este direito com a finalidade exclusiva de fugir do rigor de sua lei pessoal que proíbe o divórcio, a investigação de paternidade, a deserdação de filhos, estará abusando do direito de mudar de nacionalidade. O mesmo se aplicaria à mudança de domicílio, passo natural e legítimo na vida de qualquer pessoa, mas que será considerado abusivo se verificado que ela foi praticada tão somente para submeter-se a uma lei mais branda, que a beneficia em algum interesse.[3]

Muito perspicazes são as considerações de Werner Goldschmidt a respeito deste delicado princípio no DIP. Diz o mestre de Buenos Aires que em seu entender *"a fraude à lei consiste em um duplo abuso de direito; a pessoa fraudadora abusa de um direito para burlar a finalidade de outra norma jurídica"*.[4]

Oferecemos uma variante a este raciocínio no sentido de que a fraude à lei consiste em abusar de uma faculdade para fugir da lei originalmente competente – uma norma protegida pela ordem pública do plano interno.

A fraude à lei teria, assim, dois componentes, que se somam: abuso do direito e a ordem pública local, ou seja, o direito que se faculta à pessoa de se colocar sob a proteção de outra lei é praticado abusivamente quando ela se utiliza desta faculdade a fim de fugir à ordem pública da lei que lhe era originalmente competente.

Em seguida, Goldschmidt distingue entre: 1) fatos ocorridos independentemente de vontade do homem; 2) atos jurídicos, como a fixação do domicílio; e 3) negócios jurídicos, como a oferta. Com relação a estes dois últimos, observa que, enquanto os atos jurídicos produzem consequências jurídicas independentemente da vontade das partes, os negócios

---

[2] Jean Derrupé, *Droit International Privé*, 1978, p. 74, se refere aos autores que consideram "a fraude à lei como um aspecto da teoria da ordem pública, que deve intervir contra toda aplicação chocante de uma lei estrangeira". Ora, como visto, em se tratando de leis estrangeiras chocantes à ordem pública do foro, não há necessidade de se recorrer à teoria da fraude à lei.

[3] Jean Derrupé, *Droit International Privé*, 1978, p. 74, resume que esta doutrina vê na fraude à lei uma aplicação da noção do abuso do direito. Cada um pode mudar de nacionalidade ou de domicílio, mas constitui abuso desta faculdade utilizá-la unicamente para escapar à lei competente.

[4] Werner Goldschmidt, *Estudios Jusprivatistas Internacionales*, 1969, p. 320-321.

jurídicos resultam em consequências jurídicas desejadas pela vontade dos interessados, limitando-se a lei a sancioná-las.

A fraude à lei, segundo o autor argentino, ocorre quando a pessoa converte algo que é mero fato ou mero ato jurídico em um negócio jurídico. A norma indireta do DIP considera a localização de um móvel mero fato. A parte que leva intencionalmente o móvel para determinado país a fim de desfrutar dos benefícios de sua legislação, desvirtua a característica *do locus* do bem, transformando-a de um fato em um negócio jurídico.

O DIP considera a aquisição da nacionalidade um ato jurídico, não cogitando que alguém adquira nova nacionalidade com o objetivo de lhe ser aplicado, com relação a determinada situação, o direito de sua nova nacionalidade. Quem frauda a lei faz justamente isto: converte o que é considerado ato jurídico em um negócio jurídico.

Daí ficar claro porque não se fala em fraude à lei nos negócios jurídicos (submissão de contrato à lei de outro país que não o originariamente competente), eis que, por sua característica intrínseca, estão os negócios jurídicos na total dependência da vontade das partes e estas podem legitimamente submeter o negócio jurídico à lei que melhor lhes aprouver entre a deste ou daquele país.[5]

## FRAUDE À LEI NO DIP E *"FORUM SHOPPING"*

A expressão *"forum shopping"* se refere à procura de uma jurisdição em que as partes, ou uma delas, pensa que lhe será feita melhor justiça, ou onde terá mais probabilidade de êxito, por uma ou outra razão.[6]

É uma questão que tem sido muito debatida nos tribunais americanos e merecido a atenção dos estudiosos do Direito Processual Internacional.

O *"forum shopping"* tem relevância no estudo da fraude à lei, pois às vezes as partes se evadem da aplicação de sua lei sem mudar de nacionalidade, sem trocar seu domicílio, mas simplesmente recorrendo ao Judiciário de outro país, que admite sua competência jurisdicional para todos que a ele recorrem, como antigamente, no caso dos divórcios em Fiume e em Klausenburg, para onde acorriam os europeus cuja legislação pessoal vedava o divórcio. Mais recentemente, isto ocorria com os divórcios no Uruguai e no México utilizados pelos brasileiros, e com os divórcios de Nevada para os norte-americanos domiciliados em Estados que impõem rigorosos requisitos para a concessão do divórcio. São os chamados "juízos facilitários".

Francescakis classifica estas hipóteses de fraude indireta à lei aplicável.[7] A doutrina francesa não é pacífica a este respeito. Pierre Mayer tece uma sutil distinção entre a fraude à lei e o *"forum shopping"*. Na fraude à lei, mediante mudança de nacionalidade, por exemplo, ocorre uma modificação do direito competente, ou seja, o direito francês é substituído pelo direito do país da nova nacionalidade. A rigor, a decisão obtida com fundamento na lei de nova nacionalidade deveria ser considerada válida, eis que lei competente, mas, como esta mudança se operou com o manifesto intuito de fugir da lei originariamente aplicável, considera-se ter havido fraude à lei, seguindo-se a recusa em aceitar as consequências daí advindas.

Mas na hipótese do *"forum shopping"*, não se opera mudança no direito competente, este continua sendo o mesmo, registrando-se, mediante a busca de outra jurisdição, uma violação,

---

[5] Veremos adiante que existe uma doutrina no sentido de que haverá fraude à lei nos contratos quando forem submetidos à lei de um país totalmente estranho ao negócio jurídico.
[6] Em *Contratos e Obrigações no Direito Internacional Privado*, Jacob Dolinger denominou a fraude à lei como *"legal shopping"* ou *"law shopping"*.
[7] PH Francescakis, *Répertoire de Droit International*, 1969, t. II, p. 61.

pela recusa da aplicação da lei competente e a aplicação de uma outra lei, incompetente. Não haveria, segundo Mayer, necessidade de se recorrer à teoria da fraude à lei, pois basta constatar que houve negativa em aplicar o direito competente.[8]

Entendemos que quando ocorre o recurso a outro foro, que não o normalmente competente, as regras de conexão da jurisdição procurada, por serem outras, indicam a aplicação de outra lei. Há também aí, como em todos os casos de fraude à lei, a substituição da lei por outra, igualmente competente.

Mayer, fiel ao sistema francês tradicional de que na homologação de sentença estrangeira deve-se verificar se foi aplicado o direito determinado pelas regras do DIP francês,[9] pode fazer a distinção, mas ela não condiz com nosso sistema, que respeita as normas do DIP estrangeiro e homologa sentenças estrangeiras que aplicaram a lei competente segundo as regras de conexão do sistema jurídico estrangeiro, diferentes das regras do foro.

Acrescente-se que nem todo "*forum shopping*" se identifica com a fraude à lei. Quando um contratante resolve não processar a outra parte em seu foro natural (domicílio do réu, por exemplo), escolhendo outra jurisdição, em que se encontra o patrimônio do devedor, e o faz com fundamento na legislação processual do local escolhido, que admite este tipo de competência jurisdicional, estará ocorrendo um "*forum shopping*" que não se caracteriza como fraudatório à lei, apesar de o foro escolhido aplicar lei diversa daquela que seria aplicada no foro natural.

## CONSEQUÊNCIAS DA FRAUDE À LEI

Os efeitos dos atos praticados no exterior em fraude à lei de determinada jurisdição serão apenas ineficazes na mesma, eis que não tem ela competência para decretar a invalidade do que ocorreu em outra jurisdição.[10]

Doutrinariamente, especula-se sobre o que será ineficaz: o ato em sua integralidade ou somente as consequências que o interessado desejou alcançar por meio de seu estratagema?

Veja-se, por exemplo, a hipótese do nacional que se naturaliza em outro país, perdendo a nacionalidade originária, e que, assim, submetido à nova legislação, pratica ato que lhe era vedado enquanto seu estatuto pessoal era regido pela lei da anterior nacionalidade.

Questiona-se se a jurisdição de sua nacionalidade originária não reconhecerá a naturalização, continuando a considerá-lo seu nacional, ou se, mesmo reconhecendo a naturalização (eis que não tem competência para considerar inválido ato jurídico realizado sob a égide e mediante o expresso assentimento de outra soberania), não admitirá a perda da nacionalidade originária ou, mesmo admitindo-a, deixará tão somente de reconhecer efeitos aos atos que se seguiram à naturalização, como, por exemplo, o divórcio permitido pela lei de sua nova nacionalidade e vedado pela lei de sua nacionalidade originária.

Em caso de troca de domicílio, é mister reconhecer o ato, que só poderá ser negado em caso de conflito de qualificações, isto é, divergência na conceituação do domicílio, o que não ocorre com frequência; normalmente, não haverá como fugir à evidência da mudança domiciliar; a fraude cometida repercutirá tão somente na ineficácia local dos atos praticados sob proteção da lei do novo estatuto pessoal com base no domicílio adquirido.

---

[8] Pierre Mayer, *Droit International Privé*, 1977, p. 283-284.
[9] No caso Cornelissen c. Avianca Inc., de 2007, a Corte de Cassação suprimiu o requisito da adequação à regra de conflito francesa.
[10] Yvon Loussouarn e Pierre Bourel, *Droit International Privé*, 1978, p. 367.

Em matéria de contratos, apesar da autonomia da vontade, alguns autores reconhecem sua limitação, admitindo ocorrer fraude à lei na submissão de uma relação obrigacional à lei de um país com o qual o contrato não tem qualquer relação[11] e na submissão a uma lei estrangeira quando a relação jurídica é eminentemente interna.[12]

A mudança de religião nas regiões onde o estatuto pessoal é regido pela lei religiosa também é considerada prática de fraude à lei, ocasionando as mesmas consequências.

Assim, um cristão que se converte para o islamismo, não poderá sustar os alimentos a que fora condenado a pagar à sua esposa, pois que sua conversão teria visado tão somente escapar desta obrigação.[13]

Na França, onde a nacionalidade da pessoa jurídica se caracteriza pelo país de sua sede, discutiu-se o problema da fraude nas hipóteses em que empresas organizadas na França, constituídas por capital francês, dirigidas por franceses, com exploração de seus negócios na França, estabeleciam sua sede no exterior para beneficiar-se de uma legislação menos rigorosa do que a francesa. Vários casos com estas características foram considerados fraude à lei, afirmada a nacionalidade francesa destas pessoas jurídicas. Mas a doutrina considerou que nestas hipóteses não se tratava de negar efeitos a uma situação jurídica intrinsecamente válida, com fundamento na teoria da fraude à lei, mas simplesmente de estabelecer a real situação, camuflada por um ato simulatório.[14]

Em matéria de bens móveis, informa Pierre Mayer que a jurisprudência francesa não oferece exemplos de fraude por deslocamento de móveis, mas que é fácil imaginar a situação do proprietário de um bem móvel, que, de má-fé, leva o bem para um país onde o prazo de aquisição por usucapião é curto, para aí consolidar seus direitos sobre o bem, e em seguida repatriá-lo.[15]

## A FRAUDE À LEI NAS RELAÇÕES FAMILIARES

O fenômeno da fraude à lei no Direito Internacional Privado ocorre principalmente em questões de direito de família, como na celebração do casamento e no divórcio.

Bartin discorre sobre a hipótese do francês que deseja consorciar-se com uma francesa e, visando evitar a publicidade exigida pela legislação de seu país, casa-se em outro país, onde as formalidades de celebração matrimonial são mínimas.[16]

De acordo com o art. 170 do Código Civil francês, então em vigor, o casamento de franceses celebrado no exterior na conformidade das formalidades legais do local é válido, em respeito à regra *locus regit actum*. No entanto o autor enuncia algumas dezenas de decisões de tribunais franceses e belgas, do século XIX, que não reconheceram a validade desses casamentos, pois, como explica o autor, estes casamentos só se submeteram às formalidades da

---

[11] Yvon Loussouarn e Pierre Bourel, *Droit International Privé*, 1978, p. 364.
[12] Diz Ferrer Correia, *Lições de Direito Internacional Privado*, 1963, p. 529: "se as partes inserem no contrato um elemento internacional fictício, *v.g.*, indicando falsamente no documento um país estrangeiro como lugar de celebração – com certeza que tal contrato permanecerá sujeito à lei nacional". A rigor, não haveria nesta hipótese fraude à lei, pois consistiria numa mera simulação.
[13] Henri Batiffol e Paul Lagarde, *Droit International Privé*, 1993, v. I, p. 429, referindo-se a uma decisão de tribunal sírio.
[14] Jacques Donnedieu de Vabres, *L'Évolution de la Jurisprudence Française en Matière de Conflit de Lois depuis de début du XXe siècle*, 1938, p. 684.
[15] Pierre Mayer, *Droit International Privé*, 1977, p. 144.
[16] Étienne Bartin, *Études de Droit International Privé*, 1899, p. 246.

lei estrangeira devido à intenção dos futuros cônjuges de escapar das disposições formais de sua lei pessoal. Estes são casamentos clandestinos devido à intenção que tiveram os nubentes de evitar a publicidade exigida por sua lei pessoal, submetendo-se à lei de outra jurisdição.[17] Posteriormente, a redação do artigo foi alterada para exigir a publicação dos proclamas na França.[18] Em 2007, o artigo foi revogado.

Na Inglaterra não se aplica a teoria da fraude à lei a este tipo de casamento. "*A validade de um casamento não é afetada pelo fato de que o objetivo dos nubentes em casarem no estrangeiro foi evitar as exigências de sua lei domiciliar em matéria de consentimento, publicidade, etc.*", diz Dicey em sua clássica obra sobre o *conflict of laws* britânico.[19]

Ainda em matéria de casamento, Bartin invoca o caso de um padre católico, de nacionalidade austríaca, que se naturalizou na Saxônia a fim de obter capacidade nupcial, de acordo com a lei de sua nova nacionalidade. Os tribunais austríacos não reconheceram seu casamento, pois a capacidade nupcial que lhe foi outorgada pela lei da Saxônia resultou de uma naturalização que só visou a escapar da incapacidade civil que lhe atribuía a lei de seu país de origem.[20]

Outro caso reportado pela doutrina é o de um cônjuge que, depois de divorciado no estado de Tennessee, por causa da prática de adultério, e desejando matrimoniar-se com seu cúmplice, o que a lei de Tennessee vedava, vai para o estado de Alabama e, aproveitando-se da lei deste estado, que não conhece o impedimento do matrimônio entre o cônjuge adúltero e seu cúmplice, ali contrai núpcias. Este casamento foi considerado nulo pela Corte Suprema de Tennessee, pois a mudança para aquele estado visou tão somente fugir à incapacidade legal de sua lei original.[21]

E também temos a decisão de uma corte francesa anulando como fraudulento o casamento de um menor francês celebrado na Escócia sem o consentimento dos pais, exigido pela lei francesa,[22] que lembra o caso *Ogden v. Ogden*, de que tratamos no capítulo das Qualificações.

Apesar de o § 1º do art. 7º da Lei de Introdução determinar a aplicação da lei brasileira às formalidades do casamento e aos impedimentos matrimoniais quando as núpcias são celebradas no Brasil, entende a doutrina que também se devem respeitar os impedimentos constantes da lei pessoal de cada cônjuge. Se pessoa domiciliada em país A se casar no Brasil com pessoa domiciliada no país B, deverão ser respeitados os impedimentos previstos nas três legislações. Aqui não se trata necessariamente de prevenir uma fraude à lei estrangeira, visada pelos nubentes com eventual fuga de seu domicílio ou seus domicílios para o Brasil, mas simplesmente de coordenar a norma do art. 7º, *caput*, que indica a lei do domicílio como determinadora da capacidade civil e dos direitos da família, o que inclui naturalmente os

---

[17] Étienne Bartin, *Études de Droit International Privé*, 1899, p. 246. Por Lei de 1907, o art. 170 do Código Civil francês, teve sua redação alterada para dispor que o casamento de francês no exterior, celebrado de acordo com as formalidades do local da celebração, será válido na França, "desde que precedido da publicação prescrita no art. 63...". Vide Jacob Dolinger, *Casamento e divórcio no direito internacional privado*, 1997, p. 14, sobre a tentativa de anular o casamento da famosa atriz Sarah Bernhardt.

[18] "Art 170. Le mariage contracté en pays étranger entre Français et entre Français et étranger sera valable, s'il a été célébré dans les formes usitées dans le pays, pourvu qu'il ait été précédé de la publication prescrite par l'article 63, au titre Des actes de l'état civil, et que le Français n'ait point contrevenu aux dispositions contenues au chapitre précédent."

[19] Dicey e Morris, *The Conflict of Laws*, 1967, p. 236.

[20] Étienne Bartin, *Études de Droit International Privé*, 1899, p. 248.

[21] Étienne Bartin, *Études de Droit International Privé*, 1899, p. 248.

[22] Jacques Donnedieu de Vabres, *L'Évolution de la Jurisprudence Française en Matière de Conflit de Lois depuis de début du XXe siècle*, 1938, p. 686.

impedimentos matrimoniais, com a norma do § 1º do mesmo artigo, que ordena a aplicação da lei brasileira sobre impedimentos quando aqui celebrado o matrimônio.

A dificuldade na teoria da fraude à lei é que ela envolve a análise da intenção do pretenso fraudador, o que, para certos autores, representa uma intromissão do Judiciário no campo da consciência humana, que lhe é defeso fazer.[23]

Casos há, todavia, em que a fraude é de tal forma manifesta que seria difícil negar a sua evidência. A hipótese aventada por nossos autores refere-se à época quando o divórcio era vedado aos brasileiros, em que um brasileiro se naturalizava francês para poder dissolver seus laços matrimoniais e contrair outra vinculação nupcial, para depois pretender a reaquisição de sua nacionalidade brasileira.[24] A evidência da fraude seria tamanha, que não haveria dificuldade em considerar a naturalização, seguida de divórcio e novas núpcias como praticadas em fraude à lei brasileira, competente, e, assim, negar eficácia em nosso território ao divórcio e às subsequentes núpcias.

## JURISPRUDÊNCIA FRANCESA

*Caso Vidal* – Os esposos Vidal contraíram matrimônio em Paris, em 1864. Depois de obter na França a separação de corpos (equivalente a nosso antigo desquite), adquiriram ambos a nacionalidade suíça no cantão de Schaffenhausen, em 1874. Em seguida, solicitaram seu divórcio, que lhes foi concedido no mesmo ano. E no ano seguinte, poucos meses após a dissolução do vínculo conjugal decretada pelo tribunal suíço, a Sra. Vidal contraiu novas núpcias, em Paris, com o Sr. Louis Geofroy.

O Sr. Vidal e o Ministério Público ingressaram na Corte de Paris com ação de nulidade do segundo matrimônio da Sra. Vidal com fundamento no art. 147 do Código Civil francês, ainda hoje em vigor, que veda segundas núpcias antes da dissolução das primeiras. A corte francesa decidiu pela nulidade das núpcias Geofroy-Vidal.[25] *Caso Bauffremont* – Este é um dos mais famosos e discutidos casos da jurisprudência do DIP.[26]

---

[23] Henri Batiffol e Paul Lagarde, *Droit International Privé*, 1993, v. I, p. 430.
[24] Clóvis Beviláqua, *Princípios Elementares de Direito Internacional Privado*, 1938, p. 313; Eduardo Espínola, *Elementos de Direito Internacional Privado*, 1925, p. 199; M. F. Pinto Pereira, *Casamento e Divórcio no Direito Civil Internacional*, 1924, p. 164; Wilson de Souza Campos Batalha, *Tratado Elementar de Direito Internacional Privado*, 1961, v. II, p. 130. Vide Françoise Monéger, *Droit International Privé*, 2003, p. 56.
[25] Sentença de 30 de junho de 1877 da Corte de Paris, 1ª e 3ª Câmaras Reunidas, *Clunet*, 1878.268 a 271: "Considerando que os esposos Vidal solicitaram a nacionalidade suíça e logo em seguida obtiveram seu divórcio, numa ação combinada entre ambos, visando burlar o princípio da lei francesa, que consagra a indissolubilidade do matrimônio; que nem um nem outro adquiriu a nacionalidade suíça pensando exercer os direitos que a mesma confere ou cumprir as obrigações que ela impõe; que o Sr. Vidal nunca abandonou a França, continuando a residir em Paris, onde vive até hoje; que também a Sra. Vidal só se submeteu a uma lei estrangeira para livrar-se do vínculo de seu anterior casamento e para contrair imediatamente um novo, pelo qual recupera a qualidade que acabou de perder;Considerando que juridicamente o segundo matrimônio, contraído antes da dissolução do primeiro, está afetado pela lei francesa de nulidade absoluta;Considerando que a naturalização deve constituir o exercício de um direito legítimo e não o abuso de uma faculdade; que se, como no caso dos autos, a naturalização foi obtida exclusivamente com o objetivo de burlar a lei francesa e ilidir certas proibições fundamentais, referida naturalização não pode ser invocada contra os interesses da ordem pública e de ordem privada que a lei tem por objetivo proteger;Considerando que os réus, não podendo valer-se do ato da naturalização que invocam, tampouco podem invocar a sentença de divórcio que foi sua consequência; que carece de importância o fato de que o Sr. Vidal tenha voluntariamente prestado seu concurso aos atos fraudulentos, pois, mesmo que não possa ele opor-se aos mesmos, sempre poderá fazê-lo o Ministério Público.
[26] Princesse de Bauffremont c Prince de Bauffremont, Corte de Cassação, Ch. Civ., 19.03.1878.

A condessa de Caraman Chimay, de nacionalidade belga, contraiu núpcias em 1861 com o príncipe de Bauffremont, francês. Em 1874, ela obteve contra ele, na Corte de Paris, uma sentença de separação de corpos (nosso desquite). Em seguida, ela se dirige ao ducado de Saxo-Altenburgo, onde estabelece seu domicílio e se naturaliza em 1875. Valendo-se de uma lei daquele ducado que permite a esposos definitivamente separados por decisão judicial contrair novas núpcias, a princesa se casa no mesmo ano, em Berlim, com o príncipe Bibesco, de nacionalidade romena.

A justiça francesa, em ação proposta pelo príncipe francês, decidiu que os atos praticados pela princesa Bauffremont consistiram em fraude à lei francesa, pelo que inaceitáveis e ineficazes em França.

Modernamente, a teoria da fraude à lei tem sido aplicada na França em casos de troca de religião, como a do cristão que se converte para a religião muçulmana, a fim de contrair núpcias com uma segunda esposa ou para repudiar seu cônjuge.[27]

## LEGISLAÇÃO

Algumas legislações se preocuparam com o problema da fraude à lei, incluindo disposições mais ou menos expressas, visando a evitar a eficácia de resultados colimados pelas partes mediante a evasão à lei competente.

O Código Civil argentino, em seu art. 1.207, dispõe que os contratos realizados em país estrangeiro para violar as leis da República não têm valor algum, ainda que não sejam proibidos no lugar onde se tenham celebrado, e no artigo seguinte, 1.208, figura a mesma regra para a hipótese contrária, que os contratos realizados na República para violar direitos e leis de uma nação estrangeira não terão efeito algum.

O art. 15 da Lei de Matrimônio Civil do Chile dispõe que o casamento celebrado em país estrangeiro, na conformidade das leis do mesmo, produzirá no Chile os mesmos efeitos do que se tivesse sido realizado em território chileno. No entanto, se um chileno contrai matrimônio em país estrangeiro desrespeitando o disposto nos arts. 4 a 7 da lei chilena, que trata dos impedimentos matrimoniais, a contravenção produzirá no Chile os mesmos efeitos do que se tivesse sido cometida no Chile.

O Código Civil português, de 1966, art. 21, dispõe que "*na aplicação das normas de conflitos são irrelevantes as situações de fato ou de direito criadas com o intuito fraudulento de evitar a aplicabilidade da lei que, noutras circunstâncias, seria competente*".

Em alguns estados norte-americanos vige a *Uniform Marriage Evasion Act*, que dispõe que, se uma pessoa, domiciliada no estado onde tenciona continuar vivendo, se dirige a outro estado, para ali contrair um casamento que lhe é proibido no estado de seu domicílio, este casamento será ali considerado nulo. O *Act* proíbe as autoridades estaduais de celebrarem casamentos vedados segundo a legislação do estado do domicílio dos nubentes.

Este princípio vem consagrado no *Restatement Second*, regra n. 283, § 2º:

"Um casamento que satisfaz os requisitos do estado em que foi contraído será reconhecido em toda parte como válido, ressalvada a hipótese em que viola gravemente a ordem pública de outro estado que tem a mais significativa relação com os nubentes e o casamento à época de sua celebração".

---

[27] Vide Françoise Monéger, *Droit International Privé*, 2003, p. 56.

O DIP brasileiro concentrou sua preocupação em matéria de fraude à lei na questão do divórcio: tendo a Lei de Introdução de 1942 passado do antigo princípio da nacionalidade para o princípio do domicílio como regente do estatuto pessoal, quis prevenir que brasileiros domiciliados no exterior se valessem deste domicílio para ali se divorciarem e terem o divórcio reconhecido no Brasil. Daí o disposto no § 6º do art. 7º, na sua redação original: *"Não será reconhecido no Brasil divórcio se os cônjuges forem brasileiros. Se um deles o for, será reconhecido o divórcio quanto ao outro, que não poderá, entretanto, casar-se no Brasil"*[28]

## PROJETOS PARA SUBSTITUIÇÃO DA LEI DE INTRODUÇÃO

Enquanto a Lei de Introdução não tem um dispositivo expresso sobre a fraude à lei, os Projetos nºˢ 4.905/1995 e 269/2004 determinam, respectivamente, em seus arts. 17 e 18, o seguinte:

"Não será aplicada a lei de um país cuja conexão resultar de vínculo fraudulentamente estabelecido".

## FONTES INTERNACIONAIS

A Convenção da Haia de 1902 sobre Conflitos de Leis e de Jurisdições em Matéria de Divórcio e de Separação de Pessoas determinou, em seu art. 1º, a aplicação concomitante da lei da nacionalidade dos cônjuges e do lugar onde a ação fosse intentada (em respeito à ordem pública do foro), ressalvando em seu art. 4º que a lei da atual nacionalidade não pode ser invocada para pleitear divórcio com base em fato ocorrido quando ambos ou um dos cônjuges pertenciam a outra nacionalidade (o que serviria, inclusive, para evitar fraude à lei da nacionalidade originária).

A Convenção da Haia de 1970, sobre o Reconhecimento de Sentenças de Divórcio e de Separação de Corpos, dispõe, em seu art. 7º, que todo Estado contratante poderá recusar o reconhecimento de divórcio entre cônjuges que, à época da dissolução, eram nacionais de Estados cuja lei não conhece o divórcio.

Os Tratados de Montevidéu e o Código Bustamante não trataram da fraude à lei. Já a Convenção Interamericana sobre Normas Gerais de Direito Internacional Privado, aprovada em Montevidéu, em 1979, na 2ª Conferência Interamericana Especializada sobre DIP, cuidou deste princípio, assim dispondo em seu art. 6º:

"Não se aplicará como direito estrangeiro o direito de um Estado-Parte quando se tenham artificiosamente evadido os princípios fundamentais da lei de outro Estado-Parte. Caberá às autoridades competentes do Estado receptor a determinação da intenção fraudulenta das partes interessadas".

---

[28] O mestre Oscar Tenório entende que "com a entrada em vigor da LINDB saiu do âmbito da doutrina da fraude à lei para o da violação da lei, em face do preceituado no par. 6º do art. 7º, que não admite o reconhecimento de divórcio de brasileiros decretado no exterior". Oscar Tenório, *Direito Internacional Privado*, v. I, 1976, p. 367.

Os "princípios fundamentais da lei de outro Estado-Parte" devem ser entendidos como as normas de outro Estado protegida pelo princípio de sua ordem pública interna, como vimos no início do presente capítulo.[29]

A segunda parte do dispositivo, ao exigir a determinação da "intenção fraudulenta", pede que seja detectado o móvel psicológico das partes ao submeter determinada relação a outro sistema jurídico, determinação esta que segue a teoria subjetiva em relação à fraude, atualmente superada pela teoria objetiva que concentra a análise nas manifestações externas.[30]

## FRAUDE À LEI ESTRANGEIRA

Como vimos, a principal manifestação da teoria da fraude à lei no Direito Internacional Privado diz respeito ao artifício que subtrai a relação jurídica à lei competente de acordo com as regras do DIP do foro, submetendo-a a uma lei estrangeira, cuidando-se de saber se os efeitos jurídicos desta outra legislação serão reconhecidos, se terão eficácia na jurisdição cuja lei era originariamente a competente.

É isto que ocorreu nas naturalizações, seguidas de divórcio e de segundas núpcias dos franceses que se evadiam da lei de sua pátria e se submetiam às normas de outras legislações que admitiam a dissolução do vínculo matrimonial, quando na França ainda era vedado o divórcio.

Diversa a perspectiva do outro lado da equação: quando a parte ou as partes se evadem de lei estrangeira para se colocar sob a égide da lei do foro, mais benéfica, como aconteceu, depois de admitido o divórcio na França, com os italianos, quando ainda proibidos por sua lei de se divorciarem, que se naturalizavam franceses para obter a dissolução na França, casos em que as autoridades francesas não aplicavam a teoria da fraude à lei, concedendo divórcio a estes ex-italianos.[31]

Terceira hipótese ocorre quando no país A se há de examinar a eficácia de ato realizado sob a égide da lei do país B, ao qual as partes de submeteram mediante evasão da competência da lei de país C, que veda o ato praticado.

A tendência na França moderna é aplicar a teoria da fraude à lei à terceira hipótese, ou seja, quando a parte se evadiu de lei estrangeira para submeter-se à lei de outro país estrangeiro. Já a evasão da lei estrangeira para submeter-se à lei francesa, caso da segunda hipótese, não é tratada como fraude à lei, pois implicaria, no caso de estrangeiro que se naturaliza francês, em considerar viciado o ato de naturalização concedido pelas autoridades francesas.[32]

---

[29] A respeito deste dispositivo Jacob Dolinger, Convenção Interamericana sobre Normas Gerais de Direito Internacional Privado, In: Paulo Borba Casella e Nadia de Araujo (Coord.), *Integração Jurídica Interamericana*, 1998, p. 192: "(...) a impressão que se tem é que visa a impedir que no país A se aplique a lei do país B, quando se tenham burlado os princípios fundamentais da lei do país C, o que certamente não é o caso clássico da fraude à lei no direito internacional privado e não deveria merecer a prioridade da convenção". Vide adiante o subitem Fraude à Lei Estrangeira.

[30] Tatiana B Maekelt, *Normas Generales de Derecho Internacional Privado em América*, 1984, p. 167.

[31] O casamento de Sophia Loren com Carlo Ponti foi celebrado na França, onde o cineasta – casado – se naturalizara, com o objetivo de fugir à lei italiana que vedava o divórcio, obtendo em seguida a dissolução de seu primeiro matrimônio em tribunal francês, o que possibilitou-lhe casar com a famosa italiana perante autoridade francesa.

[32] Jacques Donnedieu de Vabres, *L'Évolution de la Jurisprudence Française en Matière de Conflit de Lois depuis de début du XXe siècle*, 1938, p. 686, aponta para a dificuldade inerente à distinção entre fraude à lei francesa e fraude à lei estrangeira, eis que o que se frauda não é a lei do país A ou a do país B, mas a regra de DIP que manda aplicar a lei deste ou daquele país. Assim, seria indiferente se houve evasão da lei de um ou de outro país; Pierre Lepaulle, *Le Droit International Privé*, 1948, p. 248, nota 4, também

Já o Código argentino, como vimos, equiparou a fraude cometida para evadir a aplicação da lei estrangeira à fraude que visa a evasão da lei argentina – arts. 1.207 e 1.208 do Código Civil.

No Brasil, a doutrina partiu de uma decisão da Suprema Corte, de 1925, que originou uma interessante divergência. Tratava-se de italiano que se naturalizou uruguaio e que neste país se divorciou, trazendo a sentença para ser homologada no Brasil. O Supremo Tribunal Federal homologou a sentença estrangeira dizendo que *"para ver no divórcio em questão uma ofensa aos nossos bons costumes, seria preciso considerar os divorciados ainda casados, revogando, assim, pela nossa, a legislação do Uruguai, única, aliás, competente para resolver o conflito e regular a organização da família uruguaia"*. Pontes de Miranda reproduz a emenda do STF e acrescenta sua opinião, dizendo "Excelente". Pontes vai mais adiante para dizer que esta decisão revela que o *"Brasil tem afastado a doutrina da fraude à lei e homologado sentenças que decretaram divórcio a vínculo segundo a lei da nova nacionalidade"*.[33]

Discorda Oscar Tenório da conclusão de Pontes de Miranda, sustentando que *"não competia ao Poder Judiciário brasileiro apreciar se o divórcio de um italiano naturalizado uruguaio resultou da naturalização fraudulenta. A apreciação poderia ser feita na Itália, cuja legislação proibia o divórcio"*.[34]

Haroldo Valladão diverge frontalmente do STF, entendendo que a tendência moderna e justa é estender a teoria da fraude à lei *"também à defesa da lei estrangeira, na alta linha espiritual do direito contemporâneo"*.[35]

Na conformidade de nossa concepção sobre o respeito devido à ordem pública estrangeira, entendemos que também a evasão de lei estrangeira competente deva ser policiada e adequadamente rejeitada em toda parte. Assim, cabia ao Supremo Tribunal negar homologação à sentença de divórcio uruguaia por ter havido uma fraude à lei italiana, contrária naquela época ao divórcio. Esta seria uma moderna manifestação da *comitas gentium*.

## A FRAUDE À LEI NA ATUALIDADE

Com a moderna evolução do direito internacional privado, que se tornou mais flexível, menos dependente das regras de conexão, e mais fundamentado nos grandes princípios, com destaque especial para o princípio da proximidade, que recomenda ao julgador procurar sempre a lei que seja mais próxima, mais íntima com a situação ou a relação jurídica, a teoria da fraude a lei perdeu sua relevância. A alteração de circunstâncias como nacionalidade ou domicílio não mais exigirá o recurso à teoria, ao princípio da fraude a lei, um processo negativo de rejeição de determinado sistema jurídico, pois a nova lei, sob a qual a parte pretende se acobertar, sequer será tomada em consideração, por faltar-lhe a característica fundamental, de ser a lei mais próxima à questão. O julgador não precisa recusar a lei buscada, eis que adota logo a lei originalmente competente, por ser, efetivamente, a mais

---

equipara todas as hipóteses de fraude à lei no DIP. Entendemos que não deve ser aceito este sofisma, eis que a fraude depende do objetivo colimado e este é o de fugir à lei interna aplicável, portanto o que se frauda é esta específica norma material. Veja-se que a Convenção da CIDIP aprovada em Montevidéu em 1979 se refere expressamente à evasão fraudulenta... da lei de *outro* Estado.

[33] Pontes de Miranda, *Tratado de Direito Internacional Privado*, 1935, v. II, p. 87, nota 2.
[34] Oscar Tenório, *Direito Internacional Privado*, 1976, v. I, p. 367.
[35] Haroldo Valladão, *Direito Internacional Privado*, 1980, v. I, p. 514.

próxima, numa operação de natureza positiva.³⁶ O domiciliado no Brasil que se estabelece em outra jurisdição, manifestamente com o intuito de socorrer-se de uma legislação mais benéfica, deverá ter sua situação julgada no Brasil pela lei mais próxima à sua vida, à sua situação jurídica, à relação jurídica em consideração, e esta lei continuou sendo a lei brasileira, à qual está ligado pelos laços de um domicílio estabelecido com caráter definitivo, inalterável por uma mudança artificial.

---

[36] Vide Jacob Dolinger, *Contratos e Obrigações no Direito Internacional Privado*, 2007, p. 221.

## Capítulo XVII
# A QUESTÃO PRÉVIA

Dentre os princípios do Direito Internacional Privado, a questão prévia é o mais recente: as primeiras manifestações doutrinárias e jurisprudenciais a seu respeito datam do início da década de 30 do século passado.

Em linhas gerais, o princípio cuida de hipótese em que uma questão submetida a juízo, a ser decidida conforme a lei indicada pela competente regra de conexão do foro, depende, para sua solução, de se julgar outra questão, que lhe é preliminar, devendo-se então saber qual direito conflitual decidirá sobre a lei aplicável para esta questão, geralmente denominada como "questão prévia".

Exemplificando: se a justiça do país A, tendo diante de si uma questão sucessória, que, segundo seu DIP, deve ser julgada pela lei substantiva do país B, verifica que a sucessão só poderá ser decidida depois de julgada a filiação do pretenso herdeiro – esta a questão prévia. Ocorre que, segundo o DIP do país A, a questão da filiação deve ser decidida pela lei do país C, ou pela lei do próprio país A, mas, segundo o DIP do país B – cuja legislação foi considerada competente para a questão sucessória – a filiação deve ser julgada de acordo com sua própria lei ou a lei do país D. Quem comanda a decisão sobre a lei aplicável para a questão prévia: o mesmo DIP do foro que decidiu sobre a lei aplicável para a questão principal, ou o DIP do país cuja lei foi considerada aplicável para a solução da questão principal?

São, portanto, três as condições necessárias para a ocorrência da questão prévia:

1. As regras de conexão do foro indicam a aplicação de determinado direito estrangeiro para a questão principal;
2. Surge uma questão prévia, de cuja solução depende a questão principal, e segundo o Direito Internacional Privado do foro, esta questão prévia deve ser julgada pelo direito de outra jurisdição que não aquela indicada para a questão principal;
3. A indicação do DIP do foro relativa à lei aplicável à questão prévia é diferente da indicação do DIP do país cuja lei foi determinada como a aplicável para solução da questão principal.[1]

De um lado, pode-se argumentar que tendo o DIP do foro decidido sobre a lei aplicável para a questão principal, deve igualmente indicar a lei aplicável para a questão prévia. Por outro lado, também se poderá dizer que, tendo o DIP do foro decidido que se deve aplicar à questão principal a lei de determinado país, o sistema jurídico deste passa a ser competente para tudo, inclusive para decidir que lei será aplicada para a questão prévia, e isto na conformidade de suas regras de DIP. A justificativa desta teoria é que, assim como a lei aplicável para a questão principal é a lei que decidirá sobre questões intertemporais, assim como ela será obedecida quando indicar a aplicação de outra lei (reenvio), assim como ela é obedecida em matéria de

---

[1] Vide J. H. C. Morris, *The Conflict of Laws*, 1971, p. 492.

subqualificações, ou qualificações secundárias, assim como a ela cabe a interpretação de suas regras, também a ela caberá indicar a lei aplicável à questão prévia.²

A primeira notícia jurisprudencial que se tem da questão prévia é o caso *Ponnoucannamalle c. Nadimoutoupoulle*, que tramitou nos tribunais franceses, chegando até o Tribunal de Cassação: tratava-se da herança de um inglês, domiciliado na França, cujo espólio era composto de bens imóveis sitos na Indochina, território então sob domínio francês. Segundo o DIP francês, a sucessão estava sujeita à lei francesa.

Entre os herdeiros figurava o filho legítimo do filho adotado pelo *de cujus* na Índia. Surgiu dúvida sobre a validade da adoção porque à época em que ela ocorreu, o adotante já tinha filhos legítimos. Da validade da adoção dependia o direito hereditário do interessado. Qual o sistema jurídico aplicável à adoção? De acordo com a lei civil francesa, a adoção não era válida, mas pela lei hindu era perfeitamente válida.

O Tribunal decidiu aplicar à adoção – questão prévia – a lei francesa, competente para decidir sobre a herança – questão principal – entendendo que a determinação sobre o parentesco (adoção) cabia à lei sucessória, eis que surgira com relação ao direito de herança.³

Mas a Doutrina tem reservas quanto à qualificação desta hipótese como questão prévia. Oscar Tenório observa que a proteção da descendência legítima contra a descendência criada pela adoção é um problema de ordem pública, não traduzindo, portanto, o fenômeno da questão prévia.⁴

Ferrer Correia qualifica a hipótese de "falso caso de questão prévia", eis que a questão principal – a sucessão – era regida pela lei do foro.

Para o professor de Coimbra a questão prévia só se configura quando o DIP do foro indica para a questão principal uma lei estrangeira. Aí, sim, surge a dúvida se a questão prévia será julgada conforme a lei indicada pelas regras do DIP do foro, especificamente pela regra de conexão correspondente à matéria da questão prévia, ou se, uma vez indicado pelo DIP do foro a aplicação de uma lei estrangeira para reger a questão principal, cabe ao sistema jurídico deste outro país determinar a lei aplicável para a questão prévia, por meio de sua correspondente regra de conexão.⁵

No sistema do DIP brasileiro se poderia conceber a questão prévia na seguinte hipótese: dois italianos, ambos domiciliados no Brasil, casam-se e aqui estabelecem seu primeiro

---

² Vide Edith Palmer, *The Austrian Codification of Conflicts Law*, The Am. J. of Comp. Law, 1980, p. 207, com relação ao princípio que a lei aplicável deve ser aplicada em sua totalidade.
³ *Revue*, 1932.526.
⁴ Oscar Tenório, *Direito Internacional Privado*, 1976, t. I, p. 310.
⁵ Ferrer Correia, *Lições de Direito Internacional Privado*, 1963, p. 442. O mestre português elabora a seguinte hipótese: dois alemães, homem e mulher, constituem na Inglaterra, em 1935, um domicílio inglês e casam nesse país em 1936. Em 1939, adquirem a nacionalidade britânica. O marido morre em 1946, deixando bens móveis na Alemanha. O direito aplicável à sucessão é, nos dois Estados, o inglês. Segundo a lei inglesa, os direitos sucessórios da viúva pressupõem que o matrimônio de 1936 tenha sido validamente celebrado. O DIP alemão faz depender esta questão do direito alemão, o qual considera válido o casamento. Mas segundo a norma de conflitos inglesa, o direito material competente é o inglês (*lex domicilii*), o qual considera nulo o matrimônio. O ilustre autor português não explicita em que jurisdição estaria sendo julgada esta questão hipotética. Como ambos estão domiciliados na Inglaterra e os bens na Alemanha são móveis (e não imóveis), somos levados a crer que o foro da questão seria o britânico. Ora, se o juiz inglês julga a sucessão por seu próprio direito, não se materializa o problema da questão prévia, eis que o próprio Ferrer Correia, no parágrafo imediatamente anterior, diz que "o problema da questão prévia só se põe como problema autônomo, quando, segundo o DIP do foro, a questão principal dependa de uma lei estrangeira.

domicílio conjugal. Mais tarde, o casal se transfere para a Itália, onde fixa novo domicílio e onde o cônjuge varão vem a falecer, deixando bens no Brasil. Aqui se processa o inventário, devendo reger-se a sucessão pela lei italiana – último domicílio do falecido –, conforme o comando da regra de conexão do art. 10 da Lei de Introdução.

Durante o processamento do inventário surge questão relativa à validade do casamento, ante a descoberta de que havia impedimento matrimonial de natureza dirimente absoluta (art. 207 c/c art. 183, em uma das hipóteses das alíneas I a VIII, verificada a inexistência de boa-fé, art. 221, todos do Código Civil brasileiro de 1916 vigente à época do matrimônio).

Constata-se igualmente que, de acordo com o direito civil brasileiro, apesar de o casamento ser nulo, os filhos têm direitos plenos à sucessão (Constituição Federal, art. 227, § 6.º, e Lei nº 8.560, de 1992). Ocorre que de acordo com a lei italiana a hipótese matrimonial não acarreta nulidade, mas, por outro lado, pelo direito sucessório italiano, os filhos só herdam quando "legítimos" ou "naturais" (art. 565 do Código Civil italiano à época).[6]

O DIP brasileiro, como dito, determina a aplicação da lei italiana para reger a sucessão, em vista do último domicílio do *de cujus* ter sido na Itália. Mas há que se examinar a questão da validade do casamento.

Se recorrermos ao DIP brasileiro, ter-se-á que aplicar a lei brasileira, eis que celebrado o matrimônio no Brasil e aqui domiciliados os nubentes à época em que se consorciaram, *ex vi* art. 7.º e seus §§ 1º (e 3º) da Lei de Introdução, e estabelecido que, de acordo com nossa lei, os filhos não eram legítimos, a sucessão, regida pela lei italiana, levará à conclusão de que os filhos não herdam.

Se, contudo, submetermos a questão prévia – a validade do matrimônio – ao DIP italiano – em decorrência da aplicação da lei italiana para a questão principal –, este indicará a aplicação da lei nacional das partes, a lei italiana, para as questões de família, *ex vi* art. 17 das "Disposições sobre as Leis em Geral" (correspondente à nossa Lei de Introdução), e, como a hipótese em causa não leva à nulidade no direito italiano, a filiação será legítima e os filhos herdarão.[7]

Tudo gira em torno do DIP competente para decidir sobre a lei substantiva aplicável à questão prévia: o DIP do foro ou o DIP da *lex causae*, entendendo-se aí por causa a questão principal – na hipótese acima formulada, a sucessão.

Wengler, Wolff e Melchior, jusinternacionalistas alemães, advogaram a solução da questão prévia pela lei material indicada pelas regras conflituais do direito aplicável à questão principal. O argumento desta escola é de que se a questão principal se rege pela lei de determinado sistema jurídico estrangeiro, o juiz do foro deve julgar como julgaria o juiz integrado naquele sistema. E este decidiria a questão prévia de acordo com as normas de seu Direito Internacional Privado. Sustentam estes autores que assim, e só assim, se respeita o que denominam de "harmonia jurídica internacional".[8]

Mas esta harmonia jurídica internacional pode acarretar a desarmonia jurídica interna, pois, se outra questão surgir no foro, a ser julgada por seu direito material, a solução poderá contradizer a solução alcançada na questão prévia da original questão principal.

---

[6] Atualmente, os filhos ilegítimos também herdam.
[7] Após a promulgação da Lei de DIP italiana, em 1995, o tema passou a ser regido pelo art. 20 da referida legislação, que também prevê a regra da nacionalidade.
[8] A doutrina francesa em geral considera que ambas as questões, a principal e a prévia, devem ser regidas pelas regras de conflito do foro. Vide Françoise Monéger, *Droit International Privé*, 2003, p. 36.

Voltemos à nossa ilustração hipotética, e adotemos a teoria dos autores alemães pela qual à questão prévia – da validade do matrimônio – se deve aplicar o direito interno italiano, conforme o comando da regra de conexão italiana, direito competente para a questão principal, e assim o matrimônio será julgado válido.

Posteriormente, a viúva move uma ação no Brasil, pretendendo anular uma doação feita pelo *de cujus* a seu cúmplice no adultério, ocorrido este e a doação quando o falecido ainda tinha seu domicílio no Brasil. Os direitos de família se regem de acordo com a lei do domicílio, sendo, pois, competente a lei do foro, brasileira.

Vimos que na nossa hipótese o casamento do *de cujus* com sua mulher estava eivado de nulidade segundo as normas do direito brasileiro, pelo que a ação da "viúva" para anular a doação à cúmplice do adultério, não poderá prosperar segundo o direito do foro.

Resultará, assim, que o judiciário brasileiro virá a decidir contraditoriamente em duas ações sobre o mesmo matrimônio. Ao julgar a herança, de acordo com o direito italiano, também terá julgado a validade do matrimônio de acordo com o direito daquele país – por ordem do DIP italiano – (respeitada assim a harmonia jurídica internacional) – e decidido por sua validade. E mais tarde, ao julgar a ação de anulação de doação a outra mulher, julgará pela invalidade do casamento. No inventário, o falecido terá deixado esposa legítima, e na segunda ação, visando à anulação de doação, o casamento é considerado inválido. A harmonia das decisões internas será sacrificada em prol da harmonia jurídica internacional.[9]

A questão prévia em DIP não tem sido muito estudada e a sua ocorrência na jurisprudência é muito rara, pois uma série de circunstâncias devem estar reunidas para que o problema se configure. As Convenções internacionais não têm versado a questão prévia, nada havendo a seu respeito no Código Bustamante e nos Tratados de Montevidéu. Só a Convenção Interamericana sobre Normas Gerais de Direito Internacional Privado cuidou da questão prévia em seu art. 8º.

Reza o dispositivo: "*As questões prévias, preliminares ou incidentais que podem surgir com relação a uma questão principal não devem resolver-se necessariamente de acordo com a lei que regula esta última*".

Quando a Convenção diz "*de acordo com a lei que regula esta última*" quer evidentemente dizer "de acordo com o Direito Internacional Privado do sistema que regula esta última".

A fórmula da Convenção não trouxe grande contribuição para a solução do problema, eis que não adotou posição definida. Apenas deu liberdade ao juiz para resolver a questão prévia tanto em conformidade com o Direito Internacional Privado do foro como de acordo com o Direito Internacional Privado do ordenamento jurídico, que rege a questão principal, como bem interpretado por Tatiana Maekelt.[10]

Oscar Tenório ilustrou a questão prévia com as normas que regem a sucessão no Direito Internacional Privado brasileiro, explicando que não há antinomia entre a regra do art. 10 da Lei de Introdução e a norma consubstanciada no § 2º do mesmo artigo,[11] pois esta última se aplicaria à questão prévia.

---

[9] Serve esta ilustração hipotética para melhor compreensão da crítica que a doutrina faz à escola alemã; na realidade do direito brasileiro, esta hipótese enfrentaria o aspecto de coisa julgada em matéria de questão incidental, conforme arts. 5º, 325, 469 (que corresponde ao art. 504, do CPC/2015) e 470 do CPC/1973.

[10] Tatiana B. de Maekelt, *Normas Generales de Derecho Internacional Privado en América*, 1984, p. 173.

[11] Oscar Tenório, Parecer publicado na *Revista Forense*, v. CCLVI, p. 171 e ss.

No *caput* se lê: "*A sucessão por morte ou por ausência obedece à lei do país em que era domiciliado o defunto ou o desaparecido qualquer que seja a natureza e a situação dos bens*".

Já o § 2º dispõe que "*a lei do domicílio do herdeiro ou legatário regula a capacidade para suceder*".

Especificamente sobre a hipótese da consulta que lhe foi apresentada, disse o emérito mestre: "*Aplicando-se ao caso da consulta, uma coisa é se o primo-irmão polonês é realmente primo-irmão, a outra coisa é se um primo-irmão herda. A primeira questão é de ser decidida pela lei do domicílio do primo-irmão, a segunda, pela lei do domicílio do de cujus*".[12]

A hipótese realmente não se enquadra na definição do que seja a questão prévia em DIP, como, aliás, reconheceu o ilustre parecerista. Efetivamente, trata-se de uma solução dúplice do legislador brasileiro, que formulou duas regras de conexão: a) a lei do domicílio do defunto para reger a sucessão; e b) a lei do domicílio do herdeiro para reger o seu parentesco com o falecido. Mas não deixa a hipótese de ter nítidos contornos de questão prévia na medida em que dela resulta que questão principal e questão prévia podem ser decididas por sistemas jurídicos diferentes.[13]

---

[12] Oscar Tenório, *Direito Internacional Privado*, 1976, t. I, p. 174.
[13] Vide *Revue*, 1988.302, hipótese de questão prévia em julgamento da Cassação francesa. A questão prévia é amplamente tratada por A.V. Levontin, *Choice of law and conflict of laws*, especialmente à p. 88 e ss.

## Capítulo XVIII
## INSTITUIÇÃO DESCONHECIDA

"*A instituição desconhecida pode apresentar-se como uma instituição simplesmente ignorada pela lex fori, talvez por força de elementos históricos diferentes na formação do direito, ou como fundamentalmente incompatível com a ordem jurídica da lex fori*".[1]

Uma instituição estrangeira é desconhecida quando soluciona problemas jurídicos que não se têm apresentado no país de importação, ou que, apresentados, têm sido resolvidos, com normas baseadas numa técnica jurídica muito diferente.[2]

Doutrinariamente, a origem da instituição desconhecida remonta a Savigny, que expôs exceções admissíveis à sua teoria da "comunidade de direito entre os diferentes povos", dividindo-as em duas categorias: 1ª – as leis de natureza positiva, rigorosamente obrigatórias; 2ª – instituições de um Estado estrangeiro cuja existência não é reconhecida no nosso, e que por isto não podem pretender a proteção dos tribunais.[3]

A primeira categoria de exceções é ilustrada por Savigny com a poligamia e a vedação da lei alemã à aquisição de bens imóveis por judeus. Para estas instituições, cada Estado deve considerar-se absolutamente isolado. Os países que proíbem a poligamia não darão proteção a um casamento poligâmico, mesmo que a lei do estatuto da pessoa seja a de país cuja legislação admite este regime matrimonial. Nos países como a Alemanha em que se vedava propriedade imóvel ao judeu, mesmo se ele fosse domiciliado em país que não admitia esta discriminação, não lhe seria permitido adquirir imóvel em território alemão, e por outro lado, nos países que não praticavam esta discriminação, os judeus adquiriam imóveis, mesmo aqueles domiciliados em país que lhes atribuísse esta incapacidade. Desta forma Savigny ilustrou o princípio da ordem pública no seu desempenho de exceção às regras do Direito Internacional Privado indicadoras da lei aplicável às diversas espécies de situações jurídicas transnacionais.

A segunda categoria – instituição não conhecida –, Savigny ilustra-a com a morte civil das legislações russa e francesa, inexistente na Alemanha, e com a escravidão: ambos os institutos não seriam aplicados em países que os desconhecem.[4]

Hodiernamente, é difícil distinguir entre a poligamia e a escravidão, pois que ambas estas instituições são incompatíveis com a ordem pública reinante no mundo ocidental e em grande parte do mundo oriental.

Entende, aliás, a doutrina que, de alguma maneira, a instituição desconhecida confunde-se com a ordem pública, como visto no trecho de Oscar Tenório com que iniciamos este capítulo. Mas quando não houver qualquer choque à sensibilidade do foro pelo disposto na instituição estrangeira, sendo esta simplesmente desconhecida no mesmo, estaremos diante

---

[1] Oscar Tenório, *Direito Internacional Privado*, 1976, v. I, p. 333.
[2] Joaquim Garde Castillo, *La Institución Desconocida en Derecho Internacional Privado*, apud Oscar Tenório, *Direito Internacional Privado*, 1976, v. I, p. 335.
[3] Savigny, *Traité de Droit Romain*, t. 8, p. 36 e ss.
[4] Savigny, *Traité de Droit Romain*, t. 8, p. 39.

de um problema de qualificação, na medida em que se possa pensar em termos de eventuais comparações com e adaptações a instituições existentes no foro.

Daí dizer Oscar Tenório: "*Impreciso está em Savigny e impreciso continua na doutrina moderna o problema da instituição desconhecida, em virtude de suas íntimas ligações com a ordem pública e a qualificação*".[5]

Esta seria a explicação porque a instituição desconhecida não tem sido tratada pelo Direito Internacional Positivo. A lacuna decorreria da circunstância de o tema estar integrado nas manifestações da ordem pública e da qualificação.

## ALGUMAS REFERÊNCIAS LEGISLATIVAS

Os autores procuram situações que reflitam o problema da instituição desconhecida.

Parece-nos com razão Goldschmidt quando lembra a adoção como instituição desconhecida no direito holandês e no direito inglês até 1925 e o contrato sucessório ignorado pelo direito espanhol e de outros países. Mas não nos parece certa a referência que o ilustre autor argentino faz ao art. 313 do Código Civil argentino vigente à época, que assim dispunha: "*En cuanto a los hijos que tuviesen su domicilio de origen fuera de la República, se admiten los modos de legitimación que dispusieren las leyes del país de ese domicílio*".[6] A legitimação é um instituto conhecido e aplicado na legislação argentina; é natural que cada legislação apresente outras formas de legitimação, mas isto não representa uma instituição desconhecida.

Tatiana Maekelt faz referência ao art. 9º do Tratado de Direito Comercial Terrestre Internacional, de Montevidéu, 1940, que dispõe assim: "*Las sociedades o corporaciones constituídas en un Estado, bajo una especie desconocida por las leyes de otro, pueden ejercer, en este último, actos de comercio, sujetándose a las prescripciones locales*".[7]

A autora venezuelana qualifica este dispositivo de "*situação que guarda certa analogia com a instituição desconhecida*". Feliz a lembrança e correta a precaução em não qualificar o dispositivo como hipótese de verdadeira instituição desconhecida, eis que é natural que haja diversidade nas espécies de pessoas jurídicas de uma legislação para outra, o que não chega a constituir o fenômeno da instituição desconhecida.

## HIPÓTESES

O dote, os esponsais, o *trust*, a hipoteca de bens móveis são os exemplos mais frequentemente formulados de instituições reguladas pela legislação de certos países e desconhecidas em outros.

Frequentemente, o desconhecimento de uma instituição estrangeira, cuja lei foi indicada como aplicável, é contornado mediante uma adaptação a outra instituição existente no foro, cujos efeitos correspondem ou são semelhantes à instituição estrangeira, não conhecida.[8]

O desquite brasileiro, quando não admitíamos o divórcio, foi aceito na Europa, apesar de "*ter efeitos mais radicais do que a separação de corpos francesa e menos radicais do que o divórcio*".[9]

---

[5] Oscar Tenório, *Direito Internacional Privado*, 1976, v. I, p. 333.
[6] Werner Goldschmidt, *Sistema y Filosofia del Derecho Internacional Privado*, 1954, v. I, p. 468.
[7] Tatiana B. de Maekelt, *Normas Generales de Derecho Internacional Privado en América*, 1984, p. 160.
[8] Vide no Capítulo XII, seção sobre Adaptação.
[9] Decisão da Corte de Cassação francesa, de 1977, publicada e comentada no *Clunet*, 1978.84. Ver também *Revue*, 1979.395.

O repúdio do direito muçulmano, quando ambas as partes compareçam e apresentam suas posições perante a corte religiosa (excetuada a hipótese de julgamento sem conhecimento da mulher – que é incompatível com a ordem pública de muitos países), é aceito como divórcio.[10]

Mesmo no caso da poligamia, o comentário ao *Restatement Second* concebe que as regras do direito conflitual americano permitam que se chegue a uma decisão justa e previsível por meio da aplicação dos princípios gerais de direito e da analogia.[11]

Os autores têm confessado dificuldade em encontrar no sistema romano-germânico instituição equivalente ao *trust* do direito anglo-saxão, mesmo na "fundação", encontradiça em certas legislações de origem civil, pelo que recomendam algum tipo de adaptação.[12] A Conferência de Direito Internacional Privado da Haia aprovou, em 1985, uma Convenção sobre a Lei Aplicável aos *Trusts* e a seu Reconhecimento, que faculta a constituição de um *trust* a ser regido pela lei escolhida pelo instituidor (art. 6º); na hipótese de não ter havido escolha, o *trust* será regido pela lei com a qual tenha mais íntima conexão (art. 7º), enumerando os fatores inerentes ao *trust* que refletem maior proximidade com determinado sistema jurídico: 1 – local da administração do *trust* designado pelo instituidor; 2 – local onde situados os bens do *trust*; 3 – local de residência ou negócios do *trustee* (o executor-administrador do patrimônio do *trust*); 4 – objetivos do *trust* e os locais em que devem ser implementados. A Convenção não obriga um Estado a reconhecer o *trust* cujos elementos significativos sejam mais conectados com Estados que não possuem a instituição, mesmo quando o instituidor tenha escolhido lei que reconhece o *trust* (art. 13).[13]

Na homologação de uma sentença estrangeira, o Ministro Francisco Rezek tocou levemente na questão da instituição desconhecida, dizendo que "*o só fato de não conhecermos determinado instituto jurídico não impede a homologação de uma sentença estrangeira*".[14]

## A CONVENÇÃO INTERAMERICANA SOBRE NORMAS GERAIS DE DIP

Ante o silêncio das legislações sobre o fenômeno da instituição desconhecida, tem sido bem recebida a Convenção sobre Normas Gerais de Direito Internacional Privado aprovada em Montevidéu, em 1979, cujo art. 3º assim dispõe:

"Quando a lei de um Estado-parte tem instituições ou procedimentos essenciais para sua adequada aplicação que não são previstas na lei de outro Estado-parte, este Estado-parte poderá recusar aplicar tal lei se não dispuser de instituições ou procedimentos análogos".

---

[10] Acórdão da Corte de Cassação francesa, 1979, *Clunet*, 1981.597.

[11] Restatement of the Law – Conflict of Laws 2nd, comentário à seção 10, em que se lê: "A legal relationship under the local law of a foreign nation, such as polygamy may be unknown to the local law of the forum State. The choice of law rules of an American State should permit, by application of general principles and by analogy, just and predictable decisions in noval situations such as this". Vide Jacob Dolinger, "A Ordem Pública Internacional brasileira em frente de casamentos homossexuais e poligâmicos", In: Eliene Ferreira Bastos e Maria Berenice Dias (coods.), *A família além dos mitos*, 2008, p. 81-100.

[12] Tatiana B. de Maekelt, *Normas Generales de Derecho Internacional Privado en América*, 1984, p. 142.

[13] O Tribunal de Bologna aceitou a instituição de um *trust* em que o instituidor escolheu a lei inglesa, apesar das demais conexões da hipótese estarem ligadas à Itália. Segundo a corte, para não aplicar a convenção com fundamento no art. 13 haveria de estar configurada uma intenção fraudatória do instituidor. *Clunet*, 2006.1056. A lista de países nos quais a convenção vige pode ser encontrada em http://www.hcch.net/index_en.php?act=conventions.status&cid=59.

[14] Sentença Estrangeira nº 3.758, *RTJ* 134/611, 619.

Tatiana Maekelt deu ênfase à redação facultativa do dispositivo (este Estado-parte *poderá* recusar aplicar tal lei...).[15] Ponderamos que nesta Convenção o art. 5º relativo à ordem pública tem a mesma redação facultativa, o que poderia servir de confirmação de que a instituição desconhecida coincide com a exceção da ordem pública.

A segunda observação da autora venezuelana é de todo procedente, quando aponta para a consagração pela Convenção da faculdade de adaptar a instituição desconhecida do direito estrangeiro a outras instituições do foro, que lhe sejam análogas.[16]

---

[15] Tatiana B. de Maekelt, *Normas Generales de Derecho Internacional Privado en América*, 1984, p. 161.
[16] Tatiana B. de Maekelt, *Normas Generales de Derecho Internacional Privado en América*, 1984, p. 161.

*Capítulo XIX*
# TEORIA DOS DIREITOS ADQUIRIDOS

## A TEORIA DE PILLET

Um direito que tenha sido regularmente adquirido em um país, de acordo com as leis ali vigentes, pode ser invocado e produzirá seus efeitos em outro país. Foi assim que no início do século XX Antoine Pillet definiu a teoria dos direitos adquiridos no Direito Internacional Privado.[1]

O mestre francês assinalava que a teoria dos direitos adquiridos não se confunde com a problemática do conflito de leis, pois esta encerra a dúvida sobre qual a lei competente para determinada relação jurídica, enquanto naquela não há dúvida sobre a lei competente, já aplicada alhures, tratando-se tão somente de saber se seus efeitos serão reconhecidos em outra jurisdição.[2]

Pillet exemplifica a teoria com a hipótese de um casal que contraiu núpcias em seu país de origem e que vive na França, onde submete à corte local suas eventuais divergências. Não há dúvida de que serão tratados como pessoas casadas, eis que esta situação jurídica já a adquiriram antes de vir para a França, não cabendo às cortes deste país indagar da validade do matrimônio. Esta hipótese é desenvolvida com a variante de um padre que casou validamente em seu país, e vem viver com sua esposa em país onde não se admite o casamento de clérigos católicos. Considerando que o casamento foi incontestavelmente regular em sua origem, seus efeitos serão respeitados no estrangeiro.[3]

No campo das obrigações, o autor ilustra com a hipótese de um contrato firmado no estrangeiro, que deverá ser respeitado em território francês, exclusivamente por força da teoria dos direitos adquiridos.[4]

E em matéria de direitos reais, descreve a hipótese do francês que, viajando para o exterior, vê contestada sua propriedade sobre um bem móvel que adquiriu na França: ela deverá ser respeitada por força do mesmo princípio.[5]

Em nenhuma destas hipóteses, dizia Pillet, haverá de se indagar da natureza do direito, se pessoal, se real, para então decidir da aplicação da lei estrangeira ou da lei local. Não há discussão em torno da lei aplicável, eis que o direito já foi consolidado e deve ser reconhecido em toda parte.

---

[1] Antoine Pillet, *Principes de Droit International Privé*, 1903, p. 496. Antes de Pillet, já se falava no reconhecimento de direitos adquiridos de acordo com a lei competente: Schaeffnir na Alemanha, Vareilles-Sommieres na França e Dicey na Inglaterra são citados pelo próprio Pillet, mas foi este mestre fancês que deu destaque especial à teoria, atribuindo-lhe condição de objeto do DIP, independente da questão do conflito de leis.
[2] Antoine Pillet, *Principes de Droit International Privé*, 1903, p. 497.
[3] Antoine Pillet, *Principes de Droit International Privé*, 1903, p. 501.
[4] Antoine Pillet, *Principes de Droit International Privé*, 1903, p. 498.
[5] Antoine Pillet, *Principes de Droit International Privé*, 1903, p. 499.

A teoria do respeito aos direitos adquiridos no plano internacional se relaciona com o princípio dos direitos adquiridos no plano interno de cada sistema jurídico, que se materializa na regra da irretroatividade das leis. Mas, diz Pillet, enquanto no plano interno podem-se conceber exceções à regra, em que a lei nova entre imediatamente em vigor e seja aplicada inclusive para situações já anteriormente consolidadas, isto não deverá ocorrer no plano internacional, eis que o respeito ao direito adquirido no exterior representa uma obrigação dos Estados entre si, da qual não podem se libertar.[6]

No plano interno, frisa Pillet, uma mudança de legislação supõe uma lei antiga ab-rogada e substituída por uma lei nova; no plano internacional, não há lei ab-rogada, apenas uma relação jurídica passa do domínio de uma legislação para o de outra. Esta distinção dos componentes da teoria dos direitos adquiridos no plano interno e no plano internacional leva à conclusão de que o "parentesco" entre elas seja considerado um "parentesco distante".[7]

É o respeito recíproco pela soberania dos Estados que os leva a respeitar a validade conferida a um ato praticado em outra jurisdição. Esta atitude não implica em renúncia a qualquer parcela da própria soberania, pois esta não pode pretender que ato realizado e já consolidado no exterior se sujeite à lei do foro.

Além deste, Pillet desenvolve outro fundamento para a teoria dos direitos adquiridos – o da necessidade. É possível admitir, pergunta, que um homem que passa do território de um Estado para o de outro perca sua qualidade de filho legítimo, de esposo, ou de pai de família que adquiriu regularmente? Se se levasse a ideia da independência dos Estados a ponto de dizer que cada Estado é dono absoluto sobre seu território e sobretudo que nele ocorre, chegar-se-ia facilmente a pretender que o Estado não é obrigado a reconhecer em uma pessoa as qualidades jurídicas que adquiriu sob o império e sob a garantia de outras leis.[8]

Ousar-se-ia pretender, prossegue o autor francês, que um comerciante, um viajante que sai de sua pátria, não é mais proprietário das mercadorias que leva consigo? Seria absurdo, mas não deixaria de ser a consequência lógica da falta de todo respeito por atos jurídicos realizados no estrangeiro com fundamento nas leis ali vigentes.

Conclui Pillet que seria impossível a participação das pessoas no comércio internacional se não houvesse "esta grande lei do respeito". Aliás, nenhum Estado tem interesse em obstar o seu comércio com outros países, e sem respeitar os direitos adquiridos em outro país, este comércio não seria possível.[9]

Formula o princípio nos seguintes termos: "Todo Estado deve, como regra geral, assegurar sobre seu território, o respeito e a observância dos direitos adquiridos no estrangeiro. Este princípio pode ser qualificado como um dos fundamentos do Direito Internacional Privado".

Pillet aplica o mesmo princípio às decisões judiciais estrangeiras. As exigências do comércio internacional, diz ele, não permitem que uma decisão judiciária prolatada em um

---

[6] Antoine Pillet, *Principes de Droit International Privé*, 1903, p. 503. Diríamos que assim como no plano interno a ordem pública pode levar à aplicação retroativa da norma legal, também no plano internacional pode ocorrer o desrespeito ao direito adquirido quando este conflita de forma gravíssima com a ordem pública.

[7] Antoine Pillet, *Principes de Droit International Privé*, 1903, p. 530-532.

[8] Antoine Pillet, *Principes de Droit International Privé*, 1903, p. 514. Vide o capítulo X, sob o título de "Mudança de Estatuto Pessoal – Conflitos Móveis" a respeito de capacidade adquirida em um país, a ser respeitada em outro.

[9] Antoine Pillet, *Principes de Droit International Privé*, 1903, p. 515. Tanto este argumento como o fundamento da soberania dos Estados, Pillet desenvolveu na sua outra obra *Traité Pratique de Droit International Privé*, 1923.

Estado fique sem execução em outro Estado. Deverá ser executada na conformidade do que foi decidido pela corte estrangeira, pois é inadmissível, do ponto de vista internacional, que a Justiça de um Estado se substitua à estrangeira.[10]

A principal característica da posição de Pillet é a de considerar a teoria dos direitos adquiridos no Direito Internacional Privado como um objeto à parte e independente do conflito de leis: não se trata de decidir pela lei competente, pela norma de direito interno aplicável, como acontece no plano das regras de conexão, mas de reconhecer a existência de um direito já adquirido, em que o foro respeita o que já se consolidou sob a égide de outra jurisdição.[11]

Este destaque foi criticado por grande parte da doutrina. Etienne Bartin, respeitando o termo "direitos adquiridos, expressão muito justa que Pillet pôs em circulação", ponderou todavia que não há nesta regra de respeito internacional aos direitos adquiridos um princípio novo e original de solução de conflitos de leis, justaposto às outras soluções que constituem o sistema do conflito de leis.[12]

Mais severa foi a crítica endereçada a Pillet por Arminjon: "*É vã a tentativa de Pillet de distinguir o problema do reconhecimento dos direitos adquiridos da questão do conflito de leis, o direito que ainda não existe do direito que já nasceu. Nas duas situações, o problema é idêntico e deve ser resolvido por meio das mesmas regras*". Todos os exemplos descritos por Pillet, segundo Arminjon, nada mais refletem do que um conflito de leis.[13]

De acordo com Arminjon, seguido por parte da doutrina, as relações nascidas no estrangeiro são reconhecidas se o fator de conexão utilizado no momento de sua constituição coincidir com a regra de conflito do juiz posteriormente competente.

Entendemos que isso representa inapropriada retroatividade das regras conflituais da jurisdição em que se apresenta uma situação jurídica já constituída alhures, numa total negação da teoria dos direitos adquiridos.[14]

A moderna doutrina francesa afastou-se do ensinamento de Pillet e, denominando parte do problema como "conflitos móveis" (alteração no tempo do elemento de conexão),[15] preferiu aplicar-lhe as normas que prevalecem nos conflitos intertemporais do direito interno.

A clássica hipótese aventada pelos autores franceses é a do casal de espanhóis que se naturalizou francês, questionando-se se o fato de sua união ter sido contratada sob o império da lei espanhola confere àquele dos dois que não desejar divorciar-se um direito adquirido à indissolubilidade do casamento?[16] Pillet responde afirmativamente, mas, segundo Loussouarn e Bourel, isto representa uma hipertrofia da noção de direitos adquiridos, que no plano interno não tem este alcance, eis que os franceses consorciados antes da lei que admitiu o divórcio não têm direito adquirido à indissolubilidade matrimonial após a mudança legislativa que passou a admitir a instituição do divórcio.

---

[10] Antoine Pillet, *Principes de Droit International Privé*, 1903, p. 540.
[11] Para Pillet, o DIP tem três objetos: regular o direito dos estrangeiros, resolver os conflitos de leis e determinar o efeito dos direitos adquiridos no estrangeiro.
[12] Etienne Bartin, *Principes de Droit International Privé*, 1930, v. I, p. 195.
[13] P. Arminjon, *Précis de Droit International Privé*, 1947, v. I, p. 119.
[14] Vide Stojan Cigoj, Les Droits Acquis, les Conflits Mobiles et la Rétroactivité à la Lumière des Conventions de La Haye, *Revue*, 1978.2, 5, 8, 9 e 22; a respeito das críticas de Arminjon, vide também Oscar Tenório, DIP I, p. 373 e ss.
[15] Sobre o tema, ver Capítulo IX.
[16] Vide Henri Batiffol e Paul Lagarde, *Droit International Privé*, 1993, v. I, p. 371 e ss., e Yvon Loussouarn e Pierre Bourel, *Droit International Privé*, 1978, p. 302.

A lei nova não retroage, é o princípio geralmente aceito, mas ela tem aplicação a partir do momento de sua promulgação. Resulta que uma situação jurídica que prolonga seus efeitos no tempo, se submete à aplicação sucessiva da lei antiga e da lei nova. Ela se mantém sob o império da primeira lei no que tange às condições de sua validade e aos efeitos passados, mas seus efeitos futuros são imediatamente regidos pela lei nova.

Este o sistema que deve ser aplicado aos conflitos móveis, pelo que, na hipótese dos espanhóis que se naturalizaram franceses, a validade de seu matrimônio e os efeitos do mesmo até a data de sua naturalização se regem pela lei espanhola, mas a partir da mudança de nacionalidade, o estatuto pessoal dos cônjuges se submete ao império da lei francesa, do que se deve concluir que não podem mais se prevalecer do princípio da indissolubilidade matrimonial.[17]

Batiffol reconhece que as situações não são inteiramente idênticas: no conflito transitório interno, as duas leis que se sucedem emanam do mesmo legislador, a segunda revogando a primeira, enquanto, no conflito móvel, as duas leis que regem sucessivamente a situação emanam de legisladores diferentes e continuam simultaneamente em vigor nos respectivos territórios, mas esta distinção, sustenta o mestre francês, não tem o condão de levar a soluções diversas. Em ambas as hipóteses, duas leis são sucessivamente aplicáveis. No caso da sucessividade de leis internas, o legislador poderá, às vezes, dar efeitos retroativos à lei nova, ou, contrariamente, prolongar parcialmente os efeitos da lei anterior, o que normalmente não ocorre no conflito móvel, pois a legislação anteriormente aplicável não "está à disposição" do legislador cujo sistema rege doravante a situação. Excepcionalmente, diz Batiffol, até estes dois efeitos podem ocorrer: a retroatividade via a teoria da ordem pública que rejeitará efeitos ocorridos anteriormente, e o prolongamento dos efeitos da lei anterior quando se trate de considerar válidos atos jurídicos praticados sob o império da lei anterior.[18]

Loussouarn e Bourel sustentam que a aplicação imediata da lei nova nos conflitos móveis é exigida pela "segurança do comércio jurídico", justamente o argumento de Pillet para fundamentar sua teoria dos direitos adquiridos.

Se um bem móvel, exemplificam estes autores, importado para a França, não fosse imediatamente submetido à regra da legislação francesa de que *en fait de meubles, possession vaut titre* (a posse dos bens móveis representa seu título) porque a lei originariamente competente para o bem não contém esta regra, isto resultaria na insegurança de todos adquirentes de bens móveis na França que deveriam, em cada caso, verificar a origem do bem, justamente o que a regra *en fait de meubles possession vaut titre* tem por fim evitar.[19]

Nós entendemos que a recíproca também é verdadeira. Quem trouxer bens móveis da França deverá ficar isento de qualquer outra prova de propriedade, além da própria posse, em decorrência da regra *en fait de meubles possession vaut titre*, pela qual adquiriu a titularidade sobre o bem na França, mesmo que esta regra não prevaleça no novo local onde se encontram o bem e seu possuidor.

## A CONTRIBUIÇÃO DE MACHADO VILLELA

Machado Villela, invocando a lição de Pillet, distingue a hipótese em que no momento da aquisição do direito não ocorre qualquer conflito de leis, tendo o direito uma origem

---

[17] Yvon Loussouarn e Pierre Bourel, *Droit International Privé*, 1978, p. 304.
[18] Henri Batiffol e Paul Lagarde, *Droit International Privé*, 1993, v. I, p. 374, ilustram este fenômeno com o art. 1º da Convenção da Haia sobre os Conflitos de Leis em Matéria de Forma de Testamentos, de 1961, que considera válido o ato de última vontade quanto às suas formalidades se obedecida a lei da nacionalidade do testador à época do testamento.
[19] Yvon Loussouarn e Pierre Bourel, *Droit International Privé*, 1978, p. 305.

puramente nacional, da hipótese em que no momento da aquisição se verifica um conflito de leis, revestindo a constituição da respectiva relação jurídica um caráter internacional.[20]

A primeira hipótese – direito de origem nacional – se materializa quando todos os seus elementos estão exclusivamente em contato com as leis do mesmo país. Exemplifica o autor com o caso dos dois espanhóis, domiciliados na Espanha, que celebram nesse país um contrato sobre um objeto que se encontra no mesmo país e nele deve ser entregue. O direito adquirido por este contrato tem uma origem puramente nacional.

Nessa hipótese, diz Villela, é evidente que o direito deve ser considerado validamente adquirido, desde que isto tenha ocorrido em conformidade com a lei do país onde se deu a aquisição.

A segunda hipótese – ocorrência de conflito de leis no momento da aquisição do direito – é explicada por Villela da seguinte forma:

"Pelo seu sujeito, pelo seu objeto ou pelo ato da sua constituição, pode uma relação jurídica encontrar-se logo na sua origem em contato com leis diferentes, como se um contrato é celebrado em França entre um espanhol e um italiano sobre uma coisa situada na Inglaterra para ser cumprido no Brasil. Logo na sua constituição, a relação jurídica determina a existência de um conflito de leis e assume aspecto internacional. Quando se dirá que, em tal hipótese, o direito foi validamente adquirido?

É evidente que o direito será, em princípio, validamente adquirido se a cada um de seus elementos se tiver aplicado, das diferentes leis em concorrência, a lei competente para o regular. Como determinar, porém, a lei competente? Segundo as regras de conflitos do Estado de origem ou segundo as regras de conflitos do Estado de reconhecimento? Depois de tudo que temos dito acerca do significado e do alcance das regras de Direito Internacional Privado, a única solução aceitável é a de que o direito só poderá considerar-se legitimamente adquirido quando o tenha sido em harmonia com a lei competente segundo as regras de conflitos do Estado do reconhecimento. Perante as regras de conflitos de qualquer Estado, as regras de conflitos dos outros Estados são como se não existissem, e por isso, para os tribunais e autoridades do Estado de reconhecimento, só uma lei pode ser considerada competente: a lei assim declarada pela regra de conflitos desse Estado".[21]

Não aceitamos a teoria de Machado Villela. Entendemos que se a aquisição do direito no estrangeiro tiver obedecido à regra de conexão estabelecida pelo Direito Internacional Privado do Estado de reconhecimento, não há necessidade de se recorrer ao princípio dos direitos adquiridos, eis que as regras de conexão deste Estado levariam à mesma conclusão.

Para nós, o direito adquirido no exterior deve ser reconhecido desde que se tenha constituído em conformidade com as regras de conexão do Estado de origem, mesmo que estas divirjam das regras de conexão do Estado de reconhecimento.

Repita-se para maior clareza: fosse necessária concordância com as regras do direito internacional privado do foro, o princípio dos direitos adquiridos perderia toda sua expressão,

---

[20] Álvaro da Costa Machado Villela, *O Direito Internacional Privado no Código Civil Brasileiro*, 1921, p. 487.
[21] Álvaro da Costa Machado Villela, *O Direito Internacional Privado no Código Civil Brasileiro*, 1921, p. 489. Em curto trecho de sua outra obra, *Traité Pratique de Droit International Privé*, p. 122, Pillet aparentemente expõe ponto de vista semelhante ao de Villela, o que nos parece contradizer sua clara exposição nos *Principes de Droit International Privé*, acima transcritos.

pois o reconhecimento do direito em causa estaria sendo regido pelas regras de conexão da jurisdição do reconhecimento.

A tese de Machado Villela sobre direitos adquiridos é coerente com sua proposição maior, de que as normas de Direito Internacional Privado se situam entre o que denomina de "leis de ordem pública". Em seu Tratado, o autor português explica que as normas de DIP são de caráter político.[22] Sentimo-nos à vontade para divergir do ilustre autor português em matéria de direitos adquiridos, pois também dele divergimos quanto à conotação de ordem pública atribuídas às normas de DIP, pelas razões expostas em outro trabalho.[23]

Encontramos a orientação de Machado Villela em um projeto de reforma do DIP francês pelo qual o reconhecimento de direito constituído no exterior com base em lei estrangeira fica condicionado a que lei francesa não seja competente para a hipótese.[24]

Na França, a jurisprudência, por longo tempo, sustentou firmemente que só podem ser homologadas sentenças estrangeiras que tivessem aplicado a lei indicada pelas regras de conexão francesas. Para este sistema, a teoria de Machado Villela é plenamente válida. Daí o texto da projetada reforma. Modernamente, já se levantam vozes de juristas franceses advogando uma modificação radical, no sentido de desconectar o reconhecimento de sentenças e de situações jurídicas estrangeiras das regras conflituais do Estado de reconhecimento.[25]

---

[22] Álvaro da Costa Machado Villela, *Tratado Elementar Teórico e Prático de Direito Internacional Privado*, 1922, v. I, p. 586-587: "(...) pois definem a esfera da ação recíproca das leis nacionais e das leis estrangeiras, e por isso aplicar uma lei diferente da indicada nessas normas é ir de encontro a uma lei de ordem pública, o que leva à conclusão de que o juiz nunca poderá dar efeito a uma lei de ordem pública estrangeira que pôs de lado a lei normalmente competente, pois isso seria contrariar uma lei local de ordem pública e entre a ordem pública local e a ordem pública estrangeira o juiz deve preferir a ordem pública de seu país".

[23] Jacob Dolinger, *A Evolução da Ordem Pública no Direito Internacional Privado*, 1979, p. 156: "Em verdade as normas de DIP não são de ordem pública, ou melhor, são-no apenas na medida em que todo o direito público é de ordem pública, pois como superdireito, juntamente com o direito intertemporal, não há dúvida que o DIP se integra dentro do direito público de cada país. Quanto à afirmação de Villela, custa compreendê-la pois os países que admitem o reenvio, aplicarão, em última análise, a lei interna determinada pelo DIP de outro país, especialmente no reenvio de 2º grau. Outrossim, o princípio da eficácia vez por outra fará o juiz inclinar-se pela aplicação da regra de conexão do DIP estrangeiro, como poderá ocorrer no eventual conflito entre a lei determinada pela regra do primeiro domicílio conjugal para regular o regime de bens dos cônjuges e a lei determinada pela regra da situação do bem imóvel. E na homologação de sentença estrangeira, a lei aplicada no tribunal estrangeiro *poderá ser norma designada pelo DIP* do outro país, competente para julgar a matéria. A questão aí é de competência: a jurisdição que for processualmente competente aplicará a lei que seu DIP indicar e os outros países reconhecerão a validade desta decisão. Assim, não entendemos Villela quando sustenta que as regras do DIP estrangeiro são inaplicáveis no foro".

[24] Reza o art. 53 do Anteprojeto: "À moins que la loi française ne fût compétente, toute situation créé à l'étranger en vertu d'une loi étrangère qui se reconnaissait compétente, produit ses effets en France". No Comitê francês de direito internacional privado, em sua reunião de 2006, fez-se ouvir uma voz no sentido de que o reconhecimento de direitos adquiridos fica na dependência da regra de conflito francesa, acrescentando que a "distinção entre direitos adquiridos e o conflito de leis é tão formal que acabou por anular a teoria dos direitos adquiridos" – abandono total da teoria de Pillet, consagrada na França e em grande parte do mundo! Tudo isto inspirado na projetada uniformização do direito internacional privado. *Revue* 2008.184.

[25] Paul Lagarde, em artigo que comenta a lei francesa sobre adoção, de 2001, *Revue*, 2001.275, assim escreveu à p. 299: "... il faudra sans doute un jours se décider à aborder la question de la reconnaissance des jugements étrangers, comme d'ailleurs des situations juridiques, en la déconnectant des règles de conflit de lois de l'Etat de reconnaissance". E eis que, em fevereiro de 2007, a Corte de Cassação francesa mudou a orientação tradicional, decidindo que o juiz que homologa a sentença estrangeira não precisa verificar se a lei aplicada pelo juiz estrangeiro é aquela designada pela regra de conflito francesa. *Clunet*

Como já referido, desde 2007 a Corte de Cassação francesa suprimiu a exigência de que a decisão estrangeira tenha aplicado a regra de conexão francesa.[26]

O Projeto de Lei Uniforme de DIP para os Países do Benelux, no art. 25, alínea 2, dá outra orientação ao problema:

"Quando uma relação jurídica nasceu ou se extinguiu fora da Bélgica, Luxemburgo e Holanda, de acordo com a lei aplicável segundo o direito internacional privado dos países essencialmente interessados nesta relação jurídica no momento do seu nascimento ou extinção, este nascimento ou esta extinção são igualmente reconhecidos nos Países-Baixos, mesmo por derrogação à lei aplicável em virtude das disposições da presente lei".

Admite, pois, a derrogação da lei aplicável segundo as regras de conexão por ela mesma estabelecidas, deixando tudo a cargo da lei escolhida pelo DIP do país em que nasceu a relação jurídica, bem diferente da solução aventada pelo projeto francês.

A recente lei venezuelana, ainda que mais exigente, também parece admitir o reconhecimento de direitos adquiridos no exterior com base na lei escolhida pelas regras conflituais do país onde o direito se constituiu. Haroldo Valladão critica a opinião de Villela (que atribui igualmente a Pillet – o que nos parece equivocado se considerarmos todos os textos que dele invocamos acima) e diz que ela esvazia e retira a independência da teoria dos direitos adquiridos ao submetê-la à condição de terem sido observadas as regras do DIP do foro do reconhecimento quando da aquisição do direito no estrangeiro,[27] crítica esta que estende ao Código Bustamante e à Convenção do CIDIP II que igualmente esvaziam o princípio dos direitos adquiridos,[28] no que, basicamente, o secundamos pelas razões já expostas.

## DIPLOMAS INTERNACIONAIS

O Código Bustamante em seu art. 8º estabelece que "*os direitos adquiridos segundo as regras deste código têm plena eficácia extraterritorial nos Estados contratantes, salvo se se opuser a algum dos seus efeitos ou consequências uma regra de ordem pública internacional*". Note-se que o código não pede que os direitos tenham sido adquiridos de acordo com as regras do foro do reconhecimento, mas de acordo com as regras "deste código", que é igualmente supérfluo e contrário ao princípio filosófico imanente na teoria dos direitos adquiridos: supérfluo, pois se o direito foi adquirido conforme as regras do código, não se precisa recorrer ao princípio dos direitos adquiridos para que tenha eficácia extraterritorial – esta se opera pelo simples fato de terem sido seguidas as regras do código; contrário à filosofia dos direitos adquiridos, pois esta comanda o respeito a direitos adquiridos com base em outras regras que não as do foro e, consequentemente, também não necessariamente de acordo com as regras do código.

---

2007.1195. Vale transcrever a ementa da decisão da Corte Superior francesa: "Pour accorder l'exequatur hors de toute convention internationale, le juge français doit s'assurer que trois conditions sont remplies, à savoir la compétence indirecte du juge étranger, fondée sur le rattachement du litige au juge saisi, la conformité à l'ordre public international de fond et de procédure et l'absence de fraude à la loi. Le juge de l'exequatur n'a donc pas à vérifier que la loi appliquée par le juge étranger est celle désignée pour la règle de conflit de lois française".

26   Caso Cornelissen c. Avianca Inc, de 20.02.2007.
27   Haroldo Valladão, *Direito Internacional Privado*, 1980, v. I, p. 482.
28   Haroldo Valladão, *Direito Internacional Privado*, 1980, v. I, p. 484. Textos do Código Bustamante e da Convenção aprovada pelo CIDIP II vão transcritos mais adiante.

Aliás, o art. 8º encerra uma aparente contradição: como pode um direito ser adquirido "segundo as regras deste código" e ao mesmo tempo ocorrer que a ordem pública se "oponha a algum de seus efeitos ou consequências"? Isso seria possível conceber na hipótese em que o código mandasse aplicar a lei de determinada jurisdição, e esta, por suas regras substantivas, se aplicadas, levasse a uma situação atentatória à ordem pública, impedindo, assim, atender-se à regra de conexão indicadora.

Esses questionamentos nos levam a admitir outra interpretação do art. 8º, no sentido de que ele não se refere realmente à teoria dos direitos adquiridos, mas quer simplesmente dizer que tudo que tenha obedecido às regras do Código será aceito em todos os Estados-membros, exceto quando ferir a ordem pública internacional do foro onde se pretende fazer valer o direito em causa.

Já os Tratados de Direito Civil Internacional de Montevidéu, de 1899 e de 1940, tratam do respeito aos direitos adquiridos com mais consideração pelo princípio: consagram-no em matéria de bens, respectivamente em seus arts. 30 e 34; em matéria de contratos nos arts. 38 e 43, respectivamente, enquanto o art. 2º de ambos os tratados consagra o respeito aos direitos adquiridos em matéria de capacidade jurídica da pessoa individual.

A Convenção de Genebra sobre o Estatuto dos Refugiados de 1951, em vigor desde 1954, ratificada pelo Brasil, garante, em seu art. 12, o respeito aos direitos anteriormente adquiridos pelo refugiado no campo de seu estatuto pessoal.

As Convenções da Haia geralmente consagram o princípio do respeito aos direitos adquiridos. Assim, a Convenção sobre o Reconhecimento da Personalidade Jurídica das Sociedades, Associações e Fundações Estrangeiras, de 1º de junho de 1956, em seu art. 1º, dispõe que serão reconhecidos em todos os Estados contratantes a personalidade adquirida por uma pessoa jurídica em virtude da lei de um Estado contratante em que tiverem sido cumpridas as formalidades de registro e publicidade do país no qual se encontre situada a sua sede estatutária.

Segundo a Convenção sobre o Reconhecimento e Execução de Decisões em Matéria de Obrigação Alimentar para com Filhos, de 15 de abril de 1958, art. 2º, as decisões proferidas em um Estado contratante deverão ser reconhecidas e executadas, sem revisão de fundo, nos outros Estados contratantes.

A Convenção sobre o Conflito de Leis em Matéria de Forma de Disposições Testamentárias, de 5 de outubro de 1961, em seu art. 1º, determina a validade de uma disposição testamentária quanto à forma, se tiver obedecido à lei interna de uma dentre uma série de países com o qual o testador estava relacionado (lei do local da assinatura do testamento, lei do país da nacionalidade do testador, lei do país de seu domicílio ou de sua residência habitual, lei do país em que estão situados os imóveis).

Na Convenção sobre a Competência de Autoridade e a Lei Aplicável em Matéria de Proteção de Menores, de 5 de outubro de 1961, o art. 7º determina que sejam respeitadas as medidas tomadas pelas autoridades competentes de todos os demais países contratantes.

A Convenção sobre a Competência de Autoridades, a Lei Aplicável e Reconhecimento de Decisões em Matéria de Adoção, de 15 de novembro de 1965, também estabelece, por seus arts. 3º e 8º, o respeito às adoções realizadas pelas autoridades do Estado de residência habitual ou da nacionalidade do adotante.

Os divórcios e separações de corpos proferidos em um dos Estados contratantes devem ser respeitados pelos outros Estados contratantes, conforme a Convenção sobre o Reconhecimento de Divórcios e de Separações de Corpos, de 1º de junho de 1970.

Princípio idêntico vem estabelecido na Convenção sobre Reconhecimento e Execução de Sentenças Estrangeiras em Matéria Civil e Comercial, de 1º de fevereiro de 1971, art. 4º, e na Convenção sobre o Reconhecimento e Execução de Decisões Relativas a Obrigações Alimentares, de 2 de outubro de 1973, art. 4º.[29]

A Convenção sobre Normas Gerais de Direito Internacional Privado aprovada na 2ª Conferência Interamericana sobre Direito Internacional Privado, 1979, Montevidéu, em seu art. 7º, dispõe que "*as situações jurídicas validamente criadas em um Estado-parte, de acordo com todas as leis com as quais tenha uma conexão no momento de sua criação, serão reconhecidas nos demais Estados-partes sempre que não sejam contrárias aos princípios de sua ordem pública*".

Este dispositivo tem dois aspectos importantes: em primeiro lugar, ao invés de direitos adquiridos formula o princípio de maneira mais ampla ao referir-se a "situações jurídicas", o que é louvável, e, em segundo lugar, ao exigir que as situações jurídicas tenham sido criadas de acordo com *todas as leis com as quais tenha uma conexão no momento de sua criação*, estabelece uma condição paradoxal, pois geralmente as situações jurídicas se criam de acordo com uma determinada lei ordenada pelas regras conflituais da jurisdição onde ocorrem. Exigir que uma situação se consolide de acordo com todas as leis com as quais tenha conexão é admitir uma impossibilidade na hipótese de conflito entre as mesmas. E a teoria dos direitos adquiridos no Direito Internacional Privado visa justamente o reconhecimento de um direito criado na exclusiva conformidade de um determinado sistema jurídico, indicado pelas regras de conexão vigentes na jurisdição em que a relação foi criada. Da forma como redigida, a Convenção Interamericana nega a teoria dos direitos adquiridos no Direito Internacional Privado.[30-31]

## O CÓDIGO CIVIL PORTUGUÊS

Estabelece o Código Civil português, na subseção que trata do "âmbito e determinação da lei pessoal", art. 31:

"1 – A lei pessoal é a da nacionalidade do indivíduo. 2 – São, porém, reconhecidos em Portugal os negócios jurídicos celebrados no país da residência habitual do declarante, em conformidade com a lei desse país, desde que esta se considere competente".

A doutrina portuguesa explica que esta norma se inspira na teoria do reconhecimento dos direitos adquiridos ou, pelo menos, na ideia do *favor negotii* em matéria de estatuto pessoal, referindo-se o dispositivo tão somente aos negócios jurídicos no domínio do estatuto pessoal (casamentos, perfilhações, adoções, testamentos etc.).[32]

---

[29] Pode-se objetar que a maioria destas Convenções não ilustra o princípio dos direitos adquiridos, eis que estabelecem autênticas regras de conexão.

[30] Esta é também a crítica de Haroldo Valladão, a que nos referimos acima, tanto ao CIDIP II como ao Código Bustamante. Refletindo para esta nova edição ocorreu-nos uma possível interpretação do art. 7º em concordância com a teoria dos direitos adquiridos: a convenção simplesmente enuncia que um situação jurídica criada na conformidade das leis com as quais a hipótese guardava conexão (capacidade do agente de acordo com a lei do país A, substância do contrato de acordo com a lei do país B, forma do contrato de acordo com a lei do país C), será reconhecida nos demais Estados-partes. Isto totalmente em contradição à teoria de Machado Villela que quer a solução do conflito de acordo com as normas do DIP do Estado de reconhecimento, com relação à qual nossa crítica continua válida.

[31] Vide Jacob Dolinger, Convenção Interamericana sobre Normas Gerais de Direito Internacional Privado, *Revista da Faculdade de Direito da Universidade do Estado do Rio de Janeiro* 3:19 e ss., 1995.

[32] João Baptista Machado, *Lições de Direito Internacional Privado*, 1982, p. 175.

Admite, contudo, que a ideia que inspira o dispositivo, sua *ratio legis*, "seja suscetível de conduzir ao respeito de direitos adquiridos fora destes estreitos limites definidos pela letra da lei".[33]

Mas o desenvolvimento da matéria por João Baptista Machado enfraquece consideravelmente a relação desta norma com a teoria dos direitos adquiridos, eis que interpreta o disposto no art. 31, § 2º, como a consagração de uma regra de conexão subsidiária à da nacionalidade, que consistiria na *lex domicilii* – a residência habitual estaria aí como o domicílio. Assim, diz o autor português, "a conexão da residência habitual, apesar de igualmente importante e legítima, foi deixada na sombra, apenas lhe sendo conferida relevância a título *subsidiário* em várias disposições do nosso código".

E aduz: "*o legislador terá pensado que, mesmo nos casos em que não é possível reconhecer a esta conexão uma relevância direta, dada a preferência pela nacionalidade, lhe poderia ainda assim conferir uma relevância indireta – no plano das situações a reconhecer no Estado do foro (que não no plano das situações a constituir aí) – reconhecendo validade aos atos e negócios jurídicos do estatuto pessoal que tenham sido validamente celebrados à sombra da lex domicilii, quando esta se repute competente*", concluindo que "*no plano das situações a reconhecer (já constituídas) e pelo que respeita à validade dos mencionados atos e negócios jurídicos, permite que em certas circunstâncias (pelo menos se o ato ou negócio foi celebrado no Estado do domicílio) a conexão 'residência habitual' funcione alternativamente com a conexão 'nacionalidade': o negócio será reconhecido por válido desde que seja conforme, quer à lei da nacionalidade, quer à lei da residência habitual*".

Isso não se enquadra no princípio do reconhecimento dos direitos adquiridos, mas expressa simplesmente um sistema de regras de conexão subsidiárias.[34]

## DIREITOS ADQUIRIDOS E ORDEM PÚBLICA

Ao estudar a ordem pública, vimos que em matéria de reconhecimento de direitos adquiridos no exterior o princípio da ordem pública é aplicado com menos rigor do que em se tratando de aplicação direta de norma do direito estrangeiro. Assim, nos países que vedavam o divórcio, a lei estrangeira que admitia a dissolução do vínculo matrimonial, que era competente para os estrangeiros (ou aos domiciliados no exterior), não podia ser aplicada pelos tribunais por força do princípio da ordem pública, mas, se aquelas pessoas obtivessem o divórcio no exterior, sua situação de divorciados seria aceita no foro, permitindo-se-lhes contrair novas núpcias.

A Corte de Cassação francesa consolidou esta teoria no acórdão *Rivière* com a seguinte fórmula: "*a reação a um dispositivo contrário à ordem pública não é a mesma no caso em que impede a aquisição de um direito na França e no caso em que se trata de deixar produzir na França os efeitos de um direito adquirido, sem fraude, no estrangeiro, na conformidade da lei competente em virtude do direito internacional privado francês*".[35] Naturalmente que a exigência

---

[33] Ferrer Correia *apud* João Baptista Machado, *Lições de Direito Internacional Privado*, 1982, p. 175.

[34] O Código Civil argentino de 1869, hoje revogado, tem regra precisa a respeito do tema: no art. 8º dispõe que "los actos, los contratos hechos y los derechos adquiridos fuera del lugar del domicilio de la persona, son regidos por las leyes del lugar en que se han verificado; pero no tendrán ejecución en la República, respecto de los bienes situados en el territorio, si no son conformes a las leyes del país, que reglan la capacidad, estado y condición de las personas". Excetuados os bens sitos na Argentina, regidos pela *lex rei sitae*, o Código consagra a teoria dos direitos adquiridos.

[35] Vide Bertrand Ancel e Yves Lequette, *Grands arrêts de la jurisprudence française de droit international privé*, p. 204. Esta exigência de que o direito tenha sido adquirido no estrangeiro em conformidade com

de que a aquisição do direito se tenha processado "na conformidade da lei competente em virtude do direito internacional privado francês" retira do dispositivo a verdadeira consagração do direito adquirido alhures, aproximando-se da doutrina de Machado Villela.

A investigação da paternidade era vedada na França; no entanto reconheciam seus tribunais os efeitos da paternidade estabelecida em ação investigatória processada no estrangeiro.

Mas há limites para a preponderância da teoria dos direitos adquiridos sobre o princípio da ordem pública: a jurisprudência francesa decidiu que não pode prevalecer na França a propriedade de um móvel adquirido no estrangeiro em virtude de uma expropriação efetuada sem indenização, pois a ordem pública francesa se opõe aos efeitos de uma espoliação praticada no exterior.[36]

Por outro lado, admite-se na França maior alcance à teoria dos direitos adquiridos em certas áreas, como no reconhecimento de direito adquirido a casamento poligâmico constituído na Argélia, em que cidadão argelino, de fé muçulmana, que se naturalizou francês, teve reconhecida como válida sua situação matrimonial poligâmica.[37]

O mesmo ocorreu em Israel, que reconheceu as situações matrimoniais poligâmicas dos judeus iemenitas que imigraram para Israel no final da década de 1940 e no início da década de 1950, vedando-lhes, tão somente, constituir novos casamentos poligâmicos, uma vez radicados em Israel.[38]

A poligamia, vedada nos países do Ocidente, por força da ordem pública, não poderá ser praticada em seus territórios por pessoas cujo estatuto pessoal admite a existência simultânea de mais de um vínculo conjugal.[39] No entanto, seus tribunais concederão pensão alimentícia, assim como reconhecerão direitos sucessórios decorrentes de casamentos poligâmicos.

Já o casamento entre pessoas do mesmo sexo e o *partenariat civil* são geralmente reconhecidos em países que não admitem a união de pessoas do mesmo sexo, para efeitos de concessão de divórcio ou de desfazimento da sociedade estabelecidos em país que admite esses tipos de união.[40]

## O PRINCÍPIO NO DIREITO POSITIVO BRASILEIRO

A Introdução ao Código Civil de 1916 dispunha em seu art. 17:

"Art. 17. As leis, atos, sentenças de outro país, bem como as disposições e convenções particulares não terão eficácia quando ofenderem a soberania nacional, a ordem pública e os bons costumes".

---

a lei competente segundo o DIP francês reflete posição francesa já abandonada, como já focalizado, mas não é exigida no sistema brasileiro de homologação de sentenças estrangeiras, que as reconhece mesmo quando baseadas em lei escolhida pelo Direito Internacional Privado da jurisdição em que a ação foi julgada, que não coincida com a escolha determinada pelo Direito Internacional Privado brasileiro.

[36] Henri Batiffol e Paul Lagarde, *Droit International Privé*, 1993, v. I, p. 425.
[37] *Revue*, 1976.477.
[38] A comunidade judaica do Iêmen, praticamente desligada do resto do povo judeu na Diáspora, não teve conhecimento da proibição rabínica à poligamia.
[39] Essa posição vem sofrendo alteração em vários países ocidentais, matéria da qual Jacob Dolinger trata em "A Ordem Pública Internacional brasileira em frente de casamentos homossexuais e poligâmicos", In: Eliene Ferreira Bastos e Maria Berenice Dias (coord.), *A família além dos mitos*, 2008, p. 94.
[40] Decisão de corte sul-africana nesse sentido in *Revue* 2012.91.

As doutrinas portuguesa e brasileira (Machado Villela, Espínola e Espínola, Clóvis Beviláqua, Serpa Lopes, Haroldo Valladão e Gama e Silva) interpretaram o art. 17 como tendo englobado a ordem pública em suas duas manifestações: a ordem pública interna e a ordem pública internacional.[41]

A Lei de Introdução de 1942 dispõe em seu art. 17, em redação quase idêntica à lei anterior, o seguinte:

"As leis, atos e sentenças, de outro país, bem como quaisquer declarações de vontade, não terão eficácia no Brasil, quando ofenderem a soberania nacional, a ordem pública e os bons costumes".

A interpretação que entendemos correta do art. 17 das duas leis introdutórias ao Código Civil brasileiro, que instituem o princípio da ordem pública em matéria de Direito Internacional Privado e incluem os direitos adquiridos, exige que se atente primeiramente para o texto proposto por Beviláqua em seu projeto, que continha três artigos a respeito da ordem pública, assim redigidos:

"Art. 14. Ninguém pode derrogar, por convenção, as leis que regulam a constituição da família, nem as que interessem à ordem pública e aos bons costumes".

Este dispositivo refletia o princípio relativo à "ordem pública interna", que veda acordos ofensivos aos princípios cardinais do sistema jurídico.

"Art. 17. São reconhecidos no Brasil os direitos adquiridos no estrangeiro, em virtude de um ato praticado no estrangeiro, segundo a lei estrangeira, contanto que o seu exercício não importe ofensa à soberania nacional brasileira, à ordem pública e aos bons costumes."

Consagrado neste dispositivo o princípio dos direitos adquiridos no Direito Internacional Privado, ressalvado o respeito à ordem pública para efeitos internacionais.

"Art. 18. Não será aplicada no Brasil lei estrangeira, contrária à soberania nacional, ofensiva dos bons costumes ou diretamente incompatível com uma lei federal brasileira fundada em motivo de ordem pública."

Estava aí estabelecido o princípio da ordem pública como freio à aplicação de lei estrangeira, indicada pela regra de conexão do foro.

Em trabalho dedicado à ordem pública, Jacob Dolinger demonstrou que não há necessidade de disposição sobre a ordem pública no plano interno, que o art. 17 como finalmente aparece só se refere a questões de Direito Internacional Privado, tendo englobado o disposto nos art. 17 e 18 do Projeto Beviláqua e deixado de fora o disposto no art. 14, e que os termos "disposições e convenções particulares" – na Introdução de 1916 – e "quaisquer declarações de vontade" – na Lei de Introdução de 1942 – ambos se referem a atos jurídicos realizados no exterior, sendo a seguinte a interpretação que recomendamos ao dispositivo atualmente em vigor (texto de 1942):

"As leis, atos e sentenças de outro país"...

---

[41] Vide, mais adiante, interpretação da evolução que resultou no art. 17 da lei introdutória de 1916.

*i.e.*, as manifestações dos três poderes, Legislativo, Executivo e Judiciário, ou seja, "atos" no sentido de atos públicos, atos emanados de poder constituído em país estrangeiro (como diz a lei italiana, art. 31, "*gli atti di uno Stato estero*"), ato governamental ou ato de qualquer poder delegado pelo governo,

"bem como quaisquer declarações de vontade"...

que tenham igualmente ocorrido no exterior, referindo-se aí aos atos jurídicos particulares constituídos no exterior, que são normalmente reconhecidos no Brasil, por força do princípio do reconhecimento dos direitos adquiridos,

"não terão eficácia no Brasil quando ofenderem a soberania nacional, a ordem pública e os bons costumes".

Fica entendido que o grau de ofensa à ordem pública deverá ser mais grave – e por conseguinte será menos invocado – no campo das declarações de vontade, dos atos e das sentenças – hipóteses de reconhecimento de direitos já constituídos –, do que na primeira hipótese – leis de outro país – que versa direitos a serem adquiridos em nosso país, em que a ordem pública tem mais amplo raio de atuação.[42]

No Brasil se homologa e executa sentença estrangeira, mesmo que a corte estrangeira tenha aplicada lei diversa da que as nossas regras de conexão indicam. Isso porque entendemos que o reconhecimento de direitos adquiridos no exterior deve respeitar a escolha da lei aplicável efetuada no foro estrangeiro, de acordo com as regras de conexão ali vigentes. Por isso sustentamos que o mesmo há de ocorrer quando se tratar de reconhecimento de direito adquirido independentemente de sentença judicial.

A distinção entre o recurso ao princípio da ordem pública quando se trata de aquisição de direitos e quando se cuida de reconhecer direitos já adquiridos no exterior foi bem colocada pela Suprema Corte brasileira:

"A ordem pública não se opõe que a homologação do divórcio se faça sem restrições, pois é preciso distinguir ordem pública como limite ao reconhecimento das sentenças estrangeiras, do conceito de ordem pública como limite à aplicação da lei estrangeira.

A ordem pública que se opõe a decretar o juiz brasileiro o divórcio a vínculo matrimonial na aplicação de lei estrangeira, consente na execução da sentença estrangeira que, legalmente, pronunciou o divórcio de estrangeiros".[43]

## PROJETOS PARA SUBSTITUIÇÃO DA LEI DE INTRODUÇÃO

I. A distinção entre o funcionamento do princípio da ordem pública, quando se trata de aplicar lei estrangeira no foro ou de reconhecer direito já adquirido no exterior, leva-nos a tecer uma observação ao Anteprojeto de reforma da Lei de Introdução, de autoria do Professor Haroldo Valladão, cujo art. 78 assim dispõe:

"São reconhecidos no Brasil direitos adquiridos no estrangeiro, de boa-fé, em virtude de ato ou julgamento ali realizado, de acordo com o direito estrangeiro vigorante, salvo se

---

[42] Vide Jacob Dolinger, *A Evolução da Ordem Pública no Direito Internacional Privado*, 1979, p. 86 e ss.
[43] Sentença Estrangeira nº 926, *Revista Forense*, v. CXIII, p. 382 e ss.

for caso de competência exclusiva do direito brasileiro,[44] e observadas sempre as reservas estabelecidas no art. 79".

O art. 79 enuncia o princípio da ordem pública como limite geral à aplicação da lei estrangeira, e não nos parece certo fazer uma ressalva aos direitos adquiridos com o princípio da ordem pública, principalmente enunciando-a como consta, "*observadas sempre as reservas da ordem pública*", pois assim desfaz-se a distinção entre aplicação direta e indireta da lei estrangeira, distinção esta com a qual o ilustre autor do projeto concorda, como se verifica em várias manifestações de sua obra.[45]

II. No Projeto de Lei nº 4.905/1995 os direitos adquiridos estão consagrados no art. 18 da seguinte forma:

"Direitos adquiridos no exterior – Os direitos adquiridos em país estrangeiro serão reconhecidos no Brasil, com a ressalva decorrente do antigo anterior".

O artigo anterior versa a fraude à lei.

III. O Projeto de Lei nº 269/2004, de autoria do Senador Pedro Simon fixa este princípio em seu art. 19, que assim enuncia:

"Os direitos adquiridos na conformidade do sistema jurídico estrangeira serão reconhecidos no Brasil com as ressalvas decorrentes dos art. 17, 18 e 20".

Os três artigos aludidos referem se à qualificação, fraude à lei e ordem pública.

## OUTRO FUNDAMENTO DO PRINCÍPIO DOS DIREITOS ADQUIRIDOS

Tivemos oportunidade de expor que o respeito pelos direitos adquiridos no exterior decorre do princípio da ordem pública. Na medida em que a ordem pública é identificada com a moral, esta proíbe que o indivíduo seja espoliado de direito que já se incorporou em seu patrimônio.[46]

No sistema jurídico brasileiro, em que se consagrou o princípio do respeito aos direitos adquiridos em sede constitucional (e como tal tem caráter de ordem pública, como estabelecido no Código Bustamante) é de se estender a norma intertemporal ao plano interespacial, ou intersistemático.

Assim, a ordem pública, que tem a força de impedir a aplicação de normas estrangeiras que sejam chocantes a nosso sistema jurídico, também tem a força de exigir o reconhecimento dos direitos adquiridos no exterior.

E assim como a ordem pública que se opõe à aplicação da lei estrangeira funciona em sentido negativo (não aplicar lei permissiva estrangeira) e no sentido positivo (não aplicar lei proibitiva estrangeira quando fere princípio fundamental do foro), também apresenta esta outra dicotomia, ordem pública que impede a aplicação de lei estrangeira e ordem pública que comanda a aceitação dos efeitos da mesma lei estrangeira, quando já aplicada no exterior.

---

[44] A ressalva da competência exclusiva do direito brasileiro não corresponde à ressalva encontrada em projeto francês que se refere à competência, não necessariamente exclusiva, do direito francês.
[45] Vide, por exemplo, Haroldo Valladão, *Direito Internacional Privado*, 1980, v. I, p. 470.
[46] Jacob Dolinger, *A evolução da ordem pública no direito internacional privado*, 1979, p. 219.

Mas quando o reconhecimento destes direitos adquiridos no exterior encerrar uma situação de divergência com nossa filosofia jurídica de proporções e intensidade de tal magnitude que constituam um escândalo para a nossa sociedade, um choque inaceitável à nossa moral ou à nossa sensibilidade jurídica, a ordem pública volta a agir no sentido de impedir a eficácia dos efeitos indesejáveis em nosso meio, mesmo quando decorrentes de atos jurídicos consolidados.

## DIREITOS ADQUIRIDOS E INSTITUIÇÃO DESCONHECIDA

Pillet alude a outra exceção ao princípio dos direitos adquiridos – a instituição desconhecida. "*É possível que um estado não possa dar efeito em seu território a um direito adquirido no estrangeiro, pela inexistência em sua legislação de um direito análogo, faltando-lhe assim os meios para garantir sua execução*".[47]

Reconhece que esta hipótese é rara, mas que não é desprovida de valor prático, ilustrando com o fato de que certos Estados ainda não haviam organizado a propriedade literária, sendo certo que nestes países um autor não poderia exigir respeito ao direito de reprodução exclusiva de sua obra, regularmente adquirido no estrangeiro.

Assim como o estrangeiro não pode exercer um direito no país onde se encontra se este não conta com proteção legal, também não poderá fazer valer direitos que adquiriu no exterior, se os mesmos não são protegidos pela lei do foro.[48]

## DIREITOS ADQUIRIDOS E FRAUDE À LEI

Assim como a ordem pública, também o princípio relativo à fraude à lei desempenha importante ressalva no reconhecimento dos direitos adquiridos.

Os brasileiros, que no regime anterior se naturalizassem franceses, ali se divorciassem, e, retornando imediatamente ao Brasil, aqui pleiteassem a homologação da sentença dissolutória, enfrentariam a repulsa ao reconhecimento, baseada no princípio da fraude à lei.

Já os estrangeiros aqui domiciliados que retornavam ao país de sua nacionalidade ou ao país onde contraíram núpcias antes de imigrar para o Brasil, lá se divorciando, obtinham homologação plena da sentença estrangeira no STF.

## A TEORIA AMERICANA DOS *VESTED RIGHTS*

Paralelamente à teoria dos direitos adquiridos estudada e debatida no continente europeu, há de se atentar para a teoria anglo-americana, conhecida como *vested rights*.

A origem da teoria reside na tese proposta três séculos antes pelo holandês Ulrich Huber, conhecida como *comitas gentium*. Segundo sua exposição, conforme vimos no capítulo II, as leis de cada Estado reinam dentro dos limites de seu território, regendo todos seus súditos, mas não têm força extraterritorial (1); devem ser considerados sujeitos de um Estado todos aqueles que se encontram nos limites de seu território, tanto se estabelecidos de forma definitiva como de permanência temporária (2); finalmente, os chefes de Estado, por cortesia,

---

[47] Antoine Pillet, *Principes de Droit International Privé*, 1903, p. 516.
[48] Eduardo Espínola, *Elementos de Direito Internacional Privado*, 1925, p. 735: "Entra também no domínio da ordem pública o caso de não existir no Brasil o instituto jurídico de que decorre o direito que se pretende tornar reconhecido", em que se confirma a confusão que às vezes ocorre entre a instituição desconhecida e a ordem pública.

fazem com que as leis de cada povo, após terem sido aplicadas nos limites de seus territórios, conservem seu efeito em toda parte (3).

Esta filosofia foi aceita por Dicey na Inglaterra, desenvolvendo-a no sentido de que todo direito regularmente adquirido sob o império da lei de um país civilizado, deve ser reconhecido e sancionado pelos tribunais ingleses.

Joseph Beale nos Estados Unidos, professor da Universidade de Harvard, relator do *Restatement of Conflict of Laws* (1934), seguiu o sistema inglês de que o direito estrangeiro jamais é aplicado como direito propriamente dito, e que tanto este como os direitos que ele cria, são reconhecidos e respeitados como se constituíssem um fato. Assim como não se pode negar a existência da torre Eiffel, também não se pode negar reconhecimento a um casamento celebrado no exterior.

Contudo, o reconhecimento de tudo que emana do exterior depende exclusivamente da lei do país onde se pretende dar-lhe efeitos, e estes poderão ser recusados se contiverem algo de ilegal no foro.

Das lições dos mestres ingleses e americanos resulta que é como fato que se deve tratar qualquer direito fundado em lei estrangeira; esta jamais terá aplicação direta no exterior, poderão tão somente ser reconhecidos os direitos decorrentes da norma estrangeira. Não se aplica a lei estrangeira, só se reconhecem situações consolidadas no exterior – este o significado do *vested rights*.

Essa é a base da filosofia do Direito Internacional Privado norte-americano, que durante algum tempo foi o ponto central desta disciplina no direito daquele país, para depois ceder lugar a outras teorias que foram surgindo naquele país com o desenvolvimento do estudo de nossa ciência.

# Parte V

# Conflito de Jurisdições
# (Processo Civil Internacional)

*Capítulo XX*
# A NATUREZA DAS NORMAS DE DIREITO PROCESSUAL INTERNACIONAL

## NORMAS DIRETAS E UNILATERAIS[1]

As normas de Direito Internacional Privado possuem estrutura e natureza diversas em função de seu objeto.

As regras sobre nacionalidade e condição jurídica do estrangeiro, por exemplo, são diretas e unilaterais: tratam, tão somente, da definição de quem é brasileiro e do *status* do estrangeiro (ou não nacional) no Brasil, respectivamente.

As regras sobre determinação da lei aplicável incumbem-se de solucionar os conflitos de leis e podem ser unilaterais ou bilaterais, como já se viu. Por não solucionarem diretamente a questão jurídica *sub judice*, mas apenas determinarem o ordenamento jurídico aplicável à hipótese, são classificadas também como normas indiretas.

O Direito Processual Internacional, à semelhança do que ocorre com as regras sobre nacionalidade e condição jurídica do estrangeiro, constitui-se por normas diretas e unilaterais, que não cuidam de dirimir conflitos entre legislações potencialmente aplicáveis, mas de regular as questões que surgem perante o Judiciário brasileiro no âmbito dos litígios internacionais.

## NORMAS DE DIREITO PÚBLICO

Entende-se por direito público o direito que tem por finalidade regular as relações do Estado com outro Estado, ou as do Estado com seus súditos, quando procede em razão do poder soberano, e atua na tutela do bem coletivo.[2] A esses regramentos se aplicam os princípios da indisponibilidade, irrenunciabilidade e inderrogabilidade por vontade das partes, sedimentados na máxima *ius publicum privatorum pactis mutari non potest*. Atualmente, a doutrina define esse ramo do direito pela prevalência do interesse público sobre o particular, preferencialmente à presença estatal nas relações jurídicas sob exame.[3]

É incontroverso que as normas sobre nacionalidade – que determinam o conjunto de nacionais (povo), reputado o elemento pessoal formador do Estado – e de condição jurídica do estrangeiro integram o que se convenciona chamar direito público.

---

[1] Sobre a natureza das normas do direito internacional privado, veja-se Capítulo VII.
[2] Roberto de Ruggiero, *Instituições de Direito Civil*, 1957, v. I, p. 59.
[3] Sobre o tema, confira-se a lição de Gustavo Tepedino, *Temas de Direito Civil*, 1999, p. 19: "Daí a inevitável alteração dos confins entre o direito público e o direito privado, de tal sorte que a distinção deixa de ser qualitativa e passa a ser meramente quantitativa, nem sempre se podendo definir qual exatamente é o território do direito público e qual o território do direito privado. Em outras palavras, pode-se provavelmente determinar os campos do direito público ou do direito privado pela prevalência do interesse público ou do interesse privado, não já pela inexistência de intervenção pública nas atividades de direito privado ou pela exclusão da participação do cidadão nas esferas da administração pública. A alteração tem enorme significado hermenêutico, e é preciso que venha a ser absorvida pelos operadores".

As regras relativas à determinação da lei aplicável, qualificadas como normas de sobredireito,[4] são também de direito público, uma vez que determinam as hipóteses de aplicação extraterritorial do direito material brasileiro, ou de sua exclusão, seguida da consequente aplicação do direito estrangeiro.

Finalmente, também o Direito Processual Internacional encontra guarida sob a égide do direito público, principalmente porque a matéria processual, especialmente no tocante à competência internacional, é elemento inerente à soberania estatal interna, já que regula a atividade jurisdicional exercida pelo próprio Estado, em que sobressai o interesse público. Nessa mesma lógica, se insere também o tema da imunidade de jurisdição e execução dos Estados e entes públicos estrangeiros.

Além da questão jurisdicional, ocupa-se também o Direito Processual Internacional da cooperação entre os Estados, no que se refere ao reconhecimento e homologação de sentenças estrangeiras, aos pressupostos de concessão do *exequatur* a cartas rogatórias alienígenas, à coleta de provas no exterior, dentre outros temas, tudo isso inequivocamente na esfera do direito público.

## A EQUIVOCADA BILATERALIZAÇÃO DAS NORMAS DO DIREITO PROCESSUAL INTERNACIONAL

### Vedação à Bilateralização

As normas de direito público, em regra, não podem ser bilateralizadas. Assim, os dispositivos constitucionais que regulam hipóteses de aquisição da nacionalidade brasileira ou que tratam da condição jurídica do estrangeiro só se aplicam ao Brasil. Assim, o art. 12, I, *a*, da CF, que estabelece que quem nasce no Brasil é brasileiro, não pode ser bilateralizado para determinar que quem nasce na França é francês. A aquisição da nacionalidade francesa deve ser regida pelas leis daquele país e jamais podem resultar da aplicação das leis brasileiras.

O processo civil tem a mesma natureza. Com fundamento no princípio da territorialidade, ao juiz cabe apenas a aplicação da lei processual do local onde exerce jurisdição. Nesse sentido, já se afirmou que as leis sobre processo civil internacional são normas diretas e unilaterais, tratando somente das hipóteses de exercício da autoridade judiciária local.

A princípio, portanto, não se concebe, em matéria processual, a aplicação de lei estranha ao ordenamento jurídico brasileiro. Nessa linha, não se permite a bilateralização do art. 21, I, do Código de Processo Civil (que reproduziu o art. 88, I, do CPC de 1973), que prevê a competência internacional da autoridade judiciária brasileira para julgar determinado litígio quando o réu está aqui domiciliado. Caso contrário, chegar-se-ia à absurda inferência de que, estando o réu domiciliado na França, competente para a causa seria a autoridade judiciária francesa. Não é este, todavia, o entendimento correto a ser adotado, porque somente a legislação francesa pode estabelecer quando o seu Judiciário terá competência na esfera internacional.

As normas processuais sobre competência internacional apenas se ocuparão em determinar as hipóteses nas quais a autoridade judiciária brasileira exercerá sua jurisdição, restando inócuo, portanto, fixar as normas de exercício da atividade jurisdicional de outros países.

Nesse passo, segue má técnica jurídica o art. 23 do CPC, que reproduziu o que já constava no art. 89 do CPC de 1973, ao prever: "*Compete à autoridade judiciária brasileira, com exclusão de qualquer outra:* (...)". O objetivo do dispositivo em questão foi estabelecer a competência absoluta e exclusiva da autoridade judiciária brasileira para as ações ali mencionadas (imóveis

---

[4] Vide Capítulo IX.

no país e partilha de bens aqui situados), mas não poderia excluir a jurisdição estrangeira nessas situações.

A norma pode estabelecer, quando muito, um interesse fundamental no exercício da jurisdição brasileira, determinando, por exemplo, que as decisões proferidas no exterior sobre o assunto não poderão ser reconhecidas *no país*, tampouco admite-se eleger foro estrangeiro nesses casos. Não é possível, todavia, impedir que outro Estado tenha interesse no exercício de sua jurisdição *no exterior*, relativamente às ações sobre imóveis situados no Brasil ou a inventários e partilhas de bens aqui situados.

### Jurisprudência Brasileira

O STF, em decisão proferida em 1976, aparentemente não atentou para essas regras básicas sobre processo internacional e bilateralizou o art. 12 da então LINDB. O referido dispositivo determina que é competente a autoridade judiciária brasileira quando o réu está aqui domiciliado, e o Tribunal, entendendo que essa norma pode ser bilateralizada, decidiu pela incompetência da autoridade judiciária brasileira para decidir a questão, pois, como o réu estava domiciliado no exterior, competente seria a autoridade judiciária do país de seu domicílio.[5]

O entendimento do STF é passível de críticas, em face do tradicional princípio de direito internacional segundo o qual um país não aplicará o direito público de outro. Além disso, como visto, só a legislação estrangeira pode estabelecer em que situações a autoridade judiciária local terá competência na esfera internacional.

No mesmo equívoco incorreu o Tribunal de Justiça de São Paulo:

"Partilha – Dinheiro depositado em banco estrangeiro – Inadmissibilidade – Inteligência do art. 89, II, do CPC – Compete à jurisdição brasileira inventariar e partilhar apenas os bens situados no Brasil – Recurso não provido".[6]

O art. 89, II, do CPC/1973 dispunha que *"Compete à autoridade judiciária brasileira, com exclusão de qualquer outra: I – (...); II – proceder a inventário e partilha de bens, situados no Brasil, ainda que o autor da herança seja estrangeiro e tenha residido fora do território nacional"*. A presente decisão interpretou esse dispositivo no sentido de que, se o bem a inventariar e partilhar não estivesse situado no Brasil, então não caberia à Justiça brasileira fazê-lo, mas sim à alienígena, do local onde situado o bem. A bilateralização das regras dos dispositivos citados criaria hipóteses de competência da Justiça alienígena, o que somente a legislação estrangeira pode fazer, pois a atividade jurisdicional é uma função ligada à soberania do Estado.

Em outro caso, Dirce Quadros, filha única de Jânio Quadros e conhecida como Tutu Quadros, teve negada a sua pretensão de enviar uma carta rogatória ativa para a Suíça visando a obter informações sobre possíveis depósitos bancários feitos pelo seu pai naquele país. O Tribunal de Justiça do Estado de São Paulo negou o pedido nos seguintes termos:

"Inventário. Partilha. Bens deixados pelo falecido em outro país. Contas bancárias. Indeferimento de expedição de carta rogatória para obtenção de informes de sua movimentação e

---

[5] STF, RE nº 82.454, 2ª Turma, Rel. Min. Moreira Alves, j. 12.11.1976.
[6] TJSP, Agravo de Instrumento nº 144.545.4/2, 4ª Câmara de Direito Privado, Rel. Des. Cunha Cintra, j. 30.03.2000.

conteúdo. Inexistência de poder de jurisdição da Justiça brasileira sobre tais bens. Recurso não provido".[7]

O Superior Tribunal de Justiça manteve a decisão:

"Processual civil. Inventário. Requerimento para expedição de carta rogatória com o objetivo de obter informações a respeito de eventuais depósitos bancários na Suíça. Inviabilidade. Adotado no ordenamento jurídico pátrio o princípio da pluralidade de juízos sucessórios, inviável se cuidar, em inventário aqui realizado, de eventuais depósitos bancários existentes no estrangeiro".[8]

Mantida pelo STJ, a decisão do TJSP afirmou que o Judiciário brasileiro não poderia proceder ao inventário e partilha de bens no exterior, tampouco pode solicitar à Justiça estrangeira, do lugar da situação dos bens, informações sobre a existência e o valor destes últimos. O fundamento é também o art. 89 do CPC de 1973.

Essa decisão, da mesma forma que as anteriores, interpretava esse dispositivo no sentido de que, se o bem a inventariar e partilhar estivesse no exterior, caberia ao Judiciário estrangeiro inventariá-lo e partilhá-lo.

Os arts. 21 a 23 do CPC de 2015 (no CPC de 1973, arts. 88 e 89) contêm normas de direito processual internacional, pois definem em que hipóteses a Justiça brasileira é competente para conhecer de um litígio com um elemento estrangeiro. Embora tecnicamente incorreta, essa decisão não é isolada: nossos tribunais têm bilateralizado normas sobre competência internacional, recusando-se a conhecer litígios envolvendo sobretudo bens imóveis situados no exterior, com base na errônea interpretação a *contrario sensu* do art. 89, I, do CPC de 1973 (art. 23, I, do CPC de 2015). O juiz brasileiro pode, eventualmente, se recusar a conhecer de um litígio que envolva imóveis no exterior – mesmo quando o réu tenha domicílio no Brasil (art. 88, I, de 1973, mantido no art. 21, I, do CPC de 2015) – com base no princípio da efetividade, caso constate que sua decisão não será exequível no outro país; nesta hipótese, não julgará o litígio – mas o fundamento dessa recusa não é o art. 89, I, do CPC de 1973 ou o art. 23, I, do CPC de 2015 (que só deve ser aplicado para fixar a competência exclusiva da autoridade judiciária brasileira) –, e sim o *princípio da efetividade*, do qual se infere que não se deve proferir uma decisão que não possa ser executada.

### Jurisprudência Estrangeira

Interessante hipótese foi submetida à Corte Civil de Bruxelas em 1994, que incorreu no mesmo equívoco da nossa Corte Suprema. Uma norte-americana, que viveu maritalmente na Bélgica com um suíço, teve uma filha, nascida nos EUA. A mãe propôs em 1993, na Bélgica, uma ação de investigação de paternidade em face do seu ex-companheiro. O tribunal belga decidiu aplicar a lei da nacionalidade da criança para reger a ação de investigação de paternidade, uma vez que é ela, sem dúvida, a parte mais interessada na solução do litígio.

Surpreendentemente, ao analisar a legislação norte-americana, a referida Corte levou em consideração não apenas as disposições legais relativas ao mérito, mas também as regras norte-americanas no tocante à competência jurisdicional. Como estas admitem a propositura

---

[7] Ementa nº 243234, *JTJ* 239/243.
[8] STJ, REsp nº 397769, 3ª Turma, Rel. Min. Nancy Andrighi, *DJ* 19.12.2002.

da lide no foro da residência da mãe, do menor ou do presumido pai, acatou a Corte belga o ajuizamento da ação na Bélgica, país de residência do suposto pai.[9]

A decisão desrespeitou o princípio de que as regras sobre competência em um país serão sempre unilaterais e diretas. A lei norte-americana não pode determinar quando a autoridade judiciária belga tem competência no plano internacional para conhecer de determinada ação. Somente a lei belga, frise-se, determina a extensão da jurisdição belga, uma vez que a atividade jurisdicional é elemento de direito público, inerente à própria soberania do Estado.

## FONTES DO DIREITO PROCESSUAL CIVIL INTERNACIONAL

No Brasil, o assunto é essencialmente regido pelo Código de Processo Civil e pela Lei de Introdução às Normas do Direito Brasileiro, com os inúmeros tratados bilaterais e plurilaterais que foram ratificados pelo País.

Algumas organizações internacionais também têm se dedicado ao tema. A *International Law Association* criou um Comitê (*Committee on International Civil and Commercial Litigation*) que elaborou vários relatórios sobre o processo civil internacional. O primeiro tratou do exercício da jurisdição com relação a ilícitos (*Transnational Tort Litigation*),[10] o segundo sobre jurisdição com referência a medidas cautelares em litígios internacionais (*Provisional and Protective Measures in International Litigation*),[11] o terceiro sobre princípios para declinar ou transferir a jurisdição (*Principles on Declining and Referring Jurisdiction in International Litigation*),[12] e o último tratou da jurisdição sobre pessoas jurídicas (*Jurisdiction over Corporations*).[13]

Ressalte-se também o trabalho que vem sendo desenvolvido por Hazard Jr. e Taruffo com o UNIDROIT e o American Law Institute, conhecido como *Rules of Transnational Civil Procedures*, ou, ainda, como *TransRules*. Esse trabalho visa uniformizar as regras de processo civil, buscando a elaboração de uma lei-modelo aplicável a casos de qualquer natureza[14] e a sistematização dos pontos de convergência e compatibilização das dissonâncias existentes entre os sistemas jurídicos do *common law* e do *civil law*.

Constatou-se que, dentre as principais semelhanças observadas em tais sistemas, figuram os seguintes aspectos: (i) questões atinentes ao exercício da jurisdição; (ii) especificidades a respeito da forma como se designa o juiz neutro, ou seja, o que se considera um juízo de exceção; (iii) procedimentos para citação do demandado/réu; (iv) regras para ajuizamento de demandas; (v) modo de aplicação da lei material, ou seja, hermenêutica adotada; (vi) ônus da prova e meios de provas, principalmente no que diz respeito à pericial e à testemunhal; (vii) regras sobre deliberação, decisão e recursos cabíveis; e (viii) regras sobre a efetividade da coisa julgada.

Entretanto, também são inúmeros os focos de divergência entre ambos os sistemas legais, dos quais podem-se apontar: (i) que, em geral, no sistema do *civil law*, o juízo é, em maior ou menor grau, *inquisitório*, porque o juiz, mais do que os próprios advogados, tem como responsabilidade levantar as evidências e articulá-las para a formação de seu convencimento. Varia, contudo, o nível de comprometimento do mesmo com esta postura, sendo relevante

---

[9] Decisão da Corte Civil de Bruxelas, 12è ch, de 21 de dezembro de 1994, *Revue Trimestrelle de Droit Familial* 2/233 (1996).
[10] ILA, Report of the 66th Conference, Buenos Aires, 1994, p. 600-630.
[11] ILA, Report of the 67th Conference, Helsinki, 1996, p. 185-204.
[12] ILA, Report of the 69th Conference, London, 2000, p. 137-166.
[13] ILA, Report of the 70th Conference, New Delhi, 2002, p. 412-432.
[14] Antonio Gidi, Normas Transnacionais de Processo Civil, *Revista de Processo* 102:185-96, 2001. As normas estão disponíveis em: http://www.unidroit.org/english/principles/civilprocedure/main.htm.

lembrar que o Brasil, embora tenha seu sistema legal atrelado à tradição romano-germânica da qual se origina todo o chamado sistema do *civil law*, adota o sistema *acusatório*, pautado pela postura imparcial e estritamente julgadora do juiz designado para a causa; (ii) que o sistema do *civil law* utiliza, para instrução processual, uma estrutura de múltiplas audiências sucessivas, ao passo que o *common law* em geral prevê uma fase pré-julgamento e, posteriormente, um julgamento no qual todas as provas são colhidas consecutivamente, havendo, portanto, um problema de compatibilização dos momentos em que se podem oferecer *oportunidades* de manifestação no processo (*timing*); e (iii) há muito mais recursos previstos no sistema *civil law*, que inclusive encampa uma reapreciação de questões de mérito e de direito na segunda instância, gerando uma discrepância na *quantidade* de oportunidades de manifestação das partes no processo que atinge o âmbito transacional.

## *LEX FORI, LEX DILIGENTIAE E LEX CAUSAE*

Nas relações jurídicas que contenham elementos de estraneidade – diversamente do que ocorre com aquelas estritamente domésticas – surge a possibilidade de aplicação de lei estrangeira ao mérito do litígio. Na eventualidade de a regra de conexão local indicar que a lei estrangeira deverá ser aplicada à substância da relação jurídica em questão, a autoridade judiciária local, em geral, deverá respeitá-la. Entretanto, questiona-se acerca da lei reguladora das questões processuais, já que o mérito da controvérsia será decidido em conformidade com os preceitos da lei estrangeira.

O Código Bustamante, de 1928,[15] estabelece:

"Art. 314. A lei de cada Estado contratante determina a competência dos tribunais, assim como a sua organização, as formas de julgamento e a execução de sentenças e os recursos contra suas decisões".

A Convenção Interamericana sobre Normas Gerais de Direito Internacional Privado, aprovada em Montevidéu em 1979,[16] determina em seu art. 4º:

"Todos os recursos previstos na lei processual do lugar do processo serão igualmente admitidos para os casos de aplicação da lei de qualquer dos outros Estados Partes que seja aplicável".

No mesmo sentido, a revogada Introdução ao Código Civil Brasileiro, de 1916, em seu art. 15 estabelecia:

"Rege a competência, a forma do processo e os meios de defesa a lei do lugar onde se mover a ação (...)".

O Código de Processo Civil Brasileiro prevê em seu art. 16:

"A jurisdição civil é exercida pelos juízes e pelos tribunais em todo o território nacional, conforme as disposições deste Código".

---

[15] Ratificado pela Bolívia, Brasil, Chile, Costa Rica, Cuba, El Salvador, Equador, Guatemala, Haiti, Honduras, Nicarágua, Panamá, Peru, República Dominicana e Venezuela. No Brasil, promulgado pelo Decreto nº 18.871, de 1929.

[16] Ratificada pela Argentina, Brasil, Colômbia, Equador, Guatemala, México, Paraguai, Peru, Uruguai e Venezuela. No Brasil, promulgada pelo Decreto nº 1.979, de 1996.

Como se vê, há uma regra de conexão própria para reger as questões processuais, que é a *lex fori*.[17] O procedimento numa ação judicial é sempre regido pela lei do local onde o processo tramita, independentemente de se aplicar ou não lei estrangeira ao mérito da questão *sub judice*.

O fundamento dessa regra decorre da própria natureza das leis processuais, que disciplinam o exercício da função jurisdicional de cada Estado. Nesse sentido, diz-se que as leis processuais se subordinam ao princípio da territorialidade: o juiz aplica a lei processual do lugar onde exerce a jurisdição.[18]

Também com base nos mesmos fundamentos, se há necessidade de cooperação judiciária internacional, para a efetivação de citação ou coleta de provas no exterior, há que se respeitar a lei do lugar da diligência – *lex diligentiae* –, já que os atos processuais serão realizados em outra jurisdição, sendo, portanto, regidos pela lei processual do lugar da diligência.

Consequentemente, em regra, a ação, os pressupostos processuais, os efeitos da citação, os meios de defesa, as provas cabíveis, os requisitos da sentença e seus efeitos, os recursos e os prazos processuais se orientam pela lei processual do lugar onde a ação foi proposta, concluindo-se que a lei aplicável ao processo judicial não é necessariamente a mesma que rege a relação material em litígio.

A distinção entre lei aplicável ao mérito e ao processo vigora também na via arbitral: a lei aplicável ao processo (prazos para interpor recursos, tipos de recursos, provas que podem ser apresentadas...) não é obrigatoriamente a mesma que rege o mérito do litígio.[19] Dessa forma, a clássica distinção entre *ordinatoria litis* e *decisoria litis* manifesta-se tanto nos processos judiciais como nos arbitrais.

Mas há importante observação a ser feita: no processo judicial, o juiz pode aplicar direito estrangeiro para reger o mérito da demanda, mas para regular o processo, por integrar este o direito público, aplicará sempre a lei local (*lex fori*). Já na arbitragem admite-se a aplicação de lei estrangeira – diversa da lei local – tanto para reger o mérito da questão como para reger o processo arbitral. Isso ocorre porque o árbitro não tem *lex fori*.[20] Entretanto, problemas podem surgir quando a lei aplicável ao processo arbitral é diversa do direito processual do foro, seja em arbitragens domésticas ou internacionais. A dificuldade reside no fato de que, em função do direito internacional privado, os países em geral já têm uma tradição de admitir leis estrangeiras para reger o mérito do litígio perante o foro local; mas, em matéria de processo, a tradição manda aplicar somente a lei local.

Em razão dessa distinção entre lei aplicável ao mérito e ao processo, tradicionalmente tem sido possível a uniformização de regras materiais, substantivas, pois, como os países aceitam aplicar leis estrangeiras, a ideia de abdicar à sua legislação não é estranha. Quanto às regras processuais, no entanto, por serem sempre as do local da ação, essa uniformização é bem mais complexa, não obstante importantes avanços têm sido feitos nessa área. Diversas convenções sobre o direito processual uniformizado foram elaboradas mais recentemente, sobretudo no que tange à cooperação judiciária internacional.

---

[17] Vide Gaetano Morelli, *Elementi di Diritto Internazionale Privato Italiano*, 1986, p. 187-191. A Corte de Cassação francesa proferiu decisão que estabelece que o processo de uma ação ajuizada na França só pode ser determinado pela legislação francesa. Veja-se L'Affaire Lavie, j. 22.02.1978, Cour de Cassation, 1e civ., citado por D. Holleaux, J. Foyer, G. de Geouffre de La Pradelle, *Droit International Privé*, p. 393 (1987).

[18] Moacyr Amaral Santos, *Primeiras Linhas de Direito Processual Civil*, 2011, v. 1, p. 57.

[19] Jacob Dolinger e Carmen Tiburcio, *Arbitragem Comercial Internacional*, 2003, Parte II, cap. VIII.

[20] Jacob Dolinger e Carmen Tiburcio, *Arbitragem Comercial Internacional*, 2003, Parte II, cap. VIII.

O fato de o litígio vir a ser decidido em conformidade com a lei estrangeira indicada pelas regras de conexão brasileiras é uma questão *substantiva, material*, ou seja, da lei aplicável ao mérito da controvérsia. A lei material aplicável à controvérsia, denominada *lex causae*, pode, em certos casos, estender-se a alguns aspectos processuais, quando estes estão ligados ao mérito, como se verá a seguir.

Sobre a dificuldade em distinguir os aspectos material e processual da lei estrangeira, Savigny escreveu:

"The judge must always apply the law of his own state, if the question concerns not a relation of the substantive law, but a point of legal procedure. To this category belong not only forms and rules of procedure proper, but also, in part, the rules of the law of actions. Here, however, as the demarcation is often very difficult, great caution must be used, and regard must always be had to the true nature and purpose of the particular legal institutes. Very many rules are only in appearance rules of procedure, and really concern the legal relation itself".[21]

Por exemplo, se a lei francesa é aplicável à solução de uma questão, essa lei também determina quem tem o *ônus da prova*. Como tais regras (sobre ônus da prova) estabelecem presunções com relação aos direitos em discussão, estão elas ligadas ao mérito da causa e, consequentemente, devem ser regidas pela mesma lei aplicável ao mérito.[22]

O art. 14 da Convenção de Roma sobre a Lei Aplicável às Obrigações Contratuais de 1980 determina:

"1. A lei que regula o contrato, por força da presente convenção, aplica-se na medida em que, em matéria de obrigações contratuais, estabeleça presunções legais ou reparta o ônus da prova".

A mesma regra foi mantida no Regulamento europeu 593/2008 (art. 18) e nos princípios sobre autonomia aprovados em 2015 na Haia (art. 9.1.f)

No mesmo sentido prevê o Código Bustamante:

"Art. 398. A lei que rege o delito ou a relação de direito, objeto de ação cível ou comercial, determina a quem incumbe a prova".

Na vigência do CPC de 1973, a doutrina tradicional enumerava três condições para o exercício regular do direito da ação (condições da ação), ou seja, requisitos para que a ação tenha um provimento final, de mérito:[23] legitimidade das partes, ou *legitimatio ad causam*; interesse de agir; e possibilidade jurídica do pedido.[24] Esta última categoria foi abolida na sistemática do CPC de 2015.

A legitimidade das partes (legitimação ordinária) leva em conta a titularidade da relação jurídica discutida pelo autor. Assim, na ação de divórcio, o(a) demandante deve ter uma relação matrimonial com a(o) demandada(o) e na ação de despejo deve haver um contrato de locação

---

[21] Friedrich Carl von Savigny, *Private International Law and the Retrospective Operation of Statutes*: A Treatise on the Conflict of Laws and the Limits of Their Operation in Respect of Place and Time, 1880, p. 146-147.
[22] D. Holleaux, J. Foyer, G. de Geouffre de La Pradelle, *Droit International Privé*, 1987, p. 402.
[23] Alexandre Freitas Câmara, *Lições de Direito Processual Civil*, 2012, v. 1, p. 121.
[24] Vide Calamandrei, *Istituzioni di Diritto Processuale Civile*, 1970, p. 133-134; e Humberto Theodoro Junior, *Curso de Direito Processual Civil*, 2010, p. 67-74. Enrico Tullio Liebman, *Manuale di Diritto Processuale Civile*, 1980, p. 135, reconhece somente dois requisitos: legitimidade das partes e interesse.

celebrado entre as partes.²⁵ Nesses termos, a legitimidade das partes é determinada pela lei que regula o mérito da relação jurídica discutida (*lex causae*), e não pela *lex fori*.

Quanto à segunda condição – interesse de agir –, esta é verificada a partir do binômio "utilidade da tutela jurisdicional" e "necessidade do provimento pleiteado", examinando a adequação do provimento judicial solicitado pelo demandante, já que o Estado não deve exercer a tutela jurisdicional senão quando necessário. Portanto, analisa-se primeiramente o objetivo prático do demandante e, posteriormente, se o meio é o adequado, ou seja, se o objetivo poderia ser alcançado por outra via, que não o Judiciário. Em outras palavras, se o devedor não se opõe ao pagamento da dívida, não há por que se recorrer ao Judiciário, apesar do objetivo prático da cobrança. Assim, ambos os requisitos devem estar presentes na hipótese concreta para se configurar o interesse de agir.

Alguns autores chamam atenção para o fato de que esse requisito não se confunde com a pretensão material do autor,²⁶ o que é absolutamente verdadeiro, já que aqui se trata do interesse na movimentação da máquina judiciária estatal. Todavia, há que se levar em conta que esse interesse pode ser determinado por lei estrangeira, que rege a relação material, para a verificação dos requisitos citados.

Caso ilustrativo do tema é o de ação proposta para anulação de adoção feita no Brasil por polonesa – Stefania Plaskowieka Nodari – que vem a falecer domiciliada em seu país de origem. A ação foi proposta pela prima da adotante, Maria Henryka Siwek, também polonesa lá domiciliada, com o objetivo de tornar-se a única herdeira na sucessão da adotante. Nesse caso, o interesse de agir da autora da ação de anulação (Maria Henryka) deveria ser analisado à luz das duas condições enunciadas – utilidade e necessidade – que remetem à lei aplicável para a sucessão da adotante. A Lei de Introdução, art. 10, determina que a lei reguladora da sucessão é a lei do último domicílio da falecida, lei polonesa no caso examinado. Para se verificar a utilidade do recurso ao Judiciário precisou-se determinar se a autora seria herdeira na sucessão, aspecto regido por lei estrangeira – *lex causae*. Assim, no caso, o interesse de agir da autora da ação de anulação precisou ser verificado com base na legislação polonesa, do último domicílio da adotante.²⁷ Situação semelhante foi apreciada pelo STF em hipótese na qual o autor que pleiteava a anulação de testamento foi julgado carecedor da ação por lhe faltar interesse de agir (com base no art. 10 da LI).²⁸

Note-se que também a legitimidade para estar em juízo (*legitimatio ad processum*) não será, em regra, regida pela lex *fori* ou pela *lex causae*, e sim pela lei do domicílio da parte, pois a capacidade de exercício das partes em litígio no sistema brasileiro (art. 7º da LI) é regida pela lei do domicílio de cada um.

Outro aspecto igualmente regulado pela lei aplicável à substância é a prescrição, pois esta gera a impossibilidade de ajuizar ação relativa ao direito em questão. Essa regra é prevista no Código Bustamante:²⁹

"Art. 229. A prescrição extintiva de ações pessoais é regulada pela lei a que estiver sujeita a obrigação que se vai extinguir.

---

[25] Alexandre Freitas Câmara, *Lições de Direito Processual Civil*, 2012, v. 1, p. 122.
[26] Alexandre Freitas Câmara, *Lições de Direito Processual Civil*, 2012, p. 124.
[27] TJGB, *Revista Forense* 256/171 (1976), Recurso Ordinário nº 25.059, Rel. Des. Carlos Medeiros Silva.
[28] STF, RE nº 84.966, Rel. Min. Antonio Neder, j. 21.11.1978.
[29] Promulgado pelo Decreto nº 18.871, de 1929.

Art. 230. A prescrição extintiva de ações reais é regulada pela lei do lugar em que esteja situada a coisa a que se refira".

No mesmo sentido, estabeleceu-se na Convenção Destinada a Regular Certos Conflitos de Leis em Matéria das Letras de Câmbio e Notas Promissórias e Protocolo:[30]

"Art. 5º Os prazos para o exercício do direito de ação são determinados para todos os signatários pela lei do lugar de emissão do título".

Reproduzem essa regra os Tratados de Montevidéu de Direito Civil Internacional de 1889 e 1940, art. 51,[31] e a Convenção Europeia sobre Lei Aplicável às Obrigações Contratuais, 1980, art. 10, d,[32] ambas não ratificadas pelo Brasil.

Ademais, o Projeto Beviláqua, na Lei de Introdução, determinava: *"art. 21. A prescrição extintiva é regida pela lei do lugar em que se originou a obrigação, e o usucapião pela da situação dos bens"*.

A doutrina também defende esse ponto de vista. Clóvis Beviláqua afirma:

"Mas, como a prescrição extingue a ação, fere o direito em um de seus elementos, deve depender da mesma lei que preside a existência do direito, isto é, da lei que preside a formação do vínculo obrigacional ou a constituição do direito defendido pela ação que se trata de saber se está ou não prescrita".[33]

Haroldo Valladão sustenta a aplicação da lei que rege a substância do ato para determinar a prescrição (art. 31 do seu Anteprojeto), mas também defende que se está a questão prescrita

---

[30] Promulgado pelo Decreto nº 57.663, de 1966.
[31] "Art. 51. De la prescripción extintiva de las acciones personales se rige por la ley a que las obligaciones correlativa están sujetas". Tradução livre: "Art. 51. A prescrição extintiva para as ações pessoais se regem pela lei a que as obrigações correlativas estão sujeitas".
[32] "Artigo 10º Âmbito de aplicação da lei do contrato
1. A lei aplicável ao contrato por força dos artigos 3º a 6º e do artigo 12º da presente Convenção, regula, nomeadamente: a) A sua interpretação;
b) O cumprimento das obrigações decorrentes;
c) Nos limites dos poderes atribuídos ao tribunal pela respectiva lei de processo, as consequências do incumprimento total ou parcial dessas obrigações, incluindo a avaliação do dano, na medida em que esta avaliação seja regulada pela lei;
d) As diversas causas de extinção das obrigações, bem como a prescrição e a caducidade fundadas no decurso de um prazo;
e) As consequências da invalidade do contrato.
2. Quanto aos modos de cumprimento e às medidas que o credor deve tomar no caso de cumprimento defeituoso, atender-se-á à lei do país onde é cumprida a obrigação."
[33] Clóvis Beviláqua, *Direito Internacional Privado*, 1944, p. 199-201. No mesmo sentido, Pontes de Miranda, *Tratado de Direito Internacional Privado*, 1935, v. I, p. 546-554. No mesmo sentido, Oscar Tenório, *Direito Internacional Privado*, 1976, v. 1, p. 222: "Procurando através do direito comparado a interpretação do direito brasileiro, podemos concluir que a matéria da prescrição liberatória ou extintiva está compreendida na regra do art. 9º da Lei de Introdução ao Código Civil, onde se diz que, para qualificar e reger as obrigações, terá aplicação a lei do país em que se constituírem. É, para empregarmos a linguagem de Savigny, a lei da sede da obrigação que determina a prescrição. No direito brasileiro, onde não há disposição expressa, os termos qualificar" e 'reger' podem ser entendidos como abrangendo a prescrição".

no Brasil, deve ser a lei brasileira respeitada, pois o limite máximo estabelecido na nossa lei é matéria de ordem pública (Anteprojeto, art. 31, parágrafo único).[34]

A jurisprudência do STF também já adotou a orientação de que prescrição é questão de mérito.[35]

## INTERLIGAÇÃO ENTRE A DETERMINAÇÃO DA LEI APLICÁVEL E A COMPETÊNCIA NO PLANO INTERNACIONAL

O Direito Internacional Privado possui, como visto anteriormente, quatro objetos de estudo distintos. Entre estes destacam-se a determinação da lei aplicável às relações jurídicas interjurisdicionais e, no âmbito do direito processual internacional, a fixação da competência internacional da autoridade judiciária local.

A determinação da lei aplicável é, portanto, assunto distinto da competência jurisdicional e não se podem confundir esses objetos, pois, como visto, são diversas a natureza e a finalidade das normas que tratam de cada um deles.[36]

Cronologicamente, vem em primeiro lugar a fixação da competência internacional da autoridade judiciária local, ou melhor, a extensão da jurisdição nacional.

Assim, não se trata de identificar a autoridade judiciária competente, pois, em virtude da natureza unilateral das normas que regem a matéria, as regras sobre competência internacional se limitam a determinar quando a autoridade judiciária local pode exercer a sua jurisdição no plano internacional. Essa delimitação de competência decorre do *princípio da efetividade*, pois a jurisdição só deve ser exercida quando a decisão a ser proferida seja apta a produzir efeitos.

---

[34] Haroldo Valladão, *Direito Internacional Privado*, 1983, v. II, p. 34, nº 11.

[35] STJ, REsp nº 64977, Pleno, Rel. Min. Amaral Santos, j. 24.04.1969; STJ, Agravo de Instrumento nº 92.248 AgR, 1ª Turma, Rel. Min. Alfredo Buzaid, j. 23.08.1983.

[36] Apesar de parecer óbvio que se trata de objetos distintos, em muitas situações a doutrina e a jurisprudência os confundem. O Tribunal de Justiça de São Paulo, na decisão a seguir transcrita, acatou a sentença do juízo monocrático, determinando a incompetência da autoridade judiciária brasileira para conhecer de certo litígio, por força do art. 10 da Lei de Introdução. No caso em tela, como o *de cujus* falecera domiciliado no exterior, esposou-se o entendimento de que a autoridade judiciária brasileira não teria competência para processar o inventário e partilha dos bens deixados. Ora, o dispositivo alegado da LI versa sobre a lei aplicável à sucessão, e não sobre o foro competente para proceder ao inventário e à partilha. Desde a promulgação do CPC de 1973, a questão da competência internacional foi regida pelo art. 89, II, do referido Código e, em seguida, pelo art. 23 do CPC de 2015, que prevê a competência exclusiva da autoridade judiciária brasileira para proceder ao inventário e à partilha de bens situados no Brasil, ao passo que o art. 10 da LI determina a lei aplicável à sucessão. Confira-se a decisão: "Inventário – *De cujus* domiciliado no estrangeiro – Incompetência da justiça brasileira – Aplicação do art. 10 da Lei de Introdução ao Código Civil. Qualquer que seja a situação dos bens deixados pelo *de cujus*, a sucessão obedecerá à lei do país em que este era domiciliado. (...) Acorda a Quinta Câmara Civil do Tribunal de Justiça, por votação unânime, negar provimento ao recurso, pagas as custas na forma da lei. Os finados ao tempo de suas mortes eram domiciliados na cidade de São Francisco, na Califórnia (EUA) e, ao contrário do alegado pelos interessados, nunca residiu em São Carlos. Assim, de nenhum modo seria competente o foro desta comarca para o inventário e partilha dos bens ali deixados pelos falecidos, que tinham domicílio certo no estrangeiro. De fato: qualquer que seja a situação dos bens deixados pelo *de cujus*, a sucessão terá que obedecer à lei do país em que este era domiciliado (art. 10 da Lei de Introdução ao Código Civil). No mais, não se aplicaria à espécie o parágrafo 1º do art. 133 do CPC, porque não ficou provado que os finados tenham sido em qualquer tempo domiciliados no Brasil. Aliás, este dispositivo legal nem sempre é interpretado no sentido aqui de interesse dos apelantes (RT vol. 383/116)" (TJSP, Apelação Cível nº 174.454, Rel. Des. Cardoso Filho, j. 29.11.1988).

Uma vez estabelecida a competência da autoridade judiciária local, e só neste caso, procede-se à análise do segundo objeto, ou seja, a determinação da lei a ser aplicada a esta relação jurídica marcada por um ou mais elementos de estraneidade. De nada adianta o exame da lei aplicável em conformidade com as regras de conexão locais se a questão não for submetida à apreciação da autoridade judiciária nacional.

As regras de conexão, que são normas solucionadoras de conflitos de leis, são geralmente internas: cada país possui, em princípio, as suas regras próprias. Disso resulta que, se determinado litígio é submetido à autoridade judiciária brasileira, esta aplicará as regras de conexão locais, que indicarão o direito a ser empregado à hipótese. Se, porém, o litígio for submetido à autoridade judiciária francesa, esta aplicará as regras de conexão francesas, que são diferentes das regras de conexão brasileiras porque elaboradas pelo Legislativo daquele país. Por consequência, um mesmo litígio, se submetido à autoridade judiciária norte-americana, pode receber solução diversa daquela proferida pela autoridade judiciária brasileira.

Suponha-se um ilícito (espionagem industrial) ocorrido no Brasil, envolvendo duas empresas norte-americanas que aqui atuam. As leis norte-americanas, no caso de se comprovar o ilícito, determinam que a empresa que o praticou deverá pagar uma indenização bastante elevada à empresa prejudicada, superior àquela fixada pela lei brasileira. Ademais, a regra de conexão brasileira acerca de ilícitos determina a aplicação da lei do lugar onde o mesmo ocorreu (Brasil),[37] enquanto a regra de conexão norte-americana prevê a aplicação da lei que tenha vínculos mais estreitos com a hipótese.[38] Como há envolvimento de duas empresas norte-americanas e os efeitos do ilícito serão sofridos nos EUA, certamente, por esse último critério, se chegará à lei norte-americana.

No caso, se a ação for ajuizada no Brasil, o julgador aplicará a regra de conexão brasileira (*lex loci delicti commissi*), que levará à lei material brasileira (que prevê o pagamento de indenização menor). Por sua vez, se a ação for intentada nos EUA, a autoridade judiciária aplicará a sua regra de conexão (*most significant relationship to the occurrence and the parties*), que determina a aplicação da lei material norte-americana (que provavelmente prevê o pagamento de indenização muito mais substancial).

Ou, ainda, pode-se vislumbrar situação que não seja relativa ao valor da indenização, mas à própria possibilidade de ajuizamento da ação. No exemplo acima, imagine-se que pela lei brasileira o direito de pleitear indenização esteja prescrito e, pela lei norte-americana, não. Suponha-se, ainda, que pela lei norte-americana a prescrição seja matéria processual, regida pela *lex fori*, o que não ocorre no Brasil, onde é considerada matéria de mérito, como visto. No caso, a alternativa de litigar nos EUA, além da vantagem pecuniária, possibilitará o prosseguimento da ação propriamente dita, já que pelas leis de lá não se poderá alegar a prescrição.

Assim, conclui-se que a escolha da autoridade judiciária que apreciará o litígio (dentre aquelas que têm competência na esfera internacional, obviamente) pode ser elemento determinante de seu desfecho. Os norte-americanos denominam esta influência do foro na solução do feito *forum shopping*. Daí a relevância, desde o surgimento da lide, das regras de Direito Processual Internacional, mormente no que toca à questão da competência jurisdicional.

---

[37] Art. 9º da LINDB: "Para qualificar e reger as obrigações, aplicar-se-á a lei do país em que se constituírem".
[38] § 145-(1) do Restatement Second of Conflict of Laws: "The rights and liabilities of the parties with respect to an issue in tort are determined by the local law of the state which, with respect to that issue, has the most significant relationship to the occurrence and the parties under the principles stated in § 6".

*Capítulo XXI*
# ALCANCE E LIMITES DA JURISDIÇÃO NACIONAL

A jurisdição constitui atributo de todo membro do Poder Judiciário, estabelecendo a faculdade genérica de aplicar a lei ao caso concreto solucionando conflitos de interesses. Já a competência é um atributo específico, que significa a faculdade para julgar uma causa determinada. Assim, a competência pressupõe a jurisdição, pois só é competente para julgar determinada causa aquele que já tem jurisdição. Por outro lado, pode-se ter jurisdição – o atributo genérico – sem que se tenha a competência para julgar uma determinada questão.

Tratando-se de ação ajuizada por brasileiro, domiciliado e residente no Brasil, pleiteando o reconhecimento de união estável aqui iniciada e mantida em face de sua companheira, também brasileira e aqui domiciliada e residente, não há dúvidas de que a autoridade judiciária brasileira tem jurisdição para apreciar o pedido. Questionar-se-á somente acerca da competência interna: a ação deve ser proposta no foro do domicílio do autor, no da companheira ou no lugar onde ocorreu o fato que deu causa à ação?

O mesmo não se passa, contudo, se a relação jurídica a ser submetida ao Judiciário contiver um ou mais elementos de estraneidade. Como já se viu, há diferentes possíveis elementos de estraneidade em uma relação jurídica: a nacionalidade das partes, seu domicílio ou residência, o lugar em que ocorreu o fato que fundamenta o pedido, o local onde uma das partes deveria cumprir suas obrigações ou, ainda, o local onde existem bens a serem executados. Nesses casos, será necessário, em primeiro lugar, determinar se o Judiciário brasileiro pode decidir a hipótese submetida.

No Brasil, tais regras eram previstas nos arts. 88 e 89 do CPC de 1973, que disciplinavam a "competência internacional". Note-se que, a rigor, os dispositivos enumeram as hipóteses nas quais o Judiciário brasileiro pode exercer uma das funções da soberania, decidindo o caso concreto; trata-se, portanto, de matéria relacionada à jurisdição (e não à competência) no plano internacional.[1] Não por outra razão, o atual Código, em vigor desde março de 2016, alterou a denominação do título e capítulo correspondente, passando a utilizar expressão mais adequada: "*Dos limites da jurisdição nacional*". Vale notar, contudo, que a expressão competência internacional, por conta do Código de 1973, ainda é usualmente adotada, pelo que, com as ressalvas feitas anteriormente, também será por vezes utilizada.

---

[1] Também na doutrina estrangeira há consenso quanto à qualificação de tais normas como reguladoras da *jurisdição*. Nesse sentido, veja-se Hans Sperl, La Reconnaissance et L'Exécution des jugements étrangers, *Recueil des Cours* 36:435-6, 1931. No mesmo sentido, também em curso proferido na Academia de Direito Internacional da Haia, Charalambos N. Fragistas, La Compétence International en Droit Privé, *Recueil des Cours* 104:158 e ss., 1962.

## REGRAS GERAIS SOBRE JURISDIÇÃO (COMPETÊNCIA INTERNACIONAL)

Como visto, os arts. 21 a 23 do CPC preveem as hipóteses de competência internacional (jurisdição) do Judiciário brasileiro. No primeiro caso (arts. 21 e 22 do CPC), enumeram-se as situações de competência concorrente, nas quais também se admite a competência do Judiciário estrangeiro. No segundo (art. 23 do CPC), listam-se os casos de competência exclusiva do julgador local: somente o Judiciário brasileiro deve decidir sobre as matérias ali mencionadas.

## COMPETÊNCIA CONCORRENTE

O inciso I art. 21 do CPC que reproduz regra já prevista na legislação anterior – no Código de Processo Civil de 1973, na Lei de Introdução ao Código Civil (LICC) de 1942 e na Introdução de 1916 – estabelece a jurisdição da autoridade judiciária brasileira quando o réu aqui tiver seu domicílio. Trata-se de critério subjetivo, que não leva em conta a natureza da ação, admitindo-se que a autoridade judiciária brasileira possa apreciar qualquer questão, de cunho contratual ou extracontratual, desde que o réu seja domiciliado no Brasil. Por isso, a doutrina denomina essa hipótese de "competência geral".

Esse critério fixador da competência internacional encontra paralelo no Regulamento Europeu nº (UE) 1.215/2012, em vigor desde janeiro de 2015, cujo art. 4º[2] estabeleceu como elemento principal de fixação da jurisdição o domicílio do réu. À semelhança do que ocorre no Brasil, a competência do foro do domicílio do réu não é considerada exclusiva, podendo, eventualmente, concorrer com outras hipóteses de competência especial previstas no Regulamento (arts. 7º e ss.) ou ser afastada pelas competências exclusivas previstas (arts. 24 e ss.) do Regulamento.

Reproduzindo regra que já constava do art. 12, *caput*, da Lei de Introdução às Normas do Direito Brasileiro,[3] o inciso II do art. 21 do Código de Processo Civil dispõe que é competente a autoridade judiciária brasileira quando aqui for o lugar do cumprimento da obrigação.

Também no Regulamento nº 1215/2012 existem dois juízos competentes no plano internacional (além de eventual foro de eleição) para demandas relativas à matéria contratual: o foro do domicílio do réu (art. 4º) ou o foro do local onde a obrigação que serve de fundamento ao pedido foi ou deveria ser cumprida (art. 7º(1)[4]).

A hipótese de exercício da jurisdição prevista no art. 21, III, do CPC destina-se àquelas demandas em que a causa de pedir decorra de ato ou fato ocorrido no Brasil. O dispositivo se aplica a questões contratuais, desde que o contrato tenha sido celebrado no país, bem como para aquelas extracontratuais, se o ilícito ocorreu no Brasil, no todo ou em parte.

Em matéria contratual, tem-se aqui nítida diferença entre o sistema brasileiro e o do Regulamento nº 1.215/2012. Enquanto no direito brasileiro controvérsias contratuais podem,

---

[2] "Art. 4.1. Sem prejuízo do disposto no presente regulamento, as pessoas domiciliadas num Estado-Membro devem ser demandadas, independentemente da sua nacionalidade, nos tribunais desse Estado-Membro."

[3] LINDB, art. 12: "É competente a autoridade judiciária brasileira, quando for o réu domiciliado no Brasil ou aqui tiver de ser cumprida a obrigação".

[4] Art. 7º, 1. "a) Em matéria contratual, perante o tribunal do lugar onde foi ou deva ser cumprida a obrigação em questão; b) Para efeitos da presente disposição e salvo convenção em contrário, o lugar de cumprimento da obrigação em questão será: – no caso da venda de bens, o lugar num Estado-Membro onde, nos termos do contrato, os bens foram ou devam ser entregues; – no caso da prestação de serviços, o lugar num Estado-Membro onde, nos termos do contrato, os serviços foram ou devam ser prestados; c) Se não se aplicar a alínea b), será aplicável a alínea a)".

em tese, e sem prejuízo de eventual acordo de eleição de foro, ser dirimidas pelos tribunais brasileiros (1) se o réu for aqui domiciliado (art. 21, I, do CPC de 2015), (2) se a obrigação contratual foi ou deveria ser aqui cumprida (art. 21, II, do CPC) ou (3) simplesmente se o contrato foi aqui celebrado (art. 21, III, do CPC), esta última opção inexiste no Regulamento europeu.

Na esfera dos ilícitos, o direito brasileiro, via de regra, prevê duas hipóteses de exercício da jurisdição: (1) réu domiciliado no Brasil (art. 21, I, do CPC) e (2) fato ocorrido no Brasil (art. 21, III, do CPC).

O domicílio do réu é a regra geral do exercício da jurisdição nos litígios com elementos de estraneidade. É irrelevante a natureza contratual ou extracontratual do litígio, tampouco se decorre de contrato celebrado ou fato ocorrido no exterior: havendo um ou mais réus domiciliados no Brasil, a ação pode ser ajuizada no país.

Ainda que se trate de réu(s) domiciliado(s) no exterior, o art. 21, III, do CPC traz regra especial, destinando-se àquelas demandas em que a causa de pedir (imediata ou mediata) decorra de ato ou fato ocorrido no Brasil.[5] O dispositivo se aplica para fixar a jurisdição brasileira para causas de natureza contratual ou extracontratual (respectivamente, ato celebrado ou fato ocorrido no Brasil). Assim, a jurisdição brasileira será internacionalmente competente tanto se o evento danoso como o dano efetivo tiver ocorrido no país, no todo ou em parte.

Na Europa, no que se refere às controvérsias extracontratuais, o art. 7º(2) do Regulamento[6] prevê como foro competente "o tribunal do lugar onde ocorreu ou poderá ocorrer o fato danoso". Alternativamente, o foro do domicílio do réu também é competente (art. 4º) para demandas dessa natureza. Note-se que o Regulamento não resolveu expressamente a questão dos delitos complexos (qual a autoridade competente no caso de o evento danoso ter ocorrido em um local e o dano sofrido, em outro), decidida pelo Tribunal de Justiça da União Europeia, em algumas oportunidades.[7]

O parágrafo único do art. 21 do CPC traz regra específica sobre domicílio de pessoas jurídicas: *"Para o fim do disposto no inciso I, considera-se domiciliada no Brasil a pessoa jurídica estrangeira que nele tiver agência, filial ou sucursal".*

---

[5] Pontes de Miranda, *Comentários ao Código de Processo Civil*, 3. ed., 1995, t. II, p. 224-225; 1. ed., 1973, p. 193-194: "Trata-se de qualquer fato que entre no mundo jurídico e do qual se irradie responsabilidade (obrigação), seja lícito ou ilícito, contra o estrangeiro, ou a favor dele. Fato: pode ser fato jurídico 'stricto sensu' (*e.g.* loucura, surdo-mudez, cegueira, percepção de frutos, perecimento de objeto de direito, adjunção, mistura); fato jurídico ilícito (responsabilidade em caso de força maior ou caso fortuito); ato-fato ilícito (*e.g.* mau uso da propriedade, gestão de negócios contra a vontade manifesta ou presumível do dono); atos ilícitos 'stricto sensu' (qualquer ato de que resulte responsabilidade); atos-fatos jurídicos (*e.g.* tradição da posse, feitura de livro, quadro ou estátua, descoberta científica, habitação, pagamento); atos jurídicos 'stricto sensu' (*e.g.* gestão de negócios sem mandato, restituição de penhor, constituição de domínio); negócios jurídicos (*e.g.* contrato, outorga de poder, promessa de recompensa, devolução)".

[6] Art. 7º, 2. "Em matéria extracontratual, perante o tribunal do lugar onde ocorreu ou poderá ocorrer o facto danoso".

[7] Essa questão foi enfrentada pelo Tribunal de Justiça europeu no caso Fiona Shevill, julgado em 1995 e foi decidido que a escolha pode recair tanto nos tribunais da sede do editor (local do evento gerador) quanto nos tribunais de cada Estado onde a publicação tenha sido difundida e a reputação supostamente lesada (local do dano), a critério do autor. Todavia, o Tribunal acrescentou: o foro onde o evento ocorreu (neste caso, o local onde o jornal foi editado) detém competência geral para apreciar a integralidade do dano, enquanto os demais tribunais (onde o jornal circulou) somente têm competência para apreciar as consequências da lesão ocorridas dentro do território do Estado membro. Caso *Shevill v. Presse Alliance S.A*, Tribunal de Justiça das Comunidades Europeias, Caso 68/93.

A regra geral no Brasil é que a pessoa jurídica tem domicílio no lugar da sua sede social ou estatutária (art. 75, IV, do CC).[8] Assim, no que se refere às subsidiárias de empresas estrangeiras, não há maior dificuldade, pois essas são empresas brasileiras, que têm domicílio no Brasil, local onde são realizadas as reuniões de diretoria e/ou na conformidade do contrato social ou estatuto (art. 75, § 2º, do CC).[9] Nessa hipótese, aplica-se o art. 21, I, do CPC.

Questão um pouco mais complexa é determinar o domicílio das filiais de empresas estrangeiras, pois estas não têm personalidade jurídica própria e são compreendidas como uma extensão da pessoa jurídica estrangeira. A determinação da jurisdição brasileira com relação a atos envolvendo tais sociedades (diversa da responsabilidade material ou civil) é regida pelo art. 21, parágrafo único, do CPC.

Também assim no direito comunitário europeu, em que o art. 7º(5) do Regulamento nº 1.215/2012[10] permite que uma sociedade que tenha sua sede em um Estado-membro seja processada perante os tribunais de um outro Estado-membro com relação à exploração de uma sucursal, agência ou de qualquer outro estabelecimento neste outro. A redação do artigo é clara e a interpretação de que deve haver relação entre a atividade do estabelecimento e a demanda já foi prestigiada pelo TJCE.[11] No direito brasileiro, apesar da opinião em contrário de parte da doutrina,[12] não se exige essa relação, pois se trata de hipótese de competência geral, e não de competência específica.

## NOVAS HIPÓTESES DE COMPETÊNCIA CONCORRENTE PREVISTAS NO CPC DE 2015

O CPC de 2015 introduziu expressamente duas novas hipóteses de competência concorrente: em matéria consumerista, privilegiando o consumidor, e em matéria alimentar, visando beneficiar o credor de alimentos. Nos dois casos, portanto, o legislador visou beneficiar a parte presumidamente mais fraca das relações jurídicas em questão.

## RELAÇÕES DE CONSUMO

Como regra, o consumidor tem merecido proteção, tanto no âmbito do direito material como no do direito processual. No plano europeu, desde a Convenção de Bruxelas de 1968 o consumidor, que só pode ser acionado em seu domicílio, tem a escolha de propor ação seja no

---

[8] "Art. 75. Quanto às pessoas jurídicas, o domicílio é: (...) IV – das demais pessoas jurídicas, o lugar onde funcionarem as respectivas diretorias e administrações, ou onde elegerem domicílio especial no seu estatuto ou atos constitutivos."

[9] "Art. 75. (...) § 2º Se a administração, ou diretoria, tiver a sede no estrangeiro, haver-se-á por domicílio da pessoa jurídica, no tocante às obrigações contraídas por cada uma das suas agências, o lugar do estabelecimento, sito no Brasil, a que ela corresponder."

[10] "Art. 7º As pessoas domiciliadas num Estado-Membro podem ser demandadas noutro Estado-Membro: (...) 5. Se se tratar de um litígio relativo à exploração de uma sucursal, de uma agência ou de qualquer outro estabelecimento, perante o tribunal do lugar de sua situação."

[11] Caso *Somafer* (C-33/78), julgado em 22.11.1978. Veja-se, por todos, Hélène Gaudemet-Tallon, *Compétence et exécution de jugements en Europe*, 3. ed., 2002, §§ 226-235, p. 184-192.

[12] Celso Agrícola Barbi, *Comentários ao Código de Processo Civil*, 1975, v. I, t. II, p. 397. Veja-se também Levenhagen, *Comentários ao Código de Processo Civil*, 1985, v. I, p. 114; e José Carlos Barbosa Moreira, Problemas relativos a litígios internacionais, In: José Carlos Barbosa Moreira, *Temas de Direito Processual: quinta Série*, 1994, p. 142-143.

seu domicílio, seja no domicílio do réu. Nesse sentido, o art. 14 da Convenção de Bruxelas,[13] o art. 16 do Regulamento nº 44/2001[14] e o art. 18 do Regulamento nº 1.215/2012.[15]

Tentou-se no âmbito do Mercosul codificar os direitos do consumidor entre os Estados-membros. Em 1997, o Protocolo de Defesa do Consumidor do Mercosul foi recusado pela Delegação brasileira, pois assegurava um patamar de proteção muito inferior ao estabelecido na legislação brasileira. Rejeitado o Protocolo, todas as anteriores Resoluções que seriam parte integrante do mesmo transformaram-se em letra morta.[16] Em 1996, ainda no âmbito regional, foi aprovado o Protocolo de Santa Maria sobre jurisdição internacional em matéria de relações de consumo.[17] Todavia, esse Protocolo tampouco está em vigor por força do seu art. 18.[18] Essa regra, objeto de muitas críticas, vincula a vigência do Protocolo à do Regulamento Comum, que restou frustrada, transformando assim também o Protocolo em letra morta.

Nos litígios internacionais relativos a consumo, obrigar o consumidor a processar o fornecedor no seu domicílio no estrangeiro significa,[19] via de regra, negar àquele o acesso à justiça. Visando assegurar os direitos da parte mais fraca da relação jurídica, o Protocolo de Santa Maria (que não está em vigor) abre uma exceção à regra geral da competência do foro

---

[13] "Art. 14. O consumidor pode intentar uma acção contra a outra parte no contrato, quer perante os tribunais do Estado Contratante em cujo território estiver domiciliada essa parte, quer perante os tribunais do Estado Contratante em cujo território estiver domiciliado o consumidor.
A outra parte no contrato só pode intentar uma acção contra o consumidor perante os tribunais do Estado Contratante em cujo território estiver domiciliado o consumidor. Estas disposições não prejudicam o direito de formular um pedido reconvencional perante o tribunal em que tiver sido instaurada a acção principal, nos termos da presente secção."

[14] "Art. 16. *O consumidor pode intentar uma acção contra a outra parte no contrato, quer perante os tribunais do Estado-Membro em cujo território estiver domiciliada essa parte, quer perante o tribunal do lugar onde o consumidor tiver domicílio. A outra parte no contrato só pode intentar uma acção contra o consumidor perante os tribunais do Estado-Membro em cujo território estiver domiciliado o consumidor.* O disposto no presente artigo não prejudica o direito de formular um pedido reconvencional perante o tribunal em que tiver sido instaurada a acção principal, nos termos da presente secção."

[15] "Art. 18. 1. O consumidor pode intentar uma ação contra a outra parte no contrato, quer nos tribunais do Estado-Membro onde estiver domiciliada essa parte, quer no tribunal do lugar onde o consumidor tiver domicílio, independentemente do domicílio da outra parte. 2. A outra parte no contrato só pode intentar uma ação contra o consumidor nos tribunais do Estado-Membro em cujo território estiver domiciliado o consumidor. 3. O presente artigo não prejudica o direito de formular um pedido reconvencional no tribunal em que, nos termos da presente secção, tiver sido intentada a ação principal."

[16] Eduardo Klausner, *Direitos do Consumidor no Mercosul e na União Europeia*, 2006, p. 69.

[17] Decisão Mercosul/CMC/Decreto nº 10/96.

[18] "Art. 18. A tramitação da aprovação do presente Protocolo no âmbito de cada um dos Estados-Partes, com as adequações que forem necessárias somente terá início após a aprovação do 'Regulamento Comum Mercosul de Defesa do Consumidor' em sua totalidade, inclusive eventuais anexos, pelo Conselho do Mercado Comum."

[19] STJ, REsp nº 1.571.616/MT, Rel. Min. Marco Aurélio Bellizze, *DJ* 11.04.2016: "Processo civil. Competência concorrente da justiça brasileira. Art. 88 do CPC/73. Contrato de consumo internacional. Não caracterização. Foro do domicílio do consumidor. Inaplicabilidade. Recurso especial provido. 1. A vulnerabilidade do consumidor, ainda que amplamente reconhecida em foro internacional, não é suficiente, por si só, para alargar a competência concorrente da justiça nacional prevista no art. 88 do CPC/73. 2. Nas hipóteses em que a relação jurídica é firmada nos estritos limites territoriais nacionais, ou seja, sem intuito de extrapolação territorial, o foro competente, aferido a partir das regras processuais vigentes no momento da propositura da demanda, não sofre influências em razão da nacionalidade ou do domicílio dos contratantes, ainda que se trate de relação de consumo. 3. Recurso especial provido".

do domicílio do réu para, nos moldes do que ocorre na Europa, admitir o ajuizamento da ação no foro do domicílio do consumidor (mesmo que seja o autor da demanda).[20]

O art. 22 do CPC resolve essa questão admitindo a competência internacional do Judiciário brasileiro quando o consumidor estiver aqui residente ou domiciliado.

## ALIMENTOS

Na esfera internacional, em matéria de alimentos, o Brasil é parte da Convenção da ONU sobre Prestação de Alimentos no Estrangeiro, feita em Nova York, em 1956[21] e da Convenção sobre a Cobrança Internacional de Alimentos em benefício dos Filhos e de outros Membros da Família.[22]

Inova o CPC de 2015, pois prevê a competência internacional do Judiciário brasileiro quando aqui for o domicílio ou residência do credor, autor da ação de alimentos, bem como quando o réu tiver vínculos no Brasil que permitam a efetividade da decisão, ainda que seu domicílio seja no exterior. A rigor, o novo Código traz para o direito interno as regras de competência internacional já adotadas para os países ratificantes da Convenção de Nova York: domicílio do autor e réu submetido à jurisdição local (não necessariamente domiciliado). Embora sua utilização ainda seja a melhor alternativa para os países-membros da Convenção, as hipóteses novas previstas no Código visam atender os casos em que um dos países não é parte da Convenção, como ocorre com os Estados Unidos. Interessantemente, veja-se também que a regra de competência internacional da Convenção Interamericana possui redação bastante semelhante à adotada no CPC de 2015.

## COMPETÊNCIA EXCLUSIVA

No que se refere às regras de competência exclusiva da autoridade judiciária brasileira, o art. 23, I, do CPC dispõe:

> "Compete à autoridade judiciária brasileira, com exclusão de qualquer outra: I – conhecer de ações relativas a imóveis situados no Brasil".

Note-se que o legislador não distinguiu entre ações reais e pessoais relativas a imóveis, o que tem gerado controvérsias na doutrina[23] e jurisprudência[24] brasileiras sobre o alcance do dispositivo.

---

[20] "Art. 4º Regra Geral. Terão jurisdição internacional nas demandas ajuizadas pelo consumidor, que versem sobre relações de consumo, os juízes ou tribunais do Estado em cujo território esteja domiciliado o consumidor. O fornecedor de bens ou serviços poderá demandar contra o consumidor perante o juiz ou tribunal do domicílio deste.
Art. 5º Soluções alternativas. Também terá jurisdição internacional, excepcionalmente e por vontade exclusiva do consumidor, manifestada expressamente no momento de ajuizar a demanda, o Estado: de celebração do contrato; de cumprimento da prestação de serviço ou da entrega dos bens, de domicílio do demandado. [...] Art. 7º Pluralidade de demandados. Se houver vários demandados, em uma mesma ação relativa a um mesmo objeto, terá jurisdição o Estado-Parte do domicílio de qualquer deles."

[21] Promulgada pelo Decreto nº 56.826, de 2 de setembro de 1965.

[22] Promulgada pelo Decreto nº 9.176, de 19 de outubro de 2017. Na Conferência da Haia: Convenção concernente ao reconhecimento e execução de decisões sobre alimentos para crianças, 1958; Convenção concernente ao reconhecimento e execução de decisões sobre alimentos, 1973; na esfera da União Europeia vigora o Regulamento nº 4/2009 relativo à competência, à lei aplicável, ao reconhecimento e à execução das decisões e à cooperação em matéria de obrigações alimentares.

[23] Hélio Tornaghi, *Comentários ao Código de Processo Civil*, 1974, v. I, p. 308; Agostinho Fernandes Dias da Silva, *A Competência Judiciária e o Direito Internacional Privado Brasileiro*, 1965, p. 65.

[24] STF, RE nº 90.961, Rel. Min. Décio Miranda, j. 29.05.1979.

Trata-se distinção importante entre a lei brasileira e o Regulamento nº 1.215/2012 (art. 24). Nesse último, a única demanda relativa a imóvel fundada em direito pessoal que se insere na competência exclusiva dos tribunais do Estado da situação do imóvel é aquela concernente à locação. Mas, ainda nesse caso, excetua-se o que enuncia a parte final do dispositivo.

Ademais, o art. 89, II, do CPC de 1973 brasileiro determinava que

"Compete à autoridade judiciária brasileira, com exclusão de qualquer outra: (...) II – proceder a inventário e partilha de bens situados no Brasil, ainda que o autor da herança seja estrangeiro e tenha residido fora do território nacional".

Trata-se de hipótese de competência exclusiva do Judiciário nacional, desde que haja bens (móveis ou imóveis) no país.

Inicialmente, o dispositivo (art. 89, II) era aplicado pela jurisprudência tanto para os inventários e partilha *causa mortis* como *inter vivos*, considerando-se ambos competência exclusiva do Judiciário brasileiro.[25] Posteriormente, adotou-se a interpretação de que o dispositivo se aplicava somente a inventário e partilha *causa mortis*.[26]

O art. 23 do CPC de 2015 adotou a posição original da jurisprudência e tratou como competência exclusiva o inventário e partilha *causa mortis* e *inter vivos*.

## TAXATIVIDADE OU NÃO DAS HIPÓTESES DE COMPETÊNCIA INTERNACIONAL

A doutrina discute se há outras situações de exercício da jurisdição brasileira além das previstas no CPC. Na vigência do Código anterior, Celso Agrícola Barbi ensina que os arts. 88 e 89 do CPC de 1973 (arts. 21 a 23 do CPC atual) trazem hipóteses taxativas de exercício da função jurisdicional. Consequentemente, entende o autor, se a causa não estiver dentre aquelas ali enumeradas, a autoridade judiciária não poderá conhecer dela.[27] Comentando o Código anterior, José Carlos Barbosa Moreira admite algumas adições aos cenários previstos nos arts. 88 e 89 do CPC de 1973, nas quais seria absurdo negar o exercício da função jurisdicional no Brasil.[28] No mesmo sentido, José Ignácio Botelho de Mesquita considera que, havendo interesse, pode a autoridade judiciária brasileira julgar a causa, ainda que não listada expressamente no CPC.[29]

Antes da entrada em vigor do atual Código, a jurisprudência brasileira inicialmente parecia inclinada para o entendimento de que as hipóteses previstas nos arts. 88 e 89 do CPC de 1973 seriam *numerus clausus*. Inclusive, o Superior Tribunal de Justiça posicionou-se de forma bastante clara ressaltando a taxatividade dos arts. 88 e 89: "*Tenho, pois, como certo que violados os artigos 88 e 89 do CPC ao dar-se pela competência da Justiça do Brasil para casos não contemplados naqueles dispositivos*".[30] Mais recentemente, entretanto, o STJ alterou a sua

---

[25] STF, Sentença Estrangeira nº 2.446, Rel. Min. Antonio Neder, *DJ* 17.12.1979; STF, Sentença Estrangeira nº 2.544, Rel. Min. Antonio Neder, *DJ* 08.02.1980; STF, Sentença Estrangeira nº 2.709, Rel. Min. Antonio Neder, *DJ* 22.08.1980; STF, Sentença Estrangeira nº 2.920, Rel. Min. Xavier de Albuquerque, *DJ* 17.08.1981.

[26] STF, Sentença Estrangeira nº 2.883 (AgRg), Rel. Min. Xavier de Albuquerque, *DJ* 14.05.1982.

[27] Celso Agrícola Barbi, *Comentários ao Código de Processo Civil*, 1998, v. I, p. 240.

[28] José Carlos Barbosa Moreira, Problemas Relativos a Litígios Internacionais, In: José Carlos Barbosa Moreira, *Temas de Direito Processual Civil: 5ª série*, 1994, p. 139.

[29] José Ignácio Botelho de Mesquita, Da Competência Internacional e dos Princípios que a informam, *Revista de Processo* 50:51 e ss., 1988.

[30] STJ, Recurso Especial nº 2.170, Rel. Min. Eduardo Ribeiro, j. 07.08.1990.

orientação, concluindo serem as hipóteses de competência concorrente enumerativas, posição com a qual se concorda.[31]

## HIPÓTESES PREVISTAS EM TRATADOS

Além das hipóteses previstas no Código de Processo Civil, há importantes regras sobre competência internacional em convenções internacionais ratificadas pelo Brasil.

Com relação a crianças, a Convenção Interamericana sobre a Restituição Internacional de Menores (1989)[32] prevê a competência do juízo da residência habitual da criança para a ação de restituição da criança,[33] e, em matéria penal, para os delitos decorrentes do tráfico internacional de crianças terão competência (1) o lugar da conduta ilícita; (2) o país da residência habitual da criança; (3) o lugar onde se encontre o agente do crime; (4) o lugar onde a criança se encontre.[34]

A Convenção para a Unificação de Certas Regras Relativas ao Transporte Aéreo Internacional, celebrada em Montreal, em 1999,[35] que substituiu a Convenção de Varsóvia de 1929, dispõe que a ação indenizatória para danos decorrentes de extravio de bagagem poderá ser ajuizada no domicílio do transportador, na sede da empresa ou onde possua estabelecimento, onde o contrato de transporte foi celebrado, ou ainda no lugar do destino. Caso resulte em morte ou lesão no passageiro, além dessas alternativas, a ação pode ser ajuizada em sua residência habitual, entre outras alternativas.[36]

No âmbito do Mercosul, o Protocolo de São Luiz sobre Matéria de Responsabilidade Civil Emergente de Acidentes de Trânsito entre os Estados-Partes do Mercosul (1996)[37] determina

---

[31] STJ, Recurso Ordinário nº 64, Rel. Min. Nancy Andrighi, *DJ* 23.06.2008.

[32] Promulgada pelo Decreto nº 1.212, de 03.08.1994.

[33] "Art. 6º Têm competência para conhecer da solicitação de restituição de menor a que se refere esta Convenção, as autoridades judiciárias ou administrativas do Estado-Parte onde o menor tiver sua residência habitual imediatamente antes de seu transporte ou retenção. A critério do autor e por motivo de urgência, a solicitação de restituição poderá ser apresentada às autoridades do Estado-Parte em cujo território se encontrar, ou se suponha encontrar-se o menor que tiver sido ilegalmente transportado ou ilegalmente retido, no momento de efetuar-se essa solicitação. Poderá também ser apresentada às autoridades do Estado-Parte onde houver ocorrido o fato ilícito que deu motivo à reclamação. O fato de a solicitação ser feita nas condições previstas no parágrafo anterior não implica modificação das normas de competência internacional definidas no primeiro parágrafo deste artigo."

[34] "Art. 9º Serão competentes para conhecer de delitos relativos ao tráfico internacional de menores: a) o Estado-Parte em que tenha ocorrido a conduta ilícita; b) o Estado-Parte em que o menor resida habitualmente; e c) o Estado-Parte em que se encontre o suposto delinquente, no caso de não ter sido extraditado; d) o Estado-Parte em que se encontre o menor vítima de tráfico. Para os efeitos do parágrafo anterior, ficará provento o Estado-Parte que haja sido o primeiro a conhecer do fato ilícito."

[35] Promulgada pelo Decreto nº 5.910, de 27.09.2006.

[36] Art. 33: "Jurisdição. 1. A ação de indenização de danos deverá ser iniciada, à escolha do autor, no território de um dos Estados-Partes, seja ante o tribunal do domicílio do transportador, da sede da matriz da empresa, ou onde possua o estabelecimento por cujo intermédio se tenha realizado o contrato, seja perante o tribunal do lugar de destino. 2. Com relação ao dano resultante na morte ou lesões do passageiro, a ação poderá ser iniciada perante um dos tribunais mencionados no número 1 deste Artigo ou no território de um Estado-Parte em que o passageiro tenha sua residência principal e permanente no momento do acidente e para e desde o qual o transportador explore serviços de transporte aéreo de passageiros em suas próprias aeronaves ou nas de outro transportador, sob um acordo comercial, e em que o transportador realiza suas atividades de transporte aéreo de passageiros, desde locais arrendados ou que são de sua propriedade ou de outro transportador com o qual tenha um acordo comercial".

[37] Promulgado pelo Decreto nº 3.856, de 03.07.2001.

a possibilidade de propositura da demanda indenizatória perante o juízo do país (1) onde o acidente ocorreu, (2) no domicílio do réu ou (3) no domicílio do autor.[38]

## A ELEIÇÃO DE FORO

A possibilidade de as partes de um contrato elegerem foro estrangeiro em hipótese prevista como de competência dos juízes nacionais é uma das questões mais controvertidas no direito processual internacional. A complexidade do tema – tanto no direito brasileiro como no estrangeiro e internacional – decorre, sobretudo, de se estar na seara do direito público, na medida em que se cuida do exercício da atividade jurisdicional, uma das funções da soberania do Estado e, por outro lado, reconhecer-se relevante participação da autonomia da vontade.

## EFEITOS POSITIVOS E NEGATIVOS DA CLÁUSULA

Teoricamente, as partes podem atuar tanto inserindo hipótese não prevista na norma interna sobre o exercício da função jurisdicional (efeitos positivos) quanto afastando a jurisdição, em hipótese prevista na legislação local, com escolha de foro estrangeiro para conhecer do litígio (efeitos negativos).

Na primeira situação, admitir a jurisdição doméstica em casos não previstos na lei não acarreta, em princípio, uma grande dificuldade teórica, pois se pode argumentar que a jurisdição preexiste, já que decorre da soberania estatal, não sendo, pois, criada pelas normas sobre competência internacional.[39] Dessa forma, a autonomia da vontade não criaria a jurisdição – o que, de fato, seria impossível –, e sim determinaria o seu exercício em hipótese não enumerada em lei.

Contrariamente, na segunda situação, admitir a eleição de foro estrangeiro para hipótese prevista na legislação local significa afastar do Estado o exercício de sua própria função jurisdicional, quando haveria, em princípio, um interesse do mesmo em exercê-la.

O legislador brasileiro optou por definir nos arts. 21 a 23 do Código de Processo Civil, de forma expressa, as hipóteses de incidência da competência internacional da jurisdição brasileira, diferenciando os casos em que a autoridade judiciária nacional tem competência exclusiva (art. 23), não se reconhecendo que nenhum outro país possa vir a exercê-la, dos casos em que o Judiciário brasileiro tem competência concorrente (arts. 21 e 22), em que se admite que outro país pode também exercer jurisdição.

Assim, questiona-se se as partes poderiam escolher litigar perante o Judiciário nacional ainda que a situação concreta não esteja prevista nem nos arts. 21 e 22, tampouco no art. 23 do Código de Processo Civil (efeitos positivos).

Quanto aos efeitos negativos, pergunta-se se as partes poderiam, em situação prevista nos arts. 21 e 22 – já que quanto ao art. 23 há consenso sobre a impossibilidade –, afastar a competência jurisdicional da autoridade judiciária brasileira e escolher um foro estrangeiro como competente para julgar a questão.

Registre-se a lamentável alteração legislativa de 2024, que condiciona a eficácia da eleição de foro à vinculação do foro eleito com o domicílio ou residência das partes ou local

---

[38] Art. 7. "Para exercer as ações compreendidas neste Protocolo serão competentes, à eleição do autor, os tribunais do Estado-Parte: a) onde ocorreu o acidente; b) do domicílio do demandado; e c) do domicílio do demandante."

[39] Sobre essa questão, v. Gaetano Morelli, *Derecho Procesal Civil Internacional*, 1953, p. 85-101.

da obrigação.⁴⁰ Tais condições não se aplicam à eleição de foro internacional, pois é comum a escolha de Judiciários sem ligação com a hipótese concreta, mas com notória *expertise* no negócio jurídico celebrado, o que é o caso, por exemplo, da escolha do Judiciário de Londres para casos de direito marítimo, ainda que o caso envolva partes sem ligação com a Inglaterra, e que o negócio seja celebrado e executado em países diversos. Ademais, as exigências trazidas no dispositivo (residência e domicílio) e local da obrigação não se coadunam com as hipóteses utilizadas de competência internacional.

## DIREITO COMPARADO E CONVENCIONAL

Vários países já enfrentaram semelhante debate, superado após algumas dificuldades. Nos Estados Unidos, somente na década de 1970 a Suprema Corte americana admitiu a cláusula de eleição de foro, no caso conhecido como *Bremen v. Zapata*.⁴¹ Até então, a eleição de foro estrangeiro era adotada com muitas reservas; entretanto, a partir de tal julgamento histórico, cláusulas desse tipo passaram a ser admitidas tanto no plano interno como no internacional.

Na Itália, por sua vez, doutrina e jurisprudência tradicionalmente se posicionavam contra a eleição de foro.⁴² Na década de 1990, a *Corte Suprema di Cassazione*, órgão máximo de apelação para assuntos não constitucionais, foi chamada a julgar uma causa envolvendo um contrato marítimo celebrado na Itália entre empresa italiana lá sediada e empresa iugoslava representada localmente, em que foram estipuladas a escolha da lei iugoslava para reger o contrato e a eleição do foro da cidade de *Fiume* (então na Iugoslávia, hoje na Croácia; também conhecida como *Rijeka*). A Corte não encontrou fundamentação legal para afastar a jurisdição nacional, deixando a cláusula de eleição de foro estrangeiro sem efeito à luz do ordenamento do país, ainda que contratualmente prevista.⁴³

Anos depois, contudo, o sistema italiano de Direito Internacional Privado passou por uma notável reforma com a Lei nº 218, de 31 de maio de 1995. A partir dela, a Itália passou a admitir a eleição de foro estrangeiro quando a escolha for oriunda de acordo escrito e versar sobre direitos disponíveis, conforme o texto do art. 4º da lei. Da mesma forma, passou a admitir que a cláusula de eleição de foro entre as partes determine a competência da autoridade

---

⁴⁰ "Art. 63. As partes podem modificar a competência em razão do valor e do território, elegendo foro onde será proposta ação oriunda de direitos e obrigações. § 1º A eleição de foro somente produz efeito quando constar de instrumento escrito, aludir expressamente a determinado negócio jurídico e guardar pertinência com o domicílio ou a residência de uma das partes ou com o local da obrigação, ressalvada a pactuação consumerista, quando favorável ao consumidor. (Redação dada pela Lei nº 14.879, de 4 de junho de 2024) § 2º O foro contratual obriga os herdeiros e sucessores das partes. § 3º Antes da citação, a cláusula de eleição de foro, se abusiva, pode ser reputada ineficaz de ofício pelo juiz, que determinará a remessa dos autos ao juízo do foro de domicílio do réu. § 4º Citado, incumbe ao réu alegar a abusividade da cláusula de eleição de foro na contestação, sob pena de preclusão. § 5º O ajuizamento de ação em juízo aleatório, entendido como aquele sem vinculação com o domicílio ou a residência das partes ou com o negócio jurídico discutido na demanda, constitui prática abusiva que justifica a declinação de competência de ofício (Incluído pela Lei nº 14.879, de 4 de junho de 2024)."

⁴¹ 407 US 1 (1972).

⁴² V. Morelli, *Derecho Procesal Civil Internacional*, 1953, p. 199 e ss.

⁴³ Decisão de 15.05.1990, nº 4.195, entre Losinjska Plovidba Oour Brodarstvo *v.* Ro. Ro. Trans S.R.L. Para a ementa e mais informações, v. Antonietta Di Blase e Andrea Giardina, *Diritto Internazionale Privato e Processuale*, 1994, p. 425-427.

judiciária italiana mesmo em hipótese em que esta originalmente não for prevista. Pôs-se fim, assim, à controvérsia sobre a questão no país.

Já na França, desde a década de 1930, por força do caso *Mardelé*,[44] a Corte de Cassação do país reconhece a validade da eleição contratual de foro estrangeiro, sendo acompanhada pela maioria dos autores,[45] ainda que tenha havido vozes divergentes no passado, notadamente Bartin,[46] que a refutava, sustentando que a competência internacional francesa é intrinsecamente imperativa, não se aceitando a ingerência da vontade das partes. A principal referência recente nesse sentido, a favor de tal espécie de cláusula, e que reafirma sua aceitação, data de 1985, quando a Primeira Câmara Cível da Corte de Cassação julgou o caso *Cie. de Signaux et d'Entreprises Électriques c/ Soc. Sorelec*.[47]

Mais recentemente, também o legislador da Venezuela se manifestou sobre o assunto e foi promulgada, em 1998, Lei de Direito Internacional Privado,[48] em que foram estabelecidas duas regras relativas à escolha de foro. Na primeira, permitem-se os efeitos positivos da eleição dos tribunais venezuelanos mesmo em casos inicialmente não previstos, desde que as ações tenham conteúdo patrimonial e que as partes aceitem tácita ou expressamente a competência da Justiça do país.[49] Na segunda, autoriza-se que os contratantes pactuem sobre a escolha de foro estrangeiro, desde que não o façam quando o caso se inserir nas hipóteses de competência exclusiva das cortes venezuelanas, tais como questões sobre direitos reais de bens imóveis, direitos indisponíveis ou que envolvam a ordem pública venezuelana.[50]

Há, por sua vez, países que aceitam a eleição do foro estrangeiro há muito mais tempo, ainda que seus juízes tenham competência para apreciar o caso. Na Inglaterra, as cláusulas de eleição de foro são respeitadas desde o final do século XVIII, a partir do hoje histórico julgamento *Gienar v. Meyer*.[51] Trata-se de uma ação proposta na Inglaterra por um marinheiro holandês contra seu capitão, de mesma nacionalidade, a fim de cobrar-lhe salários devidos por serviços prestados a bordo do navio *Catharina Quirina*, a despeito de eleição de foro para os Países Baixos. A corte inglesa entendeu que não poderia julgar a causa, uma vez que o acordo entre as partes previa com exatidão a Justiça competente. Cristalizou-se aí, no âmbito do direito inglês, um pioneiro precedente para a eleição contratual de foro estrangeiro.

Apesar da razoável aceitação da eleição de foro à luz do direito comparado, no plano do direito convencional a realidade atual é bem menos animadora. A Conferência da Haia de Direito Internacional Privado em mais de meio século elaborou somente três convenções sobre o assunto (Convenção da Haia sobre a Competência do Foro Contratual em Caso de Venda em Caráter Internacional de Objetos Móveis Corpóreos; Convenção da Haia sobre

---

[44] Cass. civ., 19 février 1930, S. 1933.1.41 (note Niboyet).
[45] Entre eles, Pillet, *Traité*, t. I, nº 193.
[46] Bartin, *Études sur les effets internationaux des jugements*, 1907.
[47] V. Bertrand Ancel e Yves Lequette, *Grands arrêts de la jurisprudence française de droit international privé*, 1987, p. 645 e ss.
[48] *Ley de Derecho Internacional Privado*, publicada em *La Gaceta Oficial* nº 36.511, de 6 de agosto de 1998.
[49] "Art. 40. Os tribunais venezuelanos terão competência para conhecer de casos originados do exercício de ações de conteúdo patrimonial: (...) 4. Quando as partes se submeterem expressa ou tacitamente à sua jurisdição."
[50] "Art. 47. A competência pertinente aos tribunais venezuelanos, segundo as disposições anteriores, não poderá ser derrogada convencionalmente em favor de tribunais estrangeiros (ou árbitros que decidam no exterior) nas hipóteses em que o caso fizer referência a controvérsias relativas a direitos reais sobre bens imóveis situados no território da República, ou quando se tratar de matérias a respeito das quais não caiba transação ou que afetem os princípios essenciais da ordem pública venezuelana."
[51] 2 H. Bl. 603, 126 ER 728 (1796).

Eleição de Foro; e Convenção da Haia sobre Acordos de Eleição de Foro), sendo que, até hoje, somente uma entrou efetivamente em vigor.

A Convenção da Haia sobre Acordos de Eleição de Foro foi o resultado possível após anos de negociação para uma convenção bem mais ampla; foi concluída em 2005, mas só entrou em vigor em outubro de 2015.

Na Europa, entretanto, a Convenção Relativa à Competência Judiciária e à Execução de Decisões em Matéria Civil e Comercial (Convenção de Bruxelas), de 1968, conseguiu com sucesso uniformizar o assunto na região desde então. Em seu art. 17, ela prevê que as partes têm a liberdade de eleger, por escrito, o foro em qualquer dos Estados Contratantes, devendo tal decisão prevalecer e ser respeitada pelos demais, considerando-se como exclusiva a competência da jurisdição escolhida. Tal previsão foi posteriormente referendada pelos Regulamentos nº 44/2001 e nº 1.215/2012.

No âmbito das Américas, o art. 318 do Código de Direito Internacional Privado dos Estados Americanos (Código Bustamante), ratificado pelo Brasil,[52] cria uma limitação à escolha das partes, obrigando que ao menos uma delas seja nacional ou tenha domicílio no foro escolhido e que a lei local do mesmo não contenha previsão impeditiva.

Já a Convenção Interamericana sobre o Direito Aplicável aos Contratos Internacionais, celebrada no México em 1994 e ainda não ratificada pelo Brasil, trata do direito aplicável aos contratos e não da eleição de foro. Entretanto, em seu art. 7º, ao distinguir entre escolha da lei e escolha de foro, ela indiretamente acabou por admitir a possibilidade da escolha deste,[53] sem, entretanto, entrar em detalhes.

No Mercosul, o Protocolo de Buenos Aires sobre Jurisdição Internacional em Matéria Contratual, de 1994, aplicável a conflitos decorrentes de contratos civis e comerciais celebrados entre particulares (pessoas físicas e jurídicas) em que ao menos um deles tenha domicílio ou sede social em um Estado-Parte do bloco, autoriza por norma expressa a admissão da eleição de foro em contratos internacionais e está atualmente em vigor.

Em seu art. 4º, garante-se a prevalência da vontade das partes, desde que externada por escrito e sem abusos; enquanto em seu art. 6º prevê-se que, se a parte demandada aceitar expressa e voluntariamente a jurisdição do Estado-Parte onde foi proposta a ação, independentemente de ter sido eleita anteriormente outra jurisdição, esta será a competente para o caso.

O Protocolo foi recepcionado pelo Brasil por meio do Decreto nº 2.095, de 17 de dezembro de 1996, e representa hoje um marco legal importante no País, ainda que sua aplicação seja limitada aos membros do Mercosul.

## DIREITO BRASILEIRO

Na doutrina brasileira, há também poucas manifestações a respeito, ainda que esse quadro venha se revertendo; de forma geral, é possível considerar que é majoritária a admissão da eleição de foro, usualmente sem se distinguir a escolha do foro nacional em hipótese

---

[52] O Código foi concluído em 13 de fevereiro de 1928 e foi promulgado no Brasil pelo Decreto nº 18.871, de 13 de agosto de 1929.

[53] "Art. 7. O contrato rege-se pelo direito escolhido pelas partes. O acordo das partes sobre esta escolha deve ser expresso ou, em caso de inexistência de acordo expresso, depreender-se de forma evidente da conduta das partes e das cláusulas contratuais, consideradas em seu conjunto. Esta escolha poderá referir-se à totalidade do contrato ou a uma parte do mesmo. A eleição de determinado foro pelas partes não implica necessariamente a escolha do direito aplicável."

não prevista na legislação da escolha do foro estrangeiro em situação disposta na legislação processual (efeitos positivos e negativos).

Favoráveis a tal espécie de cláusula, podemos citar Philadelpho Azevedo,[54] Serpa Lopes,[55] Haroldo Valladão,[56] Helio Tornaghi,[57] Wilson de Souza Campos Batalha,[58] Irineu Strenger,[59] Osiris Rocha,[60] Arruda Alvim,[61] Donaldo Armelin,[62] José Inácio Gonzaga Franceschini,[63] Lauro Gama Jr.[64] e Nádia de Araújo.[65] Defendendo posição oposta, têm-se José Ignácio Botelho de Mesquita[66] e Celso Agrícola Barbi.[67]

É fundamental ressaltar a posição de José Carlos Barbosa Moreira, que admite a autonomia da vontade nas duas hipóteses já comentadas:

> "Com certa frequência, as partes de contrato com elementos internacionais fazem inserir no respectivo instrumento uma 'cláusula' (na verdade, negócio jurídico distinto) em que se elege a Justiça de determinado país como o foro próprio para o julgamento de quaisquer litígios porventura oriundos do contrato. O direito brasileiro admite, em princípio, pactos desse gênero, seja quando designam a Justiça brasileira em hipótese não prevista legalmente como de sua competência, seja quando indicam alguma Justiça estrangeira, em hipótese incluída na competência (não exclusiva!) da Justiça brasileira".[68]

Os tribunais nacionais, ao longo do tempo, ao tratarem de litígios contratuais em que havia a presença de cláusula de eleição de foro, adotaram posições controvertidas.

O Supremo Tribunal Federal, ainda nos anos 50, enfim assumiu posição inovadora e admitiu expressamente a escolha de foro uruguaio em contrato celebrado para ser cumprido no Brasil.[69] Note-se que esse julgado progressista, de 1957, é anterior às decisões supracitadas da Suprema Corte norte-americana, da Corte de Cassação francesa de 1985, da alteração da lei italiana de Direito Internacional Privado e até mesmo da Convenção de Bruxelas de 1968.

---

[54] Philadelpho Azevedo, *Um Triênio de Judicatura – Introdução ao Código Civil e Direito de Família*, 1955, p. 121 e ss.
[55] Miguel Maria de Serpa Lopes, *Comentários à Lei de Introdução ao Código Civil*, 1946, v. III, p. 102 e ss.
[56] Haroldo Valladão, *Direito Internacional Privado*, 1980, v. I, p. 370-371.
[57] Helio Tornaghi, *Comentários ao Código de Processo Civil*, 1974, v. I, p. 307.
[58] Wilson de Souza Campos Batalha, *Tratado Elementar de Direito Internacional Privado – Parte Especial*, 1977, v. II, p. 312.
[59] Irineu Strenger, *Contratos Internacionais do Comércio*, 1992, p. 256-258.
[60] Osiris Rocha, *Curso de Direito Internacional Privado*, 1986, p. 161.
[61] Arruda Alvim, *Manual de Direito Processual Civil*, 1996, v. I, p. 233-234.
[62] Donaldo Armelin, Competência Internacional, *Revista de Processo* 2:148, 1976.
[63] José Inácio Gonzaga Franceschini, A lei e o foro de eleição em tema de contratos internacionais. In: João Grandino Rodas (org.), *Contratos Internacionais*, 1985, p. 140-141.
[64] Lauro Gama Jr., A escolha de foro estrangeiro em contratos. *Jornal Valor Econômico*, 23 out. 2008.
[65] Nádia de Araújo, A Jurisprudência brasileira sobre contratos internacionais: Lei aplicável, ordem pública e cláusula de eleição de foro, In: Nadia de Araújo (org.), *Contratos Internacionais: Autonomia da Vontade, Mercosul e Convenções Internacionais*, 2004.
[66] José Ignácio Botelho de Mesquita, Da competência internacional e dos princípios que a informam, *Revista de Processo* 50:52 e ss., 1988.
[67] Celso Agrícola Barbi, *Comentários ao Código de Processo Civil*, 1998, v. I, p. 295.
[68] José Carlos Barbosa Moreira, Problemas Relativos aos Litígios Internacionais, In: José Carlos Barbosa Moreira, *Temas de Direito Processual, 5ª série*, 1994, p. 146.
[69] STF, RE nº 30.636, Rel. Min. Cândido Motta Filho, j. 24.01.1957.

O Superior Tribunal de Justiça, por seu turno, já apreciou a questão em diversas oportunidades. Ainda em 1989, na Ação Rescisória nº 133,[70] a Corte se viu diante de hipótese de eleição de foro estrangeiro em contrato de transporte marítimo. Baseando-se no fato de a mercadoria transportada dever ser desembarcada no Brasil, e ter havido nova eleição de foro quando o autor propôs a ação no Brasil e o réu, sem oposição, não compareceu, decidiu o STJ rejeitar o estipulado no acordo de vontades.[71]

Em decisão posterior, de 2000, bastante citada,[72] mais uma vez o STJ inadmitiu a referida cláusula. Recorrendo, novamente, ao art. 88, II, do CPC, a ementa do julgado afirmou que em tal hipótese não se pode escolher foro estrangeiro. Entretanto, é fundamental salientar as peculiaridades do caso concreto. Tratava-se de contrato de conversão de navio, celebrado com pacto acessório de garantia de execução da obrigação, e cada contrato envolvia partes distintas. Neste último, havia cláusula declarando competente o foro de Nova York. Como a ação foi ajuizada no Brasil pela parte que não havia firmado o pacto acessório, o STJ, corretamente, desconsiderou a eleição de foro estrangeiro.

Não obstante, em dois julgamentos posteriores, o Superior Tribunal de Justiça finalmente admitiu a validade da eleição de foro estrangeiro. Em ambos também houve referência direta ao art. 88 do CPC de 1973 e as circunstâncias fáticas foram inegavelmente preponderantes no processo decisório.[73-74]

Todavia, em agosto de 2008, o STJ voltou a apreciar o tema no Recurso Especial nº 804.306.[75] O caso dizia respeito a um contrato de distribuição de mercadorias entre uma empresa brasileira e uma inglesa em que se estipulou expressamente cláusula elegendo foro no Reino Unido. O STJ optou pelo entendimento já superado de que as regras de competência estão naturalmente imbuídas de um caráter de ordem pública e, por tal motivo, não são suscetíveis de ser afastadas pela vontade das partes. Dessa forma, não seria possível admitir cláusula que eleja outro foro que não o brasileiro para as hipóteses em que a autoridade judiciária nacional também possui jurisdição. Baseado nisso, o recurso especial foi rejeitado.

Em decisão de 2010, o STJ aceitou a eleição de foro estrangeiro, citando a decisão autorizativa de 2005. Todavia, tratava-se de hipótese que envolvia obrigação a ser cumprida no exterior.[76] Em 2011, o Tribunal inadmitiu o pacto atributivo de jurisdição, com base no argumento de que se tratava de obrigação a ser cumprida no Brasil, hipótese prevista no art. 88, II, do CPC de 1973.[77] A jurisprudência do tribunal inicialmente permaneceu oscilante: em 2016, foram proferidas decisões que ora admitiram a eleição de foro,[78] ora

---

[70] STJ, AR nº 133/RS, Rel. Min. Cláudio Santos, DJ 30.08.1989.

[71] "(...) Não prevalece o foro contratual eleito pelas partes quando, pela obrigação assumida pela empresa de transporte, o desembarque da mercadoria é feito no Brasil. Aplicação do artigo 88, inciso II, do Código de Processo Civil, bem como do princípio da submissão em razão da anterior aceitação da jurisdição brasileira. (...)."

[72] STJ, REsp nº 251.438, Rel. Min. Barros Monteiro, DJ 08.08.2000.

[73] STJ, REsp nº 505.208, Rel. Min. Carlos Alberto Menezes Direito, DJ 13.10.2003.

[74] STJ, REsp nº 242.383, Rel. Min. Humberto Gomes de Barros, DJ 21.03.2005.

[75] STJ, REsp nº 804.306, Rel. Min. Nancy Andrighi, DJ 03.09.2008.

[76] STJ, REsp nº 242.383/SP, Rel. Min. Humberto Gomes de Barros, DJ 21.03.2005.

[77] STJ, AgRg nos EREsp nº 710.599/SP, Rel. Min. Aldir Passarinho Júnior, DJ 10.11.2008.

[78] STJ, REsp 1.518.604/SP, Rel. Min. Paulo de Tarso Sanseverino, DJ 29.03.2016: "2. Em sendo paritária e, assim, simétrica a relação negocial estabelecida entre conhecido jogador de futebol e empresa multinacional do ramo dos artigos esportivos, contrato cujo objeto, ademais, relaciona-se à cessão dos direitos de uso de imagem do atleta, não é possível qualificá-la como relação de consumo para efeito de incidência das normas do Código de Defesa do Consumidor. 3. Regulada pelo disposto no art. 88 do

a rejeitaram.[79] Mais recentemente, o STJ tem aceito a eleição de foro estrangeiro em situações nas quais há equilíbrio entre as partes.[80]

## A ELEIÇÃO DE FORO NO CPC DE 2015

Parecendo pretender superar as incertezas – e, em alguns casos, o desacerto – da jurisprudência, o legislador inseriu no Código previsão expressa da possibilidade de que sejam conferidos efeitos positivos e negativos à eleição de foro na esfera internacional. O art. 22 trata dos efeitos positivos do acordo, acarretando a competência concorrente do Judiciário brasileiro, ainda que nenhuma outra hipótese de competência esteja presente no caso. Já o art. 25 cuida dos efeitos negativos do acordo, que ensejam a incompetência do Judiciário brasileiro quando houver foro eleito no exterior. Ressalva o dispositivo, porém – o que sequer era necessário por óbvio –, que tais efeitos negativos não se produzem nos casos de competência exclusiva do Judiciário brasileiro. Confira-se:

"Art. 22. Compete, ainda, à autoridade judiciária brasileira processar e julgar as ações: (...)
III – em que as partes, expressa ou tacitamente, se submeterem à jurisdição nacional".

"Art. 25. Não compete à autoridade judiciária brasileira o processamento e o julgamento da ação quando houver cláusula de eleição de foro exclusivo estrangeiro em contrato internacional, arguida pelo réu na contestação.

§ 1º Não se aplica o disposto no *caput* às hipóteses de competência internacional exclusiva previstas neste Capítulo.

§ 2º Aplica-se à hipótese do *caput* o art. 63, §§ 1º a 4º".

---

CPC/73, a competência internacional na espécie evidencia-se como concorrente, revelando-se possível a eleição, mediante cláusula prevista no negócio jurídico qualificado pelas partes como 'contrato de futebol' (contrato de patrocínio e cessão de uso de imagem), do foro alienígena como competente para a solução das controvérsias advindas do acordo. Precedente da Colenda 4ª Turma".

[79] STJ, AgRg no REsp 1.545.783/SP, Rel. Min. Ricardo Villas Bôas Cueva, *DJ* 12.05.2016: "(...) 3. Por força do princípio da inafastabilidade da jurisdição, a competência da Justiça brasileira não pode ser obstada pela vontade das partes deduzida em contrato internacional, ou pela simples alegação de prejuízo (...)"; STJ, AgRg no AREsp nº 679.421/RJ, Rel. Min. Marco Buzzi, *DJ* 31.03.2016: "1. Para a jurisprudência do STJ, a cláusula de eleição de foro existente em contrato de prestação de serviços no exterior, portanto, não afasta a jurisdição brasileira. Precedentes: RO 114/DF, Rel. Min. Raul Araújo, *DJe* de 25.06.2015; EDcl nos EDcl no REsp 1.159.796/PE, Rel. Min. Nancy Andrighi, *DJe* de 25.03.2011; REsp 1.168.547/RJ, Rel. Min. Luis Felipe Salomão, *DJe* de 07.02.2011".

[80] STJ, Rel. Min. Maria Isabel Gallotti, *DJe* 24.08.2023: "(...) 2. A jurisprudência desta Corte reconhece a validade em abstrato da cláusula que elege a Justiça de outro país como competente para decidir eventuais controvérsias instauradas acerca de um dado contrato, nos termos do art. 25 do CPC/2015. Precedentes. 3. O art. 25 do Código de Processo Civil de 2015 buscou acabar com as discussões sobre a validade da cláusula de eleição de foro estrangeiro em contratos internacionais em caso de competência internacional concorrente. 4. Não se tratando de situação abrangida pela competência exclusiva da Justiça brasileira, tendo sido a incompetência da autoridade judiciária brasileira suscitada, oportunamente, pelo demandado em contestação, em razão de existência de cláusula de eleição de foro livremente estabelecida entre as partes, correto o entendimento das instâncias ordinárias. 5. Agravo interno a que se nega provimento".

*Capítulo XXII*
# IMUNIDADE DE JURISDIÇÃO E DE EXECUÇÃO

## INTRODUÇÃO

O tema da imunidade é um dos mais polêmicos e relevantes no direito internacional.[1] Além da relevância prática da matéria,[2] com evidentes desdobramentos na relação entre Estados, trata-se de estudo afeto a vários ramos da ciência jurídica: possui ligações com o direito internacional público, direito internacional privado, direito processual e direito constitucional.

Nos últimos anos, ocorreram importantes alterações em aspectos referentes a esse assunto. Nessa linha, ganha destaque o fenômeno da flexibilização da imunidade; antes era absoluta e passou a relativa. O texto a seguir retrata essa evolução, com enfoque no direito internacional e brasileiro.[3]

## BREVES NOÇÕES PRELIMINARES

A imunidade de jurisdição é princípio oriundo do direito internacional público, corolário da soberania e da igualdade entre Estados, premissas das quais se extrai a conclusão de que nenhum Estado está submetido, ao menos no plano jurídico, a qualquer outro. A expressão engloba a imunidade de jurisdição *stricto sensu* – a impossibilidade de o beneficiário do privilégio imunitório submeter-se a juízo estrangeiro;[4] e a imunidade de execução – a impossibilidade de realização de atos de constrição forçada sobre bens de propriedade dos mesmos beneficiários.

O instituto é aplicável tanto a Estados estrangeiros como a organizações internacionais, agentes diplomáticos e consulares, ou ainda a representantes do Estado estrangeiro em geral, como Ministros, Chefes de Estado e de Governo. Em circunstâncias especiais, incide também sobre navios e aeronaves militares e tropas estrangeiras que se encontram – com a devida autorização – em território nacional.

O fundamento do instituto é a cláusula *par in parem non habet imperium* (entre iguais não há império), instituidora da igualdade entre os Estados. A ideia de que um Estado, por

---

[1] Para análise mais detida da matéria, v. Carmen Tiburcio, Extensão e limites da jurisdição brasileira: competência internacional e imunidade de jurisdição, 2016.

[2] Refletindo a importância do tema, atente-se que a Conferência da Haia de Direito Internacional Privado já ofereceu diversos cursos, bem como várias instituições já se dedicaram ao seu estudo: International Law Commission, que desde 1949 escolheu o assunto para codificação, International Law Association, Institut de Droit International e Comissão Interamericana de Direito Internacional Privado.

[3] Observe-se que o trabalho em tela analisará apenas a imunidade de jurisdição perante o Judiciário. Para aplicações do princípio em casos envolvendo arbitragem, ver Leandro Moll, Imunidade arbitral, *Revista de Mediação e Arbitragem* 30:2011.

[4] A imunidade de jurisdição não compreende somente a impossibilidade de submissão ao Judiciário estrangeiro, mas a qualquer autoridade estrangeira. Como a impossibilidade de submissão ao Judiciário estrangeiro é sua manifestação mais comum, tratar-se-á dessa imunidade, feitas as ressalvas pertinentes.

não estar sujeito a nenhum outro, não pode ser submetido a decisões de um Poder Judiciário que não o seu próprio é formulação de base consuetudinária; princípio básico que possibilita a convivência pacífica na ordem internacional. Sujeitar o Estado estrangeiro à jurisdição de outro é submeter um poder soberano a outro, hipótese historicamente inadmitida. É assim, portanto, que a imunidade compartilha com o direito internacional público seus dois princípios basilares: a soberania e a igualdade dos Estados.[5]

Não por outro motivo, a alteração dos limites da imunidade de jurisdição é a história da alteração das formulações acerca da soberania. Originariamente, como a soberania era considerada absoluta, também a imunidade era assim entendida. Vale dizer: como regra geral, um Estado não poderia julgar o seu igual, salvo se o próprio Estado estrangeiro houvesse renunciado ao benefício da imunidade.

Diante da participação cada vez maior do Estado e de seus representantes na economia, começou-se a questionar essa premissa, movimento inaugurado pela Bélgica, em 1878, e ainda pela França, Alemanha, Itália e Suíça.[6] Como consequência, a imunidade, antes absoluta, passou a relativa, sendo aplicada, ou não, diante do caso concreto.

Note-se que já há alguns princípios sobre a matéria amplamente aceitos. Todavia, nesta seara, lado a lado com o trabalho desenvolvido pelas organizações e tribunais internacionais, destaca-se a importância da legislação nacional e de decisões judiciais proferidas por tribunais estatais,[7] que, por vezes, até antecederam as regras internacionais. Avanços recentes foram realizados em países nos quais se flexibilizou a imunidade, principalmente em matéria de ilícitos e no tocante à execução de bens.

Deve-se atentar que a imunidade de jurisdição diz respeito exclusivamente à possibilidade de um ente protegido pelo direito internacional estar em juízo. Isso quer dizer que esse ente não pode ser julgado por outro Judiciário que não o de seu Estado nacional, tratando-se assim de uma questão meramente processual, a ser decidida pela *lex fori*. A imunidade, pois, não se confunde com a arbitrariedade do Estado ou a impossibilidade de julgamento de seus atos, eis que se limita a restringir a possibilidade de responder perante Judiciário estrangeiro, sem prejuízo da apreciação a ser exercida pela Justiça nacional competente.[8] Distingue-se, ainda, da doutrina dos atos de Estado (*Act of State*), que implica recusa de análise pelo Estado do foro do *ato* praticado pelo Estado estrangeiro, sendo, portanto, uma questão de direito material[9] e preponderantemente de direito interno de cada um dos Estados envolvidos.

Em alguns casos, porém, a imunidade significará a irresponsabilidade ou denegação de justiça quando o Judiciário local for o único que poderá julgar a matéria. Em muitas reclamações trabalhistas propostas no Brasil em face de Estado estrangeiro nas quais o Judiciário nacional determinou a extinção do processo sem julgamento de mérito em virtude da imunidade absoluta de jurisdição do Estado estrangeiro, como se verá a seguir, tais decisões

---

[5] Ian Sinclair entende que a imunidade deriva da dignidade dos Estados, independência e igualdade soberana. V. Sir Ian Sinclair, The law of sovereign immunity: recent developments, *Recueil des Cours* 167:121, 1980.

[6] Peter D. Trooboff, Foreign state immunity: emerging consensus on principles, *Recueil des Cours* 200:255, 1986.

[7] Para um relato detalhado da jurisprudência francesa, belga e inglesa anterior a 1971 V. N.C.H. Dunbar, Controversial aspects of sovereign immunity in the case law of some states, *Recueil des Cours* 132:203-351, 1971.

[8] Peter D. Trooboff, Foreign state immunity: emerging consensus on principles, *Recueil des Cours* 200:255, 1986, p. 254.

[9] V. Sir Ian Sinclair, The law of sovereign immunity: recent developments, *Recueil des Cours* 167:121, 1980, p. 108.

significaram efetivamente uma denegação de justiça. É pouco provável que a brasileira que foi cozinheira da Embaixada do Iraque[10] tenha repetido a sua demanda em Bagdá, tampouco que o motorista da Embaixada da França[11] tenha recorrido ao Judiciário francês em Paris. Nessas situações, bem como em muitas outras, o reconhecimento da imunidade representa, em verdade, denegação de justiça.

Haverá, nesses casos, necessidade de se determinar o valor que deve prevalecer: o direito de acesso à Justiça, de fonte interna e internacional, ou a imunidade de jurisdição, oriunda do direito internacional público? O direito internacional e comparado tem entendido como justificada a aplicação do princípio da imunidade. O fundamento principal dessa orientação é que, como um Estado – guiado notadamente pelo *princípio da efetividade* – pode legitimamente prever as hipóteses nas quais os seus tribunais têm competência internacional, excluindo de sua apreciação em regra as situações não listadas, com maior razão poderá, ou melhor, deverá legitimamente limitar o seu poder judicante por respeito à norma de direito internacional. A Corte Europeia de Direitos Humanos, no *caso Al-Adsani v. Reino Unido da Grã-Bretanha e Irlanda do Norte*, examinou esse aspecto e decidiu que a aplicação do princípio da imunidade é plenamente justificável.[12] Note-se, porém, que a posição que prevaleceu na Corte quanto à aplicação do princípio ao caso decorreu de votação bastante apertada.[13]

Finalmente, não há incompatibilidade com o fato de a imunidade se manifestar na seara processual com a regra de que a imunidade pode ser *ratione personae* ou *ratione materiae*. Isso significa que o Estado do foro não pode julgar (questão processual) um diplomata estrangeiro (imunidade *ratione personae*), com base na Convenção de Viena sobre Relações Diplomáticas

---

[10] STF, AC nº 9.684/DF, Rel. Min. Rafael Mayer, *DJ* 04.03.1983.
[11] STF, AC nº 9.686/DF, Rel. Min. Néri da Silveira, *DJ* 31.08.1984.
[12] A Corte Europeia de Direitos Humanos assim se pronunciou a respeito da pretensa violação, pelo princípio da imunidade de jurisdição, ao direito fundamental de acesso ao Judiciário (art. 6º, § 1º, da Convenção Europeia de Direitos Humanos): "Whether a person has an actionable domestic claim may depend not only on the substantive content, properly speaking, of the relevant civil right as defined under national law but also on the existence of procedural bars preventing or limiting the possibilities of bringing potential claims to court". A Corte aceitou o argumento de que a concessão de imunidade de jurisdição, ou seja, "the restriction imposed on the applicant's right of access to court", "pursued a legitimate aim and was proportionate". Caso *Al-Adsani v. Reino Unido da Grã-Bretanha e Irlanda do Norte* (Application n. 35763/97), Corte Europeia de Direitos Humanos, j. 21.11.2001, n. 47 e 50.
[13] Sulaiman Al-Adsani, radicado no Reino Unido e binacional – britânico e kuwaitiano –, durante a Guerra do Golfo foi piloto no Kuwait, trabalhou inicialmente na força aérea kuwaitiana e depois permaneceu no país. Nessa época teve acesso a vídeos de conteúdo sexual envolvendo o Sheikh Jaber Al-Sabah Al--Saud Al-Sabah, ligado por parentesco ao Emir do Kuwait. Como os vídeos tiveram ampla divulgação, Al-Adsani foi responsabilizado pelo Emir. Como consequência, foi torturado e teve parte do seu corpo queimado, retornando em seguida para o Reino Unido. Em 1992, Al-Adsani, após hospitalização no Reino Unido, ingressou em juízo contra o Sheik e o Kuwait, requerendo uma indenização pelos danos sofridos. Em 1996, após decisão favorável contra o Sheik – de pouca efetividade –, a Câmara dos Lordes decidiu que a ação contra o Kuwait não poderia prosseguir em razão da imunidade de jurisdição. A vítima recorreu à Corte Europeia, alegando que a decisão inglesa violaria direitos básicos assegurados pela Convenção Europeia, especificamente o direito de não ser torturado e o direito de acesso à Justiça. Por unanimidade, em relação à tortura, a Corte decidiu que não houve violação da convenção, com base em vários fundamentos: primeiramente, a tortura ocorreu fora do território britânico; ademais, a convenção estabelece o dever de evitar tortura e não garante o direito a indenização no caso de violação e, por fim, o princípio da imunidade não é incompatível com esse direito. Quanto ao acesso à justiça, dividiu-se a Corte. Por maioria apertada – nove votos compondo a maioria e oito restando vencidos –, entendeu-se que o acesso à Justiça não é direito absoluto, podendo ser limitado pelos Estados com base no princípio da imunidade. Os votos vencidos, porém, demonstraram indignação com o resultado, pois naquele caso o reconhecimento da imunidade representou verdadeira denegação de justiça.

de 1961,[14] ou um cônsul estrangeiro que, no desempenho das suas funções (*ratione materiae*), praticou ato que gerou danos a um residente no foro, com base na Convenção de Viena sobre Relações Consulares de 1963.[15]

# IMUNIDADE DE JURISDIÇÃO

## Tipos de Imunidade

É possível identificar dois grandes grupos em que as diferentes espécies de imunidade se dividem.[16] Nos dois casos, é de se notar que a imunidade tem origem única – a soberania do Estado –, não obstante manifestação em situações diversas.

O primeiro engloba as imunidades de jurisdição e de execução dos *Estados* – cuja aceitação universal sempre se mostrou delicada e sua aplicação, heterogênea. Por essa razão, as imunidades do Estado tendem a apresentar uma grande complexidade. São também mais instáveis e expostas às interferências políticas. Não há, para as imunidades desse grupo, convenções internacionais de âmbito global em vigor. A Convenção sobre Imunidade dos Estados e suas Propriedades, elaborada no âmbito da Organização das Nações Unidas (ONU) em 2004 ainda não recebeu o número mínimo de ratificações/adesões para sua entrada em vigor.[17] Na esfera regional, destaca-se a Convenção Europeia sobre Imunidade de Jurisdição dos Estados, concluída na Basileia em 1972.[18] Ademais, pode-se observar que a matéria foi amplamente codificada nos países que compreendem o sistema da *common law*,[19] permanecendo com base costumeira nos países que integram a família romano-germânica. Na América Latina, é de se destacar a existência de lei sobre o tema na Argentina.[20]

O segundo compreende aquelas imunidades – geralmente bem delineadas – que, como regra, decorrem da imunidade do Estado, e que, na sua maior parte, se encontram já amplamente codificadas. Esse grupo abrange os benefícios ligados aos *serviços diplomáticos e consulares*, ao regime de *navios e aeronaves* de guerra estrangeiros em águas nacionais e territoriais, bem como ao estatuto de *tropas estrangeiras* situadas em território de um Estado. Também nesse grupo enquadram-se as imunidades das *organizações internacionais* e de seus funcionários. O fundamento dessas imunidades está na necessidade de garantia do livre exercício das funções inerentes às atividades daquelas pessoas em território estranho, na maior parte das vezes representando o seu Estado nacional. Quanto a esse aspecto, aproximam-se desse grupo também as imunidades de *Chefes de Estado* e de *Governo*, além das imunidades

---

[14] Promulgada pelo Decreto nº 56.435/1965.

[15] Promulgada pelo Decreto nº 61.078/1967.

[16] Ver, por todos, Paul Reuter, Quelques Réflexions sur la Nature des Immunités de l'Etat en Droit International Public, In: Paul Reuter (org.), *Le Developpement de L'Ordre Juridique Internationale: Ecrits de Droit International*, 1995, p. 102.

[17] Convenção das Nações Unidas sobre as Imunidades Jurisdicionais dos Estados e dos seus bens: "Art. 30: Entrada em vigor 1 – A presente Convenção entrará em vigor no 30.º dia seguinte à data do depósito do 30.º instrumento de ratificação, aceitação ou adesão junto do Secretário-Geral das Nações Unidas. (...)". Em 2015, 18 países cumpriram os requisitos do artigo. Disponível em: https://treaties.un.org/Pages/ShowMTDSGDetails.aspx?src=UNTSONLINE&tabid=2&mtdsg_no=III-13&chapter=3&lang=en.

[18] Ratificado por: Áustria, 10.07.1974; Bélgica, 27.10.1975; Chipre, 10.03.1976; Alemanha, 15.05.1990; Luxemburgo, 11.12.1986; Países Baixos, 21.02.1985; Suíça, 06.07.1982; Reino Unido, 03.07.1979.

[19] V. o *Foreign Sovereign Immunity Act* dos Estados Unidos (1976), o *Sovereign Immunity Act* do Reino Unido (1978), o *Foreign Sovereign Immunities Act* australiano (1985) e o *Canada Act to Provide for State Immunity in Canadian Courts* (1982).

[20] *Inmunidad Jurisdiccional de los Estados Extranjeros ante los Tribunales Argentinos* (Argentina, 1995).

dos *Ministros de Estado estrangeiros*.[21] Todavia, quanto aos últimos, a aplicação do princípio da imunidade ainda está sendo delineada no direito internacional público.

As bases das diversas imunidades serão brevemente analisadas a seguir. É importante perceber, contudo, que, por apresentarem peculiaridades próprias, possuem regimes jurídicos distintos e, portanto, não é possível transpor para um grupo as soluções adotadas em outro.[22] Inicia-se pela imunidade do Estado, por ser aquela que fundamenta todas as outras e por sua importância histórica e prática.

## IMUNIDADE DO ESTADO

Interessante notar que, apesar de ser o tipo mais importante dentre as imunidades – mesmo porque fundamento das demais –, a imunidade do Estado não é a mais antiga. Sob a perspectiva histórica, é fácil constatar que a preocupação inicial era a proteção pessoal do soberano. Em primeiro lugar, porque não existia ainda o Estado juridicamente organizado; ademais, não havia separação clara entre o governante e o indivíduo que exercia tal função.

A partir da formação dos Estados nacionais, o tema passa a integrar o centro das preocupações dos internacionalistas, época em que prevaleceu essencialmente a doutrina da imunidade absoluta.

Notadamente a partir do início do século XX, a jurisprudência de alguns países passou a flexibilizar o privilégio imunitório, usando como base a distinção entre atos *ius imperii* e *ius gestionis*, ou seja, respectivamente quando o Estado exerce atividade inerente ao seu poder soberano e quando age como se particular fosse. A Bélgica foi um dos primeiros países a fazer essa distinção.[23] Na hipótese, a Corte de Cassação belga admitiu demanda proposta por prestador de serviço em face dos Países Baixos, entendendo que se tratava de uma demanda que envolvia um Estado soberano, mas por hipótese que dizia respeito a atos de mera gestão. Sob o mesmo argumento, destaca-se também a França, por decisão de 1926 da Corte de Cassação que admitiu a quebra da imunidade da delegação comercial russa.[24]

Portanto, no início do século XX, a imunidade começou a ser flexibilizada pelos Estados, sem muita uniformidade, mas já com base na distinção de atos de império e de gestão.[25] Em meados do século passado, se passou a vislumbrar uma clara tendência dos Estados em prol da teoria da imunidade restrita.[26]

---

[21] As imunidades dos Chefes de Estado e de outros agentes governamentais, como os Ministros das Relações Exteriores apresentam características que as aproximam de um ou de outro grupo, com peculiaridades que lhes são próprias e cujos contornos ainda estão sendo definidos.

[22] Sobre o tema, veja-se decisão norte-americana sobre a inaplicabilidade do regime jurídico da imunidade de jurisdição do Estado a outras hipóteses de imunidade: Suprema Corte, *Samantar v. Yousef*, 130 S. Ct. 2278 (2010).

[23] Peter D. Trooboff, Foreign state immunity: emerging consensus on principles, *Recueil des Cours* 200:255, 1986, p. 261.

[24] Peter D. Trooboff, Foreign state immunity: emerging consensus on principles, *Recueil des Cours* 200:255, 1986, p. 262.

[25] Sir Ian Sinclair, The law of sovereign immunity: recent developments, *Recueil des Cours* 167:121, 1980, p. 134.

[26] Sir Ian Sinclair, The law of sovereign immunity: recent developments, *Recueil des Cours* 167:121, 1980, p. 199.

Várias tentativas foram feitas com vistas à elaboração de critérios para distinguir os atos de império dos atos de gestão.[27] O Instituto de Direito Internacional, em 1891, estabeleceu as exceções ao benefício, incluindo as ações reais, aquelas nas quais o Estado estrangeiro é herdeiro ou legatário, ações ligadas a atividades comerciais, hipóteses em que o Estado estrangeiro se submeteu à jurisdição local, ações relativas a contratos celebrados e executados no foro e indenizações por ilícitos ocorridos no foro:

"Article 4

Les seules actions recevables contre un Etat étranger sont:

1º Les actions réelles, y compris les actions possessoires, se rapportant à une chose, immeuble ou meuble, qui se trouve sur le territoire;

2º Les actions fondées sur la qualité de l'Etat étranger comme héritier ou légataire d'un ressortissant du territoire, ou comme ayant droit à une succession ouverte sur le territoire;

3º Les actions qui se rapportent à un établissement commercial ou industriel ou à un chemin de fer, exploités par l'Etat étranger sur le territoire;

4º Les actions pour lesquelles l'Etat étranger a expressément reconnu la compétence du tribunal – L'Etat étranger qui lui-même forme une demande devant un tribunal est réputé avoir reconnu la compétence de ce tribunal quant à la condamnation aux frais du procès et quant à une demande reconventionnelle résultant de la même affaire; de même, l'Etat étranger qui, en répondant à une action portée contre lui, n'excipe pas de l'incompétence du tribunal, est réputé l'avoir reconnu comme compétent;

5º Les actions découlant de contrats conclus par l'Etat étranger sur le territoire, si l'exécution complète sur ce même territoire en peut être demandée d'après une clause expresse ou d'après la nature même de l'action;

6º Les actions en dommages-intérêts nées d'un délit ou d'un quasi-délit, commis sur le territoire".[28]

Sob o prisma teórico, fundamentava-se a imunidade restrita na doutrina da renúncia tácita do Estado. Como, anteriormente, no período em que prevalecia a imunidade absoluta, admitia-se que o Estado estrangeiro fosse julgado por outro quando renunciasse ao benefício, entendeu-se que pela prática de ato de gestão, o Estado estaria praticando uma renúncia tácita ao benefício. Note-se que essa teoria procurava conciliar a ideia de que só o titular do privilégio poderia a ele renunciar com a já evidente necessidade de limitação da imunidade. Dessa forma, a decisão que levaria à submissão a outro Judiciário continuaria a ser do Estado estrangeiro, no exercício do seu poder soberano. Vários julgados se basearam nessa teoria.[29]

Outros julgados pautaram-se na reciprocidade, princípio fundamental no direito internacional público. Nessa linha, o Estado nacional, ao decidir sobre a possibilidade de submissão de Estado estrangeiro ao seu Judiciário, levava em consideração a prática daquele com relação

---

[27] Sir Ian Sinclair, The law of sovereign immunity: recent developments, *Recueil des Cours* 167:121, 1980, p. 135-137.
[28] Projeto do Instituto de Direito Internacional, Hamburgo, 1891, "Projet de règlement international sur la compétence des tribunaux dans les procès contre les Etats, souverains ou chefs d'Etat étrangers" disponível no site do Instituto: http://www.idi-iil.org/idiF/resolutionsF/1891_ham_01_fr.pdf.
[29] Sir Ian Sinclair, The law of sovereign immunity: recent developments, *Recueil des Cours* 167:121, 1980, p. 202.

ao assunto para aplicar as mesmas regras.[30] Há também decisões que se basearam na teoria da personalidade mista do Estado – como ente soberano e privado ao mesmo tempo.

Atente-se que, se de início o critério distintivo era a prática de ato de gestão, contrapondo-se ao ato de império, o direito internacional evoluiu para estabelecer claramente as hipóteses nas quais não prevalece o privilégio, já que não há regras claras e objetivas sobre essa linha divisória. Nesse sentido, as Convenções feitas sobre a matéria (Convenção Europeia de 1972 e Convenção da ONU de 2004) e as leis nacionais mais relevantes.[31]

Distinguir o ato de gestão do ato de império envolve inúmeras dificuldades, como se observa da jurisprudência comparada. Há casos de empréstimos públicos que foram qualificados como atos de gestão, enquanto outros foram considerados atos de império.[32] Na mesma linha, constata-se a dificuldade de qualificar atos contratuais por exércitos ou forças armadas, que tanto podem ser enquadrados em uma ou outra categoria.[33]

Critérios adicionais foram criados, visando auxiliar na distinção, ora se considerando o propósito do ato, ora a sua natureza. Caso se privilegie o propósito, deve-se considerar a finalidade do ato praticado. Com base nesse critério, deve-se atentar se a finalidade do ato atende a objetivos essencialmente governamentais. Por outro lado, com base no critério da natureza, será ato de império o ato que só possa ser praticado por um ente dotado de soberania; quando puder ser praticado também por particular, trata-se de ato de gestão.

No direito internacional, já há claramente uma lista – não exaustiva – de situações que excluem a imunidade. Essas exceções abrangem as atividades comerciais, as ações reais ou pessoais decorrentes da propriedade ou sucessão de imóveis ou móveis situados no foro.[34] Também se incluem nessa categoria as ações que derivem de ilícitos praticados no foro e as questões trabalhistas.

Em conclusão: hoje, no direito comparado, coexistem dois sistemas. O primeiro, com base na lei interna ou convenção em vigor no país, no qual se deve buscar se a hipótese concreta está listada expressamente como não beneficiária da imunidade. Como regra, não estando a situação compreendida numa das exceções mencionadas, entende-se que o privilégio imunitório prevalece. O segundo sistema, do qual o Brasil faz parte, baseia-se no costume internacional sobre a matéria, que compreende a jurisprudência internacional e comparada, bem como a legislação e jurisprudência comparadas que, na sua maior parte, abandonaram a distinção entre ato de gestão e ato de império. Portanto, entre nós, no julgamento das questões concretas envolvendo o Estado estrangeiro e suas subdivisões políticas e administrativas, o julgador deve analisar a legislação e a jurisprudência, internacional e estrangeira, e verificar se a hipótese sob julgamento está excluída do benefício da imunidade. Em caso negativo, como regra, deve o julgador decidir pela imunidade.

## DIREITO BRASILEIRO

No Brasil, até bem recentemente, os Estados estrangeiros gozavam de imunidade absoluta de jurisdição e os tribunais se recusavam sistematicamente a julgar demandas em que eles

---

[30] Sir Ian Sinclair, The law of sovereign immunity: recent developments, *Recueil des Cours* 167:121, 1980, p. 206.
[31] V. as leis norte-americanas de 1976, australiana de 1985, canadense de 1982 e do Reino Unido de 1978.
[32] Sir Ian Sinclair, The law of sovereign immunity: recent developments, *Recueil des Cours* 167:121, 1980, p. 214.
[33] Jacob Dolinger, A Imunidade Jurisdicional dos Estados, *Revista de Informação Legislativa do Senado Federal* 76:13, 1982; e Sir Ian Sinclair, The law of sovereign immunity: recent developments, *Recueil des Cours* 167:121, 1980, p. 211-212.
[34] Sompong Sucharitkul, Immunities of foreign states before national authorities, *Recueil des cours* 149:210, 1976.

fossem parte. Até a Constituição Federal de 1988, o Supremo Tribunal Federal (STF) entendia que Estados estrangeiros (Consulados e Embaixadas)[35] gozavam de completa imunidade de jurisdição, mesmo nas hipóteses de reclamações trabalhistas propostas por brasileiros aqui domiciliados, com base em serviço aqui prestado, não podendo a Justiça brasileira submetê-los a julgamento sem que eles concordassem.[36]

Após a Constituição de 1988, o STF alterou seu entendimento, passando a adotar a teoria da imunidade relativa de jurisdição do Estado estrangeiro. O precedente que deu início a esse movimento foi a AC nº 9.696.[37] O Min. Sydney Sanches, relator do processo, considerou que o art. 114 da CF,[38] ao modificar uma regra sobre competência interna, extinguira a imunidade de jurisdição em matéria trabalhista. O Min. Francisco Rezek chegou à mesma conclusão – de que não mais vigorava a imunidade de jurisdição nas relações trabalhistas envolvendo Estados estrangeiros –, mas por motivo diverso: sustentou, com base no costume internacional, que o princípio da imunidade de jurisdição não vigora mais de forma absoluta, prevalecendo atualmente uma imunidade relativa.

Desde então, os Tribunais brasileiros têm perfilhado a teoria da imunidade relativa de jurisdição dos Estados estrangeiros, entendendo que, em lides trabalhistas entre tais Estados e brasileiros aqui domiciliados, o Estado estrangeiro não pode alegar imunidade de jurisdição para escapar da Justiça nacional.[39] Note-se, entretanto, que em litígios trabalhistas entre Estados estrangeiros e seus nacionais, mesmo por trabalho aqui realizado, continua a prevalecer a regra geral da imunidade do Estado,[40] seguindo também o costume internacional sobre a matéria.[41]

O Superior Tribunal de Justiça também já se manifestou quanto às questões comerciais, entendendo não haver igualmente o benefício da imunidade nesses casos.[42]

Por outro lado, há alguns julgados do STJ que apreciaram pedidos de indenização por parte de turistas brasileiros que, com visto de entrada, tiveram o seu ingresso no país estran-

---

[35] Deve-se observar que a ação deve sempre ser ajuizada em face do Estado estrangeiro, pois o Consulado ou Embaixada não tem personalidade jurídica própria e meramente o representam.

[36] Ilustram a afirmação as seguintes decisões: STF, AC nº 9.684, Rel. Min. Rafael Mayer, *DJ* 04.03.1983; STF, AC nº 9.704, Rel. Min. Carlos Madeira, *DJ* 26.06.1987. Veja-se, por todas, a ementa de STF, AC nº 9.705, Rel. Min. Moreira Alves, *DJ* 23.10.1987.

[37] STF, AC nº 9.696, Rel. Min. Sydney Sanches, *DJ* 12.10.1990.

[38] Constituição Federal de 1988, art. 114: "Compete à Justiça do Trabalho conciliar e julgar os dissídios individuais e coletivos entre trabalhadores e empregadores, abrangidos os entes de direito público externo e da administração pública direta e indireta dos Municípios, do Distrito Federal, dos Estados e da União e, na forma da lei, outras controvérsias decorrentes da relação de trabalho, bem como os litígios que tenham origem no cumprimento de suas próprias sentenças, inclusive coletivas". Vale ressaltar, todavia, que a redação deste artigo foi modificada pela Emenda Constitucional nº 45 de 2004, ficando consubstanciada da seguinte maneira: "Compete à Justiça do Trabalho processar e julgar: I – as ações oriundas da relação de trabalho, abrangidos os entes de direito público externo e da administração pública direta e indireta da União, dos Estados, do Distrito Federal e dos Municípios".

[39] Neste sentido: STF, AgRg no Agravo de Instrumento nº 139.671/DF, Rel. Min. Celso de Mello, *DJ* 20.03.1996; STJ, AC nº 7/BA, Rel. Min. Eduardo Ribeiro, *DJ* 30.04.1990. Vejam-se ainda: STJ, AC nº 2/DF, Rel. Min. Barros Monteiro, *DJ* 03.09.1990.

[40] STJ, AC nº 10/SP, Rel. Min. Cláudio Santos, *DJ* 20.05.1991.

[41] V. art. 5.2, a, da Convenção Europeia e art. 11, 2, e, da Convenção da ONU.

[42] STJ, Ag nº 757/DF, Rel. Min. Sálvio de Figueiredo Teixeira, *DJ* 1º.10.1990. Também aqui se seguem os padrões fixados pelo direito internacional. V. art. 7 da Convenção Europeia e art. 10 da Convenção da ONU.

geiro negado, atos típicos de governo e, assim, indubitavelmente compreendidos na seara da imunidade.[43]

Também na categoria de imune à jurisdição brasileira foi compreendido o pedido de indenização formulado por um paranormal que, atendendo a uma promessa de recompensa feita pelo governo norte-americano, alegadamente indicou o local do esconderijo de Saddam Hussein. O STJ levou em conta o contexto no qual a promessa foi feita – existência de conflitos armados entre os EUA e o Iraque para caracterizar a situação como tal, mas admitiu a citação do Estado-réu para se manifestar se renunciaria ou não ao benefício.[44]

Em matéria de ilícitos, também já houve manifestação dos tribunais. O caso mais notório envolveu ação ajuizada pela família do ex-presidente João Goulart para requerer a condenação dos EUA ao pagamento de danos materiais e morais, em virtude da participação de autoridades norte-americanas na sua deposição. Tratava-se de novidade entre nós. Na primeira instância, o juiz federal entendeu que os EUA não poderiam figurar como réus nessa ação em virtude do princípio da imunidade, sob o fundamento de que o comportamento do réu se caracterizaria como de império e extinguiu o processo sem julgamento de mérito. O Superior Tribunal de Justiça confirmou esse entendimento quanto à natureza do ato, mas admitiu a citação do Estado-réu para que pudesse se pronunciar acerca de uma eventual renúncia ao benefício.[45] Como se verá, a decisão não atentou para o costume internacional.

Também passível de crítica julgado do Superior Tribunal de Justiça em caso envolvendo a Alemanha. Por unanimidade, a Quarta Turma reconheceu a imunidade de jurisdição do Estado alemão para ação de indenização por danos causados por atos praticados no território nacional: afundamento de barco pesqueiro no litoral de Cabo Frio – RJ, por um submarino nazista, em 1943, durante a Segunda Guerra Mundial. No entender da turma, tratava-se de ato de império e, portanto, imune à jurisdição nacional.[46]

Em expressiva passagem de seu voto, afirmou o Ministro Relator que "[a] imunidade *acta jure imperii* é absoluta e não comporta exceção à guisa da pobreza dos autores ou porque os fatos ocorreram no território nacional ou ainda porque se trata de direitos humanos. O respeito à soberania do Estado estrangeiro é um preceito maior e anterior a essas questões. Curvar um Estado à soberania de um outro só por renúncia, por guerra ou por acordo ou tratado bilateral".

A partir da qualificação do ato como de império, o julgamento parece ter se escusado de analisar se o direito internacional costumeiro realmente amparava tal proposição. No que diz respeito, por exemplo, à indenização por ilícitos ocorridos no território nacional, a imunidade de jurisdição é, de modo geral, afastada. É o que dispõe a legislação dos Estados--Unidos (28 U.S.C. §1605(a)(5)), do Reino Unido (*State Immunity Act* 1978, s.5), do Canadá (*State Immunity Act* 1985, s.6), da Austrália (*Foreign States Immunities Act* 1985, s.13), bem como a Convenção das Nações Unidas sobre Imunidade de Jurisdição dos Estados e de seus Bens (2004), art. 12, e a Convenção Europeia sobre Imunidade (1972), art. 11. Note-se que a exceção à imunidade para os ilícitos ocorridos no foro tradicionalmente tem sido aplicada a casos de acidentes de trânsito, mas também tem sido estendida a outras hipóteses. Por outro lado, a Convenção Europeia sobre Imunidade, em seu art. 31, determina que suas regras

---

[43] Neste sentido: STJ, RO nº 70/RS, Rel. Min. Nancy Andrighi, *DJ* 23.06.2008; STJ, RO nº 69/RS, Rel. Min. João Otávio de Noronha, *DJ* 23.06.2008.
[44] STJ, RO nº 39/MG, Rel. Min. Jorge Scartezzini, *DJ* 06.03.2006.
[45] STJ, RO nº 57/RJ, Rel. Min. Aldir Passarinho Junior, *DJ* 14.09.2009.
[46] STJ, RO nº 66/RJ, Rel. Min. Fernando Gonçalves, *DJ* 19.05.2008.

não se aplicam aos atos praticados pelas forças armadas de um Estado no território de outro Estado contratante.[47]

Tal consideração recentemente ganhou espaço no Superior Tribunal de Justiça. Em duas decisões diferentes, o Ministro Luis Felipe Salomão, no que foi acompanhado por outros Ministros, proferiu voto afastando a imunidade do Estado alemão na hipótese. Em seu voto, destacou a gravidade das violações perpetradas pelo Estado estrangeiro e a circunstância de que a imunidade já não é princípio absoluto.[48]

A jurisprudência sobre o tema foi alterada a partir do julgamento, pelo Supremo Tribunal Federal, do Agravo em Recurso Extraordinário nº 954.858, caso no qual o Tribunal fixou a tese de que "*os atos ilícitos praticados por Estados estrangeiros em violação a direitos humanos não gozam de imunidade de jurisdição*".[49] A tese fixada vem sendo observada pelo Superior Tribunal de Justiça.[50]

Por outro lado, em decisão monocrática, considerou-se que atos eventualmente praticados por Portugal no contexto da guerra do Congo são considerados atos de império e, por isso, abrangidos pela imunidade de jurisdição. Na ocasião, considerou-se inaplicável ao caso a tese fixada pelo STF.[51]

Na jurisprudência estrangeira temos alguns precedentes a respeito. Nos EUA, vários casos envolvendo ilícitos cometidos por Estados estrangeiros – além dos oriundos de acidentes rodoviários – já foram apreciados pelo Judiciário norte-americano. O caso *Letelier*, de 1980, é o mais famoso. A família de ex-embaixador chileno, membro do governo de Salvador Allende e morto nos EUA com a participação do governo chileno liderado por Pinochet, ajuizou nos EUA uma ação contra a República do Chile, que foi julgada procedente.[52]

Posteriormente, admitiu-se a propositura de ação contra a Santa Sé por responsabilidade em virtude da prática de abuso sexual por padre em Portland, Oregon.[53] A decisão foi tomada

---

[47] Art. 31: "Nothing in this Convention shall affect any immunities or privileges enjoyed by a Contracting State in respect of anything done or omitted to be done by, or in relation to, its armed forces when on the territory of another Contracting State".

[48] STJ, RO nº 60/RJ, voto Min. Luís Felipe Salomão, *DJ* 19.02.2016: "Verifica-se, portanto, que o ato praticado pelo Estado-réu, ao malferir o direito humanitário vigente à época e ignorar os direitos básicos da pessoa humana, atacou diretamente valores e princípios considerados fundamentais pela comunidade internacional, tanto que protegidos por normas de categoria hierárquica superior (*jus cogens*). Assim, a imunidade soberana não pode subsistir em confronto com violações do direito internacional dessa magnitude, devendo ser relativizada ante a prevalência das normas peremptórias que protegem o direito humanitário e os direitos humanos". O mesmo voto foi proferido pelo Ministro em 19.02.2016, RO nº 68/RJ, Rel. p/acórdão Min. Marco Aurélio Bellizze.

[49] STF, ARE nº 954.858, Rel. Min. Edson Fachin, *DJ* 24.09.2021.

[50] Por exemplo, STJ, RO nº 109, Rel. Min. Luis Felipe Salomão, *DJ* 17.06.2022.

[51] STJ, RO nº 136, Rel. Min. Maria Isabel Gallotti, *DJ* 02.10.2023: "Alega o autor, ora recorrente, que, devido à descoberta do plano de golpe pela ONU, não teria recebido os valores devidos pela entrega desses suprimentos ao grupo financiado por Portugal e ainda teria passado a sofrer perseguições e ameaças da Polícia Internacional e de Defesa do Estado, caso mantivesse as suas cobranças. Sustenta que, devido ao ocorrido, foi à falência, teve que abandonar a sua pátria e veio viver no Brasil, na miséria. Em que pesem as alegações do autor, considerando que eventuais atos praticados por Portugal no contexto da guerra do Congo são atos de império, e, como os fatos narrados na inicial ocorreram em Angola, ainda que se considere que tenha havido violação a direitos humanos no presente caso, é certo que não há como aplicar aqui a tese firmada pelo STF no Tema 944 acima citado".

[52] Decisão da US District Court for the District of Columbia, julgada em 5 de novembro de 1980. Civil Action nº 78-1477. (502 F. Supp. 259, 260).

[53] Doe v. Holy See (2009).

pela 1ª instância e mantida pela Corte de Apelação. Em 2010, a Suprema Corte americana recusou-se a reapreciar o caso e, assim, a decisão da Corte de Apelação prevaleceu.

Digno de nota, também nos EUA, o caso *Hugo Princz x Federal Republic of Germany*, decidido em 1994.[54] O autor ingressou em juízo requerendo indenização por injúrias sofridas e pelo trabalho escravo executado durante a guerra como prisioneiro num campo de concentração nazista. O tribunal entendeu que havia imunidade do Estado alemão em virtude da natureza dos atos perpetrados. Note-se, porém, que os atos haviam ocorrido fora do território norte-americano.

Quanto a ilícitos praticados no foro, a Corte Europeia possui orientação que vale mencionar. No caso *Kalogeropoulou et al. x Greece and Germany*, em ação proposta contra os Estados da Grécia e da Alemanha por 257 vítimas do massacre ocorrido na cidade grega de Distomo, a Corte Europeia entendeu que a imunidade é um princípio do direito internacional e assim os Estados podem legitimamente negar jurisdição/execução (no caso da Grécia) e se negar a se submeter à jurisdição estrangeira com base nesse fundamento (no caso da Alemanha), mesmo no caso de ilícito ocorrido no foro.[55]

Em caso semelhante, na Itália, em março de 2004, a Corte de Cassação italiana decidiu que não havia imunidade do Estado alemão. Naquele caso, um italiano, Luigi Ferrini, fora capturado na Itália por tropas nazistas e levado para um campo de concentração em agosto de 1944. O italiano ajuizou ação indenizatória na cidade italiana de Arezzo (onde se deu a captura) contra a Alemanha. O Tribunal local extinguiu o processo, por falta de jurisdição, com base no argumento de que os atos foram *ius imperii*. Ferrini apelou para a Corte de Apelação de Florença que manteve a decisão inferior. Todavia, a Corte de Cassação concluiu que a Alemanha não poderia alegar imunidade no caso de crimes perpetrados no Estado do foro, pouco importando a distinção entre atos *ius imperii* ou *ius gestionis*. Em dezembro de 2008 a República Federal alemã ingressou perante a Corte Internacional de Justiça da Haia contra a Itália alegando desrespeito ao princípio da imunidade. Em fevereiro de 2012, a Corte proferiu decisão favorável à imunidade da Alemanha, sob o principal fundamento de que os atos foram praticados pelas forças armadas, configurando-se exceção à hipótese de ilícito no foro, com voto dissidente do Juiz Antonio Augusto Cançado Trindade.[56] De toda forma, é interessante observar que após a decisão da Corte de Cassação mais de duzentas ações foram ajuizadas na Itália contra a RFA com base em violações de direitos humanos durante a guerra.[57]

Em síntese, constata-se uma orientação da jurisprudência comparada que, em ilícitos ocorridos no território, o Estado estrangeiro não pode se beneficiar da imunidade de jurisdição. É importante observar, porém, que a decisão da Corte Europeia, no caso *Kalogeropoulou et al. x Greece and Germany*, tratou essencialmente da imunidade de execução, tradicionalmente menos flexibilizada. Ademais, como já observado, nessa área, a evolução se deu primeiramente na jurisprudência e legislação dos Estados, e não na jurisprudência internacional. Por outro lado, há que se distinguir entre ilícito ocorrido no foro decorrente de conflito armado ou em

---

[54] Decisão da US Court of Appeals for the District of Columbia Circuit, publicado no International Legal Materials 33/1483, esp. p. 1486 (1994).
[55] European Court of Human Rights, *Kalogeropoulou et al. x Greece and Germany*, 21 December 2002, 59021/00.
[56] Disponível em: http://www.icj-cij.org/docket/index.php?p1=3&p2=2&case=143&code=ai&p3=4.
[57] State Immunity for International Crimes: The Case of Germany versus Italy before the ICJ, Jurisdictional Immunities of the State (Germany v. Italy), *Francesco Moneta*, disponível em: http://www.haguejusticeportal.net/Docs/Commentaries%20PDF/Moneta_Germany-Italy_EN.pdf.

tempo de paz. Nessa linha, a ressalva feita pela Convenção Europeia, em seu art. 31.[58] Em um momento em que o Superior Tribunal de Justiça vem enfrentando um número significativo e crescente de ações envolvendo Estados estrangeiros, é com certa frustração que se identifica a oportunidade perdida por parte deste tribunal de uma análise mais acurada do costume internacional acerca da matéria.[59]

## A RENÚNCIA À IMUNIDADE PELO ESTADO

De forma geral, a possibilidade de um Estado renunciar ao benefício da imunidade de jurisdição é aceita pela doutrina, o que seria uma decorrência da própria soberania do Estado.[60] Tal ponto de vista também foi acolhido pelo Instituto de Direito Internacional, em 1891, em Projeto de Resolução art. 4º, 4, e em Resolução de 1954, art. 2º, podendo a renúncia ser expressa, como ocorre quando presente em tratado uma cláusula de renúncia à imunidade, ou tácita, se, por exemplo, o Estado comparece sem excepcionar o Juízo, ou ingressa como autor.[61]

De acordo com Pontes de Miranda, quando a atuação de um Estado não envolver aspectos inerentes à sua soberania, não há aí imunidade, não havendo que se falar em renúncia ou em exceção:

> "A teoria que marca limite à imunidade jurisdicional quando o Estado procede, no campo de outro Estado, como titular de direito privado desse Estado, é a verdadeira, posto que se tenha de reconhecer que não há, aí, rigorosamente, exceção, porque só se falou de imunidade do Estado como tal".[62]

De acordo com essa orientação, a renúncia à imunidade só se faz notar se o ato estatal em questão disser respeito a ato essencialmente governamental, uma vez que em relação aos atos de gestão não haveria imunidade. Outra corrente, já analisada, sustenta que quando o Estado pratica atos de gestão ocorre uma renúncia tácita ao benefício da imunidade de jurisdição. Assim, contrariamente ao entendimento anterior, haverá renúncia envolvida quando o Estado atuar de forma semelhante a um particular.

Mais controvérsias surgem quando se discute especificamente o caso brasileiro. A doutrina clássica entende ser impossível a renúncia ao benefício da imunidade pela República Federativa do Brasil. Com efeito, Haroldo Valladão[63] e Pontes de Miranda[64] sustentam que a previsão constitucional, que vem desde a Carta de 1891, de que a Justiça Federal é competente para julgar ações envolvendo a União, contempla a hipótese de competência exclusiva

---

[58] Art. 31: "Nothing in this Convention shall affect any immunities or privileges enjoyed by a Contracting State in respect of anything done or omitted to be done by, or in relation to, its armed forces when on the territory of another Contracting State".

[59] Nesse sentido: STJ, RO nº 72/RJ, Rel. Min. João Otávio de Noronha, *DJ* 08.09.2009; STJ, RO nº 66/RJ, Rel. Min. Fernando Gonçalves, *DJ* 19.05.2008; STJ, REsp nº 1.135.496, Rel. Min. Hamilton Carvalhido, *DJ* 05.04.2010; STJ, RE no RO nº 72, Rel. Min. Ari Pargendler, *DJ* 26.11.2009.

[60] Guido Fernando Silva Soares, *Órgãos dos Estados nas Relações Internacionais: formas de diplomacia e as imunidades*, 2001, p. 198.

[61] Haroldo Valladão, *Direito Internacional Privado*, 1978, v. III, p. 154.

[62] Pontes de Miranda, *Comentários ao Código de Processo Civil*, 1973, t. II, p. 173.

[63] Haroldo Valladão, *Direito Internacional Privado*, 1978, v. III, p. 151.

[64] Pontes de Miranda, *Comentários ao Código de Processo Civil*, 1973, t. II, p. 174 e ss.

de autoridade judiciária brasileira.⁶⁵ Consequentemente, a República Federativa do Brasil (representada pela União) não poderia litigar no exterior, seja em matérias afetas à soberania ou não.⁶⁶ Observe-se, entretanto, que esse entendimento tem o óbice de utilizar uma regra de competência interna para fixar uma hipótese de competência exclusiva de autoridade judiciária brasileira.

Essa orientação tradicional que defende a impossibilidade da renúncia foi seguida por Luiz Carlos Sturzenegger, que conclui pela necessidade de regra constitucional autorizativa,⁶⁷ e por Julio Marino de Carvalho, que reconhece a renúncia se admitida por lei.⁶⁸

Por outro lado, a doutrina mais recente, e mais correta, admite a renúncia por parte do Estado brasileiro, sob o argumento de que essa possibilidade também decorre da soberania. Essa posição é defendida atualmente pelos dois autores desta obra. Assim, o Estado, no exercício do seu poder soberano, pode renunciar e se submeter à justiça estrangeira quando for do seu interesse.⁶⁹ Essa posição – que é a mais condizente com o direito internacional – é defendida também por Antenor Madruga.⁷⁰

---

[65] Na Constituição atual, o dispositivo correspondente é o art. 109, I, que tem a seguinte dicção: "Aos juízes federais compete processar e julgar: I – as causas em que a União, entidade autárquica ou empresa pública federal forem interessadas na condição de autoras, rés, assistentes ou oponentes, exceto as de falência, de acidentes de trabalho e as sujeitas à Justiça Eleitoral e à Justiça do Trabalho".

[66] A posição tradicional de Jacob Dolinger, que seguia essa mesma orientação, pode ser sintetizada com o seu argumento de que, ainda que se pretendesse interpretar o art. 125, I, da CF de 1967/69, então vigente, como norma relativa à competência interna no direito brasileiro, não representando, assim, obstáculo à submissão da União e de seus agentes à Justiça estrangeira, isso não seria possível em razão da legislação brasileira sobre a matéria. "Assim, parece-nos ineficazes todas as cláusulas dos contratos de financiamento que o Brasil vem firmando com pessoas domiciliadas no exterior em que, na qualidade de emprestador ou garantidor, se submete a qualquer tipo de jurisdição no estrangeiro, excetuada a arbitragem. E esta só é admissível quando não dependa de homologação judicial no exterior, o que só ocorrerá se se tratar de arbitragem conforme as regras da Câmara de Comércio Internacional ou se for realizada em país que não exige homologação judicial de laudos arbitrais". Jacob Dolinger, A imunidade jurisdicional dos Estados, *Revista de Informação Legislativa* 76:63, 1982. Note-se, ainda, que, não obstante essa afirmação, o autor defende que, para uma maior comodidade das operações financeiras que o Brasil aparentemente precisa negociar no exterior, seria necessária a revogação dos dispositivos do Código de Contabilidade da União, das leis que regem o BNDES e os empréstimos contraídos no exterior, e uma ligeira reforma do texto constitucional, para que ficasse consignado que as regras de competência do Supremo Tribunal Federal e dos juízes federais são de natureza interna, aplicáveis sempre que não caracterizada competência, contratualmente aceita, de jurisdição estrangeira. Jacob Dolinger registra, ainda, que esta reforma teria a vantagem de igualar a situação do Estado estrangeiro perante nossa jurisdição a de nosso Estado perante jurisdições estrangeiras, na medida em que a jurisprudência brasileira vem gradativamente passando a aceitar a jurisdição de nossas cortes sobre Estados estrangeiros. Jacob Dolinger, A imunidade jurisdicional dos Estados, *Revista de Informação Legislativa* 76:63, 1982.

[67] Luiz Carlos Sturzenegger, Imunidades de Jurisdição e de Execução dos Estados – proteção a bens de bancos centrais, *Revista de Direito Administrativo* 174:21-3, 1988.

[68] Júlio Marino de Carvalho, A Renúncia de Imunidades no Direito Internacional, *Revista dos Tribunais* 674:45, 1991.

[69] Registre-se caso em que o STF já negou *exequatur* que solicitava a citação da República Federativa do Brasil em processo no exterior que objetivava o resgate de títulos da dívida pública brasileira. STF, CR nº 9.697, Rel. Min. Carlos Velloso, *DJ* 24.04.2001. Na hipótese, a despeito do indeferimento da citação em território brasileiro, a RFB decidiu se submeter ao Judiciário norte-americano para defesa de seus interesses. A ação foi extinta nos EUA com base no argumento da imunidade, entre outros. Croesus EMTR Master Fund v. Federative Republic of Brazil, 212 F.Supp.2d 30 (2002).

[70] Antenor Pereira Madruga Filho, *A renúncia à imunidade de jurisdição pelo Estado brasileiro e o novo direito da imunidade de jurisdição*, 2003, p. 359.

## EXTENSÃO DO PRINCÍPIO

Como regra geral, a imunidade de jurisdição aplica-se também às subdivisões políticas e administrativas do Estado Federal. No Brasil, essa afirmação deriva de fundamento constitucional: o Estado-membro, o Município e o Distrito Federal constituem partes indissolúveis da Federação (CF, art. 1º, *caput*), sendo por isso alcançados pelo benefício da imunidade de jurisdição.

Esse também é o princípio dominante no cenário internacional, como afirma Júlio Marino de Carvalho:

"A 1ª Resolução de Aix-en-Provence, 1954, deu acolhida a essa tese, através da qual as pessoas morais, por serem de caráter público, dependentes dos Estados, desfrutariam das mesmas regalias atribuídas a estes".[71]

Haroldo Valladão ensina:

"O histórico desse final do texto mostra que ele abrangia, especificamente, pessoa moral distinta do Estado estrangeiro, seus desmembramentos (...), Estados, Províncias, cidades, serviços públicos (...), salientando-se que pessoa moral 'relevante' de Estado estrangeiro só pode ser uma pessoa 'pública', tais os Estados federados".[72]

Nesse sentido dispõem as legislações do Canadá (art. 2º), Cingapura (art. 16.2) e dos EUA (*section* 1608). Também seguem essa linha a convenção da ONU[73] e o projeto de convenção da OEA.[74]

Quanto às divisões administrativas dos Estados, Jacob Dolinger observa que as "*companhias controladas por governos estrangeiros foram igualmente consideradas como 'Estados estrangeiros' para efeitos de imunidade*", mencionando dois casos em que os tribunais estadunidenses reconheceram a imunidade de jurisdição a empresas criadas e controladas pelo Estado chileno e pelo Estado líbio.[75]

---

[71] Júlio Marino de Carvalho, A Renúncia de Imunidades no Direito Internacional, *Revista dos Tribunais* 674:50, 1991.

[72] Haroldo Valladão, *Direito Internacional Privado*, 1978, p. 152 (grifo do original).

[73] Convenção Internacional sobre Imunidade de Jurisdição dos Estados e de seus Bens de 2004 (Comissão de Direito Internacional da ONU): Part I, Article 2: "1. For the purposes of the present articles: – 'State' means: (i) the State and its various organs of government; (ii) constituent units of a federal State; (iii) political subdivisions of the State which are entitled to perform acts in the exercise of the sovereign authority of the State; (iv) agencies or instrumentalities of the State and other entities, to the extent that they are entitled to perform acts in the exercise of the sovereign authority of the State; (v) representatives of the State acting in that capacity".

[74] Projeto de Convenção Interamericana sobre Imunidade de Jurisdição dos Estados, adotado pelo Comitê Jurídico Interamericano.
Artigo 2: "A los efectos de esta Convención, dentro del concepto de Estado se hallan comprendidos:
a) el Gobierno y sus departamentos, sur organismos descentralizados así como las entidades autónomas o autárquicas;
b) sus agencias con o sin personería jurídica propia y toda otra entidad que por ley sea de interés nacional, cualquiera que sea la forma técnico-jurídica que revista;
c) las entidades políticas o administrativas, territoriales, regionales o locales.
La enumeración precedente es simplemente enunciativa".

[75] Jacob Dolinger, A imunidade jurisdicional dos Estados, *Revista de Informação Legislativa* 76:10, 1982.

De fato, a Resolução d'Aix-en-Provence, do Instituto de Direito Internacional, 1954, propugnara amplamente, em seu art. 1º, a imunidade para os Estados estrangeiros e "as pessoas morais dele dependentes".

Tal orientação extensiva está em consonância com a evolução do princípio da imunidade de jurisdição estatal, que atenta mais para a natureza do ato praticado do que para o ente que o pratica.

## IMUNIDADE EM MATÉRIA DE DIREITOS HUMANOS

Se os limites gerais da imunidade já são bastante controvertidos e sofreram inúmeras inovações nos últimos anos, a discussão acerca da imunidade em matéria de direitos humanos é assunto ainda mais polêmico e está muito incipiente. Decisões da Corte Europeia dos Direitos Humanos e das Cortes Supremas grega e alemã ilustram esse debate.[76]

De abril de 1941 a outubro de 1944, durante a 2ª Guerra Mundial, a Alemanha nazista ocupou a Grécia, causando inúmeras mortes de civis e praticamente dizimando a população de *Distomo*, localidade grega. Em 1995, o governo da Beócia (região onde situada Distomo), representando sobreviventes e parentes de vítimas do massacre, propõe ação perante a Corte Estadual de *Livadeia*, na Grécia, contra a República Federal da Alemanha. Em 2000, a Corte Suprema grega confirma a decisão que condena a ré a pagar a indenização, considerando não haver imunidade porque os atos foram cometidos por oficiais estrangeiros *na própria Grécia*.

A Alemanha recusou-se a pagar e a autorização do Ministro da Justiça grego, exigível para a execução, não foi concedida. Em seguida, a Suprema Corte decidiu que a exigência da autorização não poderia ser dispensada. Os autores recorrem à Corte Europeia de Direitos Humanos. Esta, em 2002, rejeita o pedido, com base em que ainda não se pode afirmar a existência, no direito internacional, de uma regra costumeira que exclua o benefício da imunidade de jurisdição nos crimes contra a humanidade; assim, a omissão do Ministro grego não violaria a regra que garante o acesso à justiça.

Portanto, apesar da decisão grega favorável aos demandantes, ela restou ineficaz, até mesmo por força da distinção, ainda prevalente no direito internacional, entre imunidade *de jurisdição e de execução*. A despeito da flexibilização quanto à primeira, a segunda tem sido menos flexibilizada e depende, na maior parte das vezes, de negociações diplomáticas que garantam a efetividade do julgado, como se verá a seguir, e, principalmente, do bem a ser executado.

Interessante notar que a Corte Europeia, no caso *Al-Adsani*,[77] já citado, também entendeu que não se pode ainda inferir do direito internacional atual uma regra que entenda que não há mais imunidade em matéria de direitos humanos. No caso, como se viu, tratava-se de questão cível, pois o autor pleiteava uma indenização de Estado estrangeiro perante as cortes britânicas. A Corte distinguiu essa decisão – em que prevaleceu a imunidade – do caso Pinochet – quando a imunidade do ex-chefe de Estado chileno foi rompida. Segundo a opinião da Corte, no caso *Pinochet*, a discussão dizia respeito à imunidade em matéria penal e por isso deveria ser flexibilizada. Como já se mencionou, o caso *Al-Adsani* foi decidido por maioria apertada e os votos vencidos criticaram essa distinção, entendendo que também em matéria civil a imunidade deveria ser flexibilizada em questões atinentes a violações de direitos humanos.

---

[76] V. *Distomo massacre case*, BGH – III ZR 245/98 (2003).
[77] Caso *Al-Adsani v. Reino Unido da Grã-Bretanha e Irlanda do Norte* (Application n. 35763/97), Corte Europeia de Direitos Humanos, j. 21.11.2001, n. 47 e 50.

No mesmo sentido foi a decisão da Corte Internacional de Justiça da Haia no caso envolvendo a República Democrática do Congo e a Bélgica, que será comentado adiante.[78]

## IMUNIDADE DE EXECUÇÃO

Devem-se distinguir as hipóteses de imunidade de jurisdição dos casos de imunidade de execução. Ao passo em que as primeiras encontram um número cada vez maior de limitações, como se viu, a imunidade de execução permanece majoritariamente inflexível.

Ilustrando a complexidade do tema, o art. 23 da Convenção Europeia sobre Imunidade de Jurisdição (1972) estabelece que a renúncia à imunidade de *jurisdição* não implica renunciar à imunidade de execução, fase posterior ao processo de conhecimento, para a qual se requer nova renúncia. No mesmo sentido, as leis australiana (art. 10), canadense (art. 12) e a norte-americana (art. 20), a Convenção da ONU sobre Imunidade de Jurisdição do Estado e de suas Propriedades, de 2004 (art. 20) e a Resolução do Instituto de Direito Internacional de 1991 (art. 5).

Assim, nada obstante a flexibilização das regras de imunidade de jurisdição, a possibilidade de execução em face de Estado estrangeiro ainda é bastante restrita. Isso, porém, não significa que de nada adiantou a flexibilização, pois em muitos casos se dá o pagamento voluntário, na hipótese de condenação e, em outros casos, tem-se admitido, ainda que timidamente, a execução.

A flexibilização da imunidade de execução, ou seja, a possibilidade de que bens de Estado estrangeiro sofram algum ato de constrição no foro, não segue o mesmo regime da imunidade de jurisdição. Atualmente, há relativo consenso, refletido em leis e decisões estrangeiras sobre a matéria, bem como na Convenção da ONU sobre Imunidade dos Estados e seus Bens de 2004,[79] de que os bens de Estado estrangeiro tampouco gozam de imunidade absoluta de execução. O critério, porém, para a flexibilização envolve a finalidade do bem de propriedade do ente beneficiário da imunidade.

São imunes a atos de constrição os bens afetados a atividades diretamente relacionados à soberania estatal (prédios consulares, diplomáticos, contas bancárias para pagamento de funcionários consulares e diplomáticos, veículos para transporte desses funcionários etc.).[80]

---

[78] Democratic Republic of the Congo v. Belgium. Disponível em: http://www.icj-cij.org/docket/index.php?p1=3&p2=3&k=36&case=121&code=cobe&p3=3.

[79] Convenção das Nações Unidas sobre as Imunidades Jurisdicionais dos Estados e dos seus Bens, art. 19: "No post-judgment measures of constraint, such as attachment, arrest or execution, against property of a State may be taken in connection with a proceeding before a court of another State unless and except to the extent that: (a) the State has expressly consented to the taking of such measures as indicated: (i) by international agreement; (ii) by an arbitration agreement or in a written contract; or (iii) by a declaration before the court or by a written communication after a dispute between the parties has arisen; or (b) the State has allocated or earmarked property for the satisfaction of the claim which is the object of that proceeding; or (c) it has been established that the property is specifically in use or intended for use by the State for other than government non-commercial purposes and is in the territory of the State of the forum, provided that post-judgment measures of constraint may only be taken against property that has a connection with the entity against which the proceeding was directed".

[80] V. decisões da Suprema Corte norte-americana, inglesa e de Gana, bem como decisão do Tribunal Internacional do Direito do Mar sobre o navio argentino Ara Libertad no contexto da disputa envolvendo NML Capital, Ltd e a Argentina. Tudo relatado por Carmen Tiburcio, International Co-operation in Civil Matters, *Recueil des Cours*, v. 393, 2017, p. 30 e ss. V. também decisão da Corte de Cassação francesa, no mesmo contexto, que se recusou a executar a decisão norte-americana na França, pois os bens argentinos situados na França tinham propósitos diplomáticos. Decisão de 28.09.2011. Carmen Tiburcio, International Co-operation. In: *Civil Matters, Recueil des Cours*, v. 393, p. 30 e ss, 2017.

No direito internacional, a proteção de tais bens decorre de regras expressas previstas nas Convenções sobre Imunidades Diplomáticas de 1961 e sobre Imunidades Consulares de 1963. Por outro lado, se o bem possui natureza meramente comercial, o bem pode ser executado.

No Brasil, essa tem sido a orientação tradicional, inadmitindo-se a execução.[81] Registre-se, todavia, decisão de 2014 do STF que admitiu a execução de imóvel da Arábia Saudita.[82] Note-se, todavia, que há, na legislação brasileira, dispositivo que pode fundamentar a execução envolvendo Estado estrangeiro. Trata-se do art. 11, § 2º, da Lei de Introdução:

"Art. 11. (...) § 2º Os Governos estrangeiros, bem como as organizações de qualquer natureza, que eles tenham constituído, dirijam ou hajam investido de funções públicas, não poderão adquirir no Brasil bens imóveis ou susceptíveis de desapropriação.

§ 3º Os Governos estrangeiros podem adquirir a propriedade dos prédios necessários à sede dos representantes diplomáticos ou dos agentes consulares".

Ora, se não é possível que os Estados estrangeiros adquiram bens móveis ou imóveis no Brasil, além daqueles que sirvam como sedes diplomáticas e consulares, por óbvio, eventuais aquisições dessa natureza não serão protegidas. Têm-se, portanto, que os bens cuja aquisição é vedada pela Lei de Introdução são susceptíveis de execução.

## EXECUÇÃO FISCAL

No Brasil, a possibilidade de execução fiscal contra Estado estrangeiro já dividiu o STF e o STJ: este inicialmente a considerou possível; já o STF sempre seguiu entendimento oposto, sob o fundamento de que se trata de matéria atinente à soberania estatal e, portanto, na esfera da imunidade absoluta.

As Convenções de Viena sobre Relações Diplomáticas (1961)[83] e sobre Relações Consulares (1963),[84] ambas ratificadas pelo Brasil, tratam da cobrança de tributos a Estados estrangeiros em seus arts. 23 e 32, respectivamente:

"Art. 23. 1. O Estado acreditante e o Chefe da Missão estão isentos de todos os impostos e taxas nacionais, regionais ou municipais, sobre os locais da Missão de que sejam proprietários ou inquilinos, excetuados os que representem o pagamento de serviços específicos que lhes sejam prestados".

"Art. 32. Isenção fiscal dos locais consulares
1. Os locais consulares e a residência do chefe da repartição consular de carreira, de que for proprietário o Estado que envia ou pessoa que atue em seu nome, estarão isentos de quaisquer impostos e taxas nacionais, regionais e municipais, excetuadas as taxas cobradas em pagamento de serviços específicos prestados".

Ou seja, as Missões diplomáticas e consulares só gozam de isenção quanto a tributos (federais, estaduais ou municipais) relativos aos locais da Missão e residências dos chefes da Missão diplomática e consular. Nestes casos, por exemplo, não se pode cobrar IPTU dos Estados estrangeiros. Todavia, a isenção convencional diz respeito somente aos imóveis da

---

[81] V. STJ, AI nº 1.305.399/PA, Rel. Min. Aldir Passarinho Junior, *DJ* 02.08.2010.
[82] STF, RE nº 803.804, Rel. Min. Luiz Fux, *DJ* 31.10.2014.
[83] Decreto nº 56.435, de 8 de junho de 1965.
[84] Decreto nº 95.711, de 10 de fevereiro de 1988.

sede da Missão ou da residência de seu chefe. Não são abrangidos por esse benefício imóveis que sirvam de residência para funcionários diplomáticos ou consulares.

Logo, são criticáveis as decisões originais do STJ e do STF sobre execução fiscal. Inicialmente, há que se distinguir entre os casos em que há incidência de tributos daqueles em que sequer pode-se inferir a tributação, por estar vedada pela norma convencional. Obviamente, no primeiro caso, a execução é possível, devendo-se somente atentar para os bens passíveis de execução, já que as Convenções de Viena definem como impenhoráveis os bens afetos às atividades diplomáticas[85] e consulares.[86] O STJ não deveria admitir – como ocorria – a execução referente a débitos do IPTU incidente sobre o prédio da Missão, mas apenas a relativa às taxas cobradas por serviços públicos (coleta de lixo, iluminação etc.).[87] Por sua vez, o STF já impediu a execução de cobrança do IPI – que deveria ser cobrado, por não estar incluído nas isenções do Estado estrangeiro.[88]

## OUTROS TIPOS DE IMUNIDADES

Apesar de a imunidade do Estado ser a origem, há outros tipos de imunidades. Em primeiro lugar, destaca-se a imunidade das organizações internacionais. Essas imunidades compreendem todos os privilégios usufruídos por tais organizações e por seus funcionários, e consagrados em acordos entre elas e os seus Estados-membros, com o fim de assegurar o bom desempenho de suas funções.[89] Quanto ao ponto, é importante notar que a imunidade das organizações internacionais não tem como fundamento imediato a soberania, tampouco a igualdade entre Estados, por motivos autoevidentes. Ao contrário, é oriunda de obrigações assumidas internacionalmente pelos Estados.

Fixadas essencialmente em textos escritos, as imunidades das organizações internacionais seguiram caminho inverso ao das imunidades estatais, que como visto foram provenientes de normas costumeiras e só depois codificadas. Por serem fenômenos com fundamentos distintos, apresentam peculiaridades e problemas específicos. Mesmo por isso, não se pode, via de regra, transpor as soluções entre uma dessas espécies de imunidade à outra. Como visto, prevalece hoje a imunidade estatal relativa; quanto a uma dada organização internacional, deve-se examinar o tratado que a criou.

A regra geral para as organizações internacionais é a imunidade, salvo raríssimas exceções. Portanto, nas relações entre funcionários (locais ou não) com a organização, bem como para as vítimas de ilícitos por ela causados, ou ainda nas relações puramente comerciais envolvendo a organização, prevalece a imunidade.[90] Críticas têm sido feitas a essa regra que

---

[85] Convenção de Viena sobre Relações Diplomáticas, Decreto nº 56.435, de 8 de junho de 1965: "Art. 22 – 3. Os locais da Missão, em mobiliário e demais bens neles situados, assim como os meios de transporte da Missão, não poderão ser objeto de busca, requisição, embargo ou medida de execução".

[86] Convenção de Viena sobre Relações Consulares, Decreto nº 61.078, de 26 de julho de 1967: "Art. 31 – 1. Os locais consulares serão invioláveis na medida do previsto pelo presente artigo".

[87] STJ, RO nº 35/RJ, Rel. Min. Teori Albino Zavascki, *DJ* 23.08.2004; STJ, RO nº 45/RJ, Rel. Min. Castro Meira, *DJ* 28.11.2005; STJ, RO nº 30/RJ, Rel. Min. Luiz Fux, *DJ* 29.11.2004.

[88] STF, AgR no ACO nº 522/SP, Rel. Min. Ilmar Galvão, *DJ* 23.10.1998.

[89] Christian Dominice, L'immunité de jurisdiction et d'execution des organisations internationales. Leandro Moll. As imunidades das organizações internacionais e de seus funcionários e a prática do Judiciário brasileiro, *Revista de Direito Renovar*, n. 25, p. 127-154, 2003. Leandro Moll, *Tribunais nacionais ante a realidade das organizações internacionais*, 2010.

[90] Christian Dominicé, L'immunité de juridiction et d'exécution des organisations internationales, *Recueil des cours 187*:215 e 220, 1984.

prevê a imunidade absoluta desses entes, pois houve uma época em que se fazia necessária essa proteção com vistas a permitir o exercício dos objetivos de serviço do ente internacional. Todavia, atualmente, essa proteção muitas vezes leva à denegação de justiça.[91]

A questão das organizações internacionais é bastante delicada, pois, diversamente do que ocorre com os Estados estrangeiros, em que os respectivos judiciários têm sempre jurisdição para apreciar litígios envolvendo-os, nas lides que englobam tais entes internacionais geralmente não há um Judiciário estatal competente para apreciar esses conflitos. Ou seja, o Judiciário francês tem sempre jurisdição para julgar questões compreendendo o Estado francês, já os conflitos envolvendo a ONU, por exemplo, não podem ser levados perante nenhum judiciário, tornando o problema ainda mais complexo. Em regra, esses conflitos são resolvidos perante tribunais administrativos ou arbitragem.

Note-se que a jurisprudência brasileira já incorporou essa distinção, orientação que já foi chancelada, inclusive, em decisão de recurso extraordinário com repercussão geral reconhecida.[92] A mesma orientação tem sido mantida pelo STJ.[93]

Releva também destacar as imunidades dos chefes de Estado e de governo, com tratamento ainda bastante incipiente, em face da inexistência de tratamento legislativo no direito internacional a respeito, bem como diante de poucas decisões tratando do assunto.

Sem dúvida, o caso Pinochet foi o grande precursor do debate. Inicialmente, organizações em prol dos direitos humanos ajuizaram demandas na Argentina e na Espanha visando a punição do ex-Presidente chileno pelos crimes praticados. Durante viagem à Inglaterra em 1998, para tratamento de saúde, o juiz espanhol Baltazar Garzón expediu um mandado internacional de interrogatório e a decretação da prisão provisória do ex-Presidente do Chile, para fins extradicionais, com base em tratado firmado entre ambos os países.[94] Após longo e rumoroso processo, a Câmara dos Lordes britânica, ao fim de dois julgamentos, decidiu favoravelmente à extradição de Pinochet, entendendo que o ex-Presidente não poderia se beneficiar do argumento da imunidade em razão da natureza dos crimes perpetrados. Sem dúvida, esta foi a primeira grande decisão na qual a imunidade de um ex-chefe de Estado foi flexibilizada. Lamentavelmente, a decisão restou inefetiva. A Lei de Extradição britânica confere ao Executivo a palavra final sobre a entrega do extraditando, e o Ministro do Interior, Jack Straw, decidiu não o ceder à Espanha. Fundamentou-se o Ministro no dispositivo legal que permitia que a cessão não se efetivasse por razões de saúde do extraditando.

Vale também mencionar o caso envolvendo a República Democrática do Congo e a Bélgica perante a Corte Internacional de Justiça da Haia.[95] Em abril de 2000, um juiz belga expediu "um mandado de prisão internacional à revelia" contra o Sr. Abdulaye Yerodia, à época Ministro de Relações Exteriores do Congo, acusando-o por graves violações às Con-

---

[91] Christian Dominicé, L'immunité de juridiction et d'exécution des organisations internationales, *Recueil des cours 187*:225-226, 1984.
[92] STF, RE nº 1.034.840 RG, Rel. Min. Luiz Fux, *DJ* 30.06.2017.
[93] STJ, RO nº 159, Rel. Min. Regina Helena Costa, *DJ* 18.05.2018: "V – Enquadrando-se no conceito de 'agência especializada', a teor da 1ª Seção, II, *c*, do Decreto n. 52.288/63, a Organização das Nações Unidas para a Educação, a Ciência e a Cultura (UNESCO) não pode ser demandada em juízo, salvo se expressamente abdicar de sua imunidade de jurisdição. Prerrogativa também aplicada às demandas de natureza trabalhista. Precedentes".
[94] Kathellen M. Johnson, The Case of General Augusto Pinochet: A Legal Research Guide, *Brooklyn Journal of International Law*, v. XXVII, 2002. Twenty-fifth Aniversary. Alumni Issue.
[95] Case concerning the arrest warrant of 11 april 2000 (Democratic Republic of the Congo v. Belgium).

venções de Genebra de 1949 e crimes contra a humanidade. O Congo ingressou perante a Corte Internacional de Justiça pedindo a revogação do mandado.

O julgamento ocorreu em fevereiro de 2002 e a Corte concluiu pela imunidade do ex--Ministro. Afirmou que, de acordo com as normas consuetudinárias, as imunidades não são asseguradas para benefício pessoal, mas para assegurar o efetivo exercício das funções dos agentes em nome dos seus respectivos Estados. Analisando a prática costumeira dos Estados, as legislações nacionais e as poucas decisões existentes nos tribunais superiores dos países, entendeu a Corte que não foi possível deduzir sob a perspectiva do costume internacional que haja exceção à regra que assegura imunidade de jurisdição criminal e inviolabilidade dos Ministros das Relações Exteriores.

Finalmente, destacam-se as imunidades diplomáticas e consulares, também inteiramente baseadas em tratados internacionais. Atualmente, encontram-se em vigor as Convenções de Viena de 1961 e 1963, ambas ratificadas pelo Brasil,[96] que tratam do assunto. A primeira cuida das imunidades diplomáticas, que se aplicam aos diplomatas, seus familiares e funcionários da missão.

Note-se que se estendem aos seus familiares, quando não sejam nacionais do Estado acreditado (art. 37.1); aos membros do pessoal administrativo e técnico da Missão e suas famílias, quando não nacionais ou com residência permanente no Estado acreditado (art. 37.2);[97] aos membros do pessoal de serviço da Missão quando não nacionais ou com residência permanente no Estado acreditado – não se estendendo a suas famílias – (art. 37.3); e aos criados particulares dos membros da Missão quando não nacionais ou com residência permanente no Estado acreditado, também sem abranger as suas famílias (art. 37.4). Todavia, somente os familiares gozam das mesmas garantias que o agente, ou seja, completa imunidade no âmbito penal e civil, excepcionando-se apenas as três hipóteses enumeradas no art. 31.1; já os outros só usufruem de imunidades quanto aos atos praticados no exercício de suas funções diplomáticas.

Essa imunidade é bastante ampla, sendo absoluta em matéria penal e, com três exceções em matéria civil, previstas no art. 31 da Convenção:

"Artigo 31
1. O agente diplomático gozará da imunidade de jurisdição penal do Estado acreditado. Gozará também da imunidade de jurisdição civil e administrativa, a não ser que se trate de:

a) uma ação sobre imóvel privado situado no território do Estado acreditado, salvo se o agente diplomático o possuir por conta do Estado acreditante para os fins da missão;

b) uma ação sucessória na qual o agente diplomático figure, a título privado e não em nome do Estado, como executor testamentário, administrador, herdeiro ou legatário;

c) uma ação referente a qualquer profissão liberal ou atividade comercial exercida pelo agente diplomático no Estado acreditado fora de suas funções oficiais".

Por sua vez, as imunidades consulares são bem restritas, pois são reconhecidas somente quanto aos atos praticados em decorrência das funções consulares, nos termos do art. 43 da Convenção. Embora os privilégios dos cônsules não alcancem a extensão dos atribuídos aos

---

[96] Convenção de Viena sobre Relações Diplomáticas, Decreto nº 56.435, de 8 de junho de 1965, e Convenção de Viena sobre Relações Consulares, Decreto nº 61.078, de 26 de julho de 1967, respectivamente.

[97] Observe-se que o art. 37.2 estende a imunidade aos membros das famílias que vivam com o pessoal administrativo e técnico da Missão, "com a ressalva de que a imunidade (...) não se estenderá aos atos por eles praticados fora do exercício de suas funções".

agentes diplomáticos, eles possuem o mesmo fundamento, ou seja, são concedidos para permitir a realização eficaz de suas funções em nome do Estado, e não para assegurar vantagens pessoais. Tal fundamento encontra-se no preâmbulo da Convenção de Viena de 1963.

Por fim, tanto as imunidades diplomáticas como as consulares só podem ser objeto de renúncia pelo próprio Estado estrangeiro, titular da soberania. Note-se que no caso do Embaixador, chefe da Missão estrangeira, sua renúncia, se realizada em nome do Estado estrangeiro, valerá para tal fim.

*Capítulo XXIII*
# COOPERAÇÃO JURÍDICA INTERNACIONAL: CARTAS ROGATÓRIAS, HOMOLOGAÇÃO DE SENTENÇAS ESTRANGEIRAS E AUXÍLIO DIRETO

## INTRODUÇÃO

Fixada a jurisdição de determinado Estado, é possível que o processo em curso necessite de diligências a serem realizadas fora dos limites territoriais do país em que tramita o processo ou que exijam que a decisão proferida em uma jurisdição produza efeitos em outra.

Para que essa interação seja possível em face da diversidade de jurisdições, é essencial que existam instrumentos que viabilizem a cooperação jurisdicional internacional. Tradicionalmente, o Brasil não se preocupava muito com o fenômeno da cooperação e, durante muito tempo, poucos avanços foram feitos nessa seara. O tema, contudo, não é novo. Os idealizadores da Constituição norte-americana de 1787 já vislumbravam o reconhecimento automático das decisões dos Estados-membros[1] como fundamental para criação de uma "perfeita União". Mais atualmente e no mesmo sentido, o tratado que constituiu a origem da União Europeia previu o reconhecimento recíproco das decisões judiciais,[2] seguido mais adiante pela Convenção de Bruxelas de 1968,[3] a Convenção

---

[1] Andreas Lowenfeld, *International Litigation and the Quest for Reasonableness*, 1996, p. 109. Constituição norte-americana, Art. IV, § 1º: "Full Faith and Credit shall be given in each State to the public Acts, Records, and judicial Proceedings of every other State".

[2] Art. 293 (antigo art. 220), Tratado original que institui a União Europeia, assinado em Roma, em 25.03.1957: "Os Estados-membros entabularão entre si, sempre que necessário, negociações destinadas a garantir, em benefício dos seus nacionais: a proteção das pessoas, bem como o gozo e a proteção dos direitos, nas mesmas condições que as concedidas por cada Estado aos seus próprios nacionais; a eliminação da dupla tributação na Comunidade; o reconhecimento mútuo das sociedades, na acepção do segundo parágrafo do artigo 48º, a manutenção da personalidade jurídica em caso de transferência da sede de um país para outro e a possibilidade de fusão de sociedades sujeitas a legislações nacionais diferentes; a simplificação das formalidades a que se encontram subordinados o reconhecimento e a execução recíprocos tanto das decisões judiciais como das decisões arbitrais".

[3] Convenção de Bruxelas (também denominada Bruxelas I), de 24 de setembro de 1968, relativa à competência judiciária e à execução de decisões em matéria civil e comercial, a qual foi ratificada inicialmente pelos seis Estados fundadores da CEE e entrou em vigor em 1º de fevereiro de 1973. Esta Convenção sofreu modificações introduzidas por quatro Convenções de Adesão, consequência da entrada de novos Estados-membros nas Comunidades: a Convenção de 9 de outubro de 1978, relativa à adesão da Dinamarca, da Irlanda e do Reino Unido; a Convenção de 25 de outubro de 1982, relativa à adesão da Grécia; a Convenção de 26 de maio de 1989, assinada em San Sebastian, relativa à adesão de Espanha e de Portugal; e a Convenção de 29 de novembro de 1996, relativa à adesão da Áustria, da Finlândia e da Suécia.

A Convenção de Bruxelas foi ainda completada pelo Protocolo relativo à interpretação pelo Tribunal de Justiça das Comunidades Europeias, de 30 de junho de 1971, cujo texto sofreu alterações com as Convenções de Adesão de novos Estados em 1978, 1982, 1989 e 1996.

de Lugano de 1988,[4] o Regulamento nº 44/2001 da União Europeia[5] e o Regulamento nº 1.215/2012, atualmente em vigor.

No Brasil, merece atenção especial o panorama atual em matéria de: (i) cartas rogatórias; (ii) homologação de sentença estrangeira; e (iii) auxílio direto.

## CARTAS ROGATÓRIAS

A forma tradicional de se realizarem comunicações processuais (citações ou notificações) ou coleta de provas no exterior, tanto na esfera cível como penal, é a via da rogatória. Portanto, na ausência de lei ou tratado específico a respeito, diligências solicitadas por autoridades estrangeiras a autoridades brasileiras e aquelas requeridas por autoridades brasileiras a estrangeiras devem ser feitas por cartas rogatórias, sempre que presentes elementos que assim o permitam.[6]

Em uma primeira classificação, é possível distinguir cartas rogatórias ativas e passivas. No Brasil, serão cartas rogatórias ativas aquelas emitidas por autoridade brasileira com vistas à realização de atos processuais no exterior; configuram comissões passivas, de outra parte, as solicitações direcionadas à autoridade brasileira por autoridade estrangeira competente, que requer a realização de determinado ato processual no Brasil. Obedecendo a critério diverso, é possível identificar cartas rogatórias em matéria penal e em matéria civil, incluídas, nesta última, questões trabalhistas e comerciais. Apenas o último grupo será objeto de análise. Observe-se que, desde 2019, o Brasil é parte da Convenção Relativa à Citação, Intimação e Notificação no Estrangeiro de Documentos Judiciais e Extrajudiciais em Matéria Civil e Comercial (Convenção da Haia de 1965).[7]

## CARTAS ROGATÓRIAS ATIVAS

Na esfera cível, o direito brasileiro (art. 210 do CPC de 1973,[8] sem correspondência exata no CPC de 2015) previa a realização de diligências no exterior por meio da carta rogatória ativa. O CPC de 1973 estabelecia que, quanto à admissibilidade e modo de cumprimento das cartas rogatórias, devia-se observar, em primeiro lugar, o disposto nas convenções internacionais. Somente no caso de não haver norma convencional serão aplicáveis as normas do Código de Processo Civil. Trata-se de hipótese de previsão expressa pelo legislador da prevalência do direito internacional sobre as regras domésticas (infraconstitucionais) a respeito do assunto. Atualmente, mesmo sem previsão expressa a respeito, a regra é aplicável com fundamento no princípio da especialidade.

---

[4] Convenção de Lugano, de 16 de setembro de 1988, relativa à competência judiciária e à execução de decisões em matéria civil e comercial. A Convenção de Lugano foi celebrada com o espírito de promover a extensão dos princípios já adotados na Convenção de Bruxelas também aos Estados-membros da EFTA (European Free Trade Agreement). Ratificaram essa Convenção os países seguintes: Países Baixos e França, Luxemburgo, Reino Unido, Portugal, Suíça e Itália, Suécia, Noruega, Finlândia, Irlanda, Espanha, Alemanha, Islândia e Áustria, Dinamarca, Grécia, Bélgica e Polônia.

[5] Esse Regulamento veio substituir a Convenção de Bruxelas entre os Estados da União Europeia e se completou com a adesão da Dinamarca em 2005.

[6] CPC de 2015 determina: "Art. 961. A decisão estrangeira somente terá eficácia no Brasil após a homologação de sentença estrangeira ou a concessão do *exequatur* às cartas rogatórias, salvo disposição em sentido contrário de lei ou tratado".

[7] Promulgada pelo Decreto nº 9.734, de 20 de março de 2019.

[8] CPC/1973, art. 210: "A carta rogatória obedecerá, quanto à sua admissibilidade e modo de seu cumprimento, ao disposto na convenção internacional; à falta desta, será remetida à autoridade judiciária estrangeira, por via diplomática, depois de traduzida para a língua do país em que há de praticar-se o ato".

Assim, inicialmente, há que se verificar se o país onde a diligência será efetivada é parte de algum tratado bilateral ou plurilateral em vigor no País. Havendo diploma internacional, segue-se o trâmite previsto no acordo; na sua ausência, o pedido será expedido por via diplomática.[9]

Em casos excepcionais, o Código prevê a citação ficta, por edital, de réu domiciliado no exterior em lugar certo e conhecido, se o país de seu domicílio não cumprir, como regra, cartas rogatórias provenientes do exterior. Nesse caso, será o réu citado por edital a ser publicado no Brasil e afixado na sede do juízo no Brasil, conforme dispõe o art. 256 do CPC atual.

## CARTAS ROGATÓRIAS PASSIVAS

### Competência Interna para o *Exequatur*

Em situação inversa, ou seja, quando a ação foi ajuizada perante a justiça estrangeira e a diligência efetivada no Brasil, o meio processual tradicional para que a justiça estrangeira solicite à autoridade judiciária brasileira a realização do ato em território nacional será a carta rogatória, salvo se houver lei ou tratado entre o Brasil e o país que requer a diligência prevendo outra forma de envio da solicitação.

Quanto à autoridade judiciária competente para conceder o *exequatur* às cartas rogatórias provenientes do exterior, há dois sistemas frequentemente utilizados. Pode-se adotar o sistema da autoridade única, com exame centralizado, ou o sistema descentralizado, no qual vários órgãos têm competência para analisar tais pedidos, como ocorre nos Estados Unidos e em outros países.

O Brasil sempre adotou essencialmente o critério da competência centralizada. Mais especificamente, a análise concentrava-se no órgão supremo do Judiciário: desde a Constituição de 1934 o STF foi a autoridade competente para conceder o *exequatur* a rogatórias estrangeiras.[10] A regra prevaleceu por 70 anos, até que a Emenda Constitucional nº 45/2004 transferisse essa competência para o STJ.[11]

Ainda quanto à competência para apreciação dos pedidos, discute-se se tratado pode dispensar a submissão do pedido estrangeiro ao procedimento de *exequatur* perante o STJ. Em particular, são alvo de debate o art. 7º da Convenção Interamericana sobre Cartas Rogatórias[12] e o art. 19 do Protocolo de Medidas Cautelares do Mercosul.[13]

---

[9] V. decisão proferida ainda no período de competência do STF para a concessão de *exequatur*: STF, Petição Avulsa nº 146.418/2001, Rel. Min. Pres. Marco Aurélio, *DJ* 17.12.2001.

[10] Constituição de 1934, art. 77: "Compete ao Presidente da Corte Suprema conceder *exequatur* às cartas rogatórias das justiças estrangeiras".

[11] Constituição de 1988, art. 105: "Compete ao Superior Tribunal de Justiça: I – processar e julgar, originariamente: (...) i) a homologação de sentenças estrangeiras e a concessão de *exequatur* às cartas rogatórias; (...)".

[12] Convenção Interamericana sobre Cartas Rogatórias (internalizada no Brasil pelo Decreto nº 1.899/1996), art. 7º: "As autoridades judiciárias das zonas fronteiriças dos Estados-Partes poderão dar cumprimento, de forma direta, sem necessidade de legalização, às cartas rogatórias previstas nesta Convenção".

[13] Protocolo de Medidas Cautelares do Mercosul (internalizado no Brasil pelo Decreto nº 2.626/1997), art. 19: "A carta rogatória relativa ao cumprimento de uma medida cautelar será transmitida pela via diplomática ou consular, por intermédio da respectiva Autoridade Central ou das partes interessadas. Quando a transmissão for efetuada pela via diplomática ou consular, ou por intermédio das autoridades centrais, não se exigirá o requisito da legalização. Quando a carta rogatória for encaminhada por intermédio da parte interessada, deverá ser legalizada perante os agentes diplomáticos ou consulares do Estado requerido, salvo se, entre os Estados requerente e requerido, haja sido suprimido o requisito da legalização ou substituído por outra formalidade. Os Juízes ou Tribunais das zonas fronteiriças dos

Há quem sustente que a Constituição Federal estabelece uma regra geral de que toda sentença estrangeira e toda carta rogatória devem receber respectivamente a homologação e o *exequatur* do STJ. Trata-se, porém, de orientação equivocada, eis que a regra constitucional (art. 105, I, *i*, da CF) traduz uma norma de competência interna. Assim, aquelas sentenças que precisam ser homologadas e as rogatórias que necessitam receber o *exequatur* deverão recebê-los do STJ. Isso, contudo, não significa que todas as sentenças estrangeiras carecem de homologação, tampouco a concessão de *exequatur* a todas as rogatórias provenientes do exterior. Essa orientação, que aqui se defende como a melhor, está expressamente retratada no CPC de 2015.[14]

O art. 211 do CPC de 1973 silenciava sobre a concessão de *exequatur* a cartas rogatórias passivas, remetendo o assunto ao Regimento Interno do STF. Tendo em vista as alterações promovidas pela Emenda nº 45/2004, a matéria passou a ser regida pela Resolução nº 9 do STJ e, posteriormente, pelo Regimento Interno do STJ (arts. 216-O a 216-X). O CPC de 2015 passou a determinar os requisitos para a concessão do *exequatur*, suprimindo a remissão feita ao Regimento Interno. O art. 36 do CPC de 2015 manteve o sistema de contenciosidade limitada, de forma ainda mais óbvia, inadmitindo qualquer análise de mérito do pronunciamento judicial estrangeiro. Por sua vez, o art. 39 do CPC de 2015 reproduziu a exigência da conformidade com a ordem pública brasileira.

Ademais, aplicam-se os arts. 12 e 17 da Lei de Introdução. A rogatória estrangeira, como regra, deve receber o *exequatur* (art. 12), que somente pode ser negado no caso de a diligência solicitada ferir a ordem pública (art. 17).

Justifica-se a presunção de que a rogatória deve ser cumprida em face do princípio de que os Estados devem cooperar entre si. Dessa forma, a autorização para o cumprimento no Brasil da diligência pedida só deve ser negada em situações graves, pois indeferir o *exequatur* significa, em última análise, dificultar o exercício de jurisdição pelo país estrangeiro.[15] Ou seja, se o Brasil nega a possibilidade de se realizar a citação do réu que reside no país, de se ouvir determinada testemunha ou perito que está aqui residindo, o Estado estrangeiro terá dificuldades de exercer a sua jurisdição no processo que tramita em seu foro ou a exercerá com falhas.

O interessado em que não se cumpra a diligência não poderá suscitar questões de mérito da ação que tramita no exterior, pois só a Justiça estrangeira deve apreciar tais questões (Regimento Interno do STJ, art. 216-Q, § 2º).[16] O STJ examinará apenas a autenticidade da rogatória e se a diligência a ser realizada no Brasil atenta contra a soberania ou a ordem pública nacionais. Desse modo, a rigor, ainda que o conteúdo da ação que tramita no exterior fira a ordem pública brasileira, se a diligência a ser cumprida no país é medida cujo atendimento em si não fere a sua ordem pública, o *exequatur* deve ser concedido.[17] Ou seja: o óbice da ordem

---

Estados-Partes poderão transmitir-se, de forma direta, os 'exhortos' ou cartas rogatórias previstos neste Protocolo, sem necessidade de legalização. Não será aplicado no cumprimento das medidas cautelares o procedimento homologatório das sentenças estrangeiras".

[14] CPC/2015, art. 961: "A decisão estrangeira somente terá eficácia no Brasil após a homologação de sentença estrangeira ou a concessão do *exequatur* às cartas rogatórias, salvo disposição em sentido contrário de lei ou tratado".

[15] Gaetano Morelli, *Derecho Procesal Internacional*, 1953, p. 243. O autor esclarece o seguinte: "Al proveer a la ejecución de las notificaciones de los actos instructorios relativos a procesos extranjeros, el Estado desarrolla una actividad en interés de los Estados extranjeros en cuanto les facilita el ejercicio de su función jurisdiccional".

[16] STJ, AgRg na CR nº 4.893/US, Rel. Min. Ari Pargendler, *DJU* 18.02.2011; STJ, AgRg na CR nº 4.635/CH, Rel. Min. Ari Pargendler, *DJU* 12.08.2010.

[17] STJ, AgInt na CR nº 17.944, Rel. Min. Maria Thereza Assis de Moura, *DJ* 24.03.2023; STJ, AgInt na CR nº 18.394, Rel. Min. Maria Thereza Assis de Moura, *DJ* 14.09.2023; STJ, AgRg na CR nº 356/US, Rel. Min.

pública deve se limitar ao contexto da diligência solicitada. No Brasil, tal sistema tem sido chamado de sistema de contenciosidade limitada, que, ao menos em tese, prevalece desde a época da competência do STF.[18]

Todavia, a despeito dessa orientação, nem sempre a jurisprudência tem seguido esse caminho nos casos concretos, por vezes examinando o mérito da ação que foi ajuizada alhures. Reiterados precedentes do STF negavam *exequatur* a pedidos de citação de réus (domiciliados no Brasil) em ação de cobrança de dívida de jogo, sob o fundamento de violação da ordem pública.[19] A incoerência é flagrante: se, de um lado, diz-se prevalecer entre nós o sistema de contenciosidade limitada – sem exame do mérito da ação em curso no exterior –, de outro, na prática, examinava-se o mérito, impedindo a citação naqueles casos em que a ação no exterior feria a nossa ordem pública.

Vale também mencionar decisão do STF (RE nº 813.611/DF) que decidiu que compete ao órgão colegiado do STJ a concessão do *exequatur* e não ao Ministro Presidente. Como se sabe, tradicionalmente, e nos termos do Regimento Interno do Tribunal (art. 216.-O), a competência para conceder o *exequatur* é do Ministro Presidente. O STJ tem mantido a competência prevista no Regimento Interno.[20]

## COMPETÊNCIA INTERNACIONAL

Conforme parte da jurisprudência, deve-se indeferir, por vulnerar a soberania nacional, a citação de réu domiciliado no Brasil em hipótese de competência *exclusiva* da autoridade judiciária brasileira:

> "Carta rogatória. Embargos. Inexistência de invalidade do *exequatur*. Improcedência das alegações relativas a inovações formais. Em se tratando de citação para responder a ação que tramita perante Tribunal estrangeiro, as questões de competência que podem ser apreciadas para a concessão do *exequatur* dizem respeito, única e exclusivamente, à competência absoluta da Justiça brasileira, e não à competência da Justiça rogante, em face da ordem jurídica de seu país, inclusive no tocante à eleição de juízo arbitral. Embargos rejeitados".[21]

Note-se que essa orientação não está em consonância com o que determinam alguns tratados em vigor no Brasil que preveem que questões relativas à competência (concorrente ou exclusiva) não impedem o cumprimento de rogatórias.[22]

---

Ari Pargendler, *DJU* 12.08.2010; STJ, AgRg na CR nº 8.368/EX, Rel. Min. Felix Fischer, j. 21.05.2014; STJ, AgRg na CR nº 3.744/ES, Rel. Min. Cesar Asfor Rocha, j. 28.05.2009; STJ, CR nº 4.033, Rel. Min. Cesar Asfor Rocha, *DJe* 03.09.2009.

[18] STF, AgRg na CR nº 7.870, Rel. Min. Celso de Mello, *DJU* 04.03.1999. No mesmo sentido: STJ, SEC nº 2.277, Rel. Min. Aldir Passarinho Junior, *DJU* 22.04.2010; STJ, AgRg na CR nº 8.368/EX, Rel. Min. Felix Fischer, j. 21.05.2014; STJ, AgRg na CR nº 3.744/ES, Rel. Min. Cesar Asfor Rocha, j. 28.05.2009; STJ, CR nº 4.033, Rel. Min. Cesar Asfor Rocha, *DJe* 03.09.2009.

[19] STF, AgRg na CR nº 10.416/EU, Rel. Min. Maurício Corrêa, *DJU* 28.11.2003; STF, CR nº 10.853/EU, Rel. Min. Maurício Corrêa, *DJU* 05.11.2003; STF, AgR na CR nº 10.415/EU, Rel. Min. Maurício Corrêa, *DJU* 25.09.2003; STF, CR nº 7.426/EU, Rel. Min. Sepúlveda Pertence, *DJU* 15.11.1996.

[20] STJ, CR nº 14.886, Rel. Min. João Otávio de Noronha, *DJ* 16.10.2019.

[21] STF, CR nº 4.052, Rel. Min. Moreira Alves, *DJU* 13.12.1985. No mesmo sentido, V. STJ, AgRg nos EDcl na CR nº 2.894, Rel. Min. Barros Monteiro, *DJU* 13.03.2008; STJ, CR nº 202, Rel. Min. Edson Vidigal, *DJU* 10.11.2005.

[22] Convênio de Cooperação Judiciária em Matéria Civil, entre o Governo da República Federativa do Brasil e o Reino da Espanha (Promulgado pelo Decreto nº 166/1991): "Art. 8: 1. O cumprimento da carta roga-

Quanto às situações compreendidas na competência concorrente da autoridade judiciária brasileira – réu domiciliado no país, obrigação a ser aqui cumprida ou ação que decorra de ato ou fato aqui ocorrido –, deve-se deferir a citação de réu para responder a ação que tramita no exterior (ou a coleta de prova no país) porque, sendo hipóteses de competência *concorrente*, o legislador processual admite que a Justiça estrangeira decida sobre tais assuntos.[23] A rigor, competência concorrente significa que tanto o Judiciário brasileiro como o estrangeiro são competentes. Além disso, a concessão do *exequatur* precede a homologação de sentença estrangeira, e, mesmo por isso, os instrumentos não se confundem. Questões sobre competência deverão ser devidamente analisadas quando da homologação, já que o STJ, ao aplicar o art. 15 da Lei de Introdução e o art. 963, I, do CPC, examinará a competência internacional da Justiça estrangeira.

Nessa linha, a jurisprudência tem entendido que a carta rogatória receberá *exequatur* se a ação que tramita no exterior for relativa a qualquer uma das hipóteses de competência concorrente do Judiciário brasileiro, mesmo que o réu domiciliado no Brasil não deseje se submeter à jurisdição estrangeira:

> "Não obsta a concessão do *exequatur* a competência meramente concorrente, ou relativa, da autoridade judiciária brasileira, motivada por achar-se o réu domiciliado no Brasil, ou originar-se a ação de fato ocorrido ou ato aqui praticado. *Exequatur*, portanto, concedido com menção à recusa do citando em submeter-se à jurisdição do Estado estrangeiro".[24]

Atendendo à cortesia internacional entre os Estados, o STF introduziu a novidade de informar à Justiça estrangeira que o réu não deseja se submeter a esta; neste caso, para evitar que o Estado estrangeiro viesse a mover toda a sua máquina judiciária para proferir uma decisão que depois não será homologada no Brasil, o STF informava que o ordenamento jurídico nacional protege o réu aqui domiciliado, o que tem sido mantido pelo STJ.[25] Frise-se,

---

tória só poderá ser recusada quando seu objeto estiver fora das atribuições da autoridade judiciária do Estado requerido ou seja suscetível de atentar contra sua soberania ou segurança. 2. **O cumprimento da carta rogatória não poderá ser recusado sob fundamento de que a Lei do Estado requerido estabelece uma competência internacional exclusiva para o assunto**, ou não reconhece vias jurídicas semelhantes às adotadas pelo Estado requerente, ou ainda porque conduza a resultado não admitido pela Lei do Estado requerido" (negrito acrescentado); Convenção relativa à citação e à notificação no estrangeiro dos atos judiciais e extrajudiciais em matéria civil e comercial de Haia (em vigor no Brasil, Decreto nº 9.734/2019): "Artigo 13: Quando uma solicitação de citação, de intimação ou de notificação for feita em conformidade com as disposições da presente Convenção, o Estado requerido só poderá negar-se a cumpri-la se julgar que tal cumprimento violaria sua soberania ou sua segurança. **O cumprimento não poderá ser recusado por meio da alegação de que a legislação interna reivindica jurisdição exclusiva sobre a matéria objeto da solicitação ou que a legislação interna não permite a ação em que se baseia a solicitação**. Em caso de recusa, a Autoridade Central informará prontamente ao requerente e indicará as respectivas razões"; Protocolo de las Leñas: "Art. 8: A carta rogatória deverá ser cumprida de ofício pela autoridade jurisdicional competente do Estado requerido, e somente poderá denegar-se quando a medida solicitada, por sua natureza, atente contra os princípios de ordem pública do Estado requerido. **O referido cumprimento não implicará o reconhecimento da jurisdição internacional do juiz do qual emana**" (grifo nosso).

[23] Jacob Dolinger, Brazilian International Procedural Law, In: Jacob Dolinger e Keith Rosenn (Ed.), *A Panorama of Brazilian Law*, 1992, p. 372.

[24] STF, AgRg na CR nº 4.982, Rel. Min. Octávio Gallotti, j. 02.09.1993.

[25] Jacob Dolinger, Brazilian International Procedural Law. In: Jacob Dolinger e Keith Rosenn (Ed.), *A Panorama of Brazilian Law*, 1992, p. 372-373. STF, CR nº 6.365 AgR/AT, Rel. Min. Octávio Gallotti, *DJU* 06.08.1993; STF, AgRg nos Embargos na CR nº 4.920/AT, Rel. Min. Néri da Silveira, *DJU* 22.11.1991; STF, Embargos na CR nº 4.338/Reino Unido e Irlanda do Norte, Rel. Min. Moreira Alves, *DJU* 05.09.1986; STF, Embargos na CR nº 4.340, Rel. Min. Moreira Alves, *DJU* 16.05.1986; STF, Embargos na CR nº 4.341,

todavia, que para a concessão de *exequatur* à rogatória a recusa à jurisdição estrangeira pelas partes não assume relevância jurídica.²⁶

Por fim, registre-se que o CPC determina expressamente a impossibilidade de concessão de *exequatur* a rogatórias provenientes do exterior nas hipóteses de competência exclusiva do Judiciário brasileiro:

> "Art. 964. Não será homologada a decisão estrangeira na hipótese de competência exclusiva da autoridade judiciária brasileira. Parágrafo único. O dispositivo também se aplica à concessão do *exequatur* à carta rogatória".

## CARTA ROGATÓRIA EXECUTÓRIA

Outro ponto a merecer atenção é a possibilidade de concessão de *exequatur* a cartas rogatórias executórias. Tradicionalmente, o STF negava solicitações dessa natureza. De acordo com essa orientação, cartas rogatórias poderiam ter como objeto apenas diligências a serem realizadas no Brasil (citação, intimação, oitiva de testemunhas e obtenção de provas em geral). Decisão tradicionalmente citada esclarece essa posição:

> "Sentença negatória de *exequatur*. Carta rogatória expedida pela Justiça da República Argentina para se proceder no Brasil ao sequestro de bens móveis e imóveis. Medida cautelar prevista no art. 1.295 do Código Civil argentino com o nome jurídico de embargo e no art. 822 do Código de Processo Civil brasileiro, com o nome jurídico de sequestro. Tratando-se de providência judicial que depende, no Brasil, de sentença que a decrete, imperiosa é a conclusão de que tal medida não pode ser executada em nosso país antes de ser homologada, na jurisdição brasileira, a sentença estrangeira que a tenha concedido. *Exequatur* denegado".²⁷

Segue essa tendência a Convenção Interamericana sobre Cartas Rogatórias (1975), ratificada pelo Brasil, que estabelece o objeto das cartas rogatórias de que trata (art. 2º), e exclui expressamente de seu escopo (art. 3º) as diligências com caráter executivo. Excetuam-se dessa regra as cartas rogatórias expedidas com base em tratados, em especial no âmbito do Mercosul, fundadas nos Protocolos de Las Leñas e de Ouro Preto.²⁸⁻²⁹ O Protocolo de Cooperação e Assistência Jurisdicional em Matéria Civil, Comercial, Trabalhista e Administrativa (Las Leñas, 1992) prevê a homologação de sentenças estrangeiras pela via da rogatória, medida inequivocamente executória (art. 19). Na mesma linha, o Protocolo de Medidas Cautelares (Ouro Preto, 1994) prevê o cumprimento de cautelares pela via da rogatória (art. 18).

---

Rel. Min. Moreira Alves, *DJU* 16.05.1986; STF, Embargos na CR nº 4.219, Rel. Min. Moreira Alves, *DJU* 27.09.1985. O Superior Tribunal de Justiça deu continuidade, em parte, à postura, informando sobre os casos em que o réu se recusa a submeter à Justiça estrangeira, sem, no entanto, explanar as consequências de tal negativa nos julgados, de maneira geral: STJ, CR nº 3.721/GB, Rel. Min. Eliana Calmon, *DJU* 28.09.2009; STJ, AgRg nos EDcl no AgRg na CR nº 606/DE, Rel. Min. Fernando Gonçalves, *DJU* 18.12.2008; STJ, AgRg na CR nº 500/TR, Rel. Min. Barros Monteiro, *DJU* 21.08.2006.

26  STJ, Emb. Decl. na CR nº 807, Rel. Min. Barros Monteiro, *DJU* 11.09.2006; STJ, CR nº 606, Rel. Min. Sálvio de Figueiredo Teixeira, *DJU* 19.05.2005; STJ, AgRg na CR nº 136, Rel. Min. Edson Vidigal, *DJU* 25.10.2005; STJ, CR nº 4.230, Rel. Min. Cesar Asfor Rocha, *DJU* 01.10.2009; STJ, CR nº 4.345, Rel. Min. Cesar Asfor Rocha, *DJU* 25.11.2009.

27  STF, CR nº 3.237, Rel. Min. Antonio Neder, j. 25.06.1980.

28  Promulgado através do Decreto nº 2.626/1998.

29  STF, AgRg na CR nº 7.613/AT, Rel. Min. Sepúlveda Pertence, *DJU* 09.05.1997.

Mesmo posteriormente à entrada em vigor desses Protocolos do Mercosul, o STF manteve sua orientação, negando *exequatur* a cartas rogatórias que requeiram atos de execução, se originárias de países que não ratificaram os referidos Protocolos.[30]

Note-se, porém, que não havia uniformidade no que se refere à extensão desse conceito (carta rogatória executória), pois se negava *exequatur* sob esse fundamento, inclusive para pedidos de mera coleta de provas no Brasil.[31-32] Diante desse cenário, prevalecia, portanto, a dúvida. Com a passagem da competência para deferir o *exequatur* para o STJ, esse cenário mudou e a orientação passou a ser mais previsível. Primeiramente, a Resolução nº 9/2005 do STJ abriu caminho para a concessão de *exequatur* às cartas rogatórias executórias, no seu art. 7º,[33] independentemente de tratado. O Regimento Interno do STJ manteve a previsão no art. 216-O, § 1º.[34] Nessa linha, a jurisprudência do STJ tem se afastado da orientação adotada no STF acerca da rogatória executória.[35] Quanto às diligências com base em tratado, o Tribunal continuou na linha do STF, autorizando diligências de caráter executório.[36]

Na linha da orientação mais recente adotada pelo STJ, o CPC de 2015 admite implícita ou explicitamente a rogatória executória.[37]

## AUTORIDADE REQUERENTE

Questão igualmente relevante diz respeito à autoridade estrangeira que envia a rogatória para exame do STJ. A carta rogatória é instrumento disponível à autoridade competente, valoração essa que deve ser feita pela lei de origem do pedido, cumprindo ao tribunal brasileiro apenas a aferição objetiva desse requisito. Note-se que essa hipótese está condizente com a orientação já antiga do STF de homologar decisões estrangeiras proferidas por autoridades competentes segundo a legislação local. São homologáveis, desde a década de 1950, divórcios decretados pelo Rei da Dinamarca[38] ou outras auto-

---

[30] STF, CR nº 8.525/EUA, Rel. Min. Celso de Mello, *DJU* 26.04.1999.

[31] STF, CR nº 9.886/FR, Rel. Min. Pres. Marco Aurélio, *DJU* 15.03.2002. No mesmo sentido decidiu o STF na Carta Rogatória nº 7.126/IT, Rel. Min. Sepúlveda Pertence, *DJU* 20.03.1996; STF, CR nº 7.154/Suíça, Rel. Min. Sepúlveda Pertence, j. 17.11.1995; STF, CR nº 10.661/Dinamarca, Rel. Min. Maurício Corrêa, *DJU* 14.11.2011; STF, CR nº 10.925/Itália, Rel. Min. Pres. Maurício Corrêa, *DJU* 02.02.2004.

[32] STF, CR nº 10.177, Rel. Min. Marco Aurélio, *DJ* 23.08.2002 (coleta de amostras biológicas); STF, CR nº 10.925, Rel. Min. Maurício Corrêa, *DJ* 02.02.2004 (obtenção de documentos em cartório e informações bancárias); STF, CR nº 10.661, Rel. Min. Maurício Corrêa, *DJ* 03.11.2003 (quebra de sigilo bancário); STF, CR nº 70.44, Rel. Min. Sepúlveda Pertence, *DJ* 09.11.1995 (embargo executivo de cotas sociais); STF, CR nº 9.612, Rel. Min. Marco Aurélio, *DJ* 11.09.2001 (penhora de bens imóveis); STF, CR nº 10.479 AgRg, Rel. Min. Marco Aurélio, *DJ* 23.05.2003 (penhora de bens móveis).

[33] STJ, Resolução nº 9: "Art. 7º As cartas rogatórias podem ter por objeto atos decisórios ou não decisórios".

[34] "Art. 216-O. É atribuição do Presidente conceder exequatur a cartas rogatórias, ressalvado o disposto no art. 216-T. § 1º Será concedido exequatur à carta rogatória que tiver por objeto atos decisórios ou não decisórios."

[35] Exemplificativamente: STJ, CR *nº* 5.480/FR, Rel. Min. Ari Pargendler, *DJU* 08.06.2011; STJ, CR nº 5.632/UY, Rel. Min. Ari Pargendler, *DJU* 09.05.2011; STJ, CR 438/BE, Rel. Min. Luiz Fux, *DJU* 24.09.2007. Note-se que o STJ tem mantido a orientação de admitir somente a quebra de sigilo bancário com base em decisão judicial, submetida ao juízo de delibação. V. STJ, AgRg na CR nº 3.162/CH, Rel. Min. Cesar Asfor Rocha, *DJU* 06.09.2010; STJ, AgRg na CR nº 998/IT, Rel. Min. Edson Vidigal, *DJU* 30.04.2007; STJ, CR nº 438, Rel. Min. Luiz Fux, *DJ* 24.09.2007.

[36] STJ, CR nº 1.457/França, Rel. Min. Barros Monteiro, *DJU* 08.06.2006; STJ, CR nº 438/BE, Rel. Min. Luiz Fux, *DJU* 24.09.2007.

[37] CPC/2015, arts. 40 e 960 a 962.

[38] STF, SE nº 1.943/DI, Rel. Min. Adaucto Cardoso, *DJU* 13.10.1967.

ridades administrativas,³⁹ ou ainda registrados perante prefeito no Japão.⁴⁰ Pelo mesmo fundamento, decisões proferidas por autoridades religiosas, exequíveis no país estrangeiro, também receberam sempre a homologação. Portanto, divórcios proferidos por rabinos em Israel, por tribunais canônicos ou muçulmanos em países onde tais decisões são exequíveis equivalem a uma sentença estrangeira; logo, são homologáveis.⁴¹ Nessa linha, aliás, a Lei de Introdução de 1942, que em seu art. 12 prevê:

> "A autoridade judiciária brasileira cumprirá, concedido o *exequatur* e segundo a forma estabelecida pela lei brasileira, as diligências deprecadas por autoridade estrangeira competente, observando a lei desta, quanto ao objeto das diligências".

Assim, a Lei de Introdução não restringe a concessão do *exequatur* somente a solicitações feitas por integrante do Judiciário. Determina o dispositivo, como parece óbvio, que a requisição deve se originar de autoridade competente segundo a legislação estrangeira.

Ao apreciar os Embargos de Declaração no *Habeas Corpus* nº 91.002,⁴² o posicionamento do Supremo Tribunal Federal se alinhou com aquilo que poderia se esperar daquele Tribunal. O STF indicou que o parâmetro pelo qual se deve aferir a presença de "autoridade competente" é a lei do país rogante, tornando as disposições legais do ordenamento jurídico brasileiro apenas aplicáveis em caso de carta rogatória ativa, ou seja, quando nossas autoridades se manifestam pela via rogatória a outros países, orientação que se manteve em decisões posteriores.⁴³

## HOMOLOGAÇÃO DE SENTENÇAS ESTRANGEIRAS

Seguindo tradição inaugurada, no plano constitucional, pela Constituição de 1934, a Constituição de 1988 (art. 102, I, *h*) centralizou a competência para homologação de sentenças estrangeiras no órgão de cúpula do Poder Judiciário.⁴⁴ Com a promulgação da EC nº 45/2004, tal competência foi transferida para o STJ, passando a Constituição de 1988 a vigorar com a seguinte redação:

> "Art. 105. Compete ao Superior Tribunal de Justiça:
> 
> I – Processar e julgar, originariamente:

---

39  STF, SE nº 1.242/NO, Rel. Min. Mario Guimarães, *DJU* 11.09.1952.
40  STF, SE nº 1.312/JÁ, Rel. Min. Mario Guimarães, *DJU* 17.09.1953.
41  STF, SE nº 2.366/ES, Rel. Min. Alfredo Buzaid, *DJU* 03.09.1982; STF, SE nº 3.135/LO, Rel. Min. Cordeiro Guerra, *DJU* 02.05.1983; e STF, SE nº 2.419/IS, Rel. Min. Thompson Flores, *DJU* 06.12.1978.
42  STJ, HC nº 91.002 ED/RJ, Rel. Min. Marco Aurélio, *DJU* 11.12.2009.
43  STF, RE nº 862.368 AgR, Rel. Min. Dias Toffoli, *DJ* 18.04.2016: "Agravo regimental no recurso extraordinário. Matéria criminal. Ausência de prequestionamento. Incidência das Súmulas nºs 282 e 356. Carta rogatória. Expedição pelo Ministério Público de Portugal. *Exequatur*. Admissibilidade. Precedentes. Ofensa reflexa ao texto constitucional. Agravo não provido. 1. Os dispositivos constitucionais invocados carecem do necessário prequestionamento, sendo certo que não foram opostos embargos declaratórios para sanar eventual omissão do acórdão recorrido. Incidência das Súmulas nºs 282 e 356/STF. 2. Como bem decidido pelo Superior Tribunal de Justiça, 'não há contradição com o ordenamento jurídico a concessão de *exequatur* a cartas rogatórias originadas da autoridade competente definida pela legislação do país estrangeiro quando há trâmite pelas autoridades centrais ou pela via diplomática, desde que respeitados os acordos internacionais'. 3. Dessa feita, o Ministério Público de Portugal tem competência para expedir carta rogatória para obtenção de dados cadastrais junto a empresa de telefonia. 4. O exame de legislação infraconstitucional é inadmissível em recurso extraordinário, por configurar ofensa reflexa à Constituição. 5. Agravo regimental a que se nega provimento".
44  Art. 102: "Compete ao Supremo Tribunal Federal, precipuamente, a guarda da Constituição, cabendo-lhe: I – Processar e julgar, originariamente: (...) h) a homologação das sentenças estrangeiras e a concessão do *exequatur* às cartas rogatórias, que podem ser conferidas pelo regimento interno a seu Presidente".

(...)

i) a homologação **de** sentenças estrangeiras e a concessão de *exequatur* às cartas rogatórias (...)" (grifos nossos).

Interessante observar que em muitos países a competência para a homologação de sentenças estrangeiras é atribuída aos juízes de 1ª instância (Alemanha, França, Canadá, Suíça, Itália, entre outros).[45] Durante a tramitação da emenda, cogitou-se transferir tal função aos juízes federais: se, por um lado, esse sistema garantiria (em tese) rapidez na primeira apreciação dos pedidos, por outro, poderia ser mais uma fonte de morosidade, tendo em vista a quantidade de recursos que poderiam ser interpostos até o trânsito em julgado da decisão. Para que tal alteração fosse implantada no Brasil, haveria que se criar um sistema próprio de interposição de recursos.

O Código de Processo Civil de 1973 silenciou quanto aos requisitos que devem ser apreciados para as sentenças estrangeiras, remetendo a questão ao Regimento Interno do STF (hoje STJ), no art. 483. Ademais, atente-se para o art. 15 da Lei de Introdução, que enumera os requisitos para homologação:

"Art. 15. Será executada no Brasil a sentença proferida no estrangeiro, que reúna os seguintes requisitos:

a) haver sido proferida por juiz competente;

b) terem sido as partes citadas ou haver-se legalmente verificado a revelia;

c) ter passado em julgado e estar revestida das formalidades necessárias para a execução no lugar em que foi proferida;

d) estar traduzida por intérprete autorizado;

e) ter sido homologada pelo Supremo Tribunal Federal" (leia-se Superior Tribunal de Justiça).

Os arts. 216-D e 216-F do Regimento interno,[46] ao enumerarem as condições para a homologação, reproduzem essencialmente, respectivamente, os arts. 217 e 116 do antigo Regimento do STF, por sua vez extraídos do art. 15 da Lei de Introdução.

---

[45] Adotam a competência difusa: (1) Alemanha (competência da corte municipal ou regional – a que tiver competência na matéria), ZPO §§ 328, 722 e 723 (se não houver tratado que dispense a homologação, como é o caso da Convenção de Bruxelas, que prevê a execução direta da sentença estrangeira) (Paul Hughes e Mark Wilks, *Transnational Litigation: A Practitioner's Guide*, 1997, p. GER-105 e ss.); (2) Canadá (competência de qualquer corte), base em Princípios do *common law*: (Paul Hughes e Mark Wilks, *Transnational Litigation: A Practitioner's Guide*, 1997, p. CAN-77 e ss.); (3) França (competência do Tribunal de Grande Instance – 1ª instância) (Paul Hughes e Mark Wilks, *Transnational Litigation: A Practitioner's Guide*, 1997, p. FRA-119 e ss.); (4) Itália (apenas nos casos em que seja questionado o cumprimento dos requisitos para reconhecimento da sentença estrangeira, o Tribunal de Apelação com jurisdição no local em foco decidirá sobre a homologação), Lei nº 218/95, art. 64 (se os requisitos previstos em lei são cumpridos, dispensa-se a homologação, podendo a sentença estrangeira ser executada diretamente. Caso haja questionamentos sobre esses requisitos por uma parte, esta deve dirigir-se ao Tribunal de Apelação competente) (Paul Hughes e Mark Wilks, *Transnational Litigation: A Practitioner's Guide*, 1997, p. ITL-55 e ss.); (5) Suíça (competência da Cantonal court), Federal Act on Private International Law, art. 29 (Paul Hughes e Mark Wilks, *Transnational Litigation: A Practitioner's Guide*, 1997, p. SWI-85 e ss.).

[46] STJ, Regimento Interno: "Art. 216-D. A sentença estrangeira deverá: I – ter sido proferida por autoridade competente; II – conter elementos que comprovem terem sido as partes regularmente citadas ou ter sido legalmente verificada a revelia; III – ter transitado em julgado"; "Art. 216-F. Não será homologada a sentença estrangeira que ofender a soberania nacional, a dignidade da pessoa humana e/ou a ordem pública".

O CPC adota metodologia distinta e enumerou os requisitos para a homologação:

"Art. 963. Constituem requisitos indispensáveis à homologação da decisão:
I – ser proferida por autoridade competente;
II – ser precedida de citação regular, ainda que verificada a revelia;
III – ser eficaz no país em que foi proferida;
IV – não ofender a coisa julgada brasileira;
V – estar acompanhada de tradução oficial, salvo disposição que a dispense prevista em tratado;
VI – não conter manifesta ofensa à ordem pública".

Além da tradução, exige-se a consularização da decisão estrangeira, requisito dispensado desde a entrada em vigor da Convenção da Apostila para os países ratificantes.[47] Ademais, da mesma forma que o legislador não admite cooperar pela via da rogatória nas hipóteses de competência exclusiva do Judiciário brasileiro, o legislador de 2015 deixou claro que tampouco é possível a homologação nessas situações:

"Art. 964. Não será homologada a decisão estrangeira na hipótese de competência exclusiva da autoridade judiciária brasileira".

Merecem destaque alguns dispositivos do Regimento Interno do STJ. O art. 216-A, § 1º, do Regimento determina que serão homologados os provimentos não judiciais que, pela lei brasileira, teriam natureza de sentença.[48] Assim, já na linha da jurisprudência firmada do STF, decisões proferidas por autoridades administrativas ou religiosas são passíveis de homologação, desde que proferidas por autoridades que sejam competentes no país estrangeiro. O art. 961 do CPC de 2015 segue essa mesma linha.

O art. 216-A, § 2º, também na linha da jurisprudência anterior do STF, admite a homologação parcial de decisões estrangeiras.[49] Ou seja, se somente parte da decisão fere a ordem pública ou a soberania nacional, não há por que negar homologação à sentença na sua integralidade. Assim, por exemplo, no caso de divórcio litigioso no exterior com partilha de bens imóveis no Brasil, será possível a homologação quanto aos efeitos pessoais da decisão, mas não quanto aos patrimoniais, em virtude de inobservância da regra da competência exclusiva da autoridade brasileira para ações relativas a imóveis no Brasil. O CPC de 2015 reproduz essa orientação: art. 961, § 2º *A decisão estrangeira poderá ser homologada parcialmente.*

A Resolução nº 9/2005 do STJ introduziu relevante novidade ao admitir tutela de urgência na homologação de sentenças estrangeiras. O art. 216-G do Regimento interno reproduziu essa regra.[50] O art. 961 do CPC de 2015 seguiu a mesma orientação. Como se verá, o CPC de

---

[47] O Decreto nº 8.660/2016 promulgou a Convenção sobre a Eliminação da Exigência de legalização de Documentos Públicos Estrangeiros, o CNJ publicou o Provimento nº 62, de 14.11.2017, que dispõe sobre a uniformização dos procedimentos para a aposição de apostila, no âmbito do Poder Judiciário, da Convenção sobre a Eliminação da Exigência de Legalização de Documentos Públicos Estrangeiros, celebrada na Haia, em 5 de outubro de 1961 (Convenção da Apostila).
[48] STJ, Regimento interno: "Art. 216-A. (...) § 1º Serão homologados os provimentos não judiciais que, pela lei brasileira, teriam natureza de sentença".
[49] STJ, Regimento interno: "Art. 216-A. (...) § 2º As decisões estrangeiras poderão ser homologadas parcialmente".
[50] STJ, Regimento interno: "Art. 216-G. Admitir-se-á a tutela provisória nos procedimentos de homologação de decisão estrangeira".

2015 passou a admitir que lei ou tratado dispense alguns tipos de sentença da homologação pelo STJ.

## DECISÕES QUE PRECISAM SER HOMOLOGADAS

Outro ponto que deve ser ressaltado diz respeito à alteração na redação do dispositivo constitucional em questão: as Cartas de 1946, 1967, 1969 e 1988 previam a competência do STF para a homologação *das* sentenças estrangeiras; já o texto aprovado da Emenda, tal qual nas Constituições de 1934 e 1937, determina a competência – agora do STJ – para a homologação *de* sentenças estrangeiras. Essa diferença, que pode parecer mera questão de estilo, traz importantes consequências: a doutrina majoritária baseia-se na redação original do dispositivo (CF/1988), para concluir que todas as sentenças estrangeiras precisam ser homologadas, inadmitindo a possibilidade de qualquer tipo de sentença ser dispensado desse procedimento por lei ordinária.

Na sistemática do CPC de 1973, conforme entendimento da doutrina majoritária e jurisprudência, a homologação constitui pressuposto tanto para o reconhecimento quanto para a execução de uma sentença estrangeira. Enquanto a homologação cabe ao STJ (CF, art. 105, I, *i*), o processamento da execução compete, em primeiro grau de jurisdição, aos juízes federais (CF, art. 109, X).

Cabe lembrar dispositivo constante da Convenção Interamericana sobre Obrigação Alimentar de 1989, ratificada pelo Brasil. A Convenção inova ao estabelecer em seu art. 13 que as sentenças de alimentos proferidas em países também ratificantes não precisam ser submetidas à homologação pelo STJ, podendo ser levadas diretamente ao juízo de primeira instância para sua execução.

Pode-se aqui voltar à discussão surgida em virtude do art. 15, parágrafo único, da Lei de Introdução, hoje revogado. Da mesma forma, o art. 13 supratranscrito da Convenção Interamericana suscitou duas polêmicas: (1) sua inconstitucionalidade, eis que o art. 102, I, *h*, da Constituição Federal determinava que o STF era competente para a homologação *das* sentenças estrangeiras, significando que todas as sentenças estrangeiras, para serem reconhecidas no Brasil, deveriam ser homologadas pelo STF (discussão já superada em face da nova redação do art. 105, I, *i*, da CF, dada pela EC nº 45/2004); e (2) a compatibilidade com o art. 483 do CPC de 1973 – e, atualmente, com o art. 961 do CPC/2015 –, que condiciona a eficácia no Brasil à homologação da sentença estrangeira pelo STJ.

Consideramos que o primeiro argumento – em que pesem a doutrina majoritária e a jurisprudência – já está ultrapassado pela nova redação do art. 105, I, *i*, da CF que, como visto, prevê a competência do STJ para a homologação *de* sentenças estrangeiras, ou seja, daquelas sentenças que a lei ordinária exige a homologação. O segundo argumento também é facilmente respondido: ainda que se confira ao art. 961 do CPC a extensão pretendida por alguns, no caso concreto, o referido dispositivo não impediria a aplicação da norma convencional. Como a Convenção se aplica somente a sentenças estrangeiras de alimentos, pelo critério da especialidade esta prevalece quanto a esse tipo de sentenças. Ademais, , poder-se-iam admitir outras exceções à regra da homologação, previstas em lei ou tratados, o que está expressamente previsto no CPC, como se verá.

É pertinente breve observação sobre o sistema europeu. Desde a Convenção de Bruxelas de 27.09.1968 ("Convenção relativa à competência judiciária e à execução de decisões em matéria civil e comercial"), há o reconhecimento "de pleno direito" da decisão de um juiz em todo Estado-Parte, benefício do qual goza uma "decisão regular" do ponto de vista do sistema convencional. Nenhum procedimento de verificação de condições de regularidade era necessário para o reconhecimento de uma sentença em outro Estado da comunidade, contanto que não se desejasse uma execução forçada. Para o reconhecimento (arts. 27 a 30) e para a execução (arts. 31 a 45) eram previstas idênticas condições de regularidade, destacando-se, em ambos, que a decisão estrangeira não poderia ser objeto de uma revisão de fundo. Não se controlava a jurisdição internacional do juiz de origem da sentença nem o direito que aplicou, à exceção da situação descrita no art. 27, § 4º.

Posteriormente, conforme o Regulamento nº 44/2001, a sentença proferida por um dos Estados-Partes é reconhecida automaticamente pelos demais, inclusive acarretando a suspensão e a extinção da demanda ajuizada posteriormente; para a execução, exigia-se procedimento nacional específico para conceder o *exequatur* à decisão alienígena. Portanto, esta era a regra geral: enquanto o reconhecimento é automático, a execução decorre de uma ordem emanada de autoridade local competente.

Note-se, todavia, que em uma primeira fase esse procedimento limita-se à expedição de uma declaração de executividade pela autoridade local competente, o que ocorria após uma análise meramente formal do ato estrangeiro. Tratava-se de uma fase unilateral, em que o contraditório só ocorreria se a parte vencida na sentença estrangeira impugnasse a declaração de executividade.

A regra geral de que uma decisão estrangeira jamais seria executada diretamente em outro Estado foi excepcionada pela entrada em vigor do Regulamento (CE) nº 805/2004 do Parlamento Europeu e do Conselho, de 21.04.2004, que cria o Título Executivo Europeu para créditos não contestados. Com efeito, nos termos do art. 1º: "O presente regulamento tem por objectivo criar o Título Executivo Europeu para créditos não contestados, a fim de assegurar, mediante a criação de normas mínimas, a livre circulação de decisões, transacções judiciais e instrumentos autênticos em todos os Estados-Membros, sem necessidade de efectuar quaisquer procedimentos intermédios no Estado-Membro de execução previamente ao reconhecimento e à execução". E, especificamente no art. 5º: "Uma decisão que tenha sido certificada como Título Executivo Europeu no Estado-Membro de origem será reconhecida e executada nos outros Estados-Membros sem necessidade de declaração da executoriedade ou contestação do seu reconhecimento".

Com a entrada em vigor do Regulamento (EU) nº 1215/2012, com vigência em 2015, o cenário mudou e as decisões proferidas em outros Estados membros não somente são reconhecidas (*Artigo 36. 1. As decisões proferidas num Estado-Membro são reconhecidas nos outros Estados-Membros sem quaisquer formalidades*), mas também podem ser executadas sem necessidade de qualquer procedimento específico no Estado no qual se requer a execução. (*Artigo 39. Uma decisão proferida num Estado-Membro que aí tenha força executória pode ser executada noutro Estado-Membro sem que seja necessária qualquer declaração de executoriedade.*)

Portanto, enquanto no Brasil ainda se discute se uma decisão estrangeira – inclusive aquelas que versam sobre estado e capacidade das pessoas – pode ser reconhecida independentemente de homologação, na Europa já se admite a execução sem homologação.

Registre-se que o CPC de 2015 deu um passo adiante nessa matéria, admitindo expressamente a dispensa da homologação com base em lei específica ou tratado (*Art. 961. A decisão estrangeira somente terá eficácia no Brasil após a homologação de sentença estrangeira ou a concessão do* exequatur *às cartas rogatórias, salvo disposição em sentido contrário de lei ou tratado*[51]) e prevendo a dispensa da homologação para os divórcios consensuais obtidos no

---

[51] No mesmo sentido: "Art. 962. (...) § 4º Quando dispensada a homologação para que a sentença estrangeira produza efeitos no Brasil, a decisão concessiva de medida de urgência dependerá, para produzir

exterior. (Art. 961, § 5º *A sentença estrangeira de divórcio consensual produz efeitos no Brasil, independentemente de homologação pelo Superior Tribunal de Justiça.*)

## AUXÍLIO DIRETO

O auxílio direto é meio de cooperação internacional já incorporado à maioria dos ordenamentos jurídicos modernos,[52] não se podendo falar que se trata de instituto inteiramente novo. Por outro lado, suas configurações sofreram importantes alterações ao longo do tempo, no Brasil inclusive. Por meio do auxílio direto, permite-se que autoridade estrangeira solicite a realização de diligências no País, tal como ocorre no âmbito das cartas rogatórias (CPC, art. 29). A principal diferença entre os institutos é o direito aplicável e a origem da decisão que enseja o pedido. Enquanto cartas rogatórias têm como fundamento decisão de autoridade estrangeira proferida de acordo com suas próprias leis, o pedido de auxílio direto não se fundamenta em uma decisão prévia, havendo a necessidade de que autoridade brasileira competente, judicial ou não (CPC, art. 32), decida, de acordo com as leis brasileiras, sobre a viabilidade da diligência (CPC, art. 28). Ou seja, as comissões rogatórias se submetem tão somente ao juízo de delibação da decisão estrangeira; diversamente, o auxílio direto tem como requisito decisão de autoridade nacional que, à luz do direito brasileiro, determinará a possibilidade do pedido.

A constitucionalidade do instituto do auxílio direto foi objeto de questionamento. Levada a questão à apreciação do Superior Tribunal de Justiça, o Ministro Sálvio de Figueiredo Teixeira, em decisão monocrática, considerou impossível que essa solicitação fosse formulada por outra via que não a da carta rogatória, que exige a apreciação pelo STJ (CF, art. 105, I, *i*). Essa decisão, contudo, foi reformada pela Corte Especial do Tribunal, confirmando o processamento levado a termo no âmbito da Justiça Federal. O STF, por sua vez, suspendeu a eficácia da decisão da Corte Especial do STJ, por considerar que toda e qualquer solicitação feita por autoridade estrangeira deveria necessariamente percorrer a via da rogatória.[53]

Frise-se que a discussão não diz respeito à possibilidade de lei ordinária (ou o tratado) dispensar o *exequatur* do STJ, mas se pedido de solicitação de diligência no Brasil pode ser encaminhado por outra via que não a rogatória, dispensando, portanto, a delibação do Superior Tribunal de Justiça. Para responder a essa questão, é importante a análise do art. 181 da Carta:

> "Art. 181. O atendimento de requisição de documento ou informação de natureza comercial, feita por autoridade administrativa ou judiciária estrangeira, a pessoa física ou jurídica residente ou domiciliada no País dependerá de autorização do Poder competente".

Muito se discutiu sobre a *ratio* desse dispositivo, introduzido pelo Constituinte de 1988. Acredita-se que seu principal objetivo foi preservar a soberania nacional, impedindo a atuação direta de autoridade administrativa ou judiciária estrangeira, na linha do que já se pratica alhures, com os chamados *Blocking Statutes*. A lei francesa, por exemplo, considera crime o fornecimento de informações por partes domiciliadas na França a autoridades estrangeiras, sem a autorização das autoridades locais. No mesmo sentido dispõem as legislações suíça e

---

efeitos, de ter sua validade expressamente reconhecida pelo juiz competente para dar-lhe cumprimento, dispensada a homologação pelo Superior Tribunal de Justiça".

[52] Veja-se, por exemplo, a Lei de Cooperação Judiciária Internacional em Matéria Penal, Lei nº 144/99 (Portugal).

[53] STF, HC nº 85.588/RJ, Rel. Min. Marco Aurélio, *DJU* 04.04.2006.

australiana. Assim, vale a regra geral de que a autoridade estrangeira não pode praticar atos de jurisdição em território nacional.[54]

Note-se, porém, que o art. 181 não se referiu expressamente às cartas rogatórias, e sim à autorização do "Poder competente", como essencial para o atendimento de requisição de documentos ou informações. Caso as rogatórias fossem a única via admissível para a solicitação, o texto deveria mencioná-las expressamente. Há decisões monocráticas do Supremo Tribunal Federal e do Superior Tribunal de Justiça nessa linha, entendendo que tratados podem estabelecer o auxílio direto entre os países.[55]

É cabível uma analogia para demonstrar que não faz sentido a exigência de que toda e qualquer solicitação proveniente do exterior seja encaminhada pela via da rogatória. Imagine-se uma empresa estrangeira – empresa "A" – que queira analisar documentos detidos por pessoa física ou jurídica brasileira antes de decidir se irá ou não ajuizar uma ação no exterior contra outra empresa ("B"), também estrangeira. A empresa "A" poderá contratar um escritório de advocacia no Brasil para solicitar ao juiz nacional a exibição dos referidos documentos. Nesse caso, o juiz brasileiro avaliará se os documentos devem ou não ser exibidos, verificando a presença dos requisitos previstos nos arts. 396 e ss. do CPC. Vale dizer, a decisão será tomada por autoridade brasileira, ainda que a prova aqui obtida venha a servir (ou não) de subsídio para o ajuizamento da ação pretendida no exterior. Nesse caso, não há razão para utilizar a carta rogatória: o pedido será feito diretamente à autoridade judiciária nacional.

Essa mesma possibilidade – contratação de advogado no Brasil para pleitear ao Judiciário a exibição de documento que aqui se encontra – não pode ser negada ao Estado estrangeiro. No entanto, caso o Brasil pretenda cooperar com o Estado estrangeiro, visando a obter, em regime de reciprocidade, as mesmas facilidades, poderá desobrigar o Estado estrangeiro de contratar advogado no País. Não há qualquer inconstitucionalidade nessa solicitação: o pedido não implica o reconhecimento de decisão já proferida no exterior e será apreciado segundo a lei brasileira, pelo juiz nacional, sem que haja a necessidade de tratado em vigor para tanto. Trata-se de uma nova modalidade de cooperação entre países com o objetivo de agilizar e garantir que o Brasil, quando necessite, receba tratamento semelhante.

Não se trata de subtrair competência do STJ, mas de estabelecer novas formas de cooperação entre países. A respeito, deve-se recordar que já há no Brasil instrumento com essa natureza desde 1965. A Convenção sobre Prestação de Alimentos no Estrangeiro, da ONU, 1956, foi promulgada no Brasil pelo Decreto nº 56.826/1965. Para implementá-la, a Lei nº 5.478/1968 (Lei de Alimentos), em seu art. 26, determina a competência da justiça federal da residência do devedor para as ações de alimentos. Ou seja, o credor, domiciliado no estrangeiro, procura a instituição intermediária de seu país, que entra em contato com a Procuradoria-Geral da República (instituição intermediária no Brasil) para que esta ajuíze ação de alimentos perante a justiça federal do local da residência do devedor.

Desse modo, a União pode encaminhar a solicitação diretamente ao juízo federal competente.[56] A competência da Justiça Federal justifica-se em qualquer uma das três hipóteses seguintes: (i) interesse da União na cooperação, em função da reciprocidade (CF, art. 109, I),

---

[54] Jacob Dolinger e Carmen Tiburcio, The forum law rule in international litigation – which procedural law governs proceedings to be performed in foreign jurisdictions: lex fori or lex diligentiae?, *Texas International Law Journal*, v. 33, 1998, p. 425-462.

[55] Por exemplo, STF, CR nº 10.922, Rel. Min. Maurício Corrêa, *DJU* 12.12.2004; STJ, HC nº 147.375/RJ, Rel. Min. Jorge Mussi, *DJe* 19.12.2011.

[56] CPC de 2015: "Art. 33. Recebido o pedido de auxílio direto passivo, a autoridade central o encaminhará à Advocacia-Geral da União, que requererá em juízo a medida solicitada.

independentemente de tratado firmado pelo Brasil; (ii) a causa envolve Estado estrangeiro (substituído pela União, conforme tratado em vigor, se esse for o caso) e pessoa domiciliada no Brasil (CF, art. 109, II); e (iii) a causa é fundada em tratado celebrado pelo País (CF, art. 109, III).

Vale notar que a jurisprudência do STJ tem se revelado mais receptiva ao instituto.[57] Nessa linha, sua pretensa inconstitucionalidade foi acertadamente afastada, prevalecendo a tese de que os mecanismos de cooperação internacional fixados na Constituição não constituem rol exaustivo, tampouco há violação da competência constitucionalmente estabelecida no fato de que outros órgãos do Judiciário sejam competentes para apreciar pedidos de cooperação internacional. Todavia, mais recentemente o STJ voltou a considerar o auxílio direto constitucional,[58] decisão alterada pelo STF.[59] Com a regulamentação desse instrumento de cooperação pelo CPC, espera-se que os tribunais superiores reconheçam a plena compatibilidade do instituto com a Constituição, como aqui se defende.

O STF adotou o entendimento de que o rol de instrumentos de cooperação é disposto taxativamente no texto da Constituição, por isso inadmitindo o auxílio direto. A orientação não merece elogios; não se está subtraindo a competência (agora do STJ) para o processamento dos meios de cooperação constitucionalmente previstos. Cuida-se de estabelecer novas formas de cooperação entre países, com vistas a tornar efetivo o exercício de jurisdição pelos Estados – o Brasil inclusive. As tentativas de criar pontes entre os Estados não devem ser recebidas pelo STF – e pelo Judiciário como um todo – com o erguimento de muros. Registre-se, porém, decisão posterior do STF que consagrou a distinção entre carta rogatória e auxílio direto, considerando este último constitucional.[60]

Por fim, quanto à legitimidade para requerer medidas de auxílio direto, aplica-se o mesmo critério utilizado em matéria de rogatórias, *i.e.*, a competência na origem. Assim, podem solicitar diligências autoridades que, em seu país de origem, podem postular as medidas que se buscam.

---

Parágrafo único. O Ministério Público requererá em juízo a medida solicitada quando for autoridade central.
Art. 34. Compete ao juízo federal do lugar em que deva ser executada a medida apreciar pedido de auxílio direto passivo que demande prestação de atividade jurisdicional".
[57] STJ, AgRg na CR nº 3.162/CH, Rel. Min. Cesar Asfor Rocha, *DJU* 06.09.2010; CR nº 11.165, Rel. Min. Laurita Vaz, *DJU* 06.03.2017.
[58] STJ, AgRg NA Rcl nº 3.364/MS, Rel. Min. Cesar Asfor Rocha, *DJU* 28.06.2010.
[59] STF, HC nº 105.905/MS, Rel. Min. Marco Aurélio, *DJU* 11.10.2011.
[60] STF, Pet. nº 5.946, Rel. Min. Marco Aurélio, Rel. p/ acórdão Min. Edson Fachin, *DJe* 08.11.2016.

*Capítulo XXIV*
# ARBITRAGEM INTERNACIONAL

## INTRODUÇÃO

Além de submeter suas disputas ao Poder Judiciário, é possível que as partes de um caso envolvendo elementos de estraneidade acordem em submeter seus litígios à arbitragem. Em verdade, a grande maioria dos litígios de comércio internacional é resolvida por essa via, em virtude das vantagens dessa forma de solução de controvérsias.[1] O procedimento arbitral geralmente é mais rápido, permite que as partes escolham os julgadores e tenham maior controle sobre o procedimento, que geralmente também é sigiloso. Os benefícios têm um custo: há aqueles que a criticam por considerarem-na bastante onerosa.

A arbitragem se inicia pela celebração da convenção de arbitragem, gênero que admite duas espécies: a *cláusula compromissória* e o *compromisso arbitral*. A cláusula compromissória é o negócio jurídico que prevê a sujeição à arbitragem de qualquer litígio futuro vinculado a determinada relação jurídica, ordinariamente de natureza contratual. Já o compromisso arbitral é o ajuste firmado diante de um conflito já existente, por força do qual as partes acordam submeter sua disputa à arbitragem. Como é fácil perceber, a diferença essencial entre a cláusula e o compromisso arbitral reside justamente no momento de sua celebração: a primeira é anterior a qualquer disputa e o segundo é instituído em face de um litígio concreto.

Assim, uma vez firmada a cláusula compromissória, os contratantes ficam vinculados a este acordo. Como é natural, a convenção de arbitragem deve atender aos requisitos de validade dos negócios jurídicos em geral (art. 104 do CC): agentes capazes, objeto lícito e forma prescrita ou não proibida pela lei, além da vontade livremente manifestada. Ademais, o art. 1º da Lei de Arbitragem prevê que pessoas que tenham capacidade civil plena poderão submeter à solução arbitral litígios que envolvam direitos patrimoniais disponíveis.

## O DESENVOLVIMENTO DA ARBITRAGEM NO BRASIL

A arbitragem é uma forma tradicional de solução de controvérsias no direito brasileiro, tendo sido prevista já na Constituição Imperial, de 1824. Todavia, a adoção de práticas contrárias ao seu desenvolvimento tornaram-na pouco utilizada entre nós. A rigor, antes da edição da Lei nº 9.307 (Lei de Arbitragem), de 23 de setembro de 1996, essa forma de solução de controvérsias nunca chegou a alcançar o destaque atingido em países europeus e nos Estados Unidos, principalmente em razão da legislação então em vigor. À época, não se conferia à clausula compromissória força cogente para instauração da arbitragem, que dependia de nova manifestação de vontade das partes especificando o objeto concreto de litígio.[2] No máximo,

---

[1] Bernard Hanotiau, Problems Raised by Complex Arbitrations Involving Multiple Contracts – Parties – Issues, *Journal of International Arbitration* 18:251, 2001.

[2] Assim já dispunha o art. 9º do Decreto nº 3.900/1867, primeiro diploma a disciplinar a cláusula compromissória no Brasil. Posteriormente, tanto o Código Civil de 1916 (art. 1039) quanto os Códigos de

lhe eram assegurados efeitos contratuais e a previsão era equiparada a uma obrigação de fazer, cujo descumprimento resolvia-se, quando muito, por meio de indenização pecuniária.[3-4] Além disso, dois outros empecilhos então existentes merecem destaque: *(i)* a exigência de que o laudo arbitral proferido no Brasil fosse homologado pelo Judiciário, a fim de se tornar exequível; e *(ii)* a obrigatoriedade de que o laudo arbitral proferido no exterior fosse homologado também pela Justiça estrangeira, antes de ser submetido à aprovação do STF.

Após a promulgação da Lei de Arbitragem, operou-se significativa modificação no contexto até então vigente: os três obstáculos da legislação anterior foram superados e o país avançou no sentido de adequar-se aos padrões internacionais. Os laudos arbitrais brasileiros – agora denominados sentenças arbitrais – passaram a valer como títulos executivos judiciais, sendo equiparados a uma sentença judicial (arts. 18 e 31); a exigência da homologação judicial estrangeira foi afastada, permitindo-se a submissão direta de pedido de homologação do laudo estrangeiro ao STF (art. 35, após a EC nº 45/2004, STJ); e, por fim, a cláusula compromissória tornou-se passível de execução específica, permitindo o uso do aparato estatal para o fim de torná-la eficaz.[5]

Com relação a esse último ponto, a Lei de Arbitragem incorporou os já mencionados conceitos de compromisso arbitral[6] e cláusula compromissória,[7] equiparando seus efeitos. Para

---

Processo Civil de 1939 (arts. 1.031 a 1.035) e 1973 (art. 1.074, III) cuidaram apenas do compromisso arbitral, exigindo a especificação do litígio como requisito da convenção de arbitragem.

[3] Segunda Câmara da Corte de Apelação do Distrito Federal, *Revista Forense* 40:396-401, 1985: "A cláusula de compromisso, sem a nomeação de árbitros, ou relativa a questões eventuais, não vale senão como promessa, e fica dependente, para sua perfeição e execução, de novo e especial acordo das partes. Decreto nº 3.900, de 1867, art. 9º; Cód. Civil, arts. 1.039 e 1.040". E STF, RE nº 58.696/SP, Rel. Min. Luiz Gallotti, *DJ* 30.08.1967: "Cláusula compromissória (*pactum de compromitendo*) ainda não é o compromisso constitutivo do juízo arbitral, mas obrigação de o celebrar. Trata-se de uma obrigação de fazer, que se resolve em perdas e danos e que, como pacto de ordem privada, não torna incompetente o juiz natural das partes, se a ele recorrerem".

[4] Sob a perspectiva da arbitragem *internacional*, o cenário era ligeiramente diverso. Isso porque o Brasil foi parte do Protocolo Relativo às Cláusulas Arbitrais – celebrado em Genebra em 1923, e internalizado pelo Decreto nº 21.187/1932 –, que conferia força cogente à cláusula compromissória, equiparando seus efeitos ao do compromisso arbitral (art. 1º). Diante disso, a maior parte da doutrina brasileira defendeu que, por força do critério da especialidade, a equivalência entre a cláusula compromissória e o compromisso arbitral seria aplicável aos *contratos internacionais*, tal como consagrada pelo Protocolo de Genebra, restando ao Código de Processo Civil, que lhe era posterior, apenas a disciplina dos ajustes internos. Em outras palavras: embora o Código de Processo Civil fosse a norma geral mais recente (1939), o Protocolo (1932) poderia continuar vigendo na qualidade de regra especial, dirigida aos contratos internacionais. Na prática, porém, a jurisprudência chancelou a orientação de que o Código de Processo Civil teria revogado o Protocolo, prevalecendo assim o entendimento de que somente o compromisso vinculava as partes à arbitragem, sendo cláusula compromissória mera promessa de realizá-lo. V. Jacob Dolinger e Carmen Tiburcio, *Direito internacional privado: arbitragem comercial internacional*, 2003, p. 158.

[5] Na hipótese de cláusula compromissória "vazia" – aquela que não traz disposição alguma relativa à instituição da arbitragem, prevendo apenas a sujeição genérica à arbitragem dos conflitos decorrentes da relação contratual –, haverá necessidade do compromisso arbitral para que a arbitragem possa ser instaurada. O art. 7º da lei previu ação específica por meio da qual uma parte poderá recorrer à tutela jurisdicional para ver satisfeita a obrigação convencionada na cláusula compromissória. Isso poderá ocorrer tanto pela intimação do réu (contratante resistente quanto à instauração da arbitragem) a apresentar o compromisso arbitral como por sentença judicial que substitua a vontade da parte recalcitrante, valendo como compromisso.

[6] Lei nº 9.307/1996, art. 9º: "O compromisso arbitral é a convenção através da qual as partes submetem um litígio à arbitragem de uma ou mais pessoas, podendo ser judicial ou extrajudicial".

[7] Lei nº 9.307/1996, art. 4º: "A cláusula compromissória é a convenção através da qual as partes em um contrato comprometem-se a submeter à arbitragem os litígios que possam vir a surgir, relativamente a

afastar qualquer dúvida, o diploma legislativo explicitou que a cláusula compromissória passou a ser suficiente, por si só, para compelir judicialmente as partes eventualmente recalcitrantes a submeterem ao juízo arbitral as controvérsias pactuadas. Recusando a parte demandada a se submeter à arbitragem, a sentença que determinar sua instauração valerá como o compromisso arbitral.[8] Assim, uma vez firmada a cláusula compromissória, os contratantes ficam vinculados a este acordo, devendo cumprir a obrigação de fazer nele prevista: a instituição da arbitragem. Portanto, trata-se de importante alteração do paradigma até então vigente, pois as partes celebravam contratos com cláusula compromissória, mas esta era frequentemente ignorada após o surgimento efetivo de alguma controvérsia, e isso a critério exclusivo de qualquer uma das partes.

Nos últimos anos, o Brasil adotou medidas efetivas para estimular e conferir efetividade à prática da arbitragem como forma de solucionar litígios de natureza privada. Não apenas como alternativa à jurisdição estatal, já sobrecarregada, mas sobretudo para acelerar a inserção do país no cenário internacional, que adota a arbitragem como forma predominante de solução dos litígios.

Além da promulgação da Lei de Arbitragem, atualmente o país é parte de todas as convenções internacionais sobre o assunto[9] e todas as instâncias do Judiciário, tanto pelo STF e STJ como pelas demais instâncias, têm adotado uma clara postura usualmente referida pela doutrina como *favor arbitratis*.[10] Nesse contexto, o princípio da interpretação estrita ou restrita da cláusula arbitral é, majoritariamente, rejeitado pela doutrina brasileira. Em vez disso, o que se deve observar é a existência ou não de elementos que indiquem a vontade das partes de estarem ligadas à convenção de arbitragem. A constatação é especialmente verdadeira na seara dos contratos internacionais, o que já foi reconhecido em julgamento no Superior Tribunal de Justiça.[11]

---

tal contrato. § 1º A cláusula compromissória deve ser estipulada por escrito, podendo estar inserta no próprio contrato ou em documento apartado que a ele se refira. § 2º Nos contratos de adesão, a cláusula compromissória só terá eficácia se o aderente tomar a iniciativa de instituir a arbitragem ou concordar, expressamente, com a sua instituição, desde que por escrito em documento anexo ou em negrito, com a assinatura ou visto especialmente para essa cláusula".

[8] Lei nº 9.307/1996, art. 7º: "Existindo cláusula compromissória e havendo resistência quanto à instituição da arbitragem, poderá a parte interessada requerer a citação da outra parte para comparecer em juízo a fim de lavrar-se o compromisso, designando o juiz audiência especial para tal fim. (...) § 7º A sentença que julgar procedente o pedido valerá como compromisso arbitral".

[9] O Brasil é parte dos seguintes tratados sobre arbitragem: (1) o Protocolo de Genebra (1923), que equipara a cláusula compromissória ao compromisso, e (2) o Código Bustamante (1928), que trata da homologação dos laudos proferidos no exterior. Há menos tempo, o Brasil ratificou (3) a Convenção Interamericana sobre Arbitragem Comercial Internacional (1975), com a mesma regra do (4) Protocolo de Genebra, e a Convenção Interamericana sobre Eficácia Extraterritorial das Sentenças e Laudos Arbitrais Estrangeiros (1979), enumerando os requisitos para a homologação de laudos arbitrais proferidos no exterior. No Mercosul, o Brasil é Parte do (5) Protocolo de Cooperação e Assistência Jurisdicional em Matéria Civil, Comercial, Trabalhista e Administrativa (1992), o famoso *Protocolo de Las Leñas*, e (6) do Acordo sobre Arbitragem Comercial Internacional do Mercosul (1998). Adicionalmente, o Congresso aprovou o texto do Acordo sobre Arbitragem Comercial Internacional entre o Mercosul, a Bolívia e o Chile (Dec. Leg. nº 483/2001). (7) à Convenção da ONU sobre Reconhecimento e Execução de Laudos Arbitrais Estrangeiros (Nova Iorque, 1958), e a mais importante convenção internacional sobre a matéria.

[10] Carmen Tiburcio, O desenvolvimento da arbitragem no mundo e no Brasil. In: Wagner Menezes (org.), *O direito internacional e o direito brasileiro: homenagem a José Francisco Rezek*, 2004, p. 762: "Hoje o Judiciário está encarando a arbitragem como uma alternativa viável para solucionar a maior parte das controvérsias entre pessoas físicas e jurídicas de Direito Privado, adotando, claramente, na maior parte das situações, uma posição *favor arbitratis* ou *favor validitatis*, à semelhança dos Judiciários de países em que a arbitragem é praticada desde há muito, como na França e na Suíça (...)".

[11] STJ, SEC nº 856/EX, Rel. Min. Carlos Alberto Menezes Direito, *DJU* 27.06.2005: "sabido que no comércio internacional a prática é a de submeter os conflitos decorrentes da execução do contrato ao regime

Em 2015, a Lei nº 13.129 trouxe algumas alterações à Lei nº 9.307 – *e.g.* admissibilidade da arbitragem envolvendo a administração pública e da arbitragem em matéria societária com a possibilidade de saída do acionista que com ela não concorda, previsão da carta arbitral –, mas nenhuma específica à arbitragem estrangeira ou internacional.

## ARBITRAGEM INTERNACIONAL

### Definição

A expressão *arbitragem internacional* engloba três modalidades diversas: a arbitragem de direito internacional público, a arbitragem de investimentos e a arbitragem comercial internacional. A seguir, suas principais características.

*A) Arbitragem Internacional de Direito Internacional Público*

As arbitragens regidas pelo direito internacional público são iniciadas pela celebração de um tratado internacional, denominado também *compromisso arbitral*, que deve seguir todos os trâmites exigidos para a celebração de qualquer tratado internacional.[12] Esse compromisso arbitral deve conter os seguintes elementos: 1) descrição do objeto do litígio; 2) determinação do direito aplicável; 3) designação do(s) árbitro(s) escolhido(s) pelas partes para a solução da controvérsia; 4) os prazos e regras de procedimento do Tribunal Arbitral; e 5) o compromisso de que as partes cumprirão fielmente, como regra jurídica mandamental, o laudo arbitral a ser proferido.[13]

Tais arbitragens são processadas e decididas com base no direito internacional público. Como o laudo arbitral tem força mandamental, em decorrência de tratado celebrado, a decisão nele contida deve ser cumprida voluntariamente, de boa-fé, pelas partes que integraram o litígio sob pena de incorrerem em ilícito internacional.[14]

Historicamente, o Brasil tem tradição na participação em arbitragens dessa natureza, como parte ou árbitro, sobretudo no que se refere a questões de fronteira.[15]

---

da arbitragem". Ver, também, comentário sobre a decisão em Carmen Tiburcio, Sentença Estrangeira Contestada nº 856, *Revista Brasileira de Direito do Petróleo, Gás e Energia* 1:364-5, 2006.

[12] Ver Capítulo III.

[13] Vide J. F. Rezek, *Direito Internacional Público – Curso Elementar*, 2011, p. 397-398.

[14] Vide J. F. Rezek, *Direito Internacional Público – Curso Elementar*, 2011, p. 400.

[15] Hidelbrando Accioly e Geraldo Eulálio do Nascimento e Silva destacam as situações em que o Brasil atuou como árbitro: "1º) questão do Alabama, entre os Estados Unidos da América e a Grã-Bretanha, resultante de fatos ocorridos durante a guerra de secessão americana; 2º) reclamações mútuas franco--americanas, por danos causados pelas autoridades civis ou militares dos Estados Unidos da América e da França, quer durante a guerra de secessão, quer durante a expedição do México, a guerra franco--prussiana, de 1870, e a Comuna; 3º) reclamações da França, Itália, Grã-Bretanha, Alemanha etc., contra o Chile, por danos sofridos por nacionais dos países reclamantes, como consequência de operações de guerra na Bolívia e no Peru". Os autores listam, ainda, as situações em que o Brasil figurou como parte: "1) controvérsias entre o Brasil e a Grã-Bretanha, a propósito da prisão no Rio de Janeiro de oficiais da fragata inglesa Forte; 2) questão entre o Brasil e os Estados Unidos da América, relativa ao naufrágio da galera americana Canadá, nos recifes das Garças, nas costas do Rio Grande do Norte; 3) reclamação da Suécia e da Noruega, por motivo do abalroamento da barca norueguesa Queen, pelo monitor brasileiro Pará, no porto de Assunção; 4) reclamação apresentada pela Grã-Bretanha, em nome de Lord Cochrane, Conde de Dundonald, para o pagamento de serviços prestados pelo pai do referido Lord (Almirante Cochrane) à causa da independência do Brasil; 5) questão de limites entre o Brasil e a Argentina, referente ao território de Palmas; 6) questão de limites, entre o Brasil e a França, referente ao território do Amapá (na fronteira do Brasil com a Guiana Francesa); 7) questão de limites, entre o Brasil e a Grã-Bretanha, referente à fronteira do Brasil com a Guiana Britânica; 8) reclamações brasileiro-bolivianas, oriundas

Questiona-se se somente a República Federativa do Brasil ou também as suas subdivisões podem participar de arbitragens regidas pelo direito internacional público. No caso brasileiro, como as subdivisões políticas e administrativas do Estado não têm personalidade de direito internacional,[16] não podem celebrar tratados e assim estão excluídas dessa modalidade de arbitragem.

Atualmente, a República Federativa do Brasil tem participado como parte em arbitragens dessa natureza, principalmente no âmbito do Mercosul,[17] com base em tratados regularmente ratificados pelo país.

## B) Arbitragem de Investimentos

No que se refere a controvérsias entre Estados e investidores estrangeiros, destaca-se o *International Centre for Settlement of Investment Disputes* (ICSID), criado pela Convenção de Washington (*Convention on the Settlement of Investment Disputes between States and Nationals of Other States*), que entrou em vigor em 14 de outubro de 1966.

O ICSID, apesar de ser uma organização internacional com funcionamento independente, está ligado ao Banco Mundial, que criou a instituição com a finalidade de facilitar a resolução das disputas relativas a investimentos entre Estados e investidores estrangeiros, a fim de promover o aumento do fluxo dos investimentos internacionais.

A Convenção de Washington, que criou o ICSID, possui atualmente 159 Estados-membros,[18] mas o Brasil não é parte desse sistema de solução de controvérsias. Todos os Estados-membros, independentemente de serem partes na disputa submetida à arbitragem, estão obrigados a reconhecer e executar os laudos proferidos pelo ICSID, sendo, portanto, uma arbitragem regida e instaurada com fundamento em tratado, apesar de envolver partes privadas em face do Estado nacional. A Convenção determina, porém, que ao mérito se deve aplicar a lei do Estado envolvido (art. 42), a qual pode ser mitigada com regras de direito internacional público.

Além de regular procedimentos no âmbito da Convenção, o ICSID possui a chamada "Additional Facility Rules", que permite a realização de arbitragens entre Estados e investido-

---

da questão do Acre; 9) reclamações brasileiro-peruanas, resultantes de fatos ocorridos no Alto Juruá e no Alto Purus". Hidelbrando Accioly, Geraldo Eulálio do Nascimento e Silva e Paulo Casella, *Manual de Direito Internacional Público*, 2015, p. 863-864.

[16] Carmen Tiburcio e Luís Roberto Barroso, *Direito Constitucional Internacional*, 2013, p. 129 e ss.

[17] O Brasil já participou de algumas arbitragens de cunho econômico no Mercosul, a saber: (i) ARGENTINA (Parte Reclamante) X BRASIL (Parte Reclamada), em 1999, sobre aplicação de medidas restritivas ao comércio recíproco; (ii) ARGENTINA (Reclamante) X BRASIL (Reclamada), em 1999, sobre subsídios à produção e exportação de carne de porco; (iii) BRASIL (Reclamante) X ARGENTINA (Reclamada), em 2000, relativamente à aplicação de medidas de salvaguarda sobre produtos têxteis originários do Brasil pelo Ministério de Economia e Obras e Serviços Públicos da Argentina; (iv) BRASIL (Reclamante) X ARGENTINA (Reclamada), em 2001, sobre aplicação de medidas *antidumping* contra a exportação de frangos inteiros, provenientes do Brasil; (v) URUGUAI (Reclamante) X BRASIL (Reclamada), 2002, sobre a não concessão de licenças de importação pelo Brasil de pneumáticos recauchutados e usados provenientes do Uruguai; (vi) ARGENTINA (Reclamante) X BRASIL (Reclamada), 2002, sobre barreiras aos produtos fitossanitários argentinos no Brasil, pela não incorporação de Resoluções do Grupo Mercado Comum; e (vii) 7) URUGUAI (Reclamante) X BRASIL (Reclamada), 2005, sobre medidas discriminatórias e restritivas ao comércio de tabaco e produtos derivados.

[18] A página do ICSID na Internet contém uma lista dos Estados ratificantes: https://icsid.worldbank.org/apps/ICSIDWEB/icsiddocs/Documents/List%20of%20Contracting%20States%20and%20Other%20Signatories%20of%20the%20Convention%20-%20Latest.pdf.

res fora do escopo da Convenção, ou seja, envolvendo um Estado que não seja parte dela ou um investidor de país que não tenha ratificado a Convenção. Essas arbitragens são, todavia, regidas por critérios distintos.

Primeiramente, a lei aplicável ao mérito da arbitragem não é necessariamente a lei do Estado nacional envolvido. O art. 42 estabelece que os árbitros podem recorrer à lei indicada pelas regras de conflito de leis que eles julgarem aplicáveis ou às regras de direito internacional que considerarem adequadas ao caso. Ademais, como essas arbitragens não são regidas por um tratado, as decisões proferidas também se sujeitam, no Brasil, ao sistema da homologação pelo STJ.

A utilização da arbitragem para solução de controvérsias entre Estados e empresas privadas é um atrativo da política de investimentos internacionais,[19] pois retira o julgamento da controvérsia da esfera da apreciação do Judiciário do país hospedeiro, parte na disputa, em prol de um foro neutro.[20]

## C) Arbitragem Comercial Internacional

Aqui se está diante de uma definição por exclusão: todas as arbitragens que não se enquadram na definição de arbitragem regida pelo direito internacional público ou na de investimentos com base em tratado internacional, e que digam respeito a questões de comércio internacional, se enquadram nessa categoria. Essas arbitragens podem ser regidas pelo direito interno de algum país, regras costumeiras ou princípios de comércio internacional, de que são exemplos os princípios da UNIDROIT ou a Convenção da ONU sobre Venda Internacional de Mercadorias (CISG). Os laudos proferidos no âmbito dessas arbitragens, caso o sejam no exterior, estarão sujeitos à homologação pelo STJ para produzir efeitos no Brasil.

## ARBITRAGEM COMERCIAL INTERNACIONAL NO DIREITO COMPARADO

A França utiliza de forma distinta os conceitos de arbitragem doméstica, estrangeira e internacional. Esta última recorre ao elemento econômico do caso em questão. Portanto, uma arbitragem será internacional quando disser respeito a qualquer negócio jurídico que envolva movimento de mercadorias, serviços ou pagamentos para além das fronteiras nacionais, ou que tenha vinculação com a economia ou moeda de pelo menos dois países, independentemente da nacionalidade das partes ou árbitros, da sede da arbitragem ou da lei aplicável.[21] Esse conceito foi expressamente inserido no Código de Processo Civil francês, art. 1.492, na reforma de 1981. Segundo a legislação e jurisprudência francesas, a arbitragem internacional é regida por regras menos rígidas do que as arbitragens domésticas. Com base nessa distinção, arbitragens em matéria consumerista ou envolvendo o Estado francês têm sido admitidas no plano internacional, ainda que vedadas domesticamente.

A Corte de Cassação francesa, no Caso *Jaguar*, apreciou questão relativa a contrato de consumo, envolvendo consumidor francês, domiciliado na França e construtor britânico, do automóvel Jaguar, fabricado sob encomenda. Na hipótese, as partes firmaram contrato

---

[19] Sobre investimentos, vide Marilda Rosado de Sá Ribeiro, Direito dos Investimentos e o Petróleo, *Revista da Faculdade de Direito da UERJ*, 2010, v. 1, n. 18, disponível em: http://www.e-publicacoes.uerj.br/index.php/rfduerj/article/view/1360/1148.

[20] V. Carolyn B. Lamm, *Internationalization of the practice of law and important emerging issues for investor--state arbitration*, 2011, curso de abertura da sessão de Direito Internacional Privado na Academia de Direito Internacional da Haia.

[21] Fouchard, Gaillard, Goldman, *On international commercial arbitration*, 1999, p. 57.

de compra e venda do referido veículo, transmitido ao construtor britânico pela sociedade Jaguar França, com cláusula compromissória determinando arbitragem em Londres. A Corte de Apelação de Paris, procurada pelo consumidor francês em 1994, declarou a cláusula válida e, assim, se considerou incompetente para conhecer da questão que lhe foi submetida. O consumidor, inconformado diante da regra que impede a arbitragem nos contratos de consumo puramente domésticos, recorreu à Corte de Cassação, que manteve a decisão da Corte de Apelação, nos seguintes termos:

> "Dès lors qu'un contrat met en cause des intérêts du commerce international, peu importe que l'une des parties ait fait l'achat objet du contrat pour son usage personnel, la clause compromissoire stipulée doit recevoir application en vertu de l'indépendence d'une telle clause en droit international sous la seule réserve des règles d'ordre public international".[22]

Ainda no campo da arbitragem internacional, o Judiciário francês inicialmente teve dificuldades quanto à determinação da autoridade competente para decidir sobre a validade do laudo em arbitragens dessa natureza. A princípio, os tribunais franceses entendiam que o fato de a arbitragem ter se processado na França não acarretava automaticamente a competência dos tribunais franceses para declarar a nulidade do laudo, mas esse entendimento foi posteriormente alterado.

Representativo da fase inicial é o caso do estaleiro sueco *Götaverken*, que celebrou com a *Lybian General Maritime Transport Organization* contratos de construção e entrega de três petroleiros, com cláusula de arbitragem CCI em Paris. Depois que os petroleiros foram construídos, a empresa líbia se recusou a aceitá-los sob a alegação de que a empresa sueca havia violado a lei líbia e as ordens sobre o boicote a Israel, e que os navios tinham desvios técnicos em comparação com as especificações contratuais. Os três árbitros aplicaram a lei sueca, por ser a lei do lugar da execução do contrato e decidiram em favor da empresa sueca. A empresa líbia requereu a nulidade do laudo perante a Corte de Apelação em Paris, a qual decidiu, em 1980, que não tinha competência para julgar a causa, pois não se podia considerar o laudo como de nacionalidade francesa, eis que baseado em lei processual de outro país e sem ligação alguma com a França. O entendimento da Corte era de que a arbitragem verdadeiramente internacional não podia estar subordinada às leis e cortes francesas, do lugar da arbitragem, para sua declaração de nulidade.[23]

Em 1981, o direito francês sobre a matéria foi reformado e o art. 1.504 do Código Processual Civil passou a determinar que "la sentence arbitrale rendue en France en matière d'arbitrage international peut faire l'objet d'un recours en annulation dans les cas prévues à l'article 1502". Assim, mesmo o laudo proferido em uma arbitragem internacional atualmente é passível de ser declarado nulo pelo Judiciário francês, caracterizando-se claramente a competência do Judiciário da sede da arbitragem para declarar sua nulidade.

Exprime essa alteração a decisão da Corte de Apelação de Paris, em 1990, no Caso *Société Courrèges Design c. Société André Courrèges*. O tribunal arbitral havia determinado que os direitos sobre a marca voltariam à empresa André Courrèges, então controlada por um grupo japonês, o que contrariava a decisão das autoridades públicas francesas. O laudo foi considerado contrário à ordem pública internacional por violar as regras de controle de autoridades públicas sobre investimentos estrangeiros e foi julgado nulo pelo Judiciário francês.[24]

---

[22] Cass. Civ 1re, 21.05.1997, nota de Emmanuel Gaillard, *Revue de l'Arbitrage*, 1997, vol. 4, p. 538-543.
[23] Casos nº 2.977, 2.978 e 3.033 (1978), *Collection of ICC Arbitral Awards 1974-1985*, 1990, p. 58; e J. Gillis Wetter, *International Arbitral Process*, 1979, v. II, p. 178-198; *Journal de Droit International*, 1980, p. 660.
[24] *Revue Critique de Droit International Privé*, 1991, v. 80, p. 580.

Em janeiro de 2011, foi publicado o Decreto nº 2011-48, que trouxe profundas modificações ao sistema da arbitragem interna e internacional na França, incorporando principalmente as inovações sobre o assunto já anteriormente adotadas pela jurisprudência e sugeridas pela doutrina. Digno de nota é o art. 1.522 do Código de Processo Civil francês, com a redação atual, que permite que as partes possam afastar contratualmente, no caso da arbitragem internacional sediada na França, a propositura da ação de anulação do laudo, nos moldes do que já existe em outros países. Assim, caso essa opção seja feita, o laudo proferido na França não mais será passível de anulação naquele país.

Essa possibilidade conferida aos participantes de uma arbitragem internacional se justifica em virtude do fato de que tais laudos serão executados em outro país, onde estarão sujeitos ao controle com base na convenção de Nova York, art. V. Portanto, ainda que não sejam passíveis de anulação na França, o laudo pode ser afastado no país de sua execução, caso esteja presente algum dos requisitos previstos na referida convenção.

Esse mesmo sistema é admitido na Suíça, Suécia, Tunísia e na Bélgica, entre outros. Na Suíça, a Lei de Direito Internacional Privado de 1987 prevê essa possibilidade expressamente no art. 192(1);[25] na Suécia, na seção 51 da Lei de 1999;[26] na Tunísia, no art. 78(6)[27] do Código de Arbitragem da Tunísia; e na Bélgica na Lei de 1998.[28]

## ARBITRAGEM COMERCIAL INTERNACIONAL NO BRASIL

Anteriormente à promulgação da Lei nº 9.307/1996, a legislação brasileira não possuía qualquer definição acerca da sede da arbitragem e, consequentemente, da distinção entre arbitragem interna e internacional. Entretanto, segundo o entendimento jurisprudencial, subentendia-se já que o critério adotado era o geográfico, pois o STF homologava laudos arbitrais proferidos *no exterior* desde que o laudo estrangeiro tivesse sido homologado pelo Judiciário estrangeiro (sistema do duplo *exequatur*).[29]

No entanto, esse entendimento não era pacífico na jurisprudência brasileira. O STJ enfrentou esse ponto no REsp nº 616,[30] cuja discussão principal dizia respeito à exigibilidade do compromisso em arbitragens internacionais. Tratava-se de arbitragem com sede no Brasil

---

[25] Art. 192: "X. Waiver of annulment. 1. If none of the parties have their domicile, their habitual residence, or a business establishment in Switzerland, they may, by an express statement in the arbitration agreement or by a subsequent written agreement, waive fully the action for annulment or they may limit it to one or several of the grounds listed in Art. 190(2)".

[26] The Swedish Arbitration Act (SFS 1999:116), section 51: "Where none of the parties is domiciled or has its place of business in Sweden, such parties may in a commercial relationship through an express written agreement exclude or limit the application of the grounds for setting aside an award as are set forth in section 34. An award which is subject to such an agreement shall be recognised and enforced in Sweden in accordance with the rules applicable to a foreign award".

[27] Lei nº 93-42/93, citada por Hamid G. Gharavi, *The international effectiveness of the annulment of an arbitration award*, 2002, p. 24. Art. 78(6): "Les parties qui n'ont en Tunisie, ni domicile, ni résidence principale ni établissement, peuvent convenir expressément, d'exclure tout recours, total ou partiel, contre toute décision du tribunal arbitral. Si elles demandent la reconnaissance et l'exécution sur le territoire tunisien de la sentence arbitrale ainsi rendue, il est fait obligatoirement application des articles 80, 81 et 82 du présent code".

[28] Lei de 19 de maio de 1998, que modifica as disposições do Código judiciário relativas à arbitragem, citada por Hamid G. Gharavi, *The international effectiveness of the annulment of an arbitration award*, 2002, p. 23-24.

[29] STF, SE nº 2.006, Rel. Min. Oswaldo Trigueiro, *DJ* 21.12.1971.

[30] STJ, REsp nº 616/RJ, Rel. Min. Claudio Santos, Rel. p/ acórdão Min. Gueiros Leite, *DJ* 13.08.1990.

envolvendo empresa brasileira e empresa norueguesa, fundada no Regulamento da Comissão Interamericana de Arbitragem Comercial (CIAC). No caso, as partes iniciaram a arbitragem sem que tivesse sido celebrado compromisso arbitral, exigido pela orientação que prevalecia a época.[31] Ambas participaram do procedimento e, ao final, a parte perdedora alegou a sua nulidade em virtude da ausência do compromisso.

Nessa decisão discutiu-se a distinção entre arbitragem interna e internacional. No voto do relator, Min. Cláudio Santos, qualificou-se como internacional (devendo o laudo arbitral ser homologado pelo STF) hipótese na qual a cláusula arbitral estava inserida em um contrato internacional, não obstante a arbitragem possuir sede no Rio de Janeiro e nesta cidade ter sido proferido o laudo. Para caracterização do contrato como internacional, o Ministro utilizou o critério da finalidade do contrato, e não o critério geográfico.

Atualmente, a Lei de Arbitragem também não define expressamente a sede da arbitragem, mencionando, todavia, por diversas vezes, "o local onde a decisão é proferida". Assim, o art. 10, IV, da Lei, ao mencionar os requisitos essenciais do compromisso, exige referência ao "lugar em que será proferida a sentença arbitral". O art. 34, parágrafo único, define arbitragem estrangeira como "a que tenha sido proferida fora do território nacional". Ademais, o art. 38, ao tratar do reconhecimento de laudos proferidos no exterior, no inciso II, determina que é possível negar o reconhecimento quando a convenção de arbitragem não é válida "em virtude da lei do país onde a sentença arbitral foi proferida". No inciso VI, a Lei determina que também é possível negar o reconhecimento quando "a sentença arbitral não se tenha, ainda tornado obrigatória para as partes, tenha sido anulada, ou, ainda, tenha sido suspensa por órgão judicial do país onde a sentença arbitral foi prolatada".

A sede é o centro de gravidade ou, como os ingleses e americanos denominam, o "juridical home" da arbitragem.[32] O conceito de sede da arbitragem coincide, como regra, com o lugar onde o laudo é proferido, como se observa, inclusive, a partir de algumas regras de arbitragem e leis estrangeiras.[33]

Há precedentes interessantes, todavia, que relatam hipóteses em que o laudo foi proferido em local diverso da sede. Quando da propositura da ação de anulação do laudo, surgiram dúvidas acerca do Judiciário competente para tal, tendo em vista a regra aceita no direito internacional de que o Judiciário do país da sede tem competência exclusiva para tais ações. A dúvida, no caso, envolveu a seguinte questão: seriam competentes as cortes do lugar em que o laudo foi proferido ou as do local escolhido (pelas partes ou pelo tribunal) como sede da arbitragem?

A França enfrentou a questão nos casos *Chimimportexport*[34] e *Béton v. Libye*,[35] entre outros. No primeiro caso, o laudo fora proferido na Bélgica, mas a sede da arbitragem era

---

[31] Jacob Dolinger e Carmen Tiburcio, *Direito Internacional Privado: Arbitragem Comercial Internacional*, 2003, p. 150 e ss.

[32] IBA Guidelines for Drafting International Arbitration Clauses, comentários, 2010, p. 12.

[33] Regras de Arbitragem da CCI, Art. 25.3: "Considera-se que a sentença tenha sido proferida no local da arbitragem e na data nela expressa"; Regras da Câmara de Estocolmo, Art. 20: "Seat of Arbitration (1) Unless agreed upon by the parties, the Board shall decide the seat of arbitration; (2) (...) If any hearing, meeting, or deliberation is held elsewhere than at the seat of arbitration, the arbitration shall be deemed to have taken place at the seat of arbitration; (3)The award shall be deemed to have been made at the seat of arbitration"; Regras da UNCITRAL, art. 18, 1: "1. (...) The award shall be deemed to have been made at the place of arbitration".

[34] *Chimimportexport v. Tournant Thierry*, CA Versailles, 1e Ch, 1e Sec, Jan.14, 1987, citado por Fouchard, Gaillard, Goldman, *On international commercial arbitration*, 1999, p. 772, nota 194".

[35] *Procédés de préfabrication pour le béton v. Libye*, Corte de Apelação de Paris, 28.10.1997: "mais considérant que le siège de l'arbitrage est une notion purement juridique, important d´importantes conséquences et

Paris e o Judiciário francês considerou o laudo como tendo sido feito na França para fins da propositura da ação de anulação. No caso *Béton*, a Corte de Apelação de Paris seguiu o mesmo critério, priorizando a sede em detrimento do lugar em que o laudo foi proferido. No caso *Hiscox*, a Câmara dos Lordes britânica chegou à mesma conclusão: o laudo proferido em Paris em arbitragem sediada em Londres seria passível de anulação pelo Judiciário britânico.[36]

No art. 34, parágrafo único, prevê a Lei brasileira: "Considera-se sentença arbitral estrangeira a que tenha sido proferida fora do território nacional". Esse dispositivo, que define laudos estrangeiros para os fins de homologação pelo STJ, determina que se sujeitam à homologação os laudos proferidos fora do território nacional. Daí conclui-se que: 1) os laudos proferidos no Brasil, mesmo envolvendo empresas estrangeiras, relativamente a contratos celebrados ou executados no exterior, estão regidos pelo art. 31 da Lei, sendo considerados títulos executivos judiciais, e assim já possuem eficácia sentencial; 2) os laudos proferidos no exterior, ainda que envolvam empresas brasileiras, contratos celebrados e executados no Brasil, serão considerados estrangeiros e estão, portanto, condicionados à homologação prevista no art. 35 da Lei para produção de efeitos no Brasil.

Nesse sentido, nota-se que, mesmo que a arbitragem tenha transcorrido toda em território nacional (audiências, reuniões), caso a sentença arbitral tenha sido proferida fora do Brasil, será estrangeira. Logo, o local em que o laudo é proferido é capaz de influenciar a execução da decisão, pois pode impor o ônus da homologação pelo STJ.

A nacionalidade do laudo foi examinada por decisão de 2006 do STJ, proferida no Brasil no contexto de uma arbitragem institucional CCI. Como nessas arbitragens a indicação do árbitro único ou do terceiro árbitro geralmente incumbe à Corte Internacional de Arbitragem, que tem sede em Paris, bem como o escrutínio da sentença arbitral, alegou a parte perdedora que se tratava de arbitragem estrangeira em razão da sede da Corte. O STJ decidiu que se tratava de arbitragem doméstica, pois o laudo fora proferido no Brasil e, portanto, seria dispensável a homologação, sendo a decisão considerada título executivo judicial.[37]

Deve-se ressaltar que no Brasil não é comum a distinção entre arbitragem internacional e arbitragem estrangeira. A lei trata somente da arbitragem interna e da estrangeira, motivo pelo qual alguns autores equiparam a arbitragem internacional à arbitragem estrangeira.

## DISPOSIÇÕES DA LEI DE ARBITRAGEM BRASILEIRA EM MATÉRIA DE ARBITRAGEM ESTRANGEIRA OU INTERNACIONAL

Sem dúvida, a lei brasileira inovou no tratamento da arbitragem estrangeira ou internacional. Além da própria conceituação, a lei ocupou-se em deixar claro que os tratados sobre a matéria prevalecem sobre a legislação interna (Lei de Arbitragem, art. 34). Portanto, o legislador ordinário determinou que as regras sobre reconhecimento de sentenças arbitrais estrangeiras

---

notamment la compétence des juridictions étatiques pour connaître des recours en annulation, sous la dépendance de la volonté des parties, et non une notion matérielle dépendant du lieu où l'audience a été tenue ou du lieu effectif de la signature de la sentence, susceptibles de varier au gré de la fantaisie ou de la maladresse des arbitres; qu'en l'espéce, en l'absence d' accord exprès des parties et alors que la constitution d' un second tribunal n'avait pas entraîné une reprise de la procédure, le fait que les ordonnances de procédure aient été rendues à Paris, que les réunions et les audiences se soient tenues dans cette ville n'est pas de nature à emporter un changement de siège de l'arbitrage". Como comentado, a expressão "onde o laudo foi proferido" deve ser compreendida como "onde deveria ter sido proferido". Hamid G. Gharavi, *The international effectiveness of the annulment of an arbitral award*, 2002, p. 5.

[36] *Hiscox v. Outhwaite* [1992] 1 A.C. 562.
[37] STJ, REsp nº 1.231.554/RJ, Rel. Min. Nancy Andrighi, *DJe* 01.06.2006.

previstas na lei só serão aplicadas na ausência de tratado dispondo sobre o tema. Trata-se de interessante regra de prevalência do direito internacional sobre o interno, estabelecida pelo próprio legislador doméstico.

Entre os tratados internacionais, é de se destacar a Convenção de Nova York cujo grande mérito consiste no fato de ter sido ratificada por mais de 150 países, o que significa que há um "direito uniforme" em matéria de reconhecimento e execução de laudos arbitrais estrangeiros.[38]

Importante regra está prevista no nº 3, do art. I, que determina que, quando da assinatura, ratificação ou adesão à Convenção, qualquer Estado poderá declarar que aplicará a Convenção ao reconhecimento e à execução de sentenças proferidas unicamente no território de outro Estado-membro, ou quanto a divergências oriundas de questões comerciais. Não obstante essa possibilidade, o Brasil não fez qualquer reserva quando da ratificação da Convenção de Nova York.

Assim, como o Brasil não fez reservas, a Convenção está em vigor em toda a sua amplitude, ou seja, regendo o reconhecimento e execução no Brasil dos laudos arbitrais proferidos tanto nos Estados-membros quanto em Estados não membros.[39] Conclui-se, portanto, que, com a vigência da Convenção de Nova York no País, não há mais a possibilidade de aplicação dos arts. 38 e 39 da Lei de Arbitragem, e a aplicação das outras convenções só se justifica pelo critério da especialidade.

O art. V da Convenção é de vital importância, uma vez que enumera taxativamente as cinco hipóteses em que o reconhecimento e a execução poderão ser indeferidos. Todavia, verifica-se que, no caso específico do Brasil, esse art. V não vem alterar a disciplina do reconhecimento e da execução dos laudos arbitrais estrangeiros, pois ele enumera exatamente as mesmas hipóteses previstas nos arts. 38 e 39 da Lei de Arbitragem.

O art. V também prevê a ordem pública local como hipótese de indeferimento do pedido de homologação de sentença arbitral estrangeira (art. V.2.b). No caso Abengoa, que envolve pedido de homologação de sentenças arbitrais condenatórias proferidas nos Estados Unidos, o STJ concluiu que as referidas decisões homologandas feririam a ordem pública brasileira por conta da violação dos deveres de imparcialidade e independência do árbitro presidente – que era sócio sênior do escritório de advocacia que, na vigência dos procedimentos arbitrais, recebeu honorários advocatícios de US$ 6.5 milhões de uma das partes.

Registre-se que o STJ indeferiu a homologação a despeito de ter sido julgada improcedente a ação anulatória ajuizada nos Estados Unidos.[40]

Recentemente, submeteu-se ao Superior Tribunal de Justiça pedido de homologação de laudo arbitral estrangeiro anulado pelo Judiciário argentino. Ao apreciar o pedido, o Tribunal, aplicando os arts. 38, VI, da Lei de Arbitragem e V, I, e da Convenção de Nova Iorque, indeferiu o pedido de homologação.[41]

---

[38] A lista de Estados ratificantes está disponível no site http://www.newyorkconvention.org/contracting-states/list-of-contracting-states.

[39] Note-se que metade dos Estados ratificantes fez a reserva de reciprocidade, inclusive a França, país onde a arbitragem tem um papel de destaque, demonstrando que, quanto a esse ponto, o Brasil adotou uma postura bastante ousada, pró-arbitragem. V. Fouchard, Gaillard e Goldman, *Traité de l'Arbitrage Commercial International*, 1996, p. 149.

[40] STJ, SEC nº 9.412, Rel. p/ acórdão Min. João Otávio de Noronha, *DJ* 30.05.2017.

[41] STJ, SEC nº 5.781/EX, Rel. Min. Jorge Mussi, *DJ* 16.12.2015: "A legislação aplicável à matéria, Convenção de Nova York, artigo V(1)(e) do Decreto n. 4.311/2002; Convenção do Panamá, artigo 5(1)(e) do Decreto n. 1.902/1996); Lei de Arbitragem Brasileira, artigo 38, inciso VI, da Lei n. 9.307/1996; e Protocolo de Las Leñas, artigo 20(e) do Decreto n. 2.067/1996, todos internalizados no ordenamento jurídico brasileiro,

## DISPENSA DA HOMOLOGAÇÃO JUDICIAL NO PAÍS DE ORIGEM DO LAUDO ARBITRAL

Antes da Lei nº 9.307/1996, os laudos arbitrais estrangeiros deviam necessariamente ser homologados no país de origem antes de serem submetidos à homologação pelo Supremo Tribunal Federal. Esse era o entendimento predominante do STF, que exigia a dupla homologação dos laudos arbitrais estrangeiros para que tivessem eficácia no País,[42] e prevalecia mesmo nos casos de laudos provenientes de Estado estrangeiro que não exigia tal providência, ou seja, mesmo que fossem exequíveis no país de origem, independentemente de homologação. O fundamento teórico de tal posição era o de que o laudo arbitral não se equiparava à sentença judicial, e que somente as sentenças estrangeiras eram passíveis de homologação pelo STF.

Observe-se que não havia qualquer preceito de lei em vigor que se referisse à homologação de laudos arbitrais, mas somente de sentenças estrangeiras. Nesse sentido, quando o STF validava tão somente laudos que tivessem sido homologados no país em que foram proferidos, estava, em verdade, legitimando a sentença judicial que havia ratificado o laudo, e não o laudo em si.

Esta linha jurisprudencial, aparentemente, teve a sua origem no Decreto nº 6.982, de 1878, que exigia em seu art. 13 a prévia homologação judicial:

"Art. 13º São também exequíveis no Brasil, mediante as formalidades deste decreto, as sentenças arbitrais homologadas pelos Tribunais estrangeiros".

Nesse sentido, a sentença estrangeira homologatória do laudo, para ser homologada pelo STF – autoridade competente para homologação à época – devia obedecer aos mesmos requisitos exigidos para a validação de sentenças estrangeiras previstos no art. 15 da então Lei de Introdução às Normas do Direito Brasileiro (LINDB).[43]

O sistema da dupla homologação ou duplo *exequatur* trouxe inconvenientes ao desenvolvimento da arbitragem no Brasil, especialmente porque em muitos países sequer se conhece o instituto da "homologação de laudo arbitral", eis que se atribui eficácia imediata ao laudo, independentemente de qualquer ato posterior pelo Poder Judiciário, inviabilizando o cumprimento da exigência feita pelo STF.

---

não deixa dúvidas quanto à imprescindibilidade da sentença estrangeira, arbitral ou não, ter transitado em julgado para ser homologada nesta Corte Superior, comungando a doutrina pátria do mesmo entendimento. 4. O Regimento Interno deste Sodalício prevê o atendimento do mencionado requisito para a homologação de sentença estrangeira, arbitral ou não, conforme se depreende do *caput* do artigo 216-D do RI/STJ. 5. O procedimento homologatório não acrescenta eficácia à sentença estrangeira, mas somente libera a eficácia nela contida, internalizando seus efeitos em nosso País, não servindo, pois, a homologação de sentença para retirar vícios ou dar interpretação diversa à decisão de Estado estrangeiro. Precedentes desta Corte Superior e do Supremo Tribunal Federal. 6. Na hipótese sob exame, sendo nulo na Argentina o presente laudo arbitral por causa de decisão judicial prolatada naquele País, com trânsito em julgado devidamente comprovado nos autos, nula é a sentença arbitral no Brasil que, por isso, não pode ser homologada".

[42] STF, *RTJ* 54/714, SE nº 1.982/USA, Rel. Min. Thompson Flores, j. 03.06.1970: "Sentença estrangeira. Pedido de homologação negado. Proferida a decisão por juízo arbitral, órgão privado, "American Arbitration Association", sem homologação de qualquer Tribunal Judiciário ou Administrativo, no país de origem, não merece a homologação pelo Supremo Tribunal Federal. Indeferimento".

[43] Art. 15: "Será executada no Brasil a sentença proferida no estrangeiro que reúna os seguintes requisitos: a) haver sido proferida por juiz competente; b) terem sido as partes citadas ou haver-se legalmente verificado a revelia; c) ter passado em julgado e estar revestida das formalidades necessárias para a execução no lugar em que foi proferida; d) estar traduzida por intérprete autorizado; e) ter sido homologada pelo Supremo Tribunal Federal".

Ademais, esse entendimento era contraditório com o que o próprio STF estabelecia em relação a hipóteses análogas, isto é, relativas a atos que não eram propriamente sentenças, ou seja, decisões emanadas do Poder Judiciário, mas que tinham eficácia sentencial, como os decretos de divórcio proferidos pelo rei da Dinamarca, ou os registros de divórcio efetuados por autoridades administrativas do Japão.[44]

Sempre se entendeu que na expressão "sentenças dos tribunais estrangeiros" estão compreendidas também as decisões proferidas por autoridades administrativas que desempenham funções judiciárias. Assim, não haveria por que negar reconhecimento a laudo arbitral apto a produzir efeitos similares aos de uma sentença entre as partes. A rigidez de uma correspondência absoluta do termo sentença já fora abandonada pelo STF, para respeitar o sistema adotado no país estrangeiro.

Com o advento da Lei de Arbitragem, essa polêmica restou prejudicada, porquanto foi introduzida, no plano do direito interno, a equiparação dos efeitos da sentença arbitral aos da sentença judicial, independentemente de homologação pelo Poder Judiciário. Assim, a sentença arbitral brasileira produzirá todos os efeitos sem subordinar-se a qualquer ato de ratificação pelo Judiciário, constituindo-se, inclusive, em título executivo, se condenatório o laudo, nos termos dos arts. 18 e 31 da Lei. O mesmo se aplica à sentença arbitral estrangeira.

A simples equiparação no plano interno da sentença arbitral à judicial já bastaria para pôr fim ao sistema da dupla homologação da sentença arbitral estrangeira, mas o legislador dispôs claramente nesse sentido no art. 35, ao enunciar que a sentença arbitral estrangeira está sujeita unicamente à homologação pelo STF (hoje STJ). Os arts. 38 e 39 especificam requisitos e procedimentos distintos do sistema de homologação de sentenças estrangeiras estabelecido na Lei de Introdução, antes aplicável. O primeiro caso em que o STF teve que decidir sobre a homologação de uma sentença arbitral estrangeira após o advento da Lei de Arbitragem foi a SE nº 5.206-7.[45] Na hipótese, o laudo arbitral havia sido proferido na Espanha, em litígio envolvendo empresa com sede na Suíça contra empresa brasileira, e não havia sido homologado pelo Judiciário espanhol, pois a lei espanhola não estabelece esta exigência. O então presidente do Supremo, Ministro Sepúlveda Pertence, ao apreciar o pedido antes da promulgação da Lei de Arbitragem, negou a homologação com base nos precedentes da Corte, eis que o laudo não havia sido homologado pelo Judiciário do país de origem.

A empresa suíça interpôs agravo regimental da decisão do presidente e a empresa brasileira reiterou o pedido de homologação, pois desejava efetuar o pagamento a que havia sido condenada na arbitragem, mas, por motivos contábeis, necessitava da chancela formal da Corte. No julgamento do agravo, o Ministro Sepúlveda Pertence alterou seu voto anterior e homologou o laudo arbitral estrangeiro, pois nesse ínterim a Lei de Arbitragem fora promulgada e, como visto, o art. 35 extinguiu o sistema da dupla homologação. Durante a votação do agravo regimental, a inconstitucionalidade da Lei de Arbitragem foi suscitada incidentalmente pelo Ministro Moreira Alves.

---

[44] Vide STF, SE nº 1.282/Noruega, Rel. Min. Mário Guimarães, *DJ* 11.09.1952; STF, SE nº 1.312/Japão, Rel. Min. Mário Guimarães, *DJ* 17.09.1953; STF, SE nº 1.943/Dinamarca, Rel. Min. Adaucto Cardoso, *DJ* 13.10.1967; STF, SE nº 2.251/Japão, Rel. Min. Moreira Alves, *DJ* 27.02.1976; STF, SE nº 2.636/Japão, Rel. Min. Xavier de Albuquerque, *DJ* 12.03.1981; STF, SE nº 2.703/Dinamarca, Rel. Min. Antonio Neder, *DJ* 04.02.1980; STF, *RTJ* 108/1004, SE nº 3.168/Noruega, Rel. Min. Cordeiro Guerra, j. 20.05.1983; STF, SE nº 5.125/Japão, Rel. Min. Sepúlveda Pertence, *DJ* 01.12.1995; STF, SEC nº 6.399/Japão, Rel. Min. Marco Aurélio, *DJ* 15.09.2000; STF, SE nº 6.837/Noruega, Rel. Min. Carlos Velloso, *DJ* 01.06.2001; STF, SE nº 6.848/Japão, Rel. Min. Marco Aurélio, *DJ* 06.09.2001.

[45] STF, Agravo Regimental na SE nº 5.206/Espanha, Rel. Min. Sepúlveda Pertence, *DJ* 30.04.2004.

No julgamento do incidente de inconstitucionalidade, o STF considerou, por maioria, constitucional a Lei e, por unanimidade, decidiu homologar o laudo arbitral com base no art. 35 da mesma, seguindo o voto do Ministro Pertence nesse particular e modificando a jurisprudência consolidada da Corte em razão da alteração legislativa.

Questão interessante seria a hipótese de pedido de homologação de laudo arbitral proferido em país que não equipara o laudo arbitral à sentença judicial, exigindo, para sua eficácia, a homologação pelo Judiciário local. Sabe-se da raridade dessa situação em razão do atual desenvolvimento da arbitragem no direito comparado, eis que a tendência é privilegiar cada vez mais a arbitragem como meio alternativo de solução de controvérsias, conferindo-se ao laudo a eficácia de sentença. No caso, questiona-se o alcance do art. 35 da Lei de Arbitragem, ou seja, se o referido dispositivo deve ser interpretado literalmente, no sentido de que para todas as hipóteses se exigirá apenas a homologação pelo STJ (atualmente), ou se, para as hipóteses em que a lei da sede da arbitragem exigir a homologação como requisito de eficácia, deve-se permanecer exigindo a dupla homologação. Esta é a interpretação que parece mais razoável ao dispositivo.

A rigor, na homologação de sentenças estrangeiras, confere-se eficácia no Brasil à decisão estrangeira.[46] Assim, se a decisão estrangeira não tem eficácia sentencial no exterior, não há como atribuir no Brasil efeitos que ela não possui no país em que proferida. Essa é a lógica adotada na Convenção de Nova York, que determina que a sentença arbitral estrangeira pode ter o seu reconhecimento negado se não se tornou ainda obrigatória para as partes, *in verbis*:

"Artigo V
1 – O reconhecimento e a execução da sentença poderão ser indeferidos, a pedido da parte contra a qual ela é invocada, unicamente se esta parte fornecer à autoridade competente onde se tenciona o reconhecimento e a execução, prova de que: (...)
e) a sentença ainda não se tornou obrigatória para as partes ou foi anulada ou suspensa por autoridade competente do país em que, ou conforme a lei do qual, a sentença tenha sido proferida".

## DISPENSA DA CITAÇÃO DA PARTE DOMICILIADA NO BRASIL PELA VIA DA ROGATÓRIA

Observa-se, a partir da análise da jurisprudência do STF em época anterior à promulgação da Lei de Arbitragem, que a falta da citação da parte domiciliada no Brasil pela via da rogatória também impediu a homologação de vários laudos arbitrais estrangeiros.[47] A rigor, essa posição jurisprudencial estava em consonância com o que se decidia em matéria de homologação de sentenças estrangeiras, quando o STF exigia que a parte domiciliada no Brasil tivesse sido citada pela via da rogatória.[48]

---

[46] Veja-se José Carlos Barbosa Moreira, *Comentários ao Código de Processo Civil*, 2002, p. 62 e ss.

[47] STF, SE nº 2.424/Grã-Bretanha e Irlanda do Norte, Rel. Min. Antonio Neder, *DJ* 04.02.1980: "Se a nossa ordem jurídica não reconhece validade no processo brasileiro em que não se procede à citação do réu (C. Pr. Civil, art. 214), é inadmissível que ela homologue a sentença estrangeira, editada num processo em que não se fez a citação do réu". Ver também STF, AgRg na SE nº 2.476/Grã-Bretanha e Irlanda do Norte, Rel. Min. Antonio Neder, *DJ* 12.09.1980; STF, SE nº 3.977/França, Rel. Min. Francisco Rezek, *DJ* 26.08.1988.

[48] STF, SE nº 1.529, Rel. Min. Hahnemann Guimarães, *DJ* 29.01.1959. No mesmo sentido: STF, SE nº 2.730/Alemanha, Rel. Min. Antônio Neder, *DJ* 05.02.1981; STF, SE nº 2.912/Bélgica, Rel. Min. Néri da Silveira,

Observe-se, porém, que essa exigência da citação pela via da rogatória não se compatibiliza com a informalidade e celeridade presentes nos procedimentos arbitrais.⁴⁹ Por essa razão, atualmente, a Lei de Arbitragem determina em seu art. 39, parágrafo único:

> "Não será considerada ofensa à ordem pública nacional a efetivação da citação da parte residente ou domiciliada no Brasil, nos moldes da convenção de arbitragem ou da lei processual do país onde se realizou a arbitragem, admitindo-se, inclusive, a citação postal com prova inequívoca de recebimento, desde que assegure à parte brasileira tempo hábil para o exercício do direito de defesa".

Assim, a lei expressamente admite a citação postal para o início do procedimento arbitral, que é o que corresponde à prática nesses casos. Há que se observar que a Lei exige expressamente que a parte brasileira tenha tido tempo hábil para a apresentação da sua defesa. Primeiramente, deve-se observar que essa garantia deve ser assegurada à parte domiciliada no Brasil, pois não faria sentido garantir esse direito somente à parte que tenha nacionalidade brasileira, excluindo-se os estrangeiros aqui domiciliados, equiparados àqueles no texto constitucional (art. 5º, *caput*).

Ademais, o legislador mencionou expressamente a exigência do tempo hábil para a defesa, sem fazer qualquer referência ao idioma da citação. Assim, à primeira vista poderia parecer que uma citação em japonês recebida no Brasil por brasileiro aqui domiciliado poderia ser válida, desde que tempo para o exercício do direito de defesa. Todavia, essa conclusão não faz sentido, eis que o objetivo da citação é que o réu possa exercer a sua defesa, o que exige a compreensão das alegações apresentadas pela parte autora. Assim, a efetivação da citação em idioma compreensível à parte ré é exigência inerente à garantia do devido processo legal, ainda que não expressamente apontada na Lei de Arbitragem.

---

*DJ* 02.12.1983; STF, SE nº 4.125/Estados Unidos, Rel. Min. Célio Borja, *DJ* 26.10.1990; STF, SEC nº 6.729/Espanha, Rel. Min. Maurício Corrêa, *DJ* 07.06.2002.

49 Na lei suíça sobre direito internacional privado (Lei federal de 18 de dezembro de 1987), por exemplo, enuncia o art. 194 (XII), ao tratar das sentenças arbitrais estrangeiras, que seu reconhecimento e execução são regidos pela Convenção de Nova York. Também traz provisões relativas a sentenças arbitrais no âmbito dos Estados-partes da Convenção de Nova York o *Arbitration Act*, do Reino Unido, de 1997. Esta, por sua vez, coloca como causa para recusa ao reconhecimento o fato de uma das partes não ter sido propriamente informada do procedimento arbitral, mas não são postos requisitos procedimentais à citação (Art. V: "1. Recognition and enforcement of the award may be refused, at the request of the party against whom it is invoked, only if that party furnishes to the competent authority where the recognition and enforcement is sought, proof that: (...) (b) The party against whom the award is invoked was not given proper notice of the appointment of the arbitrator or of the arbitration proceedings or was otherwise unable to present his case (...)"). De modo semelhante, a lei modelo da UNCITRAL (Art. 36: "Grounds for refusing recognition or enforcement. (1) Recognition or enforcement of an arbitral award, irrespective of the country in which it was made, may be refused only: (a) at the request of the party against whom it is invoked, if that party furnishes to the competent court where recognition or enforcement is sought proof that: (...) (ii) the party against whom the award is invoked was not given proper notice of the appointment of an arbitrator or of the arbitral proceedings or was otherwise unable to present his case (...)"). Na legislação italiana também não há exigência para o reconhecimento, conforme se infere do artigo 66 (1) da Lei nº 218, de 31 de maio de 1995 (Art. 66: "Recognition of foreign measures of voluntary jurisdiction. 1. The measures of voluntary foreign jurisdiction are recognized without any need for any special procedure, provided that they comply with the requirements of Article. 65, as applicable, when they are pronounced by the authorities of the State whose law is invoked by the provisions of this Act, or produce effects in the law of that State even if issued by the authorities of another country, or are pronounced by an authority that is competent on the basis of criteria corresponding to those of the Italian own").

# Parte VI

# Parte Especial

*Capítulo XXV*
# CONTRATOS INTERNACIONAIS

## ALGUMAS CONSIDERAÇÕES INICIAIS

Os contratos são a forma típica de circulação de direitos e obrigações e, por essa razão, possuem grande relevância econômica e jurídica. Já se afirmou que o direito internacional privado é menos relevante no campo dos contratos do que nas outras áreas do direito, devido à semelhança das normas que regem o direito contratual nos diversos sistemas jurídicos nacionais, semelhança essa que vem se ampliando em decorrência das iniciativas aprovadas por diversas fontes internacionais, visando a uniformização das normas que regem as relações contratuais, havendo, assim, menos possibilidade para a ocorrência de conflitos. Em outras palavras, na medida em que se verifica direito uniforme (espontâneo) e direito uniformizado (por via de acordos convencionais) dos contratos, menos conflitos ocorrerão e, consequentemente, menos necessidade de se recorrer às normas sobre conflito de leis.

Como registra o primeiro autor,[1] contudo, a realidade é bem diferente, eis que, durante a segunda parte do século XX, os contratos e a responsabilidade civil por atos ilícitos foram as duas áreas que apresentaram o maior desafio para a escolha da lei aplicável. Na Europa, os contratos constituíram-se no mais importante tema desta disciplina, principalmente no último quartel do século, e, nos Estados Unidos, as obrigações por atos ilícitos (*torts*) têm ocupado o lugar de honra no campo do *conflict of laws*.

## O CONCEITO DE CONTRATO INTERNACIONAL

A Convenção sobre a Lei Aplicável às Vendas de Caráter Internacional de Objetos Móveis Corpóreos, editada pela Conferência da Haia em 1955, não contém regra expressa definindo o sentido da expressão "contrato internacional". Possui, contudo, interessante determinação no sentido de que a existência de cláusulas estipulando a lei aplicável, o foro competente ou a resolução de litígios por meio da arbitragem não é o suficiente para caracterizar a internacionalidade de um contrato,[2] regra replicada na Convenção sobre a Lei Aplicável à Transferência

---

[1]  Jacob Dolinger, *Contratos e obrigações no direito internacional privado*, 2007, p. 223-224.
[2]  Convenção sobre a Lei Aplicável às Vendas de Caráter Internacional de Objetos Móveis Corpóreos, art. 1º: "*La présente Convention est applicable aux ventes à caractère international d'objets mobiliers corporels. Elle ne s'applique pas aux ventes de titres, aux ventes de navires et de bateaux ou d'aéronefs enregistrés, aux ventes par autorité de justice ou sur saisie. Elle s'applique aux ventes sur documents.*
*Pour son application sont assimilés aux ventes les contrats de livraison d'objets mobiliers corporels à fabriquer ou à produire, lorsque la partie qui s'oblige à livrer doit fournir les matières premières nécessaires à la fabrication ou à la production.*
*La seule déclaration des parties, relative à l'application d'une loi ou à la compétence d'un juge ou d'un arbitre, ne suffit pas à donner à la vente le caractère international au sens de l'alinéa premier du présent article.*"

de Propriedade no Caso de Venda com Caráter Internacional de Objetos Móveis Corpóreos, de 1958.[3]

Ainda no âmbito da Conferência da Haia, a Convenção sobre a Lei Aplicável aos Contratos de Intermediários e à Representação – embora discipline os contratos de "*caráter internacional*" (art. 1º) – não contém qualquer regra que permita a identificação da internacionalidade dos tipos contratuais que disciplina.

Comentando a Convenção de 1978 sobre a Lei Aplicável aos Contratos de Intermediários e à Representação, o primeiro autor observa que a opção por definir o conceito de contrato internacional foi afastada porque a Comissão que preparou o projeto da Convenção sentiu que seria impossível determinar, antecipadamente, que conexões deveriam existir para que a convenção fosse aplicada. Por outro lado, manteve-se a referência ao "caráter internacional" de tais contratos, havendo a maioria das delegações considerado ser necessário informar, da forma mais curta e simples possível, a natureza essencial da convenção. Como também observa o primeiro autor, "*a referência ficou sem definição*".[4]

O primeiro instrumento da Haia a definir expressamente o que seria um contrato internacional é a Convenção sobre a Lei Aplicável aos Contratos de Venda Internacional de Mercadorias, de 1986. O art. 1º da convenção estipula a aplicação da convenção aos contratos de compra e venda (i) entre partes que possuem estabelecimentos em países diferentes; ou (ii) em qualquer outro caso envolvendo escolha entre leis de diferentes Estados, salvo se tal escolha decorrer unicamente da vontade das partes, ainda que acompanhada de cláusula de arbitragem ou eleição de foro.[5]

Finalmente, os Princípios da Haia sobre Escolha da Lei em Contratos Comerciais Internacionais, de 2015, dispõem que, "*para o fim desses princípios, um contrato é internacional a não ser que todas as partes tenham seu estabelecimento no mesmo Estado e a relação entre as partes e todos os outros elementos relevantes, independentemente da lei escolhida, estão conectados apenas a esse Estado*" (art. 1º).

Os comentários ao preâmbulo dos Princípios UNIDROIT sobre contratos internacionais de 2010 recomendam que – diante da multiplicidade de conceitos encontrados no direito internacional e comparado – à expressão "contrato internacional" se confira a mais ampla interpretação possível.[6]

A Convenção sobre a Lei Aplicável às Obrigações Contratuais (Convenção de Roma de 1980) delimita seu campo de incidência da seguinte maneira: "*[o] disposto na presente Convenção é aplicável às obrigações contratuais nas situações que impliquem um conflito de leis*". Similarmente, o Regulamento Roma I (Regulamento nº 593/2008), que cuida da lei aplicável às obrigações contratuais, estabelece que suas regras são aplicáveis "*às obrigações contratuais em matéria civil e comercial que impliquem um conflito de leis*".[7] Ambos os instrumentos implicitamente definem o conceito de contrato internacional.

---

[3] Convenção sobre a Lei Aplicável à Transferência de Propriedade no Caso de Venda com Caráter Internacional de Objetos Móveis Corpóreos, art. 1º. O dispositivo tem redação idêntica.

[4] Jacob Dolinger, *Contratos e obrigações no direito internacional privado*, 2007, p. 228.

[5] Convenção sobre a Lei Aplicável aos Contratos de Venda Internacional de Mercadorias, art. 1º: "*This Convention determines the law applicable to contracts of sale of goods:
a) between parties having their places of business in different States; b) in all other cases involving a choice between the laws of different States, unless such a choice arises solely from a stipulation by the parties as to the applicable law, even if accompanied by a choice of court or arbitration*".

[6] Jacob Dolinger, Contratos e obrigações no direito internacional privado, 2007, p. 232.

[7] Regulamento Roma I (593/2008), art. 1º.

A Convenção Interamericana sobre Direito Aplicável aos Contratos Internacionais, de 1994, assim define contrato internacional: "*[e]ntende-se que um contrato é internacional quando as partes no mesmo tiverem sua residência habitual ou estabelecimento sediado em diferentes Estados-Partes ou quando o contrato tiver vinculação objetiva com mais de um Estado-Parte*".[8] Por sua vez, a Convenção das Nações Unidas sobre Contratos de Compra e Venda Internacional de Mercadorias, de 1980, limita seu âmbito de aplicação aos "*contratos de compra e venda de mercadorias entre partes que tenham seus estabelecimentos em Estados distintos*".[9]

Essa última convenção sobre venda internacional dispõe, em seu art. 1º, que a lei uniforme se aplica aos contratos de venda de objetos móveis corpóreos efetuados entre partes que têm seus estabelecimentos sobre território de Estados diferentes, em cada um dos casos seguintes: a) o contrato implica transporte de mercadoria do território de um Estado para o de outro; b) oferta e aceitação efetuadas em Estados diferentes; c) a entrega da coisa deva se realizar em território de Estado diverso daquele em que se constituíram a oferta e a aceitação. O mesmo artigo ainda estabelece que a parte que não tiver estabelecimento será considerada de acordo com sua residência; que a nacionalidade não tem influência na aplicação da lei uniforme. A convenção contém igualmente amplo detalhamento sobre os fatores que caracterizam a internacionalidade do contrato.

No direito comparado, a definição do que constituiria contrato internacional teria sido originalmente conferida pela Corte de Cassação francesa em decisão proferida em 1927. Em sua primeira manifestação sobre o tema, entendeu a corte que há de se aplicar critério econômico para detectar o fenômeno da contratação internacional, e este se caracterizaria pelo que denominou de "*fluxo e refluxo através das fronteiras*".[10]

O Projeto de Código de Direito Internacional Privado argentino, de 2003, continha definição bastante ampla de contrato internacional, abrangendo todos os acordos com "*contatos objetivos*" com mais de um Estado.[11] Contudo, as disposições de direito internacional privado do Código Civil argentino de 2014 não reproduziram tal definição, limitando-se a regular os aspectos atinentes à jurisdição e à lei aplicável em matéria de contratos (arts. 2.650-2655).

No Brasil, não há definição legislativa do conceito de contrato internacional. Na jurisprudência brasileira, a expressão tem sido utilizada casuisticamente. Exemplificativamente, o Superior Tribunal de Justiça já qualificou como contrato internacional acordo entre sociedade empresária brasileira e sociedade estrangeira contendo cláusula de eleição de foro;[12] contrato entre sociedade brasileira e sociedade estrangeira, celebrado no exterior, contendo cláusula

---

[8] Convenção Interamericana sobre Direito Aplicável aos Contratos Internacionais, art. 1º.
[9] Convenção das Nações Unidas sobre Contratos de Compra e Venda Internacional de Mercadorias, art. 1º (1).
[10] Caso *Péllisier du Besset*, Cassação Civil, 17 de maio de 1927. V. caso Mardelé, Cassação Civil, 19 de fevereiro de 1930.
[11] Proyecto de Código de Derecho Internacional Privado (2003), art. 68: "*internacionalidad del contrato. Un contrato es internacional si tiene contactos objetivos con más de un Estado. Son contactos objetivos, entre otros, los lugares de celebración y de cumplimiento, y los domicilios, establecimientos o residencia habitual de las partes y la situación de los bienes objeto del contrato*".
[12] STJ, SEC nº 349/JP, Rel. Min. Eliana Calmon, *DJ* 21.05.2007: "Sentença estrangeira. Juízo arbitral. Contrato internacional assinado antes da Lei de Arbitragem (9.307/96). 1. Contrato celebrado no Japão, entre empresas brasileira e japonesa, com indicação do foro do Japão para dirimir as controvérsias, é contrato internacional".

compromissória;[13] e acordo de consórcio internacional, contendo cláusula compromissória, celebrado entre sociedade brasileira e sociedade estrangeira.[14]

Decisão recente do tribunal enfrentou o tema de forma explícita afirmando que: "*A natureza internacional de um contrato, incluído o de seguro, decorre da sua conexão com mais de um ordenamento jurídico. Os elementos do contrato internacional podem ser identificados a partir da nacionalidade, domicílio e residência das partes, do lugar do objeto, do lugar da prestação da obrigação, do lugar da formalização da avença, do foro de eleição e da legislação aplicada*".[15]

Na literatura jurídica, Arnoldo Wald sugere que se adotem como critério para definição de contrato internacional as hipóteses previstas no Decreto-lei nº 857/69 que autorizam a fixação de pagamento em moeda estrangeira.[16] O referido Decreto foi revogado pela Lei nº 14.286/2021, que trata do assunto.

O Código de Processo Civil de 2015, em dispositivo inédito (art. 25), autoriza a inclusão de cláusula de eleição de foro em "*contrato internacional*", sem, contudo, cuidar da definição do termo.[17]

Apesar das dificuldades teóricas envolvidas na definição, nem sempre a matéria apresenta grande relevância prática. Vale notar que os instrumentos que cuidam da delimitação da jurisdição em matéria contratual não recorrem ao conceito de contrato internacional para atribuição de competência. No Brasil, a exceção é o mencionado art. 25 do Código de Processo Civil, cuja aplicação envolve a determinação do conceito de contrato internacional.

Na mesma linha, a escolha de lei e foro pelas partes não depende necessariamente da caracterização do contrato como internacional, mas, quando muito, da existência de contato entre o direito escolhido e a relação. De outra parte, os instrumentos de direito uniforme que pretendem regular contratos internacionais normalmente apresentam definições próprias que, ainda que não universalizáveis, cumprem satisfatoriamente o papel de limitar o escopo de suas disposições.

## A INCIDÊNCIA DO PRINCÍPIO DA PROXIMIDADE EM MATÉRIA DE CONTRATOS INTERNACIONAIS

Em trabalho dedicado ao tema, o primeiro autor observa que o mais relevante princípio do moderno direito internacional privado é o princípio da proximidade, que estabelece que as relações jurídicas devem ser regidas pela lei do país com o qual haja a mais íntima, próxima, direta conexão. Registra, ainda, que este critério, muito mais flexível do que as clássicas regras

---

[13] STJ, REsp nº 712.566/RJ, Rel. Min. Nancy Andrighi, *DJ* 05.09.2005: "Verifica-se que o contrato de representação comercial em exame foi celebrado, na Alemanha, por uma empresa brasileira e outra alemã, e estabeleceu cláusula arbitral, convencionando que eventuais conflitos deveriam ser dirimidos, pelo direito alemão, por árbitros da Câmara de Comércio Internacional de Paris. Trata-se, portanto, de contrato internacional, com características que não correspondem exatamente às dos contratos internos, firmados para produzir efeitos integralmente dentro do país".

[14] STJ, SEC nº 831/FR, Rel. Min. Arnaldo Esteves Lima, *DJ* 19.11.2007.

[15] STJ, REsp nº 1.850.781, Rel. Min. Ricardo Villas Bôas, *DJ* 01.10.2021.

[16] Arnoldo Wald, Da licitude da inclusão de cláusula de correção cambial nas operações de arrendamento mercantil, *Revista de Informação Legislativa* 83:322-5, 1984.

[17] CPC, art. 25: "Não compete à autoridade judiciária brasileira o processamento e o julgamento da ação quando houver cláusula de eleição de foro exclusivo estrangeiro em contrato internacional, arguida pelo réu na contestação".

de conexão, decorre do progressivo abandono de abordagens de natureza técnica, e maior atenção às realidades sociais e econômicas que embasam o fenômeno jurídico.[18]

O princípio da proximidade deve ser entendido como a lei que fica mais próxima à relação jurídica, e/ou às partes, devido às características destes e/ou daquela: é a lei mais bem talhada, mais adequada, mais apropriada para a causa em questão, portanto a mais pertinente. A proximidade está no sentido da adequação.

A Convenção de Roma de 1980, sobre a Lei Aplicável às Obrigações Contratuais, é a mais importante e mais bem conhecida manifestação desse princípio. Dispõe esse diploma que, se as partes não tiverem escolhido a lei aplicável para seu contrato, ele será regido pela lei do país com o qual é mais estritamente conectado. Convenções adotadas posteriormente seguiram o mesmo critério, como a Convenção da Haia de 1986, sobre a Lei Aplicável a Contratos de Venda Internacional de Mercadorias, a Convenção da Haia de 1985, sobre a Lei Aplicável ao Trust e seu Reconhecimento, e a Convenção Interamericana sobre a Lei Aplicável aos Contratos, de 1994. Em Israel, não obstante a inexistência de regra escrita nesse sentido, a jurisprudência tem confirmado a proposição de que os contratos devem ser regidos pela lei com a conexão mais próxima com o negócio.[19]

Em que pesem essas e outras referências, mais antigas, ao princípio da proximidade, é possível reconduzi-lo até mesmo à famosa frase de Aldricus sobre a escolha da melhor e mais útil lei. Comentando tal passagem, Max Gutzwiller anotou que Aldricus "não faz prevalecer o direito do juiz, nem uma regra dirigida diretamente ao litígio em causa, mas *o direito que se recomenda geralmente por sua conexão mais íntima como o caso concreto a ser julgado*".[20] Antes do curso da Haia do professor Gutzwiller, os professores Antoine Pillet e, depois, Josephus Jitta também expressaram a ideia central do princípio da proximidade em suas obras, ainda que sem se valer de tal expressão.[21]

É inegável que o princípio da proximidade produziu relevantes alterações no moderno direito internacional privado. O tema é analisado de forma mais profunda pelo primeiro autor em duas obras específicas sobre a matéria, que exploram as complexas relações entre o princípio da proximidade e o processo de determinação da lei aplicável às obrigações contratuais e extracontratuais.[22] O princípio da proximidade também alcança o processo civil internacional.[23]

## A ESCOLHA DE JURISDIÇÃO E LEI APLICÁVEL PELAS PARTES EM CONTRATOS INTERNACIONAIS

### Direito Internacional e Comunitário

No campo da determinação da jurisdição competente, é possível constatar a valorização da autonomia em inúmeros instrumentos convencionais. Para mencionar apenas os exemplos de maior destaque: a Convenção de Nova Iorque sobre o Reconhecimento e a Execução de

---

[18] Jacob Dolinger, *Contratos e obrigações no direito internacional privado*, 2007, p. 241.
[19] Talia Einhron, *Private International Law in Israel*, 2012, p. 80.
[20] Max Gutzwiller, Le développement historique du droit international privé, *Recueil des Cours* 29:301, 1929. Tradução livre extaída de Jacob Dolinger, *Contratos e obrigações no direito internacional privado*, 2007, p. 271.
[21] Sobre o tema, v. Jacob Dolinger, *Contratos e obrigações no direito internacional privado*, 2007, p. 272-273.
[22] Jacob Dolinger, Evolution of Principles for Resolving Conflicts in the Field of Contracts and Torts, *Recueil des Cours* 283, 2000; e Jacob Dolinger, *Contratos e obrigações no direito internacional privado*, 2007.
[23] Carmen Tiburcio, *Extensão e Limites da jurisdição brasileira: competência internacional e imunidade de jurisdição*, 2016, p. 135 e ss.

Laudos Arbitrais Estrangeiros; o Protocolo de Genebra Relativo à Cláusula de Arbitragem; a Convenção Interamericana sobre Arbitragem Comercial Internacional; a Convenção Interamericana sobre Eficácia Extraterritorial das Sentenças e Laudos Arbitrais Estrangeiros; o Acordo sobre Arbitragem Comercial Internacional do Mercosul; e o Protocolo de Buenos Aires sobre Jurisdição Internacional em Matéria Contratual.[24]

Especificamente no direito europeu, vejam-se a Convenção de Bruxelas Relativa à Competência Judiciária e à Execução de Decisões em Matéria Civil e Comercial (art. 17),[25] a Convenção de Lugano Relativa à Competência Judiciária e à Execução de Decisões em Matéria Civil e Comercial (art. 17),[26] o Regulamento nº 44 (art. 23)[27] e o Regulamento nº 1.215/2012 (art. 25).[28] É interessante notar que a redação dos dispositivos constantes em instrumentos do direito europeu é bastante semelhante.

---

[24] Protocolo de Buenos Aires sobre Jurisdição Internacional em Matéria Contratual, art. 4º: "1. Nos conflitos que decorram dos contratos internacionais em matéria civil ou comercial serão competentes os tribunais do Estado-Parte em cuja jurisdição os contratantes tenham acordado submeter-se por escrito, sempre que tal ajuste não tenha sido obtido de forma abusiva. 2. Pode-se acordar, igualmente, a eleição de tribunais arbitrais".

[25] Convenção de Bruxelas Relativa à Competência Judiciária e à Execução de Decisões em Matéria Civil e Comercial, art. 17º: "Se as partes, das quais pelo menos uma se encontre domiciliada no território de um Estado Contratante, tiverem convencionado que um tribunal ou os tribunais de um Estado Contratante têm competência para decidir quaisquer litígios que tenham surgido ou que possam surgir de uma determinada relação jurídica, esse tribunal ou esses tribunais terão competência exclusiva. Este pacto atributivo de jurisdição deve ser celebrado: a) Por escrito ou verbalmente com confirmação escrita; ou b) Em conformidade com os usos que as partes estabeleceram entre si; ou c) No comércio internacional, em conformidade com os usos que as partes conheçam ou devam conhecer e que, em tal comércio, sejam amplamente conhecidos e regularmente observados pelas partes em contratos do mesmo tipo, no ramo comercial considerado (...)".

[26] Convenção de Lugano Relativa à Competência Judiciária e à Execução de Decisões em Matéria Civil e Comercial, art. 17: "1 – Se as partes, das quais pelo menos uma se encontre domiciliada no território de um Estado Contratante, tiverem convencionado que um tribunal ou os tribunais de um Estado Contratante têm competência para decidir quaisquer litígios que tenham surgido ou que possam surgir de uma determinada relação jurídica, esse tribunal ou esses tribunais terão competência exclusiva. Este pacto atributivo de jurisdição deve ser celebrado: a) Por escrito ou verbalmente com confirmação escrita; ou b) Em conformidade com os usos que as partes estabeleceram entre si; ou c) No comércio internacional, em conformidade com os usos que as partes conheçam ou devam conhecer e que em tal comércio sejam amplamente conhecidos e regularmente observados pelas partes em contratos do mesmo tipo no ramo comercial considerado. Sempre que tal pacto atributivo de jurisdição for celebrado por partes das quais nenhuma tenha domicílio num Estado Contratante, os tribunais dos outros Estados Contratantes não podem conhecer do litígio, a menos que o tribunal ou os tribunais escolhidos se tenham declarado incompetentes. (...)".

[27] Regulamento nº 44/2001, art. 23: "1. Se as partes, das quais pelo menos uma se encontre domiciliada no território de um Estado-Membro, tiverem convencionado que um tribunal ou os tribunais de um Estado-Membro têm competência para decidir quaisquer litígios que tenham surgido ou que possam surgir de uma determinada relação jurídica, esse tribunal ou esses tribunais terão competência. Essa competência será exclusiva a menos que as partes convencionem em contrário. Este pacto atributivo de jurisdição deve ser celebrado: a) Por escrito ou verbalmente com confirmação escrita; ou b) Em conformidade com os usos que as partes estabeleceram entre si; ou c) No comércio internacional, em conformidade com os usos que as partes conheçam ou devam conhecer e que, em tal comércio, sejam amplamente conhecidos e regularmente observados pelas partes em contratos do mesmo tipo, no ramo comercial considerado".

[28] Regulamento nº 1.215/2012, art. 25: "Se as partes, independentemente do seu domicílio, tiverem convencionado que um tribunal ou os tribunais de um Estado-Membro têm competência para decidir quaisquer litígios que tenham surgido ou que possam surgir de uma determinada relação jurídica, esse tribunal ou esses tribunais terão competência, a menos que o pacto seja, nos termos da lei desse Estado-Membro,

Quanto à possibilidade de escolha de lei aplicável, esta foi expressamente prevista na Convenção Interamericana sobre Direito Aplicável aos Contratos Internacionais (art. 7º);[29] na Convenção de Roma sobre Lei Aplicável às Obrigações Contratuais (art. 3º);[30] na Convenção da Haia sobre a Lei Aplicável à Compra e Venda de Mercadoria (art. 7º);[31] e nos Princípios da Haia sobre Escolha da Lei em Contratos Comerciais Internacionais (art. 2º).[32]

A aceitação da liberdade das partes para escolher a lei aplicável a seus contratos ensejou, já em 1977, a afirmação do professor René-Jean Dupuy no sentido de que "*todos os sistemas jurídicos, sejam quais forem, adotam o princípio da autonomia da vontade aos contratos internacionais*".

Ao exercer tal prerrogativa, o conteúdo das normas de direito frequentemente será o critério utilizado pelas partes para escolher a lei aplicável à sua relação, ainda que não possua nenhum contato com qualquer dos países envolvidos no negócio.[33] A observação é relevante porque a possibilidade de escolha da lei aplicável comporta diferentes extensões. Há que se determinar qual o limite da liberdade das partes. Duas questões são centrais para obter resposta quanto ao ponto. Em primeiro lugar: podem as partes escolher direito não estatal? Em segundo lugar: é necessário que o direito escolhido tenha alguma vinculação objetiva com as partes ou com o contrato?

Ao analisar a primeira questão, Symeon C. Symeonides é categórico ao afirmar que, salvo pela Convenção do México e pela legislação venezuelana, nenhum outro tratado ou codificação nacional expressamente autoriza a escolha de direito não estatal.[34]

---

substantivamente nulo. Essa competência é exclusiva, salvo acordo das partes em contrário. O pacto atributivo de jurisdição deve ser celebrado: a) Por escrito ou verbalmente com confirmação escrita; b) De acordo com os usos que as partes tenham estabelecido entre si; ou c) No comércio internacional, de acordo com os usos que as partes conheçam ou devam conhecer e que, em tal comércio, sejam amplamente conhecidos e regularmente observados pelas partes em contratos do mesmo tipo, no ramo comercial concreto em questão (...)".

[29] Convenção Interamericana sobre Direito Aplicável aos Contratos Internacionais, art. 7º: "O contrato rege-se pelo direito escolhido pelas partes. O acordo das partes sobre esta escolha deve ser expresso ou, em caso de inexistência de acordo expresso, depreender-se de forma evidente da conduta das partes e das cláusulas contratuais, consideradas em seu conjunto. Essa escolha poderá referir-se à totalidade do contrato ou a uma parte do mesmo. A eleição de determinado foro pelas partes não implica necessariamente a escolha do direito aplicável".

[30] Convenção de Roma sobre Lei Aplicável às Obrigações Contratuais, art. 3: "1. O contrato rege-se pela lei escolhida pelas partes. Esta escolha deve ser expressa ou resultar de modo inequívoco das disposições do contrato ou das circunstâncias da causa. Mediante esta escolha, as partes podem designar a lei aplicável à totalidade ou apenas a uma parte do contrato (...)".

[31] Convenção da Haia sobre a Lei Aplicável à Compra e Venda de Mercadoria, art. 7º: "(1) O contrato de compra e venda reger-se-á pela lei escolhida pelas partes. O acordo das partes sobre a lei aplicável deverá ser expresso ou resultar claramente das estipulações do contrato e do comportamento das partes, considerados em seu conjunto. Tal escolha poderá limitar-se a uma parte do contrato".

[32] Princípios da Haia sobre Escolha da Lei em Contratos Comerciais Internacionais, art. 2º: "*1. A contract is governed by the law chosen by the parties*".

[33] Jacob Dolinger, Evolution of principles for resolving conflicts in the field of contracts and torts, *Recueil des Cours* 283:189: "'*parties' choice will often be guided by what is considered as the most appropriate, either because it contains the most advanced rules on the subject matter, like English admiralty law if the transaction has to do with sea transportation, even if it will never leave or reach an English port, or the particular law is chosen because it is the most recently enacted law on this matter and therefore deals with it according to the needs of the present times. Professor F. Vischer, also in his course at this Academy, said that the parties may wish to choose a well-developed law which has special provisions for the type of contracts in question, or they may look for neutral law as governing their contractual relationship*".

[34] Symeon C. Symeonides, *Codifying Choice of Law Around the World: an International Comparative Analysis*, 2014, p. 142.

Diversos dispositivos da Convenção do México de 1994 fazem referência ao "direito aplicável" (e não à "lei aplicável"). De forma específica, o art. 9 faz referência a *"princípios gerais do direito comercial internacional aceitos por organismos internacionais"*, e o art. 10 do instrumento prevê a aplicação de *"normas, costumes e princípios do direito comercial internacional, bem como os usos e práticas comerciais de aceitação geral, com a finalidade de assegurar as exigências impostas pela justiça e a equidade na solução do caso concreto"*. O professor Eugenio Hernández-Bretón, citado por Symeon C. Symeonides, extrai desses dispositivos a conclusão de que a sua redação permite que as partes elejam a *lex mercatoria* como conjunto de regras aplicáveis à sua relação.[35] Em sentido contrário, já se afirmou que tal conclusão não é compatível com a interpretação sistemática da convenção.[36]

No âmbito do direito norte-americano, relata Andreas Lowenfeld que parte da doutrina, inicialmente, rejeitou a autonomia. Era esse o caso de Joseph Beale e também de Learned Hand, que considerava que "é a lei que dá efeitos aos atos das partes, e não o contrário".[37] O *Uniform Commercial Code* e o segundo *Restatement* autorizam a escolha de direito não estatal para questões sobre as quais não incidem regras imperativas (*i.e.*, onde há liberdade contratual).[38] Ralf Michaels corretamente observa que, a rigor, a escolha do direito aplicável nesses casos não decorre da manifestação da autonomia no direito internacional privado, mas da própria ideia de liberdade de contratar no âmbito puramente doméstico.[39] Ou seja: se às partes é dado fixar o conteúdo do contrato, é evidente que podem optar, expressamente ou por referência, por regras não estatais. A conclusão não decorre da autonomia no direito internacional privado, mas da natureza dispositiva das questões.

Os Princípios da Haia sobre Escolha da Lei em Contratos Comerciais Internacionais, em seu art. 3º, permitem a escolha de *"rules of law"* – expressão cujo sentido é incerto. Trata-se de redação compromissória, bastante criticada por Symeonides, que resultou da rejeição inicial da União Europeia à admissão expressa de direito não estatal, já suprimida da versão aprovada do Regulamento Roma I. A propósito, demonstrando a polêmica do tema, tal regulamento não conta com nenhuma disposição expressa a seu respeito, mas seu *considerando 13* afirma que o regulamento *"não impede as partes*

---

[35] Symeon C. Symeonides, *Codifying Choice of Law Around the World: an International Comparative Analysis*, 2014, p. 145.

[36] Tatiana B. de Maekelt, Ivette Esis Villarroel e Carla Resende (org.), *Ley de Derecho Internacional Privado Comentada*, t. II, p. 771: "Se há querido interpretar que la Convención Interamericana, México 1994, incluye a la lex mercatoria en el catálogo de reglas que las partes pueden escoger, cuando en el aparte primero del artículo 9, dispone: '...El Tribunal...También tomará en cuenta los principios generales del derecho comercial internacional aceptados por organismos internacionales'. Tal interpretación va más allá del propio texto de la Convención, la cual, expresamente, somete el contrato, en el artículo 7, 'al derecho elegido por las partes', a la vez que dispone, en el artículo 17, que *'se entenderá por derecho el vigente en un Estado'*". O texto segue: "Lo que tampoco implica que las partes están impedidas de someter algunos aspectos del contrato a la lex mercatoria, o referise a ella como fuente subsidiaria del derecho del Estado al cual queda sometido el contrato".

[37] Andreas F. Lownefeld, *Conflict of Laws: Federal, State, and International Perspectives*, 2002, p. 256.

[38] Symeon C. Symeonides *Party Autonomy and Private-Law Making in Private International Law: The Lex Mercatoria that Isn't*, 2006, p. 9 e ss. Disponível em: http://papers.ssrn.com/sol3/papers.cfm?abstract_id=946007&download=yes.

[39] Ralf Michaels, *Party Autonomy – A New Paradigm Without Foundation?*, 2013, p. 9. Disponível em: http://www.pilaj.jp/data/2013_0602_Party_Autonomy.pdf.

*de incluírem, por referência, no seu contrato, um corpo legislativo não estatal ou uma convenção internacional".*

Relativamente à segunda questão – a saber: a necessidade de vinculação objetiva entre o direito escolhido e as partes e seu contrato – também não há resposta incontroversa.[40] Em obra dedicada ao tema, o primeiro autor[41] observa que, se, por um lado, autores como Ernst Rabel advogavam veementemente a ampla liberdade das partes, autores como David Cavers, embora favoráveis à autonomia, restringiam o rol de escolhas possíveis. Nessa mesma linha, Henri Battifol considerava que a escolha da lei de determinado país significa tão somente que as partes "localizam" o contrato dentro de uma esfera jurídica determinada, sendo necessário haver relação entre o direito escolhido e a relação jurídica.[42]

A essa teoria, denominada teoria objetiva, opõe-se a teoria subjetiva, segundo a qual aceita-se a escolha da lei pelas partes como uma legítima manifestação da vontade dos contratantes, soberana para decidir sobre este e qualquer outro aspecto contratual, doutrina na qual se destaca Pierre Mayer, que assim raciocina: se as partes escolhem uma lei para reger o contrato, não é porque ela seja a do país do centro de gravidade da operação, mas simplesmente porque ela lhes convém.[43] Assim, quando uma venda concluída nos Estados Unidos, visando a exportação de trigo para a França, é submetida a uma arbitragem em Londres e à lei inglesa, não se pode pretender que as partes escolheram esta lei porque têm o sentimento de ter realizado um "negócio inglês" (como diz Battifol ao explicar a teoria objetiva).

Nos Estados Unidos, o *Second Restatement*, § 187(2), exige, como regra geral, que a lei escolhida tenha "relação substancial com as partes ou com o negócio", mas, afastando-se da jurisprudência anterior, permite excepcionalmente que a escolha recaia sobre lei desconectada das partes e do negócio, desde que as partes apresentem justificativa razoável para tal escolha.[44] Ronald Brand[45] relata que a redação original da Seção 1-105 do *Uniform Commercial Code* exigia que a lei escolhida pelas partes possuísse *"relação razoável"* com o contrato.[46] Contudo, tal disposição foi substituída, em 2001, pela Seção 1-301, que não limita a escolha das partes.[47] Em Portugal, o art. 41 do Código Civil dispõe que a escolha das partes deve *"recair sobre lei cuja aplicabilidade corresponda a um interesse sério dos*

---

[40] Veja-se, ilustrativamente, como a questão foi colocada por Andreas Lowenfeld, *Conflict of Laws: Federal, State, and International Perspectives*, 2002, p. 231: "A fortiori, if the parties had selected a law of a state to govern their contractual relationship, and that state had some connection with the transaction or the parties (and perhaps even without such connection), the law so chosen would normally be given effect".

[41] Jacob Dolinger, Evolution of Principles for Resolving Conflicts in the Field of Contracts and Torts, *Recueil des Cours* 283:253-5, 2000.

[42] É essa a orientação de Henri Battifol e Paul Lagarde, *Droit International Privé*, v. II, p. 265; e de Bernard Audit, *Droit International Privé*, 1991, p. 141.

[43] Pierre Mayer, *Droit International Privé*, 1994, p. 460.

[44] Peter Hay, Patrick J. Borchers e Symeon C. Symeonides, *Conflict of Laws*, 2010, p. 1090.

[45] Ronald Brand, Transaction Planning Using Rules on Jurisdiction and the Recognition and Enforcement of Judgments, *Recueil des Cours* 358:161 e ss., 2011.

[46] *Uniform Commercial Code*, Section 1-105, 1956.

[47] *Uniform Commercial Code, Section 1-301, 2001: "(c) Except as otherwise provided in this section: (1) an agreement by parties to a domestic transaction that any or all of their rights and obligations are to be determined by the law of this State or of another State is effective, whether or not the transaction bears a relation to the State designated; and (2) an agreement by parties to an international transaction that any or all of their rights and obligations are to be determined by the law of this State or of another State or country is effective, whether or not the transaction bears a relation to the State or country designated".*

*declarantes ou esteja em conexão com algum dos elementos do negócio jurídico atendíveis no domínio do direito internacional privado".*

Observa o primeiro autor que o princípio da autonomia das partes evoluiu muito positivamente na Europa, havendo uma tendência doutrinária para admitir ilimitada liberdade de escolha, no sentido de que as partes podem escolher a lei de qualquer país, mesmo que não tenha conexão alguma com o contrato. Noticia, contudo, que a Corte Federal da Suíça aceitou a liberdade de escolha da lei aplicável desde que o contrato tenha alguma conexão com a lei escolhida, critério seguido pelas cortes de outros países europeus. Na Espanha, o art. 10(5) do Código Civil exige alguma relação entre a lei escolhida e o contrato.

**Direito Brasileiro**

Assim como no direito convencional, a autonomia em matéria processual também é prestigiada no direito interno brasileiro. Além dos tratados internacionais em vigor no País, a arbitragem é regulada por lei específica (Lei nº 9.307/1996). Por sua vez, o Código de Processo Civil aprovado em 2015 contém autorização expressa para a pactuação de cláusula de eleição de foro.[48] Como se viu no capítulo XXI, antes da entrada em vigor do CPC, a jurisprudência sobre o tema era bastante oscilante, problema que se espera ver resolvido à luz do novo código.

Registre-se a lamentável alteração legislativa de 2024, que condiciona a eficácia da eleição de foro à vinculação do foro eleito com o domicílio ou residência das partes ou local da obrigação.[49] Tais condições não se aplicam à eleição de foro internacional, pois é comum a escolha de Judiciários sem ligação com a hipótese concreta, mas com notória *expertise* no negócio jurídico celebrado, o que é o caso, por exemplo, da escolha do Judiciário de Londres para casos de direito marítimo, ainda que o caso envolva partes sem ligação com a Inglaterra, e que o negócio seja celebrado e executado em países diversos. Ademais, as exigências trazidas no dispositivo (residência e domicílio) e local da obrigação não se coadunam com as hipóteses utilizadas de competência internacional. Quanto à autonomia para a escolha do direito material, há previsão expressa constante na lei de arbitragem (art. 2º),[50] bem como no

---

[48] CPC/2015, art. 25: "Não compete à autoridade judiciária brasileira o processamento e o julgamento da ação quando houver cláusula de eleição de foro exclusivo estrangeiro em contrato internacional, arguida pelo réu na contestação. § 1º Não se aplica o disposto no *caput* às hipóteses de competência internacional exclusiva previstas neste Capítulo. § 2º Aplica-se à hipótese do *caput* o art. 63, §§ 1º a 4º".

[49] "Art. 63. As partes podem modificar a competência em razão do valor e do território, elegendo foro onde será proposta ação oriunda de direitos e obrigações. § 1º A eleição de foro somente produz efeito quando constar de instrumento escrito, aludir expressamente a determinado negócio jurídico e guardar pertinência com o domicílio ou a residência de uma das partes ou com o local da obrigação, ressalvada a pactuação consumerista, quando favorável ao consumidor. (Redação dada pela Lei nº 14.879, de 4 de junho de 2024) § 2º O foro contratual obriga os herdeiros e sucessores das partes. § 3º Antes da citação, a cláusula de eleição de foro, se abusiva, pode ser reputada ineficaz de ofício pelo juiz, que determinará a remessa dos autos ao juízo do foro de domicílio do réu. § 4º Citado, incumbe ao réu alegar a abusividade da cláusula de eleição de foro na contestação, sob pena de preclusão. § 5º O ajuizamento de ação em juízo aleatório, entendido como aquele sem vinculação com o domicílio ou a residência das partes ou com o negócio jurídico discutido na demanda, constitui prática abusiva que justifica a declinação de competência de ofício. (Incluído pela Lei nº 14.879, de 4 de junho de 2024)."

[50] Lei nº 9.307/1996, art. 2º: "A arbitragem poderá ser de direito ou de equidade, a critério das partes. § 1º Poderão as partes escolher, livremente, as regras de direito que serão aplicadas na arbitragem, desde que não haja violação aos bons costumes e à ordem pública. § 2º Poderão, também, as partes convencionar que a arbitragem se realize com base nos princípios gerais de direito, nos usos e costumes e nas regras internacionais de comércio."

projeto de Lei nº 4.905, de 1995 (art. 11º).[51] A autonomia também está presente – ao menos como princípio implícito – na Lei de Introdução.

Na doutrina,[52] Pimenta Bueno,[53] Teixeira de Freitas,[54] Clóvis Beviláqua[55] e Haroldo Valladão[56] defendem a autonomia para escolha da lei aplicável. A autonomia é também defendida, em menor extensão, por Rodrigo Octávio,[57] Machado Vilella,[58] Eduardo Espínola,[59] Eduardo Espínola Filho[60] e Serpa Lopes,[61] entre outros.

Por sua vez, Pontes de Miranda[62] e Amilcar de Castro[63] negam a possibilidade, em qualquer extensão, de escolha da lei aplicável.

Parte da controvérsia doutrinária sobre a matéria decorre da diferença de redação entre o art. 13 da Introdução ao Código Civil e o art. 9º da LINDB. Ao passo que o dispositivo da Introdução de 1916 dispunha que *"regulará, salvo estipulação em contrário, quanto à substância e aos efeitos das obrigações, a lei do lugar onde foram contraídas"*, o art. 9º da LINDB dispõe que, *"para qualificar e reger as obrigações, aplicar-se-á a lei do país em que se constituírem"*.

É a ausência do trecho *"salvo estipulação em contrário"* que justifica a teoria *suis generis* de Oscar Tenório.[64] O autor compara o sistema estabelecido na lei introdutória de 1916 com a Lei de Introdução de 1942 da seguinte forma: na primeira, admitia o legislador a escolha de lei aplicável pelas partes, inadmissível, todavia, a liberdade das partes no campo das leis imperativas e ligadas à ordem pública, enquanto na atual legislação não se admite em contrato firmado no Brasil que as partes escolham lei de outro país. Entendia, contudo, que não se exclui

---

[51] Projeto de Lei nº 4.905, de 1995, art. 11: "As obrigações contratuais são regidas pela lei escolhida pelas partes. Essa escolha será expressa ou tácita, sendo alterável a qualquer tempo, respeitados os direitos de terceiros".

[52] Para análise mais cuidadosa da doutrina brasileira sobre o tema, v. Jacob Dolinger, *Contratos e Obrigações no Direito Internacional Privado*, 2007, v. II, p. 421 e ss.

[53] José Antonio Pimenta Bueno, *Direito Internacional Privado e Aplicação de seus Princípios com referência às Leis Particulares do Brasil*, 1863, p. 112.

[54] O art. 1.965 do Esboço de Freitas estabelecia o seguinte: "Não prevalece o disposto nos arts. 1.936 e 1.937: 1º quando as partes nos respectivos instrumentos ou em instrumento posterior, houverem convencionado que o contrato seja julgado pelas leis do Império, ou pelas de um país estrangeiro determinado (art. 32)". No comentário ao art. 32 do próprio Teixeira de Freitas se lê a mais cândida defesa da autonomia da vontade: "... O nosso artigo contém uma outra ideia, além da do domicílio eleito para foro do contrato; indicando também o domicílio eleito para o fim de se aplicar ao caso uma legislação determinada. A conservação do domicílio, com os dois efeitos do art. 30, é voluntária, pois que não se deve tolher a liberdade das partes, sempre que o exercício dela não for incompatível com a ordem pública. O que se quer é a certeza de um lugar como indicador da legislação aplicável; e esta certeza existe, quando as partes convencionam que o seu contrato será regido e julgado pelas leis de um país determinado".

[55] Clóvis Beviláqua, *Princípios Elementares de Direito Internacional Privado*, 1906, p. 263.

[56] Haroldo Valladão, *Direito Internacional Privado*, 1980, v. 1, p. 363.

[57] Rodrigo Octávio, *Direito Internacional Privado*, 1942, p. 154-155.

[58] Álvaro da Costa Machado Villela, *O Direito Internacional Privado no Código Civil Brasileiro*, 1921, p. 366 e ss.

[59] Eduardo Espínola, *Elementos de Direito Internacional Privado*, 1925, p. 659.

[60] Eduardo Espínola e Eduardo Espínola Filho, *A Lei de Introdução ao Código Civil Brasileiro comentada na ordem de seus artigos*, 1995, v. II, p. 418-420.

[61] Miguel Faria de Serpa Lopes, *Comentário Teórico e Prático da Lei de Introdução ao Código Civil*, 1943, p. 308.

[62] Pontes de Miranda, *Tratado de Direito Internacional Privado*, 1935, t. 2, p. 156-157.

[63] Amilcar de Castro, *Direito Internacional Privado*, 1977, p. 421 e ss.

[64] Oscar Tenório, *Direito Internacional Privado*, 1976, v. 2, p. 172-177.

a aplicação da autonomia da vontade se ela for admitida pela lei do país onde se constituiu a obrigação. Mais recentemente, Nádia de Araújo sustentou a não vigência do princípio da autonomia no direito brasileiro.[65]

Por sua vez, estudos mais recentes apresentam posição mais favorável à autonomia. Esse é o caso de João Grandino Rodas[66] e também da releitura mais atualizada do art. 9º feita por Lauro Gama,[67] que conclui – na linha do que já sustentado por Haroldo Valladão,[68] mas com novos argumentos – pela manutenção da autonomia da LINDB.

Nesse ponto, é de relevo a análise de Bernard Audit sobre o direito francês, cujo raciocínio deve ser transposto analogicamente para o direito brasileiro. Para o professor francês, a autonomia da escolha da lei aplicável é, modernamente, reconhecida de forma tão ampla no direito comparado que autoriza a afirmação de que se trata de um princípio geral do direito, reconhecida fonte do direito internacional.[69] O mesmo vale no Brasil: em que pese a ausência de autorização expressa, trata-se, sem dúvida, de princípio que há muito deveria ter sido incorporado ao direito internacional privado brasileiro, sem maiores discussões.

É muito importante perceber que a literatura tradicional sobre o tema enfrentou a questão sob a égide de outro panorama normativo. Atualmente, além da autorização expressa contida na lei de arbitragem, o Brasil é parte da CISG, convenção que também admite a autonomia na escolha da lei aplicável. Embora ainda não tenha ratificado o instrumento, o Brasil é um dos signatários da Convenção Interamericana sobre Direito Aplicável aos Contratos Internacionais, que também prestigia o direito escolhido pelas partes.

Em 2021, importante decisão do Superior Tribunal de Justiça, embora proferida no âmbito específico dos contratos de seguro, afirmou peremptoriamente que, *"em contratos internacionais, é admitida a eleição de legislação aplicável, sobretudo naqueles de natureza patrimonial, mesmo porque, nessas avenças, a autonomia da vontade possui especial proteção, ressalvando-se eventual afronta à soberania nacional, à ordem pública e aos bons costumes"*.[70]

---

[65] A autora citada, embora favorável à autonomia *de lege ferenda*, considera que a escolha de lei pelas partes não é possível segundo as normas vigentes no Brasil. Nesse sentido, Nádia de Araújo, *Direito Internacional Privado brasileiro – teoria e prática brasileira*, 2003, p. 323.

[66] João Grandino Rodas, Elementos de conexão do direito internacional privado brasileiro relativamente às obrigações contratuais. In: João Grandino Rodas (coord.), *Contratos Internacionais*, 2002, p. 43-63.

[67] Lauro da Gama Souza Jr., Autonomia da vontade nos contratos internacionais no Direito Internacional Privado Brasileiro: Uma leitura constitucional do artigo 9º da Lei de Introdução ao Código Civil em favor da liberdade de escolha do direito aplicável, In: Luís Roberto Barroso e Carmen Tiburcio, *O Direito Constitucional Contemporâneo: Estudos em homenagem a Jacob Dolinger*, 2006.

[68] Haroldo Valladão, *Direito Internacional Privado*, 1977, v. II, p. 186: "Aliás, o princípio da autonomia da vontade está, ainda no § 2º do art. 9º, no emprego ali do verbo 'reputa-se', sinônimo de 'presume-se'. De fato, esta fórmula 'presume-se', 'reputa-se', cobre sempre o princípio da autonomia da vontade, abrindo a tradicional ressalva, 'salvo estipulação em contrário' ou ' em falta de vontade expressa ou tácita'. Havendo ali escolha expressa ou tácita, não predomina a lei da residência do proponente, substituída pela eleita pelas partes".

[69] Bernard Audit e Louis d'Avout, *Droit International Privé*, 2013, p. 219-220: "Cette liberté est à ce point reconnue en droit compare que l'on a pu évoquer à son sujet les príncipes généraraux du droti visés par l'art. 38 du Statut de la CIJ. Cela 'nemporte pas que les parties em fassent toujours usage; aujourd'hui encore, tous les contrats internationaux ne continennent pas de clause expresse de loi applicable. Mais tel n'est pas l ecas des plus importants, à l'élaboration desquels participent des juristes qualifiés".

[70] STJ, REsp nº 1.850.781, Rel. Min. Ricardo Villas Bôas Cueva, *DJ* 01.10.2021. No mesmo sentido, v. STJ, REsp nº 1.280.218, Rel. p/ acórdão Marco Aurélio Bellizze, *DJ* 12.08.2016.

Há que se destacar também que, no moderno direito internacional privado, a autonomia privada relaciona-se intensamente com o princípio da proximidade.[71]

## COMPETÊNCIA INTERNACIONAL PARA LITÍGIOS ENVOLVENDO CONTRATOS NA AUSÊNCIA DE ESCOLHA PELAS PARTES[72]

### Direito Internacional e Comunitário

No âmbito europeu, a Convenção de Bruxelas Relativa à Competência Judiciária e à Execução de Decisões em Matéria Civil e Comercial, de 1968, na linha do costume internacional, determina o domicílio do réu como principal regra de competência geral (art. 1º). Adicionalmente, o art. 5º(1) da convenção estabelece regra especial de competência em matéria contratual, permitindo o ajuizamento de ação no lugar onde a obrigação deveria ser cumprida.[73]

Inicialmente, deve-se atentar que, por instituir uma exceção à regra geral do foro do domicílio do réu, o Tribunal europeu tem conferido interpretação restritiva ao dispositivo.[74] Assim, por exemplo, poderia um litígio envolvendo responsabilidade pré-contratual ser tratado como versando matéria contratual? O Tribunal de Justiça já respondeu negativamente, tendo em vista os elementos do caso que lhe foi submetido.[75]

Da mesma forma, demandas em que se discuta uma obrigação de não fazer que não seja territorialmente limitada, já decidiu o Tribunal ser inaplicável o art. 5º(1), devendo a demanda ser proposta no foro do domicílio do réu (art. 2º da Convenção).[76]

Questão também polêmica envolve obrigações cumpridas em locais diferentes. O Tribunal entendeu que nessas situações, além da regra de competência geral, o demandante poderá acionar o réu no local onde a maior parte das obrigações é executada[77] ou no lugar onde a obrigação principal é executada.[78] Note-se que há exemplos de um contrato submetido a mais de uma jurisdição quando se tratar de várias obrigações de igual hierarquia,[79] o que tem sido criticável, pois pode gerar decisões contraditórias.

---

[71] Sobre o tema, v. Jacob Dolinger, *Contratos e Obrigações no Direito Internacional Privado*, 2007, p. 290-297.

[72] Para análise mais detida do tema, v. Carmen Tiburcio, *Extensão e Limites da Jurisdição Brasileira: Competência Internacional e Imunidade de Jurisdição*, 2016.

[73] Convenção de Bruxelas, art. 5º: "O requerido com domicílio no território de um Estado Contratante pode ser demandado num outro Estado Contratante:
1. Em matéria contratual, perante o tribunal do lugar onde a obrigação que serve de fundamento ao pedido foi ou deva ser cumprida; em matéria de contrato individual de trabalho, esse lugar é o lugar onde o trabalhador efectua habitualmente o seu trabalho e, se o trabalhador não efectuar habitualmente o seu trabalho no mesmo país, a entidade patronal pode igualmente ser demandada perante o tribunal do lugar onde se situa ou se situava o estabelecimento que contratou o trabalhador".

[74] Caso *Kalfelis* (C-189/87), j. 27.09.1988, ponto 8 do acórdão; caso *Six Constructions* (C-32/88), j. 15.02.1989, ponto 14 do acórdão; caso *Jakob Handte* (C-26/91), ponto 14 do acórdão; caso *Shearson Lehman Hutton* (C-89/91), pontos 14 e 15 do acórdão, e caso *Antonio Marinari* (C-364/93), pontos 13 a 15 do acórdão.

[75] Caso *Fonderie Officine Meccaniche Tacconi SpA contra Heinrich Wagner Sinto Maschinenfabrik GmbH* (C-334/00), j. 17.09.2002.

[76] Caso *Besix* (C-256/00), j. 19.02.2002, *Revue Critique de Droit International Privé*, p. 577, (2002), com notas de H. Gaudemet-Tallon.

[77] Caso *H. Weber* (C-37/00), j. 27.02.2002.

[78] Caso *Shenavi v. Kreischer* (C 266/85), j. 15.01.1987.

[79] Caso *Leathertex v Bodetex* (C-420/97), j. 05.10.1999.

O Regulamento nº 44/2001 trouxe uma alteração importante às regras estabelecidas a partir dos casos *De Bloos* e *Tessili*, afastando as críticas de possíveis soluções contraditórias. Com efeito, define-se especificamente, no art. 5º(1)(b), o local do cumprimento da obrigação com relação a dois contratos: compra e venda de mercadorias e prestação de serviços.[80] Assim, ao menos para esses dois contratos tão frequentes,[81] não mais foi preciso recorrer à *lex causae* para saber o local onde a obrigação foi ou deveria ser cumprida. A regra foi mantida no Regulamento nº 1.215/2012, art. 7º 1, a e b. E mais, tratando-se de um desses dois contratos, o foro competente será sempre o mesmo, independentemente da obrigação que esteja presente na causa de pedir da demanda.[82-83]

O Regulamento nº 1.215/2012 manteve o critério do Regulamento nº 44/2001: além da competência geral aplicável em qualquer situação, prevê a competência especial em matéria contratual do lugar onde foi ou deva ser cumprida a obrigação em questão (art. 7º).

O art. 56 do Tratado de Direito Civil Internacional de Montevidéu, de 1889, dispõe que as ações pessoais devem ser propostas alternativamente no local do domicílio do réu ou no foro a cuja lei o ato jurídico está submetido. Interpretando o dispositivo com as disposições sobre lei aplicável constante no Tratado de Montevidéu (arts. 32 e ss.), Carolina Iud afirma que o art. 56 significa que, em matéria contratual, as ações podem ser propostas no domicílio do réu ou no local da execução do contrato.[84]

Já no Mercosul o Protocolo de Buenos Aires sobre Jurisdição Internacional em Matéria Contratual estabelece como primeiro critério fixador da jurisdição a vontade das partes, manifestada por meio de eleição de foro ou da convenção de arbitragem.[85] Na ausência de

---

[80] "Artigo 5º Uma pessoa com domicílio no território de um Estado-Membro pode ser demandada noutro Estado-Membro: 1. a) Em matéria contratual, perante o tribunal do lugar onde foi ou deva ser cumprida a obrigação em questão; b) Para efeitos da presente disposição e salvo convenção em contrário, o lugar de cumprimento da obrigação em questão será: – no caso da venda de bens, o lugar num Estado-Membro onde, nos termos do contrato, os bens foram ou devam ser entregues – no caso da prestação de serviços, o lugar num Estado-Membro onde, nos termos do contrato, os serviços foram ou devam ser prestados; c) Se não se aplicar a alínea b), será aplicável a alínea a)".

[81] Para os demais contratos continuam aplicáveis as regras decorrentes da jurisprudência do Tribunal de Justiça, com relação à Convenção de Bruxelas.

[82] "(...) pourquoi le texte dil-il que pour ces contrats '... le lieu d'éxecution de l'obligation qui sert de base à la demande...' alors que, précisément, l'un des intérêts du texte est de ne plus avoir à distinguer selon que l'obligation litigieuse est l'obligation de paiement ou l'obligation caractéristique du contrat? En effet, ainsi que l'indiquent les explications données par la Commission lors de l'établissement d'une première proposition de règlement destiné à remplacer la Convention de Bruxelles: 'l'obligation qui sert de base à la demande' dans deux hypothèse précises... Cette désignation pragmatique du lieu d'éxecution, reposant sur un critère purement factuel, s'applique quelle que soit l'obligation litigieuse, y compris lorsque cette obligation est paiement de la contrepartie pécuniaire du contrat. Elle s'applique aussi lorsque la demande porte sur plusieurs obligations litigieuses". Vide Hélène Gaudemet-Tallon, Compétence et exécution des jugements en Europe, 2002, n. 187, p. 146, citando o comunicado da Comissão COM de 14 de julho de 1999.

[83] Se houver mais de um local de entrega da mercadoria, o autor pode escolher acionar o réu em qualquer deles, caso Color *Drack v Lexx* (C-386/05), j. 03.05.2007. Também em matéria de serviços, no caso de contrato de agência, se o contrato não estabelecer o principal lugar onde as obrigações do agente serão cumpridas ou se isto não for possível de ser verificado, competente será o lugar do domicílio do agente: caso *Wood Floor Solutions Andreas Domberger GmbH v. Silva Trade SA* (C-19/09), j. 11.03.2010.

[84] Carolina D. Iud, Contrato Internacional y juez competente. Disponível em: https://sociedip.files.wordpress.com/2013/12/contrato-internacional-y-juez-competente-iud.pdf.

[85] Protocolo de Buenos Aires sobre Jurisdição Internacional em Matéria Contratual, art. 4º: "Nos conflitos que decorram dos contratos internacionais em matéria civil ou comercial serão competentes os tribunais do Estado-Parte em cuja jurisdição os contratantes tenham acordado submeter-se por escrito, sempre que

escolha pelas partes, o art. 7º do Protocolo de Buenos Aires faculta ao autor propor a ação no juízo do lugar de cumprimento do contrato, no domicílio do réu ou, quando demonstrar que cumpriu sua prestação, em seu domicílio.[86]

### Direito Comparado

Valendo-se da transposição de regra de competência interna prevista nos arts. 42(1)[87] e 43 do Código de Processo Civil francês,[88] os tribunais franceses podem exercer jurisdição quando o réu for domiciliado na França. Isso significa que, havendo disputa envolvendo matéria contratual, o Judiciário francês será competente quando o réu for domiciliado na França. Ademais, em matéria contratual, é lícito que o autor escolha foro diverso daquele do domicílio do réu, sendo possível optar entre o local da entrega efetiva da coisa ou o local da prestação do serviço (art. 46).[89]

O Código de Processo Civil português estabelece que os tribunais portugueses são competentes "*quando a ação possa ser proposta em tribunal português segundo as regras de competência territorial estabelecidas na lei portuguesa*".[90] Comentado dispositivo do CPC português anterior com redação semelhante, Luís de Lima Pinheiro afirma que o critério da "coincidência" significa que, "*se o elemento de conexão utilizado na norma de competência territorial apontar para um lugar situado no território português, os tribunais portugueses são internacionalmente competentes*".[91]

Com relação especificamente à matéria contratual, o autor português assim resume as regras de competência portuguesas:

"No que toca às ações relativas ao cumprimento das obrigações e à responsabilidade contratual, é competente o tribunal do domicílio do réu; quando o réu seja pessoa coletiva ou quando, situando-se o domicílio do credor na área metropolitana de Lisboa ou do Porto, o réu tenha domicílio na mesma área metropolitana, o credor pode optar pelo tribunal do lugar em que a obrigação deveria ter sido cumprida (*forum destinatae solutionis*) (...) A possibilidade de o autor optar, só em certas circunstâncias, pelo foro do lugar de cumprimento, parece dever-se a considerações específicas da competência territorial, razão

---

tal ajuste não tenha sido obtido de forma abusiva. 2. Pode-se acordar, igualmente, a eleição de tribunais arbitrais".

[86] Protocolo de Buenos Aires sobre Jurisdição Internacional em Matéria Contratual, art. 7º: "Na ausência de acordo, têm jurisdição à escolha do autor:
a) o juízo do lugar de cumprimento do contrato;
b) o juízo do domicílio do demandado;
c) o juízo de seu domicílio ou sede social, quando demonstrar que cumpriu sua prestação".

[87] Art. 42: "*La juridiction territorialement compétente est, sauf disposition contraire, celle du lieu où demeure le défendeur. (...)*".

[88] Art. 43: "*Le lieu où demeure le défendeur s'entend: – s'il s'agit d'une personne physique, du lieu où celle-ci a son domicile ou, à défaut, sa résidence,– s'il s'agit d'une personne morale, du lieu où celle-ci est établie*".

[89] Art. 46: "*Le demandeur peut saisir à son choix, outre la juridiction du lieu où demeure le défendeur: – en matière contractuelle, la juridiction du lieu de la livraison effective de la chose ou du lieu de l'exécution de la prestation de service; – en matière délictuelle, la juridiction du lieu du fait dommageable ou celle dans le ressort de laquelle le dommage a été subi; – en matière mixte, la juridiction du lieu où est situé l'immeuble; – en matière d'aliments ou de contribution aux charges du mariage, la juridiction du lieu où demeure le créancier*".

[90] Código de Processo Civil português, art. 62.

[91] Luís de Lima Pinheiro, *Direito Internacional Privado*, 2012, v. 3, p. 280.

por que este preceito não parece relevante para estabelecer a competência internacional dos tribunais portugueses".[92]

Embora não possua nenhuma regra específica sobre competência em matéria contratual, o Código Civil e Comercial argentino de 2014 autoriza a eleição de foro em "*materia patrimonial e internacional*" (art. 2.605). Como regra de competência geral, o código adota o domicílio ou residência habitual da parte demandada (art. 2.608).

## Direito Brasileiro

Como na generalidade dos países, o domicílio do réu é o critério de competência geral adotado pelo Código de Processo Civil. Assim, é possível que disputas contratuais sejam submetidas ao Judiciário brasileiro sempre que a parte demandada aqui for domiciliada. Para mais considerações sobre a fixação da jurisdição em razão do domicílio do réu, remete-se o leitor para o Capítulo XXI.

Além da regra de competência geral, as hipóteses de competência especial previstas no CPC também abrangem disputas contratuais. Reproduzindo regra que já constava do art. 12, *caput*, da Lei de Introdução às normas do Direito Brasileiro[93] e do Código de Processo Civil de 1973, o CPC de 2015 (art. 21, II) dispõe que "*compete à autoridade judiciária brasileira processar e julgar as ações em que: (...) II – no Brasil tiver de ser cumprida a obrigação*". Como a referência à matéria obrigacional é ampla, abrange igualmente as obrigações contratuais e extracontratuais.

Note-se que não é óbice ao exercício da jurisdição pelo juiz brasileiro eventual alegação, pelo réu, de inexistência ou invalidade do contrato. A afirmação é válida ainda que o juiz decida ao final pela inexistência da relação jurídica discutida pelo autor, haja vista que tal matéria integra o próprio mérito da ação.[94] Nesse caso, não há de se cogitar a falta de pressuposto processual (jurisdição) nem para a ação principal, nem para as que lhe forem conexas, visto que a competência para apreciar a matéria é determinada não por alegações de mérito, mas fixada anteriormente a ela, quando do ajuizamento da demanda.[95]

---

[92] Luís de Lima Pinheiro, *Direito Internacional Privado*, 2012, v. 3, p. 281.

[93] LINDB, art. 12: "É competente a autoridade judiciária brasileira, quando for o réu domiciliado no Brasil ou aqui tiver de ser cumprida a obrigação".

[94] Hélio Tornaghi, *Comentários ao Código de Processo Civil*, 1974, p. 306: "Para avaliar a competência brasileira deve levar-se em conta a relação jurídica tal qual foi apresentada em juízo e que será objeto da controvérsia judicial (*quid disputandum*), deixando-se de lado a questão, que é de mérito, da efetiva existência da obrigação (*quid decidendum*)". Da mesma forma como o é para a fixação da competência internacional do juiz brasileiro com fundamento no art. 21, III, a ocorrência ou não do evento danoso com base no qual se pleiteia indenização, questão de mérito que não deve ser analisada neste momento. No direito francês não se adota esse critério, pois, havendo contestação séria sobre a existência do contrato, não se aplica essa regra fixadora da competência internacional. V. Hélène Gaudemet-Tallon, *Compétence et Exécution des Jugements en Europe*, 2002, p. 133.

[95] Trata-se, aqui, da teoria da asserção, v. Leonardo Greco, *Instituições de Processo Civil*, 2015, v. I, p. 222-223; José Carlos Barbosa Moreira, Legitimação para Agir. Indeferimento de Petição Inicial, In: *Temas de Direito Processual*, 1977, p. 200: "Tem ele [o julgador] de raciocinar como quem admita, por hipótese, e em caráter provisório, a veracidade da narrativa, deixando para a ocasião própria (o juízo de mérito) a respectiva apuração, ante os elementos de convicção ministrados pela atividade instrutória". STJ, REsp nº 1.119.437/AM, Rel. Min. Luis Felipe Salomão, *DJ* 20.06.2011: "Conforme a teoria da asserção, a competência territorial é fixada a partir da narrativa formulada pelo autor, de acordo com os fatos alegadamente constitutivos do seu direito".

Note-se que o art. 21, II, não limita o exercício da jurisdição às questões atinentes ao descumprimento das obrigações do *réu* (quando a jurisdição é exercida em função do domicílio do réu) ou para as questões relativas à execução da obrigação (na situação de exercício da jurisdição em razão de obrigação a ser cumprida no país) ou ainda somente para questões relativas ao ato/fato aqui ocorrido. A jurisdição pode ser fixada em virtude de a obrigação ser cumprida no Brasil (art. 88, II, do CPC de 1973 ou art. 21, II, do CPC de 2015) e aqui se discutir a validade do contrato, bem como a jurisdição poder ser exercida em razão de o contrato ter sido celebrado no Brasil (art. 88, III, do CPC de 1973 ou art. 21, III, do CPC de 2015) e aqui se discutir a execução do negócio. De forma alguma as regras sobre jurisdição limitam a cognição estritamente às hipóteses mencionadas para permitir a atuação do julgador. A interpretação da norma é, portanto, ampla.[96] Registre-se, porém, que a jurisdição brasileira, ainda que presente, pode ser afastada em situações específicas, com base nos princípios que informam o processo internacional, entre os quais, acesso à justiça, soberania (imunidade de jurisdição) e efetividade.[97]

Além disso, já se afirmou que pouco importa o local onde a obrigação foi contraída para os fins de aplicação do inciso II.[98] O ponto é óbvio, já que as hipóteses de competência do Judiciário brasileiro não são cumulativas: basta que uma delas esteja presente para que o Judiciário nacional possa atuar. Portanto, pouco importa onde a obrigação foi contraída ou o local do domicílio dos réus, bastando que a obrigação deva ser cumprida no Brasil.

Observe-se que há exemplos de algumas decisões do STJ que parecem ter conferido peso excessivo a essa hipótese de competência concorrente. Em situações envolvendo obrigações a serem cumpridas no Brasil, com eleição de foro estrangeiro, as decisões parecem ter conferido à hipótese *status* semelhante à competência exclusiva, afirmando que, quando a obrigação tiver de ser cumprida no Brasil, o Judiciário brasileiro será sempre competente e a eleição de foro estrangeiro não produzirá efeitos no país.[99]

Seguindo essa mesma linha, vale observar que o STJ, em casos nos quais admitiu a eleição de foro estrangeiro, fez questão de ressaltar que "*é o país estrangeiro o local de execução e cumprimento das obrigações*", parecendo entender que, como as obrigações teriam que ser cumpridas no exterior, não incidiria o inciso II do art. 88, e haveria mesmo uma "bilateralização" dessa hipótese de competência "exclusiva".[100]

Mais recentemente, a jurisprudência do STJ parece ter se adequado à realidade imposta pelo CPC de 2015 e vem se ajustando às melhores práticas internacionais, admitindo a eleição de foro estrangeiro pactuada pelas partes quando a hipótese não se incluir na competência exclusiva do Poder Judiciário brasileiro.[101]

---

[96] Diversamente do que ocorre na União Europeia quando se adota, como regra, uma interpretação restritiva das hipóteses de competência internacional. V. Hélène Gaudemet-Tallon, *Compétence et Exécution des Jugements en Europe*, 2002, p. 126.

[97] Carmen Tiburcio, *Extensão e limites da jurisdição brasileira: competência internacional e imunidade de jurisdição*, 2016, p. 135-256.

[98] Celso Agrícola Barbi, *Comentários ao Código de Processo Civil*, 2008, v. I, p. 303; Hélio Tornaghi, *Comentários ao Código de Processo Civil*, 1974, v. I, p. 305.

[99] Nesse sentido, STJ, REsp nº 251.438/RJ, Min. Barros Monteiro, *DJ* 02.10.2000.

[100] STJ, REsp nº 1.177.915/RJ, Min. Rel. Vasco dela Giustina, *DJ* 24.08.2010. No mesmo sentido, STJ, EDcl nos EDcl no REsp nº 1.159.796/PE, *DJ* 25.03.201; e STJ, REsp nº 242.383/SP, Rel. Min. Humberto Gomes de Barros, *DJ* 21.03.2005.

[101] STJ, AgInt no AREsp nº 1.341.280, Rel. Min. Maria Isabel Gallotti, *DJ* 24.08.2023. V. também STJ, AgInt no AREsp nº 2.008.580, Rel. Min. Raul Araújo, *DJ* 10.06.2022.

Acertadamente, decisão notória do STF admitiu eleição do foro de Montevidéu mesmo em caso envolvendo obrigação a ser cumprida no Brasil, quando vigorava somente a LICC de 1942.[102] Pela própria definição de competência concorrente, trata-se de hipótese que pode ser afastada pela vontade das partes. Portanto, não faz sentido interpretação em sentido diverso.

## A DETERMINAÇÃO DA LEI APLICÁVEL AOS CONTRATOS INTERNACIONAIS NA AUSÊNCIA DE ESCOLHA PELAS PARTES[103]

### Lex Loci Contractus

Antes da ascensão do princípio da proximidade e da autonomia, prevalecia a ideia que os ingleses denominavam "*the proper law of the contract*", que alguns entendiam como a lei do local onde o contrato foi assinado (*lex loci contractus*), enquanto outros consideravam mais adequada a lei do local onde o contrato deveria ser cumprido (*lex solutionis* ou *lex loci executionis*), e outros ainda utilizavam ambas as regras, a primeira para a validade e interpretação do contrato e a segunda para o seu cumprimento.

Savigny, que optou pela lei do lugar do cumprimento da obrigação, influenciou a jurisprudência alemã e os tribunais suíços, que aceitaram a *lex performance* para todos os assuntos relativos aos efeitos dos contratos. A legislação de vários países europeus seguiu a mesma orientação.

Nos Estados Unidos, por outro lado, Joseph Story manifestou-se favoravelmente à aplicação da lei do local da feitura ("*place where it is made*") dizendo-o em diversas partes de sua obra, como, ilustrativamente, a seguinte passagem:

> "Assim, este é atualmente um princípio de generalizada aceitação, de que os contratos devem ser interpretados de acordo com as leis do Estado no qual foram feitos, a não ser que, de seu texto, se perceba que foram elaborados com a mente voltada para as leis de algum outro Estado. E nada pode ser mais justo do que este princípio".[104]

Historicamente, as duas soluções – local da feitura do contrato e local em que este deve ser cumprido – não são modernas, eis que têm origem na teoria de Bártolo de Saxoferato, que sustentou que as questões que nascem no momento em que o contrato é firmado, como nulidade ou anulabilidade devidas a erro ou fraude, devem ser regidas pela lei do local da

---

[102] STF, RE nº 30.636, Rel. Min. Candido Mota Filho, *DJ* 24.01.1957: "Foro do contrato, admissibilidade de eleição do foro estrangeiro. Art. 12 da Introdução ao Cód. Civil. O direito brasileiro reconhece o foro contratual, salvo quando existir impedimento de ordem pública".

[103] O tema foi objeto de estudo mais detido em Jacob Dolinger, *Contratos e Obrigações no Direito Internacional Privado*, 2007.

[104] Joseph Story, Commentaries on the Conflict of laws, Foreign and Domestic in regard to Contracts, Rights and Remedies and especially in regard to marriages, divorces, wills, successions and judgments, 1841, p. 232. A opinião de Story foi assim relatada por Albert A. Ehrenzweig e Erik Jayme, *Private International Law: a comparative treatise on American International Conflicts Law, Including the Law of Admiralty*, v. III, 1977, p. 16: "Story returned to the law of the place of contracting which – as he thought – acted upon the latter 'independently of any volition of the parties, in virtue of the general sovereignty, possessed by every nation, to regulate transactions, within its own territory'. But where the contract had to be performed in another place, the law of that place was to govern the contract even as to its validity. Thus, the parties' intention emerged again as the *lex loci solutionis*. The double rule – the *lex loci contractus*, and in cases where the performance was to take place in another state, the *lex loci solutionis* – has entered the language of the courts and can still be found today".

feitura do contrato, enquanto outras questões, relacionadas aos efeitos do contrato, que nascem depois de ele ter sido produzido, incluindo negligência, inadimplemento, devem ser regidas pela lei do local de seu cumprimento, se esse lugar estiver fixado no contrato; de outro modo, o juiz deve aplicar a *lex fori*.

Antes da Convenção de Roma, o direito francês adotava a lei do local do cumprimento do contrato, baseado no entendimento de que entre as duas leis com as quais o contrato tem conexão em sua trajetória, a adoção da lei do lugar da *performance* contratual é a solução mais racional, porque o objetivo do contrato, a sua essência, é o cumprimento do que nele se pactua, a execução das obrigações nele assumidas, enquanto a assinatura do acordo é um momento passageiro, e o local em que isso se verifica pode ser acidental e incerto, diversamente do que ocorre com o lugar do cumprimento.[105]

## DIREITO APLICÁVEL À FORMA DO CONTRATO

A regra de conexão que determina a aplicação da lei do local da realização do ato e do contrato para o concernente à sua forma (*locus regit actum*) é uma consagrada conquista do direito internacional privado.[106] A lei do local da feitura do ato jurídico é a mais bem conhecida das partes e a mais acessível, por isto são as regras locais sobre como formalizá-lo que governam sua exteriorização. Sendo essas as razões da regra, há muito se admite que ela não é obrigatória e, consequentemente, que as partes têm a opção de revestir e de formalizar seus atos jurídicos, de acordo com a lei ou os costumes de outros sistemas jurídicos.

A doutrina francesa atribuiu o reconhecimento da facultatividade da regra *locus regit actum* ao acórdão *Chaplin*, da Corte de Cassação, de 1963 e, com fundamento em decisões subsequentes, delimita as opções dos contratantes a três leis: do local da realização do ato, que se aplica no silêncio das partes; e à escolha delas, ou a lei que rege a substância do contrato ou a lei da nacionalidade das partes.[107]

A Convenção de Roma consagrou duas leis, atendida qualquer uma das duas, o contrato será formalmente válido: (i) a lei do local da realização do contrato; e (ii) a lei que rege a substância do mesmo, como determinado pela mesma convenção, ou seja, se a regra da convenção sobre a substância do contrato determinar a aplicação de lei de local diverso daquela em que o contrato se efetivou, a mesma lei poderá ser aplicada à forma do instrumento correspondente.[108] A regra foi mantida pelo regulamento Roma I.[109]

---

[105] V., por exemplo, Yvon Loussouarn e Pierre Bourel, *Droit international privé*, 1996, p. 420.

[106] Como diz Tito Ballarino, *Diritto Internazionale Privato*, 1997, p. 88: "*indiscutibile l'accettazione da parte di tutti i sistemi di d.i.pr. di regole come quella* locus regit actum".

[107] Henri Batiffol e Paul Lagarde, *Droit International Privé*, 1993, v. 1, p. 322-323.

[108] Convenção sobre a lei aplicável às obrigações contratuais, art. 9º: "1. Um contrato celebrado entre pessoas que se encontram no mesmo país é formalmente válido quanto à forma, desde que preencha os requisitos de forma prescritos pela lei reguladora da substância, aplicável por força da presente Convenção ou da lei do país em que foi celebrado.

2. Um contrato celebrado entre pessoas que se encontram em países diferentes é formalmente válido, desde que preencha os requisitos de forma prescritos pela lei reguladora da substância, aplicável por força da presente Convenção ou da lei de um desses países".

[109] Regulamento Roma I (nº 593/2008), art. 11: "1. Um contrato celebrado por pessoas ou pelos seus representantes que se encontrem no mesmo país aquando da sua celebração é válido quanto à forma, se preencher os requisitos de forma prescritos pela lei reguladora da substância, determinada nos termos do presente regulamento, ou pela lei do país em que é celebrado.

2. Um contrato celebrado por pessoas ou pelos seus representantes que se encontrem em países diferentes aquando da sua celebração é válido quanto à forma, se preencher os requisitos de forma prescritos pela

A Convenção da Haia sobre a lei aplicável aos contratos de venda internacional de mercadorias, de 1986, estabeleceu exatamente as mesmas regras que a Convenção de Roma sobre a lei aplicável à forma dos contratos.[110]

A Cassação francesa julgou, em janeiro de 2004, o caso de uma sociedade dinamarquesa que, tendo vendido a uma sociedade coreana do norte um barco registrado na França, destinado à atividade pesqueira nas águas da Coréia do Norte, veio a juízo cobrar o preço da venda. A compradora contestou invocando a nulidade da venda por desrespeito às regras de forma previstas no direito francês.

Como vimos, determina a Convenção de Roma que o contrato é válido quanto à forma se atende aos preceitos da lei que rege a substância do contrato, ou à lei do país em que foi firmado o contrato e, de acordo com o art. 4º, § 1º, desta convenção, a lei aplicável à substância – não tendo havido escolha de lei pelas partes – é a lei do vendedor, pois cabe a ele executar a prestação caraterística. Nesse caso, portanto, seria aplicável ao contrato a lei dinamarquesa, que não faz as exigências da forma que se encontram na lei francesa.

Assim sendo, as normas francesas sobre forma do contrato de venda de navios não seriam aplicáveis. Acontece que a Corte considerou que as formalidades prescritas pela lei francesa de 3 de janeiro de 1967 para a venda de navios caracterizavam-se como leis de polícia, e deveriam ser observadas por força do art. 7º, § 2º, da Convenção de Roma, segundo o qual o disposto na convenção não pode prejudicar a aplicação das regras do país do foro que regulem imperativamente o caso concreto, independentemente da lei aplicável ao contrato.

Baseado nesse raciocínio, o tribunal decidiu que, como o navio permaneceria com pavilhão francês – pelo menos durante algum tempo –, a transação dele deveria respeitar as normas da lei francesa que visam o controle da segurança das embarcações armadas para o comércio ou para o prazer, conferindo-lhes o direito de portar no pavilhão francês, com as vantagens daí decorrentes. Assim, a Justiça francesa baseou-se no art. 9º e seus parágrafos, o art. 4º, § 2º, e art. 7º, § 2º, todos da Convenção de Roma, para concluir pela procedência da defesa da empresa coreana do norte.[111]

No Brasil, a regra locus regit actum é consagrada de longa data. Como relata João Grandino Rodas, já era possível encontrar a regra nas Ordenações Filipinas e no Regulamento nº 737, de 1850.[112]

O art. 11 da Introdução ao Código Civil de 1916 possuía a seguinte redação: "*A forma extrínseca dos atos, públicos ou particulares, reger-se-á segundo a lei do lugar em que se praticarem*". A Lei de Introdução não contém disposição semelhante, contando apenas com o art.

---

lei reguladora da substância, determinada nos termos do presente regulamento, ou pela lei do país em que se encontre qualquer das partes ou os seus representantes aquando da sua celebração, ou pela lei do país em que qualquer das partes tenha a sua residência habitual nessa data".

[110] Convenção sobre a lei aplicável aos contratos de compra e venda internacional de mercadorias, art. 11: "(1) Um contrato de compra e venda celebrado entre pessoas que se encontrem em um mesmo Estado será válido quanto à forma, se cumprir com os requisitos estabelecidos pela lei que rege o contrato com base na presente Convenção ou com base na lei do Estado de conclusão do contrato.
(2) Um contrato de compra e venda concluído entre pessoas que se encontrem em Estados distintos será válido quanto à forma, se cumprir com os requisitos estabelecidos pela lei que rege o contrato com base na presente Convenção ou com base na lei de um desses Estados".

[111] O julgamento da Corte e o comentário do Professor Lagarde encontram-se *na Revue Critique de Droit International Privé*, 2005, p. 55 e ss.

[112] João Grandino Rodas, Elementos de conexão do direito internacional privado brasileiro relativamente às obrigações contratuais. In: João Grandino Rodas (coord.), *Contratos Internacionais*, 2002, p. 37.

9º, § 1º, que assim dispõe: *"Destinando-se a obrigação a ser executada no Brasil e dependendo de forma essencial, será esta observada, admitidas as peculiaridades da lei estrangeira quanto aos requisitos extrínsecos do ato".*

A redação de 1916 era muito mais apropriada, eis que enunciava a regra do *locus regit actum* de forma direta e bilateral. A versão da LINDB, por sua vez, é indireta, porque aparece como norma acessória à regra principal do dispositivo, e unilateral, porque só trata de ato realizado no exterior e não de atos efetuados no Brasil.

Sem prejuízo disso, há de se reconhecer que a bilateralização nesse caso é evidente: se a forma de ato ou contrato realizado no exterior se rege pela lei do local de sua realização, com igual ou mais razão ainda, obedecerá à lei brasileira o ato ou contrato materializado no Brasil.

Outras duas observações são importantes quanto à redação do dispositivo da LINDB. Primeiramente, a expressão *"peculiaridades da lei estrangeira"* deve ser lida como equivalente a requisitos estabelecidos pela lei estrangeira para a formação válida do ato jurídico. Questão mais tormentosa consiste em determinar o sentido da expressão *"forma essencial"*. Tendo em vista a grande proximidade entre a Lei de Introdução e o Código Civil de 1916, observe-se que o código contém referências à "forma especial" (arts. 129, 130 e 136) e somente o art. 145, IV, faz menção a "alguma solenidade que a lei considere *essencial* para a sua validade".

San Tiago Dantas afirma que forma essencial pode ser interpretada como algo que vai muito além da forma propriamente dita do ato jurídico, sendo algo que diz respeito ao conteúdo interno do ato, como a necessidade de outorga uxória, quando um cônjuge concede fiança.[113] Para Clóvis Beviláqua, a solenidade essencial que afeta a validade do ato, como determinado pelo art. 145, referir-se-ia ao instrumento feito por oficial incompetente, sem data e designação do lugar, sem subscrição das partes e das testemunhas, ou que não foi lida às partes e testemunhas.[114] Amilcar de Castro sustenta que o art. 9º, § 1º, estaria visando requisitos sem os quais a obrigação não chega a existir.[115]

Uma maneira de interpretar o dispositivo em questão é referi-lo à hipótese de bem imóvel sito no Brasil, mas vendido no exterior. As formas extrínsecas serão regidas pela lei do local da realização do ato, ressalvando o direito das partes de utilizar a forma prescrita pela lei brasileira, na medida em que possa ser operacionalizada no exterior, valendo-se as partes, assim desejando, da assistência do consulado brasileiro, mas – aí vem a expressa determinação do § 1º do art. 9º – tendo que ser observada a forma essencial do direito brasileiro.

Por fim, vale o registro de que a dinâmica das contratações internacionais tem criado questões adicionais quanto à formação dos contratos. Tópico de especial relevância é a análise da responsabilidade pré-contratual dos contratantes. Dário Moura Vicente indica que, enquanto na *common law* inexistem deveres rígidos de lealdade e boa-fé nas negociações, alguns países de tradição romano-germânica atribuem responsabilidade pré-contratual aos negociantes.[116]

---

[113] San Tiago Dantas, *Programa de Direito Civil*, 2001, p. 329-330.
[114] Clóvis Beviláqua, *Código Civil dos Estados Unidos do Brasil Comentado*, 1958, v. I, p. 322.
[115] Amilcar de Castro, *Direito Internacional Privado*, 1977, p. 424-5.
[116] Dário Moura Vicente, La formación de los contratos internacionales. In: *Direito Internacional Privado: ensaios*, 2010, v. 3, p. 215-216. A negociação de contratos envolve também o tema da *"batalha das formas"*, cujos diferentes aspectos foram estudados por Marilda Rosado em artigo específico: Marilda Rosado de Sá Ribeiro, Batalha das Formas e Negociação Prolongada nos Contratos Internacionais. In: João Grandino Rodas (coord.), *Contratos Internacionais*, 2002, p. 251-282.

## DIREITO APLICÁVEL À SUBSTÂNCIA DO CONTRATO

Antes de o princípio da proximidade[117] ter sido introduzido no direito internacional dos contratos, prevalecia a ideia que os ingleses denominavam *"the proper law of the contract"* (a lei mais apropriada aos contratos), que alguns entendiam como a lei do local onde o contrato foi assinado (*lex loci contractus*), enquanto outros consideravam mais adequada a lei do local onde o contrato deveria ser cumprido (*lex loci solutionis* ou *lex loci executionis*), e outros ainda utilizavam ambas as regras, a primeira para validade e interpretação do contrato e a segunda para o seu cumprimento.

Savigny, que expôs a questão de maneira clara,[118] optou pelo lugar do cumprimento da obrigação,[119] influenciando a jurisprudência alemã e os tribunais suíços, que aceitaram a *lex performance* para todos os assuntos relativos aos efeitos dos contratos.[120] A legislação de vários países europeus seguiu a mesma orientação.

Joseph Story, após longo relato das opiniões dos juristas antigos e contemporâneos, manifestou-se favoravelmente à aplicação da lei do local da feitura (*"place where it is made"*) dizendo-o em diversas passagens de sua obra.[121] Registre-se que, mais adiante em sua obra, Story diz que, quando um contrato prevê um determinado local para seu cumprimento, a regra seria aplicar, quanto à validade, natureza, obrigação e interpretação, a lei do local da *performance*.[122]

Historicamente, as duas soluções – local da feitura do contrato e local em que este deve ser cumprido – não são modernas, eis que têm origem na teoria de Bártolo de Saxoferato,[123] que sustentou que as questões que nascem no momento em que o contrato é firmando, como a nulidade ou anulabilidade devidas a erro ou fraude, devem ser regidas pela lei do local da feitura do contrato, enquanto outras questões, relacionadas aos efeitos do contrato, que nascem depois de ele ter sido produzido, incluindo negligência, inadimplemento, devem ser regidas pela lei do local de seu cumprimento,[124] se este lugar estiver fixado no contrato; de outro modo, o juiz deve aplicar a *lex fori*.

Antes da Convenção de Roma, o direito francês adotava a lei do local do cumprimento do contrato, baseado no entendimento de que entre as duas leis com as quais o contrato tem conexão em sua trajetória a adoção da lei do lugar da *performance* contratual é a solução mais

---

[117] Para análise da evolução do princípio da proximidade no direito internacional privado, v. Jacob Dolinger, Evolution of Principles for Resolving Conflicts in the Field of Contracts and Torts, *Recueil des Cours* 283:379-452, 2000.

[118] Friedrich Carl von Savigny, *A Treatise on the Conflict of Laws*, 1860, p. 198.

[119] Friedrich Carl von Savigny, *A Treatise on the Conflict of Laws*, 1860, p. 199 e 209.

[120] M. Gutzwiller, Le développement historique du droit international privé, *Recueil des Cours* 29:262-3, 1929.

[121] Joseph Story, *Commentaries on the Conflict of Laws, Foreign and Domestic in regard to Contracts, Rights and Remedies and especially in regard to marriage, divorces, wills, successions and judgments*, 1841, p. 217, 219 e 232.

[122] Vide, entre outras passagens, Joseph Story, *Commentaries on the Conflict of Laws, Foreign and Domestic in regard to Contracts, Rights and Remedies and especially in regard to marriage, divorces, wills, successions and judgments*, 1841, p. 232 e 250. Contudo, os trechos não deixam claro se Story afirma sua opinião (em contradição ao que dissera anteriormente) ou está se referindo a teoria de outros, entre os quais o holandês P. Voet, e a decisões de cortes anglo-americanas.

[123] M. Gutzwiller, Le développement historique du droit international privé, *Recueil des Cours* 29:317-8, 1929.

[124] Este depeçage materializou-se no *Restatement of Conflict of Laws*, 1934, seções 332 e 358, respectivamente *"Lei que governa a validade do contrato"* e *"Lei que governa seu cumprimento"*.

racional, porque o objetivo do contrato, a sua essência, é o cumprimento do que nele se pactua, a execução das obrigações nele assumidas, enquanto a assinatura do acordo é um momento passageiro, e o local em que isso se verifica pode ser acidental e incerto, diversamente do que ocorre com o lugar do cumprimento.

Alemanha e Suíça igualmente seguiam o critério da lei do país da execução contratual.[125] Na Inglaterra, a jurisprudência formulou que um contrato válido pela *lex loci contractus*, teria essa validade afetada ao se verificar que sua execução é vedada pela lei do país onde deveria ser cumprida, ou seja, pela *lex loci solutionis*. Uma vez ratificada a Convenção de Roma, formou-se a dúvida se esta jurisprudência refletia uma posição de direito internacional privado, que afetaria a validade, na Inglaterra, de um contrato firmado em país A, para ser cumprido em país B, onde é contrário à lei, e estaria prejudicada com a aplicação na Inglaterra do dispositivo da Convenção de Roma; ou se os tribunais estavam colocando uma norma do direito interno inglês, que só afetaria um contrato firmado na própria Inglaterra que fosse ou viesse a ser ilegal no país de seu cumprimento, e, assim, se manteria mesmo após a Convenção de Roma.[126]

Nos Estados Unidos, o 1º *Restatement*, de 1934, bifurcava a lei aplicável ao contrato: a validade do contrato seria regida pela lei do local da contratação,[127] enquanto seu cumprimento seria governado pela lei do local em que a obrigação devesse ser materializada.[128] O 2º *Restatement*, de 1971, firmou o princípio do mais próximo relacionamento,[129] que constitui uma das manifestações do princípio da proximidade anteriores à Convenção de Roma, com um raio de abrangência mais amplo do que a *lex loci contractus* do modelo anterior e, em matéria de execução, a lei do respectivo local só regeria seus "detalhes".[130]

O Instituto de Direito Internacional, em sua sessão de 1908, em Florença, aprovou uma Resolução "*sobre a determinação da lei que deve reger as obrigações contratuais a título de direito supletivo*". Primeiramente, consagra a lei escolhida pelas partes, na conformidade da liberdade decorrente do princípio da autonomia da vontade (artigo 1º). Em seguida, a Resolução trata dos casos em que os contratantes não exerceram o direito de escolha, determinando a "*aplicação da lei que decorra da natureza do contrato, da condição relativa das partes ou da situação das coisas*" (artigo 2º). E o dispositivo enumera e especifica a lei aplicável para contratos bursáticos, imobiliários, de beneficência, de vendas comerciais, de locação, de seguros, de profissionais liberais, de prestação de serviços, de documentos cambiários e de transporte.

Contratos que não se enquadrem em nenhuma dessas categorias, e não tendo havido escolha de lei aplicável pelos contratantes, serão regidos pela lei do domicílio comum das par-

---

[125] Yvon Loussouarn e Jean-Denis Bredin, *Droit du Commerce International*, 1969, p. 601.
[126] A teoria de que a ilegalidade no país da execução afeta a validade do contrato no país em que foi firmado provém do julgamento, em 1920, do caso Ralli Bros v. Compania Naviera Sota Y Aznar, objeto de análise em Dicey e Morris, p. 1.243-1.247. Os autores ingleses invocam o *Restatement* americano, seção 202(2) que dispõe: "*When performance is illegal in the place of performance, the contract will usually be denied enforcement*". Não nos parece corresponder essa regra a aludida jurisprudência britânica, eis que o texto americano apenas fala na inexequibilidade do contrato que foi ilegal pela lei do local do cumprimento, e não na sua invalidade no país em que firmado, como colocado na jurisprudência inglesa.
[127] *Restatement of the Law of Conflict of Laws*, 1934, seção 232.
[128] *Restatement of the Law of Conflict of Laws*, 1934, seção 358.
[129] *Restatement of the Law of Conflict of Laws*, 1971, seção 206.
[130] *Restatement of the Law of Conflict of Laws*, 1971, seção 206.

tes; não havendo essa coincidência, pela lei da nacionalidade comum e, inexistindo também esta, pela lei do local do contrato.[131]

A Convenção de Roma sobre a lei aplicável aos Contratos Internacionais introduziu uma nova abordagem, que já havia sido utilizada em esporádicas decisões judiciais, que se encontrava em determinado diploma legislativo interno, fora discutida em obras de alguns estudiosos e servira de fundamento a algumas regras convencionais. Trata-se de um novo método, ou abordagem, que afasta as regras fixas, mecânicas, cegas, e procura uma solução para o conflito de leis, especialmente na área dos contratos (mas com reflexos em outras áreas, como no direito de família), com base em uma ideia flexível, um conceito elástico – a da lei "mais próxima" à relação jurídica – que permite a cada tribunal um maior raio de discricionariedade para escolher a lei aplicável.[132]

A convenção consagra o princípio da proximidade estabelecendo que, na ausência de escolha pelas partes, dever-se-á aplicar o direito do país com a conexão mais próxima (art. 4º). Seguindo a linha da Convenção de Roma, a Convenção Interamericana reproduz essa ideia (art. 9º).

Diversamente, o regulamento Roma I retorna ao sistema tradicional das regras de conexão[133] e utiliza o princípio da proximidade somente como critério subsidiário, nos seguintes

---

[131] Em 1927, na sessão do Instituto realizada em Lausanne, não houve consenso, daí a impossibilidade de se chegar a uma Resolução. Lê-se no relatório da instituição o seguinte: "*Conflit de Lois em Matiére Contractuelle, Spécialment la Détermination de la Loi Applicable à Titre Impératif.*) Rapporteur – Baron Boris Nolde): L'Institut, Aprés avoir constate que la profondeur des divergences de vue persistant sur l'objet de la XXIe. Comissission demontre que la question n'est pas suffisamment mûre pour recevoir une solution immediate, rend homage aux efforts du rapporteur et au zéle de ses collaborateurs et renonce à poursuivre cette discussion tout en se réservant de la reprendre en sous-ouvre au moment opportune et en se plaçant à un autre point de vue". Como visto, a determinação da lei aplicável ao contrato internacional é tema polêmico, que há muito divide a opinião dos conhecedores. Em 1991, na sessão realizada na Basiléia, o Instituto aprovou uma Resolução sobre a autonomia da vontade das partes nos Contratos Internacionais entre Pessoas Privadas, em que consagrou o direito dos contratantes escolherem a lei aplicável a sua avença, mas nada resolveu sobre a lei aplicável na ausência de pacto das partes a respeito.

[132] Para uma análise da Convenção de Roma, v. Jacob Dolinger, Evolution of Principles for Resolving Conflicts in the Field of Contracts and Torts, Recueil des Cours 283:379-452, 2000.

[133] Regulamento Roma I, art. 4º: "1. Na falta de escolha nos termos do artigo 3º e sem prejuízo dos artigos 5º a 8º, a lei aplicável aos contratos é determinada do seguinte modo: a) O contrato de compra e venda de mercadorias é regulado pela lei do país em que o vendedor tem a sua residência habitual; b) O contrato de prestação de serviços é regulado pela lei do país em que o prestador de serviços tem a sua residência habitual; c) O contrato que tem por objecto um direito real sobre um bem imóvel ou o arrendamento de um bem imóvel é regulado pela lei do país onde o imóvel se situa; d) Sem prejuízo da alínea c), o arrendamento de um bem imóvel celebrado para uso pessoal temporário por um período máximo de seis meses consecutivos é regulado pela lei do país em que o proprietário tem a sua residência habitual, desde que o locatário seja uma pessoa singular e tenha a sua residência habitual nesse mesmo país; e) O contrato de franquia é regulado pela lei do país em que o franqueado tem a sua residência habitual; f) O contrato de distribuição é regulado pela lei do país em que o distribuidor tem a sua residência habitual; g) O contrato de compra e venda de mercadorias em hasta pública é regulado pela lei do país em que se realiza a compra e venda em hasta pública, caso seja possível determinar essa localização; h) Um contrato celebrado no âmbito de um sistema multilateral que permita ou facilite o encontro de múltiplos interesses de terceiros, na compra ou venda de instrumentos financeiros, na acepção do ponto 17) do nº 1 do artigo 4º da Directiva 2004/39/CE, de acordo com regras não discricionárias e regulado por uma única lei, é regulado por essa lei. 2. Caso os contratos não sejam abrangidos pelo nº 1, ou se partes dos contratos forem abrangidas por mais do que uma das alíneas a) a h) do nº 1, esses contratos são regulados pela lei do país em que o contraente que deve efectuar a prestação característica do contrato tem a sua residência habitual. 3. Caso resulte claramente do conjunto das circunstâncias do caso que o contrato apresenta uma conexão manifestamente mais estreita com um país diferente do indicado nos

termos: "*Caso resulte claramente do conjunto das circunstâncias do caso que o contrato apresenta uma conexão manifestamente mais estreita com um país diferente do indicado nos n⁰ˢ 1 ou 2, é aplicável a lei desse outro país*" (art. 4º).[134]

O moderno direito internacional privado vem abandonando a escolha da lei aplicável com base em localizações preestabelecidas do contrato, porque, como expôs um professor europeu, este não é como uma casa, um objeto, mas é um fenômeno resultante do intelecto humano, da vontade dos contratantes, não podendo ser localizado *a priori* em um determinado lugar.[135]

Na literatura jurídica brasileira,[136] Pimenta Bueno defendia a aplicação da lei do local da feitura do contrato, mas sustentava que questões associadas à sua execução – moeda de pagamento, responsabilidade pela mora etc. – deveriam ser regidas pela lei do local do cumprimento.[137] Trata-se de questão controvertida.

O primeiro autor entende, no que é acompanhado pela doutrina majoritária brasileira, que o cumprimento das obrigações é regido pela lei do local da execução. É essa a regra vigente desde 1850 (Regulamento nº 737, art. 4º) e que foi mantida pela Introdução ao Código Civil (art. 13). Não havendo disposição específica na LINDB cuidando da lei aplicável à execução, deve-se entender mantida a regra tradicional.

Na mesma linha da opinião de Wilson Batalha, a segunda autora entende que as obrigações contratuais são integralmente regidas pela lei do local da celebração, seguindo a regra estabelecida no art. 9º, *caput*, da Lei de Introdução. Isso não impede, contudo, que algumas questões pontuais relativas à execução – como a moeda de pagamento – sejam regidas pela *lex loci executionis*. A aplicação das regras do local da execução nesses casos, porém, decorrerá da incidência do princípio da ordem pública, e não da regra *lex loci executionis*.

## MOEDA DE PAGAMENTO

No contexto legislativo, a partir dos anos 1930, a legislação brasileira passou a expressamente proibir o uso da moeda estrangeira nas obrigações exequíveis no território nacional. Em 1933, o Decreto nº 23.501 estabelecia a nulidade das estipulações de pagamento em ouro, em determinada espécie de moeda ou em moeda que não a corrente (arts. 1º e 2º). No final da década de 1960, o Decreto-Lei nº 857, de 1969, reforçou a nulidade das obrigações exequíveis no Brasil que estipulassem pagamento em ouro, moeda estrangeira ou, por alguma forma, restringissem ou recusassem o curso legal da moeda nacional (art. 1º). Todavia, o art. 2º previa um rol taxativo de exceções, quando não se aplicava o artigo antecedente (contratos de importação/exportação, parte domiciliada no exterior etc.).

---

nº 1 ou 2, é aplicável a lei desse outro país. 4. Caso a lei aplicável não possa ser determinada nem em aplicação do nº 1 nem do nº 2, o contrato é regulado pela lei do país com o qual apresenta uma conexão mais estreita".

[134] A crítica a tal regresso foi desenvolvida em Jacob Dolinger, Evolution of Principles for Resolving Conflicts in the Field of Contracts and Torts, *Recueil des Cours* 283, 2000.

[135] F. Vischer, The Antagonism between Legal Security and the Search for Justice in the Field of Contracts, *Recueil des Cours* 142:53, 1974.

[136] Para análise detalhada da doutrina brasileira, ver Jacob Dolinger, *Contratos e Obrigações no Direito Internacional Privado*, 2007, p. 486 e ss.

[137] José Antonio Pimenta Bueno, *Direito Internacional Privado e Aplicação de seus Princípios com referência às Leis Particulares do Brasil*, 1863, p. 114 e ss.

Atualmente, vigora o art. 13 da Lei nº 14.286, de 2021, que revogou e substituiu o Decreto-Lei nº 857, de 1969, e que dispõe o seguinte:

"Art. 13. A estipulação de pagamento em moeda estrangeira de obrigações exequíveis no território nacional é admitida nas seguintes situações:

I – nos contratos e nos títulos referentes ao comércio exterior de bens e serviços, ao seu financiamento e às suas garantias;

II – nas obrigações cujo credor ou devedor seja não residente, incluídas as decorrentes de operações de crédito ou de arrendamento mercantil, exceto nos contratos de locação de imóveis situados no território nacional;

III – nos contratos de arrendamento mercantil celebrados entre residentes, com base em captação de recursos provenientes do exterior;

IV – na cessão, na transferência, na delegação, na assunção ou na modificação das obrigações referidas nos incisos I, II e III do *caput* deste artigo, inclusive se as partes envolvidas forem residentes;

V – na compra e venda de moeda estrangeira;

VI – na exportação indireta de que trata a Lei nº 9.529, de 10 de dezembro de 1997;

VII – nos contratos celebrados por exportadores em que a contraparte seja concessionária, permissionária, autorizatária ou arrendatária nos setores de infraestrutura;

VIII – nas situações previstas na regulamentação editada pelo Conselho Monetário Nacional, quando a estipulação em moeda estrangeira puder mitigar o risco cambial ou ampliar a eficiência do negócio;

IX – em outras situações previstas na legislação.

Parágrafo único. A estipulação de pagamento em moeda estrangeira feita em desacordo com o disposto neste artigo é nula de pleno direito".

O papel da jurisprudência foi essencial na aplicação da legislação desde os seus primórdios. Inicialmente, firmou-se o entendimento de que os contratos que previam pagamento em moeda diversa da corrente não seriam nulos por força do princípio que veda o enriquecimento sem causa. A questão, portanto, passou a ser como tais pagamentos deveriam ser feitos.

Inequivocamente, os referidos pagamentos deveriam ser feitos em moeda corrente e a dúvida envolvia a conversão em moeda nacional: deveria ser feita à data da contratação, à data do vencimento ou à data do efetivo pagamento?

Após muita polêmica, e não de maneira totalmente uniforme, adotou-se a seguinte orientação jurisprudencial: nos casos de contratação em moeda estrangeira não autorizada pela lei brasileira, o valor deve ser convertido para moeda corrente nacional segundo o câmbio da data da contratação. Desse modo, o contrato é tido como celebrado em moeda nacional, passando o valor convertido a ser atualizado conforme os índices de correção monetária nacionais. Por outro lado, nas hipóteses admitidas na legislação nacional de estipulação em moeda estrangeira, o valor ainda assim deve ser convertido para moeda corrente na data do efetivo pagamento.[138]

---

[138] STJ, Agravo Regimental no REsp nº 1.265.576, Rel. Min. Paulo de Tarso Sansenverino, j. 13.05.2014; STJ, Agravo Regimental no REsp nº 1.325.603, Rel. Min. Marco Buzzi, j. 15.03.2016; STJ, REsp nº 1.803.803, Rel. Min. Ricardo Villas Boas Cueva, j. 09.11.2021.

## OS CONTRATOS INTERNACIONAIS NA CONVENÇÃO DAS NAÇÕES UNIDAS SOBRE CONTRATOS DE COMPRA E VENDA INTERNACIONAL DE MERCADORIAS

Vige no Brasil a Convenção das Nações Unidas sobre Contratos de Compra e Venda Internacional de Mercadorias – CISG –, instrumento de direito uniforme que regula os contratos internacionais de compra e venda. A CISG tem como antecedentes a Convenção relativa a uma Lei Uniforme sobre a Formação de Contratos para a Venda Internacional de Bens (ULFIS) e a Convenção Relativa a uma Lei Uniforme sobre a Venda Internacional de Bens (ULIS), ambas concluídas na Haia, no ano de 1964, sob o patrocínio do UNIDROIT. Essas convenções são o resultado de um longo processo iniciado com a sugestão de Ernst Rabel de elaboração de uma lei uniforme em matéria de compra e venda.[139] Não obstante tais esforços, as convenções não atingiram o sucesso que delas se esperava, contando com poucas ratificações e constituindo objeto de críticas direcionadas ao fato de que refletiam, em essência, tradições econômicas e jurídicas da Europa ocidental.[140]

As críticas direcionadas a essas convenções foram levadas em conta pela UNCITRAL quando da elaboração da CISG. Os resultados práticos demonstram o acerto dessa escolha: atualmente, a convenção está em vigor em 85 Estados, segundo dados oficiais, de fevereiro de 2017, e inclui, exemplificativamente, países latino-americanos (Argentina, Chile, Colômbia, Uruguai, Brasil, Cuba, El Salvador e Honduras), da América do Norte (Estados Unidos, Canadá e México), Europa (Bélgica, França, Alemanha, Itália e Espanha), Ásia (China e Coréia do Sul), África (Gabão, Lesoto), Oceania (Austrália e Nova Zelândia) e Oriente Médio (Israel), representando grande variedade de sistemas jurídicos, sociais e econômicos.

## HIPÓTESES DE INCIDÊNCIA

O âmbito material de aplicação da CISG é definido por seu art. 1º.[141] O item (1) estabelece as hipóteses de aplicação direta – art. 1(1)(a) – e indireta – art. 1(1)(b) – da convenção. Em qualquer um dos casos, a aplicação da CISG pressupõe o preenchimento de dois requisitos: (i) a operação deve ser qualificada como venda de mercadoria; e (ii) as partes devem ter estabelecimentos em Estados distintos.

Quanto ao primeiro requisito, não há definição expressa na convenção do conteúdo do contrato de venda, tampouco do conceito de mercadoria. Sendo assim, é preciso identificar

---

[139] Ole Lando, CISG and its Followers: A Proposal to Adopt Some International Principles of Contract Law, *American Journal of Comparative Law* 53:379, 2005.

[140] Explanatory Note by the UNCITRAL Secretariat on the United Nations Convention on Contracts for the International Sale of Goods. United Nations document V.89-53886 (June, 1989).

[141] CISG, art. 1º: "(1) Esta Convenção aplica-se aos contratos de compra e venda de mercadorias entre partes que tenham seus estabelecimentos em Estados distintos:
(a) quando tais Estados forem Estados Contratantes; ou
(b) quando as regras de direito internacional privado levarem à aplicação da lei de um Estado Contratante.
(2) Não será levado em consideração o fato de as partes terem seus estabelecimentos comerciais em Estados distintos, quando tal circunstância não resultar do contrato, das tratativas entre as partes ou de informações por elas prestadas antes ou no momento de conclusão do contrato.
(3) Para a aplicação da presente Convenção não serão considerados a nacionalidade das partes nem o caráter civil ou comercial das partes do contrato".

o que se inclui no conceito convencional de mercadoria e também qual espécie de relação contratual corresponde à venda.

A interpretação sistemática dos arts. 1º e 2º[142] tem sido utilizada como fundamento para a orientação de que, como regra geral, apenas a venda de bens móveis e tangíveis é regida pela CISG. Ademais, há razoável acordo no sentido de que o contrato de compra e venda corresponde àquele no qual uma das partes entrega a mercadoria e transfere a propriedade, enquanto a outra paga o preço acordado e aceita receber a mercadoria.[143]

Entretanto, quando a entrega da mercadoria pressupõe alguma atividade de manufatura ou qualquer outro modo de produção, será preciso determinar se a obrigação relevante da parte é a entrega do bem ou a prestação de um serviço.[144] Ademais, a existência de operação financeira associada à venda – por exemplo, um empréstimo ou o parcelamento do valor a ser pago – não faz presumir a prevalência do serviço sobre a venda[145] e, em todo caso, o ônus de demonstrar que a parte relevante da obrigação é um serviço e não a entrega recai sobre a parte que pretender afastar a convenção.[146]

Além da compra e venda de mercadorias, é necessário – e esse o segundo requisito – que o contrato seja celebrado entre partes com estabelecimentos comerciais em Estados diferentes. Esse requisito corresponde ao caráter de internacionalidade da venda.

Observados esses dois requisitos – a caracterização de venda de mercadoria e a internacionalidade do contrato –, surgem cinco hipóteses de aplicação material da CISG. As duas primeiras são de mais fácil explicação, pois expressamente previstas no art. 1 da Convenção. No primeiro caso, hipótese do item (1)(a), a convenção regerá o contrato quando estiver em vigor nos Estados em que localizados os estabelecimentos das partes. Importante registrar que o estabelecimento da parte é o local a partir do qual o contratante desenvolve suas atividades e, havendo mais de um estabelecimento, será considerado aquele a partir do qual foi negociado o contrato e cumprida a obrigação.[147] Destaque-se, ainda, que o art. 1 exige que a convenção esteja em vigor em ambos os Estados nos quais localizadas as partes.[148]

---

[142] CISG, art. 2º: "Esta Convenção não se aplicará às vendas:
(a) de mercadorias adquiridas para uso pessoal, familiar ou doméstico, salvo se o vendedor, antes ou no momento de conclusão do contrato, não souber, nem devesse saber, que as mercadorias são adquiridas para tal uso;
(b) em hasta pública;
(c) em execução judicial;
(d) de valores mobiliários, títulos de crédito e moeda;
(e) de navios, embarcações, aerobarcos e aeronaves;
(f) de eletricidade".

[143] UNCITRAL Digest of Case Law on the United Nations Convention on the International Sale of Goods, p. 4.

[144] CISG, art. 3: "(1) Serão considerados contratos de compra e venda os contratos de fornecimento de mercadorias a serem fabricadas ou produzidas, salvo se a parte que as encomendar tiver de fornecer parcela substancial dos materiais necessários à fabricação ou à produção. (2) Não se aplica esta Convenção a contratos em que a parcela preponderante das obrigações do fornecedor das mercadorias consistir no fornecimento de mão de obra ou de outros serviços".

[145] Peter Huber e Alaistar Mullis, *The CISG – A new textbook*, 2007, p. 48.

[146] Peter Huber e Alaistar Mullis, *The CISG – A new textbook*, 2007, p. 45.

[147] Pascal Hachem e Ingeborg Schwenzer, Art. 1. In: Peter Schlechtriem e Ingeborg Schwenzer (orgs.), *Commentary on the UN Convention on the International Sale of Goods*, 2010, p. 37.

[148] Nesse sentido, Peter Huber & Alaistar Mullis, *The CISG – A new textbook*, 2007, p. 59.

Ainda no tocante à primeira hipótese, o item (2) do mesmo artigo estabelece que não serão considerados os estabelecimentos em Estados diferentes quando tal circunstância não puder ser inferida a partir do contrato ou das informações transmitidas pelas partes. Vale dizer: porque não poderiam prever isso quando das negociações, os contratantes não devem ser surpreendidos com a incidência da CISG depois de concluídos os seus contratos. O item (3), por seu turno, revela que a natureza civil ou comercial das partes é irrelevante para o contrato. A ressalva deve ser interpretada no sentido de que a convenção não pressupõe a natureza comercial das partes, mas apenas a venda de mercadorias entre contratantes com estabelecimentos localizados em Estados distintos.[149]

Sem prejuízo do que acaba de se expor, a convenção também é aplicável em razão das regras de direito internacional privado – art. 1(b). Nesses casos, sua incidência decorre ou de sua vigência no direito estrangeiro ou da autonomia da vontade das partes.

A CISG pode ser aplicada pelo juiz ou árbitro em razão das regras de conexão. Assim, por exemplo, havendo um contrato de compra e venda entre empresa venezuelana e argentina, se celebrado na Argentina, seria regido pela CISG, pois desde 1988 encontra-se em vigor naquele país. De maneira análoga, seria possível que, diante de contrato internacional, os árbitros utilizassem a convenção como direito aplicável. Nos dois exemplos, está-se diante de hipótese de aplicação direta do direito estrangeiro pelo juiz ou árbitro.

Também constitui hipótese de aplicação direta do direito estrangeiro – e esse o terceiro caso – a aplicação da convenção por força da escolha das partes. Nesse caso, o uso da *lex voluntatis* como elemento de conexão faz que a CISG seja aplicável com a natureza de direito estrangeiro. Assim, se as partes escolhem o direito francês para reger os seus negócios, isso significa que a CISG será aplicada em razão da vontade das partes de aplicar o direito francês, no qual se inclui a convenção.

A quarta via de aplicação da CISG assemelha-se bastante à anterior. A autonomia das partes permite que os contratantes escolham a convenção sem fazer referência ao direito de nenhum Estado. Nessa situação, a escolha das partes é de aplicar a convenção como conjunto de normas autônomas, sem qualquer referência ao direito nacional ou estrangeiro. É possível, inclusive, que as partes escolham aplicar a CISG com a exclusão dos dispositivos que admitem reserva ou ainda para vendas que, sem a escolha, seriam vedadas pelo art. 2.[150] Naturalmente, tal possibilidade depende da orientação vigente no foro competente quanto à possibilidade de escolha de direito não estatal, discussão já enfrentada.

Por fim, a quinta e última hipótese contemplada no art. 1(1)(b) é a de reconhecimento de decisão judicial ou arbitral estrangeira que tenha aplicado direito estrangeiro, com inclusão da CISG. Embora não haja previsão expressa no texto convencional, não há dúvidas de que a convenção pode produzir efeitos em razão de sua aplicação indireta – como chegou a acontecer no Brasil antes de sua entrada em vigor. Em que pese a existência de manifestação isolada em sentido diverso,[151] essa é a interpretação mais adequada do dispositivo e também chancelada pelo Superior Tribunal de Justiça.[152]

---

[149] Peter Schlechtriem, Requirements of Application and Sphere of Applicability of the CISG, *Victoria U. Wellington Law Review* 36:782, 2005.
[150] Joseph M. Lookofsky, *Understanding the CISG*, 2008, p. 18.
[151] Selma Maria Ferreira Lemes, Homologação de sentença estrangeira. Lei Aplicável. Convenção das Nações Unidas sobre a Compra e Venda Internacional de Mercadorias (CISG), *Revista Brasileira de Mediação e Arbitragem*, 24:196, 2010.
[152] STJ, SEC nº 3.035/FR, Rel. Min. Fernando Gonçalves, *DJ* 31.08.2009.

Em síntese: o regime jurídico criado pela CISG incide sobre os contratos de compra e venda de mercadorias entre contratantes com estabelecimentos em Estados diferentes quando: (i) ambos os Estados forem ratificantes da CISG – art. 1(1)(a); ou, por força do art. 1(1)(b), quando (ii) as regras de conexão assim determinarem; (iii) a CISG esteja em vigor no ordenamento escolhido pelas partes; (iv) as partes escolhem a convenção como *lex mercatoria*; (v) houver aplicação indireta do direito estrangeiro.

## INTERPRETAÇÃO

Como a CISG é um tratado de direito uniforme, sua interpretação está sujeita a regras especiais que buscam promover a adequada aplicação da convenção. A adoção de um tratado é somente o ponto de partida para a uniformização da disciplina jurídica de determinada matéria. Na verdade, a CISG oferece apenas um *texto* comum e – embora nem sempre explícitos – alguns princípios gerais sobre os temas que regula.

Para alcançar o objetivo final de unificação do regime jurídico dos contratos internacionais de compra e venda de mercadorias, a mera identidade entre os textos legais vigentes nos diferentes países não é suficiente: é preciso interpretar a convenção de maneira *autônoma* e *uniforme*. O art. 7 da CISG destaca essa necessidade, determinando que se leve em conta o *caráter internacional da convenção* (interpretação autônoma) e a *necessidade de promover a uniformidade de sua aplicação* (interpretação uniforme).[153]

A interpretação autônoma exige que a convenção seja interpretada como um sistema independente. Isso significa que é vedado interpretar a CISG à luz de qualquer sistema nacional. A regra é que não se podem utilizar regras de interpretação desenvolvidas no direito interno, tampouco equiparar o sentido do texto convencional às normas de produção interna. Assim, em que pesem as possíveis semelhanças com o direito brasileiro, a CISG não deve ser interpretada à luz do Código Civil, do Código de Defesa do Consumidor ou de qualquer outra lei em vigor no Brasil. Tal regra é ainda mais importante diante dos conceitos centrais da convenção, entre os quais, exemplificativamente, o de *conformidade das mercadorias*.[154]

A interpretação autônoma, contudo, não é o bastante para assegurar a interpretação uniforme do tratado. Como um mesmo texto comporta diversas interpretações, a CISG pode ser aplicada de forma diferente por seus vários intérpretes, até mesmo dentro de uma mesma jurisdição. Sob essa perspectiva, a interpretação autônoma é tão somente um pressuposto da aplicação uniforme.

A adesão tardia do Brasil à convenção apresenta ao menos uma vantagem identificada pela doutrina: a existência de vastíssimo material sobre a convenção.[155] Em vigor desde a dé-

---

[153] CISG, art. 7º: "(1) Na interpretação desta Convenção ter-se-ão em conta seu caráter internacional e a necessidade de promover a uniformidade de sua aplicação, bem como de assegurar o respeito à boa-fé no comércio internacional. (2) As questões referentes às matérias reguladas por esta Convenção que não forem por ela expressamente resolvidas serão dirimidas segundo os princípios gerais que a inspiram ou, à falta destes, de acordo com a lei aplicável segundo as regras de direito internacional privado".

[154] Para análise do conceito, v. Bernard Potsch Moura, *A CISG e a Conformidade das Mercadorias: Qualidade, Quantidade e Embalagem na Convenção das Nações Unidas sobre Contratos de Compra e Venda Internacional de Mercadorias*, 2015. Trata-se da versão comercial de dissertação produzida no âmbito do Programa de Pós-Graduação em Direito da UERJ.

[155] Malcolm Evans, Uniform law: a bridge too far? *Tulane Journal of International and Comparative Law* 3:149, 1995.

cada de 1980, a CISG já foi aplicada e interpretada milhares de vezes por jurisdições estatais e tribunais arbitrais. Assim, há rica jurisprudência sobre a convenção, material ao qual se pode recorrer para buscar a interpretação uniforme de suas disposições. Ainda que as decisões estrangeiras não tenham força vinculante, o imperativo de aplicação uniforme faz que a interpretação conferida em outros países ganhe especial relevância, até mesmo para evitar que as partes busquem jurisdições que interpretem a convenção da maneira que lhes parecer a mais conveniente.[156]

---

[156] Para uma visão geral sobre o tema, V. Franco Ferrari, Forum Shopping Despite International Uniform Contract Law Conventions. *International and Comparative Law Quarterly* 51, 2002.

*Capítulo XXVI*
# RESPONSABILIDADE CIVIL EXTRACONTRATUAL

O grande incremento na mobilidade de pessoas, bens e serviços tornou mais comuns os casos em que ações ocorridas em um país produzem efeitos sobre a esfera jurídica de pessoas situadas no exterior e também os casos em que o causador do dano e a vítima estão vinculados a diferentes sistemas jurídicos. Em um passado não tão distante, os exemplos para os casos de responsabilidade civil transfronteiriça eram incomuns, quase inusitados. Hoje, as hipóteses não apenas são mais frequentes, mas também apresentam maior relevância econômica e social: catástrofes ambientais, acidentes de trânsito, ilícitos cometidos na *internet* e violação a marcas e patentes são algumas das relações que podem conter elementos estrangeiros.

A análise da responsabilidade extracontratual desenvolvida neste capítulo circunscreve-se aos aspectos civis de tais casos. Na seara dos ilícitos penais, vigem outras regras relacionadas à jurisdição e à lei aplicável, das quais não se cuidará, registrando-se apenas que o monopólio estatal do poder de coerção e a tradicional resistência à aplicação do direito público estrangeiro fazem com que haja uma coincidência entre a jurisdição competente e a lei aplicável em matéria penal.[1] Da mesma forma, o capítulo não abrange as obrigações legais decorrentes de vínculos familiares, tema que merece abordagem em separado.

Na esfera cível, as obrigações extracontratuais seguem lógica diversa das obrigações contratuais. Como vimos, os contratos internacionais são regidos, em primeiro lugar, pelo direito escolhido pelas partes e os litígios deles decorrentes são apreciados pela jurisdição, estatal ou arbitral, por elas eleita. Na esfera dos ilícitos extracontratuais, justamente porque a responsabilidade não decorre diretamente de contrato preexistente, não há escolha prévia do foro competente ou do direito aplicável.

Como também vimos, nos negócios internacionais, além do direito indicado pelas regras de conexão, a relação das partes pode ser regida por instrumentos de direito uniformizado, sendo especialmente relevante a Convenção das Nações Unidas sobre Contratos de Compra e Venda Internacional de Mercadorias (CISG). O mesmo não se passa em matéria de obrigações extracontratuais, seara na qual não se verificam os mesmos esforços de uniformização do direito material.

Na esfera das obrigações legais, as convenções internacionais cumprem o papel de criar algumas regras de competência e de conexão uniformizadas. Tais regras encontram-se mais facilmente em instrumentos que cuidam de temas específicos (acidentes nucleares, transporte aéreo, poluição etc.) do que em convenções que regulam genericamente todas as hipóteses de responsabilidade extracontratual. Também existem algumas regras de conexão e de competência relativas a ilícitos transfronteiriços incluídas em tratados de grande abrangência,

---

[1] Clóvis Beviláqua, *Princípios elementares de direito internacional privado*, 1906, p. 272-273. As resoluções do Instituto de Direito Internacional aprovada nas sessões de Wiesbaden, de 11 de agosto de 1975, e de Oslo, de 1º de setembro de 1977, são indicativos da tendência de aplicação de regras de direito público estrangeiro, em gradual abandono do que se convencionou chamar "public law taboo".

que regulam aspectos os mais variados do direito internacional privado – por exemplo, os Tratados de Montevidéu e o Código Bustamante.[2]

## JURISDIÇÃO[3]

Na Europa, as convenções de Bruxelas[4] e de Lugano[5] atribuíram competência ao tribunal do lugar *"onde ocorreu o fato danoso"*, regra mantida, com redação semelhante, pelo Regulamento nº 44 (art. 5 (3))[6] e pelo Regulamento nº 1215/2012 (art. 7(2)),[7] este último instrumento fazendo referência ao *"tribunal do lugar onde ocorreu ou poderá ocorrer o fato danoso"*. É necessário, portanto, determinar onde ocorre, ou pode ocorrer, o fato danoso.

A Corte de Justiça das Comunidades Europeias enfrentou a questão no caso *Bier v. Mines de Potasse d'Alsace*, ainda sob a égide da Convenção de Bruxelas. A hipótese envolvia ação proposta nos Países Baixos pela sociedade anônima *Handelswekerij G. J. Bier BV*, empresa holandesa de produtos hortícolas, em face de sociedade anônima *Mines de Potasse d'Alsace*, empresa de mineração francesa, fundada na alegação de que a poluição do Reno causada pelas atividades da ré causou prejuízo à autora, que não mais poderia usar as águas do rio para o cultivo sem antes submetê-las a tratamento. Nesse cenário, cumpria à corte decidir se o dano era causado na França – local onde material salino era despejado na água – ou nos Países Baixos, local em que situada a autora. A corte assim decidiu:

"O significado da expressão 'lugar onde ocorreu o facto danoso' contida no artigo 5º, nº 3, deve, portanto, ser determinado de modo a reconhecer ao autor uma opção, para efeitos da propositura da ação, quer no lugar onde o dano se materializou, quer no lugar onde decorreu a atividade causal do dano".[8]

Trevor Hartley relata que em dois casos posteriores – *Dumez v. Hessische Landesbank* e *Marinari v. Lloyds Bank* – o alcance do art. 5º(3) foi circunscrito ao *"local onde o dano se materializou"*, esclarecendo-se que a jurisdição se fixa em razão dos danos *diretos*. No primeiro caso, empresa francesa acionou, na França, empresa alemã cuja conduta alegadamente resultara na falência da subsidiária alemã da autora, o que teria lhe causado prejuízo. A Corte de Justiça considerou que os danos diretos foram suportados apenas pela subsidiária alemã da autora e, por isso, os tribunais franceses não eram competentes para apreciar o litígio. No segundo caso, a corte considerou que ação intentada por italiano em face de banco inglês,

---

[2] Promulgado pelo Decreto nº 18.871, de 13 de agosto de 1929.
[3] Para uma análise mais detida do tema, ver Carmen Tiburcio, *Extensão e limites da jurisdição brasileira: competência internacional e imunidade de jurisdição*, 2016, p. 47 e ss.
[4] Convenção de Bruxelas, art. 5º: "O requerido com domicílio no território de um Estado Contratante pode ser demandado num outro Estado Contratante: (...) 3. Em matéria extracontratual, perante o tribunal do lugar onde ocorreu o facto danoso".
[5] Convenção de Lugano, art. 5º: "O requerido com domicílio no território de um Estado Contratante pode ser demandado num outro Estado Contratante: (...) 3) Em matéria extracontratual, perante o tribunal do lugar onde ocorreu o facto danoso".
[6] Regulamento nº 44/2001, art. 5º: "Uma pessoa com domicílio no território de um Estado-Membro pode ser demandada noutro Estado-Membro: (...) 3. Em matéria extracontratual, perante o tribunal do lugar onde ocorreu ou poderá ocorrer o facto danoso".
[7] Regulamento nº 1215/2001, art. 7º: "As pessoas domiciliadas num Estado-Membro podem ser demandadas noutro Estado-Membro: (...) Em matéria extracontratual, perante o tribunal do lugar onde ocorreu ou poderá ocorrer o facto danoso".
[8] Acórdão de 30.11.1976 – processo 21/76.

em decorrência de suposto ilícito cometido na Inglaterra, deveria ser movida na Inglaterra, ainda que a conta bancária do autor estivesse situada na Itália.[9]

Deve-se acrescentar que os precedentes acima mencionados nada decidiram em relação aos casos nos quais o dano ocorre em mais de um lugar. A questão apenas foi enfrentada no julgamento do caso *Shevill v. Presse Alliance SA*. Tratava-se de ação proposta na Inglaterra por *Fiona Shevill* e outros em face da *Presse Alliance* em razão da publicação, pela ré, de artigo difamatório no periódico *France-Soir*, disponível em mais de um país. Na época da publicação, a primeira autora residia na França e as demais autoras, sociedades empresárias, operavam naquele país.

Ao decidir se os tribunais ingleses eram competentes, o Tribunal de Justiça Europeu afirmou que, nos casos em que os danos ocorreram em mais de um local, todos os foros em que se verificaram os prejuízos são competentes – limitados, contudo, aos danos verificados no foro –, sendo os tribunais do local do ato causador do dano competentes para apreciar pedidos de reparação pela integralidade dos prejuízos sofridos.[10]

No Brasil, não há dispositivo específico fixando a jurisdição para causas fundadas em responsabilidade extracontratual. Assim, são elementos para a fixação da jurisdição brasileira nesses casos: (i) o domicílio do réu (CPC, art. 21, I); (ii) fato ocorrido ou ato praticado no Brasil (CPC, art. 21, III); ou (iii) a relação de consumo (art. 22, II). Quanto à segunda hipótese, entende-se que o dispositivo deve ser lido de forma ampla, consagrando-se, em interpretação análoga à solução adotada no direito europeu, a competência do Judiciário brasileiro tanto se o Brasil for o local onde se deu a conduta causadora do dano quanto se o dano aqui se verificou.

Para algumas matérias específicas, convenções ratificadas pelo Brasil estabelecem regras de competência para ações fundadas em ilícitos. A Convenção Internacional sobre Responsabilidade Civil em Danos Causados por Poluição por Óleo[11] contém regra de competência exclusiva determinando que as ações decorrentes de dano por poluição por óleo apenas podem ser propostas perante os tribunais do país onde ocorreu o dano (art. 9º).[12] Na mesma linha, a Convenção de Viena sobre Responsabilidade Civil por Danos Nucleares[13] estabelece a competência exclusiva dos tribunais do Estado onde tenha ocorrido o acidente nuclear (art. 11, 1).[14]

Por sua vez, a Convenção de Varsóvia para a Unificação de Certas Regras Relativas ao Transporte Aéreo Internacional, de 1929,[15] estabelecia regras de competência internacional para responsabilidade civil, admitindo a competência internacional do domicílio do transpor-

---

[9] V. Trevor C. Hartley, *International Commercial Litigation: Texts, Cases and Materials on Private International Law*, 2009, p. 52 e ss. V. também os comentários aos casos *Domicrest Ltd v. Swiss Bank Corp* e *London Helicopters Ltd v Helipportugal* feitos por Richard Fentiman, *International Commercial Litigation*, 2010, p. 398.

[10] Caso C-68/93.

[11] Promulgada pelo Decreto nº 79.437/1977.

[12] Convenção Internacional sobre Responsabilidade Civil em Danos Causados por Poluição por Óleo, art. 9º: "1. Quando um incidente tiver causado dano por poluição num território, incluindo o mar territorial de um ou mais estados contratantes, ou quando em tal território, incluindo o mar territorial, foram tomadas medidas preventivas para evitar ou minimizar o dano pela poluição, as ações para Indenização somente poderão ser impetradas nos tribunais desse ou desses estados contratantes".

[13] Promulgada pelo Decreto nº 911/1993.

[14] Convenção de Viena sobre Responsabilidade Civil por Danos Nucleares, art. 11: "1 – Sem prejuízo do disposto neste artigo, os únicos tribunais competentes para conhecer das ações movidas de conformidade com o disposto no artigo II serão os da Parte Contratante em cujo território tenha ocorrido o acidente nuclear".

[15] Promulgada pelo Decreto nº 20.704/1931.

tador, da sede principal do seu negócio, do lugar do seu estabelecimento por intermédio do qual foi feito o contato ou do lugar de destino.[16] A Convenção de Montreal para a Unificação de Certas Regras Relativas ao Transporte Aéreo Internacional, de 1999,[17] que substituiu a Convenção de Varsóvia, reproduz regras similares de competência internacional para as ações indenizatórias, adicionando a residência permanente do passageiro sob algumas condições quando ocorrer morte ou lesão do passageiro.[18]

Finalmente, o Protocolo de São Luiz sobre Matéria de Responsabilidade Civil Emergente de Acidentes de Trânsito entre os Estados-Partes do Mercosul[19] traz três hipóteses de competência concorrente: duas já previstas na legislação brasileira (*forum delicti commissi* e domicílio do réu) e o domicílio do autor.[20]

## ILÍCITOS PRATICADOS NA INTERNET

Questão interessante consiste em determinar a jurisdição para causas fundadas em ilícitos extracontratuais praticados na internet.[21] A determinação da jurisdição competente nesses casos tem como principal obstáculo a incompatibilidade das circunstâncias próprias da internet com alguns elementos de fixação de competência tradicionalmente usados pelo direito internacional privado, tais como o lugar do ilícito.[22] Diferentes pessoas, em diferentes Estados, podem acessar o mesmo conteúdo e transmitir informações, frequentemente sem que a origem dos envolvidos seja sequer determinável.

Nessas circunstâncias, é possível cogitar um número bastante expressivo de critérios para fixação da competência para processar e julgar demandas envolvendo fatos praticados no âmbito da internet. O ponto é relevante porque o principal critério para fixação de competência geral – domicílio do réu – frequentemente não pode ser aplicado no âmbito da internet, eis que representaria ônus excessivamente gravoso para o autor, prejudicando o seu direito de acesso à justiça.

---

[16] Convenção de Varsóvia para a Unificação de Certas Regras Relativas ao Transporte Aéreo Internacional, art. 28: "(1) A ação de responsabilidade deverá intentar-se, à escolha do autor, no território de alguma, das Altas Partes Contratantes, sejam perante o tribunal do domicílio do transportador, de sede principal do seu negócio, ou do lugar onde possuir o estabelecimento por cujo intermédio se tenham realizado o contato, seja perante o tribunal do lugar de destino. (2) O processo será o da lei do tribunal, que conhecer da questão".

[17] Promulgada pelo Decreto nº 5.910/2006.

[18] Convenção de Montreal para a Unificação de Certas Regras Relativas ao Transporte Aéreo Internacional, art. 33: "1. A ação de indenização de danos deverá ser iniciada, à escolha do autor, no território de um dos Estados-Partes, seja ante o tribunal do domicílio do transportador, da sede da matriz da empresa, ou onde possua o estabelecimento por cujo intermédio se tenha realizado o contrato, seja perante o tribunal do lugar de destino.

2. Com relação ao dano resultante na morte ou lesões do passageiro, a ação poderá ser iniciada perante um dos tribunais mencionados no número 1 deste Artigo ou no território de um Estado-Parte em que o passageiro tenha sua residência principal e permanente no momento do acidente (...)".

[19] Promulgado pelo Decreto nº 3.856/2001.

[20] Protocolo de São Luiz sobre Matéria de Responsabilidade Civil Emergente de Acidentes de Trânsito entre os Estados Partes do Mercosul, art. 7º: "Para exercer as ações compreendidas neste Protocolo serão competentes, à eleição do autor, os tribunais do Estado-Parte: a) onde ocorreu o acidente; b) do domicílio do demandado; e c) do domicílio do demandante".

[21] Carmen Tiburcio e Felipe Albuquerque, Territorialidade, Jurisdição e Internet: alguns aspectos de direito internacional privado, *Revista Eletrônica de Direito Internacional Privado* 24:34-57, 2023.

[22] Henry H. Perritt, Jr., The Internet as a Threat to Sovereignty? Thoughts on the Internet's Role in Strengthening National and Global Governance, *Indiana Journal of Global Legal Studies* 5:436-7, 1998. Em sentido contrário, Jack Goldsmith, *Against Cyberanarchy*, University of Chicago Law Review 65:1239-1240, 1998.

Por esse motivo, além do domicílio do réu, a residência habitual da pessoa lesada[23] e o local do dano têm sido considerados foros competentes pelo direito estrangeiro e pelo Tribunal de Justiça europeu.[24]

No Brasil, o Superior Tribunal de Justiça segue, ao menos em parte, a mesma lógica. Ao julgar demanda proposta por brasileira em decorrência do uso indevido de sua imagem por empresa espanhola, o tribunal considerou que a existência de cláusula de eleição de foro constante em contrato de prestação de serviços previamente celebrado entre autora e ré não obsta o exercício da jurisdição brasileira, pois a demanda não decorria do contrato. Ademais, considerou que o acesso, no Brasil, do site no qual publicadas as imagens já seria o bastante para que o Judiciário brasileiro fosse competente em decorrência da aplicação do art. 88, III, do CPC de 1973, então vigente,[25] reconhecendo a competência do Judiciário brasileiro para os casos em que aqui ocorrer o dano.[26]

Essa mesma solução (lugar do dano, com o critério da acessibilidade) foi adotada pela Suprema Corte australiana, no caso *Dow Jones & Co, Inc v Gutnick*, que envolvia uma alegação de difamação de um australiano por associação com um fraudador de impostos de Nova York e outra pessoa que aguardava julgamento por manipulação da bolsa de valores de Nova York em publicação impressa de uma revista semanal, *Barron's* e *online*, *Wall Street Journal*, acessível a subscritores pagantes. A Corte decidiu ter jurisdição sobre *Dow Jones* por conta do dano sofrido na Austrália principalmente em virtude dos 1.700 subscritores pagantes australianos da publicação online do *Wall Street Journal*.[27] Nos EUA, dezenas de casos já foram apreciados e a distinção entre acessibilidade ativa e passiva tem sido utilizada como critério fixador da competência, admitindo-se em geral jurisdição no primeiro caso, independentemente do lugar do dano sofrido.[28]

## DIREITO APLICÁVEL[29]

### *Lex Loci Delicti Commissi*

A teoria de que um ato ilícito deve ser regido pela lei do lugar em que ocorreu o ilícito (*lex loci delicti*) é tão velha quanto o próprio direito internacional privado, tendo sua origem nas escolas

---

[23] J.C. Ginsburg, The Private International Law of Copyright in an Era of Technological Change, *Recueil des Cours* 273:310, 1998.

[24] A Corte Europeia, em 2011, enfrentou a questão da competência para ajuizar demandas decorrentes de ilícitos divulgados na internet no caso *E-Date Advertising and Martinez* (Cases C-509/09 and C-161/10) e fixou três possibilidades: "1. Juízo do estabelecimento do editor do conteúdo virtual; 2. Juízo da residência habitual do ofendido, ambas as possibilidades possibilitando o requerimento da totalidade dos danos, e 3. Qualquer juízo onde o conteúdo possa ser acessado. Note-se que, quanto à última possibilidade, o autor só poderá pleitear os prejuízos sofridos no foro".

[25] O dispositivo corresponde ao art. 21, III, do CPC de 2015.

[26] STJ, REsp nº 1.168.547/RJ, Rel. Min. Luís Felipe Salomão, *DJ* 07.02.2011: "Vale dizer, portanto, que para as lesões a direitos ocorridos no âmbito do território brasileiro, em linha de princípio, a autoridade judiciária nacional detém competência para processar e julgar o litígio. Não sendo assim, poder-se-ia colher a sensação incômoda de que a internet é um refúgio, uma zona franca, por meio da qual tudo seria permitido sem que daqueles atos adviessem responsabilidades".

[27] [2002] HCA 56 (December 10 2002).

[28] Lorna E. Gillies, *Electronic Commerce and International Private Law: a Study of Electronic Consumer Contracts (Markets and the Law)*, 2008, p. 173 e ss.

[29] O tema foi objeto de reflexão mais detalhada em Jacob Dolinger, *Contratos e Obrigações no Direito Internacional Privado*, 2007.

estatutárias italianas, antes ainda de Bartolus de Saxoferato.³⁰ A aplicação da lei do lugar em que se deu o ilícito – e não a lei do foro – tem sido explicada com a teoria de que a compensação se baseia no princípio moral de que a vítima tem o direito de transferir as consequências de seu prejuízo ao autor do ilícito civil, daí a relevância do ambiente social vigente no local onde este agiu. Além disso, o réu deve ser julgado de acordo com as regras que ele conhecia quando tomou o risco de agir como agiu. Symeon C. Synmeonides observa que a maioria das codificações de direito internacional privado editadas nos últimos 50 anos continua a seguir a *lex loci delicti*.³¹

Embora se tenha tentado advogar a aplicação da *lex fori* por meio da aproximação entre a falta civil e a falta criminal, a ideia foi abandonada quando se compreendeu que a responsabilidade civil não se baseia na ideia de falta, mas na noção de dano causado, perspectiva que enfatiza o fato *danoso*, e não o fato *ilícito*.

Na evolução do direito internacional privado das obrigações por danos causados, a *lex loci delicti* passou a encerrar um interessante dilema: a referência à lei do local do delito é ao local em que o ato foi cometido, ou em que o dano foi sofrido? Se a lei aplicável é a que está em vigor no lugar onde o ato foi praticado, a ação contra o réu poderia se basear na negligência, mas, se a regra visa aplicar a lei do lugar onde se materializou o dano resultante do ato, a ação deverá se basear exclusiva ou primordialmente no fator prejuízo.

Os argumentos favoráveis à lei do local onde o dano ocorreu foram assim sistematizados por Loussouarn e Bourel: (i) normalmente é mais fácil identificar o local onde o dano ocorreu do que o local da conduta causadora do dano; (ii) a necessidade de proteção da vítima ressalta a importância do direito onde ocorreu o dano: "*se existe responsabilidade sem falta, não existe responsabilidade sem dano*"; e (iii) a vítima possui a legítima expectativa de que seus danos sejam tutelados pelo direito ao qual está vinculada.³²

No âmbito europeu, o art. 4º do Regulamento nº 864/2007 relativo à Lei Aplicável às Obrigações Extracontratuais (Roma II)³³ responde à questão de forma clara. Pretendendo evitar a ambiguidade verificada nas convenções de Bruxelas e Lugano quanto à determinação do local onde ocorreu o fato danoso, a redação do art. 4º explicita que o direito a ser aplicado é o do *local onde ocorreu o dano*, independentemente (i) do local onde aconteceram os fatos causadores do dano e (ii) do local onde ocorreram as consequências indiretas.

Richard Fentiman afirma que a regra geral constante no *Private International Law Act* inglês é a *lex loci damni*.³⁴ Loussouarn e Bourel informam que é essa também a orientação da

---

[30] Max Gutzwiller, Le Développement Historique du Droit International Privé, *Recueil des Cours* 29:298, 1929.
[31] Symeon C. Symeonides, *Codifyng Choice of Law Around the World: an International Comparative Analysis*, 2014, p. 52.
[32] Yvon Loussouarn e Pierre Bourel, *Droit International Privé*, 1980, p. 508-509.
[33] Regulamento Roma II, art. 4º: "1. Salvo disposição em contrário do presente regulamento, a lei aplicável às obrigações extracontratuais decorrentes da responsabilidade fundada em acto lícito, ilícito ou no risco é a lei do país onde ocorre o dano, independentemente do país onde tenha ocorrido o facto que deu origem ao dano e independentemente do país ou países onde ocorram as consequências indirectas desse facto. 2. Todavia, sempre que a pessoa cuja responsabilidade é invocada e o lesado tenham a sua residência habitual no mesmo país no momento em que ocorre o dano, é aplicável a lei desse país. 3. Se resultar claramente do conjunto das circunstâncias que a responsabilidade fundada em acto lícito, ilícito ou no risco tem uma conexão manifestamente mais estreita com um país diferente do indicado nos nos 1 ou 2, é aplicável a lei desse outro país. Uma conexão manifestamente mais estreita com um outro país poderá ter por base, nomeadamente, uma relação preexistente entre as partes, tal como um contrato, que tenha uma ligação estreita com a responsabilidade fundada no acto lícito, ilícito ou no risco em causa".
[34] Richard Fentiman, *International Commercial Litigation*, 2010, p. 602-605.

doutrina majoritária francesa.³⁵ A opção pelo lugar do dano consta igualmente na legislação argentina (Código Civil e Comercial, art. 2657),³⁶ venezuelana (Lei de Direito Internacional Privado, art. 32)³⁷ e panamenha (Código de Direito Internacional Privado, art. 140).³⁸ Contrariamente, o Código Civil português dispõe a aplicação do direito *"do Estado onde decorreu a principal atividade causadora do prejuízo"*,³⁹ orientação também seguida pelo Código Bustamante (art. 168).⁴⁰ A lei neozelandesa de 2017 – *Private International Law (Choice of Law in Tort) Act*⁴¹ – determina a aplicação da lei do local do dano para danos causados a pessoas ou a bens, contemplando, para os demais casos, a aplicação da lei do local com mais conexões significativas, constituindo exemplo recente da aplicação do princípio da proximidade em matéria de lei aplicável aos ilícitos.

A legislação suíça adota critério intermediário, determinando a aplicação da lei do local do dano nos casos em que o autor do ilícito deveria prever que as consequências se materializariam em outro local (Lei de Direito Internacional Privado, art. 133).⁴² A legislação belga estabelece a aplicação da lex loci sempre que o fato causador do dano e o dano ocorrerem no mesmo país (Código de Direito Internacional Privado, art. 99).⁴³

---

35   Yvon Loussouarn e Pierre Bourel, *Droit International Privé*, 1980, p. 509.
36   Código Civil e Comercial argentino, art. 2.657: "*Derecho aplicable. Excepto disposición en contrario, para casos no previstos en los artículos anteriores, el derecho aplicable a una obligación emergente de la responsabilidad civil es el del país donde se produce el daño, independientemente del país donde se haya producido el hecho generador del daño y cualesquiera que sean el país o los países en que se producen las consecuencias indirectas del hecho en cuestión. (...)*".
37   Lei de Direito Internacional Privado venezuelana, art. 32: "*Los hechos ilícitos se rigen por el Derecho del lugar donde se han producido sus efectos. Sin embargo, la víctima puede demandar la aplicación del Derecho del Estado donde se produjo la causa generadora del hecho ilícito*".
38   Código de Direito Internacional Privado panamenho, art. 140: "*La responsabilidad individual o profesional por culpa, negligencia o omisión se rige por la ley del daño. (...)*".
39   Código Civil português, art. 45: "1. A responsabilidade extracontratual fundada, quer em acto ilícito, quer no risco ou em qualquer conduta lícita, é regulada pela lei do Estado onde decorreu a principal actividade causadora do prejuízo; em caso de responsabilidade por omissão, é aplicável a lei do lugar onde o responsável deveria ter agido".
40   Código Bustamante, art. 168: "As obrigações que derivem de atos ou omissões, em que intervenha culpa ou negligência não punida pela lei, reger-se-ão pelo direito do lugar em que tiver ocorrido a negligência ou culpa que as origine".
41   Private International Law (Choice of Law in Tort) Act, art. 8: (1) The general rule is that the applicable law is the law of the country in which the events constituting the tort in question occur. (2) Where elements of those events occur in different countries, the applicable law under the general rule is: (a) for a cause of action in respect of personal injury caused to an individual or death arising from personal injury, the law of the country where the individual was when he or she sustained the injury; and (b) for a cause of action in respect of damage to property, the law of the country where the property was when it was damaged; and (c) in any other case, the law of the country in which the most significant element or elements of those events occurred.
42   Lei de Direito Internacional Privado suíça, art. 133: "*2Lorsque l'auteur et le lésé n'ont pas de résidence habituelle dans le même Etat, ces prétentions sont régies par le droit de l'Etat dans lequel l'acte illicite a été commis. Toutefois, si le résultat s'est produit dans un autre Etat, le droit de cet Etat est applicable si l'auteur devait prévoir que le résultat s'y produirait. 3 Nonobstant les alinéas précédents, lorsqu'un acte illicite viole un rapport juridique existant entre auteur et lésé, les prétentions fondées sur cet acte sont régies par le droit applicable à ce rapport juridique*".
43   Código de Direito Internacional Privado belga, art. 99: "*2° à défaut de résidence habituelle sur le territoire d'un même Etat, par le droit de l'Etat sur le territoire duquel le fait générateur et le dommage sont survenus ou menacent de survenir, en totalité*". Note-se que a regra só se aplica nos casos em que ofensor e vítima não possuem residência habitual em um mesmo Estado.

Nos Estados Unidos, vale mencionar o caso *Alabama Great Southern Railroad v. Carroll*, de 1892. Carroll trabalhava em um trem que ia do Alabama para Mississipi quando, em virtude da atuação negligente no Alabama, acidentou-se em Mississipi. Apreciando a hipótese, a Suprema Corte do Alabama concluiu pela aplicação da lei de Mississipi, local onde o dano se materializou. Essa ainda é a orientação vigente em diversos estados norte-americanos.[44]

Apesar da ampla aceitação da *lex loci delicti* no direito internacional privado, a partir da década de 1950 a regra começou a ser mitigada por exceções cada vez mais numerosas e abrangentes. Em 1951, Morris publicou artigo advogando a extensão da *"proper law"* – vigente no campo das obrigações contratuais – para a seara da responsabilidade extracontratual,[45] proposição que pode ser considerada um antecedente do caso norte-americano *Babcock v. Jackson*.

## A Revolução Americana

Nos Estados Unidos, o julgamento do bem conhecido caso *Babcock v. Jackson* colocou em xeque a *lex loci delicti*. O caso envolvia acidente de trânsito ocorrido entre residentes do estado norte-americano de Nova Iorque. A particularidade do caso consistia no fato de que o acidente não se passou no estado de origem dos envolvidos, mas em Ontário, no Canadá. Ao passo que a lei canadense vigente ao tempo do acidente não permitiria a indenização pleiteada pelo passageiro contra o motorista, tendo em vista que as regras para responsabilização do motorista em caso de carona eram mais rígidas (*guest statute*), a legislação nova-iorquina permitiria a indenização.

O tribunal local houve por bem aplicar o direito do estado de Nova Iorque, ao argumento de que a origem comum das partes, que haviam iniciado sua viagem nos Estados Unidos, tornava sem sentido a aplicação do direito canadense, especialmente tendo em vista que o objetivo de lei em matéria de "carona" é o de prevenir que ocorram manipulações fraudulentas de passageiro em conluio com motorista, a fim de tirar dinheiro das companhias de seguro, o que naturalmente concerne a donos de veículos de Ontário, e suas companhias de seguro, mas não aos proprietários de automóveis, e seus seguradores, de Nova Iorque.[46]

A decisão foi o impulso que faltava ao movimento que posteriormente ficou conhecido como *"choice of law revolution"*, que promoveu críticas severas aos métodos e concepções tradicionais do direito internacional privado norte-americano,[47] buscando novas formas de determinação da lei aplicável, refletidas em parte no segundo *Restatement*.

## Os Princípios de Preferência de Cavers e suas Relações com os Princípios da Proteção e da Proximidade

Em seus *"Principles of Preference"*, Cavers sugere cinco princípios no campo dos *torts* e dois princípios na área dos contratos. Adverte que não está sugerindo regras estritas, mas princípios, que deverão servir como guias para decidir, deixando amplo espaço aos tribunais

---

[44] V. Gilles Guniberti, *Conflict of Laws: a comparative approach*, 2017, p. 427.
[45] J. H.C Morris, The Proper Law of a Tort, *Harvard Law Review* 64:881-95, 1951.
[46] *Babcock v. Jackson*, 191 N.E.2d 279 (N.Y. 1963).
[47] Análise mais detalhada do caso pode ser encontrada em Jacob Dolinger, *Contratos e Obrigações no Direito Internacional Privado*, 2007, p. 363 e ss. Symeon C. Symeonides, *Codifyng Choice of Law Around the World: an International Comparative Analysis*, 2014, p. 43, assim resumiu a importância do caso: "It did not simply begin the erosion of the *lex loci delicti* rule; it introduced a new way of thinking about conflict of laws in general – it began what has since come to be known as the choice-of-law revolution".

que recorrerem a estes princípios, para chegarem a decisões independentes, permitindo que os princípios se desdobrem em variantes sempre que se vier a detectar distinções, levando ao ponto em que "aquilo que começou como um princípio se possa converter em uma coleção de regras específicas". São esses os princípios:

1 – Quando as leis do Estado do dano ("state of injury") estabelecem um padrão de conduta, ou de compensação financeira da vítima, acima do que as leis do Estado onde a pessoa que causou o dano agiu, ou tem sua residência, as leis do primeiro Estado devem determinar o padrão e a proteção aplicável ao caso, a não ser na hipótese em que a pessoa vitimada e o autor do dano são tão relacionados entre si, a ponto de a questão dever ser delegada à lei que governa este relacionamento.

2 – Quando as leis de responsabilidade civil do Estado no qual o réu agiu e causou o dano estabelecem um padrão de conduta ou de proteção financeira inferior ao das leis do Estado em que vive a pessoa que sofreu o dano, as leis do primeiro Estado devem reger o padrão de conduta ou de proteção aplicável ao caso, a não ser que a pessoa prejudicada era tão relacionada à pessoa que causou o dano que a questão deva ser relegada à lei que governa esta relação.

3 – Na hipótese em que o réu agiu em um Estado no qual há normas que sancionam medidas indenizatórias de responsabilidade civil, para o tipo de conduta por ele praticado, causando dano previsível no autor, que se encontrava em outro Estado, cuja legislação não prevê indenização para a hipótese, mesmo que a vítima não tenha qualquer relação com o réu, deve ter acesso aos benefícios estabelecidos pela legislação do primeiro Estado.

4 – Quando a lei do Estado no qual a relação jurídica tem sua sede impõe um padrão de conduta, ou uma proteção financeira, sobre uma parte da relação, em benefício da outra parte, padrão ou benefício estes mais elevados dos impostos pela lei do Estado em que ocorreu o dano, a lei do primeiro Estado determinará o padrão de conduta, ou da proteção financeira a ser aplicado à hipótese para o benefício da parte protegida.

5 – Quando a lei do Estado no qual a relação jurídica tem sua sede impõe um padrão de conduta ou de proteção financeira sobre uma das partes desta relação, para benefício da outra parte, inferior ao padrão imposto pelo Estado em que ocorreu o dano, a lei do primeiro Estado deverá ser aplicada em benefício da parte cuja responsabilidade esta lei nega ou limita.

Analisando tais proposições, o primeiro autor já demonstrou que esses princípios materializam, de diferentes formas e por diferentes razões, os princípios da proximidade e da proteção.[48]

## A Repercussão da *Choice of Law Revolution* em Matéria de Ilícitos

A revolução norte-americana em matéria de direito aplicável a ilícitos extracontratuais repercutiu na Europa. Além do caso *Boys v. Chaplin*[49] – considerado a versão inglesa de *Babcock v. Jackson* –, atualmente a seção 12 do *Private International Law Act* inglês permite a aplicação de direito diverso quando as circunstâncias do caso demonstrarem maior proximidade com outro país.[50] Na Argentina, o Código Civil e Comercial prevê a aplicação do

---

[48] Jacob Dolinger, *Contratos e Obrigações no Direito Internacional Privado*, 2007, p. 356-363.
[49] *Boys v Chaplin* [1969] 2 All ER 1085.
[50] Lei de direito internacional privado inglesa, seção 12: "(1)If it appears, in all the circumstances, from a comparison of:
(a) the significance of the factors which connect a tort or delict with the country whose law would be the applicable law under the general rule; and

direito do domicílio comum do ofensor e da vítima como exceção à regra geral *lex loci* (art. 2.657),[51] o mesmo se passando com a lei de direito internacional privado suíça (art. 133).[52]

Analisando a situação atual da codificação em matéria de ilícitos, Symeon C. Symeonides fornece-nos os seguintes dados: (i) a exceção mais comum à regra *lex loci* é o domicílio comum das partes, presente em mais de 40 codificações; (ii) mais de vinte países adotam exceção ligada ao princípio da proximidade; e (iii) mais de 10 codificações estipulam exceção relativa à existência de relação jurídica prévia.[53]

Acrescente-se, ainda, o gradual reconhecimento da autonomia das partes para a escolha do direito aplicável em matéria de obrigações extracontratuais. Tal faculdade é prevista no Regulamento Roma II (art. 14)[54] e, em menor extensão, na legislação suíça (Lei de Direito Internacional Privado, art. 132)[55] – que apenas autoriza a opção pela *lex fori* –, venezuelana (Lei de Direito Internacional Privado, art. 32)[56] e italiana (Lei de Direito Internacional Privado, art. 62)[57] – que permitem que a vítima opte entre o direito do local da conduta danosa ou do local onde ocorreu o dano. Esta faculdade outorgada à vítima se baseia no princípio *favor laesi* – proteção da parte prejudicada.

A propósito dessa orientação de proteger a vítima, vale reproduzir dado apurado por Symeonides. Entre as 73 legislações pesquisadas pelo autor, 29 adotam o *favor laesi* integralmente e 23 parcialmente, o que significa que 52 (72%) adotam a regra, ainda que em diferente extensão. Nos Estados Unidos, 86% dos casos analisados pelo autor aplicaram a lei mais favorável à vítima, seja sob a ideia de "*better law*", seja sob a perspectiva do *interest analysis*.[58]

---

(b) the significance of any factors connecting the tort or delict with another country, that it is substantially more appropriate for the applicable law for determining the issues arising in the case, or any of those issues, to be the law of the other country, the general rule is displaced and the applicable law for determining those issues or that issue (as the case may be) is the law of that other country.
(2) The factors that may be taken into account as connecting a tort or delict with a country for the purposes of this section include, in particular, factors relating to the parties, to any of the events which constitute the tort or delict in question or to any of the circumstances or consequences of those events".

[51] Código Civil e Comercial argentino, art. 2.657: "*No obstante, cuando la persona cuya responsabilidad se alega y la persona perjudicada tengan su domicilio en el mismo país en el momento en que se produzca el daño, se aplica el derecho de dicho país*".

[52] Lei de Direito Internacional Privado suíça, art. 133: "*1 Lorsque l'auteur et le lésé ont leur résidence habituelle dans le même Etat, les prétentions fondées sur un acte illicite sont régies par le droit de cet Etat*".

[53] Symeon C. Symeonides, *Codifyng Choice of Law Around the World: an International Comparative Analysis*, 2014, p. 89.

[54] Roma II, art. 14: "1. As partes podem acordar em subordinar obrigações extracontratuais à lei da sua escolha: a) Mediante convenção posterior ao facto que dê origem ao dano; ou, b) Caso todas as partes desenvolvam actividades económicas, também mediante uma convenção livremente negociada, anterior ao facto que dê origem ao dano. A escolha deve ser expressa ou decorrer, de modo razoavelmente certo, das circunstâncias do caso, e não prejudica os direitos de terceiros. (...)".

[55] Lei de Direito Internacional Privado suíça, art. 132: "*Les parties peuvent, après l'événement dommageable, convenir à tout moment de l'application du droit du for*".

[56] Lei de Direito Internacional Privado venezuelana, art. 32: "*Los hechos ilícitos se rigen por el Derecho del lugar donde se han producido sus efectos. Sin embargo, la víctima puede demandar la aplicación del Derecho del Estado donde se produjo la causa generadora del hecho ilícito*".

[57] Lei de Direito Internacional Privado italiana, art. 62: "1. *La responsabilità per fatto illecito è regolata dalla legge dello Stato in cui si è verificato l'evento. Tuttavia il danneggiato può chiedere l'applicazione della legge dello Stato in cui si è verificato il fatto che ha causato il danno*".

[58] Symeon C. Symeonides, *Codifyng Choice of Law Around the World: an International Comparative Analysis*, 2014, p. 46.

## A Doutrina da Dupla Acionabilidade

Outra questão interessante consiste em determinar se a condenação ao pagamento de indenização pressupõe que a conduta causadora do dano seja considerada ilícita tanto no lugar onde este ocorreu quanto no lugar onde aquela foi praticada. A matéria foi enfrentada no caso *Phillips v. Eyre*, julgado na Inglaterra, em 1870, e que envolvia demanda ajuizada por vítima das violentas ações do governo para reprimir rebelião local em face do ex-governador da Jamaica, então colônia britânica. Em sua defesa, Eyre alegou que sua conduta não era ilícita na Jamaica, tendo em vista anistia legal prevista no *Act of Indemnity*. A alegação foi acolhida pelo Judiciário britânico. Desde então, vige a regra da *double actionability*, segundo a qual se exige que a conduta danosa seja considerada ilícita segundo as leis inglesas e não seja justificada segundo as leis do local onde o ato foi praticado. Trevor Hartley informa que a primeira exceção à regra foi consagrada quase um século depois de *Phillips v. Eyre*.[59] Atualmente, a *double actionability* foi fortemente mitigada na Inglaterra e é questão controvertida no direito comparado.[60]

Analisando a questão sob a perspectiva francesa, Yvon Loussouarn e Pierre Bourel, embora reconheçam que a jurisprudência sobre a matéria é escassa, parecem concordar, em linhas gerais, com a solução de *Phillips v. Eyre*, afirmando que "*é chocante que um ato considerado lícito no país onde é praticado possa ensejar a responsabilidade de seu autor ao pretexto de que a lei do país onde o dano se produziu o considera ilícito*".[61]

Embora não chancele expressamente essa orientação, o Regulamento Roma II indica que as regras de segurança e conduta vigentes no lugar em que ocorrer o fato (gerador) devem ser levadas em conta como fato (art. 17)[62] na apuração da responsabilidade do ofensor. Tais regras de alguma maneira incorporam a distinção, comum nos Estados Unidos, entre regras que orientam a conduta dos indivíduos (*conduct regulation*) e que alocam os prejuízos entre as partes (*loss regulation*). Registre-se, porém, que, enquanto a distinção norte-americana se prestava a estabelecer o alcance dos dois grupos de normas, o Regulamento Roma II apenas garante que as normas em vigor no local do acidente – as normas de trânsito, por exemplo – sejam levadas em conta.

Yvon Loussouarn e Pierre Bourel observam que, em alguns casos, as circunstâncias do caso tornam impossível aplicar a *lex loci*, utilizando como exemplos colisões marítimas em alto-mar ou acidentes de avião ocorridos fora do espaço aéreo dos países. Nesses casos, recorre-se à *lex fori*, que possui caráter subsidiário, à nacionalidade comum das partes ou ao local de registro do navio ou aeronave.[63]

## Danos Punitivos e Ordem Pública

Há interessante questão envolvendo a incidência do princípio da ordem pública em matéria de ilícitos. Na prática, o princípio tem sido invocado em matéria de reconhecimento

---

[59] Trevor C. Hartley, *International Commercial Litigation: Texts, Cases and Materials on Private International Law*, 2009, p. 533.
[60] Symeon C. Symeonides, *Codifyng Choice of Law Around the World: an International Comparative Analysis*, 2014, p. 83 e ss.
[61] Yvon Loussouarn e Pierre Bourel, *Droit International Privé*, 1980, p. 509.
[62] Regulamento Roma II, art. 17: "Ao avaliar o comportamento da pessoa cuja responsabilidade é invocada, são tidas em conta, a título de matéria de facto e na medida em que for apropriado, as regras de segurança e de conduta em vigor no lugar e no momento em que ocorre o facto que dá origem à responsabilidade".
[63] Yvon Loussouarn e Pierre Bourel, *Droit International Privé*, 1980, p. 507.

de sentenças estrangeiras, o melhor exemplo sendo a recusa das cortes alemãs em reconhecer sentenças americanas que condenem em danos punitivos.

Em princípio, os tribunais alemães reconhecem sentenças que condenam em danos mais elevados do que a justiça alemã concederia, mas, como os danos punitivos fixados pela justiça americana não têm conotação compensatória, são rejeitados. A decisão do *Bundesgerichtshof*, de 4 de junho de 1992, reconhece vários itens de uma sentença de tribunal da Califórnia, excluindo uma condenação em U$ 400.000,00 a título de danos punitivos, com fundamento na seção 328.1. do Código de Processo Civil alemão (ZPO), que veda o reconhecimento se "o julgamento leva a um resultado incompatível com os princípios básicos do direito alemão, particularmente com direitos constitucionais".

O tribunal considerou que danos punitivos determinados pelas cortes norte-americanas são incompatíveis com "um dos princípios fundamentais do direito alemão, qual seja, o princípio da razoabilidade, que emana do princípio do Estado constitucional, que também é válido no direito civil". A corte também disse que sanções que visam punir, para proteger o direito e a ordem, constituem parte do monopólio estatal, não sendo aceitável que, em julgamento na esfera cível, condene-se alguém a pagar elevada soma de dinheiro que não seja destinada à compensação por prejuízos ocorridos, mas calculados essencialmente na base do interesse público, o que só pode ser imposto como pena acessória em juízo criminal.

A lei alemã de 1999, modificando o EGBGB, cuidou desta matéria em seu art. 40(3) ao dispor que as pretensões regidas por um direito estrangeiro não poderão ser invocadas na medida em que ultrapassem consideravelmente o necessário a uma indenização apropriada da pessoa prejudicada, ou sirvam manifestamente para objetivos diversos da adequada indenização da pessoa prejudicada. A mesma orientação já prevaleceu nos tribunais italianos.[64] Essa orientação consta na Convenção da Haia sobre Acordos de Eleição de Foro, de 2005.[65] Por outro lado, julgamento da Corte de Cassação francesa de 2010 afirmou que a condenação em danos punitivos não é, em si, contrária à ordem pública francesa.[66]

### Os Princípios da Autonomia e da Proximidade em Matéria de Ilícitos

O princípio da autonomia das partes – tão importante e difundido em matéria de contratos – também é praticado no campo das obrigações por atos ilícitos, como se verifica na jurisprudência de alguns países e nas modernas legislações internas sobre direito internacional privado.

Na França, foi julgado o caso de dois franceses que sofreram um acidente de trânsito em Djibouti, litigaram entre si em corte francesa, requerendo que lhes fosse aplicada a lei francesa. A Corte de Cassação decidiu que as partes tinham direito de escolher a lei a ser aplicada, e que o tribunal agiu corretamente ao aceitar esta escolha, e de julgar com base na lei francesa. Em caso dessa natureza, pesa, naturalmente, o fato de terem escolhido a lei da nacionalidade de ambas as partes, que coincidia com a lei do foro.

O acordo das partes *ex post* facto a um evento danoso pode ser comparado à opção feita pelas partes contratantes, depois que se instaura entre elas uma divergência, e decidem processar ou arbitrar, escolhendo de comum acordo a lei que será utilizada para a solução do litígio.

---

[64] *Parrott v. Soc. Fimez* (Cassazione, 19 janeiro 2007, n. 1183/2007); *Soc. Ruffinatti v. Oyola-Rosado* (Cassazione 8 fevereiro 2012, n. 1781/2012).

[65] Convenção sobre os Acordos de Eleição do Foro, art. 11: "1. O reconhecimento ou a execução de uma sentença podem ser recusados se, e na medida em que, tal sentença conceda indemnizações, mesmo de carácter exemplar ou punitivo, que não compensem uma parte pela perda ou prejuízo reais sofridos".

[66] Cour de Cassation, civile, Chambre civile 1re, 1er décembre 2010, 09-13.303.

No campo da responsabilidade civil por atos ilícitos, o legislador fixa regras específicas sobre a lei a ser aplicada para uma variedade de situações, de maneira que o princípio da proximidade fica com uma área de atuação mais estreita do que no campo dos contratos. Pode-se constatar isso ao comparar, de um lado, a Convenção de Roma sobre a lei aplicável às obrigações contratuais, na qual as normas são flexíveis, baseadas no princípio da proximidade e, de outro lado, as Convenções sobre Acidentes de Tráfico e sobre Responsabilidade por Produtos, que determinam uma série de regras precisas, deixando um campo menor para a aplicação do princípio da proximidade.

Como em matéria contratual, nem o legislador interno, nem o legislador internacional, fixaram uma larga variedade de regras, permitindo maior atuação ao princípio da proximidade, ocorre o risco da incerteza, daí ser bem-vinda a faculdade da autonomia de escolha pelas partes. Já em matéria de obrigações por atos ilícitos, como são inúmeras as regras específicas estabelecidas pelos legisladores, há menos campo para o exercício do princípio da proximidade e consequentemente menos perigo de incerteza e menor necessidade de recorrer à autonomia da vontade.

Por outro lado, com o tempo, a distinção entre os dois campos de obrigações – contratuais e por atos ilícitos – tem se tornado menos acentuado, eis que todos os modernos diplomas vêm admitindo a conexão baseada em alguma ligação entre as partes, o que consubstancia o princípio da proximidade, como também têm admitido a escolha da lei aplicável pelas partes litigantes.

No caso das duas convenções da Haia, acima estudadas, ante a nova realidade que emana das legislações internas, algumas das quais inserindo essas convenções em suas legislações, mas também admitindo a liberdade de escolha e, além disso, no espírito da moderna filosofia que inspira o direito internacional privado, em que os princípios passaram a ter influência mais direta nas soluções a serem aplicadas aos conflitos de leis, admite-se, tanto em caso de acidentes rodoviários transnacionais como em matéria de responsabilidade por produto, que as partes escolham o sistema jurídico a que desejam submeter a solução de sua disputa.

**Direito Brasileiro**

No Brasil, a Lei de Introdução não contém regra de conexão específica que defina a lei aplicável à responsabilidade extracontratual. Assim, devemos recorrer ao art. 9º da LINDB, que estabelece o direito aplicável às *obrigações*, abrangendo, então, as obrigações contratuais e extracontratuais.

Clóvis Beviláqua posicionou-se a favor da lei onde o fato delituoso ocorreu, nos seguintes termos:

"Se, no que respeita à ação penal, o magistrado deve aplicar a *lex fori*, no que respeita à reparação do dano deve ter em vista a *lex loci actus*, porque o direito de pedir a indenização surgiu no lugar e no momento em que o fato delituoso se deu".[67]

Citando Fiore, o autor do Código Civil de 1916 parece concordar com a exceção da nacionalidade comum do autor e da vítima.[68] A circunstância de só haver, na Lei de Introdução, regra genericamente aplicável às obrigações contratuais e extracontratuais, parece-nos, torna ainda mais relevante o princípio da proximidade, capaz de corrigir as eventuais distorções que

---

[67] Clóvis Beviláqua, *Princípios elementares de direito internacional privado*, 1906, p. 273.
[68] Clóvis Beviláqua, *Princípios elementares de direito internacional privado*, 1906, p. 273.

possam decorrer da aplicação irrefletida do art. 9º. Quando, a despeito do direito indicado pela regra de conexão, for possível identificar lei substancialmente mais conectada com o caso, o princípio da proximidade atuará de modo a afastar a lei inicialmente indicada como aplicável, favorecendo a aplicação do direito mais *próximo* ao caso.

Relativamente aos danos punitivos, parece-nos que a aceitação de tal figura, ainda que controvertida, pela jurisprudência brasileira[69] impede que se considere chocante a imposição de sanção de tal natureza.

O tema da lei aplicável à responsabilidade extracontratual é também regido por convenções em vigor no Brasil. A Convenção de Viena sobre Responsabilidade Civil por Danos Nucleares, de 1963,[70] possui regra de conexão indicando a aplicação da lei do tribunal competente para julgar a causa.[71] Como visto, tal convenção estabelece a competência exclusiva do tribunal do local onde o acidente ocorreu, de modo que a leitura conjunta dos dispositivos revela a opção pela *lex loci delicti*.

Visando regulamentar a responsabilidade civil pelos acidentes rodoviários nas estradas da Argentina, Brasil, Paraguai e Uruguai, envolvendo pessoas domiciliadas em um dos outros países, os quatro membros do Mercosul aprovaram, em 1996, um Protocolo que cuidou do direito aplicável e da jurisdição competente nesses casos.

A norma básica é que a responsabilidade por acidentes de trânsito será regida pelo direito interno do Estado-Parte em cujo território ocorra o acidente, mas, caso sejam afetadas exclusivamente pessoas domiciliadas em outro Estado-Parte, será aplicada a lei deste Estado, tomando-se em consideração as regras de trânsito e segurança em vigor no lugar e no momento do acidente, significando que, mesmo na hipótese segunda do art. 3º, quando se aplica a lei do domicílio das pessoas envolvidas no acidente, ou seja, a lei de outro país, também deverão ser tomadas em consideração as normas de trânsito e de segurança do local onde o acidente tiver ocorrido, resultando que a apuração da responsabilidade dependerá, em determinada medida, das regras de trânsito vigentes no local da ocorrência do acidente, que poderão ser mais, ou menos, exigentes do que as normas vigentes na legislação do país do domicílio das partes envolvidas, a reger a hipótese, o que poderá afetar o julgamento para ampliar ou restringir a responsabilidade do causador do acidente.

Voltando às duas regras enunciadas no art. 3º e examinando o parágrafo segundo, ocorre uma dificuldade. Vejamos a redação do diploma no seu original:

"A responsabilidade civil por acidentes de trânsito será regida pelo direito interno do Estado-Parte em cujo território ocorreu o acidente.

Se no acidente participarem ou resultarem atingidas unicamente pessoas domiciliadas em outro Estado-Parte, o mesmo será regido pelo direito interno deste último".

O primeiro parágrafo estabelece regra derivada da multissecular norma *lex loci delicti commissi*, sem esclarecer se a intenção é *lex delicti* ou *lex damni*, mas a terminologia empre-

---

[69] Vejam-se, por exemplo, os seguintes casos: STJ, REsp nº 965.500/ES, Rel. Min. José Delgado, *DJ* 25.02.2008; STJ, REsp nº 1.300.187/MS, Rel. Min. Raul Araújo, *DJ* 28.05.2012. O estado atual do direito brasileiro foi assim descrito por José Roberto Castro Neves, *Direito das Obrigações*, 2009, p. 354-355: "(...) a orientação dos Tribunais tem sido aceitar o dano moral com essa característica punitiva ou pedagógica, admitindo que a indenização supere o dano sofrido. Grande parte da doutrina também reconhece essa possibilidade".

[70] Promulgada pelo Decreto nº 911/1993.

[71] Convenção de Viena sobre Responsabilidade Civil por Danos Nucleares, art. 8º: "Sem prejuízo do disposto na presente Convenção, a natureza, a forma, a extensão da indenização, bem como sua distribuição equitativa será regida pela legislação do tribunal competente".

gada – lei em cujo território se produziu o acidente – dá a nítida impressão de que a intenção foi a primeira das duas possíveis leituras da regra.

A dificuldade está no segundo parágrafo que se refere à hipótese de que somente pessoas domiciliadas em outro Estado "participaram ou resultaram afetadas", o que a rigor significaria um ou outro, isto é, ou todos os que participaram – como responsáveis – ou todos os que foram afetados – como vítimas – uns ou outros, são pessoas domiciliadas em outro Estado-Parte.

Nossa leitura do parágrafo segundo do art. 3º substitui o "ou" por "e", lendo-se o texto assim: "Se no acidente participarem e resultarem afetadas unicamente pessoas domiciliadas em outro Estado-Parte, o mesmo se regulará pelo direito interno deste último", significando que, se um motorista argentino causar danos em vítimas argentinas, em território brasileiro, ou uruguaio, aplicar-se-á a lei argentina. A escolha do direito brasileiro nesta hipótese se daria com base no critério da proximidade.

O Mercosul não viu necessidade de dispor a respeito das hipóteses mais complexas que figuram na Convenção da Haia sobre a Lei Aplicável em Matéria de Acidentes Rodoviários, de 1971, ante a parca ou quiçá inexistente ocorrência de acidentes entre veículos de diversas nacionalidades. Assim, nada se dispôs em São Luiz sobre a aplicação da lei do país do registro do veículo em determinados casos, envolvimento de pessoas que se encontram fora dos veículos acidentados, automóveis registrados em mais de um país, registro de veículo em um país e residência das pessoas envolvidas no acidente em outro país, e várias outras disposições encontradas na referida Convenção da Haia.

*Capítulo XXVII*
# A FAMÍLIA

Todos os grandes avanços do direito internacional privado se manifestaram no direito de família. Tradicionalmente, os casos mais relevantes de DIP diziam respeito a questões de direito de família. Charles Dumoulin, em 1525, elaborou a teoria de autonomia de vontade em caso relativo a regime de bens, dos esposos de Ganay. Posteriormente é que o tema da autonomia se desenvolveu na seara dos contratos.

No século XIX, também se registram casos notórios que envolveram princípios do direito internacional privado: fraude à lei (*Princesse de Bauffremont* c. *Prince de Bauffremont*, Corte de Cassação francesa, 1878) e qualificações (viúva Bartholo Tribunal de Apelação da Argélia, 1889).

No século XX, o Caso Bisbal (Corte de Cassação francesa, 1959, 1960, 1961) enfrentou a questão da aplicação das regras de conexão francesa, concluindo que sua aplicação não é obrigatória. Também o Caso Patiño, que gerou mais de 20 decisões judiciais, tratou de diversas questões relevantes de direito internacional privado envolvendo a determinação do regime de bens entre o casal Mademoiselle de Bourbon e Antenor Patiño (rei do estanho), que contraiu matrimônio na Espanha, em 1931.

Ainda comprovando a relevância do tema para o direito internacional privado, vale lembrar que na primeira fase da Conferência de Direito Internacional Privado da Haia (1902 e 1905) foram produzidas seis convenções, cinco das quais sobre direito de família. São elas: (i) a Convenção relativa à conclusão do matrimônio; (ii) a Convenção sobre Divórcio e Separação de Corpos; (iii) a Convenção sobre Tutela de Menores; (iv) a Convenção sobre os Efeitos do Matrimônio; e (v) a Convenção sobre Interdição de Incapazes.

Na segunda fase da Conferência ainda persiste a prevalência do tema, diante do grande número de convenções aprovadas que tratam da matéria (alimentos, adoções, divórcios, sequestro de crianças, responsabilidade parental, proteção de adultos). Ou seja, é tema ao qual a Conferência de Haia mais se dedicou.

Muitos dos princípios da disciplina foram consolidados em casos envolvendo, notadamente, o divórcio, mas também temas como adoção, direitos de guarda e visitação, alimentos etc. Ademais, a consagração de mecanismos atípicos de cooperação internacional, de que é exemplo a Convenção da Haia sobre os Aspectos Civis do Sequestro Internacional de Crianças,[1] e a introdução do método do reconhecimento como alternativa ao método conflitual no caso *Wagner*[2] são alguns dos exemplos de reflexões gestadas no âmbito do direito de família cujas repercussões se estenderam para além da seara das relações familiares.

A mesma tendência também se verifica no Brasil. No passado, quando o divórcio ainda não era permitido pela legislação brasileira, a possibilidade de homologação de declarações de divórcio obtidas por brasileiros no exterior foi objeto de sucessivas decisões do Supremo Tribunal Federal. Atualmente, a aplicação da Convenção da Haia sobre os Aspectos Civis do Sequestro

---

[1] Promulgada pelo Decreto nº 3.413, de 14 de abril de 2000.
[2] Corte Europeia de Direitos Humanos, caso 76240/01 *Wagner et J.M.W.L. c. Luxembourg*. V. também Paul Lagarde, La méthode de la reconnaissance est-elle l'avenir du droit international privé?, *Recueil des Cours* 371:9-42, 2015.

Internacional de Crianças é, entre os temas de direito internacional, aquele de mais destaque na jurisprudência dos Tribunais Regionais Federais,[3] sendo tema frequente também no Superior Tribunal de Justiça.[4] Superada a proibição ao divórcio no direito brasileiro, o STJ passou a examinar a possibilidade de homologação de decisões estrangeiras que, além de dissolverem o vínculo conjugal, partilharam os bens do ex-casal e fixaram os direitos de guarda e visitação dos pais.

A riqueza de casos e discussões no campo do direito de família é parcialmente justificada pelas tensões típicas envolvendo a regulação da vida privada pelo Estado, opondo a autonomia individual e a intervenção do Estado. Os exemplos são muitos e as discussões, bem conhecidas: do pátrio poder ao poder familiar, do casamento à união estável, das relações heteronormativas às relações homoafetivas, da família biparental à família monoparental, da distinção entre filhos legítimos e ilegítimos, naturais ou adotados, à equiparação entre toda a prole etc. Todas essas transformações no direito das famílias são resultado de transformações sociais e debates na arena jurídico-política em que argumentos morais, religiosos, históricos, jurídicos e políticos frequentemente se entrelaçam.

Cada uma dessas transformações foi recebida de forma diferente e em variados momentos pelos diversos sistemas jurídicos nacionais. Do ponto de vista prático, a reação pode ser negativa, criminalizando-se certas práticas e aprofundando a intervenção estatal na vida privada, ou positiva, reconhecendo-se expressamente a legalidade de determinadas relações familiares, que podem passar, inclusive, a ser alvo de proteção especial pelo Estado. É na interação entre os diferentes sistemas jurídicos, disciplinada pelo direito internacional privado, que se evidenciam as diferentes concepções de mundo incorporadas pelos sistemas jurídicos nacionais.

O direito convencional exerce forte influência nessa seara. As convenções contendo regras de direito internacional privado, tais como as elaboradas no âmbito da Conferência de Direito Internacional Privado da Haia, interagem de forma cada vez mais intensa com os tratados de direitos humanos e as decisões proferidas por tribunais internacionais.[5] No plano convencional, verifica-se o declínio da importância da nacionalidade como elemento de conexão em prol da regra do domicílio ou, mais modernamente, da residência habitual.

Também em matéria de Direito de Família – como em matéria de bens, contratos, obrigações extracontratuais – há duas grandes questões a serem definidas pelo DIP quando se tratar de situação com elementos de estraneidade: lei aplicável e jurisdição. Cronologicamente, há que se determinar, em primeiro lugar, a jurisdição, pois, a depender de onde a ação será ajuizada, a lei aplicável pode ser diferente, pois é determinada pelas regras de conexão do foro.

## COMPETÊNCIA INTERNACIONAL

### Casamento e União Estável

A celebração do casamento é ato que dispensa a intervenção judicial. Desse modo, a constituição do vínculo matrimonial não envolve o exame da competência internacional de juízes e tribunais, mas das limitações impostas por cada ordenamento jurídico à atuação de suas

---

[3] V., exemplificativamente, TRF-2ª Reg., MS nº 2004.02.01.011601-2, Rel. Des. Liliane Roriz, j. 30.03.2005; TRF-2ª Reg., AI nº 2004.02.01.009861-7, Rel. Des. Guilherme Calmon Nogueira da Gama, j. 21.02.2006; TRF-1ª Reg., Jirair Aram Meguerian, *DJ* 29.07.2011.

[4] Também exemplificativamente: STJ, REsp nº 2.053.536, Rel. Min. Sergio Kukina, *DJ* 04.04.2023; STJ, REsp nº 1.842.083, Rel. Min. Benedito Gonçalves, *DJ* 27.10.2022; STJ, REsp nº 1.966.822, Rel. Min. Regina Helena Costa, *DJ* 12.08.2022; STJ, REsp nº 1.723.068, Rel. Min. Herman Benjamin, *DJ* 18.12.2022; STJ, EREsp nº 1.458.218, Rel. Min. Og Fernandes, *DJ* 03.05.2018; STJ, SEC nº 8.440, Rel. Min. Sidnei Beneti, *DJ* 16.10.2013.

[5] Paul Beaumont, The jurisprudence of the European Court of Human Rights and the European Court of Justice on the Hague Convention on International Child Abduction, *Recueil des Cours* 335:9-103, 2008.

autoridades administrativas ou, em alguns casos, das regras aplicáveis a celebrações religiosas. Enquanto países como o Brasil e a Suíça[6] permitem que qualquer pessoa se case perante as autoridades locais, outros países exigem que ao menos um dos nubentes tenha residência no foro ou a nacionalidade local, o que ocorre, por exemplo, na Bélgica.[7] Nesses casos, um dos possíveis objetivos da política legislativa consiste em evitar o turismo matrimonial.

No Brasil, a eficácia de casamento realizado no exterior é sujeita a seu registro no 1º Ofício do domicílio do casal, na forma do art. 32 da Lei de Registros Públicos.[8] O art. 1.544 do Código Civil, por sua vez, estabelece que o casamento entre brasileiros deve ser registrado no país em 180 dias.[9] A respeito desse registro, a doutrina[10] e o STJ já esclareceram que o registro exigido pela legislação brasileira tem o propósito de dar publicidade ao ato realizado no exterior, sem, contudo, afetar sua existência e validade.[11]

A intervenção judicial em matéria de casamento ou união estável normalmente ocorre no âmbito de ações de divórcio, ações declaratórias de nulidade do casamento, disputas sucessórias e, em menor extensão, para fins de estabelecimento de vínculos de filiação. Na União Europeia, o Regulamento relativo à competência, ao reconhecimento e à execução de decisões em matéria matrimonial e em matéria de responsabilidade parental e ao rapto internacional de crianças (Regulamento nº 1.111/2019 ou *Roma III*), de 25 de junho de 2019, estabelece as regras de competência internacional direta e indiretas aplicáveis a um vasto campo de relações familiares, como os casos de divórcio, separação e anulação de casamento (art. 1º, 1, *a*), os direitos de guarda e visitação (art. 1º, 2, *a*), a tutela, a curatela e outras instituições análogas (art. 1º, 2, *b*). Estão excluídas do escopo do regulamento, contudo, as matérias referidas no art. 1º, 4, tais como estabelecimento de filiação, adoção, nome, obrigações alimentares e direitos sucessórios.

---

[6] Lei suíça de Direito Internacional Privado, art. 43: "*1 Swiss authorities have jurisdiction to perform the celebration of marriage if one of the future spouses is domiciled in Switzerland or is a Swiss citizen. 2 Foreign couples without Swiss domicile may also be permitted to marry in Switzerland by the competent authority if the marriage is recognized in the State of the domicile or citizenship of the future spouses*".

[7] Código de Direito Internacional Privado Belga, art. 44: "*Le mariage peut être célébré en Belgique lorsque l'un des futurs époux est belge, est domicilié en Belgique ou a depuis plus de trois mois sa résidence habituelle en Belgique, lors de la célébration*".

[8] Lei de Registros Públicos, art. 32: "Os assentos de nascimento, óbito e de casamento de brasileiros em país estrangeiro serão considerados autênticos, nos termos da lei do lugar em que forem feitos, legalizadas as certidões pelos cônsules ou quando por estes tomados, nos termos do regulamento consular. § 1º Os assentos de que trata este artigo serão, porém, transladados nos cartórios de 1º Ofício do domicílio do registrado ou no 1º Ofício do Distrito Federal, em falta de domicílio conhecido, quando tiverem de produzir efeito no País, ou, antes, por meio de segunda via que os cônsules serão obrigados a remeter por intermédio do Ministério das Relações Exteriores".

[9] Código Civil, art. 1.544: "O casamento de brasileiro, celebrado no estrangeiro, perante as respectivas autoridades ou os cônsules brasileiros, deverá ser registrado em cento e oitenta dias, a contar da volta de um ou de ambos os cônjuges ao Brasil, no cartório do respectivo domicílio, ou, em sua falta, no 1º Ofício da Capital do Estado em que passarem a residir".

[10] Gustavo Ferraz de Campos Mônaco e Liliana Lyra Jubilut, *Direito Internacional Privado*, 2012, p. 125.

[11] STJ, SEC nº 1.041, Rel. Min. Og Fernandes, *DJ* 16.12.2014: "(...) o casamento celebrado no exterior seguindo todo o rito necessário condizente com a lei do país em que foi realizado, constitui ato jurídico perfeito e por isso já possui existência e validade, sendo o seu registro no Cartório de Registro Civil apenas meio de se dar publicidade ao ato. O registro, no Brasil, é ato de natureza meramente declaratória e não constitutiva, não sendo, dessa feita, indispensável para a validação do casamento". No mesmo sentido, SEC nº 2.576, Rel. Min. Hamilton Carvalhido, *DJ* 05.02.2009: "(...) 2. A existência do casamento realizado no exterior independe do traslado do assento respectivo no registro civil brasileiro, exigido apenas quando se pretende que produza efeitos no país (Lei dos Registros Públicos, artigo 32)".

Conforme o art. 3º do Regulamento Roma III, a competência internacional dos tribunais é fixada (i) em cujo território se situe a residência habitual comum dos cônjuges, estabelecendo regras para os casos em que o casal não possuir residência comum (art. 3º, *a*); e (ii) da nacionalidade comum dos cônjuges (art. 3º, *b*). Trata-se de hipótese de competência concorrente, portanto, entre os tribunais da residência habitual ou da nacionalidade comum dos cônjuges. O art. 6º do regulamento estabelece uma regra de competência residual, permitindo que as regras de processo civil internacional de cada Estado-membro fixem sua competência internacional quando não for possível fixar a jurisdição de nenhum Estado-membro a partir da aplicação do regulamento (art. 6º, 1).

A Convenção da Haia sobre o Reconhecimento dos Divórcios e das Separações de Pessoas, de 1970, fixa a competência internacional da residência habitual do réu, mas também admite a competência da residência habitual ou da nacionalidade do autor, desde que verificadas as situações previstas no art. 2º da convenção. O mesmo dispositivo admite, ainda, a competência do Estado da nacionalidade comum das partes.

No direito brasileiro, o Código de Processo Civil prevê diferentes hipóteses de fixação da competência concorrente do Judiciário brasileiro para ações de divórcio, separação, reconhecimento de união estável ou anulação de casamento. Ao lado da regra geral do domicílio do réu estabelecida no art. 21, I, do CPC, a celebração do casamento no Brasil ou a consolidação da união estável no país também permitem o exercício da competência internacional concorrente dos tribunais brasileiros sob a égide do art. 21, III, do CPC. Registre-se, contudo, decisão do STJ de 2007 que considerou ser da competência exclusiva dos tribunais brasileiros a ação anulatória de casamento celebrado em nosso país.[12]

Sobre este último ponto, ainda sob a vigência da lei processual anterior, o Superior Tribunal de Justiça reconheceu a competência internacional dos tribunais brasileiros para processar e julgar ação de divórcio proposta, no Brasil, em face de cônjuge domiciliado no exterior. Na hipótese, a fixação da jurisdição nacional foi possível porque o casamento havia sido celebrado no Brasil, ou seja, havia "*ato praticado no Brasil*".[13]

Em caso relatado pelo primeiro autor em obra dedicada à regulamentação da família pelo DIP,[14] os tribunais brasileiros tiveram que apreciar o divórcio de casal sírio que havia se casado na Itália em cerimônia religiosa israelita. Após ser abandonado por sua então mulher, que havia se mudado para a Itália e requerido o divórcio, o marido ajuizou, no Brasil, ação para declaração de inexistência do casamento, pois o ato precisaria ter sido registrado no registro civil, o que não ocorreu. As decisões proferidas em primeira instância e pelo Tribunal de Justiça do Rio de Janeiro reconheceram a incompetência internacional dos tribunais brasileiros. O

---

[12] STJ, SEC nº 1.303, Rel. Min. Fernando Gonçalves, DJ 11.02.2008: "Sentença estrangeira contestada. Bigamia. Casamento celebrado no Brasil e anulado pela justiça japonesa. Homologação negada. 1. A bigamia constitui causa de nulidade do ato matrimonial, tanto pela legislação japonesa, como pela brasileira, mas, uma vez realizado o casamento no Brasil, não pode ele ser desfeito por Tribunal de outro país, consoante dispõe o § 1º do art. 7º da Lei de Introdução ao Código Civil. 2. Precedente do STF – SEC 2085. 3. Pedido de homologação negado".

[13] STJ, REsp nº 978.655, Rel. Min. João Otávio de Noronha, DJ 08.03.2010: "Recurso especial. Processual civil. Ação de divórcio direto consensual. Casamento realizado no Brasil. Cônjuges residentes no exterior. Competência da autoridade judiciária brasileira. Inteligência do art. 88, III, do CPC. 1. Embora atualmente os cônjuges residam no exterior, a autoridade judiciária brasileira possui competência para a decretação do divórcio se o casamento foi celebrado em território nacional. Inteligência do art. 88, III, do CPC. 2. Recurso especial provido".

[14] Jacob Dolinger, *Direito Civil Internacional. A Família no Direito Internacional Privado, Casamento e Divórcio*, 1997.

Supremo Tribunal Federal, inaugurando uma infeliz tradição de confusão conceitual, aplicou o art. 7º, § 3º, da Lei de Introdução – que cuida, devemos lembrar, da *determinação da lei aplicável* – para concluir pela competência dos tribunais brasileiros.[15]

Em outro exemplo de imprecisão conceitual, o Superior Tribunal de Justiça considerou ser de competência exclusiva da autoridade judiciária brasileira a ação para anulação de casamento celebrado no Brasil e, posteriormente, anulado por autoridades japonesas.[16] Para fundamentar sua conclusão, o tribunal fez referência ao art. 7º, § 1º, da Lei de Introdução, mas o dispositivo, como sabemos, cuida da *determinação da lei aplicável* e não do *conflito de jurisdições*.

Tratando-se de casamento realizado no exterior, o Supremo Tribunal Federal admite a homologação de sentenças estrangeiras que anulam o matrimônio. Em decisão de 1977, o STF homologou decisão francesa que anulou casamento realizado no Egito. Na hipótese, funcionária do Ministério das Relações Exteriores casou, no Egito, em 1964, com italiano, vindo posteriormente a descobrir que seu marido já era casado, desde 1954. O Tribunal de Grande Instância de Paris reconheceu a bigamia e declarou nulo o casamento.[17] O STF deixou de homologar sentenças estrangeiras que declararam a nulidade do casamento simplesmente em razão da incompetência territorial do registro civil onde o casamento foi celebrado, o que foi considerado uma ofensa à ordem pública brasileira.[18]

O atual Código de Processo Civil inovou em matéria de *partilha de bens* do casal. Incluindo regra inexistente nos diplomas processuais anteriores, o CPC prevê no art. 23, III, a competência *exclusiva* dos tribunais brasileiros "*em divórcio, separação judicial ou dissolução de união estável, proceder à partilha de bens situados no Brasil, ainda que o titular seja de nacionalidade estrangeira ou tenha domicílio fora do território nacional*". Assim, há um regime dúplice: para alteração do estado civil, a competência do Poder Judiciário brasileiro é concorrente. Para a partilha de bens situados no país, a competência é exclusiva, o que significa dizer que decisões estrangeiras que partilhem bens situados no Brasil não podem, em princípio, ser homologadas pelo Superior Tribunal de Justiça.

O STJ tem admitido ao menos uma exceção notável à regra da competência exclusiva. Trata-se dos casos em que a decisão estrangeira se limita a homologar acordo entabulado pelas partes para pôr fim à disputa. Nesses casos, a lógica do tribunal é a de que a decisão homologada expressa a vontade comum das partes e não o exercício da jurisdição por autoridade estrangeira em caso contencioso. Assim, jurisprudência do STJ de longa data admite a

---

[15] STF, RE nº 64.182, Rel. Min. Barros Monteiro, *DJ* 27.12.1968: "Casamento religioso, celebrado perante o chefe da comunidade israelita, em outro país. Ação visando declarar a sua inexistência, para efeitos civis. Competência da justiça brasileira. Aplicação do art. 7º, § 3º, da Lei de Introdução ao Código Civil. Recurso extraordinário conhecido e provido".

[16] STJ, SEC nº 1.303, Rel. Min. Fernando Gonçalves, *DJ* 11.02.2008: "Sentença estrangeira contestada. Bigamia. Casamento celebrado no Brasil e anulado pela justiça japonesa. Homologação negada. 1. A bigamia constitui causa de nulidade do ato matrimonial, tanto pela legislação japonesa, como pela brasileira, mas, uma vez realizado o casamento no Brasil, não pode ele ser desfeito por Tribunal de outro país, consoante dispõe o § 1º do art. 7º da Lei de Introdução ao Código Civil. 2. Precedente do STF – SEC 2085. 3. Pedido de homologação negado".

[17] STF, SE nº 2.288, Rel. Min. Leitão de Abreu, *DJ* 25.04.1977.

[18] STF, SEC nº 4.297, Rel. Min. Carlos Velloso, *DJ* 02.05.1997: "Constitucional. Processual civil. Sentença estrangeira. Homologação. Anulação de casamento. Incompetência do oficial do registro civil. I. Sentença proferida pela Justiça chilena, em 1984, anulatória do matrimônio contraído pela requerente, de nacionalidade chilena, celebrado naquele País, em razão da incompetência do oficial do registro civil, que funcionou no procedimento de habilitação dos nubentes. Impossibilidade de ser deferida a homologação, dado que o direito brasileiro não admite a anulação do casamento em tal caso. Cód. Civil, 208; Lei 6.015/73, art. 67. II. Precedentes do STF. III. Homologação indeferida".

possibilidade de reconhecimento, no Brasil, de decisão estrangeira que se limita a homologar o acordo entre as partes.[19] Em decisão mais recente, o tribunal parece ter dado mais um passo em direção à flexibilização do dispositivo, admitindo a homologação de sentença estrangeira quando "*a decisão não viole as regras de direito interno brasileiro*".[20]

## Direitos de Guarda e Visitação

A dissolução do vínculo afetivo tem como uma de suas possíveis consequências a disputa entre os ex-cônjuges acerca dos direitos de guarda e visitação sobre a prole comum do casal, o que inclui notadamente a prerrogativa de definir o domicílio das crianças. Esse aspecto é especialmente importante no plano do direito internacional privado porque nas famílias formadas por indivíduos de diferentes nacionalidades o fim do relacionamento pode significar também a perda do interesse em viver no exterior. Imagine-se o caso do brasileiro que transfere seu domicílio para Portugal com o único intuito de constituir família com seu companheiro no exterior, ou da brasileira que, havendo completado seus estudos nos Estados Unidos, decide permanecer no país para lá constituir família.

Nessa seara, a determinação da jurisdição competente é frequentemente o aspecto decisivo da disputa e tem repercussões substanciais concebidas para prevenir e remediar os casos de sequestro internacional de crianças. Antes da conclusão da Convenção da Haia sobre os Aspectos Civis do Sequestro Internacional de Crianças, de 1980, o interesse de um dos genitores de se reinstalar no seu país de origem frequentemente era atingido de forma irregular: sem o consentimento do outro genitor, a parte interessada transferia-se para o seu país de origem com os filhos do casal e lá adotava as medidas necessárias para ver reconhecido seu direito de guarda sobre os filhos do casal. Sem saber do paradeiro exato de seus filhos, e por vezes sem conhecimento da língua, da cultura e do sistema jurídico estrangeiros, o genitor abandonado enfrentava enormes dificuldades para obter o retorno de seus filhos para o país de sua residência habitual.

A Convenção da Haia de 1980 tem o duplo propósito de prevenir a remoção ou retenção ilícita de crianças e de remediar os casos em que tais ações já foram praticadas. Para isso, a convenção estabelece a regra geral do *retorno imediato* das crianças sequestradas para a ju-

---

[19] STJ, REsp nº 15.639, Rel. Min. Og Fernandes, *DJ* 04.10.2017: "No caso, a partilha de bens imóveis situados no Brasil, em decorrência de divórcio ou separação judicial, é competência exclusiva da Justiça brasileira, nos termos do art. 23, III, do Código de Processo Civil. Nada obstante, a jurisprudência pátria admite que a Justiça estrangeira ratifique acordos firmados pelas partes, independente do imóvel localizar-se em território brasileiro. Contudo, tal entendimento não pode se aplicar à situação em exame, em que não houve acordo, inclusive porque o réu, devidamente citado, não compareceu ao processo estrangeiro".

[20] STJ, HDE nº 3.243, Rel. Min. Raul Araújo, *DJ* 17.11.2021: "Processual civil. Homologação de decisão estrangeira. Divórcio. Cumprimento dos requisitos. Deferimento da homologação. 1. É devida a homologação da sentença estrangeira dispondo sobre alimentos, porquanto atendidos os requisitos previstos nos arts. 963 e 964 do CPC de 2015, 216-C e 216-D do RISTJ, bem como constatada a ausência de ofensa à soberania nacional, à dignidade da pessoa humana e à ordem pública (CPC/2015, art. 963, VI; LINDB, art. 17; RISTJ, art. 216-F). 2. O Código de Processo Civil de 2015, aplicável à espécie, exige que a decisão estrangeira seja definitiva e eficaz no país em que proferida (art. 963, III), não mais exigindo como requisito a comprovação de seu trânsito em julgado. No caso, tem-se como eficaz e definitivo o título judicial em razão do lapso temporal transcorrido desde sua prolação e da ausência de indicação sobre a interposição de recursos. 3. A jurisprudência do Superior Tribunal de Justiça, não obstante o disposto no art. 23, I e III, do CPC de 2015 (CPC/1973, art. 89, I) e no art. 12, § 1º, da LINDB, autoriza a homologação de sentença estrangeira que, decretando o divórcio, convalida acordo celebrado pelos ex-cônjuges quanto à partilha de bens imóveis situados no Brasil, desde que não viole as regras de direito interno brasileiro. Na hipótese, a partilha de bem no Brasil envolve um único imóvel urbano. 3. Homologação de decisão estrangeira deferida".

risdição de sua residência habitual. Os juízes do país de refúgio não devem proferir decisões sobre direitos de guarda e visitação, matéria reservada aos juízes da residência habitual da criança, que possuem mais familiaridade com o contexto sociocultural em que inserida a família, mais proximidade com as provas a serem produzidas e, na maior parte dos casos, com o direito aplicável à disputa. A residência habitual também é, como regra geral, o foro mais equidistante entre as partes, pois a residência habitual pressupõe algum grau de familiaridade com determinada jurisdição.

No Brasil,[21] o primeiro caso de grande repercussão envolvendo a aplicação da convenção foi o caso *Sean Goldman*. Tratava-se de pedido de retorno formulado pela autoridade central estadunidense em favor de David Goldman, estadunidense. Sean Goldman, filho de David, encontrava-se no Brasil sob a guarda de sua família materna, após a morte de sua mãe. Embora o desfecho da disputa tenha sido favorável para David Goldman, o tempo decorrido entre a apresentação do pedido e a decisão final do Supremo Tribunal Federal sobre o assunto fez com que o caso assumisse contornos de incidente diplomático entre os dois países. Em 2014, em um último desdobramento do caso, o Congresso norte-americano editou o *Sean and David Goldman International Child Abduction Prevention Act*, diploma que prevê a possibilidade de aplicação de sanções pelo governo estadunidense a Estados que descumpram obrigações assumidas no plano internacional para o combate ao sequestro internacional de crianças. Não há, contudo, notícia de efetiva aplicação das sanções previstas na lei.

Nas últimas décadas, um interessante desdobramento fático tem apresentado desafios relevantes à interpretação e aplicação da Convenção da Haia de 1980.[22] No momento de sua conclusão, os principais abdutores eram os *pais* das crianças. Contudo, pouco tempo depois da entrada em vigor da convenção, a situação havia se invertido, e eram as *mães* as principais abdutoras. Essa mudança de perfil trouxe novos desafios, notadamente a necessidade de acomodar adequadamente as obrigações assumidas no âmbito da Convenção da Haia de 1980 com outros compromissos internacionais igualmente assumidos pelo país, notadamente no campo da proteção ao direito das mulheres.

Como à época de conclusão da convenção eram os homens os principais sequestradores dos filhos do casal, inexiste no texto convencional qualquer preocupação explícita com a preservação da integridade física ou psíquica das mulheres submetidas a episódios de abuso ou violência doméstica.

Diversamente do que se passa com outros instrumentos internacionais de direito internacional privado, a Convenção da Haia de 1980 não prevê a ordem pública como uma exceção geral à ordem de retorno, estabelecendo hipóteses mais pontuais em seu art. 13. O objetivo geral do dispositivo é permitir a denegação do pedido de retorno, oferecendo balizas que ajudam a demarcar as hipóteses em que o interesse na restituição da criança para o local de sua residência habitual não deve prevalecer.

No âmbito convencional, são fundamentos para o indeferimento de pedidos de retorno:[23] (i) risco grave de ordem física; (ii) risco grave de ordem psicológica; e (iii) situação intolerável.

---

[21] Sobre o tema, v. também Nádia de Araújo, *Direito Internacional Privado: teoria e prática brasileira*, 2008, p. 517 e ss.

[22] V. Jacob Dolinger, *Direito Civil Internacional. A Família no Direito Internacional Privado, A Criança no Direito Internacional*, 2003, p. 235 e ss.

[23] Convenção da Haia sobre os Aspectos Civis do Sequestro Internacional de Crianças, art. 13: "Sem prejuízo das disposições contidas no Artigo anterior, a autoridade judicial ou administrativa do Estado requerido não é obrigada a ordenar o retorno da criança se a pessoa, instituição ou organismo que se oponha a seu retorno provar: a) que a pessoa, instituição ou organismo que tinha a seu cuidado a pessoa da criança

A presença de qualquer um deles basta para que se configure o óbice ao retorno, embora não seja raro identificar situações que configurem mais de um dos óbices previstos, como é o caso da deflagração de conflitos armados, instabilidade política generalizada ou crises sanitárias.[24] A indisponibilidade de tratamento médico considerado indispensável para a criança também já foi caracterizada como risco grave de ordem física.[25]

Em 2023, a Corte Interamericana de Direitos Humanos proferiu sua primeira decisão envolvendo sequestro internacional de crianças. No caso *Córdoba c. Paraguai*, a CIDH destacou a importância do estabelecimento de procedimentos expeditos para a apreciação de pedidos de restituição de crianças ilegalmente removidas ou retidas. No caso, M subtraiu ilicitamente seu filho, D, da cidade de Buenos Aires, na Argentina, para a cidade de Atyrá, no Paraguai, em 21 de janeiro de 2006. Arnaldo Javier Córdoba, o genitor abandonado, iniciou no dia 25 de janeiro de 2006 procedimento de retorno. Além disso, a autoridade central argentina formulou pedido de cooperação direcionado à autoridade central paraguaia, que apenas apresentou o pedido de retorno perante a autoridade judicial competente em 10 de abril de 2006, dois meses depois de haver recebido o pedido.

O genitor obteve uma decisão favorável em oito meses, razão pela qual a Corte Interamericana de Direitos Humanos considerou não haver violação ao direito à duração razoável do processo. A efetiva execução da decisão, contudo, não ocorreu de forma igualmente expedita. Embora tenha obtido decisão favorável em setembro de 2006, as autoridades paraguaias apenas conseguiram efetivar a decisão em maio de 2015, data em que a Interpol localizou o paradeiro da criança. Ao longo de todo o período, a criança esteve matriculada em escola e foi atendida pelo sistema de saúde da cidade de Atyrá. O processo de reaproximação entre a criança e seu genitor, por sua vez, durou quatro anos. A demora em executar a ordem de retorno fez com que a Corte Interamericana de Direitos Humanos condenasse o Paraguai por violação aos arts. 5,[26] 11.2,[27] 17[28] e 25.2.c[29] do Pacto de San José da Costa Rica.

As decisões proferidas por tribunais estrangeiros que regulam os direitos de guarda e visitação são passíveis de homologação no Brasil. Devem, contudo, observar os requisitos

---

não exercia efetivamente o direito de guarda na época da transferência ou da retenção, ou que havia consentido ou concordado posteriormente com esta transferência ou retenção; ou b) que existe um risco grave de a criança, no seu retorno, ficar sujeita a perigos de ordem física ou psíquica, ou, de qualquer outro modo, ficar numa situação intolerável. A autoridade judicial ou administrativa pode também recusar-se a ordenar o retorno da criança se verificar que esta se opõe a ele e que a criança atingiu já idade e grau de maturidade tais que seja apropriado levar em consideração as suas opiniões sobre o assunto. Ao apreciar as circunstâncias referidas neste Artigo, as autoridades judiciais ou administrativas deverão tomar em consideração as informações relativas à situação social da criança fornecidas pela Autoridade Central ou por qualquer outra autoridade competente do Estado de residência habitual da criança".

[24] INCADAT, caso HC/E/USf 82, *Friedrich v. Friedich*, 78 F.3d, 1996: "First, there is a grave risk of harm when return of the child puts the child in imminent danger prior to the resolution of the custody dispute – e.g., returning the child to a zone of war, famine, or disease".

[25] Conferência da Haia de Direito Internacional Privado, *1980 Child Abduction Convention: guide to good practice*, parte VI, 2020, p. 42.

[26] Convenção Americana de Direitos Humanos, art. 5: "Direito à Integridade Pessoal 1. Toda pessoa tem o direito de que se respeite sua integridade física, psíquica e moral".

[27] Convenção Americana de Direitos Humanos, art. 11.2: "Proteção da Honra e da Dignidade (…) 2. Ninguém pode ser objeto de ingerências arbitrárias ou abusivas em sua vida privada, na de sua família, em seu domicílio ou em sua correspondência, nem de ofensas ilegais à sua honra ou reputação".

[28] Convenção Americana de Direitos Humanos, art. 17: "Proteção da Família 1. A família é o elemento natural e fundamental da sociedade e deve ser protegida pela sociedade e pelo Estado".

[29] Convenção Americana de Direitos Humanos, art. 25: "Proteção Judicial. (…) 2. Os Estados-partes comprometem-se: (…) c) a assegurar o cumprimento, pelas autoridades competentes, de toda decisão em que se tenha considerado procedente o recurso".

estudados no Capítulo XXI. Assim, por exemplo, o STJ considerou ofender a ordem pública brasileira, o que impede a homologação, decisão estrangeira que conferia à genitora o direito potestativo de autorizar ou não as visitas do pai, a seu exclusivo critério.[30]

## Alimentos

O tema da prestação de alimentos é, historicamente, regulado por tratados internacionais.[31] Os principais instrumentos para cooperação internacional na seara de alimentos são a Convenção sobre a Prestação de Alimentos no Estrangeiro (Convenção de Nova Iorque de 1956[32]), a Convenção Relativa ao Reconhecimento e Execução de Decisões em Matéria de Prestação de Alimentos a Menores (Convenção da Haia de 1958), a Convenção sobre o Reconhecimento e Execução de Decisões relativas a Obrigações Alimentares (Convenção da Haia de 1973) e a Convenção sobre a Cobrança Internacional de Alimentos para Crianças e Outros Membros da Família (Convenção da Haia de 2007[33]).

A Convenção de Nova Iorque de 1956 estabelece um sistema de cooperação internacional que permite ao credor de alimentos acionar as autoridades centrais em seu país de origem para que estas, em cooperação com a instituição intermediária do país onde o devedor se encontre, adotem as medidas necessárias para a obtenção e execução de decisão. O sistema adotado pela convenção pressupõe a competência da jurisdição onde o devedor se encontrar, caso em que a ação deverá ser proposta pela instituição intermediária,[34] bem como a competência da jurisdição onde o credor se encontrar, caso em que a decisão proferida deverá ser homologada no local da execução, com auxílio da instituição intermediária.[35]

A Convenção da Haia de 1958 estabelece três hipóteses de competência internacional concorrente em matéria de alimentos: (i) residência habitual do devedor; (ii) residência habitual do credor; e (iii) submissão expressa ou tácita do devedor,[36] regras que também constam

---

[30] STJ, SEC nº 1.041, Rel. Min. Og Fernandes, DJ 16.12.2014: "no que diz respeito à guarda e direito de visitas, verifica-se que a dita cláusula ofende ordem pública e bons costumes, por conferir à genitora verdadeiro direito potestativo. Transcrevo o teor do dispositivo: '1. Será concedida à esposa guarda exclusiva legal e física do filho menor das partes, Nickolas Camargo, nascido em 15 de junho de 2007. Qualquer visita do Esposo ao filho ficará ao critério exclusivo da Esposa' (e-STJ, fl. 18). Salta aos olhos que a cláusula não condiz com o sistema constitucional e legal, o qual entende que tais direitos devem ser vistos sob o prisma do melhor interesse do menor. Deve-se, pois, garantir à criança ou adolescente a ampla convivência familiar, salvo exceções de comprovados malefícios no contato com genitor(a)".

[31] Jacob Dolinger, *Direito Civil Internacional. A Família no Direito Internacional Privado, A Criança no Direito Internacional*, 2003, p. 321 e ss.

[32] Promulgada pelo Decreto nº 56.826, de 2 de setembro de 1965.

[33] Promulgada pelo Decreto nº 9.176, de 19 de outubro de 2017.

[34] Convenção de Nova Iorque de 1958, art. III: "Apresentação do Pedido à Autoridades Remetente 1. Se o demandante se encontrar no território de uma Parte Contratante, doravante designada como o Estado do demandante, e o demandante se encontrar sob a jurisdição de outra Parte Contratante, doravante designada como o Estado do demandado, o primeiro poderá encaminhar um pedido a uma Autoridade Remetente do Estado onde se encontrar para obter alimentos da parte do demandado".

[35] Convenção de Nova Iorque de 1958, art. V: "1. A Autoridade Remetente transmitirá, a pedido do demandante e em conformidade com as disposições com o artigo IV, qualquer decisão, em matéria de alimento, provisória ou definitiva ou qualquer outro ato judiciário emanado, em favor do demandante, de tribunal competente de uma das Partes Contratantes, e, se necessário e possível, o relatório dos debates durante os quais esta decisão tenha sido tomada".

[36] Convenção da Haia de 1958, art. 3º: "Nos termos da presente Convenção, são competentes para proferir decisões em matéria de alimentos as autoridades seguintes: 1. As autoridades do Estado em cujo território o devedor da obrigação alimentar tinha a sua residência habitual no momento em que o processo

na Convenção da Haia de 1973.[37] A Convenção da Haia de 2007,[38] além de prever tais regras, incluiu também o acordo de vontade entre as partes e a conexão com a ação de guarda como fatores fixadores da jurisdição em matéria de alimentos.

Por sua vez, a Convenção Interamericana sobre Obrigação Alimentar, de 1989, estabelece regras ligeiramente diferentes. Além da residência habitual do credor e do devedor de alimentos, bem como da possibilidade de submissão, a convenção prevê também a competência das autoridades do Estado *"com o qual o devedor mantiver vínculos pessoais, tais como posse de bens, recebimento de renda ou obtenção de benefícios econômicos"*.[39] Trata-se de hipótese que reflete a ideia de efetividade, pois a jurisdição onde o réu possui bens ou aufere renda é aquela na qual a decisão poderá ser mais facilmente executada. Importante inovação da convenção consiste na dispensa da necessidade de homologação para que a decisão seja cumprida em outro Estado ratificante.[40]

Na União Europeia, o Regulamento relativo à competência, à lei aplicável, ao reconhecimento e à execução das decisões e à cooperação em matéria de obrigações alimentares (Regulamento nº 04/2009), estabelece a competência dos tribunais onde o credor tenha sua residência habitual, onde o devedor tenha sua residência habitual, bem como a competência por conexão a ações de reconhecimento de estado – *e.g.*, filiação – ou a ações de regulação de responsabilidade parental, desde que, em ambos os casos, a competência para tais ações

---

foi instaurado; 2. As autoridades do Estado em cujo território o credor da obrigação alimentar tinha a sua residência habitual no momento em que a não foi instaurada; 3. A autoridade a cuja competência o devedor da obrigação alimentar se submeteu, quer expressamente, quer respondendo sobre o fundo da questão, sem levantar reservas relativamente à competência".

[37] Convenção da Haia de 1973, art. 7º: "A autoridade do Estado de origem é considerada competente no sentido da Convenção: 1. Se o devedor ou o credor de alimentos tinha a sua residência habitual no Estado de origem, quando da instauração do processo; ou 2. Se o devedor e o credor de alimentos tinham a nacionalidade do Estado de origem, quando da instauração do processo; ou 3. Se o demandado se submeteu à competência daquela autoridade, quer expressamente, quer ao defender-se sobre o mérito da causa sem reservas quanto à competência".

[38] Convenção da Haia de 2007, art. 20º: "1. A decisão proferida num Estado Contratante ('Estado de origem') é reconhecida e executada noutro Estado Contratante se: a) No momento da introdução da instância o requerido tiver a sua residência habitual no Estado de origem; b) O requerido aceitar a competência, quer expressamente, quer com base no mérito da causa, sem arguir a incompetência na primeira oportunidade; c) No momento da introdução da instância, o credor tiver a sua residência habitual no Estado de origem; d) No momento da introdução da instância, o filho a quem foi reconhecido o direito à prestação de alimentos for residente habitual no Estado de origem, desde que o requerido tenha vivido com o filho nesse Estado ou nele residisse e pagasse alimentos ao filho; e) Exceptuando os litígios em matéria de obrigações alimentares relativas a filhos, as partes chegarem a acordo, por escrito, sobre a competência; ou f) A decisão for proferida pela autoridade competente em matéria de estado civil ou de responsabilidade parental, a menos que tal competência se baseie exclusivamente na nacionalidade de uma das partes".

[39] Convenção Interamericana de 1989, art. 8: "Têm competência, na esfera internacional, para conhecer das reclamações de alimentos, a critério do credor: a) o juiz ou autoridade do Estado de domicílio ou residência habitual do credor; b) o juiz ou autoridade do Estado de domicílio ou residência habitual do devedor; c) o juiz ou autoridade do Estado com o qual o devedor mantiver vínculos pessoais, tais como posse de bens, recebimento de renda ou obtenção de benefícios econômicos. Sem prejuízo do disposto neste artigo, serão consideradas igualmente competentes as autoridades judiciárias ou administrativas de outros Estados, desde que o demandado no processo tenha comparecido sem objetar a competência".

[40] Convenção Interamericana de 1989, art. 13: "A verificação dos requisitos acima indicados caberá diretamente ao juiz a quem corresponda conhecer da execução, o qual atuará de forma sumária, com audiência da parte obrigada, mediante citação pessoal e com vista do Ministério Público, sem examinar o fundo da questão. Quando a decisão for apelável, o recurso não suspenderá as medidas cautelares, nem a cobrança e execução que estiverem em vigor".

não tenha sido fixada unicamente com fundamento na nacionalidade de uma das partes.[41] O regulamento prevê, ainda, a possibilidade de eleição de foro (art. 4º), de submissão do requerido (art. 5º) e o *forum necessitatis* (art. 7º).

No Brasil, a proteção dos credores de alimentos é objeto de tutela especial pelo Código de Processo Civil. Enquanto o art. 21 do CPC reproduz as hipóteses de competência internacional concorrente já previstas no CPC anterior, o art. 22 inovou ao incorporar ao direito brasileiro as principais regras previstas em tratados internacionais, fixando a competência de nossos tribunais quando o credor tiver domicílio ou residência no Brasil ou quando o réu mantiver vínculos no país, "*tais como posse ou propriedade de bens, recebimento de renda ou obtenção de benefícios econômicos*", redação quase idêntica àquela da Convenção Interamericana de 1989, já destacada.

Em matéria de homologação de sentenças estrangeiras, a principal peculiaridade das decisões que fixam alimentos diz respeito à sua mutabilidade. A possibilidade de revisão do montante fixado a qualquer tempo em razão das alterações das circunstâncias fáticas faz com que a decisão estrangeira que fixe alimentos possa ser revista pela autoridade judiciária brasileira, desde que preenchidos os requisitos legais para tanto.[42] Trata-se, portanto, de condicionar a eficácia da decisão estrangeira àquela conferida à decisão brasileira nesta seara.[43]

O STJ tem adotado, corretamente, uma abordagem casuística. Sem prejuízo da inexistência de impedimento legal à propositura, no Brasil, de ação revisional, o tribunal confirmou a homologação de sentença estrangeira que fixou alimentos em favor de criança mesmo diante da superveniência, antes da homologação, de decisão brasileira sobre o mesmo assunto. A decisão foi motivada pelo fato de que, na ação proposta no Brasil, o autor não informou o

---

[41] Regulamento nº 4/2009, art. 3º: "São competentes para deliberar em matéria de obrigações alimentares nos Estados-Membros: a) O tribunal do local em que o requerido tem a sua residência habitual; ou b) O tribunal do local em que o credor tem a sua residência habitual; ou c) O tribunal que, de acordo com a lei do foro, tem competência para apreciar uma acção relativa ao estado das pessoas, quando o pedido relativo a uma obrigação alimentar é acessório dessa acção, salvo se esta competência se basear unicamente na nacionalidade de uma das partes; ou d) O tribunal que, de acordo com a lei do foro, tem competência para apreciar uma acção relativa à responsabilidade parental, quando o pedido relativo a uma obrigação alimentar é acessório dessa acção, salvo se esta competência se basear unicamente na nacionalidade de uma das partes".

[42] Lei nº 5.478/1968, art. 15: "A decisão judicial sobre alimentos não transita em julgado e pode a qualquer tempo ser revista, em face da modificação da situação financeira dos interessados". Código Civil, art. 1.699: "Se, fixados os alimentos, sobrevier mudança na situação financeira de quem os supre, ou na de quem os recebe, poderá o interessado reclamar ao juiz, conforme as circunstâncias, exoneração, redução ou majoração do encargo".

[43] Exemplificativamente, STJ, AgInt na HDE nº 3.105, Rel. Min. Maria Isabel Gallotti, *DJ* 03.10.2022: "Agravo interno. Homologação de decisão estrangeira. Ausência de impugnação de fundamentos autônomos. Sentença homologatória de acordo. Alimentos. Requisitos preenchidos. Possibilidade de revisão futura. Inexistência de ofensa à ordem pública, à dignidade humana ou à soberania nacional. Pedido deferido. 1. Nos termos da jurisprudência desta Corte Especial, é 'dever da parte de refutar 'em tantos quantos forem os motivos autonomamente considerados' para manter os capítulos decisórios objeto do agravo interno total ou parcial (AgInt no AREsp 895.746/SP, relator Ministro Mauro Campbell Marques, Segunda Turma, julgado em 9.8.2016, *DJe* 19.8.2016)' (EREsp n. 1.424.404/SP, relator Ministro Luis Felipe Salomão, Corte Especial, *DJe* de 17/11/2021). 2. Conforme entendimento desta Corte, 'preenchidos os requisitos legais, impõe-se a homologação da sentença estrangeira, não cabendo ao Superior Tribunal de Justiça o exame de matéria pertinente ao mérito, salvo para, dentro de estreitos limites, verificar eventual ofensa à ordem pública e à soberania nacional, o que não é o caso' (SEC n. 16.180/EX, relator Ministro Benedito Gonçalves, Corte Especial, *DJe* de 27/11/2017). 3. A homologação de decisão estrangeira não inibe o ajuizamento de ação revisional para se discutir o acordo de alimentos, bem como o cumprimento de seus termos, questões essas que refogem ao presente juízo de delibação. Precedentes. 4. Agravo interno não conhecido".

endereço das partes interessadas, tampouco revelou a existência de decisão prévia sobre o assunto proferida por tribunal estrangeiro, o que configurou a má-fé processual da parte.[44]

Em 2024, o Superior Tribunal de Justiça, interpretando o art. IX da Convenção de Nova Iorque de 1956, decidiu, por maioria, que a remessa de valores ao exterior para efetivação de decisões proferidas com fundamento na convenção deve ser isenta de taxas bancárias. O raciocínio seguido pela maioria foi o de que as isenções de custos e despesas referidas no texto convencional abrangem não apenas as taxas judiciárias, mas também outras despesas incorridas para efetivação da decisão.[45]

## LEI APLICÁVEL

### Casamento e União Estável

Em estudo aprofundado sobre o conflito de cultura em matéria de direito internacional privado da família, a professora Yuko Nishitani ensina que o conceito ocidental de família passou por importantes mudanças ao longo do tempo, tornando-se progressivamente menos dependente de suas origens religiosas e passando a admitir a união, por matrimônio ou união civil, de pessoas do mesmo sexo, bem como o divórcio. A proteção ao direito à vida em família, previsto em tratados de direitos humanos, tem contribuído para a harmonização, nos países sob a jurisdição da Corte Europeia de Direitos Humanos, dos institutos de direito de família vigentes em diferentes Estados, ainda que subsistam diferenças importantes, e a ênfase na autonomia privada tem contribuído para a contratualização das relações familiares.[46]

---

[44] STJ, AgInt na HDE nº 4.959, Rel. Min. Nancy Andrighi, DJ 10.10.2022: "Civil. Processual civil. Ação de divórcio, guarda e alimentos. Agravo interno interposto contra decisão que julgou procedente a ação de homologação de decisão estrangeira proferida nos estados unidos da américa. Posterior ajuizamento da mesma ação, pelo cônjuge varão, no Brasil. Alimentos fixados em valor no brasil em relação à sentença estrangeira. Prevalência da sentença estrangeira, na hipótese. Fortes indícios de má-fé do cônjuge varão no ajuizamento da ação no Brasil. Ausência de impedimento à homologação. Atenção ao princípio do melhor interesse do menor. Ausência de impugnação adequada da decisão unipessoal. 1. Agravo interno interposto contra a decisão que julgou procedente a presente ação de homologação de decisão estrangeira, cujo propósito é obter a homologação de decisão proferida pelo Poder Judiciário dos Estados Unidos que decretou o divórcio, fixou a guarda e os alimentos devidos à prole. 2. Embora, como regra, a superveniência de decisão proferida pelo Poder Judiciário do Brasil sobre tema que também fora examinado na sentença estrangeira seja causa de improcedência do pedido, esse entendimento não pode ser inflexível, sobretudo quando há má-fé da parte que ajuizou posteriormente a mesma ação no Brasil, pouco tempo após o trânsito em julgado da primeira, sem indicar o endereço da parte adversa, sem informar ao juízo a pré-existência da decisão estrangeira e sem apresentar motivo plausível para não ter requerido a homologação da decisão estrangeira no Brasil. 3. Recurso que não infirma e nem tampouco impugna adequadamente os fundamentos da decisão agravada. 4. Agravo interno não provido".

[45] STJ, REsp nº 1.705.928, Rel. Min. Humberto Martins, DJ 25.01.2024: "A interpretação literal e isolada da norma poderia conduzir à conclusão de que as 'isenções de custos e de despesas concedidas aos demandantes' abarcariam apenas as despesas judiciais. Contudo, o objetivo da isenção é o de facilitar 'a obtenção de alimentos' e não apenas a propositura de uma ação de alimentos. Por isso, a facilitação de acesso aos alimentos inclui todos os mecanismos necessários para que o alimentante ('demandado') possa cumprir as decisões judiciais que fixam a verba alimentar. Em outras palavras, deve englobar todos os procedimentos necessários para a efetivação da decisão judicial, entre eles o serviço bancário de remessa de valores para o exterior, sob pena de não restarem afastados e vencidos os problemas e as dificuldades mencionadas na Convenção. A questão sobre a necessidade de isenção de custos para a efetivação de decisões judiciais, a fim de preservar a efetividade do processo, já vinha sendo reconhecida por esta Corte superior, especialmente em relação aos emolumentos devidos a Notários e Registradores".

[46] Yuko Nishitani, Identité Culturelle en Droit International Privé de la famille, *Recueil des Cours* 401:162, 2019. V. também Dominique Bureau e Horatia Muir Watt, *Droit international privé*, 2021, t. 2, p. 119.

O conceito de família convive não apenas com as novas dinâmicas que desafiam ou modificam os institutos do direito de família,[47] mas também com outras estruturas familiares gestadas em sistemas jurídicos que não foram igualmente influenciados pelo legado cultural europeu. No Oriente Médio, a forte influência do judaísmo e do islamismo nos sistemas jurídicos da região criam dinâmicas próprias para a celebração e dissolução do vínculo matrimonial. Essas diferenças repercutem no direito internacional privado, que frequentemente é confrontado com a questão da validade de casamentos celebrados perante autoridades religiosas, bem como a compatibilidade com a ordem pública local de determinados institutos jurídicos de origem religiosa, como o repúdio.[48-49]

Em outros casos, ainda, a cultura local favorecerá a solução não litigiosa dos conflitos familiares, reduzindo o número de questões potencialmente submetidas ao direito internacional privado. No Japão e na Coreia do Sul, por exemplo, a maior parte dos casamentos é dissolvida de forma consensual, dispensando a atuação do direito internacional privado em processo litigioso.[50]

A formação do casamento é matéria apenas parcialmente submetida ao método conflitual. Enquanto a determinação da lei aplicável aos requisitos de validade pela autoridade celebrante ainda é submetida a regras conflituais, bilaterais ou unilaterais, o exame *a posteriori* da matéria, normalmente no curso de ações de divórcio, anulação de casamento ou para fins sucessórios, foi tradicionalmente um campo fértil para o reconhecimento de direitos adquiridos. Mais recentemente, a tutela da vida em família por convenções de direitos humanos, proteção que inclui o direito à estabilidade das relações familiares, propiciou a consagração do método do reconhecimento, que exige a preservação de relações familiares (matrimônio, filiação etc.) constituídas no exterior – sem que seja necessário recorrer ao método conflitual.

Gilles Cuniberti relata que, na Europa, a questão relativa à capacidade das partes é normalmente regida pelo direito de sua nacionalidade.[51] Dominique Bureau e Horatia Muir Watt observam, por outro lado, que a prevalência da nacionalidade como elemento de conexão tem sido desafiada, contudo, pelos crescentes fluxos migratórios e pelo aumento de famílias com nacionalidades diversas.[52] No primeiro caso, a aplicação da lei do domicílio do casal é fator que favorece a integração dos estrangeiros à cultura local. No segundo caso, a aplicação distributiva (ou cumulativa,[53] no caso de impedimentos bilaterais) da lei da nacionalidade de cada um dos cônjuges é cada vez mais problemática. Na Inglaterra, por outro lado, trata-se de questão submetida à lei do local do domicílio das partes.[54]

No campo do direito aplicável, o Regulamento nº 2.016/1103 permite que os nubentes escolham a lei que rege o regime de bens do casamento (art. 22). A escolha, contudo, é limitada a duas possibilidades: (i) a lei da residência habitual de um ou ambos os nubentes à época da

---

[47] Horatia Muir Watt, Les modèles familiaux à l'épreuve de la mondialisation (aspects de droit international privé), *Archives de philosophie du droit* 45:271-284, 2001.

[48] A esse respeito, veja-se o disposto no art. 10 do Regulamento Roma III: "Sempre que a lei aplicável por força dos artigos 5. o ou 8. o não preveja o divórcio ou não conceda a um dos cônjuges igualdade de acesso ao divórcio ou à separação judicial em razão do seu sexo, aplica-se a lei do foro".

[49] Jacob Dolinger, *Direito Civil Internacional. A Família no Direito Internacional Privado, Casamento e Divórcio*, 1997, p. 253 e ss.

[50] Yuko Nishitani, Identité Culturelle en Droit International Privé de la famille, *Recueil des Cours* 401: 175, 2019.

[51] Gilles Cuniberti, Conflict of laws: a comparative approach, 2017, p. 450.

[52] Dominique Bureau e Horatia Muir Watt, *Droit international privé*, 2021, t. 2, p. 123.

[53] Pierre Mayer, Vincent Heuzé e Benjamin Remy, *Droit International Privé*, 2019, p. 399.

[54] Szechter (ORSE. Karsov) v. Szechter [1971].

escolha; (ii) a lei nacional de um dos nubentes. O regulamento admite, ainda, a mudança da lei aplicável pelas partes, com efeitos retroativos, desde que tal mudança não afete o direito de terceiros. Na ausência de escolha, o regulamento (art. 26) designa, sucessivamente, a lei da primeira residência habitual do casal após o matrimônio, a lei da nacionalidade comum do casal ou a lei com conexões mais próximas com os nubentes. O regulamento também esclarece o escopo de aplicação do direito escolhido pelo casal ou designado pelas regras de conexão, que inclui: "*a) a classificação dos bens de qualquer ou de ambos os cônjuges em diferentes categorias durante e após o casamento; b) A transferência de bens de uma categoria para outra; c) A responsabilidade de um cônjuge pelas obrigações e dívidas do outro cônjuge; d) Os poderes, direitos e obrigações de qualquer um ou de ambos os cônjuges em relação aos bens; e) A dissolução do regime matrimonial e a divisão, distribuição ou liquidação de bens; f) A oponibilidade do regime matrimonial a uma relação jurídica entre um dos cônjuges e terceiros; e g) A validade material de uma convenção nupcial*".

Na França, a bilateralização do art. 3º do Código Civil francês ocorreu no âmbito da determinação da lei aplicável ao casamento.[55] No caso *Caraslanis*, a Corte de Cassação francesa teve que decidir sobre a validade de casamento realizado perante o registro civil da cidade de Paris. O noivo, grego, sustentou que o direito grego exigia que o casamento fosse realizado por um sacerdote da igreja ortodoxa grega. Ao decidir a questão, o tribunal considerou que a questão dizia respeito à *forma* do casamento e não à sua validade substancial, razão pela qual o ponto deveria ser decidido à luz do direito francês.[56]

No Brasil, a regra geral em matéria de direito de família é aquela estabelecida pelo *caput* do art. 7º da Lei de Introdução, que estabelece que "*A lei do país em que domiciliada a pessoa determina as regras sobre o começo e o fim da personalidade, o nome, a capacidade e os direitos de família*". Ou seja, trata-se de questão submetida à lei do domicílio das partes.

O matrimônio, em suas variadas manifestações, apresenta um rol de regras de conexão, todas concentradas no art. 7º da Lei de Introdução. Predomina no matrimônio a lei do domicílio, como estabelecido no *caput* do art. 7º. A variedade de etapas da "viagem nupcial" acarreta que a regra do domicílio se materialize por meio de nuances diversas, havendo também a necessidade de recorrer a outras regras, específicas, dirigidas a diferentes momentos e diferentes situações matrimoniais.

Temos no campo do matrimônio as seguintes etapas e situações: formalidades nupciais habilitantes, formalidades de celebração, capacidade nupcial/validade substancial do casamento, efeitos pessoais do casamento, efeitos patrimoniais do casamento, divórcio e anulação do casamento, pais e filhos.

**Formalidades Habilitantes**

A Lei de Introdução não contém regra expressa sobre as formalidades habilitantes[57] quando pessoas regidas pela lei brasileira (domiciliadas no Brasil, conforme o *caput* do art. 7º, que incluiu "os direitos de família" na regra de conexão básica do domicílio) se consorciam fora do Brasil. Haverá necessidade de prévia publicação de proclamas no domicílio brasileiro do cônjuge que aqui vive, para que, depois de contraídas núpcias no exterior, possa registrar o

---

[55] Corte de Apelação de Paris, decisão de 3 de junho de 1814, Busqueta. V. Dominique Bureau e Horatia Muir Watt, *Droit international privé*, 2021, t. 2, p. 124; e Pierre Mayer, Vincent Heuzé e Benjamin Remy, *Droit International Privé*, 2019, p. 398.
[56] Corte de Cassação, Caraslanis, decisão de 22 de junho de 1955.
[57] Vide Jacob Dolinger, *Direito Civil Internacional. A Família no Direito Internacional Privado, Casamento e Divórcio*, 1997, p. 5 e ss.

casamento no Brasil? Parte da doutrina se manifesta a favor dessa providência, conforme lição de Clóvis Beviláqua e, posteriormente, de Wilson de Souza Campos Batalha.[58] Nessa mesma linha, o Projeto nº 269/2004 exigia o atendimento das formalidades previstas na legislação civil brasileira, o que poderia se dar antes ou depois do casamento.[59] Como o projeto foi arquivado, tal exigência não é expressamente prevista na legislação brasileira.

### Formalidades de Celebração

Os requisitos para celebração do casamento estão proximamente ligados ao tema da condição jurídica do estrangeiro, tendo em vista os potenciais efeitos do matrimônio sobre a situação migratória dos nubentes.[60] No que diz respeito à autoridade celebrante, a distinção mais frequente se dá entre os sistemas jurídicos que admitem casamentos religiosos e os sistemas jurídicos que apenas admitem casamentos celebrados perante autoridade pública. O Brasil, como sabemos, é exemplo do primeiro caso, atualmente regulado pelo art. 1.515 do Código Civil.[61] A França faz parte do segundo grupo, apenas admitindo casamentos celebrados perante autoridade estatal, conforme dispõe o Código Civil francês.[62] Assim, um casamento celebrado no Brasil entre franceses residentes em nosso país poderá ser oficiado por autoridade religiosa, pois as regras do local da celebração assim o permitem. Contudo, brasileiros que desejem se casar na França deverão comparecer perante as autoridades públicas francesas.

Quanto às formalidades do ato da celebração do casamento, prevalece no Brasil e alhures[63] a *lex loci celebrationis*. Em nosso país, o art. 7º, § 1º, da Lei de Introdução prevê: "*Realizando-se o casamento no Brasil, será aplicada a lei brasileira quanto aos impedimentos dirimentes e às formalidades da celebração*". Gustavo Ferraz de Campos Mônaco e Liliana Lyra Jubilut observam que a expressão "*impedimentos dirimentes*" perdeu sentido a partir da vigência do Código Civil de 2002; a distinção entre impedimentos faria sentido apenas à luz do regime de 1916, que regulava os impedimentos matrimoniais e as causas suspensivas para o casamento em único dispositivo.[64]

O dispositivo está versado na forma unilateral – só se refere ao casamento realizado no Brasil. A regra nele contida deve ser interpretada bilateralmente – na hipótese de casamento realizado no exterior por pessoas domiciliadas no Brasil, serão observadas as formalidades da legislação local. Esta é a aplicação correta da regra de conexão *lex loci celebrationis* – a lei do local da celebração do ato jurídico.

Essa regra tinha norma correspondente no Código Civil anterior, art. 204, que dispunha: "*O casamento realizado fora do Brasil prova-se de acordo com a lei do país onde se celebrou*", não

---

[58] Vide Jacob Dolinger, *Direito Civil Internacional. A Família no Direito Internacional Privado, Casamento e Divórcio*, 1997, capítulo I, sobre os vários temas relacionados ao casamento.

[59] Projeto nº 269/2004, art. 9º, § 1º: "As pessoas domiciliadas no Brasil que se casarem no exterior, atenderão, antes ou depois do casamento, as formalidades para habilitação reguladas no Código Civil Brasileiro, registrando o casamento na forma prevista no seu art. 1.544".

[60] Dominique Bureau e Horatia Muir Watt, *Droit international privé*, 2021, t. 2, p. 126.

[61] Código Civil, art. 1.515: "O casamento religioso, que atender às exigências da lei para a validade do casamento civil, equipara-se a este, desde que registrado no registro próprio, produzindo efeitos a partir da data de sua celebração".

[62] Código Civil francês, art. 165: "*Le mariage sera célébré publiquement lors d'une cérémonie républicaine par l'officier de l'état civil de la commune dans laquelle l'un des époux, ou l'un de leurs parents, aura son domicile ou sa résidence à la date de la publication prévue par l'article 63, et, en cas de dispense de publication, à la date de la dispense prévue à l'article 169 ci-après*".

[63] Exemplificativamente, Código Civil francês, art. 202-2: "*Le mariage est valablement célébré s'il l'a été conformément aux formalités prévues par la loi de l'État sur le territoire duquel la célébration a eu lieu*".

[64] Gustavo Ferraz de Campos Mônaco e Liliana Lyra Jubilut, *Direito Internacional Privado*, 2012, p. 125.

havendo correspondente norma no atual Código. O sentido da norma antiga é de que a prova do ato se produz de acordo com a sua forma e, como as formas locais devem ser respeitadas, as provas se produzem de acordo com a respectiva legislação.

Integra o tema das formalidades de celebração o casamento oficiado pelo cônsul estrangeiro. Esse ato foge à regra geral da obediência à lei do local da celebração, pois a autoridade consular (e também, em certos países, a autoridade diplomática) não observa as formalidades da lei do país acreditante.

A Lei de Introdução dispõe no § 2º do art. 7º que "*o casamento de estrangeiros poderá celebrar-se perante autoridades diplomáticas ou consulares do país de ambos os nubentes*", prevendo, reciprocamente no art. 18, que, "*tratando-se de brasileiros, são competentes as autoridades consulares brasileiras para lhes celebrar o casamento e os mais atos de Registro Civil e de tabelionato, inclusive o registro de nascimento e de óbito dos filhos de brasileiro ou brasileira nascido no país da sede do Consulado*".

O cônsul ou diplomata estrangeiro no Brasil só poderá celebrar o casamento de duas pessoas de sua nacionalidade. Aqui o critério não é o do domicílio, porque não se trata de seleção de lei aplicável, mas de determinação de competência de representante de país estrangeiro, o qual, de acordo com as normas do direito internacional público, tem poderes tão somente para proteger e servir os seus nacionais e não as pessoas domiciliadas no país enviante. Se um representante estrangeiro oficiar o casamento de indivíduo de sua nacionalidade com um brasileiro, nosso país não reconhecerá a celebração, pois terá ocorrido um atentado à nossa soberania. O mesmo se dá na hipótese de o representante estrangeiro celebrar o casamento de dois estrangeiros, em que um apenas é de sua nacionalidade.[65] Em ambas as situações, o funcionário diplomático ou consular terá exorbitado de seus poderes. A recíproca é verdadeira: cônsul brasileiro só pode oficiar casamento de brasileiros e não de um brasileiro com um estrangeiro. Esse é o entendimento da doutrina e da jurisprudência. É uma questão de reciprocidade – não devo dar a meu representante no exterior poderes mais amplos do que aqueles que reconheço no representante de soberania estrangeira em meu país.

Questão interessante diz respeito à harmonização da *lex loci celebrationis* com a previsão do art. 7º, § 3º, da LINDB, que estabelece que, "*Tendo os nubentes domicílio diverso, regerá os casos de invalidade do matrimônio a lei do primeiro domicílio conjugal*". O dispositivo negligencia a *lex loci celebrationis*, privilegiando, inclusive no que diz respeito à validade do ato, a lei do primeiro domicílio conjugal.

O dispositivo é problemático porque permitiria que ato considerado inválido no local onde praticado fosse considerado válido, desde que em conformidade com a lei do primeiro domicílio conjugal. O Supremo Tribunal Federal teve a oportunidade de enfrentar a questão na década de 1970. Ao decidir pedido de homologação de sentença estrangeira, registrou que o art. 7º, § 3º, da Lei de Introdução resulta de "equívoco evidente", sendo inaplicável.[66]

## Capacidade Nupcial/Validade Substancial do Casamento

Como vimos, a capacidade para contrair núpcias, como a habilidade jurídica para todos os atos da vida civil, se rege pela lei do domicílio, significando que o casamento de

---

[65] A sanção ao casamento realizado nessas circunstâncias é matéria polêmica. STF, RE nº 3.701, Rel. Min. Carlos Maximiliano, j. 09.04.1943.

[66] STF, SE nº 2.085, Rel. Min. Luiz Gallotti, j. 13.09.1972: "Erro material, cuja correção se impõe. Sentença estrangeira, a que se nega homologação. A nulidade de um casamento há de reger-se pela lei a que ele obedeceu, ao ser celebrado. O parágrafo 3 do art. 7 da Lei de Introdução resultou de equívoco evidente e não há como aplicá-lo".

estrangeiros celebrado no Brasil deverá respeitar os impedimentos matrimoniais do país do domicílio dos nubentes e, quando domiciliados em países diferentes, deverão ser respeitadas as normas impeditivas ao matrimônio de ambas as legislações. Isso decorre do art. 7º, *caput*, da Lei Introdutória.[67] Já o § 1º acrescenta que, realizando-se o casamento no Brasil, deverão ser igualmente respeitados os impedimentos dirimentes da nossa lei. Não há contradição: os impedimentos da lei estrangeira serão respeitados de acordo com a norma geral da lei domiciliar regedora da capacidade e os impedimentos dirimentes da lei brasileira devem ser obedecidos por uma questão de ordem pública, pois não se concebe oficiar um casamento no Brasil que desrespeite normas cogentes, consagradas pelo princípio da ordem pública de nosso país.

Consequentemente, o casamento de duas pessoas domiciliadas em países diversos, celebrado no Brasil, deverá respeitar três legislações quanto aos impedimentos dirimentes: as leis dos dois países em que os nubentes são domiciliados e a lei brasileira.

Daí a inoperância do § 3º do art. 7º, que assim dispõe:

"Tendo os nubentes domicílio diverso, regerá os casos de invalidade do matrimônio a lei do primeiro domicílio conjugal".

Admita-se a hipótese de um domiciliado em Portugal que contraiu núpcias com uma domiciliada no Uruguai, celebrado o casamento no Brasil, tendo sido observadas as leis dos três países – Portugal, Uruguai e Brasil – e os cônjuges estabelecem seu primeiro domicílio conjugal em outro país, em cuja legislação o casamento é inválido. Poderemos considerar inválido o casamento devido a uma lei posterior que nenhuma competência tinha à época da contratação das núpcias? Seria um total desrespeito ao princípio dos direitos adquiridos. Efetivamente, como já se viu, o Supremo Tribunal Federal considerou este parágrafo, diante da sua contradição com o sistema estabelecido pela Lei Introdutória, como norma não escrita.[68]

O Projeto Lei do Senado nº 269/2004 cuidava dos vários temas inseridos no casamento internacional da seguinte forma:

"Artigo 9 – Casamento – As formalidades de celebração do casamento obedecerão à lei do local de sua realização.

§ 1º As pessoas domiciliadas no Brasil, que se casarem no exterior, atenderão, antes ou depois do casamento, as formalidades para habilitação reguladas no Código Civil Brasileiro, registrando o casamento na forma prevista no seu art. 1.544.

§ 2º As pessoas domiciliadas no exterior que se casarem no Brasil terão sua capacidade matrimonial regida por sua lei pessoal.

§ 3º O casamento entre brasileiros no exterior poderá ser celebrado perante autoridade consular brasileira, cumprindo-se as formalidades de habilitação como previsto no parágrafo anterior. O casamento entre estrangeiros da mesma nacionalidade poderá ser celebrado no Brasil perante a respectiva autoridade diplomática ou consular".

---

[67] Ver Jacob Dolinger, *Direito Civil Internacional. A Família no Direito Internacional Privado, Casamento e Divórcio*, 1997, p. 67 e ss.
[68] STF, Sentença Estrangeira nº 2.085, Rel. Min. Luiz Gallotti, *DJ* 03.07.1971.

## Efeitos Pessoais do Casamento

As relações entre os cônjuges,[69] quando a lei pessoal é a da nacionalidade, apresentam frequentes conflitos legais, bastando que a lei nacional de cada um dos consorciados disponha diversamente sobre algum aspecto da disciplina conjugal. No sistema da lei domiciliar, a ocorrência de conflitos é menos comum – embora cada vez mais frequente –, eis que, via de regra, os cônjuges têm o mesmo domicílio, estando, assim, submetidos ao mesmo sistema jurídico. Contudo, conflitando o casal sobre o domicílio a ser estabelecido ou ao novo domicílio a ser fixado, estabelecendo-se cada um em domicílio diverso, teremos materializado um conflito intraconjugal.

Para essa situação, a Lei Introdutória dispõe no § 7º do art. 7º:

> "Salvo o caso de abandono, o domicílio do chefe da família estende-se ao outro cônjuge e aos filhos não emancipados (...)".

A rigor, esse dispositivo não foi afetado pela reforma que o Código Civil de 1916 sofreu pela Lei nº 4.121/1962, que libertou a mulher do jugo de seu marido, permitindo-lhe, inclusive, estabelecer domicílio à parte, porque a norma da Lei Introdutória se refere ao domicílio para efeitos legais. Assim, mesmo com a liberdade da mulher para estabelecer seu domicílio de fato em país diverso do fixado pelo marido, para as relações entre os dois, o domicílio *de jure* continuava sendo o do marido.[70]

Já com a Constituição de 1988, modificou-se a situação por força de seu art. 226, § 5º, que estabelece que "*os direitos e deveres referentes a sociedade conjugal são exercidos igualmente pelo homem e pela mulher*", o que vem confirmado no novo Código Civil, art. 1.511: "*O casamento estabelece comunhão plena de vida, com base na igualdade de direitos e deveres dos cônjuges*".

Consequentemente, o disposto no art. 7º, § 7º, da Lei de Introdução não foi recepcionado pela Constituição de 1988.[71]

O Projeto nº 269 do Senado, visando uma nova Lei de Introdução, dispunha a respeito dessa questão no § 5º do art. 9º da seguinte maneira:

> "Se os cônjuges tiverem domicílios ou residências diversos, será aplicada aos efeitos pessoais do casamento a lei que com os mesmos tiver vínculos mais estreitos".

Essa proposta segue o princípio da proximidade, ou seja, a lei que tenha laços mais íntimos com a relação jurídica em causa, princípio este que vem sendo introduzido nas várias áreas do direito internacional privado.

Diversamente do regime estabelecido pelo Regulamento nº 2.016/1103, a Lei de Introdução não admite expressamente a autonomia da vontade, o que explica certa resistência à

---

[69] V. Jacob Dolinger, *Direito Civil Internacional. A Família no Direito Internacional Privado, Casamento e Divórcio*, 1997, p. 109 e ss.

[70] Essa interpretação conciliatória entre a Lei de Introdução e a Lei nº 4.121, que reformou o Código Civil, foge ao que escreveu Jacob Dolinger, *Direito Civil Internacional. Casamento e divórcio*, 1997, p. 126.

[71] O Código Bustamante dispõe em seu art. 43: "Aplicar-se-á o direito de ambos os cônjuges, e, se for diverso, o do marido, no que toque aos deveres respectivos de proteção e de obediência, a obrigação ou não da mulher de seguir o marido quando mudar de residência, à disposição e administração dos bens comuns e aos demais efeitos especiais do matrimônio". Naturalmente que esse dispositivo não será observado no Brasil, mormente porque fere uma norma constitucional.

aceitação da autonomia no campo do direito de família.[72] A limitação não é, contudo, justificada. Havendo conexão razoável entre o direito escolhido e a unidade familiar, não deve haver proibição à escolha do direito aplicável ao regime de bens do casamento, observados os direitos de terceiros e, claro, a ordem pública. Se um dos principais fundamentos da autonomia é a dignidade humana, não faria qualquer sentido permitir a autonomia em matéria de contratos e negar sua vigência no campo das relações pessoais.

### Efeitos Patrimoniais do Casamento – O Regime de Bens

No regime anterior a 1942, quando vigorava a Introdução do Código Civil de 1916, ocorria uma situação interessante: em seu art. 8º, a Lei Introdutória determinava que a lei nacional da pessoa definia o regime de bens no casamento. Como poderia ocorrer hipótese de marido e mulher com nacionalidades diferentes, aplicar-se-ia a lei da nacionalidade do marido, conforme entendeu a jurisprudência, seguindo a tendência universal durante a primeira parte do século XX, de fazer prevalecer a lei do marido sobre a lei da mulher. Em 1928, com a ratificação, pelo Brasil, do Código Bustamante, o panorama se alterou.[73]

Como o Brasil aprovou o Código, cessou a preferência pela lei da nacionalidade do marido, aplicando-se a lei do primeiro domicílio do casal.

Seguiu-se a promulgação da Lei de Introdução de 1942, que dispõe no § 4º do art. 7º:

"O regime de bens, legal ou convencional, obedece à lei do país em que tiverem os nubentes domicílio, e, se este for diverso, a do primeiro domicílio conjugal".

Temos, assim, perfeita harmonia entre o direito interno e o direito convencional. E não admitimos a aplicação aos bens do casal da regra de conexão *lex rei sitae*, que determina a regência da legislação do local do bem. O regime de bens é uno e universal. Naturalmente que, se um casal domiciliado no Brasil tiver bens em país que determina a aplicação da lei local, como ocorre na Inglaterra, por exemplo, a aplicação de outra legislação pode acarretar a não efetividade das decisões prolatadas.

Do disposto na Lei Introdutória resulta que cônjuges que tinham o mesmo domicílio antes do casamento, terão suas relações patrimoniais regidas pela lei deste Estado, irrelevante a escolha de outro país para o domicílio matrimonial. E os cônjuges que tinham domicílio diverso ao casar, terão seus bens regidos pela lei do primeiro domicílio conjugal, sem relevância a adoção posterior de outro domicílio conjugal. Essa bifurcação não é lógica, pois tanto nubentes com o mesmo domicílio quanto os que têm domicílio diverso ao casar deveriam ser regidos pela lei do primeiro domicílio conjugal, resultante da vontade de viverem em país diverso daquele em que estavam ao se matrimoniar.

Outra dificuldade no disposto na Lei de Introdução é a comparação do regime convencional ao legal. No primeiro, considerando que versa regime estabelecido pela vontade dos nubentes, por meio de pacto antenupcial, a vontade deles deveria ser respeitada integralmente, inclusive para a escolha de submeter seu patrimônio à lei de outro Estado, não devendo ficar adstritos à lei do primeiro domicílio conjugal.

---

[72] Gustavo Ferraz de Campos Mônaco, Certa ojeriza do direito internacional privado brasileiro à autonomia conflitual em matéria patrimonial de família: entre fraude à lei e ordem pública, *Revista Eletrónica de Direito* 22:126-146, 2020.

[73] Código Bustamante, art. 187: "Os contratos matrimoniais regem-se pela lei pessoal comum dos contratantes e, na sua falta, pela do primeiro domicílio matrimonial".

O Projeto nº 269 do Senado, que foi apresentado pelo Senador Pedro Simon, é bem detalhado e atende aos problemas aqui apontados. Rezava o art. 10 do projeto:

> "O regime de bens obedece à lei do país do primeiro domicílio conjugal, ressalvada a aplicação da lei brasileira para os bens situados no País que tenham sido adquiridos após a transferência do domicílio conjugal para o Brasil.
>
> Parágrafo único. Será respeitado o regime de bens fixado por convenção que tenha atendido à legislação competente, podendo os cônjuges que transferirem seu domicílio para o Brasil adotar, na forma e nas condições do § 2º do art. 1.639 do Código Civil Brasileiro, qualquer dos regimes de bens admitidos no Brasil".

A Lei de Introdução, vigente desde 1942, dispõe no § 5º do art. 7º:

> "O estrangeiro casado que se naturalizar brasileiro, pode, mediante expressa anuência de seu cônjuge, requerer ao Juiz, no ato de entrega do decreto de naturalização, se apostile ao mesmo a adoção do regime de comunhão parcial de bens, respeitados os direitos de terceiros e dada esta adoção ao competente registro".

No projeto do Senado, como vimos, a adoção solicitada do regime de bens vigente no Brasil não se restringe ao estrangeiro que se naturaliza, mas também àquele que, domiciliado com seu cônjuge no exterior, transfere seu domicílio para o Brasil.[74-75]

## Divórcio

No longo período em que o divórcio era vedado no Brasil, por força de norma constitucional, os brasileiros que se divorciavam no exterior só obtinham reconhecimento da sentença estrangeira para efeito de dissolução da sociedade matrimonial, como desquite. Com a alteração produzida por Emenda Constitucional, seguida da Lei de Divórcio, ambos de 1977, o divórcio foi regulamentado em nosso país. Consequentemente, o divórcio proferido no exterior poderá ser homologado no Brasil. Além disso, deverão ser atendidos os requisitos para a homologação de sentença estrangeira.

A primeira parte do § 6º do art. 7º da Lei Introdutória, reformado após 1977 e adaptado em 2009 às mudanças ocorridas na legislação divorcista, ficou com a redação que se segue:

> "O divórcio realizado no estrangeiro, se um ou ambos os cônjuges forem brasileiros, só será reconhecido no Brasil depois de 1 (um) ano da data da sentença, salvo se houver sido antecedida de separação judicial por igual prazo, caso em que a homologação produzirá efeito imediato, obedecidas as condições estabelecidas para a eficácia das sentenças estrangeiras no país".

---

[74] As questões ocorridas devido à sucessiva alteração do regime legal (Introdução de 1916, Código Bustamante, LICC de 1942) e as soluções dadas pela jurisprudência vêm relatadas em Jacob Dolinger, *Direito Civil Internacional. A Família no Direito Internacional Privado, Casamento e Divórcio*, 1997.

[75] A questão foi esvaziada com a promulgação do Código Civil de 2002, que permite a mudança do regime de bens. Código Civil, art. 1.639, § 2º: "É admissível alteração do regime de bens, mediante autorização judicial em pedido motivado de ambos os cônjuges, apurada a procedência das razões invocadas e ressalvados os direitos de terceiros".

Consideradas as sentenças estrangeiras de divórcio envolvendo brasileiros anteriores à promulgação da lei brasileira de divórcio, que só eram homologadas para efeitos patrimoniais, o mesmo parágrafo da Lei Introdutória adicionou ao dispositivo novo trecho:

> "O Superior Tribunal de Justiça, na forma de seu regimento interno, poderá reexaminar, a requerimento do interessado, decisões já proferidas em pedidos de homologação de sentenças estrangeiras de divórcio de brasileiros, a fim de que passem a produzir todos os efeitos legais".

Tendo em vista a promulgação da Lei nº 11.441, de 4 de janeiro de 2007, que permitiu divórcios e separações pela via administrativa, a Lei nº 12.874, de 29 de outubro de 2013, alterou o art. 18 da Lei de Introdução, acrescentando-lhe os §§ 1º e 2º, de modo a possibilitar às autoridades consulares brasileiras que celebrem a separação e o divórcio consensuais de brasileiros no exterior. Eis a redação do art. 18:

> "Art. 18. Tratando-se de brasileiros, são competentes as autoridades consulares brasileiras para lhes celebrar o casamento e os mais atos de Registro Civil e de tabelionato, inclusive o registro de nascimento e de óbito dos filhos de brasileiro ou brasileira nascido no país da sede do Consulado.
>
> § 1º As autoridades consulares brasileiras também poderão celebrar a separação consensual e o divórcio consensual de brasileiros, não havendo filhos menores ou incapazes do casal e observados os requisitos legais quanto aos prazos, devendo constar da respectiva escritura pública as disposições relativas à descrição e à partilha dos bens comuns e à pensão alimentícia e, ainda, ao acordo quanto à retomada pelo cônjuge de seu nome de solteiro ou à manutenção do nome adotado quando se deu o casamento.
>
> § 2º É indispensável a assistência de advogado, devidamente constituído, que se dará mediante a subscrição de petição, juntamente com ambas as partes, ou com apenas uma delas, caso a outra constitua advogado próprio, não se fazendo necessário que a assinatura do advogado conste da escritura pública".

### Direitos de Guarda e Visitação

Determina o § 7º do art. 7º da Lei de Introdução que o domicílio do chefe da família estende-se aos filhos não emancipados. À luz da Constituição de 1988, pelas razões já mencionadas, a única leitura possível do dispositivo é a de que o domicílio dos *pais* estende-se aos *filhos* não emancipados. Haroldo Valladão, grande batalhador pela proteção da parte mais fraca nas relações jurídicas, advogou a aplicação da lei mais favorável aos filhos, em toda matéria atinente à relação entre pais e filhos, seja a lei da nacionalidade, do domicílio, da residência, do pai, da mãe ou do filho. Em seu Projeto de Aplicação das Normas Jurídicas, propôs, no art. 41, a seguinte fórmula: "A filiação em todas as suas formas e os direitos e deveres dele resultantes reger-se-ão segundo a lei mais favorável ao filho dentre as leis da nacionalidade, do domicílio ou da residência do pai, da mãe, ou do mesmo filho". Idêntica norma foi por ele inserida no projeto em relação à tutela e à curatela.

Como já visto, o disposto na Lei Introdutória quanto à preferência do pai não mais se aplica. Atualmente, a matéria é regida pelo atual Código Civil, arts. 1.566 e 1.567, que equipara marido e mulher em todas as áreas da vida familiar, inclusive na relação entre pais e filhos.

O Projeto do Senado consagra parcialmente a ideia de Valladão ao dispor, no art. 8º, parágrafo único:

"As crianças, os adolescentes e os incapazes são regidos pela lei do domicílio de seus pais ou responsáveis; tendo os pais ou responsáveis domicílios diversos, regerá a lei que resulte no melhor interesse da criança, do adolescente ou do incapaz".

"O melhor interesse da criança" é a fórmula básica da Convenção da ONU sobre os Direitos da Criança aprovada em 1989,[76] a Convenção que conta com o maior número de Estados-partes.

O Estatuto da Criança e do Adolescente – Lei nº 8.069, de 13 de julho de 1990 – contém uma série de normas relativas à adoção internacional, muito rigorosas quanto à aceitação de adoção de criança brasileira por pais estrangeiros, sempre concedida preferência a pais brasileiros.[77] Registre-se também a importância da Resolução nº 289 do Conselho Nacional de Justiça, de 14 de agosto de 2019, que dispõe sobre a implantação e funcionamento do Sistema Nacional de Adoção e Acolhimento – SNA, permitindo a inclusão de pretendentes estrangeiros.

## Alimentos

A Convenção Interamericana sobre Obrigações Alimentares cobre a obrigação entre cônjuges, bem como entre pais e filhos. Dispõe a Convenção, em seu art. 6º, que a lei aplicável será a que for mais benéfica para o credor dos alimentos entre as leis do país do domicílio ou residência habitual do credor e do domicílio ou residência habitual do devedor. A lei aplicável determinará a quantificação do valor dos alimentos, as épocas e condições do pagamento, quem pode representar o credor no pedido de alimentos e outras condições necessárias para o exercício do direito aos alimentos (art. 7º). Segue meticulosamente o Princípio da Proteção que será visto mais adiante.

O Brasil é igualmente parte do Protocolo sobre a Lei Aplicável às Obrigações de Prestar Alimentos.[78] O tratado abrange a obrigação de prestar alimentos decorrente de relações de parentesco, filiação, casamento ou afinidade (art. 1º). O art. 3º da convenção estabelece a aplicação da lei da residência habitual do credor, regulando, ainda, os casos de conflitos móveis, nos quais a mudança da residência habitual apenas produzirá efeitos prospectivos.[79-80]

---

[76] Promulgada pelo Decreto nº 99.710, de 21 de novembro de 1990.
[77] Jacob Dolinger, *Direito Internacional Privado, A Criança no Direito Internacional Privado*, 2003, cuida de todos os aspectos relativos à posição e aos direitos da criança no plano internacional.
[78] Promulgado pelo Decreto nº 9.176, de 19 de outubro de 2017.
[79] Protocolo sobre a Lei Aplicável às Obrigações de Prestar Alimentos, art. 3º: "1. As obrigações de prestar alimentos regular-se-ão pela lei do Estado de residência habitual do credor, salvo quando o presente Protocolo dispuser de outra forma. 2. Em caso de mudança de residência habitual do credor, a lei do Estado de nova residência habitual aplicar-se-á a partir do momento em que a mudança ocorra".
[80] Sobre a interpretação conjunta do art. 3º e do art. 4º, 2, da convenção, v. TJUE, j. 07.06.2018, caso C-83/17, KP v LO: "1) O artigo 4º, nº 2, do Protocolo de Haia, de 23 de novembro de 2007, sobre a lei aplicável às obrigações alimentares, aprovado em nome da Comunidade Europeia pela Decisão 2009/941/CE do Conselho, de 30 de novembro de 2009, deve ser interpretado no sentido de que: – o facto de o Estado do foro corresponder ao Estado da residência habitual do credor não obsta à aplicação desta disposição, uma vez que a lei designada pela regra de conexão subsidiária prevista nesta disposição não coincide com a lei designada pela regra de conexão principal prevista no artigo 3º do referido protocolo; – numa situação na qual o credor de alimentos, que alterou a sua residência habitual, apresenta nos tribunais do Estado da sua nova residência habitual um pedido de alimentos contra o devedor referentes a um período anterior em que residia noutro Estado-Membro, a lei do foro, que é também a lei do Estado da sua nova residência habitual, é aplicável se os tribunais do Estado-Membro do foro eram competentes para conhecer dos litígios em matéria de alimentos respeitantes a essas partes e ao referido período. 2) Os termos 'não puder obter alimentos' que constam do artigo 4º, nº 2, do Protocolo de Haia, de 23 de

A exemplo da Convenção Interamericana, o diploma contém regra de conexão alternativa, permitindo a aplicação da lei do devedor de alimentos quando esta for mais favorável ao credor.[81] A convenção admite a escolha consensual da lei aplicável pelo devedor e pelo credor, limitando a escolha, contudo, a ordenamentos jurídicos que presumidamente possuem contatos objetivos com as partes, a saber, o da nacionalidade de uma das partes, o da residência habitual de uma das partes, aquele que rege o regime de bens ou aquele que rege o divórcio ou a separação judicial.[82]

---

novembro de 2007, devem ser interpretados no sentido de que visam igualmente a situação na qual o credor não pode obter alimentos ao abrigo da lei do Estado da sua residência habitual anterior, uma vez que não preenche certos requisitos impostos por essa lei".

[81] Protocolo sobre a Lei Aplicável às Obrigações de Prestar Alimentos, art. 4º: "1. Os dispositivos seguintes aplicar-se-ão no caso de obrigação de prestar alimentos: a) de pais em favor de seus filhos; b) de pessoas distintas dos pais em favor de pessoas que não tenham atingido a idade de 21 anos, com exceção das obrigações que derivem das relações às quais o artigo 5º se refere; e c) de filhos em favor de seus pais. (...)".

[82] Protocolo sobre a Lei Aplicável às Obrigações de Prestar Alimentos, art. 8º.

*Capítulo XXVIII*
# SUCESSÕES

O elemento de estraneidade no campo sucessório pode decorrer tanto da multiplicidade de nacionalidades ou domicílios entre o autor da herança e seus herdeiros quanto da existência de bens a serem partilhados em múltiplas jurisdições ou, no caso de sucessões testamentárias, do fato de o autor da herança haver disposto, por testamento lavrado no exterior, sobre seus bens. Nessas situações, há de se questionar sobre a autoridade competente para inventariar e partilhar os bens, bem como a lei aplicável à sucessão.

A questão é relevante porque as soluções conferidas pelos sistemas jurídicos nacionais a diversos aspectos sucessórios – Quem são os herdeiros? Há reserva sucessória (legítima)? Quais porções lhes são atribuídas? Pactos sucessórios, testamentos conjuntivos e substituições fideicomissárias são válidos? – variam consideravelmente. Há, efetivamente, muitas distinções entre o direito material sucessório dos diversos países.[1]

De início, é possível distinguir dois grandes sistemas. Na tradição civilista, o patrimônio do *de cujus* é transmitido no momento de sua morte aos seus herdeiros, garantindo certa continuidade patrimonial. Na *common law*, os herdeiros adquirem a propriedade dos bens após um período sob administração da justiça.[2] Ademais, em alguns ordenamentos há legítima, ao passo que em outros prevalece a total liberdade de testar, além de distinções relevantes quanto aos herdeiros que integram a legítima e os herdeiros que figuram na ordem sucessória e se é possível dispor sobre herança de pessoa viva.

No DIP, o tema das sucessões se encontra na intersecção entre o regime jurídico do patrimônio e aquele do direito de família, envolvendo, ainda, no caso de sucessões testamentárias, a temática dos atos jurídicos no DIP.[3] Convivem, portanto, elementos de conexão tipicamente associados às relações familiares – como domicílio, nacionalidade e residência habitual – e distinções próprias do estudo da propriedade no DIP, como é o caso da divisão entre bens móveis e imóveis, e, ainda, regras relativas à validade de atos jurídicos.

Em um primeiro momento, ainda sob o regime feudal, a determinação da lei aplicável às sucessões era fortemente condicionada pela relevância da propriedade de terras no sistema político vigente, o que repelia a aplicação de leis e costumes estrangeiros para os imóveis; normalmente de menor valor, e menos importante politicamente, os bens móveis apresentavam menor resistência à aplicação de outra lei – a lei pessoal do autor da herança (*mobilia sequuntur personanm*).[4] Ainda hoje é possível encontrar restrições que ecoam a influência do sistema feudal. Na Suíça e na França, a destinação de propriedades rurais é objeto de regras específicas.[5] Como observam, a partir da perspectiva francesa, Bernard Audit e Louis d'Avout,

---

[1] Andrea Bonomi, Succession internationales: conflits de loi et de juridictions, *Recueil des Cours* 350:92, 2010.
[2] Dominique Bureau e Horatia Muir Watt, *Droit International Privé*, 2020, t. 2, p. 299.
[3] Pascal de Vareilles-Sommières e Sarah Laval, *Droit International Privé*, 2023, p. 1.197.
[4] Bernard Audit e Louis d'Avout, *Droit International Privé*, 2022, p. 998-999.
[5] V. Andrea Bonomi, Succession internationales: conflits de loi et de juridictions, *Recueil des Cours* 350:99, 2010.

a territorialidade sobreviveu ao regime jurídico-político feudal por razões de ordem prática, como a maior facilidade de execução da decisão e a segurança jurídica.[6]

A doutrina internacionalista tradicionalmente divide os sistemas de direito internacional privado em matéria de sucessões em duas categorias, originalmente criadas tendo em vista o regime da lei aplicável, mas com paralelismos importantes no campo do conflito de jurisdições. Nos regimes que adotam a unidade sucessória, a sucessão dos bens é submetida a uma única lei aplicável e, frequentemente, a uma única autoridade judiciária. Para os regimes que adotam a pluralidade sucessória, a distribuição do patrimônio do autor da herança será potencialmente submetida a diversas leis, competentes para regular os bens situados nas respectivas jurisdições.

Clóvis Beviláqua adotou uma classificação tripartite, distinguindo entre os sistemas (i) de territorialidade absoluta; (ii) misto; e (iii) pessoal.[7] No primeiro caso, a *lex rei sitae* determina a sucessão dos bens. Inclui-se esse sistema, portanto, entre aqueles que prestigiam a pluralidade sucessória, pois haverá tantas sucessões quanto jurisdições em que localizados os bens. O sistema misto, por sua vez, distingue entre bens imóveis e móveis, adotando um regime de territorialidade estrita para os primeiros e um regime pessoal para os últimos. Haverá, portanto, pluralidade sucessória quando houver bens imóveis em diferentes jurisdições ou bens móveis e imóveis em diferentes jurisdições. O terceiro sistema institui a unidade sucessória, submetendo a sucessão à lei pessoal do autor da herança, elegendo o domicílio, a nacionalidade ou a residência habitual como elemento de conexão.

Apesar dessas grandes linhas divisórias, a concretização e a aplicação desses diferentes modelos pelos sistemas jurídicos nacionais comportam variações em relação às regras de conexão adotadas, à qualificação dos bens do autor da herança e à existência de exceções à regra geral. Além disso, mais recentemente, o paralelismo entre competência internacional e lei aplicável, menos relevante em outras áreas,[8] ganhou destaque em matéria sucessória. Assim, frequentemente as regras delimitadoras da competência internacional e aquelas determinadoras da lei aplicável coincidirão.[9] A título de exemplo, e como se verá, no direito europeu a residência habitual é ao mesmo tempo o elemento fixador da competência internacional e o elemento de conexão para determinação da lei aplicável.

## COMPETÊNCIA INTERNACIONAL

No direito convencional, a Convenção da Haia de 1973 sobre a Administração Internacional de Heranças, que vigora em apenas três países (Portugal, República Tcheca e Eslováquia[10]), estabelece a competência das autoridades da residência habitual do falecido para emitir certificados internacionais de administração de heranças. Trata-se de regra que tem por objetivo fixar a competência para definir a pessoa ou instituição responsável por administrar o espólio até a conclusão da partilha dos bens. A convenção não regula, portanto, a competência ou a lei aplicável para o inventário ou a partilha em si, embora adote como premissa a adequação

---

[6] Bernard Audit e Louis d'Avout, *Droit International Privé*, 2022, p. 999.
[7] Clóvis Beviláqua, *Princípios elementares de direito internacional privado*, 1906, p. 276-278.
[8] Para um exame da tendência de sobreposição entre lei aplicável e jurisdição competente, denominada de unilateralismo velado, v. Marc-Philippe Weller, La méthode tripartite du droit international privé: désignation, reconnaissance, consideration, *Recueil des Cours 427*:131, 2022.
[9] Andrea Bonomi, Succession internationales: conflits de loi et de juridictions, *Recueil des Cours 350*:98, 2010.
[10] Informação disponível em: https://www.hcch.net/en/instruments/conventions/status-table/?cid=83.

da jurisdição da última residência habitual do *de cujus*, bem como reconheça a legitimidade de fixação de hipótese de competência exclusiva em matéria de bens imóveis.[11]

O art. 327 do Código de Bustamante elege o último domicílio do autor da herança como elemento fixador da competência internacional. A instituição de juízo único para a sucessão foi objeto de reserva de El Salvador quanto a bens imóveis situados naquele país. O dito "sistema da unidade das sucessões" foi igualmente objeto de reserva pela Argentina e pelo Paraguai no que se refere a bens imóveis. Esses países conferiram prevalência ao regime dos bens imóveis – e, consequentemente, ao *forum rei sitae* – em detrimento da divisão harmônica dos bens do autor da herança. Nenhuma ressalva foi apresentada pelo governo brasileiro em relação ao dispositivo em referência.

Na Europa, o Regulamento nº 650/2012 substitui para praticamente todos os casos as regras de direito internacional privado dos Estados-membros. Em matéria de competência internacional, o regulamento consagra a jurisdição da residência habitual do falecido, não distinguindo entre bens móveis e imóveis.[12] O regulamento permite, ainda, limitada eleição de foro (art. 5º), desde que o foro escolhido seja aquele de um dos Estados-membros. Os arts. 6º a 8º do regulamento complementam o paralelismo em matéria sucessória.

Complementando a adoção da mesma regra geral para a fixação da jurisdição e a determinação da lei aplicável (residência habitual), tais dispositivos permitem, quando houver escolha de lei aplicável, a declaração de incompetência, a pedido de uma das partes, dos tribunais cuja lei não tenha sido a escolhida, desde que a lei escolhida seja a de um Estado-membro (art. 6º); conferem, em determinadas hipóteses, competência aos tribunais do Estado-membro cuja lei tenha sido escolhida (art. 7º) ou, ainda, a extinção da ação em razão de composição entre as partes perante as autoridades da jurisdição cuja lei foi escolhida pelas partes (art. 8º).

Na Argentina, são competentes para causas sucessórias a jurisdição do último domicílio do autor da herança e, em relação a bens imóveis, a jurisdição da situação do bem.[13] Na Suíça, a Lei de Direito Internacional Privado de 1987 fixa a competência do último domicílio do *de cujus*, sem reservar aos tribunais suíços a competência exclusiva relativa a imóveis situados no país.[14]

No Brasil, o art. 23 do Código de Processo Civil alargou a competência exclusiva da autoridade judiciária brasileira, incluindo, além do inventário e partilha dos bens situados no Brasil, como já o fazia o CPC de 1973, a confirmação de testamento particular.[15] Questiona-se a extensão da regra em matéria de testamentos. Trata-se de regra que abrange qualquer testamento feito no Brasil, testamentos que tenham por objeto bens sitos no país ou testamentos feitos por brasileiros? A interpretação mais razoável do dispositivo parece incluir apenas testamentos referentes a bens sitos no país.

Ao lado dessa inovação, o Código atual manteve a regra de competência exclusiva para inventário e partilha de bens situados no Brasil. Uma possível explicação para a regra poderia

---

[11] Convenção da Haia sobre a Administração Internacional de Heranças, art. 30º.
[12] Regulamento relativo à competência, à lei aplicável, ao reconhecimento e execução das decisões, e à aceitação e execução dos atos autênticos em matéria de sucessões e à criação de um Certificado Sucessório Europeu, art. 4º: "São competentes para decidir do conjunto da sucessão os órgãos jurisdicionais do Estado-Membro em que o falecido tinha a sua residência habitual no momento do óbito".
[13] Código Civil argentino de 2014, art. 2.643.
[14] Lei de Direito Internacional Privado suíça de 1987, art. 86.
[15] CPC, art. 23: "Compete à autoridade judiciária brasileira, com exclusão de qualquer outra: (...) II – em matéria de sucessão hereditária, proceder à confirmação de testamento particular e ao inventário e à partilha de bens situados no Brasil, ainda que o autor da herança seja de nacionalidade estrangeira ou tenha domicílio fora do território nacional".

ser a busca por mais efetividade ao art. 5º, XXXI,[16] da Constituição Federal e ao art. 10, § 1º,[17] da Lei de Introdução, que determinam a aplicação da lei brasileira em benefício do cônjuge ou da família brasileira sempre que o direito estrangeiro não lhes for mais favorável.

Sob a vigência da legislação processual anterior, o Superior Tribunal de Justiça flexibilizou a regra de competência exclusiva, admitindo a homologação de sentenças estrangeiras em casos nos quais a jurisdição estrangeira se limitou a dar cumprimento a testamento e inexistia controvérsia entre as partes.[18] Essa flexibilização já era admitida pelo Supremo Tribunal Federal em matéria de divórcio quando competia à Corte conceder *exequatur* a sentenças estrangeiras.[19]

Se a jurisprudência do STJ se mostrou flexível em casos envolvendo o mero cumprimento da vontade das partes, o mesmo não se pode dizer quanto à competência direta dos tribunais brasileiros em matéria de sucessão internacional. Em reiteradas decisões, o tribunal tem equivocadamente bilateralizado o art. 23, II, do Código de Processo Civil e, consequentemente, declarado a incompetência internacional dos tribunais brasileiros para a partilha de bens, móveis ou imóveis, situados no exterior.[20]

A lógica do tribunal é exposta de forma clara na decisão de relatoria da Ministra Nancy Andrighi, assentada na lição de Celso Agrícola Barbi: "*Se o ordenamento jurídico pátrio impede ao juízo sucessório estrangeiro de cuidar de bens aqui situados, móveis ou imóveis, em sucessão mortis causa, em contrário senso, em tal hipótese, o juízo sucessório brasileiro não pode cuidar de bens sitos no exterior, ainda que passível a decisão brasileira de plena efetividade lá*".[21]

A partir de 2007, com a admissão de partilha pela via administrativa, a questão foi examinada também pelo Conselho Nacional de Justiça. A Resolução nº 35 do CNJ

---

[16] CRFB/88, art. 5º: "XXXI – a sucessão de bens de estrangeiros situados no País será regulada pela lei brasileira em benefício do cônjuge ou dos filhos brasileiros, sempre que não lhes seja mais favorável a lei pessoal do 'de cujus'". Trata-se de dispositivo integrante da tradição constitucional brasileira. Na Constituição de 1934, encontramos a seguinte redação: "A vocação para succeder em bens de estrangeiros existentes no Brasil será regulada pela lei nacional em benefício do conjuge brasileiro e dos seus filhos, sempre que não lhes seja mais favorável o estatuto do *de cujus*". Na Constituição de 1937, art. 152, nova redação: "A vocação para suceder em bens de estrangeiros situados no Brasil será regulada pela lei nacional em benefício do cônjuge brasileiro e dos filhos do casal sempre que lhes não seja mais favorável o estatuto do *de cujus*". Na Constituição de 1946, art. 165, lê-se: "A vocação para suceder em bens de estrangeiro existentes no Brasil será regulada pela lei brasileira e em benefício do cônjuge ou de filhos brasileiros, sempre que lhes não seja mais favorável a lei nacional do *de cujus*". Nas Constituições de 1967 e 1969, temos o art. 150, § 33: "A sucessão de bens de estrangeiros, situados no Brasil será regulada pela lei brasileira, em benefício do cônjuge ou dos filhos brasileiros, sempre que lhes não seja mais favorável a lei nacional do *de cujus*".

[17] Lei de Introdução, art. 10, § 1º: "A sucessão de bens de estrangeiros, situados no País, será regulada pela lei brasileira em benefício do cônjuge ou dos filhos brasileiros, ou de quem os represente, sempre que não lhes seja mais favorável a lei pessoal do *de cujus*".

[18] STJ, SEC nº 1.304, Rel. Min. Gilson Dipp, *DJ* 03.03.2008.

[19] Por exemplo, STF, SEC nº 4.512, Rel. Min. Paulo Brossard, *DJ* 02.12.1994: "Homologação de sentença estrangeira que dispõe sobre a partilha de bens da sociedade conjugal. Contestação. 1. Casamento celebrado no Brasil e divórcio decretado pelo Poder Judiciário helvécio, já homologado pelo Supremo Tribunal Federal nos autos da SEC n. 3.862, *RTJ* 131/1.071. 2. Partilha de bens da sociedade conjugal processada posteriormente perante o Judiciário suíço, com aplicação das leis brasileiras. 3. Não fere o art. 89, II, do Código de Processo Civil, que prevê a competência absoluta da justiça brasileira para proceder a inventário e partilha de bens situados no Brasil, a decisão de Tribunal estrangeiro que dispõe sobre a partilha de bens móveis e imóveis em decorrência da dissolução da sociedade conjugal, aplicando a lei brasileira. 4. Sentença estrangeira homologada".

[20] STJ, REsp nº 510.084, Rel. Min. Nancy Andrighi, *DJ* 05.09.2005: "(…) O inventário e a partilha devem ser processados no lugar da situação dos bens deixados pelo falecido, não podendo o juízo brasileiro determinar a liberação de quantia depositada em instituição financeira estrangeira".

[21] STJ, REsp nº 397.769, Rel. Min. Nancy Andrighi, *DJ* 19.12.2002.

reproduz a orientação do Superior Tribunal de Justiça em matéria de sucessões e proíbe a lavratura de escrituras públicas de inventário e partilha de bens situados no exterior.[22] Atualmente, portanto, apenas os bens situados no Brasil, sejam eles móveis ou imóveis, podem ser objeto de inventário e partilha, judicial ou extrajudicial, perante autoridades brasileiras.

A orientação do STJ deve ser criticada. As regras fixadoras da competência internacional são unilaterais, delimitando apenas as hipóteses nas quais juízes e tribunais brasileiros podem processar e julgar demandas com elementos de estraneidade. Essas regras não delimitam os casos em que as autoridades judiciárias devem exercer jurisdição e, menos ainda, os casos que devem se incluir no escopo da competência exclusiva de tribunais estrangeiros.

A título de exemplo, as regras de direito internacional privado suíças permitem expressamente a homologação de decisão estrangeira em partilha *causa mortis*.[23] Qual a razão, nesses casos, para que os tribunais brasileiros se recusem a partilhar, por exemplo, bens móveis situados na Suíça quando o autor da herança for um brasileiro domiciliado no Brasil e todos os herdeiros forem igualmente brasileiros domiciliados em nosso país?

Em alguns casos, a solução prática encontrada pelo STJ se provará correta, mas não pelas razões atualmente esposadas pelo tribunal. Quando a jurisdição estrangeira em que se encontram os bens, móveis ou imóveis, incluir o inventário e a partilha de bens sitos no foro entre as hipóteses de competência exclusiva dos tribunais locais, fará bem o Superior Tribunal de Justiça em reconhecer a incompetência dos tribunais brasileiros em razão da aplicação do *princípio da efetividade*: a bem da boa administração da justiça, os tribunais brasileiros deixarão de proceder ao inventário e à partilha de bens no exterior quando a decisão for inequivocamente inexequível.

Há que se destacar, também, que, a partir da vigência do Regulamento nº 650/2012, o problema causado pela jurisprudência do STJ assumiu novas dimensões, pois o direito europeu prioriza a coincidência entre competência internacional e lei aplicável, concentrando ambas as escolhas preferencialmente na jurisdição da última residência habitual do autor da herança. A interpretação adotada pelo Superior Tribunal de Justiça tem causado embaraço a famílias brasileiras com bens no exterior, que devem fazer prova da incompetência das autoridades brasileiras para a partilha de bens situados no exterior ainda quando o autor da herança tiver sua residência habitual no Brasil.

Essa interpretação também onera os tribunais estrangeiros: uma vez reconhecida a necessidade de processamento da demanda no exterior, por conta da recusa das autoridades brasileiras, o juiz estrangeiro ainda se encontra obrigado a aplicar o direito brasileiro, tarefa para a qual está obviamente menos apto do que nossos juízes e tribunais.

---

[22] CNJ, Resolução nº 35, de 24 de abril de 2007, art. 29: "É vedada a lavratura de escritura pública de inventário e partilha referente a bens localizados no exterior".

[23] Lei de Direito Internacional Privado suíça de 1987, art. 96: "Foreign decisions, measures and documents relating to the estate, as well as rights deriving from an estate probated abroad shall be recognised in Switzerland: a. if they are rendered, taken, drawn up or declared in the state of the deceased's last domicile or in the state to the law of which the deceased submitted his or her estate, or if they are recognised in one of these states; or b. if they relate to immovable property and were rendered, taken, drawn up or declared in the state in which such property is located, or if they are recognised in that state. 2 With respect to immovable property located in a state which claims exclusive jurisdiction, only the decisions, measures or documents originating from that state shall be recognised. 3 Conservatory measures ordered in the state where assets of the deceased are located shall be recognised in Switzerland".

## LEI APLICÁVEL

Como já afirmado, no Direito Internacional privado há dois grandes sistemas para determinar a lei aplicável à sucessão: (i) unidade sucessória – uma lei só deve reger toda a sucessão; (ii) pluralidade sucessória – a sucessão é regida por mais de uma lei.

As sucessões testamentárias devem ser analisadas sob dois diferentes prismas, a saber: a lei aplicável à forma do testamento e a lei aplicável ao conteúdo do testamento. A lei aplicável à forma do testamento determinará a necessidade de testemunhas, de assinatura, a admissibilidade de testamento particular etc. A lei aplicável à substância do testamento regula a extensão da liberdade do testador, a existência de reserva hereditária, a possibilidade de aposição de condições ao testamento etc.

Ao lado dessas duas questões, é possível ainda que surjam questões relativas à capacidade para testar. O testamento conjuntivo, por exemplo, enseja uma dúvida de qualificação – tratar-se-ia de questão relativa à *forma* ou à *capacidade*?

A validade formal é objeto da Convenção da Haia de 1961 sobre os conflitos de leis quanto à forma de disposições testamentárias, atualmente em vigor em 42 países. A convenção prevê cinco elementos de conexão alternativos: local do testamento, nacionalidade do testador, domicílio do testador, residência habitual do testador ou, havendo bens imóveis, local da situação de tais bens. Adotou a convenção, portanto, uma regra de conexão com coloração material, prestigiando a conservação da validade formal do testamento (*favor testamenti*).[24]

O direito uniformizado também aparece como método em matéria de sucessão testamentária. A Convenção Relativa à Lei Uniforme sobre a forma de um testamento internacional (Convenção de Washington de 1973) está atualmente em vigor na Austrália, Bélgica, Bósnia e Herzegovina, Canadá, Croácia, Chipre, Eslovênia, Equador, França, Itália, Líbia, Niger e Portugal. O instrumento permite que o testamento seja celebrado por escrito, pelo próprio testador ou por terceiro, em qualquer idioma (art. 3º), exige a presença de testemunhas (art. 4º) e exige assinatura na presença das testemunhas e de pessoa habilitada (art. 5º).

No Brasil, que não é parte de tal convenção, o Supremo Tribunal Federal examinou a lei aplicável à validade do testamento no famoso caso *Lage*. O caso envolvia a sucessão de Gabriela Lage, viúva de Henrique Lage, a quem seu marido dedicou a construção de um palacete, hoje conhecido como Parque Lage, no Rio de Janeiro. Gabriela faleceu deixando testamento ológrafo assinado na Itália. Os irmãos e o segundo marido de Gabriela contestaram a validade do testamento que não cumpria as formalidades do direito brasileiro, embora estivesse de acordo com as formalidades italianas. Decidiu o tribunal pela prevalência da *locus regit actum*, o que conduziu o tribunal a concluir pela validade do testamento, que atendia aos requisitos estabelecidos pelo direito italiano.[25]

---

[24] Yvon Loussouarn, La règle de conflit est-elle une règle neutre?, *Droit international privé: travaux du Comité français de droit international privé* 2:53, 1980-1: "En droit conventionnel, la Convention de La Haye du 5 octobre 1961 sur les conflits de lois en matière de forme des dispositions testamentaires est animée d'un esprit analogue. Elle est en effet dominée par la favor testamenti puisqu'elle admet la validité en la forme du testament dès lors que ce dernier respecte l'une des cinq lois qu'elle énumère: loi du lieu de passation de l'acte, loi nationale du testateur (au moment où il a disposé ou au moment de son décès), loi du domicille ou de la résidence habituelle du testateur (au moment où il a disposé ou au moment de son décès). C'est même une option à six branches qui est consacrée en matière immobilière, puisqu'il est alors prévu la possibilité de se référer aussi à la lex rei sitae".

[25] STF, RE nº 68.157, Rel. Min. Luiz Gallotti, *DJ* 26.05.1972: "Testamento particular feito na Itália, sem testemunhas. Sua exequibilidade no Brasil. Tanto o art. 10 da nossa Lei de Introdução como o art. 23 da italiana dizem respeito à lei reguladora da sucessão. E aqui não se discute sobre a lei reguladora da

No que diz respeito às sucessões legítimas, a Convenção da Haia de 1989 sobre a lei aplicável às sucessões em caso de morte, que nunca entrou em vigor, consagra como elemento de conexão, sucessivamente, a última residência habitual do autor da herança, desde que ele seja nacional de tal país ou lá estivesse domiciliado por ao menos cinco anos, e a nacionalidade do autor da herança – regras previstas no art. 4º da convenção. O instrumento permite, igualmente, que uma pessoa escolha submeter sua sucessão seja à lei de sua nacionalidade, seja à lei de sua residência habitual (art. 5º). Trata-se da consagração de uma versão atenuada da autonomia privada, opção mantida na Europa, como se verá, pelo Regulamento nº 650/2012.

Em nosso continente, o art. 144 do Código Bustamante adotou o sistema unitário, submetendo a sucessão, tanto de bens móveis quanto de bens imóveis, à lei pessoal do *de cujus*. Concluído em uma época em que a submissão do estatuto pessoal à lei domiciliar ou nacional era questão vivamente debatida entre os internacionalistas, o Código optou por referir apenas à "*lei pessoal*", sem, contudo, prestigiar uma ou outra corrente.

A Argentina é exemplo de país que adota sistema misto. O art. 2.644 do Código Civil argentino submete a sucessão à lei do domicílio do autor da herança. Ressalva, contudo, a sucessão de bens imóveis situados na Argentina, que devem ser submetidos ao direito argentino. Assim, os bens móveis estarão todos sujeitos à lei do domicílio do falecido, mas a unidade sucessória poderá ser ameaçada pela presença de bens imóveis na Argentina, a depender dos demais dados do caso.

A mesma regra aparecia no direito comum francês, hoje substituído pelo Regulamento europeu. Vigia, entre os franceses, a distinção entre patrimônio mobiliário e imobiliário,[26] o primeiro regido pela lei pessoal do falecido[27] e o segundo regido pela lei da situação do imóvel.[28] A versão mais recente do projeto de Código de Direito Internacional Privado francês se limita a fazer remissão ao Regulamento nº 650/2012.[29]

O direito suíço prevê um regime sucessório bipartite. A sucessão de pessoas domiciliadas no país é regida pelo direito suíço.[30] A sucessão de pessoas domiciliadas no exterior é regida pela lei aplicável segundo as regras de conexão de seu domicílio. Com a adoção, pelo Regulamento nº 650/2012, da residência habitual como elemento de conexão para relações sucessórias, a distinção entre as duas diferentes regras passou a ser menos relevante.

No direito brasileiro, a lei aplicável à sucessão é matéria abrangida pelo art. 10 da Lei de Introdução. O dispositivo estabelece que "*A sucessão por morte ou por ausência obedece à lei do país em que domiciliado o defunto ou o desaparecido, qualquer que seja a natureza e a situação dos bens*". O dispositivo é categórico, portanto, ao submeter a integralidade do patrimônio do autor da herança à lei de seu domicílio.

O Superior Tribunal de Justiça, contudo, fez referência, de forma errônea, ao art. 8º da Lei de Introdução, que cuida da determinação da lei aplicável aos bens *ut singuli*, a bem

---

sucessão mas sobre formalidades do testamento. Da forma do testamento cuida, não o citado art. 23, mas o art. 26. Devolução. A esta e infensa a atual Lei de Introdução (art. 16). A lei italiana e a lei brasileira admitem o testamento ológrafo ou particular, divergindo apenas no tocante às respectivas formalidades, matéria em que, indubitavelmente, se aplica o princípio *locus regit actum*. Recurso extraordinário conhecidos, mas não providos".

[26] Dominique Bureau e Horatia Muir Watt, *Droit International* Privé, 2020, t. 2, p. 300.
[27] Cass civ. 19 jun 1939, caso *Labedan*.
[28] Cass civ. 14 mars 1837, caso *Stewart*.
[29] Projeto de Código de Direito Internacional Privado francês, art. 83. Disponível em: https://www.justice.gouv.fr/sites/default/files/migrations/textes/art_pix/projet_code_droit_international_prive.pdf.
[30] Lei de Direito Internacional Privado suíça de 1987, art. 90.

imóvel situado no exterior.[31] Assim, em que pese o domicílio do autor da herança no Brasil, o tribunal considerou aplicável à sucessão a legislação alemã, local da situação do bem imóvel. A mesma decisão, contudo, pode, sob outra perspectiva, ser vista como um avanço importante no direito internacional privado brasileiro, na medida em que admite a escolha de lei aplicável em matéria sucessória:

> "A conformação do direito internacional privado exige, como visto, a ponderação de outros elementos de conectividade que deverão, a depender da situação, prevalecer sobre a lei de domicílio do *de cujus*. Na espécie, conforme se dissecará, destacam-se a situação da coisa e a própria vontade da autora da herança ao outorgar testamento, elegendo, quanto ao bem sito no exterior, reflexamente a lei de regência (...) Na hipótese dos autos, não bastasse o imóvel, objeto da pretensão de sobrepartilha, encontrar-se situado na Alemanha, circunstância, como visto, suficiente para tornar inócua a incidência da lei brasileira (a do domicílio da *de cujus*), a autora da herança, naquele país, deixou testamento lícito, segundo a lei alemã regente à época de sua confecção, conforme decidido pelo órgão do Poder Judiciário alemão. Está-se, pois, diante de mais um elemento de conexão, relevante para a solução de conflito interespacial: a própria vontade da autora da herança, manifestada por meio de testamento outorgado na Alemanha, elegendo, reflexamente, a correspondente lei de regência, aplicável, é certo, somente em relação ao bem situado no exterior".

O art. 10, § 2º, por sua vez, é alvo de críticas pela doutrina. Ao determinar que a capacidade de suceder deve ser regulada pela lei do domicílio do herdeiro ou legatário, o dispositivo colide com o *caput*, que submete a sucessão à lei domiciliar do *de cujus*. Os dispositivos devem ser interpretados de forma harmônica, limitando-se o escopo do § 2º às questões referentes à capacidade civil do herdeiro e às causas de deserdação.

Outra tradicional questão diz respeito à interação entre o regime matrimonial e o regime sucessório. É comum que os sistemas jurídicos nacionais tutelem o cônjuge sobrevivente de modo a protegê-lo da miséria. Essa tutela, contudo, pode ser estabelecida no âmbito do direito de família ou no âmbito do direito sucessório. Enquanto em alguns países a extinção do vínculo conjugal por conta da morte garante ao cônjuge sobrevivente uma parte do patrimônio comum do casal, em outros sistemas a tutela do cônjuge é objeto do direito sucessório.

Henri Batiffol confere o seguinte exemplo da chamada "questão inglesa".[32] O professor francês relata o caso hipotético de viúva cujo primeiro domicílio conjugal foi a Inglaterra, havendo o marido falecido na França, após a mudança do casal para este país, deixando patrimônio mobiliário. A lei inglesa, aplicável ao regime matrimonial, não confere nada à viúva a título de regime de bens – mas teria concedido ao cônjuge supérstite direitos sucessórios, caso aplicável. A lei francesa, aplicável ao regime sucessório, é generosa em matéria de regime de bens e tradicionalmente nada concedia à viúva em matéria de regime de bens. Assim, fossem ambas as situações regidas seja pelo direito inglês, seja pelo direito francês, a viúva seria amparada. A aplicação de leis diferentes para cada uma das questões, porém, não tutelaria o interesse da viúva, solução que feriria os fins perseguidos tanto pelo direito francês quanto pelo direito inglês.

Interessante disposição aparece nas recentes Lei de Direito Internacional Privado do Panamá, de 2014, no Código Civil argentino e na Lei Geral de Direito Internacional Privado uruguaia,

---

[31] STJ, REsp nº 1.362.400, Rel. Min. Marco Aurélio Bellizze, *DJ* 05.06.2015.
[32] Henri Batiffol, Réflexions sur la coordination des systêmes nationaux, *Recueil des Cours 120*:175 e ss., 1967.

de 2020. Posicionadas na parte geral dos respectivos diplomas, tais disposições prezam pela aplicação harmônica do direito aplicável: "*as diversas leis que possam ser competentes para regular os diferentes aspectos de uma mesma relação serão aplicadas harmonicamente, procurando promover as finalidades perseguidas por cada uma delas*", reza o art. 10 da lei panamenha, em fórmula similar àquela constante no art. 2595, c, do Código Civil argentino e no art. 11 da lei uruguaia.[33]

Esses dispositivos são claramente inspirados na Convenção Interamericana sobre Normas Gerais de Direito Internacional Privado de 1979, cujo art. 9 determina que "*As diversas leis que podem ser competentes para regular os diferentes aspectos de uma mesma relação jurídica serão aplicadas de maneira harmônica, procurando-se realizar os fins colimados por cada uma das referidas legislações. As dificuldades que forem causadas por sua aplicação simultânea serão resolvidas levando-se em conta as exigências impostas pela equidade no caso concreto*".

Outra interessante questão diz respeito à adaptação dos direitos concedidos ao cônjuge sobrevivente. Tome-se o exemplo do direito brasileiro. Atualmente, o art. 1.831 do Código Civil garante ao cônjuge sobrevivente direito real de habitação.[34] Imagine-se, contudo, que o imóvel do casal esteja localizado em um país europeu que desconheça tal direito real. A situação foi prevista pelo art. 31 do Regulamento nº 650/2012, que determina "(...) *ao direito real equivalente mais próximo que esteja previsto na legislação desse Estado, tendo em conta os objetivos e os interesses do direito real em questão e os efeitos que lhe estão associados*".[35] Temos, assim, o instituto da adaptação permitindo a convivência harmônica entre os diferentes sistemas jurídicos.

Devemos lembrar ainda o caso Bartholo, ou da viúva maltesa, estudado no Capítulo XIII. O caso, decidido pela Corte de Apelação de Alger em 1889, envolvia um casal anglo-maltês domiciliado na Argélia, país no qual os cônjuges adquiriram bens. Após a morte de seu marido, a viúva pleiteou 1/4 do seu patrimônio, direito conferido na Inglaterra ao cônjuge em situação de pobreza, mas desconhecido no direito francês, então aplicável na Argélia. Tratando-se de questão relativa ao regime de bens, aplicar-se-ia o direito francês. Tratando-se de questão relativa ao regime sucessório, aplicável o direito francês.

A pluralidade sucessória traz também questões relativas à compensação, em uma jurisdição, em decorrência da exclusão de partilha realizada no estrangeiro. Na França, por exemplo, o chamado *droit de prélèvement* foi inicialmente instituído pela lei de 14 de julho de 1819, e permitia que os tribunais franceses, ao partilhar bens, compensassem os herdeiros franceses caso estes fossem excluídos da partilha de bens no exterior. A lei foi declarada inconstitucional em 2011 pelo Conselho Constitucional francês por seu caráter discriminatório, eis que favorecia apenas herdeiros franceses.[36] Contudo, lei de agosto de 2021 reinstituiu o direito de compensação.[37]

---

[33] Lei Geral de Direito Internacional Privado uruguaia de 2020, art. 11: "*Las normas competentes para regular los diferentes aspectos de una situación determinada, deben ser aplicadas armónicamente, tomando en consideración la finalidad perseguida por cada uno de los respectivos derechos. Las eventuales dificultades que puedan surgir se resolverán tomando en cuenta la equidad en el caso concreto*".

[34] Código Civil, art. 1.831: "Ao cônjuge sobrevivente, qualquer que seja o regime de bens, será assegurado, sem prejuízo da participação que lhe caiba na herança, o direito real de habitação".

[35] Regulamento nº 650/2012, art. 31: "No caso de uma pessoa invocar um direito real sobre um bem a que tenha direito ao abrigo da lei aplicável à sucessão e a legislação do Estado-Membro em que o direito é invocado não reconhecer o direito real em causa, esse direito deve, se necessário e na medida do possível, ser adaptado ao direito real equivalente mais próximo que esteja previsto na legislação desse Estado, tendo em conta os objetivos e os interesses do direito real em questão e os efeitos que lhe estão associados".

[36] Conselho Constitucional francês, decisão nº 2011-159 QPC, de 5 de agosto de 2011.

[37] Para uma perspectiva abrangente sobre o tema, v. Jayne Holliday, *Clawback Law in the Context of Succession*, 2020.

No Brasil, inicialmente, o STF entendia que os bens no exterior não deveriam ser computados.[38] Por outro lado, o STJ se posiciona favoravelmente à computação, em decisões de 2003[39] e de 2014.[40] Os dois casos, contudo, cuidaram de partilhas *inter vivos*.

---

[38] STF, RE nº 99.230, Rel. Min. Rafael Mayer, *DJ* 29.06.1983: "Partilha de bens. Bens situados no estrangeiro. Pluralidade dos juízos sucessórios. Art.-189, II do CPC. Partilhados os bens deixados em herança no estrangeiro, segundo a lei sucessória da situação, descabe à justiça brasileira computá-los na quota hereditária a ser partilhada, no país, em detrimento do princípio da pluralidade dos juízos sucessórios, consagrada pelo art-89, II do CPC. Recurso extraordinário conhecido e provido, em parte".

[39] STJ, REsp nº 275.985, Rel. Min. Sálvio de Figueiredo Teixeira, *DJ* 13.10.2003: "(...) VIII – Impõe-se a conclusão de que a partilha seja realizada sobre os bens do casal existentes no Brasil, sem desprezar, no entanto, o valor dos bens localizados no Líbano, de maneira a operar a equalização das cotas patrimoniais, em obediência à legislação que rege a espécie, que não exclui da comunhão os bens localizados no Líbano e herdados pela recorrente, segundo as regras brasileiras de sucessão hereditária".

[40] STJ, REsp nº 1.410.958, Rel. Min. Paulo de Tarso Sanseverino, *DJ* 27.05.2014: "Recurso especial. Civil e processual civil. Direito internacional privado. Ação de divórcio. Partilha de bens adquiridos na constância da união e, após, o casamento. Bens localizados no exterior. Competência da justiça brasileira para a definição dos direitos e obrigações relativos ao desfazimento da instituição da união e do casamento. Observância da legislação pátria quanto à partilha igualitária de bens sob pena de divisão injusta e contrária às regras de direito de família do brasil. Reconhecimento da possibilidade de equalização dos bens. Precedente. Dissídio jurisprudencial. Ausência de similitude. Recurso especial a que se nega provimento".

*Capítulo XXIX*
# BENS

O tema dos bens é, por vezes, considerado, erroneamente, um dos menos complexos do direito internacional privado, percepção que decorre da adoção quase universal da *lex rei sitae* e da regra *forum rei sitae*. Seu domínio abrange a determinação da jurisdição competente e da lei aplicável aos bens individualmente considerados (*uti singuli*), isto é, bens que não façam parte de um conjunto submetido a regime jurídico específico, tais como os bens comuns do casal, submetidos ao regime de bens, o espólio, regido pelo direito sucessório, ou o patrimônio de sociedade submetida a processo de recuperação judicial e a massa falida, regidos pelo direito falimentar.

A aplicação prática dessa distinção não é trivial. Como se viu no Capítulo XXI, quanto à competência jurisdicional, parece que o legislador – e o Judiciário – brasileiro tem ignorado a distinção e aplicado sempre a regra *forum rei sitae*, ao menos quanto a imóveis, mesmo no contexto de bens que integram uma universalidade. Decisões judiciais brasileiras também impuseram a aplicação indiscriminada da *lex rei sitae* (*i.e.*, do direito brasileiro) a sucessões processadas pelo Judiciário brasileiro, o que também é equivocado.

O percurso histórico do direito internacional privado em matéria de bens é marcado pela afirmação vigorosa do princípio da territorialidade – expresso na *lex rei sitae* e no *forum rei sitae*. Ao longo do tempo, a disciplina foi influenciada por movimento centrífugo que se inicia com a fragmentação das categorias anteriormente reunidas sob a rubrica genérica de *estatutos reais* e evolui tanto com o desmembramento das diversas prerrogativas associadas ao direito de propriedade – acrescentando situações jurídicas que se localizam nos limites entre o direito contratual e o direito de propriedade – quanto com o reconhecimento do papel da autonomia privada na "*conformação do conteúdo dos direitos reais*".[1]

Inicialmente concebido em um cenário em que a terra era o principal ativo econômico, e a agricultura a principal atividade produtiva,[2] o direito de propriedade acompanhou, e viabilizou, mudanças econômicas relevantes que não apenas conferiram novos usos ao direito de propriedade sobre o solo, mas habilitaram novas formas de produção, circulação e acúmulo de riquezas. Nesse sentido, o direito internacional privado exerce importante função no processo de criação de direitos, incremento de sua portabilidade e ampliação do acesso aos meios, estatais ou transnacionais, de tutela de tais ativos.

A especialização dos direitos reais foi fortemente marcada pela criação de dicotomias estruturantes: bens imóveis/móveis, corpóreos/incorpóreos, principais/acessórios etc. No direito internacional privado, essas dicotomias se traduzem na afirmação do maior vigor da regra geral em uma categoria (bens imóveis, corpóreos, principais) e na maior tolerância a regras excepcionais na outra (bens móveis, incorpóreos, acessórios).

---

[1]  Milena Donato Oliva e Pablo Rentería, Autonomia privada e direitos reais: redimensionamento do princípio da taxatividade e da tipicidade no direito brasileiro, *Civilistica.com – Revista Eletrônica de Direito Civil* 2:7, 2016.

[2]  Morton J. Horwitz, The Transformation in the Conception of Property in American Law, 1780-1860, *The University of Chicago Law Review* 40:249, 1973.

A aplicação das regras tradicionais – e, de forma mais geral, do método conflitual – se mostrou insuficiente no campo dos litígios envolvendo a propriedade/restituição de bens integrantes do patrimônio cultural, o que justificou a conclusão de instrumentos internacionais importantes, tais como a Convenção sobre as Medidas a serem Adotadas para Proibir e Impedir a Importação, Exportação e Transportação e Transferência de Propriedade Ilícitas dos Bens Culturais[3] (Convenção da UNESCO de 1970) e a Convenção da UNIDROIT sobre Bens Culturais Furtados ou Ilicitamente Exportados[4] (Convenção da UNIDROIT de 1985).

Sem negar a subsistência de imperativos de ordem prática, mas também político-jurídicos, que justificam a acentuada territorialidade em matéria de bens, é preciso reconhecer que o direito de propriedade é influenciado também por interesses legítimos que se encontram não apenas na jurisdição de sua localização. A seara dos bens é terreno fértil também para importantes princípios e técnicas da parte geral, tais como a qualificação, a *dépeçage* e o conflito móvel.

## COMPETÊNCIA INTERNACIONAL

### Bens Imóveis

O Regulamento Bruxelas I *bis* estabelece em seu art. 24 a competência exclusiva dos tribunais de onde se situa o imóvel em matéria de direitos reais. A exceção constante no dispositivo diz respeito aos contratos de arrendamento para uso temporário (*time sharing*), casos em que os tribunais do domicílio comum do proprietário e do arrendatário também serão competentes.[5] Ao longo dos anos, a regra foi testada e o Tribunal de Justiça da União Europeia teve a oportunidade de precisar seu conteúdo.

No julgamento do caso *Reichert*, o TJUE examinou a extensão de tal hipótese de competência exclusiva à luz da Convenção de Bruxelas de 1968, antecessora do Regulamento Bruxelas I *bis*. Na hipótese, um casal alemão doou a seu filho um imóvel situado na cidade de Antibes, no sul da França. O Banco Dresdner, credor do casal, ajuizou perante os tribunais franceses ação pauliana, tal como prevista no direito francês, buscando ver reconhecida a fraude contra credores. O TJUE adotou uma interpretação restritiva da regra de competência exclusiva, desfavorável, então, ao Banco Dresdner, e limitou o seu alcance: "(...) *o artigo 16.º, n.º 1, deve ser interpretado no sentido de que a competência exclusiva dos tribunais do Estado contratante onde o imóvel está situado não abrange a totalidade das acções sobre direitos reais sobre imóveis, mas apenas aquelas que, ao mesmo tempo, se incluem no âmbito de aplicação da convenção de Bruxelas e se destinam a determinar o alcance, a consistência, a propriedade, a posse de um bem imóvel ou a existência de outros direitos reais sobre esses bens e a garantir aos titulares desses direitos a protecção das prerrogativas ligadas ao seu título*".[6]

Similar distinção é consagrada pelo direito suíço. A Lei de Direito Internacional privado suíça estabelece em seu art. 97 a competência exclusiva dos tribunais locais apenas para ações

---

[3] Promulgada pelo Decreto nº 72.312, de 31 de maio de 1973.
[4] Promulgada pelo Decreto nº 3.166, de 14 de setembro de 1999.
[5] Regulamento Bruxelas I *bis*, art. 24: "Têm competência exclusiva os seguintes tribunais de um Estado--Membro, independentemente do domicílio das partes: 1) Em matéria de direitos reais sobre imóveis e de arrendamento de imóveis, os tribunais do Estado-Membro onde se situa o imóvel. Todavia, em matéria de contratos de arrendamento de imóveis celebrados para uso pessoal temporário por um período máximo de seis meses consecutivos, são igualmente competentes os tribunais do Estado-Membro onde o requerido tiver domicílio, desde que o arrendatário seja uma pessoa singular e o proprietário e o arrendatário tenham domicílio no mesmo Estado-Membro".
[6] TJEU, j. 10.01.1990, caso C-115-88.

reais[7] (*in rem*). Da mesma maneira, o Código Civil Argentino de 2014 estabelece a competência exclusiva apenas em matéria de direitos reais.[8]

No direito inglês, a chamada *Moçambique rule*, estabelecida em decisão de 1893,[9] exclui a competência dos tribunais ingleses para ações envolvendo a propriedade, ou turbação da posse, de imóveis situados no exterior, regra posteriormente reafirmada em casos subsequentes.[10] Expressando algum ceticismo em relação à regra, a Corte de Apelação da Nova Zelândia decidiu, na hipótese inversa, que a *Mozambique rule* não constitui uma regra de incompetência absoluta e tribunais irlandeses poderiam decidir disputa envolvendo imóvel na Nova Zelândia.[11]

No Brasil, a regra atualmente contida no art. 23, I, do CPC[12] é tradicional e já foi examinada por nossos tribunais em diversas ocasiões. Questão interessante diz respeito à extensão da regra: tratar-se-ia, a exemplo do caso europeu, de regra que abrange apenas ações reais ou, ao contrário, de reserva de jurisdição dos tribunais brasileiros para qualquer demanda que afete, ainda que indiretamente, os direitos reais relativos a imóvel situado no Brasil?

Pontes de Miranda,[13] Hélio Tornaghi[14] e Agustinho Fernandes Dias da Silva[15] defendem a primeira alternativa (somente demandas fundadas em direito real), enquanto Celso Agrícola

---

[7] Lei de Direito Internacional Privado suíça, art. 97: "*The courts at the place where immovable property in Switzerland is located have exclusive jurisdiction to hear actions relating to rights* in rem *in such property*".

[8] Código Civil argentino de 2014, art. 2.609: "Jurisdicción exclusiva. Sin perjuicio de lo dispuesto en leyes especiales, los jueces argentinos son exclusivamente competentes para conocer en las siguientes causas: a) en materia de derechos reales sobre inmuebles situados en la República".

[9] *British South Africa Co. v. Companhia de Moçambique* [1893] A.C. 602.

[10] Para uma análise da regra, Michael J. Whincop, Mary Keyes, Richard Posner, *Policy and Pragmatism in the Conflict of Laws*, 2001, p. 114-116.

[11] *Christie v Foster* [2019] NZCA 623, §§ 74-75: "In modern times, the Moçambique rule has been widely criticised as an anomalous historic relic.31 It is said to be out of step with what is now internationally acceptable, as well as being illogical and productive of injustice. There have been calls for it to be abolished in New Zealand and for proceedings relating to foreign land to be dealt with solely under the High Court Rules relating to jurisdiction and forum conveniens.32 [75] The criticisms appear to be well founded. However, we are satisfied this is not the case to decide whether the Moçambique rule should still be good law in New Zealand. That is because in our view, the rule has only ever applied to foreign land and not to land situated in New Zealand. To put it another way, it is not a domestic exclusive jurisdiction rule and cannot be the basis for a New Zealand court to hold that an Irish court would have no jurisdiction. None of the cases and texts cited to us by counsel support that approach".

[12] CPC, art. 23, I: "I – conhecer de ações relativas a imóveis situados no Brasil".

[13] Deve-se chamar a atenção para a mudança de opinião do autor. Na primeira edição (1973) dos Comentários ao Código Civil, p. 195, Pontes de Miranda escreveu: "Surgem, porém, alguns problemas: o dono do imóvel situado no Brasil, o doou ou o vendeu a alguém, no estrangeiro; e foi proposta no estrangeiro, ação de invalidade de negócio jurídico, e foi decretada a invalidade, ou a validade? Basta a homologação da sentença estrangeira? Não; o artigo falou de 'ações relativas a imóveis situados no Brasil', e não só de ações reais relativas a imóveis situados no Brasil". Posteriormente, na terceira edição (1995), p. 225: "Surgem, porém, alguns problemas: o dano o imóvel situado no Brasil, o doou ou o vendeu a alguém, no estrangeiro; e foi proposta no estrangeiro, ação de invalidade de negócio jurídico, e foi decretada a invalidade, ou a validade? Basta a homologação da sentença estrangeira? Sim; o art. 89, I falou de 'ações relativas a imóveis situados no Brasil', e havemos de entender ações reais relativas a imóveis situados no Brasil". E mais adiante, em trecho inexistente na edição de 1973, p. 226: "Mais uma vez advertimos que ações de promessa de venda ou de outro negócio jurídico não têm de ser tratadas, salvo se com eficácia registrária, como ações sobre bens imóveis sitos no Brasil".

[14] Hélio Tornaghi, *Comentários ao Código de Processo Civil*, 1974, v. I, p. 308.

[15] Agostinho Fernandes Dias da Silva, *A Competência Judiciária e o Direito Internacional Privado Brasileiro*, 1965, p. 65.

Barbi,[16] Barbosa Moreira,[17] Arruda Alvim,[18] Ovídio A. Baptista da Silva,[19] Wilson de Souza Campos Batalha,[20] Donaldo Armelin,[21] Athos Gusmão Carneiro[22] e Fredie Didier Jr.[23] defendem a segunda. O tema foi examinado de forma mais detalhada pela segunda autora em obra dedicada à extensão da jurisdição brasileira.[24]

Interessante exceção à competência exclusiva em matéria de imóveis foi aplicada pelo Supremo Tribunal Federal em disputa entre dois Estados estrangeiros. Em 1951, o governo da Síria adquiriu imóvel sito no bairro de Botafogo, no Rio de Janeiro. Em 1958, Síria e Egito constituíram um novo Estado, a República Árabe Unida. Em setembro de 1961, quando desfeita a união, a RAU era representada no Brasil por diplomata egípcio e a sede da embaixada funcionava no imóvel adquirido pela Síria. Ao julgar a ação reivindicatória ajuizada pelo governo sírio em face do governo egípcio, o Supremo Tribunal Federal extinguiu a ação sem julgamento de mérito, reconhecendo a ausência de jurisdição dos tribunais brasileiros, pois a controvérsia exigiria o exame das consequências jurídicas da separação dos Estados.[25] O caso envolveu a prevalência do princípio da imunidade de jurisdição sobre a regra da competência exclusiva.

Como já registrado, a jurisprudência nacional frequentemente bilateraliza a regra de competência exclusiva estabelecida no art. 23, I, do CPC e, como consequência, considera os tribunais brasileiros incompetentes para ações relativas a imóveis situados no exterior. Embora a maior parte das decisões tenha sido proferida no âmbito sucessório, é possível encontrar tais decisões também no campo dos bens. Incorretamente bilateralizando a regra de competência exclusiva em matéria de bens imóveis prevista no direito brasileiro, o Tribunal de Justiça do Estado de São Paulo declarou a incompetência do Judiciário brasileiro para ação de prestação de contas movida por herdeiro em face de inventariante, domiciliado no Brasil, que administrou bens imóveis sitos no exterior.[26]

---

[16] Celso Agrícola Barbi, *Comentários ao Código de Processo Civil*, 2008, v. I, p. 305.
[17] José Carlos Barbosa Moreira, Problemas Relativos a Litígios Internacionais, *Revista de Processo* 65:147, 1994.
[18] Arruda Alvim, Competência Internacional, *Revista de Processo* 7: 32, 1977.
[19] Ovídio A. Baptista da Silva, *Comentários ao Código de Processo Civil*, 2000, p. 90.
[20] Wilson de Souza Campos Batalha, *Tratado Elementar de Direito Internacional Privado*, 1961, p. 296.
[21] Donaldo Armelin, Competência Internacional, *Revista de Processo* 2: 151, 1976.
[22] Athos Gusmão Carneiro, *Jurisdição e Competência*, 2007, p. 81.
[23] Fredie Didier Jr., Curso de Direito Processual Civil, 2015, v. I, p. 213.
[24] Carmen Tiburcio, *Extensão e Limites da Jurisdição Brasileira: Competência Internacional e Imunidade de Jurisdição*, 2019, p. 77 e ss.
[25] STF, ACo nº 298, Rel. Min. Soares Muñoz, DJ 17.12.1982: "Internacional público. Imunidade de jurisdição. Ação de Estado estrangeiro contra outro, perante a Justiça Brasileira. 1) Demanda que tem por objeto imóvel situado no Brasil, originariamente adquirido pela Republica da Síria, depois utilizado pela Republica Árabe unida, e, desfeita a união dos dois Estados, retido pela Republica Árabe do Egito. 2) Imunidade de jurisdição, invocada pelo Estado-réu e no caso não afastada pelo fato de constituir objeto da demanda um imóvel situado no Brasil. 3) Antecedendo ao aspecto da aplicabilidade do direito interno brasileiro sobre propriedade imobiliária situada no Brasil, a imunidade de jurisdição se afirma pela circunstância de a solução da controvérsia entre os dois Estados estrangeiros depender de prévio exame de questão, regida pelo direito internacional público, atinente aos efeitos, entre os Estados estrangeiros litigantes, de atos de sua união e posterior separação. Impossibilidade de definição da Justiça Brasileira sobre tal questão prévia, concernente a relações jurídicas entre os Estados Litigantes".
[26] TJSP, Apelação Cível nº 1087072-09.2017.8.26.0100, Rel. Des. João Baptista Galhardo Júnior, j. 01.04.2022. Lê-se na decisão: "Quanto à prestação de contas de imóveis localizados no exterior, que decorre de gestão e negociação feitas em sua totalidade fora do território nacional, inconcebível exigir-se prestação de contas relativas a esses bens, como bem decidido pelo juízo a quo, encontrando esta decisão respaldo no art. 89 do Código de Processo Civil".

## Bens Móveis

A fixação da competência internacional em decorrência da presença de bem móvel é hipótese rara no direito comparado. A Lei de Direito Internacional Privado da Suíça, uma das exceções, fixa a competência dos tribunais suíços para ações reais relativas a bens móveis tanto quando o réu for domiciliado no país como quando o bem estiver localizado na Suíça.[27] Na Argentina, o Código Civil faz igualmente referência à lei do local da situação do bem.[28] Caso interessante é a regra prevista pelo direito alemão,[29] que fixa a competência *geral* dos tribunais locais quando o réu possuir bens no foro.

No Brasil, a existência de bens no país é expressamente prevista como hipótese de competência internacional dos tribunais brasileiros em apenas um caso excepcional. Trata-se do art. 22, I, *b*, que permite a propositura da ação de alimentos quando o devedor mantiver *"posse ou propriedade de bens"* em nosso país. Essa regra protetiva privilegia a parte mais fraca na relação jurídica e reproduz regra já constante em tratados internacionais em vigor no país, como visto no Capítulo XXVII.

## Propriedade Intelectual

Em matéria de propriedade intelectual, o Regulamento Bruxelas I *bis*, art. 24(4), estabelece a competência exclusiva dos tribunais do local do depósito ou registro[30] para decidir sobre a sua validade. Essa regra corresponde à aplicação, no campo da propriedade intelectual, da ideia de que a validade de atos administrativos de um Estado não deve ser reexaminada por tribunais estrangeiros. A irregularidade no registro de patentes na Alemanha deve ser examinada pelos tribunais alemães, não pelos espanhóis, franceses ou austríacos. A mesma regra pode ser encontrada nos *Principles for Conflict of Laws in Intellectual Property* redigidos pelo instituto Max Planck em 2011.[31]

O Tribunal de Justiça da União Europeia decidiu em 2022 que o art. 24 não se aplica quando o que está em disputa é a titularidade de patentes ou pedidos de patentes apresentados em países que não fazem parte da União Europeia. No caso *IRnova AB contra FLIR Systems AB*, as partes, ambas empresas suecas, disputavam a titularidade de patentes, ou pedidos de patentes, apresentados na China e nos Estados Unidos. Suscitado o reenvio prejudicial, o

---

[27] Lei de Direito Internacional Privado da Suíça, art. 98: "1 The Swiss courts at the domicile or, in the absence of a domicile, at the habitual residence of the defendant have jurisdiction to hear actions relating to rights in rem in movable property. 2 The Swiss courts at the place where the property is located also have jurisdiction".

[28] Código Civil argentino de 2014, art. 2666: "Acciones reales sobre bienes no registrables. Los jueces del domicilio del demandado o del lugar de situación de los bienes no registrables son competentes para entender en las acciones reales sobre dichos bienes".

[29] Código de Processo Civil alemão (ZPO), art. 30.

[30] Regulamento Bruxelas I *bis*, art. 24, 4: "4) Em matéria de registo ou validade de patentes, marcas, desenhos e modelos e outros direitos análogos sujeitos a depósito ou a registo, independentemente de a questão ser suscitada por via de ação ou por via de exceção, os tribunais do Estado-Membro onde o depósito ou o registo tiver sido requerido, efetuado ou considerado efetuado nos termos de um instrumento da União ou de uma convenção internacional. Sem prejuízo da competência do Instituto Europeu de Patentes ao abrigo da Convenção relativa à Emissão de Patentes Europeias, assinada em Munique em 5 de outubro de 1973, os tribunais de cada Estado-Membro são os únicos competentes em matéria de registo ou de validade das patentes europeias emitidas para esse Estado-Membro".

[31] *Principles for Conflict of Laws in Intellectual Property*, art. 2:401

TJUE afirmou que a competência dos tribunais suecos não deveria ser examinada à luz do art. 24(4) do Regulamento Bruxelas I *bis*.

A mesma regra de competência exclusiva aparece no direito argentino.[32] Essa regra de competência exclusiva abrange, contudo, apenas a discussão quanto à validade do registro ou depósito, vale dizer, sobre a existência do direito. Por outro lado, a maior parte dos casos envolvendo a violação a marcas, patentes ou direitos autorais se insere no campo da responsabilidade extracontratual, matéria estudada no Capítulo XXVI.

Nos Estados Unidos, o caso *Voda v. Cordis Corp.* é normalmente referido[33] como representativo da posição dos tribunais do país sobre o tema. Na hipótese, o autor da ação buscou, inicialmente, reparação por violação a patentes norte-americanas. Posteriormente, buscou incluir pedidos indenizatórios por violação, pela mesma ré, das patentes europeia, britânica, canadense, francesa e alemã que protegiam a mesma invenção. A inclusão não foi admitida em razão da territorialidade das patentes, da existência de tribunais estrangeiros aptos a proteger os direitos do autor e por considerações de justiça substantiva.[34]

Questão delicada diz respeito aos casos em que a invalidade da marca ou da patente é suscitada incidentalmente pelo réu em ação em curso em jurisdição diversa daquela do registro ou depósito. A questão apareceu, por exemplo, no caso *Lucasfilm Ltd v Ainsworth*, decidido pelos tribunais ingleses. A discussão teve como ponto de partida a aplicação da *Moçambique rule* ao campo da propriedade intelectual, mas, revertendo decisão anterior, a Suprema Corte do Reino Unido chegou à conclusão de que a violação a patentes estrangeiras poderia ser apreciada pelos tribunais ingleses desde que estes possuam jurisdição pessoal sobre o réu.[35]

Os *Principles for Conflict of Laws in Intellectual Property* redigidos pelo Max Planck estabelecem a competência da jurisdição na qual a violação ocorreu, a menos que nenhum ato tenha sido praticado pelo réu em tal jurisdição e não fosse razoável prever seu direcionamento para tal Estado.[36] Os princípios também excluem da competência exclusiva dos tribunais do local do registro ou depósito os casos em que não há pedido formulado diretamente relacionado à existência ou validade da marca ou patente e a decisão não produza efeitos sobre terceiros.[37]

## LEI APLICÁVEL

A principal regra de conexão para os bens é a *lex rei sitae*, expressão que designa a aplicação da lei do local da situação do bem. Se alguém possui um apartamento em Paris, é a lei francesa

---

[32] Código Civil argentino de 2014, art. 2.609: "Jurisdicción exclusiva. Sin perjuicio de lo dispuesto en leyes especiales, los jueces argentinos son exclusivamente competentes para conocer en las siguientes causas: a) en materia de derechos reales sobre inmuebles situados en la República; (...) c) en materia de inscripciones o validez de patentes, marcas, diseños o dibujos y modelos industriales y demás derechos análogos sometidos a depósito o registro, cuando el depósito o registro se haya solicitado o efectuado o tenido por efectuado en Argentina".

[33] Por exemplo, Toshiyuki Kono (ed.), *Intellectual Property and Private International Law: Comparative Perspectives*, 2012, p. 51.

[34] *Voda v Cordis Corp* 476 F 3d 887, 2007.

[35] *Lucasfilm Limited and others v Ainsworth and another*, [2011] UKSC 39: "We have come to the firm conclusion that, in the case of a claim for infringement of copyright of the present kind, the claim is one over which the English court has jurisdiction, provided that there is a basis for in personam jurisdiction over the defendant, or, to put it differently, the claim is justiciable".

[36] *Principles for Conflict of Laws in Intellectual Property*, art. 2:202.

[37] *Principles for Conflict of Laws in Intellectual Property*, art. 2:401(2).

que vai regular o seu direito de propriedade sobre o imóvel. Se um colecionador possui obras de arte em São Paulo, é o direito brasileiro que vai definir seus direitos reais sobre a coleção. As mesmas justificativas que sustentam a regra *forum rei sitae* se aplicam, analogicamente, no campo do conflito de leis. Assim, a *lex rei sitae* se apoia na ideia de soberania,[38] segurança jurídica das transações locais[39] e na proteção dos créditos, públicos e privados, locais.

O domínio da *lex rei sitae* abrange a definição dos bens sujeitos à apropriação, as formas de aquisição e transferência da propriedade, a qualificação dos bens, os direitos atribuídos ao proprietário, a possibilidade de desdobramento e criação de gravames.

Na França, a consagração da *lex rei sitae* foi o resultado de uma dupla extensão[40] do art. 3º do Código Civil francês, que determina a aplicação da lei francesa aos imóveis localizados na França, ainda que os proprietários sejam estrangeiros. A primeira extensão incluiu no escopo da regra os bens móveis.[41] A segunda extensão, um processo de bilateralização, passou a aplicar a regra para a determinação da lei aplicável aos bens situados no exterior. Foi esse o ponto alto da *lex rei sitae*, aplicável a todos os bens, independentemente de sua natureza ou localização.

O Código Civil português estabelece no art. 46, 1, que "*O regime da posse, propriedade e demais direitos reais é definido pela lei do Estado em cujo território as coisas se encontrem situadas*".[42] A mesma fórmula aparece na Lei de Direito Internacional Privado italiana de 1995.[43] Uma variação da fórmula foi adotada pela Lei de Direito Internacional Privado venezuelana de 1998: "*La constitución, el contenido y la extensión de los derechos reales sobre los bienes, se rigen por el Derecho del lugar de la situación*".[44]

No Brasil, o art. 8º da Lei de Introdução dispõe: "*Para qualificar os bens e regular as relações a eles concernentes, aplicar-se-á a lei do país em que estiverem situados*". Trata-se da consagração da *lex rei sitae* pelo direito internacional privado brasileiro. Relembre-se o que já dito: o campo de aplicação do art. 8º da Lei de Introdução abrange os bens individualmente considerados (*uti singuli*), posição tradicional do direito internacional privado brasileiro.[45]

Embora a questão ainda não tenha sido decisivamente enfrentada por nossos tribunais, a doutrina e a jurisprudência estrangeira ensinam que a lei da situação do bem convive,

---

[38] José Antonio Pimenta Bueno, Direito Internacional Privado e aplicação de seus princípios, 1863, p. 86. Em sentido contrário, Clóvis Beviláqua, *Princípios Elementares de Direito Internacional Privado*, p. 168: "A razão que davam os antigos em apoio da lex situs relativamente aos imóveis é consistente em considerá-los porções do território nacional que, por isso mesmo, não admitem outra lei que não a da soberania nacional, já perdeu todo o seu prestígio, porque o direito moderno permite a propriedade de imóveis a estrangeiros, e quando prefere vê-los em seu conjunto como um patrimônio ou fazendo parte de um patrimônio, coloca-os, muitas vezes, como no caso da herança, sob o império de uma lei estrangeira".

[39] Bernard Audit e Louis d'Avout, *Droit International Privé*, 2022, p. 848: "Ce principe est conforme à l'intérêt des État au bon ordre des relations sur leur territoire: parfois résume par l'appel à la notion de souveraineté, cet interêt public se manifeste dans l'organisation des procédures possessoire et pétitoire qui parent à la violence privée, ou dans les restrictions administratives à l'acquisition de propriété privative réservant à la collectivité la jouissance de certaines richesses".

[40] Bernard Audit e Louis d'Avout, *Droit International Privé*, 2022, p. 841.

[41] Cass. Req., 19.03.1872, Craven, D. P. 74. I. 465, S. 72. I. 238.

[42] Clóvis Beviláqua, *Princípios Elementares de Direito Internacional Privado*, p. 168.

[43] Lei de Direito Internacional Privado italiana de 1995, art. 51: "1. Il possesso, la proprietà e gli altri diritti reali sui beni mobili ed immobili sono regolati dalla legge dello Stato in cui i beni si trovano".

[44] Lei de Direito Internacional Privado venezuelana de 1998, art. 26.

[45] Sobre o tema, v. Oscar Tenório, *Direito Internacional Privado*, 1976, v. II, p. 155 e ss.; Haroldo Valladão, *Direito Internacional Privado*, 1977, v. II, p. 156 e ss.; e Wilson de Souza Campos Batalha, *Tratado de Direito Internacional Privado*, 1977, v. II, p. 191 e ss.

frequentemente, com a lei do contrato celebrado entre as partes a propósito de tal bem. Há, portanto, de se determinar o âmbito de aplicação da lei territorial e da lei de origem (*loi de source*[46]) do direito.

Não é pacífico o âmbito de aplicação da *lex rei sitae* tanto para móveis quanto para imóveis quando se está diante de uma relação jurídica obrigacional que envolve um bem. Trata-se, nos dois casos, do já estudado fenômeno da *dépeçage*, tema complexo no qual se define quais são as questões obrigacionais – regidas pela lei aplicável ao contrato – e as questões relativas ao bem propriamente dito, regidas pela *lex rei sitae*. Se bem que inexistem dúvidas sobre o fato de que são questões diversas – reconhecido até mesmo por tratados como a Convenção da ONU sobre Compra e Venda Internacional de Mercadorias, de 1980, art. 4º – estabelecer a exata linha divisória entre o que é matéria obrigacional e real reflete um problema de qualificações, tema que tampouco é pacífico no direito internacional privado.

## Bens Imóveis

A determinação da lei aplicável aos bens imóveis é o domínio preferencial de aplicação da *lex rei sitae*. Fortemente relacionada ao conceito de soberania e domínio sobre o território, a regra geral é amplamente aceita no direito comparado. Mesmo nesse cenário, contudo, as questões da qualificação e da *dépeçage* assumem relevo e atuam como força centrífuga atraindo a incidência de outras regras de conexão.

No direito suíço, por exemplo, a Lei de Direito Internacional Privado de 1987 diferencia entre os direitos reais relativos a bens imóveis, que devem ser submetidos à lei do local onde a propriedade está localizada,[47] e o direito aplicável às perturbações relacionadas ao imóvel, matéria submetida à regra de conexão referente a ilícitos extracontratuais.[48] Se existe uma dúvida sobre a aquisição da propriedade de um imóvel localizado na Suíça, então essa é questão submetida ao direito suíço. Se esse imóvel foi, contudo, danificado em razão de partículas de poluição emitidas por uma fábrica na França, estaremos no domínio da responsabilidade civil extracontratual.

No direito argentino, o art. 2.667 do Código Civil submete os direitos reais relativos a imóveis à lei do local de sua situação. Assim, as questões relativas ao contrato por meio do qual se adquiriu a propriedade, nos casos, por exemplo, de compra e venda, não parecem ser abrangidas pela *lex rei sitae*. Tais questões são submetidas à *lex contractus*. A possibilidade de uma parte poder exigir a rescisão do contrato ou a complementação do preço dependerá, então, da lei aplicável ao seu negócio.

Interessante observar que o art. 8º da Lei de Introdução não faz distinção entre os bens móveis e imóveis. Há, portanto, mais espaço para a construção de soluções doutrinárias e jurisprudenciais que adaptem a regra prevista no dispositivo nas diversas ramificações do estudo dos bens.

---

[46] Pierre Mayer, Vincent Heuzé e Benjamin Remy, Droit International Privé, 2019, p. 474 e ss.; Bernard Audit e Louis d'Avout, *Droit International Privé*, 2022, p. 850 e ss.; Dominique Bureau e Horatia Muir Watt, *Droit International Privé*, 2021, t. 2.

[47] Lei de Direito Internacional Privado suíça de 1987, art. 99(1): *"Rights in rem in immovable property are governed by the law of the place where the property is located".*

[48] Lei de Direito Internacional Privado suíça de 1987, art. 99(2): *"Claims arising out of nuisances originating from immovable property are governed by the provisions of this Act relating to torts (Art. 138)".*

## Bens Móveis

Do ponto de vista histórico, os bens móveis constituíam exceção à *lex rei sitae*, prevalecendo a aplicação da lei pessoal do proprietário (*mobilia sequuntur personam*), passando a integrar o estatuto real sob a influência de Savigny.[49] Essa integração não assume caráter absoluto, seja em razão de exceções consagradas no direito internacional privado, seja em razão da aplicação dos casos nos quais se verificam conflitos móveis.

Em matéria de bens móveis, a particularidade relevante é a de que a identificação da localização geográfica do bem em determinado momento suscita obstáculos do ponto de vista probatório, como é o caso de veículos terrestres, ou, no caso de aeronaves, é extremamente efêmera.[50] Há, ainda, de se questionar os efeitos da transferência de bens de uma jurisdição a outra sobre o direito do proprietário e o direito de terceiros.

Imagine-se, por exemplo, a determinação do prazo de prescrição aquisitiva de um bem móvel. O possuidor de boa-fé, inicialmente domiciliado no Estado A, transfere-se temporariamente para o Estado B, portando o bem em questão. Finda sua estada no exterior, fixa residência no Estado C. Surgindo disputa a respeito da propriedade do bem no Estado C, como articular as três diferentes leis aplicáveis? Qual prazo deverá ser observado? A posse no Estado A deve ser computada para fins de prescrição aquisitiva no Estado C?[51]

O princípio da proximidade parece ser um dos importantes mecanismos de correção da *lex rei sitae*. Consagrado no direito internacional privado alemão,[52] permite a promoção da justiça conflitual e a correção dos resultados que decorreriam da aplicação rígida da *lex rei sitae* a bens móveis cuja conexão com o lugar da situação seja excessivamente tênue. Imagine-se, por exemplo, o caso em que a bagagem de um passageiro é erroneamente remetida a país diverso do que o do destino de sua viagem, por ele inteiramente desconhecido. Não faria sentido aplicar a *lex rei sitae*, a lei do local para onde a mala foi equivocadamente remetida, para, por exemplo, determinar os meios de prova admissíveis para que o passageiro possa comprovar ser proprietário dos bens contidos em sua mala.

Para os bens em trânsito, tanto o direito português quanto o direito italiano preveem uma derrogação da *lex rei sitae* em favor da lei do local da destinação de tais bens, regra prevista no art. 46 do Código Civil português[53] e no art. 52[54] da Lei de Direito Internacional Privado italiana. Essa mesma exceção aparece no direito internacional privado suíço.[55]

Nos casos de transferência dos bens, a solução do conflito móvel em favor da aplicação da lei da localização atual do imóvel nos termos aqui descritos favorece uma concepção de segurança jurídica ligada à aparência, protegendo terceiros. Essa ideia tradicional em matéria de direitos reais pode, contudo, ser contestada em um cenário em que cada vez mais formas de gravames reais, garantias e interesses sobre o bem imóvel não exigem a transferência da posse.[56]

---

[49] Dominique Bureau e Horatia Muir Watt, *Droit International Privé*, 2021, t. 2, p. 65.
[50] Bernard Audit e Louis d'Avout, *Droit International Privé*, 2022, p. 845.
[51] A questão é tratada, por exemplo, na Lei de Introdução ao Código Civil alemão, § 43.
[52] Lei de Introdução ao Código Civil alemão, § 46.
[53] Código Civil português, art. 46(2): "Em tudo quanto respeita à constituição ou transferência de direitos reais sobre coisas em trânsito, são estas havidas como situadas no país do destino".
[54] Lei de Direito Internacional Privado italiana de 1995, art. 52: "*I diritti reali su beni in transito sono regolati dalla legge del luogo di destinazione*".
[55] Lei de Direito Internacional Privado suíça de 1987, art. 101: "The acquisition and loss, through legal transactions, of rights in rem in goods in transit are governed by the law of the state of destination".
[56] Bernard Audit e Louis d'Avout, *Droit International Privé*, 2022, p. 846.

Em matéria de garantias, a Corte de Cassação francesa determinou a aplicação da lei francesa para determinar a validade de pacto comissório incidente sobre veículo automotivo adquirido por empresa alemã, na Alemanha, por meio de empréstimo concedido por empresa também alemã. À época localizado na França, o veículo foi objeto de execução movida por credor francês, ocasião em que a empresa credora alemã buscou fazer valer o pacto comissório – plenamente eficaz na Alemanha, mas proibido pelo direito francês. Ao decidir o caso, a Corte de Cassação determinou que a *lex rei sitae* determina também a validade das garantias constituídas sobre o bem, afastando, pois, o pacto comissório.[57]

**Propriedade Intelectual**

Os direitos de propriedade intelectual normalmente se traduzem na constituição de um monopólio, em favor do autor, para exploração de determinada criação, seja um livro (direito do autor) ou um produto, seja, ainda, um signo distintivo de um negócio (propriedade industrial). A natureza imaterial de tais direitos adiciona complexidade à questão. No campo da propriedade intelectual, regido por tratados, o direito internacional privado tem sido frequentemente ignorado em razão dos princípios da territorialidade e independência das marcas e patentes. A questão da propriedade literária e artística, também regida essencialmente por tratados, recorre ao estado de origem do direito. Três tratados internacionais têm papel de destaque: a Convenção de Paris (propriedade industrial), a Convenção de Berna (direitos autorais) e o Acordo sobre Aspectos dos Direitos de Propriedade Intelectual Relacionados ao Comércio (Acordo TRIPS).

A Convenção de Paris para a Proteção da Propriedade Industrial (Convenção de Paris ou CUP) institui as regras básicas no campo internacional. A premissa básica da convenção é a territorialidade dos direitos de propriedade industrial – regra com exceções pontuais reconhecidas pelo texto convencional, como é o caso das marcas notórias.[58] O único efeito extraterritorial da convenção amplamente reconhecido diz respeito à concessão de direito de prioridade para o registro ou depósito devidamente apresentada em outro Estado ratificante, regra prevista expressamente na convenção[59] e reproduzida na legislação brasileira.[60]

A Convenção de Berna para a Proteção das Obras Literárias e Artísticas (Convenção de Berna), a exemplo da Convenção de Paris, cria algumas regras para a proteção de direitos do autor. A cláusula operativa do tratado é o art. 5º, que estabelece que "*Os autores gozam, no que concerne às obras quanto às quais são protegidos por força da presente Convenção, nos países da União, exceto o de origem da obra, dos direitos que as respectivas leis concedem atualmente ou venham a conceder no futuro aos nacionais, assim como dos direitos especialmente concedidos pela presente Convenção*".

Finalmente, a maior integração dos direitos de propriedade intelectual aos fluxos do comércio internacional fez com que a matéria fosse objeto de acordo concluído no âmbito

---

[57] Corte de Cassação, 08.07.1969.
[58] Convenção de Paris para a Proteção da Propriedade Industrial, art. 6º.
[59] Convenção de Paris para a Proteção da Propriedade Industrial, art. 4º: "Artigo 4 A. 1) Aquele que tiver devidamente apresentado pedido de patente de invenção, de depósito de modelo de utilidade, de desenho ou modelo industrial, de registro de marca de fábrica ou de comércio num dos países da União, ou o seu sucessor, gozará, para apresentar o pedido nos outros países, do direito de prioridade durante os prazos adiante fixados".
[60] Lei de Propriedade Intelectual, art. 16: "o pedido de patente depositado em país que mantenha acordo com o Brasil, ou em organização internacional, que produza efeito de depósito nacional, será assegurado direito de prioridade, nos prazos estabelecidos no acordo, não sendo o depósito invalidado nem prejudicado por fatos ocorridos nesses prazos".

da Organização Mundial do Comércio (OMC). O Acordo sobre Aspectos dos Direitos de Propriedade Intelectual Relacionados ao Comércio (Acordo TRIPS) tem como objetivo criar direito uniforme, estabelecendo um padrão de proteção mínimo a ser observado pelos países ratificantes.[61]

Fora do direito convencional, no campo do conflito de leis, convivem a teoria unitarista e a teoria pluralista. A teoria unitária sustenta que todas as questões referentes a tais direitos devem ser submetidas à lei do local da constituição do direito. Uma vez validamente constituído o direito, tal constituição deve produzir efeitos extraterritoriais. Essa parece ser a opção do direito português: conforme o Código Civil português, os direitos autorais são regulados pela lei do local da primeira publicação da obra ou, não publicada, pela lei pessoal do autor, enquanto a propriedade industrial é regulada pela lei do país de sua criação.[62]

Os *Principles for Conflict of Laws in Intellectual Property* redigidos pelo Max Planck determinam a aplicação da lei do Estado que concedeu a proteção para questões referentes a existência, validade, procedimento de registro, conteúdo e duração de um direito de propriedade intelectual.[63] As infrações a tais direitos são regidas pela lei do Estado em que se pleiteia a proteção[64] e, nos casos de infrações difundidas (*e.g.*, via internet), aplica-se a lei do Estado com a conexão mais próxima à infração.[65]

**Navios e Aeronaves**

Outro campo problemático para a aplicação da *lex rei sitae* diz respeito aos bens sem localização permanente, visto que há algumas exceções amplamente aceitas visando evitar o difícil problema dos conflitos móveis no direito internacional privado. Entre as possíveis discussões, surge a questão da validade e eficácia das hipotecas constituídas em relação a navios e aeronaves. O tema é regulado por múltiplas convenções, tais como o Código Bustamante, a Convenção Internacional para a Unificação de Certas Regras relativas aos Privilégios e Hipotecas Marítimas e o respectivo Protocolo[66] (Convenção de Bruxelas de 1926), e a Convenção sobre Garantias Internacionais Incidentes sobre Equipamentos Móveis[67] (Convenção da Cidade do Cabo) e seus protocolos.

O tema específico da validade das garantias constituídas em relação a embarcações foi debatido no Superior Tribunal de Justiça em Recurso Especial interposto por credor que buscava fazer valer a hipoteca, registrada na Libéria, país do pavilhão do navio, incidente sobre embarcação ancorada no Brasil, de modo a garantir que o produto da alienação da embarcação fosse destinado preferencialmente à satisfação do crédito hipotecário.[68] A hipoteca garantia financiamento concedido por empresa norueguesa à empresa brasileira para a aquisição da embarcação. A hipoteca, contudo, não havia sido registrada ou constituída nos termos da legislação brasileira, o que fez com que os credores brasileiros contestassem sua eficácia no

---

[61] Sobre o tema, v. Denis Borges Barbosa, *Direito Internacional da Propriedade Intelectual*, 2008, p. 75 e ss.
[62] Código Civil português, art. 48: "1. Os direitos de autor são regulados pela lei do lugar da primeira publicação da obra e, não estando esta publicada, pela lei pessoal do autor, sem prejuízo do disposto em legislação especial. 2. A propriedade industrial é regulada pela lei do país da sua criação".
[63] *Principles for Conflict of Laws in Intellectual Property*, art. 3:102.
[64] *Principles for Conflict of Laws in Intellectual Property*, art. 3:601.
[65] *Principles for Conflict of Laws in Intellectual Property*, art. 3:603.
[66] Promulgados pelo Decreto nº 351, de 1º de outubro de 1935.
[67] Promulgada pelo Decreto nº 8.008, de 15 de maio de 2013.
[68] STJ, REsp nº 1.705.222, Rel. Min. Luis Felipe Salomão, *DJ* 01.02.2018.

Brasil. O STJ reformou a decisão do TJSP e aplicou o art. 278 do Código Bustamante,[69] que garante a eficácia extraterritorial das hipotecas validamente constituídas na jurisdição do pavilhão da embarcação.

## Patrimônio Cultural

Não pode ser ignorada a questão do tratamento dos bens culturais roubados (ou furtados) ou exportados ilegalmente do seu país de origem e, muitas vezes, transmitidos a terceiros de boa-fé. Trata-se de tema que já suscitou a elaboração de duas importantes convenções (Convenção da UNESCO de 1970 e Convenção da UNIDROIT de 1995) que preveem o pagamento de uma indenização para o adquirente de boa-fé que perder o título do bem. Ainda mais, o assunto envolve não somente relações entre particulares – proprietário no país de origem e novo adquirente no país onde o bem está localizado –, mas também o interesse do Estado de origem em manter os seus bens que tenham importância histórica e cultural. Constata-se que, por se situar na esfera do direito privado, a solução do primeiro problema (relação entre proprietário original e novo adquirente) parece ser mais fácil que a do segundo, que envolve o Estado e direito público, matérias que esbarram no *public law taboo* no direito internacional privado.

A Convenção sobre as Medidas a serem Adotadas para Proibir e Impedir a Importação, Exportação e Transportação e Transferência de Propriedade Ilícitas dos Bens Culturais traz em seu art. 1º definição do conceito de bens culturais, associando tal categoria à relevância arqueológica, histórica, artística ou religiosa do bem.[70] Embora não possua nenhuma regra de conexão bilateral, a Convenção da UNIDROIT de 1985 submete o exame da licitude da obtenção, retenção ou transporte de um bem cultural às leis vigentes no local de onde o bem foi extraído ou transportado.[71]

Como se vê, a aplicação das regras *lex rei sitae* e *forum rei sitae* nesse campo são problemáticas por múltiplas razões, normalmente se prestando apenas a ser o ponto de partida.[72] Em primeiro lugar, quando o que está em questão é a própria transferência do bem de uma jurisdição à outra, a aplicação da lei da situação atual do bem pode ser considerada ilegítima por desconsiderar a ilicitude da transferência, razão pela qual *lex origins* merece consideração. Por outro lado, disputas territoriais e mudanças de fronteiras ao longo da história por vezes dificultaram a identificação do Estado de origem dos bens.[73] Em outros casos, a própria lei da situação original dos bens será a origem da violação dos direitos dos proprietários das obras de arte, o que foi notoriamente o caso da expropriação de judeus na Alemanha durante

---

[69] Código Bustamante, art. 278: "A hipoteca marítima e os privilégios e garantias de caráter real, constituídos de acordo com a lei do pavilhão, têm efeitos extraterritoriais, até nos países cuja legislação não conheça ou não regule essa hipoteca ou esses privilégios".

[70] Convenção da UNESCO de 1970, art. 1º: "Para os fins da presente Convenção, a expressão "bens culturais" significa quaisquer bens que, por motivos religiosos ou profanos, tenham sido expressamente designados por cada Estado como de importância para a arqueologia, a pré-história, a história, a literatura, a arte ou a ciência, e que pertençam às seguintes categorias: (...)".

[71] Convenção da UNIDROIT de 1985, art. 3º, 2: "Para os efeitos da presente Convenção, um bem cultural obtido através de escavações ilícitas ou licitamente obtido através de escavações, mas ilicitamente retido, é considerado como furtado, se isso for compatível com o ordenamento jurídico do Estado onde as referidas escavações tenham tido lugar".

[72] Symeon C. Symeonides, A Choice-of-Law Rule for Conflicts Involving Stolen Cultural A Choice-of-Law Rule for Conflicts Involving Stolen Cultural Property, *Vanderbilt Journal of International Law* 38:1885, 2005.

[73] Christa Roodt, Restitution of art and cultural objects and its limits, *The Comparative and International Law Journal of Southern Africa* 46:290-291, 2013.

a Segunda Guerra. Além disso, em muitas jurisdições, a proteção do patrimônio histórico-cultural é regulada por leis internacionalmente mandatórias que não poderiam ser afastadas pelas regras de conexão.

Ilustrando a complexidade da matéria, Erik Jayme identifica cinco centros de interesse e matéria de restituição de obras de arte: (i) partes privadas; (ii) Estados; (iii) mercado de arte; (iv) sociedade civil internacional; e (v) a própria obra de arte.[74] Esses diferentes interesses podem suscitar disputas entre Estados, envolvendo a restituição de bens ilicitamente transferidos e que integram o acervo de museus, entre particulares, envolvendo, por exemplo, um terceiro de boa-fé que adquiriu obra de arte previamente subtraída do acervo público de Estado estrangeiro, ou injustamente expropriada, pretensões formuladas contra intermediários no mercado de arte ou, ainda, discussões envolvendo bens de interesse para grupos religiosos.

Em decisão de 2021, a Suprema Corte dos Estados Unidos reconheceu a imunidade de jurisdição da República da Alemanha em relação a ação movida por herdeiros de judeu expropriado de sua coleção de obras de arte, que incluía quadros de Courbet e Pissarro. A decisão mostra as dificuldades no campo da restituição internacional de obras de arte e ilustra os efeitos duradouros dos atos de confisco não apenas sobre as partes envolvidas, mas também para os demais participantes da sociedade internacional envolvidos em pedidos de restituição.[75]

---

[74] Erik Jayme, Globalization in Art Law: Clash of Interests and International Tendencies, *Vanderbilt Journal of Transnational Law* 38:929 e ss., 2005.

[75] *Federal Republic of Germany v. Philipp*, 592 U.S., 2021.

# BIBLIOGRAFIA

ACCIOLY, Hildebrando. *Tratado de direito internacional público*. Rio de Janeiro: Imprensa Nacional, 1933-1935. 3 v.

ACCIOLY, Hildebrando; NASCIMENTO SILVA, Geraldo Eulálio. *Manual de direito internacional público*. 15. ed. São Paulo: Saraiva, 1996.

ACCIOLY, Hildebrando; NASCIMENTO SILVA, Geraldo Eulálio; CASELLA, Paulo. *Manual de direito internacional público*. São Paulo: Saraiva, 2015.

ALMEIDA, Bruno Rodrigues. *O reconhecimento dos casamentos e parcerias entre pessoas do mesmo sexo no direito transnacional*. Belo Horizonte: Arraes, 2018.

ALVIM, Arruda. Competência Internacional. *Revista de Processo*, n. 7, p. 32, 1977.

AMADIO, Mario. *Le Contentieux International de l'Investissement Privé et la Convention de la Banque Mondiale du 18 mars 1965*. Paris: Librairie Générale de Droit et de Jurisprudence, 1967.

AMADIO, Mario. *Le Contentieux International de l'Investissement Privé et la Convention de la Banque Mondiale du 18 mars 1965*. Paris: Librairie Générale de Droit et de Jurisprudence, 1967.

AMARAL SANTOS, Moacyr. *Primeiras linhas de direito processual civil*. São Paulo: Saraiva, 2011. v. 1.

ANCEL, Bertrand. Les Conclusions sur les Statuts et Coutumes locaux de Du Moulin, traduites en français. *Revue*, 21-38, 2011.

ANCEL, Bertrand; LEQUETTE, Yves. *Grands arrêts de la jurisprudence française de droit international privé*. Paris: Sirey, 1987.

ANCEL, Bertrand; LEQUETTE, Yves. *Grands arrêts de la jurisprudence française de droit international privé*. 3. ed. Paris: Dalloz, 1998.

ANTUNES, Apio Cláudio de Lima. *Revista da Faculdade de Direito de Pelotas*, n. 8, nov. 1961.

ARAGÃO, Paulo Cezar. *Comentários ao Código de Processo Civil*. São Paulo: RT, 1975. v. V.

ARAÚJO, Nadia de. A jurisprudência brasileira sobre contratos internacionais: lei aplicável, ordem pública e cláusula de eleição de foro. In: ARAÚJO, Nadia de (Org.). *Contratos internacionais*: autonomia da vontade, Mercosul e convenções internacionais. Rio de Janeiro: Renovar, 2004.

ARAÚJO, Nadia de. *Direito internacional privado*: teoria e pratica brasileira. Rio de Janeiro: Renovar, 2008.

ARAÚJO, Nadia de. Perda e reaquisição da nacionalidade brasileira. In: DOLINGER, Jacob (Coord.). *A nova Constituição e o direito internacional*. Rio de Janeiro: Freitas Bastos, 1987.

ARAÚJO, Nadia de; VARGAS, Daniela; GAMA, Lauro. Direito Internacional Privado em 2007: novidades no plano internacional e interno. *Revista de Direito do Estado*, n. 5, p. 63.

ARIOSI, Mariângela. *Conflitos entre Tratados Internacionais e leis internas*. O Judiciário brasileiro e a nova ordem internacional. Rio de Janeiro: Renovar, 2000.

ARMELIN, Donaldo. Competência Internacional, *Revista de Processo*, n. 2, p.151, 1976.

ARMELIN, Donaldo. Competência internacional. *Revista de Processo* 2:148, 1976.

ARMINJON, Pierre. *L'Objet et la Méthode de Droit International Privé, Recueil des Cours*, t. 21, p. 429.

ARMINJON, Pierre. *Les Systèmes Juridiques Complexes et les Conflits de Lois et de Juridiction auxquels ils donnent lieu. Recueil des Cours*, t. 74, p. 73.

ARMINJON, Pierre. *Précis de Droit International Privé*. Paris: Librairie Dalloz, 1947-1958. v. III.

ARMINJON, Pierre; NOLDE, Baron Boris; WOLFF, Martin. *Traité de Droit Comparé*. Paris: Librairie Générale de Droit et de Jurisprudence, 1950-1952. v. III.

ARROYO, Diego P. Fernández. Quais as novidades no direito internacional privado latino-americano. *Revista de Direito do Estado*, n. 3, p. 251.

ARRUDA ALVIM. *Manual de direito processual civil*. São Paulo: RT, 1996. v. I.

ASSER, T. M. C. *Éléments de Droit International Privé ou Du Conflit des Lois*. Traduzido por Alphonse Rivier. Paris: Arthur Rousseau, 1884.

AUDIT, Bernard. *Droit International Privé*. Paris: Economica, 1991.

AUDIT, Bernard; D'AVOUT, Louis. *Droit International Privé*. 2022.

AUDIT, Mathias. Régulation du marché intérieur et libre circulation des lois. *Clunet*, 2006. 1333.

AZEVEDO, Philadelpho de. *Um triênio de judicatura*. São Paulo: Max Limonad, 1955. v. I.

BAPTISTA DA SILVA, Ovídio A. *Comentários ao Código de Processo Civil*, 2000, p. 90.

BAPTISTA, Luiz Olavo. *Clunet*, 1999. 445.

BAPTISTA, Luiz Olavo. *Clunet*, 2007.177.

BAPTISTA, Luiz Olavo. O direito estrangeiro nos tribunais brasileiros. *Revista Forense*, v. CCCLV, p. 89.

BAPTISTA, Luiz Olavo. Resenha jurisprudencial, *Clunet*, 1981.603.

BARBALHO, João. *Constituição Federal brasileira – Comentários*. Rio de Janeiro: Typographia da Companhia Litho – Typographia em Sapopemba, 1902.

BARBI, Celso Agrícola. *Comentários ao Código de Processo Civil*, 2008, v. I.

BARBI, Celso Agrícola. *Comentários ao Código de Processo Civil*. Rio de Janeiro: Forense, 1975. v. I, t. II.

BARBI, Celso Agrícola. *Comentários ao Código de Processo Civil*. Rio de Janeiro: Forense, 1998. v. I.

BARBOSA, Denis Borges. *Direito Internacional da Propriedade Intelectual*. 2008.

BARBOSA, Ruy. *Comentários à Constituição Federal Brasileira, coligidos e ordenados por Homero Pires*. São Paulo: Saraiva, 1933. v. III.

BARBOSA, Ruy. *Obras Completas de Ruy Barbosa*. v. XXXIII, 1906, tomo II, Trabalhos Jurídicos.

BARON, A. Frank. The treatment of Jewish Law in American Decisions. *Israel Law Review*, v. IX, p. 1.

BARROSO, Luís Roberto. *Boletim de Direito Internacional*, Luís Roberto Barroso & Associados, coordenação científica de Carmen Tiburcio.

BARROSO, Luís Roberto. Duas questões controvertidas sobre o direito brasileiro da nacionalidade. In: DOLINGER, Jacob (Coord.). *A nova Constituição e o direito internacional*. Rio de Janeiro: Freitas Bastos, 1987.

BARTIN, Étienne. De l'Impossibilité d'Arriver à la Suppression Définitive des Conflits de Lois. *Clunet*, 1897.

BARTIN, Étienne. *Études de Droit International Privé*. Paris: Librairie Maresq Ainé, 1899.

BARTIN, Étienne. *Principes de Droit International Privé selon la Loi et la Jurisprudence Française*. Paris: Editions Domat-Montchrestien, 1930.

BARTOLUS. *The Conflict of Laws*. Tradução para o inglês por Joseph Henry Beale. Cambridge: Harvard University Press, 1914.

BASTOS, Eliene Ferreira; DIAS, Maria Berenice. *A Família além dos Mitos*. Belo Horizonte: Del Rey Editora, 2008.

BATALHA, Wilson de Souza Campos. *Tratado de Direito Internacional Privado*. 1977. v. II.

BATALHA, Wilson de Souza Campos. *Tratado elementar de direito internacional privado*. São Paulo: RT, 1961. 2 v.

BATALHA, Wilson de Souza Campos. *Tratado elementar de direito internacional privado – Parte Especial*. São Paulo: RT, 1977. v. II.

BATALHA, Wilson de Souza Campos. *Tratado Elementar de Direito Internacional Privado*, 1961.

BATIFFOL, Hélio. Réflexions sur la coordination des systêmes nationaux, *Recueil des Cours*, n. 120, p. 175, 1967.

BATIFFOL, Henri. *Droit International Privé*. 8. ed. Paris: Librairie Générale de Droit et de Jurisprudence, 1993. v. I.

BATIFFOL, Henri. L'État du Droit International Privé en France et dans l'Europe Continentale de l'Ouest. *Clunet*, 1973.27.

BATIFFOL, Henri. La Quartorzième Session de la Conférence de la Haye de Droit International Privé. *Revue*, 1981.231.

BATIFFOL, Henri; LAGARDE, Paul. *Droit International Privé*. 7. ed. Paris: Librairie Générale de Droit et de Jurisprudence, 1983, v. II.

BAUER, Hubert. *Compétence Judiciaire Internationale des Tribunaux Civils Français et Allemands*. Paris: Dalloz, 1965.

BEAUMONT, Paul. The jurisprudence of the European Court of Human Rights and the European Court of BERES, Louis René. Resenha bibliográfica. *American Journal of International Law*, 1984, p. 246.

BERES, Louis René. Resenha bibliográfica. *American Journal of International Law*, 1984, p. 246.

BERMAN, George A. *French Treaties and French Courts: Two Problems in Supremacy*, The International and Comparative Law Quartely 1979, p. 458.

BEVILÁQUA, Clóvis. *Lições de Legislação Comparada sobre o Direito Privado*. 2. ed. Bahia: Livraria Magalhães, 1897.

BEVILÁQUA, Clóvis. *Princípios elementares de direito internacional privado*. 3. ed. Rio de Janeiro: Freitas Bastos, 1938.

BEVILÁQUA, Clóvis. *Princípios elementares de direito internacional privado*. 4. ed. Rio de Janeiro: Freitas Bastos, 1944.

BEVILÁQUA, Clóvis. *Princípios elementares de direito internacional privado*. 1906.

BIGGS, Frederico Duncker. *Derecho internacional privado*. Santiago: Editorial Jurídica de Chile, 1956.

BOGUSLAVSKI, M. & RUBANOV, A. *Situación Jurídica de los Extranjeros en la U.R.S.S.* Traduzido por Frederico Pita. Moscou: Ediciones en Lenguas Extranjeras, 1961.

BONOMI, Andrea. Succession internationales: conflits de loi et de juridictions. *Recueil des Cours*, n. 350, p. 92, 2010.

BOTELHO DE MESQUITA, José Ignácio. Da competência internacional e dos princípios que a informam. *Revista de Processo*, n. 50, p. 51 e ss, 1988.

BRIGGS, Adrian. *The Conflict of Laws*. U.S.: Oxford University Press, 2002.

BRITO, Luiz Araujo Corrêa de. *Do limite à exterritorialidade do direito estrangeiro no Código Civil Brasileiro*. São Paulo: Escolas Profissionais Salesian, 1952.

BROCHER, Charles. *Cours de Droit International Privé suivant les Principes Consacrés par le Droit Positif Français*. Paris: Ernest Thorin, 1882. 3 v.

BROWNLIE, Ian. *Principles of Public International Law*. 2. ed. Oxford: Clarendon Press, 1973.

BUENO, José Antonio Pimenta. Direito Internacional Privado e aplicação de seus princípios. 1863.

BUENO, Pimenta. *Direito internacional privado e aplicação de seus princípios com referência às leis particulares do Brasil*. Rio de Janeiro: J. Villeneuve, 1863.

BULOS, Uadi Lammêgo. *Curso de direito constitucional*. São Paulo: Saraiva, 2007.

BUREAU, Dominique; MUIR-WATT, Horatia. *Droit International Privé*. Paris: PUF, 2007. v. 1.

BUREAU, Dominique; WATT, Horatia Muir. *Droit International Privé*. 2020. t. 2.

BUREAU, Dominique; WATT, Horatia Muir. *Droit international privé*. 2021. t. 2.

BUREAU, Dominique; WATT, Horatia Muir. *Droit International Privé*. 2021. t. 2.

BUSTAMANTE Y SIRVEN, Antonio Sanches de. *Derecho Internacional Privado*. 3. ed. Havana: Cultural S.A., 1943. 3 v.

CABRA, Marco Gerardo Monroy. *Tratado de derecho internacional privado*. Bogotá: Editorial Temis, 1973.

CAENEGAN, Van R. C. *An Historical Introduction to Private Law*. Traduzido do original em francês. Cambridge: University Press, 1994.

CALAMANDREI, Piero. *Istituzioni di Diritto Processuale Civile*. Napoli: Morano, 1970.

CALIXTO, Negi. O "repúdio" das mulheres pelo marido no direito muçulmano visto pelo Supremo Tribunal Federal, *Rev. de Informação Legislativa*, 77, p. 279.

CÂMARA, Alexandre Freitas. *Lições de direito processual civil*. Rio de Janeiro: Lumen Juris, 2012. v. 1.

CARDOZO, Benjamin Nathan. *Selected Writings, The Choice of Tycho Brahe*. N.Y.: Fallon Publications, 1947.

CARNEIRO, Athos Gusmão. *Jurisdição e Competência*. São Paulo: Saraiva, 2007.

CARROLL, James. *Constantine's Sword* – The Church and the Jews. Boston/New York: Houghton Mifflin Company, 2001.

CARROLL, James. *Constantine's Sword* – The Church and the Jews. Boston/New York: Houghton Mifflin Company, 2001.

CARVALHO, Carlos Augusto. *Direito civil brasileiro recopilado ou nova Consolidação das Leis Civis vigentes em 11 de agosto de 1899*. Rio de Janeiro: Liv. Francisco Alves, 1899.

CARVALHO, Dardeau. *A situação jurídica do estrangeiro no Brasil*. São Paulo: Sugestões Literárias, 1976.

CARVALHO, Dardeau. *Nacionalidade e cidadania*. Rio de Janeiro: Freitas Bastos, 1956.

CARVALHO, Júlio Marino de. A renúncia de imunidades no direito internacional. *Revista dos Tribunais* 674:45, 1991.

CASELA, Paulo Borba (coord.). *Dimensão Internacional do Direito* – Estudos em Homenagem a G. E. do Nascimento e Silva. São Paulo: LTr, 2000.

CASELA, Paulo Borba; ARAÚJO, Nadia. *Integração jurídica interamericana* – as Convenções Interamericanas de Direito Internacional Privado (CIDIPs) e o direito brasileiro. São Paulo: LTr, 1998.

CASTILLA, José Joaquim Caicedo. *La Segunda Conferencia Especializada Interamericana sobre Derecho Internacional Privado (CIDIP II)*. Quarto Curso de Derecho Internacional organizado por el Comitê Jurídico Interamericano, p. 371.

CASTRO, Amilcar de. A suposta sociedade internacional de indivíduos. *Revista dos Tribunais*, vol. 165, p. 7.

CASTRO, Amilcar de. *Direito internacional privado*. 3. ed. Rio de Janeiro: Forense, 1977.

CASTRO, Leonel Pereznieto. El futuro de DIP en Mexico. *Revista Mexicana de Derecho Internacional Privado y Comparado*, v. XVII, p. 59.

CASTRO, Leonel Pereznieto. Posibilidades de Ratificación de las convenciones de las conferencias especializadas interamericanas sobre derecho internacional privado I e II, desde una perspectiva latinoamericana. *Anuário Jurídico Interamericano*, 1981, p. 183.

CHESHIRE, G. C. *Private International Law*. 7. ed. Londres: Butterworths, 1965.

CHILDRESS, Steven Alan. *Comentário no Harvard International Law Journal*, 1981, p. 683.

CIGOJ, Stojan. Les Droits Acquis, les Conflits Mobiles et La Retroactivité à la Lumière des Conventions de la Haye. *Revue*, 1978.1.

CLAVEL, Sandrine. *Droit International Privé*. Paris: Dalloz, 2012.

CORREIA, Ferrer. *Estudos jurídicos* – direito internacional privado. Coimbra: Atlantida, 1970.

CORREIA, Ferrer. *Lições de direito internacional privado*. Coimbra: Universidade de Coimbra, 1963.

CORWIN, Edward. *The Constitution and what it means today*. 14. ed. Princeton University Press, 1978.

COSTA, Luiz Antônio Severo da. *Da aplicação do direito estrangeiro pelo juiz nacional*. Rio de Janeiro: Freitas Bastos, 1968.

COULANGES, Fustel de. *A cidade antiga*. Traduzido por Fernando de Aguiar. Lisboa: Livraria Clássica Ed., 1971.

COURBE, Patrick. *Droit international privé*. Paris: Armand Colin, 2003.

COURNIL, Christel. Aux "confins des droits" dês mineurs étrangers non accompagnés détenus et refoulés. *Revue*, 2008.35.

CRUZ, Luiz Dilermando de Castelo. *Fontes de Direito Internacional* – o Costume, o Tratado, a Legislação Internacional, a Doutrina e os Princípios Gerais de Direito. Sétimo Curso de Derecho Internacional. Washington: Comité Juridico Interamericano, 1980.

CUNHA, Fernando Whitaker. *Comentários à Constituição*. Rio de Janeiro: Freitas Bastos, 1991. 3 v.

CUNIBERTI, Gilles. *Conflict of laws*: a comparative approach. 2017.

CURRIE, Brainerd. *Selected Essays on the Conflict of Laws*. Durham: Duke University Press, 1963.

D'AVOUT, Louis. *Droit International Privé*. 2022.

DANTAS, San Tiago. *Palavras de um Professor*. Rio de Janeiro: Forense, 1975.

DAVID, René. *L'Arbitrage Dans le Commerce International*. Paris: Economica, 1982.

DAVID, René. *Traité Élémentaire de Droit Civil Comparé*. Paris: Librairie Générale de Droit et de Jurisprudence, 1950.

DE VOS, Wouter; RECHBERGER, Walter. *Transnational Litigation and the Evolution of the Law of Evidence, Transnational Aspects of Procedural Law*: Reports for the X° World Congress on Procedural Law: Taormina, Milão: Giuffrè, 1998.

DERRUPPÉ, Jean. *Droit International Privé*. 5. ed. Paris: Dalloz, 1978.

DESPAGNET, Franz. *Précis de Droit International Privé*. 2. ed. Paris: L. Larose et Forcel, 1894.

DI BLASE, Antonietta; GIARDINA, Andrea. *Diritto Internazionale Privato e Processuale*. Milano: Giuffrè, 1994.

DICEY, A. V. & MORRIS, J. H. C. *The Conflict of Laws*. 12. ed. Londres: Stevens & Sons Limited, 1993.

DICEY, A. V. & MORRIS, J. H. C. *The Conflict of Laws*. 8. ed. Londres: Stevens & Sons Limited, 1967.

DIDIER JR., Fredie. *Curso de Direito Processual Civil*. 2015. p. 213.

DINAMARCO, Cândido Rangel. *Instituições de direito processual civil*. São Paulo: Malheiros, 2004. v. I.

DOLINGER, Jacob. *A criança no direito internacional*. Rio de Janeiro: Renovar, 2003.

DOLINGER, Jacob. *A evolução da ordem pública no direito internacional privado*. Rio de Janeiro, edição do autor 1979.

DOLINGER, Jacob. *A evolução do direito internacional privado no século XX*. Estudos em Homenagem ao Prof. Caio Tácito, organizado por Carlos Alberto Menezes Direito. Rio de Janeiro: Renovar, 1997.

DOLINGER, Jacob. A imunidade jurisdicional dos Estados. *Revista de Informação Legislativa do Senado Federal* 76:13, 1982.

DOLINGER, Jacob. *A nova Constituição e o direito internacional* – propostas e sugestões. Rio de Janeiro: Freitas Bastos, 1987.

DOLINGER, Jacob. A Sociedade Anônima brasileira – critério determinador de sua nacionalidade. *Rev. de Dir. Mercantil, Industrial, Econômico, Financeiro*, 23, p. 65.

DOLINGER, Jacob. Brazilian International Procedural Law. In: DOLINGER, Jacob; ROSENN, Keith (Ed.). *A Panorama of Brazilian Law*. Miami: University of Miami, 1992.

DOLINGER, Jacob. *Comentários à Constituição*. Rio de Janeiro: Freitas Bastos, 1991. v. II.

DOLINGER, Jacob. *Contratos e Obrigações no Direito Internacional Privado*. Rio de Janeiro: Renovar, 2007.

DOLINGER, Jacob. Convenção Interamericana sobre Normas Gerais de Direito Internacional Privado. In: CASELLA, Paulo Borba; ARAUJO, Nadia de (Coord.). *Integração Jurídica Interamericana*. São Paulo: LTr, 1998.

DOLINGER, Jacob. *Das limitações ao poder de expulsar estrangeiros*. Estudos jurídicos em homenagem ao Professor Haroldo Valladão. Rio de Janeiro: Freitas Bastos, 1983.

DOLINGER, Jacob. *Direito Civil Internacional. A Família no Direito Internacional Privado, Casamento e Divórcio*. 1997.

DOLINGER, Jacob. *Direito Civil Internacional. A Família no Direito Internacional Privado, A Criança no Direito Internacional*. 2003.

DOLINGER, Jacob. *Direito Civil Internacional. A Família no Direito Internacional Privado, Casamento e Divórcio*. 1997.

DOLINGER, Jacob. *Direito Civil Internacional. Casamento e divórcio*. 1997.

DOLINGER, Jacob. Evolution of Principles for Resolving Conflicts in the Field of Contracts and Torts. *Recueil des Cours*, v. CCLXXXIII, p. 187-512, (2000-I). Haia: Martinus Nijhoff, 2000.

DOLINGER, Jacob. *Nottebohm Revisited* – Dimensão internacional do direito. Estudos em homenagem a G.E. do Nascimento e Silva. Coordenação de Paulo Borba Casella. São Paulo: LTr, 2000.

DOLINGER, Jacob. Os Estados Unidos perante o direito internacional. A decadência jurídica de uma grande nação. In: MENEZES DIREITO, Carlos Alberto; CANÇADO TRINDADE, Antônio Augusto; PEREIRA, Antônio Celso Alves (Coord.). *Novas perspectivas do direito internacional contemporâneo* – Estudos em Homenagem ao Professor Celso D. de Albuquerque Mello. Rio de Janeiro, Renovar, 2008.

DOLINGER, Jacob; ROSENN, Keith S. *Panorama of Brazilian Law*. Rio de Janeiro: Esplanada; Miami: North-South Center, 1992.

DOLINGER, Jacob; TIBURCIO, Carmen. *Direito internacional privado*: arbitragem comercial internacional. Rio de Janeiro: Renovar, 2003.

DOLINGER, Jacob; TIBURCIO, Carmen. The forum law rule in international litigation – which procedural law governs proceedings to be performed in foreign jurisdictions: lex fori or lex diligentiae? *Texas International Law Journal*, v. 33, p. 425-462, 1998.

DOLINGER, Jacob; TIBURCIO, Carmen. *Vademecum de Direito Internacional Privado e Vademecum de Direito Internacional Privado* – edição universitária (2 eds.). Rio de Janeiro: Renovar, respectivamente, 1994, 1996 e 2002.

D'OLIVEIRA, Hans Ulrich Jessurun. Resenha bibliográfica no *American Journal of International Law*, 2007. p. 922-928.

D'OLIVEIRA, Hans Ulrich Jessurun. *The EU and a metamorphosis of Private International Law*. James Fawcet, Reform and Development of Private International Law – Essays in Honour of Sir Peter North. U.S.: Oxford University Press, 2002.

DOMINICE, Christian. L'immunité de jurisdiction et d'execution des organisations internationales. *Recueil des cours* 187:215 e 220, 1984.

DORF, Philip. *The Constitution of the United States with a Detailed clause – by – clause Analysis*. New York: Oxford Book Co., 1952.

DUNBAR, N.C.H. Controversial aspects of sovereign immunity in the case law of some states. *Recueil des Cours* 132 :203-351, 1971.

EBKE, Werner F. & GOCKEL, Marcus. *European Corporate Law*: The International Lawyer, 1990.

EHRENZWEIG, Albert A. *Conflicts in a nuthshell*. 3. ed. St. Paul: Minn., 1974.

EHRENZWEIG, Albert A.; JAYME, Erik. *Private International Law*. Leyden e New York: A. W. Sijthoff e Oceana Publications Inc., 1973-1977. 3 v.

EISEMANN, Pierre Michel; COUSSIRAT-COUSTERE, Vincent; HUR, Pau. *Petit Manuel de la Jurisprudence de la Cour Internationale de Justice*. 2. ed. Paris: Pedone, 1971.

ELHOUEISS, Jean-Luc. Retour sur la qualification lege causae en droit international privé. *Clunet* 2005.281.

ESPÍNOLA, Eduardo. *Elementos de direito internacional privado*. Rio de Janeiro: Jacintho Ribeiro dos Santos, 1925.

ESPÍNOLA, Eduardo. *Lei de Introdução ao Código Civil brasileiro comentada*. Rio de Janeiro: Freitas Bastos, 1944. v. II e III.

ESPÍNOLA, Eduardo; ESPÍNOLA FILHO, Eduardo. *Do direito internacional privado brasileiro*. Parte Geral. Rio de Janeiro: Freitas Bastos, 1941.

ESPÍNOLA, Eduardo; ESPÍNOLA FILHO, Eduardo. *Tratado de direito civil brasileiro*. Rio de Janeiro: Freitas Bastos, 1942. v. VIII.

EVANS, A. C. *The Political Status of Aliens in International Law, Municipal Law and European Community Law, The International Comparative Law Quarterly*, jan. 1981, p. 31.

EWALD, William. The Complexity of Sources of Trans-National Law: United States Report. *The American Journal of Compartive Law*, Supplement 2010, p. 59-67.

FALCÃO, Alcino Pinto. *Constituição anotada*. Rio de Janeiro: José Konfino, 1956. 3 vols.

FARIA, Bento de. *Da condição dos estrangeiros e o Código de Direito Internacional Privado*. Rio de Janeiro: Jacintho Ribeiro dos Santos, 1930.

FENTIMAN, Richard. *International Commercial Litigation*. Oxford: Oxford University Press, 2010.

FERRANTE, Miguel Jeronymo. *Nacionalidade – brasileiros natos e naturalizados*. 2. ed. São Paulo: Saraiva, 1984.

FIORE, Pasquale. *Le Droit International Privé ou Principes pour Résoudre les Conflicts entre les Lois Civiles, Commerciales, Judiciaires, Pénales des Différents États*. Traduzido por Charles Antoine. 2. ed. Paris: A. Durand et Pedone-Lauriel, 1890. 2 v.

FOELIX, M. *Traité du Droit International Privé ou du Conflict des Lois de Différents Nations en Matière de Droit Privé*. 3. ed. Paris: Marescq et Dujardin, 1856. 2 v.

FOUCHARD; GAILLARD; GOLDMAN. *On international commercial arbitration*. The Hague: Kluwer Law International, 1999.

FOUCHARD; GAILLARD; GOLDMAN. *Traité de l'Arbitrage Commercial International*. Paris: Litec, 1996.

FOYER, Jacques; HOLLEAUX, Dominique. Comentário Julgamento Cassação Francesa. *Revue* 1976.347.

FRAGA, Mirtô. *O conflito entre tratado internacional e norma de direito interno*. Rio de Janeiro: Renovar, 1978.

FRAGA, Mirtô. Perda da nacionalidade brasileira: artigo 146, II, Constituição Federal. Reaquisição. *Arquivos do Ministério da Justiça*, nº 156, p. 91.

FRAGISTAS, Charalambos N. La Compétence International en Droit Prive. *Recueil des Cours* 104:158 e ss., 1962.

FRANCESCAKIS, Ph. *La Fraude a la Loi*. Encyclopédie Dalloz – Droit International, II, p. 54, 1969.

FRANCESCAKIS, Ph. *La Théorie du Renvoi*. Paris: Sirey, 1958.

FRANCESCHINI, José Inácio Gonzaga. A lei e o foro de eleição em tema de contratos internacionais. In: RODAS, João Grandino (Org.). *Contratos internacionais*. São Paulo: RT, 1985.

FREUND, O. Kahn. *General Problems of Private International Law*. Leyden: Sijthoff, 1976.

FRIEDMAN, Wolfgang. *The Changing Structure of International Law*. New York: Columbia University Press, 1966.

GAILLARD, Emmanuel. *Revue de l'Arbitrage*, v. 4, p. 538-543, 1997.

GALLARDO, Ricardo. *La Solution des Conflits de Lois dans les Pays de L'Amérique Latine*. Paris: Libraire Générale de Droit et de Jurisprudence, 1956.

GAMA E SILVA, Luís Antônio da. *A Ordem Pública em Direito Internacional Privado*. São Paulo: Revista dos Tribunais, 1944.

GAMA E SILVA, Luís Antônio da. *As Qualificações em Direito Internacional Privado*. São Paulo: RT, 1952.

GAMA JR., Lauro. A escolha de foro estrangeiro em contratos. *Jornal Valor Econômico*, 23 out. 2008.

GANNAGÉ, Pierre. *Le pluralisme des statuts personnels dans les États multicommunautaires*. Droit libanais et droits proche-orientaux. Bruxelles: Bruylant et Presses de l'Université Saint-Joseph, 2001.

GARCIA, Carlos Arelano. *Derecho Internacional Privado*. México: Porrua, 1974.

GAUDEMET-TALLON, Hélène. *Compétence et exécution de jugements en Europe*. 3. ed. Paris: LGDJ, 2002.

GEBAUER, Martin. Uniform law, general principles and autonomous interpretation. *Uniform Law Review* 5:684-5.

GHARAVI, Hamid G. *The international effectiveness of the annulment of an arbitration award*. The Hague: Kluwer Law International, 2002.

GIBBON, Edward. *The Decline and Fall of the Roman Empire*. Chicago: Encyclopaedia Britannica, Inc., 1952. 2 v.

GIDI, Antonio. Normas transnacionais de processo civil. *Revista de Processo* 102:185-96, 2001.

GILISSEN, John. *Introdução Histórica ao Direito*. 2. ed. Traduzido por A. M. Hespanha. Lisboa: Fundação Calouste Gulbenkian, 1995.

GOLDSCHMIDT, Werner. *Derecho Internacional Privado, Derecho de la Tolerancia, basado en la Teoria Trialista del Mundo Jurídico*. Buenos Aires: Editorial El Derecho, 1974.

GOLDSCHMIDT, Werner. Droit international privé latino-americain. *Clunet*, 1973.65.

GOLDSCHMIDT, Werner. *Estudios Jusprivatistas Internacionales*. Rosário: Depalma, 1969.

GOLDSCHMIDT, Werner. *Sistema y Filosofía del Derecho Internacional Privado*. Buenos Aires: Ediciones Jurídicas Europa-América, 1952-1954. 3 v.

GOLDSTEIN, Stephen. The Influences of Constitutional Principles on Civil Procedure in Israel. *Israel Law Review*, 17, p. 467, 1982.

GOMES, Oscar Martins. *O domicílio e a nacionalidade como princípios determinantes do estatuto pessoal nos conflitos de leis, leis e normas de direito internacional privado*. São Paulo: Saraiva, 1956.

GOMES, Oscar Martins. Restrições e concessões aos direitos dos estrangeiros. *Revista Forense*, v. CLXVIII, p. 64.

GORDON, Charles & GORDON, Ellen Gittel. *Immigration and Nationality Law*. New York: Matthew Bender, 1979.

GRAVESON, R. H. *The Conflict of Laws*. 5. ed. Londres: Sweet & Maxwell, 1965.

GROTIUS, Hugo. *O direito da guerra e da paz*. Tradução espanhola de Jaime Torrubiano Ripoll. Madrid: Reus, 1925. 4 v.

GRUENBAUM, Daniel. Crônica da Jurisprudência Brasileira em matéria de Direito Internacional Privado no ano de 2011, *Revista de Direito do Estado 22*, 2012.

GRUENBAUM, Daniel. Qualificação Lege Comunitatis. In: CASELLA, Paulo Borba; LIQUIDATO, Vera Lucia Viegas (Org.). *Direito da integração*. São Paulo: Quartier Latin, 2006.

GUEIROS, Arthur. *As novas tendências do direito extradicional*. Rio de Janeiro: Renovar, 2013.

GUERCHOUN, Frédéric. La primauté constitutionnelle de la Convention européenne des droits de l'homme sur les conventions bilatérales donnant effet aux répudiations musulmanes, *Clunet* 2005.695.

GUINAUD, Jean. *Les Conflits de Lois en Matière de Capacité*. Neuchâtel: Ed. Ides et Calendes, 1970.

GUSMÃO, Paulo Dourado de. Direito comparado, sua realidade e suas utopias, *Revista Forense*, v. CLII152, p. 17.

GUSMÃO, Paulo Dourado de. Parecer na *Revista do Tribunal de Justiça do Estado do Rio de Janeiro*, v. XXIX, p. 79.

GUTZWILLER, Max. Le Développement Historique du Droit International Privé, *Recueil des Cours*, v. XXIX-IV, 1929. p. 287.

HANOTIAU, Bernard. Problems Raised by Complex Arbitrations Involving Multiple Contracts – Parties – Issues. *Journal of International Arbitration* 18:251, 2001.

HART, H. L. A. *The Concept of Law*. Oxford: Oxford University Press, 1961.

HARTLEY, Trevor C. Pleading and proof of foreign law: the major European systems compared. *International and Comparative Law Quarterly* 45:282, 1996.

HAY, Peter. Same-Sex Legal Relationships. *The American Journal of Comparative Law* 54 (Suplemento American Law in the 21st Century: U.S. National Reports to the XVIIth International Congress of Comparative Law): 267, 2006.

HELTON, Arthur C. Reconciling the Power to Expel Aliens on Political grounds with fairness and the freedoms of speech and association: an analysis of recent legislative proposals. *Fordham International Law Journal*, 1988. p. 467.

HENKIN, Louis. *Foreign Affairs and the Constitution*. Mineola, New York: The Foundation Press, 1972.

HENKIN, Louis. Lexical Priority or "Political Question": A Response. *Harvard Law Review* 1987. p. 524.

HENKIN, Louis; PUGH, Richard C.; SCHACHTER, Oscar; SMIT, Hans. *International Law* – Cases and Materials. St. Paul: Minn., West Publishing Co., 1980.

HOLLEAUX, D.; FOYER, J.; LA PRADELLE, G. de Geouffre de. *Droit International Privé*. Paris: Masson, 1987.

HOLLIDAY, Jayne. *Clawback Law in the Context of Succession*, 2020.

HORWITZ, Morton. The Transformation in the Conception of Property in American Law, 1780-1860. *The University of Chicago Law Review* n. 40, p. 249, 1973.

HUGHES, Paul; WILKES, Mark. *Transnational Litigation*: A Practitioner's Guide. New York: Oceana Publications, 1997.

HUNGRIA, Nélson. *Comentários ao Código Penal*. Rio de Janeiro: Forense, 1958. 9 vols.

IZAGUIRRE, Juan Antonio Herrera et al. Derecho de las personas y la familia. el divorcio: el código civil para el estado de Tamaulipas vs. divorce act canadiense. *Boletín Mexicano de Derecho Comparado* 136:349 e ss., 2013.

JAYME, Erik. Globalization in Art Law: Clash of Interests and International Tendencies, *Vanderbilt Journal of Transnational Law*, n. 38, p. 929, 2005.

JENKS, Wilfred C. *The Common Law of Mankind*. Londres: Stevens & Sons, 1958.

JITTA, Josephus. *La Rénovation du Droit International sur la base d'une communauté juridique du genre humain*. La Haye: Martinus Nijhoff, 1919.

JITTA, Josephus. *Método de Derecho Internacional Privado*. Traduzido por J. F. Prida. Madrid: La Espana Moderna, 1900.

JOHNSON, Kathellen M. The Case of General Augusto Pinochet: A Legal Research Guide. *Brooklyn Journal of International Law*, v. XXVII, 2002.

JUENGER, Friedrich K. *American and European Conflicts Law*. Am. J. Comp. Law, 117, 1982.

KEGEL, Gerhard. Story and Savigny. *American Journal of Comparative* Law 37:39-59, 1989.

KELSEN, Hans. *Principles of International Law*. 2. ed. rev. por Robert W. Tucker. New York: Halt--Rinehart and Winston, 1967.

KLAUSNER, Eduardo. *Direitos do consumidor no Mercosul e na União Europeia*. São Paulo: LTr, 2006.

KNOEPFLER, François. Le Projet de Loi Fédérale sur le Droit International Privé Helvétique, *Revue*, 1979.31.

KNOEPFLER, François; SCHWEIZER, Philipe. La nouvelle loi fédérale suisse sur le droit international privé (partie générale). *Revue*, 1988.226.

KOKKINI-IATRIDOU, D. *Exception Clauses in Conflicts of Laws and Conflicts of Jurisdictions* – or the Principles of Proximity. Dordrecht: Martinus Nijhoff, 1994.

KONO, Toshiyuki (ed.). *Intellectual Property and Private International Law: Comparative Perspectives*. 2012.

KUHN, Arthur K. *Comparative Commentaries on Private International Law*. New York: The Macmillan Company, 1937.

LAFER, Celso. *A Ruptura Totalitária e a Reconstrução dos Direitos Humanos* – Um Diálogo com Hannah Arendt. São Paulo: Rumo Gráfica Editora, 1988.

LAGARDE, Paul. *La Nationalité Française*. Paris: Dalloz, 1975.

LAMM, Carolyn B. *Internationalization of the practice of law and important emerging issues for investor--state arbitration*. Hague Academy of International Law, 2011.

LANDO, Ole. New American Choice-of-Law Principles and the European Conflict of Laws of Contracts. *American Journal Comparative Law* 30:122, 1982.

LANDO, Ole. The Conflict of Laws of Contracts – General Principles. *Recueil des Cours*, v. CLXXXIX, p. 225 (1984-VI), Dordrecht: Martinus Nijhoff, 1988.

LAURENT, F. *Le Droit Civil International*. Bruxelas: Bruylant-Christophe, 1881.

LEBOW, Edward M. Foreign Direct Investment, *International Law News*, American Bar Association, v. XXXVII, n. 1, 2008.

LEFRANC, David. La spécificité des règles de conflit de lois en droit communautaire dérivé (aspects de droit privé), *Revue* 2005.413.

LEME, Lino de Morais. *Direito Civil Comparado*. São Paulo:, RT, 1962.

LEMOS, Clóvis Newton de. *Questões Fundamentais de Direito Internacional Privado*. Bahia, 1939.

LENZA, Pedro. *Direito constitucional esquematizado*. São Paulo: Saraiva, 2008.

LEPAULE, Pierre. *Le Droit International Privé*. Paris: Dalloz, 1948.

LEQUETTE, Yves. L'abandon de la jurisprudence Bisbal (à propos des arrêts de la Première chambre civile des 11 et 18 octobre 1988), *Revue*, 1989.277.

LEQUETTE, Yves. Le Droit International Privé de la Famille à l'Épreuve des Conventions Internationales, *Recueil des Cours*, v. 246, p. 11 (1994-II), Haia, Martinus Nijhoff, 1995.

LEREBOURS e PIGEONNIÈRE, Paul & LOUSSOUARN, Yvon. *Droit International Privé*. 9. ed. Paris: Dalloz, 1970.

LEVENHAGEN. *Comentários ao Código de Processo Civil*. São Paulo: Atlas, 1985. v. I.

LEVONTIN, A. V. *Choice of Law and Conflict of Laws*. Leyden: A.W. Sijthoff, 1976.

LIEBMAN, Enrico Tullio. *Manuale di Diritto Processuale Civile*. Milano: Giuffrè, 1980.

LIPSTEIN, K. *Principles of the Conflict of Laws, National and International.* The Hague, Martinus Nijhoff, 1981.

LOUSSOUARN, Yvon & BOUREL, Pierre. *Droit International Privé.* Paris: Dalloz, 1978.

LOUSSOUARN, Yvon & BREDIN, Jean-Denis. *Droit du Commerce International.* Paris: Sirey, 1969.

LOUSSOUARN, Yvon. La règle de conflit est-elle une règle neutre? *Droit international privé: travaux du Comité français de droit international privé,* n. 2, 53, 1980.

LOUSSOUARN, Yvon. Le Rôle de la Méthode Comparative en Droit International Privé Français, *Revue,* 1979.319.

LOWENFELD, Andreas F. Conflict of Laws English Style-Review Essay, *Am. J. Comp. Law,* 1989. p. 353.

LOWENFELD, Andreas F. *International Litigation and the Quest for Reasonableness.* Oxford: Clarendon Press, 1996.

LOWENFELD, Andreas F. Public Law in the International Arena: Conflict of Laws, International Law, and some suggestions for their interaction, *Recueil des Cours,* v. 163, p. 311.

LUCAS, Louis. Remarques sur l'Ordre Public, *Revue,* 1933.392.

LUNA, Álvaro Lecompte. *Esquema de Derecho Internacional Privado.* Bogotá: Editorial Temis, 1979.

MACHADO, João Baptista. *Lições de direito internacional privado.* 2. ed. Coimbra: Almedina, 1982.

MACHADO VILLELA, Álvaro da Costa. *O direito internacional privado no Código Civil brasileiro.* Coimbra: Imprensa da Universidade, 1921.

MACHADO VILLELA, Álvaro da Costa. *Tratado elementar teórico e prático de direito internacional privado.* Coimbra: Coimbra Editora, 1922. 2 vols.

MADRUGA FILHO, Antenor Pereira. *A renúncia à imunidade de jurisdição pelo Estado brasileiro e o novo direito da imunidade de jurisdição.* São Paulo: Saraiva, 2003.

MAEKELT, Tatiana B. de. *Normas Generales de Derecho Internacional Privado en America.* Caracas: Universidade Central de Venezuela, 1984.

MAGALHÃES, José Carlos de. O Supremo Tribunal Federal e as relações entre direito interno e direito internacional. *Boletim Brasileiro de Direito Internacional* nº 61/66, p. 53.

MAIER, Harold G. Extraterritorial jurisdiction at a Crossroad: an intersection between public and private international law. *American Journal of International Law* 1982, p. 280.

MANCINI, Pasquale Stanislao. *Direito Internacional (Diritto Internazionale. Prelezioni).* Introdução de Tito Ballarino. Ijuí: Unijuí, 2003.

MARCHADIER, Fabien. La contribution de la Cour européenne des droits de l'homme à l'efficacité des conventions de La Haye de coopération judiciaire et administrative, *Revue* 2007.677.

MARINHO, Ilmar Penna. *Direito comparado, direito internacional privado, direito uniforme* – suas relações nos conflitos interespaciais das leis. Rio de Janeiro: Coelho Branco, 1938.

MARINHO, Ilmar Penna. *Tratado sobre a nacionalidade.* Rio de Janeiro: Imprensa Nacional, 1961. 4 vols.

MAXIMILIANO, Carlos. *Hermenêutica e aplicação do direito.* 10. ed. Rio de Janeiro: Forense, 1988.

MAYER, Pierre. *Droit International Privé.* Paris: Montchrestien, 1977.

MELEGA, Luiz. Nacionalidade das Sociedades por Ações. *Rev. de Dir. Mercantil, Industrial, Econômico, Financeiro,* 33, p. 127.

MELLO, Celso D. de Albuquerque. *Curso de Direito Internacional Público.* 10. ed. Rio de Janeiro: Renovar, 1986. 2 vols.

MELLO, Celso D. de Albuquerque. *Direito Constitucional Internacional*. Rio de Janeiro: Renovar, 1994.

MELLO, Celso D. de Albuquerque. *Direito penal e direito internacional*. Rio de Janeiro: Freitas Bastos, 1978.

MERRYMAN, John Henry & CLARK, David S. *Comparative Law: Western European and Latin American Legal Systems* – Cases and Materials. Indianápolis: Bobbs-Merril, 1978.

MOLL, Leandro. As imunidades das organizações internacionais e de seus funcionários e a prática do Judiciário brasileiro, *Revista de Direito Renovar*, n. 25, p. 127-54, 2003.

MOLL, Leandro. Imunidade arbitral. *Revista de Mediação e Arbitragem* 30: 2011.

MOLL, Leandro. *Tribunais nacionais ante a realidade das organizações internacionais*. Brasília: Funag, 2010.

MÔNACO, Gustavo Ferraz de Campos. Certa ojeriza do direito internacional privado brasileiro à autonomia conflitual em matéria patrimonial de família: entre fraude à lei e ordem pública. *Revista Eletrónica de Direito*, n. 22, p. 126-146, 2020.

MÔNACO, Gustavo Ferraz de Campos; JUBILUT, Liliana Lyra. *Direito Internacional Privado*. 2012.

MONÉGER, Françoise. *Droit International Privé*. Paris: Litec, 2003.

MONTEIRO, João. *Universalização do Direito – Cosmópolis do Direito – Unidade do Direito*. São Paulo: Typografia Duprat & Comp., 1906.

MONTESQUIEU, Charles de Secondat. *The Spirit of Laws*. Chicago: Encyclopaedia Britannica Inc., 1952.

MORAES, Alexandre de. *Direito constitucional*. São Paulo: Atlas, 2005.

MOREIRA, José Carlos Barbosa. Comentário ao Código de Processo Civil. *Revista Forense*, 2006. v. V.

MOREIRA, José Carlos Barbosa. *Comentários ao Código de Processo Civil*. Rio de Janeiro: Forense, 2002.

MOREIRA, José Carlos Barbosa. Problemas relativos a litígios internacionais. In: MOREIRA, José Carlos Barbosa. *Temas de Direito Processual*: quinta série. São Paulo: Saraiva, 1994.

MOREIRA, José Carlos Barbosa. Problemas Relativos a Litígios Internacionais, *Revista de Processo*, n. 65. p. 147, 1994.

MOREIRA, José Carlos Barbosa. *Relações entre processos instaurados sobre a mesma lide civil no Brasil e em país estrangeiro*. Estudos jurídicos em homenagem ao Professor Oscar Tenório, Universidade do Estado do Rio de Janeiro, 1977.

MORELLI, Gaetano. *Derecho Procesal Civil Internacional*. Chile: Ediciones Jurídica Europa-América, 1953.

MORELLI, Gaetano. *Elementi di Diritto Internazionale Privato Italiano*. Napoli: Jovene, 1986.

MORRIS, J. H. C. *Cases on Private International Law*. 3. ed. Oxford: Clarendon Press, 1960.

MORRIS, J. H. C. *The Conflict of Laws*. Londres: Stevens and Sons Limited, 1971.

MOTULSKY, Henri. *Études et Notes de Droit International Privé*. Paris: Dalloz, 1978.

MUIR WATT, Horatia. *Droit International prive*. Paris: PUF, 2007. t. 1.

NADELMANN, Kurt. *Conflict of Laws*: International and Interstate Selected Essays. The Hague: Martinus Nijhof, 1972.

NADELMANN, Kurt. Observations sur la Seconde Édition des "Commentaries on the Conflict of Laws" à l'occasion de son bicentenaire. *Revue*, 1981.1.

NASCIMENTO E SILVA, Geraldo Eulalio do. *Treaties as Evidence of Customary International Law*. International Law at the time of its Codification. Essays in Honor of Roberto Ago. Milano: Giuffrè, 1987.

NECOCHEA, Mario Ramirez. *Síntesis del Derecho Internacional Privado* Chileno. Santiago: El Imparcial, 1965.

NIBOYET, J. P. *Cours de Droit International Privé Français*. 2. ed. Paris: Librairie Sirey, 1949.

NISHITANI, Yuko. Identité Culturelle en Droit International Privé de la famille. *Recueil des Cours*, n. 401, p. 162, 2019.

OCTÁVIO, Rodrigo. *Dicionário de direito internacional privado*. Rio de Janeiro: Briguiet, 1933.

OCTÁVIO, Rodrigo. *Direito do estrangeiro no Brasil*. Rio de Janeiro: Francisco Alves, 1909.

OCTÁVIO, Rodrigo. *Direito internacional privado*. Rio de Janeiro: Freitas Bastos, 1942.

OLIVA, Milena Donato; RENTERÍA, Pablo. Autonomia privada e direitos reais: redimensionamento do princípio da taxatividade e da tipicidade no direito brasileiro. *Civilistica.com – Revista Eletrônica de Direito Civil* n. 2, p. 7, 2016.

OLIVEIRA FILHO, João de. *Do conceito da ordem pública*. São Paulo: S.C.P., 1934.

PALMER, Edith. The Austrian Codification of Conflicts Law, *Am. J. Comp. Law*, 1980, p. 197.

PALMER, Vernon. A Comparative Study (from a common law perspective) of the French Action for Wrongful Interference With Contract. *Am. J. Comp. Law* 1992. p. 297.

PANHUYS, H. F. van (Ed.). *International Law in the Netherlands*. Alphen aan den Rijn: Sijthoff & Noordhoff, 1980. v. 3.

PEDERNEIRAS, Raul. *Direito internacional compendiado*. 11. ed. rev. por Oscar Tenório. Rio de Janeiro: Freitas Bastos, 1956.

PEREIRA, Caio Mário da Silva. Direito comparado, ciência autônoma. *Revista Forense*, vol. 146, p. 24.

PEREIRA, M. F. Pinto. *Casamento e divórcio no direito civil internacional*. São Paulo: Gráfico-Editora Monteiro Lobato, 1924.

PEREIRA, Marcela Harumi Takahashi. *Homologação de sentenças estrangeiras*: aspectos gerais e o problema da falta de fundamentação no exterior. Rio de Janeiro: Renovar, 2008.

PERELMAN, Chaim. *Justice*. New York: Random House, 1967.

PETRÉN, S. La Confiscation des Biens Étrangers et les Réclamations Internationales auxquelles elle peut donner lieu. *Recueil des Cours*, v. 109, 1963, p. 504.

PIERRE MAYER, Vincent Heuzé; REMY, Benjamin. *Droit International Privé*. 2019.

PILLET, Antoine Mélanges. *Principes de Droit International Privé*. Paris: Pedone Éditeur, 1903.

PILLET, Antoine Mélanges. *Reproduction de Diverses Études et Notes de Jurisprudence*. Paris: Recueil Sirey, 1929. 2 vols.

PILLET, Antoine Mélanges. *Traité Pratique de Droit International Privé*. Grenoble: Joseph Allier; Paris: Sirey, 1923. 2 vols.

PLENDER, Richard. *International Migration Law*. Leiden: A. W. Sijthoff, 1972.

PLESCH, Arpad. *Recueil d'arrêts et de consultations sur la clause-or, avec une annexe contenant des arrêts sur l'effet international des restrictions nationales de paiement*. Paris: Librairie de Jurisprudence Ancienne & Moderne, 1937.

PONTES DE MIRANDA, Francisco Cavalcanti. *Comentários à Constituição de 1967 com a Emenda de 1969*. São Paulo: RT, 1970. 6 vols.

PONTES DE MIRANDA, Francisco Cavalcanti. *Comentários ao Código de Processo Civil*. 1. ed. 1973. 3. ed. 1995. São Paulo: RT, t. II.

PONTES DE MIRANDA, Francisco Cavalcanti. *Nacionalidade de origem e naturalização no direito brasileiro*. 2. ed. Rio de Janeiro: A. Coelho Branco Filho, 1936.

PONTES DE MIRANDA, Francisco Cavalcanti. *Tratado de direito internacional privado*. Rio de Janeiro: José Olympio, 1935. 2 vols.

PRADO, Victor N. Romero del. *Manual de Derecho Internacional Privado*. Buenos Aires: La Ley, 1944.

RAMELLA, Pablo A. *Nacionalidad y Ciudadania*. Buenos Aires: Ediciones Depalma, 1978.

RAMOS, Rui Manuel Gens de Moura. Aspects récents du droit international privé au Portugal, *Revue Critique de Droit International Privé* 1988.473.

RAMOS, Rui Manuel Gens de Moura. *Continuidade e mudança no direito de nacionalidade em Portugal*. Portugal-Brasil, 2000.

RAMOS, Rui Manuel Gens de Moura. *Direito internacional privado e Constituição*. Coimbra: Coimbra Editora, 1979.

RAMOS, Rui Manuel Gens de Moura. *Nacionalidade, dicionário jurídico da administração pública*, dezembro 1994.

RANGEL, Vicente Marotta. Os conflitos entre o direito interno e os tratados internacionais. *Boletim da Sociedade Brasileira de Direito Internacional*, 1967, n. 44/45, p. 29.

REESE, Willis L. M. The Hague Conference on Private International Law: Some Observations. *The International Lawyer*, 1985, p. 881.

REESE, Willis L. M.; ROSENBERG, Maurice. *Conflict of Laws, Cases and Materials*. 8. ed. New York: The Foundation Press, 1984.

REQUIÃO, Rubens. Cambial: invalidade de lei que exige seu registro. *Revista de Direito Mercantil, Industrial, Econômico, Financeiro*, n. I, p. 13.

RESTATEMENT OF THE LAW, Second. *Conflict of Laws*. St. Paul, Minn.: American Law Institute Publishers, 1971. 6 vols.

REUTER, Paul. Quelques Réflexions sur la Nature des Immunités de l'Etat en Droit International Public. In: REUTER, Paul (Org.). *Le Developpement de L'Ordre Juridique Internationale*: Ecrits de Droit International. Paris: Economica, 1995.

REZEK, José Francisco. A questão da nacionalidade após a Lei 6.192, de 1974. *Notícia do Direito Brasileiro*, 1973, p. 4, UNB.

REZEK, José Francisco. *Direito dos tratados*. Rio de Janeiro: Forense, 1984.

REZEK, José Francisco. *Direito internacional público* – curso elementar. São Paulo: Saraiva, 1991.

REZEK, José Francisco. *Direito internacional público* – curso elementar. São Paulo: Saraiva, 2011.

REZEK, José Francisco. Le Droit International de la Nationalité. *Recueil des Cours*, v. 198, p. 333, 1986.

REZENDE, Oswaldo Murgel. O Código de Direito Internacional Privado Pan-Americano em conflito com o Código Civil brasileiro. *Revista de Jurisprudência Brasileira*, p. 165, maio 1931.

RIBEIRO, Elmo Pilla. *O princípio da ordem pública em direito internacional privado*. Porto Alegre edição do autor, 1966.

RIBEIRO, Marilda Rosado de Sá. Direito dos investimentos e o petróleo. *Revista da Faculdade de Direito da UERJ*, v. 1, n. 18, 2010. Disponível em: http://www.e-publicacoes.uerj.br/index.php/rfduerj/article/view/1360/1148.

RIBEIRO, Renato. *Nationalization of Foreign Property in International Law*. Washington: Brazilian Embassy, 1977.

RIGAUX, François. *Droit International Privé*. Bruxelas: Maison F. Larcier S.A., 1977-1979. 2 vols.

RIGAUX, François. *Précis de Droit International Privé*. Bruxelas: Maison F. Larcier S.A., 1968.

ROCHA, Osiris. *Curso de direito internacional privado*. Rio de Janeiro: Forense, 1986.

RODAS, João Grandino. A Constituição e os tratados internacionais. *Revista dos Tribunais* 624, p. 43.

RODAS, João Grandino. Falta a Lei de Introdução ao Código Civil. *Gazeta Mercantil*, 21 de abril de 2001, p. A-3.

RODAS, João Grandino. *Sociedade Comercial e Estado*. São Paulo: Saraiva, 1995.

RODAS, João Grandino. Substituenda Est Lex Introductoria. *Revista dos Tribunais* 630, p. 243.

RODIÈRE, René. *Introduction au droit comparé*. Paris: Dalloz, 1979.

RODRIGUES, Lêda Boechat. *História do Supremo Tribunal Federal*. Rio de Janeiro: Civilização Brasileira, 1968. 2 vols.

ROGUIN, Ernest. *Conflits des Lois Suisses en Matière International et Intercantonale*. Paris: F. Rouge, 1891.

ROGUIN, Ernest. *Traité de Droit Civil Comparé, Le Mariage*. Paris: F. Pinchon, 1904.

ROODT, Christa. Restitution of art and cultural objects and its limits, *The Comparative and International Law Journal of Southern Africa*, n. 46, p. 290-291, 2013.

ROUSSEAU, Charles. *Droit International Public*. Paris: Sirey, 1970-1980. 5 v.

RUBIN, Seymour J. *Joseph Story* – Jurista, Educador y Magistrado de la Corte Suprema de Justicia de los Estados Unidos. Sexto Curso de Derecho Internacional Organizado por el Comité Jurídico Interamericano, p. 9, Washington: OEA, 1979.

RUGGIERO, Roberto de. *Instituições de direito civil*. São Paulo: Saraiva, 1957. v. I.

SAMTLEBEN, I. Arbitragem no Brasil. *Revista da Faculdade de Direito da Universidade de São Paulo*, vol. LXXVII, 1982, p. 185.

SAMTLEBEN, I. *Derecho Internacional Privado en America Latina* – Teoría e Práctica del Código Bustamante. Traduzido por Carlos Bueno Guzmán. Buenos Aires: Ediciones Depalma, 1983.

SAVIGNY, Friedrich Carl von. *Private International Law and the Retrospective Operation of Statutes*: A Treatise on the Conflict of Laws and the Limits of Their Operation in Respect of Place and Time. Edinburgh: T. & T. Clark, 1880.

SAVIGNY, M. F. C. *Traité de Droit Romain*. Traduzido por M. Ch. Guenoux. 2. ed. Paris: Firmin Didot, 1855-1860. 8 v.

SCHACHTER, Oscar. Phillip Jessup's Life and Ideas, *American Journal of International Law*, 1986, p. 893.

SCHAPIRA, Jean. *Le Droit International des Affaires*. Paris: Presses Universitaires de France, 1972.

SCHLESINGER, Rudolf B.; BAADE, Hans W.; DAMASKA, Mirjan R.; HERZOG, Peter E. *Comparative Law, Cases* – Text-Materials. 5. ed. New York: The Foundation Press, 1988.

SCHNITZER, Adolf, F. Les Contrats Internationaux en Droit International Privé Suisse. *Recueil des Cours*, v. CXXIII, 1968-I, p. 541.

SCOLES, Eugene & HAY, Peter. *Conflict of Laws*. St. Paul: Minn., West Publishing Co. 1992.

SCOLES, Eugene; WEINTRAUB, Russel J. *Cases and Materials on Conflict of Laws*. 2. ed. St. Paul: Minn., West Publishing Co., 1972.

SERPA LOPES, Miguel Maria de. *Comentário teórico e prático da Lei de Introdução ao Código Civil*. Rio de Janeiro: Livraria Jacintho, 1943-1946. 3 v.

SERPA LOPES, Miguel Maria de. *Comentários à Lei de Introdução ao Código Civil.* Rio de Janeiro: Freitas Bastos, 1946. v. III.

SEWARD, Allin C. After Bhopal: Implications for Parent Company Liability. *The International Lawyer,* 1987, p. 695.

SILVA, Agostinho Fernandes Dias da. *A competência judiciária e o direito internacional privado brasileiro.* Rio de Janeiro: Freitas Bastos, 1965.

SILVA, Jorge Alberto. La Percepción de los Conflitos Interestaduales en la Jurisprudencia Mexicana. *Revista Mexicana de Derecho Internacional Privado,* abr. 1998, p. 15.

SILVA, José Afonso da. *Curso de direito constitucional positivo.* 2. ed. São Paulo: RT, 1984.

SINCLAIR, Sir Ian. The law of sovereign immunity: recent developments. *Recueil des Cours* 167:121, 1980.

SORENSEN, Max. *Manual of Public International Law.* Londres: Macmillan, 1968.

SPERL, Hans. La Reconnaissance et L'Exécution des jugements étrangers. *Recueil des Cours* 36:435-436, 1931.

STARKE, Joseph G. *The Primacy of International Law, Law, State and International Legal Order* – Essays in Honor of Hans Kelsen. Edited by Salo Engel. Knoxville: The University of Tennessee Press, 1964.

STEENHOFF, G. J. W. Asser et la fondation de la Confèrence de La Haye de Droit International Privé. *Revue* 1994.297.

STEIN, Peter. *Roman Law in European History.* Cambridge: University Press, 2000.

STOREY, Hugo & Wallace Rebecca. War and Peace in Refugee Law Jurisprudence. *American Journal of International Law* 2001, p. 349.

STORY, Joseph. *Comentários sobre el Conflicto de las Leyes.* Traduzido por Clodomiro Quiroga. 8. ed. Buenos Aires: Felix Lajouane, 1891. 2 v.

STRENGER, Irineu. *Autonomia de vontade em direito internacional privado.* São Paulo: RT, 1968.

STRENGER, Irineu. *Contratos internacionais do comércio.* São Paulo: RT, 1992.

STRENGER, Irineu. *Curso de direito internacional privado.* 3. ed. São Paulo: LTr, 1996.

STURM, Fritz. Comment l'Antiquité réglait — elle ses conflits de lois? *Clunet,* 1979.259.

STURZENEGGER, Luiz Carlos. Imunidades de jurisdição e de execução dos Estados – proteção a bens de bancos centrais. *Revista de Direito Administrativo* 174:21-23, 1988.

SUCHARITKUL, Sompong. Immunities of foreign states before national authorities. *Recueil des Cours* 149:210, 1976.

SUMAMPOUW, Mathilde. *Les Nouvelles Conventions de la Haye-leur application par les juges nationaux.* Leyden: Sijthoff, 1976-1996. 5 v.

SURVILLE, F.; ARTHUYS, F. *Cours Élementaire de Droit International Privé.* 5. ed. Paris: Arthur Rousseau, 1910.

SWEENEY, Joseph Modeste; OLIVER, Covey T.; LEECH, Noyes E. *Cases and Materials in the International Legal System.* Westbury, New York: The Foundation Press, 1988.

SYMEONIDES, Symeon C. A Choice-of-Law Rule for Conflicts Involving Stolen Cultural A Choice-of-Law Rule for Conflicts Involving Stolen Cultural Property. *Vanderbilt Journal of International Law,* n. 38, 1885, 2005.

SYMEONIDES, Symeon. Les Grands problems de droit international privé et la nouvelle codification de Louisiane. *Revue* 1992.223.

SYMEONIDES, Symeon. Louisiana's Draft on Succession and Marital Property. *Am. J. Comp. Law*, 1987, p. 259.

SZÁSZY, Stephen. Private International Law in the Socialistic Countries. *Recueil des Cours*. v. CXI, p. 163 (1964-I).

TENÓRIO, Oscar. *Direito Internacional Privado*. 11. ed. rev. e atual. por Jacob Dolinger. Rio de Janeiro: Freitas Bastos, 1976. 2 v.

TENÓRIO, Oscar. *Direito Internacional Privado*. 1976. v. II.

TENÓRIO, Oscar. *Lei de Introdução ao Código Civil Brasileiro*. 2. ed. Rio de Janeiro: Borsoi, 1955.

TENÓRIO, Oscar. Parecer. *Revista Forense*, v. CCLVI, p. 171 e ss.

TEPEDINO, Gustavo. *Temas de direito civil*. Rio de Janeiro: Renovar, 1999.

THEODORO JÚNIOR, Humberto. *Curso de direito processual civil*. Rio de Janeiro: Forense, 2010.

TIBURCIO, Carmen. Convenção de Varsóvia e o Direito do Consumidor. *Revista de Direito do Estado*, v. XVI, p. 319-322.

TIBURCIO, Carmen. *Extensão e limites da jurisdição brasileira*: competência internacional e imunidade de jurisdição. Salvador: Juspodivm, 2019.

TIBURCIO, Carmen. *Extensão e Limites da Jurisdição Brasileira: Competência Internacional e Imunidade de Jurisdição*. 2019.

TIBURCIO, Carmen, International Co-operation. In: *Civil Matters, Recueil des Cours*, v. 393, p. 30 e ss, 2017.

TIBURCIO, Carmen. O desenvolvimento da arbitragem no mundo e no Brasil. In: MENEZES, Wagner (Org.). *O direito internacional e o direito brasileiro*: homenagem a José Francisco Rezek. Ijuí: UniJuí, 2004.

TIBURCIO, Carmen. Participação Estrangeira na Mídia. Luís Roberto Barroso & Associados, *Boletim de Direito Internacional*, n. 33.

TIBURCIO, Carmen. Sentença Estrangeira Contestada n.º 856. *Revista Brasileira de Direito do Petróleo, Gás e Energia* 1:364-365, 2006.

TIBURCIO, Carmen. The current practice of international cooperation in civil matters. *Recueil des Cours*, v. 393, p. 9-310, 2018.

TIBURCIO, Carmen. *The Human Rights of Aliens under International and Comparative Law*. Haia: Martinus Nijhoff Publishers, 2001.

TIBURCIO, Carmen. Uma breve análise sobre a jurisprudência dos Tribunais Superiores em matéria de direito internacional no ano de 2006. *Revista de Direito do Estado*, n. 5, p. 55.

TIBURCIO, Carmen; BARROSO, Luís Roberto. Algumas questões sobre a extradição no direito brasileiro. In: TIBURCIO, Carmen. *Temas de direito internacional*. Rio de Janeiro: Renovar, 2006.

TIBURCIO, Carmen; BARROSO, Luís Roberto. *Direito constitucional internacional*. Rio de Janeiro: Renovar, 2013.

TIBURCIO, Carmen; GRUENBAUM, Daniel. A odisseia da espera. *O Globo*, 15 de maio de 2004.

TORNAGHI, Hélio. *Comentários ao Código de Processo Civil*. 1974. v. I.

TORNAGHI, Hélio. *Comentários ao Código de Processo Civil*. São Paulo: RT, 1974. v. I.

TORNAGHI, Hélio. *Comentários ao CPC*. São Paulo: RT, 1975. v. II.

TRIBE, Laurence H. *American Constitutional Law*. New York: The Foundation Press, 1988.

TROOBOFF, Peter D. Foreign state immunity: emerging consensus on principles, *Recueil des Cours* 200:255, 1986.

VABRES, Jacques Donnedieu de. *L'Evolution de la Jurisprudence Française en Matière de Conflit des Lois depuis le début du XXe siécle*. Paris: Librairie du Recueil Sirey, 1938.

VALERY, Jules. *Manuel de Droit International Privé*. Paris: Fontemoing, 1914.

VALLADÃO, Haroldo. *A devolução nos conflitos sobre a lei pessoal*. São Paulo: RT, 1929.

VALLADÃO, Haroldo. *Conflito das leis nacionais dos cônjuges nas suas relações de ordem pessoal e econômica e no desquite*. São Paulo: RT, 1936.

VALLADÃO, Haroldo. *Direito Internacional Privado*. 1977. v. II.

VALLADÃO, Haroldo. *Direito internacional privado*. 3. ed. Rio de Janeiro: Freitas Bastos, 1983. v. II.

VALLADÃO, Haroldo. *Direito internacional privado*. 5. ed. Rio de Janeiro: Freitas Bastos, 1980. v. I.

VALLADÃO, Haroldo. *Direito internacional privado*. Rio de Janeiro: Freitas Bastos, 1978. v. III.

VALLADÃO, Haroldo. *Estudos de Direito Internacional Privado*. Rio de Janeiro: José Olympio, 1947.

VALLADÃO, Haroldo. *O princípio da lei mais favorável no DIP.* Septimo curso de Derecho Internacional Organizado por el Comité Jurídico Interamericano, p. 522.

VAREILLES-SOMMIÈRES, Pascal de; LAVAL, Sarah. *Droit International Privé*. 2023.

VAREILLES-SOMMIERES. *La Synthèse du Droit International Privé*. Paris: Editions Cujas, 1897. 2 v.

VARGAS, Daniela Trejos. A nacionalidade brasileira dos filhos de brasileiros nascidos no exterior após a Emenda Constitucional de Revisão n.º 3, de 1994. *O Direito internacional contemporâneo – Estudos em homenagem ao Professor Jacob Dolinger*.

VARGAS, Daniela Trejos. *Atribuição da nacionalidade brasileira pelo critério do jus sanguinis ao filho de brasileiro nascido no exterior, à luz das modificações introduzidas pela emenda constitucional de revisão n.º 3 de 1994*. 1997. Dissertação (Mestrado) – PUC, Rio de Janeiro.

VERDROSS, Alfred. *Derecho Internacional Público*. Traduzido por Antonio Truyol y Serra. Madrid: Aguillar, 1972.

VISSCHER, Charles de. *Teorias y Realidades en Derecho Internacional Público*. Traduzido por Pablo Sancha Riera. Barcelona: Bosch, 1962.

WAHLENDORF, H. A. Schwartz. *Droit Comparé, Théorie Générale et Principes*. Paris: Librairie Génerale de Droit et de Jurisprudence, 1978.

WATSON, Alan. *Joseph Story and the Comity of Errors – A Case Study in Conflict of Laws*. Athens, Georgia: The University of Georgia Press, 1992.

WATT, Horatia Muir. Les modèles familiaux à l'épreuve de la mondialisation (aspects de droit international privé). *Archives de philosophie du droit,* n. 45, p. 271-284, 2001.

WATT, Horatia Muir. Note sur l'Évolution de la conception du Domicile au Royaume Uni. *Revue*, 1988.403.

WATT, Horatia Muir. Resenha bibliográfica, *Revue* 1995.631.

WEINTRAUB, Russel J. *Commentary on the Conflict of Laws*. 2. ed. New York: The Foundation Press, Inc., 1980.

WEISS, André. *Manuel de Droit International Privé*. 6. ed. Paris: Sirey, 1909.

WEISS, André. *Traité Théorique et Pratique de Droit International Privé*. 2. ed. Paris: Sirey, 1907-1913. 6 v.

WELLER, Marc-Philippe. La méthode tripartite du droit international privé: désignation, reconnaissance, consideration. *Recueil des Cours*, n. 427, p. 131, 2022.

WENGLER, William. The General Principles of Private International Law. *Recueil des Cours*, v. CIV, 1961-III.

WESTEN, Peter. The Place of Foreign Treaties in the Courts of the United States: A Reply to Louis Henkin. *Harvard Law Review*, 1987, p. 524.

WETTER, J. *Gillis International Arbitral Process*. New York: Oceana Publications, 1979. v. II.

WHINCOP, Michael J.; KEYES, Mary; POSNER, Richard. *Policy and Pragmatism in the Conflict of Laws*. 2001.

WINTER, L. I. Domicile or Nationality? The present state of affairs. *Recueil des Cours*, v. CXXVIII, p. 347, 1969.

WOLFF, Martin. *Derecho Internacional Privado*. Trad. espanhola da 2. ed. inglesa por Antonio Marin Lopez. Barcelona: Bosch, 1958.

WOLFF, Martin. *Derecho Internacional Privado*. Traduzido por José Rovira y Ermengol. Barcelona: Labor, 1936.

XAVIER, Alberto. *Estatuto Jurídico dos Portugueses no Brasil*. Rio de Janeiro: Liber Juris, 1979.

XAVIER, Alberto. Problemas jurídicos das Filiais das Sociedades Estrangeiras no Brasil e de Sociedades Brasileiras no Exterior. *Rev. Dir. Mercantil, Industrial, Econômico, Financeiro*, 39, p. 76.

ZAHER, Khalid. Plaidoyer pour la reconnaissance des divorces marocaines – A propos de l'arrêt de la première chambre civile du 4 novembro 2009. *Revue* 2010, p. 313-332.

**Revistas e Periódicos**

— CLUNET *(Journal du Droit International)*

— REVUE *(Revue Critique de Droit International Privé)*

— *Recueil des Cours* (Cursos proferidos na Academia de D.I.P. da Haya)

— *American Journal of International Law*

— *Am. J. Comp. Law (American Journal of Comparative Law)*

— *International and Comparative Law Quarterly*

— *International Legal Materials*

— *Israel Law Review*

— *Documentos de la OEA sobre D.I.P.*

— *RTJ (Revista Trimestral de Jurisprudência)*

— *Arquivos do Ministério da Justiça*

— *Revista Forense*

— *Revista de Jurisprudência do TJ do Estado do Rio de Janeiro*

— *Revista dos Tribunais*

— *Repertoire Dalloz de Droit International*

— *Revista Mexicana de Derecho Internacional Privado*

— *RSTJ (Revista do Superior Tribunal de Justiça)*

— *Texas International Law Journal*